北京朝阳年鉴

BEIJING CHAOYANG YEARBOOK

2024

北京市朝阳区地方志编纂委员会 编

方志出版社
Publishing House of Local Records

图书在版编目（CIP）数据

北京朝阳年鉴. 2024 / 北京市朝阳区地方志编纂委员会编. -- 北京 : 方志出版社, 2024. 12. -- ISBN 978-7-5144-6548-8

Ⅰ. Z521.3

中国国家版本馆 CIP 数据核字第 20245BN059 号

责任编辑：丛珺
责任校对：张玉霞
责任印制：梅中英
出 版 者：方志出版社
地　　址：北京市朝阳区潘家园东里 9 号（国家方志馆 4 层）
邮　　编：100021
网　　址：http://www.zgfzcb.cn
发　　行：方志出版社图书营销中心（010-67110500）
印　　刷：北京建宏印刷有限公司
开　　本：889 毫米 ×1194 毫米　1/16
印　　张：41
字　　数：1460 千字
版　　次：2024 年 12 月第 1 版
印　　次：2024 年 12 月第 1 次印刷
定　　价：380.00 元

北京市朝阳区地方志编纂委员会

顾　　问：文　献

主　　任：吴小杰

副 主 任：任　超　冯志明　许嘉宁　尹　圆　李　靓

委　　员：区委办公室、区人大常委会办公室、区政府办公室、区政协办公室、区纪委区监委、区委组织部、区委宣传部、区委统战部、区委区政府研究室、区直机关工委、区委社会部、区委农工委区农业农村局、区委政法委、区教委、区国资委、区发展改革委、区住房城乡建设委、区城市管理委（区交通委）、区民政局、区卫生健康委、区委编办、区委党史办、区志办、区人武部、区财政局、区人力资源社会保障局、区商务局、区文化和旅游局、市规划自然资源委朝阳分局、区市场监管局、区应急局、区生态环境局、区统计局、区园林绿化局、区税务局、中关村朝阳园管委会（区科学技术和信息化局）、区总工会、团区委、区妇联主要负责人（区领导兼任部门领导的，则为分管日常工作的领导）

《北京朝阳年鉴》编辑部

主　　编：叶建宁

副主编：洪　华　刘　卉　黄海舰

执行主编：王　源

统　　稿：李　静

编　　辑：王　源　李　静　韩京江　张雅洁　朱　海　赵万顺　王爱君
任　彧　郝洪春　高丽萍　王　欣

特聘专家：刘　星

编辑说明

一、《北京朝阳年鉴（2024）》以马克思列宁主义、毛泽东思想、邓小平理论、“三个代表”重要思想、科学发展观、习近平新时代中国特色社会主义思想为指导，坚持辩证唯物主义和历史唯物主义的立场、观点和方法，求真务实，全面、客观、系统地记述区域发展情况。

二、《北京朝阳年鉴（2024）》是在中共北京市朝阳区委、北京市朝阳区人民政府的领导下，由北京市朝阳区地方志编纂委员会办公室承编的年度资料性文献。自2005年开始逐年编纂并公开出版，一年一卷，《北京朝阳年鉴（2024）》为第20卷。

三、《北京朝阳年鉴（2024）》记述时限为2023年1月1日至12月31日，全面记述朝阳区政治、经济、文化和社会发展的基本情况。凡在文中直书月、日的，均指2023年内的日期。文中涉及其他年份的时间均标明年份。凡涉及工作机构时，在各分目首次出现用全称，同时括注简称，以后则用简称。

四、本卷年鉴设有中国共产党朝阳区委员会、朝阳区人民代表大会、朝阳区人民政府、政协朝阳区委员会、中国共产党朝阳区纪律检查委员会　朝阳区监察委员会等类目。与《北京朝阳年鉴（2023）》相比，《北京朝阳年鉴（2024）》增设“应急管理”类目；“经济管理”类目下增设“民营经济服务”分目；原“工业和商贸服务业”类目改为“商贸服务业”和“工业和高新技术产业”类目；原“生态环境”类目改为“生态环境保护”类目；原“城乡规划与建设”类目下的“城市更新与管理”分目改为“城市更新”和“建筑业管理”两个分目；原“城乡管理”类目改为“市政公用事业建设与管理”和“城市市政综合管理”类目；“水务”分目升级为“水务　防汛”类目；“社会生活”类目下的“民族宗教”分目改为“民族宗教事务”，“社会建设管理”分目改为“社会建设”，“人力资源管理”分目改为“人力资源”等。除特载、专文、大事记、荣誉　人物、统计资料及附录外，其余均为条目体。年鉴采用规范的语体文、记述体，直陈其事，文字力求简洁、朴实。

五、文中除“民主党派”类目外，未标明党派的“市委”均指“中共北京市委”，“区委”均指“中共北京市朝阳区委”，“党”均指“中国共产党”，“党员”均指“中共党员”，“党建”工作均指“中国共产党建设”工作。

六、数字用法、标点符号用法分别采用国家标准《出版物上数字用法》（GB/T 15835—2011）、《标点符号用法》（GB/T 15834—2011），计量单位采用国家技术监督局1993年12月发布的《量和单位》系列国家标准。考虑到社会使用习惯，全书中亩未统一换算。

七、为方便读者使用，本卷年鉴类目“街道　地区（乡）”内容，按照各街道、地区（乡）名称第一个字的汉语拼音首字母排序，第一个字相同的，按第二个字排序，以此类推。

八、入鉴的资料、图片均由各撰稿单位确定专人撰写或提供，并经主要负责人审核。部分资料由本年鉴编辑部收集。主要数据和统计资料由朝阳区统计局提供，部分数据由各相关部门提供。由于统计口径等原因，相关部门的个别数据与统计资料不一致的，以统计资料为准。部分数据因四舍五入等原因，总计与分项之间存在合理范围内误差。

九、《北京朝阳年鉴（2024）》配有双重检索系统：正文前有目录，后有索引。

数字朝阳 2023

辖区面积	470.8 平方千米
年末户籍人口	219.3 万人
年末常住人口	344.6 万人
地区生产总值	8387.2 亿元
第一产业增加值	2.5 亿元
第二产业增加值	519.8 亿元
第三产业增加值	7864.9 亿元
规模以上现价工业总产值	780.8 亿元
一般公共预算收入	563.5 亿元
一般公共预算支出	547.8 亿元
社会消费品零售总额	3355.5 亿元
进出口总额	494.6 亿美元
中资银行人民币存款余额	37743 亿元
中资银行人民币贷款余额	15740.2 亿元
储蓄存款余额	10454 亿元
居民人均可支配收入	92501 元
居民人均消费支出	51817 元
技术合同成交额	792.07 亿元
幼儿园	314 所
小学	69 所
普通中学	94 所
职业高中	3 所
医疗卫生机构	2001 个
医院实有床位	2.8 万张
房屋施工面积	2066.8 万平方米
房屋竣工面积	205.9 万平方米
商品房销售面积	151.3 万平方米
大型体育场馆	13 个
博物馆	80 家
区级以上文物保护单位	17 个

主要数据来源：《北京市朝阳区统计年鉴（2024）》

2023年朝阳区地区生产总值

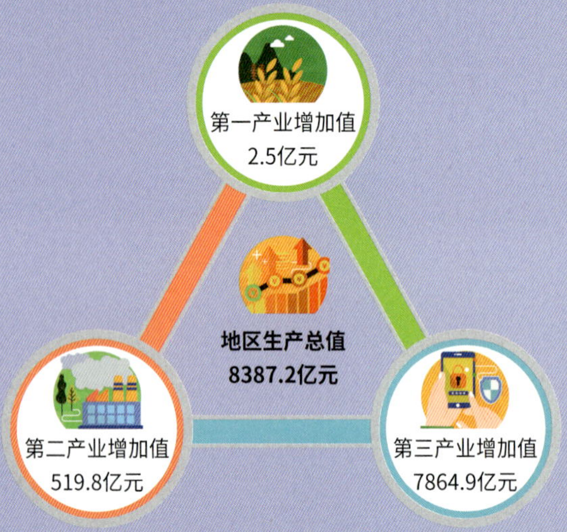

2023年朝阳区居民家庭人均可支配收入构成

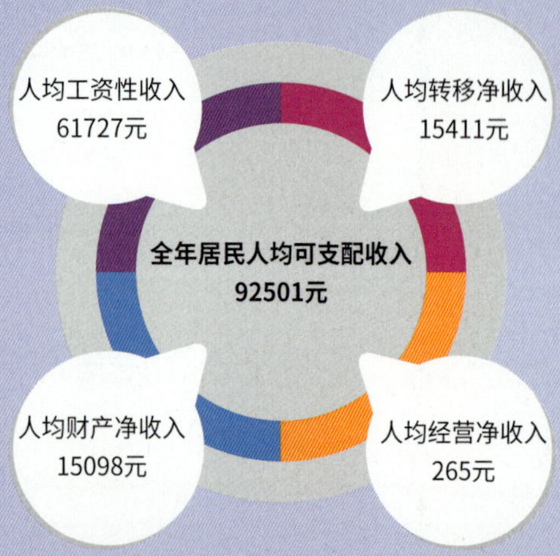

2023年朝阳区居民家庭人均消费支出构成

2023年朝阳区地方财政收支

全年一般公共预算收入
563.5亿元

全年一般公共预算支出
547.8亿元

2014—2023年朝阳区地区生产总值

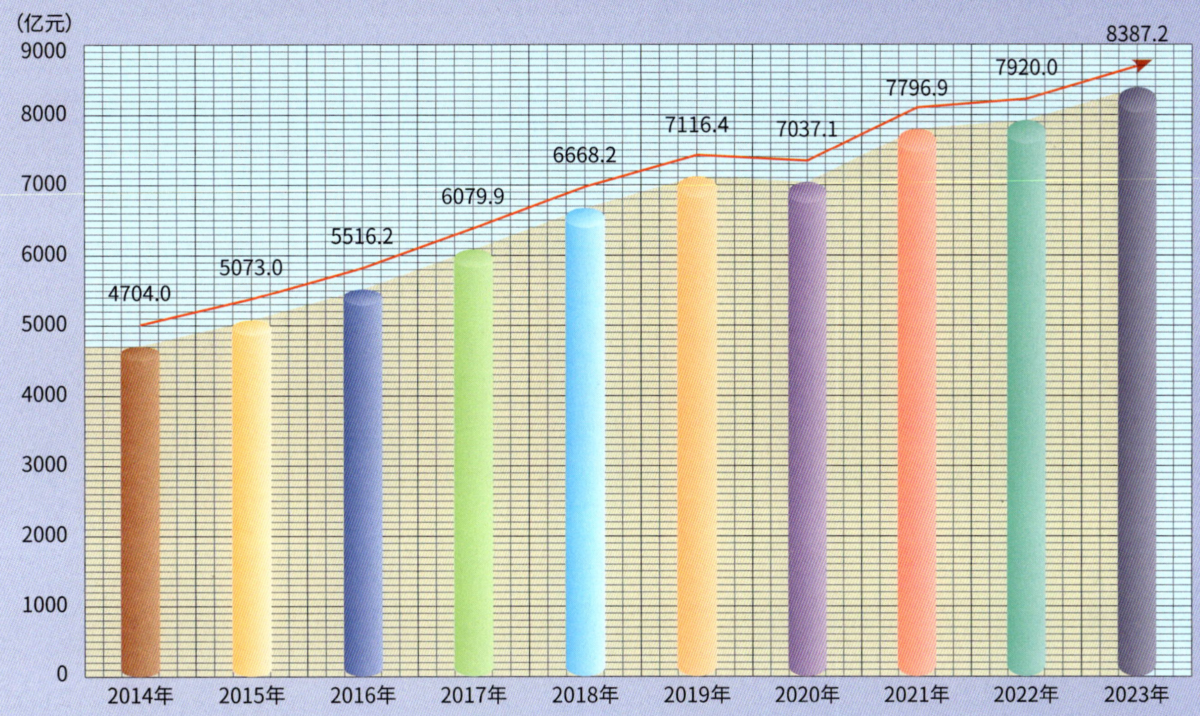

2023年朝阳区居民家庭平均每百户主要耐用消费品拥有量

家用汽车	41辆	空调	163台	计算机	74台
摩托车	2辆	热水器	91台	照相机	27台
助力车	17台	烤箱	13台	乐器	12架
洗衣机	96台	洗碗机	9台	健身器材	7台
电冰箱（柜）	98台	排油烟机	88台	空气净化器（含新风系统）	26台
微波炉	76台	固定电话	17线	地面清洁电器	26台
彩色电视机	98台	移动电话	192部		

2014—2023年朝阳区常住人口和常住外来人口

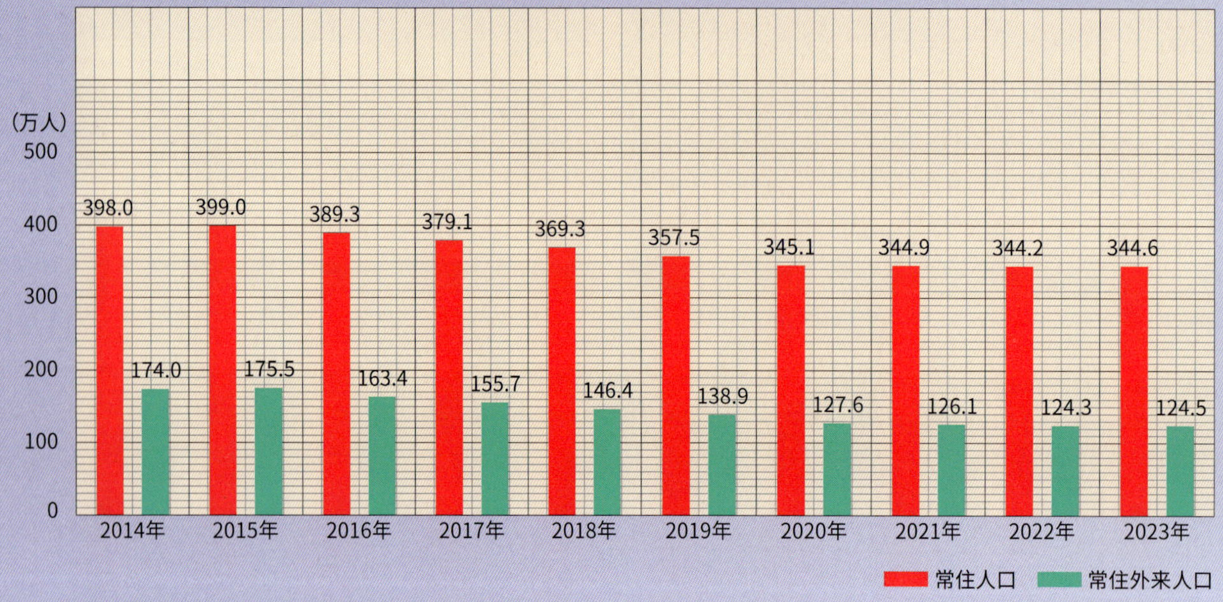

2023年朝阳区商品房屋建设

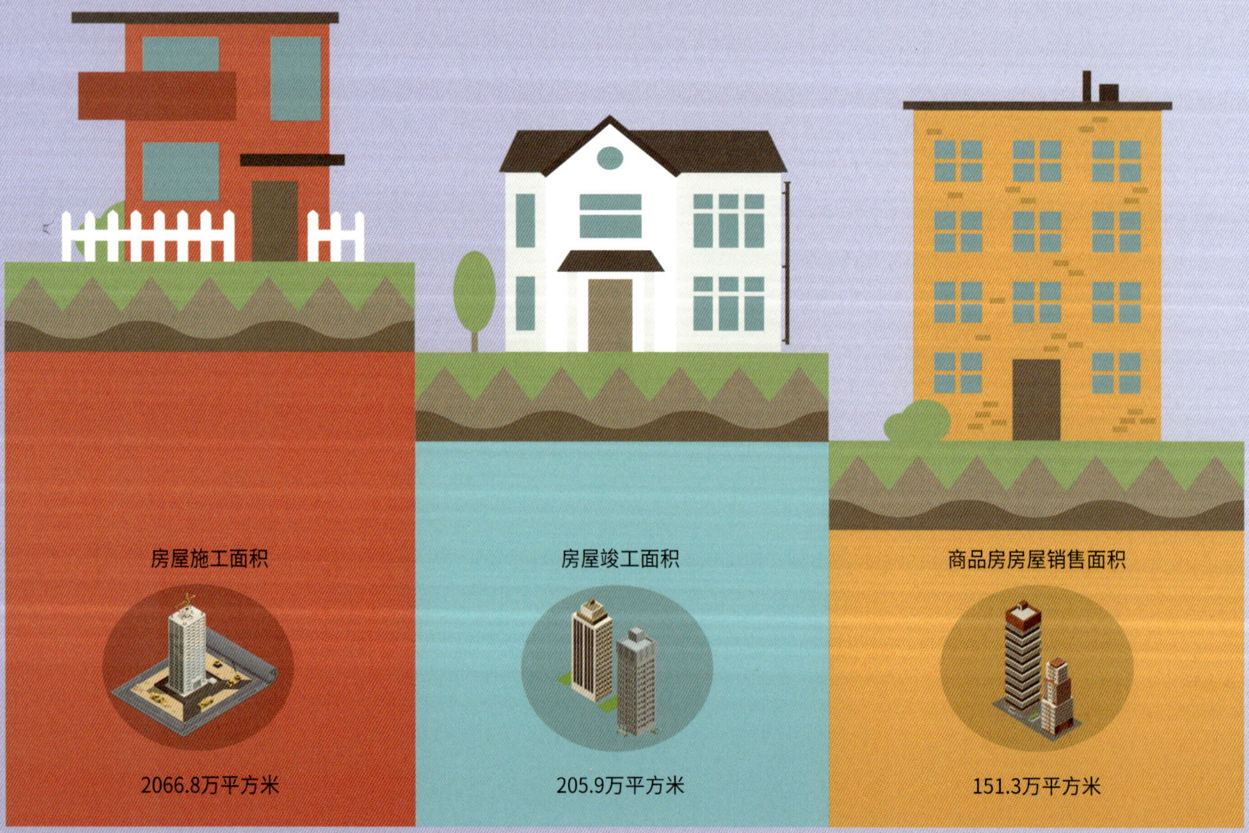

学习贯彻习近平新时代中国特色社会主义思想主题教育

▲ 2023 年，朝阳区开展学习贯彻习近平新时代中国特色社会主义思想主题教育。图为 9 月 15 日，部署会召开
（区融媒体中心　供图）

◀ 9 月 19 日，区信访办召开学习贯彻习近平新时代中国特色社会主义思想主题教育动员部署会

（李秀媛　摄）

▲ 10 月 8 日，区市场监管局组织党员干部参观中国共产党历史展览馆。图为重温入党誓词

（邹　玥　摄）

◀ 10 月 12 日，垡头街道新时代文明实践所举办法治宣讲

（杨光照　摄）

▶ 10月23日，金盏地区（乡）举办学习贯彻习近平新时代中国特色社会主义思想主题教育专题党课活动
（邓治远　摄）

▶ 10月，南磨房地区（乡）举办学习贯彻习近平新时代中国特色社会主义思想主题教育专题党课活动
（侯　翔　摄）

▶ 12月28日，平房地区（乡）召开主题教育调研成果交流会。图为地区领导班子成员交流调研成果
（杨　艺　摄）

▲ 12 月，朝阳区首家村级党史学习园地在高碑店地区（乡）半壁店村党群服务中心设立　　（郑希智　摄）

▲ 2023 年，朝阳区创新开展理论宣讲工作。图为 3 月 16 日，北京市首个“学习空间”在朝阳区新时代文明实践中心向公众开放
（周少英　摄）

“五宜”朝阳

▲ 8 月 25 日至 27 日，HICOOL 全球创业者峰会在中国国际展览中心举办。图为朝阳展区 （北京朝阳国际科技创新服务有限公司 供图）

宜　居

◀ 4 月 13 日，北京市积分落户申报启动。图为朝阳区公服中心采取集中办公形式接听咨询热线
（区人力社保局　供图）

▲ 4 月 29 日，以“让音乐回归美好生活”为主题的 2023 北京国际音乐生活周在北京音乐产业园开幕。图为到场嘉宾上台击磬共同启动生活周
（朱金龙　摄）

◀ 5 月 18 日，平房地区（乡）组织黄渠四期居民参观选房大厅
（王丹宁　摄）

▶ 5月，首都机场街道更新辖区181件健身器材。图为南路西里社区健身园　　　　（卓　越　摄）

▲ 5月，呼家楼街道举办社区邻里节。图为5月22日，呼北社区舞蹈表演　　（杜　浩　摄）

▶ 2023年，朝阳区持续做好榜样选树工作。图为6月15日，“微火聚光 朝阳力量——2022年朝阳群众好榜样”发布仪式
（区委宣传部　供图）

◀ 7月13日，大屯街道中灿家园社区养老服务驿站开业 （穆柏陶 摄）

◀ 8月26日至10月6日，朝阳区开展朝阳群众 LIVESHOW 暨“朝阳文化艺术季”街乡文艺团队专场演出活动。图为8月27日，麦子店街道群众表演舞蹈

（麦子店街道 供图）

▲ 9月6日，全市首家“物业+养老”型养老服务试点驿站在八里庄街道开业。图为开业仪式 （八里庄街道 供图）

▲ 2023年，安贞街道建成2个“一刻钟便民生活圈”。图为9月19日，“一刻钟便民生活圈”宣传活动

（安贞街道党群办 摄）

▶ 2023 年，朝阳区举办离退休干部第二届文体艺术节。图为 9 月 21 日，区老干部局举办离退休干部第十七届“松鹤杯”象棋总决赛 （全 虹 摄）

▶ 9 月 26 日，来广营地区（乡）开展“朝华昔拾”活动，宣传“五宜”来广营 （李 平 摄）

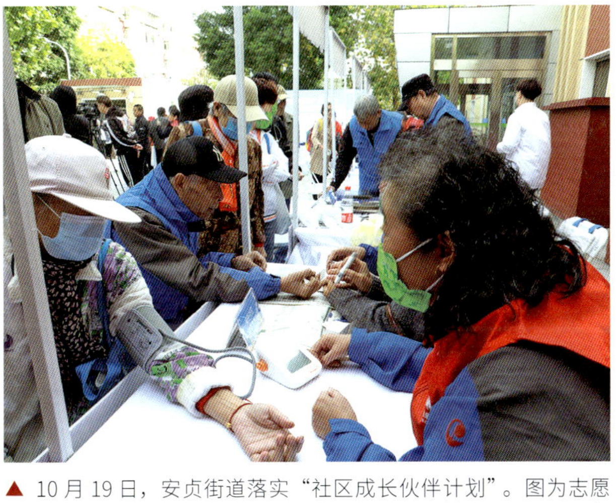

▲ 10 月 19 日，安贞街道落实“社区成长伙伴计划”。图为志愿者为老年人量血压 （安贞街道 供图）

▲ 12 月，大屯街道安慧北里便民生活圈、慧忠便民生活圈、世纪村便民生活圈被评定为市级“优秀”。图为居民在采购蔬菜 （穆柏陶 摄）

宜 业

▲ 2月21日，第十届朝阳国际人才创业大会（ITEC）全球创业赛总决赛在东湖国际中心举办　（蒋佩玉　摄）

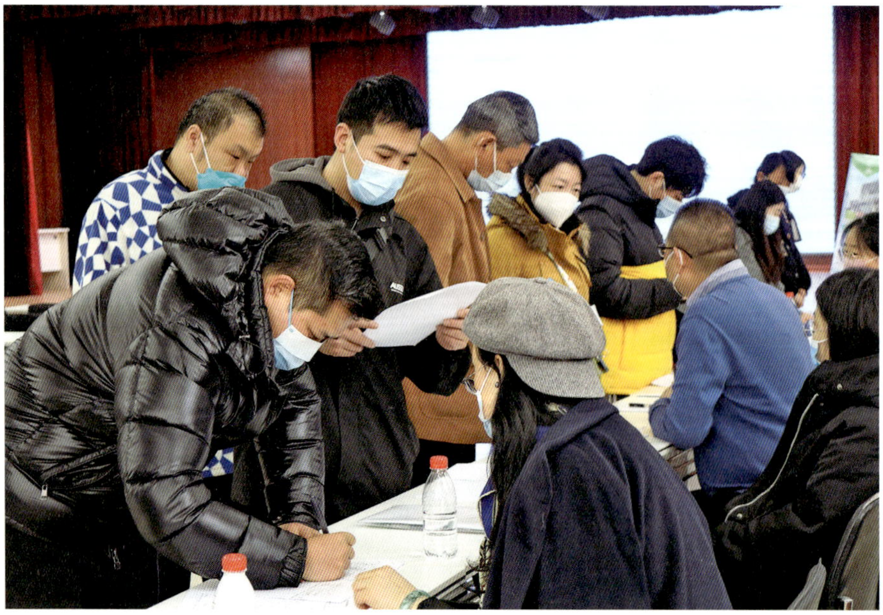

◀ 3月，潘家园街道启动春风行动暨就业援助月专场招聘会。图为3月21日，应聘者签订就业意向现场　（李金龙　摄）

▶ 10月，北京信息职业技术学院学生参加“对接校企人才需求 就业助力产业报国”招聘会。图为10月13日，学生参加北京电控专场招聘会

（北京信息职业技术学院 供图）

▶ 10月20日，首都机场为辖内失业人员举办秋季招聘会。图为招聘会现场 （李学斐 摄）

▶ 11月3日，团结湖街道举办“就”在金秋“职”面未来现场招聘会。图为工作人员讲解岗位信息

（乔冠榕 摄）

宜 商

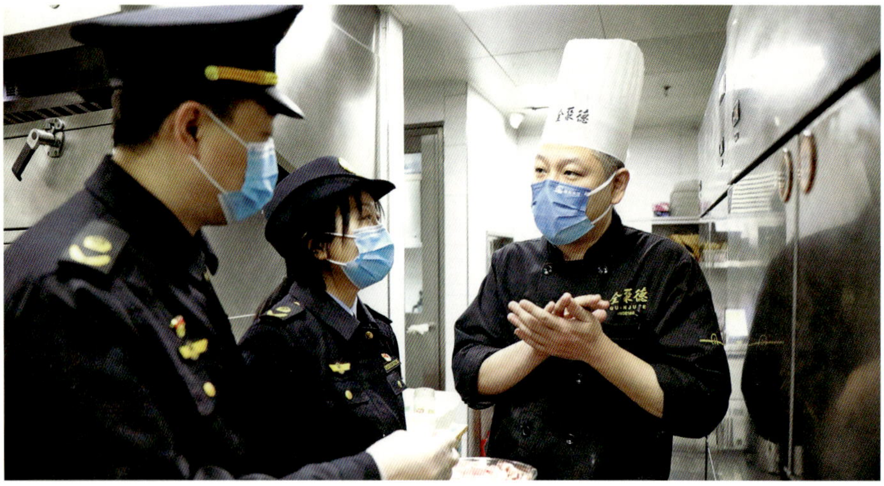

◀ 1月10日，朝阳区开展年夜饭专项检查。图为区市场监管局执法人员检查全聚德新源里店后厨工作情况

（邹 玥 摄）

▲ 2月22日，国网北京朝阳供电公司与北京“菜篮子”集团有限公司签署绿色农鲜保民生 数智融合促发展合作协议。图为签署协议现场

（刘 博 摄）

◀ 4月9日，崔各庄地区（乡）启动2023年消费季活动

（张 峰 摄）

▶ 2023 年，朝阳区开展动物疫病防疫宣传进社区活动。图为 5 月 12 日，区农服中心在东风苑社区宣传

（李　佳　摄）

▲ 朝外 THE BOX（一盒）外景。左图为东北侧，右图为西北侧（摄于 5 月 23 日）　（朝外街道办事处　供图）

▶ 5 月 31 日，北京市科学技术协会与朝阳区人民政府签署战略合作协议

（区科协　供图）

▲ 2023 年，朝阳区推动文化“走出去”。图为 6 月 7 日至 11 日，北京朝阳“开放活力看朝阳”主题展亮相第十九届深圳文博会

（王云霞　摄）

◀ 9 月 15 日，位于朝阳区的中国考古博物馆首次对公众开放。图为中国考古博物馆展厅　（夏波光　摄）

◀ 9 月 20 日，朝阳区检查辖区中秋节消费市场。图为区市场监管局执法人员检查大屯 DT51 购物中心月饼礼盒包装情况　（邹　玥　摄）

▶ 9 月 28 日，东坝万达广场开业
（马斯诺　摄）

▲ 11 月 24 日，朝阳区举办亮马河畔话生态——2023 北京朝阳“美丽中国”建设实践论坛。图为朝阳群众代表、小河长代表等共同点亮“美丽朝阳”新画卷
（区生态环境局　供图）

▶ 2023 年，国家体育总局网球运动管理中心确认朝阳区为“全国网球示范区”并授牌。图为 12 月 22 日，授牌仪式　（区体育局　供图）

宜　学

▲ 3月7日，北京市北京中学与澳门濠江中学举行姊妹校签约仪式。图为签约连线　　（荣　睿　摄）

▲ 5月12日，朝阳区开展防灾减灾日系列宣传活动。图为首师大附中朝阳学校开展宣传演练活动　　（区应急局　供图）

▲ 5月16日，北京市朝阳区日坛小学开展“求真　向善　励志　乐行”全员心理健康教育与生命教育主题活动　　（区教委　供图）

▲ 6月9日，区气象局业务人员到府学胡同小学朝阳学校开展气象科普知识讲座　　（戴　健　摄）

▲ 9月2日至6日，中国国际服务贸易交易会举办。图为朝阳区13所公办、民办、外籍人员子女学校参加的教育服务专题展示　　（区教委　供图）

▲ 9 月 16 日，望京街道儿童时装秀举办。图为儿童模特表演　　（崔晓松　摄）

▶ 9 月 23 日，中国基础教育高质量发展 · 北京论坛在朝阳区举办
（区教委　供图）

▶ 11 月 27 日，朝阳区离退休干部健康教育管理示范基地揭牌
（韦汝林　摄）

宜　游

◀ 4 月 26 日，在亮马河国际风情水岸开展“围炉煮茶话宜居”新时代文明实践主题推动日活动。图为榜样人物、朝阳群众、企业代表等围坐品茶交流

（区宣传文化中心　供图）

▲ 4 月 26 日，南磨房地区（乡）第十六届美丽磨房欢乐季开幕，图为社区居民表演彩带操《美丽中国走起来》　（侯　翔　摄）

◀ 5 月 7 日，“中阿同心　共筑未来”中阿招商推介交流会暨全球招商联络站中东站揭牌活动举办

（北京 CBD 管委会　供图）

▶ 5月19日至21日，朝阳区举办首届·北京朝阳国际茶香文化节。图为多国的“国际茶文化小使者”诵读茶经

（区文化和旅游局　供图）

▲ 6月20日，高碑店地区（乡）举办第三届运河文化节。图为龙舟比赛　［高碑店地区（乡）　供图］

◀ 7 月 21 日，“京津冀旅游景区发展联合会”筹备工作第一次会议在朝阳区召开。图为会议代表在商讨联合会的筹备工作　　（孙云鹏　摄）

◀ 7 月 26 日至 29 日，举办“情满朝港 同心相连”活动。图为香港康乐居民夜游亮马河　（荣　睿　摄）

◀ 8 月 5 日，在区文化馆举办首届朝阳捌月全民艺术节开幕式。图为《中国鼓舞》表演
（区宣传文化中心　供图）

经济高质量发展

▲ 9 月 1 日，来广营地区（乡）龙湖北苑天街开业。图为龙湖天街外景　　（王宇偲　摄）

◀ 2 月，建外街道总工会组织新就业群体元宵节手工制作活动
（李　阳　摄）

◀ 3 月 16 日，酒仙桥举办“就业大集”专场招聘会。图为求职者与招聘企业面对面洽谈　　（宋　扬　摄）

◀ 2023 年，呼家楼街道组织再就业人员技能培训。图为 4 月 7 日，插花技能培训　　（杜　浩　摄）

▶ 4月25日至26日，朝阳团区委在将府公园举办“就在你身边”青春双选会。图为双选会现场

（团区委　供图）

▶ 5月24日，平房地区（乡）举办2023年失业人员专场招聘会。图为招聘会现场　　（刘望宸　摄）

▶ 5月27日，建外街道总工会开展快递行业技能竞赛　（李　阳　摄）

▲ 5 月 31 日，国际科技组织总部集聚区在朝阳区挂牌 （区科协　供图）

▲ 6 月 17 日，全国信息安全产教融合共同体落户朝阳区。图为成立仪式 （北京信息职业技术学院　供图）

▶ 9 月 2 日，北京信息职业技术学院与俄中教育联盟在中国国际服务贸易交易会上联合发布“中俄 IT 国际技能大赛”项目。图为中俄签约仪式现场

（北京信息职业技术学院　供图）

▶ 9 月 14 日，和平街街道举办便民服务中心就业专场招聘会。图为招聘现场　　（和平街街道　供图）

▲ 9 月 20 日，第二届三里屯国际美食节开幕。图为三里屯宝藏餐厅 TOP10 颁奖典礼　　（顾　颀　摄）

▲ 9 月 25 日，生物医药外资企业投资促进圆桌会活动在朝阳区举办 （北京 CBD 管委会 供图）

▲ 9 月 27 日，“更朝阳 · 新朝阳 · 更新朝阳”2023 北京朝阳城市更新论坛举办 （耿 宁 摄）

▲ 10 月 16 日，朝阳区与区域内高校达成的北京首个“区校合作创新区”启动建设。图为启动会现场 （北京工业大学 供图）

▲ 10月17日至18日，第三届"一带一路"国际合作高峰论坛在北京举行。图为国家会议中心一期东广场前的"携手共建"彩虹景观（宋晓燕　摄）

▲ 10月27日，大屯街道举办招聘会。图为招聘会现场（穆柏陶　摄）

▲ 2023年，北京实现香港投资主体登记业务"全程网办"。图为11月1日，北京盈飞汇同科技有限公司在朝阳区领取营业执照，是北京首户通过简化版公证文书电子化流转方式在京新设的港资企业（邹　玥　摄）

12 月 8 日，朝阳区经普办开展第五次全国经济普查业务培训
（区统计局　供图）

12 月 21 日，朝阳区经普办在华润时代中心举办朝阳区第五次全国经济普查宣传月启动仪式
（区统计局　供图）

2023 年，区人力资源社会保障局开展朝阳区 2023 年度咖啡师职业技能竞赛。图为竞赛现场
（区人力资源社会保障局　供图）

城乡建设

▲ 朝阳金盏，美丽乡村——金盏农田（摄于 8 月 25 日）（邓志远　摄）

▲ 5 月 4 日，垡头街道祈东、北焦社区三条给水管线开工
（杨光照　摄）

▲ 6 月 5 日，区环境集团举办“燃环保情怀 促和谐共生 清华学子环保行”世界环境日对外开放活动。图为清华大学博士、博士后学生参加活动
（李思儆　摄）

◀ 6 月 6 日，三间房地区（乡）南区回迁房建设中
［三间房地区（乡） 供图］

◀ 6 月 9 日，朝阳区档案馆新馆开馆
（梁　璐　摄）

▶ 6 月 27 日，区人大常委会围绕“国际消费中心城市主承载区建设”发展议案督办工作。图为组织部分常委会委员、提议案领衔代表、市区人大代表到颐堤港、西店记忆文创小镇视察　　　　　　（张　铮　摄）

▶ 7 月 3 日，东坝北西区域棚改项目回迁安置房选房现场
（马斯诺　摄）

▶ 7 月 14 日，区政协围绕“推进韧性城市建设”重点协商议题暨“安全生产”民主监督开展专题调研。图为区政协委员到北京朝阳医院常营院区调研（区政协办公室　供图）

▲ 9 月，大望京公园进行“十一”花卉布置 （郭　莹　摄）

▲ 10 月 7 日，酒仙桥街道旧改项目积分摇号选房现场 （关　音　摄）

▲ 10 月 9 日，东坝北西区域棚户区改造项目回迁安置房入驻。图为选房签约入驻居民领钥匙 （马斯诺　摄）

▲ 10 月 9 日，东坝地区（乡）驹子房村地块基础教育项目竣工 （区住建委　供图）

▲ 10 月，来广营地区（乡）完成朝来绿色家园等 4 个回迁小区电梯电力增容项目。图为朝来绿色家园蕴实园小区 （王宇偲　摄）

▲ 11 月 1 日，管庄地区（乡）杨闸二期回迁房项目主体完工　　（李晓茹　摄）

▲ 11 月，双井街道推进垂西社区综合改造工作。左图为改造前，右图为改造后　　（郭宜宾　摄）

▲ 12 月 6 日，位于崔各庄地区（乡）广善路 1 号、2 号的阿里巴巴总部基地竣工　　（区住建委　供图）

◀ 东湖街道大望京社区雪天夜景（摄于12月14日） （邢志远　摄）

◀ 2023年，日坛公园圜坛面向游客免费开放 （区园林绿化局　供图）

▲ 2023年，和平街街道开展环境整治。左图为7月小黄庄小微空间改造整改前，右图为8月改造整改后 （和平街街道　供图）

总　目

001 / 012　区情概览
013 / 026　特　载
027 / 029　专　文
030 / 036　大事记
037 / 056　中国共产党朝阳区委员会
057 / 069　朝阳区人民代表大会
070 / 084　朝阳区人民政府
085 / 094　政协朝阳区委员会
095 / 101　中国共产党朝阳区纪律检查委员会
朝阳区监察委员会
102 / 111　民主党派
112 / 125　人民团体
126 / 136　法　治
137 / 141　军　事
142 / 160　功能区建设
161 / 178　经济管理
179 / 185　商贸服务业
186 / 189　工业和高新技术产业
190 / 202　农业　农村
203 / 207　金融业
208/ 213　旅游业
214 / 225　城乡规划与建设
226 / 255　市政公用事业建设与管理
256 / 268　城市市政综合管理
269 / 273　水务　防汛
274 / 279　生态环境保护
280 / 287　科　技
288 / 313　教　育
314 / 336　文　化
337 / 351　卫生　健康
352 / 357　体　育
358 / 388　社会生活
389 / 396　应急管理
397 / 516　街道　地区（乡）
517 / 520　荣誉　人物
521 / 528　统计资料
529 / 529　附　录
530 / 564　索　引

General Catalogue

001 / 012 Overview of District Conditions

013 / 026 Special Records

027 / 029 Feature

030 / 036 Chronicle

037 / 056 Beijing Chaoyang District Committee of Communist Party of China

057 / 069 Chaoyang District People's Congress

070 / 084 Chaoyang District People's Government

085 / 094 CPPCC Chaoyang District Committee

095 / 101 Chaoyang District Supervision and Inspection Commission of Chaoyang District Discipline Inspection Commission of the CPC

102 / 111 Democratic Parties

112 / 125 People's Organizations

126 / 136 Rule of Law

137 / 141 Military Affairs

142 / 160 Construction of Functional Areas

161 / 178 Economic Management

179 / 185 Trade and Business Services

186 / 189 Industrial and High-Tech Industry

190 / 202 Agriculture and Rural areas

203 / 207 Financial Industry

208 / 213 Tourist Industry

214 / 225 Urban and Rural Planning and Construction

226 / 255 Construction and Management of Municipal Public Utilities

256 / 268 Comprehensive Management of Urban Municipal Administration

269 / 273 Water Affairs and Flood Prevention

274 / 279 Eco-Environmental Protection

280 / 287 Science and Technology

288 / 313 Education

314 / 336 Cultural

337 / 351 Hygiene and Health

352 / 357 Sports

358 / 388 Social Life

389 / 396 Emergency Management

397 / 516 Sub-Districts Areas (Townships)

517 / 520 Honor and Characters

521 / 528 Statistical Data

529 / 529 Appendices

530 / 564 Indexes

目　录

区情概览

建置区划

面积…… 1
建置沿革…… 1
行政区划…… 1
区位优势…… 2

自然地理　自然资源

地形…… 2
气候…… 2
土壤…… 2
植被…… 2
水文…… 2
自然资源…… 3
自然灾害…… 3

人口　民族　宗教

人口…… 3
民族…… 3
宗教…… 3

人文历史

史迹遗存…… 3
非物质文化遗产…… 3
标志性建筑…… 3
驻区文化单位…… 3

特色街区

北京 798 艺术区…… 4
潘家园旧货市场…… 4
蓝色港湾国际商区…… 4
三里屯酒吧街…… 4

经济社会发展

经济建设…… 4
政治建设…… 4
文化建设…… 5
社会建设…… 5
生态文明建设…… 6

领导干部名录

中共北京市朝阳区第十三届委员会…… 7
中共北京市朝阳区委工作机构…… 7
中共北京市朝阳区第十三届纪律检查委员会…… 7
北京市朝阳区监察委员会…… 7
朝阳区第十七届人民代表大会常务委员会…… 7
朝阳区人大常委会工作机构…… 8
朝阳区人民代表大会专门委员会…… 8
北京市朝阳区人民政府…… 8
北京市朝阳区人民政府工作机构…… 8
北京市朝阳区政府部门、人民团体　党政分设工作机构的党组织书记…… 8
政协北京市朝阳区第十四届委员会…… 9
朝阳区政协工作机构…… 9
朝阳区政协专门委员会…… 9
北京市朝阳区政法、军事机构…… 9
朝阳区各民主党派…… 9
北京市朝阳区各团体…… 10
其他单位…… 10
北京市朝阳区街道工委、办事处…… 10
北京市朝阳区地区工委（乡党委）、办事处（乡）…… 11

特　载

区委十三届七次全会报告…… 13
政府工作报告…… 20

专　文

"五宜"朝阳书写中国式现代化新篇章…………………… 27

大事记

1 月 …………………………………………………… 30
2 月 …………………………………………………… 30
3 月 …………………………………………………… 31
4 月 …………………………………………………… 31
5 月 …………………………………………………… 32
6 月 …………………………………………………… 32
7 月 …………………………………………………… 33
8 月 …………………………………………………… 33
9 月 …………………………………………………… 34
10 月 …………………………………………………… 35
11 月 …………………………………………………… 35
12 月 …………………………………………………… 36

中国共产党朝阳区委员会

综　述

主题教育………………………………………………… 37
服务大局………………………………………………… 37
改革创新………………………………………………… 37
"商务＋科技"双轮驱动 ………………………………… 37
释放消费活力…………………………………………… 38
文化强区建设…………………………………………… 38
城乡融合发展…………………………………………… 38
公共服务………………………………………………… 38
城市治理………………………………………………… 38
美丽朝阳建设…………………………………………… 39
全面从严治党…………………………………………… 39

重要会议

概况……………………………………………………… 39
区委全会………………………………………………… 39
区委常委会会议………………………………………… 39
区委议事协调机构会议………………………………… 39

重大活动

"美好向未来"博物馆之城主题论坛………………………… 40
互联网 3.0 生态发布大会 ………………………………… 40
朝阳发展成就展…………………………………………… 40
首届北京朝阳国际茶香文化节…………………………… 40
国际友人亮马河畔话中医药……………………………… 40
2023 海峡两岸社团交流节 ……………………………… 40
2023 年服务贸易发展高峰论坛 ………………………… 40
魅力朝阳之夜活动………………………………………… 41
2023 北京 CBD 论坛 …………………………………… 41
第二届北京城市更新论坛………………………………… 41
CYBA 篮球赛 …………………………………………… 41
2023 北京朝阳国际灯光节 ……………………………… 41
2023 北京朝阳"美丽中国"建设实践论坛 …………… 41

重大决策

标准化行动方案…………………………………………… 41
法律顾问制度……………………………………………… 41
发挥统计监督职能………………………………………… 41
大兴调查研究……………………………………………… 41
安全生产…………………………………………………… 41
基层治理体系和治理能力现代化建设…………………… 41

组织工作

概况………………………………………………………… 41
关心关爱党员……………………………………………… 42
党代表工作………………………………………………… 42
党员和基层党组织………………………………………… 42
扩大"两新"领域管理体制改革试点……………………… 42
扩大党的组织覆盖和工作覆盖…………………………… 42
党群服务中心建设………………………………………… 42
党建研究…………………………………………………… 42
干部任免…………………………………………………… 42
干部队伍建设……………………………………………… 42
公务员管理………………………………………………… 43
干部培训…………………………………………………… 43
党员干部警示教育基地建设……………………………… 43
人才政治吸纳……………………………………………… 43
国际人才"一站式"服务平台……………………………… 43
政策宣讲活动……………………………………………… 43
人才工作数智化建设……………………………………… 43
行业党建…………………………………………………… 43
基层专职党务工作者队伍建设…………………………… 43
基层党组织建设…………………………………………… 43
中小学校党组织建设……………………………………… 44
区委"两新"工委运行……………………………………… 44

第十届朝阳国际人才创业大会（ITEC） 44
国际留学生交流活动 44
人才引进 44
人才项目申报 44
区委人才工作领导小组会议 44
朝阳人才发展有限公司成立 44
党支部标准化规范化建设 44
在区高层次人才交流活动 45
新业态新就业群体党建工作 45
党委联系服务专家工作 45
“凤凰计划”高层次人才认定 45
第十一届朝阳国际人才创业大会（ITEC）赛事 45
党建工作协调委员会会议 45
青年精英见习计划 45
HICOOL2023 全球创业者峰会朝阳展区 45
“凤凰计划”高层次人才服务 46

宣传工作

概况 46
党的二十大精神学习宣传 46
主题教育学习宣传 46
宣讲工作 46
新闻宣传 46
对外宣传 47
爱国主义教育 47
意识形态工作责任制落实 47
新闻出版电影工作 47
文化发展项目 48
朝阳区建区 65 周年区情教育系列活动 48
2023 中国・北京电视剧盛典 48
朝阳区宣传思想文化工作会议 48

统一战线工作

概况 48
重要会议 48
港澳统战工作 49
推进多党合作和政治协商制度 49
新的社会阶层人士统战工作 49
基层统战工作 49
朝阳区科研院所统战工作联盟成立 49
对台工作 49
港澳、海外统战工作联席会和侨务工作会议召开 49
区统战系统捐助受灾地区 49
侨务工作 50
区海外联谊会六届三次会员大会召开 50

机构编制管理

概况 50
国家安全管理体制调整 50
机构编制调整 50
为街乡下达专项编制 50
机构编制报告 50
国防动员体制改革 50
疾病预防控制体系改革 50
文化创意产业管理体制调整优化 50
机构编制监督检查 50

政策研究

概况 50
调查研究工作 51
改革创新工作 51

区直机关党建

概况 51
机关党的政治建设 51
机关党的思想建设 51
机关党的组织建设 52
党建引领基层治理工作 52
党风廉政建设 52
开展学习贯彻习近平新时代中国特色社会主义思想主题教育 52

老干部工作

概况 52
离退休干部党的建设 53
离退休干部政治待遇落实 53
离退休干部生活待遇落实 53
离退休干部发挥优势和作用 53
为离退休干部办实事 53
离退休干部精神文化生活 53
关心下一代工作 53
老干部工作会议召开 54

保密管理

概况 54
优化考评体系 54
开展保密检查 54
保密宣传 54
保密工作培训 54

党校工作

概况 54

干部教育培训……54
党校分校教学工作……54
课程研发……55
科研资政……55
学术交流……55
教学活动……55

党史编研

概况……55
编研成果……55
党史资料征编……56
党史资料数字化建设……56
党史课题研究……56
党史知识网络竞赛……56
党史宣教系列短视频……56
党史宣传教育……56
首家村级党史学习园地……56

朝阳区人民代表大会

综　述

全国人大常委会法工委立法联系点建设……57
学习考察……57
外事活动……57
人大代表构成……57
信息宣传……58
“两个全覆盖”深化监督工作……58
“两评”机制提升代表建议办理实效……58
备案审查……58
监督工作……58
政府工作部门评议……59
专题询问……59
代表工作……59
信息宣传……60
党建暨人大工作会……60
人大工作研究会……60
坚持和完善人大制度重要思想交流会……60

重要会议

概况……60
区人大常委会会议……60
区人大常委会主任会议……62
区人民代表大会会议……63

人事任免

概况……63
人事任免事项……63

议案办理和信访受理

概况……65
议案督办……65
信访受理……66

代表活动

概况……66
“双月”代表座谈会……66
“双联系”机制密切代表与选民联系……66
区人大代表首期政治培训班……66
区人大代表履职培训班……66
区人大代表集中活动……66
市人大朝阳团代表会前集中活动……67
读书班活动……67
“代表集中联系选民月”活动……67

专门委员会

概况……67
监察和司法委员会……67
财政经济工作委员会……68
城建环保工作委员会……68
教科文卫工作委员会……68
社会建设委员会……69
农村工作委员会……69

朝阳区人民政府

综　述

经济增长稳定……70
内需潜力激发……70
对外开放扩大……70
科技创新发展……70
产业生态优化……70
贯彻区域协调发展战略……71
城市总规落地实施……71
乡村振兴落地见效……71
办好民生实事……71
城市治理有效推进……71
生态建设成果……72

筑牢公共安全防线…… 72
整治安全隐患…… 72
加强社会风险防范…… 72
主题教育走深走实…… 72
民主法治建设成效提升…… 72
政府运转高效有序…… 72

重要会议

区政府常务会议…… 72
区长办公会议…… 73
政府全体会议…… 74

重大活动

亮马河 2023 醒春启航新征程首航活动 …… 74
互联网 3.0 生态发布大会 …… 74
第十届朝阳国际人才创业大会（ITEC）创新峰会 …… 74
朝阳区爱国卫生月暨世界卫生日主题宣传活动…… 74
2023 北京国际音乐生活周 …… 74
朝阳拥抱未来“礼赞新时代 奋进新征程”发展成就展…… 74
循环经济产业园区低碳发展峰会…… 74
首届“北京朝阳国际茶香文化节” …… 75
2023 原产地咖啡品鉴暨推介交流会——北京 CBD 专场…… 75
北京市互联网 3.0 创新生态发展大会 …… 75
参加服务贸易发展高峰论坛…… 75
“共享朝阳发展，共话合作未来”魅力朝阳之夜活动…… 75
中医药健康产业国际智库论坛…… 75
2023 北京 CBD 论坛 …… 75
中德商务文化交流——北京 CBD 之夜 …… 75
中国基础教育高质量发展·北京论坛…… 75
2023 首届 CYBA 朝阳篮球联赛 …… 76
2023 年中国农民丰收节朝阳区庆祝活动 …… 76
第二届北京城市更新论坛暨首届北京城市更新周…… 76
2023 年北京朝阳城市更新论坛 …… 76
北工大山河湾谷创新区建设启动会…… 76
2023 国家文化产业创新实验区发展大会 …… 76
2023 北京朝阳国际灯光节 …… 76
第四届元宇宙与人工智能产业生态大会…… 76
2023 北京中阿经贸文化交流活动 …… 76

综合政务管理

概况…… 77
公文管理…… 77
调查研究…… 77
政务信息…… 77
督查督办…… 77
绩效管理…… 77
外联服务…… 77

政府信息公开

概况…… 77
主动公开…… 78
依申请公开…… 78
行政复议信息公开…… 78
行政诉讼信息公开…… 78
年度报告…… 78
公开指南…… 78

信息化建设与管理

累计建成 5G 基站 5229 个 …… 78
基站拆除…… 78
网络安全检查…… 78
有限空间夜查…… 79
“百业万企”共铸诚信文明朝阳活动…… 79
朝阳区政务网络安全保障平台建成…… 79
政务信息系统调研评价工作培训会…… 79
信息化建设工作交流座谈会…… 79

外事及涉港澳台事务

概况…… 79
区领导多渠道招商引资…… 79
“地球一小时”熄灯活动在“冰丝带”举行…… 79
制作《外国人在朝阳工作生活指南》系列视频…… 79
外国记者走进朝阳…… 79
奥地利萨尔茨堡市市长祝贺北京国际音乐节开幕…… 80
格鲁吉亚外交领域官员参访丽都会客厅…… 80
洪都拉斯媒体代表团参加亮马河游船活动…… 80
第三届“北京·国际范儿”短视频大赛线下采拍活动举行…… 80
朝阳区与意大利米兰第一区线上交流…… 80
外企高管参与《外国人眼中的朝阳》系列视频拍摄…… 80
重要外宾接待…… 80
驻华使节中医药健康日活动举办…… 80
外国朋友参加北京朝阳国际灯光节…… 80
2023 年北京市驻华使节招待会在朝阳区举行 …… 80
国际文化交流活动…… 81
驻华大使夜游亮马河…… 81

政务服务

概况…… 81
公共资源交易中心全年工作数据…… 81
朝阳区政府信息公开全年工作数据…… 81

原发包中心部分固定资产交接工作…… 81
朝阳区政务服务局“一业一证”行业综合许可改革…… 81
启动数字政务一体化平台项目建设…… 81
颁发首张餐饮店综合许可证…… 81
搭建数字政务大数据分析平台…… 82
数字政务一体化平台建设可行性方案通过评审…… 82
市委巡视组和市交易中心调研交流工作…… 82
机房改造项目施工完成并通过验收…… 82
公共资源交易中心落实园林绿化工程招标投标监管职能…… 82
完成区级大厅窗口 LED 屏改造项目、网络安全系统升级改造项目验收…… 82
完善场地预约系统，实现政府采购全流程电子化服务…… 82
完成朝阳区数字政务一体化平台建设项目招标工作…… 82
依托政务服务自助终端搭建云窗办事平台…… 82
政务服务自助终端在东湖街道党群服务中心应用…… 82

信访工作

概况…… 82
领导干部接访下访…… 82
矛盾排查化解…… 82
区委理论学习中心组学习《信访工作条例》…… 83
国家信访局到朝阳区调研…… 83
外省市信访局领导到朝阳区调研…… 83
信访工作宣传活动…… 83
市信访办到朝阳区开展大督查大接访大调研活动…… 83
丰台区信访办到朝阳区学习交流…… 83

机关后勤服务与管理

概况…… 83
机关纾困帮扶…… 83
优化办公环境…… 83
节约型机关创建和机关食堂反食品浪费…… 84
公务用车管理…… 84

政协朝阳区委员会

综　述

委员构成…… 85
委员报告厅…… 85
自身建设…… 85
委员读书班…… 85

重要会议

概况…… 85
常务委员会会议…… 85
主席会议…… 86
与区委统战部联合召开协商议政会…… 86
区政协十四届二次会议…… 87

协商议政

概况…… 87
公园城市建设座谈会…… 87
“推进韧性城市”重点协商议题座谈会…… 87
专题调研研讨会…… 87
“公共卫生应急管理体系建设”调研座谈会…… 88
“城市更新行动”民主监督座谈会…… 88
“健康朝阳”建设民主监督协商座谈会…… 88
“打造高水平人才高地”协商调研座谈会…… 88
围绕环境发展主题召开协商议政会…… 88
围绕以人才支撑经济发展主题进行专题议政…… 88
理论与实践研究基地智库联盟聘任仪式暨交流研讨会…… 88

提案工作

概况…… 89
提案办理“回头看”活动…… 89
督办公共文化专题重点提案…… 89
调研活动…… 89
提案委员会全体会议暨提案办理报告审查协商座谈会…… 89
同类提案集中办理协商…… 89

调研与视察

概况…… 89
“公共卫生应急管理体系建设”视察调研…… 89
与密云区政协组织协商调研…… 90
市政协到朝阳区调研…… 90
全国政协办公厅研究室到朝阳区调研…… 90
接待杭州市临安区政协调研组来访…… 90
“践行绿色发展理念，建设公园城市”调研…… 90
“城市更新行动”民主监督调研…… 91
城乡融合发展重点提案督办调研…… 91
“打造高水平人才高地”主席调研…… 91
到三京哈沿线 3 市调研区域协调发展…… 91
四川德阳政协到朝阳区考察调研…… 91
京张体育文化旅游带建设考察…… 91
专题调研…… 91
上海市徐汇区政协到朝阳区考察…… 92

党外委员专题视察…… 92
民主监督协商…… 92
考察学习浙江“千万工程”经验…… 92
围绕“进一步推进生态文明建设工作”调研…… 92
委员集中视察…… 92
委员工作站筹备情况调研…… 92

专门委员会

概况…… 93
提案委员会…… 93
学习委员会…… 93
教育卫生与体育委员会…… 93
文化文史委员会…… 93
经济科技委员会…… 93
人口资源和建设委员会…… 94
社会法制与民族宗教委员会…… 94
农业和农村委员会…… 94
港澳台侨委员会…… 94

中国共产党朝阳区纪律检查委员会 朝阳区监察委员会

综 述

制度建设…… 95
制度规范制发…… 95
纪检监察体制改革…… 95
区纪委全会十三届第三次会议…… 95

党风政风监督

概况…… 95
纠治“四风”…… 95
主题教育整改整治…… 96
“一把手”和领导班子监督…… 96
协助落实全面从严治党主体责任…… 96
开展诫勉评查…… 96
定期通报“第一种形态”…… 96
搭建监督数据平台…… 96
监督工作统筹与考核…… 96
经济社会发展专项监督…… 96
乡村振兴领域不正之风和腐败问题专项整治…… 97
接诉即办专项监督…… 97
服贸会专项监督…… 97
市场监管系统腐败和作风问题专项监督…… 97
殡仪服务领域专项监督…… 97
安全生产相关工作专项监督…… 97
创建“基本无违法建设区”专项监督…… 98
民主生活会专项监督…… 98
全国两会服务保障专项监督…… 98
两会服务保障专项监督…… 98
开展行政执法案卷质量专项监督…… 98

巡察工作

概况…… 98
十三届区委第二轮巡察工作…… 98
建立健全区委巡察机构与区纪委区监委有关部门协作配合机制…… 98
巡察办、巡察组实现集中办公…… 99
十三届区委第三轮巡察工作…… 99
《关于选派优秀干部到区委巡察岗位锻炼的实施意见》印发…… 99
十三届区委 2023 年巡察干部培训班…… 99
十三届区委第四轮巡察工作…… 99
市委巡视办到朝阳调研社区专项巡察工作…… 99
十三届区委第五轮巡察工作…… 99
十三届区委第六轮巡察工作…… 99
《区委巡察整改工作指引》印发…… 100
十三届区委第七轮巡察工作动员部署会…… 100
朝阳区被列为贯通协调监督力量开展对社区巡察试点区…… 100

信访举报

概况…… 100
深入开展委领导班子成员包点调研督导工作…… 100
开展重复举报化解不力专项治理…… 100
信访举报受理…… 100
质效评估自查自纠…… 100

纪律检查和案件审理

概况…… 101
案件审理…… 101
案件质量问题专项整治…… 101

反腐倡廉宣传教育

概况…… 101
廉洁文化建设…… 101
警示教育…… 101

民主党派

中国国民党革命委员会北京市朝阳区委员会

概况…… 102
主题教育…… 102
组织发展…… 102
参政议政…… 102
社会服务…… 103
联合举办庄超联赛活动…… 103

中国民主同盟北京市朝阳区委员会

概况…… 103
思想政治建设…… 103
组织建设…… 103
参政议政…… 103
政党协商…… 104
社情民意信息…… 104
社会服务…… 104

中国民主建国会北京市朝阳区委员会

概况…… 104
思想政治建设…… 104
参政议政…… 104
抗击汛情…… 105
社会服务…… 105

中国民主促进会北京市朝阳区委员会

概况…… 105
思想政治建设…… 105
六届六次全委（扩大）会议…… 106
中国文联支部增补委员…… 106
参政议政…… 106
捐赠民进会史文物资料…… 106
民进朝阳开明画院…… 106
专题调研…… 106
捐助房山区小学…… 106

中国农工民主党北京市朝阳区委员会

概况…… 106
思想政治建设…… 107
参政议政…… 107
跨党派活动…… 107
社会服务…… 107
中医药文化进社区实践教育基地揭牌…… 107
京津冀携手同心健康行活动…… 107

中国致公党北京市朝阳区委员会

概况…… 108
思想政治建设…… 108
参政议政…… 108
专题调研…… 108
赈灾募捐…… 109
理论学习中心组学习（扩大）会召开…… 109

九三学社北京市朝阳区委员会

概况…… 109
思想政治建设…… 109
基层组织建设…… 109
参政议政…… 109
共建共享…… 109
优青培训…… 110
抢险救灾…… 110

台湾民主自治同盟北京市委员会朝阳区委员会

概况…… 110
思想政治建设…… 110
组织建设…… 110
参政议政…… 111
盟员走访…… 111
社会服务…… 111

人民团体

朝阳区总工会

概况…… 112
公司建会…… 112
工会业务培训…… 112
领导慰问劳模和一线职工…… 112
第十四届常委会第八次全体会议召开…… 112
台湾劳工联合总工会代表团到朝阳区调研…… 112
第四届“朝阳工匠”选树活动启动…… 113
领导到朝阳区调研…… 113
工会联谊…… 113
职工沟通会…… 113
朝阳区总工会第十五次代表大会举行…… 113
朝阳区劳动关系协调员技能培训班…… 113
基层工会服务站站长业务素质提升培训班…… 114
企业民主管理…… 114

产业工人队伍建设改革博览会…… 114

共青团朝阳区委

概况…… 114
新媒体宣传…… 114
朝阳共青团大学生理论与社会实践…… 114
小哥加油站·社区青年汇…… 114
助农直播活动…… 114
“两节”送温暖活动…… 115
“你好，太空”科学探索营活动…… 115
团组织建设…… 115
青年就业创业实习基地建设…… 115
“青春读书会”五四主题活动…… 115
“就在你身边”青春双选会…… 115
朝阳国际青年文创联盟系列活动…… 115
困境青少年精准帮扶…… 115
“星光自护”活动…… 115
青年律师未成年人保护志愿服务队…… 115
朝阳国际青年创投联盟系列活动…… 115
朝 YOUNG 课堂…… 115
“红领巾成长营”暑期托管活动…… 116
朝阳区第一期少年军校…… 116
青年志愿服务人才培育…… 116
朝阳区“三长联动”青少年生态教育…… 116
朝阳区青年志愿者协会成立大会…… 116
青年工作联席会议…… 116

朝阳区妇女联合会

概况…… 116
寒假关爱儿童活动…… 116
打造“驿港湾”…… 116
“两节”送温暖活动…… 116
“朝之花”她主题活动…… 117
朝阳区庆祝“三八”妇女节活动…… 117
学雷锋巾帼志愿服务活动…… 117
区妇联第十四届二次常委会、四次执委会…… 117
“春风行动”线上女性专场招聘会活动…… 117
“春风送暖”慰问活动…… 117
反家暴实务工作培训…… 117
朝阳区第十二届家庭文化节…… 118
妇联系统干部培训班…… 118
全国妇联主席到朝阳区调研…… 118
市妇联领导到朝阳区调研…… 118
“点亮儿童未来”世界儿童日主题活动…… 118
处级女领导干部培训班…… 118

朝阳区科学技术协会

概况…… 118
6 家企业科协和 2 家园区科协成立…… 118
最美科技工作者和最美科技创新团队…… 119
朝阳区师生获青少年科技创新大赛奖…… 119
专家到企业指导…… 119
国内首个国际科技组织总部集聚区落地朝阳区…… 119
市科协与区政府战略合作协议签署…… 119
科学家会客厅主题活动…… 119
科技创新课…… 119
朝阳区科普活动…… 119
基层科普项目资助计划…… 119
朝阳区师生获全国青少年科技创新大赛奖…… 120
全国科普日朝阳区主场活动举办…… 120
企业科协服务科技工作者资助项目…… 120
朝阳区科协第八次代表大会…… 120
朝阳区代表队获京津冀公民科学素质大赛一等奖…… 120
朝阳区公民科学素质大赛总决赛…… 120

朝阳区归国华侨联合会

概况…… 120
两节“送温暖”活动…… 120
“总对总”平台涉侨调解组织授牌…… 121
朝阳区侨青会换届…… 121
基层侨联工作会召开…… 121
五四青年节爱心公益长跑活动举办…… 121
朝阳区侨联八届四次全委会议举行…… 121
口腔健康义诊活动举办…… 121
“侨说公益讲堂”话剧专场活动举办…… 121
2023 年“中国寻根之旅”夏令营举办…… 121
中非体育与教育高层论坛举办…… 121
朝阳区“侨之家”工作研讨活动举办…… 122
新侨创业及境内发展交流会举办…… 122
基层侨联工作指导文件印发…… 122

朝阳区青年联合会

概况…… 122
新春慰问活动…… 122
六届九次常委会举行…… 122
朝阳青年健走乐跑公益赛举办…… 122
朝阳区青年联合会第七届委员会第一次全体会议召开…… 123
“青春读书会——带你走进《习近平的七年知青岁月》”活动…… 123
京津冀“城市年轻力创造者大会”举办…… 123
“青年科学家进校园”活动…… 123

“科技之光青年讲堂”活动举办…………………………… 123
“致朝阳·正青春”主题诵读活动举办…………………… 123
首个台湾青年驿站揭牌………………………………………… 123
七届二次常委会扩大会议举行……………………………… 123
区青联与天津市滨海新区青联战略合作框架协议
签署………………………………………………………………… 124

朝阳区工商业联合会

概况……………………………………………………………… 124
民营企业百强座谈会举行…………………………………… 124
走访调研………………………………………………………… 124
助企纾困座谈会……………………………………………… 124
宣教员座谈会………………………………………………… 124
企业发展服务站暨智库团队成立………………………… 124
政策宣讲会举办……………………………………………… 124
民营企业家高级研修班开班……………………………… 124
朝阳区 73 家企业上榜北京民营企业百强 ……………… 125
区域合作………………………………………………………… 125
教育培训………………………………………………………… 125
民营经济统战工作联席会成立大会举行………………… 125

法　治

政法委及综治

概况……………………………………………………………… 126
重大活动安保…………………………………………………… 126
市域社会治理现代化试点验收……………………………… 126
重点领域平安创建…………………………………………… 126
群众安全感工作提升………………………………………… 126
“朝阳群众”升级版品牌打造……………………………… 126
重点区域重点行业整治……………………………………… 126
矛盾纠纷预防化解…………………………………………… 127

法治政府建设

概况……………………………………………………………… 127
规范性文件合法性审查……………………………………… 127
行政复议………………………………………………………… 127
行政应诉………………………………………………………… 127
依法治区工作…………………………………………………… 127
依法行政培训…………………………………………………… 128
行政执法协调监督…………………………………………… 128

公　安

概况……………………………………………………………… 128
社会治安管理…………………………………………………… 128
“智慧平安小区”建设……………………………………… 128
矛盾纠纷化解…………………………………………………… 128
电信诈骗防范打击…………………………………………… 128
“公安＋行政”执法协作…………………………………… 129
轻微刑事案件“一站式”办理……………………………… 129
保安行业管理…………………………………………………… 129
违规电动三、四轮车治理…………………………………… 129
社区消防安全管理…………………………………………… 129
公园景区旅游秩序维护……………………………………… 129
反恐宣传活动…………………………………………………… 129
破获盗版侵权专案…………………………………………… 129
失联人员查找中心组建……………………………………… 130
“国际禁毒日”主题宣传…………………………………… 130
被盗窃电动自行车发还仪式举行………………………… 130

检　察

概况……………………………………………………………… 130
刑事检察………………………………………………………… 130
刑事诉讼监督…………………………………………………… 130
民事检察………………………………………………………… 130
行政检察………………………………………………………… 130
公益诉讼检察…………………………………………………… 130
保护国资国财…………………………………………………… 130
优化营商环境…………………………………………………… 130
检察听证会……………………………………………………… 131
数字检察赋能法律监督……………………………………… 131
特色检察品牌打造…………………………………………… 131
司法工作人员相关职务犯罪办理………………………… 131

法　院

概况……………………………………………………………… 131
刑事审判………………………………………………………… 131
民商事审判……………………………………………………… 132
行政审判………………………………………………………… 132
执行工作………………………………………………………… 132
司法便民利民举措…………………………………………… 132
非机动车交通事故案件审判白皮书……………………… 132
“四联四力”打造物业纠纷源头治理示范社区改革
举措………………………………………………………………… 132
医疗纠纷化解 10 项工作机制 ……………………………… 132
涉预付式消费类服务合同案件审判白皮书……………… 132
涉电信网络诈骗案件审判白皮书………………………… 132
人身安全保护令申请指南…………………………………… 133
涉外知识产权民事司法保护白皮书……………………… 133
与全国首家专业化域外法查明机构签署合作框架协议…… 133
“3+3+3”劳动人事争议化解体系 ……………………… 133

“1+3”妇女儿童权利保障机制 …… 133
“朝知云调解平台”助力服贸会服务…… 133
网络司法拍卖直播…… 133

司法行政

概况…… 133
行政审批…… 133
司法鉴定…… 133
公共法律服务…… 134
法律援助…… 134
律师管理…… 134
人民调解…… 134
社区矫正…… 134
普法工作…… 135
公证管家服务启动…… 135

仲 裁

概况…… 135
集体争议案件联合调解…… 135
巡回法庭与裁审交流活动…… 135
“青年荟”志愿服务队活动…… 135
普法宣传活动…… 136
商会企业劳动争议调解委员会成立…… 136
首批行业陪审员聘任及参与案件审理…… 136
仲裁裁决书在互联网公布办法发布…… 136
涉自贸区企业裁决书首度公开…… 136

军 事

区人武部工作

概况…… 137
民兵应急分队建设…… 137
民兵整组…… 137
民兵训练…… 137
民兵政治教育…… 137
征兵工作…… 137
国防教育…… 137
防汛工作…… 137

人民防空

概况…… 137
指挥通信训练演练…… 138
人防工程隐患治理…… 138
社区人防建设…… 138
国防人防宣传教育…… 138
防空袭警报鸣响…… 138
国防动员综合训练…… 138
人防工程平战转换演练…… 138

退役军人事务

概况…… 138
退役军人服务保障…… 138
优待褒扬…… 138
军休服务…… 138
就业创业…… 138
双拥工作…… 138
老兵宣讲活动…… 139
“首都老兵”志愿服务活动…… 139
就医绿色通道开通…… 139
慰问部队…… 139
“拥军图书室”赠书揭牌仪式…… 139
区军休干部服务管理工作咨询委员会成立…… 139
“三八”节“致敬最美军嫂”活动…… 139
军地青年联谊会…… 139
清明祭英烈活动…… 139
第四届“双拥杯”乒乓球友谊赛…… 140
“双拥杯”军地智力竞技比赛…… 140
“千企万店”拥军行动第二批试点启动…… 140
军政座谈会暨双拥工作领导小组会…… 140
区军休党校、诗词学会和摄影协会成立…… 140
三里屯现象·双拥优势助力新发展实践研讨会…… 140
烈士纪念日公祭仪式…… 141
“红色八月”活动…… 141
新一届全国双拥模范城迎检…… 141

功能区建设

北京商务中心区

概况…… 142
数字经济发展…… 142
重点企业入驻 CBD …… 142
系列品牌活动…… 143
北京 CBD 数字经济发展论坛暨创新中心揭牌 …… 144
北京商务中心区商会成立…… 144
北京 CBD 核心区重点项目建设 …… 144
咖啡青年节暨咖啡推介交流活动…… 145
“北京 CBD—天津港 京津协同港口服务中心”揭牌…… 145
北京 CBD 流动驿站 …… 146

《促进北京商务中心区高质量发展若干措施》发布…… 146
北京国际合作论坛暨 CBD 论坛 …………………………… 146
国际交流…………………………………………………… 146
轨道交通 28 号线始发站东大桥站开工建设 …………… 147

北京奥林匹克中心区

概况………………………………………………………… 147
冬奥会一周年系列活动…………………………………… 148
战略合作（框架）协议签署……………………………… 148
首届中国冰雪大篷车百场巡回主题活动………………… 148
“亚运走十城·吉利伴你行”北京站活动……………… 149
国家会议中心二期 B23 地块竣工 ……………………… 149
与中青旅控股股份有限公司战略合作协议签署………… 149
纪念北京夏季奥运会举办 15 周年系列活动 …………… 149
北京华乐非凡文化传播有限公司落户奥林匹克
中心区………………………………………………… 149
魅力朝阳之夜主题活动…………………………………… 149
中国考古博物馆开放……………………………………… 150
国家体育馆成为北控男篮新主场………………………… 150
《冰梦丝语》——Magic on Ice 活动 ………………… 150
朝阳融媒体发展大会暨“五宜”朝阳行启动仪式……… 150
奥园运营公司成立………………………………………… 151
奥林匹克中心区展位亮相“两博会” ………………… 151
第 13 届鸟巢欢乐冰雪季 ………………………………… 151
大型活动服务保障………………………………………… 151

中关村朝阳园

概况………………………………………………………… 152
全区两会科技创新专题发布……………………………… 153
《中关村朝阳园发展建设三年行动方案》 …………… 153
机构改革…………………………………………………… 153
朝阳园北区启动区建设…………………………………… 153
北京数字经济核心区建设工作要点发布………………… 153
区政府和福建省大数据集团签署战略合作框架协议…… 154
工联院入驻电子城·（北京）IT 产业园 ……………… 154
朝阳园在“城六区分园和亦庄园”评价中均排名第二…… 154
三年提升行动工作动员部署会…………………………… 154
Biotech 企业家沙龙活动 ……………………………… 154
阿里北京总部竣工备案…………………………………… 154
朝阳园固定资产投资超额完成任务……………………… 154

国家文化产业创新实验区

概况………………………………………………………… 155
国家文化产业创新实验区发展论坛……………………… 155
国家文创实验区 AIGC 创意产业联盟成立 …………… 155
国家文创实验区文创行业党委成立……………………… 156
京津冀“文化产业赋能乡村振兴”工作推进活动……… 156
文化金融系列活动………………………………………… 156
文化产业园区携行计划…………………………………… 156
实验区高质量发展三年行动计划实施…………………… 157
园区品质提升计划………………………………………… 157
798 艺术区国际儿童艺术周 …………………………… 157
战略合作…………………………………………………… 158
深圳文博会亮相…………………………………………… 158
沙龙活动…………………………………………………… 158
推动文化产业高质量发展促进经济总量倍增工作
方案………………………………………………… 158
国家文创实验区“云园区” …………………………… 158
服贸会文旅服务专题展朝阳展区………………………… 158
“魅力京津冀”活动……………………………………… 159
北京 798 艺术节…………………………………………… 159
国家文化产业创新实验区发展大会……………………… 159
北京文化创意大赛朝阳赛区赛事………………………… 159
交流活动…………………………………………………… 160
建设国际一流影视制作基地工作计划…………………… 160
政协国家文化产业创新实验区委员工作站……………… 160
10 个项目入选文化精品工程 …………………………… 160

经济管理

宏观经济调控

概况………………………………………………………… 161
“服务包”企业走访联系服务工作方案………………… 161
重点工程计划项目………………………………………… 161
基本建设计划安排实施计划项目投资…………………… 161
区域经济发展的统筹谋划………………………………… 161
节能降碳宣传……………………………………………… 161
节能成效…………………………………………………… 161
第三届“凤鸣计划”评选………………………………… 161
招商引资…………………………………………………… 162
产业空间线上管理平台…………………………………… 162
碳达峰碳中和制度建设和方案…………………………… 162
东西部协作………………………………………………… 162
朝密结对协作……………………………………………… 162
朝阳区 2023 年财源建设工作方案 …………………… 162
朝阳区推进“双五”工程 2023 年度工作方案 ……… 162
“十四五”规划中期评估工作方案实施………………… 162
营商环境行动方案………………………………………… 162
投资管理办法……………………………………………… 162
营商环境考评位居全市第一……………………………… 162
产业政策修订完善宣传…………………………………… 162

产业高质量发展指导意见印发…………………………… 163
朝阳区协同副中心发展………………………………… 163
编制计划报告…………………………………………… 163

自然资源管理

概况……………………………………………………… 163
城市国土空间监测……………………………………… 163
自然资源资产清查……………………………………… 163
土地征收………………………………………………… 163
土地供应………………………………………………… 163
自然资源行政执法……………………………………… 163
不动产登记……………………………………………… 163

国有资产监督管理

概况……………………………………………………… 163
国资国企运营…………………………………………… 164
国资国企监管…………………………………………… 164
国有企业改革…………………………………………… 164
央企国企合作…………………………………………… 164
国资国企招商引资……………………………………… 164
朝阳区属重点国有企业………………………………… 164
监管企业举证类图斑证明……………………………… 164
工作微信公众号成效…………………………………… 164
抢险救灾………………………………………………… 164
三大集团公司揭牌仪式………………………………… 165
合作洽谈会……………………………………………… 165
协助文旅集团举办首航活动…………………………… 165
奥运沙滩排球场馆改造施工图审查事宜的请示获批…… 165
亮马河经济带商业联盟成立…………………………… 165
首届北京朝阳国际茶香文化节………………………… 165
2023 年“培优”计划招聘 …………………………… 165
国资预算资金…………………………………………… 165
泡泡玛特城市乐园开园………………………………… 165
首届北京朝阳国际灯光节……………………………… 165
产权管理业务培训……………………………………… 165
房屋产权确立…………………………………………… 166
违规投资追究办法出台………………………………… 166

民营经济服务

概况……………………………………………………… 166
企业政策扶持…………………………………………… 166
市场主体培育…………………………………………… 166
个私经济主体登记……………………………………… 166
个私经济服务…………………………………………… 166
中小企业培育…………………………………………… 166
优化营商环境…………………………………………… 166
企业服务………………………………………………… 166

财　政

概况……………………………………………………… 167
一般公共预算支出……………………………………… 167
重点项目投入…………………………………………… 167
乡村振兴投入…………………………………………… 167
民生投入………………………………………………… 167
生态建设投入…………………………………………… 167
预算绩效管理…………………………………………… 167
政府采购管理…………………………………………… 167
会计管理………………………………………………… 167
财政资金管理…………………………………………… 167
财政监督………………………………………………… 167
债务风险防控…………………………………………… 167

税　务

概况……………………………………………………… 168
税费征管改革…………………………………………… 168
减税降费………………………………………………… 168
依法治税………………………………………………… 168
纳税服务………………………………………………… 168
“税务小哥”宣传……………………………………… 168
税务队伍建设…………………………………………… 168

金融管理

概况……………………………………………………… 169
辖区企业上市…………………………………………… 169
首支住房租赁投资基金设立…………………………… 169
国内首家合资转外资公募基金公司…………………… 169
北京外资试点暨创投集聚区政策培训会举办………… 169
全国首家新设外商独资证券…………………………… 170
企业上市服务政策宣讲会……………………………… 170
2023 年服贸会金融专区朝阳区展 …………………… 170
穆巴达拉投资公司北京办公室开业…………………… 170
2 家公司获批保险经纪业务牌照 …………………… 170

审　计

概况……………………………………………………… 170
专项调查审计…………………………………………… 170
预算执行审计…………………………………………… 170
领导干部经济责任审计………………………………… 170
政府投资审计…………………………………………… 170
内部审计………………………………………………… 170
审计整改………………………………………………… 170
审计信息宣传…………………………………………… 170

统　计

概况…… 171
经济运行监测…… 171
统计专项调查…… 171
统计数据质量…… 171
朝阳区第五次全国经济普查…… 171
统计报告和信息…… 171
统计普法执法…… 171
统计宣传…… 172
统计课题研究…… 172
人口抽样调查…… 172

市场监督管理

概况…… 172
优化营商环境…… 172
市场各领域违法行为打击…… 172
容错纠错清单 2.0 版本…… 172
公平竞争审查…… 173
金融类企业限制…… 173
广告监管工作规程指引编制…… 173
首个区级预付卡管理工作方案…… 173
重大活动服务保障…… 173
“五控”机制处置方案…… 173
“跨省通办”合作框架协议签订…… 173

质量技术监督

概况…… 175
缺陷消费品召回…… 175
产品质量监管…… 175
特种设备监管…… 175
项目资金资助…… 175
标准化行动方案…… 175
“CCC 免办证明”…… 175
民生计量保障…… 175
安全监督管理文件印发落实…… 175
“儿童用品安全行”宣传活动…… 175
质量基础设施“一站式”公共服务模式建设…… 175

食品药品监督管理

概况…… 175
专项检查…… 175
食品安全专项行动…… 176
食品安全责任保险…… 176
大洋路批发市场智慧农贸系统…… 176
食品展览展销会展前报告工作指导…… 176
制止餐饮浪费专项行动…… 176
保健食品行业食品安全专项治理…… 176
国家食品安全示范城市创建…… 176
食品药品监督抽检…… 176
不良反应监测…… 176

价格管理

概况…… 176
民生商品价格监管…… 177
违规收费治理…… 177
价格专项执法行动…… 177

知识产权保护

概况…… 177
知识产权制度体系完善…… 177
知识产权强市建设示范工作…… 177
商标注册…… 177
专利授权…… 177
优化和完善工作站布局…… 177
知识产权公共服务体系构建…… 177
知识产权纠纷调解…… 178
重点产业知识产权运营基金设立…… 178
创新管理与知识产权国际标准运营中心建设…… 178
企业科创性诊断及知识产权合规指引项目…… 178
企业知识产权体检项目…… 178
知识产权执法…… 178
知识产权宣传活动…… 178
跨区域知识产权工作合作协议签订…… 178

商贸服务业

综　述

商贸服务业基本情况…… 179
“两区”建设进展…… 179
消费模式创新…… 179
总部经济发展…… 180
服贸会参与…… 180
批发零售和租赁商务服务业…… 180
外贸进出口…… 180
利用外资…… 180
政务服务…… 180
烟草专卖与管理…… 181

邮政服务

概述…… 181
重要会议和巡视信箱服务工作…… 181
主题邮局…… 181
邮政服务质量提升…… 181
为民服务措施持续推进…… 181
落实协同战略…… 181
管控指标高效运营…… 182
平安邮政目标实现…… 182
爱驻朝阳主题活动…… 182
兔年生肖纪念酒正式发布…… 182
《理学亢宗——千年程颢程颐》个性化邮票首发…… 182
"向雷锋同志学习"题词宣传戳启用…… 182
"获客强企 春风行动"…… 182
服务春季和秋季书市…… 182
"赏邮票 学报告 话成就"…… 182
全程服务梅西赛…… 183
组织开展市集活动…… 183
潮起亮马河精品展助力…… 183
"双 11"包裹投递…… 183

朝富公司

概况…… 183
股权划转…… 183
"一带三好"物业服务新模式…… 184
朝富公司 60 周年庆…… 184
便民服务…… 184
智慧菜市场…… 184
农资服务…… 184

蓝岛大厦

概况…… 184
专业技能培训…… 184
营销促销活动…… 185
技能大师工作室…… 185
百姓宣讲活动…… 185

京客隆集团

概况…… 185
红松园北里店开业…… 185
AI 视觉自助秤…… 185
市级技能大赛获奖…… 185

工业和高新技术产业

工业产业发展

概况…… 186
北京数字经济算力中心成立…… 186
全国数字经济产业高地考察交流…… 186
中关村互联网 3.0 产业园（朝阳）挂牌…… 186
京港互联网 3.0 数字产业共建合作启动…… 186
北京国际大数据交易所经营资质落地朝阳区…… 186
互联网 3.0 应用场景研究院成立…… 187
京港互联网 3.0 产业中心暨青年人才创新基地落地…… 187
北京工业软件产业创新中心成立…… 187

高新技术产业

概况…… 187
重点企业"服务包"…… 187
黑马数字人加速器产业运营公司成立…… 187
区高科技高成长 20 强揭晓…… 187
"魔搭"与北京市数字人基地签约…… 187
财源建设暨数字经济统计培训…… 187
朝阳区信创适配攻关基地成立…… 187
"XR 产业加速器"成立…… 187
企业自研成果发布…… 187
中国工业互联网研究院科研楼启用…… 188
网易（北京）数字产业中心落地…… 188
高新产业资金拨付…… 188
艺旗集团北京总部落地…… 188
北京数道智算科技有限公司揭牌…… 188
中关村新一轮先行先试改革措施…… 188
与香港数码港签署互联网 3.0 战略合作备忘录…… 188
朝阳区国际科创会客厅…… 188
华鲲振宇智能科技有限责任公司落地…… 188
数字医疗产业发展座谈会…… 188
数字经济核心区建设汇报…… 188
4 家企业成为全市首批市级两业融合试点企业…… 188

农业　农村

乡村振兴

概况…… 190
乡村振兴组织与人才保障…… 190
农村城市化建设…… 190

城乡融合发展三年行动计划…………………………… 190
整建制农转非工作…………………………………… 190
产业用地区级统筹…………………………………… 191
农业生产……………………………………………… 191
农村集体“三资”管理……………………………… 191
农业现代化…………………………………………… 191
农村人居环境整治…………………………………… 191
农村文化建设………………………………………… 192
撤村建居……………………………………………… 192
种业振兴……………………………………………… 192
农业多功能示范基地建设…………………………… 192
乡村治理……………………………………………… 193
农村党组织建设……………………………………… 193
农村工作领导小组会议……………………………… 193

农村经济管理

概况…………………………………………………… 193
集体产权制度改革…………………………………… 193
集体经济组织运行…………………………………… 193
集体资产管理………………………………………… 194
农村涉地合同管理…………………………………… 194
农村土地承包调解仲裁机制………………………… 194
农村集体企业清理工作……………………………… 194
农村集体企业管理培训……………………………… 194
农村集体资产资源可视化平台试点运行…………… 194
农村集体资产专项检查……………………………… 194

农业农村综合服务

概况…………………………………………………… 194
增殖放流……………………………………………… 195
阳台菜园“六进工程”……………………………… 195
水产普查……………………………………………… 195
动物疫病防疫宣传…………………………………… 195
动物检疫净化………………………………………… 195
动植物疫病监测……………………………………… 195
狂犬病集中免疫……………………………………… 195
农业植物疫情监测…………………………………… 195
农区灭鼠……………………………………………… 195
废弃物回收…………………………………………… 196
草地贪夜蛾监测防控………………………………… 196
外来入侵生物普查…………………………………… 196
农药减量绿色发展…………………………………… 196
农产品质量安全监测………………………………… 196
有机产品认证………………………………………… 196
标准化生产…………………………………………… 196
惠农政策落实………………………………………… 196
行政许可办理及核查………………………………… 196
田间种植指导………………………………………… 196
秸秆综合利用及肥料试验…………………………… 197
农村实用人才培训…………………………………… 197
农情调查业务培训…………………………………… 197
数字科技示范应用…………………………………… 197
金鱼小池精养推广…………………………………… 197
防疫专业培训………………………………………… 197
农村实用人才评定…………………………………… 197
兽医从业人员手册出版……………………………… 197
地力提升工作指导…………………………………… 197
参加市职业技能大赛………………………………… 197

农业综合执法

概况…………………………………………………… 197
农机消防安全检查…………………………………… 198
《中华人民共和国农产品质量安全法》专题培训……… 198
与非法放生当事人约谈……………………………… 198
动物诊疗行业健康发展培训会……………………… 199
动物诊疗机构投诉举报处理约谈会………………… 199
动物诊疗行业普法宣传会…………………………… 199
农机安全监管工作表彰大会………………………… 199
“3·15”普法宣传活动 ……………………………… 199
植物检疫法规培训…………………………………… 199
“大棚房”App 扫码巡查 …………………………… 199
打击假劣农资普法宣传……………………………… 199
农机安全大讲堂……………………………………… 200
企业安全生产检查…………………………………… 200
农产品生产基地联合执法检查……………………… 200
农产品质量安全普法宣传…………………………… 200
农机安全生产专项检查……………………………… 200
农产品质量安全培训………………………………… 200
农产品生产基地植物检疫法规培训………………… 201
企安安软件专题培训及注册自查…………………… 201
农业安全生产监管…………………………………… 201
兽药生产经营单位法律法规培训…………………… 201
动物防疫工作会……………………………………… 201
涉农企事业安全生产和火灾隐患排查……………… 201
执业兽医师动物卫生培训…………………………… 201
拖拉机驾驶证申领…………………………………… 201
农村宅基地建房联合执法检查……………………… 202
微耕机事故应急处理及消防演练…………………… 202
秋季植物检疫执法专项行动………………………… 202
森林防火宣传活动…………………………………… 202

金融业

综 述

金融业基本情况…… 203
两新党建联盟成立…… 203
企业上市服务政策宣讲会…… 203

银 行

中国建设银行股份有限公司北京朝阳支行

概况…… 203
国际业务…… 203
服务实体经济…… 203
城市更新 + 住房租赁 …… 203
普惠金融…… 203
金融科技…… 204

中国工商银行股份有限公司北京朝阳支行

概况…… 204
存款业务…… 204
贷款业务…… 204
中间业务…… 204
GBC 联动 …… 204

中国工商银行股份有限公司北京市望京支行

概况…… 204
存贷款业务…… 204
中间业务…… 204

中国工商银行股份有限公司北京自贸试验区国际商务服务片区支行

概况…… 204
信贷业务…… 204
存款业务…… 204
中间业务…… 204

中国工商银行股份有限公司北京九龙山支行

概况…… 204
存贷款业务…… 205
营业收入…… 205
中间业务…… 205
服务实体经济…… 205
普惠金融…… 205
对公存款…… 205

中国工商银行股份有限公司亚运村支行

概况…… 205
存贷款业务…… 205
网点优化…… 205

中国银行股份有限公司北京商务区支行

概况…… 205
存贷款业务…… 205
普惠金融…… 205
消费者权益保护…… 205

中国农业银行股份有限公司北京朝阳支行

概况…… 205
服务实体经济…… 205
风险防控…… 206
清廉金融文化建设…… 206

中国农业银行股份有限公司北京朝阳东区支行

概况…… 206
实体经济服务…… 206
客户服务…… 206
社会活动…… 206

保险 信托

中国人寿保险股份有限公司北京市分公司

概况…… 206
保险服务…… 206
应对北京暴雨灾情…… 206

北京国际信托有限公司

概况…… 206
主要业务…… 206
业务创新…… 207

旅游业

综 述

旅游收入…… 208
10 件礼物入选 2022 年第二届“京潮 · 京品”朝阳礼物…… 208
10 家园区入选第二批文化事业产业融合发展示范园区…… 208

8 家街区入选区第二批特色文旅消费街区 …………………… 208
朝阳文旅集团成立…………………………………………… 208
朝阳文旅集团签署战略合作协议…………………………… 209
751 街区入选第二批国家级旅游休闲街区 ………………… 209
水立方入选红色旅游普研学项目培育试点单位…………… 209
3 个项目入选第一批全国智慧旅游沉浸式体验新空间培育试点名单……………………………………………… 209
6 家单位入选第二批北京市旅游休闲街区 ………………… 209
泡泡玛特城市乐园入选科技创新应用场景十佳案例…… 209
亮马河国际风情水岸入选市第二批微度假目的地品牌…… 209
798 艺术区入选国家工业旅游示范基地 …………………… 209
北京光禹莱特悦和入选第一批全国智慧旅游“上云用数赋智”十佳优秀解决方案名单………………………… 209
751 园区等 7 家单位入选 2022 年北京市扩大文化和旅游新消费奖励项目名单…………………………………… 209
北京温榆河公园入选国家体育旅游示范基地……………… 209
朝阳区入选国家文化产业和旅游产业融合发展示范区建设单位………………………………………………… 209

景区景点建设与服务

概况…………………………………………………………… 209
旅游环境建设………………………………………………… 210
等级景区和饭店评定复核…………………………………… 210
朝阳公司公共服务改善……………………………………… 210
北京东岳庙古建修缮与保护………………………………… 210

旅游节庆活动

概况…………………………………………………………… 211
“玉兔使者·文物里的新春祝福”展览…………………… 211
“我们的节日”春节元宵系列文化活动…………………… 211
“2023 醒春启航新征程”首航活动 ……………………… 211
北京朝阳国际茶香文化节…………………………………… 211
“型走亮马河”国际时装秀………………………………… 211
“朝阳有潮市——潮朝阳 FUN 生活”古风市集活动…… 211
2023 北京朝阳国际文化旅游节 …………………………… 211
2023 北京朝阳国际灯光节 ………………………………… 212

旅游监督管理

概况…………………………………………………………… 212
文旅行业安全风险评估……………………………………… 212
文旅行业应急演练…………………………………………… 212
文旅行业安全生产培训……………………………………… 212
文旅行业安全隐患排查治理………………………………… 212
安全生产督察考核…………………………………………… 212

旅游合作与交流

概况…………………………………………………………… 212
旅游联合战略合作协议签订………………………………… 212
第十九届深圳文博会设朝阳展区…………………………… 212
参展 2023 中国服贸会 ……………………………………… 212
参加 2023 北京国际文旅消费博览会 ……………………… 213

城乡规划与建设

国土空间规划

概况…………………………………………………………… 214
分区规划实施………………………………………………… 214
城乡建设用地减量…………………………………………… 214
城市体检……………………………………………………… 214
责任规划师…………………………………………………… 214
市政交通规划建设…………………………………………… 214
规划综合审批………………………………………………… 214
项目规划核验………………………………………………… 214

城市更新

概况…………………………………………………………… 215
老旧小区综合整治…………………………………………… 215
棚户区改造和环境整治……………………………………… 215
轨道交通建设拆迁…………………………………………… 216
超低能耗示范建筑管理……………………………………… 216
公共建筑超电耗限额管理…………………………………… 216
废弃物资源化综合利用……………………………………… 216
配套设施收缴………………………………………………… 216
化石营旧城区改建项目……………………………………… 216
专项基金返退………………………………………………… 216
节能和建材专项检查………………………………………… 216
建材采购信息填报…………………………………………… 216
高层建筑火灾隐患排查……………………………………… 216
绿色生产管理………………………………………………… 217
信访与信息公开……………………………………………… 217
酒仙桥旧城区改建项目……………………………………… 217
裁执分离工作………………………………………………… 217

建筑业管理

概况…………………………………………………………… 217
工程监管……………………………………………………… 217
工程质量监管………………………………………………… 217
工程质量监督检查…………………………………………… 217

施工安全监管…… 217
施工工地扬尘治理…… 218
建设工程复工复产…… 218
保障性住房建设…… 218
房地产开发管理…… 218
房地产开发企业资质管理…… 218
生态环境保护督查整改…… 218
劳务管理及行业维稳…… 218
建设工程消防管理…… 218
施工许可监管…… 218
招标投标监管…… 218
绿色建筑发展管理…… 218
建筑业企业资质及人员管理…… 219
建筑市场信用体系建设…… 219
安全管理…… 219
行政执法…… 219
接诉即办…… 219

建设企业简介

北京宝嘉恒基础设施投资有限公司

概况…… 219
新建项目…… 219
续建项目…… 219
前期研究…… 220
架空线入地项目…… 220
停车管理…… 220

北京昆泰控股集团有限公司

概况…… 220
温榆河公园…… 220
朗昆自在营地…… 220
花花世界—沉浸文娱新空间…… 220
参与民主立法…… 220
会议服务保障…… 221
区委党校改造…… 221
郡王府烛光音乐会…… 221
孙河棚改项目…… 221
诚信品牌企业…… 221
“中华慈善日 朝阳公益周”主题活动…… 221
THE BOX 朝外丨年轻力中心…… 221

北京国际商务中心区开发建设集团有限公司

概况…… 221
东坝南三街道路工程…… 221
CBD 核心区建设项目…… 221
混合所有制改革…… 221
CBD 区域重点地块签订平台公司委托协议…… 222
“元宇宙·第二三里屯商街”上线…… 222
化石营旧城区改建项目…… 222
“潮车 Pop-up 市集”系列活动…… 222
CBD 产业发展与招商工作研讨会…… 222
招商公司获国家职业技能等级认定资质…… 222
招商推介…… 222
永安里旧城区改建项目…… 223
信链公司成为区青年就业创业实习基地…… 223
京津协同港口服务中心成立…… 223
版权保护战略合作签约仪式…… 223
“CBD 精酿啤酒节”活动…… 223
信链公司增强预付费监管宣传…… 224
承办魅力朝阳之夜活动…… 224
CBD 核心区文化设施项目…… 224
安捷利尔医药公司开通基药权限…… 224
商务美食评选…… 224

北京朝阳城市发展集团有限公司

概况…… 224
集团化改革与建设…… 224
区级土地开发整理平台…… 224
区级农村集体产业统筹开发平台…… 224
区级城市有机更新平台…… 225
区级项目开发及代建平台…… 225

田华建筑集团公司

概况…… 225
安全专项行动…… 225
消防安全管理…… 225

市政公用事业建设与管理

综　述

供暖保障…… 226
夜景照明…… 226
燃气安全排查整治…… 226
控违拆违…… 226
垃圾分类全流程精细化管理…… 226
电力服务保障…… 226
环卫行业不合规三、四轮车专项治理…… 226
路灯建设…… 226

供　水

概况…… 227
水源置换部署推进…… 227
农村供水工作会…… 227
供水工作交流合作…… 227
农展馆后湖及馆区绿化浇灌水源补给…… 227
供水管线改造…… 227
园林绿化非常规水源置换…… 227
供水安全保障…… 228

供　电

概况…… 228
电力保障…… 228
安全生产…… 228
政企合作…… 228
改革创新…… 229
为民服务…… 229
人才队伍建设…… 229

垃圾清运和环境卫生

概况…… 229
空气重污染应对…… 230
落叶高产期道路环境保障…… 230
扫雪铲冰…… 230
支援房山灾后道路清理及垃圾清运…… 230

园林绿化

概况…… 230
朝阳区公园情况…… 231
创建国家森林城市…… 235
花卉常态化项目…… 235
古树名木保护…… 235
野生动物保护…… 235
林地林木行政审批…… 235
林长制责任落实…… 235
绿道建设…… 236
花园式单位、社区、首都森林村庄创建…… 236
朝阳园林绿化系统防汛…… 236
“互联网＋全民义务植树”基地 …… 236
助力中轴线申遗…… 236
环境保障…… 236
“春分·朝阳”文化节…… 236
国家领导人到东坝中心公园参加义务植树…… 236
元大都城垣遗址公园第 23 届海棠花节 …… 236
飞絮治理…… 236
市人大农村委员会领导调研朝阳区绿化园林工作…… 237
北京荷花文化节暨首届朝阳区红领巾公园荷花观赏季活动…… 237
“安全生产月”宣传咨询活动…… 237
天津市同行参观交流…… 237
“一园一花一品”工作会…… 237
林果花草蜂种业专业论坛…… 237
遇见日坛——坛庙文化展…… 237
迁徙候鸟保护…… 237
第二批公园开放试点项目拆除完成…… 238
“朝园工匠”竞赛活动…… 238

朝园弘园林绿化有限责任公司

概况…… 238
市场招投标…… 238
工程设计…… 238

园林绿化管理服务中心

概况…… 238
2023 年林草生物灾害防控宣传活动 …… 238
美国白蛾、松材线虫病防控视频会…… 239
老北京水果示范基地建设项目区级验收…… 239

公园和绿化建设管理中心

概况…… 239
重点道路施工项目…… 239
2023 年全龄友好园 …… 239

绿化一队

概况…… 239
花卉常态化项目…… 240
春季补植…… 240
绿化成果保护…… 240
古树养护…… 240
2023 年全龄友好公园改造其他建筑工程采购项目——首城国际绿地项目…… 240
2023 年重点道路——亮马桥路项目（东三环路——东四环路）…… 240

绿化二队

概况…… 240
春季补植…… 241
春季修剪专项行动…… 241
林荫路提升改造项目…… 241
花卉常态化项目…… 241
全龄友好公园改造…… 241
帮扶属地办事处…… 241
首批公园开放项目…… 241

大黄庄绿化队

概况…… 241
病虫害防治…… 241
循环利用…… 241
五环内非建设空间腾退拆除…… 242
祁庄社区公园建设工程…… 242
常态化花卉项目…… 242
消除安全隐患…… 242
朝阳区桥体垂直绿化项目…… 242

北花园绿化队

概况…… 242
林荫路提升改造项目…… 242
劲松东延路沿线环境整治项目…… 242

园林绿化综合执法队

概况…… 242
野生动植物保护检查…… 243
常态管理＋联动协同 …… 243
“2023 绿剑行动” …… 243

奥林匹克森林公园

概况…… 243
第六届奥森公园儿童冰雪嘉年华活动…… 243
第六届北京市新年徒步大会启动仪式…… 243
第十三届全国名校 EMBA 网球精英赛 …… 243
奥森公园花卉观赏季…… 244
“优农・青选・奥搭”品牌消费节活动…… 244
奥森锻炼——2023 奥森半程马拉松 …… 244
2023 黄剑奥运艺术展 …… 244
第五届“国网杯”开幕…… 244
首届北京朝阳国际雕塑邀请展…… 244
北京朝阳“国际灯光节” …… 244
第十七届 iCAN 大学生创新创业大赛总决赛 …… 244

朝阳公园

概况…… 244
公园景观提升改造…… 244
生态文明系列活动…… 244
领导节前安全检查…… 245
与昆泰集团、世奥公司和蓝岛大厦整合组建朝阳文旅集团…… 246
亮马河风情水岸首次试航准备…… 246
2023 北京书市 …… 246
亲子“家”年华活动…… 246
国家卫生区复审…… 246
市文化旅游局督察组突击检查…… 246
荷花文化节朝阳展区…… 247
朝阳公园 AAAA 等级景区复核工作 …… 247
科学防治病虫害…… 247
消防安全知识讲座…… 247
国家慢性病综合防控示范区复审调研专家组到园检查…… 247
北京朝阳国际啤酒节…… 247
泡泡玛特城市乐园落户朝阳公园…… 247
督导组督导检查公园安全和消防…… 248
2023 北京朝阳国际灯光节 …… 248
亮马河冰雪狂欢节活动…… 248

中华民族园

概况…… 248
景区建设…… 248
节日摆花…… 249
病虫害防治…… 249
展览布置…… 249
文化活动…… 249
共建活动…… 249

日坛公园

概况…… 250
古树名木保护…… 250
马骏烈士墓主题活动…… 250
圜坛正式开放…… 250
日坛中学诗会活动…… 250
花卉布置…… 250
烈士纪念日公祭活动…… 250
做客北京广播电视台…… 250
日坛公园建筑群修缮工程通过预验收…… 250

红领巾公园

概况…… 251
公园花卉布置…… 251
鸟类自然观察活动…… 251
生态小课堂…… 251
春节及元宵节景观布置…… 251
主题广场少先队员入队仪式…… 251
杨柳飞絮多措施治理…… 251
小学社会实践活动课…… 251
自然笔记活动…… 252

团结湖公园

概况…… 252
春季花卉补植…… 252

园区绿植及养护……252
节日花卉布置……252
公园古树……252
文明游园主题宣传……252
公园无障碍设施整改……252

元大都城垣遗址公园

概况……252
文明引导员志愿服务……253
公园土城墙文物保护……253
广州市白云区园林绿化局到京参观交流……253
增设简易坡道……253

四得公园

概况……253
公园常规养护……253
节日花卉布置……253
交流宣传……253

庆丰公园

概况……253
苗木补植……253
节日花卉布置……253
杨柳飞絮治理……253
防治美国白蛾……254
春季植树活动……254
“一警六员”消防技能考核……254

大望京公园

概况……254
春季补植……254
花卉布置……254
土建修复及维修……254
修剪培训……254
古树养护……254
“朝阳区文明旅游志愿服务”活动……254

望和公园

概况……254
“互联网＋全民义务植树”……255
全民科学健身服务示范基地启动仪式……255
防汛抢险……255

北小河公园

概况……255
春季补植……255
节日花卉布置……255
游客满意率调查……255
“朝园工匠”冬季修剪比赛……255

城市市政综合管理

城管综合执法

概况……256
包片督导机制落实……256
占道经营整治……256
安全生产大排查大整治……256
污染防治……256
垃圾分类专项执法……256
燃气安全执法整治……256
废弃电动三、四轮车清理整治……257
违法建设整治……257
执法队伍教育整顿……257
执法规范化建设……257
重要时间节点服务保障……257
联勤联动园林绿化执法宣传……257

智慧城市管理

概况……257
“每月一题”工作落实……257
“接诉即办”系统平台功能优化……258
“七有”“五性”诉求分析……258
5 个治理类街乡全部退出……258
政策与考核规则培训……258

交通运输管理

概况……258
交通设施建设……258
朝阳大悦城周边区域交通综合治理……258
望京区域综合交通治理……258
桥下空间治理……258
增设收费路侧停车位……259
共享单车管理……259
道路运输管理……259
重大节假日和节点运输保障……259
规范安全监管制度……260
指标注销与企业监管变更……260
网约车行业落实“接诉即办”机制……260
辖区出租汽车扬招站治理……260
出租车“油改电”推进……260
网约车行业“老破小”车辆和问题驾驶员清退工作……260

辖区道路客运企业“两类人员”安全考核…………………… 260
道路客运企业年度质量信誉考核…………………………… 260
维修企业烤漆房污染治理提质升级核查…………………… 260
汽车喷烤漆房安全使用综合评价抽检……………………… 260
完善首都机场和北京朝阳站交通信息显示屏……………… 260
首都机场运输保障联合办公、会商研判机制……………… 261
“一业一证”行业综合许可改革…………………………… 261
典型事迹宣传学习活动……………………………………… 261
水路运输及其辅助业核查…………………………………… 261
“企安安”上账检查应用…………………………………… 261
安全生产和火灾防控专项行动……………………………… 261
“情满运政 一路朝阳”党建服务品牌培树推广 ………… 261
道路交通安全管理…………………………………………… 261
交通特勤警卫任务…………………………………………… 261
源头监管宣传………………………………………………… 261
接处警工作建设……………………………………………… 262
规范执勤执法………………………………………………… 262
非现场执法全面提升………………………………………… 262
信号配时巡视优化调整……………………………………… 262
非现场执法设备增设完成…………………………………… 262
违法停车新规系统升级及信息录入………………………… 262
优化区域交通组织…………………………………………… 262
应急演练与技能培训………………………………………… 262
举行综合行政执法制式服装换装仪式……………………… 263
货运行业安全生产和火灾隐患大排查大整治……………… 263
新备案机动车维修企业核查………………………………… 263
“安全月”宣传……………………………………………… 263
劲松东延路等放行通车……………………………………… 263
防汛应急预案桌面推演……………………………………… 263
城环城汽配城整治…………………………………………… 263
防汛应急保障………………………………………………… 263
出租汽车与汽车租赁行业全覆盖监管检查………………… 263
交通运输安全隐患和突出问题专项整治“百日行动”
“双百行动”……………………………………………… 264
朝阳派员参加全国交通运输行业职业技能大赛北京地区
汽车维修工选拔赛………………………………………… 264
宪法等法律法规宣传………………………………………… 264
新增包车客运车辆包车二维码印制发放…………………… 264
出租行业新系统上线运行…………………………………… 264

市容环境管理

概况…………………………………………………………… 264
“门前三包”责任单位“一网统管” …………………… 264
工人体育场周边环境整治…………………………………… 265
“六佰本”商业街升级改造………………………………… 265
重大活动环境保障…………………………………………… 265
背街小巷环境精细化整治提升……………………………… 265
街巷环境管理………………………………………………… 265

房产及物业管理

概况…………………………………………………………… 265
物业管理纠纷调解…………………………………………… 266
公共租赁住房配租…………………………………………… 266
历史遗留办证难工作推进…………………………………… 266
房改审核……………………………………………………… 266
重点房屋安全管理…………………………………………… 266
房屋防汛……………………………………………………… 266
自建房结构安全整治行动…………………………………… 266
普通地下室管理……………………………………………… 267
物业管理信用评价…………………………………………… 267
购房资格材料专项检查……………………………………… 267
开展住房租赁中介行业安全生产检查……………………… 267
违法群租房治理……………………………………………… 267
房地产经纪机构监管………………………………………… 267
商品房销售市场日常监管与服务…………………………… 267
保障性住房补贴发放………………………………………… 267
保障性住房资格审核………………………………………… 267
住房保障工作人员能力建设………………………………… 267
重点人群住房保障…………………………………………… 267
共有产权项目递补选房……………………………………… 267
保障房监督检查……………………………………………… 268
经济适用住房配售上市……………………………………… 268
档案管理……………………………………………………… 268
直管公房租赁………………………………………………… 268
直管公房房屋及设备检查修缮……………………………… 268
更新维修供暖设备…………………………………………… 268
房屋供暖……………………………………………………… 268
信访来信来访………………………………………………… 268

水务 防汛

水 务

概况…………………………………………………………… 269
溯源治污……………………………………………………… 269
河长履职……………………………………………………… 269
行政执法……………………………………………………… 269
“朝阳群众小河长”志愿项目……………………………… 269
通惠灌渠治理工程…………………………………………… 269
亮马河三环路桥下滨水绿道贯通工程完成………………… 269
小场沟综合治理……………………………………………… 270

节　水

概况…… 270
与区教委沟通节水管理工作…… 270
节水工作调研…… 270
节水宣传纳入公益宣传时段常态化播放…… 270
跨界融合宣传节水…… 270
第 32 届全国城市节水宣传周 …… 270
节水工作交流合作…… 270
化工路沿线社区自来水通水仪式暨节水宣传活动…… 271
节水创建…… 271
学生公寓评比颁奖仪式暨节水宣传活动…… 271

防　汛

概况…… 271
全区安全度汛…… 271
防汛工作检查…… 272
防汛调度部署…… 272
“7·20”降雨 …… 272
“7·26”降雨 …… 272
“7·29”降雨 …… 272
“23·7”极端强降雨灾情 …… 272
台风“杜苏芮”期间支援兄弟区县…… 272
支援房山区防汛抢险…… 273

生态环境保护

综　述

生态环境质量指数稳步提升…… 274
生物多样性调查和保护…… 274
生物多样性主题日活动…… 274
世界环境日主题活动…… 274
朝阳区获评“国家生态文明建设示范区” …… 274
获评生态环境执法机构规范化建设达标示范区…… 274
亮马河畔话生态——北京朝阳“美丽中国”建设实践论坛…… 275

生态环境保护

概况…… 275
生态环境行政许可…… 275
普法宣传活动…… 275
空气污染应对…… 276
突发水环境事件联合应急演练…… 276
全国科普日活动…… 276
生态环境保护工作调研…… 276

水环境治理

概况…… 276
水资源保护…… 277
打造优质水环境…… 277
河长制考核断面监测…… 277
领导调研…… 277
福建专班考察亮马河国际风情水岸…… 277
朝阳水环境推介…… 277
水环境工作项目入选“城市更新最佳实践”项目…… 278
污水排放方案研究…… 278

节能减排

概况…… 278
应对气候变化…… 278
碳排放控制…… 278

朝阳环境集团

概况…… 278
城市固废处理…… 278
科普教育践行社会责任…… 278
企业品牌建设…… 278
科研成果…… 278
低碳发展峰会…… 278
高安屯厨余垃圾处理厂项目开工…… 279

科　技

综　述

科技工作…… 280
功能区产业发展…… 280
朝阳园完成迁址合署办公…… 280

科技管理

概况…… 281
研究制定《朝阳区互联网 3.0 创新发展三年行动计划（2023 年—2025 年）》 …… 281
《朝阳区支持互联网 3.0 创新发展的若干措施》制定发布…… 281
《朝阳区支持互联网 3.0 创新发展的若干措施》落地兑现…… 281
朝阳园与北工大共建山河湾谷创新区…… 281
朝阳区与北京理工大学签署战略合作框架协议…… 281

科技活动

概况…………………………………………………… 281
启动元宇宙示范应用场景和解决方案征集……………… 281
北京朝阳国际科技发展集团有限公司揭牌……………… 281
互联网 3.0 生态发布大会 ……………………………… 281
海外发展政策培训会举办……………………………… 282
“人工智能产教融合基地”揭牌……………………… 282
出口基地企业对接会…………………………………… 282
全球首届斯芬克斯元宇宙戏剧节落地 798 CUBE ……… 282
2023 未来科学论坛 …………………………………… 282
中关村 5G 创新应用大赛总决赛 ……………………… 282
国际科技组织总部集聚区成立………………………… 282
工体元宇宙 GTVerse 开启首次元宇宙直播……………… 283
2023 地理信息软件技术大会 ………………………… 283
2023 全球数字经济大会 ……………………………… 283
2023 全球数字经济大会互联网 3.0 高峰论坛………… 283
互联网 3.0 领军企业举办战略生态大会 ……………… 283
“凤巢元宇宙”首次公开亮相………………………… 283
创客北京 2023 创新创业大赛朝阳区启动会召开 ……… 283
首届未来创造者大会…………………………………… 284
北京市互联网 3.0 创新生态发展大会 ………………… 284
国家地理信息服务出口基地企业走进中交集团………… 284
智汇朝阳 G20YEA 国际合作推介会 …………………… 284
北京市人工智能行业大模型创新应用大赛……………… 284
朝阳服务基地揭牌仪式………………………………… 284
工体元宇宙 GTVerse 体验中心开放内测预约…………… 284
现场签署战略合作协议………………………………… 285
第四届元宇宙与人工智能产业生态大会………………… 285
数据要素流动专题研讨会在京港两地举办……………… 285
西班牙创新机构调研走访园区………………………… 285

气象服务

概况…………………………………………………… 285
气候概况……………………………………………… 285
异常气候现象………………………………………… 286
汛期气候特征………………………………………… 286
预报预警及气象服务…………………………………… 286
执法检查……………………………………………… 286
政务服务改革………………………………………… 286
朝阳区重大活动气象保障服务平台……………………… 286
气象科普……………………………………………… 286
重大活动气象服务保障………………………………… 287
业务团队科研创新能力提高…………………………… 287

教 育

综 述

教育基本情况………………………………………… 288
朝阳区与 6 所高校签订教育合作协议………………… 288
实验区成果展示……………………………………… 288
校友郎平回母校主题教育……………………………… 288
中国基础教育高质量发展・北京论坛…………………… 289
首届基础教育卓越教师创新发展学术年会……………… 289

教育管理

概况…………………………………………………… 289
优质规模校均衡布局…………………………………… 289
信息技术应用………………………………………… 289
校长负责制的实施方案………………………………… 289
课后智慧服务项目试点………………………………… 289
朝阳区资助学生……………………………………… 289
公办学校与国际学校协同发展启动会………………… 290
朝阳区教育系统诉求服务中心成立…………………… 290
国家通用语言文字推广普及先进集体奖……………… 290
国际化教学课例研讨会………………………………… 290
学校更名……………………………………………… 290
学校撤销……………………………………………… 290
学校成立……………………………………………… 290
获国家和市级奖学金…………………………………… 290
服贸会教育专题展示活动……………………………… 290
循证教育国际研讨会…………………………………… 290
数智赋能基础教育项目研究启动……………………… 291
综合管理改革的实施意见……………………………… 291

师资队伍建设

概况…………………………………………………… 291
特级教师教育专家指导成效…………………………… 291
幼儿园园长培训体系构建……………………………… 291
幼儿园教师专业素养提升……………………………… 291
“田野行动”项目……………………………………… 291
义务教育均衡教师队伍建设达标……………………… 292
第五轮“名师工程”建设成果………………………… 292
教育系统干部培训…………………………………… 292
师德师风建设………………………………………… 292
教师交流轮岗………………………………………… 292
朝阳区被确认国家级优秀教学成果推广应用示范区…… 292
朝阳教育专家库建设…………………………………… 292
区优秀班主任工作室经验交流会……………………… 292
职业教育发展论坛…………………………………… 292

托育管理人员培训…… 293
校长领导力培训会…… 293
“劳模工作室”挂牌…… 293
两个人才培育项目实施…… 293
专项培训举办…… 293
“班主任领军人才培养项目”启动…… 293

素质教育

概况…… 293
幼儿园德育一体化建设…… 294
“宜学”朝阳建设系列宣传活动…… 294
“大思政课”综合改革试验区…… 294
心理健康教育工作模式创新…… 294
红色主题教育…… 294
中职“课程思政”教学实践…… 294
立法建议报告制定…… 294
劳动教育成果…… 295
第 24 届朝阳区师生信息素养提升赛事…… 295
共青团少先队实践育人活动成效…… 295
素质特长骨干学生培养…… 295
第一届体育与健康教育科学大会…… 295
第十届中小学生创新性学习成果评选…… 295
“青年教学名师工作室”启动会…… 295
全国中小学国防教育示范校挂牌…… 295
世界无烟日主题活动…… 296
健康示范课专家进校园…… 296
高中学生心理健康测评…… 296
高中“德育质量年”行动计划…… 296
朝阳区实验小学专利发布会…… 296
健康教育成果征集评选…… 296
“小小科学家”合作项目签约…… 296
网球示范区…… 296
全国文明城区测评…… 296
朝花艺术教育风采展示…… 296
高校进校园主题活动…… 296
积极心理品质培养项目优秀成果交流…… 297

学前教育

概况…… 297
托班试点…… 297
普惠性幼儿园增加…… 297
朝阳区丰和幼儿园成立…… 297
公办幼儿园更名…… 297
幼儿园培训课程研发…… 297

基础教育

概况…… 297
高中学校多样化特色发展方案论证…… 298
普通高中特色课程建设研讨会…… 298
首届“中学物理教学融合发展”学术研讨会…… 298
第十届“构建未来理想学校国际学术研讨会”…… 298
未来教育洞察论坛…… 298
首届基础教育卓越教师创新发展学术年会…… 298
教学实践展示…… 298

特殊教育

概况…… 298
融合教育支持服务保障体系建设…… 299
教师教学基本功获奖…… 299
特殊教育教师研训…… 299
特殊教育辅具进校园研训活动…… 299

职业教育

概况…… 299
求实职业学校专业设置调整…… 299
教学干部课程领导力提升培训…… 300
职教宣传月…… 300
职业高中教学能力大赛…… 300
朝阳区职业教育与成人教育学会换届…… 300

高等教育

北京中医药大学

概况…… 300
教育教学…… 301
学科科研…… 301
师资建设…… 301
交流与合作…… 301
第三届北京中医药大学岐黄奖…… 301
王琦书院及九体医学展馆开馆…… 301
中药创新药“苏合颗粒”获临床试验批准…… 301
学校主办中国亚太经合组织合作基金第二届国际研讨会…… 301
北京中医药大学良乡校区图书馆开工…… 301
上海合作组织医学大学联盟校长论坛…… 302
中国中医药高等教育发展论坛举办…… 302

北京工业大学

概况…… 302
学科建设系列行动方案发布…… 302
《低至 1nm 层状氧化铋的铁电性研究发表》…… 302
科技创新成果转化促进大会召开…… 302
市委书记尹力在校调研…… 303
学校承办第五届全球重大挑战论坛…… 303

山河湾谷创新区建设启动…… 303
学校发布 3 个专项规划…… 303

北京信息职业技术学院

概况…… 303
科研服务…… 304
学校承办北京市数字教育大会职业教育分会…… 304
2023 年职业教育宣传月启动仪式举行 …… 304
“入学即入职”项目发布…… 304
全国信息安全产教融合共同体成立…… 304
学校工会第一届会员代表大会召开…… 304
学校第一次党员代表大会召开…… 305
2023 中俄职业教育圆桌会议举行 …… 305
中俄青年 IT 技能邀请赛 …… 305
北京新一代信息技术产教联合体成立…… 305
学校 4 个项目通过验收…… 305

北京化工大学

概况…… 305
学校与中国石油战略合作协议签署…… 306
学校获多项北京大学生音乐节奖…… 306
第六届中国青年好网民优秀故事百场分享活动…… 306
学校承办首届中国——碳生物技术和低碳产业发展大会…… 306
学校与天津市武清区深化合作框架协议签订…… 306
新能源与新材料创新联合体成立…… 306
“生物基可降解聚酯橡胶万吨级产业化项目”落地江苏省…… 306
入选全国高校黄大年式教师团队…… 307
学校与中信集团战略合作框架协议签署…… 307
学校与中国日报社战略合作框架协议签署…… 307
学校与交通银行北京市分行框架合作协议签署…… 307
市委教育工委书记游钧到北京化工大学调研…… 307
2023“一带一路”产学研合作论坛…… 307
获评教育部直属高校精准帮扶典型项目…… 307
学校与北京大学第三医院合作协议签署…… 307

北京经济管理职业学院

概况…… 307
学校入选 GDI 高职专科专业评估榜 …… 308
学校两个案例获北京市职业院校思政和德育工作优秀案例…… 308
“通武廊”退役军人教育培训基地授牌仪式举行…… 308
学校参展 2023 年中国国际服务贸易交易会 …… 308
全国职业院校技能大赛获奖…… 308
全国第二届职业技能大赛…… 308

北京联合大学

概况…… 308
教学科研…… 309
教学交流…… 309
首届校园文化周…… 309
全国首个红色金融育人联盟成立…… 309
建校 45 周年庆祝活动 …… 309

北京青年政治学院

概况…… 309
学院“挑战杯”竞赛获奖…… 310
产业学院和共同体建设…… 310
科研教学项目…… 310
制度建设…… 310
“北青小屋”揭牌…… 310

继续教育

概况…… 311
全民终身学习活动周举办…… 311
两个小程序开通…… 311
朝阳区退役军人系列培训…… 311
4 个项目获终身学习品牌项目 …… 311
新时代老年学习共同体认定…… 311
家校社协同育人共同体建设…… 311

民办教育

概况…… 312
无证校（园）治理…… 312
民办学校信用评价…… 312
民办中小学撤销…… 312
民办幼儿园撤销…… 312
民办幼儿园更名…… 312
民办中小学更名…… 312
校外培训机构专项治理行动…… 313
民办教育交流…… 313

教育督导

概况…… 313
同级督政…… 313
第八届责任督学聘任大会举办…… 313
义务教育优质均衡发展督导评估…… 313
区政府教育督导委员会成员单位联席会…… 313

文 化

综 述

文化强区建设…… 314
街乡公共文化设施建设…… 314
共建“时尚之城”战略合作签约…… 314

公共文化

概况…… 315
“全民阅读”主题系列活动举办…… 315
社区流动美术馆展览项目…… 315
公益电影放映…… 315
首都市民音乐厅活动转播…… 316
垡头笑剧场…… 316
区对外文化交流协会换届…… 316
区首批 12 家演艺新空间授牌 …… 316

群众文化

概况…… 316
“我们的节日”系列活动…… 317
百姓周末大舞台…… 317
星火工程…… 317
群众文艺创作…… 317
全民美育活动…… 317
“金刺猬”大学生戏剧节…… 317
北京潮流音乐节…… 317
社会主义核心价值观原创文艺作品征集展示…… 317
亮马河国际风情水岸系列微演出活动…… 317
首届朝阳捌月全民艺术节…… 318
亮马河风情水岸国际艺术季…… 318

文化遗产保护

概况…… 318
非遗代表性传承人和代表性项目推荐评审…… 318
大运河传说故事抢救工作…… 318
“非遗”文化活动…… 319
传统文化进商圈活动…… 319
朝阳香文化传习所揭牌…… 319
“博物馆之城”主题论坛…… 319
全市首家“类博物馆”挂牌…… 319
“5·18”国际博物馆日活动启动 …… 319
全市首家乡情村史“类博物馆”挂牌…… 319
文化和自然遗产日宣传活动…… 320
青少年走进博物馆系列活动…… 320
博物馆进商圈启动仪式…… 320
大运河永通桥修缮工程竣工…… 320
博物馆之城建设专项培训班…… 320
北京第二批“类博物馆”挂牌开放…… 320
文娱场所突击夜查…… 320

文化市场管理

概况…… 321
开展互联网公司专项约谈…… 321
检查酒店卫星电视接收情况…… 321
网络文化公司调研检查…… 321
文化娱乐场所专项检查…… 321
宗教专项联合检查…… 321
“护苗·绿书签”活动…… 321
对电影放映场所进行联合检查…… 322
“国际禁毒日”普法宣传…… 322
暑期行业执法检查…… 322
卫星接收设施集中专项整治…… 322
服贸会服务保障…… 322
“护苗成长　一路同行”普法宣传…… 322
文化市场安全生产检查…… 322

文化产业

北京潘家园国际民间文化发展有限公司

概况…… 323
“抖音好物年货节”活动…… 323
潘家园拍卖获开拓创新奖…… 323
“京潮·京品”朝阳礼物征选…… 323
春季艺术品拍卖会…… 323
抖音“3·8 女王节”活动 …… 324
“北京风光办公垫”获奖…… 324
民间旧货展…… 324
玻璃器皿展…… 324
钱币邮票交流会…… 324
全国连环画交易会…… 324
首批北京市特色直播电商基地…… 324
核雕展销会…… 324
“双奥之城·北京影像”纸雕灯入选北京礼物…… 324
首届喜马拉雅文化古代艺术品交流会…… 325
首届中国文物艺术品交流会…… 325
“潘家园拍卖三周年”艺术品拍卖会…… 325
扇子文化艺术展…… 325
首届“非遗建盏”文化节…… 325
爱心公益惠民夜拍…… 326
胶片摄影派对…… 326

获“一带一路”文创大赛金银奖…………………………326
民间收藏艺术品展示交易会…………………………326
首届非遗茶艺师班培训…………………………326
全国“红色收藏”展览交易会…………………………326
中国鸣虫大赛文化活动…………………………326
潘书馆古旧书博览会…………………………326
秋季艺术品拍卖会…………………………326
全国职工木作技艺技能大赛…………………………327
“北京雨燕”风筝画入选“北京外事礼物”…………………………327
旧货市场获“中国商品市场功勋市场”…………………………327
潘家园31周年庆系列活动…………………………327

朝阳规划艺术馆

概况…………………………327
“礼赞新时代　奋进新征程”发展成就展…………………………327
北京中老年模特大赛…………………………327
全国老旧厂房协同发展联盟大会…………………………327

新闻传媒

概况…………………………328
学习宣传贯彻党的二十大精神…………………………328
主题教育宣传报道…………………………328
建区65周年成就展示…………………………328
借力主流媒体扩大传播影响力…………………………328
“朝阳魅力”对外展示…………………………328
创建文明城区工作宣传…………………………328
朝阳融媒社区行活动…………………………328
首席记者制与融媒创意工作室机制创新…………………………328
数字801频道播出情况…………………………328
“学习强国”朝阳学习平台上线…………………………329
CYBA朝阳篮球联赛宣传报道…………………………329
9篇“北京朝阳”文章阅读量超10万…………………………329
亮马河醒春启航宣传…………………………329
首届“北京朝阳国际茶香文化节”宣传报道…………………………329
对话一把手“五宜”朝阳新闻宣传…………………………329
参加第十九届中国国际文化产业博览交易会…………………………329
首届北京朝阳国际灯光节宣传报道…………………………329

档　案

概述…………………………329
涉改单位档案处置…………………………330
档案执法检查…………………………330
档案安全…………………………330
档案接收征集…………………………330
区情区史教育“四进”工程启动…………………………330
《档案里的朝阳》区情区史系列视频…………………………330
口述历史采集…………………………330
第八届“兰台杯·朝阳符号”摄影征集大赛…………………………330
档案数字资源建设…………………………330
数字档案馆（室）建设…………………………330
档案开放审核…………………………331
制度体系建设…………………………331
区档案馆新馆开馆…………………………331
“国际档案日”系列宣传活动…………………………331
档案方志工作会议…………………………331
分片联系服务机制…………………………331
《中国档案报》专访…………………………331
档案人员初任培训…………………………331
档案参阅…………………………331
“十四五”规划中期评估…………………………331

地方志

概况…………………………332
基层修志编鉴指导…………………………332
方志文化宣传…………………………332
区地方志编纂委员会全体会议…………………………332
北京市朝阳区方志馆成立…………………………332
《北京市朝阳区大事记汇编》…………………………332
大事记电子书数据库系统平台…………………………332
《北京朝阳年鉴（2023）》出版…………………………332
《共建精品年鉴示范区框架协议》签订…………………………333
《北京市朝阳区五大工业基地考》…………………………333
《北京市朝阳区43个街乡地名由来》…………………………333

文联活动

概况…………………………333
原创文艺作品…………………………333
专题培训…………………………333
文艺志愿服务…………………………333
“翰墨朝阳”书法活动…………………………333
“大地回声”原创歌曲专场演出…………………………334
考察调研…………………………334
“旋舞朝阳”舞蹈活动…………………………334
“悦动高雄”文化交流活动…………………………334
“欢乐朝阳”曲艺作品比赛…………………………335
“文艺两新”集聚区朝阳区实践基地揭牌…………………………335
“潮起亮马河”主题艺术创作精品展…………………………335
“艺韵朝阳”民间艺术展…………………………336
“美哉风兮”朝阳城市风情画展…………………………336
“文润朝阳”读书交流活动…………………………336

卫生 健康

综 述

医疗卫生体制改革…… 337
区域医疗资源配置优化…… 337
人才队伍建设…… 337
信息化建设…… 337
科研工作…… 337
卫生健康系统安全生产…… 340
卫生基本建设…… 341

公共卫生

概况…… 341
秋冬季呼吸道传染病防控…… 341
疾病控制…… 341
中小学生生长发育状况受检…… 342
计划免疫…… 342
爱国卫生…… 342
病媒生物防制…… 342
综合监督…… 343
急救工作…… 343
精神卫生…… 343
妇幼保健…… 344
生育服务…… 344
托育服务…… 344
职业卫生…… 344
血液管理…… 344

医疗卫生

概况…… 344
医疗卫生改革…… 344
医政工作…… 345
医疗工作…… 345
社区卫生…… 345
对口支援…… 345
中医工作…… 346

朝阳区区属医院

北京市垂杨柳医院…… 346
北京市第一中西医结合医院…… 347
朝阳区妇幼保健院…… 348
双桥医院…… 349
朝阳区中医医院…… 349
北京市朝阳区第三医院…… 350

体 育

综 述

全民健身动员…… 352
体育健康群众诉求解决…… 352
体育行业监管…… 352
获奖情况…… 352

群众体育

概况…… 352
健身场地设施建设…… 352
科学健身指导…… 353
基层健身队伍规范…… 353
群众体育赛事…… 353

竞技体育

概况…… 354
第一届全国学生（青年）运动会…… 354
网球示范区…… 355
北京市第二届冬运会…… 355
体育后备人才培养…… 355
体教融合…… 355

体育产业

概况…… 355
体育产业发展…… 355
体育服务供给…… 356
重点企业服务…… 356
体育消费…… 356
体育经营单位安全生产…… 356
体育市场监督管理…… 357

社会生活

居民收支

概况…… 358
居民收入…… 358
居民消费支出…… 358
耐用消费品拥有量…… 358

就 业

概况…… 358

信息安全测试员职业技能竞赛……358
咖啡师职业技能竞赛……359
区房地产策划师职业技能竞赛……359
区互联网营销师职业技能竞赛……359
首家“招聘服务站”……359
人事考务工作……359

人力资源

概况……359
“春风行动暨就业援助月”专项活动……359
积分落户……360
“百日千万招聘”专项行动……360
“仲夏之约”专项活动……360
“金秋招聘月”专项活动……360
首批街乡职业指导工作室……360

社会保障

概况……361
定点医药机构协议签署……361
领导调研……361
《保障农民工工资支付条例》宣传活动……361
国际档案宣传月活动……362
跨省异地就医直接结算政策集中宣传月……362
国际劳工组织亚太区域局调研……362
劳动保障监察书面审查工作……362
京津冀医保协同发展合作框架协议签署……363
智慧人社数字化建设……363
营商环境优化……363
社会保险政策宣传……364
互联网＋政务服务……364
阶段性缓缴社会保险费……364
社会保险缴费基数申报……364
医疗保险审核……364
定点医药机构管理……364
医保医师管理……365
跨省异地就医直接结算……365
医保移动支付试点及扩面……365
违规费用筛查……365

社会建设

概况……365
社会建设综合统筹……365
“七有”“五性”监测评价……365
城市地区社区党建……365
全面从严治党……366
基层民主协商……366
社区治理效能……366
社工队伍建设……366
社会工作服务……367
社会组织管理……367
社会组织扶持……367
品牌社区社会组织……367
城市治理……367

民 政

概况……368
儿童福利和未成年人保护……368
征地超转及残疾人员保障……368
地退人员服务保障……369
流浪乞讨人员救助……369
社会救助……369
行政区划……369
婚姻登记……369
殡葬服务……369
见义勇为……370
慈善助医项目……370
慈善助困项目……370
慈善助学项目……370
慈善助老项目……370
重特大灾害项目……370
慈善公益活动……370
分会救助活动……370
慈善帮扶……370

民族宗教事务

概况……370
民族团结进步活动……371
宗教节日……371
领导调研……371
区民宗工作三级网络和两级责任制部署会……372
市第十一届民族传统体育运动会……372
铸牢中华民族共同体意识表彰会……372

老龄事业

概况……372
医养结合……373
老年健康……373
老龄工作……373
养老服务创新……373
老年人福利政策……374
养老服务质量……374
养老助餐……374
养老综合监管……374

残疾人事业

概况…… 374
区残联第八次代表大会…… 374
区残疾人工作培训…… 375
残疾人专场招聘会…… 375
“第33次全国助残日”主题活动 …… 375
无障碍环境建设培训…… 376
第七次全国残疾预防日主题宣传教育活动…… 376
朝阳区无障碍公益诉讼中心揭牌…… 377
残联领导调研…… 377
创建全国无障碍建设示范城市工作…… 377
区残疾人就业培训基地揭牌…… 378
无障碍版电影首映礼活动…… 378
区领导调研…… 378
残疾人社会保障服务…… 378
全国无障碍示范城市争创活动…… 378
“七有”“五性”监测评价指标落实…… 379
残疾人就业保障审核…… 379

红十字事业

概况…… 379
应急救护教育培训…… 379
红十字青少年工作…… 380
志愿服务…… 380
款物接收…… 380
换届工作…… 381
款物发放…… 381
对口支援…… 381
一个项目入选中国红十字总会《博爱家园案例集》…… 382

精神文明建设

概况…… 382
未成年人寒假主题教育实践活动…… 382
文明城区创建工作…… 382
新时代文明实践志愿服务展示交流活动…… 382
精神文明建设工作暨文明城区建设会…… 383
“2023·崇尚·清明祭英烈”主题教育实践活动…… 383
朝阳区道德模范宣讲活动…… 383
榜样短视频征集展示活动获奖…… 383
朝阳区8人获“首都精神文明建设奖” …… 383
“我认领 我服务”路口文明引导志愿服务活动 …… 383
1人入选全国百名最美生态环境志愿者名单 …… 384
群众性精神文明创建工作…… 384
“朝阳区新时代好少年”选树学习宣传活动…… 384
道德模范交流展示活动…… 384
朝阳群众好榜样发布…… 384
“声如夏花”音乐会观演活动…… 384
青活中心志愿服务总队获全国最佳志愿服务组织称号…… 385
朝阳区道德模范事迹展…… 385
校园文明引导和通学定制公交志愿服务…… 385
“百业万企”共铸诚信文明朝阳活动…… 385
新时代文明实践主题活动…… 385
全国文明城区创建实地点位治理优秀案例评选活动…… 385
7家基地获评北京市新时代文明实践基地 …… 385
2个案例入选首都未成年人思想道德建设创新案例 …… 385
童谣朗诵作品征集推广活动…… 385
市第六届礼让斑马线广场舞比赛获奖…… 386
2名学生入选首都“新时代好少年” …… 386
2人获评“2023北京榜样”年度人物…… 386
先进典型表彰暨志愿服务展示交流会…… 386
围炉煮茶暨图书漂流市集活动…… 386
“双奥之城 冬奥精神”主题宣讲活动 …… 386
首都未成年人思想道德建设和文明校园测评…… 387
首都环保公益组织和绿色生活好市民评选…… 387
区级新时代文明实践示范活动…… 387
农村地区精神文明建设…… 387
文明街巷、文明商户创建…… 387
志愿服务…… 387
文明养犬…… 388

应急管理

综 述

守好森林防火底线…… 389
应急物资前置代储…… 389
推进应急避难场所建设…… 389
综合减灾示范社区创建…… 389
突发事件应对…… 389
“5·12”防灾减灾宣传活动 …… 389
灾害信息员培训…… 389
公共安全风险管理…… 389
区公共安全馆国际减灾日活动…… 390
应急救援员培训…… 390
突发事件应急救助演练…… 390

安全生产监督管理

概况…… 390
安全生产检查…… 390
有限空间作业安全生产事故隐患排查整治…… 390

有限空间作业专项夜查…… 390
“双防一推进”监督执法和安全检查专项行动…… 390
安全生产培训…… 391
安全生产和火灾隐患整治专项行动…… 391
“一带一路”国际合作高峰论坛安全生产保障…… 391
危险化学品行政许可审批…… 391
实验室危险化学品安全专项治理…… 391
加油站阻隔防爆…… 391
企业台账更新…… 391
城市安全风险评估…… 391
安全生产标准化创建…… 391
企安安系统使用…… 391
安全和应急管理工作大会召开…… 392
执法大队总支部委员会成立…… 392
“双打击一取缔”专项治理行动…… 392
消防安全专项整治行动…… 392
安责险推广…… 392
朝阳区安全生产和火灾隐患排查整治…… 392
主题普法宣传活动…… 392
“安全生产月”活动…… 392
执法装备保障…… 392
朝阳区入选首批“健康北京示范基地”…… 393
安全生产督察…… 393
动火作业和特种作业专项执法检查行动…… 393
吊篮专项执法检查…… 393
工业企业涉氢使用专项治理行动…… 393
查处工业企业违法外包外租专项行动…… 393
电力用户用电安全专项整治…… 393
新业态安全生产专项检查…… 393
朝阳区公共安全馆科普日系列活动…… 393
危化行业重点岗位人员培训举办…… 393

消防救援

概况…… 394
消防宣传培训…… 394
消防专项治理…… 394
消防干部挂职…… 394
派驻社区消防专员机制…… 394
消防行政许可…… 395
消防队站建设…… 395
火灾扑救…… 395

防震减灾

概况…… 395
防震减灾宣传…… 395
监测预报与管理…… 395
地震灾害风险普查…… 395
应急避难场所建设及维护管理…… 395
调查研究…… 395
应急志愿者培训…… 396
地震应急避难场所启动演练…… 396
成立党组…… 396
“十四五”规划4处应急避难场所建设…… 396
山东德州平原5.5级地震应急处置…… 396

街道　地区（乡）

安贞街道

概况…… 397
平安建设…… 397
环境整治…… 397
社区建设…… 397
民生服务…… 397
接诉即办…… 398
社会保障…… 398
文化品牌…… 398
文明城区创建…… 398
党群服务…… 398
应急处置…… 398
城市新地标建设…… 398
帮扶振兴…… 399

奥运村街道

概况…… 399
平安建设…… 399
环境整治…… 400
接诉即办…… 400
社会保障…… 400
奥韵时讯…… 400
文体赛事…… 400
社区优化…… 401
欠薪整治…… 401

八里庄街道

概况…… 402
平安建设…… 402
环境整治…… 402
社区优化…… 402
“码上说”网上诉求办理平台上线…… 402
“物业+养老”试点驿站投用…… 402
云动数治中心实体化大厅建成…… 403

门前三包“六共”专项行动…… 403
共生商圈“双十条”及“九大载体”发布…… 403
办事处机关驻地迁址…… 403
首届庄超体育联赛…… 403
“全网有力”论坛…… 403
“全场景”养老服务示范中心揭牌…… 404

朝外街道

概况…… 405
平安建设…… 405
环境提升…… 405
社区建设…… 405
接诉即办…… 406
社会保障…… 406
“朝夕港湾”运营…… 406
经济普查…… 406
朝外大街街区更新…… 406
北京民俗博物馆全新开放…… 406

大屯街道

概况…… 407
平安建设…… 407
交通环境整治…… 408
城市管理…… 408
社区优化…… 408
实事工程…… 408
接诉即办…… 408
助残帮困…… 408
便民服务…… 408
城市精细化建设…… 408
垃圾分类…… 409

东湖街道

概况…… 410
平安建设…… 410
环境整治…… 410
接诉即办…… 410
便民服务…… 410
社会救助与保障…… 411
敬老助残…… 411
司法调解…… 411
东湖街道企业服务中心揭牌…… 411
社区建设…… 411

垡头街道

概况…… 412
主题教育…… 412
基层党建…… 413
平安建设…… 413
环境整治…… 413
社区建设…… 413
法治建设与法律服务…… 413
接诉即办…… 414
敬老助残帮困…… 414
北工大山河湾谷创新区建设…… 414

和平街街道

概况…… 415
党建引领社会治理…… 415
平安建设…… 416
环境整治…… 416
接诉即办…… 416
社会救助…… 416
“和合向荣”青年 V+ 项目…… 416
“四集五议三平台”工作法…… 416
文化主题活动…… 417
社会动员…… 417
社区建设…… 417

呼家楼街道

概况…… 417
基层党建…… 418
平安建设…… 418
环境整治…… 418
社区建设…… 418
民生工程…… 418
接诉即办…… 418
社会救助…… 419
法治建设…… 419
病媒防制…… 419
文化宣讲…… 419

建外街道

概况…… 420
平安建设…… 420
环境整治…… 420
社区建设…… 421
实事工程…… 421
接诉即办…… 421
信访代办制试点…… 421
社会保障…… 421
助残服务…… 421
数字化街区…… 421
企业年报统计…… 422

楼域间资源共享阵地的新型经济形态……422
企业走访小程序开发成效与成果……422
创新廉洁文化品牌……422
就业指导与帮扶……422
“建外·红学堂”……422

劲松街道

概况……423
平安建设……423
道路交通整治……424
环境整治……424
社区建设……424
“一刻钟便民生活圈”评估验收……424
接诉即办……424
社会保障……424
文明实践所、站品牌项目……424
垃圾分类……424
扶困助残……424
劳动监察……425
城市更新项目……425
业余无线电科普基地建立……425
宣传教育活动……425
第四届“最美劲松人”表彰……426

酒仙桥街道

概况……426
平安建设……427
环境整治……427
社区建设……427
接诉即办……427
社会救助……427
社会服务……428
旧城区改建住宅房屋签约……428
文体活动……428
搬家居民后续服务……428
征收决定及住宅收房……428
抗洪抢险……429

六里屯街道

概况……429
基层党建创新……430
平安建设……430
环境整治……430
社区建设……430
慈善大集……430
接诉即办……430
社会保障……430
科普文体活动……431

麦子店街道

概况……432
基层党建……432
平安建设……433
环境整治……433
社工人才培养……433
敬老助残……433
接诉即办……433
社会保障……433
文化宣传……434
司法调解……434
调研交流……434

潘家园街道

概况……434
平安建设……435
环境整治……435
社区建设……435
接诉即办……435
社会保障……435
“文化四季”系列活动……435
对口帮扶……436
原创独幕话剧《北平的黎明》复排首演……436
“‘中国·潘家园’文化产业联盟”成立……436

三里屯街道

概况……437
平安建设……437
环境整治……437
一社一品……438
接诉即办……438
社会救助……438
“千企万店”……438
筑梦少年团……438
第二届三里屯国际美食节开幕……438

首都机场街道

概况……439
主题教育……439
平安建设……439
环境提升……439
社区队伍建设……439
为民办实事……440
接诉即办……440
社会服务……440

文化活动…… 440

双井街道

概况…… 441
平安建设…… 441
慢行系统建设…… 441
环境整治…… 441
老旧小区综合治理…… 441
社区建设…… 442
接诉即办…… 442
社会救助…… 442
数字经济主题公园…… 442
文化活动…… 442

团结湖街道

概况…… 443
平安建设…… 443
环境整治…… 444
社区优化…… 444
民生实事…… 444
接诉即办…… 444
就业帮扶…… 444
社会保障…… 444
居家养老服务平台…… 444
扶残助困…… 444
依法行政…… 445
普法宣传…… 445
文创活动…… 445
党建品牌建设…… 445

望京街道

概况…… 446
平安建设…… 446
环境提升…… 446
接诉即办…… 446
基层治理…… 446
基层党建…… 447
主题教育…… 447
领导调研…… 447
经济服务…… 447
文体活动…… 447
“书香望京”品牌建设…… 448
“爱相随”互助家园启动…… 448
“Green 市集”活动…… 448
律师公益法律服务站启动…… 449

香河园街道

概况…… 450
平安建设…… 450
环境整治…… 450
社区建设…… 450
民生服务…… 451
接诉即办…… 451
基层党建…… 451
主题教育…… 451
经济建设…… 451
社会救助…… 451
就业流动服务站挂牌…… 452
结对帮扶…… 452

小关街道

概况…… 452
平安建设…… 453
环境整治…… 453
社区建设…… 453
接诉即办…… 453
为企服务…… 453
社会救助…… 453
法律服务…… 453
“全程网办”…… 453
领导调研…… 453
主题活动…… 454
帮扶共建…… 454
养老照料中心运营…… 454

亚运村街道

概况…… 455
平安建设…… 455
环境建设…… 455
社区建设…… 455
接诉即办…… 455
社会救助…… 455
党建品牌…… 456
“五个一百”表彰…… 456
“惠企赋能”培训…… 456
支援房山区抗洪排涝…… 457
“千点计划”启动…… 457

左家庄街道

概况…… 457
平安建设…… 458
环境提升…… 458

社区建设…… 458
接诉即办…… 458
基层治理创新…… 458
社会救助…… 458
主题党建…… 459
依法行政…… 459
文体活动…… 459
对接帮扶…… 459

常营地区（回族乡）

概况…… 460
平安建设…… 460
环境整治…… 461
社区建设…… 461
接诉即办…… 461
民生保障…… 461
乡九届二次党代会…… 461
乡十八届三次、四次人代会…… 461
文体活动…… 461

崔各庄地区（乡）

概况…… 463
平安建设…… 463
环境整治…… 463
社区建设…… 463
接诉即办…… 463
民生保障…… 464
乡五届二次党代会…… 464
乡人大十八届三次会议…… 464
消费季系列活动…… 464
专题教育巡展…… 464
对口援疆结对共建网络签订仪式…… 464
火灾事故…… 464

东坝地区（乡）

概况…… 465
平安建设…… 466
生态环境建设…… 466
社区优化…… 466
接诉即办…… 466
民生保障…… 466
乡十四届二次党代会…… 466
乡十八届三次人大会议…… 466
北西区域棚户区改造项目…… 466
东坝万达广场开业…… 467
中小学篮球联赛…… 467
东坝之星评选…… 467

东风地区（乡）

概况…… 468
平安建设…… 469
环境整治…… 469
社区优化…… 469
接诉即办…… 469
民生实事…… 469
社会保障…… 469
集体经济发展…… 470
朝阳站商业用地摘牌…… 470
垃圾分类…… 470
东坝南二街全线贯通…… 470
朝阳站客流高位…… 470
朝阳站周边专项治理…… 470

豆各庄地区（乡）

概况…… 471
平安建设…… 471
环境整治…… 472
社区建设…… 472
民生保障…… 472
五环路御景湾段隔声屏障建设…… 472
接诉即办…… 472
领导调研…… 472
乡第九届党代会第二次会议…… 472
乡十八届三次、四次人大会议…… 472
结对帮扶…… 473
“七一”表彰…… 473
文化活动…… 473
撤销 12 个村民委员会…… 473
孛罗营北路道路建设…… 473

高碑店地区（乡）

概况…… 474
平安建设…… 475
生态环境治理…… 475
环境建设…… 475
社区建设…… 475
接诉即办…… 475
基层党建…… 476
民生服务…… 476
集体经济管理…… 476
文化活动…… 476

管庄地区（乡）

概况…… 477

平安建设…… 477
环境建设…… 477
接诉即办…… 478
民生保障…… 478
主题教育…… 478
文化建设…… 478
乡九届二次党代会…… 478
乡十八届三次、四次人代会…… 478
公园建设…… 479
社区建设…… 479

黑庄户地区（乡）

概况…… 480
平安建设…… 481
环境整治…… 481
社区建设…… 481
接诉即办…… 481
民生保障…… 481
专题调研…… 481
特色活动…… 482
乡第九届二次党代会…… 482
乡第十八届三次人大会议…… 482
北京音乐小镇建设…… 482
文体赛事…… 482

将台地区（乡）

概况…… 483
平安建设…… 484
环境整治…… 484
社区建设…… 484
接诉即办…… 484
民生保障…… 484
乡级产权制度改革…… 484
乡第十四届代表大会第二次会议…… 484
市民花园节在将府公园开幕…… 484
“将小爱”慈善公益服务周…… 485
第四届将台丽都国际露天音乐电影周…… 485
玖恒智卡公司落地将台星地中心…… 485

金盏地区（乡）

概况…… 486
平安建设…… 487
环境整治…… 487
拆违“创无”…… 487
社区建设…… 487
优化营商环境…… 487
接诉即办…… 487
民生保障…… 487
为民办实事…… 488
主题教育…… 488
社会救助…… 488
农田林河管理…… 488
农村集体经济管理…… 488
集体资产监管…… 488
垃圾分类…… 488
信访矛盾化解…… 489
文体活动…… 489
乡第五届二次党代会…… 489
乡第十八届二次、三次人代会…… 489

来广营地区（乡）

概况…… 490
平安建设…… 490
环境整治…… 490
社区建设…… 490
实事工程…… 491
接诉即办…… 491
社会保障…… 491
经济发展…… 491
科技文化…… 491
结对帮扶…… 491
乡十五届二次党代会…… 491
乡人大第十八届三次、四次会议…… 491
共建合作…… 492
文化品牌“朝华昔拾”…… 492

南磨房地区（乡）

概况…… 493
基层党建…… 494
平安建设…… 494
环境建设…… 494
社区建设…… 494
接诉即办…… 494
社会保障…… 494
集体经济建设…… 494
文明创建…… 495
对口支援…… 495
乡十四届二次党代会…… 495
乡十八届四次人代会…… 495

平房地区（乡）

概况…… 496

平安建设……497
疏解减量……497
社区建设……497
接诉即办……497
腾退安居……498
社会救助……498
文体活动……498
宣传阵地……498
乡十八届四次、五次人大会……498

三间房地区（乡）

概况……499
平安建设……500
疏解整治……500
社区建设……500
接诉即办……500
社会救助……500
集体“三资”管理……500
农村城市化建设……500
社会服务……501
垃圾分类……501
乡九届二次党代会……501
乡十八届四次、五次人大会……501
撤村建制……501

十八里店地区（乡）

概况……502
平安建设……502
社区建设……503
接诉即办……503
民生保障……503
领导调研……503
乡十八届四次、五次人大会……503
保障性社区上线政府配租平台……503
“南部崛起”论坛……503
疏解腾退……503
首届农民丰收节……504
朝南森林公园开园……504

孙河地区（乡）

概况……505
平安建设……505
环境整治……505
社区建设……506
接诉即办……506
民生保障……506
生态农业……506
乡五届二次党代会……506
乡第十八届三次、四次人大会议……506
康营清真寺修缮竣工……507
体育特色乡镇创建……507
主题党日活动……507
全国文明村镇创建……507
“庆丰收·促和美”农民丰收节……507
不动产权证办理……507

太阳宫地区（乡）

概况……508
平安建设……509
道路交通治理……509
环境整治……509
社区建设……509
接诉即办……509
民生保障……509
物业管理……510
法律服务……510
对口帮扶……510
文体活动……510
乡第十四届二次党代会……510
乡人大第十八届四次、五次会议……510

王四营地区（乡）

概况……511
平安建设……511
环境整治……512
为民办实事……512
接诉即办……512
民生保障……512
文体活动……512
乡人大代表之家新址启用……512
乡第十五届二次党代会……512
乡第十八届三次、四次人大会议……512
社区建设……513
“红创营”党群服务中心揭牌……513
防汛救灾和恢复重建……513

小红门地区（乡）

概况……514
平安建设……514

环境整治…………………………………………………… 515
社区建设…………………………………………………… 515
接诉即办…………………………………………………… 515
民生保障…………………………………………………… 515
资产管理…………………………………………………… 515
耕地保护…………………………………………………… 515
文化活动…………………………………………………… 516
乡第十四届第二次党代会………………………………… 516
乡十八届第三次人大会议………………………………… 516

荣誉　人物

先进集体

全国先进集体……………………………………………… 517
北京市先进集体…………………………………………… 517

先进个人

全国先进个人……………………………………………… 518
北京市先进个人…………………………………………… 518
获二等功以上奖励的退役军人…………………………… 520

逝世人物

孙玉林……………………………………………………… 520

统计资料

2023 年朝阳区地区生产总值 ……………………………… 521
2023 年朝阳区常住人口情况 ……………………………… 522
2023 年朝阳区第三产业主要经济指标 …………………… 522
2023 年朝阳区城乡个体工商业基本情况 ………………… 525
2023 年朝阳区对外经济基本情况 ………………………… 526
2023 年朝阳区外商投资企业新设立情况 ………………… 526
2023 年朝阳区中资银行人民币月末存款余额 …………… 527
2023 年朝阳区中资银行人民币月末贷款余额 …………… 527
主要统计指标解释………………………………………… 528

附　录

中共北京市朝阳区委部分文件目录………………………… 529
北京市朝阳区人民政府部分文件目录……………………… 529

索　引

索引………………………………………………………… 530

Catalogue

Overview of District Conditions

Establish Division into Districts 1
Physical Geography and Natural Resources 2
Population Ethnicity Religion 3
Humanity History 3
Distinctive Neighborhoods 4
National Economic and Social Development 4
List of Leading Cadres 7

Special Records

.... 13

Feature

.... 27

Chronicle

.... 30

Beijing Chaoyang District Committee of Communist Party of China

Overview 37
Important Conferences 39
Major Activities 40
Major Policy Decisions 41
Organization Work 41
Publicity Work 46
United Front Work 48
Organization Establishment Management 50
Policy Research 50
Party Building Work of Committee of CPC in Organizations under Chaoyang District 51
Work on Senior Cadres 52
Confidentiality Management 54
Party School Education 54
Compilation of Party History 55

Chaoyang District People's Congress

Overview 57
Important Conferences 60
Personnel Appointment and Removal 63
Proposal Handling and Petition Acceptance 65
Activities of Deputies to the NPC 66
Special Committees 67

Chaoyang District People's Government

Overview 70
Important Conferences 72
Major Activities. 74
Comprehensive Government Affairs Management 77
Government Information Disclosure 77
Information Construction and Management 78
Foreign Affairs and Hong Kong, Macao and Taiwan Affairs 79
Government Affairs Services 81

Petition Work 82
Organ Logistics Services and Management 83

CPPCC Chaoyang District Committee

Overview 85
Important Conferences 85
Consultation and Deliberation 87
Proposal Work 89
Investigation and Inspection 89
Special Committees 93

Chaoyang District Supervision and Inspection Commission of Chaoyang District Discipline Inspection Commission of the CPC

Overview 95
Supervision of Party Work Style and Government Work Style 95
Inspection Work 98
Petition and Reports 100
Disciplinary Inspection and Case Investigation 101
Publicity and Education of Combating Corruption and Promoting Integrity 101

Democratic Parties

Beijing Chaoyang District Committee of Revolutionary Committee of Chinese Kuomintang 102
Beijing Chaoyang District Committee of China Democratic League 103
Beijing Chaoyang District Committee of China National Democratic Construction Association 104
Beijing Chaoyang District Committee of China Association for Promoting Democracy 105
Beijing Chaoyang District Committee of Chinese Peasants and Workers' Democratic Party 106
Beijing Chaoyang District Committee of China Zhi Gong Party 108
Beijing Chaoyang District Committee of Jiu San Society 109
Beijing Chaoyang District Committee of Taiwan Democratic Self-Government League 110

People's Organizations

Chaoyang District Federation of Trade Unions 112
Chaoyang District Committee of the Communist Youth League of China 114
Chaoyang District Women's Federation 116
Chaoyang District Association of Science and Technology 118
Chaoyang District Federation of Returned Overseas Chinese 120
Chaoyang District Youth Federation 122
Chaoyang District Federation of Industry and Commerce 124

Rule of Law

Work of the Political and Legal Commission and Comprehensive Governance 126
Construction of Government under the Rule of Law 127
Public Security 128
Procuratorial work 130
Court 131
Judicial Administration 133
Arbitration 135

Military Affairs

Work of District Department of People's Armed Forces 137
Civil Air Defense 137
Veterans Affairs 138

Construction of Functional Areas

Beijing Central Business District 142
Beijing Olympic Park 147
Zhongguancun Science and Technology Park in Chaoyang District 152
National Cultural Industry Innovation Experimental Area 155

Economic Management

Macro-economic control 161
Natural resources Management 163
Supervision and Administration of State-owned Assets 163

Private economic service 166
Government Finance 167
Taxation 168
Financial Management 169
Audit 170
Statistics 171
Market Supervision and Management 172
Quality and Technical Supervision 175
Food and Drug Supervision and Management 175
Price Control 176
Intellectual property protection 177

Trade and Business Services

Overview 179
Postal services 181
Chaofu Company Limited 183
Blue Island Mansion 184
Jing Ke Long Company Limited 185

Industrial and High-Tech Industry

Industrial Development 186
High and New Technology Industry 187

Agriculture and Rural areas

Rural Revitalization 190
Rural Economy Management 193
Comprehensive Agricultural and Rural Services 194
Agricultural Comprehensive Law Enforcement 197

Financial Industry

Overview 203
Bank 203
CCB Beijing Chaoyang Branch 203
ICBC Beijing Chaoyang Branch 204
ICBC Beijing Wangjing Branch 204
ICBC Beijing Pilot Free Trade Area International Business Service Area Branch 204
ICBC Beijing Jiulongshan Branch 204
ICBC Beijing Asian Sports Village Branch 205
BOC Beijing Business District Branch 205
ABC Beijing Chaoyang Branch 205
ABC Beijing Chaoyang East District Branch 206
Insurance and Trust 206
China Life Insurance Co., Ltd. Beijing Branch 206
Beijing International Trust Co., Ltd. 206

Tourist Industry

Overview 208
Scenic Spot Construction and Service 209
Tourism Festival Activities 211
Tourism Supervision and Management 212
Tourism Cooperation and Exchange 212

Urban and Rural Planning and Construction

Territorial Spatial Planning 214
Urban Renewal 215
Construction Industry Management 217
Construction Enterprises Selection. 219
Beijing Bao Jia Heng Infrastructure Investment Co., Ltd 219
Beijing Kun Tai Real Estate Development Group Co., Ltd 220
Beijing International Center Business District Development and Construction Co., Ltd 221
Beijing Chaoyang Urban Development Group Co 224
Tian Hua Construction Group Company 225

Construction and Management of Municipal Public Utilities

Overview 226
Water Supply 227
Electricity Supply 228
Garbage Removal and Environmental Sanitation 229
Landscape Greening 230
Chaoyuanhong Garden-Greening Company 238
Landscape Management Service Center 238

Parks and Greening Construction Management Center 239
Forestry Team 1 239
Forestry Team 2 240
Dahuangzhuang Forestry Team 241
Beihuayuan Forestry Team 242
Gardening and Greening Comprehensive Law Enforcement Team 242
Olympic Forest Park 243
Chaoyang Park 244
Beijing Chinese Ethnic Culture Park 248
Ritan Park 250
Honglingjin Park 251
Tuanjiehu Park 252
Yuan Dynasty City Wall Relics Park 252
Side Park 253
Qingfeng Park 253
Dawangjing Park 254
Wanghe Park 254
Beixiaohe Park 255

Comprehensive Management of Urban Municipal Administration

City Management Comprehensive Law Enforcement 256
Smart City Management 257
Transportation Management 258
City Appearance and Environment Management 264
Real Estate and Property Management 265

Water Affairs and Flood Prevention

Water Affairs 269
Water Conservation 270
Flood Prevention 271

Eco-Environmental Protection

Overview 274
Ecological Environmental Protection 275
Water Environment Treatment 276
Energy Conservation and Emission Reduction 278
Sunrise Environmental Group 278

Science and Technology

Overview 280
Science and Technology Management 281
Science and Technology Activities 281
Meteorological Service 285

Education

Overview 288
Education Management 289
Construction of teaching staff 291
Liberal Education 293
Preschool Education 297
Basic Education 297
Special Education 298
Vocational Education 299
Higher Education 300
Beijing University of Chinese Medicine 300
Beijing University of Technology 302
Beijing Information Technology College 303
Beijing University of Chemical Technology 305
Beijing Institute of Economics and Management 307
Beijing Union University 308
Beijing Youth Politics College 309
Continuing Education 311
Private Education 312
Educational Supervision 313

Cultural

Overview 314
Public Culture 315
Mass Culture 316
Cultural Heritage Preservation 318
Cultural Market Management 321
Cultural Creative Industry 323
Beijng Panjiayuan International Folk Culture Development Co., Ltd 323
Chaoyang Planning and Art Museum 327
News Media 328

Archieves Work 329
Local Chronicles 332
Activities of the Federation of Literary and Art Circles 333

Hygiene and Health

Overview 337
Public Health 341
Medical Health. 344
Chaoyang District Hospital 346

Sports

Overview 352
Mass Sports 352
Competitive Sports.. 354
Sport Industry 355

Social Life

Income and Expenditure of Residents 358
Employment 358
Human Resources 359
Social Security 361
Social Construction 365
Civil Affairs 368
Ethnic and Religion Work 370
Cause of the Aging 372
Cause of the Disabled 374
Cause of the Red Cross 379
Spiritual Civilization Construction 382

Emergency Management

Overview 389
Supervision and Management of Production Safety 390
Firefighting and Rescue 394
Earthquake Prevention and Disaster Reduction 395

Sub-Districts Areas (Townships)

Anzhen Sub-District 397
Olympic Village Sub-District 399
Balizhuang Sub-District. 402
Chaowai Sub-District 405
Datun Sub-District 407
Donghu Sub-District 410
Fatou Sub-District 412
Hepingjie Sub-District 415
Hujialou Sub-District 417
Jianwai Sub-District 420
Jinsong Sub-District 423
Jiuxianqiao Sub-District 426
Liulitun Sub-District 429
Maizidian Sub-District 432
Panjiayuan Sub-District 434
Sanlitun Sub-District 437
Capital Airport Sub-District 439
Shuangjing Sub-District 441
Tuanjiehu Sub-District 443
Wangjing Sub-District 446
Xiangheyuan Sub-District 450
Xiaoguan Sub-District 452
Asian Sports Village Sub-District 455
Zuojiazhuang Sub-District 457
Changying Area(Hui Nationality Township) 460
Cuigezhuang Area(Township) 463
Dongba Area(Township) 465
Dongfeng Area(Township) 468
Dougezhuang Area(Township) 471
Gaobeidian Area(Township) 474
Guanzhuang Area(Township) 477
Heizhuanghu Area(Township) 480
Jiangtai Area(Township) 483
Jinzhan Area(Township) 486
Laiguangying Area(Township) 490
Nanmofang Area(Township) 493
Pingfang Area(Township) 496
Sanjianfang Area(Township) 499
Shibalidian Area(Township) 502
Sunhe Area(Township) 505
Taiyanggong Area(Township) 508

Wangsiying Area(Township) 511

Xiaohongmen Area(Township) 514

Honor and Characters

Advanced Collectives 517

Advanced Individuals 518

Deceased Characters 520

Statistical Data

.... 521

Appendices

.... 529

Indexes

.... 530

区情概览

建置区划

【面积】 朝阳区地处北京市中南部，位于北纬 39°49′ 至 40°5′，东经 116°21′ 至 116°38′。北接顺义区、昌平区，东与通州区接壤，南连丰台区、大兴区，西同海淀区、东城区、西城区毗邻。全区面积 470.8 平方千米。

【建置沿革】 夏、商、周时，朝阳区境属冀州地、幽州地。秦汉至隋唐五代，朝阳区辖境大部分为蓟县和潞县地。辽代，为析津府析津县地和潞县地。金代，为大兴府大兴县和通州潞县地。元、明、清时，先后分属大都路（中都路改）、北平府、顺天府之大兴县、宛平县和通州潞县、漷阴县等。1912—1928 年，北洋政府统治时，分属顺天府所属之大兴县、通县等。1925 年 1 月，北平特别市设东郊区警察署，为朝阳设区之始。1929 年 1 月，东郊区被定为北平市 4 个行政区之一。1949 年 2 月，北平市政府临时划定全市为 32 个区，辖域分属第十三区、第十四区、第十五区、第十九区、第二十区和河北省顺义县、通县。1950 年 8 月，北京近郊 7 个区顺序改为第十区至第十六区后，辖域分属第十区、第十一区、第十四区和河北省顺义县、通县。1952 年 9 月，撤销北郊第十四区，第十区更名东郊区，第十一区更名南苑区，辖域分属北京市东郊区、南苑区和河北省顺义县、通县。1955 年 8 月，朝阳门关厢、东便门关厢、广渠门关厢区划调整，辖域分属北京市东郊区、东单区、东四区、南苑区和河北省顺义县、通县。1958 年 5 月，东郊区更名朝阳区。1959 年，辖域全部隶属朝阳区。1959 年，在时属河北省的顺义县境修建首都机场时，为方便管理，将机场区域划入朝阳区管辖。1987 年，市政府将安贞里街道、安华里街道辖域内 0.6 平方千米及裕民路以南的裕中东里、裕中西里以及西黄寺西地区划归西城区管辖。1988 年 4 月，将农场局家委会等 6 个居（家）委会移交西城区德外办事处。其后辖域无变化。

【行政区划】 1958 年 1 月，原属昌平区的雷桥乡和原属河北省管辖的通县的管庄、定福庄、双桥 3 个乡划入北京市东郊区（1958 年 3 月，通县由河北省划入北京市，更名为通州区）。5 月，东郊区更名为朝阳区。同时撤销南苑区，原属南苑区的小红门、十八里店、老君堂 3 个乡和原属通州区的公主坟、咸宁侯、常营、楼梓庄 4 个乡及康村、羊坊村划归朝阳区。7 月，原属东单区的朝阳门关厢、东便门关厢划归朝阳区。9 月，原属通州区的豆各庄乡划入朝阳区，原属公主坟乡的西马庄、竹木厂、邓家窑、纪庄 4 个村划回通州区。1959 年，顺义区境的首都机场地区划入朝阳区管辖。1960 年，顺义县天竺、后沙峪 2 个公社划入朝阳区。1962 年，天竺、后沙峪 2 个公社划回顺义县，同时康村、羊坊村划属大兴县。1987 年 11 月，朝阳区裕中东里、裕中西里及部分毗连地域 0.6 平方千米划归西城区。1996 年，辖区有朝外、建外、呼家楼等 21 个街道和南磨房、高碑店、将台等 24 个乡。1998 年 7 月，适应望京新城建设需要，调整相关地区行政区划，设望京街道。8 月，实施场乡体制改革，将双桥农场、和平（东郊）农场、东风农场 3 个国有农场所属 10 个乡（双桥农场所属 5 个乡，即常营乡、三间房乡、管庄乡、豆各庄乡、黑庄户乡；和平农场所属 4 个乡，即崔各庄乡、孙河乡、黄港乡、南皋乡；东风农场所属 1 个乡，即东风乡）整建制划归朝阳区管理。2002 年 12 月，朝阳区在洼里、东风、小红门等 9 个乡设立地区办事处。2004 年 5 月，朝阳区撤销楼梓庄乡，并入金盏乡，设立金盏地区办事处；撤销黄港乡，并入孙河乡，设立孙河地区办事处；撤销南皋乡，并入崔各庄乡，设立崔各庄地区办事处；在东坝、黑庄户、豆各庄、王四营 4 个乡设立地区办事处。撤销管庄街道，将其所辖区域分别划归管庄乡、三间房乡、黑庄户乡。至此，朝阳区 21 个乡全部建立地区办事处。2005 年 7 月，撤销大屯地区办事处（乡政府），设立大屯街道办事处，大屯成为全市实施《北京城市总体规划》后第一个撤乡建立街道办事处的地区。12 月，实现政企分开，在望京高新技术产业区基础上，设东湖街道，成立东湖街道办事处筹备处。2010 年年底，朝阳区有朝外、建外、呼家楼、三里屯、左家庄、香河园等 22 个街道和东湖街道筹备处。有南磨房、高碑店、将台、太阳宫、东风、小红门、十八里店等 20 个地区办事处（乡政府）。2023 年，朝阳区有 24 个街道办事处、19 个地区办事处（乡政府）。

【区位优势】 朝阳区是北京市对外交往的重要窗口。至2023年年底，朝阳区聚集近100%的外国驻华使馆，全市45%的外籍人口、65%以上的外资金融机构、70%以上的国际投资性公司和地区总部、80%的国际组织和国际商会、90%的国际传媒机构。辖区有长城饭店、昆仑饭店、京广中心、中国大饭店等几十家涉外饭店，以及国际会议中心、国际贸易中心、国际展览中心、中日友好交流中心、燕莎购物中心、友谊商店等涉外机构（场所），是首都重要的外事活动区。朝阳区外籍人士集中，望京、麦子店、亚运村、三里屯、建外等街道均拥有国际化社区。朝阳区是北京市的经济强区，已形成以金融业、租赁业和商务服务业占主导，高新技术产业支撑、文化创意产业集群发展的多元化产业格局。北京商务中心区、奥运功能区、中关村朝阳园三大功能区聚集在朝阳。拥有国贸、华贸、环球三大金融中心，秀水街、三里屯酒吧街、潘家园旧货市场等一批特色街市，以及世贸天阶、三里屯太古里、蓝色港湾、赛特奥特莱斯等一批时尚消费聚集区。亮马河国际风情水岸获评首批国家级夜间文化和旅游消费集聚区。朝阳区是北京市的国际科技文化体育交流区。朝阳区聚集国内外知名的传媒资源、文化艺术高等教育资源、文化演艺场馆，拥有全国首个也是唯一的国家文化产业创新实验区。中关村朝阳园作为国家级高新技术园区，大力发展移动通信和信息服务、新能源、先进装备、生物医药等高端产业，是国际研发创新聚集地。工人体育场、奥林匹克体育中心、首都图书馆等一大批国家级体育文化设施，使朝阳区拥有丰厚的文化和体育资源。中国国际展览中心、中国国际贸易中心、全国农业展览馆等场馆举办的各种展览，使朝阳区成为全国会展文化的焦点。

自然地理　自然资源

【地形】 辖域地质基底构造受新华夏系北东向构造所控制，西部属北京凹陷东北侧，东南部属大兴隆起北段。地貌平坦，地势从西北向东南缓缓倾斜，倾斜坡度为1/1000至1/2500。地质无岩石露头。地貌类型多样，包括山地、丘陵、台地、平原四大类型。平均海拔34米，最高处海拔86.5米，最低处海拔20米。轮廓南北长，最长约28千米；东西窄，最宽约17千米。

【气候】 朝阳区处于北半球中纬度地区，属暖温带半湿润大陆性季风气候区，高空大气环流属盛行西风带，四季分明，降水集中，风向有明显季节变化。春季干燥多风，昼夜温差较大；夏季炎热多雨；秋季晴朗少雨；冬季寒冷干燥，多风少雪。2023年，朝阳区平均气温为14.6℃，比常年平均值12.9℃偏高1.7℃。冬、春、夏、秋季平均气温分别为-0.8℃、16.1℃、28.3℃、14.8℃。极端最高气温为40.6℃，出现在7月6日，极端最低气温为-15.5℃，出现在12月17日。年度降水量为622.6毫米，比常年降水量582.0毫米偏多40.6毫米。冬、春、夏、秋季降水量分别为6.3毫米、41.8毫米、479.7毫米、82.8毫米。一日最大降水量为106.1毫米，出现在7月30日；最长连续降水日为5天，降水量为218.2毫米，出现在7月29日至8月2日。年度日照时数为2549.8小时，冬、春、夏、秋季日照时数分别为589.2小时、643.4小时、726.7小时、623.0小时。

【土壤】 朝阳区土壤母质组成属于第四纪洪积冲积物，碳酸盐褐土，俗名立黄土，呈棕褐色。耕层质地轻壤或轻壤偏沙，耕层以下过渡到中壤至红黄胶泥棱柱状结构，质地黏重，为明显淋溶黏化层。黏化层之下心土是质地偏轻沙壤，可见到硬铁子。底土以上冲积层，层理不明显。碳酸钙在耕作层反应较强，往下逐渐减弱，到心土和底土无碳酸钙反应。此类土排水尚佳，少雨年份土壤干旱，基础肥力较低，有机质在1%左右。由于心土和底土质地偏黏，土壤保水保肥性能较好。潮褐土，俗名黄土或灰黄土，分布在洪积冲积扇末端高起的陡坎上，或冲积扇下部高平的地方。随着地下水开采，导致地下水位下降，使土壤向褐土发展，尚有潮化特征，此类土壤属于褐土向潮土过渡的一种土壤类型。褐潮土，俗名黑黄土，是由褐土向潮土过渡土壤，以潮化特征为主，以褐土化为辅的过渡性土壤类型。分布在辖域冲积扇微有起伏地区。还有一种分布在冲积扇缘较低部位的褐潮土，历史上这里曾是沼泽洼地，经过长期地壳运动和新冲积物覆盖影响，使原来沼泽灰暗色黑土层，埋在50厘米深心土上。

【植被】 朝阳区地带性植被为半湿润落叶阔叶林，有原生乔木物种、原生灌木物种、藤本、草本植物等。自然植被多被改造为农田（包括防护人工林网）和城镇（包括绿化隔离带），仅有少量原生物种残遗。原生乔木物种主要有旱柳、杨树、槭树、紫椴；原生灌木物种有虎榛、毛榛、榛、胡枝子酸枣等；藤本有猕猴桃、山葡萄等；草本植物有白羊草、荆条、小针茅、苔草、芦苇、香蒲、黄背草、天南星等；农作物有玉米、冬小麦、高粱、水稻等。

【水文】 朝阳区北部以清河为界，东北部以温榆河为界。坝河与南来的亮马河、北来的北小河相交后汇入温榆河。凉水河、萧太后河、通惠灌渠等局部河段流经辖域南部。域内有5大排灌水系，包括温榆河水系、清河水系、坝河水系、通惠河水系、凉水河水系及排水沟222条，总长582.81千米。有奥林匹克公园湖、朝阳公园湖、团结湖、窑洼湖、红领巾湖、高碑店湖等湖泊及鱼塘、水池、洼地等80余处。地下含水层总厚度一般约30米，靠近西部50米。埋藏深度一般15米至25米，局部地区35米。地下水补给主要是大气降水垂直入渗补给、地表水体回归入渗补给及地下径流侧向补给。

【自然资源】 朝阳区辖域内自然资源以土地和水资源为主。朝阳区土壤母质组成属于第四纪洪积冲积物。根据地质资料，沉积物较厚不均。西部古地层较高，沉积物厚度100米左右，底下即见灰岩。从沉积物来看，中西部为永定河洪积冲积扇，扇上多为黄土类土，土壤中富含石灰，质地耕层多为轻壤中壤土，心底土多有黏土夹层和礓石层。土壤类型主要有碳酸盐褐土、潮褐土、褐潮土、潮土、湿潮土、礓石、黏土、沙砾。土壤养分可划分为高肥力、中肥力、低肥力、贫肥四级。朝阳区辖域河流属于海河流域北运河水系。地表水有温榆河、清河、坝河、亮马河、萧太后河、凉水河、北小河、通惠河等主要河流。河流总长度79.5千米，流域面积470平方千米；有大小排灌沟110余条，构成5大排灌水系。地下含水层总厚度一般30米左右，除来广营、金盏一带是弱富水区（流量为1000米^3/日）外，其他大部分地区是较富水区（流量为1000～2000米^3/日）。朝阳区矿产资源主要有地热和矿泉水等。地热资源一般用于洗浴、供热采暖、地热温室、养殖等。随着社会经济结构发生显著变化，土地利用结构变化，土地开发程度大、利用率高，后备土地资源贫乏。

【自然灾害】 朝阳区区域内发生过旱灾、涝灾、风雹灾害、高低温灾害、雷电等自然灾害。1949—1995年，辖域内有15个年份发生过严重春旱，最严重的发生在1965年。严重夏旱有11年，最严重的发生在1980年和1989年，7月和8月降水不足200毫米。1949—1995年，发生夏涝有14个年份，最严重的发生在1963年。辖域内病虫害的记载很多，弘治六年（1493年）六月，“飞蝗过北京，蔽日达三天之久”等。1949年，鼠害蔓延。1950年秋，大白菜发生蚜虫害。1951年，玉米、小麦虫灾较为严重，有玉米钻心虫、红蜘蛛、麦蚜（腻虫）。1953年，玉米螟肆虐春玉米。1954年，12个乡发现麦蚜、红蜘蛛。20世纪70年代初，推广提早播种、育苗移栽、钻裆套种，致使丛矮病普遍发生。20世纪80年代，推广粗秆80种水稻二化螟危害严重。1983年和1990年，鼠害严重。1996—2010年，辖域内发生雷电灾害30余起，其中严重的有2起；发生暴雨、暴雪和大风冰雹灾害20余起。2023年，辖域内发生海河“23・7”流域性特大洪水在内的11次强降水过程，均得到及时应对和妥善处置。

人口　民族　宗教

【人口】 2023年年末，朝阳区常住人口344.6万人。其中，常住外来人口124.5万人。全年常住人口中出生人数18128人，出生率为5.26‰；死亡人数18247人，死亡率为5.3‰。朝阳区户籍人口219.3万人。

【民族】 2023年，朝阳区有汉、回、满、朝鲜、藏等56个民族，少数民族人口近24.4万人（包括流动人口）。区内有民族工作重点街道、民族乡各1个，民族村11个，民族中、小学校4所。

【宗教】 2023年，朝阳区内佛教、道教、伊斯兰教、天主教、基督教五大宗教均有信徒。有宗教团体3个，分别是朝阳区伊斯兰教协会、朝阳区天主教爱国会和朝阳区基督教三自爱国运动委员会。宗教活动场所有13处，其中道教庙宇1座、伊斯兰教清真寺10座、天主教教堂1座、基督教教堂1座。

人文历史

【史迹遗存】 朝阳区有北京东岳庙，日坛，清净化城塔院，元大都城墙遗址（朝阳段），大运河大通闸遗址、庆丰闸、平津闸、永通桥、千斯坝遗址、政村坝遗址、坝河故道，四九一电台旧址6个国家级重点文物保护单位；十方诸佛宝塔、北顶娘娘庙、顺承郡王府、马骏烈士墓4个市级文物保护单位；有文字记载的历代名人墓、清代王爷坟、清代公主坟100余座。

【非物质文化遗产】 朝阳区有“聚元号”弓箭制作技艺、小红门地秧歌、北京东岳庙庙会、罗氏正骨法、北京灯彩、傅氏幻术、北京兔儿爷、古琴艺术（九嶷派古琴艺术）、高跷秧歌、相声、老北京跤艺、“张三”功夫、八极拳、杨式太极拳、古彩戏法、北京宫廷补绣、京绣、内画鼻烟壶、北京点翠、京作硬木家具制作技艺、北刘动物标本制作技艺、孔伯华中医世家医术、同春堂皮肤病诊疗方法、蝴蝶手指穴疗法、东岳庙行业祖师信仰习俗、幡鼓齐动十三档、奶子房庙会27项市级以上非物质文化遗产。

【标志性建筑】 朝阳区有中央电视台、北京电视中心、中国国际贸易中心、中信大厦、北京财富中心、国家奥林匹克体育中心体育场和体育馆、国家体育场、国家体育馆、北京工人体育场、国家速滑馆、中国共产党历史展览馆、中国工艺美术馆、国家科技传播中心等一批标志性建筑，成为北京地标性建筑展示区。

【驻区文化单位】 驻朝阳区文化单位有中国文联、中国作协、现代文学馆等国家级文化机构，中央美术学院、中国音乐学院、中国传媒大学等20余家文化艺术类院校，中国交响乐团、东方歌舞团、北京交响乐团、北京歌剧舞剧院等40余家专业文艺团体，人民日报社、中国日报社、农民日报社、中央电视台、北京电视台等20余家主流媒体机构。

特色街区

【北京 798 艺术区】 北京 798 艺术区在朝阳区中部，位于酒仙桥街道北部酒仙桥路 4 号。因该艺术区地处原国营第 798 厂而得名。其前身为 1956 年建成的国家“一五”重点项目华北无线电联合器材厂，是国内重点电子基础材料生产单位和半导体装备研发生产单位。随着北京城市发展和工业外迁，部分厂房闲置。由于 798 厂及周围厂区环境幽静、交通便利、建筑风格独特，1996 年，中央美术学院雕塑系教授隋建租用 798 厂 3000 余平方米的空置仓库，利用厂房高大的空间进行大型雕塑艺术创作，成为第一个创建 798 艺术区的艺术家。从 2002 年始，大批注重历史底蕴、创意想象空间及个人文化张扬的艺术家在 798 厂区聚集，逐步形成 798 艺术区，开创中国老旧工业厂房转型发展文化创意产业的典范，逐渐使这一区域成为国内外具有较大影响力的文化区。

【潘家园旧货市场】 潘家园旧货市场位于潘家园街道华威里社区 18 号楼，主要从事旧货交易。形成于 1992 年，占地面积 4.92 万平方米，经营面积 5.12 万平方米。市场分为地摊区、古建房区、古典家具区、现代收藏区、石雕石刻区、餐饮服务等 6 个经营区，经营的古玩艺术品及民间工艺品具有浓郁的民间、民俗、民族特色，有工艺品、金石篆刻、田园石雕、仿古家具、红色收藏、民族服装服饰等 10 余大类 40 余小类的民间传统工艺品。潘家园旧货市场曾入选全国十大古玩市场、全球十大“跳蚤”市场，市场内的潘家园古玩艺术品交易园区被确定为北京市文化创意产业集聚区。“潘家园”是传播展示中华民族传统文化、进行国际民间文化交流的重要窗口，每年接待外国友人 30 余万人次。

【蓝色港湾国际商区】 蓝色港湾国际商区在朝阳区中部，麦子店街道境内朝阳公园西北角。北邻亮马河，东、南靠朝阳公园，西邻朝阳公园路。2008 年 5 月对外营业。总建筑面积 15 万平方米。地处朝阳公园商业圈，毗邻燕莎商圈和 CBD 商务中心，是北京最具有消费能力的居住和办公区。作为北京市及朝阳区两级政府确定的重点项目、2008 年奥运会重点服务项目，被确定为北京市创意文化产业基地。

【三里屯酒吧街】 三里屯酒吧街在朝阳区西部，位于三里屯街道三里屯路东侧。北起三里屯东三街，接使馆区，南至工体北路。该路为南北向路，属于三里屯路南段，全长 260 米，周边被写字楼宾馆饭店公寓所环绕，是外国人在北京最大的聚居区之一。1995 年，第一家酒吧挂牌营业，随之逐步形成规模。三里屯酒吧街是特色文化品牌，经过多年的发展，形成独特的酒吧文化。

经济社会发展

【经济建设】 2023 年，朝阳区实现地区生产总值 8387.2 亿元，完成区级财政收入 563.5 亿元。坚持以高质量发展为主题，强化“商务 + 科技”双轮驱动，优化区域营商环境，为首都经济发展做好支撑。推进国际消费中心主承载区建设，提升消费在全市的引领作用。调整汽车消费结构，释放平台消费潜力，政企联动共推 DT51 等 10 个商业综合体开业运营，望京小街成为全国首个商业服务领域标准化建设街区。朝外大街升级改造一期工程及 THE BOX 朝外丨年轻力中心项目入选第二届“北京城市更新最佳实践”项目，THE BOX 朝外引领消费新时尚。加快建设美食之城、茶香之城、咖啡之城、时尚之城，推动米其林、黑珍珠榜单在朝阳区发布，全市仅有的 2 家国际一流轻奢品牌独立法人公司 Alexander Wang、Gentle Monster 落户朝阳区，新增品牌首店 374 家。推动商文旅体消费融合，以“潮朝阳”为主题联合平台企业举办系列促消费活动，举办首届国际茶香文化节、全市首个国际灯光节。引入全国首家新设外商独资券商渣打证券，完成全国首家企业个人信息出境标准合同备案。北京 CBD 功能区税收过亿元楼宇 145 座，比上年增加 14 座，金盏国际合作服务区中区街区控规编制完成，国家文创实验区落地全国首个文化产业“云园区”、全市首个 AIGC 创意产业联盟。朝阳区在 2023 年服贸会的意向签约额和“北京日”签约额、在京港洽谈会的签约项目数量和金额均居全市首位。

支持链主企业引领全产业链融通发展，与阿里达摩院共建人工智能开源开放平台，与网易共建数字产业中心，支持 360 公司推出全市首个新型网络安全保险产品。北京朝阳大数据有限公司揭牌成立，并与福建省大数据集团所属福建省星云大数据应用服务有限公司合资设立京闽数科（北京）有限公司。全区互联网 3.0 企业超过 700 家。全国首个国际科技组织总部集聚区落户朝阳区，全市首个“中关村社区 • 数字产业创新中心”启用，北京工业软件产业创新中心成立。推进国际创业投资集聚区 2.0 建设，连续三年承办全球数字经济大会，朝阳区 ITEC 全球创业赛有 73 个国家和地区的 2258 个项目团队参赛。朝阳区与北京工业大学、北京控股集团有限公司签订战略合作协议，共建北工大山河湾谷创新区。组团到德国、沙特、澳大利亚、新加坡等国招商，在经贸、科技、文化等领域举办系列投资推介和交流活动，引入壳牌新能源、中信国安实业等 94 个注册资本亿元以上企业，助力 7 家企业在境内外上市。全市首例“交地即交证”项目开工，国际收支便利化全环节改革经验在全市推广，朝阳区在全市营商环境评价中排名第一。

【政治建设】 2023 年，朝阳区坚持以习近平新时代中国特色社会主义思想为指导，深入贯彻党的二十大和二十届二中全会精神，深入贯彻习近平总书记对北京重要讲话精神，扎实推进主题教育，以党的创新理论统一思想，跟进学习习近平总书记最新重要讲话和重要论述，建立区委常委会“第一议题”制度，主题教育覆盖全区全部基层组织和党员。开展建区65周年区情教育系列活动，首次邀请全国人大北京团代表、驻区全国政协委员、北京市政协委员到朝阳区调研考察。始终把党的政治建设摆在首位，坚持和捍卫“两个确立”、增强“四个意识”、坚定“四个自信”、做到“两个维护”。健全党的领导制度，完善重大决策部署落实机制，专题听取区人大、政府、政协、法院、检察院党组工作报告，召开议事协调机构工作会议，调度专项工作。落实意识形态工作责任制，建立意识形态分片区、分领域会商报告机制。对35家二级单位党组织开展巡察，覆盖434个社区（村）。加强民主法治建设，发展全过程人民民主。支持人大、政协依法依章程履职，区人大及其常委会充分发挥全国人大基层立法联系点作用，组织市、区、乡三级代表、群众参与立法征求意见工作，提出意见建议；区政协发挥专门协商机构作用，聚焦建设公园城市、挖掘朝阳特色文化元素等议题，组织党派团体、界别和委员协商建言，履职效能进一步增强。提升统战成员参政议政水平，做好民族、宗教、港澳、对台和侨务工作，各领域社情民意交流渠道不断拓展。完成区总工会、区科协、区红十字会、区残联、区青联换届工作，区妇联等5家单位获市思想政治工作优秀单位称号。成立区委全民国防教育领导小组，获第一届北京市全民国防知识技能大赛团体一等奖。举办朝阳区首届干部荣誉退休仪式，发动各方做好全国双拥模范城“八连冠”争创工作。全面推进依法治区，区法院打造北京首个适老化法庭——亚运村法庭，区检察院实施数字检察战略，公安分局完善“情指行”一体化运行，区司法局行政复议案前调解做法被全国人大新修订的行政复议法吸纳。党的全面领导落实到全区工作各领域、各方面、各环节。

【文化建设】 2023年，国家科技传播中心建成开放，中国考古博物馆等10家博物馆开馆，朝阳区档案馆新馆投入使用，北京首家乡情村史“类博物馆”——半壁店村史馆正式挂牌开放。全区公共文化设施有622处，城市书屋有44家，社区流动美术馆有57家，人均公共文化服务设施面积2.2平方米。全年开展公共文化活动5080余场，参与群众约425.37万人次。全区博物馆有80家，实现每10万人拥有2.2座博物馆。完成永通桥、东岳庙中路、白衣庵、碧霞宫娘娘庙、十方诸佛宝塔等修缮保护。举办2023亮马河国际风情水岸系列微演出活动、百姓周末大舞台、北京潮流音乐节、“我们的节日”系列文化活动等品牌文化活动。优化升级“朝阳宣传文化服务平台”，以数字化赋能公共文化发展，发布活动610场，预约活动3.17万人。开展流动美术馆进校园、进企业、进楼宇、进商圈、进社区活动，新建校园美术馆5座、楼宇美术馆5座，举办展览活动38场。

推动以产业互联网、人工智能、数字安全为主导产业。出台《朝阳区互联网3.0创新发展三年行动计划》，组建国内首个互联网3.0应用场景研究院，全市首家中关村互联网3.0产业园落户朝阳区。组建全市首支数字人AI基金，上线全国首个数字人资产存证平台，引进北京市混合现实与新型显示工程技术研究中心。工体元宇宙、泡泡玛特城市乐园等示范应用场景建成，上线全球首个“元宇宙就绪的5G超级网络”。引进心医达诚、Deeptech深科技等10余家数字医疗领域企业。编制《朝阳区“城市智慧大脑”建设总体规划》，打造“城市智慧大脑2.0”。北京国际大数据交易所取得经营资质，首次实现北京与香港征信数据的合规出境。举办2023未来科学论坛等高峰、发展论坛活动，举办中关村5G创新应用大赛总决赛、北京市人工智能行业大模型创新应用大赛等活动。全年技术合同认定登记合同965份，合同成交额792.07亿元，技术交易额383.94亿元。

全市首个科学高中项目落地，北京市第八十中学孙河校区等5所规模校开工，试点开通27条“通学定制公交”线路，普惠性幼儿园覆盖率提升至91%，首届中国基础教育高质量发展·北京论坛等学术论坛举办。继续与高校开展教育合作，促进全区教育资源均衡发展。全区所有公办和民办义务教育学校“教师学历、音体美教师配置、骨干教师分布”三项指标均达到义务教育优质均衡先行创建教师队伍建设标准。确定首批30所拔尖创新人才培养基地，同中国科学院、清华大学、北京大学等7所高校合作，形成市区校联动、大中小学衔接、校内外协同朝阳特色拔尖创新人才自主培养体系。48所中小学组建“校园心理剧工作坊”。心理健康教师培训和教研实现各类型中小学全覆盖。朝阳区入选全国学校家庭社会协同育人实验区。成立区级青少年创新学院。推出素养课堂区级研究课近80节，7大品类55门素质类数字课程服务13万余名学生，智慧作业教育平台试点服务近2万名学生，课后服务新增70余项课程菜单。

【社会建设】 2023年，朝阳区探索“便于协商、善于协商、常于协商”基层民主协商模式。加强“线上+线下”网格议事，建设街乡协商试点2个、市级社区议事厅示范点16个、市级楼门院治理示范点15个，推动1200余项为民办实事项目落地。完成340个示范类和800个达标类小区（村）建设。支持社区治理体制创新，编印《朝阳区社区成长伙伴计划案例集》。建成17处市级社区服务空间开放式示范点，打造3个“社区之家”规范化建设示范点。举办第五届“社区邻里节”，形成“四聚焦”（聚焦邻里文化、邻里互助、邻里服务、邻里文明），多彩社区邻里节活动等经验做法，形成以居民公约为支撑、以邻里关系为纽带、以文化活动为载体的社区和谐邻里新模式。受理12345市民服务热线诉求130万件，比上年下降4.21%。平均解决率93.9%、满意率94.8%，比上年分别提高0.9%和1.5%。

认定9家定点技能培训机构，承担北京市失业人员、农村转移就业劳动力和外省市来京务工人员等政策性培训任务。审批发放促进就业政策资金 1.81 亿元。在全区开展“春风行动暨就业援助月”“百日千万招聘”“仲夏之约”“金秋招聘月”等稳就业专项活动。在全市首创“一站式”就业流动服务站。应届高校毕业生就业率 97%，登记失业人员就业率居全市首位。

印发《朝阳区深入推进医养结合发展的实施方案》，朝阳区被国家卫生健康委命名为全国医养结合示范区。建成 1 家北京市老年护理中心。新增养老床位 1025 张、老年餐桌 10 个。新增备案养老机构 6 家、养老服务驿站 10 家，基本实现养老服务一刻钟全覆盖。全区 16.8 万名老年人享受各类相关津贴补贴，发放补贴金额超 6 亿元。免费为失能失智老人发放消防安全“四件套”、为高龄失能老人安装“一键呼”终端。完成 49 家实体社区卫生服务中心社区老年健康服务规范化建设，全区建设达标率 100%。创建北京市老年友善医疗机构，4 家医疗机构通过市级验收。为 19923 名 65 岁及以上老年人开展失能失智评估，为确认的 5608 名失能失智老年人开展健康服务，服务率 100%。开展老年人规范健康管理服务，为 39 万余名老年人提供健康管理服务。

朝阳区获评国家紧密型城市医疗集团建设试点、全国中医药传承创新发展示范试点、全国医养结合示范区 3 项全国示范试点称号，开展全国基层中医药工作示范市创建。以“3+4+7”模式（3 个层级医疗卫生机构 +4 大片区医联体 +7 项工作机制）深化 4 个紧密型综合医联体建设。实施新一轮公共卫生应急管理体系建设三年行动计划。在全市第一个挂牌疾病预防控制局。院前急救平均反应时间缩短 30% 以上。朝阳医院常营院区开诊，国家中西医结合中心落户朝阳区。辖区 45 个行政实体村实现“一村一站”（一个行政村有一个社区卫生服务站）全覆盖。

实施“双奥朝阳”建设十大行动计划。朝阳区成为全国网球示范区。全区建设 60 处体育健身活动场所，新增体育健身设备 321 件。8 个全民健身片区开展片区活动近 40 项，覆盖片区成员街乡群众 7000 余人次。组织 300 余场各级各类体育赛事活动。举办首届 CYBA 朝阳篮球联赛，打造新年徒步大会、社区杯足球赛、羽毛球比赛、桨板嘉年华等品牌活动。在北京市第二届冬季运动会上，朝阳区成绩首次排名第一。

启动 7 个乡综合治理减量规划实施方案编制。深入落实疏解整治促提升专项行动，聚焦金盏、十八里店、黑庄户、高碑店地区（乡）等区域，拆除并实现“场清地净”401 万平方米，腾退土地 357 公顷，完成基本无违法建设区创建任务。酒仙桥旧城区改建项目第一批实施地块完成搬家腾房及选房工作。推进城市更新扩面提质，化石营区域交房率 100%，劲松 114 号楼拆除重建项目实现回迁入住。THE BOX 朝外、亮马河国际风情水岸、双井街道数字经济艺术院街、北京奥林·NEO、北京汇京双子座大厦、北京凯德·星贸 6 个项目入选“2023 中国城市更新优秀案例”。

完成老旧小区综合整治 80 万平方米，老楼加装电梯 259 部，解决 3 万套房屋产权证办理难题。竣工各类保障性住房 12500 套，开工建设安置房 632 套。完成地铁 3 号线一期、12 号线、17 号线等 5 条在建轨道交通 14 项主责任务。完成棚户区住宅征拆腾退 105 户。建成双桥东路等 20 条主次干路、支路，启动第四使馆区 5 条配套道路建设，打通双井与北京 CBD 慢行系统、劲松东延路等 6 处交通堵点，完成 209 条街巷精细化治理，实现朝阳大悦城区域交通治理基本完工、三里屯路环境整体提升。出台物业服务企业信用评价办法，创建 340 个市级示范类垃圾分类小区（村）。建成 17 处市级社区服务空间开放式示范点，拆分调整 44 个 3000 户以上大型社区，完成 27 个村撤村建居，朝阳区成为全国一刻钟便民生活圈试点。

梳理土储、棚改、旧改等历史遗留项目，优化回迁房、保障房、城市物流节点等 14 类空间布局。制定完善存量 7.7 万名农民整建制转居方案。聚焦重点项目深化“村地区管”，创新集体经济与社会资本合作模式，推动十八里店、王四营、常营地区（乡）等集体土地产业园区的规划建设，东坝国际商业中心建成运营。围绕“三个三”（“三个片区”即南部崛起、东部跨越和北部提升，“三块地”即安置房用地、集体产业发展用地和平衡资金用地，“三个一体化”即基础设施一体化、公共服务一体化、社会保障一体化）发展思路，深入实施城乡融合发展三年行动计划。加快完善基础设施和高品质配套，实现 8 宗土地上市，东坝北西区、姚家园三期等 9 个安置房项目的 3.4 万人回迁入住。加快建设数字农业先行区、农业多功能示范区、乡村建设样板区，朝来农艺园、孙河郎枣园获评北京市生态农场。实施保障粮食安全三年行动，出台高标准农田建设规划，1.55 万亩耕地稳定种植，超额完成粮食蔬菜生产任务。

【生态文明建设】 2023 年，朝阳区出台区级碳达峰实施方案，加快建筑低能耗改造、园区低碳化改造，朝阳区成为国家减污降碳协同创新试点。推出街乡大气标准化治理方案，$PM_{2.5}$ 年均浓度为 34 微克 / 米 ^{3}，空气质量优良天数 280 天，优良比率为 73.2%。全区未发现受污染耕地。编制《朝阳区建设花园城市示范区规划研究暨三年行动计划》，建立涵盖住建、生态、园林、水务、交通等领域的项目库，建设花园城市示范区。推动“五乡十园”建设［“五乡”：崔各庄、将台、东风、平房、东坝乡；“十园”：10 个超大型旗舰公园，围绕十大绿色核心建立不同层级的公园体系，营造丰富的休闲游憩空间］。出台生物多样性保护中长期规划，启动温榆河公园朝阳段二期工程，建成绿隔地区公园 20 千米绿道，兴会公园、朝南森林公园二期正式开园。朝阳区成为国家生态文明建设示范区、北京市无界公园建设先行示范区，生态环境质量指数（EI）稳步提升。

实施全面打赢城乡水环境治理歼灭战三年行动，完成通惠渠（高碑店村段）治理，18 条河道 120 千米水系实现连通，18 千米滨水绿道全线贯通。举办首届亮马河畔话生态——

北京朝阳“美丽中国”建设实践论坛，亮马河国际风情水岸知名度、影响力持续提升。组织“醒春启航”“美丽中国”建设实践论坛等活动。朝阳区入选全国“十大品质休闲胜地”，位居中国魅力城区排行榜第一。

领导干部名录

中共北京市朝阳区第十三届委员会

书　　记　文　献
副 书 记　吴小杰　郑　宇（5月任）
常　　委　文　献　吴小杰　郑　宇（5月任）
暴　剑（4月免）黄晓伟（女，4月免）
范永红　崔小浩（2月免）李国红（女）
聂杰英（女，3月任）赵立军　王维民
孟　锐（4月任）李　欣（8月任）
舒毕磊（11月任）
委　　员　（按姓氏笔画排列）
于良佐　马天博　马海鹰　王　旭　王维民
文　献　田志刚　毕重伟　刘晓玲（女）
孙博洋　苏　静（女）李　华　李　欣
李　钧（满族）李国红（女）杨丙章　杨洪福
时春岗　吴小杰　吴　冰　宋少伟　张　奎
张中华　陈庆华（女，土家族）陈宏志
范永红　郑　宇　欧晓勋（女）孟　锐
赵立军　聂宏伟　贾恩松　郭　君　郭　勋
黄晓伟（女）龚浩鸣　崔小浩　麻晓晖
董　健　蒋东燕（女）舒毕磊　暴　剑
候补委员　王　悦（女）韦　平　牛海龙　邢　伟（女）
李泽林　杨晓昇　张晓宁（女）孟凡森
顾洪涛

中共北京市朝阳区委工作机构

办公室主任　郭　君
组织部部长　赵立军
组织部分管日常工作的副部长（正处级）
蒋东燕（女，8月任）
宣传部部长　黄晓伟（女，5月免）
孟　锐（5月任）
宣传部分管日常工作的副部长（正处级）
丰春秋
统一战线工作部部长　李国红（女）
统一战线工作部分管日常工作的副部长（正处级）
陈　伟（8月免）
洪广欣（8月任）
政法委员会书记　暴　剑（9月免）
李　欣（9月任）
政法委员会分管日常工作的副书记（正处级）
马海鹰
区委区政府研究室主任　叶建宁（2月免）
陈　霞（女，2月任）
网络安全和信息化委员会办公室主任
李　钧（满族）
机构编制委员会办公室主任　李　云
区直属机关工作委员会书记　郑　宇（兼，8月任）
区直属机关工作委员会常务副书记　胡建东
巡察工作领导小组办公室主任　李英辉（女）
老干部局局长　高敬茹（女，蒙古族）
社会工作委员会书记　杨晓昇
农村工作委员会书记　连文胜
北京商务中心区工作委员会书记　崔小浩（兼，2月免）
聂杰英（兼，女，8月任）
中关村科技园区朝阳园工作委员会书记　舒毕磊（兼）
北京奥林匹克中心区管理委员会书记　董　健（女）
国家文化产业创新实验区工作委员会书记　李　强

中共北京市朝阳区第十三届纪律检查委员会

书　记　范永红
副书记　于良佐　张颖辉（女，5月免）李英辉（女）
常　委　马立众（12月免）宇　凤（女，12月免）
段晓娟（女，10月任）曹　冲　张　健（12月任）
李　响（2月免）李　丰（女）迟翔宇（12月任）

北京市朝阳区监察委员会

主　　任　范永红
副 主 任　于良佐（5月免）张颖辉（女）
马立众（12月免）段晓娟（女，10月任）
张　健（12月任）
委　　员　李英辉（女，12月免）周　滢（女，2月免）
宇　凤（女，12月免）曹　冲　李　响（2月免）
迟翔宇（2月任）赵　杰（8月任）
胡　镔（12月任）

朝阳区第十七届人民代表大会常务委员会

主　　任　陈宏志
副 主 任　张克斌　赵红伟　宝月凤（女，满族）许嘉宁
叶　青

委　　员（按姓氏笔画排列）

王左敏（女）　王东胜（女）　王　宁（女）
王志华（女）　王利如（女）　王　忠　文晓辉（女）
石延刚（回族）　田树林（女，满族）　付小贺
冯　静（女）　邢志新（女）　任敬东　刘广宇
刘亚晖　刘　勇　米　岩　安存虎（回族）
李　洋　余作泽　冷春华（女）　张　京（女）
陈　岚　陈春玖　林　海　郑　晶（女）
郝云峰　柳学信　侯湘君（女）　高一轩
唐　蔷（女）　姬连娣（女）　曹信红（女）
韩　冰（女）　韩　峰　解　卫　谭水华

朝阳区人大常委会工作机构

办公室主任	石延刚（回族）
法制办公室主任	刘　勇
财政经济办公室主任	唐　蔷（女）
城市建设环境保护办公室主任	冷春华（女）
教育科技文化卫生办公室主任	王东胜（女）
代表联络室主任	王　宁（女）
农村办公室主任	付小贺
研究室主任	刘亚辉

朝阳区人民代表大会专门委员会

监察和司法委员会主任委员	刘　勇
财政经济委员会主任委员	唐　蔷（女）
城市建设环境保护委员会主任委员	冷春华（女）
教育科技文化卫生委员会主任委员	王东胜（女）
农村委员会主任委员	付小贺
社会建设委员会主任委员	侯湘君（女）

北京市朝阳区人民政府

区　　长　吴小杰
常务副区长　崔小浩（2月免）　聂杰英（女，3月任）
副 区 长　舒毕磊　杨蓓蓓（女）　许　杰
孟　锐（4月免）　李　欣（8月免）
刘福泽（11月任）　任　超（4月任）
朱　冰（挂职，11月免）
张冠彬（挂职，11月任）

北京市朝阳区人民政府工作机构

办公室主任	郭　勋
发展和改革委员会主任	魏思源
教育委员会主任	肖　汶
科学技术和信息化局局长	冯少静（兼，女，2月任）
民政局局长	杨晓昇
司法局局长	倪东新
财政局局长	欧晓勋（女）
人力资源和社会保障局局长	毕重伟
生态环境局局长	冷　飞
住房和城乡建设委员会主任	张　奎
房屋管理局局长	吴熙盛（2月免） 李海莲（女，2月任）
城市管理委员会主任	刘炳起
交通委员会主任	吴选辉
水务局局长	陈　杰
农业农村局局长	连文胜
商务局局长	刘　佳（女）
文化和旅游局局长	贾恩松（8月免） 陈　伟（8月任）
卫生健康委员会主任	张　瑞（女）
退役军人事务局局长	田志刚
应急管理局局长	聂宏伟
市场监督管理局局长	刘立新（2月免） 易湘林（2月任）
审计局局长	战春燕（女，满族，2月免） 孙玉辉（2月任）
外事办公室主任	陶黎黎（女，6月免） 林　琳（6月任）
国有资产监督管理委员会主任	贾恩松（8月任）
体育局局长	吴晓军
统计局局长	李淑环（女）
园林绿化局局长	王春增（8月免） 郝宝刚（8月任）
金融服务办公室主任	陈　峰
政务服务管理局局长	王庆丰（2月免） 王冬岩（2月任）
国防动员办公室主任	吴　冰
信访办公室主任	杨丙章
医疗保障局局长	商建英

北京市朝阳区政府部门、人民团体党政分设工作机构的党组织书记

文化和旅游局党委书记	次仁卓噶（女，藏族）
卫生健康委员会党委书记	张中华（2月免） 时春岗（2月任）
退役军人局党组书记	崔松青
体育局党委书记	周长春

统计局党组书记 施咸超
政务服务管理局党组书记 杨汉安
教育工作委员会书记 董 健
总工会党组书记 姬文革（女）
科学技术协会党组书记 冯守华（10月任）
工商业联合会党组书记 于晓军
红十字会党组书记 刘秀芹（女，6月任）
文学艺术界联合会党组书记 贾恩松（兼，8月免）
陈 伟（兼，8月任）
城市管理指挥中心党组书记 常敬武（2月免）
刘晓玲（女，2月任）
投资促进服务中心党组书记 马英晖（6月免）
魏思源（兼，8月任）

政协北京市朝阳区第十四届委员会

主　　席 王 旭
副 主 席 赵年生 张 岩 李 靓（女） 连玉明
王冬岩 王 强
秘 书 长 董会生
常务委员 （按姓氏笔画排列）
于晓军 于海鹏（女） 马舍尔巴（回族）
马泽丹（藏族） 马晓峰（回族） 马海军（回族）
丰春秋 王 强（科技界） 王 慧
王乃锋（蒙古族） 王昊男（蒙古族）
王晓琳（女） 邓献云 玉 红（女，蒙古族）
叶 昊 冯 涛 朱 桉 任 哲 邬文玲（女）
刘存志 苏海佳（女） 李 卓 李 明
李秋雪（女） 李彦斌 李贺清 李莱蒙（女）
李淑环（女） 李超峰 李瞻宇（女）
李瀚宇（女，满族） 杨庆丽（女） 杨征军
肖 汶 闵 涛 宋关福 张 纯 张 瑞（女）
张小锋 张宏家 张秋玲（女） 张洪源
陈 伟 陈 霞（女） 陈忠洲 金晓萍（女，回族）
郝文革（蒙古族） 钟光珍（女） 侯 毅
姜永海 姜维权 钱晓瑾（女） 高 黎（女）
郭天光 郭晓静（女） 唐子人（回族）
唐志辉（侗族） 黄 璞 黄文娟（女）
戚依南 崔少飞 梁雪青（女） 梁鑫华
葛友山 董 健（女） 管文东 阚敬侠（女）
潘小俪（女） 霍 超（女） 穆军升

朝阳区政协工作机构

办公室主任 良 彪
研究室主任 李彦斌
专委会工作一室主任 邓献云（5月免）
杜彩云（5月任）
专委会工作二室主任 陈 霞（女，2月免）
邓献云（5月任）
专委会工作三室主任 崔少飞
专委会工作四室主任 李贺清（2月免）
王乃锋（2月任）
专委会工作五室主任 王乃锋（2月免）
谷 雨（2月任）
专委会工作六室主任 张小锋（2月免）

朝阳区政协专门委员会

提案委员会主任 邓献云（9月免）
杜彩云（9月任）
学习委员会主任 王乃锋（蒙古族）
教育卫生与体育委员会主任 陈 霞（女，9月免）
邓献云（9月任）
文化文史委员会主任 丰春秋
经济科技委员会主任 崔少飞
人口资源环境和建设委员会主任 李贺清
社会法制与民族宗教委员会主任 马舍尔巴（回族）
农业和农村委员会主任 张小锋
港澳台侨委员会主任 黄文娟（女）

北京市朝阳区政法、军事机构

市公安局朝阳分局局长 许 杰
人民检察院党组书记、检察长 马天博
人民法院党组书记、院长 龚浩鸣
市国家安全局朝阳分局局长 安永春
人民武装部部长 王维民

朝阳区各民主党派

民革朝阳区委主委 梁鑫华
民盟朝阳区委主委 王冬岩
民建朝阳区委主委 刘 琳（女）
民进朝阳区委主委 韦小萍（女）
农工党朝阳区委主委 刘存志
致公党朝阳区委主委 曹信红（女）
九三学社朝阳区委主委 王 强
台盟朝阳区工委主委 王 慧

北京市朝阳区各团体

总工会主席　张克斌（兼）
总工会党组书记、常务副主席　姬文革（女）
共青团朝阳区委书记　李　林
妇女联合会党组书记、主席　苏　静（女）
科学技术协会主席　冯守华（10月免）
杜修力（兼，10月任）
残疾人联合会党组书记、理事长　陈开红（女，2月免）
于建国（2月任）
归国华侨联合会党支部书记、主席　黄文娟（女）
工商业联合会主席　叶　青（兼）
工商业联合会党组书记、常务副主席　于晓军
红十字会会长　杨蓓蓓（兼，女，6月免）
舒毕磊（兼，6月任）
红十字会常务副会长　刘秀芹（女）
文学艺术界联合会主席　谢　莹（兼，女）
文学艺术界联合会秘书长　金　童（女，满族）

其他单位

北京商务中心区管理委员会主任　陈　黛（女，3月任）
北京商务中心区管理委员会常务副主任　牛海龙（10月免）
北京奥林匹克中心区管理委员会主任　董　健（女）
北京朝阳国家文化产业创新实验区管理委员会主任　李　强
市规划和自然资源委员会朝阳分局局长　任　超（6月免）
马红杰（6月任）
国家统计局朝阳区调查队队长　李　利
区经济社会调查队　马　森（1月任）
国家税务总局北京市朝阳区税务局局长　李云龙
烟草专卖局局长　史红军
气象局局长　张沛刚
地震局局长　关进国（2月任）
农村合作经济经营管理站站长　何文东（8月免）
马维翰（8月任）
农业农村综合服务中心主任　辛　莉（女）
党史工作办公室主任　陈文刚（6月免）
党校校长　郑　宇（兼，8月任）
党校常务副校长　陈庆华（女，土家族）
档案馆馆长　赵瑞博（2月免）
叶建宁（2月任）
城市管理指挥中心主任　王冬岩（2月免）
刘晓玲（女，2月任）
环境卫生服务中心党组书记、主任　李　罡
融媒体中心党组书记、主任　孙　帅（2月免）
梁雪琴（女，2月任）
宣传文化中心党组书记、主任　马　骏
高层次人才服务中心主任　刘　静（女，2月免）
李　响（8月任）
机关事务管理服务中心党组书记、主任　王　娟（女）
投资促进服务中心主任　马英晖（6月免）
陈巴黎（女，6月任）
房屋征收事务中心党组书记、主任　戚一嘉

北京市朝阳区街道工委、办事处

八里庄街道

工委书记　闫培文
办事处主任　李　伟

左家庄街道

工委书记　麻晓晖
办事处主任　闫立春（女，8月免）

和平街街道

工委书记　秦　涛（8月免）
闫立春（女，8月任）
办事处主任　关进国（2月免）
赵瑞博（2月任）

双井街道

工委书记　李容珍
办事处主任　张久红

酒仙桥街道

工委书记　徐宏桢
办事处主任　王　亮

呼家楼街道

工委书记　吴勇刚
办事处主任　郭丽红（女）

朝外街道
工委书记　孟凡森
办事处主任　黄海燕（女，土家族）

劲松街道
工委书记　刘　胜
办事处主任　魏　薇（女）

安贞街道
工委书记　易湘林（2 月免）
　张中华（2 月任）
办事处主任　陆黎丽（女，壮族）

三里屯街道
工委书记　孙曙光
办事处主任　马程浩（满族）

建外街道
工委书记　周建立
办事处主任　王一凡

团结湖街道
工委书记　李亚珉
办事处主任　郑欣宇

潘家园街道
工委书记　邢　伟（女）
办事处主任　李永纲（6 月免）
　陈文刚（6 月任）

香河园街道
工委书记　董云增（2 月免）
　吴晓曼（女，2 月任）
办事处主任　吴晓曼（女，2 月免）
　赵洪玉（8 月任）

六里屯街道
工委书记　时春岗（2 月免）
　倪遥远（土家族，2 月任）
办事处主任　倪遥远（土家族，2 月免）
　刘　兵（2 月任）

亚运村街道
工委书记　历广权
办事处主任　付　博

小关街道
工委书记　洪广欣（8 月免）
　曾　林（女，8 月任）
办事处主任　曾　林（女，8 月免）

垡头街道
工委书记　杨立亭
办事处主任　张立云（女）

麦子店街道
工委书记　刘晓玲（女，2 月免）
　李　霄（2 月任）
办事处主任　李　霄（2 月免）
　马　凯（2 月任）

机场街道
工委书记　袁自斌
办事处主任　赵建峰（8 月免）
　李金东（8 月任）

望京街道
工委书记　陈　栋（2 月任）
办事处主任　陈　栋（2 月免）
　张　健（2 月任）

大屯街道
工委书记　徐继锋（满族）
办事处主任　赵一帆

奥运村街道
工委书记　韩　军
办事处主任　张继明（2 月免）
　孙博洋（2 月任）

东湖街道
工委书记　谷　雨（满族,2 月免）
　王庆丰（2 月任）
办事处主任　武　宁

北京市朝阳区地区工委（乡党委）、办事处（乡）

南磨房地区（乡）
工委（党委）书记　于建国（2 月免）
　张晓宁（女，2 月任）
办事处主任（乡长）　喻存根

高碑店地区（乡）
工委（党委）书记　顾洪涛
办事处主任（乡长）　闫　博

将台地区（乡）
工委（党委）书记　宋少伟
办事处主任（乡长）　李　勃

太阳宫地区（乡）
工委（党委）书记　李　华（8 月免）
陈　鹏（8 月任）
办事处主任（乡长）　陈　鹏（8 月免）
赵建峰（8 月任）

十八里店地区（乡）
工委（党委）书记　刘　涛
办事处主任（乡长）　张金鑫

小红门地区（乡）
工委（党委）书记　王小红（女，6 月免）
杜　磊（6 月任）
办事处主任（乡长）　贾　森（回族）

王四营地区（乡）
工委（党委）书记　郝宝刚（12 月免）
苏云华（12 月任）
办事处主任（乡长）　苏云华（12 月免）
刘高怀（12 月任）

平房地区（乡）
工委（党委）书记　蒋东燕（女，8 月免）
张　昕（8 月任）
办事处主任（乡长）　张　昕（8 月免）
葛　浩（12 月任）

东坝地区（乡）
工委（党委）书记　于淑杰（女）
办事处主任（乡长）　秦国华

金盏地区（乡）
工委（党委）书记　万小兵
办事处主任（乡长）　芦　爽（女）

来广营地区（乡）
工委（党委）书记　王　刚（2 月免）
兰　澎（2 月任）
办事处主任（乡长）　兰　澎（2 月免）
李国荣（2 月任）

东风地区（乡）
工委（党委）书记　谷昆鹏
办事处主任（乡长）　陈利娟

孙河地区（乡）
工委（党委）书记　张晓宁（女，2 月免）
张继明（2 月任）
办事处主任（乡长）　常　放

崔各庄地区（乡）
工委（党委）书记　李泽林
办事处主任（乡长）　殷伟涛

三间房地区（乡）
工委（党委）书记　王立新
办事处主任（乡长）　袁裕中

常营地区（乡）
工委（党委）书记　李兴泉
办事处主任（乡长）　马洪松（回族）

豆各庄地区（乡）
工委（党委）书记　张军茹（女）
办事处主任（乡长）　戴昌军

黑庄户地区（乡）
工委（党委）书记　赵歌帆
办事处主任（乡长）　韩西晨

管庄地区（乡）
工委（党委）书记　刘　伟
办事处主任（乡长）　汪宝成

特载

区委十三届七次全会报告

（2023年12月25日）

一、2023年工作总结

2023年是全面贯彻党的二十大精神的开局之年，是三年新冠疫情防控转段后经济恢复发展的一年，也是朝阳区向着新目标、奋楫再出发的一年。一年来，区委坚持以习近平新时代中国特色社会主义思想为指导，深入贯彻党的二十大和二十届二中全会精神，深入贯彻习近平总书记对北京重要讲话精神，在市委的坚强领导下，围绕中心、服务大局，团结带领全区各级党组织和党员干部群众，聚力新时代首都发展作出新贡献，奋力推进高质量发展取得新成效，全力建设“五宜”朝阳跨上新台阶，中国式现代化的朝阳实践迈出坚实步伐。

开局之年，我们感悟思想伟力，凝聚奋进力量，推动学习贯彻习近平新时代中国特色社会主义思想走深走实。

一是凝心铸魂筑牢根基。扎实推进主题教育，以党的创新理论统一思想，及时跟进学习习近平总书记最新重要讲话和重要论述，建立区委常委会“第一议题”制度，主题教育覆盖全区全部基层组织和党员。开展建区65周年区情教育系列活动，首次邀请全国人大北京团代表、驻区全国政协委员、北京市政协委员走进朝阳调研考察，营造支持朝阳发展的良好社会氛围。全区凝心聚力推动发展的思想更加稳固、信心更加坚定、团结更加有力。

二是“四下基层”贴近群众。做实百姓宣讲体系，用好新时代文明实践阵地，创新文明实践街区、主题公园等新的宣传场景。大兴调查研究，延伸市级调研成果，引导全区同题共答，形成全区调查研究联席联动工作机制。各级领导干部深入基层信访接待、解决群众诉求，把问题解决在基层、化解在萌芽状态。

三是真查实改推动发展。聚焦推动高质量发展，各级班子确定重点任务、民生项目和整改问题，推动发展见行见效、民生实事可知可感、整改整治走深走实。扎实开展解剖式调研，梳理正反面典型案例，形成了亮马河国际风情水岸更新等一批亮点经验，找出了“8·19”北京大方万恒公司火灾事故等一批问题根源。深入开展“首都高质量发展先锋行动”，解决群众急难愁盼问题，形成一批惠民成果，推动主题教育成果转化为高质量发展新成效。

开局之年，我们放大格局视野，扛起职责使命，为推动新时代首都发展贡献朝阳力量。

一是聚焦大局主动担当。高质量完成“十四五”规划纲要中期评估。圆满完成第三届“一带一路”国际合作高峰论坛、2023年中国国际服务贸易交易会服务保障工作。在全市率先出台京津冀协同发展三年行动计划，设立“北京CBD—天津港京津协同港口服务中心”，与天津滨海新区共同推出跨省通办事项清单，推动京津冀三地四园签署人力资源服务产业园合作协议，开展京津冀三地医保支付、基金监管等先行先试，与山东德州、辽宁朝阳等地开展战略合作，形成协同发展新格局。我区连续五年在全市东西部协作考核中排名第一，产业帮扶案例入选第四届“全球减贫案例征集活动”获奖案例。持续开展疏解整治促提升专项行动，成功创建基本无违法建设区。支援房山、门头沟防汛救灾及灾后重建，组织动员工会、慈善协会、外资企业等社会各界捐款捐物，房山十渡应急保障中心成为全市首个援建的“平急两用”示范项目。

二是聚焦经济强力支撑。制定推动经济高质量发展指导意见和促进GDP总量提升工作方案，修订完善“1+7”产业政策体系，支持商务、金融、高新技术、文化等重点产业发展。区委区政府专题调度经济运行，开展企业联系走访，走访数量位居全市第一。加大助企纾困力度，申请拨付市区两级就业政策资金，为小微企业申请创业担保贷款。打造朝阳服务品牌，全面推行“一业一证”改革，优化“一件事”场景服务，“一网通办”“一企一策”为企业量身定制诉求解决方案，连续五年在全市营商环境考核中排名第一。2023年，地区生产总值实现8387.2亿元，同比增长5.5%。完成地方级收入1114.2亿元，同比增长10.5%，高于全市2.3个百分点；区级收入563.5亿元，同比增长12%，总量保持全市第一；固定资产投资同比增长7.3%；实现社会消费品零售总额3355.5亿元，同比增长5.5%，高于全市0.7个百分点，对全市增量贡献率达26.3%，居全市首位，拉动全市增速1.3个百分点。

三是聚焦发展改革创新。创新性推进城市建设，举办第二届北京市暨首届朝阳区城市更新论坛，THE BOX朝外、亮马河国际风情水岸、双井街道数字经济艺术院街可持续更新等6个项目荣获2023中国城市更新优秀案例，为超大城市更新探索出更多朝阳经验。推动区属国企战略性重组和集团化改革，组建文旅集团、科技集团、城发集团，在全区经济发展、科技创新、城市更新、支援灾后重建等方面发挥出综合效益，有力支撑经济社会发展。鼓励基层改革创新，全年承接全国示范性老年友好型社区创建、全国市场监管数字化试验区（北京）建设示范区创建、党建引领律师行业参与服务基层群众和新就业群体试点、通学定制公交车试点等国家级、市级改革事项45项，基层“微改革”“微创新”150项，探索出临时建筑“前置审批”新模式，正式上线数字人资产存证平台，发出全市首张“超市/便利店”行业“综合许可凭证”，形成“一村一特色”自由职业人员统战工作等创新实践，建外街道被评为2023年北京市改革街乡镇，基层首创精神充分发挥，区域创新活力不断迸发。

开局之年，我们厚植发展动力，激发增长活力，积极作为探索高质量发展新路径。

一是双轮驱动成效显现。推动商务优势新发展，举办中德、中阿商务经贸文化交流活动，组团赴欧洲、中东地区，以及中国香港、澳门等地招商引资，借助服贸会、进博会、消博会等国家级平台拓展国际贸易合作空间，京港洽谈会签约数量、金额均居全市第一，服贸会意向签约额、“北京日”签约额均居全市首位。深入推进“两区”建设，全国首家外商独资证券公司渣打证券落地，宝马（中国）、安顾方胜两家外资保险经纪公司获批设立，新增入库项目数居全市第一。全区跨国公司地区总部占全市七成，北京CBD在2023福布斯中国商务中心区竞争力评选中位列第一。提升中关村朝阳园新动能，聚焦未来优势产业，高标准承办2023全球数字经济大会，组建国内首个互联网3.0应用场景研究院，建设全市首个中关村互联网3.0产业园和北京市数字人基地，落地网易（北京）数字产业中心、京港互联网3.0产业中心，互联网3.0形成领跑全市的产业生态。引入中关村人工智能智用研究院，推动智能技术评测体系在朝阳首发和试点。前瞻性布局硅光产业生态，电子城IC/PIC创新中心落地优质企业40余家。与中国科学院科技创新发展中心共推科技企业陪伴计划，与北京工业大学共同打造山河湾谷创新区，与北京国际大数据交易所联合建设国内首个工业数据专区，全国首家国际科技组织总部集聚区落地，协同创新格局初步形成。加快“城市智慧大脑”共性平台建设，形成基础设施及资源支撑。

二是消费活力持续释放。围绕“五聚焦一提升”，扎实推进国际消费中心城市主承载区建设。聚焦重点区域，构建“一纵一横一核”商业版图，12个重点商圈提质升级，三里屯商圈成为北京市唯一的全国示范智慧商圈，望京小街成为全国首个商业服务领域标准化建设街区，蓝色港湾上榜全市游客接待量排名前十景区，带动全区客流总量同比增长1亿人次。聚焦重点项目，升级改建十大商业综合体，释放近百万平方米商业空间，THE BOX朝外成为北京年轻力中心地标，“新工体”打通体育场馆、城市公园及商业空间。聚焦重点领域，建设美食之城、茶香之城、咖啡之城、时尚之城，举办2023北京国际美食荟，全区黑珍珠、米其林餐厅上榜数量分别占全市的70%和60%。引进首店304家，居全市各区之首，星级酒店数量居全市第一。聚焦重点时段，举办500余场贯穿全年的“潮朝阳”促消费活动，北京朝阳国际灯光节期间，重点商圈客流量较日常上涨31%，21天销售额近21亿元，同比2019年增长23%。聚焦目标人群，丰富消费场景，入境游客人数同比增长576.4%。提升消费环境，朝阳区入选国家文化产业和旅游产业融合发展示范区建设单位，751园区、798艺术区分别入选国家级旅游休闲街区和国家工业旅游示范基地，温榆河公园被评为国家体育旅游示范基地，泡泡玛特城市乐园入选2023年北京市文化和旅游科技创新应用场景十佳案例。全区旅游总收入1332.4亿元，占全市22.8%，全市第一。

三是城市文化开放包容。落实全国、全市宣传思想文化工作会议精神，建设开放自信的文化强区。传承弘扬中华优秀传统文化，建成开放北京朝阳香文化传习所，举办首届北京朝阳国际茶香文化节、国际雕塑邀请展、“潮起亮马河”主题艺术创作精品展，4家“类博物馆”挂牌开放。推动文化繁荣，在亮马河畔举办国际艺术季和微演出系列活动，推出《三里屯42号》《红色电波》等原创作品，首批认定11家演艺新空间，“文艺两新”聚集区实践基地落户朝阳。举办首届朝阳CYBA篮球联赛等各类文体活动5000余场，吸引425.4万人次参与，丰富了群众文化生活。深化媒体融合，上线“学习强国”朝阳学习平台，开展新闻宣传活动350余场，各级媒体刊发报道3.2万余篇，《中国国家地理》出版发行朝阳专刊，《大使眼中的“最朝阳”》获评全国县级融媒优秀作品，《你好，朝阳》城市形象片登上纽约时代广场纳斯达克大屏。朝阳首次作为独立展团参展深圳文博会，推动国家文创实验区全域化发展，建成全国首个文化产业“云园区”，试点设立广电政务审批帮办窗口，全市首个AIGC创意产业联盟落户，文化、体育和娱乐业提质发展。

四是城乡融合实现突破。深入实施城乡融合发展三年行动计划。制定完善全区农民整建制转居实施方案，提交市政府申请批复。推动8宗地块入市成交，9个安置房项目实现回迁入住，全面完成村级产权制度改革工作。赋能南部崛起，首次由乡级政府承办数字经济大会专题论坛，朝阳港一期商业地块项目加快推进，小武基村安置房取得立项手续和施工准备函，大羊坊路环岛至四环路段导行路完成修建，朝南森林公园二期正式建成开园。深化与农业农村部合作机制，建设数字农业先行区、农业多功能示范区、乡村建设样板区，朝来农艺园被授予“北京市生态农场”称号。

开局之年，我们践行人民城市理念，推动“五宜”朝阳建设，以百姓心为心提升群众获得感。

一是公共服务更加均等普惠。锚定建设教育强区，实施领航、引航、远航、助航“四航”计划，与北京师范大学建立高质量发展战略合作，举办“中国基础教育高质量发展·北京论坛”“首届中国教育学会基础教育卓越教师创新发展学术年会”等高端学术论坛，提升朝阳教育影响力。坚持综合性高中、特色化高中“双强”推进，首师大附中、北京中学东坝北校区、十一学校朝阳实验学校、人大附中朝阳港学校实现开工建设。71所学校入选北京市艺术、科技教育特色学校，与中国传媒大学合作建设传媒特色高中，纳入北京中学教育集团，北京科学高中正式获批落地。新增幼儿托位、中小学学位共3600个，义务教育优质资源实现全覆盖。优化医疗资源供给，获批国家紧密型城市医疗集团建设试点、中医药传承创新发展试点、全国基层中医药工作示范区、全国医养结合示范区4项国家级支持示范试点，成立4个紧密型城市医疗集团，打造5个区域医疗资源共享指导中心。社区卫生服务中心持续扩能，满足患者需求，在全市率先开展全流程家庭医生网上签约，让居民享受更便捷的健康服务。

二是朝阳群众更加安居乐业。坚持就业是最大的民生，构建“大就业”工作格局，成立全国首个人力资源服务出口基地联盟，在全市首创“就业流动服务站”，搭建集社区楼门微信群、电梯间和区级媒体矩阵为一体的线上就业服务体系，输送岗位，服务求职者。全区登记失业人员就业率居全市第一。落实养老保险全国统筹、社保新系统切换改革任务，按时足额保障各项社保待遇，全区社保基金支出总额占全市五分之一。开展居家养老服务模式揭榜挂帅创新试点，承办全市首届养老服务“家年华”，率先上线朝阳区养老服务一键查询小程序，老年友善医疗机构建设率达96%。大力发展保障性住房，滚动开展13批次公租房配租工作，解决困难家庭住房需求，为居民办理历史遗留不动产产权。探索“平急两用”保障性租赁住房模式，七彩家园转换为城市建设者管理者之家，让快递、维修、保洁等行业“新市民”更好扎根朝阳。稳步推进“雪亮工程”建设，点亮金蝉西路等无灯道路，“校园安保”“视频监控”“一键式报警器”安装实现三个100%。连续四年在平安北京建设考核中被评为优秀，获评全国市域社会治理现代化试点合格城市和首批全国社会治安防控体系建设示范城市。

三是城市治理更加满足期待。统筹“七有”“五性”，基层治理水平显著提升，百姓生活更加便利，乡村更加美丽。推进基层治理和服务体系改革，优化调整大型社区规模，顺利完成撤村建居试点，建成17个市级社区服务空间开放式示范点。深化接诉即办、未诉先办，“12345”市民服务热线在全市各区排名大幅提升，街乡连续5个月在全市后10名清零，取得有史以来最好排名。开展六大创城专项行动，在全市率先实现“门前三包”责任单位一网统管，全域文明创建实现共建共治共享。环境秩序面貌持续向好，完成三里屯路慢行友好街区建设，对背街小巷“打包提升”，打造出武圣东路等一批精品街巷、文明街巷，央美西街入选十大“北京最美街巷”，我区获评全国村庄清洁行动先进县，高井村获评全国乡村治理示范村。加快建设“不夜之城”，形成夜游“亮马河”、夜赏“金十字”、夜秀“新朝阳”、夜购“潮商圈”、夜品“中国风”为主题的高质量夜间沉浸光影场景。老旧小区、棚户区改造任务提前完成，老楼加装电梯超额完成，化石营旧改项目实现签约交房率100%，酒仙桥旧城改建一期项目居民全部完成搬家交房，垡头地区近3万居民喝上市政自来水。完成大修道路10条，中小修道路108条，石佛营东路等18条道路基本完工，地铁17号线北段年底开通运营，极大方便了群众出行。开展安全生产和火灾隐患大排查大整治，在全国首创派驻社区消防专员机制，强化关键领域重点行业安全检查，市级挂账燃气管线占压隐患清零，基层安全治理体系不断完善。

四是美丽朝阳更加多姿多彩。坚持让生态成为最普惠的民生福祉，成功创建国家生态文明建设示范区，举办亮马河畔话生态——2023北京朝阳“美丽中国”建设实践论坛，我区入选全国“十大品质休闲胜地”，荣登中国魅力城区排行榜第一名。全区$PM_{2.5}$累计平均浓度34微克/米^3，TSP街乡排名已全部退出全市后30名，街乡空气质量治理取得实效。推动实施水环境治理三年行动计划，全区国考、市考断面水环境质量稳定达标。通惠渠治理工程完工，完成亮马河燕莎桥滨水通道贯通工程，实现“横向串联、纵向通达”。建设花园城市，推进“一园一花一品”公园建设，打造“一路一叶一花”15条特色林荫景观大道，新增25处无界公园，建成290公里绿道，全区绿化覆盖率达到48.08%，近1800种生物物种选择在朝阳安家。朝阳循环经济产业园成功入选国家绿色低碳科技示范工程，高安屯再生水厂成为全市首个碳中和再生水厂。人与自然和谐共生的现代化美景在朝阳得到了生动实践。

开局之年，我们夯实基层基础，强化务实作风，从严从实全面加强党的建设。

一是加强党的全面领导。始终把党的政治建设摆在首位，坚持和捍卫“两个确立”、增强“四个意识”、坚定“四个自信”、做到“两个维护”。健全党的领导制度，完善重大决策部署落实机制，专题听取区人大、政府、政协、法院、检察院党组工作报告，召开议事协调机构工作会议，调度专项工作。领导开展全区主题教育，持续推进调研成果转化和问题整改。严格落实意识形态工作责任制，建立意识形态分片区、分领域会商报告机制。全年对35家二级单位党组织开展巡察，覆盖434个社区（村），政治巡察持续巩固深化。加强民主法治建设，发展全过程人民民主。支持人大、政协依法依章程履职，区人大及其常委会充分发挥全国人大基层立法联系点作用，组织市、区、乡三级代表、群众参与立法征求意见工作，提出意见建议，激发了基层民主活力；区政协发挥专门协商机构作用，聚焦建设公园城市、挖掘朝阳特色文化元素等议题，组织党派团体、界别和委员协商建言，履职效能进一步增强。提升统战成员参政议政水平，积极做好民族、宗教、港澳、对台和侨务工作，各领域社情民意交流渠道不断拓展。领导完成区总工会、区科协、区红十字会、区残联、区青联换届工作，区妇联等5家单位荣获市思想政治工作优秀单位称号。成立区委全民国防教育领导小组，获第一届北京市全民国防知识技能大赛团体一等奖。举办朝阳区首届干部荣誉退休仪式，发动各方做好全国双拥模范城“八连冠”争创工作。全面推进依法治区，区法院打造北京首个适老化法庭——亚运村法庭，区检察院深入实施数字检察战略，公安分局完善“情指行”一体化运行，区司法局行政复议案前调解做法被全国人大新修订的行政复议法吸纳。党的全面领导落实到全区工作各领域、各方面、各环节。

二是加强干部人才队伍建设。坚持以正确选人用人导向引领干事创业导向，推动干部树立和践行正确政绩观，着力建设堪当重任的高素质干部队伍。落实四个“注重选拔”、四个“坚决不用”和“四个不让”要求，突出重实干、重实绩，在推动高质量发展、乡村振兴、接诉即办等重点任务一线跟踪考察干部，区委常委会讨论决定干部任免。着眼事业后继有人，制定实施优秀年轻干部队伍建设三年行动计划，干部队伍基础结构、能力素质、源头储备持续优化。着眼高质量发展需要，不断深化“五个一批”涵养工程，引导干部在火热实践中练就真本领、硬功夫。推进事业单位人员队伍建设“云梯”工程，吸引高校优秀应届毕业生扎根朝阳。健全党管人才工作格局，落实落细党委联系服务专家工作，在重点职能部门和43个街乡建立人才服务专员，持续升级朝阳国际人才创业大会（ITEC）“双招双引”品牌，第十一届报名参赛项目比第十届翻了一番。深入实施“凤凰计划”，构建“1+8”保障体系，区域发展的人才支撑更加坚实。

三是加强基层组织建设。牢牢抓住党组织领导基层治理这条主线，探索开展党建引领基层网格精细化治理试点工作，做实党建工作协调委员会，形成亮马河水岸治理等党建项目。健全党组织领导的城乡治理体系，深入推进抓党建促乡村振兴，高井村、小鲁店村获评市级抓党建促乡村振兴示范村，八里庄街道华贸中心社区、安贞街道安华里社区等5个社区入选中组部评定的先进典型社区案例。抓好社区（村）党组织书记和社工队伍培养，储备后备人才，定向招聘事业编。着力提升机关企事业单位党建质量，全面推进中小学校领导体制改革。深入开展“两新党建专项攻坚”行动，成立非公医疗、文创、养老服务等行业党委，21家“两新”组织获评全市“党建强、发展强”党建品牌，占全市比例为21%。从严从实加强党员队伍建设，落实党内激励关怀帮扶政策措施和新中国成立前入党的老党员服务保障工作。

四是持续深化正风肃纪反腐。始终坚持严的基调，聚焦贯彻落实党的二十大精神强化政治监督，开展专项监督；严明政治纪律和政治规矩，锲而不舍落实中央八项规定精神，坚持纠“四风”树新风并举，开展交叉互查、针对性约谈提醒，持续推动作风建设常态化。始终以“零容忍”态度惩治腐败，聚焦关键少数、重点领域动真碰硬，风清气正的良好政治生态持续巩固。

二、2024年主要任务

坚持以习近平新时代中国特色社会主义思想为指导，全面贯彻落实党的二十大和二十届二中全会精神，认真贯彻中央经济工作会议精神，落实市委十三届四次全会各项部署，坚持稳中求进工作总基调，统筹高质量发展和高水平安全，统筹扩大内需和对外开放，以新时代首都发展为统领，以推动高质量发展为主题，以建好人民满意的“五宜”朝阳为重点，切实增强经济活力，防范化解风险，改善社会预期，增进民生福祉，保持社会稳定，更加奋发有为推动朝阳新发展。

一、统一思想凝聚共识，巩固团结奋斗的良好局面

始终保持思想上统一、政治上团结、行动上一致，形成推动全区高质量发展的强大合力。

教育成果常态化。坚持学深悟透，抓好深化学习贯彻习近平新时代中国特色社会主义思想常态化制度建设意见落地落实，推动“第一议题”制度向处级班子延伸，推动党的创新理论入脑入心。坚持“四下基层”，大兴调查研究，深化集体调研，推进现场解决问题，有的放矢开展各项工作。持之以恒推动发展，促进重点任务、民生项目及整改整治问题动态解决，切实把主题教育成果转化为干事创业的真正实效。

凝聚合力促发展。齐众心、汇众力、聚众智，引导全区各条战线、各个系统团结奋斗。发挥区委总揽全局、协调各方作用，统筹召开全区党的建设、城市建设、生态文明建设大会，加强党对全面工作的领导和协调。支持区人大进一步坚持问题导向，依法开展各项工作监督。支持区政府强化工作主导，统筹调度全区经济社会发展。支持区政协发挥专门协商机构作用，聚焦重点任务开展专题协商。支持区法院、检察院依法独立行使职权，为区域发展保驾护航。完善大统战工作格局，汇聚区域各方力量，营造和谐发展环境。完善朝阳区科技人才发展生态，建好城市建设者管理者之家，促进广大青年健康成长建功立业，推动妇女儿童事业与经济社会同步协调发展。

融入大局抓落实。牢牢把握首都城市战略定位，更加主动融入和服务新时代首都发展。高标准推进长安街沿线空间管控和综合整治，加强奥林匹克中心区作为国家功能区的规划管理和功能提升，推进第四使馆区建设，全力服务保障中央政务功能。坚定不移疏解非首都功能，做好治理类街乡整治提升，保质保量完成“疏整促”年度任务。积极落实京津冀协同发展三年行动计划，加强与副中心产业协作，助力雄安新区集团化办学，深化与天津滨海新区战略合作，继续做好房山、门头沟灾损结对工作。强化规划引领，推动“十四五”后半程规划落地，提前谋划“十五五”发展思路，力争金盏国际合作服务区中区街区控规获批。统筹推进新一轮机构改革，进一步健全完善机构职能体系。

二、提振信心提质增效，激发高质量发展的强劲动力

坚持稳中求进、以进促稳、先立后破，围绕推动高质量发展，统筹兼顾、突出重点，保持和巩固经济回升向好的良好局面。

持续推动产业升级。在转方式、调结构、提质量、增效益上积极进取，提升产业链供应链韧性和安全水平。加大走出去、引进来力度，优化 CBD 招商机制，探索购买国际化商务机构服务，开展市场化、专业化、国际化招商。做好科技金融、绿色金融、普惠金融、养老金融、数字金融五篇大文章，吸引一批标志性、示范性金融机构落户，鼓励金融机构为企业提供差异化产品及服务，提升服务实体经济能力。加快布局数字文化新业态，实施企业梯次培育、园区品质提升、文化菁英引育、文化精品培育等计划。深入推动国家文创实验区高质量发展，大力发展网络新视听、互动娱乐、数字文化等新兴业态，建设国际一流、国内领先的影视制作基地。

持续强化科技创新。以科技创新引领现代化产业体系建设，发展新质生产力，培育新的竞争力。做大做强“3+X”产业集群，研究出台重点细分产业政策，扩大互联网 3.0 发展优势，抢占人工智能战略制高点，培育头部企业。以北京国际大数据交易所为核心，加快推动数据流动，培育数商产业，推动建设数字医疗创新港、北京数智中医药谷。建设国际科技组织总部集聚区，支持外资研发中心发展，争取市区协同，做好政策配套，推动国际化创新。优化科技创新布局，南部地区推进山河湾谷创新区先导区建设，围绕人工智能、智能装备等北工大优势产业，建设科技成果展示中心和产业化培育基地；北部地区用好中国科学院、中国农业机械化科学研究院、中国环境科学研究院等科研院所资源，重点承接中关村科技创新资源，以点带面推动北部创新带建设；东部地区与北京理工大学开展战略合作，加强产学研交流，布局重点实验平台，推动设立北理工国家科技园朝阳分园。加强科技创新人才队伍建设，面向市场招聘一批科技服务、科技投资等方面的专业人才，构建具有朝阳特色的创新创业生态。

持续扩大高水平开放。对标国际规则，推动制度型开放，充分释放区域国际化资源优势。服务大国主场外交，积极参与“一带一路”共建，打造国际城市交往会客厅，提高城市环境国际化水平。促进文化交流，举办北京朝阳国际茶香文化节、北京朝阳国际灯光节、全民健身体育节等活动，打造国际化品牌。加强对外交往合作，建设国际化平台，与其他国家和地区国际商会深入交流，与东盟、中东欧等国家地区开展经贸洽谈会。深化“两区”建设，出台服务业扩大开放综合示范区建设 2.0 方案，在数字经济、贸易便利化等领域争取政策试点，推进保税物流中心（B 型）建设，力争更多外资项目落地。出台国家级人力资源特色服务出口基地意见，为“两区”建设提供高水平人才支撑。优化国际化服务水平，建设高品质人才社区。充分利用各种平台，鼓励帮助区内企业参加国际展会，走出去开拓更多市场。

持续激发消费潜能。以建设国际消费中心城市主承载区为牵引，以扩大服务消费为主导，以增加高品质供给为着力点，推动消费从疫后恢复转向持续扩大。提振大宗消费，重点布局新能源汽车产业发展，促进与国内外汽车制造业企业合作，完善新能源汽车产业链。升级商圈消费，建设 CBD—三里屯国际消费体验区，吸引更多国际品牌、首店、旗舰店落地。发展体育消费，利用体育场馆等赛事遗产，融合赛事、展演、影视、电竞、文旅等，打造多元消费新触点。培育新兴消费，抓住青年群体消费趋势，吸引老字号品牌、原创品牌、设计师潮牌入驻，打造国货潮品聚集地。扩大教育、医疗、康养等服务消费，优化消费环境，更好满足群众多样化需求。

持续推动城乡融合。统筹新型城镇化和乡村全面振兴，推进南部崛起持续深化，促进区域协调发展。完成全区农民整建制转居，加快豆各庄、来广营等乡 19 个村履行撤村程序，启动实施黄杉木店等 4 个城中村项目，推动管庄杨闸二期等 4 个安置房项目建设，实现回迁入住，加快集体经济转型提质，推进乡级产权制度改革，力争高碑店乡半壁店村 G 地块集租房项目实现开工，王四营乡智慧绿谷等 3 个集体产业项目达到开工条件。推动孙河郎枣园、黑庄户小鲁店村渔业等都市农业功能完善提升，打造首都乡村振兴样板。保障粮食安全，大力推进高标准农田建设任务。

持续优化发展环境。统筹落实好新一轮营商环境改革，推动政务服务、企业服务水平整体提升，进一步提振企业信心、激发市场活力。把提升企业群众获得感作为首要目标，抓好市、区、街乡三级“服务包”企业联系走访，注重提升服务的精准性、便利性，让企业群众真正能办事、快办事、好办事、办成事。积极落实中央、北京市关于促进民营经济发展壮大的各项措施，在法律规范、政府服务、知识产权保护等领域探路先行，推出更多“一业一证”事项和“一件事”集成办服务场景，形成更多可复制可推广的制度创新成果。深入推进投融资体制改革，争取市级资金支持，积极引导社会资本参与医疗卫生、养老等公共领域市场化建设。深化事业单位改革，推动区供暖中心等事业单位转企改制，全面实施朝阳区国有企业改革深化提升行动，持续推进企业战略重组和专业化整合，开展瘦身健体专项行动，不断提升服务保障和支撑区域发展能力。

三、扩大参与共建共享，建设美好和谐的人民城市

全面践行人民城市人民建、人民城市为人民的理念，积极探索超大城市治理现代化路径，以建设“五宜”朝阳为重点，推动人民城市建设高质量发展。

增强群众的参与感，让城市治理更加精细。创新构建城市治理体系，充分发挥人民群众的主体性，调动其参与城市建设的积极性和创造性，激发群众与城市共发展的责任感和自豪感。充分运用智能化网络系统，增强精细化治理能力。深化拓展新时代文明实践中心建设，健全文明城区创建常态长效机制，将创城工作同城市精细化治理有机结合，持续提高市民文明素质和城市文明程度。优化社区规模，完善社工培养体系，提升社区建设规范化、标准化水平，增强基层治理效能。坚持日调度、周督办、月点评，主动治理、降量提质、争优创先，提升接诉即办水平。丰富“朝阳群众”内涵，赋予乐于助人、见义勇为、维护公平正义的朝阳人新形象。扩大城市更新专业力量，邀请中央美术学院、中国美术馆等参与公共艺术品设计，提升城市美学价值，建设有设计感的城市。

增强群众的获得感，让发展成果惠及人民。坚持就业优先，加大市场化、社会化促就业力度，做好重点群体就业帮扶，保障重点行业、重点企业用工需求，妥善解决劳动纠纷。下大力气建设教育强区，深化集团化办学，以高中校集团为龙头，构建小初高一体化拔尖创新人才培养体系，培育教育家型校长和专家型教师，提升社会对学校教育的满意度、认可度。促进医疗服务高效均衡，南部加快北京中医医院新院区前期工程立项，进一步提升垂杨柳医院医疗技术水平和综合服务能力，打造成最好的区属三级综合医院，北部加快建成中日友好医院来广营院区国家中西医结合医学中心，加快嘉会、和睦家国际医院等一批重点项目建设。提升基层医疗服务能力，推进4个紧密型城市医疗集团建设，实施公共卫生应急管理体系建设三年行动计划，鼓励社区卫生服务中心继续推进儿科和小专科建设，做实家医签约工作。搭建城市智慧大脑医疗应用场景，建设区域影像等5个中心，推动医疗信息互联互通，持续完善分级诊疗体系建设。推动养老服务设施均衡布局，积极构建区级养老服务指导中心、街乡区域养老服务中心、社区养老服务驿站三级居家养老服务网络，持续提升专业化、精准化、品质化、亲情化的养老服务水平。深化多元精细化救助体系，持续做好残疾人、地退人员等各类特殊群体服务保障，争创全国无障碍环境建设示范城。建设“一刻钟便民生活圈”。加快解决垂杨柳逾期未安置等历史遗留问题，在市级引导下落地“城中村”更新政策。

增强群众的幸福感，让生活环境更有品质。推进花园城市建设三年行动计划，实施新建道路绿化彩化，提升公园花卉品质，启动绿隔地区公园环绿道朝阳段二期，加快实现“一条绿道观朝阳”。建好温榆河公园朝阳段二期、朝平公园，推动全龄友好型公园建设。加强河道综合治理，实现通惠渠通船畅游，加快坝河、北小河治理，让市民有更多休憩地，增强归属感。打好蓝天、碧水、净土保卫战，深化精准、科学、依法治污。在全区各领域创建减污降碳试点，探索“两山”转化和生态产品价值实现的多样化路径，推广低碳生产生活方式。高品质建设“一带五城”，大力推进运河文化带、文博“百馆工程”建设，建设高水平美育示范基地，深化全民阅读和书香朝阳建设，推动“双奥”文化传承。持续推进城市亮化，完成长安街三期、三环路三期等夜景照明建设。推进国贸桥至城市副中心主要道路沿线、朝阳公园路产业带周边、中关村社区数字经济产业园环境整治提升，完成朝阳大悦城周边（一期）交通综合治理。

增强群众的安全感，让群众生活更有保障。坚持将维护政治安全作为首要工作，完善风险隐患早发现早处置、涉稳事件应急处突等机制，高标准完成各项重大活动服务保障工作。坚持和发扬新时代“枫桥经验”，构建“无讼朝阳”社会矛盾纠纷预防化解工作体系，推进信访工作法治化，实现人民调解、行政调解、司法调解有机衔接、协调联动。加强经济金融领域风险监测预警，牢牢守住不发生系统性金融风险底线。推动安全生产分级分类管理，创建“平安医院”“平安校园”，保障重点领域和行业的安全生产、食药安全等。抓好消防安全风险防控，推行行业消防安全标准化管理，配强街乡应急和消防力量。加强韧性城市建设，全面增强洪水调蓄与防洪减灾能力。全面推进依法治区工作，以法治保障社会和谐，规范基层行政执法行为，推进基层“法治帮扶”，打造优质高效的公共法律服务体系，建好民主法治示范村和社区。

四、加强和改进党的建设，为高质量发展提供坚强保障

落实新时代党的建设总要求，强化系统建设和整体建设，把党建设得更加坚强有力。

筑牢思想根基。坚持不懈用习近平新时代中国特色社会主义思想凝心铸魂，深刻领会这一重要思想的重大意义、精神实质和实践要求。树立干部正确的权力观、政绩观、事业观，始终在思想上政治上行动上同以习近平同志为核心的党中央保持高度一致。深入学习贯彻习近平文化思想，加强党对宣传思想文化工作的全面领导，旗帜鲜明地坚持党管宣传、党管意识形态、党管媒体、党管互联网。巩固壮大推动朝阳高质量发展的主流思想舆论，广泛践行社会主义核心价值观，坚决筑牢区域意识形态安全防线。

强化队伍建设。坚持党管干部原则，大力加强领导班子建设和优秀年轻干部培养，建设好、管理好公务员队伍。加强干部全方位管理和经常性监督，更加注重对年轻干部的教育管理监督。细化“三个区分开来”，为勇于担当、踏实做事、不谋私利的干部撑腰鼓劲，推动形成干事创业的良好氛围。改善事业单位队伍结构，分层次选拔一批优秀干部，多方位开展培养锻炼。发挥“凤凰计划”引领作用，强化战略人才引用和高层次人才梯队建设，加强科技人才创新创业政策支持，建成用好“ITEC产业园”。完善服务保障体系，持续加强对高层次人才的政治引领和政治吸纳，做好环境提升和氛围营造，构建高品质人才发展生态。开展区域数字经济优势产业职称评审创新研究，促进数字经济产业链、人才链、创新链深度融合。

打牢组织基础。全面贯彻新时代党的组织路线，持续增强基层党组织政治功能和组织功能。统筹抓好企业、机关、学校、医院等党组织建设，促进各领域基层党建工作质量整体提升。坚持抓行业抓党建、管领域管人群，一体推进新经济组织、新社会组织、新就业群体党建工作，提高党在新兴领域的号召力、凝聚力、影响力。抓好党员队伍建设，落实新一轮党员教育培训工作规划，全面提高党员队伍素质。以头雁队伍建设为抓手，建强带头人和党务工作者队伍，不断提升党组织的组织力和执行力。

全面从严治党。始终保持战略定力，把严的基调、严的措施、严的氛围长期坚持下去，发挥政治巡察利剑作用，持续健全全面从严治党体系，压紧压实管党治党政治责任。坚持党性党风党纪一起抓，全面加强党的纪律建设，准确运用“四种形态”，切实维护纪律的刚性、严肃性。严格落实中央八项规定及其实施细则精神，重拳纠治“四风”顽疾，坚决整治形式主义、官僚主义，坚决整治落实不力、任性用权、漠视侵害群众利益等方面的突出问题。健全完善监督体系，以党内监督为主导，推动其他各类监督贯通协同。持续运用“全周期”理念一体推进“三不腐”，坚持受贿行贿一起查，严肃查处群众身边的“蝇贪蚁腐”，对行业性、系统性、地域性腐败问题进行专项整治，深化源头治理，加强新时代廉洁文化建设，不断提升腐败治理效能。

政府工作报告

——在朝阳区第十七届人民代表大会第四次会议上

2024 年 1 月 9 日

一、2023 年工作回顾

2023 年是全面贯彻党的二十大精神的开局之年，是三年新冠疫情防控转段后经济恢复发展的一年，是全区上下承压奋进、勇毅前行的一年。在市委、市政府和区委的坚强领导下，在区人大、区政协的监督支持下，我们以习近平新时代中国特色社会主义思想为指导，以新时代首都发展为统领，以主题教育为牵引，坚持"五子"联动服务和融入新发展格局，举全区之力拼经济、促改革、惠民生、保安全，以务实之策补短板、强弱项、打基础、利长远，推动朝阳区经济社会高质量发展迈上新台阶、取得新突破。

回首 2023 年，意义非凡。经过三年疫情大战大考，我们站在新的起点整装再出发，以只争朝夕的干劲和担当碰硬的勇气，办成了一批事关长远的大事，攻克了一批制约发展的难事，兑现了一批群众期盼的实事，交出了一份温暖厚重、振奋人心的答卷。我们着眼长远，以系统思维布局落子，围绕区委确立的"1234"发展战略和"五宜"朝阳建设目标，聚焦经济高质量发展、地区生产总值总量提升、园区转型升级、农村城市化等重点任务，全面加强基础性研究、战略性布局、周期性安排，在观大势、谋长远中牢牢把握发展主动权。我们直面挑战，向最难之处破题攻坚，重启酒仙桥旧城区改建这个全市规模最大的旧改项目，攻坚 22 天完成平房村和石各庄村剩余腾退任务，实现农民整建制转居的重大突破，在敢于斗争、善于斗争中书写了向历史负责、向人民负责的时代担当。我们敢闯敢试，抓改革创新蓄势赋能，交出国际消费中心城市主承载区、"两区"、数字经济核心区建设的亮眼成绩单，形成众多全国和全市首批、首个、第一、唯一，在科学应变、主动求变中彰显出"开放活力看朝阳"的信心豪情。我们正视不足，朝更高目标进位争先，实现接诉即办综合成绩、"七有""五性"监测评价总指数在全市排名大幅提升，在知重负重、苦干实干中践行了"做就做最好、干就干第一"的价值追求。我们同心同向，汇众智众力共谋发展，代表委员传民声、献良策，社会各界齐参与、共治理，促进各项事业全面进步，我区获得国家生态文明建设示范区等 50 余项国家级和市级荣誉，在探索推进中国式现代化的朝阳之路上迈出坚实步伐。

具体开展了以下工作：

（一）全力推动经济回升向好，系统构建现代化经济体系

坚持"商务 + 科技"双轮驱动，精准发力稳预期、强信心、挖潜能、促增长，经济"稳"的基础更加牢固、"进"的动能更加强劲，展现出抵御国际风险与短期波动、赢得战略主动与长远发展的坚强韧性和巨大潜能。

迎难而上稳定经济增长。强调"管行业、管事业、管地方必须抓经济、促发展、优服务"，加大企业走访范围和频次，清单化、结构化推进目标任务落实，经济运行实现首季"开门红"、全年"稳中有进、质效齐升"，为全市经济增长提供了有力支撑。全年地区生产总值增长 5.5%。完成地方级一般公共预算收入 1114.2 亿元，增长 10.5%，增速高于全市 2.3 个百分点。区级一般公共预算收入 563.5 亿元，保持全市第一，增长 12%。1—11 月，批发零售业收入占全市 28.9%，租赁和商务服务业收入增长 9.9%，住宿餐饮业收入增长 32.2%。城镇调查失业率保持在 5% 以内。

综合施策激发内需潜力。充分发挥有效投资的关键作用，前瞻性、系统性开展项目谋划、储备、实施，固定资产投资增长 7.3%，建安投资增速高于全市 1.3 个百分点，房地产开发投资增长 20.9%。持续提升消费在全市的引领作用，调整汽车消费结构，释放平台消费潜力，社会消费品零售额增长 5.5%，总量和增量贡献率均居全市首位。政企联动共推 DT51 等 10 个商业综合体开业运营，望京小街成为全国首个商业服务领域标准化建设街区，THE BOX 朝外引领消费新时尚。加快建设美食之城、茶香之城、咖啡之城、时尚之城，推动米其林、黑珍珠榜单在我区发布，全市仅有的 2 家国际一流轻奢品牌独立法人公司 Alexander Wang、Gentle Monster 落户，新增品牌首店 374 家、居各区之首。推动商文旅体消费融合，以"潮朝阳"为主题、联合平台企业举办系列促消费活动，首届国际茶香文化节、全市首个国际灯光节惊艳亮相，带动商圈客流量大幅攀升，我区旅游总收入在全市率先突破千亿元大关。

深化改革扩大对外开放。稳步扩大规则、规制、管理、标准等制度型开放，引入全国首家新设外商独资券商渣打证券，完成全国首家企业个人信息出境标准合同备案，推动穆巴达拉投资公司、瑞穗证券落地发展，宝马（中国）、安顾方胜保险经纪业务资格获批，"两区"新增入库项目、新

增预计投入外资均居全市首位。力促园区特色差异化发展，CBD功能区税收过亿元楼宇达134座、较上年增加13座，金盏国际合作服务区中区街区控规编制完成，国家文创实验区落地全国首个文化产业“云园区”、全市首个AIGC创意产业联盟。更大力度吸引和利用外资，新增跨国公司地区总部8家、占全市增量的47%，1—11月朝阳组团吸引合同外资16.9亿美元、占北京自贸区的60%，全区实际利用外资27.6亿美元、占全市22.5%。我区在2023服贸会的意向签约额和“北京日”签约额、在京港洽谈会的签约项目数量和金额均居全市首位。

精选赛道推动科技创新。完善全链条组织体系，完成朝阳园管委会、科信局机构改革，加速构建“3+X”产业体系，1—11月大中型重点企业研发费用增长5.6%，信息服务业收入增长7.1%。支持链主企业引领全产业链融通发展，与阿里达摩院共建人工智能开源开放平台，与网易共建数字产业中心，支持360公司推出全市首个新型网络安全保险产品。抢滩互联网3.0推出一系列重磅措施，在将台星地中心落成全市首个中关村互联网3.0产业园，建设京港互联网3.0产业中心，打造国内首个XR产业加速器、数字人资产存证平台，全区互联网3.0企业超过700家，在全市形成“领跑”态势。支持科研机构和平台带动生态优化，落地全国首个国际科技组织总部集聚区，启用全市首个“中关村社区·数字产业创新中心”，成立北京工业软件产业创新中心，与中国科学院深入开展“扶摇计划”，与北京工业大学共建山河湾谷创新区，助力北京国际大数据交易所获得交易牌照。支持领军人才发挥重要支撑作用，高质量推进国际创业投资集聚区2.0建设，连续三年承办全球数字经济大会，我区ITEC全球创业赛共吸引73个国家和地区的2258个项目团队参赛。

接轨国际优化产业生态。坚持“带图、带地、带链、带政策、带资本”开展招商引资，组团赴德国、沙特、澳大利亚、新加坡等地招商，在经贸、科技、文化等领域举办一系列投资推介和交流活动，引入壳牌新能源、中信国安实业等94个注册资本亿元以上企业，助力7家企业在境内外上市。坚持“人人都是营商环境”理念，优化“1+7”产业政策体系，推动“一业一证”、“一件事”集成服务、“6+4”一体化综合监管改革扩围，全市首例“交地即交证”项目开工，国际收支便利化全环节改革经验在全市推广，我区在全市营商环境评价中始终排名第一。坚持“两个毫不动摇”，推动国有资本和国有企业做强做优做大，成立文旅、科技、城发三大集团，以更加有力举措优化民营经济发展环境。

（二）全力服务首都功能建设，加快塑造协同性发展格局

全面贯彻习近平总书记在深入推进京津冀协同发展座谈会上的重要讲话精神，在内部功能重组和向外疏解转移上双向发力，在更好服务保障首都功能中提升自身发展水平。

深入贯彻区域协调发展战略。主动融入京津冀协同发展，在全市率先出台三年行动计划，助力三地通勤圈、功能圈、产业圈建设。全力保障“轨道上的京津冀”，朝阳站桥下空间景观提升、迎宾大道一期环境整治完工，东坝南二街全线贯通。深化产业协作，引导和支持1900余家企业迁往城市副中心发展，建立北京CBD—天津港京津协同港口服务中心，积极参与知识产权保护和人力资源共建。促进公共服务一体化，先行先试医保经办服务优化、基金协同监管。扩大协同发展“朋友圈”，启动与密云区的新一轮友好协作，深化与内蒙古科左后旗等11个地区的对口帮扶，与天津滨海新区等5个地区建立友好合作关系，我区在全市东西部协作考核中始终排名第一，产业帮扶案例荣获第四届全球减贫最佳案例。

持续抓好城市总规落地实施。高质量完成“十四五”规划中期评估。启动“1+6”七个乡综合治理减量规划实施方案编制，“动态规划与减量管理并行”模式得到市级肯定。扎实开展“疏整促”专项行动，22项市级量化考核任务中，12项完成量排名全市前三，6项排名全市第一。全面打响拆违攻坚战，紧盯金盏、十八里店、黑庄户、高碑店等区域尽锐出战、担当作为，首创集体产业类图斑评价体系，拆除并实现“场清地净”401万平方米，腾退土地357公顷，完成基本无违法建设区创建任务。促进城市更新扩面提质，化石营区域交房率达100%，劲松114号楼拆除重建项目实现回迁入住，THE BOX朝外、亮马河国际风情水岸、双井数字院街等6个项目入选2023中国城市更新优秀案例。

全面推动乡村振兴落地见效。系统梳理土储、棚改、旧改等历史遗留项目，优化回迁房、保障房、城市物流节点等14类空间布局，系统研究全面实现城市化的实施路径。制定完善存量7.7万名农民整建制转居方案并得到市级支持，为实现更高水平保障农民利益、更大力度促进农民增收、更深层次发展集体经济奠定基础。聚焦重点项目深化“村地区管”，创新集体经济与社会资本合作模式，推动十八里店、王四营、常营等集体土地产业园区的规划建设，东坝国际商业中心建成运营。加快完善基础设施和高品质配套，实现8宗土地上市，东坝北西区、姚家园三期等9个安置房项目、3.4万人回迁入住。加快建设数字农业先行区、农业多功能示范区、乡村建设样板区，黑庄户金鱼产业品牌效应持续放大，朝来农艺园、孙河郎枣园获评北京市生态农场。坚决落实粮食安全政治责任，在全市率先实施保障粮食安全三年行动，出台高标准农田建设规划，1.55万亩耕地稳定种植，粮食蔬菜生产任务超额完成。

（三）全力践行人民城市理念，共建共享高品质生活空间

深入贯彻习近平总书记到我区参加首都义务植树活动时的重要讲话精神，下足下好“绣花”功夫，提升精治共治法治水平。

用心用情办好民生实事。在全市首创“一站式”就业流动服务站，开发就业岗位近10万个，应届高校毕业生就业率达97%，登记失业人员就业率居全市首位。积极应对人

学高峰，优化教育资源布局，实现全市首个科学高中项目落地、八十中学孙河校区等5所规模校开工，试点开通27条“通学定制公交”线路，普惠性幼儿园覆盖率提升至91%，首届中国基础教育高质量发展·北京论坛等学术论坛相继举办，我区在国家级基础教育教学成果评选中取得优异成绩。实施新一轮公共卫生应急管理体系建设三年行动计划，推进各类医疗机构儿科门诊应开尽开，平稳度过“乙类乙管”后的秋冬季呼吸道传染病感染高峰，院前急救平均反应时间缩短30%以上。完善分级诊疗服务体系，实现朝阳医院常营院区开诊、嘉会国际化医院开工，我区入选中医药传承创新发展、医养结合等国家级支持试点。推动养老服务更加便捷可及，免费为失能失智老人发放消防安全“四件套”、为高龄失能老人安装“一键呼”终端，新增养老床位1025张。全力改善居住条件，完成老旧小区综合整治80万平方米、老楼加装电梯259部，解决3万套房屋产权证办理难题。深化文明城区创建六大专项行动，“创城+”项目入选首都精神文明建设工作十佳案例。促进以文塑旅、以旅彰文，国家科技传播中心建成开放，中国考古博物馆等10家博物馆开馆，区档案馆新馆投入使用，全年举办演艺、展览等万人以上活动67场、千人以上活动739场。深入实施“双奥朝阳”建设十大行动计划，新工体焕新亮相，首届CYBA篮球联赛等赛事掀起全民健身热潮，朝阳运动员在全国学青会、市冬运会等比赛中均获佳绩，我区成为全国网球示范区。

精细精准推进城市治理。加快城市智慧大脑2.0建设，建成“一网、一云、一数、一图、一安全”共性平台。持续改善出行环境，建成双桥东路等20条主次干路、支路，启动第四使馆区5条配套道路建设，打通双井与CBD慢行系统、劲松东延路等6处交通堵点，完成209条街巷精细化治理，实现朝阳大悦城区域交通治理基本完工、三里屯路环境整体提升。抓好两个“关键小事”，在全市率先出台物业服务企业信用评价办法，创建340个市级示范类垃圾分类小区（村）。加强社区服务管理，公开招录近3000名社工，建成17处市级社区服务空间开放式示范点，拆分调整44个3000户以上大型社区，完成27个村撤村建居，我区成为全国“一刻钟便民生活圈”试点。打好接诉即办主动仗，优化工作体系、考核体系，深化“每月一题”专项治理，推动涉否案件全量分析、高频诉求提级办理，“12345”市民服务热线诉求解决率、满意率较年初分别提高2.3个、2.6个百分点，年度综合成绩排名上升5个名次、提升幅度居全市第二。落实“七有”“五性”民生保障系列改善方案，17项监测评价指标位居全市第一。

有力有效推动生态建设。出台区级碳达峰实施方案，加快建筑低能耗改造、园区低碳化改造，我区成为国家减污降碳协同创新试点。在全市率先推出街乡大气标准化治理方案，街乡TSP治理水平显著提升，$PM_{2.5}$年均浓度为34微克/米^3。高标准建好花园城市示范区，出台生物多样性保护中长期规划，启动温榆河公园朝阳段二期工程，建成绿隔地区公园环20公里绿道，兴会公园、朝南森林公园二期正式开园，我区成为北京市无界公园建设先行示范区。实施全面打赢城乡水环境治理歼灭战三年行动，完成通惠渠（高碑店村段）治理，全区18条河道共120公里水系实现连通。亮马河国际风情水岸知名度、影响力持续跃升，18公里滨水绿道全线贯通，醒春启航、“美丽中国”建设实践论坛等活动精彩纷呈。我区入选全国“十大品质休闲胜地”，荣登中国魅力城区排行榜第一名。

（四）全力推进平安朝阳建设，深入构筑大安全防控体系

贯彻总体国家安全观，更好统筹发展和安全，全面防风险、消隐患、保稳定，以新安全格局保障新发展格局。

织密筑牢公共安全防线。常态化做好重大国事活动服务保障，圆满完成2023服贸会、第三届“一带一路”国际合作高峰论坛等保障任务。实施韧性城市建设三年行动，落实落细防汛措施，有效治理积滞水点，有力应对了历史罕见的特大暴雨。第一时间启动对房山区张坊镇、十渡镇和门头沟区大峪街道的灾损结对帮扶，房山区十渡应急保障中心成为全市首个援建的“平急两用”示范项目。我区获评全国市域社会治理现代化试点合格城市、首批全国社会治安防控体系建设示范城市。

重拳出击整治安全隐患。出台区级安全生产职责分工规定，以前所未有的统筹力度、投入力度、检查力量、管控措施，开展多轮次安全生产和火灾隐患大排查大整治，深化村民自建出租房屋消防安全专项治理，1608处燃气管线占压隐患全部消除，挂账违规电动三、四轮车动态清零，本质安全水平全面提升。更加注重消防安全末端治理，在全国首创派驻社区消防专员机制，小型消防站达62座，智慧消防模式在全市推广。

全面加强社会风险防范。依法有力化解金融风险，发布全市首个单用途预付卡管理标准，全力推进全流程资金存管平台监管覆盖。巩固隐性债清零成效，增强财政可持续性。重点加强新时代网上信访工作，中央交办的重复信访化解率达95.3%，市级挂账案件全部办结。分类研究平房黄杉木店、太阳宫牛王庙等难点项目的解决路径，全力维护公平正义，保障群众权益。

（五）全力加强政府自身建设，持续提升服务型政府效能

牢记“三个务必”，践行为民宗旨，勇于自我革命，努力把工作做得更实更好、更贴近民心。

推动主题教育走深走实。牢牢把握“学思想、强党性、重实践、建新功”的总要求，以首善标准扎实推进学习贯彻习近平新时代中国特色社会主义思想主题教育，在以学铸魂、以学增智、以学正风、以学促干上取得了扎实成效。大力弘扬“四下基层”优良作风，围绕推动高质量发展等13个方面，持续深入开展调查研究，制定重点任务清单和民生项目清单，拿出一系列务实管用的政策措施，解决了一批发展痛点难点和群众急难愁盼问题。

提升民主法治建设成效。认真执行区人大及其常委会的决议和决定，自觉接受人大法律监督、工作监督和政协民主监督，专题研究、定期调度代表委员关注的重点工作，服务保障全国、市、区人大和政协调研视察活动86次，办理区人大代表议案1件、建议142件，办理区政协提案297件。深化法治政府体检成果运用，建立依法行政培训长效机制，全面落实行政机关负责人出庭应诉制度，大力推动街乡行政执法规范化建设，我区行政复议案前化解经验被新修订的行政复议法吸纳。

促进政府运转高效有序。健全以上率下的责任体系和多维立体的考核体系，强化重点任务专班式推动、全过程督导，干部队伍的组织力、战斗力、执行力有效提升。牢固树立过"紧日子"的思想，推进全成本预算绩效管理街乡全覆盖，加强"三公"经费管理。强化审计监督和统计监督，做好巡视反馈问题以及生态环保督察、自然资源例行督察发现问题的整改工作，抓好重点领域廉政风险防控，营造了风清气正的政治生态。与此同时，妇女儿童、青少年、残疾人等事业取得新发展，双拥共建、国防动员、民族宗教、侨务对台、外事服务等工作全面进步。

各位代表，一年走过的路很不寻常，全区上下在主动服务国家和首都大局的生动实践中，在重温和追寻朝阳建区65周年的辉煌足迹中，进一步深化了对朝阳使命、大区担当的认知和感悟，进一步坚定了乘势而上、再谱新篇的信心和决心。成绩的取得，是市委、市政府和区委坚强领导的结果，是区人大、区政协监督支持的结果，是全区干部群众拼搏实干的结果。成绩的背后，是初心、是情怀，是无惧风雨、是无悔付出，更是无数朝阳人不负韶华、逐梦前行的鲜明写照和时代注脚。在此，我代表区政府，向奋战在各条战线上的全区人民，向人大代表、政协委员，各民主党派、人民团体、社会各界人士，向大力支持我们工作的驻区中央、市属单位和解放军、武警部队，致以衷心感谢和崇高敬意！

总结成绩的同时，我们也深刻认识到，区域发展还面临许多难题和挑战。一是高质量发展新的支撑动能需要加速培育。经济增长压力依然较大，产业结构有待进一步优化，创新动能转化仍有较大提升空间。二是城乡融合发展步伐还需加快。城乡之间、南北区域之间发展联动还不够，全面解决城市化进程中的困难和问题需要持续用力。三是民生保障短板有待补齐。公共服务质效与群众期盼还有差距，在依靠群众、服务群众、发动群众方面，需要拿出更多务实举措。四是安全发展基础不够牢固。隐患排查和预防控制体系尚不健全，大安全责任机制还需进一步夯实，耕地保护力度要持续加大，极端情况下应急保障能力有待提升，安全生产、消防、交通等领域事故防范需要下更大决心、更大力度。五是政府自身建设仍需加强。政府职能转变还不到位，依法行政、改革创新的本领还要进一步增强，勇于担当、善作善成的作风还要进一步锤炼。我们一定正视这些问题，尽心竭力改进提升。

二、2024年主要任务

2024年是中华人民共和国成立75周年，是实现"十四五"规划目标任务的关键一年，做好各项工作意义重大。今年政府工作的总体要求是：以习近平新时代中国特色社会主义思想为指导，全面贯彻党的二十大、二十届二中全会精神和中央经济工作会议精神，深入贯彻习近平总书记对北京重要讲话精神，把坚持高质量发展作为新时代的硬道理，把推进中国式现代化作为最大的政治，坚持稳中求进工作总基调，完整、准确、全面贯彻新发展理念，以新时代首都发展为统领，按照市委十三届四次全会、区委十三届七次全会部署，"五子"联动服务和融入新发展格局，深入实施"1234"发展战略，着力稳定经济增长，着力强化创新驱动，着力促进城乡融合，着力优化功能品质，着力保障改善民生，着力防范化解风险，着力增强行政效能，以人民为中心建好"五宜"朝阳，更加奋发有为开创高质量发展新局面。经济社会发展主要预期目标是：地区生产总值增长5%以上，地方级一般公共预算收入增长5%以上，区级一般公共预算收入增长3%，城镇调查失业率控制在5%以内，居民收入稳步增长，生态环境质量、能源、水资源等指标完成市级要求，工作中努力争取更好结果。

（一）以高质量发展为主题，持续推动经济稳中提质

坚持稳中求进、以进促稳、先立后破，抓好全区经济高质量发展意见、地区生产总值总量提升方案等一系列计划措施落地，紧紧围绕朝阳功能定位，在转方式、调结构、提质量、增效益上积极进取，加速企业迭代升级、行业能级提升、产业生态优化，提升产业链供应链韧性和安全水平，持续推动经济实现质的有效提升和量的合理增长。

巩固和增强经济回升向好态势。着力扩大有效益的投资，提高项目储备库质量和落地效率，抓好保障性住房建设、"平急两用"公共基础设施建设、城中村改造等"三大工程"，安排政府投资类项目290个左右、土地开发类项目50个左右。下大力气激发有潜能的消费，加快构建"一纵一横一核"消费版图，提振大宗消费，挖掘文娱旅游、体育会展等新的消费增长点，提升国际消费活力与品质，优化境外人士消费环境，打造CBD—三里屯国际消费体验区，推动国际消费中心城市主承载区建设取得更大成效。巩固外贸外资基本盘，服务和办好各类经贸展会、推介活动，深化产业链招商、资本化招商、国际化招商，持续推动高质量"引进来"和高水平"走出去"，坚决防止"内卷式"招商。

提速产业结构转型升级。坚持"做优金融、做大商务、做强科技、做精文化"，以科技创新引领现代化产业体系建设，奋力推进传统领域"迭代"、新兴业态"抢滩"、未来产业"占先"。深入贯彻中央金融工作会议精神，做好科技金融、绿色金融、普惠金融、养老金融、数字金融五篇大文章，提升金融服务发展能力。强化国际商务枢纽功能，实施CBD总部成长计划，推进商务服务业国际化、数字化、专业化发

展，构建高效链接国内国际市场的枢纽平台和商贸通道。释放创新发展动能，提升科技服务业、信息服务业支撑作用，推动更多领域由“跟跑”向“并跑”、“领跑”转变。实施“文化+”战略，加快布局数字文化新业态，建设国际一流、国内领先的影视制作基地，创建国家文化产业和旅游产业融合发展示范区、国家文化和旅游消费示范城市。

提升重点功能区发展能级。全力建设国际一流的商务中心区、国际金融聚集区，完善全球招商服务体系，提升总部经济、商务服务、国际金融竞争优势，有序推进核心区重点项目建设，高标准办好2024北京CBD论坛，加快形成千亿规模国际级商圈。推进金盏国际合作服务区规划建设，力争中区街区控规落地实施，推动跨境消费、数字贸易等产业集聚。提升中关村朝阳园创新发展引领作用，对标中关村示范区分园创新发展评价体系，持续放大自身优势，着力提升产业集群规模、地均产出水平，加快建设世界领先科技园区。推动国家文创实验区高质量发展，着力培育百亿级文化产业园区和特色园区。强化产业空间全周期精细化管理，盘活存量空间资源，改造低质低效空间。

推动“两区”建设取得更大成效。全面落实市级服务业扩大开放综合示范区2.0版方案，在数据跨境、保税物流、国际商事仲裁、国际收支便利化等领域，开展更大力度的先行先试。狠抓政策落地兑现，切实把政策优势转化为企业、项目、投资的引进成效，实现一批标志性、引领性、首创性项目落地。加快打造可感可及的国际一流营商环境建设标杆区，增强改革的有效性、针对性，深入探索“投资中国”“北京服务”的朝阳实践路径。

构建融通高效的产业生态。扎实做好第五次全国经济普查工作。聚焦短板产业补链、优势产业延链、传统产业升链、新兴产业建链，完善大中小企业融通发展、产学研融合发展格局。积极融入全国统一大市场，提升知识产权创造、运用、保护、管理和服务水平，推动要素自主有序流动和高效配置。完善全要素的资源保障体系、全生命周期的服务管理体系和梯度成长的培育体系，进一步优化垂直细分领域产业政策，提升产业生态构建能力。聚焦主责主业深化国有企业战略性重组和集团化改革，落实市级促进民营经济发展壮大行动方案，促进中小企业“专精特新”发展，深化事业单位改革，激发各类市场主体活力。

（二）以科技创新为支撑，不断增强发展内生动力

紧密围绕北京国际科技创新中心和全球数字经济标杆城市建设，以优质生态推动科技攻关，以技术驱动推动场景扩展，积极培育未来产业，加快形成新质生产力。

持续完善创新创业体系。培育数字产业化和产业数字化新动能，推进创新链、产业链、资金链、人才链深度融合，全方位、立体化构筑创新生态圈。抓好大数据跨境流通，支持北京国际大数据交易所提升运营能力，推动构建新型数据交易范式，培育数据要素市场，打造数商产业生态，建设数据跨境交易枢纽。抓好大模型行业应用，支持创新主体推出标杆性大模型产品和服务，构建开源开放AI生态。对标一流建好国际创业投资集聚区，打造高水平、特色化的孵化器、加速器、创业园区，吸引国际科技组织和外资研发中心落地发展。大力引进战略科学家、一流科技领军人才和创新团队、青年科技人才、卓越工程师，加快国际学校项目进度，推进嘉会国际化医院建设，实现望京国际人才公寓投入运营，建设高水平人才高地。

增强数字经济核心优势。深耕“3+X”产业方向，加快构建具有国际竞争力的产业集群。优化重点领域发展生态，出台人工智能、数字医疗、数据要素发展三年行动计划及支持政策，推动建设人工智能产业园、数字医疗创新港、北京数智中医药谷。加大重点平台支持力度，依托北京工业软件产业创新中心、中关村互联网3.0产业园、网易数字产业中心、电子城IC/PIC创新中心等，完善公共技术平台和专业服务平台，吸引企业链条式集聚。持续推进重点计划实施，深化与中国科学院、香港科技大学的战略合作，推动构建科研资源支撑、上下游企业协同的创新联合体。

促进创新空间布局优化。落实中关村分园高质量发展指导意见，推动新一轮改革措施先行先试。发挥朝阳园主体作用，全面统筹北区规划建设、项目落地、运营管理、企业服务，提升对战略性新兴产业的承载能力。出台朝阳园政策区空间范围调整方案，明确垡头中心区定位，释放健翔园前沿科技成果转化优势。加强与“三城一区”的联动发展，在南部地区推进山河湾谷创新区建设，在东部地区设立北理工国家大学科技园朝阳分园，在北部地区打造科技创新发展带。

（三）以乡村振兴为目标，探索打造超大城市城乡融合样板

贯彻落实乡村振兴责任制，学习运用“千万工程”经验，全力促进农业高质高效、乡村宜居宜业、农民富裕富足。

加快农村城市化进程。完成城乡融合发展三年行动计划收官各项任务，加快推进南部崛起、东部跨越、北部提升。稳妥有序开展7.7万名农民整建制转居工作，加快实现农民市民化。实施平房黄杉木店及亮马厂、十八里店小武基组团等4个城中村项目改造，有序启动王四营孛罗营二期等4个安置房项目建设，力争管庄杨闸二期等4个安置房项目回迁入住。推动教育和医疗资源、道路建设向农村地区倾斜，补齐短板、筑巢引凤。“一村一策”推进25个村撤村建居，完善城乡一体的基础管理体制。

加速集体经济转型。推进来广营等5个乡的乡级产权制度改革，同步谋划小红门等12个乡的改革路径。突出要素盘活、资源挖潜，有序推动孙河组团、王四营智慧绿谷、金盏国际人才公寓等13个集体产业项目实施，全力保障集体权益和收益。完善集体“三资”监管长效机制，抓好集体经济组织规范高效运行。

创新发展现代都市农业。压实耕地保护责任，严守1.55万亩耕地保护红线，做好耕地后备资源空间划定与实施工作，完成3800亩高标准农田建设。抓紧抓好粮食和蔬菜生产、重要农产品稳产保供。携手农机院开展农业装备自动化自主化研发，引入中信智慧种业项目，打造具有影响力的农业科技创新高地。盘活公园耕地资源，推动四季种植、景田相融。

（四）以城市总规为引领，加快推进城市治理现代化

强化规划刚性约束，统筹好生产、生活、生态三大空间布局，深入打好蓝天、碧水、净土保卫战，优化提升城市功能品质。

纵深推进协同发展。深入实施推进京津冀协同发展三年行动计划，全力支持“新两翼”建设，拓展与津冀地区合作的广度和深度。强化协同创新和产业合作，围绕“五群六链”布局找准切入点，推动重点产业链和重点园区共建。促进基础设施互联互通，提升朝阳站接驳能力，完成周边综合治理，实施迎宾大道二期环境整治和夜景提升，打造最美“进京印象”。务实推进与房山区、门头沟区的灾损结对，切实做好项目共建、产业帮扶、民生保障等工作。持续巩固东西部协作、对口支援及友好地区合作成果。

推动规划优化实施。落实城市总规实施第二阶段各项任务，力争完成15个街区控规编制、8个街区控规报审，形成14类空间资源规划成果。严格落实城乡建设用地占补平衡、增减挂钩要求，巩固深化基本无违法建设区创建成效，完成建设用地减量年度任务。有序推进城市有机更新，做好城市风貌设计，抓好酒仙桥和化石营旧城区改建、老旧小区综合整治、老楼加装电梯等工作，积极打造小微空间改造精品项目。

提升城市建管水平。推动城市运行更加高效，建好城市智慧大脑，促进市区数据交互共享。推动出行环境更加便捷，加快大羊坊路、亮马河北路等70项道路工程，完善第四使馆区综合交通体系，在朝阳站等区域推进自动驾驶测试场景开放，持续抓好疏堵改造和慢行系统优化工程，多措并举增加停车位。推动城市环境更加优美，提升京通快速路、广渠路、五环路景观风貌，深化城市家具规范治理，抓好背街小巷精细化整治提升，办好2024朝阳国际灯光节。推动垃圾分类理念深入人心，不断提高生活垃圾减量化、资源化、无害化水平。

扎实推动绿色发展。深入践行习近平生态文明思想，协同推进降碳、减污、扩绿、增长。深化“一微克”行动，加强扬尘精细化管控，推进挥发性有机物全链条综合治理，巩固空气质量改善成效。统筹水资源、水环境、水生态治理，推进北小河（东湖段）、坝河（将台段）滨水空间建设，实现通惠渠（高碑店村段）通船，为群众提供更多河畅水清、岸绿景美的亲水空间。全力建好花园城市示范区，开展花园式街区、社区和单位创建，加快建设温榆河公园朝阳段二期，持续推进绿道建设，打造更多“一园一花一品”“一路一叶一花”示范景观。

（五）以群众利益为根本，更好满足“七有”“五性”需求

坚持尽力而为、量力而行，推出一批“小而美”的民生项目，兜住兜准兜牢民生底线，扎实推进共同富裕。

优化基本公共服务供给。更加突出就业优先导向，加大重点群体帮扶力度，强化灵活就业人员权益保障，做好转居人员就业安置。全力建设教育强区，巩固提升“双减”工作成效，促进学前教育普惠优质、基础教育优质均衡、职业教育产教融合、国际教育特色多元，推进北京科学高中规划建设，加快北京中学东坝北校区、人大附中朝阳港学校、朝阳外国语学校北苑校区等项目进度，建设高素质教育人才队伍。着力打造儿童友好城市，构建托育服务体系，推广“通学定制公交”服务，做好未成年人保护工作。深化健康朝阳建设，加快北京中医医院朝阳院区、中日友好医院来广营院区、首都医科大学三博脑科医院等项目进度，促进国家级医学中心落地，推动国家紧密型城市医疗集团建设、中医药传承创新发展等试点工作取得明显成效。着力完善老年健康服务体系，提供专业化、精准化、品质化、亲情化的居家养老服务，创建全国无障碍建设示范城市。

全面推动文化文明建设。坚持以文铸魂、以文兴业、以文育城，建设开放自信的文化强区。广泛践行社会主义核心价值观，统筹推动文明培育、文明实践、文明创建，打造红色场馆思政课堂，深化“朝阳群众”品牌建设。构建城市文化标识体系，加强历史文化传承保护，培育多场景、多业态演艺新空间。持续优化奥林匹克中心区功能品质，大力引入高水平国际赛事，升级朝阳品牌赛事IP。深入开展民族团结进步创建工作。推进新时代军民融合深度发展，做好退役军人安置保障和就业扶持，争创全国双拥模范城“八连冠”。

提升基层社会治理效能。深化党政群共商共治，继续实施“社区成长伙伴计划”，打造更多品牌化社区社会组织。优化调整大型社区，完善选用育留全流程社工培养体系，打造43个“一刻钟便民生活圈”。扎实做好接诉即办工作，狠抓“每月一题”和治理类街乡提升，做好“七有”“五性”监测评价周期性治理，下更大功夫降量提质，以更多小切口改革破解高频民生问题，进一步提升“12345”市民服务热线诉求解决率和满意率。

（六）以高水平安全为保障，全力营造平安稳定发展环境

牢记首都安全无小事，严密防范化解各类风险隐患，全力维护政治安全、社会安定、人民安宁。

强化安全生产隐患整治。坚持以案为鉴、警钟长鸣，深化村民自建出租房屋、电动自行车、施工动火作业、限额以下工程、电气电路安全等专项整治，坚决防范和遏制重特大事故发生。加强高层建筑消防设施管理，完善小型消防站布局，完成三环内防消联勤快速响应工程。持续抓好铁路沿线等领域隐患综合治理，巩固违规电动三、四轮车治理成效。加强食品药品全链条安全监管，创建国家食品安全示范城市。

深入推进韧性城市建设。衔接好“防”与“救”的责任链条，强化长周期规划、分步骤实施，持续提升防灾减灾救灾能力。加快海绵城市建设，推进金盏坝河口蓄滞洪区、大

华窑排水沟河道等治理工程。强化人防工程建设和维护，推进应急避难场所建设。持续开展老化管道更新改造和天然气安全型配件安装，切实保障“城市生命线”安全。

全力确保社会和谐稳定。持续做好重大国事活动服务保障、重大国家项目落地运行、重大赛事活动筹备筹办工作。守牢意识形态领域阵地，维护网络安全、数据安全。常态化开展扫黑除恶斗争，严厉打击违法犯罪活动。加强预付式消费等领域风险防范处置，守住不发生系统性金融风险的底线。践行新时代“枫桥经验”，强化社会矛盾纠纷排查化解和信访问题源头治理。

（七）以党的建设为统领，从严从实抓好政府自身建设

始终把党的领导落实到政府工作各领域、各方面、各环节，进一步转变政府职能、提高行政效能。

突出强化政治建设。深刻领悟“两个确立”的决定性意义，切实增强“四个意识”、坚定“四个自信”、做到“两个维护”。始终心怀“国之大者”，一切工作都从政治上考量、在大局下行事，不断提高政治判断力、政治领悟力、政治执行力。巩固深化习近平新时代中国特色社会主义思想主题教育成果，坚持不懈用党的创新理论凝心铸魂，切实把调研成果转化为解决问题、改进工作的实际成效。持续推进巡视、巡察、督察、审计反馈问题整改工作，做实“后半篇文章”。

加强法治政府建设。坚决执行区人大及其常委会的决议和决定，认真听取区政协、民主党派和人民团体意见，认真办理人大代表议案、建议和政协提案。巩固全国法治政府建设示范区创建成效，积极争创示范项目，深化综合行政执法和行政复议体制改革。稳步推进机构改革任务落实，优化调整职责体系和机构设置。建好数字政务一体化平台，推动政务服务标准化、国际化、便利化。提高财政资金配置使用效率，兜牢基层“三保”底线。加强审计监督和政务公开，让权力在阳光下运行。

深化本领作风建设。一刻不停推进全面从严治党，锲而不舍落实中央八项规定及其实施细则精神，扎实开展政府系统党风廉政建设和反腐败工作。牢固树立正确政绩观，在实践历练、专业训练中不断提升“七种能力”。进一步强化雷厉风行、敢作善为、真抓实干的作风，力戒形式主义、官僚主义，坚定做执行者、行动派、实干家。厚植为民情怀，坚持“四下基层”制度，身入心至听民意、纾民困、解民忧，努力让人民群众的获得感、幸福感、安全感更加充实、更有保障、更可持续。

专 文

“五宜”朝阳书写中国式现代化新篇章

现代化之于中国，是一场前所未有的跨越。朝阳区是首都的经济大区，也是对外开放的重要窗口，一场更深层次的现代化探索正在这里展开。

“宜居、宜业、宜商、宜学、宜游”，短短十个字，道尽了人们对于美好生活的追求。目前，朝阳区正全力建设一座“五宜”之城，让人们能够感受到生活的便利、工作的顺心和环境的优美。

营商环境居北京之首

营商环境好不好，对经济发展至关重要。

目前，朝阳区已经连续五次在北京市营商环境评价中排名第一。市场主体的活力得到了有效激发，最新数据显示，朝阳区的市场主体超37万户，数量位居全市之首。

在政策支持方面，2023年，朝阳区基本建立了经济高质量发展工作体系，制定促进地区生产总值（GDP）总量提升工作方案和16个子方案，并修订形成了“1+7”产业政策体系，重点支持新业态、新赛道加速发展。

在产业空间方面，朝阳摸排全区商务楼宇、园区等不同阶段产业空间约6400万平方米，其中动态梳理出1700万平方米可招商空间。2022年，总共新增38971户市场主体，同比增长27.56%。

在服务企业方面，朝阳区分类分层做好服务，充分激发各类经营主体的内生动力和创新活力。实施区级优化营商环境打造“北京服务”工作方案，全面构建区级“1368”营商环境框架体系。发挥稳外资专班工作机制作用，强化与外资企业联系对接，助力外企更好发展。实施国企改革深化提升行动，深化国有企业战略性重组和集团化改革。

无数企业在这里扎根、发展，撑起了区域的经济发展。2023年，朝阳区的各项经济指标对全市形成有力支撑，经济总体实现了超预期增长，占比全市约19%。完成地方级一般公共预算收入1114.2亿元，同比增长10.5%；完成区级一般公共预算收入563.5亿元，同比增长12%，总量保持全市第一。

一座座园区，一栋栋楼宇，都涌动着经济的无限活力。

看北京商务中心区。以东三环为核心的北京CBD，高楼鳞次栉比，万余家外资企业聚集，仅跨国公司地区总部就达110家，占全市的一半以上。经过数十年发展，这里已经是与纽约曼哈顿、巴黎拉德芳斯、香港中环比肩的国际级商务中心区。

看中关村朝阳园。园区锚定“互联网3.0”，打造全链条产业体系，如今已经初步形成了行业领军企业、共性技术平台、专业服务平台、特色产业园区、标杆应用场景、产业投资基金汇集的产业生态。

看国家文创实验区。这里是全国唯一的国家级文创实验区，坐落着上百家文创园，其中超三分之一为市级园区，58家以影视为特色。2023年，朝阳区深入实施文化数字化战略，大力发展网络视听、互动娱乐、数字出版等文化产业新兴业态，预计规模以上文化企业全年实现收入将突破3000亿元。

接下来，朝阳区将主动融入和服务“双循环”发展新格局，全力推动经济高质量发展，持续优化发展环境，继续巩固和增强经济回升向好态势。

“不夜之城”激发消费活力

这个冬天，亮马河畔翩飞的“凤凰”火爆社交网络。暮色中，9只“凤凰”空中优美翱翔，引得人们欢呼、拍照。

在首届2023北京朝阳国际灯光节期间，“凤凰”只是诸多亮点的其中一个。在奥运核心区、三里屯、亮马河、蓝色港湾等地，裸眼3D光影秀、交互装置、灯光装置相映生辉，一场场极具体验感和区域特色的视觉盛宴，向世界讲述着“不夜朝阳”故事。21天里，吸引了境内外超7亿流量的关注。

隆冬时节办灯光节，用意不言自明：打造更多的温暖场景，吸引市民走出家门，激发消费活力。

灯光节期间，全区共举办200余场文娱消费活动，区内重点商业综合体客流量超1000万人次，销售额近21亿元，其中蓝色港湾餐饮销售额较2019年增长80%。

朝阳区是北京市的经济大区和对外交往的重要窗口，因此，在消费方面拥有独特的优势。全区的社会消费品零售总额常年占全市的 1/4；集中了全市 70% 的黑珍珠餐厅、60% 的米其林餐厅、50% 的咖啡馆和 30% 的茶馆；累计引进各类品牌首店、创新概念店、旗舰店 1962 家，数量领跑全市。

2023 年，朝阳区按照“五个聚焦、一个提升”的工作思路，加快传统消费业态升级，拓展商业承载空间，优化消费生态环境，全面释放消费潜力。

聚焦重点领域，加快打造消费名片。建设“美食之城”“茶香之城”“咖啡之城”“时尚之城”，支持举办一场场商业和时尚活动，激发消费活力，链接中国和世界的潮流。

聚焦重点项目，不断拓展消费空间。制定全区 12 个重点商圈“一圈一策”高质量发展方案，推进十大商业综合体焕新升级，释放百万平方米商业空间，如 DT51 商场、THE BOX 朝外、龙湖北苑天街和东坝万达广场等。

聚焦重点区域，全力构建“一纵一横一核”的消费版图。在纵向上加快建设“14 号线商业带”，延长地铁运营时间，开展地铁广告宣传，促进地铁和沿线商业资源链接互动。在横向上持续开展亮马河国际风情水岸建设工作。重点打造 CBD 千亿规模国际级商圈，辐射带动中部区域商业整体提级。

聚焦重点时段，积极营造消费氛围。围绕地标商圈实施夜间亮化工程，培育蓝色港湾——亮马河国际风情水岸、朝阳大悦城等多个“夜京城”特色消费地标，“深夜食堂”扩容至 9 家。

聚焦重点人群，持续壮大社群消费。不论什么年龄的消费群体，都能在这里找到喜欢的商场，比如年轻人爱去的 THE BOX 朝外，中高端消费者青睐的北京 SKP，家庭客群喜欢的蓝色港湾、惠多港购物中心等。

提升消费环境，充分激发消费潜力。2023 年，朝阳区改善商圈交通环境，高效完成 DT51、合生汇等多个重点商圈交通综合治理，三里屯慢行系统改造基本完工，推动商业节点互联互通、重要商圈“跨圈”“破圈”。

2024 年，朝阳区将全力推进“CBD × 三里屯国际消费体验区”建设，辐射带动中部区域商业整体提级；统筹推进 THE BOX B、北辰荟、景祥街商业提升等项目高质量完工；推动商旅文体等消费业态融合，持续拉动水岸经济、首店经济、夜间经济增长。

繁华都市里水绿交融

在固有印象中，一座繁华都市意味着发达的经济，同时也是钢筋水泥的丛林，人来人往，步履匆匆。但很多时候，朝阳是一个松弛感满分的地方。

去年夏秋，当城市漫步（Citywalk）热度初起，亮马河就成了知名的漫步打卡地。两岸是高楼华宇，河水宽阔清浅，水畔莲叶俏立、芦苇苍苍。宽阔的河畔步道人流如织，他们欣赏着都市里珍贵的自然之美，却忽略了自己其实也早已入画。

宽阔、贯通的步道，让人们得以享受水畔漫步的惬意。2023 年，亮马河燕莎桥滨水通道建成通行，18 公里高品质滨水绿道“横向串联、纵向通达”，成为“首都水上会客厅”和中外游客潮流打卡地。

一条条城市绿道如同丝线，将社区、市政慢行系统、水系、商圈、体育场馆、文创场所等串联起来，带动起城市活力的提升。2023 年，朝阳绿道（二期）工程 25.5 公里全线贯通，并在全市率先启动了绿隔地区公园环绿道（朝阳段一期）项目建设。该项目串联朝阳东部 5 个乡 7 个绿隔公园，建设总长度约 39 公里，目前已完成主体工程。

“一城繁华半城绿”的说法并不夸张。经过多年大刀阔斧增绿，朝阳群众如今能够推门见绿，更能漫步公园享受满眼青翠。据统计，2023 年共完成造林绿化栽植面积约 3079 亩。其中，管庄兴会公园、十八里店朝南森林公园（二期）对公众开放；备受市民关注的温榆河公园朝阳段二期项目于 4 月进场施工。平房乡朝平公园也已进场施工，2024 年将向市民开放。

已建成的公园也在不断升级迭代。朝阳区是北京“无界公园”建设的先行示范区，截至目前，共有 68 处公园拆栏透绿，实现开放，总面积达 2100 余公顷，游客可以与绿地更加亲密接触。

此外，2023 年，朝阳区还推动东坝公园、京城森林公园、京城梨园、京城槐园、将府公园等 10 处公园的生态功能提升、景观提升、配套服务设施建设等。

北京地势西高东低，地处下游的朝阳区承担着治污任务。经多年治理，18 条河流共 120 公里水系在去年实现连通。亮马河、北小河、坝河等骨干河道互联互通，构建起“一纵四横、多支多点、排蓄渗用”的水网，增强河流自净能力。

美好的自然环境，不仅是朝阳区送给市民的礼物，也是给野生动植物的馈赠。经过全域大规模的生物多样性本底调查，全区累计观测记录到各类物种近 1800 种，其中不乏中华秋沙鸭、银鸥、天鹅等珍稀野生动物。2023 年，朝阳区作为北京市唯一推荐区，成功获评国家生态文明建设示范区。

水绿交融的美景将越来越多。2024 年，朝阳区将加速推进花园城市示范区建设，计划改造 6 个公园，绿隔地区公园环绿道（朝阳段二期）项目将继续推进，建设各具特色的 10 处街区城市画廊，推进日坛公园、西坝河绿地两处全龄友好公园建设。通惠渠、北小河、坝河滨水空间加快建设，其中通惠渠有望通船。

优质医疗教育在身边

医疗和教育关系千家万户，既是基本民生，也关乎城市发展。

就医不用跑远儿，家门口就有方便的医院。据统计，朝阳区所有的实体社区卫生服务中心，均可提供输液治疗、吸氧服务，8 家中心开展血液透析等服务。拥有 CT 检查能力的社区卫生服务中心，也从 3 家增加到了 13 家；42 家社区卫生服务中心完成发热筛查哨点建设。2024 年，朝阳区内社区卫生服务中心计划增加床位 200 张。

2023年6月，朝阳区入选全国紧密型城市医疗集团试点城市之一。在中、东、北、南4个区域医疗资源网格的基础上，以辖区内4家综合性三级医院为牵头单位，联合周边医疗机构和社区卫生服务中心成立了4个紧密型城市医疗集团。通过“社区开单、中心检查（检测）、信息共享、医院指导、社区治疗”的闭环服务模式，推进区域内结果互认，资源共享，打破医院围墙壁垒。

医疗资源布局更加均衡。2023年，朝阳医院常营院区、北京按摩医院朝阳院区顺利开诊；北京市中医医院朝阳院区选址取得市级批复，有效补充了朝阳区东部、南部医疗资源。

朝阳也以“宜学”为目标，希望让学生享受到公平而有质量的教育。目前，全区已建成21个教育集团，公办中小学优质教育资源100%全覆盖。在南部，全市首个科学高中——北京科学高中正式获批落地，十一学校朝阳实验学校、人大附中朝阳学校南校区（朝阳港一期）开工建设；在东部，北京中学东坝北校区开工建设，与中国传媒大学深化合作探索建设传媒特色高中，引进首师大附中；在北部，朝阳外国语学校北苑分校改扩建工程、八十中学孙河分校已开工建设，教育资源得到持续优化。今年，朝阳区将新增3所中小学，增加中小学学位4560个，新增学前托位2300个。

在中心城区，朝阳区的面积最大、人口最多，社区总数达到672个。基层面临的问题纷繁复杂，如何把这些问题解决好，考验着城市治理的智慧。

近年来，朝阳各社区的养老餐桌更多了，从豆腐脑、油饼、豆浆、包子，到10多块钱的午餐或者晚餐套餐，老人们不出小区便能品尝美食。截至目前，朝阳区老年餐桌达到了187家，共备案运营养老机构81家、养老驿站172家、养老床位2万余张。

2023年，朝阳区完成老旧小区综合整治项目80万平方米，惠及4512户，近1.5万人。给老旧小区加装电梯，成为不少居民特别是老年人的期盼。朝来绿色家园等多个小区成功加装电梯，共计259部，完工数位居全市第一。

基层治理不是“独角戏”，而是“协奏曲”。朝阳区积极推广“便于协商、善于协商、常于协商”的居民议事厅运行模式，完成16个城乡社区议事厅示范点建设，2023年，居民议事厅为群众办实事1300余件。整合空间资源打造1491个线下实体议事阵地，建成楼院居民微信群1.4万个，共商共治共享蔚然成风。

“五宜”之城绘就了一幅中国式现代化的美好蓝图。这里有世界级的“城市会客厅”，有活力满满的商业和清新怡人的生态，也有温暖美好的日常。

“五宜”朝阳，未来可期！

（摘自2024年1月21日《北京日报》专版）

大事记

1月

3日至5日，政协朝阳区第十四届委员会第二次会议召开。

4日至6日，朝阳区第十七届人民代表大会第三次会议召开。

6日，区2023年度安全和应急管理工作大会召开，总结2022年全区安全和应急管理工作，对2023年重点工作任务进行部署。

9日，以“科技赋能文化创新文化赋能城市发展”为主题的国家文化产业创新实验区发展论坛在朝阳区举办。全国首个文化产业“云园区”——国家文创实验区“云园区”建设启动。

11日，区委书记文献带队走访龙湖集团。了解企业在朝阳区的项目运行情况和在经营发展中的实际需求，协调解决企业发展难点问题。

同日，区委副书记、区长吴小杰与到访的内蒙古自治区通辽市科尔沁左翼后旗委书记解春贺一行座谈交流，进一步推进东西部协作。

13日，中共北京市朝阳区第十三届纪律检查委员会第三次全体会议召开。

14日，朝阳区以“福满京城春贺神州”为主题的2023年“我们的节日”春节元宵节系列活动拉开帷幕，即日起至元宵节期间，朝阳区开展580余场文化活动。

22日，第22届北京民俗文化节暨第25届东岳庙庙会开幕，文化节持续至正月十五元宵节，通过直播的形式，为观众呈现春节礼俗、民间习俗，以及馆藏兔生肖文物等内容。

同月，由区市场监管局搭建的“朝阳区质量基础设施‘一站式’公共服务平台（一期）”完成测试并上线试运行。该平台可为辖区企业提供质量管理、检测检验、产品召回等一系列质量服务，是北京市首个区级层面的质量基础设施“一站式”线上服务平台。

2月

4日，第六届北京市新年徒步大会暨2023朝阳区全民健身徒步活动启动仪式在奥林匹克森林公园举办。来自全市的2000余名市民代表通过徒步健身的方式，纪念北京冬奥会开幕一周年。

7日，文献围绕“助推经济社会发展开门红，推动高质量发展”到奥迪（中国）企业管理有限公司（简称奥迪中国）调研。了解企业运行情况，协调解决企业发展难点问题。

8日，第十三届“首都见义勇为好市民”评选表彰活动揭晓。“朝阳群众”杨硕等5人被分别授予“首都见义勇为好市民”“首都见义勇为荣誉市民”称号。建外街道办事处被评为“首都见义勇为权益保护工作先进单位”。

9日，2023年黑珍珠餐厅指南发布暨颁奖盛典在朝阳区举办，美团平台发布“中国人自己的美食榜”——“2023黑珍珠餐厅指南”，朝阳区上榜餐厅数量达26家，占北京市上榜餐厅总量的68%，位列全市各区第一。

13日，北京市第一生态环境保护督察组督察朝阳区情况反馈会召开。

14日，市委副书记、市长殷勇围绕推进国际消费中心城市建设到朝阳区开展调研。

16日，北京朝阳文旅发展集团有限公司、北京朝阳国际科技发展集团有限公司和北京朝阳城市发展集团有限公司揭牌仪式举行。

18日，市委书记尹力到朝阳区调查研究，深入企业、项目走访座谈，与企业家们共商高质量发展。

20日，朝阳区人民政府与北京市第三中级人民法院签署战略合作框架协议。

21日，2023年朝阳区委政法工作会议召开，贯彻落实中央、市委政法工作会议精神，总结过去五年工作，部署2023年任务。

同日，朝阳区召开2023年深化“疏解整治促提升”促进朝阳区生态文明、环境建设与基本无违建区创建、推动区域高质量发展动员大会，贯彻落实全市相关会议精神，对全区相关工作进行再部署、再动员。

22 日至 23 日，文献率朝阳区党政代表团，围绕城市更新、新消费业态升级、文明城区创建等工作到上海市考察交流。

23 日，北京商务中心区商会成立。

24 日至 25 日，文献率朝阳区党政代表团到福建省福州市，参观“3820”战略工程实施 30 周年成就展，实地考察学习福州市城市绿化建设、历史文化街区保护、大数据建设、数字经济发展等工作。

28 日，区养老行业党委成立。

3月

5 日，区举办“微火聚光爱满京城”——2023 年朝阳区新时代文明实践志愿服务展示交流活动。

15 日，区 2023 年老干部工作会议召开，贯彻落实全国老干部局长会议、全市老干部工作会议精神，总结部署全区老干部工作。

17 日，朝阳区政协理论与实践研究基地挂牌。

18 日，朝阳区在亮马河畔举行“2023 醒春启航新征程首航活动”，亮马河游船全新开启。

同日，朝阳区新时代朝阳群众诵读宣讲团成立。

19 日至 21 日，朝阳区残疾人联合会第八次代表大会举行。

20 日，“朝启蓬勃互联网 3.0 筑未来”互联网 3.0 生态发布大会在朝阳区举办。《朝阳区互联网 3.0 创新发展三年行动计划》和专项支持政策发布，全国首个互联网 3.0 应用场景研究院、互联网 3.0 产业园（星地中心）揭牌成立。

21 日，区委常委会召开扩大会议，宣布市委关于朝阳区区级领导干部任命的决定：聂杰英任中共北京市朝阳区委员会委员、常委。市委同意，提名聂杰英为北京市朝阳区人民政府副区长人选，建议政府分工为常务。

同日，朝阳区召开精神文明建设工作暨全面深化文明城区建设、争创全国文明典范城区动员部署会。

24 日，为期 8 天的中国国际时装周 2023 秋冬开幕式 · 2023 全球首发节在朝阳区举办。

同日，全市首家“类博物馆”挂牌仪式在北京崇德堂匾额博物馆举行。北京崇德堂匾额博物馆位于王四营乡，是一家致力于弘扬、传播、践行、传承中华优秀传统文化的教育实践基地。

24 日至 25 日，辽宁省朝阳市代表团到区考察交流。

25 日，第十届朝阳国际人才创业大会（ITEC）创新峰会在朝阳区举办。

27 日，朝阳区举办中国科学院青年科技人才招聘专场活动。近 50 家朝阳辖区内的优质国央企、科技企业、外资企业等齐聚中国科学院，面向中国科学院毕业生提供了人工智能、生物医药、高端制造等近 600 个招聘岗位。

28 日，朝阳区启动 2023 年“引贤计划”。

30 日，区 2023 年社会建设、乡村振兴工作会召开。

31 日，位于朝阳区的工人体育场改造复建工程完成竣工验收。

同日，区举办“盒启朝外”北京特色 UIC（城市活力创新中心）启幕仪式。北京市首个片区更新类公共空间试点项目——朝阳区朝外大街街区更新一期工程首个商业项目 THE BOX 朝外亮相。

是月，朝阳区印发《朝阳区标准化行动方案（2022—2025 年）》，这是全国首个区级层面发布的标准化行动方案。

4月

3 日，区委常委会召开扩大会议，宣布市委关于朝阳区区级领导干部任命的决定：舒毕磊任中共北京市朝阳区委中关村科技园区朝阳园工作委员会书记（兼）。陈黛任北京商务中心区管理委员会（副局级）主任，试用期一年；杨洪福任中关村科技园区朝阳园管理委员会（副局级）主任，试用期一年。

4 日，中共中央总书记、国家主席、中央军委主席习近平等党和国家领导人到东坝中心公园参加首都义务植树活动。

10 日，吴小杰带队到上海市就国际化建设工作进行考察交流。

同日，中国证监会、上交所、深交所共同举办“全面实行股票发行注册制主板首批上市公司上市仪式”。驻区企业中信金属股份有限公司作为首批中唯一一家北京市企业在上海证券交易所参加上市仪式。

10 日至 12 日，文献率朝阳区党政代表团到海南省海口市，参加第三届中国国际消费品博览会，与重点招商目标企业代表座谈，实地学习海南自由贸易港建设先进经验。

12 日，在第三届中国国际消费品博览会期间，2023 北京市朝阳区招商推介会在海南国际会展中心举行。

14 日，为期 11 天的“书香京城 · 悦读春天”2023 北京书市在朝阳公园开幕。

15 日，杭州市政协主席、亚运市运保指挥部指挥长马卫光，带领亚运市运保指挥部成员到区，就“大型赛事城市环境品质提升工作”进行考察交流。

17 日，区审计工作会召开。

同日，区委老干部局联合芳草地国际学校世纪小学在奥林匹克森林公园举办“朝阳老干部关心下一代纪念林”揭牌仪式暨养绿护绿活动。

23 日，《朝阳区推进阅读之城建设三年行动计划（2023—2025 年）》发布。

24 日，朝阳区民主党派和无党派人士纪念“五一口号”发布 75 周年座谈会召开。

25 日，“朝阳党史学习园地”上线。

27 日，区委常委会召开扩大会议，宣布市委关于朝阳区区级领导干部任命的决定：孟锐任中共北京市朝阳区委员会常委；免去孟锐北京市朝阳区人民政府副区长职务。提名任超为北京市朝阳区人民政府副区长人选漏排内容。

同日，区第十七届人大常委会举行第十三次会议。任命聂杰英为北京市朝阳区人民政府副区长。

同日，2023 年朝阳区“共建时尚之区”战略合作框架协议签约仪式在北京郡王府饭店举行，朝阳区与 6 家院校、院团达成共建“时尚之城”战略合作。

5月

10 日，“月华璀璨京彩未央”2023 北京消费季夜京城活动在 SOLANA 蓝色港湾启动。活动持续至国庆节。朝阳蓝色港湾—亮马河国际风情水岸、798—751 艺术街区、国贸中心—CBD、工体—三里屯、鸟巢—奥林匹克森林公园入选“夜京城”特色消费地标。

同日，“潮朝阳夜经济消费地图”上线。朝阳区联合高德地图，为消费者推荐朝阳区 44 家“顶潮”时尚夜消费商圈。

12 日，是第 15 个“全国防灾减灾日”，朝阳区在朝阳公园万人广场开展以“防范灾害风险护航高质量发展”为主题的防灾减灾日主题宣传活动。

13 日，2023 年朝阳区时尚户外运动消费季在工体北广场启动。消费季时间为 5 月到 10 月底，举办 25 类近百场活动。

14 日，北京市 2023 年全国城市节约用水宣传周启动仪式在朝阳区亮马河畔举办。节水宣传周期间，朝阳区通过线上线下相结合的方式，向各类人群宣传节水理念，倡导节水生活方式。

16 日，朝阳区委书记文献与山西省长治市潞城区委书记段尧刚一行就加强对口合作，推进长治太行革命老区振兴发展进行交流座谈。

16 日至 19 日，朝阳区政协党组书记、主席王旭率朝阳区政协对接考察团到内蒙古自治区乌兰察布市察哈尔右翼后旗、卓资县，通辽市科尔沁左翼后旗对接考察，就东西部协作工作签订框架协议。

17 日，朝阳区人民政府与中信银行北京分行签署战略合作框架协议。

同日，朝阳区召开 2023 年全国、首都劳动奖和工人先锋号获得者座谈会，表彰朝阳区各条战线和各行各业涌现出的先进集体和先进个人。朝阳区紧急医疗救援中心主任陈焜，美团外卖骑手、美团 707 骑手党支部书记高丰，360 集团董事长助理、党委副书记、北京公司总经理、城市产业合作集团副总裁施广强，陈经纶中学团结湖分校教研组长东雪婷获全国五一劳动奖章；北京温榆河公园建设管理有限公司工程建设部获全国工人先锋号；13 个集体获首都劳动奖状、50 人获首都劳动奖章、19 个班组获北京市工人先锋号。

19 日，由中国城市环境卫生协会、朝阳区人民政府主办，中环协循环经济产业园区专业委员会、北京朝阳环境集团有限公司承办的循环经济产业园区低碳发展峰会举行。

19 日至 5 月 21 日，首届“北京朝阳国际茶香文化节”在北京郡王府及亮马河沿岸举办。

24 日至 26 日，十四届区政协第一期委员专题培训班举办。

25 日，北京朝阳大数据有限公司揭牌成立，并与福建省大数据集团所属福建省星云大数据应用服务有限公司合资设立京闽数科（北京）有限公司。

26 日，2023 年中央财政支持中医药传承创新发展示范试点公布，朝阳区成为北京唯一的示范试点。

27 日，由中华慈善总会、老挝教育体育部共同主办，主题为“山水相连情相牵，中老友谊万古长”的第六届“一带一路·民心相通”学生手拉手活动开营仪式暨中老学生共度“六一”国际儿童节龙舟友谊赛活动在朝阳区高碑店乡半壁店村举办。

是月，朝阳区发布《朝阳区推进博物馆之城建设三年行动计划》。

同月，区发布《国家文化产业创新实验区高质量发展三年行动计划》。

同月，朝阳区 10 项教学成果获得国家级基础教育教学成果奖，其中一等奖 2 项、二等奖 8 项。

6月

1 日，朝阳区举行总责任规划师聘任会，北京市城市规划设计研究院原总规划师、专家顾问王引被聘任为朝阳区总责任规划师。

5 日，第 50 个世界环境日，朝阳区举办“朝气绿染景色新，生态文明向阳生”主题活动，启动国家生态文明建设示范区创建工作。

7 日，朝阳区党政代表团围绕“学习贯彻习近平总书记在深入推进京津冀协同发展座谈会上重要讲话精神，推动京津冀协同发展不断迈上新台阶”主题到天津市学习考察，与天津市滨海新区签署《天津市滨海新区人民政府北京市朝阳区人民政府战略合作框架协议》。

7 日至 11 日，第十九届中国（深圳）国际文化产业博览交易会在深圳举办。朝阳区“开放活力看朝阳”主题展参加深圳文博会，集中展示区域丰富文商旅产业资源。

9 日，朝阳区档案馆新馆开馆暨“时代征程砥砺前行”建区 65 周年专题展启动仪式举行。

14 日，内蒙古自治区乌兰察布市政协主席白颢一行到朝阳区，围绕进一步推进京蒙协作进行考察交流。

同日，北京CBD管委会联合天津港（集团）有限公司、北京朝阳海关，在北京CBD招商服务中心设立北京CBD—天津港京津协同港口服务中心。

同日，学习贯彻党的二十大精神“理论微宣讲”市级示范团报告会在建外街道举行。5名宣讲员围绕伟大建党精神、共同富裕、生态文明建设、疏解非首都功能、北京国际科技创新中心建设等主题，宣讲党的创新理论。

15日，为期4天的第二十九届北京国际图书博览会在朝阳区开幕，第二十一届北京国际图书节同时同地启幕。

19日，区委常委会召开扩大会议，宣布市委关于朝阳区区级领导干部任命的决定：郑宇任中共北京市朝阳区委员会委员、常委、副书记。

21日，亮马河18千米滨水慢行系统贯通。

26日，由朝阳区人民政府、北京海峡两岸民间交流促进会、中华民族发展基金会联合主办的2023海峡两岸社团交流节开幕，第八届朝阳区“悦动高雄”文化交流活动同时举办。

27日，为期两天的2023地理信息软件技术大会在北京国家会议中心举办。大会首日，朝阳区科技企业超图软件发布SuperMap GIS系列产品的最新版本——SuperMap GIS2023。

29日，区第十七届人大常委会举行第十四次会议。任命任超为北京市朝阳区人民政府副区长。

同日，第十一届朝阳国际人才创业大会（ITEC）举行，ITEC全球创业赛项目征集同步开始。

30日，“学习强国”朝阳学习平台上线。“学习强国”朝阳学习平台由区委宣传部主办、朝阳区融媒体中心运营。

7月

3日，尹力围绕“深入学习贯彻习近平新时代中国特色社会主义思想，推进全球数字经济标杆城市建设”，到朝阳区调研。

同日，朝阳区地方志编纂委员会召开全体会议，研究部署全区地方志工作。

4日，市委、市政府安全生产第五督察组在朝阳区召开安全生产督察工作动员会，进驻朝阳督察安全生产工作。

同日，朝阳区召开学习贯彻习近平新时代中国特色社会主义思想主题教育筹备工作动员部署会。按照中央、市委关于学习贯彻习近平新时代中国特色社会主义思想主题教育部署，朝阳区于2023年9月至2024年1月参加第二批主题教育。

同日，朝阳区工会第十五次代表大会举行。

5日，朝阳区银耀朝阳老干部宣讲团成立，进行首场主题宣讲。

同日，朝阳区成立北京首个住房租赁中介行业党委。

同日，望京留创园获得全国首批“数字经济创新基地”称号。

6日，文献与到访的天津市和平区委书记姚建军一行座谈，进一步深化两区交流合作，推动京津冀协同发展走深走实。

6日至7日，吴小杰率朝阳区代表团到内蒙古自治区乌兰察布市察哈尔右翼后旗、卓资县考察交流座谈，就东西部协作、乡村振兴工作进行对接交流。

10日，区首批21名卫生健康首席监督员上岗。

11日，朝阳区印发《北京市朝阳区全面打赢城乡水环境治理歼灭战三年行动方案（2023—2025年）》。

12日至14日，区政协副主席连玉明、王冬岩率政协代表团到内蒙古自治区乌兰察布市察哈尔右翼后旗、卓资县，通辽市科尔沁左翼后旗开展对口协作。

18日，朝阳区青年联合会第七届委员会第一次全体会议召开。

19日，第六届中国国际进口博览会招商路演（北京）在朝阳举办，京朝批商贸股份有限公司、京客隆集团等朝阳区企业到会洽谈对接。

20日，朝阳区“深入学习宣传贯彻党的二十大精神，深化‘强国复兴有我’”百姓宣讲汇讲活动举办。来自全区机关、街道、农村、政法、国资、宣传、教育七大系统的7支宣讲团35名宣讲员参加。

20日，天津市滨海新区党政代表团到区考察并交流座谈。

21日，朝阳区在全市率先制定并印发推进京津冀协同发展2023—2025年三年行动计划。

23日至26日，区政协调研考察组到黑龙江省哈尔滨市、辽宁省朝阳市、河北省承德市三市对接区域协同发展工作。

24日，中国共产党北京市朝阳区十三届委员会第六次全体会议召开。

25日，朝阳区党政代表团到内蒙古自治区通辽市科尔沁左翼后旗，就深化东西部协作进行交流对接。

28日，朝阳区2023年军政领导座谈会暨双拥工作领导小组会及庆“八一”文艺演出活动举行。

28日至29日，朝阳区代表团围绕推进科技创新、加强交流合作到深圳市考察重点科技企业。

8月

1日，北京民俗博物馆（北京东岳庙）及分馆北顶娘娘庙恢复向公众开放。

3日，“2023原产地咖啡品鉴暨推介交流会——北京CBD专场”进口促进活动在北京CBD举办。

5日，首届朝阳捌月全民艺术节暨朝阳区新时代文明实践推动月活动在朝阳区文化馆开幕。历时一个月，全区推出一系列群众文化活动。

8日，北京奥运会开幕15周年之际，奥运文化主题邮局在奥林匹克公园揭牌。

同日，文献率朝阳区代表团到房山区，实地察看受灾情况，对接防汛救灾和恢复重建工作。

同日，“北京奥园·双奥体育文化周”在奥林匹克塔启动。活动设置奥运文化艺术展、运动科技互动体验、体育文化主题消费三大板块共十余项打卡互动体验内容，至13日持续一周。

15日至16日，区政协调研组，围绕“运用奥运遗产，助力‘双奥朝阳’建设”议题，到张家口市崇礼区，就冬奥场馆利用、产业发展、京张体育文化旅游带建设等方面开展交流考察。

18日，中国文联“文艺两新”集聚区北京市朝阳区实践基地揭牌仪式在黑庄户乡北京音乐产业园举办。北京音乐产业园、黼堂文化艺术园区、铜牛电影产业园3家位于朝阳区的艺术园区获中国文联“文艺两新”集聚区北京市朝阳区实践基地示范园称号，北京音乐产业园被授予“北京音乐家协会音乐创作基地”称号。

19日，殷勇围绕统筹发展和安全到朝阳区调研。

21日，全国人大北京团代表到朝阳区，围绕综合商圈打造、营商环境优化、科技企业发展、文化旅游发展进行调研。

24日，由北京市科学技术委员会、中关村科技园区管理委员会、朝阳区人民政府共同主办的北京市互联网3.0创新生态发展大会在朝阳举办。

同日，区第十七届人大常委会举行第十五次会议。

25日，区政协、区委统战部联合召开议政会，围绕“打造国际化营商环境建设标杆区”协商议政。

同日，由中国公共外交协会主办，北京CBD管委会、北京财富中心共同承办的“2023中国国际新闻交流中心记者走进北京CBD”活动举行，近80名外媒记者走进CBD。

25日至27日，“朝阳有潮市——潮朝阳FUN生活”古风市集活动在朝外大街12号东岳文化广场开集。

26日，朝阳群众LIVE SHOW暨“朝阳文化艺术季”街乡文艺团队专场演出活动在亮马河畔启动。即日起至10月6日，来自各街乡的品牌群众文艺团队携优秀作品陆续亮相亮马河。

29日，由京津冀三地团组织联合主办的京津冀城市年轻力创造者大会在THE BOX朝外|年轻力中心举行。

同月，全球尖端医药科技企业麦克斯科学（MaxScientific）落地北京CBD，并成立麦克斯生物医药（北京）有限公司。

9月

3日，2023年中国国际服务贸易交易会·2023年服务贸易发展高峰论坛举办。吴小杰围绕“打造国际一流营商环境，护航开放创新发展”进行主题演讲。

同日，2023年中国国际服务贸易交易会·中医药健康产业国际智库论坛举办。国家中医药传承创新发展示范试点项目之朝阳区“亮马河国际风情水岸经济带”中医药健康产业服务项目发布。

同日，由北京市商务局和朝阳区人民政府共同主办的“共享朝阳发展，共话合作未来”魅力朝阳之夜活动举办。

6日至7日，内蒙古自治区通辽市政协主席吕永成一行到朝阳区，就进一步推进京蒙协作进行考察交流。

10日，第十届北京中学构建未来理想学校学术研讨会在中国传媒大学举办。

12日，密云区党政代表团围绕结对协作工作到朝阳区调研考察。

13日，区委常委会召开扩大会议，宣布市委关于朝阳区区级领导干部任命的决定：聂杰英任中共北京市委商务中心区工作委员会书记（兼）。李欣任中共北京市朝阳区委员会常委；免去李欣北京市朝阳区人民政府副区长职务。

14日，区组织工作会议召开。

15日，朝阳区学习贯彻习近平新时代中国特色社会主义思想主题教育部署会召开。

18日，朝阳区区级领导班子学习贯彻习近平新时代中国特色社会主义思想读书班举行。

19日，由北京市人民政府、人民日报社指导，北京发展和改革委员会、北京市商务局、北京市人民政府外事办公室、朝阳区人民政府共同主办的2023北京CBD论坛举办。

同日，“中德商务文化交流——北京CBD之夜”活动举办。

23日，中国基础教育高质量发展·北京论坛在朝阳举办。

同日，2023首届CYBA朝阳篮球联赛在THE BOX朝外空中光影篮球场开幕。

24日，“庆丰收·促和美”2023年中国农民丰收节朝阳区庆祝活动暨第34届北京农民艺术节“乡村大舞台”系列活动在北京温榆河公园生态文化中心举办。

25日，魅力京津冀——2023文旅产业合作对接暨人才培养活动在朝阳区开幕。活动为期3天，京津冀三地22个市、区的102家文化相关企事业单位参与。

26日，“潮朝阳FUN生活”2023北京朝阳国际文化旅游节在亮马河国际风情水岸开幕。一个月内，全区举办30多场特色文旅活动。

同日，第二届北京城市更新论坛暨首届北京城市更新周在东岳文化广场开幕。朝阳区“亮马河国际风情水岸项目”“朝外大街升级改造一期工程及THE BOX朝外|年轻力中心项目”入选第二届“北京城市更新最佳实践”项目。

28日，朝阳区东坝地区“新一代万达”——东坝万达广场开业。为东坝地区首个商业综合体，商场引入258个品牌，其中33家为北京首店或区域首店。

10月

9 日，由北京市残疾人社会保障和就业服务中心主办，朝阳区残联、区人力社保局、区税务局承办的“汇爱朝阳企业助残”——京津冀残疾人专场招聘会在朝阳区残疾人职业康复中心举办。

同日，区委书记、区委学习贯彻习近平新时代中国特色社会主义思想主题教育领导小组组长文献带领区级领导班子集体到中国国家版本馆（中央总馆）参观学习，开展学习贯彻习近平新时代中国特色社会主义思想主题教育主题党日活动。

11 日，北京市双拥工作检查组考评验收朝阳区创建新一届全国双拥模范城工作。

13 日，文献围绕“坚持不懈用习近平新时代中国特色社会主义思想，凝心铸魂，指引实践”，从深刻认识“新时代”、准确把握“新内涵”、全力奋进“新征程”三个方面，结合首都实际、朝阳实践为党员干部讲主题教育专题党课。

15 日，2023 亮马河风情水岸国际艺术季在朝阳公园贝壳剧场开幕。活动为期一个多月，邀请中外艺术家、艺术爱好者等，开展 38 场文化艺术活动。

16 日，由朝阳区人民政府和北京工业大学共建的北工大山河湾谷创新区建设启动会在北京工业大学举办。双方联合发布北工大山河湾谷创新区建设纲要，朝阳区发布支持创新区建设的 10 条支持意见。

同日，朝阳区创建国家食品安全示范城市动员部署会召开。启动国家食品安全示范城市创建工作。

19 日，2023 国家文化产业创新实验区发展大会在 751 园区举办。

20 日，朝阳区文化产业基金联盟挂牌成立。朝阳区文化产业基金联盟首批成员单位包括中金资本、保利基金、真格基金、人民创投、顺禧基金、险峰、挑战者创投、真成投资、朝阳文创基金等 10 家基金机构，管理基金规模达人民币基金 2400 亿元。

20 日，区政协考察团到河北雄安新区，围绕“推进韧性城市建设”重点协商议题暨“安全生产”民主监督议题进行调研。

21 日至 22 日，贵州省黔西南州工作组到朝阳区调研考察。

22 日至 23 日，朝阳区代表团围绕加强交流合作到杭州市考察阿里巴巴集团。

23 日，为期 4 天的 2023 中国 · 北京电视剧盛典北京之夜在朝阳区举办。

同日，山东省德州市党政代表团到朝阳区考察交流。

27 日至 28 日，中国教育学会首届基础教育卓越教师创新发展学术年会在北京市陈经纶中学举行。

28 日，在中国生态文明论坛济南年会上，朝阳区被生态环境部授牌，获第七批“国家生态文明建设示范区”。

30 日至 11 月 4 日，区政协调研组，围绕“深化千万工程，深入推进城乡融合发展”主题，到浙江省温州、台州两市进行学习交流。

31 日，全国股转系统北京证券交易所朝阳服务基地揭牌。

11月

3 日，朝阳区首家“招聘服务站”成立。区人力资源公共服务中心在“招聘服务站”举办首场线下招聘活动，辖区企业北京东方慧博、北京中数文化、北京中广物业等 14 家单位，提供中控、软件工程师、电商运营、律师助理、销售经理等近百个就业岗位。

5 日，第六届中国国际进口博览会在上海开幕。朝阳区组织由政府职能部门及 300 余家企业共同参与的交易分团到上海参加进博会。进博会期间，区相关职能部门组成考察团，实地考察上海鸿寿坊、前滩太古里，交流学习上海城市一刻钟便民服务圈和优质商业空间方面的经验和成果。

7 日，朝阳区召开学习贯彻习近平新时代中国特色社会主义思想主题教育推进会。

13 日，朝阳区科学技术协会第八次代表大会举行。大会选举产生朝阳区科学技术协会第八届委员会主席、副主席及常务委员。杜修力当选朝阳区科学技术协会第八届委员会主席。

18 日，由北京市文化和旅游局、北京市商务局、中央广播电视总台北京总站、北京市朝阳区政府主办的 2023 北京朝阳国际灯光节开幕，灯光节持续至 12 月 9 日。

同日，由朝阳区政府、元宇宙与人工智能三十人论坛联合主办的“承上启下智元宇宙——第四届元宇宙与人工智能产业生态大会”举行。京港互联网 3.0 产业中心暨青年人才基地揭牌。

同日，北京朝阳媒体融合交流活动暨“五宜”朝阳行启动仪式在奥林匹克塔举办。

18 日至 19 日，由北京师范大学教育学部、朝阳区教委主办，北京师范大学校长培训学院、北京师范大学教育学部培训学院、北京市朝阳区呼家楼中心小学承办的循证教育国际研讨会暨第三届 PDC 国际教育大会在中国科技馆举行。

18 日至 21 日，国务院安全生产和消防工作考核巡查组第一组到朝阳区，对区 2023 年度安全生产和消防工作开展考核巡查。

21 日，大兴区党政代表团到朝阳区调研考察。

22 日，石景山区党政代表团到朝阳区调研考察。

24 日，亮马河畔话生态——2023 北京朝阳“美丽中国”建设实践论坛举办。

同日，2023 年朝阳区政党协商座谈会召开。各民主党派、工商联、无党派人士围绕“打造数字经济核心区和国际消费中心城市主承载区，推进朝阳高质量发展”主题交流发言、建言献策。

27 日，朝阳区离退休干部健康教育管理示范基地揭牌仪式暨健康大讲堂首场讲座举行。

12 月

2 日，由赛特集团携手金地商置打造的城市更新项目——赛特 + 购物中心开业。

4 日，是第十个国家宪法日。区委宣传部、区司法局等单位联合举办 2023 年“宪法宣传周”系列活动启动仪式暨法治文艺大赛颁奖仪式。

5 日，由市外事办公室、市商务局、朝阳区政府主办的 2023 北京中阿经贸文化交流活动举办。

同日，蒙古国家大呼拉尔安全与对外政策常设委员会代表团到朝阳区就全过程人民民主的地方实践和经验等进行考察。

同日，区委常委会召开扩大会议，宣布市委关于朝阳区区级领导干部任命的决定：舒毕磊任中共北京市朝阳区委员会常委；提名刘福泽为北京市朝阳区人民政府副区长人选。

6 日，朝阳区召开“以案为鉴、以案促改”警示教育大会。与会人员观看警示教育片《失守的“三关”——朝阳区 2023 年查办典型违纪违法案件警示录》。

同日，朝阳区以辖区内中日友好医院、安贞医院、朝阳医院、垂杨柳医院 4 家三级医院为牵头单位，成立东部、北部、中部、南部 4 个紧密型城市医疗集团，建立 5 个区域资源共享指导中心。

7 日，平谷区党政代表团到朝阳区调研考察。

同日，温榆河公园获评国家体育旅游示范基地，是北京市唯一获评单位。

9 日，2023 年朝阳区冰雪运动消费季系列活动在朝阳公园启动。作为 2023—2024 北京冰雪运动消费季活动分会场，此次消费季将持续至 2024 年 2 月底。

12 日，朝阳区与通州区结对工作交流座谈会召开。

同日，2023 朝阳区产业工人队伍建设改革博览会举行。

同日，朝阳区政府与招商银行北京分行签订战略合作协议。

14 日，河南省南阳市党政代表团到朝阳区考察交流。

同日，全区宣传思想文化工作会议召开。

15 日，全国人大常委会法工委朝阳区人大常委会基层立法联系点工作会议召开。

同日，朝阳区政府与首都实业投资有限公司签订战略合作协议。

20 日，区第十七届人大常委会举行第十九次会议。任命刘福泽、张冠彬为朝阳区人民政府副区长。

21 日，中关村科技园区朝阳园管理委员会与北京工业大学、北京控股集团有限公司签订战略合作协议。

22 日，朝阳区党政代表团围绕“深入学习贯彻习近平新时代中国特色社会主义思想”，聚焦“朝密协作、共谋发展”到密云区调研考察。

同日，北京工业软件产业创新中心在朝阳区恒通国际商务园成立。

同日，2023 年中国网球协会小网球工程推进活动暨网球示范区授牌仪式在北京中学举行。国家体育总局网球运动管理中心为朝阳区授牌“全国网球示范区”，朝阳成为全国首个获此殊荣的城区。

同日，朝阳区首家“书香酒店”主题城市书屋——“朝阳城市书屋 · 禧园馆”揭牌开馆。

25 日，中国共产党北京市朝阳区第十三届委员会第七次全体会议召开，传达市委十三届四次全会精神，总结 2023 年工作，部署 2024 年各项工作任务。

26 日，北京市朝阳区医保局、天津市滨海新区医保局、河北省廊坊市医保局签署《关于推进京津冀三地先行区（市）医保协同发展合作框架协议》。

27 日，朝阳区与北京理工大学就进一步深化区校合作进行座谈交流，双方签署战略合作框架协议、共建北京理工大学国家大学科技园（朝阳分园）框架协议。

28 日，3 时 17 分，北京市 119 指挥中心接警，位于朝阳区崔各庄乡东辛店村某村民自建房一层发生火情，调派 3 个消防站 9 部消防车到场处置。朝阳区领导及相关部门立即赶赴现场指挥调度，及时调派救援力量。3 时 43 分现场火灭，事故造成 4 人死亡 5 人受伤。

28 日，朝阳区召开会议，部署全区安全生产和火灾隐患排查整治工作，全面做好火灾事故善后处置，以更大力度开展安全隐患排查。

29 日，全区网络安全和信息化工作会议召开。会议传达习近平总书记关于网络工作的重要指示和全国、全市网络工作会议精神，区委教育工委、朝阳园管委会（区科信局）、公安朝阳分局、区市场监管局、区文旅局作书面交流发言。

同日，区委书记、区委主题教育领导小组组长文献主持召开区委主题教育领导小组专题会议，调度全区整改整治工作，对进一步扎实推进主题教育进行部署。

31 日，朝阳区 2023 年“零点决算”会上获悉，2023 年朝阳区地方级收入达 1114.2 亿元，区级财政收入达 563.5 亿元，区级财政收入居全市各区首位。

中国共产党朝阳区委员会

综　述

【主题教育】2023年，朝阳区跟进学习习近平总书记最新重要讲话和重要论述，建立区委常委会“第一议题”制度，主题教育覆盖全区基层组织和党员。开展建区65周年区情教育系列活动，首次邀请全国人大北京团代表、驻区全国政协委员、北京市政协委员走进朝阳调研考察，营造支持朝阳发展的良好社会氛围。做实百姓宣讲体系，用好新时代文明实践阵地，创新文明实践街区、主题公园等新的宣传场景。大兴调查研究之风，延伸市级调研成果，引导全区同题共答，形成全区调查研究联席联动工作机制。各级领导干部深入基层信访接待、解决群众诉求，把问题解决在基层、化解在萌芽状态。聚焦推动高质量发展，各级班子确定重点任务、民生项目和整改问题，推动发展见行见效、民生实事可知可感、整改整治走深走实。扎实开展解剖式调研，梳理正反面典型案例，形成亮马河国际风情水岸更新等一批亮点经验，找出“8·19”北京大方万恒公司火灾事故等一批问题根源。深入开展“首都高质量发展先锋行动”，解决群众急难愁盼问题，形成一批惠民成果，推动主题教育成果转化为高质量发展新成效。

【服务大局】2023年，朝阳区高质量完成“十四五”规划纲要中期评估。完成第三届“一带一路”国际合作高峰论坛、2023年中国国际服务贸易交易会服务保障工作。在全市率先出台京津冀协同发展三年行动计划，设立“北京CBD—天津港京津协同港口服务中心”，与天津滨海新区共同推出82项跨省通办事项清单，推动京津冀三地四园签署人力资源服务产业园合作协议，开展京津冀三地医保支付、基金监管等先行先试，与山东德州、辽宁朝阳等地开展战略合作，形成协同发展新格局。朝阳区连续五年在全市东西部协作考核中排名第一位，产业帮扶案例入选第四届“全球减贫案例征集活动”获奖案例。开展“疏解整治促提升”专项行动，金盏、十八里店等重点区域，爱家臻品宫等重大项目整治顺利完成，成功创建基本无违法建设区。支援房山、门头沟防汛救灾及灾后重建，组织动员工会、慈善协会、外资企业等社会各界捐款捐物，房山十渡应急保障中心成为全市首个援建的“平急两用”示范项目。

【改革创新】2023年，朝阳区举办第二届北京市暨首届朝阳区城市更新论坛，THE BOX朝外、亮马河国际风情水岸、双井街道数字经济艺术院街可持续更新等6个项目获评2023中国城市更新优秀案例。推动区属国企战略性重组和集团化改革，组建文旅集团、科技集团、城发集团。鼓励基层改革创新，承接全国示范性老年友好型社区创建、全国市场监管数字化试验区（北京）建设示范区创建、党建引领律师行业参与服务基层群众和新就业群体试点、通学定制公交车试点等国家级、市级改革事项45项，基层“微改革”“微创新”150项，探索出临时建筑“前置审批”新模式，正式上线数字人资产存证平台，发出全市首张“超市／便利店”行业“综合许可凭证”，形成“一村一特色”自由职业人员统战工作等创新实践，建外街道被评为2023年北京市改革街乡镇。

【“商务＋科技”双轮驱动】2023年，朝阳区举办中德、中阿商务经贸文化交流活动，组团赴欧洲、中东，以及中国香港、澳门招商引资，借助服贸会、进博会、消博会等国家级平台拓展国际贸易合作空间，京港洽谈会签约数量、金额均居全市第一，服贸会意向签约额、“北京日”签约额均居全市首位。深入推进“两区”建设，引进培育13个示范性、创新性项目，全国首家外商独资证券公司渣打证券落地，宝马（中国）、安顾方胜2家外资保险经纪公司获批设立，新增入库项目1270个，居全市第一。全区跨国公司地区总部达到152家，占全市70%，北京CBD在2023福布斯中国商务中心区竞争力评选中排列第一。提升中关村朝阳园新动能，聚焦未来优势产业，承办2023全球数字经济大会，组建国内首个互联网3.0应用场景研究院，建设全市首个中关村互联网3.0产业园和北京市数字人基地，落地网易（北京）数字产业中心、京港互联网3.0产业中心，全区集聚互联网3.0产业企业超700家，形成领跑全市的产业生态。引入中关村人工智能智用研究院，推动智能技术评测体系在朝阳首发和试点。布局硅光产业生态，电子城IC/PIC创新中心落地优质企业40余家。与中国科学院科技创新发展中心共推科技企业陪伴计划，与北京工业大学共同打造山河湾谷创新区，与北京国际大数据交易所联合建设国内首个工业数据专区，全国首家国际科技组织总部集聚区落地，协同创新格局初步形成。加快“城市智慧大脑”共性平台建设，形成基础设施及资源支撑。

【释放消费活力】 2023年，朝阳区推进北京国际消费中心城市主承载区建设。聚焦重点区域，构建“一纵一横一核”（“一纵”指地铁14号线商业带，“一横”指亮马河国际风情水岸，“一核”指CDB千亿规模国际级商圈）商业版图，12个重点商圈提质升级，三里屯商圈成为北京市唯一全国示范智慧商圈、望京小街成为全国首个商业服务领域标准化建设街区、蓝色港湾上榜全市游客接待量排名前十的景区，带动全区客流总量比上年增加1亿人次。聚焦重点项目，升级改建十大商业综合体，释放近百万平方米商业空间，THE BOX朝外成为北京年轻力中心地标，“新工体”打通体育场馆、城市公园及商业空间。聚焦重点领域，建设美食之城、茶香之城、咖啡之城、时尚之城。举办2023北京国际美食荟，全区黑珍珠、米其林餐厅上榜数量分别占全市的70%和60%。引进首店304家，星级酒店66家。聚焦重点时段，举办“潮朝阳”促消费活动500余场。北京朝阳国际灯光节期间，重点商圈客流量较日常上涨31%；全部销售额近21亿元，比2019年增长23%。聚焦目标人群，丰富消费场景，入境游客人数比上年增长576.4%。提升消费环境，朝阳区入选国家文化产业和旅游产业融合发展示范区建设单位，751园区入选国家级旅游休闲街区，798艺术区入选国家工业旅游示范基地，温榆河公园被评为国家体育旅游示范基地，泡泡玛特城市乐园入选2023年北京市文化和旅游科技创新应用场景十佳案例。全区旅游总收入1332.4亿元，占全市22.8%，居全市第一位。

【文化强区建设】 2023年，朝阳区落实全国、全市宣传思想文化工作会议精神，建设开放自信的文化强区。举办首届北京朝阳国际茶香文化节、国际雕塑邀请展、“潮起亮马河”主题艺术创作精品展，4家“类博物馆”挂牌开放。推动文化繁荣，在亮马河畔举办国际艺术季和微演出系列活动，推出《三里屯42号》《红色电波》等原创作品，首批认定11家演艺新空间，“文艺两新”聚集区实践基地落户朝阳。举办首届朝阳CYBA篮球联赛等各类文体活动5000余场，吸引425.4万人次参与。上线“学习强国”朝阳学习平台，开展新闻宣传活动350余场，各级媒体刊发报道3.2万余篇，中国国家地理出版发行朝阳专刊，《大使眼中的“最朝阳”》获评全国县级融媒优秀作品、《你好，朝阳》城市形象片登上纽约时代广场纳斯达克大屏。朝阳首次作为独立展团参展深圳文博会，推动国家文创实验区全域化发展，建成全国首个文化产业“云园区”，试点设立广电政务审批帮办窗口，全市首个AIGC创意产业联盟落户，文化、体育和娱乐业提质发展。

【城乡融合发展】 2023年，朝阳区深入实施城乡融合发展三年行动计划。制定完善全区农民整建制转居实施方案，提交市政府申请批复。推动8宗地块入市成交，9个安置房项目实现回迁入住，全面完成村级产权制度改革工作。赋能南部崛起，首次由乡级政府承办数字经济大会专题论坛，朝阳港一期商业地块项目加快推进，小武基村安置房取得立项手续和施工准备函，大羊坊路环岛至四环路段导行路完成修建，朝南森林公园二期正式建成开园。深化与农业农村部合作机制，建设数字农业先行区、农业多功能示范区、乡村建设样板区，朝来农艺园被授予“北京市生态农场”称号。

【公共服务】 2023年，朝阳区锚定建设教育强区，实施领航、引航、远航、助航“四航”计划，与北京师范大学建立高质量发展战略合作，举办“中国基础教育高质量发展·北京论坛”“首届中国教育学会基础教育卓越教师创新发展学术年会”等高端学术论坛，提升朝阳教育影响力。坚持综合性高中、特色化高中“双强”推进，首师大附中、北京中学东坝北校区、十一学校朝阳实验学校、人大附中朝阳港学校开工建设。71所学校入选北京市艺术、科技教育特色学校，与中国传媒大学合作建设传媒特色高中，纳入北京中学教育集团，北京科学高中正式获批落地。新增幼儿托位、中小学学位共3600个，义务教育优质资源实现全覆盖。优化医疗资源供给，获批国家紧密型城市医疗集团建设试点、中医药传承创新发展试点、全国基层中医药工作示范区、全国医养结合示范区4项国家级支持示范试点，成立4个紧密型城市医疗集团，打造5个区域医疗资源共享指导中心。社区卫生服务中心在全市率先开展全流程家庭医生网上签约，让居民享受更便捷的健康服务。构建“大就业”工作格局，成立全国首个人力资源服务出口基地联盟，在全市首创“就业流动服务站”，搭建线上就业服务体系，输送岗位，服务求职者。全区登记失业人员就业率居全市第一位。承办全市首届养老服务“家年华”，率先上线朝阳区养老服务一键查询小程序，老年友善医疗机构建设率达96%。探索“平急两用”保障性租赁住房模式，七彩家园转换为城市建设者管理者之家。

【城市治理】 2023年，朝阳区深化“接诉即办、未诉先办”，“12345”市民服务热线诉求平均解决率比上年增长0.8%、平均满意率比上年增长1.2%。打造出武圣东路等一批精品街巷、文明街巷，央美西街入选十大“北京最美街巷”，高井村获评全国乡村治理示范村。老旧小区、棚户区改造任务提前完成，老楼加装电梯超额完成，化石营旧改项目实现签约交房率100%，酒仙桥旧城改建一期项目的3450户居民全部完成搬家交房，垡头地区近3

万名居民喝上市政自来水。开展安全生产和火灾隐患大排查大整治，在全国首创派驻社区消防专员机制，强化关键领域重点行业安全检查，市级挂账燃气管线占压隐患清零，基层安全治理体系不断完善。

【美丽朝阳建设】 2023 年，朝阳区成功创建国家生态文明建设示范区，举办亮马河畔话生态——2023 北京朝阳“美丽中国”建设实践论坛，朝阳区入选全国“十大品质休闲胜地”，荣登中国魅力城区排行榜第一名。全区 $PM_{2.5}$ 平均浓度 34 微克 / 米 ^{3}，TSP 街乡排名已全部退出全市后 30 名，街乡空气质量治理取得实效。推动实施水环境治理三年行动计划，全区 8 个国考、市考断面水环境质量稳定达标。通惠渠治理工程完工，完成亮马河燕莎桥滨水通道贯通工程，实现“横向串联、纵向通达”。建设花园城市，推进“一园一花一品”公园建设，打造“一路一叶一花”15 条特色林荫景观大道，新增 25 处无界公园，建成 290 千米绿道，全区绿化覆盖率达到 48.08%，近 1800 种生物物种选择在朝阳安家。朝阳循环经济产业园入选国家绿色低碳科技示范工程，高安屯再生水厂成为全市首个碳中和再生水厂。

【全面从严治党】 2023 年，朝阳区健全全面从严治党体系，压紧压实管党治党政治责任，发挥政治巡察利剑作用。坚持党性党风党纪一起抓，全面加强党的纪律建设，准确运用“四种形态”。严格落实中央八项规定及其实施细则精神，重拳纠治“四风”顽疾，坚决整治形式主义、官僚主义，坚决整治落实不力、任性用权、漠视和侵害群众利益等方面的突出问题。健全完善监督体系，以党内监督为主导，推动其他各类监督贯通协同。运用“全周期”理念一体推进“三不腐”，坚持受贿行贿一起查，严肃查处群众身边的“蝇贪蚁腐”，对行业性、系统性、地域性腐败问题进行专项整治。

（魏琪容）

重要会议

【概况】 2023 年，中国共产党北京市朝阳区委员会（简称区委）召开全会 2 次、常委会会议 47 次、议事协调机构会议 41 次。

【区委全会】 2023 年，区委召开全会 2 次。7 月 24 日，中国共产党北京市朝阳区十三届委员会第六次全体会议召开，区委书记文献主持会议。全会传达全市半年工作会议精神，听取并审议区委常委会工作报告，审议《朝阳区推进京津冀协同发展 2023—2025 年三年行动计划》，书面审议朝阳区上半年经济社会发展情况报告，表决通过《中共北京市朝阳区委十三届第六次全体会议决议》。区委委员、区委候补委员出席会议。非区委委员的区四套班子领导、区纪委委员、全区二级班子党政正职领导、部分基层党代表列席会议。各民主党派和工商联负责人、无党派人士代表、区委巡察组组长列席会议。

12 月 25 日，中国共产党北京市朝阳区第十三届委员会第七次全体会议召开，区委书记文献主持会议。全会传达市委十三届四次全会精神，听取并审议区委常委会工作报告、全区经济社会发展工作报告，书面审议 2023 年区委常委会抓党建工作情况报告，表决通过《中国共产党北京市朝阳区第十三届委员会第七次全体会议决议》。区委委员、区委候补委员出席会议。市委第一巡回督导组成员、非区委委员的区领导、区纪委委员、全区二级班子党政正职领导、部分基层党代表、各民主党派和工商联负责人、无党派人士代表、区委巡察组组长列席会议。

【区委常委会会议】 2023 年，区委召开常委会会议 47 次，研究议题 280 个（含会前学法和专题学习 8 个）。其中，研究党的建设类议题（含纪检工作）68 个，占 24.3%；经济发展类议题 43 个，占 15.4%；社会建设和民生工作类议题 35 个，占 12.5%；农村城市化类议题 10 个，占 2.8%；安全稳定类议题 34 个，占 12.1%；重大活动服务保障类议题 12 个，占 4.3%；干部工作议题 28 个，占 10%。议题涉及全区经济建设、政治建设、文化建设、社会建设、生态文明建设和党的建设等方面工作。

【区委议事协调机构会议】 2023 年，区委根据年度工作重点召开议事协调机构会议 41 次。3 月 22 日，区委审计委员会第三次（扩大）会议召开，传达全国审计工作会和市委审计委员会第二次会议精神，听取审计署和市审计局对朝阳区审计查出问题整改进展情况的汇报。研究审议《区委审计委员会 2023 年工作要点》《区委审计委

▲ 12 月 25 日，中共北京市朝阳区委十三届七次全体会议召开。图为会议现场

（区融媒体中心　供图）

办公室、区审计局2023年度审计项目计划（草案）》《区委审计委员会2022年工作总结》《2021年区级预算执行和其他财政支出情况审计工作报告》《2021年区级预算执行和其他财政支出情况审计查出问题整改落实情况的报告》《关于调整区委审计委员会组成人员的说明》。

6月1日，区委城市工作委员会2023年全体（扩大）会议召开，听取关于中共北京市朝阳区委城市工作委员会2023年工作要点、第二道绿化隔离地区减量提质规划工作情况、城市体检工作情况和2022年度朝阳区城市体检工作计划、责任规划师2022年度工作总结和2023年度工作要点、规划和自然资源领域专项巡视巡察发现问题整改情况、老旧小区综合整治工作情况、"基本无违法建设区"创建及"一区一策"考核指标体系相关情况、公园城市示范区建设、河道复兴带动城市更新（以亮马河国际风情水岸建设实践为例）有关工作情况的汇报，书面审议《中共北京市朝阳区委城市工作委员会2022年工作总结（审议稿）》与《中共北京市朝阳区委城市工作委员会成员名单（审议稿）》。

6月15日，区委财经委员会第十次会议召开，听取关于朝阳区二季度经济指标促进工作开展情况和关于推进经济高质量发展促进地区生产总值总量提升工作方案修改情况的汇报，书面审议《中共北京市朝阳区委财经委员会2023年工作要点》。

8月9日，区委全面深化改革委员会第三次会议召开，听取朝阳区2023年上半年改革创新进展情况、朝阳区产业工人队伍建设改革推进情况、朝阳区共青团城市基层组织改革试点推进情况、中医药传承创新发展示范试点项目进展情况的汇报；听取区委全面深化改革委员会组成人员及专项小组牵头领导调整情况的说明，书面审议《区委深改委2023年工作要点》等文件的说明，通报二十届中央深改委第一、二次会议，市委深改委第四、五、六次会议精神。

8月23日，区委全面依法治区委员会2023年全体会议召开，传达市委全面依法治市委员会2023年全体会议精神，审议通过《中共北京市朝阳区委全面依法治区委员会2023年工作要点》，区人力社保局、垡头街道、将台乡党（工）委书记现场述法2022年履行党政主要负责人推进法治建设第一责任人职责情况。

10月30日，区委财经委员会第十二次会议召开，听取关于朝阳区2022年高质量发展综合绩效评价有关情况、朝阳区三季度经济指标促进工作和四季度经济指标预期、朝阳区信息服务业和科技服务业发展情况及下一步重点工作、推动全区文化产业提质发展情况及下一步重点工作的汇报。

（魏琪容）

重大活动

【"美好向未来"博物馆之城主题论坛】 3月2日，朝阳区举办"博物馆之城"主题论坛。论坛以"美好向未来：以文博空间构筑城市聚场"为主题，邀请专家学者畅谈"博物馆之城"建设。中国文物学会会长、故宫博物院学术委员会、北京市文物局领导，区委书记文献等部分区领导出席。

【互联网3.0生态发布大会】 3月20日，朝阳区举办"朝启蓬勃互联网3.0筑未来"互联网3.0生态发布大会。《朝阳区互联网3.0创新发展三年行动计划》和专项支持政策发布，朝阳区将打造全国互联网3.0产业高地，助力北京国际科技创新中心和全球数字经济标杆城市建设。

【朝阳发展成就展】 5月18日，"朝阳·拥抱未来'礼赞新时代 奋进新征程'发展成就展"在朝阳区规划艺术馆开幕，发布《六十五个字，寄语朝阳新未来》原创海报，区委书记文献出席并致辞，区委副书记、区长吴小杰主持开幕仪式，区四套班子领导、区级老领导代表和朝阳群众代表出席。

【首届北京朝阳国际茶香文化节】 5月19日，首届"北京朝阳国际茶香文化节"启动，众多"茶+"活动在北京郡王府及亮马河沿岸亮相，发出"与世界共享一杯中华好茶"的朝阳邀约。外交部，文化和旅游部，农业农村部，中央广播电视总台，市、区相关领导，阿尔及利亚、哥伦比亚、约旦、挪威等国驻华使节及夫人参加主仪式活动。

【国际友人亮马河畔话中医药】 6月21日，由北京市中医管理局、朝阳区人民政府主办的"'北斗七星'谈·朝阳区亮马河水岸经济带国际友人说中医药"系列活动之《本草纲目》专辑活动在亮马河畔郡王府举办，30多个国家和地区的国际友人分享中医药传统文化。国家中医药管理局、北京市中医药管理局相关领导，区委书记文献等部分区领导出席活动。文献为国际友人颁发"朝阳区亮马河水岸经济带中医药（传统医药）文化传播使者"证书。

【2023海峡两岸社团交流节】 6月26日，由朝阳区人民政府、北京海峡两岸民间交流促进会、中华民族发展基金会联合主办的2023海峡两岸社团交流节开幕，第八届朝阳区"悦动高雄"文化交流活动同时举办。北京市台办和朝阳区等部分领导参加活动。

【2023年服务贸易发展高峰论坛】 9月3日，2023年中国国际服务贸易交易会·2023年服务贸易发展高峰论坛举办。本次论坛围绕"以高水平对外开放 推动服务贸易高质量发展"主题进行，聚焦服务贸易开放发展新趋势和服务贸易便利化，设置致辞暨主旨演讲、主题演讲、成果发布与研讨、战略对话等环节。区委书记文献围绕朝阳区"两区"建设成果进行主题演讲，区委副书记、区长吴小杰围绕"打造国际一流营商环境，护航开放创新

发展”进行主题演讲。商务部，国务院发展研究中心，世界贸易组织，中国国际经济交流中心，北京市教育工委等单位相关领导分别出席并致辞。

【魅力朝阳之夜活动】 9月3日，由北京市商务局和朝阳区人民政府主办的“共享朝阳发展，共话合作未来”魅力朝阳之夜活动举办。活动邀请中国瑞士商会、中国国际贸易中心、正威集团、中青旅、中信国安等百余家企业代表以及国际组织、外商协会代表共商发展、洽谈合作。

【2023北京CBD论坛】 9月19日，2023北京CBD论坛举办。论坛主题为“开放汇聚力量，共创美好未来——中国式现代化的CBD探索”，聚焦国际化、“商务+”、创新力等，寻求在新发展阶段推进北京CBD高质量发展的有效路径。本次论坛由北京市人民政府、人民日报社指导，北京发展和改革委员会、北京市商务局、北京市人民政府外事办公室、朝阳区人民政府共同主办。

【第二届北京城市更新论坛】 9月26日，第二届北京城市更新论坛暨首届北京城市更新周在朝阳区东岳文化广场开幕。朝阳区“亮马河国际风情水岸项目”“朝外大街升级改造一期工程及THE BOX朝外|年轻力中心项目”入选第二届“北京城市更新最佳实践”项目。

【CYBA篮球赛】 10月15日，2023首届CYBA朝阳篮球联赛（简称“CYBA”联赛）总决赛和闭幕式在世贸天阶篮球馆举行。首届“CYBA”联赛由区委宣传部、新时代文明实践中心办公室指导，区体育局、区文化和旅游局主办，朝阳文旅集团承办，吸引了来自朝阳区各委办局、街乡、驻区企业、高校等64支队伍768名中外运动员参赛，进行117场比赛。“CYBA”联赛创新“体育+”办赛模式，将体育与商业、旅游等相结合，推动朝阳文旅体商融合发展。

【2023北京朝阳国际灯光节】 11月18日，由北京市文化和旅游局、北京市商务局、中央广播电视总台北京总站和朝阳区人民政府主办的2023北京朝阳国际灯光节开幕。2023北京朝阳国际灯光节围绕“潮朝阳·夜精彩”主题，以光影为媒、以艺术为境，以三里屯路、亮马河、朝阳公园为核心，串联CBD、蓝色港湾、大望京、通惠河等区域，通过“五光场景”和“十色活动”向全世界讲述朝阳故事、展现“五宜”朝阳活力。

【2023北京朝阳“美丽中国”建设实践论坛】 11月24日，亮马河畔话生态——2023北京朝阳“美丽中国”建设实践论坛举办。论坛以“高水平保护推动高质量发展，建设中国式现代化美丽城市”为主题，与会领导嘉宾共话“美丽中国”未来形态，激发创新活力和市场动能，构建合作共赢的生态创新发展新格局。 （魏琪容）

重大决策

【标准化行动方案】 3月5日，区委、区政府印发《朝阳区标准化行动方案（2023—2025年）》，明确建成科技创新标准先行区、建成社会治理标准示范区、建成国际化交往标准活跃区、建成生态建设标准引领区、建成文化发展标准标杆区和建成质量基础设施牢固区的目标，加强标准化工作，推动高质量发展标准体系建设，助力经济社会高质量发展。

【法律顾问制度】 3月5日，区委、区政府印发《关于深化朝阳区法律顾问制度的实施意见》，提出建立健全党政机关法律顾问制度，明确法律顾问的条件、职责、权利和义务，推进依法治区建设。

【发挥统计监督职能】 4月13日，区委、区政府印发《朝阳区关于更加有效发挥统计监督职能作用的若干措施》，明确工作目标、5个方面19条重点措施和3个方面工作要求，推动提高统计数据质量，为朝阳发展提供统计保障。

【大兴调查研究】 4月27日，区委印发《中共北京市朝阳区委关于加强调查研究工作的意见》和《关于在全区大兴调查研究的实施方案》，加强全区调查研究工作，改进调查研究方法，提高调查研究水平和决策水平。

【安全生产】 5月17日，区委、区政府印发《北京市朝阳区安全生产工作职责分工规定》，明确8章66条细则，统筹发展和安全，防范化解重大安全风险。

【基层治理体系和治理能力现代化建设】 7月6日，区委、区政府印发《朝阳区关于加强基层治理体系和治理能力现代化建设的实施方案》，明确完善党全面领导基层治理制度，健全吹哨报到和接诉即办机制，加强基层政权治理能力建设，健全基层群众自治制度，推进基层法治和德治建设，提升基层治理精细化、智慧化水平，支持引导社会力量参与基层治理和夯实基层治理基础保障等要求。 （魏琪容）

组织工作

【概况】 2023年，中共北京市朝阳区委组织部（简称区委组织部）举办脱产培训班30期，培训干部6000余人次。推动全区166个中小学、幼儿园党组织领导的校长负责制覆盖率达到100%。指导941个支部完成拆分。发展党员1846名，其中在无党员的“两新”组织中发展党员83名。组织面试85场，招录公务员231人。提请区委常委会讨论决定处级干部任免22批次839人次。举办第十届朝阳国际人才创业大会（ITEC）创新峰会、全球创业赛总决赛，第十一届国际人才创业大会（ITEC），吸引2258个项目团队、

11000余名人才报名参赛。获评“首都拥军优属拥政爱民模范单位”和“2023年北京市组织工作选题统计分析报告”一等奖。中共北京市朝阳区委人才工作领导小组办公室（简称“区委人才办”）认定184名“凤凰计划”高层次人才，推出“凤凰人才卡”提供8大类24小时生活保障服务。为3513家企业举办75场政策宣讲活动，人才引进需求申报量比上年增长近40%。

（于　乐　张汇康）

【关心关爱党员】 2023年，区委组织部向3669名市、区级困难党员发放帮扶金555.2万元，指导各级党组织对新中国成立前老党员、生活困难党员等开展走访慰问，并发放慰问金523.8万元。按照调整后的北京市中华人民共和国成立前入党的农村老党员和未享受离退休待遇的城镇老党员生活补贴标准，发放老党员补贴33人次74.398万元。指导老党员所在系统、单位、街乡党组织代表区委为144名老党员送去组织的关怀和慰问，发放慰问金14.4万元。为老党员提供全年“一键呼”智慧养老服务、社区居家健康服务和订阅杂志期刊服务保障项目。发放“光荣在党50年”纪念章3825枚。

（王　雪）

【党代表工作】 2023年，区委组织部组织朝阳区11位市基层一线代表参加市第十三次党代会基层一线代表专题培训班。组织45位区基层一线代表参加或列席区委全会、全区领导干部大会等重要会议，发挥党代表建言献策作用。组织全区166位第十三次党代会基层一线代表围绕“新需求、新供给——河道复兴引领城市更新、文旅商融合发展的朝阳实践”主题开展现场教学活动。

（王　雪）

【党员和基层党组织】 2023年，朝阳区发展党员1846名。截至年底，全区有党员279088名。党员中，女党员130422名，少数民族党员13784名，35岁及以下的青年党员38111名，离退休党员160336名，非公有制单位的党员40653名。全区有基层党组织11232个（不包括流动党员党组织和功能型党组织），其中党委791个、党总支420个、党支部10021个。全区有机关党组织887个，事业单位党组织901个，国有经济控制党组织203个，集体经济控制党组织175个，非公企业党组织3797个，社会组织党组织741个。返还2022年度“两新”党组织和离退休干部党组织党费2097.2万元。

（王　雪）

【扩大“两新”领域管理体制改革试点】 2023年，区委组织部指导符合条件的街乡推进两新党建管理体制改革，成立党群服务中心党委，对地区“两新”组织党组织统一管理服务。5月29日，指导朝外街道成立党群服务中心党委。7月17日，指导高碑店地区成立党群服务中心党委，下设5个企业社区党委。截至年底，12个街乡完成改革。

（张　可）

【扩大党的组织覆盖和工作覆盖】 2023年，区委组织部完成对设置不规范的70个亿元以上商务楼宇、产业园区党组织的全面优化，提高楼宇园区组织覆盖质量。5月26日，全区首个外资楼宇党委——正大中心楼宇党委批复成立，下设3个独立支部、2个联合支部，覆盖“两新”组织28家。推进662家服务包、“独角兽”、“小巨人”、专精特新和凤鸣计划“两新”组织实现组织覆盖。全年发展“两新”组织党员624名，重点在无党员的“两新”组织中开展“破冰行动”，发展党员83名。

（张　可）

【党群服务中心建设】 2023年，区委组织部为43个街乡的街乡级党群服务中心按照每个20万元的标准保障运行经费。联合区委社工委、高德地图发布朝阳区党群服务地图，展示79个重点党群服务中心552项服务。开展“党群阵地@你”等活动1万余次，服务党员群众406万人次。5月31日，北京商务中心区党群服务中心、团结湖街道党群服务中心、安贞街道安华里社区党群服务中心获“北京市党群服务中心示范点”称号，分别获得30万元、20万元、20万元市管党费奖励。

（张　可）

【党建研究】 2023年，区党建研究会围绕增强基层党组织政治功能和组织功能、深化党建引领基层精细化治理等各领域高质量发展等方向，指导基层单位开展2023年度基层党建课题研究工作，立项课题25个，其中重点课题5个、指导课题20个。收到第十届自选课题99篇，经专家评审确定40个课题获奖，其中一等奖6篇、二等奖13篇、三等奖21篇。促进左家庄“一码共治”、望京“骑迹港湾”等5个课题形成实践转化。

（赵允港）

【干部任免】 2023年，区委组织部提请区委常委会讨论决定处级干部任免22批次839人次，晋升四级调研员及以上职级282人次。落实机构改革要求，开展CBD管委会、朝阳园管委会、区国动办、区疾控局干部配备和班子调整。开展企业改革人事调整，调整朝阳文旅集团、科技集团、城市发展集团领导班子配备，制度性交流轮岗在同一岗位任职超过9年的13名区管企业领导人员。指导区总工会、区残联、区红十字会、区科协等区级群团组织换届工作，统筹领导班子人选提名和审核把关。完成102名区级纪检监察机构监察官等级首次确定工作。

（李　磊　刘聪岳　辛　亚）

【干部队伍建设】 2023年，制定《朝阳区优秀年轻干部队伍建设三年行动计划（2023—2025年）》，开展街乡年轻干部调研工作，形成科级干部延伸管理和统筹配备方案。为43个街乡至少各配备1名30岁左右的正科职干部，推动19名优秀年轻干部跨系统跨部门交流任职，对重点委办局、管委会部分正科职岗位实行“下管一级”，为区商务局等重要职能部门和管委会配备9名“90后”正科职干部。择优推荐69名干部纳入优秀年轻干部人才库，落实"一人一策"分层分级跟踪培养管理。选派133名年轻干部参与"两区"建设、重大活动服务保障以及基层一线实践锻炼。完成2023年度处科级优秀年轻干部人才库调整，调整后在库干部364人，比上年增加118人。抓实选调生基层实践锻炼，加强选调生培养使用力度。选派29名干部赴新疆、内蒙古、河南、沈阳等地对口帮扶、对口协作，选派17名干部赴中央部委和市级部门挂职锻炼；接收32名中央单位和市级部门挂职干部，接收14名新疆、内蒙古、辽宁、河南、湖北等外省市挂职干部。23名朝阳区消防支队挂职干部按照"专业对口"原则安置挂职干部在相关委办局及部分街乡。抽调106名干部参加市委主题教育、第三届"一带一路"国际合作高峰论坛服务保障等重点工作和区委巡察、安全生产督查等区级重点任务，选派50名干部支援房山防汛救灾，6名干部到房山区十渡镇、张坊镇参与灾后重建结对帮扶工作，选派45名区税务局干部到CBD管委会、朝阳园管委会和43个街乡担任税务助理。接收安置团职军转干部。

（李　磊　刘聪岳　辛　亚）

【公务员管理】 2023年，区委组织部完成各项公务员招录任务，组织面试85场，参加面试918人，招录公务员231人。6月至8月，选拔分配117名重点高校应届毕业生到全区50家单位暑期实习。7月至8月，面向5所京内"985"高校开展定向选调一对一报名指导，125名优秀应届毕业生报名朝阳定向选调岗位。9月至11月，开展京内外"双一流"高校宣传推介工作，线上宣传朝阳招录政策、答疑解惑；线下分组到中国政法大学、中央财经大学、武汉大学等8家京内外高校开展入校宣讲，吸引1000余名毕业生参与。

（王　静）

【干部培训】 2023年，区委组织部统筹处级干部和科级及以下公务员培训，打造立体化多层次干部教育培训体系，举办脱产培训班30期，培训干部6000余人次，其中培训处级领导干部1500余人次。完成阳光丽城温泉度假酒店整体改造，作为党校第二校区投入使用。

（陶文鑫）

【党员干部警示教育基地建设】 2023年，区委组织部会同区纪委，聚焦年轻干部监督、八小时外监督等重难点，通过科技布展、以案说法的形式，打造全区警示教育基地，基地集中展示党的十八大以来制定和修订的中央党内法规，以及自2020年以来，全区查办的违规兼职取酬、不如实报告个人有关事项等55个典型案例。

（徐　涵）

【人才政治吸纳】 2023年，中共北京市朝阳区委人才工作领导小组办公室（简称区委人才办）推荐并获得无党派人士政治面貌认定11人，推荐当选朝阳区青联委员6人。

（陈　曦）

【国际人才"一站式"服务平台】 2023年，国际人才"一站式"服务平台各站点受理、咨询各类业务30996件次，120个服务事项优化为70个（含43个涉外事项）。

（周彦璋）

【政策宣讲活动】 2023年，朝阳区高层次人才服务中心（简称区高层次人才服务中心）会同朝阳园管委会、区金融办、区两区办等产业部门和各街乡，到企业讲政策送服务，挖掘人才引进需求，为3513家企业开展75场政策宣讲活动。

（陈　蕾）

【人才工作数智化建设】 2023年，朝阳区升级改造智慧人才系统，围绕重点人才工作需求进一步融合各类数据，打通人才工作信息化流程。深化人才地图成果，与区发展改革委牵头建设的"经济大脑"互联互通，实现涵盖全区产业、行业、企业、人才多维度的可视化动态"人才地图"。

（陈　蕾　孟媛媛　周　原）

【行业党建】 1月18日，专业市场行业党委成立。2月28日，全市首个区级养老服务行业党委成立。3月6日，全市首个区级非公医疗行业党委成立。3月17日，全市首个区级国家文创实验区文创行业党委成立。7月5日，全市首个区级住房租赁中介行业党委成立。

（张　可）

【基层专职党务工作者队伍建设】 1月，区委组织部开展2022年度基层专职党务工作者述职评议工作，381人参加，优秀等次57人、称职等次322人，基本称职等次2人，无不称职等次。5月23日，印发《朝阳区基层专职党务工作者工资待遇实施细则》，自2022年1月1日起补发。7月9日至15日，举办2023年基层专职党务工作者培训班，实现全区400名基层专职党务工作者培训全覆盖。

（张　可）

【基层党组织建设】 2月3日，朝阳区召开2022年度街乡和系统党（工）委书记抓基层党建述职评议考核工作会。41名街乡党（工）委书记、4名系统党（工）委书记依次述职，2名街道工委书记、3名系统党（工）委书记因任职不满半年等原因以党（工）委名义作书面述职。区委党建工作领导小组成员、街乡和系统党（工）委书记、两代表一委员和基层代表100余人参加会议。4月26日，区委组织部组织召开朝阳区2023年基层党建工作重点任务推进会暨区委两新工委第二次（扩大）会议。酒仙桥街道工委、平房乡党委、三里屯街道工委、区住房城乡建设委党组、朝富公司党委围绕党建引领接诉即办、在腾退工作中发挥基层党组织战斗堡垒作用和党员先锋模范作用、党建引领商圈治理、推进机关党建和业务工作深度融合、党建引领国企改革发展作现场经验交流，建外街道工委、东风乡党委、八里庄街道工委、双井街道工委、东北师大附中朝阳学校党委作书面经验交流，会议部署7个方面25项年度基层党建工作重点任务，区委各工委主管领导、区委"两新"工委委员、各街乡党（工）委副书记（组织委员）70余人参加会议。

2023年，修订完善《朝阳区社区、村党组织书记区级备案管理实施办法》，明确备案管理工作的适用对象、责任主体和工作流程，强化区委对社区、村党组织书记队伍的源头把关。调整社区、村党组织书记253人，其中免职62人、新任职133人、平职交流58人。（严梓庚）

【中小学校党组织建设】2月8日，区委组织部会同区委教育工委指导东北师范大学附属中学朝阳学校召开党委成立大会，成为全区首个中小学校党委。2月9日至26日，指导剩余21所中小学校召开党委成立大会。4月12日，朝阳区召开中小学校党组织领导的校长负责制改革工作部署会，全面启动全区中小学校党组织领导的校长负责制改革工作。区委组织部、区委教育工委、区委编办、区教委、区财政局、区人力社保局相关负责人出席，教育系统机关、中小学校、幼儿园、职业高中、直属单位相关人员共计3500人分别在主会场、分会场参加会议。2023年，全区166个中小学、幼儿园党组织领导的校长负责制覆盖率达到100%。（岳伟豪）

【区委"两新"工委运行】2月15日，召开区委"两新"工委2023年第一次全体（扩大）会议暨巡视整改工作专题会，通报"两新"领域市委巡视反馈问题及整改工作进展，制定《关于提升全区非公有制企业和社会组织党组织覆盖率的工作方案》。4月26日，召开朝阳区2023年基层党建工作重点任务推进会暨区委"两新"工委第二次（扩大）会，下发《朝阳区2023年基层党建工作重点任务清单》。5月10日，印发《朝阳区委"两新"工委委员述职办法（试行）》，明确工委委员述职考核等次未达到"好"的，领导干部年度考核不得评定为"优秀"等次。5月19日，经报区委书记，区委常委、组织部部长及各分管区领导同意，增设1名区委组织部部务委员担任副书记，增补1家文创实验区管委会作为成员单位。区市场监管局、区民政局在企业、社会组织登记注册环节同步推进党建工作。在区发展改革委发布的产业政策中，将党建工作纳入评定体系。（张　可）

【第十届朝阳国际人才创业大会（ITEC）】2月21日至22日，第十届朝阳国际人才创业大会（ITEC）全球创业赛总决赛在东湖国际中心举办，活动由区委人才办主办、北京望京科技孵化服务有限公司承办。比赛分初创组及成长组两个组别，综合评审团评分及前期实地考察得分，产生特等奖1名、一等奖2名、二等奖4名、三等奖8名、优胜奖30名。3月25日，第十届国际人才创业大会（ITEC）创新峰会在郎园Vintage举办，活动由区委人才办主办、北京望京科技孵化服务有限公司承办。大会以"集聚国际人才，创新数字经济"为主题，包含全球创业赛颁奖及展示、主旨演讲、创投对接会、政企对接会等环节。全球创业赛有来自39个国家和地区的1126个项目参与，45个优秀项目获奖，涵盖新一代信息技术、人工智能、数字安全、数字文化等重点产业领域，部分获奖项目代表在峰会现场与朝阳区进行落地签约。2023年，31个项目落地朝阳区，落地率69%。（张凤竹）

【国际留学生交流活动】2月27日至28日，区高层次人才服务中心联合国际校友人才联盟组织21名在京国际留学生，赴汇丰银行、京东方、分子互动等企业进行见习交流，通过政策宣讲、企业参观、案例研讨和专家分享等方式，了解朝阳区就业创业创新生态环境。（张凤竹）

【人才引进】2月，制定完善《朝阳区重点海外高层次人才和优秀海外留学人才调京工作规程（试行）》，明确引进机制和流程，为承接市级调京核准权限下放提供政策依据。人才引进需求申报量比上年增长近40%，引进成功的企业比上年增长5%，其中科技企业占比49%。（陈　蕾）

【人才项目申报】2月至10月，区委组织部开展政府特贴人员选拔工作，向市人才局推荐8名候选人，最终评选北京中学夏青峰、360集团周鸿祎2人入选。3月，开展国家重点人才项目申报工作，向市海外学人中心推荐符合条件的3名人才。3月至9月，开展北京学者候选人选拔推荐工作，向市人才局推荐4名候选人，360集团周鸿祎入选。6月至11月，开展第十批"北京市优秀青年人才"推荐工作，向市人才局推荐30名候选人，陈经纶中学东雪婷、中国科学院微电子所李蒙蒙、央视（北京）娱乐传媒有限公司刘浩3人入选。（王　康）

【区委人才工作领导小组会议】3月15日，区委人才工作领导小组2023年第一次会议召开，审议通过第十届国际人才创业大会全球创业赛有关情况和2023年人才工作要点。6月21日，区委人才工作领导小组2023年第二次会议召开，审议通过第十一届朝阳国际人才创业大会筹备工作有关情况和领导小组组成人员调整说明。8月23日，区委人才工作领导小组2023年第三次会议召开，审议通过2023年"凤凰计划"高层次人才认定工作，"凤凰人才卡"及"凤凰计划"高层次人才服务保障体系有关情况。（胡志荣）

【朝阳人才发展有限公司成立】3月25日，北京朝阳人才发展有限公司成立。北京朝阳人才发展公司是在区委人才办统筹指导下，由北京外企人力资源服务有限公司、北京朝阳国际科技发展集团有限公司出资组建。公司聚焦人才服务，坚持专业性，发挥市场化优势有效补强朝阳区人才工作。（张凤竹）

【党支部标准化规范化建设】3月，区委组织部下发《关于开展党支部标准化规范化建设突出问题自查整改工作的通知》，开展自查整改工作半年，指导各系统各领域9000余个党支部对标对表，围绕7类28项对照检查清单，梳理整改问题。5月9日，推动全区134个二级班子党委（党组）书记和班子成员建立999个党支部工作联系点，帮助解决突出问题。8月28日至9月1日，组织全区7000余名党支部书记开展线上线下培训5天，提升党支部书记的政治素质、业务素质和实际工作能力。10月，制定《关于进一步规范调整党支部设置的工作方案》，会同各主管工委督促指导1042个党支部分批进行整改。截至年底，指导941个党支部完成整改，其余101个党支部提交存在特殊原因目前无法拆分的情况说明。11月30日，举办学习贯彻习近平新时代中国特色社会主义思想党支部书记培训班，全区机关、街乡等系统5000余名党支部书记参加培训。（岳伟豪）

【在区高层次人才交流活动】 4月7日，由朝阳区委组织部、区高层次人才服务中心、区海外高层次人才协会主办的“学习两会精神 强化现代化建设人才支撑”主题活动在通惠河畔园区举行。活动邀请北京市委党校老师开展主题讲座，围绕加强人才服务、发挥人才作用等话题座谈交流。5月27日，区高层次人才服务中心联合北京卡路里科技有限公司在北京奥林匹克塔举办“人才运动会——垂直马拉松”活动，120余名在区高层次人才参加。6月10日，区高层次人才服务中心联合中国国家地理自然教育中心在中国科学院奥运村科技园举办“与你‘虫’逢——人才亲子活动”，20组“凤凰计划”高层次人才家庭参加。（张风竹）

【新业态新就业群体党建工作】 5月10日，区委组织部推动成立全市首家小哥青年汇“小哥加油站·社区青年汇”。6月28日至7月1日，联合美团公司党委、5个街道工委开展5场“巡回冷饮车”活动。8月11日，推动平台公司龙头合作公司趣活科技集团成立党支部。10月31日，推动货拉拉集团成立司机流动党员北京党支部。2023年，发展5名新就业群体党员，带动79名新就业群体提交入党申请书。开展消防、急救等培训248次覆盖7939人次。436个社区配备“小哥副楼长”，上报、发现问题1018个。组建志愿服务队72支，1874名新就业群体参加志愿服务654次。建立小哥服务驿站212个，带动217个“小哥友好商户”提供打折、无偿使用等服务。推选新就业群体参加第二届北京“最美快递员”评选活动，北京京讯递科技有限公司快递员臧继全获评“最美快递员”，中外运—敦豪国际航空快件有限公司派送员赵雄风获“最美快递员”提名奖。（张　可）

【党委联系服务专家工作】 5月，面向区委人才工作领导小组成员单位及各街乡部署联系服务专家人才工作，指导形成领导联系服务专家名单，建立服务专员机制，在全区44个职能部门、43个街乡组织145名领导干部联系服务318名专家。（王　康）

【“凤凰计划”高层次人才认定】 5月至8月，经资格审核、同行评议、综合认定、背景调查等环节，新认定数字经济、科技、商务、金融、文化、教育、卫生健康7个领域的“领军人才”和“优秀青年人才”184名。其中，“领军人才”110名，“优秀青年人才”74名。包括具有海外背景的人才42名、外籍人才7名。（胡志荣）

【第十一届朝阳国际人才创业大会（ITEC）赛事】 6月29日至9月30日，第十一届ITEC项目征集阶段，吸引2258个项目团队、11000人报名参赛。10月初，参赛项目经初评，227个项目晋级复赛。10月11日、19日、20日，分别举办东盟、韩国、欧洲专场项目复赛，10月24日至25日，组织开展网易、京东方专场赛。经过复赛、实地考察等，100个国内项目、50个海外项目晋级全球总决赛。11月24日、11月26日至28日，分别开展海外项目专场和国内项目专场总决赛，决出获奖项目59个，涵盖智能驾驶、无线智能传感器、VR、AR、人工智能、大数据、数字孪生等前沿科技领域，其中海外项目占比27%，专精特新、高技术企业31个，拥有专利1145个，绝大多数项目已获得融资。项目创始人博士占比32%，硕博占比85%，核心团队大部分来自麻省理工、剑桥、斯坦福、清华、北大等国内外知名高校。（胡志荣　张风竹）

【党建工作协调委员会会议】 6月30日，朝阳区召开党建工作协调委员会会议。听取《关于优化朝阳区党建工作协调委员会五大专委会下属专组机构设置的说明》和朝阳区党建工作协调委员会委员调整情况；区党建工作协调委员会五大专委会汇报2022年工作进展及下一步工作情况；五大专委会主任现场汇报重点共建项目，5家委员单位结合共建共治共享进行发言；聚焦数字经济、网络餐饮食品安全、老旧小区改造等经济、民生热难点问题，五大专委会办公室与驻区单位签订9个重点共建项目。区委常委，驻区中央、市属和“两新”组织等委员单位代表、区属成员单位负责人和各街乡党（工）委书记参加会议。（严梓庚）

【青年精英见习计划】 8月7日至18日，区高层次人才服务中心举办“青年精英见习计划”活动，来自国内外知名高校的31名学员完成学习任务，深入德勤中国、汇丰银行、阿里巴巴等9家朝阳区优质企业交流学习。通过专业辅导、现场教学、课题汇报等形式，增强其对朝阳区及在区企业的了解，有力促进对知名高校在校生的前瞻性培养，促进青年人才开拓国际化视野、全面提升综合素质。（张风竹）

【HICOOL2023全球创业者峰会朝阳展区】 8月25日至27日，HICOOL 2023全球创业者峰会在中国国际展览中心举办。区高层次人才服务中心设计制作的朝阳展区以“五宜朝阳筑高地 集聚人才创未来”为主题，以“朝@你”（“朝爱你”）为主线，以朝阳区高质量发展新成就和高品质建设“五宜”朝阳为展示载体，呈现朝阳区助力北京国际科技创新中心和高水平人才高地建设的多项举措，展现朝阳区优质的人才发展生态。（周 原）

【“凤凰计划”高层次人才服务】 9月18日，朝阳区印发实施《朝阳区“凤凰计划”高层次人才租赁住房管理实施细则》，对符合要求的“凤凰计划”高层次人才发放住房补贴。10月，与朝阳人才发展公司合作，为“凤凰计划”高层次人才提供医疗、出行、住房、子女入学等服务事项，同步上线“凤凰人才卡”线上小程序。10月至12月，走访2023年“凤凰计划”高层次人才176人，发放“凤凰人才卡”，介绍朝阳区人才服务保障政策，听取人才和企业的需求及建议。（胡志荣 周彦璋）

宣传工作

【概况】 2023年，中共朝阳区委召开全区宣传思想文化工作会议，区委书记文献出席会议并讲话，会议传达习近平总书记关于宣传思想文化工作的重要指示和全国、全市宣传思想文化工作会议精神，建立区委常委会会前学习党的创新理论制度，开展“深入学习贯彻党的二十大精神”学习宣传活动，开展大型主题采访活动，进行全方位、多角度、立体式宣传，反映基层干部群众学习贯彻的典型事迹和良好风貌。围绕经济民生领域热点话题，在区媒体上开设“学习贯彻习近平新时代中国特色社会主义思想主题教育”“学思想、强党性、重实践、建新功”“朝阳实践”等专题专栏，开展“时代征程 砥砺奋进”建区65周年专题展等各类区情教育系列活动。强化正面宣传引导，营造良好的网上舆论氛围。2023年，区委宣传部所属的区文化创意产业发展中心整建制划归国家文创实验区党工委、管委会管理。“学习强国”朝阳学习平台PC、App两端正式上线。（周 密）

【党的二十大精神学习宣传】 2023年，朝阳区宣传思想文化系统认真学习宣传贯彻中共二十大精神，紧紧围绕学习贯彻落实习近平新时代中国特色社会主义思想这条主线，打造“强国复兴有我”朝阳群众区级宣讲团和“朝之花”“新时代朝阳群众诵读宣讲团”等品牌，宣传宣讲中共十八大以来党和国家事业发展的成就和经验。开设制作“非凡十年·北京朝阳”线上理论微宣讲，组织开展“时代征程 砥砺奋进”建区65周年专题展等各类区情教育系列活动及系列群众性文化活动，通过形式多样、丰富多彩的宣传工作和文化体育活动，引导和凝聚群众“永远跟党走”的磅礴力量。（周 密）

【主题教育学习宣传】 2023年，朝阳区宣传思想文化系统引导广大干部群众开展习近平新时代中国特色社会主义思想学习宣传。区委宣传部印发《朝阳区学习贯彻习近平新时代中国特色社会主义思想主题教育宣传工作方案》等文件，督导各部门、乡镇强化理论学习，各级党委（党组）及时跟进，各基层党组织结合“三会一课”、主题党日等，创新学习方式，引导党员干部学深悟透，增强学习贯彻的思想自觉、政治自觉、行动自觉。策划组织新闻宣传活动8次，对接中央市属媒体刊发相关报道70余篇；运用区级媒体平台开设“学习贯彻习近平新时代中国特色社会主义思想主题教育”“学思想、强党性、重实践、建新功”“朝阳实践”专题专栏，刊发推送相关报道430余篇。（徐志浩 袁 也）

【宣讲工作】 2023年，朝阳区开展各类理论宣讲和百姓宣讲活动4200余场次。推动新时代文明实践中心、融媒体中心、“学习强国”学习平台、“两中心一平台”结合融合，推出北京市首个“学习空间”，打造“学习剧场”文明实践项目，推出“五里桥谈判”沉浸式情景体验党课。制定印发《2023年“朝阳群众”百姓宣讲工作实施方案》，打造“学习贯彻习近平新时代中国特色社会主义思想”朝阳群众区级宣讲团、“强国复兴有我”朝阳群众区级宣讲团、“朝之花”“新时代朝阳群众诵读宣讲团”等特色宣讲团和“理润朝阳”理论宣讲品牌，制作“非凡十年·北京朝阳”线上理论微宣讲，覆盖250万余人次。7月20日，举办“深入学习宣传贯彻党的二十大精神，深化‘强国复兴有我’”2023年“朝阳群众”百姓宣讲汇讲活动，来自全区机关、街道、农村、政法、国资、宣传、教育等系统的35名宣讲员参加汇讲。8月，参加北京市“强国复兴有我”百姓宣讲2023年度调研汇讲，朝阳区获市级优秀宣讲员、优秀短视频和优秀宣讲团等荣誉。（周少英 唐晓彤）

【新闻宣传】 2023年，朝阳区开展全国两会期间新闻宣传、志愿服务和舆情应对处置等工作。围绕学习好、宣传好、贯彻好党的二十大精神，在中央市属区属媒体策划刊发相关报道200余篇，其中《人民日报》两会特刊刊发《文献代表——推进数字产业化和产业数字化》；中央广播电视总台《新闻联播》“新时代新征程新伟业——代表委员议国是”专题播出“非凡成就催人奋进 凝心聚力创造新伟业”，区委书记文献发言；中央广播电视总台《两会你我他》节目，区委书记文献就三里屯建设接受采访。围绕2023北京朝阳国际灯光节，邀请人民日报社、中央广播电视总台、新华社等近30家国内主流媒体进行现场体验式采访，在《新闻联播》等多个重点栏目及旗下新媒体平台推出全方位报道。邀请30余位网络大V打卡奥林匹克森林公园、亮马河、三里屯等灯光节会场，借助《中国日报》、中新网、国际在线等主流媒体海外渠道，加大海外传播推广，全网刊发推送相关报道1.5万余篇，传播量超7亿次。印发《朝阳区安全生产和火灾隐患大排查大整治宣传工作方案》，在区级媒体平台开设“安全生产和火灾隐患大排查大整治”专栏，刊发推送相关报道900余篇，每日滚动播放安全提示字幕信息200余次。制定《朝阳区违规电动三、四轮车治理宣传工作方案》，加大正向宣传引导，及时转发推送市属主流媒体和权威部门发布的相关政策阐释解读。运用区级媒体平台刊发推送相关报道200余篇，每日滚动播出《告别违规电动三四轮车》新说唱、动画片、交通事故警示录和公益广告等新闻产品10余部。制定下发《2023年朝阳区防汛宣传专项应急预案》《关于做好防汛宣传工作的紧急通知》，运用各类政务新媒体、区属媒体平台等宣传渠道，开展降雨防汛、安全出行、风险防范等预警提示提醒和防汛知识普及，组织记者深入一线，采访报道全区上下积极行动、各部门工作成效以及与兄弟区县的守望相助。运用区级媒体平台刊发推送相关报道420余篇。

（徐志浩　袁　也　米　洋　郭贺雨）

【对外宣传】 2023年，朝阳区开展“丝路大V北京行”“二十四桥明月夜，流光溢彩亮马河”等境外媒体集体采访活动，邀请美联社、BBC、欧洲图片新闻社、法国国际广播电台、日本朝日电视台等90余家境外媒体130余名外媒记者走进亮马河、国家速滑馆、朝外街道党群服务中心等点位参观采访。与中国国家地理合作，制作推出《中国国家地理——朝阳专刊》，随《中国国家地理》10月期主刊在全国配送上市24.5万册，在第三届“一带一路”国际合作高峰论坛、2023中国·北京电视剧盛典等活动中广泛投放。“开放活力看朝阳”城市形象宣传广告在北京首都国际机场三号航站楼二层到达3块LED显示屏和东、西两侧电梯贴膜媒体投放，触达境内、外旅客2800余万人次。聚焦朝阳高质量发展、“五宜”朝阳、建区65周年、亮马河国际风情水岸等内容，策划推出热点话题和系列帖文，“精彩朝阳”Facebook（脸谱）和Twitter（推特）海外社交平台账号，全年发布帖文500余条，总粉丝超107万人。9月8日至16日，中英双语朝阳城市形象外宣片《你好，朝阳》在美国纽约时代广场纳斯达克大屏滚动播放，“中国日报”双语微信公众号和“China Daily”Facebook账号同步发布相关帖文进行二次传播推广，海外总阅读量超210万人次。

（徐志浩　袁　也　米　洋　张元祺）

【爱国主义教育】 2023年，朝阳区培育打造“建外红学堂”“酒仙桥红色直播间”“东湖街道东阅书院”“高井村道德讲堂”等思想政治工作品牌，接受中国思想政治研究会实地调研。朝阳区20家爱国主义教育基地被纳入北京市爱国主义教育基地导览手册，全区爱国主义教育基地服务群众超60余万人次。7月26日，新增北京崇德堂匾额博物馆为爱国主义教育基地，全区爱国主义教育基地达31家。在春节、元宵节、清明节、端午节、七夕节、中秋节、重阳节举办“我们的节日”主题文化活动，开展文化活动1200余项、1500余场次，线上线下参与量超1820万人次。印发《第九届“艺术朝阳”社会主义核心价值观原创文艺作品征集和展示活动实施方案》，征集到音乐类、舞蹈类、戏剧曲艺类、诗书画类、影视类（含微电影、动画、短视频、技术流、公益广告等）、综合类六大类别802部作品，评选出舞蹈《青春朝阳》《天上的云朵》、小品《调包》、快板《幸福美丽平房说》、微电影《永远跟党走》等优秀原创文艺作品，活动吸引约1000人次参与，线上线下参与量超1.3亿人次。

（曾上卿）

【意识形态工作责任制落实】 2023年，朝阳区宣传思想文化系统对重点领域和重点对象，严格落实党委（党组）意识形态工作责任制，细化措施，完善机制，筑牢意识形态领域安全底线。朝阳区加强文创产业园区、文化场所、图书市场等常态化巡查检查。结合区情及专业领域特点开展专题培训，覆盖党员干部近千人次。制定《2023年朝阳区“扫黄打非”暨文化市场管理工作实施方案》，制发《关于开展元旦、春节期间文化市场专项整治工作的通知》，开展“清源”“净网”“秋风”“固边”“护苗”各专项行动。联合市“扫黄打非”办公室共同主办“绿书签行动”成果展示暨“护苗2023”专项行动推进活动，全区各街乡、“扫黄打非”基层站点组织开展形式多样的“护苗”宣传活动200余场。麦子店街道获评第六批全国“扫黄打非”进基层示范点，望京街道、和平街街道和平家园社区、大屯街道、朝阳师范学校附属小学太阳宫校区获评2023年度北京市“扫黄打非”进基层示范点，公安朝阳分局治安支队行动中队、区文化市场综合执法大队、区人民法院刑事审判庭获评2023年度北京市“扫黄打非”工作先进集体，朝阳区5人获评2023年度北京市“扫黄打非”工作先进个人。

（周少英）

【新闻出版电影工作】 2023年，区委宣传部办理新闻出版电影行政审批事项835件，其中办理许可事项744件、备案项目37件、其他审批事项54件。修订《朝阳区实体书店扶持资金管理办法》，将“市级配套奖励”方向封顶为15万元，允许全民阅读活动方向与除市级配套外的其他方向同时申报，46家实体书店获得扶持。启动节水型影院创建项目，节水宣传周期间，打造全市首个节水型影厅——蓝色港湾珠影传奇影院。结合春节、国庆节等时间节点，向实体书店、影院行业发布安全生产及假期安全防范工作通知，督促实体书店、影院行业开展安全生产和火灾隐患大排查大整治，依托企安安小程序，完成企业100%自查、行业部门100%检查。7月，面向社会公开征集最美书店22家、最佳店长7人，朝阳区建投书局、上海三联书店、熹阅堂、中信书店启皓店4家书店被评为首届北京市最美书店，幽默书店岂航被评为最佳店长（主理人）。9月27日，“朝阳公益影厅”启动，探索“公益电影+商业影院”的公益电影放映途径，4大院线9家影院加入。9月，朝阳区组织开展版权保护示范单位（园区）、工作站申报工作，召开2023年度版权保护示范体系建设工作座谈会。协助市委宣传部版权管理处、市版权保护中心、首都版权协会专家对申报版权保护示范单位、园区、工作站的3家企业进行资料查验及专业指导。

（胡淑娟）

【文化发展项目】 3月23日，北京歌舞剧院项目北侧平房区完成征拆。4月23日，以“悦读阅朝阳 悦读越时尚”为主题的2023北京朝阳全民阅读大会在南磨房乡中国出版创意产业基地举办。活动现场发布《朝阳区推进阅读之城建设三年行动计划（2023—2025年）》，新认定城市书屋——大雅书坊正式揭牌，大雅书坊和区宣传文化中心分别与北京市陈经纶中学崇实分校、南磨房乡紫南家园社区、中信书店签署“进社区、进校区、进新时代文明实践中心（所、站）”战略协议。6月6日至8日，朝阳区首次作为独立展团参展第十九届深圳文博会，以“开放活力看朝阳”为主题设置朝阳展区，集合区域798、751、郎园Station等文创园，KEEP（卡路里科技）、泡泡玛特等文化科技、文化消费企业，展示朝阳区聚焦以人民为中心，建设宜居、宜业、宜商、宜学、宜游的“五宜”新朝阳的建设成果。6月7日，“文化朝阳 开放自信”2023北京市朝阳区招商推介会在深圳国际会展中心举行，吸引来自朝阳区、深圳市以及全国各地的近50家优秀企业代表参加。10月，朝阳区开展2023首届“CYBA”朝阳篮球联赛活动，来自街乡、驻区企业、高校及外交系统等领域的64支代表队760余人参赛，通过117场对决，十八里店队在总决赛中获得冠军，望京队和金盏队分获亚军和季军。

（王云霞）

【朝阳区建区65周年区情教育系列活动】 5月18日，朝阳·拥抱未来“礼赞新时代 奋进新征程”发展成就展在朝阳区规划艺术馆开幕，区四套班子领导、区级老领导代表和朝阳群众代表出席活动。活动现场发布《六十五个字，寄语朝阳新未来》原创海报。2023年，制定印发《朝阳区建区65周年区情教育系列活动实施方案》，突出区域特色，开展“时代征程 砥砺奋进”建区65周年专题展等各类区情教育系列活动。

（于甜恬）

【2023中国·北京电视剧盛典】 10月23日，2023中国·北京电视剧盛典在位于朝阳区的中国大饭店启幕。活动期间，朝阳区开展影视嘉年华与“寻见·创作”系列采风活动，与北京市广播电视局签署《关于进一步提升北京大视听拍摄服务水平的实施方案》，共同发布“提升北京大视听拍摄服务水平·朝阳先行”项目。发布《北京市朝阳区影视拍摄服务手册》，宣传推介11类近百个影视取景地，擦亮“朝阳影视”品牌。

（徐志浩　袁　也　米　洋　张元祺　郭贺雨）

【朝阳区宣传思想文化工作会议】 12月14日，朝阳区召开全区宣传思想文化工作会议，区委书记文献出席会议并讲话，区委副书记郑宇传达习近平总书记关于宣传思想文化工作的重要指示和全国、全市宣传思想文化工作会议精神，区委常委、宣传部部长孟锐总结新时代全区宣传思想文化工作情况，部署宣传思想文化工作重点任务。区委区政府各部、委、办、局党委、工委、党组主要负责人，各群团机关主要负责人；区人大办公室、研究室、教科文卫办公室主要负责人，区政协办公室、专委会工作二室主要负责人；各街道、地区（乡）工委（党委）书记和分管负责人；区属事业单位、区管国有企业党组织书记；宣传系统单位其他班子成员参加会议。

（于甜恬　孙　玥）

统一战线工作

【概况】 2023年，中共朝阳区委统战部、对外加挂北京市朝阳区民族宗教事务办公室（简称区民宗办）和北京市朝阳区人民政府侨务办公室（简称区政府侨办）牌子。中共北京市朝阳区委台湾工作办公室，加挂北京市朝阳区人民政府台湾事务办公室的牌子（简称区台办），与区委统战部合署办公。7月，“23·7”水灾，区统战系统助力灾后重建，向房山区、门头沟区，河北省捐款捐物近4000万元；12月，甘肃省临夏州积石山县发生6.2级地震，区统战系统组建统战爱心车队，及时将帐篷、药品等物资运抵灾区。年内，《朝阳区“分类分型”深化社区统战工作的研究》课题，荣获2023年度北京市统战理论研究与调查研究优秀成果三等奖；《点亮理想之灯在中国式现代化的朝阳实践中汇聚党外青年人才力量——朝阳区党外青年人才工作研究》课题，荣获朝阳区党建研究会第十一届自选题一等奖。2023年度经首都精神文明建设委员会复查合格，继续保留首都文明单位荣誉称号。

【重要会议】 1月3日，区政协与区委统战部联合召开“有序推进城市有机更新”专题协商会。3月14日，区委书记主持召开朝阳区委统一战线工作领导小组全体会议。会议传达学习全国统战部长会议、民委主任会议等相关会议精神，审议通过朝阳区2023年统战工作要点。会议要求，领导小组各成员单位、各级党（工）委（党组）要不断压实主体责任，打牢业务基础，提升工作效能，切实做到把统战工作“真纳入”（纳入重要议事日程）、对统战问题“真研究”（研究解决本领域涉及统战工作的重大问题）、使统战法宝“真有用”（切实发挥统一战线克敌制胜、执政兴国、团结海内外全体中华儿女实现中华民族伟大复兴的法宝作用）。8月25日，区政协与区委统战部联合召开“打造国际化营商环境建设标杆区”议政会，各民主党派、工商联、无党派人士和政协委员代表等10人围绕营商环境建设作发言。11月24日，2023年朝阳区政党协商座谈会召开，各民主党派、工商联、无党派人士围绕“打造数字经济核心区和国际消费中心城市主承载区，推进朝阳高质量发展”交流发言、建言献策。

【港澳统战工作】 1月11日，“2023朝港新春家年华”云端联欢会以视频连线的方式举行，富成花园和香港观塘康乐区居民协会居民代表60余人参加活动。1月14日，“京港澳心相传”迎新年主题活动举办，50余人参加活动。3月7日，北京市北京中学与澳门濠江中学签订姊妹学校仪式在朝阳、澳门两地线上举行。4月5日至10日，首个以体育和文化为主题的来京青年交流活动举办，以“青春引航·逐梦朝阳”为主题，14名香港屋邨篮球联赛学员参加活动，观看CBA比赛，从文化、商业、科技、城市治理等方面深入了解朝阳区发展情况。7月11日，“心深游京津”香港青年京津交流团一行59人参访朝阳区，参观凤凰传媒中心、北京画院、国家体育场等，感受朝阳区的蓬勃朝气和开放活力。4月，北京市日坛中学与广州暨大港澳子弟学校开启教育合作和交流，7月14日，日坛中学举办香港国际课程中心揭牌仪式。7月26日至30日，“情满朝港·同心相连”香港观塘康乐居民协会40人参访北京，打卡“双奥朝阳”。7月27日，举办“情满朝港·同心相连”大屯街道富成花园与香港康乐居民协会家庭结对仪式。9月24日，举办澳门大学生就业与实习招聘会，会同区人力社保局协调18家在朝阳区登记注册的央企、民企参加招聘会，提供百余个就业和实习岗位，服务在京澳生的就业实习需求。12月23日，2023年“缤纷之夜”暨祝澳门回归24周年活动举办，区海联会理事、港澳青年等近90人参加活动。

【推进多党合作和政治协商制度】 2月27日，朝阳区印发《朝阳区2023年政党协商计划》，明确2023年政党协商工作的形式、议题，全面部署政党协商工作。2023年，做好无党派人士政治面貌认定工作，完成298名无党派人士认定工作。召开党外人士座谈会3次，举办党外人士暑期学习班、党外人士培训班、党外干部培训班、党外政协委员培训班等各类班次。

【新的社会阶层人士统战工作】 3月21日，朝阳区自由职业人员服务团成立，朝阳区“设计师会客厅”挂牌。5月18日，朝阳区委统战部组织10名网络大V及本地生活类公众号负责人，参加“2023年朝阳区国际生物多样性日宣传活动启动仪式”，打卡温榆河公园玉湖摇橹船、木卯营地等网红景点，宣传朝阳区生物多样性之美。6月4，组织网络大V参加“朝阳区2023年六五环境日主题活动”，宣传“建设人与自然和谐共生的现代化”环境，引导粉丝尊重自然、爱护自然，践行绿色生产生活方式。6月29日，朝阳区新联会流动党支部成立，区委统战部为新联会流动党支部揭牌。7月6日，朝阳区召开2023年新的社会阶层人士统战工作联席会议，32家联席会成员单位和43个街乡主管领导参加会议，区新联会及基层新联会班子成员、重点楼宇园区党组织负责人列席会议，会议强调：要紧紧围绕党的二十大精神凝聚政治共识，要下大力气做好基层统战工作，要齐抓共管加强党外代表人士队伍建设。

【基层统战工作】 4月14日，面向统战工作领导小组成员单位、各街乡编印下发《统战工作指导手册》280册。手册分为应知应会基础知识及主要理论政策、加强党对统一战线的领导、统一战线各领域工作、统战工作综合性工作四大部分及附录。11月14日至15日，朝阳区举办2023年基层统战工作培训班。区委统战工作领导小组成员单位分管领导、43个街乡统战工作主管领导和科长、部分社区（村）书记等160余人参加。

【朝阳区科研院所统战工作联盟成立】 5月16日，朝阳区科研院所统战工作联盟成立，通过《朝阳区科研院所统战工作联盟联席会议制度》，首批联盟成员单位23家。

【对台工作】 5月，举办“海峡两岸（北京）妈祖文化交流暨纪念妈祖诞辰1063周年”活动，100余位两岸嘉宾参加。6月，区台办与区文联、两岸有关社团共同举办“2023海峡两岸社团交流节暨第八届朝阳区‘悦动高雄’两岸交流活动”，100余名岛内基层民众、各领域社团代表等嘉宾参加。6月9日，朝阳区召开对台工作领导小组会议，区委主要领导参加。会议传达中央、市委对台工作会议精神，总结全区对台工作情况。11月，搭建两岸青年交流平台，区台办、区青联共同成立朝阳区首个台湾青年驿站宸冰书坊。

【港澳、海外统战工作联席会和侨务工作会议召开】 7月21日，区委统战部召开港澳统战工作联席会全体会议、海外统战工作和侨务工作联席会全体会议，审议《朝阳区港澳统战工作联席会2023年工作要点》《朝阳区海外统战工作和侨务工作联席会2023年工作要点》，明确工作任务。区委统战部相关领导出席会议并讲话。区委统战部领导，港澳统战工作联席会、海外统战工作和侨务工作联席会班子成员及会员参加会议。11月30日，北京市朝阳地区海外联谊会六届三次会员大会召开，百余名港澳台侨和各界代表人士到场参会，11名港澳理事在香港分会场，采取直播交互的方式参会。大会听取《第六届朝阳地区海外联谊会届中工作报告》，审议通过《北京市朝阳地区海外联谊会章程（修订草案）》，选举产生朝阳海联会新任会长、常务副会长、副会长、秘书长等，李国红当选新一任朝阳海联会会长。

【区统战系统捐助受灾地区】 7月，区统战系统助力灾后重建，向房山区、门头沟区和河北省“23·7”水灾受灾地区捐款捐物近4000万元；12月，甘肃省临夏州积石山县发生6.2级地震，区统战系统组建统战爱心车队，将帐篷、药品等物资运抵灾区。

【侨务工作】 9月15日，举办欧洲华侨华人社团联合会访问团座谈会，围绕朝阳区国际化发展、“科技＋商务”双轮驱动、“五宜”朝阳建设等方面对朝阳区进行推介，北京侨商会、首钢基金相关负责人介绍了各自领域相关情况。9月27日，来自全球34个国家和地区的107名侨界代表到朝阳区参观考察城市更新案例及消费文创产业发展。11月，在美国芝加哥和洛杉矶两地举办“汉字嘉年华”海外巡展，巡展分为“你好汉字”“遇见北京”“感受中国”三部分内容，活动得到美新社、《芝加哥时报》、《神州时报》、环球网等多家国际媒体报道。

【区海外联谊会六届三次会员大会召开】 11月30日，北京市朝阳地区海外联谊会六届三次会员大会召开，百余名港澳台侨和各界代表人士到场参会，11名港澳理事在香港分会场，采取直播交互的方式参会。大会听取《第六届朝阳地区海外联谊会届中工作报告》，审议通过《北京市朝阳地区海外联谊会章程（修订草案）》，选举产生朝阳海联会新任会长、常务副会长、副会长、秘书长等，李国红当选新一任朝阳海联会会长。 （张素琴）

机构编制管理

【概况】 中共北京市朝阳区委机构编制委员会办公室（简称区委编办）为中共北京市朝阳区委机构编制委员会（简称区委编委）的常设办事机构。2023年，开展国防动员体制改革、疾病预防控制局挂牌、文化创意产业管理体制调整、下达专项编制至相关街乡等工作。

（王森正）

【国家安全管理体制调整】 2023年，为贯彻落实中央、市委关于国家安全机构编制队伍建设有关要求，将区委国安办由设在区委政法委调整为设在区委办公室，区委国安办主任由分管区委办公室的区委常委兼任，在区委办公室增设国家安全科，承担区委国安办具体工作。 （朱一鸣）

【机构编制调整】 2023年，为加强区情和地情知识普及宣传教育，满足人民群众的精神文化需求和对外文化交流的需要，区委编办批复明确区档案馆、区志办的区志业务科对外可以区方志馆名义开展工作。 （朱一鸣）

【为街乡下达专项编制】 2023年，根据市委组织部《北京市面向优秀社区、村党组织书记招录公务员工作方案》文件精神，将区委组织部用于招录社区党组织书记的4名单列行政编制收回，为街乡下达9名单列行政编制用于招录社区、村党组织书记。根据2023年度优秀社区党组织书记和优秀社区工作者招聘情况，会同区委社会工委、区民政局、区财政局、区人力资源社会保障局联合印发文件，为有关街乡下达157名周转事业编制。

（朱一鸣）

【机构编制报告】 1月至2月，形成《朝阳区委编委关于2022年度机构编制重要事项的报告》，按程序报区委编委、区委后上报市委编办。 （王 欢）

【国防动员体制改革】 1月至6月，朝阳区按照党中央、市委国防动员体制改革部署，调整组建北京市朝阳区国防动员办公室，制定印发《北京市朝阳区国防动员办公室职能配置、内设机构和人员编制规定》，调整区国防动员工作领域相关议事协调机构。

（高国发）

【疾病预防控制体系改革】 3月，朝阳区按照党中央、市委关于疾病预防控制体系改革要求，在北京市朝阳区卫生健康委员会加挂北京市朝阳区疾病预防控制局牌子。 （高国发）

【文化创意产业管理体制调整优化】 5月，朝阳区调整文化创意产业管理体制，将区委宣传部承担的区文化创意产业领导小组办公室日常工作和推进全区文化创意产业具体工作职责划转至文创实验区管委会，将区委宣传部所属的区文化创意产业发展中心整建制划归文创实验区党工委、文创实验区管委会管理，重新核定区文化创意产业发展中心机构职能编制规定。

（王鹏举）

【机构编制监督检查】 5月，制定《北京市朝阳区机构编制监督检查工作实施办法》，强化党对机构编制工作集中统一领导，健全机构编制监督检查制度体系，突出政治监督，强化职能监督和刚性约束，建立健全编制、纪检、组织、巡察、财政、人社、审计等部门参加的机构编制监督检查工作联席会议制度。 （王 欢）

政策研究

【概况】 2023年，区委区政府研究室围绕区委区政府中心工作，完成服贸会、“一带一路”国际合作高峰论坛等重大活动服务保障文稿起草工作。围绕服务新时代首都发展大局，持续监测分析上级及重点区域政策信息，为区委主要领导提供参考信息，推动上级决策部署在朝阳落地生根。围绕朝阳区高质量发展要求，加强经济发展的横向比较，服务区委、区政府谋划全年发展发力方向，在全会报告和重要文件中作出部署。全年完成文稿起草860余篇350余万字，编印《朝阳调研》6期、《调研参阅》5期、《调研参阅（智库专报）》12期、《各地改革情况摘编》24期。在北京市第十五届（2020—2021年度）调研工作评比中，区委区政府研究室获“北京市调查研究工作先进单位”称号，报送的《朝

阳区打造国际消费中心城市主承载区路径研究》调研报告获第十五届全市优秀调研成果二等奖。（武 睿）

【调查研究工作】2023年，区委区政府研究室推动调查研究工作规范化和制度化建设，组建朝阳区调查研究工作协调联席会，制定《中共北京市朝阳区委关于加强调查研究工作的意见》《关于在朝阳区大兴调查研究的实施方案》《朝阳区调查研究工作协调联席会议工作规则》等文件。统筹全区调研工作，在重要时间节点召开培训会4次，深化对全区二级班子调研工作的协调引导，全年115家单位立项161个课题。加强对重点发展领域的研究，聚焦城市更新、数字化建设、生态文明建设等重点任务，确定“朝阳区城市更新实践背景下的创新机制研究”“互联网3.0背景下，朝阳区数字化建设的路径研究”“推进‘生态朝阳’建设的实践研究”3项重点课题，摸排全区信息化系统建设现状，梳理总结“生态朝阳”建设经验亮点，编制“美丽朝阳五宜指数”，提出“河道复兴带动城市更新”的城市更新理念。聚焦集团化办学、智慧博物馆建设等“小切口”，开展专项研究40余项，深入基层调研60余次。统筹全区调研资源，引导智库“外脑”通过课题研究、项目合作等方式深度参与区域发展，全方位构建“大调研”格局。（武 睿）

【改革创新工作】2023年，区委区政府研究室制发《朝阳区委全面深化改革委员会2023年工作要点》，围绕区域高质量发展，提出建设数字经济核心区、创新社会治理路径等26大项117细项改革任务，明确22项重点改革项目。聚焦“力争在经济活力激发、城市活力重塑、社会活力培育、民生活力再造方面实现新推动”年度目标，推进基层改革创新，各单位、各街乡用改革创新的办法解决具体问题319个。按照年度督察计划，开展“河道复兴带动城市更新情况”等4项区级督察。开展《西城区二龙路中学与北师大附属实验中学共同办学及西城集团化办学情况》等改革研究，推动破解发展难题。宣传改革经验，双井街道“打造数字经济生态共同体 探索区域共生发展新模式”相关做法入选北京市2023年“微改革、微创新”典型案例；建外街道《探索商务楼宇聚集区治理体系“四个重构”》在市级刊物《北京改革情况交流》刊发，获评“2023年北京市改革街乡镇”；总结提炼朝阳区治理亮马河，恢复城市自然生态、还河于民，点亮区域发展的经验做法，撰写《亮马河上》书稿，中英文版图书均已出版；加强对朝阳区的整体宣传，形成《中国国家地理》杂志朝阳专刊策划方案及文稿内容；以“朝言”的名义在《朝阳报》发表《朝阳：人们喜爱的地方——写在朝阳区建区65周年之际》《让生态成为最普惠的民生福祉》《乘势而上 奋发有为，推动朝阳高质量发展行稳致远》《绘出美丽朝阳新画卷》《“宜学”朝阳，伴您终身成长》《新年献词：用热爱成就热爱，在朝阳迎接朝阳》6篇论述文章，展现区域改革发展全貌。2023年，朝阳区承接紧密型城市医疗集团建设试点、中医药传承创新发展试点、国家生态文明建设示范区等国家、市级试点（示范）任务45项，形成数字化名老中医活态传承工程、临时建筑“前置审批”模式、数据驱动学生综合素质评价解决方案等一批亮点经验。推动基层创新工作150项，形成党建引领“楼城共平台”治理模式、朝外大街街区更新、构筑“1+N”特色国际人才会客厅矩阵等一批破难题、解民忧的好做法。形成全国首个服务跨境场景的数据托管服务平台、全国首个互联网3.0应用场景研究院、全市首张“超市/便利店”行业综合许可凭证、“北京首个适老化法庭”亚运村法庭等“首改”“首创”成果。（李 博）

区直机关党建

【概况】2023年，中共北京市朝阳区委区直属机关工作委员会（简称区直机关工委）辖63个直属基层党组织，其中有24个直属机关党委、18个直属党总支、21个直属党支部，在职党员7186人，离退休党员1837人。区直机关系统新成立直属机关党委9个、机关纪委23个，14个党组织完成换届，13个直属党组织完成委员调整，新发展党员128人，转正127人。2023年，区直机关工委坚持项目化抓党建，坚持围绕中心、服务大局，开展学习贯彻习近平新时代中国特色社会主义思想主题教育，组织区直机关各部门为群众解难题、办实事，机关党建质量不断提升。

【机关党的政治建设】2023年，区直机关工委坚持把党的政治建设摆在各项工作首位，指导各部门党组（党委）落实“第一议题”制度，第一时间传达学习、安排部署、贯彻落实习近平总书记最新讲话精神。督促各部门严格执行政治纪律和政治规矩，严格落实请示报告、“三重一大”等制度。对区委巡察组召开的巡察反馈会，坚持逢会必到，全面了解机关各部门存在的问题，督促各部门抓好整改。落实《党委（党组）意识形态工作责任制实施办法》，围绕热点难点问题做好舆论引导工作，各部门举办讲座、论坛全年报备31次。督促机关基层党组织结合“三会一课”，开展对党忠诚教育，引导机关党员干部增强“四个意识”、坚定“四个自信”、做到“两个维护”。

【机关党的思想建设】2023年，区直机关工委举办“习近平新时代中国特色社会主义思想进机关”专题讲座，邀请中央党校、市委党校等专家教授授课辅导，举办线上线下专题讲座16场次，区直机关系统党员干部6.7万人次参加。举办区直机关系统“强国复兴有我”百姓宣讲汇讲活动，区医保局、区税务局、区水务局、区审计局等21个部门的宣讲员，讲述党员干部践行核心价值、爱岗敬业奉献、服务朝阳群众、建设“五宜”朝阳的真实故事，通过现场打分，评出一等奖9名、二等奖10名、三等奖8名，8个部门被评为优秀组织奖；组建区直机关系统宣讲团参加区级汇讲，获评特色团第1名、总成绩第3名，区环卫中心张建娜、区医保局张雪琴、区税务局胡锦沁被评为区级优秀宣讲员，区环卫中心张建娜的事迹被中央及市、区20余家主流媒体报道，被推荐参加全市巡讲。开展“走在前作表率，创建模范机关”线上答题活动，以党史、党的二十大精神和市情区情知识等内容为重点，采取每月一期的形式组织机关党员干部网上答题，机关党员干部11400人次参与。

【机关党的组织建设】 2023年，区直机关工委召开区直机关系统直属党组织书记抓党建述职评议考核，交流工作经验，评议直属党组织书记抓党建情况。规范机关党组织设置，指导各部门党组（党委）新成立机关党委9个、机关纪委23个，党支部调整为党总支1个，撤销党支部2个，14个党组织按期换届，13个党组织增补委员。评选出55个优秀支部工作法，编印《优秀支部工作法》500本，供各基层党组织学习借鉴。举办区直机关系统党务工作者和直属党组织组织委员培训班，围绕党员发展及党组织换届等重点工作，培训党务工作者120名、组织委员60名。编印下发《机关党务工作实用手册》600余册，收录党内法规26项，文书模板和工作问答18套。严格党员发展审核，依托区委党校对140名入党积极分子和党员发展对象开展集中培训，对285名党员发展对象进行区级联审。做好党内帮扶和慰问工作，在节日和“七一”期间，组织区直机关各级党组织和党员领导干部开展走访慰问，全年慰问中华人民共和国前老党员、生活困难党员、优秀党员、优秀党务工作者645人次。组织“共产党员献爱心”捐献活动，发动机关党员干部为少数民族地区捐赠图书3385册。

【党建引领基层治理工作】 2023年，区直机关工委深化“1+1手拉手”行动，组织区直机关系统各部门确定94个拉手项目。其中，为社区（村）解难题办实事32项，送政策11项，党组织共建、深入开展主题教育、送理论活动21项，助力社区（村）党组织开展文明城区创建、群众宣传教育30项。推动《关于深化党建引领接诉即办工作的几点措施》落地见效，联合区城管指挥中心召开区直机关系统“接诉即办”培训会及工作会，强化党建引领接诉即办工作力度。开展典型案例评选，编印案例汇编，树立先进典型，为开展接诉即办工作提供参考。

【党风廉政建设】 2023年，区直机关工委建立健全基层纪检组织，与区纪委机关联合印发《朝阳区区直机关系统健全规范基层纪检组织工作办法（试行）》，指导23个设立机关党委的部门成立机关纪委。推进廉洁文化建设，联合区纪委区监委机关、区委宣传部、区妇联、区文旅局，开展第五季悦读·阅廉——朝阳区“廉洁文化进机关、进家庭”活动，围绕廉洁文化、家风家教、哲学与心理、综合素养4个主题，开展60天闯关打卡活动，7069人打卡31.7万次。举办第五季廉洁文化进机关、进家庭活动汇报演出，机关党员干部及家人自导自演7个精品节目，8000余名党员干部在线上观看。在第十三届书香中国·北京阅读季阅读盛典活动中，悦读·阅廉——朝阳区“廉洁文化进机关、进家庭”活动被评为2023年“书香京城系列评选”全民阅读优秀项目。在端午、中秋、国庆等时间节点，监督检查节前教育落实情况、公车使用问题、节日期间应急值守情况、重大事项请示报告制度落实情况等。

【开展学习贯彻习近平新时代中国特色社会主义思想主题教育】 2023年，区直机关工委按照区委主题教育联络组工作要求，指导区直机关系统各部门开展学习贯彻习近平新时代中国特色社会主义思想主题教育。制定主题教育联络工作方案，成立联络工作领导小组，对接区直机关系统60个部门，传达区委主题教育联络组工作要求，列席各部门动员部署会、党组（党委）书记讲党课、民主生活会等，指导各部门做好主题教育工作。督促各部门领导班子落实“5+2”学习机制，坚持读原著学原文悟原理，学习《习近平著作选读》和10本指定教材，落实“第一议题”制度，学习习近平总书记关于本部门本领域的重要讲话和重要指示批示精神。指导各部门强化问题导向，聚焦“五宜”朝阳建设，坚持小切口着手，确定推动发展重点任务80项，制订民生实事计划105项，确定班子集体调研58项、个人领题调研305项，梳理出检视整改任务282项。

（孙新杰）

老干部工作

【概况】 2023年，朝阳区离退休干部22576人。其中，离休干部170人（含易地、代管离休干部21人），退休干部22406人（副处级以上退休干部1888人）。中共北京市朝阳区委老干部局（简称区委老干部局）加强离退休干部党的建设，引导离退休干部为党和人民事业增添正能量，做好离退休干部服务管理，落实离退休干部政治待遇和生活待遇。印发《干部荣誉退休制度》，举办“岁月荣光、五宜朝阳”朝阳区首届干部荣誉退休主题活动，抓好“六好”离退休干部党支部创建，开展“薪火相传暖桑榆 银耀朝阳谱新篇”离退休干部主题党日活动，组织局职老领导参加朝阳·拥抱未来“礼赞新时代 奋进新征程”发展成就展开幕式，组织离退休干部体检1148人次，走访慰问离退休干部300余人次，完成市和区为离退休干部办实事9件。在2023年第三届中国老年健康知识大赛中被《中国老年》杂志社、中国医药教育协会评为“优秀组织奖”，在“学习贯彻党的二十大精神 乐龄共享新时代”知识竞赛和“学思践悟二十大 乐龄共享新时代”主题征文活动中被评为“优秀组织奖”；被首都精神文明建设委员会授予“首都文明单位”称号。

（李壮壮　于　静）

【离退休干部党的建设】 2023年，区委老干部局印发《关于加强新时代离退休干部党的建设工作的实施方案》《朝阳区干部荣誉退休制度（试行）》，举办“岁月荣光　五宜朝阳”2023年朝阳区干部荣誉退休仪式主题活动。召开朝阳区离退休干部党建工作联席会议2次，总结部署全区离退休干部党建工作。区委老干部党校举办局职退休干部读书班、离退休干部理论骨干培训班、离退休干部党支部书记培训班、学习贯彻习近平新时代中国特色社会主义思想主题教育离退休干部党支部书记培训班等线下线上培训班186期，参训4462人次。开展离退休干部党支部示范创建工作，重点培育区级示范党支部25个。12月1日，在北京市召开离退休干部党建工作联席会议上，区委老干部局以《多措并举确保“六好”离退休干部党支部示范创建有的放矢》为题作交流发言。

（黑维娜）

【离退休干部政治待遇落实】 2023年，区委老干部局召开2023年离退休干部区情通报会，组织离退休干部参观工人体育场、THE BOX朝外|年轻力中心，了解工人体育场更新改造情况以及朝阳区国际消费中心城市主承载区建设工作情况，区委副书记、区长吴小杰围绕经济建设、农村城市化、民生保障、安全发展等方面，通报全区近期经济社会发展情况；区委书记文献通报区级班子调整情况，区领导文献、吴小杰等参加会议。开展宣讲65场次，举办主题教育辅导报告会197场，参加4467人次，开展“银发书香·真理味道”特色场地发布会和赠书仪式，举办各类读书交流活动75场，参与1921人次。为区属副处级以上离退休干部订阅报刊，制作“我看朝阳新变化”文旅地图，组织老干部观看《三里屯42号》音乐剧、参观朝阳新成就等，引导广大离退休干部做到思想跟上、认识跟进、行动跟紧。

（张香丽　刘雨婷）

【离退休干部生活待遇落实】 2023年，离退休干部体检采取就近体检、住院体检、上门体检，在原有8家体检医院基础上，增加中国中医科学院望京医院、朝阳区双桥医院2家体检医院，离退休干部在10家医院体检机构、20余家连锁体检中心选择一家进行体检，集中体检1148人。针对老年综合征高风险因素，为区管离退休干部购买意外伤害保险，全年76人获得赔付，总赔款12.7万元。对离休、百岁、困难、去世、作用发挥好和新退休干部代表或家属开展走访慰问300余人次，充分体现区委关心关爱。（韦汝林）

【离退休干部发挥优势和作用】 2023年，朝阳区开展离退休干部“薪火相传暖桑榆 银耀朝阳谱新篇”主题党日活动，区委统战部、区委宣传部、区委老干部局等单位分别围绕“六好”离退休干部党支部示范创建、“银发书香·真理味道”“回顾厚重历史，奋进美好未来”3个方面内容进行宣讲。举办银耀朝阳老干部宣讲团培训会，增强区级银耀朝阳老干部宣讲团队伍的凝聚力和向心力。组织8名离退休干部代表参加北京市委老干部局联合新华书店总店在总店城市书房举办的离退休干部“银发书香·真理味道”读书交流示范活动，指导各离退休干部党支部和党员以主题党日、志愿服务等形式开展“话传统、谈复兴、聚力量”专题调研，为朝阳高质量发展建言献策，全区有老党员先锋队183支，成员8052名，参与党和国家重大活动、重要会议安保近9000人次。

（刘雨婷）

【为离退休干部办实事】 2023年，朝阳区为解放战争时期参加革命工作的147名离休干部和年满80岁的23名区管退休干部完成家庭适老化改造，为55名高龄或行动不便离退休干部安装急救“一键呼”电话，为320名离退休干部购买“北京普惠健康保”，解决老干部实际困难和后顾之忧。特困帮扶离退休干部及去世离休干部遗属17名，配发“爱心健康包”和“夏日清凉爱心包”545人次，为离休干部送健康食品87251人次，探索开展专病检查筛查，协调区医学会为200名老干部免费提供结直肠癌筛查服务，全年协助离退休干部看病挂号300余人次，在小庄医院试点建立“朝阳区离退休干部健康教育管理示范基地”，开设健康大讲堂。完成活动中心增设电梯工程建设。

（高　晏　冯兴国）

【离退休干部精神文化生活】 2023年，朝阳区文化养老联盟成立，分类参与联盟体系的文化体育活动。区老干部大学开设7个专业26门课，在校区属副处级以上学员229名。围绕朝阳区建区65周年和老干部局建局40周年，以“薪火相传暖桑榆　银耀朝阳谱新篇”为主题，举办朝阳区离退休干部第二届文体艺术节，开展摄影创作、线上K歌（诵读）、“松鹤杯”象棋赛等活动，征集展出作品120幅，选送21幅优秀作品参加市、区级单位组织的展示活动。组织50名离退休干部参加京剧培训活动，弘扬传统国粹艺术。举办琴香缘·七夕情2023传统文化音乐会、离退休干部第十七届“松鹤杯”象棋总决赛，在奥林匹克森林公园举办“金色年华　一路朝阳”2023年朝阳区离退休干部徒步大会。组织金秋艺术团、老干部时装模特队、葫芦丝队、诗歌诵读队等参加“讴歌新时代 幸福夕阳红”为主题的北京中老年模特大赛等活动，参加“银辉耀京华 健康乐晚年”2023年北京市离退休干部徒步大会（春、秋季），区委老干部局获优秀组织奖。

（全　虹）

【关心下一代工作】 2023年，朝阳区制发《朝阳区关于加强新时代关心下一代工作委员会工作的实施方案》。推动关工委组织向基层延伸拓展，夯实区—街道—社区三级关工组织体系，引导和鼓励43个街乡均建立“五老工作室”。召开朝阳区关心下一代委员会工作会议，开展“中华魂”主题教育、“朝阳老干部关心下一代纪念林”揭牌仪式、老校长下乡等活动65场次，举办青少年法治宣传教育活动的宣讲500余次，为学校发放《毛泽东伟大精神品格》书籍500本，印发关心下一代工作手册100本。承办北京市“中华魂”主题教育汇报展演。（徐振兴）

【老干部工作会议召开】3月15日，朝阳区召开2023年老干部工作会议，贯彻落实全国老干部局长会议、全市老干部工作会议精神，总结部署全区老干部工作。市委老干部局领导，区领导文献、吴小杰等出席会议。会上，区委组织部领导传达全国老干部局长会议、全市老干部工作会议精神，代表区委老干部工作领导小组作《认真学习贯彻党的二十大精神 奋力谱写新时代朝阳老干部工作新篇章》工作报告，与会人员共同观看《2022年朝阳区老干部工作纪实片》。区委书记文献通报2022年全区经济社会发展情况。区领导现场慰问离退休干部代表，了解他们的身体状况和日常生活情况，听取离退休干部对全区经济社会发展和老干部工作的意见建议。

（李雪梅　于　静）

保密管理

【概况】2023年，中共北京市朝阳区委保密委员会办公室（北京市朝阳区国家保密局）[简称区委保密办（区保密局）]贯彻落实区委各项部署要求，以新担当展现新作为，创新保密工作形式，加强和巩固保密管理能力水平，监督指导全区各单位推进保密事业发展，筑牢朝阳保密防线。区委保密办（区保密局）被评为2023年度向市委保密办（市保密局）报送信息优秀单位。

【优化考评体系】2023年，区委保密办（区保密局）修订《朝阳区机关、单位保密自查自评表》，细化完善9大项43小项，将各单位保密工作落实情况纳入全区处级领导班子和平安朝阳建设两大考评体系中，发挥“以评促建、以评促改”的作用。

【开展保密检查】2023年，围绕国家、市级组织的重点领域保密管理、专项整治行动等工作，制定专项工作方案，统筹各主责单位落实各项要求，消除风险隐患。围绕全国两会、“一带一路”国际合作高峰论坛等重大活动，制定专项保密方案，提前介入专班，规范全流程保密工作。对辖区5家资质企业开展“双随机”检查，对中高考考点开展100%覆盖的保密检查和指导，出动检查力量81人次。完善“节提醒、月检查、勤督导”的保密检查长效工作机制，全年针对机关单位开展各类检查61家次，检查非密计算机200余台，保密提醒信息发送3000余人次。

【保密宣传】2023年，围绕“4·15”全民国家安全日、网络安全宣传周活动、“12·4”国家宪法日等时间节点，开展线上线下公众宣传活动，设置提高网络安全保密意识、筑牢保密防线的宣教展板，发放宣传折页及各类保密宣传资料。发动全区各单位参与全国保密公益宣传片创意文案和宣传海报征集评选活动，收到保密公益宣传片创意文案10部、系列宣传海报5组和单张设计海报12幅。总结全区保密工作亮点经验，在《北京保密》杂志发表文章10篇。

【保密工作培训】9月5日，区委保密办（区保密局）组织全区140家单位1020人次参加党办系统培训，从定密管理、涉密人员管理、网络管理等保密“三大管理”方面强调保密要求。全年组织保密宣教60场次，覆盖处级领导、新入职干部、保密干部、普通工作人员等2.1万人次。

（廖健凯）

党校工作

【概况】2023年，中共北京市朝阳区委党校（简称区委党校）坚持从区域发展和学员任职岗位需求出发，深入学习习近平总书记在中央党校建校90周年庆祝大会暨春季学期开学典礼上重要讲话精神，及文献书记在调研结束后提出的建设出色党校的工作要求，做好干部教育培训工作，树立正确办学方向，完善机关党建，深化教学改革，提升科研质量。获北京市党校（行政学院）系统第二届教学管理优秀奖。3月1日，阳光丽城国际度假酒店作为党校第二校区投入使用，建立起“一校两址”办学格局。两个校区总占地面积108亩，总建筑面积4万平方米，教室18个，学员讨论室17个，可提供270人住宿、容纳1800人培训。

【干部教育培训】2023年，干部教育培训以习近平新时代中国特色社会主义思想、党的二十大精神、理想信念教育、党风廉政建设等作为班次必修课，党性教育和理论教育课占比达到70%以上。突出红色教育、素质提升、区情教育、调查研究。举办主体班36期，包括处级干部进修班、新任副处级干部培训班、科级干部任职培训班、新任公务员培训班等，培训学员3982人；举办各类专题班47期，包括区管处级干部专题研讨班、凤凰讲堂、英语培训班、“双碳”班等，培训学员4949人。第二校区投入使用后，实行班主任指导下的学员自我教育、自我管理、自我监督、自我服务的“四自”封闭管理模式，推行校园“一卡通”，对学员形成“到校—在校—离校”全链条管理。

【党校分校教学工作】2023年，区委党校70家分校开展党的二十大精神主题宣讲，万余名党员干部参加学习。举办积极分子和发展对象示范培训班、党务工作者示范培训班、社区书记居委会主任系列培训、分校副校长培训班等，在党校主会场培训352人，线上培训1.3万人，为各培训班次制订统一教学计划，统一课程内容、统一培训要求、统一考核标准。线上课堂常态化，提高基层党员教育覆盖面。通过直播大讲堂，向70家分校开放，完成直播课22讲，听课人数4.2万人，课程点击量46.3万人次。

【课程研发】 2023年，区委党校7名专职教师完成“在法治轨道上全面建设社会主义现代化国家”“以高品质生态环境支撑高质量发展——亮马河国际风情水岸建设”“构建社区共建、共治、共享新格局——来广营乡清苑路第三社区‘四全工作法’”“尊崇党章 坚定初心”“机关公文写作”“信仰与忠诚——传奇特工阎又文”“走近朝阳历史 感悟奋进征程——朝阳区区情区史现场教学”7门新课申报和试讲工作。实施青年教师基层蹲点调研制度，选派3名年轻教师深入朝阳区档案馆和来广营乡清三社区开展蹲点调研，将蹲点调研的成果转化为现场教学课程。

【科研资政】 2023年，主体班学员形成研究报告47篇，向区领导呈报转化4篇，2篇得到区领导批示。申报校外课题8项在研，2022年度8项校外课题均已结项。提升“一刊一著”质量。“学习贯彻党的二十大精神”和“社区（村）治理”设置为固定模块。在各类刊物发表理论文章8篇。出版实践研究案例选编1部。“网约配送群体参与社区志愿服务的分析与对策”获北京市党建研究会2022年度党建研究课题优秀成果三等奖；“朝阳区‘两新’组织党员教育培训效果提升探索与实践”“街乡管辖商务楼宇党建工作的分析与建议”获朝阳区党建研究会第十届自选课题一等奖；“让‘四史’宣传教育‘飞入寻常百姓家’”获朝阳区党建研究会第十届自选课题二等奖；“提高党校教学质量 助推朝阳区党史学习教育常态化、长效化”获朝阳区党建研究会2022年度立项课题三等奖。

【学术交流】 2月23日，朝阳区委党校常务副校长在全市社会主义学院院长会议上作《“三强三创”推动朝阳社院新发展》交流发言。7月12日，石景山区委党校到朝阳区委党校调研参观。10月17日，国家行政学院出版社到校调研。10月26日，辽宁省朝阳市建平县委组织部、县委党校到校调研。11月15日，山西省长治市委党校到校调研。12月11日，门头沟区委党校调研二校区。12月12日，市委党校到校调研。12月29日，顺义区委党校调研二校区。

【教学活动】 3月1日，区管干部学习贯彻党的二十大精神集中轮训在党校第二校区开班，区委书记文献出席开班式并作题为《扎实推进中国式现代化的朝阳实践》的辅导报告。4月10日，2023年度春季学期开学典礼举行。区委组织部相关领导出席并讲话。9月4日，区委党校在二校区第一报告厅举行2023年秋季学期开学典礼。区委党校校长出席开学典礼并讲话。9月18日至25日，举办区级领导班子学习贯彻习近平新时代中国特色社会主义思想读书班。区委书记文献主持并作开班动员，区四套班子及区法院、检察院有关负责人参加。9月25日，围绕“深入学习贯彻习近平新时代中国特色社会主义思想，奋力推进中国式现代化的朝阳实践”开展交流研讨。市委第一巡回督导组组长棒牛到会指导，文献主持并讲话，区四套班子及区法院、检察院负责人分别交流发言。

（张楠楠）

党史编研

【概况】 2023年，中共北京市朝阳区委党史工作办公室（简称区委党史办）推进党史课题研究、宣传教育和资料征编等。开展党史资料数字化建设，制作党史宣教系列短视频《学史铸魂 奋进新程》，举办“知史铭志 建功朝阳”朝阳党史知识网络竞赛活动，设立高碑店乡半壁店村党群服务中心全区首家村级党史学习园地。报送区党建研究会课题《基层党史部门推进党史学习教育常态化长效化的实践探析》。编印完成《朝阳党史知识百问》和4期《朝阳党史》，编纂完成《党史理论与实践研究（2020—2021）》，推进《中共北京市朝阳区历史大事记（2019—2021）》出版工作。开展以“感悟思想伟力 谱写朝阳新篇”为主题的党史宣传月活动，通过视频展播、组织观影、赠书观展等方式，在全区开展各类党史学习宣传活动。构筑党史学习宣教全媒体平台，优化“朝阳党史”微信公众号发布内容和频次，在“北京朝阳”App推出“朝阳党史学习园地”线上党史学习教育平台。利用自媒体平台强化党史宣传，在“朝阳党史”微信公众号、微博、网站上，编辑发布朝阳要闻、党史故事微视频、朝阳党史知识和工作动态388篇。

【编研成果】 2月，《朝阳党史》期刊2022年第2期印发，内容聚焦朝阳区学习宣传贯彻党的二十大精神和朝阳十年非凡发展历程。2023年5月，《朝阳党史知识百问》编纂完成，印制1000册向全区各单位发放。本书以1944年朝阳区域内发展的第一名党员为起点，至2023年5月朝阳区建区65周年，涵盖历届区委中心工作和区域发展中的重大历史事件、重要历史人物、重大发展成就等内容。6月，《朝阳党史》期刊2023年第1期印发，内容围绕“三化”之一的大尺度绿化，系统展现朝阳区生态环境治理成效。9月，《朝阳党史》期刊2023年第2期印发，内容围绕“调查研究”主题；《党史理论与实践研究（2020—2021）》编纂完成，优选2020—2021年党史课题研究成果14篇，分为党的理论研究、区域红色文化研究、党建引领基层治理实践与党史学习教育实践研究4个专题。12月，《朝阳党史》期刊2023年第3期印发，以“国际化朝阳再现新优势”为主题，回顾在区委领导下朝阳区国际化工作取得成就，展现“国际化朝阳”成果。

【党史资料征编】 3月，区委党史办组织开展《中国共产党北京执政纪事（2022）》资料征集工作。梳理奥管委、区卫健委等5家单位反馈的相关资料，包括冬奥遗产有效利用、国际交往中心建设功能凸显等内容5个条目19张照片。4月，协助区档案馆做好朝阳区建区65周年专题展，提供图片文字等相关史料，提出修改意见建议12条。7月，结合《中国共产党北京市委执政纪事》《牢记嘱托砥砺奋进——党的十八大以来北京发展纪实》等书籍，召开大纲编写工作研讨会，集中研讨《习近平总书记视察北京后的深刻变化（朝阳篇）》的编写大纲。7月至12月，协助区委组织部审读把关“老党员访谈录”脚本及成稿文稿，反馈修改意见建议50余条。

【党史资料数字化建设】 3月，第一批朝阳党史数字化建设成果在朝阳党史网“数字党史”栏目上线，同步上线北京朝阳App“朝阳党史学习园地”，登载《朝阳党史》期刊、《朝阳区红色遗址遗迹》等10本电子书。11月，完成第二批朝阳党史文献资料数字化工作，包括《朝阳党史知识百问》《党史理论与实践研究（2020—2021）》以及《朝阳党史》期刊2022年第2期、2023年第1期、第2期。

【党史课题研究】 5月，申报朝阳区党建研究会2023年度研究课题“基层党史部门推进党史学习教育常态化长效化的实践探析——以朝阳区委党史办为例”，旨在梳理朝阳区委党史办推进党史学习教育常态化长效化的重大意义、工作举措、经验成效，为基层党史部门推进党史学习教育常态化长效化提供参考。7月，参加立项课题开题研讨会，重点从课题研究的思路、框架、已有研究进展、重难点等方面，对课题做汇报，听取与会专家点评意见。

【党史知识网络竞赛】 6月2日至9日，区委党史办与区委宣传部、区宣传文化中心联合举办“知史铭志 建功朝阳”朝阳党史知识网络竞赛活动。竞赛试题涵盖历届区委中心工作和区域发展中的重大历史事件、重要历史人物、重大发展成就等，全区党员干部群众近3万人次参与活动。“朝阳党史”、“史志北京”微信公众号、“北京朝阳”App等新媒体平台及《朝阳信息》报道活动情况。

【党史宣教系列短视频】 8月25日，与区融媒体中心合作，制作朝阳党史宣教系列短视频《学史铸魂 奋进新程》，在“朝阳党史”微信公众号首播。视频以时间为轴线，讲述朝阳区践行中国式现代化道路的发展实践，包括《革命征途 永不褪色》《日出东方 耕耘求索》《抢抓机遇 乘势而上》《朝阳新程 奋楫笃行》4集。创新尝试在短视频中融入裸眼3D镜头，立体呈现亮马河国际风情水岸景观。9月，第4集《朝阳新程 奋楫笃行》被纳入长城网2023年党员干部现代远程教育课件资源库。

【党史宣传教育】 9月25日起，区委党史办在朝阳区档案馆新馆举办“朝阳党史编研成果展”，集中展示由区委党史办编著的《中共北京市朝阳区历史》《中共北京市朝阳区历史大事记》《党史理论与实践研究》《朝阳党史》期刊等近50种书刊。9月，制定朝阳区2023年党史宣传月活动方案。10月9日，在朝阳区恒通国际创新中心户外大屏播放《学史铸魂 奋进新程》朝阳党史系列短视频，正式启动宣传月活动。10月19日，发布《朝阳区委党史办关于开展党史学习宣传教育的调查问卷》。10月至11月，开展以“感悟思想伟力 谱写朝阳新篇”为主题的党史宣传月活动，通过视频展播、组织观影、赠书观展等方式，在全区开展各类党史学习宣传活动。宣传月期间，组织三里屯街道及潘家园街道党员、群众近200人次观看红色影片，向金盏乡、王四营乡、北京商务中心区党群服务中心（CBD白领驿站）等赠送党史书籍千余册，“北京朝阳”App“党史学习园地”短视频观看达2.4万人次。“北京朝阳”App、《朝阳报》、“史志北京”公众号等媒体平台采纳宣传月活动信息10条。

【首家村级党史学习园地】 12月22日，区委党史办与高碑店乡半壁店村党群服务中心开展学习共建活动，向半壁店村党群服务中心赠送党史学习园地牌匾和党史党建类图书200余册。这是全区设立的首家村级党史学习园地，助力村党群服务中心开展党史学习教育常态化长效化建设。

（张 茜）

朝阳区人民代表大会

综　述

【全国人大常委会法工委立法联系点建设】 2023年，朝阳区人民代表大会常务委员会（简称区人大常委会）实现立法信息采集全覆盖。线上依托“朝阳人大”网站建立法律草案意见征集专栏、“朝阳人大”微信公众号发布立法征求意见信息，线下形成“43个立法联络站+292个立法信息采集点+61家立法征询单位+3家立法协作和专家顾问单位”工作网络，畅通吸纳民意、汇集民智渠道，夯实立法工作民意基础。增加对外经贸大学法学院作为专家顾问单位。加强立法联络员、信息员、宣传员队伍建设至675人；组建具有鲜明区域特点的信息员小组75个，指导在涉外人员集中的社区、涉外机构集中的商务楼宇建立4个立法信息采集点，朝外、建外、三里屯街道组建3个涉外特色信息员小组。召开基层立法联系点工作会议，落实全国人大相关会议精神，围绕建立采纳反馈激励机制、拓展工作覆盖面、提升立法征询意见质量等，总结交流两年来的经验做法。健全立法建议采纳反馈机制，有市、区、乡三级人大代表3400余人次、群众1.5万余人次参与立法意见征询工作。对治安管理处罚法等9部法律草案提出1282条意见建议，对十四届全国人大常委会立法需求和立法工作提出意见建议480条。通过的相关法律和全国人大常委会立法规划中，95条意见建议被采纳。配合市人大对《北京市建筑绿色发展条例（草案）》《北京市乡村振兴促进条例（草案）》等法规草案开展意见征求工作，收集并反馈意见建议296条。　（路应涛）

【学习考察】 2023年，区人大常委会主任、副主任带队到6个省（直辖市）学习考察。5月，区人大常委会副主任宝月凤带队，与部分区人大城建环保委员会委员围绕机动车停车管理工作到杭州市学习考察，听取杭州市建委、交通局、轨道交通运行和公共事业保障中心、公安交警支队等部门，在动静态交通治理方面的工作情况介绍，了解杭州市机动车停车责任体系构建情况、停车场建设政策支撑等方面情况。区人大常委会领导带队，与部分区人大常委会委员、区人大财经委员会委员以及承办议案的重点部门有关负责人围绕“国际消费中心城市主承载区建设”大会议案督办工作，到四川省成都市开展学习考察。区人大常委会领导带队，组织部分农村委委员、部分乡人大主席到成都部分区、县考察现代农业发展情况。6月，区人大常委会主任陈宏志带队，与部分常委会委员围绕基层立法联系点建设、代表家站建设、城市更新、高质量发展4个方面，到江浙沪3省（市）的4市1县调研考察，参观嘉兴科技城展示馆（智立方）、昆山基层立法联系点、苏州工业园区、上海虹桥街道基层立法联系点等17个点位，与考察点位相关负责人员座谈。区人大常委会办公室、研究室、法制办和代表联络室负责人参加。7月，区人大常委会副主任许嘉宁带队，区人大教科文卫委员会部分委员、文化专业代表小组部分成员和相关建议提出代表到西安市、洛阳市学习考察博物馆建设发展情况。　（张　萌）

【外事活动】 2023年，区人大常委会参与接待外事活动4次。7月，全国人大与各国议会联盟合作举办的第五次发展中国家议员研讨班“发展符合国情的民主制度，为国家现代化提供有力保障”专题研讨会召开，区人大常委会主任陈宏志主持会议，并围绕全过程人民民主在朝阳区实践情况进行专题讲座。8月，阿拉伯议会考察团到朝阳区南磨房地区（乡）代表之家了解人大代表之家、基层立法联络站建设等情况，考察全过程人民民主的地方实践和经验等情况。11月，区人大常委会主任陈宏志等领导在区人大机关会见日本东京都大田区议会访问团，介绍朝阳区教育、共青团及区人大常委会的相关情况。12月，蒙古国家大呼拉尔安全与对外政策常设委员会代表团到朝阳区就全过程人民民主的地方实践和经验等进行考察。考察团到南磨房地区（乡）代表之家了解人大代表之家、基层立法联络站建设等情况，观看立法征询工作专题片，参观南磨房乡史纪念馆。　（张　萌）

【人大代表构成】 2023年，朝阳区第十七届人民代表大会有代表445人。其中，男性代表262名，占58.9%；女性代表183名，占41.1%。人大代表有汉族409人、满族15人、回族10人、蒙古族4人、土家族2人、藏族1人、锡伯族1人、彝族1人、壮族1人。

（王　洋）

【信息宣传】2023年，区人大常委会编发各类信息85期，其中普刊32期、增刊19期、专报32期、参阅2期。加强工作谋划，梳理信息收集和报送大纲，确定报送亮点，提高工作针对性；健全信息网络，组织召开信息员会议，开展信息工作培训，做好工作指导，持续深化各街乡信息能力提升；全面及时展示常委会重点工作，围绕常委会重要活动、各派出机构工作动态、代表履职事迹等通过普刊增刊印发全体区人大代表，促进代表知情知政。围绕区人大亮点工作、代表意见建议通过专报报送至市人大和区委，及时向上反映区人大工作亮点和代表声音。学习新修订的全国人民代表大会常务委员会议事规则和各省市关于高质量发展召开的重要会议情况，整理形成参阅信息，为常委会工作提供参考。在宣传工作方面，朝阳人大微信公众号推送文章102期230篇，总阅读量10万余人次，刊发《朝阳人大》杂志4期，一报一台刊发专版10期，刊发新闻205条。围绕区十七届人大三次会以全景式、多层次、多角度宣传大会盛况，《朝阳人大》围绕大会刊发1期专栏。与各街乡媒体平台联动，发挥宣传矩阵作用，同步转发关于区人大常委会重要活动的报道，主动宣传人大各街道（地区）工委开展的座谈、调研、履职学习等各类活动。在《朝阳报》开设“人大街道、地区工委主任谈人大工作”专栏，43位人大街道、地区工委主任交流思想认识和工作心得。优化《朝阳人大》、朝阳人大微信公众号栏目，与各街乡建立上下联动机制，街乡活动通过微信公众号“街乡动态”栏目以及杂志的“街乡巡览”进行同步宣传。年内阅读量破千的文章27条，比上年同期增加12条，破3000次阅读量6条，单条阅读量最高3267次，公众号粉丝数比上年增长600余人，总粉丝数3300余人。

（何晓迪）

【“两个全覆盖”深化监督工作】2023年，区十七届人大常委会按照届内提出的对区政府部门工作评议和部门预算审查实现全覆盖的工作目标，继续开展政府部门工作评议和预算审查监督“两个全覆盖”工作。对区文化和旅游局、区司法局、区生态环境局、区民政局、区人力资源和社会保障局、区水务局、区金融办和区商务局8个区政府工作部门开展集中评议，对区教委、区司法局、区城市管理委、区水务局、区农业农村局、区文化和旅游局、区卫生健康委、区退役军人事务局、区市场监管局、区医保局、公安朝阳分局、区城管执法局、CBD管委会和文创实验区管委会14个部门单位开展部门预算初步审查，提出意见建议61条。

（张　萌）

【“两评”机制提升代表建议办理实效】2023年，区人大常委会发挥领衔督办、统筹督办、对口督办、跟踪督办工作体系作用，持续开展代表建议办理满意度测评、优秀代表建议评选“两评”工作，常委会主任会议研究通过《北京市朝阳区人大常委会代表建议、批评和意见办理工作满意度测评实施方案》和《北京市朝阳区人大常委会2023年度代表优秀建议评选工作方案》，评出优秀代表建议18件，代表对区政府建议办理工作满意率100%。十七届人大三次会议以来提出并交“一府两院”办理的114件代表建议和闭会期间30件建议，全部办复。关于缓解北京朝阳医院东院区周边区域交通的建议和关于垡头地区祁东、北焦家园两大居住区置换市政自来水的建议得到推动和解决。

（张　萌）

【备案审查】2023年，区人大常委会依法对区政府6件规范性文件进行备案审查，针对有关规范性文件存在的问题沟通提出意见，并向区政府相关部门反馈。

（路应涛）

【监督工作】2023年，区十七届人大常委会会议听取和审议区政府关于区十七届人大三次会议“持续深化国际消费中心城市主承载区建设，培育新消费、激发新活力，不断增强消费对经济高质量发展的驱动作用”议案办理工作方案的报告；听取和审议朝阳区人大常委会关于区十七届人大三次会议“持续深化国际消费中心城市主承载区建设，培育新消费、激发新活力，不断增强消费对经济高质量发展的驱动作用”议案督办工作方案的报告；听取和审议朝阳区2023年预算调整方案草案的报告，审查和批准2023年预算调整方案；听取区政府关于2022年环境状况和环境保护目标完成情况的报告；书面审议区人大常委会法制办公室关于2022年规范性文件备案审查工作情况的报告、区政府关于2022年法治政府建设情况的报告；听取和审议区政府关于“博物馆之城”建设情况的报告；听取和审议区法院关于民事审判工作情况的报告。听取和审议区法院关于民事审判工作情况的报告。决定人事任免事项。书面审议区法院关于落实区人大常委会对区法院关于开展民事诉讼程序繁简分流改革相关工作情况的报告审议意见的报告、区政府关于落实区人大常委会对全龄友好型公园建设情况的报告审议意见的报告、区政府关于落实区人大常委会对区政府关于中关村朝阳园建设情况的报告审议意见的报告和朝阳区人大常委会第十三次会议被任命人员就职报告。听取和审议区政府关于保障农村地区供水安全情况的报告；听取和审议朝阳区2023年国民经济和社会发展计划上半年执行情况的报告；朝阳区2022年预算执行和其他财政收支的审计工作报告；审查和批准朝阳区2022年财政决算；听取和审议朝阳区2023年财政预算上半年执行情况的报告、朝阳区2023年预算调整方案（草案）和政府债务管理情况的报告，审查和批准2023年预算调整方案。书面审议区政府关于落实区人大常委会关于农村集体产权制度改革情况报告的审议意见情况、朝阳区人大常委会第十四次会议被任命人员就职报告。听取和审议区政府关于促进农业发展，建设数字农业先行区、农业多功能示范区情况的报告、区检察院关于经济犯罪检察工作情况的报告、区政府关于就业工作情况的报告；听取区政府关于朝阳分区规划（国土空间规划）（2017—2035年）实施情况的报告。书面审议区检察院关于落实区人大常委会对区检察院关于开展公益诉讼检察工作情况的报告审议意见的报告、区政府关于落实区人大常委会对朝阳区人民政府关于义务教育阶段“双减”工作情况的报告审议意见的报告。听取和审议区政府关于突发公共卫生事件应急体系建设情况的报告、区政府关于实施《北京市机动车停车条例》情况的报告；听取区人大常委会执法检查组关于检查《北京市机动车停车条例》实施情况的报告；听取和审议区政府关于2022年企业国有资产管理情况的专项报告。书面审议区政府关于2022年国有资产管理情况的综合报告。听取和审议区政府关于办理区十七届人大三次会议《持续深化国际消费中心城市主承载区建设，培育新消费、激发新活力，不断增强消费对经济高质量发展的驱动作用》议案情况的报告、区政府关于《朝阳区国民经济和社会发展第十四个五年规划和二〇三五年远景目标纲要》实施情况的中期评估报告。书面审议区政府落实区人大常委会关于《高标准建设“两区”，打造对外开放新高地，推进朝阳高质量发展》议案办理情况审议意见的报告、区政府关于落实区人大常委会对区政府关于实施《北京市接诉即办工作条例》情况的报告审议意见的报告、区政府关于落实区人大常委会对区政府关于实施《北京市物业管理条例》情况的报告审议意见的报告、区政府关于落实区人大常委会对区政府关于提高农民社会保障水平情况的报告的审议意见的报告。书面审议区人大常委会第十六次会议任命人员就职报告。听取和审议2023年度朝阳区人大代表建议、批评和意见督办情况的报告，并对区政府建议办理工作进行测评；听取区政府关于落实2023年人代会、常委会关于国民经济和社会发展计划审议意见情况的报告、关于朝阳区2022年预算执行和其他财政收支审计查出问题整改情况的报告、关于落实2023年人代会、常委会关于财政预决算审议意见情况的报告。

（张　萌）

【政府工作部门评议】 2023年，区人大常委会推进区委区政府重点任务、贯彻执行人大及其常委会决议决定、落实常委会审议意见、办理代表建议、履行基层立法联系点立法意见征询对口单位职责、服务对象满意度等重点内容，区人大常委会对区文化和旅游局、区司法局等8个政府部门开展工作评议，评议结果均为“好”，并向区委报告，向区政府反馈。（张　萌）

【专题询问】 2023年，区人大常委会将区政府“博物馆之城”建设、“保障农村地区供水安全”以及区政府突发公共卫生事件应急体系建设情况列为重要议题进行监督，共开展专题询问3次。6月，区人大常委会召开对区政府“博物馆之城”建设情况专题询问会，听取报告。与会部分区人大常委会委员围绕朝阳区“博物馆之城”建设的发展思路、工作统筹联动、体系构建、社会功能实现、服务区域经济助力高质量发展、扶持保障政策等方面问题进行询问。区政府相关部门负责人现场解答。区人大常委会主任陈宏志等领导，部分常委会委员出席会议。部分区人大教科文卫委员会委员和常委会聘任的专家顾问列席会议。副区长带队，区政府办、教委、财政局、商务局等7个政府部门负责人到会接受询问。8月，区人大常委会就区政府“保障农村地区供水安全”情况开展专题询问。会议听取区政府关于朝阳区保障农村地区供水安全工作情况的汇报。与会的委员代表们重点围绕农村地区供水安全的发展目标和任务、自备井置换推进情况、自备井水质和安全保障、供水设备的维护升级、扶持保障资金支持、农村地区供水队伍配备等方面问题进行询问。区政府相关部门负责人现场回应并解答。区人大常委会主任陈宏志等领导，部分区人大常委会委员，农村委员会委员出席会议。副区长以及区政府相关职能部门负责人到会汇报、回答询问。9月，区人大常委会就区政府突发公共卫生事件应急体系建设情况开展专题询问。会议听取区政府关于朝阳区突发公共卫生事件应急体系建设情况的汇报。与会部分区人大常委会委员围绕体系建设中的统筹调动、监测预警、医疗救治、人才培养等情况以及工作开展中遇到的瓶颈、难点和制约因素等方面的问题进行询问。区政府相关部门负责人现场解答。（张　萌）

【代表工作】 2023年，区人大常委会制定“人大制度进党校”和代表政治培训工作方案，举办区人大代表首期政治培训班，43名区人大代表参加。组织区人大代表集中履职培训班，区代表和人大工作者398人参加。各专委会组织代表开展小规模专业培训。每季度通过手机端“朝阳人大移动平台”，将区人大常委会有关文件资料和代表参加培训的体会推送至“履职资讯”等栏目，供代表们学习查阅。区十七届人大三次会议期间，代表依法提出建议、批评和意见114件，其中交由区政府研究办理的112件、交由区法院办理的2件。超出朝阳区职权范围，转交市级有关部门研究解决14件。推进代表建议“内容高质量、办理高质量”，评选出优秀建议18件，对区政府建议办理整体工作开展满意度测评，加强办理结果监督，代表对建议办理满意率100%。整理《2023年度办理代表建议答复承诺解决事项清单》，梳理2023年区政府承诺解决事项清单，并对清单进行分析，交各专门委员会对口督办。组织2023年代表建议“回头看”跟踪督办工作。召开“双月”代表座谈会6次，重点围绕区人大常委会工作及重点审议议题工作，听取45名代表的意见建议。召开代表工作会，通报区人大常委会2023年代表工作计划，重点部署6个方面18项工作。制定《朝阳区人大常委会2023年代表之家、代表工作室和代表联络站网上平台工作安排》，结合主题教育，按照“月进站、季回家、年述职”目标要求，加强调研检查，开展分类指导，推进全区代表家站工作。依托代表之家组织代表开展学习交流、立法意见征集等活动，开展情况通报、学习交流、职能部门见面、立法意见征集等活动453次，851余人次代表到代表联络站接待选民1869人次，代表联络站网上平台收到选民留言1041条，活动剪影板块上传人大代表相关活动信息1003条，征求意见建议514条。编制《践行全过程人民民主　朝阳人大代表在行动——2023年朝阳区人大代表履职风采》宣传区代表的履职事迹，制作《朝阳区人大常委会代表工作手册》。组织开展“学思想、强履职、促发展”代表集中联系选民主题月活动。1521名2347人次市、区、乡代表到家站，围绕区委中心工作、区政府重点工作和区人大常委会2023年涉及民生的议案办理、议题审议等内容，听取代表和选民群众的意见建议，组织各类活动425次，接待市民群众4746人次，征集各类意见建议6500余条。组织开展代表会前集中视察活动，364名市、区代表围绕10个专题，对13个视察点位进行会前集中视察。完成市人代会期间朝阳团服务保障工作。完成闭会期间市代表履职服务保障工作，服务保障32名新当选基层代表参加市人大履职学习轮训班4期。组织开展市代表年中集中活动和会前活动，邀请市代表参加区人大常委会的各项活动，组织活动21次，265人次市人大代表参加。依法补选15名区人大代表。

（王　洋）

【信息宣传】2023年，区人大常委会编发各类信息85期，其中普刊32期、增刊19期、专报32期、参阅2期。朝阳人大微信公众号推送文章102期230篇，总阅读量超过10万次。刊发《朝阳人大》杂志4期，一报一台刊发专版10期，刊发新闻205条。（张　萌）

【党建暨人大工作会】3月，区人大常委会召开2023年党建暨人大工作会。区人大常委会党组书记、主任陈宏志出席会议并讲话，区人大常委会领导出席。区人大常委会全体机关干部在主会场参加会议，区人大常委会各街道（地区）工委主任、副主任以及街乡人大工作者在各分会场参加会议。陈宏志强调四点意见：以政治建设为统领，夯实为全区高质量发展贡献人大力量的政治基础；以依法高效为目标，积极推动全过程人民民主的朝阳实践；以提升能力为重点，强化人大代表同人民群众的密切联系；以自身建设为保障，全面提升人大工作质量和水平。

【人大工作研究会】8月，朝阳区第二届人大工作研究会第一次会员大会召开，区人大常委会领导主持会议，区人大常委会主任陈宏志出席会议，研究会领导及全体研究会会员参加会议。大会审议并通过理事会工作报告、研究会财务情况报告和监事会工作报告，修订研究会章程，并选举产生新一届研究会会长、副会长、秘书长、理事、监事长及监事。新当选研究会会长苑文新致辞。陈宏志对研究会的工作给予肯定。

【坚持和完善人大制度重要思想交流会】10月，区人大常委会召开学习贯彻习近平总书记关于坚持和完善人民代表大会制度的重要思想第五次交流会。区人大常委会党组书记、主任陈宏志出席会议并指出，坚持以学铸魂，在深学细悟中筑牢思想根基；坚持以学增智，在融会贯通中提升能力本领；坚持以学正风，在求真务实中淬炼过硬作风；坚持以学促干，在担当作为中彰显制度优势。把习近平新时代中国特色社会主义思想作为人大工作的科学指引和行动指南，坚持和完善好人民代表大会这一根本政治制度。把握职责定位，进一步发挥全过程人民民主的制度载体作用。服务中心大局，为中国式现代化的朝阳实践提供有力有效的民主法治保障。以法治方式推进朝阳治理体系和治理能力现代化，保障宪法法律在朝阳区全面贯彻实施。高标准建设全国人大基层立法联系点，不断增强监督的刚性和实效，发挥代表主体作用，发挥好代表之家、代表联络站的基础性作用，把人大民主民意表达平台载体的工作做实做细。加强政治建设、能力建设、调查研究，加强统筹谋划，形成人大工作整体合力。区人大常委会城建环保委主任、区人大三里屯街道工委主任、区人大管庄地区工委主任和区人大代表作交流发言。区人大常委会领导，区人大常委会机关驻会的常委会委员，区人大各街道（地区）工委主任，部分区人大代表、区人大工作研究会会员出席。（张　萌）

重要会议

【概况】2023年，朝阳区召开人民代表大会会议1次，区人大常委会召开常委会会议9次、常委会主任会议13次。审议议题52项，其中听取审议专项工作报告13项，听取审议计划、预算、决算、审计等报告10项。依法作出决议决定12项。任免国家机关工作人员221人次，组织宪法宣誓41人次。

【区人大常委会会议】2023年，区人大常委会召开常委会会议9次。审议议题52项。其中，听取和审议“一府一委两院”专项工作报告12项，听取和审议计划预算审计报告11项，开展执法检查1项、专题询问3项，开展规范性文件备案审查6件，依法作出决议决定12项，任免国家机关工作人员221人次，组织宪法宣誓41人次。1月10日，区十七届人大常委会举行第十一次会议，决定补选李秀领为北京市第十六届人大代表。2月23日，区十七届人大常委会举行第十二次会议，审议通过朝阳区人大常委会2023年工作要点、区人大常委会关于2023年代表建议、批评和意见办理工作的意见；听取和审议区政府关于2023年代表建议、批评和意见办理工作方案的报告、区政府关于区十七届人大三次会议“持续深化国际消费中心城市主承载区建设，培育新消费、激发新活力，不断增强消费对经济高质量发展的驱动作用”议案办理工作方案的报告，听取和审议朝阳区人大常委会关于区十七届人大三次会议“持续深化国际消费中心城市主承载区建设，培育新消费、激发新活力，不断增强消费对经济高质量发展的驱动作用”议案督办工作方案的报告；听取和审议朝阳区2023年预算调整方案草案的报告，审查和批准2023年预算调整方案；决定人事任免事项。

4月27日，区十七届人大常委会举行第十三次会议，决定人事任免事项。会议书面审议区人大常委会法制办公室关于2022年规范性文件备案审查工作情况的报告、区人民政府关于2022年法治政府建设情况的报告、区人大常委会第十二次会议任命人员的就职报告。区委副书记、区长吴小杰，区纪委区监委、区法院、区检察院以及区政府办公室负责人、区政府相关部门负责人、部分市人大代表列席会议。区人大常委会部分街道及地区工委负责人、部分区人大代表采取视频会议的形式列席会议。

6月29日，区第十七届人大常委会举行第十四次会议。会议听取和审议区政府关于“博物馆之城”建设情况的报告、区法院关于民事审判工作情况的报告。会议决定人事任免事项；书面审议区法院关于落实区人大常委会对区法院关于开展民事诉讼程序繁简分流改革相关工作情况的报告审议意见的报告、区政府关于落实区人大常委会对全龄友好型公园建设情况的报告审议意见的报告、区政府关于落实区人大常委会对朝阳区人民政府关于中关村朝阳园建设情况的报告审议意见的报告和区人大常委会第十三次会议被任命人员就职报告。

8月24日，区第十七届人大常委会举行第十五次会议。会议听取和审议区政府关于保障农村地区供水安全情况的报告；听取和审议朝阳区2023年国民经济和社会发展计划上半年执行情况的报告；听取和审议朝阳区2022年预算执行和其他财政收支的审计工作报告、审查和批准朝阳区2022年财政决算、听取和审议朝阳区2023年财政预算上半年执行情况的报告；听取和审议朝阳区2023年预算调整方案（草案）和政府债务管理情况的报告，审查和批准2023年预算调整方案。会议决定乡人大代表补选事项、区人大代表辞职及补选事项。决定区政府、区监察委员会、区法院的人事任免事项；书面审议区政府关于落实区人大常委会关于农村集体产权制度改革情况报告的审议意见情况、朝阳区人大常委会第十四次会议被任命人员就职报告。

9月28日，区第十七届人大常委会举行第十六次会议。会议听取和审议区政府关于促进农业发展，建设数字农业先行区、农业多功能示范区情况的报告；决定区人大代表辞职事项；听取和审议区检察院关于经济犯罪检察工作情况的报告；听取和审议区政府关于就业工作情况的报告；听取区政府关于朝阳分区规划（国土空间规划）（2017—2035年）实施情况的报告；决定人事任免事项；书面审议区检察院关于落实区人大常委会对区检察院关于开展公益诉讼检察工作情况的报告审议意见的报告；书面审议区政府关于落实区人大常委会对朝阳区人民政府关于义务教育阶段“双减”工作情况的报告审议意见的报告。

10月26日，区第十七届人大常委会举行第十七次会议。会议听取和审议区政府关于突发公共卫生事件应急体系建设情况的报告、关于实施《北京市机动车停车条例》情况的报告；会议听取和审议区人大常委会执法检查组关于检查《北京市机动车停车条例》实施情况的报告。听取和审议区政府关于2022年企业国有资产管理情况的专项报告，书面审议区政府关于2022年国有资产管理情况的综合报告、关于办理区十七届人大三次会议《持续深化国际消费中心城市主承载区建设，培育新消费、激发新活力，不断增强消费对经济高质量发展的驱动作用》议案情况的报告、关于《朝阳区国民经济和社会发展第十四个五年规划和二〇三五年远景目标纲要》实施情况的中期评估报告。会议审议并通过《北京市朝阳区人民代表大会常务委员会议事规则（修订草案）》《北京市朝阳区人民代表大会常务委员会组成人员守则（修订草案）》《北京市朝阳区人民代表大会常务委员会任免国家机关工作人员办法（修订草案）》；听取补选区人大代表情况报告，审议代表资格审查报告。决定乡人大代表补选事项。决定区政府、区法院的人事任免事项；书面审议区政府落实区人大常委会关于《高标准建设“两区”，打造对外开放新高地，推进朝阳高质量发展》议案办理情况审议意见的报告；区政府关于落实区人大常委会对区人民政府关于实施《北京市接诉即办工作条例》情况的报告审议意见的报告；区政府关于落实区人大常委会对区人民政府关于实施《北京市物业管理条例》情况的报告审议意见的报告以及区政府关于落实区人大常委会对区人民政府关于提高农民社会保障水平情况的报告的审议意见的报告。

11月30日，区第十七届人大常委会举行第十八次会议。会议学习贯彻习近平总书记重要讲话精神；对区文化和旅游局、区司法局、区生态环境局、区民政局、区人力资源和社会保障局、区水务局、区金融服务办公室、区商务局等8个部门开展工作评议。会议决定区监察委员会、区法院相关人事任免事项，被任命人员进行宪法宣誓；书面审议朝阳区人大常委会第十六次会议任命人员就职报告。

12月20日，区第十七届人大常委会举行第十九次会议。会议学习贯彻习近平总书记在中央经济工作会议上的重要讲话精神；讨论区人大常委会工作报告（草案）；听取区人大常委会基层立法联系点工作情况的报告；听取和审议2023年度朝阳区人大代表建议、批评和意见办理及督办情况的报告，并对区政府建议办理工作进行测评；听取区人大常委会街道、地区工作委员会2023年工作报告、市人大朝阳团代表履职情况的报告、区政府关于落实2023年人代会、常委会关于国民经济和社会发展计划审议意见情况的报告、区政府关于朝阳区2022年预算执行和其他财政收支审计查出问题整改情况的报告、区政府关于落实2023年人代会、常委会关于财政预决算审议意见情况的报告；决定区十七届人大四次会议有关事项和人事任免事项。会议决定任命：刘福泽为北京市朝阳区人民政府副区长；张冠彬为北京市朝阳区人民政府副区长；苏云华为北京市朝阳区人大常委会王四营地区工委主任；胡镔为北京市朝阳区监察委员会委员；任命贝金欣为北京市朝阳区人民检察院副检察长，检察委员会委员、检察员。

【区人大常委会主任会议】2023年，区人大常委会召开主任会议13次。1月10日，召开区十七届人民代表大会常务委员会第十五次主任会议。研究市人大代表补选事项；决定区人大常委会第十一次会议召开时间、地点、建议议题等事项。2月9日，召开十七届人民代表大会常务委员会第十六次主任会议。研究朝阳区人大常委会2023年工作要点；研究区人大常委会关于2023年代表建议、批评和意见办理工作的意见，以及区政府关于2023年代表建议、批评和意见办理工作方案的报告的有关事项；研究区人大常委会关于区十七届人大三次会议《持续深化国际消费中心城市主承载区建设，培育新消费、激发新活力，不断增强消费对经济高质量发展的驱动作用》议案督办工作方案的报告，以及区政府关于区十七届人大三次会议《持续深化国际消费中心城市主承载区建设，培育新消费、激发新活力，不断增强消费对经济高质量发展的驱动作用》议案办理工作方案的报告的有关事项；研究区人大财政经济委员会关于朝阳区2023年预算调整方案（草案）的审查结果报告。

4月12日，召开区第十七届人大常委会第十七次主任会议。会议听取区政府关于区第十七届人大第三次会议对朝阳区2022年国民经济和社会发展计划执行情况与2023年计划草案的审查意见研究处理方案的报告；听取区政府关于区第十七届人大第三次会议对朝阳区2022年财政预算执行情况和2023年财政预算草案的审查意见研究处理方案的报告、区十七届人大常委会十三次会议有关事项、区政府关于2022年度环境状况和环境保护目标完成情况的报告有关事项以及人事任免等其他事项。会议决定，区人大常委会第十三次会议召开的时间、地点、建议以及列席人员等事项。

6月8日，召开区第十七届人大常委会第十八次主任会议。会议研究区人大教育科技文化卫生委员会对区政府关于“博物馆之城”建设情况的报告的意见和建议；研究通过区人大常委会对区政府“博物馆之城”建设情况专题询问工作方案；研究区人大监察和司法委员会对区人民法院关于民事审判工作情况的报告的意见和建议。会议研究区第十七届人大常委会第十四次会议有关事项，研究人事任免等其他事项。会议决定，区第十七届人大常委会第十四次会议召开时间、地点、建议以及列席人员等事项。

6月27日，召开区第十七届人大常委会第十九次主任会议。会议研究许可对个别区人大代表采取强制措施事项、人事任免等事项，决定区人大常委会第十四次会议建议议题调整事项。8月10日，召开区第十七届人大常委会第二十次主任会议。会议研究通过区人大常委会2023年代表建议、批评和意见办理工作满意度测评实施方案以及2023年度代表优秀建议评选工作方案和区人大常委会对区政府关于保障农村地区供水安全情况专题询问工作方案。会议研究区第十七届人大常委会第十五次会议有关事项。会议决定，区第十七届人大常委会第十五次会议于8月24日召开。

8月24日，召开区第十七届人大常委会第二十一次主任会议，通过《朝阳区人大常委会关于补选朝阳区第十七届人民代表大会代表工作实施方案》。9月14日，召开区第十七届人大常委会第二十二次主任会议。会议研究通过区人大常委会对区政府关于突发公共卫生事件应急体系建设情况专题询问工作方案。年内，区人大常委会将突发公共卫生事件应急体系建设情况列入年度议题开展监督。依据《北京市朝阳区人民代表大会常务委员会专题询问暂行办法》，对朝阳区突发公共卫生事件应急体系建设情况开展专题询问。会议研究区人大常委会第十六次会议有关事项。研究区人大监察和司法委员会对区检察院关于经济犯罪检察工作情况的报告的意见和建议；研究区人大城市建设环境保护委员会对区政府关于朝阳分区规划（国土空间规划）（2017—2035年）实施情况的报告的意见和建议；研究区人大社会建设委员会对区政府关于就业工作情况的报告的意见和建议；研究区人大农村委员会对区政府关于促进农业发展，建设数字农业先行区、农业多功能示范区情况的报告的意见和建议；研究人事任免等其他事项。会议决定，区第十七届人大常委会第十六次会议于9月28日举行。

9月25日，召开区第十七届人大常委会第二十三次主任会议。会议研究个别区人大代表辞职事项，决定区人大常委会第十六次会议建议议题调整事项。10月12日，召开区第十七届人大常委会第二十四次主任会议。研究区第十七届人大常委会第十七次会议有关事项；研究区人大教育科技文化卫生委员会对区政府关于突发公共卫生事件应急体系建设情况的报告的意见和建议、区人大常委会执法检查组关于检查《北京市机动车停车条例》实施情况的报告、乡人大代表补选事项、区人大财政经济委员会对区政府关于办理区十七届人大三次会议“持续深化国际消费中心城市主承载区建设，培育新消费、激发新活力，不断增强消费对经济高质量发展的驱动作用”议案情况的报告的意见和建议、区人大财政经济委员会对区政府关于《北京市朝阳区国民经济和社会发展第十四个五年规划和二〇三五年远景目标纲要》实施情况的中期评估报告的意见和建议，以及区人大财政经济委员会对区政府关于《朝阳区人民政府关于2022年度国有资产管理情况的综合报告》和《朝阳区人民政府关于2022年度企业国有资产管理情况的专项报告》的意见和建议。会议研究《北京市朝阳区人民代表大会常务委员会议事规则（修订草案）》《北京市朝阳区人民代表大会常务委员会组成人员守则（修订草案）》《北京市朝阳区人民代表大会常务委员会人事任免办法（修订草案）》，研究人事任免和书面审议事项。会议决定，区第十七届人大常委会第十七次会议于10月26日召开。

10月23日，召开区第十七届人民代表大会常务委员会第二十五次主任会议，研究代表资格审查委员会关于代表资格的审查报告，人事任免事项；决定区人大常委会第十七次会议建议议题调整事项。11月14日，召开区第十七届人大常委会第二十六次主任会议，研究区人大教科文卫委员会对区文化和旅游局工作的初步评议意见、区人大监察和司法委员会对区司法局工作的初步评议意见、区人大城建环保委员会对区生态环境局工作的初步评议意见、区人大社会建设委员会对区民政局工作的初步评议意见、区人大社会建设委员会对区人力资源和社会保障局工作的初步评议意见、区人大农村委员会对区水务局工作的初步评议意见、区人大财政经济委员会对区金融办工作的初步评议意见、区人大财政经济委员会对区商务局工作的初步评议意见；研究人事任免事项和书面审议有关事项。会议决定区人大常委会第十八次会议召开的时间、地点、建议议题及列席人员等事项。

12月7日，召开区第十七届人大常委会第二十七次主任会议。会议研究区人大常委会工作报告（草案）、区人大常委会2024年工作要点（草案）、区人大常委会基层立法联系点工作情况报告；研究通过2023年度优秀代表建议、批评和意见评选结果，区人大常委会关于2023年度朝阳区人大代表建议、批评和意见督办情况的报告，并对区政府建议办理工作进行测评事项，研究“听取区人大常委会街道、地区工作委员会2023年工作报告”“听取市人大朝阳团代表履职情况”“听取朝阳区政府落实2023年人代会、常委会关于国民经济和社会发展计划审议意见情况的报告”“听取朝阳区政府关于朝阳区2022年预算执行和其他财政收支审计查出问题整改情况的报告”“听取朝阳区政府落实2023年人代会、常委会关于财政预决算审议意见情况的报告”等有关事项，研究区十七届人大四次会议有关事项：区十七届人大四次会议召开时间、议程、召集人名单、主席团和秘书长建议名单、议案审查委员会建议名单、列席人员，研究人事任免事项，研究拟任命人员宪法宣誓工作方案。会议决定区人大常委会第十九次会议召开时间、地点、建议议题及列席人员等事项。

（张　萌）

【区人民代表大会会议】 1月4日至6日，朝阳区召开第十七届人民代表大会第三次会议。会议期间，召开3次主席团会、2次全体会议。会议听取和审议《朝阳区人民政府工作报告》《朝阳区人大常委会工作报告》《朝阳区人民法院工作报告》《朝阳区人民检察院工作报告》，审查和批准《朝阳区2022年国民经济和社会发展计划执行情况与2023年国民经济和社会发展计划》《朝阳区2022年预算执行情况和2023年财政预算》，表决通过《北京市朝阳区人民代表大会议事规则》。

人事任免

【概况】 2023年，区人大常委会依法行使人事任免权，依法任免国家机关工作人员221人次。

【人事任免事项】 2月23日，区十七届人大常委会第十二次会议决定：任命韩蓉蓉为北京市朝阳区人大常委会麦子店街道工委副主任；免去杨晓昇北京市朝阳区人大常委会望京街道工委主任职务 。任命杨晓昇为北京市朝阳区民政局局长；刘佳为北京市朝阳区商务局局长；杨炳章为北京市朝阳区信访办公室主任。免去刘佳北京市朝阳区科学技术和信息化局局长职务；陈庆华北京市朝阳区商务局局长职务；易湘林北

▲ 1月4日至6日，北京市朝阳区第十七届人民代表大会第三次会议召开 （贺舒川 摄）

京市朝阳区信访办公室主任职务。

4月27日，区十七届人大常委会第十三次会议决定：接受崔小浩辞去北京市朝阳区人民政府副区长的请求；任命聂杰英为北京市朝阳区人民政府副区长；冯少静为北京市朝阳区科学技术和信息化局局长；易湘林为北京市朝阳区市场监督管理局局长；李海莲为北京市朝阳区房屋管理局局长；孙玉辉为北京市朝阳区审计局局长；王冬岩为北京市朝阳区政务服务管理局局长。免去：刘立新北京市朝阳区市场监督管理局局长职务；吴熙盛北京市朝阳区房屋管理局局长职务；战春燕北京市朝阳区审计局局长职务；王庆丰北京市朝阳区政务服务管理局局长职务。任命张中华为北京市朝阳区人大常委会安贞街道工委主任；吴晓曼为北京市朝阳区人大常委会香河园街道工委主任；倪遥远为北京市朝阳区人大常委会六里屯街道工委主任；李霄为北京市朝阳区人大常委会麦子店街道工委主任；陈栋为北京市朝阳区人大常委会望京街道工委主任；王庆丰为北京市朝阳区人大常委会东湖街道工委主任；张晓宁为北京市朝阳区人大常委会南磨房街道工委主任；兰澎为北京市朝阳区人大常委会来广营地区工委主任；张继明为北京市朝阳区人大常委会孙河地区工委主任；李红星为北京市朝阳区人大常委会信访办公室主任（副主任，试用期一年）。免去：易湘林北京市朝阳区人大常委会安贞街道工委主任职务；谷雨北京市朝阳区人大常委会东湖街道工委主任职务；董云增北京市朝阳区人大常委会香河园街道工委主任职务；时春岗北京市朝阳区人大常委会六里屯街道工委主任职务；刘晓玲北京市朝阳区人大常委会麦子店街道工委主任职务；于建国北京市朝阳区人大常委会南磨房地区工委主任职务；张晓宁北京市朝阳区人大常委会孙河地区工委主任职务；王刚北京市朝阳区人大常委会来广营地区工委主任职务；李娟北京市朝阳区人大常委会信访办公室主任（副处级）职务；马凯北京市朝阳区人大常委会团结湖街道工委副主任职务；李海莲北京市朝阳区人大常委会六里屯街道工委副主任职务；张健北京市朝阳区人大常委会小关街道工委副主任职务。任命：迟翔宇为北京市朝阳区监察委员会委员。免去：李响北京市朝阳区监察委员会委员职务；周滢北京市朝阳区监察委员会委员职务。任命：白星晖为朝阳区人民法院民事审判一庭副庭长；杨阳为朝阳区人民法院民事审判四庭副庭长；张妍为朝阳区人民法院王四营人民法庭副庭长；王乐为朝阳区人民法院酒仙桥人民法庭副庭长；陈一铮为朝阳区人民法院望京人民法庭副庭长；蔡峰为朝阳区人民法院南磨房人民法庭副庭长；欧阳华为朝阳区人民法院民事审判四庭副庭长；张璐为朝阳区人民法院综合审判庭（未成年人案件审判庭）副庭长；付瑞洁为朝阳区人民法院立案庭（诉讼服务中心）副庭长；尹航为朝阳区人民法院立案庭（诉讼服务中心）副庭长；商登煜为朝阳区人民法院刑事审判庭副庭长；宋晓佩为朝阳区人民法院王四营人民法庭副庭长；李青为朝阳区人民法院温榆河人民法庭副庭长；杨静为朝阳区人民法院奥运村人民法庭副庭长；梁远为朝阳区人民法院奥运村人民法庭副庭长；魏慧彪为朝阳区人民法院望京人民法庭副庭长；马娇、王向明、王丽娜、王菁璐、王璐、龙泉、田芬、冯晓雪、权成子、刘会霞、刘杰、刘菁菁、杜筱、李亚辉、李兵、李爽、李想、杨洁、杨恩义、杨晶、何方、张子茹、张元元、张君斓、陈曦、周剑彬、赵帛妍、赵晓琳、秦彬、柴旭、柴松、徐可卉、曹秦云、彭佳好、韩迪、谢青云、谢雨佳、綦婷婷、蔡传磊、戴玥为朝阳区人民法院审判员。免去：徐娟朝阳区人民法院立案庭（诉讼服务中心）副庭长职务；白星晖朝阳区人民法院酒仙桥人民法庭副庭长职务；杨阳朝阳区人民法院立案庭（诉讼服务中心）副庭长职务；张妍朝阳区人民法院综合审判庭（未成年人案件审判庭）副庭长职务；王乐朝阳区人民法院王四营人民法庭副庭长职务；陈一铮朝阳区人民法院王四营人民法庭副庭长职务；蔡峰朝阳区人民法院奥运村人民法庭副庭长职务；欧阳华朝阳区人民法院民事审判一庭副庭长职务；孙茜倩朝阳区人民法院望京人民法庭副庭长职务；宋佳、李轶凡、孟祥利、于爱华、闫伟伟朝阳区人民法院审判员职务。任命：王爱强、刘子璐、张梦、黄敏为北京市朝阳区人民检察院检察员。免去：王星、王莉、王巍、宁军利、许宁、李小倩、李长林、李晓辉、张政涛、林芝、席瑞冰、董倚铭、靳海平北京市朝阳区人民检察院检察员职务。

6月29日，北京市朝阳区第十七届人民代表大会常务委员会第十四次会议决定：接受孟锐辞去北京市朝阳区人民政府副区长职务的请求，并报北京市朝阳区第十七届人民代表大会备案。任命：杜磊为北京市朝阳区人大常委会小红门地区工委主任；刘星川为北京市朝阳区人大常委会六里屯街道工委副主任；李尧星为北京市朝阳区人大常委会团结湖街道工委副主任；秦冉为北京市朝阳区人大常委会小关街道工委副主任；金亚静为北京市朝阳区人大常委会王四营地区工委副主任；刘建军为北京市朝阳区人大常委会崔各庄地区工委副主任；贾哲为北京市朝阳区人大常委会将台地区工委副主任；刘芳为北京市朝阳区人大常委会孙河地区工委副主任；石柏林为北京市朝阳区人大常委会管庄地区工委副主任。免去：王小红北京市朝阳区人大常委会小红门地区工委主任职务；邢志新北京市朝阳区人大常委会王四营地区工委副主任职务；金亚静北京市朝阳区人大常委会南磨房地区工委副主任职务；苑拓北京市朝阳区人大常委会崔各庄地区工委副主任职务；刘建军北京市朝阳区人大常委会将台地区工委副主任职务；贾哲北京市朝阳区人大常委会孙河地区工委副主任职务。任命：任超为北京市朝阳区人民政府副区长；林琳为北京市朝阳区人民政府外事办公室主任；吴冰为北京市朝阳区国防动员办公室主任；马红杰为北京市规划自然资源委员会朝阳分局局长。免去：陶黎黎北京市朝阳区人民政府外事办公室主任职务；任超北京市规划自然资源委员会朝阳分局局长职务。任命：胡晶钰为朝阳区人民法院综合审判庭（未成年人案件审判庭）庭长；张健为朝阳区人民法院酒仙桥人民法庭庭长；王敏为朝阳区人民法院民事审判四庭庭长；吴彬为朝阳区人民法院立案庭（诉讼服务中心）庭长；刘砺兵为朝阳区人民法院刑事审判庭庭长；郑瑞涛为朝阳区人民法院行政审判庭庭长；欧阳华为朝阳区人民法院双桥人民法庭庭长；吴克孟为朝阳区人民法院温榆河人民法庭庭长；李金雷为朝阳区人民法院望京人民法庭庭长。免去：殷兵朝阳区人民法院执行第一庭庭长职务；胡晶钰朝阳区人民法院审判监督庭庭长职务；张健朝阳区人民法院执行第二庭庭长职务；王敏朝阳区人民法院望京人民法庭庭长职务；吴彬朝阳区人民法院酒仙桥人民法庭庭长职务；刘砺兵朝阳区人民法院刑事审判庭副庭长职务；郑瑞涛朝阳区人民法院行政审判庭副庭长职务；欧阳华朝阳区人民法院民事审判四庭副庭长职务；吴克孟朝阳区人民法院民事审判一庭副庭长职务；蔡峰朝阳区人民法院南磨房人民法庭副庭长职务；孙茜倩、万兵、崔树磊、黄伟、许萌朝阳区人民法院审判员职务。任命：刘荣、张恺、张欣为北京市朝阳区人民检察院检察委员会委员。免去：王辉、林华、庞玮、秦梁、贾晓文、董彬北京市朝阳区人民检察院检察员职务。

8月24日，北京市朝阳区第十七届人民代表大会常务委员会第十五次会议决定：免去：于良佐北京市朝阳区监察委员会副主任职务。任命：孙善户为朝阳区人民法院审判员。免去：李珑朝阳区人民法院民事审判四庭副庭长、审判员职务；崔琳毅朝阳区人民法院审判员职务；罗森朝阳区人民法院审判员职务；罗丽朝阳区人民法院审判员职务。

9月28日，北京市朝阳区第十七届人民代表大会常务委员会第十六次会议决定：接受李欣辞去北京市朝阳区人民政府副区长职务的请求，并报北京市朝阳区第十七届人民代表大会备案。任命：闫立春为北京市朝阳区人大常委会和平街街道工委主任；曾林为北京市朝阳区人大常委会小关街道工委主任；陈鹏为北京市朝阳区人大常委会太阳宫地区工委主任；张昕为北京市朝阳区人大常委会平房地区工委主任。免去：秦涛北京市朝阳区人大常委会和平街街道工委主任职务；洪广欣北京市朝阳区人大常委会小关街道工委主任职务；李华北京市朝阳区人大常委会太阳宫地区工委主任职务；蒋东燕北京市朝阳区人大常委会平房地区工委主任职务。任命：贾恩松为北京市朝阳区人民政府国有资产监督管理委员会主任；陈伟为北京市朝阳区文化和旅游局局长；郝宝刚为北京市朝阳区园林绿化局局长。免去：贾恩松北京市朝阳区文化和旅游局局长职务；王春增北京市朝阳区园林绿化局局长职务。任命：赵杰为北京市朝阳区监察委员会委员。

10月26日，北京市朝阳区第十七届人民代表大会常务委员会第十七次会议决定：接受朱冰辞去北京市朝阳区人民政府副区长职务的请求，并报北京市朝阳区第十七届人民代表大会备案。任命：刘黎为朝阳区人民法院副院长。免去：毛力朝阳区人民法院副院长、审判委员会委员、审判员职务；齐晓丹朝阳区人民法院副院长、审判委员会委员、审判员职务；王辉朝阳区人民法院审判员职务；高风祥朝阳区人民法院审判员职务；李一可朝阳区人民法院审判员职务。

11月30日，北京市朝阳区第十七届人民代表大会常务委员会第十八次会议举行：任命段晓娟为北京市朝阳区监察委员会副主任，周维琦为朝阳区人民法院副院长。免去：李书香朝阳区人民法院人民陪审员职务；张晓明朝阳区人民法院审判员职务。北京市朝阳区第十七届人大常委会第十九次会议决定任命：刘福泽、张冠彬为北京市朝阳区人民政府副区长；苏云华为北京市朝阳区人大常委会王四营地区工委主任，符青远为北京市朝阳区人大常委会双井街道工委副主任，焦成志为北京市朝阳区人大常委会南磨房地区工委副主任，田秀青为北京市朝阳区人大常委会金盏地区工委副主任，刘双库为北京市朝阳区人大常委会豆各庄地区工委副主任。免去：郝宝刚北京市朝阳区人大常委会王四营地区工委主任职务，郭孟北京市朝阳区人大常委会双井街道工委副主任职务，吕志北京市朝阳区人大常委会豆各庄地区工委副主任职务；任命：胡镔为北京市朝阳区监察委员会委员；免去：李英辉、宇凤北京市朝阳区监察委员会委员职务；任命：贝金欣为北京市朝阳区人民检察院副检察长、检察委员会委员、检察员（挂职期一年）。

（张　萌）

议案办理和信访受理

【概况】 2023年，朝阳区十七届人大三次会议将涉及“国际消费中心城市主承载区”建设方面的7件议案合并，确立“持续深化国际消费中心城市主承载区建设，培育新消费，激发新活力，不断增强消费对经济高质量发展的驱动作用”的议案。区人大常委会把议案督办作为推动经济恢复性增长、促进发展提质升级的重要抓手。坚持高位统筹，成立议案督办工作组，召开议案办理推进会，建立协同联动机制。聚焦优质资源要素聚集、科技文化与消费融合、市场环境营造、政策制度创新、商圈建设5个方面督办重点，组织人大代表到三里屯太古里、西店记忆文创小镇等地，开展6轮视察座谈，210人次代表参加活动，收集意见建议230余条。议案督办工作取得成效，推动促消费工作持续提升，朝阳区社会消费品零售额总量和增量贡献率始终居全市首位。

（张　萌）

【议案督办】 2023年，区人大常委会查阅中央及相关省、市、区关于促消费的各项政策和建设国际消费中心城市的工作方案，与委员、代表及相关政府部门沟通研讨形成议案督办工作方案及调研、座谈等具体工作安排。

组织部分常委会委员、财经委委员及议案重点承办部门有关负责人等到成都，考察国际消费中心城市建设。坚持既看问题也看成绩，既看传统行业也看创新业态等原则，多层次了解朝阳区议案办理的整体情况。听取各方意见，通过“代表集中联系选民月”“‘双月’代表座谈会”征集代表、选民意见建议230余条。深化与第三方专家机构合作，围绕“国际消费中心城市主承载区建设”开展课题研究，形成研究报告。（张　铮）

【信访受理】 2023年，区人大常委会受理各类信访232件次，比上年下降13%。其中，来访85批次116人，比上年下降17%；来信147件，比上年下降11%。办理区人大常委会领导信访件20件，比上年下降20%。（李　娟）

代表活动

【概况】 2023年，区人大常委会注重代表工作能力建设，促进代表更好依法履职，发挥代表在践行全过程人民民主中的重要作用。落实代表履职培训五年规划，细化年度培训计划，组织代表线下全员集中培训，推进代表履职能力提升。利用信息化平台，促进代表知情之政；以“践行全过程人民民主、代表在行动”为主题，将代表履职事迹汇编成册，营造相互学习共同提高良好氛围；夯实履职阵地，深化“双联系”机制，发挥代表履职“家站网”阵地作用，依托代表家站平台，组织联系选民，调研座谈等活动，密切代表与选民联系；固化代表建议意见反馈机制，强化市区乡代表联动机制，发挥三级代表联动作用，推动提升代表建议办理实效；加强市人大朝阳团代表的服务保障工作。（张　萌）

【“双月”代表座谈会】 2023年，区人大常委会召开“双月”代表座谈会6次。区人大常委会主任陈宏志等领导到街、乡代表之家，围绕区人大常委会工作、代表工作及如何推动年度工作落实情况、“博物馆之城”建设情况、2022年度环境状况和环境保护目标完成情况，结合区人大常委会审议的“关于保障农村地区供水安全情况”“关于就业工作情况”等议题以及《持续深化国际消费中心城市主承载区建设，培育新消费、激发新活力，不断增强消费对经济高质量发展的驱动作用》议案办理情况等听取代表意见建议。（王　洋）

【“双联系”机制密切代表与选民联系】 2023年，区人大常委会推进代表之家、代表联络站及网上平台常态化、制度化、规范化运行。依托代表家站工作平台，组织联系选民、调研座谈等活动1285次，3600余人次代表接待选民2万余人。1501名市区乡三级人大代表、4700余名选民群众参加“代表集中联系选民主题月”活动，组织集中座谈、视察调研等活动425次，收集意见建议1200余条。召开“双月”代表座谈会，与45名代表面对面沟通交流。邀请20名市代表、171名区代表列席区人大常委会会议。固化代表意见建议反馈机制，将代表意见以专报等形式直报区委、反馈区政府。围绕全区重点工作任务，组织376名市区人大代表参加会前集中视察，在“三八”妇女节、教师节等节点组织主题活动。深化代表向选民述职制度，166名代表当面述职，全体代表提交书面述职报告。（张　萌）

【区人大代表首期政治培训班】 3月27日至29日，区人大常委会在区委党校举办区人大代表首期政治培训班，43名区人大代表参加培训。区人大常委会相关领导出席开班仪式并作动员。全国人大常委会机关和北京市委党校相关领域专家教授围绕学习贯彻党的二十大精神和全国两会精神，结合贯彻“中央人大工作会议精神，坚持和完善人民代表大会制度”“发展全过程人民民主，保证人民当家作主”等内容进行专题辅导。培训采取集中授课、分组讨论与集中自学相结合的方式。培训期间，组织代表自学全国两会精神，习近平关于坚持和完善人民代表大会制度的重要思想和中央、市委、区委人大工作会议学习材料。（张　萌）

【区人大代表履职培训班】 4月23日至25日，区人大常委会举办为期三天的2023年区人大代表履职培训班，区人大常委会主任陈宏志作开班动员。区人大常委会将政治培训作为代表培训“第一课程”，邀请中共中央党校教授围绕深入学习习近平新时代中国特色社会主义思想和党的二十大精神作辅导报告。中国文物学会会长、中央文史研究馆特约研究员、公共博物院学术委员会主任单霁翔讲解博物馆发展方向和目标，帮助代表了解朝阳区内博物馆资源整体发展情况。市人大常委会领导围绕代表履职发挥作用，审议报告，提出议案建议等方面授课辅导。法检“两院”的负责人分别介绍各自部门的工作职能和相关情况，部分代表分享履职经验。参会代表以代表团为单位，分组学习、讨论学习体会收获、个人履职情况及推进常委会工作建议等。区人大代表和人大工作者400余人参加培训。（张　萌）

【区人大代表集中活动】 7月20日，区人大常委会开展区人大代表年中集中活动，听取区政府2023年上半年朝阳区经济社会发展情况通报和区人大常委会上半年工作通报。区委副书记、区长吴小杰，区人大常委会主任陈宏志等领导出席。吴小杰通报区政府2023年上半年工作。陈宏志通报区人大常委会2023年上半年工作。会后，区人大代表分团讨论区政府、区人大上半年工作，并提出意见建议。12月28日，区人大常委会在北京国际会议中心二层第二会议厅开展朝阳区第十七届人大第四次会议会前代表集中活动。会上，传达中共北京市委十三届四次全会精神和朝阳区委十三届七次全会精神。代表们听取区政府关于办理区十七届人大三次会议议案情况及代表建议、批评和意见情况汇报，通报2023年度代表建议办理满意度测评情况及优秀代表建议、批评和意见评选情况。部分市人大朝阳团代表报告履职情况。区人大常委会主任陈宏志主持，区委和区人大常委会相关领导出席。区法院、区检察院主要领导以及全体区人大代表参加活动。分团会议上，各代表团按照会议安排推选各代表团团长，讨论区第十七届人大第四次会议议程（草案）、大会主席团和秘书长名单（草案）、议案审查委员会名单（草案）。代表们讨论准备提请区第十七届人大第四次会议审议的区政府工作报告、区国民经济和社会发展报告、区财政报告、区人大常委会工作报告、区人民法院工作报告、区人民检察院工作报告等各项工作报告（草案），并提出意见建议。会议部署征集代表询问活动意向事项，推荐参加专题座谈会代表，传达关于向区第十七届人大第四次会议提出议案及建议、批评和意见的注意事项。

（张　萌）

【市人大朝阳团代表会前集中活动】 7月24日，市人大朝阳团开展代表年中集中活动。活动以习近平新时代中国特色社会主义思想为指导，全面贯彻落实党的二十大精神，贯彻落实中央人大工作会议和市委第六次人大工作会议精神。会议传达学习市委十三届三次全会精神，通报市人大常委会2023年上半年工作情况和下半年工作安排。书面通报朝阳区2023年上半年经济社会发展情况和下半年工作安排。在分组讨论中，征求代表对市人大常委会各项工作的意见，代表们围绕立法、监督、代表工作等内容交流，提出意见建议。市人大常委会领导出席。区人大常委会主任陈宏志主持，区委副书记、区长吴小杰，区人大常委会相关领导参加。

（张　萌）

【读书班活动】 8月2日至4日，区人大常委会举办为期三天的常委会组成人员读书班。邀请中央党校、国防大学和全国人大常委会办公厅研究室专家，围绕中国式现代化、国家安全形势和中美关系及全过程人民民主和常委会组成人员履职等内容做专题辅导报告。组成人员实地考察调研延庆区东奥场馆赛后利用及管理情况，自学北京市深入学习运用“浦江经验”工作方案、习近平总书记视察北京历次讲话精神和近期重要讲话精神，围绕学习贯彻习近平总书记系列重要讲话精神，以及市委、区委全会精神，常委会组成人员履职以及推进此届常委会全面工作等方面讨论交流。区人大常委会主任陈宏志出席并作开班动员，区人大常委会领导及常委会委员参加读书班。陈宏志要求：常委会组成人员要把政治要求作为第一要求，要认真履行常委会组成人员责任，按时出席会议，积极参加活动，严守工作纪律，在工作和生活各方面发挥模范带头作用。要把联系群众作为基本功夫。要把高效履职作为人大工作的价值追求。加强调查研究，发挥专业优势，多提建设性意见。提升审议质量，要以担当作为的作风推动全年任务圆满完成。

（张　萌）

【“代表集中联系选民月”活动】 8月，区人大常委会开展“学思想、强履职、促发展”代表集中联系选民主题月活动。区人大常委会各街道、地区工委组织各地区市、区、乡三级人大代表参加人大代表之家、代表联络站及代表联络站网上平台联系选民活动，围绕区委中心工作、区政府重点工作和区人大常委会2023年涉及民生的议案办理、议题审议等内容，听取代表和选民群众的意见建议。区人大常委会主任陈宏志，区人大常委会领导分别参加所在街乡联系选民活动。区人大常委会委员全员参加。有61位市人大代表、380位区人大代表、1080位乡人大代表，共1521名2347人次代表参加活动，组织代表集中座谈91次，视察调研44次、代表进站联系选民290次，4746位选民参加活动，收集意见建议1727条，代表联络站网上平台收集意见建议375条。收集关于“十四五”规划实施情况监督意见的调查问卷2127份、关于《北京市机动车停车条例》实施情况的调查问卷2200份，形成会下建议18条。（王　洋）

专门委员会

【概况】 2023年，区人大常委会设监察和司法委员会、社会建设委员会、财政经济工作委员会、城建环保工作委员会、教科文卫工作委员会、农村工作委员会6个专门委员会。各专门委员会根据工作职责，强化专委会督办功能，将建议督办与议题调研、代表视察、执法检查相结合，提高建议督办针对性和专业性。（张　萌）

【监察和司法委员会】 2023年，监察和司法委员会（扩大）会议召开4次，审议议题9项，完成7项区人大常委会会议议题的调研准备工作。其中，听取审议专项工作报告2项，评议政府部门工作1项，书面审议3项；督办代表建议5件；协助开展11项立法征求意见和立法调研等。加强对“一府两院”专项工作的监督。承担区人大常委会听取和审议区法院民事审判工作报告的组织实施工作；承担区人大常委会听取和审议区检察院经济犯罪检察工作报告的组织实施工作；跟踪监督区法院落实区人大常委会对区法院开展民事诉讼程序繁简分流改革相关工作情况的报告审议意见的情况，以及区检察院落实区人大常委会对区检察院开展公益诉讼检察工作情况的报告审议意见的情况。开展对区司法局的部门工作评议。开展对公安朝阳分局、区司法局2023年预算执行情况和2024年预算编制情况预先审查。协助市人大常委会民族宗教侨务外事办公室、法制办公室到朝阳区开展《北京市外商投资条例》立法调研。协助

市人大监察和司法委员会到朝阳区调研非机动车管理工作等。　（路应涛）

【财政经济工作委员会】2023年，财政经济工作委员会完成区人代会议题2项、常委会议题18项、主任会议题4项。其中，预算编制、执行、调整和决算等相关议题8项，计划编制、执行相关议题5项，审计相关议题2项，国有资产管理相关议题2项，大会议案相关议题3项，部门工作评议相关议题2项，执法检查相关议题2项。组织召开财经委员会会议9次，视察调研10次，召开座谈会12次。搭建监督平台，协调各专委会参与政府组织的民生、经济、城市管理等多次分领域评估座谈会，并邀请委员代表参与政府评估工作各主要环节。邀请区人大代表及社区居民参与监督，开展共话"十四五"规划中期评估监督活动，收集人民群众的意见建议10类145条。与第三方专家机构合作开展"十四五"中期评估课题研究。首次专门听取2023年区政府投资基本建设计划执行情况的报告。听取区统计局关于上半年重点指标完成情况和下半年经济形势预测的报告，区税务局关于上半年税收完成情况及全年收入预测情况。年中听取预防隐债机制建立情况，年底听取机制落实情况及效果。通过部门联席会、党组专题会、向区委专题报告等方式，推动政府相关部门加快推进经济社会各领域建设的同时，从思想上把严防新增隐性债务当作一项政治纪律，推动政府相关部门形成隐性债务预防工作机制。强化绩效和"双重"项目监督力度。重点聚焦为各专委会搭建监督平台、丰富监督渠道，对接区财政局，协调各专委会参与18次财政预算项目事前、事后绩效评价工作。发挥人大与审计监督合力作用。形成《关于对2023年审计监督重点的建议》并向区审计局反馈，建议审计部门纳入年度审计工作中。围绕部门工作评议和部门预算等相关议题，拓展审计监督作用。推进落实部门工作评议。对区金融办、区商务局开展部门评议，调阅部门年度工作总结、"三定"方案、市政府对各区绩效考核结果等材料；将部门评议与大会议案督办、"十四五"规划中期评估监督等议题相统筹，开展视察、座谈、初评等各项工作。服务各专委会开展部门预算审查监督。统筹服务各委对区教委、区市场监督管理局等14个部门单位开展部门预算审查，针对2024年部门预算审查监督整体工作，提供相关资料并开展专题培训。依托人大预算联网监督系统，分析公安朝阳分局、区城市管理委、农业农村局等部门的预算安排和支出情况。组织视察朝阳国际科技集团，了解重点园区开发运营及产业发展情况。组织召开初审会，听取企业国有资产管理情况的专项报告、企业国有资产审计情况的报告，并书面听取国有资产管理情况的综合报告。与会委员、代表及专家顾问围绕深化国有企业改革、打造国有企业核心竞争力等方面提出询问并发表意见建议。建立"快报＋月报＋季报"机制，注重提升分析报告质效，追踪宏观形势和政策动态，关注不同阶段经济运行特征，开展常态化经济运行监测，并注重与其他区及全市的横、纵向对比分析。形成各类分析报告19期。建立委员代表履职档案。记录委员、代表历次参加财经监督会议、视察、调研等活动情况，定期通报。　（张　铮）

【城建环保工作委员会】2023年，城建环保工作委员会督办常委会监督议题5项，其中法定议题2项、执法检查1项、书面审议议题2项。配合市人大常委会完成立法征求意见1项、专题调研1项；督办代表建议45件；召开专委会6次。完成区人大常委会"听取区政府关于2022年度环境状况和环境保护目标完成情况的报告"议题督办工作；完成"听取区政府关于实施《朝阳分区规划（国土空间规划）（2017年—2035年）》情况的报告"议题督办工作；对区政府实施《北京市机动车停车条例》情况开展执法检查；完成书面审议区政府落实区人大常委会对区政府关于实施《北京市物业管理条例》情况的报告的审议意见情况的报告。完成书面审议区政府落实区人大常委会对《朝阳区人民政府关于全龄友好型公园建设情况的报告》的审议意见情况的报告；完成联系部门"十四五"规划中期实施评估监督工作；完成对生态环境局的工作评议；完成对区城管委、区城管执法局预算初审；协助区人大常委会做好市、区、乡三级人大代表网络监督城市管理平台运行工作；配合市人大常委会完成《北京市建筑绿色发展条例（草案）》立法征求意见工作。协助市人大常委会开展环境状况和环境保护目标完成情况调研。　（吴　优）

【教科文卫工作委员会】2023年，教科文卫工作委员会召开委员会会议4次，协助常委会听取和审议议题2项，开展专题询问2场，书面审议议题2项，部门评议议题1项，督办代表建议29件。组织召开专委会（扩大）会议4次，组织调研视察45次，参与代表387人次。协助常委会开展"博物馆之城"建设、突发公共卫生事件应急体系建设2项议题调研，并开展2次专题询问。协助常委会书面审议区政府关于落实推动中关村朝阳园发展和义务教育阶段"双减"工作情况审议意见的报告。完成区教委、区卫生健康委、区文化和旅游局、文创实验区管委会4家年度重点监督预算单位的2023年财政预算执行情况和2024年预算编制情况的初审。对区文化和旅游局开展部门工作评议。完成《北京市朝阳区知识产权强市建设示范城市工作方案（2022—2025年）》《朝阳区互联网3.0创新发展三年行动计划（2023—2025年）》备案审查。协助全国人大常委会征集立法需求和立法工作意见建议23条，征求《爱国主义教育法（草案）》意见建议8条，对《中华人民共和国各级人民代表大会常务委员会监督法修正草案（征求意见稿）》提出2条修改意见。协助市人大常委会征求《北京市院前医疗急救服务条例》实施情况意见建议150余条，征求《市人大常委会关于推进京津冀协同创新共同体建设的决定（草案）》意见建议27条，征集市人大“双减”议题问卷调研意见建议21条。在第39个教师节组织教育界代表调研亮马河国际风情水岸沿线商圈。形成《激发专业代表小组动能，提高专委会监督工作水平》调研报告。（邢浩铭）

【社会建设委员会】2023年，社会建设委员会召开会议5次，审议议题11项；协助完成常委会监督议题4项，其中听取审议专项工作报告1项、评议政府部门工作2项、书面审议1项；完成其他专项监督工作调研4项；督办代表建议13件；开展立法和法律实施情况意见征求工作4项；组织委员代表视察、调研20次；协助市人大常委会开展执法检查1项。协助区人大常委会开展就业工作监督，协助区人大常委会对区政府落实《北京市接诉即办工作条例》执法检查工作的审议意见情况进行跟踪督办；协助区人大常委会对区民政局、区人力资源社会保障局开展部门工作评议；协助区人大常委会组织开展安全生产工作视察调研，开展“8・19”火灾事故解剖式调研。对区退役军人事务局、区医保局开展预算编制初步审查；调研区人力资源社会保障局、区民政局、区应急局“十四五”专项规划实施情况的中期评估工作；开展社区建设工作情况专题调研。协助对十四届全国人大常委会立法需求和立法工作意见建议、《中华人民共和国传染病防治法（修订草案）》开展意见征求工作。（孔苏京）

【农村工作委员会】2023年，农村工作委员会召开专委会（扩大）会议4次，组织委员代表视察调研活动16次，参加人员200余人次，协助常委会听取和审议专项工作报告2项，开展专题询问1项，书面审议落实区人大常委会审议意见的报告2项，开展工作评议1次，完成7件代表建议督办。协助区人大常委会开展对区政府关于“保障农村地区供水安全情况的报告”和“促进农业发展，建设数字农业先行区、农业多功能示范区情况的报告”议题的督办工作，并就保障农村地区供水安全进行专题询问。监督区政府办理“朝阳区农村集体产权制度改革”和“提高农民社会保障水平”议题，完成对区农业农村局、区水务局预算初审，完成对区水务局工作评议准备。指导各乡人大在推进乡域中心任务、实现农村城市化等重点工作过程中发挥作用。（赵　培）

朝阳区人民政府

综　述

【经济增长稳定】2023年，强调“管行业、管事业、管地方必须抓经济、促发展、优服务”，加大企业走访范围和频次，清单化、结构化推进目标任务落实，经济运行实现首季“开门红”、全年“稳中有进、质效齐升”，为全市经济增长提供有力支撑。全年地区生产总值比上年增长5.5%。完成地方级一般公共预算收入1114.2亿元，增长10.5%，增速高于全市2.3个百分点。区级一般公共预算收入563.5亿元，保持全市第一，增长12%。1—11月，批发零售业收入占全市28.9%，租赁和商务服务业收入增长9.9%，住宿餐饮业收入增长32.2%。城镇调查失业率保持在5%以内。

【内需潜力激发】2023年，充分发挥有效投资的关键作用，前瞻性、系统性开展项目谋划、储备、实施，固定资产投资增长7.3%，建安投资增速高于全市1.3个百分点，房地产开发投资增长20.9%。持续提升消费在全市的引领作用，调整汽车消费结构，释放平台消费潜力。社会消费品零售额增长5.5%，总量和增量贡献率均居全市首位。政企联动共推DT51等10个商业综合体开业运营，望京小街成为全国首个商业服务领域标准化建设街区，THE BOX朝外引领消费新时尚。加快建设美食之城、茶香之城、咖啡之城、时尚之城，推动米其林、黑珍珠榜单在朝阳区发布，全市仅有的2家国际一流轻奢品牌独立法人公司Alexander Wang、Gentle Monster落户。新增品牌首店374家，居各区之首。推动商文旅体消费融合，以“潮朝阳”为主题、联合平台企业举办系列促消费活动，首届国际茶香文化节、全市首个国际灯光节亮相，带动商圈客流量大幅攀升。朝阳区旅游总收入在全市率先突破千亿元大关。

【对外开放扩大】2023年，稳步扩大规则、规制、管理、标准等制度型开放。引入全国首家新设外商独资券商渣打证券，完成全国首家企业个人信息出境标准合同备案，推动穆巴达拉投资公司、瑞穗证券落地发展，宝马（中国）、安顾方胜保险经纪业务资格获批，“两区”新增入库项目、新增预计投入外资均居全市首位。力促园区特色差异化发展，CBD功能区税收过亿元楼宇达134座、较上年增加13座，金盏国际合作服务区中区街区控规编制完成，国家文创实验区落地全国首个文化产业“云园区”、全市首个AIGC创意产业联盟。更大力度吸引和利用外资，新增跨国公司地区总部8家，占全市增量的47%；1—11月朝阳组团吸引合同外资16.9亿美元，占北京自贸区的60%；全区实际利用外资27.6亿美元，占全市22.5%。朝阳区在2023服贸会的意向签约额和“北京日”签约额、京港洽谈会的签约项目数量和金额均居全市首位。

【科技创新发展】2023年，完善全链条组织体系，完成朝阳园管委会、科信局机构改革，加速构建“3+X”产业体系。1—11月大中型重点企业研发费用增长5.6%，信息服务业收入增长7.1%。支持链主企业引领全产业链融通发展，与阿里达摩院共建人工智能开源开放平台，与网易共建数字产业中心，支持360公司推出全市首个新型网络安全保险产品。在将台星地中心落成全市首个中关村互联网3.0产业园，建设京港互联网3.0产业中心，打造国内首个XR产业加速器、数字人资产存证平台，全区互联网3.0企业超过700家，在全市形成“领跑”态势。支持科研机构和平台带动生态优化，落地全国首个国际科技组织总部集聚区，启用全市首个“中关村社区·数字产业创新中心”，成立北京工业软件产业创新中心，与中国科学院深入开展“扶摇计划”，与北京工业大学共建山河湾谷创新区，助力北京国际大数据交易所获得交易牌照。支持领军人才发挥重要支撑作用，高质量推进国际创业投资集聚区2.0建设，连续三年承办全球数字经济大会，朝阳区ITEC全球创业赛共吸引73个国家和地区的2258个项目团队参赛。

【产业生态优化】2023年，坚持“带图、带地、带链、带政策、带资本”开展招商引资。组团赴德国、沙特、澳大利亚、新加坡等地招商，在经贸、科技、文化等领域举办一系列投资推介和交流活动，引入壳牌新能源、中信国安实业等94个注册资本亿元以上企业，助力7家企业在境内外上市。坚持“人人都是营商环境”理念，优化“1+7”

产业政策体系，推动“一业一证”、“一件事”集成服务、“6+4”一体化综合监管改革扩围。全市首例“交地即交证”项目开工，国际收支便利化全环节改革经验在全市推广，朝阳区在全市营商环境评价中始终排名第一。坚持“两个毫不动摇”，推动国有资本和国有企业做强做优做大，成立文旅、科技、城发三大集团，以更加有力举措优化民营经济发展环境。

【贯彻区域协调发展战略】 2023年，主动融入京津冀协同发展，在全市率先出台三年行动计划，助力三地通勤圈、功能圈、产业圈建设。全力保障“轨道上的京津冀”，朝阳站桥下空间景观提升、迎宾大道一期环境整治完工，东坝南二街全线贯通。深化产业协作，引导和支持1900余家企业迁往城市副中心发展，建立北京CBD—天津港京津协同港口服务中心，积极参与知识产权保护和人力资源共建。促进公共服务一体化，先行先试医保经办服务优化、基金协同监管。扩大协同发展“朋友圈”，启动与密云区的新一轮友好协作，深化与内蒙古科左后旗等11个地区的对口帮扶，与天津滨海新区等5个地区建立友好合作关系，朝阳区在全市东西部协作考核中始终排名第一，产业帮扶案例荣获第四届全球减贫最佳案例。

【城市总规落地实施】 2023年，高质量完成“十四五”规划中期评估。启动“1+6”7个乡综合治理减量规划实施方案编制，“动态规划与减量管理并行”模式得到市级肯定。扎实开展“疏整促”专项行动，22项市级量化考核任务中，12项完成量排名全市前三、6项排名全市第一。全面打响拆违攻坚战，紧盯金盏、十八里店、黑庄户、高碑店等区域尽锐出战、担当作为，首创集体产业类图斑评价体系，拆除并实现“场清地净”401万平方米，腾退土地357公顷，完成基本无违法建设区创建任务。促进城市更新扩面提质，化石营区域交房率达100%，劲松114号楼拆除重建项目实现回迁入住，THE BOX朝外、亮马河国际风情水岸、双井数字院街等6个项目入选2023中国城市更新优秀案例。

【乡村振兴落地见效】 2023年，系统梳理土储、棚改、旧改等历史遗留项目，优化回迁房、保障房、城市物流节点等14类空间布局，系统研究全面实现城市化的实施路径。制定完善存量7.7万名农民整建制转居方案并得到市级支持，为实现更高水平保障农民利益、更大力度促进农民增收、更深层次发展集体经济奠定基础。聚焦重点项目深化“村地区管”，创新集体经济与社会资本合作模式，推动十八里店、王四营、常营等集体土地产业园区的规划建设，东坝国际商业中心建成运营。加快完善基础设施和高品质配套，实现8宗土地上市，东坝北西区、姚家园三期等9个安置房项目、3.4万人回迁入住。加快建设数字农业先行区、农业多功能示范区、乡村建设样板区，黑庄户金鱼产业品牌效应持续放大，朝来农艺园、孙河郎枣园获评北京市生态农场。坚决落实粮食安全政治责任，在全市率先实施保障粮食安全三年行动。出台高标准农田建设规划，1.55万亩耕地稳定种植，粮食蔬菜生产任务超额完成。

【办好民生实事】 2023年，在全市首创“一站式”就业流动服务站，开发就业岗位近10万个，应届高校毕业生就业率达97%，登记失业人员就业率居全市首位。积极应对入学高峰，优化教育资源布局。实现全市首个科学高中项目落地，八十中学孙河校区等5所规模校开工，试点开通27条“通学定制公交”线路，普惠性幼儿园覆盖率提升至91%。首届中国基础教育高质量发展·北京论坛等学术论坛相继举办，朝阳区在国家级基础教育教学成果评选中取得优异成绩。实施新一轮公共卫生应急管理体系建设三年行动计划，推进各类医疗机构儿科门诊应开尽开，平稳度过“乙类乙管”后的秋冬季呼吸道传染病感染高峰，院前急救平均反应时间缩短30%以上。完善分级诊疗服务体系，实现朝阳医院常营院区开诊、嘉会国际化医院开工，朝阳区入选中医药传承创新发展、医养结合等国家级支持试点。推动养老服务更加便捷可及，免费为失能失智老人发放消防安全“四件套”、为高龄失能老人安装“一键呼”终端，新增养老床位1025张。全力改善居住条件，完成老旧小区综合整治80万平方米，老楼加装电梯259部，解决3万套房屋产权证办理难题。深化文明城区创建六大专项行动，“创城+”项目入选首都精神文明建设工作十佳案例。促进以文塑旅、以旅彰文，国家科技传播中心建成开放，中国考古博物馆等10家博物馆开馆，区档案馆新馆投入使用。全年举办演艺、展览等万人以上活动67场、千人以上活动739场。深入实施“双奥朝阳”建设十大行动计划，新工体焕新亮相，举办首届CYBA篮球联赛等赛事，朝阳运动员在全国学青会、市冬运会等比赛中均获佳绩，朝阳区成为全国网球示范区。

【城市治理有效推进】 2023年，加快城市智慧大脑2.0建设，建成“一网、一云、一数、一图、一安全”共性平台。持续改善出行环境，建成双桥东路等20条主次干路、支路，启动第四使馆区5条配套道路建设，打通双井与CBD慢行系统、劲松东延路等6处交通堵点，完成209条街巷精细化治理，实现朝阳大悦城区域交通治理基本完工、三里屯路环境整体提升。抓好两个“关键小事”，在全市率先出台物业服务企业信用评价办法，创建340个市级示范类垃圾分类小区（村）。加强社区服务管理，公开招录近3000名社工，建成17处市级社区服务空间开放式示范点，拆分调整44个3000户以上大型社区，完成27个村撤村建居，朝阳区成为全国“一刻钟便民生活圈”试点。打好接诉即办主动仗，优化工作体系、考核体系，深化“每月一题”专项治理，推动涉否案件全量分析、高频诉求提级办理，12345市民服务热线诉求解决率、满意率较年初分别提高2.3个、2.6个百分点，年度综合成绩排名上升5个名次、提升幅度居全市第二。落实“七有”“五性”民生保障系列改善方案，17项监测评价指标位居全市第一。

【生态建设成果】 2023年，出台区级碳达峰实施方案，加快建筑低能耗改造、园区低碳化改造，朝阳区成为国家减污降碳协同创新试点。在全市率先推出街乡大气标准化治理方案，街乡TSP治理水平显著提升，$PM_{2.5}$年均浓度为34微克/米^3。高标准建好花园城市示范区，出台生物多样性保护中长期规划，启动温榆河公园朝阳段二期工程，建成绿隔地区公园环20千米绿道，兴会公园、朝南森林公园二期正式开园，朝阳区成为北京市无界公园建设先行示范区。实施全面打赢城乡水环境治理歼灭战三年行动，完成通惠渠（高碑店村段）治理，全区18条河道共120千米水系实现连通。亮马河国际风情水岸知名度、影响力持续跃升，18千米滨水绿道全线贯通。举办醒春启航、“美丽中国”建设实践论坛等活动。朝阳区入选全国“十大品质休闲胜地”，荣登中国魅力城区排行榜第一名。

【筑牢公共安全防线】 2023年，常态化做好重大国事活动服务保障，圆满完成2023服贸会、第三届“一带一路”国际合作高峰论坛等保障任务。实施韧性城市建设三年行动，落实落细防汛措施，有效治理积滞水点，有力应对历史罕见的特大暴雨。第一时间启动对房山区张坊镇、十渡镇和门头沟区大峪街道的灾损结对帮扶，房山区十渡应急保障中心成为全市首个援建的“平急两用”示范项目。朝阳区获评全国市域社会治理现代化试点合格城市、首批全国社会治安防控体系建设示范城市。

【整治安全隐患】 2023年，出台区级安全生产职责分工规定，以前所未有的统筹力度、投入力度、检查力量、管控措施，开展多轮次安全生产和火灾隐患大排查大整治。深化村民自建出租房屋消防安全专项治理，1608处燃气管线占压隐患全部消除，挂账违规电动三、四轮车动态清零，更加注重消防安全末端治理，在全国首创派驻社区消防专员机制，小型消防站达62座，智慧消防模式在全市推广。

【加强社会风险防范】 2023年，依法有力化解金融风险，发布全市首个单用途预付卡管理标准，全力推进全流程资金存管平台监管覆盖。巩固隐性债清零成效，增强财政可持续性。

【主题教育走深走实】 2023年，牢牢把握“学思想、强党性、重实践、建新功”的总要求，以首善标准扎实推进学习贯彻习近平新时代中国特色社会主义思想主题教育，在以学铸魂、以学增智、以学正风、以学促干上取得成效。大力弘扬“四下基层”优良作风，围绕推动高质量发展等13个方面，持续深入开展调查研究，制定重点任务清单和民生项目清单，拿出一系列务实管用的政策措施，解决了一批发展痛点难点和群众急难愁盼问题。

【民主法治建设成效提升】 2023年，认真执行区人大及其常委会的决议和决定，自觉接受人大法律监督、工作监督和政协民主监督。专题研究、定期调度代表委员关注的重点工作，服务保障全国、市、区人大和政协调研视察活动86次，办理区人大代表议案1件、建议142件，办理区政协提案297件。深化法治政府体检成果运用，建立依法行政培训长效机制，全面落实行政机关负责人出庭应诉制度，大力推动街乡行政执法规范化建设，朝阳区行政复议案前化解经验被新修订的行政复议法吸纳。

【政府运转高效有序】 2023年，健全以上率下的责任体系和多维立体的考核体系，强化重点任务专班式推动、全过程督导，干部队伍的组织力、战斗力、执行力有效提升。牢固树立过“紧日子”的思想，推进全成本预算绩效管理街乡全覆盖，加强“三公”经费管理。强化审计监督和统计监督，做好巡视反馈问题以及生态环保督察、自然资源例行督察发现问题的整改工作，抓好重点领域廉政风险防控，营造风清气正的政治生态。与此同时，妇女儿童、青少年、残疾人等事业取得新发展，双拥共建、国防动员、民族宗教、侨务对台、外事服务等工作全面进步。（杨学良）

重要会议

【区政府常务会议】 2023年，北京市朝阳区人民政府（简称“区政府”）召开区政府常务会议18次。2023年区政府工作报告重点工作分工方案编制工作，区十七届人大三次会议议案、代表建议和区政协十四届二次会议政协提案办理方案，研究2022年全区市民热线、市容环境、垃圾分类、打击违法建设、安全生产、信访、环境保护等工作情况及下一步工作安排，报审“持续深化国际消费中心城市主承载区建设，培育新消费、激发新活力，不断增强消费对经济高质量发展的驱动作用”议案办理工作方案，报审《北京市朝阳区人民政府关于提请审议朝阳区2023年预算调整方案（草案）的议案》，报审《朝阳区关于更加有效发挥统计监督职能作用的若干措施》的请示，报审《朝阳区互联网3.0创新发展三年行动计划（2023—2025年）》及2023年重点任务项目分工，报审《朝阳区实施“一业一证”行业综合许可改革的工作方案》，报审2023年朝阳区一季度汽车促消费政策方案。报审《朝阳区2023年财源建设工作方案》，报审朝阳区2022年支援合作工作总结及2023年支援合作工作安排，报审《北京市朝阳区人民政府工作规则》，报审《朝阳区高标准农田建设规划（2021—

2030年）》，报审《朝阳区知识产权强市建设示范城市工作方案（2022—2025年）》，报审2022年朝阳区依法行政专项分析报告，报审《北京市朝阳区国家卫生区复审实施方案》的请示。报审《朝阳区“十四五”规划中期评估工作方案》，报审《北京市朝阳区安全生产工作职责分工规定》的请示。报审《朝阳区保障粮食安全工作方案（2023—2025）》，报审2023年朝阳区生产生活用新水计划指标分配方案，报审《加强基层综合行政执法队伍建设意见》。报审《朝阳区街道办事处财政管理体制实施办法》和《朝阳区地区办事处（乡政府）财政管理体制实施办法》，报审《朝阳区关于加强基层治理体系和治理能力现代化建设的实施方案》，报审《朝阳区关于做好2023年全面推进乡村振兴重点工作的实施方案》，报审《朝阳区创建全国法治政府建设示范项目工作实施方案》。报审《北京市朝阳区全面打赢城乡水环境治理歼灭战三年行动方案（2023—2025年）》，报审朝阳区“博物馆之城”建设情况报告，报审《朝阳区推进京津冀协同发展2023—2025三年行动计划》。报审《朝阳区生态文明建设规划（2023—2035年）》，报审《朝阳区2022年重大投资项目规划谋划工作方案》。报审朝阳区2023年国民经济和社会发展计划上半年执行情况报告的请示，报审朝阳区2022年财政决算草案、2023年财政预算上半年执行情况报告和2023年预算调整方案，报审朝阳区2022年区级预算执行和其他财政收支的审计工作报告，报审仰山公园审计整改工作方案，报审《朝阳区创建国家食品安全示范城市实施方案》，报审《朝阳区关于开展乡村振兴领域专项治理工作方案》，报审2023年朝阳国际灯光节永久类灯光设施概念性设计方案。报审保障农村地区供水安全情况报告。报审促进农业发展，建设数字农业先行区、农业多功能示范区情况报告，报审《朝阳区城镇燃气安全专项整治工作方案》，报审《朝阳区“扶老助残、平安相伴”为民办实事项目实施方案》。报审朝阳区国民经济和社会发展第十四个五年规划和二〇三五年远景目标纲要实施情况中期评估报告，报审《朝阳分区规划（国土空间规划）（2017—2035年）》实施情况报告，报审就业工作情况报告。报审实施《北京市机动车停车条例》情况报告，报审突发公共卫生事件应急体系建设情况报告，报审办理“持续深化国际消费中心城市主承载区建设，培育新消费、激发新活力，不断增强消费对经济高质量发展的驱动作用”议案情况报告，报审2022年度朝阳区企业国有资产管理情况专项报告，报审《北京市朝阳区2023—2024年采暖季供热服务保障工作方案》，报审《朝阳区人民政府和北京工业大学推进北工大山河湾谷创新区建设的支持意见》。报审《朝阳区乡级集体产权制度改革实施方案》。报审《朝阳区空气重污染应急预案（2023年修订）》，报审《朝阳区2023—2024年秋冬季大气污染综合治理攻坚行动方案措施任务表》，报审《朝阳区关于全面优化营商环境打造“北京服务”的工作方案》。报审朝阳区整建制农转非工作实施方案，报审酒仙桥旧城区改建项目规划综合实施方案，报审《朝阳区住宅专项维修资金审计问题整改方案》，报审京港互联网3.0产业中心建设方案，报审2023年度《朝阳区支持互联网3.0创新发展的若干措施》拟支持方案，报审朝阳区“电子政务云平台升级改造”项目建设方案，报审第二十六届京港会朝阳区签约项目，报审朝阳区援建房山区灾损结对地区区级帮扶项目。研究2024年政府工作报告起草情况，朝阳区2024年重要民生实事项目编制情况，《2023年度朝阳区人大代表建议、批评和意见办理情况的报告》起草工作情况，朝阳区2023年国民经济和社会发展计划执行情况与2024年国民经济和社会发展计划草案报告有关情况，报审第三届“凤鸣计划”企业评选情况，报审《关于全面加强朝阳区新形势下森林防灭火工作的实施方案》，报审《朝阳区法治政府建设（2022—2023年）》白皮书。报审创建“基本无违法建设区”验收工作情况的请示，报审《朝阳区深化服务业扩大开放综合示范区建设工作方案》的请示。

【区长办公会议】2023年，召开区长办公会议19次。研究报审《关于深化朝阳区法律顾问制度的实施意见》，研究报审《加快推进气象事业高质量发展实施方案》，研究报审《朝阳区标准化行动方案（2022—2025）》，研究报审《朝阳区领导干部包保A级食品安全主体工作方案》，研究报审东三环辅路（通惠河北路—坝河）慢行系统改造提升方案，研究报审区卫生健康委与中日友好医院合作事项，报审《关于进一步规范朝阳区社区工作者工资待遇的实施细则（2022年修订）》，报审提升朝阳区院前医疗急救能力相关措施。研究报审朝阳区“城市智慧大脑”建设总体规划。研究报审《北京市朝阳区生物多样性保护规划（2023—2035年）》，报审《北京市朝阳区深入打好污染防治攻坚战2023年行动计划》。研究报审朝阳区2023年固定资产投资调控思路以及市、区重点项目安排建议，报审2023年区政府投资基本建设计划安排，报审《朝阳区“疏解整治促提升”专项行动2023年工作计划》，报审《朝阳区人民政府2022年法治政府建设年度情况报告》，报审《北京市朝阳区人民防空袭方案》，报审《北京市朝阳区人民防空分区规划（2021—2035年）》。报审《朝阳区推进国际消费中心城市主承载区建设2023年度工作方案》，报审《朝阳区“十四五”学前教育发展提升行动计划》，报审《2023年朝阳区数字经济核心区建设工作要点》及重点任务项目分工。报审《朝阳区2023年度“服务包”企业走访联系服务工作方案》，报审朝阳区贯彻落实北京市第二轮生态环境保护督察反馈问题整改方案。报审《国家文化产业创新实验区高质量发展三年行动计划（2023—2025

年）》及任务分工，报审《朝阳区关于支持互联网3.0创新发展的若干措施》，报审《关于推进“十四五”时期朝阳区城市积水内涝防治及溢流污染控制工作方案》。报审《朝阳区人民政府组织实施房屋征收拆迁强制执行工作规程》。报审《北京市朝阳区预付卡管理工作方案》，报审《朝阳区高标准建设国际投资贸易示范区 持续打造国际一流营商环境行动方案》，报审2023年朝阳区提升“七有”“五性”民生保障水平工作计划。报审《朝阳区公共卫生应急管理体系建设三年行动计划》，报审《朝阳区地名管理工作联席会议制度》。报审《2023全球数字经济大会朝阳区承办及服务保障方案》，报审三环路核心段夜景照明建设项目概念性设计方案，报审2022年下半年鼓励商务楼宇、商场卖场及文化产业园减免租金政策支持方案，报审2023年度朝阳区促进生活性服务业发展引导资金拟安排方案。报审“城市智慧大脑”相关项目方案，报审《朝阳区促进产业高质量发展指导意见》。报审朝阳区2023年度政府绩效管理考评工作实施方案，报审《2023北京CBD国际商务季策划方案》，报审《朝阳区维护稳定保障工作机制专项资金使用管理办法》。报审2023年中国国际服务贸易交易会朝阳区工作安排，报审《朝阳区无人配送车道路测试与商业示范实施细则（试行）》。报审2023服贸会“北京日”京津冀协同招商推介暨投资北京全球峰会签约项目。报审北京市工业软件创新中心支持方案。报审《朝阳区行政许可事项清单（2023年版）》，报审《2024年“两节”期间送温暖活动工作方案》，报审《关于朝阳区高质量建设国家级人力资源特色服务出口基地的意见》，报审《北京商务中心区人才公共租赁住房配租管理实施细则》《北京商务中心区人才公共租赁住房第四轮集中配租工作方案》。

【政府全体会议】 3月7日，区政府召开2023年全体会议，全面贯彻落实党的二十大精神和中央经济工作会议精神，传达市政府全体会议精神，围绕朝阳区全年任务指标，就做好政府各项工作进行再动员、再部署。区委副书记、区长吴小杰主持会议并强调，要拿出“拼”的精神、“闯”的劲头、“实”的作风，一步一个脚印把任务要求付诸行动、见之于成效，以实干担当推动朝阳经济社会高质量发展。 （杨学良）

重大活动

【亮马河2023醒春启航新征程首航活动】 3月18日，朝阳区在亮马河畔举行“2023醒春启航新征程首航活动”，标志着亮马河游船2023年全新开启。市民游客可沿6千米航线泛舟河上，游览二十四桥十八景，欣赏美轮美奂光影秀。朝阳区委书记文献，区委副书记、区长吴小杰等领导出席首航仪式。

【互联网3.0生态发布大会】 3月20日，“朝启蓬勃互联网3.0筑未来”互联网3.0生态发布大会举办。会上，《朝阳区互联网3.0创新发展三年行动计划》和专项支持政策发布，朝阳区将打造全国互联网3.0产业高地，助力北京国际科技创新中心和全球数字经济标杆城市建设。北京市政府、市科委、中关村管委会、市科协、市经济和信息化局相关领导，朝阳区委书记文献，区委副书记、区长吴小杰等领导出席大会。

【第十届朝阳国际人才创业大会（ITEC）创新峰会】 3月25日，第十届朝阳国际人才创业大会（ITEC）创新峰会举办，围绕“集聚国际人才，创新数字经济”主题，展示创新成果、探讨前沿话题、共话创新创业、共议人才发展。北京市人才工作局相关领导，朝阳区委书记文献、区委副书记、区长吴小杰，区委统战部、区委组织部相关领导出席会议。

【朝阳区爱国卫生月暨世界卫生日主题宣传活动】 4月20日，朝阳区“宜居靓家园 健康新生活”爱国卫生月暨世界卫生日主题宣传活动举办。北京市卫生健康委相关领导，朝阳区领导吴小杰等出席。朝阳在全区范围内开展“携手扮靓朝阳家园周末卫生大扫除”活动，区委书记文献，区委副书记、区长吴小杰，区人大常委会主任陈宏志，区政协主席王旭等区四套班子领导分赴基层联系点带头参加大扫除活动。在区领导的带动下，朝阳区机关干部、社区工作者、“双报到”党员、居民志愿者、学生等纷纷行动起来，扮靓朝阳家园，共建美好环境，共筑文明生活，掀起爱国卫生运动高潮。

【2023北京国际音乐生活周】 4月29日，2023北京国际音乐生活周在北京音乐产业园开幕。朝阳区黑庄户乡与奥地利萨尔茨堡携手共建“音乐小镇”，为双方城市音乐文化交流搭建平台。区委书记文献，区委副书记、区长吴小杰，区人大常委会主任陈宏志，区政协主席王旭等区四套班子领导出席开幕式。

【朝阳拥抱未来“礼赞新时代 奋进新征程”发展成就展】 5月18日，朝阳·拥抱未来“礼赞新时代 奋进新征程”发展成就展在朝阳区规划艺术馆开幕，区委书记文献出席并致辞，区委副书记、区长吴小杰主持开幕仪式，区人大常委会主任陈宏志、区政协主席王旭等区四套班子领导，区级老领导代表和朝阳群众代表出席。

【循环经济产业园区低碳发展峰会】 5月19日，由中国城市环境卫生协会、朝阳区人民政府主办，中环协循环经济产业园区专业委员会、北京朝阳环境集团有限公司承办的循环经济产业园区低碳发展峰会举行。住房和城乡建设部城市建设司、国家发展和改革委员会环资司、北京市城市管理委员会、中国城市环境卫生协会等部门相关领导，朝阳区委副书记、区长吴小杰等领导出席。

【首届“北京朝阳国际茶香文化节”】5月19日，首届“北京朝阳国际茶香文化节”启动，众多“茶+”活动在北京郡王府及亮马河沿岸亮相，发出“与世界共享一杯中华好茶”的朝阳邀约。北京市政府，北京市人大常委会，中央广播电视总台，外交部北京外交人员服务局，文化和旅游部市场管理司，农业农村部国际合作司，中国茶叶流通协会，北京市商务局，北京市文化和旅游局，北京服装学院，中国电影博物馆等单位相关领导，阿尔及利亚、哥伦比亚、约旦、挪威等国驻华使节及夫人，朝阳区领导文献、吴小杰、王旭等参加主仪式活动。

【2023原产地咖啡品鉴暨推介交流会——北京CBD专场】8月3日，“2023原产地咖啡品鉴暨推介交流会——北京CBD专场”进口促进活动在北京CBD举办，通过搭建开放合作、贸易促进、文化交流的国际化平台，助力朝阳“咖啡之城”建设。商务部外贸发展局局长吴政平，朝阳区委副书记、区长吴小杰出席活动。活动以“咖品味来 释放贸易发展新动能”为主题，聚焦促进咖啡贸易与消费，通过原产地推介、经贸对接、咖啡品鉴等内容，全面展示巴西、印度尼西亚、哥伦比亚等多个国家的咖啡产品和文化。在主题沙龙环节，来自国际咖啡协会、北京国际咖啡交易中心等单位的嘉宾围绕营商环境、国际咖啡贸易、咖啡消费等话题，深入探讨朝阳区“咖啡之城”建设和咖啡行业高质量发展的新机遇、新思路。

【北京市互联网3.0创新生态发展大会】8月24日，由北京市科学技术委员会、中关村科技园区管理委员会、朝阳区人民政府共同主办的北京市互联网3.0创新生态发展大会在朝阳举办。北京市政府，北京市科学技术委员会、中关村管委会等单位相关领导，朝阳区委书记文献，区委副书记、区长吴小杰等区领导出席。大会汇聚数字经济、互联网3.0产业政产学研企的嘉宾，聚焦特色园区、应用场景、共性技术平台等产业创新要素，研讨互联网3.0生态建设，推动北京市互联网3.0产业高质量发展。

【参加服务贸易发展高峰论坛】9月3日，2023年中国国际服务贸易交易会·2023年服务贸易发展高峰论坛举办。商务部，国务院发展研究中心，世界贸易组织，中国国际经济交流中心等单位相关领导，北京市委领导等分别出席并致辞。朝阳区委书记文献，区委副书记、区长吴小杰出席并作主题演讲，相关区领导出席。此次论坛围绕“以高水平对外开放推动服务贸易高质量发展”主题进行，聚焦服务贸易开放发展新趋势和服务贸易便利化，设置致辞暨主旨演讲、主题演讲、成果发布与研讨、战略对话等环节。

【“共享朝阳发展，共话合作未来”魅力朝阳之夜活动】9月3日，由北京市商务局和朝阳区人民政府共同主办的“共享朝阳发展，共话合作未来”魅力朝阳之夜活动举办。商务部、北京市商务局、市投资促进服务中心相关领导，朝阳区领导文献、吴小杰等出席。活动邀请中国瑞士商会、中国国际贸易中心、正威集团、中青旅、中信国安等百余家企业代表以及国际组织、外商协会代表共商发展、洽谈合作，为服贸会期间朝阳区提升企业洽谈质效、挖掘项目投资潜力提供了有力支撑。

【中医药健康产业国际智库论坛】9月3日，2023年中国国际服务贸易交易会·中医药健康产业国际智库论坛举办。在项目签约与发布环节，国家中医药传承创新发展示范试点项目之朝阳区“亮马河国际风情水岸经济带”中医药健康产业服务项目发布。朝阳区委副书记、区长吴小杰等领导出席。“亮马河国际风情水岸经济带”中医药健康产业服务项目通过“聚焦一个平台、树立一个品牌、发布一条旅游路线、打造一批中医药传承创新发展项目、开展一系列中西医结合健康服务行动”，建设朝阳区中医药传承创新发展特色示范试点，探索形成可推广、可复制的朝阳模式。

【2023北京CBD论坛】9月19日，由北京市人民政府、人民日报社指导，北京发展和改革委员会、北京市商务局、北京市人民政府外事办公室、朝阳区人民政府共同主办的2023北京CBD论坛举办。北京市政府，人民日报社，中国公共外交协会，中国国际经济交流中心、商务部等部门相关领导，朝阳区委书记文献，区委副书记、区长吴小杰等领导出席论坛。此次论坛是2023北京CBD国际商务季主论坛，主题为“开放汇聚力量，共创美好未来——中国式现代化的CBD探索”，聚焦国际化、“商务+”、创新力等，寻求在新发展阶段推进北京CBD高质量发展的有效路径。与会嘉宾围绕“一带一路”、“两区”建设、绿色低碳等方面开展交流对话，聚焦“CBD引领经济增长新趋势”进行主题研讨。北京CBD“总部倍增计划”、金盏国际合作服务区中区规划建设思路等先后发布，相关部门与重点企业签订战略合作协议。

【中德商务文化交流——北京CBD之夜】9月19日，中德商务文化交流——北京CBD之夜活动举办，朝阳区领导、相关部门负责人与驻区德国企业、德国商会，以及中德多家媒体代表共话德国机构在北京CBD高质量发展前景，提升区域国际化交流合作水平。朝阳区委书记文献，区委副书记、区长吴小杰等领导出席。

【中国基础教育高质量发展·北京论坛】9月23日，中国基础教育高质量发展·北京论坛在朝阳举办。本次论坛以“办好人民满意教育，筑牢人才强国之基”为主题，聚焦教育强国建设，突出基础教育的基点作用，促进基础教育高质量发展。中国教育学会，民进中央，北京市人大常委会，民进北京市委，北京市副市长，中国教育学会，教育部基础教育司，广东省教育研究院等单位相关领导，朝阳区领导文献、吴小杰等参加论坛。本次论坛集聚政策引领、学术前沿和实践智慧，采取“1个主论坛+5个分论坛”线下线上同步的方式进行，邀请40余位教育行政部门领导及全国基础教育领域知名专家出席会议并分享高质量的学术报告和教育智慧。

【2023首届CYBA朝阳篮球联赛】 9月23日，2023首届CYBA朝阳篮球联赛在THE BOX朝外空中光影篮球场正式开幕。外交部北京外服局，市体育局相关领导，区领导文献等出席开幕活动。

【2023年中国农民丰收节朝阳区庆祝活动】 9月24日，“庆丰收·促和美”2023年中国农民丰收节朝阳区庆祝活动暨第34届北京农民艺术节“乡村大舞台”系列活动在北京温榆河公园生态文化中心开幕。来自朝阳区农村地区的群众代表们开展歌曲联唱，共同庆祝丰收节的到来。活动中，朝阳区与中国农业科学院、中国水产科学研究院、农业农村部规划设计研究院签署战略合作协议。农业农村部发展规划司，中国农业科学院，农业农村部规划设计研究院，中国水产科学研究院，市农业农村局等单位相关领导，朝阳区领导文献、吴小杰等出席。

【第二届北京城市更新论坛暨首届北京城市更新周】 9月26日，第二届北京城市更新论坛暨首届北京城市更新周在朝阳区东岳文化广场开幕。朝阳区“亮马河国际风情水岸项目”“朝外大街升级改造一期工程及THE BOX朝外|年轻力中心项目”入选第二届“北京城市更新最佳实践”项目。住房和城乡建设部，北京市市政府，中国建设银行，市住房和城乡建设委，中建集团、中国信达、中铁建等单位领导，朝阳区委书记文献，区委副书记、区长吴小杰等出席。

【2023年北京朝阳城市更新论坛】 9月27日，“更朝阳·新朝阳·更新朝阳”2023年北京朝阳城市更新论坛举办，全面展示朝阳区城市更新方面的实践成果，探索总结中国式现代化超大城市更新行动的“朝阳模式”。政协第十三届全国委员会、国家发展和改革委员会、中国经济体制改革研究会、住房城乡建设部、中国中建设计研究院等单位相关领导，朝阳区领导吴小杰等出席。

【北工大山河湾谷创新区建设启动会】 10月16日，由朝阳区人民政府和北京工业大学共建的北工大山河湾谷创新区建设启动会在北京工业大学举办。会上双方联合发布了北工大山河湾谷创新区建设纲要，朝阳区发布支持创新区建设的10条支持意见。北京市委、市委教育工委、市政府、市经济和信息化局、市发展改革委、市科委、中关村管委会、市财政局、市国资委、市科学技术协会等单位相关领导，朝阳区委书记文献，区委副书记、区长吴小杰等领导，北京工业大学、首都经济贸易大学、北京信息科技大学、河北工业大学等高校领导出席。

【2023国家文化产业创新实验区发展大会】 10月19日，2023国家文化产业创新实验区发展大会在751园区开幕。中宣部文化改革发展局，文化和旅游部产业发展司，北京市委宣传部，北京市发展和改革委，新京报社，北京市广播电视局，中国传媒大学，北京服装学院，北京工业大学，河北省文化和旅游厅，中国人民大学、中国文化产业协会文化元宇宙专委会等单位相关领导出席，朝阳区委副书记、区长吴小杰出席。

【2023北京朝阳国际灯光节】 11月18日，由北京市文化和旅游局、北京市商务局、中央广播电视总台北京总站、朝阳区人民政府主办的2023北京朝阳国际灯光节开幕。北京市委、北京市政府、新加坡驻华使馆，中央广播电视总台北京总站，商务部消费促进司，文化和旅游部产业发展司，新华社北京分社，北京市商务局，市文化和旅游局，市城市管理委员会，中国美术馆、中国美术家协会、中国城市雕塑家协会，中央歌剧，中国电影博物馆，北京服装学院，北京电影学院等单位相关领导，朝阳区委书记文献，区委副书记、区长吴小杰，区政协主席王旭等区四套班子领导，中国城市雕塑家协会代表，清华大学、中央美术学院、中国传媒大学、中央音乐学院等院校领导及国际艺术家代表出席开幕式。

【第四届元宇宙与人工智能产业生态大会】 11月18日，由朝阳区政府、元宇宙与人工智能三十人论坛联合主办的“承上启下 智元宇宙——第四届元宇宙与人工智能产业生态大会”举行。大会围绕元宇宙与人工智能产业发展热点问题展开探讨，进一步推动元宇宙与人工智能产业的创新实践。中国社会工作联合会、中央国家机关工委等单位相关领导，朝阳区委副书记、区长吴小杰等去政府领导、中关村朝阳园相关领导出席大会开幕式。大会采用线上线下相结合的方式进行，围绕数字经济2.0时代的价值创造、元宇宙与人工智能对经济的影响、人工智能与元宇宙时代的算力挑战、人工智能和元宇宙的技术融合及应用场景展望四大主题，邀请专家学者和行业领军人物齐聚一堂，共同探讨如何在元宇宙与人工智能的融合下，引领各行业的创新与发展。大会还发布了星地超创者产业联盟和伏羲智元产业基金等项目。会上，京港互联网3.0产业中心暨青年人才基地揭牌。

【2023北京中阿经贸文化交流活动】 12月5日，由北京市人民政府外事办公室、北京市商务局、朝阳区人民政府主办的2023北京中阿经贸文化交流活动举办。中央外办原副主任、中国前驻埃及大使刘晓明，商务部外国投资管理司相关领导，阿联酋驻华商务

参赞（全权公使）阿卜杜拉·努艾明，卡塔尔驻华文化参赞萨拉·萨达，沙特驻华商务参赞钱大为，北京市人民政府外事办公室、北京市商务局、北京外交人员服务局等单位相关领导，朝阳区委书记文献，区委常委相关领导参加。（杨学良）

综合政务管理

【概况】 2023年，区政府办在各有关部门的支持配合下，完成调查研究、信息编发、督查督办重点工作和重要民生实事、绩效管理、调研考察等各项日常工作。

【公文管理】 2023年，接收处理各类非涉密公文7835件，比上年减少11%。平均每个工作日新收公文35件，比上年减少17%。共制发各类公文778件，比上年增长10%。平均每个工作日制发公文3.1件。其中，以区政府、区政府办公室名义印发全区的普发性公文件12件，与上年持平。接收处理机要文件447件，比上年减少24%。编印区政府公报3期。

【调查研究】 2023年，区政府领导深入开展学习贯彻习近平新时代中国特色社会主义思想主题教育，切实加强党的思想建设，把理论学习、调查研究、推动发展、检视整改贯通起来。大兴调查研究之风，制定《北京市朝阳区人民政府党组大兴调查研究的实施方案》，区政府领导坚持一线调研、问题导向，采取“四不两直”、蹲点调研等形式，围绕经济高质量发展、民营企业发展、科技创新、农村城市化等方面深入开展调查研究，开展“促进朝阳区经济高质量发展的路径研究”“关于朝阳区民营企业发展情况的调查研究报告”“朝阳区关于推动数字医疗产业发展的实施路径研究”等8项领题调研和正反典型案例调研。区政府领导深入企业进行大走访，带队走访重点企业200余家，实地调研朝阳园管委会、CBD管委会、平房乡、十八里店乡等地。全年区政府领导累计到基层调研1000余次，人均调研超过60天。

【政务信息】 2023年，高效推进信息工作。作为北京市16区唯一的国务院办公厅信息直报点，向国务院办公厅直报信息54期；向市政府办公厅报送《朝阳情况》普刊910期、长篇特刊18期。市采短信息120期，市采长篇特刊7期，获市领导批示9件。完成市政府办公厅长篇特刊约稿57期（其中超九成均为国办约稿），区领导批示237件，其中主要领导批示115件。采编基层信息3000余条，组织刊发信息刊物30余期。同时，随着平台使用的不断深入以及信息化工作各项新的要求，开展朝阳区政府电子公文平台升级改造项目实施工作，完成包括决策督查、督查专报管理等模块的开发；平台信创升级改造，包括操作系统、数据库、应用服务器中间件等信创软件产品采购等；移动办公App与京办融合改造等各项工作。紧紧围绕全区中心工作及群众关心关切，着力提升政务公开质量，以公开强监督、促落实、优服务；在“北京朝阳”网站更新部门动态60余篇，及时展现最新工作进展、创新亮点、活动开展等。

【督查督办】 2023年，完成国务院推动高质量发展综合督查服务保障任务，全力做好全国两会服务保障工作，围绕违规电动三、四轮车整治工作开展督查调研。全年共办理市区主要领导批示指示交办事项361件，其中，市级68件、区级293件，对主要领导批示事项开展全过程跟踪督查，正在落实中任务上账“滚动”督办，累计印发《督查专报》（市区主要领导批示指示交办事项落实情况）11期。每月组织规自分局等11家单位开展需协调事项研究梳理工作，累计上报12期。汇总全区89家重点单位每月工作计划，累计上报4258条（区级部门2156条、属地街乡2102条）。定期收集上报重点领域工作简报，涉及区委网信办、区发展改革委等20家单位，累计上报1252期，区政府主要领导作出批示166次，均已按领导批示要求，督促责任单位抓好工作落实。完成市、区两级决策督查91件，督办市、区重大决策任务178项。其中，市政府工作报告重点工作22项，市重要民生实事6项，区政府工作报告重点工作120项，区重要民生实事30件。全年共跟踪督办市区政府会议纪要254期，涉及CBD有关工作、国资有关工作、重点项目“拔钉子”等59项重点工作。

【绩效管理】 2023年，朝阳区完成市政府绩效考评事项71个、任务目标244个，涉及承办单位23家。在全市绩效考评中得分为97.03分。

【外联服务】 2023年，区政府办保障市级及以上领导赴朝阳调研市场运行、走访重点企业、温榆河公园建设、节假日安全生产等200次，累计接待外省市赴朝阳区考察学习35次。持续做好驻区中央单位和驻京部队相关属地服务保障工作，累计办理服务事项350余项，全面梳理全区54家外埠驻京机构基础信息。服务保障区政府主要领导赴上海市参加中信金属上市仪式、赴内蒙古乌兰察布市察右后旗和卓资县考察东西部协作工作、赴深圳市考察重点企业并签约、赴杭州市考察调研阿里巴巴及相关调研活动。做好结对帮扶区县乌兰察布市察右后旗、卓资县，河南省南阳市淅川县赴朝阳开展交流合作。（杨学良）

政府信息公开

【概况】 2023年，朝阳区各政府信息公开工作机构（以下简称公开机构）认真履行《政府信息公开条例》（以下简称《条例》）法定义务，在高质量完成常规工作任务的基础上，重点从深化主动公开，规范依申请公开，强化监督保障，完善政府网站建设等方面开展工作。2023年，全年全区各公开机构（不包含垂直管理部门）通过政府信息公开专栏和区政府官方网站主动公开政府信息21825条，受理政府信息公开申请2753件，因政府信息公开申请行政复议164件，提起行政诉讼100件。开展政府信息咨询、主动公开及申请受理、办理、答复工作，各公开机构的组织管理、制度建设、渠道场所、教育培训等开展情况良好，全区政府信息公开工作有序运行。

【主动公开】 2023年，贯彻落实《条例》各项公开工作要求，朝阳区人民政府坚持以公开为常态、不公开为例外，遵循公正、公平、合法、便民的原则，履行政府信息公开法定义务，研究推进行政决策公开、执行公开、管理公开、服务公开和结果公开，以公开促公正，提升政府执行力、公信力，保障人民群众的知情权、参与权、表达权、监督权。不断建立健全政府信息公开工作体系，完善工作制度，把公开透明作为政府工作的基本制度，大力推进政务公开，自觉接受群众监督。认真贯彻落实政府网站集约化建设成果，充分利用“北京·朝阳”区政府门户网站信息集中发布平台，规范各单位专属页面设置，加强政府网站及政务新媒体建设，通过多种渠道不断扩大政府信息主动公开范围，在政府网站设立政策性文件发布和解读专栏，作为政策性文件和解读信息发布的第一平台，明确公开要素，集中规范公开并动态更新现行有效的行政规范性文件。通过“政策解读”专栏，围绕社会关注度高、专业性强的政策文件，在政策发布时同步解读。明确解读要素，丰富解读方式，推行分类管理，通过一图读懂、数字人、视频音频、简明问答等解读形式，为企业群众提供“政策＋解读＋办事”的综合解读服务，有效引导预期，全面提升政府公信力。同时，通过“北京朝阳”微信公众号、“北京朝阳”官方微博及时发布信息。区政府网站建设“决策公开”专栏，集中发布决策目录、决策结果、意见征集等信息。在区政府门户网站建立“为民办实事”专题集成页面，公开重大决策任务落实情况，督促各单位按季度公布市、区重大决策任务落实情况；在政府网站开通“会议解读”专栏，用图解的方式使会议信息内容更加清晰、便于理解，同时改版“会议信息”栏目，定期、集中公开会议及解读信息，准确传递权威声音，积极回应社会关切；及时通过政府网站、政务新媒体等平台，推出重点领域信息公开专题，重点公开助企纾困、食品药品监管、稳岗就业、养老服务、义务教育、涉农补贴、公共文化服务、社会救助等方面内容，方便公众及时知晓监督。全区全年主动公开发布政府信息21825条。

【依申请公开】 2023年，认真贯彻落实《条例》工作要求，不断规范依申请公开工作，建立健全依申请公开工作机制，进一步规范依申请公开的办理流程，严把“受理、办理、答复、送达、归档”等五个环节，确保依法依规做好答复。严格落实《条例》，依法依规办理政府信息公开申请，畅通申请渠道，优化办事流程，提升依申请公开效率。针对复杂疑难申请，加强部门协作会商研判，审慎做出答复，防范法律风险。面对群众高度负责，通过主动沟通靠前服务，真心实意为民解难题，体现“未诉先办”服务理念。全区全年受理公民、法人或其他组织提出的政府信息公开申请2753件。

【行政复议信息公开】 2023年，针对区政府信息公开的行政复议申请164件。其中，已审结的130件中，维持行政机关具体行政行为的107件，被依法纠错数12件，其他情形11件。

【行政诉讼信息公开】 2023年，针对区政府信息公开的行政诉讼案100件。其中，已审结的71件中，维持行政机关具体行政行为的56件，被依法纠错数11件，其他情形4件。

【年度报告】 2023年，按照新修订的《条例》规定，统筹全区各公开工作机构于2024年1月底前，统一向社会公布本单位2023年度的政府信息公开工作年度报告。编制2023年朝阳区政府信息公开年度报告，通过“北京·朝阳”官方网站向社会公布。报告包括政府信息公开总体情况，主动公开政府信息情况，收到和处理政府信息公开申请情况，政府信息公开行政复议、行政诉讼情况，政府信息公开工作存在的主要问题及改进情况以及其他需要报告的事项等六方面内容。

【公开指南】 2023年，更新编制了《北京市朝阳区政府信息公开指南（2023版）》，在区域内的各级各类信息公开窗口免费向公众发放。同时，在政府信息公开专栏中同步进行了更新，确保依申请公开渠道畅通，受理机关、邮寄地址、联系电话等信息准确无误。

（叶易棠）

信息化建设与管理

【累计建成5G基站5229个】 2023年，新增5G基站220个，累计建成5229个。

（王　华）

【基站拆除】 2023年，根据《7月5日区委主要领导同志调研任务分解表》指出“广泰东路北口要尽快打开，完成通行，同时考虑该道路路侧停车事宜”，区科学技术和信息化局负责该项任务中的“协调信号塔及箱体改移”工作，共拆除2个基站。8月24日，位于广泰路的两个基站完成拆除工作；9月10日，位于百子湾地铁B口西侧的一座基站完成现场拆除。

（王　华）

【网络安全检查】 6月19日，按照《关于开展2023年北京市电子政务网络安全检查工作的通知》(京经信发〔2023〕22号)要求，下发《关于开展2023年朝阳区电子政务网络安全检查工作的通知》(中朝管文〔2023〕95号)，联合区委网信办、区密码管理局，6月至9月组织开展全区电子政务网络安全检查，采取单位自查、技术检测、现场抽查相结合的方式，全面检查各单位网络安全工作开展情况，包括安全管理制度落实情况、数据安全防护情况、云上系统安全防护情况、重要信息系统的安全防护情况、商用密码应用情况、应急管理工作情况、新技术智慧应用情况等内容。

（王　华）

【有限空间夜查】 7月1日，按照区安委办下发《关于印发〈2023年朝阳区有限空间作业夜查专项行动方案〉的通知》要求，朝阳园管委会(区科学技术和信息化局)高度重视，制定《朝阳园管委会(区科信局)有限空间作业夜查专项行动工作方案》，成立以朝阳园管委会(区科学技术和信息化局)副主任为组长、信息化建设发展处处长为副组长的领导小组，联合区通管办针对重点企业(移动、电信、联通、歌华)开展有限空间作业安全监督检查工作，保障通信领域有限空间作业安全。

（王　华）

【"百业万企"共铸诚信文明朝阳活动】 9月7日，区文明办、朝阳园管委会(区科学技术和信息化局)会同区国资委等10个部门开展2023年"百业万企"共铸诚信文明朝阳活动推进会，全区社会信用体系建设相关部门领导、各街乡主管领导、60家新培育企业代表参加会议。会议总结部署朝阳区社会信用体系建设重点工作、"百业万企"共铸诚信文明朝阳活动工作，为"北京市诚信品牌企业"和"北京市共铸诚信企业"颁发牌匾，启动2023年"百业万企"共铸诚信文明朝阳活动暨朝阳"诚信之星"企业选树活动，广泛宣传朝阳区共铸诚信文明活动，引导企业诚信经营。

（梁卜心）

【朝阳区政务网络安全保障平台建成】 9月22日，朝阳区政务网络安全保障体系项目第一部分"朝阳区政务网络安全保障平台"建设完成，通过分析平台数据，可以实现区级政务外网及网络安全态势的集中展示，提供内、外部的攻击态势、漏洞态势、系统情况，满足攻防演练、重大保障、指挥决策的需要。

（王　华）

【政务信息系统调研评价工作培训会】 10月24日，朝阳园管委会(区科学技术和信息化局)通过线上形式面向全区90个单位开展朝阳区政务信息系统调研评价工作培训会。会议围绕任务目标、评价范围、时间安排、工作要求等进行介绍，重点针对评价指标体系及信息采集项进行逐项解读，同时组建系统填报答疑群，实时支撑各部门的信息填报工作。

（梁卜心）

【信息化建设工作交流座谈会】 10月24日，丰台区大数据中心到朝阳区进行座谈交流，朝阳区信息网络中心及朝阳区大数据信息中心参加本次座谈会。会上双方深入了解彼此在智慧城市共性基础设施、大数据治理、政务云、网络与信息安全等业务的工作成果和经验，进一步开阔信息化建设发展工作思路。

（梁卜心）

外事及涉港澳台事务

【概况】 朝阳区人民政府外事办公室(简称区政府外办)，是负责朝阳区对外国际交往和处理涉外及涉港澳事务的区政府工作部门，承担区委外事工作委员会办公室职责，兼任区推进国际交往中心功能建设领导小组办公室。2023年，区政府外办坚持以习近平新时代中国特色社会主义思想和习近平外交思想为指导，深入贯彻落实党的二十大精神，围绕首都功能定位和朝阳区主攻方向，积极主动服务党和国家对外工作大局，精准有力服务高质量发展，持续推动朝阳外事工作向更高水平迈进。

【区领导多渠道招商引资】 1月，由区委、统战部相关领导，率区发展改革委、区商务局、CBD管委会、朝阳园管委会、区政府外办等单位主要负责人出访德国、法国，与已落户或有意向落户朝阳区的重点外资企业洽谈经贸领域务实合作。3月，促成区领导拜访阿联酋驻华使馆，建立与阿联酋阿布扎比投资办公室联络渠道，探讨与阿布扎比国际金融中心(ADGM)区域开展友好合作事宜，为朝阳区在中东国家开拓友好渠道、开展务实合作提供助力。

【"地球一小时"熄灯活动在"冰丝带"举行】 3月25日，区政府外办协助北京市及世界自然基金会，在国家速滑馆"冰丝带"举行"地球一小时"熄灯活动。"冰丝带"作为一座璀璨的地标，为地球熄灯一小时，向世界展示北京作为首个"双奥之城"深入推进绿色低碳发展、努力实现生态环境持续向好的决心。

【制作《外国人在朝阳工作生活指南》系列视频】 3月下旬，区政府外办邀请专业团队策划制作《外国人在朝阳工作生活指南》系列视频。从外籍人士最为关注的问题中选取题材，用沉浸式走流程的展示方式，对外国人在朝阳区办理工作居住签证、永久居留许可、邮寄国际包裹、办理电动车上牌等业务进行演示解答。系列视频通过朝阳区涉外服务平台、"北京朝阳"微信公众号及其他渠道进行宣传推广，进一步提升外籍人士在朝阳区居住生活的便利性。

【外国记者走进朝阳】 4月7日，市外办、朝阳区共同组织51个国家的57名外国记者走进国家速滑馆、国家游泳中心、国际创投集聚区和751时尚设计广场。外国记者在工作人员的讲解和实地沉浸体验过程中，充分了解"双奥之城"的奥运场馆赛后可持续利用情况，感受高品质国际创投服务激发企业创新创业活力、助推新兴产业发展、加速企业国际化进程的新动能，赞叹老工业区转型为文化创业产业园区的新活力。

【奥地利萨尔茨堡市市长祝贺北京国际音乐节开幕】 4月29日，借助北京国际音乐节契机，区政府外办与黑庄户乡密切联动合作，邀请奥地利友城、音乐之都萨尔茨堡市市长为音乐节开幕式录制祝贺视频，为双方城市音乐文化交流搭建平台。

【格鲁吉亚外交领域官员参访丽都会客厅】 6月9日，中格建交31周年之际，区政府外办积极服务保障“格鲁吉亚外交领域官员研修班”一行参观丽都会客厅，向格方介绍朝阳区经济社会发展情况、国际化社区建设情况，探索与格方在人文交流等方面有进一步合作。

【洪都拉斯媒体代表团参加亮马河游船活动】 6月13日，朝阳区邀请来自洪都拉斯的14名记者来到亮马河畔，参加“走进亮马河风情水岸暨亮马河游船活动”。此次洪都拉斯媒体代表团是跟随卡斯特罗总统一行对中国进行国事访问的随行媒体，此次参访对营造良好合作舆论氛围，加强中洪两国媒体间的友好往来有显著的推动作用，为中洪两国的后续合作奠定良好基础。

【第三届“北京·国际范儿”短视频大赛线下采拍活动举行】 7月20日，第三届“北京·国际范儿”短视频大赛线下采拍活动在朝阳区麦子店街道霄云荟、亮马河风情水岸开展，活动聚焦国际服务环境和国际化社区，来自澳大利亚、泰国、希腊、西班牙、英国等10余个国家的“网红”博主和新媒体人参加。活动中，外籍友人们漫步“霄云荟”，感受北京“有颜、有内涵”的高品质生活空间和面向社区中外居民的良好服务；夜游亮马河国际风情水岸，领略北京“水上会客厅”的灯火璀璨。

【朝阳区与意大利米兰第一区线上交流】 7月31日，朝阳区与意大利米兰第一区开展线上交流会。区政府相关领导，米兰第一区政府、米兰市政府外办、意大利米兰中国文化中心代表参加线上交流会。区政府相关领导在致辞中表示，2023年是共建“一带一路”倡议提出十周年，朝阳区迎来建区65周年，线上交流会是两地在重要节点探索友好合作新形式的重要尝试，具有十分特别的意义。朝阳区是首都功能的重要承载区和国际交往的重要窗口，国际要素资源丰富，消费场景多元，营商环境和人文环境一流。米兰第一区是米兰市的中心地区，历史文化底蕴深厚；同时，第一区以其时尚产业和购物场所而闻名，双方在时尚产业发展、商圈建设、品牌培育等领域具有广阔合作空间。米兰第一区区长马蒂亚·阿卜杜·伊斯梅尔（Mattia Abdu Ismahil）感谢朝阳区政府牵头召开线上交流会，表示中意两国的友好交往源远流长。米兰第一区和朝阳区在时尚产业、人文交流等方面有共通之处，愿意以此次交流会为契机，不断加强交流，增进了解。双方一致认为，此次线上交流会搭建两区沟通交流的平台，增进彼此了解。未来，两区将继续拓展更多领域交流，共促两区务实合作。

【外企高管参与《外国人眼中的朝阳》系列视频拍摄】 8月，《外国人眼中的朝阳》之金茂威斯汀总经理龙麦克短视频上线，从涉外酒店管理者的角度讲述朝阳区在涉外接待服务、亮马河沿线环境治理及城市更新等领域的生机与活力。9月，《外国人眼中的朝阳》之康明斯全球副总裁石内森短视频上线，从外企高管的角度讲述朝阳区优越的营商环境及生机勃勃的国际化环境。

【重要外宾接待】 10月17日至18日，在北京举行党宾国宾接待活动。“一带一路”期间，越南国家主席武文赏一行到黑庄户乡小鲁店村参观交流；国内外媒体报道相关党宾国宾参访信息百余次，其中智利总统潘家园地摊“寻宝”、塞尔维亚总统夫人打卡秀水街东方旗袍登上热搜。“一带一路”期间朝阳区共接待埃及总统、智利总统、越南国家主席等国家元首及政要代表团16批次、161人次，代表团对点位的热情接待和周到服务均给予充分肯定。

【驻华使节中医药健康日活动举办】 11月17日，由朝阳区人民政府主办的“第八届驻华使节中医药健康日暨朝阳区中医药国际服务示范基地建设启动会”活动在三里屯地区举办。本次活动邀请数十位驻华外交官员，活动主题为“聚中医国粹，汇朝阳创新发展”，现场进行中日友好医院、北京和睦家医院和北京市朝阳区三里屯第二社区卫生服务中心等三家朝阳区中医药国际服务示范基地启动仪式。

【外国朋友参加北京朝阳国际灯光节】 11月18日至12月9日，为期21天的2023北京朝阳国际灯光节举办。朝阳区借助灯光节融合文商旅体资源，打造好玩、好逛、好吃的“24小时生活圈”，进一步激发城市消费活力，重点商圈销售额近21亿元。灯光节期间，朝阳区组织区内重点商场开展百余场“光影+”消费活动，联动合生汇周年庆、大悦灯光节、燕莎友谊商城购物季等各具特色的促消费活动，带动商场实现销售、客流双增长。北京SKP、蓝色港湾、THE BOX朝外、三里屯太古里、朝阳大悦城等重点商圈客流量超1000万人次，较日常客流上涨31%，形成销售额近21亿元，比2019年增长超过23%。其间，邀请新加坡驻华大使、国际商会代表、外国媒体代表、外资企业代表等参与活动开幕式。

【2023年北京市驻华使节招待会在朝阳区举行】 11月24日，2023年北京市驻华使节招待会在国家速滑馆“冰丝带”举行，来自101家驻华

使团的驻华使节和国际组织驻华机构代表参加。其中，朝阳区搭建的“Hello Chaoyang”主题展吸引众多使节拍照打卡留念，点赞朝阳区的发展成就。

【国际文化交流活动】 12月2日至10日，第27届米兰国际手工艺博览会在米兰举行。潘家园文化公司代表朝阳区首次参展，展销剪纸、皮影、水晶、玛瑙等极具中国文化元素的民族非遗产品和民间手工艺特色文创产品，向海内外友人讲述潘家园故事、朝阳故事、北京故事、中国故事。同时，与主办方及各国文化艺术企业开展交流，探讨文化创意产业合作。米兰国际手工业博览会是全球特色手工艺品、美食文化及旅游行业中规模最大的展会。此次派团参展是前期“朝阳区—米兰一区线上交流会”合作意向的落地。朝阳区将继续用好“云外事”平台，不断扩大“朋友圈”，助力全区经济社会发展，强化朝阳形象的国际传播。

【驻华大使夜游亮马河】 12月，朝阳区邀请委内瑞拉、厄瓜多尔、智利等拉美国家驻华大使夜游亮马河并体验朝阳国际灯光节的精彩，持续巩固拉美国家交往成果。（赵汗清）

政务服务

【概况】 朝阳区政务服务管理局（简称区政务服务局）为区政府工作部门，机构级别为正处级。2023年，区政务服务局以党建工作为引领，紧紧围绕优化营商环境，深化“放管服”改革，强化“互联网+”建设，优化公共资源交易服务流程，加大政府信息和政务公开力度等中心工作，持续推进各项工作取得阶段性成果，完成年度各项任务。截至年底，区政务服务中心办件量为306427件，“朝我说”平台累计受理1582件；新增进场交易项目216项，其中房屋建筑及市政基础设施工程207项、政府采购公开招标项目9项，提供开标服务共计177场次，提供评标服务300场次。（孟　妍）

【公共资源交易中心全年工作数据】 2023年，区公共资源交易平台新增进场交易项目216项，其中房屋建筑及市政基础设施工程207项，建筑规模约385.7万平方米，市政长度约98.2千米；政府采购项目（公开招标）9项，涉及进场交易额约0.9亿元。提供开标服务177场次，其中房屋建筑及市政基础设施工程111项，政府采购项目（公开招标）28项，园林绿化工程2项，水利工程36项。提供评标服务300场次，其中房屋建筑及市政基础设施工程227项，政府采购项目（公开招标）28项，园林绿化工程5项，水利工程40项。（松　磊）

【朝阳区政府信息公开全年工作数据】 2023年，全区各政府信息公开工作机构通过朝阳区政府官方网站主动公开政府信息21825条，受理政府信息公开申请件2753件，收到涉及政府信息公开的行政复议164件，接到行政诉讼100件。（叶易棠）

【原发包中心部分固定资产交接工作】 1月9日，公共资源交易服务中心到区住房城乡建设委清点移交部分原发包中心固定资产（区住房城乡建设委使用资产）。此次交接由区住房城乡建设委与交易中心双方签字确认，交接资产共150件。其中，家具类资产58件，包括办公椅、文件柜等；通用设备类资产92件，包括厨具、空调、执法记录仪等。以上资产已移至交易中心办公场所存放。（松　磊）

【朝阳区政务服务局“一业一证”行业综合许可改革】 1月至3月，根据《北京市推广“一业一证”改革实施方案》要求，提升企业准营便利化水平，进一步激发市场主体活力，加快推进“一业一证”行业综合许可改革工作，区政务服务局积极加强与相关部门沟通，认真组织研究相关事项，制定《朝阳区实施“一业一证”行业综合许可改革的工作方案》，并通过2023年第一次区政府常务会审议，现已报区政府办履行发文程序。围绕企业实际办事需求，推动一个行业经营涉及的多项行政审批事项跨部门集成办理，由区政务服务局汇聚相关行政审批证件信息，向市场主体颁发一张综合许可凭证，实现“一门引导、一次告知、一表申请、一窗受理、一网通办、一标核准、一证准营、一码联动”。此次改革工作共涵盖40个改革行业，6个行业完成一次性告知清单、审核要点梳理、系统配置和业务培训，已在窗口落地。按照市局要求，开展会同各单位梳理相关行业的办事指南、合成一表等工作，简化申请材料，优化服务模式，与市局系统对接，优化“二次录入”问题。（郭靖楠）

【启动数字政务一体化平台项目建设】 1月至3月，围绕企业和个人全生命周期的综合性服务，以场景落地为抓手，编制朝阳区数字政务一体化平台总体规划的可研方案，由点到面推进朝阳区数字政务一体化平台建设。（张怡然）

【颁发首张餐饮店综合许可证】 4月至6月，根据《北京市推广“一业一证”改革实施方案》（京政办发〔2023〕5号）要求，提升企业准营便利化水平，进一步激发市场主体活力，加快推进“一业一证”行业综合许可改革工作。区政务服务局制定《朝阳区实施“一业一证”行业综合许可改革的工作方案》，统筹组织相关单位开展“一业一证”改革梳理工作，共涉及40个改革行业，已完成全部行业“一业一证”改革标准化梳理，并由各业务单位对综合窗口人员开展业务培训。累计参培人员800余人次，与市级“一业一证”系统对接，其中餐饮店、咖啡店等6行业已经对接完成，并颁发第一张餐饮店综合许可证。（郭靖楠）

【搭建数字政务大数据分析平台】 4月至6月，依托朝阳区政务服务监测（大数据）平台，整理多种政务服务数据资源并建立数据模型，完成1947项办事情况以及办事人员或企业的相关数据分析展示，进一步强化数据赋能。设置125名综合窗口服务人员业务情况展示界面，通过强化绩效管理促进窗口人员积极性的主动提升。完成数据的深度挖掘与多维剖析，辅助优化业务办理流程，进一步提升政务服务数字监管能力。（张怡然）

【数字政务一体化平台建设可行性方案通过评审】 4月至6月，北京市朝阳区数字政务一体化平台项目可行性方案已通过技术评审，并按照专家评审意见完成调整，拟定总体建设周期为10个月。（张怡然）

【市委巡视组和市交易中心调研交流工作】 5月23日，市委第七巡回指导组和北京市公共资源交易中心领导赴朝阳区公共资源交易服务中心（以下简称交易中心）调研指导工作。区政务服务局班子成员及交易中心相关人员陪同。本次调研活动先参观交易中心各功能区域，针对场地运行模式、信息化建设、公共资源交易领域业务流程等内容进行重点考察和观摩，双方就公共资源交易平台运营模式、发展现状、场所设施配置、信息化建设等方面开展交流座谈，市领导对下一步工作提出了指导意见。（松　磊）

【机房改造项目施工完成并通过验收】 6月14日，信息化科组织专家召开项目验收评审会，2022年区政务服务中心政务服务业务系统及机房改造项目已完成机房改造、基础设备升级、国产操作系统定制服务以及迁移适配服务等工程施工，通过专家验收并正式投入使用。（张怡然）

【公共资源交易中心落实园林绿化工程招标投标监管职能】 7月，按照市园林绿化局《关于进一步落实园林绿化工程招标投标区级监管职能工作的通知》文件精神，各区园林绿化局参照市园林绿化局工作模式建立区级监管机制，区级园林绿化工程招标投标进入区级公共资源交易服务中心分平台统一管理。（松　磊）

【完成区级大厅窗口LED屏改造项目、网络安全系统升级改造项目验收】 10月至11月，区政务服务中心窗口LED屏改造项目于10月10日完成验收。网络安全系统升级改造项目11月24日完成项目工作内容并通过验收。（张怡然）

【完善场地预约系统，实现政府采购全流程电子化服务】 12月，为进一步加快政府采购全流程电子化进场速度，解决代理机构的业务难题，于11月中旬启动与区财政局对接北京市政府采购电子交易平台开、评标环节有关服务需求，12月对交易中心场地预约系统进行更新升级，增设政府采购项目预约模块，实现采购人或其委托的代理机构可在线上自主预约开、评标时间，同时增强交易平台基础信息采集的准确性，使进场交易项目数据管理更加规范。（松　磊）

【完成朝阳区数字政务一体化平台建设项目招标工作】 12月，朝阳区数字政务一体化平台建设，以朝阳区“城市智慧大脑”数据中台、业务中台、AI中台共性能力为基础，构建“2+4+N”数字政务体系，推动建设以业务中心和数据中心为底座，以办事服务、企业服务、大厅管理、数据分析平台体系为支撑，以N个场景应用为末端的数字政务一体化智慧平台，北京国研数通软件技术有限公司中标。（张怡然）

【依托政务服务自助终端搭建云窗办事平台】 12月，依托政务服务自助终端搭建云窗办事平台，将业务查询、办理、打印等各类政务服务功能集成到自助终端办理，自助终端已支持24个事项自助办理及141项便民自助服务查询，全年累计办理324件。搭建云窗服务体系，依托自助终端实现综合窗口人员与办事人远程视频通话、在线预览办件材料等功能。（张怡然）

【政务服务自助终端在东湖街道党群服务中心应用】 12月，为全面提升企业群众办理政务服务事项便利度和体验感，区政务服务局为东湖街道党群服务中心调试安装首台街乡大厅政务服务自助一体机，通过发挥大数据技术优势，分析形成高频事项清单，开发自助服务界面，政务服务自助终端已上线21个自助办理事项，靠前一步主动满足企业群众自助办事需求。（张怡然）

信访工作

【概况】 2023年，北京市朝阳区信访办公室（简称区信访办）坚持区委区政府季研究、联席会议月调度、信访情况周报告等机制，深入落实领导干部包案、“一线大走访”等机制，持续加强对全区信访工作的整体统筹和指导调度。区委常委会、区政府常务会听取信访工作情况汇报8次，召开信访工作联席会议全体（扩大）会2次，区领导坚持接访下访与专题调度相结合，解决一批中央、北京市、朝阳区信访案件。举办1期全区信访干部业务培训，全区43个街乡、44个联席会议成员单位150余人参加。

【领导干部接访下访】 2023年，区信访工作联席会议印发《关于进一步加强领导干部深入基层接访下访推动矛盾纠纷及时有效化解工作方案》，对全区党政领导干部深入基层接访下访采取形式、时间频次、下访地点作出部署，并建立定期分析、通报和考核工作机制。区委区政府主要领导带头接访，各级来访接待场所开展周三领导接访日工作，全区处级领导干部参与接访下访活动。

【矛盾排查化解】 2023年，区信访办依托矛盾排查化解体系，采取定期排查、动态排查、专项排查相结合的方式，组织开展矛盾纠纷排查，排查出纳入视线的信访矛盾纠纷、立案挂账矛盾纠纷案件，立案挂账矛盾纠纷案件全部结案化解。

【区委理论学习中心组学习《信访工作条例》】 1月12日，区委理论学习中心组在十三届区委常委会2023年第三次会议“会前学法”环节专题学习《信访工作条例》，并邀请市信访办一级巡视员、市信访工作联席会议办公室副主任作专题辅导，辅导围绕《信访工作条例》出台的背景、重大意义、主要内容、全力推动新时代首都信访工作高质量发展4个方面展开。区委书记文献主持会议。

【国家信访局到朝阳区调研】 4月4日，国家信访局中央单位实践锻炼及地方信访部门跟班锻炼干部一行32人到朝阳区参观调研。他们实地参观区政府群众接待大厅，了解朝阳区信访情况、信访接待工作流程与大厅功能设置、人员配备、基层治理等领域积极拓展的应用场景，观摩朝阳区网上信访信息系统的运行操作流程。其间，锻炼干部一行还到美团北京总部、阿里巴巴北京总部参观调研。5月11日，国家信访局调研组到朝阳区实地察看数字金融实验室、接访大厅、资产追缴大厅和北京市防范金融风险宣传教育基地，了解朝阳区集融资领域信访接待和化解矛盾情况，听取朝阳区信访办、区金融办、朝阳区法院、朝阳区检察院、公安朝阳分局关于集融资领域信访工作情况的汇报。

【外省市信访局领导到朝阳区调研】 4月7日，拉萨市信访局局长带队一行11人到朝阳区信访办、三里屯街道开展学习交流活动。朝阳区信访办介绍机构编制情况、信访信息化建设情况及全区信访工作整体情况、特色经验做法，三里屯街道详细介绍街道群众接访窗口和“一站一室两中心”（公共法律服务站、社区矫正远程会议室、行政复议分中心、“一站式”多元解纷中心），以及群众接访业务流程、机制建设情况、社区矫正、人民调解等工作开展情况。两地围绕智慧信访建设、信访积案化解、街道联席会议机制建设、多元化解机制作用发挥情况等工作座谈交流。5月17日，辽宁省铁岭市信访局督查专员到朝阳区南磨房地区（乡）调研社会矛盾纠纷预防调处化解工作，实地参观心连心广场社会矛盾纠纷预防调处化解分平台、市民诉求处置中心和群众来访接待大厅，召开座谈会交流人民调解、诉求处置、信访接待等工作，并就建立常态沟通机制、开展合作交流达成一致意见。9月26日，辽宁省大连市信访局派人员到朝阳区学习交流信访工作，实地参观朝阳区政府群众接待大厅、接谈室、“舒心有约”心理咨询室，了解朝阳区矛盾化解体系及“三级网络”逐级信访等工作机制，朝阳区信访接待工作流程与大厅功能设置、人员配备及信访信息系统操作流程，两区交流探讨学习践行“浦江经验”、信访矛盾源头治理、治理信访矛盾上行、信访积案化解、街道联席会议机制建设、多元化解机制作用发挥情况等工作。

【信访工作宣传活动】 5月4日至31日，区信访办组织全区各部门和43个街乡的信访干部进乡村、进社区、进学校、进企业、进单位开展“五个一”活动。5月30日，联合朝外街道、建外街道在日坛公园南门广场组织开展《信访工作条例》宣传活动，区农业农村局、区民政局、区教委、区住房城乡建设委、区金融办、区房管局、区城管执法局、区生态环境局、区司法局和区医保局等单位，通过设立咨询台、发放宣传册和宣传品、悬挂标语横幅、展示戗牌展板、现场咨询答疑、开展法律咨询、游园互动游戏等形式解读《信访工作条例》。

【市信访办到朝阳区开展大督查大接访大调研活动】 5月26日，市信访办到朝阳区调研信访工作。调研组一行实地察看区市场监管局群众来访接待室，检查信访工作规范化情况，并召开座谈会，听取朝阳区信访办、区市场监管局、区人力资源和社会保障局信访工作情况汇报，听取意见建议。

【丰台区信访办到朝阳区学习交流】 6月15日，丰台区信访办一行实地参观朝阳区政府群众接待大厅、接谈室、“舒心有约”心理咨询室，了解朝阳区信访接待工作流程与大厅功能设置、人员配备及信访安保系统的运行操作流程，两区交流探讨区政府门前秩序维护、来访接待工作流程与大厅功能设置等工作。 （李义顺）

机关后勤服务与管理

【概况】 2023年，朝阳区机关事务管理服务中心完成各项工作任务，优化资源配置，充分发挥职能作用，保障机关平稳有效运转。分别赴北京市西城区机关事务服务中心、赴北京市机关事务管理局、赴北京市丰台区机关事务服务中心、赴朝阳区机关幼儿园等地开展调研学习，接待深圳市福田区机关事务管理局、北京市机关事务管理局第一服务中心、北京市顺义区机关事务管理服务中心到朝阳区调研交流。

【机关纾困帮扶】 2023年，落实纾困帮扶政策，搭建助企惠民平台，加大引进驻区企业进机关工作力度，开展华为、小米、雀巢、盒马、乐高、金盏自贸区进口商品等现场展销活动，营造“宜商”氛围，助力驻区企业宣传推广，激发更多企业扎根朝阳。同时联合外埠驻京机构及对口协作区域，开展长沙、唐山、无锡、内蒙古等优势农特产品进机关展销活动，探索服务区域经济社会发展新模式，贡献机关事务新力量。

【优化办公环境】 2023年，围绕机关办公环境持续开展优化和精细化改造提升工作，完成朝阳区委区政府机关主楼屋顶绿化、餐厅及会议室改造、地下停车场装修改造，朝阳区人大、政协办公区监控升级以及巡察办集中办公区食堂改造施工，做好团结湖办公区和悠唐集中办公区装修改造。

【节约型机关创建和机关食堂反食品浪费】 2月14日，北京市机关事务管理局节能保障中心检查组到朝阳区检查节约型机关创建和机关食堂反食品浪费工作。采用随机抽取方式，对朝阳区委区政府机关二层食堂、三里屯街道办事处、六里屯街道办事处及黑庄户乡4家单位开展检查。通过现场查看、听取汇报、查阅资料、严格评分，各单位对节约型机关创建和机关食堂反食品浪费工作高度重视，日常工作中能严格遵守相关法律和规定，按照要求开展工作，资料基本完备。检查组对朝阳区节约型机关创建和机关食堂反食品浪费工作给予高度肯定，同时希望朝阳区进一步深化节约型机关创建和反食品浪费成效，充分发挥引领示范带头作用，实现迎检达标率100%目标。

【公务用车管理】 4月28日，北京市机关事务管理局车辆管理处以“四不两直”方式对朝阳区公务用车管理、公务用车管理平台使用及节前车辆封存等情况进行检查指导，对区机关事务管理服务中心统筹管理车辆、区农业农村局及双井街道办事处公务用车车辆管理情况开展实地检查，检查组指出要严明相关纪律要求，充分发挥运用北京市公务用车平台的大数据监管作用，加强公务用车使用管理的监督检查，促进车辆管理规范化水平不断提高。要抓好安全工作，做到管业务必须管安全，深刻汲取“4·18”火灾事故教训，聚焦重点环节、重点事项，将车辆安全问题落到实处。

（李晓晨）

政协朝阳区委员会

综　述

【委员构成】 2023年年底，中国人民政治协商会议北京市朝阳区委员会（简称区政协）有委员425人。其中，男委员270人，占64%；女委员155人，占36%；少数民族委员41人，占10%；中共党员委员165人，占39%；非中共党员委员260人，占61%。由30个界别构成，其中中共界别26人、民革界别11人、民盟界别14人、民建界别14人、民进界别10人、农工界别10人、致公界别10人、九三界别13人、台盟界别4人、无党派界别12人、共青团界别5人、工会界别6人、妇联界别7人、青联界别7人、工商联界别15人、科协界别8人、侨联界别13人、文化艺术界别24人、科学技术界别24人、社会科学界别7人、经济界别42人、农业界别7人、教育界别31人、体育界别7人、新闻出版界别13人、医药卫生界别24人、社会福利界别7人、少数民族界别6人、宗教界别6人、特邀界别42人。　（杨煜国）

【委员报告厅】 2023年，区政协举办委员报告厅活动14期。3月15日，举办2023年第三期委员报告厅活动，全国政协委员、区政协副主席、北京国际城市发展研究院院长连玉明结合参加全国政协十四届一次会议的感受和心得体会，围绕学习贯彻会议精神作专题报告。4月11日，举办2023年第四期委员报告厅暨公园城市建设讲座。活动邀请北京林业大学副校长、风景园林学教授以“公园城市建设——中国城市绿色发展的新机遇”为主题进行解读。5月11日，举办第六期政协委员报告厅，以“享邮票、学报告、话成就”为主题，通过邮政视角解读邮票背后的故事，学习党的二十大精神。5月12日，召开第七期委员报告厅暨知情明政情况通报会，介绍全区人才工作开展情况及相关政策。5月22日，举办第九期委员报告厅暨北京市政协委员开展“我是政协委员”宣讲报告会，全国政协委员、北京市政协委员以“努力做新时代新征程合格的政协委员”为主题开展宣讲活动。6月1日，举办第十期委员报告厅，邀请北京廿四良食健康管理有限公司创始人、中国中医科学院顾问、李氏太极传人、中医传承人讲解“中医食养、中医针灸与健康”。7月13日，举办第十一期委员报告厅，解读和培训“推进韧性城市建设”重点协商议题暨“安全生产”民主监督议题。9月13日，举办第十二期委员报告厅，区政协委员、中国社会科学院中国边疆研究所中国海洋史研究室领导以“中国海洋权益争端现状与发展形势”为题举办讲座。11月20日，区政协举办第十四期政协委员报告厅，重点学习习近平生态文明思想。　（薛全秋）

【自身建设】 2023年，区政协召开政协党组会25次，反映社情民意信息1136篇。新建4个园区委员工作站，54个委员工作站组织活动152次，委员参与450人次。组建96名委员参与的民生建设、财政预算、法治建设、生态环境4个民主监督组。在区政协网站开设“党派工作”“各地政协”“工作动态”等15个专栏。编发微信公众号98期，编辑《朝阳政协》杂志4期，编发《政协简报》36期。　（薛全秋）

【委员读书班】 8月28日至30日，区政协与区委统战部联合举办2023年度暑期学习班。部分区政协委员、民主党派区（工）委、区工商联和无党派人士等170余人参加。国家信息中心经济预测部宏观经济处、北京市政协研究室和国防大学的有关领导、专家围绕“中国宏观经济发展形势”“学习贯彻党的二十大精神 做好人民政协工作”“国际形势与国家安全”等进行专题辅导，组织学员们分组讨论并观看影片《申纪兰》。　（薛全秋）

重要会议

【概况】 2023年，召开政协北京市朝阳区第十四届委员会第二次会议。召开区政协常务委员会会议5次、主席会议10次，与区委统战部联合召开协商议政会议2次。

【常务委员会会议】 2023年，区政协召开常务委员会会议5次。1月4日，区政协召开十四届六次常委会会议。会议传达学习市委十三届二次全会精神和朝阳区委十三届五次全会精神。听取各组讨论情况汇报，听取政协北京市朝阳区第十四届委员会提案委员会关于政协十四届二次会议提案审查情况的报告，审议政协北京市朝阳区第十四届委员会第二次会议政治决议（草案），审议政协北京市朝阳区第十四届委员会第二次会议关于常务委员会工作报告的决议（草案），审议政协北京市朝阳区第十四届委员会第二次会议关于政协十四届一次会议以来提案工作情况的报告的决议(草案)。

2月24日，区政协召开十四届七次常委会会议。会议审议通过《政协北京市朝阳区第十四届委员会常务委员会2023年工作要点》《政协北京市朝阳区委员会协商工作规则》《政协北京市朝阳区委员会关于进一步加强和改进界别工作的实施意见》。会议书面通报各专门委员会2023年工作计划。5月29日，区政协召开十四届八次常委会会议，围绕“践行绿色发展理念，建设公园城市”主题开展专题协商议政。区政府党组成员任超作朝阳区公园城市建设情况报告。会上，14位区政协常委、委员以及界别和民主党派代表分别围绕“推进无界公园建设，打破公园与城市的功能界限”“利用大数据、人工智能等科技手段提升公园城市管理水平”“在公园城市建设中规划生态文明博物馆，展现生态文明建设成就”“在公园城市建设中发挥郊野公园资源优势，开展群众性科普活动”等方面提出意见建议。

9月26日，区政协召开十四届九次常委会会议，围绕“挖掘朝阳特色文化元素，形成城市文化标识体系”主题开展专题协商。会上，区委宣传部主要领导作“挖掘朝阳特色文化元素,形成城市文化标识体系”情况报告。13位常委、委员、民主党派成员、界别成员围绕议题发言。作为区政协丰富专门协商机构探索实践的重要内容之一，邀请北京市第八十中学、北京工业大学附属中学学生参加“模拟政协”实践，2名模拟政协学生代表在会上发言。会议听取区委领导关于提案办理情况的通报，并审议有关人事事项。12月26日，区政协召开十四届十次常委会会议。会议传达学习中央经济工作会议精神、中共北京市委十三届四次全会精神和朝阳区委十三届七次全会精神，听取朝阳区2023年党风廉政建设情况通报，审议通过《政协北京市朝阳区委员会委员履职工作规则》，审议区政协第十四届委员会第三次会议相关文件和有关人事事项，听取部分常务委员2023年度述职，书面通报各专门委员会2023年工作总结和区政协2023年委员履职情况。

【主席会议】2023年，区政协召开主席会议10次。1月4日，区政协召开第十一次主席会议。会议听取各组讨论情况汇报，听取政协北京市朝阳区第十四届委员会提案委员会关于政协十四届二次会议提案审查情况的报告，审议政协北京市朝阳区第十四届委员会第二次会议政治决议（草案），审议政协北京市朝阳区第十四届委员会第二次会议关于常务委员会工作报告的决议（草案），审议政协北京市朝阳区第十四届委员会第二次会议关于政协十四届一次会议以来提案工作情况的报告的决议（草案）。2月21日，区政协召开第十二次主席会议。会议审议政协北京市朝阳区第十四届委员会常务委员会2023年工作要点（草案），审议政协北京市朝阳区委员会协商工作规则（草案），审议有关人事事项，审议通过区政协十四届七次常委会会议议程，书面通报各专门委员会2023年工作计划。

4月6日，区政协召开第十三次主席会议。审议通过政协北京市朝阳区委员会2023年提案督办工作方案，审议通过政协北京市朝阳区委员会2023年重点协商议题实施方案。5月25日，区政协召开第十四次主席会议。审议通过政协北京市朝阳区第十四届委员会关于组建民主监督组的决定，审议通过政协北京市朝阳区第十四届委员会关于增补部分界别组长的决定，审议通过政协北京市朝阳区第十四届委员会常务委员会第八次会议议程，书面通报《中共北京市朝阳区委员会党组关于中共党员委员结对联系党外委员工作实施办法（试行）（草案）》。

6月15日，区政协召开第十五次主席会议，围绕“积极打造高水平人才高地，有效支撑商务和科技双轮驱动朝阳发展”专题议政。审议通过政协北京市朝阳区委员会关于加强调查研究工作的实施意见，审议通过政协北京市朝阳区委员会关于深化“三共同六联合”机制工作方案。9月20日，区政协召开第十六次主席会议。审议通过《政协北京市朝阳区委员会关于深化“三共同六联合”机制的若干措施》，审议有关人事事项，审议通过政协北京市朝阳区第十四届委员会常务委员会第九次会议议程，听取2023年市区政协协同履职工作进展汇报。

9月26日，区政协召开第十七次主席会议。审议通过关于增补专门委员会委员的决定。11月10日，区政协召开第十八次主席会议。围绕推进韧性城市建设情况专题议政，审议通过政协北京市朝阳区委员会关于提高提案质量的实施意见，审议通过政协北京市朝阳区委员会提案审查工作细则。12月11日，区政协召开第十九次主席会议。审议通过政协北京市朝阳区委员会关于评选表彰优秀提案的实施办法，审议政协北京市朝阳区委员会委员履职工作规则（草案）。

12月21日，区政协召开第二十次主席会议，审议区政协十四届委员会第三次会议相关文件，审议有关人事事项，审议通过海外侨胞列席朝阳区政协全体会议办法（暂行），审议通过政协北京市朝阳区第十四届委员会常务委员会第十次会议议程，听取关于区政协十四届三次会议委员分组调整及小组召集人人选的汇报，听取关于区政协园区委员工作站建立进展情况的汇报，书面听取各专门委员会2023年工作总结，书面听取区政协2023年委员履职情况。

【与区委统战部联合召开协商议政会】2023年，区政协与区委统战部联合召开协商议政会议2次。1月3日，区政协十四届二次会议上，区政协与区委统战部联合召开“有序推进城市有机更新”专题协商会。各民主党派、工商联、无党派人士、新的社会阶层人士、

▲ 1 月 3 日至 5 日，政协北京市朝阳区第十四届委员会第二次会议召开。图为 1 月 3 日，开幕会会场　　（刘　捷　摄）

区政协委员代表发言交流，为朝阳区城市有机更新建言献策。8 月 25 日，区政协、区委统战部联合召开议政会，围绕“打造国际化营商环境建设标杆区”协商议政。会上，区政协通报“打造国际化营商环境建设标杆区”议题调研工作情况，区政府作朝阳区“打造国际化营商环境建设标杆区”建设情况的报告。各民主党派、工商联、无党派人士、区政协经济界别、港澳台侨和外事委员会及部分政协委员围绕营商环境建设作《关于进一步提升行政执法效能　助力打造国际化营商环境标杆区的建议》《优化营商环境　提振市场信心　促进消费升级的问题及对策研究》《关于朝阳区私募股权投资基金高质量发展的思考和建议》《创建政企双赢的企业合规“朝阳模式”提升朝阳区国际化经营综合竞争力》《关于朝阳区打造国际营商环境建设标杆区的建议》《全力打造市场化　法治化 国际化一流营商环境　助力朝阳区高质量发展》《关于独角兽企业视角下朝阳区产业升级的建议思考》《关于数字经济驱动朝阳区国际营商环境持续优化和提升的建议》《关于丰富区域文化活动和文化内涵 提升国际影响力》《从国际化视野对营商环境的思考及建议》等 10 个重点发言，并与其中 2 名香港籍委员通过视频进行远程协商。

【区政协十四届二次会议】 1 月 3 日至 5 日，政协北京市朝阳区第十四届委员会第二次会议召开。区委、区人大、区政府主要领导出席开幕会，区各民主党派、工商联等负责人应邀列席会议。会议设置视频分会场，区直机关系统各委办局、各街乡的领导在视频分会场列席会议。区政协主席王旭作政协北京市朝阳区第十四届委员会常务委员会工作报告，区政协领导分别作政协北京市朝阳区第十四届委员会常务委员会提案工作报告和宣读《政协北京市朝阳区委员会关于表彰 2022 年度优秀提案的决定》。委员分组讨论区政协常委会工作报告和提案工作报告、朝阳区人民政府工作报告、大会决议（草案）、有关选举事项。审议通过《政协北京市朝阳区第十四届委员会第二次会议政治决议》。（薛金秋）

协商议政

【概况】 2023 年，区政协围绕深入推进城乡融合发展开展协商，开展重点提案督办开；围绕打造国际化营商环境建设标杆区开展协商调研；围绕践行绿色发展理念，建设公园城市开展协商；围绕践行绿色发展理念，建设公园城市开展协商；围绕挖掘朝阳特色文化元素，形成城市文化标识体系开展协商；围绕推进韧性城市建设开展协商；围绕积极打造高水平人才高地，支撑商务和科技双轮驱动朝阳发展开展协商；围绕启动新一轮公共卫生应急管理体系建设行动计划，推动“健康朝阳”建设开展协商。

【公园城市建设座谈会】 3 月 16 日，区政协领导带队围绕“践行绿色发展理念，建设公园城市”组织课题组和党派成员到区园林绿化局召开座谈会。区政协常委、人口资源环境和建设委员会主要领导介绍“践行绿色发展理念，建设公园城市”议政常委会工作方案、工作分工和各项任务的时间节点。区园林绿化局介绍朝阳区公园城市建设取得的成绩和 2023 年相关工作计划。参会委员和党派代表与区园林绿化局交流探讨。

【“推进韧性城市”重点协商议题座谈会】 3 月 23 日，区政协围绕“推进韧性城市建设”组织课题组和党派成员召开座谈会。区政协常委、人口资源环境和建设委员会介绍“推进韧性城市建设”重点协商议题实施方案、工作分工和各项任务的时间节点。区应急局、区地震局、市规自委朝阳分局、区城市管理委、区水务局通报各自在朝阳区韧性城市建设相应领域中取得的成绩和 2023 年相关工作计划。参会委员和党派代表对“推进韧性城市建设”重点协商议题的调研方向提出建议。

【专题调研研讨会】 3 月 24 日，区政协召开高水平推动“两区”建设专题调研研讨会。区政协阐述“两区”建设对于北京市和朝阳区的重要性、当前朝阳“两区”建设的成果、朝阳的服务业扩大开放区域等方面的情况，提出具体项目、配套政策服务保障等存在的问题和需要调研课题内容。区商务局介绍“两区”工作方案地图、实施范围、自贸区和下一步工作计划等。区政协委员、两区课题组代表、民革朝阳区委介绍调研课题背景等相关情况。课题组成员交流和研讨楼宇经济、两区建设扶持政策等。3月28日，区政协围绕“京津冀协同发展战略下朝阳站辐射带动功能研究”专题调研研讨会。介绍课题调研筹备背景，课题组成员针对朝阳站辐射带动功能研究方面进行交流。课题组成员探讨朝阳站如何辐射京津冀周边实现资源共享、朝阳站功能定位转化、朝阳站沿线城市合作协议等。

【“公共卫生应急管理体系建设”调研座谈会】 3月29日，区政协围绕“公共卫生应急管理体系建设”开展调研座谈。围绕“保健康、防重症”的工作目标，中日友好医院介绍中日友好医院作为医联体牵头单位开展构建工作体系、发挥指导作用、推动医疗服务的同质化管理等方面工作情况，并就推进医联体合作过程中存在的问题提出改进建议。

【“城市更新行动”民主监督座谈会】 3月31日，区政协围绕“城市更新行动”民主监督组织联合监督小组召开座谈会。区政协常委、人口资源环境和建设委员会介绍“城市更新行动”民主监督实施方案、工作分工和各项任务的时间节点。区住建委和市规自委朝阳分局通报朝阳区城市更新行动开展情况和存在的问题。联合监督小组围绕“城市更新行动”展开讨论。区政协委员从推进落实情况、部署情况方面提出建议。

【“健康朝阳”建设民主监督协商座谈会】 4月23日，区政协召开关于“启动新一轮公共卫生应急管理体系建设行动计划，推动‘健康朝阳’建设”专题民主监督协商座谈会。会议通报关于“启动新一轮公共卫生应急管理体系建设行动计划，推动‘健康朝阳’建设”专题民主监督工作的开展情况。针对此项民主监督工作，区政协课题组实地调研9次，提交建言30篇，提出意见建议93条。会上，15位区政协常委、委员、民主党派代表分别围绕“关于构建区域医疗大数据平台，推动公共卫生应急管理数字化转型的建议”“关于立足现实，逐步夯实分级诊疗基础的建议”“关于充分发挥社区卫生服务资源优势，促进医养联合体的建议”等提出建议。

【“打造高水平人才高地”协商调研座谈会】 4月26日，区政协领导围绕“打造高水平人才高地”重点协商议题到CBD国际人才“一站式”服务中心、北京人力资源服务产业园朝阳园区开展调研座谈活动。到CBD国际人才“一站式”服务中心参观，区高层次人才服务中心领导介绍中心相关情况。到北京人力资源服务产业园朝阳园区参观，区人力资源和社会保障局及有关企业领导介绍情况。在产业园朝阳园区开展座谈交流活动。座谈中，4家与会企业介绍企业发展人才需求，围绕朝阳区打造高水平人才高地提出搭建人才交流平台、完善人才机制等相关工作建议。课题组组长结合课题提出问题和建议，与会区相关部门对企业和委员们的问题逐一解答。

【围绕环境发展主题召开协商议政会】 5月29日，区政协召开十四届八次常委会会议，围绕“践行绿色发展理念，建设公园城市”主题开展专题协商议政。会上，14位区政协常委、委员以及界别和民主党派代表分别围绕“推进无界公园建设，打破公园与城市的功能界限”“利用大数据、人工智能等科技手段提升公园城市管理水平”“在公园城市建设中规划生态文明博物馆，展现生态文明建设成就”“在公园城市建设中发挥郊野公园资源优势，开展群众性科普活动”等方面提出意见建议。

【围绕以人才支撑经济发展主题进行专题议政】 6月15日，区政协第十四届委员会第十五次主席会议召开，围绕“积极打造高水平人才高地，有效支撑商务和科技双轮驱动朝阳发展”进行专题议政。会上，区委组织部作关于朝阳区人才工作情况的报告。专题议政环节，区政协主席班子成员和与会委员、各党派团体代表围绕朝阳区人才工作提出意见建议。建议包括结合产业重点做好人才分类规划，打造引育用留人才闭环，尝试柔性引才用人机制，优化人才治理机制；进一步加速集聚国内外高端人才，完善全链条人才服务体系，营造人才发展优质生态；拓宽高水平人才服务渠道，加大专精特新成长性企业引才育才政策倾斜力度，促进北京国际人才“一站式”服务平台提质增效；建立关键数字技术人才地图，打造朝阳关键数字技术人才品牌；建立保障性住房统筹发展工作机制，服务朝阳区人才保障工作。

【理论与实践研究基地智库联盟聘任仪式暨交流研讨会】 11月17日，区政协举办理论与实践研究基地智库联盟聘任仪式暨交流研讨会，进一步建立健全服务政协履职创新和科学建言献策的参政议政人才智库，发挥人民政协专门协商机构的作用。区政协主席王旭主持会议，区政协相关领导出席。区政协理论与实践研究基地是团结和凝聚朝阳区各民主党派团体、各智库研究机构、相关专家学者和政协委员的智库联合体。研究基地智库联盟作为区政协的重要思想库和智囊团，主要由特邀顾问、智库机构、特约研究员三部分构成。特邀顾问为政协智库提供重要咨询，推动研究成果转化。智库机构和特约研究员重点承担或参与具体课题研究和交流研讨，为研究基地开展研究工作提供具体支撑。在座谈交流环节，研究基地智库联盟成员代表围绕推动朝阳区高质量发展和政协智库建设交流发言。建议联盟组织各类活动，加强交流沟通、调查研究，推动委员履职“上接天线、下接地气”；以重点课题为依托，带动委员参与，提高委员参政议政积极性和能力；围绕企业发展生态，进一步优化营商环境，挖掘企业内生动力；把协商民主与智库

发挥作用紧密结合，撰写有价值的研究报告。（薛金秋）

提案工作

【概况】2023年，区政协收到提案404件。其中，民主党派、工商联、界别、专委会等集体提案32件，委员提案372件。经审查立案361件，交由806家（次）单位办理。超出朝阳区事权范围、转送市有关单位参阅33件，转社情民意信息8件，撤案2件。提案全部办结，委员满意率98%。其中，“非常满意”159件，占立案提案的44%；被承办单位采纳、问题得到解决、列入计划逐步解决或用于工作参考的提案336件，占立案提案的93%。

【提案办理“回头看”活动】4月11日，区政协对委员上一年提出的《关于朝阳区规范中小学生配餐标准和增加课间餐的建议》办理情况开展“回头看”活动。区教委相关负责人汇报上年度提案办理结束后全区中小学生食品卫生、配餐标准、学生午休等相关工作开展情况。区政协委员和区政府办、区教委、区政协专委会工作一室、二室相关负责人员参加调研走访和座谈交流。

【督办公共文化专题重点提案】4月20日，区政协组织部分委员对委员提出的《关于深化公共文化服务体系建设的建议》重点提案进行督办，就年度协商议题“挖掘朝阳特色文化元素，形成城市文化标识体系”进行调研开题。委员们到南磨房地区市民活动中心和“中国出版创意产业基地、国家版权创新基地”内的大雅书坊，实地考察公共文化设施利用、文化惠民和公共文化服务社会化运营情况。区委宣传部、区文化和旅游局汇报提案办理及相关工作情况。会议就委员上年度提交的《关于深化推进全民阅读构建“书香朝阳.阅读之城”的建议》提案办理成果转化情况开展“回头看”活动，听取区文化和旅游局的情况介绍，推动提案建言落地和成果转化。区政协副主席赵年生、王冬岩、秘书长董会生参加。

【调研活动】5月19日，区政协组织部分委员，对《关于城市更新重在以“新”换“心”的建议》提案进行重点督办，对“城市更新行动”开展民主监督调研。区住房城乡建设委、市规自委朝阳分局汇报提案办理工作情况。会议就《关于进一步推进朝阳区城市更新工作的建议》提案办理成果转化情况开展“回头看”活动。区政协相关领导出席。5月25日，区政协组织部分委员《关于进一步优化朝阳区营商环境的建议》提案进行督办，就年度协商议题“打造国际化营商环境建设标杆区”进行专题调研。区发展改革委、朝阳园管委会（区科学技术和信息化局）、区商务局、区市场监管局汇报提案办理及相关工作情况，与会委员提出意见建议。区政协主席王旭，区政府和区政协相关领导参加。5月31日，区政协组织部分委员，对《关于进一步落实乡村振兴战略，发展壮大乡村集体经济，实现我区城乡融合发展和共同富裕的建议》提案进行重点督办，并结合年度重点协商议题“深入推进城乡融合发展”开展调研。区委农工委区农业农村局、市规自委朝阳分局、区发展改革委、区财政局汇报提案办理及相关工作开展情况，来广营地区（乡）介绍城乡融合发展的工作情况，台盟朝阳区工委对提案办理情况表示满意，与会党派代表和政协委员提出意见建议。区政协主席王旭等领导参加。

【提案委员会全体会议暨提案办理报告审查协商座谈会】9月19日，提案委员会召开全体会议，重点围绕十四届二次会议以来政协提案办理报告审查进行协商座谈。听取区委办、区政府办对提案办理情况的通报，立案361件提案全部办复。会议分组审查区政协十四届二次会议提案办理报告，并进行协商评定，其中办理成效好、建议被采纳的占77%，所提建议被列入下一步工作计划的占18.3%，意见建议用于工作参考的占4.7%。会议通报委员对提案满意度调查情况以及提案办理台账分析情况，并部署区政协十四届三次会议提案征集工作。书面征求《政协北京市朝阳区委员会关于提高提案质量的实施意见（草案）》《政协北京市朝阳区委员会提案审查工作细则（草案）》的意见。区政协领导出席会议，区委办、区政府办相关负责人和提案委员会委员参加会议。

【同类提案集中办理协商】12月15日，区政协主席王旭带队到基层联系点将台地区（乡），围绕将台、酒仙桥地区交通治理类提案开展提案集中办理协商。活动中，委员们实地考察酒仙桥南街、将台路西段，了解区域交通建设和提案办理情况。会上，区交通委、区发展改革委、市规划自然资源委朝阳分局等部门汇报将台、酒仙桥地区（乡）交通治理和设施建设情况，以及提案办理进展情况。区政协相关领导参加。（赵　莹）

调研与视察

【概况】2023年，区政协组织视察调研等委员履职活动189次，委员参与3390人次，提交提案404件，经审查立案361件。围绕经济建设、社会事业、民主法治建设、城市管理等组织视察调研活动89次，委员参与1255余人次。密切区政协各专门委员会和人民团体的联系，组织区各人民团体参与政协协商、视察、调研等活动。区政协报送社情民意信息1136篇。

【“公共卫生应急管理体系建设”视察调研】3月17日，区政协围绕“公共卫生应急管理体系建设”专题，组织部分区政协委员及民主党派人士到中日友好医院、安贞社区卫生服务中心、霞光里急救工作站开展实地调研。区政协主席王旭等领导参加。调研组到中日友好医院，观摩医联体远程会诊，并实地了解医联体放射、心电远程会诊系统及预约转诊系统。中日友好医院医联体（朝阳区东部医联体）有30家成员单位，以提升基层医疗服务能力、实现区域优质医疗资源共享为首要目标，根据各成员单位的业务特点和具体需求开展工作。

【与密云区政协组织协商调研】4月7日，朝阳区政协主席王旭带队，组织部分委员围绕“共促朝密协作 助力首都发展”到密云区协商调研。密云区政协主席席成坡主持座谈会。朝阳区政协相关领导及密云区政协相关领导一同调研座谈。其间，观看密云区整体情况宣传片，听取密云区发展改革委和中关村密云园管委会相关情况介绍，了解密云区经济社会发展总体情况，交流两区政协工作情况。5月25日，区政协组织部分委员督办《关于进一步优化朝阳区营商环境的建议》提案，就年度协商议题“打造国际化营商环境建设标杆区”进行专题调研。委员们到区政务服务管理局，实地调研政务服务体系建设。座谈会上，区发展改革委、朝阳园管委会（区科学技术和信息化局）、区商务局、区市场监管局汇报提案办理及相关工作情况；针对提案办理及协商议题调研相关工作，与会委员提出意见建议。区政协主席王旭等领导参加。

【市政协到朝阳区调研】4月14日，市政协农业和农村委到朝阳区将台地区（乡）调研集体经济，市政协副秘书长、民革北京市委专职副主委等20余名市政协委员参加调研。市政协领导在将台乡政府召开座谈会，围绕“进一步壮大集体经济，助推新时代乡村振兴”座谈。区农业农村局介绍朝阳区集体经济相关情况，区财政局、市规自委朝阳分局、区文化和旅游局、区农经办汇报各部门促进壮大集体经济的措施，将台乡、驼房营村、东八间房村介绍乡村两级集体经济情况。座谈会上，市政协委员和区、乡、村三级部门交流发言。市政协领导到将台颐堤港、将台国际文化硅谷、丽都会客厅实地调研，了解将台乡集体经济发展情况。市政协对朝阳区推进壮大集体经济工作给予肯定。4月25日，市政协带领“推进老旧小区改造和核心区平房申请式退租，持续提升首都城市品质”调研组到朝阳区开展监督调研。市政协、北京城建集团有限责任公司，朝阳区政协相关领导参加。调研组到建外街道中海广场、在劲松街道一区了解老旧小区改造工作。座谈会上，朝阳区政府相关部门和街道、社区介绍老旧小区改造工作相关情况。7月4日，市政协到朝阳区调研社区基层党建、体育社会组织发展、委员工作站建设等工作。调研组到十八里店地区（乡）周家庄村体育文化公园、南磨房地区政协委员工作站现场调研建设情况。座谈会上，区政协主席王旭介绍朝阳区政协上半年工作开展情况。8月15日，市政协“构建现代化产业体系”调研组到朝阳区考察调研。调研组实地考察中信大厦、中国北京人力资源服务产业园朝阳园区、盈科律师事务所和正大宝库，听取区域产业发展与楼宇经济、人力资源服务业、法律服务业、高端仓储与租赁服务业发展等情况，以及政府和企业推进首都现代服务业高质量发展的举措和成效介绍。9月20日，市政协围绕“推进老旧小区改造和核心区平房申请式退租，持续提升首都城市品质”监督性议题，组织部分委员到朝阳区劲松一区114号楼，调研考察老旧小区改造项目。委员们表示，朝阳区劲松一区114号楼拆除重建后面貌一新，改善人居环境，增强市民群众获得感、幸福感，开创改建成本政府、产权单位、居民、社会机构“四方共担”模式，破解资金平衡难题，为北京的城市更新提供成功案例借鉴。市政协相关领导参加调研，区政协主席王旭等领导陪同。

【全国政协办公厅研究室到朝阳区调研】4月20日，全国政协办公厅研究室到朝阳调研政协民主监督、界别工作等。调研组到南磨房地区（乡）政协委员工作站，了解日常工作开展情况。到正在进行关于老旧小区问题意见征集协商座谈会现场，并对通过基层民主协商广泛征求各方意见解决百姓急难愁盼的做法给予肯定。调研组到位于东进国际“双基地”的红色朋友圈党群服务中心，调研政协“悦读书屋”建设以及线下活动开展、图书推荐等情况，在各街乡建立的“悦读书屋”推动“书香政协”建设，引导政协委员多读书、读好书、善读书。调研组到区政协正在举办的重点提案督办工作会现场，听取区政协对重点提案通过“一件带多件、重点带全面”，整合力量、分类推进、多形式督办的做法，以及开展民主监督工作情况的汇报。北京市政协相关领导陪同，朝阳区政协主席王旭等领导参加。

【接待杭州市临安区政协调研组来访】4月26日，杭州市临安区政协带领“文创产业发展”调研组到朝阳区调研考察。其间，到798艺术区听取园区整体发展情况介绍，并察看园区环境；到尤伦斯艺术中心和亚洲艺术中心参观；在朗园Station园区参观驻园企业和正在举办的“北京电影节”相关活动现场，了解园区及特色企业经营发展情况。朝阳区政协、朝阳区委文创实验区党工委和798艺术园区、朗园Station园区相关领导陪同。

【“践行绿色发展理念，建设公园城市”调研】5月11日，区政协组织部分常委、委员和课题组代表围绕“践行绿色发展理念，建设公园城市”专题开展年度重点协商议题调研。区政协主席王旭等领导参加。调研组到北京温榆河公园朝阳示范区，实地察看公园规划、建设和管理情况。在望和公园北园，调研组一行实地察看朝阳北部绿道示范段，听取全区绿道体系规划建设的整体情况介绍。委员们建议在公园城市建设中，注重以人为本，打造高品质的宜居生活环境；要因地制宜，突出特点，避免同质化；要加大统筹协调力度，实现高效管理。

【"城市更新行动"民主监督调研】 5月19日，区政协组织部分委员对《关于城市更新重在以"新"换"心"的建议》提案进行重点督办，并对"城市更新行动"开展民主监督调研。活动中，委员们到团结湖地区了解城市更新项目建设情况。座谈会上，区住房城乡建设委、市规自委朝阳分局汇报提案办理工作情况。委员对提案办理情况表示满意，与会政协委员肯定提案办理工作。委员建议，进一步优化营商环境，为参与城市更新的市场主体松绑、减负、赋能，提高市场参与积极性；属地增强与居民的沟通协调，相关部门与委员要积极开展调研，为城市更新提供更优方案；相关部门要科学规划，加强统筹，推动城市更新更高效；整合辖区各类资源，加强对高新技术企业的引入，为城市更新注入新活力。7月14日，区政协组织部分委员、民主党派成员围绕"推进韧性城市建设"重点协商议题暨"安全生产"民主监督开展专题调研。调研组到北京朝阳医院常营院区，实地察看医院的自助服务区、住院病房、垃圾站、气动物流站、中控室等区域，了解医院的功能设置、智慧服务、安全生产等情况。调研座谈会上，区卫生健康委和区应急局汇报安全生产和火灾隐患大排查大整治工作情况。区卫生健康委和区应急局开展全覆盖隐患大排查大整治，防范遏制各类事故发生。委员们围绕完善应急预案、建设"智慧应急"、普及急救知识、加强应急队伍建设等方面提出意见建议。区政协主席王旭等领导参加。

【城乡融合发展重点提案督办调研】 5月31日，区政协组织部分委员对台盟朝阳区工委提出的《关于进一步落实乡村振兴战略，发展壮大乡村集体经济，实现我区城乡融合发展和共同富裕的建议》提案进行重点督办，并结合年度重点协商议题"深入推进城乡融合发展"开展调研。座谈会上，区农业农村局、市规划自然资源委朝阳分局、区发展改革委、区财政局汇报提案办理及相关工作开展情况，来广营地区（乡）介绍城乡融合发展的工作情况；区政协协商议题课题组介绍专题调研安排；台盟朝阳区工委对提案办理情况表示满意，与会党派代表和政协委员提出意见建议。区政协主席王旭等领导参加。

【"打造高水平人才高地"主席调研】 6月1日，区政协围绕"打造高水平人才高地"开展主席调研活动。调研组考察北京华大九天科技股份有限公司、中国北京（望京）留学人员创业园。座谈会上，区高层次人才服务中心、朝阳园管委会、朝阳科技发展集团分别介绍全区人才工作和中国北京（望京）留学人员创业园建设发展情况。与会企业负责人围绕打通人才供给和需求供应链，形成良性循环；深化产校融合，推进校企合作，培养复合型人才；建立分行业分专业的科技人才数据库，为企业精准引才提供依据等方面，提出意见建议。区政协主席王旭等领导参加。区发展改革委、区人力资源和社会保障局、朝阳园管委会（区科学技术和信息化局）、区高层次人才服务中心、朝阳科技发展集团以及区政协相关负责人员等参加。

【到三京哈沿线3市调研区域协调发展】 7月23日至26日，围绕"主动服务和融入国家区域协调发展战略下的朝阳站辐射带动功能研究，有序推进京津冀三省市与环渤海其他省区交流合作"这一专题调研课题，朝阳区政协党组书记、主席王旭等领导带领调研考察组到京哈高铁路线上的哈尔滨市、朝阳市、承德市3地，从构建"通勤圈、功能圈、产业圈"的角度实地调研区域协调发展。

【四川德阳政协到朝阳区考察调研】 8月15日，四川省德阳市政协到朝阳区，围绕小区物业管理进行考察调研。考察团到三印家园小区和迎曦园小区，了解小区绿化、休闲和停车区域规划、物业管理委员会运营、党建引领社区治理体系提升等方面工作开展情况，学习"红色物业"品牌打造的经验。区政协、区房管局、东风地区办事处相关领导陪同。

【京张体育文化旅游带建设考察】 8月15日至16日，区政协带领调研组，围绕"运用奥运遗产，助力'双奥朝阳'建设"民主监督议题，到河北省张家口市崇礼区，交流考察冬奥场馆利用、产业发展、京张体育文化旅游带建设等方面，助力两地进一步推动"后奥运"经济高质量发展。河北省张家口市政协、崇礼区政协相关领导参加调研及座谈。座谈会上，张家口市和朝阳区相关部门介绍"双奥朝阳"建设、冬奥场馆利用、赛事组织、产业发展、文化保护传承等方面的工作情况，各位政协委员沟通交流。

【专题调研】 8月17日，区政协围绕"书香政协"建设开展专题调研。调研组到美克洞学馆"书巢格"书店、掌阅科技股份有限公司实地调研。座谈会上，与会委员围绕如何进一步完善"书香政协"建设提出意见建议。委员认为，"悦读书屋"等平台应区别于商业化阅读平台，要征集具有朝阳特色的文史资料，把其打造成委员了解和认识朝阳的窗口；要挖掘"书香政协"线上线下不同平台特点，找准各自定位，便于委员根据各自专业特点、兴趣爱好参与各类读书活动；政协委员开展的读书活动，要体现政协特色，聚焦凝聚共识；把各界别委员的优秀提案、工作建议等，分门别类加以整理，在"书香政协"平台展示。区政协主席王旭等领导参加。10月12日，区政协组织部分委员到十八里店地区（乡），围绕"实施南部崛起战略，深入推进城乡融合发展"开展专题调研。区政协主席王旭，副主席赵年生、张岩，秘书长董会生参加。调研组在十八里店乡小武基村实地了解拆迁腾退项目开展情况，到十八里店村了解朝阳港云筑项目建设情况。座谈会上，区农业农村局汇报朝阳区实施南部崛起战略、推进城乡融合发展工作开展情况。十八里店、王四营、小红门、黑庄户、豆各庄、南磨房6个乡介绍各自推进城乡融合发展工作推进情况。9月12日，区政协组织政协常委和部分课题组成员，围绕“挖掘朝阳特色文化元素，形成城市文化标识体系”开展议政性常委会专题调研。调研组在中国紫檀博物馆，实地了解这里的产业发展及文化传承相关情况。在北化机爱工场文化科技融合产业园，实地考察文化设施利用、文化惠民和公共文化场馆社会化运营情况。在凤凰国际传媒中心，实地了解中心的建筑文化特色。区政协主席王旭等领导参加。10月17日至18日，区政协主席王旭带队，组织部分政协委员围绕“安全生产”民主监督开展专题调研。调研组到T11生鲜超市（国奥村店）实地察看超市消防设施配备使用情况，并与奥运村街道等部门现场沟通安全生产落实情况。在将台地区（乡）安家楼社区安一居平房区，调研组实地察看社区安全整治工作。座谈会上，奥运村街道、将台地区（乡）汇报安全生产和火灾隐患大排查大整治工作开展情况。12月14日，区政协组织部分委员围绕“聚焦东部跨越　推进城乡融合发展”开展专题调研。调研组到望京昆泰朗悦空间，通过参观沙盘模型与聆听讲解的方式，实地了解金盏国际合作服务区建设及未来发展规划。座谈会上，东风、东坝、金盏、平房、高碑店、常营、三间房、管庄8个乡介绍各自实施东部跨越工作推进情况。近年来，农村地区坚持分类推进、有机协同，高标准实施好城乡融合发展三年行动计划，推动南部崛起、东部跨越和北部提升。重点以北京商务中心区引领东部跨越，着力打造国际交往功能突出、都城双重特征凸显、高端经济形态鲜明、运河传统文化彰显的首都国际化开放示范区。区政协主席王旭等领导参加。

【上海市徐汇区政协到朝阳区考察】8月22日，上海市徐汇区政协到朝阳区，围绕国际消费中心城市建设和优化营商环境等专题考察交流。调研组到国家游泳中心、国际创业投资集聚区和国际科技组织总部集聚区，实地了解相关情况。徐汇区政协相关领导和朝阳区政协主席王旭等领导参加。

【党外委员专题视察】10月25日、26日，区政协组织党外委员开展专题视察，了解全区经济社会发展情况。围绕“科技产业发展、文化创意产业、两区规划建设”主题，委员们到星地中心、首创·郎园Station和金茂中心，了解打造全市互联网3.0产业高地、老厂房通过城市更新变身文创园、金盏国际合作服务区建设等方面的工作开展情况。围绕“美丽乡村建设、城市更新、公园开放式管理建设”主题，委员们到黑庄户乡小鲁店村、劲松114号楼和庆丰公园，实地感受城市功能品质提升和美丽乡村建设带来的新变化、新面貌，并交流现阶段存在的问题和解决路径，提出意见建议。

【民主监督协商】10月26日，区政协组织部分委员围绕“双奥朝阳”建设开展民主监督视察调研和协商座谈。调研组到北投奥园1314园区，了解园区赛后改造、业态升级等相关情况。在国家体育馆，参观场馆内的冰球馆、羽毛球场地等，了解场馆运营情况。国家体育馆开创“体育+文化+科技”融合创新模式，促进场馆多元化经营，实现赛后场馆的可持续利用。座谈会上，区委、区政府相关部门汇报《“双奥朝阳”建设十大行动计划（2022—2024年）》落实情况。委员们围绕冬奥场馆的可持续利用、体育人才培养、冬奥文化内容创新、体育综合体建设、文体旅产业数字化升级等方面提出意见建议。市委主题教育第一巡回督导组组长桂生，区政协主席王旭等领导参加。

【考察学习浙江“千万工程”经验】10月30日至11月4日，区政协党组书记、主席王旭等领导带领调研组，围绕“深化千万工程，深入推进城乡融合发展”主题到浙江省温州、台州两市学习交流，学好用好浙江省“千万工程”的经验、做法。温州市政协，台州市政协以及瓯海区、鹿城区、洞头区、仙居县、天台区、椒江区、温岭市政协相关负责人参加调研座谈。

【围绕“进一步推进生态文明建设工作”调研】11月14日，区政协主席王旭带队，围绕“深入学习贯彻习近平新时代中国特色社会主义思想，进一步推进生态文明建设工作”到中国环境科学研究院调研。参观中国环境科学研究院中韩联合实验中心、湖泊水污染治理与生态修复技术国家工程实验室、机动车污染控制与模拟重点实验室、科技成果展览室等，听取院方在学科建设、人才培养、重点项目研究进展及下一步研究计划等方面的介绍。座谈会上，中国环境科学研究院相关部门负责人介绍大气攻关联合研究、长江联合研究进展情况。双方交流讨论深入学习贯彻习近平新时代中国特色社会主义思想，进一步推进生态文明建设相关工作。中国环境科学研究院副院长，区政协副主席赵年生、张岩，秘书长董会生等参加。

【委员集中视察】11月16日，区政协组织委员围绕年度重点工作及工程项目开展集中视察活动。委员们到元大都城垣遗址公园，了解公园建设、景观改造、品质提升等相关工作；到望京小街，了解望京小街改造提升项目的开发模式、工作机制、运营管理等情况；到THE BOX朝外|年轻力中心，了解新消费场景建设、商业发展、店铺运营情况。区政协主席王旭等区领导、北京商务中心区管理委员会主要领导等参加。

【委员工作站筹备情况调研】11月24日，区政协到北京奥林匹克中心区管委会调研区政协委员工作站筹备情况并召开座谈会。区政协相关领导参观拟建的区政协北京奥林匹克中心区委员工作站场址，了解工作站现场环境、工作进度等情况。区政协北京奥林匹克中心区委员工作站拟设在奥林匹克公园北部游客服务中心二层贵宾接待室，硬件建设初步完成。

（薛金秋）

专门委员会

【概况】2023年，区政协设置提案委员会、经济科技委员会、农业和农村委员会、人口资源和建设委员会、教育卫生与体育委员会、社会法制与民族宗教委员会、港澳台侨委员会、文化文史委员会、学习委员会9个专门委员会。优化各专门委员会办事机构干部队伍结构，结合重点工作强化实践锻炼。（薛金秋）

【提案委员会】2023年，提案工作完善工作机制、创新工作方法。召开7次分党组会议，落实党建引领、融合发展的工作理念和措施。联合走访慰问29位委员，提出提案60件，提出社情民意信息106条。优化提案结构，推进提案办理，加强调研优化服务，促进政协履职成果最大程度转化落地。通过区领导牵头、同类项整合、专委会协同、个性化协商等形式，拓展办理渠道。健全提案工作制度，细化科学分件、办理评价、督办检查、审查评优等工作程序。拓展提案信息系统功能，推动“网上提案”向“掌上提案”延伸。在《人民政协报》、人民政协网刊载理论文章和信息报道8篇，通过微信公众号推出“协商在一线”“提案面对面”“提案微课”等栏目23期。

（赵　莹）

【学习委员会】2023年，区政协学习委员会邀请专家举办14期委员报告厅，转播市政协视频报告厅6期。围绕“中国宏观经济发展形势”“学习贯彻党的二十大精神”“做好人民政协工作”“国际形势与国家安全”等举办1期委员暑期学习班，邀请专家作专题辅导报告。与区委统战部联合举办2期非中共党员委员培训。举办8次读书分享活动。成立4个园区委员工作站。委员工作站开展活动198次，参与活动233人。（杨煜国）

【教育卫生与体育委员会】2023年，区政协教育卫生与体育委员会利用专委会工作群等平台，分享政策学习、知情明政、信息宣传类文章370余篇。落实年度协商议题，围绕实施新一轮公共卫生应急管理体系建设行动计划，推动“健康朝阳”建设，组织委员专题学习，针对上轮行动计划落实情况，查找问题和薄弱环节，聚焦5个分专题和30个小微专题，组织委员提出针对性建议，组织委员、专家学者等150余人次参与调研协商，完成调研报告和书面建言31份，提出建议93条。围绕落实《“双奥朝阳”建设十大行动计划（2022—2024年）》，发动政协委员，以会议监督、视察监督、提案监督等形式开展协商式民主监督，收集委员和各方面对“双奥朝阳”建设的建言11篇，提出意见建议43条。组织委员到奥林匹克中心区实地调研，召开民主监督协商座谈会，12个部门到会通报工作。由区政协副主席带队，组织35位委员（含委员单位）、民主党派人士到内蒙古自治区乌兰察布市、通辽市开展京蒙对口协作，开展医疗义诊与业务交流、教育培训、文旅策划等活动，召开座谈会13次、研讨（讲座）培训会8次。开展医师节、教师节慰问活动，走访委员48人次。依托委员履职平台和微信工作群，服务专委会和界别委员开展履职活动，委员参加各类学习及活动1005人次，报送社情民意信息69条，委员撰写调研报告、理论文章40篇。（范梦雨）

【文化文史委员会】2023年，区政协文化文史委员会利用专委会工作群等平台，分享政策学习、知情明政、信息宣传类文章370余篇。落实协商计划，围绕“挖掘朝阳特色文化元素，形成城市文化标识体系”重点协商议题，聚焦朝阳区文化建设重点任务开展协商议政，开展方案制定、调研考察、建言征集和专题协商。通过组建课题组，细化实施方案，组成跨9个专委会、17个界别，包含70名政协常委、委员、党派成员和专家学者的课题组。制定13个分课题，聚焦委员调研和建言重点。组织委员到浙江省杭州市学习调研，到孙河地区（乡）开展社区文化标识建设调研，组织政协常委会成员考察中国紫檀博物馆、北化机爱工场文化科技融合产业园、凤凰国际传媒中心。在十四届区政协第九次常委会专题协商中收到建言45篇。组织青少年模拟政协活动，19所学校121名学生提交建言93篇。组织开展以朝阳建区65周年“我与朝阳教育”文史资料征集活动，编辑印刷《朝阳文史资料第二十三辑——教育卷》。助力区档案馆档案资料开发利用，开展全区教育系统代表性人物访谈资料的整理和成果转化，推荐履职突出的7名委员参与区档案馆开展的口述历史采访活动；推荐3名熟悉区情文化文史委员会委员，作为区档案馆开展区情史料视频短片拍摄把关的专家人选。开展“京蒙协作”，助力当地文化旅游活动策划、文旅产业发展指导，以及教育、医疗协作等工作。走访委员34人次。依托履职平台和微信群等，服务专委会和界别委员开展履职活动，委员参加各类学习及活动634人次，反映社情民意信息53条，撰写调研报告、理论文章25篇。（范梦雨）

【经济科技委员会】2023年，区政协经济科技委员会加强与致公、九三、经济、科技等8个界别的联系，对各界别活动提供服务和支持。围绕“积极打造高水平人才高地，有效支撑商务和科技双轮驱动朝阳发展”专题协商议政，专委会开展情况通报、座谈交流、实地调研10余次，组织动员各民主党派、工商联、无党派人士及经济、科技等界别开展联合调研建言，参加委员、成员160余人次，提交调研报告和建言40篇，提出意见建议168条。围绕“主动服务和融入国家区域协调发展战略下的朝阳站辐射带动功能研究”，推进京津冀三省市与环渤海其他省区交流合作专题调研课题，专委会与民盟、民革朝阳区委组成课题调研组，形成调研课题报告。研究起草财政预算民主监督工作年度实施方案，组织区政协财政预算民主监督组列席参加年中年末区人大财经委员会（扩大）会议。组织委员参加市、区政协二十大报告线上会、委员读书班、委员报告厅等，走访经济科技委员会委员29人。（高冰冰）

【人口资源和建设委员会】2023年，区政协人资环建委组织委员参加委员报告厅、委员读书班480人次，开展线上线下各类学习活动。围绕“践行绿色发展理念，建设公园城市”年度重点协商议题、“城市更新行动”民主监督课题、市政协“推进老旧小区改造和核心区平房申请式退租，持续提升首都城市品质”重点协商议题协同履职以及“城市更新重在以‘新’换‘心’”重点提案督办，组织常委、委员、党派、界别、专家学者到四川省成都，以及区内建外光华里一区五六号楼改造项目、劲松一区114号楼、劲松模式、温榆河公园、望和公园朝阳绿道、望京小街、亮马河国际枫情水岸、团结湖“团结新里”、叶青大厦落木化春科普展馆等地区、单位和部门实地调研。召开议政性常委会，围绕“践行绿色发展理念，建设公园城市”开展专题协商。走访委员25人，超额完成走访任务，提交提案40件，报送社情民意信息81篇。（李玉杰）

【社会法制与民族宗教委员会】2023年，区政协社会法制与民族宗教委员会组织委员380人次参加委员报告厅、委员读书班，知情明政、考察视察、参观调研、提案办理等活动。围绕“推进韧性城市建设”年度重点协商议题、“安全生产”“法治政府建设”“我国宗教中国化”民主监督课题，组织常委、委员、党派、界别、专家学者到河北雄安新区，以及区内的奥运村、亚运村、南下坡清真寺、盈科律师事务所、汇祥律师事务所、朝阳医院常营院区等地区、单位和部门实地调研。召开十四届十八次主席会，围绕“推进韧性城市建设”开展专题协商。53人次围绕韧性城市建设的多个方面提交建言建议49份，形成调研报告1份；组织政协委员、各民主党派、工商联和无党派人士围绕“安全生产”民主监督座谈调研、提出建议，提交安全生产民主监督建言、社情民意信息和政协提案35篇，形成调研报告1份；围绕“法治政府建设”提交建言8份，形成调研报告1份；围绕“宗教中国化”形成提案1件。（李玉杰）

【农业和农村委员会】2023年，区政协农业和农村委员会围绕区委下达的协商议题之一“深入推进城乡融合发展”开展专题协商，课题组到19个乡走访12家区级单位，到浙江温州市、台州市学习“千万工程”经验，开展专题调研15次，参加调研的委员、党派成员及专家学者240余人次，提交建言74篇，在十四届三次全会上召开专题协商会，为区委区政府提交协商报告成果。利用区农服中心场地优势开展学习培训，组织界别委员参与专题协商会筹备，围绕课题组织界别委员调研，征集界别委员意见建议，为农村发展建言献策，搭建“委员沟通联系的平台、委员学习培训的平台、委员联系界别群众的平台、委员参政议政的平台”四个平台，农业界别工作站召开工作会4次，开展活动5次，政协委员、界别群众参加活动35人次。召开城乡融合等各类通报会5次，有重点地向委员介绍相关政策、工作进展情况。（苏一喆）

【港澳台侨委员会】2023年，区政协港澳台侨和外事委员会围绕“打造国际化营商环境建设标杆区”年度协商议题调查研究，为朝阳区经济发展建言献策。区政协、区委统战部召开议政会进行专题协商议政，32名党派成员、专家学者均为各自调研组核心成员或建言执笔人，提交调研报告和建言建议84篇，提出意见建议266条。坚持“远程议政”方式，4名港澳台籍委员通过视频连线的方式参与线上远程协商。建立优化营商环境常态化协商机制，研究起草区政协《关于建立国际化营商环境建设常态化建言资政机制的实施意见（草案）》，提出建立国际化营商环境建设常态化建言资政机制。参与区政协“数字政协”建设，加快开通营商环境政策专栏和意见建议“直通车”，发布区委区政府出台的优化营商环境相关政策，收集汇总优化营商环境社情民意150余篇。参与市政协的“两区”调研座谈、深化“两区”制度型开放调研活动，请对外经贸大学的专家、学者座谈，分析及论证前期调研成果。完成“两区”建设专题调研报告并上报区委。通过调研香港香江地产、凤凰卫视等，与港区省级政协委员举办联谊活动。走访港澳台侨专委会委员18人，举办“庆佳节、话朝阳”活动，联合区委统战部组织开展港籍委员参访活动。组织港澳台侨委员及侨界相关人士、企业参加朝阳区“朝阳升明月 光影家国情”中秋联谊活动。加强以留学回国人员为主体的新侨工作，加大与驻区台资、侨资企业的沟通交流。（高冰冰）

中国共产党
朝阳区纪律检查委员会
朝阳区监察委员会

综　述

【制度建设】 2023年，中共北京市朝阳区纪律检查委员会（简称区纪委）是主管全区党的纪律检查工作的专责机关。北京市朝阳区监察委员会（简称区监委）是全区行使国家监察职能的专责机关。区纪委区监委立足职能职责，推进规范化法治化正规化建设，制发规范性制度9项，内容涵盖调查研究、干部人事管理、健全基层纪检组织、年轻干部监督等方面。

（梁得天）

【制度规范制发】 2023年，区纪委区监委制发制度规范9项。分别是《朝阳区纪委区监委机关关于进一步改进调查研究工作的意见》《朝阳区纪委区监委干部人事工作管理办法（试行）》《朝阳区区直机关系统健全规范基层纪检组织工作办法（试行）》《朝阳区教育系统健全规范基层纪检组织工作办法（试行）》《朝阳区卫生健康系统健全规范基层纪检组织工作办法（试行）》《朝阳区纪委区监委关于基层党组织专职纪检干部问题线索处置管理办法》《朝阳区纪检监察系统干部廉政谈话规定》《关于加强年轻干部监督的工作办法》《朝阳区纪委区监委工作人员离京报备和请（休）假管理办法》。

（梁得天）

【纪检监察体制改革】 2023年，朝阳区继续统筹推进纪检监察体制改革，规范监督执纪执法权力行使，促进执纪执法贯通、法法顺畅衔接、各类监督协调，加快形成监督合力，服务反腐败工作大局。完成第二届特约监察员聘请工作并举办新任特约监察员进机关活动，在“清风朝阳”公众号开辟特约监察员谈监督专栏邀请特约监察员撰稿谈工作体会，展示个人风采，发挥监督保障、参谋咨询、桥梁纽带、舆论引导作用。（刘志鹏）

【区纪委全会十三届第三次会议】 1月13日，区纪委十三届三次全会召开，传达学习二十届中央纪委二次全会、市纪委十三届二次全会精神，对推进全面从严治党和纪检监察工作高质量发展进行部署。区委书记文献讲话，区人大常委会主任等区领导出席会议，市纪委监委第二监督检查室副主任出席会议。会上，区纪委区监委主要领导代表区纪委常委会作工作报告。区四套班子领导、法检“两长”，区纪委监委领导班子成员，区纪委委员，区委区政府各部、委、办、局领导班子成员，各人民团体领导班子成员，区人大各委（室）主要负责人，区政协秘书长、区政协各委（室）主要负责人，区委巡察组组长、副组长，区纪委监委机关各部门负责人，各街道、地区（乡）领导班子成员，农口各中心、大队、公司领导班子成员，区属国有企业领导班子成员，部分区监委特约监察员等参加会议。

（梁得天）

党风政风监督

【概况】 2023年，区纪委区监委协助区委健全全面从严治党体系，一体化动态推进全面从严治党责任考核与政治生态研判，强化各类监督贯通协同，定期通报全区运用“第一种形态”情况，加强对“一把手”等关键少数、年轻干部的监督。围绕上级重大决策部署和区委区政府重点工作，统筹经济社会发展、接诉即办、重大活动服务保障等专项监督，深入推进主题教育整改整治。坚持纠“四风”树新风，以微信群京办群清理整治为切口，推动为基层减负。实现同级监督与政治监督协同推进、日常监督与专项监督有机融合，推动全区监督工作向高质量发展目标迈进。通过搭建监督数据平台、编制年度监督清单汇编，持续提升基层监督效能。（苏令朋）

【纠治“四风”】 2023年，筑牢“节点”监督模式，统筹全区纪检监察组织综合运用“四不两直”、交叉互查等方式开展监督检查800余次，对相关重要岗位负责人有针对性地开展约谈，并提醒近200人次。制发《关于进一步严明纪律要求做好培训考察交流招商等外出工作的通知》，明确“两个杜绝、八个严禁”纪律要求。对年内查处的5起违反中央八项规定精神典型案例通报曝光，针对违规聚餐以及酒驾、赌博、嫖娼等违反社会公序良俗情况，在全区范围内进行通报。制发《关于开展微信群京办群清理工作的通知》，统筹各级党组织开展全面自查自纠，共清理或合并微信群18000余个、京办群500余个。（张　骥）

【主题教育整改整治】2023年，制定区委主题教育领导小组办公室整改整治组工作方案，明确重点任务，建立工作机制，加强整改整治工作统筹协调。系统梳理2022年度民主生活会查摆、市委巡视反馈、审计财会监督反馈尚未完成整改的问题，接诉即办和信访中群众反映强烈的问题，结合市级专项整治问题、区委常委会集体调研课题、反面典型问题剖析等情况，形成区级问题清单及专项整治项目。督促指导全区各单位坚持实事求是、刀刃向内，深入检视问题，形成二级单位问题清单及专项整治项目并抓好问题整改。（孟祥微）

【“一把手”和领导班子监督】2023年，推动二级班子建立“一把手”及班子成员年度履责清单，加强对“月度打卡、半年通报”以及“一把手”逐一点评等落实情况的日常检查和动态抽查，持续压实主体责任。组织召开全区新任处级领导干部廉政谈话会，区委常委、区纪委书记、区监委主任范永红对近期新任职120名处级领导干部进行集体廉政谈话，激励引导新任职领导干部进入新角色，认真履职、廉洁从政。会同区委组织部制定《关于加强年轻干部监督的工作办法》，同步出台《加强年轻干部监督工作指引》《年轻干部接受监督备忘录》，进一步压实监管职责，强化年轻干部全方位监督。（张　骥）

【协助落实全面从严治党主体责任】2023年，研究提出朝阳区2023年落实全面从严治党主体责任的年度任务安排，逐项明确区委常委、各区级部门在落实全面从严治党工作中所担负的主体责任和完成时限。统筹区反腐倡廉建设领导小组办公室各考核主体单位，对二级单位开展全覆盖现场检查，将2022年度全面从严治党（党建）工作考核发现的问题纳入政治生态分析报告及《重点问题整改清单》，推动各单位举一反三抓好整改；9月至10月，组织开展2023年度全面从严治党年中督查，对主体责任任务安排、履责清单等工作进行重点督查。制发《关于做好2023年全面从严治党重点工作的通知》，督促各单位结合中央、市委关于党的建设和全面从严治党工作总体部署以及区委、区政府重点任务安排，统筹推进全面从严治党及问题整改各项工作。（张　骥）

【开展诫勉评查】2023年，组织各纪检监察组织对1月以来实施的诫勉案件，围绕实施流程、执行情况、实施效果等方面开展自查。根据自查情况调阅案卷材料，围绕审批权限、问责程序、尺度标准等进行评查。将评查发现的个别案卷材料有瑕疵等问题逐一反馈相关承办单位进行整改，并纳入纪检监察组织工作考核，持续加强督查。（王　静）

【定期通报“第一种形态”】2023年，协助区委每季度通报全区党委（党组）、纪检监察组织运用“第一种形态”情况，指出问题并提出工作要求，督促各单位“一把手”和领导班子其他成员将“第一种形态”融入日常工作，筑牢全面从严治党第一道防线。全年，全区运用监督执纪“第一种形态”共3878人次，比上年增长22.5%，占“四种形态”总数的95.4%。其中，各级党组织运用1995人次，各级纪检监察组织运用1883人次。（王　静）

【搭建监督数据平台】2023年，以廉政监督信息数据库为基础，整合日常监督、巡察监督、审计监督等各类监督发现问题，梳理经济社会发展重点项目、巡察反馈问题等监督任务，搭建监督数据平台，完善监督地图、监督成效、任务督办等模块，推动实现“助力日常监督具体化、科学分析研判政治生态，盯紧盯实‘后半篇文章’、强化各类监督贯通协同，推动监督向基层延伸、动态考核提升履职能力”。（张　骥）

【监督工作统筹与考核】2023年，制发《2023年监督工作要点》，对标对表各级纪委全会精神，并结合市委巡视反馈问题，从协助职责、日常监督、专项监督、机制路径4方面，明确12项年度任务，并通过纪检监察大讲堂等形式向全区纪检监察组织讲解培训。组织各监督检查室、派驻组、国企纪委结合监督工作要点、重点任务安排等做好专项监督立项工作，共有监督项目65个，其中全区性日常监督9个，专项56个。优化2023年度监督工作考核指标体系，以工作完成数量、质量、规范性为评价标准，实现指标具体、重点明确、操作便捷。制定《2023年专项监督结项评审工作办法》，组成评审小组，重点围绕立项结项、方式方法、项目成果、监督效能等方面内容，对全区37个专项进行集中评审，结果计入年度监督考核成绩。定期开展监督信息问题库集中评审，指导基层纪检监察组织以问题为导向，提升精准监督能力水平。优化清单评价机制，由各联系室推荐优秀监督清单，经监督板块集中评审，以季度监督工作专刊（包含优秀清单、优秀经验做法、重要制度摘录）形式进行刊载通报、经验共享，全年共制发监督工作专刊4期，刊载优秀监督清单45篇。统筹组织各监督检查室完成2023年度监督考核工作。（杨　雪）

【经济社会发展专项监督】2023年，制发监督方案，明确监督重点、职责分工和监督机制，发挥“室组地+”联动（指上级纪检监察机关内设科室、派驻纪检监察组、地方纪检监察机关协作联动的一种工作机制）优势，组织对市区重大项目、上级督办事项等144项重点任务开展“卡点”监督，推动重点工作推进落实。到区发展改革委、区市场监管局、区交通委、区商务局等主责部门开展调研座谈，强化沟通对接，精准把握全区工作部署和推进情况，及时梳理并下发重点任务清单和监督指引，统筹各级纪检监察组织跟进监督。通过派单督办、重点督查、现场督导等方式，协调解决重难点问题。（王　增）

【乡村振兴领域不正之风和腐败问题专项整治】 2023年，制发专项整治方案，建立重点事项正负面清单，巩固深化提级督办、“室组地+”联动模式，通过监督交办、提示等方式，统筹全区纪检监察组织聚焦重点领域精准跟进监督。强化与区农业农村部门的协同联动，健全信息共享机制，及时掌握工作进展、动态调整监督重点。按照市纪委要求，会同案管室等部门对涉及乡村振兴领域线索办理情况进行月度分析，并选取重点关注基层点位和重点涉农线索进行上报。按照中央纪委和市纪委部署要求，统筹开展乡村振兴领域8类形式主义、官僚主义突出问题重点整治，农村地区“门墙亭廊栏”专项整治，督促整改典型问题，护航乡村振兴各项任务高质量落实。

（王　增）

【接诉即办专项监督】 2023年，聚焦重大活动服务保障、安全生产、“每月一题”、民生实事、乡村振兴等领域筛查诉求7000余件，重点督办诉求98件；统筹各监督检查室根据联系分工和工作实际筛单督办相关诉求199件；组织办理市纪委督办单6批；针对月度排名靠后单位组织开展“三查三促”9次。统筹运用“第一种形态”约谈、提醒、批评教育300余人次，制发建议书24件，诫勉1人，党纪处分1人，政务处分1人，督促召开组织生活会、民主生活会2次。修订制发《关于在接诉即办工作中强化精准监督严肃执纪问责的工作方案》，并配套制定《接诉即办专班督办工作办法（试行）》，成立接诉即办监督工作专班，统筹各监督检查室根据联系分工常态化抽取在办诉求。与区城管指挥中心强化沟通对接机制，派专人列席区集体约谈会、接诉即办日调度、“每月一题”月调度、委办局系统提醒会等，把握最新工作部署。邀请中心相关负责人员对全区纪检监察组织开展专业培训。跟进“每月一题”重点民生问题办理情况，按照市纪委要求确定“每区一题”（健身设施建设与管理问题）并开展现场调研、实地检查，推进重点治理。根据接诉即办专项监督开展情况，形成专题报告上报区委区政府，提出三方面工作建议，得到区委主要领导批示，并在全区范围内通报。（杨　雪）

【服贸会专项监督】 2023年，第一时间制发《2023年服贸会监督工作方案》，成立监督工作领导小组，由区纪委区监委主要领导担任组长，班子成员分工负责，机关部室、相关派驻组及部分街道纪工委共25个纪检监察组织共同参与，强化“室组地”联动，明确监督重点、工作职责、任务要求，执行“日报告”制度，及时跟进主体工作，督促落实主体责任。对照市、区服贸会工作方案，逐项梳理制定主体任务清单和监督清单；区纪委区监委主要领导带队，各级纪检监察组织全面铺开，聚焦重要活动筹备以及环境提升、秩序维护、交通运行、安全生产等关键事项执行情况，对服贸会主场馆、亮马河风情水岸等商务考察点位等20余个重点点位开展现场检查；通过会议监督，跟进重点项目招投标及资金使用，督促各主责单位廉洁高效做好各项工作。区纪委区监委结合监督检查情况，通过制发监督提示函、第一种形态约谈等手段，压实主体责任。借鉴往年服贸会筹备监督经验，针对服务商选取、资金使用等易产生廉政风险的高危环节，提前对相关职能部门“一把手”及具体承办部门负责人开展廉政提醒，切实守好前沿关口。（冯　维）

【市场监管系统腐败和作风问题专项监督】 2023年，制定下发《关于对朝阳区市场监管系统腐败和作风问题开展专项监督的实施方案》，明确监督重点、职责分工、工作目标等，压紧压实工作责任，确保各项工作任务落细落实。专项监督期间，对未办结的和新受理的问题线索，抓紧处置；建立问题线索台账，定期对账，做到应查尽查、一查到底。聚焦电动自行车质量安全监管不力、涉企服务中监管不到位及执法不公以及关键岗位存在廉政风险等五方面问题开展专项监督，通过加强统筹谋划，以办案、整改、治理一体推进，办案、监督、警示贯通协同的系统性思维，着力推动市场监管系统堵塞行业管理漏洞、提升治理能力，不断净化市场监管系统政治生态。区纪委区监委坚持把查办案件作为开展系统治理工作的有力措施，严查市场领域腐败案件，推动办案、整改、整治有机融合。专项监督以来，区纪委区监委共处置市场领域问题线索10余件，并对相关责任人员给予党纪政务处分，实现政治效果、纪法效果、社会效果的统一。（冯　维）

【殡仪服务领域专项监督】 2023年，区纪委区监委建立室组地三级监督体系，督促主责部门同步开展殡仪服务领域侵害群众利益问题专项整治。全年监督检查97次，筛查“12345”诉求146件，督促主责单位出动执法人员437人次，检查经营主体210户次，司法鉴定机构3家，监测相关网络信息2026条，检查丧葬补贴申领400余万元。重点核查殡仪公司发布虚假广告、殡仪馆公示内容不完整、太平间工作人员私自收费等10个问题，制发书面督办3个，主动约谈3人次。督促主责部门对违法违规企业责令整改2家，行政处罚3家，罚没款合计20.5万元。（王　晶）

【安全生产相关工作专项监督】 2023年，北京市发生“4·18”北京长峰医院重大火灾事故，区纪委监委整合安全生产日常监督与“防汛抗旱”“大排查大整治”“以案为鉴深化整治专项行动”“森林防火”等专项要求，“专常结合”统筹开展监督工作。结合区级各专项办公室特点，构建“1+4+N”监督体系，“室组地”联动压责任、促落实、查重点、督整改、严问责，并围绕

"安全生产和火灾隐患大排查大整治领域政府监管与纪检监察组织再监督难点问题"开展一线调研，以坚强纪律保障推进市区安全生产相关要求落地落实，助力朝阳区更有效地遏制突出领域事故高发态势。全区纪检监察组织开展监督检查28508次，提示、反馈相关部门整改问题8402个，现场提醒167人次，监督中综合运用"第一种形态"61人次，制发建议书6份、提示函21份。对6起事故9名责任人予以立案，26人采取"第一种形态"，对3家责任单位制发监察建议书。（魏天华）

【创建"基本无违法建设区"专项监督】2023年，区纪委区监委协助区委、区政府按照时序要求，推动存量违法建设的持续削减和妥善处理，稳步推进创建工作，确保全区基本无违法建设的创建目标顺利完成。聚焦"创无"工作专班、各街乡的职责任务，构建"1+4+43"指挥体系，细化任务分工、压实各级责任。通过听取汇报、查看资料、实地查看等形式，摸清拆违、图斑分类举证、刚性指标、市政府约谈卫片四类台账的底数，形成任务清单、问题清单、困难清单、督办台账。建立联席会商、联动执法机制，推动"室组地"协作，不断提升工作合力和监督效能。重点围绕拆除违法建设总规模360万平方米完成情况、全区创建底图图斑分类治理工作完成情况、涉及督察和执法项目整改情况、控新生违法建设制止情况等四大项内容，参加创建专题会40余次、调度会20余次、联合审查认定会10余次，监督检查2151次，发现问题107件，谈话提醒61人次，下发监督工作提示82份，督促职能部门履职、街乡属地落实"创无"工作计划，确保各项指标达到"创无"工作要求。（秦天鸿）

【民主生活会专项监督】1月，对处级单位民主生活会开展情况进行全覆盖监督检查。发挥"室组地"联动协作机制，有效整合监督力量，重点围绕领导班子剖析材料和自我批评是否紧密结合实际、检视材料是否内容全面且带有"辣味"等方面进行专项监督，针对存在的各类问题现场及时提醒，并纳入重点问题整改台账，要求各单位党组（党委）逐一对照自查、加强整改。（张骥）

【全国两会服务保障专项监督】2月至3月，根据朝阳区委统一部署要求，制发监督方案，明确监督重点，厘清职责分工。成立专项督查组，班子成员带队下沉点位开展督导，并安排驻点监督专员进驻区级各工作机构开展全周期督查。统筹全区纪检监察组织全程跟进监督、精准监督，发现问题及时反馈并立行立改。针对市纪委现场检查反馈的住地周边安全、秩序等问题，开展提级督办，督促属地街乡举一反三落实整改。同时，围绕服务保障任务，筛选派发接诉即办相关重点诉求，压紧压实主体责任。（王增）

【两会服务保障专项监督】2月至3月，强化清单引领，收集汇总2022年度全区纪检监察组织结合地区、部门、行业实际制定的监督清单42个，以可借鉴、可复制、可推广为标准，组织评审并摘选出21个，按照监督事项、工作要求、监督重点等事项统一规范后纳入《2022年度监督清单汇编》，为全区纪检监察组织开展监督工作提供参阅。（苏令朋）

【开展行政执法案卷质量专项监督】4月，按照委机关与区司法局加强监督检查协作配合的机制，向区司法局发函调取2022年度区行政执法案卷评查及专项绩效考评等有关材料，加强研究分析，梳理出行政复议案件纠错率高、行政处罚案卷评查不合格以及个别单位依法行政专项绩效考评成绩差距较大等3类问题，统筹相关纪检监察组织深入开展专项监督，督促存在问题单位及时整改，建立完善定期学习培训、强化沟通协同、严格审查把关、定期公开公示等工作机制。

（苏令朋）

巡察工作

【概况】2023年，区委巡察工作始终遵循"发现问题、形成震慑、推动改革、促进发展"中央巡视工作方针，紧扣"三个聚焦"监督重点，开展了4轮对35家二级单位党组织及434个社区（村）党组织的巡察工作，发现问题1293个，移交问题线索26件。其中，第三轮巡察于2024年2月结束，完成对15家二级单位党组织的巡察工作，实现对群团组织和管委会系统全覆盖。第四轮巡察（2023年4月14日至6月30日）完成对12家街道工委以及下辖161家社区党委的巡察工作。第五轮巡察（2023年7月14日至8月18日）采取"常规＋专项"相结合的方式，完成对3家二级单位党组织及15个社区（村）党组织的巡察工作。第六轮巡察（2023年8月17日至10月31日）完成对10家乡党委以及下辖258家社区（村）党组织的巡察工作。第七轮巡察于2023年12月7日启动，对10家二级单位党组织开展巡察。3月10日至12月31日，全体巡察干部参加全区纪检监察干部队伍教育整顿。

【十三届区委第二轮巡察工作】1月10日，召开十三届区委第二轮巡察工作领导小组会。会议由区纪委区监委主要领导主持，12个巡察组汇报第二轮12家国有企业党组织的巡察情况报告。

2月24日，召开十三届区委第二轮巡察工作集中反馈会，通报第二轮巡察区属国有企业发现的共性问题、传达文献书记第二轮区委书记专题会讲话精神，区纪委区监委主要领导讲话。3月6日至15日，12个巡察组完成对12家被巡单位党组织的反馈工作。3月15日，区委巡察办向区委常委会汇报十三届区委第二轮巡察工作情况，区委书记文献讲话。

【建立健全区委巡察机构与区纪委区监委有关部门协作配合机制】2月8日，区纪委办公室印发《关于建立健全区委巡察机构与区纪委区监委有关部门协作配合机制的意见》，对情况通报、问题线索移交、立行立改、巡察反馈、成果运用等环节予以明确，形成监督合力。

【巡察办、巡察组实现集中办公】 3月13日至4月17日，区委巡察办完成办公新址承租并改造，在团结湖办公区的巡察组正式搬回巡察办蓝港办公区，实现集中办公。

【十三届区委第三轮巡察工作】 3月24日，召开十三届区委第三轮巡察工作领导小组会。会议由区委常委、区纪委书记、区监委主任、区委巡察工作领导小组组长范永红主持，11个巡察组汇报第三轮15家被巡单位党组织的巡察情况报告。4月18日，区委书记文献主持召开区委书记专题会，区委巡察办传达学习贯彻全国巡视工作会议精神和《2023年市委巡视工作要点》文件精神，汇报十三届区委第三轮巡察工作情况，11个巡察组汇报第三轮15家二级单位党组织的巡察情况报告，文献书记讲话。4月26日，区委巡察办向区委常委会汇报十三届区委第三轮巡察工作情况，区委书记文献讲话。5月11日，召开十三届区委第三轮巡察工作集中反馈会，通报第三轮巡察中发现的共性问题、传达文献书记第三轮区委书记专题会讲话精神，区纪委区监委主要领导讲话。5月18日至31日，11个巡察组完成对15家被巡单位党组织的反馈工作。

【《关于选派优秀干部到区委巡察岗位锻炼的实施意见》印发】 3月24日，区纪委机关、区委组织部、区委巡察办联合印发《关于选派优秀干部到区委巡察岗位锻炼的实施意见》，同步建立463人的区委巡察干部库。

【十三届区委2023年巡察干部培训班】 4月10日至14日，举办十三届区委2023年第一期巡察干部培训班，针对第四轮被巡察单位特点，邀请市委巡视办、区委办、区纪委区监委、区委组织部、区委宣传部、区委社会工委、区审计局、区财政局等相关部门领导就巡视巡察工作流程、朝阳区情、街道（社区）工作要求、街道审计工作中发现的常见问题等重点内容进行授课讲解。8月15日至17日，举办十三届区委2023年第二期巡察干部培训班，针对第六轮被巡察单位特点，邀请区委办、区纪委区监委、区委农工委（区农业农村局）、区经管站等相关部门领导就朝阳区情、农村系统巡察要点、“一把手”监督及巡察相关要求、农村系统情况介绍、农村“三资”管理和容易出现的问题等重点内容进行授课讲解。两期巡察干部培训班中均有区纪委区监委主要领导出席并作开班动员。

【十三届区委第四轮巡察工作】 4月14日，召开十三届区委第四轮巡察工作动员部署会。区委组织部主要领导宣布区委巡察组组长和副组长授权任命。区纪委区监委主要领导作动员讲话。12家被巡察单位主要领导参会。7月20日，召开十三届区委第四轮巡察工作领导小组会。会议由区纪委区监委主要领导主持，12个巡察组汇报第四轮12家街道工委的巡察情况报告。8月10日，区委书记文献主持召开区委书记专题会，区委巡察办传达中央巡视办工作会议精神，汇报十三届区委第四轮巡察工作总体情况、第五轮巡察工作进展、第六轮巡察准备、巡察整改工作等内容，12个巡察组汇报第四轮12家街道工委巡察情况报告，文献书记讲话。9月6日，区委巡察办向区委常委会汇报十三届区委第四轮巡察工作情况，区委书记文献讲话。9月7日，召开十三届区委第四轮巡察工作集中反馈会，通报第四轮巡察中发现的共性问题、传达文献书记第四轮区委书记专题会讲话精神，区纪委区监委主要领导讲话。9月7日至31日，12个巡察组完成对12家被巡单位党组织的反馈工作。

【市委巡视办到朝阳调研社区专项巡察工作】 6月6日，市委巡视办副主任吴清带队到朝阳区望京街道调研社区专项巡察工作，区纪委区监委主要领导陪同调研。

【十三届区委第五轮巡察工作】 7月14日，召开十三届区委第五轮巡察暨乡村振兴领域不正之风和腐败问题专项巡察动员部署会。区委组织部主要领导宣布区委巡察组组长和副组长授权任命。区纪委区监委主要领导作动员讲话。3家被巡察单位主要领导参会。8月10日，召开十三届区委第五轮巡察工作中期汇报会。会议由区纪委区监委主要领导主持，2个巡察组汇报第五轮3家二级单位党组织的巡察进展情况。8月25日，召开十三届区委第五轮巡察工作领导小组会。会议由区纪委区监委主要领导主持，2个巡察组汇报第五轮3家二级单位党组织的巡察情况报告。9月6日，区委书记文献主持召开区委书记专题会，2个巡察组汇报第五轮3家二级单位党组织的巡察情况报告，区委书记文献书记讲话。9月6日，区委巡察办向区委常委会汇报十三届区委第五轮巡察工作情况，区委书记文献讲话。11月23日、24日，2个巡察组完成对3家被巡单位党组织的反馈工作。

【十三届区委第六轮巡察工作】 8月17日，召开十三届区委第六轮巡察工作动员部署会。区纪委区监委主要领导作动员讲话。10家被巡察单位主要领导参会。11月9日，召开十三届区委第六轮巡察工作领导小组会。会议由区纪委区监委主要领导主持，10个巡察组汇报第六轮10家乡党委的巡察情况报告。12月11日，区委书记文献主持召开区委书记专题会，区委巡察办汇报十三届区委第六轮巡察工作总体情况和第七轮巡察工作进展。10个巡察组汇报第六轮10家乡党委的巡察情况报告，区委书记文献讲话。12月27日，区委巡察办向区委常委会汇报十三届区委第六轮巡察工作情况，区委书记文献讲话。第六轮巡察工作情况经区委常委会审议通过。

【《区委巡察整改工作指引》印发】 9月7日，以区委巡察工作领导小组名义向全区二级单位党组织印发《区委巡察整改工作指引》，对整改方案、整改报告、民主生活会、公开情况等提出明确要求，进一步提高全区巡察整改规范化水平。

【十三届区委第七轮巡察工作动员部署会】 12月7日，召开十三届区委第七轮巡察工作动员部署会。区纪委区监委主要领导作动员讲话。10家被巡察单位主要领导参会。会后，区纪委区监委主要领导走访各巡察组，慰问巡察干部。

【朝阳区被列为贯通协调监督力量开展对社区巡察试点区】 12月13日，市委巡视办下发通知，将朝阳区列为贯通协调监督力量开展对社区巡察试点区。（唐婧琪）

信访举报

【概况】 2023年，朝阳区纪委区监委信访举报工作用好“深学习、实调研、抓落实”工作方法，统筹开展主题教育、纪检监察干部队伍教育整顿和日常工作，突出抓好调查研究、专项工作、信访秩序、信息服务等，努力开创信访举报工作新局面。严格业务范围外电话告知程序，加强来访来电系统内规范录入，加强疏导解释工作力度；围绕乡村振兴、重复件治理、信访突出矛盾化解等专项工作，以实际行动践行“浦江经验”，深入开展委领导班子成员包点调研督导、重复件化解不力专项整治、“信访下基层”等工作，制定方案、台账管理、动态跟踪、梳理汇总；以市纪委下发7件次业务范围外问题清单和重点信访问题为抓手，与信访办、属地政府、职能部门建立信息沟通机制，靠前调研解问题办理进展，推动群众合理诉求及时解决，有效化解群体访、疑难访；突出分析信息综合质效，完成综合分析4篇，专项分析2篇、报送信息12篇（其中被市纪委刊发3篇、《北京日报》刊发1篇），为3轮巡察工作提供27份信访举报相关问题台账。（张志丹）

【深入开展委领导班子成员包点调研督导工作】 2023年，围绕乡村振兴专项工作，筹备组织市纪委领导前往十八里店乡调研活动，建立专项台账，详细了解现场接待举报人的问题反映，督促监督室及属地纪委，加快推进工作，全委通力合作，对43个办结问题线索复审复核，确保件件有着落。扎实落实市纪委常委会提出的“七项措施”，深入践行“浦江经验”，落实区纪委区监委信访举报具体工作举措，围绕信访量较多、问题集中突出、可查性等起底梳理10个乡12个信访问题突出点位，制定委领导班子包点调研督导工作方案，委领导班子成员全体参与，直奔基层、直面群众、直接解决问题。以领导包点督导为契机，加强社区、村信访问题的研判分析，即对领导包案的信访举报件和反映村支两委干部问题线索清晰的快研快转，围绕领导下沉调研工作，归纳总结出“一提级、四见面、四听取”工作方法，即与实名举报人、村民代表、村纪检委员、乡纪委书记见面；听群众诉求、听问题建议、听基层治理、听案件进展。通过案件查办、监督检查、主体汇报、跟进化解，包点督导工作中，委领导下访17次，立案7人，解决问题10个。（吴　飞）

【开展重复举报化解不力专项治理】 2023年，根据市纪委信访室关于重复举报专项整治工作的整体部署，将重复举报治理化解工作纳入教育整顿系列工作之中，坚持领导带头包案、挂账督办、提级办理、规范告知答复等举措扎实推进、有效开展。区纪委常委会专题审议，制定《朝阳区纪委区监委关于开展重复举报化解不力专项整治工作方案》，建立工作专班，明确时间表、路线图，委主要领导以上率下、带头包案，分管领导和主管委员部署推动、协调指导，班子成员各领任务，成员单位各负其责，合力推进重复举报化解。坚持分类处置，围绕上级反馈的清单，综合研判选定10件由时任书记、副书记分别包案化解，其余由相关监督检查室统筹指导，信访部门建账跟踪，确保问题处置全覆盖；坚持带件下访，包案领导多次实地下访，采取“四见面、四听取”深入开展化解工作；坚持规范答复，紧盯长期等待无果、信息不对称等造成的重复访，推行承办部门和信访部门联合对举报人当面告知的双告知制度，积极回应群众关切。涉及朝阳区重复举报记录92条，共45件已全部办结。将重复举报化解工作纳入第二批主题教育与纪检监察干部队伍教育整顿工作，对照5大方面15项具体问题，检视自查出问题10个，严格自我检视，查摆整改问题，按要求一案一剖析，坚决杜绝问题“空转”和一函了之的“治理走过场”，持续推进工作作风建设，确保重复举报治理工作高质量完成。（吴　飞）

【信访举报受理】 2023年，区纪委区监委信、访、网、电等渠道共接收信访举报14098批次、比上年下降32.2%（以下均为比上年）。其中，网络举报7838件次，下降22.4%。来电5146件次，下降39.1%；来信673件次，下降37.9%；来访441批次，上升54.7%。全年共受理办理信访举报1070件次，比上年上升39.0%，其中检举控告742件次（经核实为实名举报的139件次）、申诉3件次、批评建议33件次，应通过诉讼、仲裁、行政复议等方式解决或由法院、检察院等机关处理的纪检监察业务范围外类292件次。从检举控告受理层级看，中央纪委转送134件次，占比18.1%，下降1.5%；市纪委转送276件次，占比37.2%，上升34.0%；本级自收332件次，占比44.7%，上升38.9%。中央、市、区三级受理量之比为1∶2∶2.6，区级信访吸附能力稳步提升。（陈　道）

【质效评估自查自纠】 11月，市纪委市监委制发设置有6方面32项指标的

《2023 年北京市纪检监察信访举报工作质效评估方案》,对照指标考核要求,协同相关部室积极落实,对 1 月至 10 月信访举报工作逐项自查,特别对办结答复率、结果反馈率等重点指标采用电话回访、平台查验等方式重点抽查,并形成自查报告,对发现的问题及时整改、举一反三,确保信访举报工作提质增效。（吴　飞）

纪律检查和案件审理

【概况】 2023 年,区纪委区监委认真把握新时代首都发展中反腐败工作的阶段性特征和变化趋势,坚持不敢腐、不能腐、不想腐一体推进,同时发力、同向发力、综合发力。1 月至 12 月,全区纪检监察机关共处置问题线索 865 件,立案 244 件,涉嫌职务犯罪 39 件,留置 27 人,移送司法 41 人。运用“四种形态”批评教育帮助和处理 913 次,其中第一种形态 698 人次、第二种形态 97 人次、第三种形态 29 人次,第四种形态 89 人次。

（刘志鹏）

【案件审理】 2023 年,区纪委区监委共审结案件 228 件,其中审结并移送职务犯罪案件 42 件。处分 185 人,含处级干部 25 人,科级干部 27 人,一般干部 13 人,其他人员 163 人。纪检监察干部监督室收到反映纪检监察干部相关问题线索及举报 25 件（含重复举报 8 件）,处置问题线索 17 件,其中谈话函询 8 件、初步核实 5 件、予以了结 4 件。立案 3 件,清理出纪检监察系统 3 人,免予党纪处分、对其进行批评教育责令书面检查 2 人,给予党内严重警告处分 1 人。

（郭　静　刘炳坤）

【案件质量问题专项整治】 9 月至 11 月,区纪委区监委完成对 2019 年 1 月 1 日至 2023 年 8 月 15 日期间办结的 1058 件案件的质量问题专项整治工作。以被退补的职务犯罪案件、申诉案件、追责问责案件及精准适用第三种形态案件等四类案件为重点,以全面自查与重点抽查相结合的方式,发现取证不规范、程序手续不严谨、卷宗组装不规范、定性处理不准确、处分执行不到位等方面问题,均逐一反馈问题清单,督促承办单位整改。（郭　静）

反腐倡廉宣传教育

【概况】 2023 年,全区纪检监察宣传教育预防工作,始终坚持以习近平新时代中国特色社会主义思想为指导,以全面贯彻落实党的二十大精神为主线,以开展学习贯彻习近平新时代中国特色社会主义思想主题教育和全区纪检监察干部队伍教育整顿为重点,统一思想、凝聚力量,持续抓实理论武装、提升宣传引导水平、传播清廉文化、强化警示震慑,切实维护意识形态安全,更好服务新时代纪检监察工作高质量发展。2023 年在中央、市、区各级各类媒体刊发稿件 512 篇,其中原创稿件 242 篇,被市级媒体刊发 273 篇次,被中央级媒体刊发 8 篇,相较 2022 年原创比例提升 9.9%,日平均阅读总量超 2300 次,推动全区营造崇廉拒腐、风清气正社会氛围。

【廉洁文化建设】 2023 年,持续推进全区纪法教育活动落地实施见成效,举办“颂廉树新风·喜庆二十大”文艺作品征集颁奖活动,以成果展示、人物访谈与表彰颁奖相结合的方式,展示朝阳区全面从严治党成效和廉洁文化建设成果。加强对基层廉洁文化的帮扶指导,支持太阳宫好家风宣传园、团结湖廉政文化一条街等为代表的基层新时代廉洁文化阵地建立,为党风廉政宣传教育工作注入新活力。联合区直机关工委等部门开展“悦读阅廉”第五季活动,共 7000 余名机关干部及家属积极参与,音频打卡内容 30.3 万次;处级干部 300 余人,打卡 1.4 万余次,廉洁文化、家风建设和读书学习结合更加紧密,氛围更加浓厚。创新表达形式,策划推出“《狂飙》大结局,这些‘保护伞’你猜到了吗?”“廉洁文艺作品云观展赏佳作”等创新产品,围绕吃喝问题、调查研究、纪律部队反腐倡廉等主题制作“廉”环画 4 期。

【警示教育】 2023 年,联合区委组织部、区委宣传部在区委党校建设“朝阳区党员干部警示教育基地”,推进朝阳区党员干部教育管理及警示教育常态化、规范化发展。选取处在关键少数、关键领域、关键岗位的 5 名领导干部在履职中的违纪违法行为为主要内容,为全区领导干部警示教育大会及各单位开展纪律教育拍摄制作年度警示教育片《失守的“三关”》。引导督促主体结合自身系统特点多层次、分领域自主开展警示教育,协调督促区委农工委开展农村系统“强化监督治理,保障乡村振兴”警示教育,为朝阳区乡村振兴提供坚强纪律保障。通过“一网一微”通报曝光违反中央八项规定精神案件 9 起,使纪律教育、警示教育触手可及。持续更新“朝阳区廉洁文化与警示教育资源名录”,累计向全区各单位提供廉洁产品借阅服务 350 余件次。（李仕达）

民主党派

中国国民党革命委员会北京市朝阳区委员会

【概况】 2023年，中国国民党革命委员会北京市朝阳区委员会（简称民革朝阳区委），有15个专门工作委员会，下设基层支部19个，有民革党员1272人（其中2023年发展党员65人）。民革党员中，有全国政协委员2人（其中常委1人）、市人大代表1人、市政协委员2人（其中常委1人）、区人大代表2人（其中常委1人）、区政协委员26人（其中常委5人）。民革朝阳区委围绕朝阳区工作大局，凝聚共识，创新社会服务，促进祖国和平统一，加强自身建设，全年服务党员，组织党员开展专题调研。全年完成调研报告20余篇，上报社情民意信息310篇，召开主委会议8次、全委会议4次，举办参政议政、主题教育等活动50余次。民革朝阳区委获“2023年度《团结报》宣传发行工作先进集体”称号。葛友山、刘俊卿、岳运生、周小柯获评民革北京市委2023年度市级协商工作、政协会议发言和提案工作作出贡献的先进个人，葛友山、姜永海、赵鹏、刘俊卿、李韬、李永刚、覃研评民革北京市委2023年度反映社情民意先进个人。

【主题教育】 2023年，民革朝阳区委结合纪念“五一口号”发布75周年，研究并制定“凝心铸魂强根基、团结奋进新征程”主题教育工作实施方案。

▲ 4月27日，民革朝阳区委赴江西开展“传承红色基因、凝聚奋进力量”主题教育
（梁 艳 摄）

组织党员赴南昌、井冈山开展“传承红色基因，凝聚奋进力量”主题教育，赴天津周恩来邓颖超纪念馆和广东会馆参观学习、组织主题教育观影活动，开展五四青年节传统活动，赴位于北京西山国家森林公园的无名英雄广场凭吊瞻仰革命先烈等。各支部、专委会组织“同心悦读”读书汇、健步走、参观民革党史教育基地等主题活动50余次，覆盖党员1500余人次。组织“两岸同舟，致敬英雄”文化沙龙活动，邀请中共台湾红色隐蔽战线烈士刘光典之子、中央党校（国家行政学院）兼职教授刘玉平为民革党员讲述刘光典烈士及其家属为革命无畏牺牲、默默奉献的历程。走访慰问抗战将领遗属刘兴业、丛秀和屈令婉，并上门问诊，表达民革朝阳区委对抗战将领遗属的关心关怀。

【组织发展】 2023年，民革朝阳区委吸收新党员65人，注重新党员所从事的主要领域和专业优势及特长，引导其关注领域内的课题研究，抓准参政议政着力点，逐渐融入参政议政人才队伍；对在参政议政工作中具有高度热情、表现优秀的党员，推荐其利用政协、统战部等平台，撰写信息、提案、理论文章，发挥参政议政特长。

【参政议政】 2023年，民革朝阳区委上交区委统战部专项调研报告4篇，提交区政协党派提案5篇、大会发言1篇；在区政党协商会上发言1篇、民革朝阳区委获优秀提案1篇、委员获优秀提案3篇；组织党员撰写调研报告20余篇，在各类议政会上即席发言2篇，被选为重点发言6篇。副主委葛友山、秘书长赵鹏，区委委员李继泉、李鸿飞、党员熊潘良、覃研、戴玫等7位党员，代表民革朝阳区委在议政会上发言。向民革北京市委、中共朝阳区委统战部、区政协提交信息320篇，其中全国政协采用1篇、民革中央采用15篇、市政协采用32篇、市领导批示3篇、民革北京市委采用5篇、中共北京市委统战部采用1篇、朝阳区政协采用106篇、中共朝阳区委信息期刊采用1篇。

【社会服务】 2023年，民革朝阳区委在北京极端强降雨灾害、甘肃省临夏州积石山县地震发生后，全体党员为受灾地区捐款捐物价值200余万元。委员们为防汛抗灾、灾后重建等撰写建言献策10余篇。联合八里庄街道开展“3·15”社区普法活动、组织庄超联赛和书画笔会创作活动；民革朝阳区委组织首届羽毛球邀请赛、助力残疾儿童成长等活动，增加组织凝聚力，扩大民革影响力。

【联合举办庄超联赛活动】 8月8日，民革朝阳区委联合八里庄街道举办“活力庄超 激情八里”庄超联赛，与八里庄街道签署体育“手拉手”共建协议，以体育促团结，以体育促发展。体育共建是民革朝阳区委开辟公共文化服务、实现资源共享、服务群众的重要渠道。民革北京市委、民革朝阳区委，朝阳区相关领导出席联赛启动仪式。

（梁　艳）

中国民主同盟北京市朝阳区委员会

【概况】 2023年，中国民主同盟北京市朝阳区委员会（简称民盟朝阳区委），有基层组织48个，其中基层委员会4个、基层支部44个，有盟员2343人。2023年发展盟员98人。盟员中有全国政协委员2人（其中常委2人），民盟中央委员6人（其中副主席1人、常委2人）；北京市人大代表2人，北京市政协委员5人（其中副主席1人），民盟北京市委委员10人（其中主委1人、副主委1人、常委2人）；朝阳区人大代表5人（其中常委1人），朝阳区政协委员35人（其中副主席1人、常委3人、副秘书长1人），朝阳区工商联副主席1人、执委1人。全年召开主委会9次，全委及扩大会3次，召开总结、部署及各项专题调研会、研讨会，以及组织各类活动等30余次。“北京朝阳民盟”公众号发布消息76篇，阅读量4万余次，关注量1471人。与朝阳区高碑店地区（乡）党委持续开展“手拉手”活动，举办乡村美育教育大讲堂第一讲等。民盟朝阳区委获评民盟中央“组织建设工作先进集体”、民盟北京市委“思想政治建设工作先进集体”、民盟北京市委“社情民意信息工作先进集体”，民盟朝阳第七支部获评民盟中央、司法部“黄丝带帮教”工作先进集体。

▲ 3月18日，民盟朝阳区委召开2022年工作总结暨2023年工作部署会。图为参会人员合影（金　希　摄）

【思想政治建设】 2023年，民盟朝阳区委组织主委会、全委会、各基层组织及内设机构负责人和广大盟员以集中学、研讨学等形式学习贯彻中共二十大精神和习近平总书记系列重要讲话精神，学习统一战线理论和中国共产党领导的多党合作政治协商制度。组织区委委员、专委会负责人赴河北西柏坡革命纪念馆和中央统战部旧址开展纪念中共中央发布“五一口号”75周年参观学习和主题交流座谈；组织新盟员参观民盟北京市委“致敬‘七一勋章’获得者”主题画展；统战理论研究会组织骨干盟员赴北京市委党校党性教育基地开展现场教学；体育发展委员会组织举办“凝心铸魂强根基、团结奋进新征程”主题教育百人运动会；思想宣传委员会组织广大盟员观看民盟先贤影片《望道》等。民盟中国传媒大学支部，对外经济贸易大学支部，北京化工大学支部，中信集团支部，石化支部，朝阳第三支部、朝阳第九支部等基层支部举办主题教育参观学习座谈。

【组织建设】 2023年，民盟朝阳区委在北京联合大学校本部、师范学院、机器人学院、生化学院4个支部基础上成立民盟北京联合大学委员会；新成立中国音乐学院支部；朝阳第八、第九、第十支部选举产生第一届委员会；朝阳第三支部调整为第三支部和经济科技第一、第二、第三4个支部；朝阳四支部调整为第四、第十一、第十二、第十三、第十四、第十五6个支部。

【参政议政】 2023年，民盟朝阳区委完成调研报告19篇，向区政协十四届三次会议提交《关于朝阳区支持发展贸易型总部企业的建议》等民盟提案5件；向中共朝阳区委统战部提交党派调研报告4篇。其中，《发挥数字经济优势，推进充电基础设施发展》获评一类调研报告，《科技产业引领朝阳南部崛起，助推城乡融合深入发展——以十八里店乡为例》获二类调研，《提升营商环境、提振市场信心、促进消费升级问题及对策研究——以朝阳区高端餐饮企业为例》《朝阳区数字经济发展现状、困境与政策建议》获评三类调研报告。1篇统战理论研究课题（北京市社会科学院课题），获民盟北京市委年度统战理论课题一等奖。

【政党协商】 2023年，民盟朝阳区委列席中共朝阳区委十三届全体会议2次；参加政党协商会1次，提出《发挥数字经济优势 推进充电基础设施发展》的建议；参加中共朝阳区委统战部党派联席会3次、区情通报会1次、党派月度工作会8次，就政党协商工作、重大人事任免、与街乡“手拉手”、青年盟员培养等工作交流、座谈。

【社情民意信息】 2023年，民盟朝阳区委承办民盟北京市委“社情民意信息工作沙龙”暨社情民意信息培训会；组织盟员参加区政协暑期读书班、信息培训班、中共朝阳区委统战部民主党派基层组织负责人培训班等；文化委员会举办“现实+”第二期政经读书会；全年向民盟北京市委、朝阳区政协、区委统战部报送社情民意信息316篇，其中获副省级领导批示8篇、全国政协采纳1篇、民盟中央采纳5篇、中共北京市委采纳10篇、市政协采纳34篇、中共北京市委统战部采纳12篇、民盟北京市委采纳167篇、朝阳区政协采纳85篇。

【社会服务】 2023年，民盟朝阳区委发动盟员、基层组织和所联系的企业为房山区、门头沟区抗洪救灾捐款捐物价值40余万元；老龄委、第十支部组织医务界盟员，赴门头沟、平谷、八十中学开展义诊活动；中信集团支部向民盟中央对口帮扶地区贵州省毕节市七星关区亮岩镇后川小学捐赠图书室修建资金3万元；与民盟西宁市委签订友好委员会协议，开展盟务工作座谈，医疗专家专题讲座。接待民盟西宁市委到京调研北京双奥之城建设等。

（葛春艳）

中国民主建国会北京市朝阳区委员会

【概况】 2023年，中国民主建国会北京市朝阳区委员会（简称民建朝阳区委）有基层支部36个（其中2023年成立支部1个），民建会员2142人（2023年发展民建会员76人）。设立1个监督委员会、5个工作委员会、14个专门委员会。民建委员中有全国工商联副主席1名，全国政协委员5名；北京市政协委员6名；区人大代表9名（其中副主任1名、常委1名），区政协委员25名（其中常委5名、副秘书长1名）。民建朝阳区委以“凝心铸魂强根基，团结奋进新征程”主题教育为抓手开展各项工作。侯惠荣获评民建中央2023年参政议政工作先进个人；范笑天获评民建中央思想政治建设工作先进个人；郭天光家庭获评2023年“首都最美家庭”。

【思想政治建设】 2023年，民建朝阳区委开展“凝心铸魂强根基、团结奋进新征程”主题教育，召开骨干会员会议，传达、学习民建十二届三次常委会精神和司马红代表民建北京市委在十二届三次常委会上交流发言的精神。赴山西开展爱国主义教育参观学习。开展“诵读新思想 奋进新征程”活动。召开理论学习中心组会议，学习习近平总书记在政协民建工商联界委员联组会上的重要讲话。将学习全国两会精神作为2023年会员入会教育的“第一课”。围绕“五一口号”发布75周年开展系列活动，组织健步走、征文等活动。观看专题片《大道薪传——中国的民主党派》民建篇，开展观后感征文活动，收到会员撰写的心得体会197篇。各支部和专委会围绕主题教育开展各类讲座、座谈、社会服务活动、履职能力培训80余次。

【参政议政】 2023年，民建朝阳区委各支部和专委会报送调研报告62篇、社情民意信息1025篇，调研成果26篇，210余篇信息被各级部门采编。在朝阳区民主党派专项调研活动中，获评一类课题1篇、三类课题3篇。在区政协全会上提交党派提案4篇，1篇获评优秀集体提案。在朝阳区政协“践行绿色发展理念，建设公园城市”议政会上，有4篇调研成果做重点发言。

▲ 9月14日，民建朝阳区委组织会员赴山西开展爱国主义教育　（李佳君　摄）

在“打造国际化营商环境 建设标杆区”朝阳区议政会上，以“朝阳区私募股权基金高质量发展的思考和建议”为题做重点发言。在“深入推进城乡融合发展”专题协商会提交4篇建言成果。围绕“打造数字经济核心区和国际消费中心城市主承载区，推进朝阳高质量发展”主题，在区政党协商会上建言献策。民建朝阳区委和多个基层组织围绕参政议政能力建设开展各类活动32次。

【抗击汛情】 2023年，民建朝阳区委在京津冀防汛抗灾中，带领各支部和广大会员向“23·7”北京极端强降雨灾害受灾严重地区捐赠物资价值186.548万元，捐款26.25万元，捐助10台抽水泵，提交防汛抗灾相关社情民意信息20篇，多位会员投入支援工作。在2023年甘肃省地震灾情中，各支部和会员向灾区捐款11.26万元、方便速食3.6万桶和即食豆制品1万袋（价值60万元）。

【社会服务】 2023年，民建朝阳区委和各支部以及专委会到河北省丰宁满族自治县慰问外沟门乡贫困生，资助贵州省黔东南苗族侗族自治州黎平县贫困生，慰问养老院老人，开展关爱听障儿童等多项活动；为密云区引入19家企业，完成税收380万元；为平谷区完成税收60万元；与北京市未成年犯管教所联合举办亲情帮教活动；组织会员购买农产品，助力平谷乡村振兴。各专委会和支部开展各类社服活动20余次。（李佳君）

中国民主促进会北京市朝阳区委员会

【概况】 2023年，中国民主促进会北京市朝阳区委员会（简称民进朝阳区委）下设参政议政、社会服务、信息、青年、学习宣传、文化艺术、老龄7个工作委员会，有基层支部36个、民进会员1367人（2023年入会45人）。民进委员中，有全国政协委员5人（其中常委1人），北京市人大代表3人，北京市政协委员1人，朝阳区人大代表3人（其中常委1人），朝阳区政协委员14人（其中常委4人）及昌平区政协委员1人。2023年，民进朝阳区委围绕民进市委和中共朝阳区委中心工作，结合自身特点和优势，举办课题调研、捐资助学等活动，切实开展“凝心铸魂强根基、团结奋进新征程”主题教育和“作风建设”主题年工作。组织会员开展专题调研，完成调研报告30篇；上报社情民意信息212条、工作信息67条；召开主委会议5次、全委会议2次；组织班子成员开展主题教育及作风建设专项学习19次，开展学习宣讲覆盖260人次，撰写学习体会30篇。

【思想政治建设】 1月10日，民进朝阳区委在朝阳区崔各庄地区（乡）草场地村开展癸卯（2023）年“春联万家·奔赴新征程”活动，民进会员书画家和书法爱好者书写春联和福字百余幅赠送崔各庄乡草场地村村民。4月14日，民进朝阳经济二支部组织会员参观密云区北庄镇大岭村承兴密联合县政府旧址，开展“学党史，不忘初心跟党走；悟思想，携手奋进新征程”参观活动，经济二支部会员和待批准会员28人参加。6月1日，民进朝阳区委社会服务专委会在北京市陈经纶中学保利分校为高中师生开展针对考前心理减压的心理疏导活动。7月8日，民进朝阳青委会在798艺术区承办“民进青年夏之约”——民进北京市委青委会主题教育暨调研朝阳艺术之城建设活动。7月8日，民进北京陈经纶支部部分委员参加民进云南省委基础教育专委会、民进昆明市委基础教育委员会主办的“话说新高考”教育沙龙活动，民进会员、语文高级教师、朝阳区骨干教师崔伟平以“‘五新’背景下的语文阅读教学实践”为题举办讲座；英语高级教师、朝阳区骨干教师杨军以“新高考下主题语境引领下的单元整体教学探索”为题举办讲座，民进会员、地理高级教师、北京市骨干教师武智涛以“新高考下地理教学思考与实践”为题举办讲座。7月26日，民进朝阳区委与民进北京市委、民进东城区委赴贵州省金沙县联合开展“同心·彩虹”教育、医疗帮扶活动。民进会员、北京市日坛中学英语教师、朝阳区学科带头人牟霞举办“抓常规管理，促班级建”和“以爱心促成长”专题讲座，民进会员、北京市日坛中学德育副主任、道德与法治学科教师解薇举办“新课标背景下道德与法治学科大单元教学设计

▲ 9月3日，民进朝阳区委获民进市委“凝心铸魂强根基、团结奋进新征程”主题教育竞赛二等奖 （张 纯 摄）

浅谈”专题讲座；民进会员、中日友好医院肛肠科专家程一乘在金沙县中医医院开展义诊活动，服务当地群众。8月18日至20日，民进朝阳经济二支部在河北省张家口市蔚县开展“凝心铸魂强根基、团结奋进新征程”主题教育暨助学助老捐助活动，30余名会员及其家属参加活动。会员向蔚县生活困难居民捐赠衣物、书籍和玩具，并慰问当地部分孤寡老人。9月3日，民进北京市委举办“凝心铸魂强根基、团结奋进新征程”主题教育知识竞赛决赛，民进朝阳区委获主题教育竞赛二等奖。10月，民进朝阳区委启动主题教育打卡活动，选取民进会员之家、亮马河风情水岸、北京画院、马俊烈士墓、798艺术区、中国铁道博物馆和首创郎园城市书屋7个主题教育打卡地。11月21日，民进朝阳区委第一联合支部、经济一支部、经济二支部15名会员在北京市民族团结进步教育基地日坛公园马骏烈士墓开展“赓续红色血脉弘扬民族精神”民族团结进步主题活动。

【六届六次全委（扩大）会议】 2月18日，民进朝阳区委召开六届六次全委（扩大）会议，民进朝阳区委领导班子、区委委员、支部及工委会负责人43人参会。会议传达民进北京市委十六届第二次全会精神、总结2022年工作，部署2023年工作要点，交流各支部及专委会年度工作。

【中国文联支部增补委员】 12月19日，民进朝阳中国文联支部召开年终总结及增补支委大会，选举刘上为中国文联支部委员。民进朝阳区委驻会副主委赵建萍、秘书长张纯出席，支部副主委罗珊主持会议。

【参政议政】 2023年，民进朝阳区委上报民进北京市委、区政协和中共朝阳区委统战部调研报告30篇，向区政协提交党派提案2篇。获评朝阳区2022年民主党派专项调研报告一类课题2篇、二类课题1篇、三类课题1篇，1篇党派提案获评优秀提案1篇。上报社情民意信息212篇、工作信息67篇，25篇获全国政协、北京市政协、民进中央的采纳和批示。

【捐赠民进会史文物资料】 3月3日，民进朝阳第一联合支部会员李鑫向民进北京市委捐赠民进会史文物资料，包括1952年中央人民政府教育部动员学生投考师范学校的指示、毛泽东主席给教育部前部长马叙伦的两封信（誊抄件，规格:22厘米 ×18.5厘米）、《马叙伦政论文选》和《马叙伦诗词选》等民进会史文物资料。民进北京市委秘书长苍玉清代表民进北京市委接收会史文物资料，并代表市委会向李鑫颁发荣誉证书。

【民进朝阳开明画院】 4月1日，民进朝阳开明画院在朝阳民进之家成立。选举申卉芪为画院院长，崔保东为常务副院长，林拓为秘书长。11月21日，民进朝阳开明画院走访中国美术家协会会员、国家一级美术师、民进北京市委书画院理事周华的工作室并座谈。周华老师分享自己的艺术创作经历以及创作心得，民进朝阳开明画院常务副院长崔保东介绍画院相关情况及未来发展规划。

【专题调研】 5月30日，民进朝阳文艺联合支部一行10人走进中国东方演艺集团艺术培训学校通州校区参观调研，与一线工作人员探讨艺术教育的高质量发展道路。6月14日，民进北京工业大学支部围绕“利用数字传播新媒体点亮青春理想”主题赴人民日报社人民数字传播有限公司调研，讨论“传统媒体在数字传播中的转型问题”及“如何抓住当代大学生的特点进行正能量传播”两个议题。6月21日，民进朝阳区委参政议政专委会及特邀专家赴人民数据·人民德育数据中心就“大中小学科学教育贯通培养模式探究”课题调研座谈。11月25日，朝阳区民进青委会赴APUS北京总部调研学习，参观APUS北京总部并听取关于人工智能技术的专题讲座。12月24日，民进北京文化艺术专委会、民进朝阳文化艺术专委会联合主办，民进朝阳经济三支部承办在朝阳798艺术区举行的“科技与文化+”文旅融合创新性发展联合调研及座谈。

【捐助房山区小学】 9月14日，民进朝阳区委组织民进东方德才支部、民进日坛中学支部、民进工大附中支部、民进陈经纶中学支部、民进和平街一中支部、民进八十中学支部，联合民进房山区总支部对房山区琉璃河中心小学及其附属4所小学捐赠价值5000元的书籍和生活用品。2023年，民进朝阳区委老龄专委会及民进朝阳区第一联合支部20多名会员赴房山区天云康复中心，为听障儿童送去蔬菜、水果等生活物资。 （张　纯）

中国农工民主党北京市朝阳区委员会

【概况】 2023年，中国农工民主党北京市朝阳区委员会（简称农工党朝阳区委）下设参政议政、社会服务、信息宣传、青年工作和老龄工作5个专门委员会，有基层支部25个、党员1264人（其中2023年发展党员60人）。党员中，有全国政协委员1人、北京市政协委员5人、朝阳区人大代表6人（其中常委1人）、朝阳区政协委员16人（其中常委4人、副秘书长1人）、农工党北京市委委员7人（其中常委3人、农工党北京市委内部监督委员会委员3人）。农工党朝阳区五届四次全委会任命成立农工党朝阳区委内部监督委员会。农工党朝阳区委结合朝阳医药卫生事业改革发展大局，关注民生、参政议政、建言献策、服务社会，促进人口资源环境协调发展。召开五届三次全委扩大会议，农工党朝阳区委副主委及区委委员、各专委会和支部班子成员等80余人参加；完成对八里庄支部、垂杨柳医院支部和医卫二支部的届中调整；联合致公党朝阳区委到朝阳区管庄乡双桥燕京中药饮片厂参观调研；农工党朝阳区委向各部门提交社情民意信息94篇，其中多篇被全国政协和农工党中央等相关单位采用。农工党朝阳区委获农工党北京市委“8+1”行动10周年社会服务工作先进集体荣誉。

【思想政治建设】2023年，农工党朝阳区委制定关于开展“凝心铸魂强根基、团结奋进新征程”主题教育工作方案并下发至各支部，各支部组织主题教育26次2000余人次参与。农工党朝阳区委组织青年党员赴西柏坡和中共中央统战部旧址和延安参观学习，组织老龄党员赴革命教育基地参观学习。12月8日，农工党朝阳区委联合农工党北京市委理论委联合举办“凝心铸魂强根基、团结奋进新征程”主题教育暨2023年党员学习班。邀请中央社会主义学院统一战线理论教研部原副主任，山东大学兼职教授、博士生导师李小宁教授举办“坚持和完善中国新型政党制度”讲座，80余名党员参加学习，农工党朝阳区委内部监督委员会全程参与监督。

【参政议政】1月3日，朝阳区政协与中共朝阳区委统战部联合召开主题为“有序推进城市有机更新”的专题协商会。农工党朝阳区委副主委叶昊在大会上作《关于“加大政策引导和创新驱动，促进朝阳区城市有机更新更加有序”的建议》重点发言；农工党朝阳区委宣传和社情民意信息专委会副主任贾铮作《关于在城市有机更新中如何科学合理规划和改善整体运行机制的建议》即席发言。召开农工党朝阳区委2023年度参政议政和社情民意信息联席会暨调研报告开题会。在区政协十四届三次会议，农工党朝阳区委提交《关于加大朝阳区社区卫生服务投入力度的建议》《关于加大朝阳区全科医生培养力度的建议》《关于促进朝阳区数字技术发展增强产业链联动 打造数字经济核心区的建议》3篇党派提案，来自农工党朝阳区委的政协委员提交委员提案21件。农工党朝阳区委向区议政会提交15篇建言文章，《关于进一步完善公共卫生治理体系建设 筑牢朝阳区卫生防控底线的建议》和《关于从资源—资本角度审视和推动朝阳区城乡统筹创新发展的建议》作为重点发言。农工党朝阳区委《关于满足以医与患的相互需求为出发点 夯实分级诊疗基础的建议》获评2023年度优秀集体提案。在朝阳区政党协商会上，农工党朝阳区委作《加强朝阳“四城”建设 发挥引领作用 助力北京建设国际消费中心城市》发言。其余上交的建言文章全部被编入议政会建言成果汇编中。

【跨党派活动】5月6日，农工党朝阳区委联合致公党朝阳区委在白盒子艺术中心举办“琴音初心 当我遇见你”——纪念“五一口号”发布75周年暨五四青年节主题音乐会，两党党员100余人参加活动。8月2日，农工党朝阳区委文教支部党员联合北京市应急救援协会机动队等队伍，赴门头沟区和房山区开展抗洪救援工作，北京中医药大学支部、团结湖支部、垂杨柳医院支部、民航总医院支部、医卫一支部、医卫二支部、医卫三支部和光谱支部分别向两地捐款捐物。

【社会服务】7月12日，农工党朝阳区委组织党内医学专家到密云区西邵渠村农工党名医工作室开展义诊活动，中医科、骨科、眼科和口腔科的4名医学专家服务村民100余人次。11月1日，农工党朝阳区委、民建大兴区工委联合举办“凝心铸魂强根基、团结奋进新征程”跨党派、跨地区联合义诊健康行活动。双方选派中医科、神经内科、眼科和骨科的7名专家参加义诊，为200多人提供健康咨询服务。

【中医药文化进社区实践教育基地揭牌】7月19日，北京中医药大学支部与北京中医药大学机关党委继续教育学部党支部共同建设的“中医药文化进社区实践教育基地”在安贞街道党群服务中心揭牌成立，并现场开展中医养生知识讲座和义诊活动。北京中医药大学党委统战部、中共朝阳区委统战部、农工党朝阳区委领导，北京中医药大学农工党支部与继续教育学部中共党支部的党员骨干、专家，以及安贞街道社区居民等80余人参加揭牌仪式。

【京津冀携手同心健康行活动】11月17日，农工党朝阳区委与天津市委在南开大学计算机学院联合举办“助力京津冀协同发展，送健康进校园”活动。北京中医药大学教授鲁艺，天津市精神卫生中心临床心理研究室主任、首届“天津名医”、主任医师张勇，分别作题为“失眠的中医调理”“与心灵相约与健康同行”的健康讲座。11月23日，农工党朝阳区委联合农工党天津

▲ 7月19日，中医药文化进社区实践教育基地在安贞街道党群服务中心揭牌（张胜男　摄）

市委、农工党河北省委赴河北雄安新区安新县中医医院开展“京津冀携手同心健康行助力协同发展”活动。农工党天津市委捐赠8台“特定电磁波治疗器”，并组织“眩晕的诊疗思路”和“中医适宜技术的临床应用”培训，京津冀三地11位专家开展义诊咨询活动，服务群众400余人次。

（张胜男）

中国致公党北京市朝阳区委员会

【概况】 2023年，中国致公党北京市朝阳区委员会（简称致公党朝阳区委）有支部19个、党员760人，其中2023年发展党员38人。致公党员中有全国政协委员3人（其中常委2人）；北京市人大代表2人，北京市政协委员4人（其中常委2人）、朝阳区人大常委1人、朝阳区政协委员18人（其中常委5人、副秘书长1人）、致公党中央委员3人（其中副主席1人、常委1人）、致公党北京市委委员6人（其中副主委2人、常委1人）。成立致公党朝阳区委青年工作委员会，由42名青委会委员组成；任命王洋为青委会主任，栾玥、王铁砚、韩蓉、刘哲、龚敖为副主任，艾飞为秘书长。致公党朝阳区委完成对第一支部、第七支部和第八支部班子的届中调整，按照组织程序选举产生支部班子成员。其中，一支部选举苏丽波为支部主委、郭一恒为支部委员，第七支部增补潭红波、关鹏飞为支部委员，第八支部选举王蒨为支部副主委、刘杰和唐硕为支部委员。苏丽波、顾行发、高吉喜、戚依南等21人获评致公党北京市委2019—2022年度参政议政工作先进个人。

【思想政治建设】 5月20日，致公党朝阳区委举办“美好生活·民法典相伴”主题宣传活动，致公党朝阳区委法工委主任杜立群主持。5月28日，致公党朝阳区委举办“凝心铸魂强根基、团结奋进新征程”主题教育暨书香专委会京致阅读活动。7月1日，致公党朝阳区委开展“凝心铸魂强根基、团结奋进新征程”主题教育系列活动——《习近平著作选读》“京致阅读”读书会，有24位党员通过有声阅读的形式，摘读《习近平著作选读》第一卷、第二卷中的著作文章，并在“朝阳致公”微信公众号登出。阅读总人数7156人，总阅读次数10870次，总分享人数560人，总分享次数884次。7月20日，致公党朝阳区委组织部分委员、支部骨干党员和2023年发展的党员20余人赴朝阳规划艺术馆参观朝阳·拥抱未来“礼赞新时代　奋进新征程”朝阳区发展成就展。11月5日，致公党朝阳区委举办青年党员主题教育暨履职培训会，市政协研究室信息处贾海菊以“如何撰写社情民意信息”为题举办讲座，启发撰写高质量社情民意信息。

▲ 7月1日，致公党朝阳区委开展“凝心聚力强根基、团结奋进新征程”主题教育，参观北京红十字会航空医疗救援基地　（田丽华　摄）

【参政议政】 2月20日，致公党朝阳区委提交中共朝阳区委统战部的调研报告中，由陈麒百执笔的《“数字科技＋绿色金融”体系化推动北京市朝阳区公共建筑绿色低碳高质量发展》获评中共朝阳区委统战部专项调研报告一类调研，由王雨云执笔的《朝阳区提升文化产业核心竞争力的路径研究》获评中共朝阳区委统战部专项调研报告二类调研，由陈忠洲执笔的《积极扩大内需培育首都消费新经济调研报告》获评中共朝阳区委统战部专项调研报告三类调研，由尚舵执笔的《朝阳区实现“双碳”目标的前景、难点和关键举措研究》获评中共朝阳区委统战部专项调研报告三类调研。

【专题调研】 3月29日，致公党朝阳区委在朝阳区残疾人职业康复中心召开无障碍出行调研会。区政协常委、致公党朝阳区委副主委戚依南、致公党朝阳区委专职副主委李卓，区政协委员、朝阳区残疾人综合活动中心主任苏丽波，致公党朝阳区委社会服务专委会主任张宇，市交管局朝阳交通支队科信科科长范永强，朝阳区盲人协会主席曹军，高德地图公共出行部产品经理张君君参加调研。调研会前，与会人员与盲人交通体验人员在朝阳区残疾人职业康复中心路口实地查看安装交通信号灯语音提示器的现场。苏丽波在政协朝阳区第十四届二次会议上，提交《关于在盲人集中出行地区的路口安装语音提示器的建议》提案。戚依南副主委指出，无障碍出行是系统工程，需要全社会的关注和投入，特别是要增加科技助残的力量。调研由致公党朝阳区委牵头，汇集交通部门、科技企业和盲人协会，为促进无障碍出行提出有效的建议，为残障人士解决实际出行困难。5月12日，致公党朝阳区委专职副主委李卓率“以河道复兴带动城市更新调研”课题组到六里屯街道，实地调研二道沟河河道治理整顿和日常养护情况。课题组走访沿河的八里庄清真寺、平房居民区、河道观景平台，了解该水域通过近年的滨河治理和整顿沿岸背街小巷，截污改造、清淤绿化等工作成效。

【赈灾募捐】 7月，致公党朝阳区委面对“23·7”极端强降雨灾害，组织党员们通过门头沟区、房山区慈善协会账号捐款3.78万元。致公党朝阳区委副主委、朝阳区海联会会长陈忠洲先后两批次采买纯净水4210箱、矿泉水15000箱、蚕丝被1000套、方便面10500箱、火腿肠5000箱、榨菜5000箱、面包5000箱运往灾区，价值210万余元；党员刘大鹏向门头沟区潭柘寺镇和龙泉镇捐助卫星电话4台、矿泉水2000箱、方便面500箱、面包100箱、被子500套，价值20余万元；党员刘哲将筹集的毛毯、毛巾被、手电、消毒液等价值近万元的物资从保定市驾车送到北京受灾严重的房山区，与致公党房山区支部对接捐赠房山区石楼镇。12月22日，甘肃省临夏州积石山县发生6.2级地震，部分致公党党员自发通过当地慈善协会、红十字会等渠道捐款捐物共计1万元。

【理论学习中心组学习（扩大）会召开】 11月9日，致公党朝阳区委在精诚教育集团会议室召开理论学习中心组学习（扩大）会，致公党朝阳区委领导班子成员、部分委员和监督委员会委员参加。致公党北京市委专职副主委、致公党北京市委组织处处长参加会议。会议由致公党朝阳区委主委曹信红主持。会上学习致公党十六大修改后的《中国致公党章程》重点章节、《中国致公党纪律处分办法（试行）》主要内容等。 （田丽华）

九三学社北京市朝阳区委员会

【概况】 2023年，九三学社北京市朝阳区委员会（简称九三学社朝阳区委）有基层支社35个，其中2023年成立支部1个；社员1659人，其中发展社员67人；下设13个工作机构。社员中，有九三学社中央委员2人、北京市委常委1人、市委委员11人，北京市人大代表1人，北京市政协委员2人，朝阳区人大代表8人（其中常委1人），朝阳区政协委员20人（其中不驻会副主席1人、常委5人）。制定、下发主题教育工作方案，确立日常学习制度并形成多层次、全方位的思想教育工作机制。开展主题教育学习5次，举办“习近平生态文明思想”主题教育讲座1次，先后组织20名骨干社员参加朝阳区党外人士培训班，学习贯彻习近平新时代中国特色社会主义思想和中央统战工作会议精神。社员王全辉、刘英杰、严慧英、吴琦、钟光珍、柴雨丰、黄卫国、熊智获评北京市2021—2022年参政议政先进个人。

【思想政治建设】 2023年，九三学社朝阳区委组织社员开展参观中国共产党历史展览馆、朝阳区建区65周年成就展，瞻仰马骏烈士墓，赴天安门广场观看升旗仪式等活动，组织青年社员参观中国电影博物馆主题展览，组织女社员学习扎染的起源和工艺方法，组织老龄社员在红栌山庄开展重阳节联谊等活动。与内蒙古自治区呼和浩特市、乌兰察布市和陕西省宝鸡市等地九三学社市级组织联合开展主题教育。

【基层组织建设】 4月22日，九三学社北京市朝阳第二综合支社成立，选举张瑞为主任委员、姚雯为组织委员、童欢为宣传委员、周力为参政议政委员。2023年，完成北京化工大学支社、冶金支社、民航总医院支社、北京市朝阳综合支社、首都经济贸易大学（东区）支社换届。

【参政议政】 9月26日，九三学社朝阳区委参加区政党协商座谈会，王强代表社区委做《以“两区”建设为契机，推动朝阳区数字经济与贸易规则制度开放》的发言。2023年，九三学社朝阳区委完成党派年度调研报告54篇；收到社情民意信息430篇，经编辑上报朝阳区政协、九三学社北京市委采用179篇，全国政协、中共中央统战部、九三学社中央、市政协、中共北京市委统战部、区委、区政府采用40篇，领导批示5篇。在中共朝阳区委统战部对2022年党派调研报告的评比中，获评一类课题1项、二类课题1项、三类课题2项。

【共建共享】 4月，九三学社朝阳区委与中共河北省宽城县委统战部、宽城

▲ 4月14日，九三学社朝阳区委与河北省宽城县委统战部、宽城一中共同举办“同心京津冀 爱心共助力”的挂牌仪式 （孙庆林 摄）

一中共同举行“同心京津冀 爱心共助力”挂牌仪式。4月15日，九三学社朝阳区委在天津市蓟州区孙各庄满族乡举行“九三学社朝阳区委爱心帮扶”揭牌仪式。7月，九三学社朝阳区委与九三学社宁夏回族自治区中卫市总支社签订京宁合作协议；与九三学社内蒙古自治区乌兰察布市委签订京蒙合作框架协议。8月，与九三学社内蒙古自治区呼和浩特市委签订京蒙合作框架协议，与九三学社陕西省宝鸡市委签订合作框架协议。

【优青培训】 5月13日，九三学社朝阳区委2023年优青培训开班。培训邀请九三学社中央常委王汝芳、九三学社北京市委副主委吴明等专家为青年社员讲授九三学社社史、统战理论、朝阳区区情及参政议政知识，提升社员党派意识、综合素质及参政议政能力。北京市通州区、丰台区、房山区、门头沟区、直属金融支社，以及河北省张家口市、陕西省宝鸡市、内蒙古自治区呼和浩特市等地的社员通过线下、线上方式参加培训课程。参训社员600余人次。

【抢险救灾】 8月，九三学社朝阳建设支社周海永在“23·7”极端强降雨灾害过后带领专业团队第一时间到达门头沟区、房山区，开展灾后重建工作，个人承担费用支出6万余元。全区社员通过捐款、捐物等方式支援北京市洪涝、甘肃省地震灾区，捐款2万余元；组织相关企业捐赠救灾物资价值30余万元。 （孙庆林）

台湾民主自治同盟北京市委员会朝阳区委员会

【概况】 2023年，台湾民主自治同盟北京市委员会朝阳区工作委员会（简称台盟朝阳区工委）下设3个支部、盟员86人，其中新发展盟员1人。盟员中有全国政协委员1人、北京市人大代表2人、北京市政协常委1人、朝阳区人大常委1人、朝阳区政协委员7人（其中常委2人）、台盟中央委员1人、台盟北京市委委员8人（其中副主委1人、常委3人）、台盟北京市委内部监督委员会委员3人（其中主任1人）、市青联委员1人、区青联委员1人。2023年，台盟朝阳区工委走访中国残疾人特殊艺术指导中心，调研在京台资企业——艾肯中国控股集团有限公司，联合北京市台资企业协会妇女联谊会、东城联谊会组织盟员、在京台胞90余人观看电影。完成专项调研报告4篇。其中获评台盟北京市委年度优秀调研报告2篇，区统战系统优秀调研成果一类课题、二类课题各1篇，三类课题2篇。全年报送社情民意信息199篇。台盟朝阳区工委连续5年获评台盟中央年度地市级参政议政先进集体，台盟北京市委2022年度参政议政先进集体、信息先进集体，获北京市各民主党派重点支持门头沟区发展“8+1”行动最佳组织项目奖；陈伟获评台盟中央2023年度参政议政先进个人、社情民意信息工作先进个人；高峰、李雪飞获评台盟北京市委2022年度参政议政先进个人；王慧、张玥获台盟北京市委2022年度信息先进个人一等奖，王曦斌、赵路、郭晓静获台盟北京市委2022年度信息先进个人三等奖，傅鹏、龚浩获台盟北京市委2022年度信息突出贡献奖；舒刚庆获评2022年度中共北京市统战系统优秀信息员。

【思想政治建设】 5月至12月，台盟朝阳区工委开展“凝心铸魂强根基、团结奋进新征程”主题教育。7月，庆祝北京台盟组织成立74周年，联合台盟海淀区工委举办读盟章、学盟史座谈活动，观看电影《力量密码》，参观台盟历史陈列馆。2023年，联合台盟海淀区工委、台盟浙江省衢州市支部举办“弘扬传统文化 凝聚奋进力量”专题交流活动，盟员、台胞80余人参加；举办“亲情乡情话台盟 爱国爱乡勇担当”——纪念台盟中央委员会成立76周年、台盟朝阳区工委成立25周年主题活动，向入盟25年以上盟员代表颁发入盟纪念证书。

【组织建设】 3月，台盟朝阳区工委联合台盟西城区委各支部盟员观看闽台特色歌仔戏《侨批》，台盟朝阳区工委退休支部联合台盟东城区委乐龄支部赴中国国家博物馆参观“源·缘——闽台艺术展”、“石室金匮皇史宬”“锦瑟万里虹贯东西——17至20世纪初丝绸之路历史档案文献展”“抗争与求索——从鸦片战争到辛亥革命档案文献展”。5月，台盟朝阳区工委在职一支部牵头组织各支部盟员、在京台胞

▲ 9月24日，台盟北京市朝阳区、海淀区工委、浙江省衢州市支部联合举办“弘扬传统文化 凝聚奋进力量”主题教育专题交流分享活动 （舒刚庆 摄）

赴北京塞隆国际文化创意园、克劳沃农场基地开展调研及支部活动。11月，台盟朝阳区工委在职一支部与台盟辽宁省大连市中山区支部举办“同心向前 交流融合”结对共建主题活动。

【参政议政】1月，台盟朝阳区工委向朝阳区政协十四届二次会议提交党派提案4件，其中《关于进一步落实乡村振兴战略，发展壮大乡村集体经济，实现我区城乡融合发展和共同富裕的建议》被确立为区政协领导年度重点检查督办的5件提案之一，《关于完善科技金融生态助力我区国际科技创新中心建设的建议》以“一件带多件”方式纳入朝阳区政协重点督办提案；《关于进一步培育消费新时尚品牌、改造传统商圈，推动我区建设国际消费中心城区的建议》获评朝阳区政协2022年度优秀提案；朝阳区两会期间，盟员中的政协委员提交委员提案12件；在区政协十四届二次会议关于“有序推进城市有机更新”专题议政会上，副主委李雪飞代表台盟朝阳区工委作重点发言。5月，盟员李洋洋代表台盟北京市委参加“创新驱动制造业优化升级”2023·台盟中央第十一次协商议政论坛，获最具魅力奖（一等奖）。7月，通过“线下+线上”方式举办台盟朝阳区工委2023年社情民意信息工作沙龙活动。11月，区政协十四届十八次主席会议专题议政“朝阳区推进韧性城市建设情况”，盟员王子耕作即席发言；盟员张玥代表台盟北京市委参加“探索两岸文化融合发展新路”2023·台盟中央第十二次协商议政论坛，获最具魅力奖（一等奖）；主委王慧参加2023年朝阳区政党协商座谈会并作《关于“持续深化供给侧结构性改革，加快打造国际消费中心城市”的建议》重点发言。

【盟员走访】1月，台盟朝阳区工委开展“温暖一家亲”春节走访慰问活动，看望慰问20多位老领导、老盟员。3月，主委王慧带队走访骨干盟员傅鹏所在单位北京市海问律师事务所，带队走访骨干盟员、中央美术学院建筑学院建筑系副主任王子耕所创设的（北京）PILLS工作室。5月，王慧主委带队走访骨干盟员林励所在单位北京杏林康云信息科技股份有限公司。2023年，台盟朝阳区工委领导班子成员、专职干部看望过生日、生病盟员10人次。

【社会服务】6月，台盟朝阳区工委组织在北京中医药大学就读的部分台湾学生及部分医院医师，赴朝阳区垡头街道祈东家园社区开展2023年“医心益行同胞情”公益义诊咨询活动，服务居民100余人次。2023年，组织盟员参加台盟北京市委“助梦启航”捐资助学活动及向北京市“23·7”极端强降雨灾害、甘肃省地震灾害受灾地区捐款2万余元。（舒刚庆）

人民团体

朝阳区总工会

【概况】 2023年，北京市朝阳区总工会（简称区总工会），下设服务业工会、高新技术产业工会、文化创意产业工会。区总工会举行沟通会2464场，新建千人以上工会组织7家，采集会员9.4万余人，其中新就业群体会员1.9万人。全区累计发展会员130万人。新建公共区域职工之家15家、户外劳动者暖心驿站100家。推树全国“最美工会户外劳动者服务站点”28个，北京市“最美工会户外劳动者服务站点”30个。开展“中国梦·劳动美”主题教育，举办宣传宣讲、阅读诵读、文艺展演活动230余场。在中央、市区媒体刊发朝阳区劳模选树、会员服务、组织建设、产改工作报道1100余篇。以“建功‘十四五’奋进新征程”为主题，举办咖啡师、互联网营销师、房地产策划师等工匠系列赛10场，全区各级工会开展各类劳动和技能竞赛、职工素养讲堂249场。组织“春风行动”“就在金秋，职面未来”等大型现场招聘会活动，200余家单位提供近100个工种岗位1500个。进行“一站一家一律师”法律服务，全年处理劳动争议案件2589件、“12351”热线案件709件，各类法律援助案件72件。开展和谐劳动关系培育助推工作，培育10家北京市劳动关系和谐企业。1人被评为“全国和谐劳动关系创建工作先进个人”，1人被评为“北京市金牌劳动关系协调员”。区总工会获中华全国总工会劳动和经济工作部颁发的“喜迎二十大 建功新时代”劳动和技能竞赛短视频征集活动优秀奖、北京市妇幼健康职业技能竞赛优秀组织奖。朝阳区获全国工人先锋号1个，全国五一劳动奖章2个，首都劳动奖状13个，首都劳动奖章50个，北京市工人先锋号19个。

【公司建会】 2023年，区总工会联合服务业工会组织所属公司工会成立。包括北京朝阳文旅发展集团有限公司工会、北京朝阳城市发展集团有限公司工会、北京朝阳国际科技发展集团有限公司工会成立。

【工会业务培训】 2023年，区总工会举办工会主席业务培训、社会工作者业务培训、经审财务工作培训、服务律师工会业务培训等30次，累计参加人数1.8万人次。

【领导慰问劳模和一线职工】 1月9日，区总工会主要领导陪同区委领导代表区委、区政府慰问全国劳模、八里庄街道“会兰孝亲敬老服务队”队长梁会兰。1月12日，区总工会领导慰问朝阳区环境卫生服务中心614名密云籍环卫职工。1月21日，区政府办、区应急局和区总工会主要领导慰问朝阳区消防救援支队、供电公司、交通支队、北京市第一中西医结合医院和吉庆里社区一线干部职工。6月15日，区总工会领导慰问中日友好医院、朝阳医院、首都儿科研究所和垂杨柳医院的干部职工。6月19日，区总工会领导慰问航空总医院、区疾控中心、民航总医院和第一中西医结合医院的干部职工。6月20日，区总工会主要领导陪同北京市总工会领导带队到太阳宫地区京东物流站点慰问快递小哥。7月13日，区总工会领导到平房地区办事处、建外街道办事处、朝阳区交通支队、区发展改革委、区应急局开展夏季“送清凉”慰问工作。9月1日，区总工会主要领导慰问保障服贸会的一线职工。

【第十四届常委会第八次全体会议召开】 4月17日，区总工会召开第十四届常委会第八次全体会议和委员会第十次全体会议。会议替补5名朝阳区总工会第十四届委员会委员，并选举刘显威为朝阳区总工会第十四届委员会副主席。会议审议通过《关于召开朝阳区工会第十五次代表大会的决议》。区人大常委会党组副书记、副主任，区总工会主席张克斌及全体班子成员出席会议。

【台湾劳工联合总工会代表团到朝阳区调研】 4月20日，台湾劳工联合总工会代表团到朝阳区调研。代表团成员有台湾劳工联合总工会理事长林恩豪，荣誉理事长林锡维、林国成，副理事长苏育鋕、叶赐珍，常务理事王觉毅、吴宗雄，秘书长赖元晖。中国职工交流中心副秘书长赵长久、台湾联络处处长李晶宇、台湾联络处副处长刘超男，北京市总工会相关领导陪同调研。朝阳区的侨福芳草地市场销售部介绍企业经营情况，两地工会领导就企业建会、职工入会、职工发展及维护职工合法权益等内容进行座谈交流。

【第四届“朝阳工匠”选树活动启动】 4月26日，区总工会举办以“奋斗时代·匠心朝阳”为主题的第三届“朝阳工匠”表彰大会暨第四届“朝阳工匠”选树活动启动仪式。仪式上，为第三届“朝阳工匠”获得者朝阳区双桥医院超声影像医师宋绘颖、朝阳区紧急医疗救援中心急救医生贾立琦颁发奖杯。截至年底，举办第四届“朝阳工匠”选树活动9场，在不同领域竞赛中，产生10个“朝阳工匠”，分别是六里屯社区卫生服务中心杨志成（公共卫生应急处置技能）、朝阳公安分局战训队一分队一小队指挥员潘磊（安全防范官技能）、双井社区卫生服务中心徐丽娟（医务人员心理健康技能）、格润职业技能培训学校王伟（咖啡师技能）、北京中医医院季思维（中医药技能）、北京市朝阳区妇幼保健院陶俊、首都医科大学附属北京地坛医院刘军（妇幼健康职业技能）、网络营销师马燕妮（网络营销师技能）、北京链家姚家园大区保利东郡店M8经理韩国利（房地产策划师技能）、北京市第八十中学徐德义（人像摄影技能）。

【领导到朝阳区调研】 5月22日，市委主题教育办公室、市委主题教育第六巡回指导组、市总工会、团市委、市妇联领导到朝阳区调研。一行人到朝阳区的北京CBD骑士驿站、东湖街道商务楼宇党群服务中心、“小哥加油站”社区青年汇，了解新就业形态劳动者工作生活情况以及服务保障工作开展情况。区总工会领导，东湖街道负责人陪同调研。6月27日，市总工会领导到美团集团，以“新就业形态劳动者职业健康状况”为主题开展调研，了解新就业形态劳动者权益保障情况和工会工作开展情况。8月30日，海淀区总工会领导带队，海淀区总工会部分班子成员及直属基层工会主席近百人到朝阳区东湖街道、建外街道就新就业形态劳动者工会组织建设工作调研。11月30日，中华全国总工会书记处书记、党组成员张新武一行到美团（北京）总部调研新就业形态劳动者工会工作开展情况，市总工会相关领导，区总工会、东湖街道、美团（北京）负责人陪同调研。

【工会联谊】 5月28日，朝阳区重点企业工会联谊会举办“人生舞台第一步”卡酷七色光乐享会举办。朝阳区重点企业工会联谊会、北京银行红星管辖行、北京卡酷传媒有限公司负责人，朝阳区总工会、重点企业工会联谊会、北京海峡两岸社区发展研究中心相关负责人等出席活动。9月2日，区总工会举办以“真心欢笑 相约幸福”为主题的职工联谊活动。朝阳区各企事业单位青年职工近80人参加。联谊活动的内容包括兴趣小组、破冰游戏、互动交流、速配活动等。

▲ 2023年，朝阳区举办“朝阳工匠”选树活动。图为4月26日，第四届“朝阳工匠”选树活动启动仪式（刁联彪 摄）

【职工沟通会】 5月30日，区总工会举办以“凝聚职工心，奋进新征程”为主题的职工沟通会。全区46家街道、地区总工会、功能区总工会同步举行职工沟通会，主会场设在三里屯街道飞宇园区IMS天下秀数字科技集团职工之家。市总工会、区总工会负责人、三里屯街道相关人员出席。11月29日，朝阳区总工会举办以“凝聚职工心，谱写新篇章”为主题的“市级职工沟通会”。接待职工咨询5100余人次，发放宣传品6500余份，现场发展会员2993人。市总工会、区人大、区总工会负责人，商务中心区党工委相关负责人等到CBD北京财富购物中心主会场，了解活动情况。职工沟通会包括企业建会、职工入会、职工发展、技能培训、民主管理、集体协商、权益维护等内容。

【朝阳区总工会第十五次代表大会举行】 7月4日，朝阳区总工会第十五次代表大会开幕。北京市总工会相关领导，朝阳区委部分班子成员，区委、区政府各委、办、局及人民团体主要领导，街道地区党工委书记和负责工会工作的主管领导出席。会上，区人大常委会党组副书记、副主任，区总工会主席做工作报告，选举产生新一届49名朝阳区总工会第十五届委员会委员，11名经费审查委员会委员和15名女职工委员会委员。7月5日，朝阳区总工会第十五届委员会第一次全体会议召开。选举张克斌为新一届委员会主席，姬文革、宋丽琛、张洪源、刘显威、刘黎、王雷为副主席。

【朝阳区劳动关系协调员技能培训班】 9月11日，由区总工会、区人力资源和社会保障局举办的2023年朝阳区劳动关系协调员技能培训班开班。各街道（地区）办事处、各行业从事劳动关系协调工作的职工 50 人参加培训。培训以“维护职工合法权益”为主题，培训形式集培训、考核、取证于一体，培训内容包括劳动法律法规、劳动合同管理、劳动关系协调技巧、劳动争议处理、劳动关系预警与风险防控、员工权益保障等。

【基层工会服务站站长业务素质提升培训班】 11 月 27 日至 29 日，由区总工会主办的朝阳区 2023 年基层工会服务站站长业务素质提升培训班举办。各街道、地区、产业工会，功能区总工会服务站站长 70 余人参加培训，服务站其他工作人员同步参加线上学习。培训以“学习交流促提升 凝心聚力共成长”为主题，培训形式以线上线下相结合的方式进行，培训内容包括思想政治的理论学习、业务工作的实务培训，“实战”讲师和优秀站长案例分享。

【企业民主管理】 12 月 1 日至 10 日，区总工会组织民主管理示范单位验收挂牌工作。渔阳饭店有限公司、北京世纪华侨城实业有限公司欢乐谷分公司、北京惠通宏信文化产业中心等 47 家企业被评为朝阳区 2023 年度民主管理工作示范单位。截至年底，区总工会通过“百家民主管理示范单位培育行动”，培育民主管理工作示范单位 198 家。有效促进全区域企事业单位民主管理工作规范化建设，推进职工代表大会制度和厂务公开制度工作落实。

【产业工人队伍建设改革博览会】 12 月 12 日，朝阳区推进产业工人队伍建设改革小组在朝阳宾馆举办 2023 年北京市朝阳区产业工人队伍建设改革博览会。北京市总工会相关领导，区委、区人大、区政府相关领导出席。区产改协调小组 26 家成员单位的主管领导，区总工会班子成员，各街道（地区）工委副书记，功能区及产业工会主席，企业代表、劳模工匠代表、优秀创新工作室领军人等 100 余人参加。朝阳区打造“制度创新、协同创新、平台创新、机制创新、实践创新”的“五新联动”产改工作机制，举办产改博览会，搭建论坛沙龙、影像纪实、出版图书、动态宣传等“五个一”展示平台。 （温红亮）

共青团朝阳区委

【概况】 2023 年，共青团北京市朝阳区委员会（简称团区委）。全区团组织总数 5811 个，团员总数（含团干部）41449 人。团区委完成建外街道光华里社区“全国城市基层组织改革试点”验收工作。建外街道光华里社区试点探索出“摸、找、聚、育、践”五字工作法。五字工作法是：“摸”情况，完善决策科学、对策有效、施策精准的工作路径；“找”骨干，拓展触达青年、遍及社区、多线联动的工作力量；“聚”人气，打造立足区域、贴近青年、特色鲜明的服务品牌；“育”组织，构建因地制宜、有形有效、广泛覆盖的组织体系；“践”新功，形成主动参与、双向奔赴、共创发展的良好局面。团区委社区青春行动工作有成效，大屯街道安慧北里安园社区、双井街道九龙社区获评 2023 年北京社区青春行动“优秀青春社区”，安慧北里安园社区“激活基层青春密码，谱写社区治理新篇章”、九龙社区“聚时代新青年，绘数智欣美井”活动项目获评 2023 年北京社区青春行动“优秀项目”，北京市朝阳区方舟社会工作发展中心获评 2023 年北京社区青春行动“优秀社会组织”。团区委获“国家节约型机关”称号、2017—2022 年度北京市未成年人保护工作先进集体称号。清华大学附属中学朝阳学校 2021 级高中 2 班团支部“传承雷锋精神 绽放时代光芒”主题团日活动获评 2023 年北京共青团“十佳主题团日”；三间房地区机关团支部“学思践悟增才干 奋发有为扬志气”、三里屯街道机关团支部“聆听红色记忆 传承红色精神”主题团日活动入选 2023 年北京共青团“主题团日”光荣榜；团区委“小哥加油站·社区青年汇”、北京何氏眼科医院有限公司团支部“睛彩护苗小小眼科医生”、建外街道光华里社区团总支“海米青年工作法”、通用技术新材中纺院团支部“青春微讲堂”团建品牌项目入选 2023 年北京共青团“团建百强”光荣榜。

【新媒体宣传】 2023 年，团区委的青春朝阳微信公众号发布内容 809 篇，阅读总量 156.1 万次，“粉丝”数 80656 人。青春朝阳微信视频号发布原创短视频 21 条，总播放量 5.3 万人次，“粉丝”数 6904 人。

【朝阳共青团大学生理论与社会实践】 2023 年，团区委组织朝阳共青团大学生理论与社会实践项目。北京师范大学、对外经济贸易大学、中国传媒大学、中国农业大学、北京工业大学、北京第二外国语学院、中央美术学院 7 所首都高校的 18 支团队 122 名队员参与。5 月项目启动，11 月 26 日举行项目答辩评审会，评选出社会实践报告一等奖团队 1 支、二等奖团队 3 支、三等奖团队 4 支、优秀奖团队 10 支。项目形成社会实践报告 18 篇、34 万余字。

【小哥加油站·社区青年汇】 2023 年，团区委在崔各庄乡费家村、十八里店乡老君堂村等“小哥”群体生活聚集区域建立“小哥加油站·社区青年汇”，创新打造“小哥服务小哥”新模式。组织政策咨询、法律维权、学历提升、健康体检、中医推拿、心理疏导等服务活动 104 场，小哥 2300 余人次参加，形成“贴近新兴青年特点抓学习、服务新兴青年需求办实事、结合新兴青年成长促发展”的朝阳模式。

【助农直播活动】 2023 年，团区委组织助农直播活动 4 场。活动分别以“青耘中国 · 春耕希望”“青耘中国，夏耘梦想”“青耘中国 · 秋收硕果”“青耘中国 · 冬藏未来”为主题。3 月 23 日，当天成交量为 168 单；7 月 24 日，当天成交金额为 2.3 万余元，曝光 37.28 万人次，观看人数 2.12 万余人；9 月 22 日，曝光 4.65 万人次，进入直播间 8599 人；10 月 26 日，曝光 7 万余人次，观看人数 3 万余人。

【“两节”送温暖活动】 1 月，团区委陪同团市委慰问区重点帮扶的困境青少年 68 人，送生活物资及学习用品；团区委和区民政局慰问 43 个街乡的困境青少年 800 人、两所打工子弟学校的学生 868 人，送慰问物品价值 13.94 万元。团区委组织“青春朝阳 温暖相伴”新春慰问活动，为安贞医院、中日友好医院、垂杨柳医院、首都儿科研究所、朝阳医院的一线医务工作者送爱心物资，总价值 4.5 万余元。

【“你好，太空”科学探索营活动】 2 月 1 日至 5 日，团区委举办第 4 期“你好，太空”科学探索营活动。困境青少年 33 人参加。活动内容包括天文科普星座游戏、科学家分享交流、戏剧艺术等。活动把科技与艺术文化教育融合，提升青少年科学素养、创新意识和团结协作能力。10 月 3 日至 6 日，第 5 期“你好，太空”科学探索营举办。中、小学生 30 人参加活动，内容包括天文、地质、水利、航空航天等，培养青少年的创新意识、创新精神和创新能力。

【团组织建设】 2 月 23 日，共青团北京市朝阳区青少年公益行业工作委员会成立。6 月 28 日，共青团北京市朝阳区艺术设计行业工作委员会成立。6 月 29 日，北京市朝阳区奥林匹克中心区团工委、共青团北京市朝阳区物业行业工作指导委员会成立。

【青年就业创业实习基地建设】 2 月，团区委依托青年就业创业实习基地实施大学生实习“扬帆计划”，提供实习岗位 500 余个。截至年底，朝阳区新增 17 家青年就业创业实习基地；有青年就业创业实习基地 64 家，发放就业创业补贴 329 万元，提供实习岗位 2500 余个，服务实习人员 1741 人次。

【“青春读书会”五四主题活动】 4 月 25 日，团区委举办“青春读书会——带你走进《习近平的七年知青岁月》”五四主题活动。高校大学生、港澳青年、新就业群体、科技创新等领域优秀青年代表 20 余人参加。活动由朝阳区青年讲师团讲师以情景式代入、互动式参与的形式带领青年阅读《习近平的七年知青岁月》一书，分组共创“感想树”、读书心得交流分享，促使青年自觉做习近平新时代中国特色社会主义思想的坚定信仰者和忠实实践者。

【“就在你身边”青春双选会】 4 月 25 日至 26 日，团区委举办 2023 年朝阳共青团“就在你身边”青春双选会。活动以“稳就业”为核心，包括就业创业沙龙、青春双选会、创业项目展、青春创意汇、森林音乐会和互动打卡六大主题区域，将就业招聘与高校创业项目、文创作品和社团风采展示有机融合。约 100 家企业提供大数据、科技创新、商务服务、建筑设计、教育培训、医药健康等领域 1200 余个就业实习岗位。约 2000 人次参加。

【朝阳国际青年文创联盟系列活动】 4 月至 11 月，团区委拍摄以区青年社工救助困境青少年为背景的公益短片《十三秒》，举办影视项目创作主题沙龙、朝阳国际文创产业专题路演等活动 6 场，活动对青年文创人才成长起到创作引领、资源对接作用。青年 300 余人次参加。

【困境青少年精准帮扶】 5 月，团区委进行朝阳区 2022 年困境青少年精准帮扶项目，向 13 个街乡的 22 名困境青少年，发放北京市“希望之星（1+1）”奖学金 22500 元。6 月，开展“端午节”送温暖活动，为 75 名重点帮扶困境青少年送去慰问物资和节日祝福。9 月 28 日，给 75 名市级重点帮扶困境青少年发放月饼。7 月至 9 月，开展“青春圆梦 梦想启航”困境青少年书画圆梦系列活动，报送给团市委油画、水彩画、书法、摄影等作品 16 幅。10 月，团区委给 10 个街乡的 14 名困境青少年，发放北京市“希望之星（1+1）”奖学金 18000 元。

【“星光自护”活动】 5 月，团区委组织“星光自护”活动。活动由心理、法律等领域的专家团队到朝阳区日坛小学、和平街第一中学、朝阳区实验小学等 85 所中小学校，进行安全自护、心理健康、法治宣传、卫生健康等方面的主题讲座，提升青少年的自护意识和能力。

【青年律师未成年人保护志愿服务队】 6 月 1 日，团区委举办朝阳区青少年公益法律咨询与服务基地揭牌仪式暨朝阳区青年律师未成年人保护志愿服务队授旗仪式。朝阳区青年律师未成年人保护志愿服务队由 100 名青少年权益保护公益律师组成，发挥专业优势，参与青少年公益法律服务；推出青少年法律咨询、青少年法治讲座、未成年人司法社工法律顾问、青少年法治研究四大特色品牌项目，打造青少年法治宣传教育特色亮点。

【朝阳国际青年创投联盟系列活动】 6 月至 11 月，团区委举办朝阳国际创投行业对接会、读书会、高校青年创业交流分享、2023 创投年会等活动 8 场。青年人才到朝阳区内企业、高校进行项目交流、学习。青年 800 余人次参加。联合智库发布《中国青年创投人才成长报告》，从创投行业发展研究、全国创投青年成长研究、全国创投青年投资研究等方面剖析青年创投人才画像。

【朝 YOUNG 课堂】 7 月 14 日，团区委举办“朝 YOUNG 课堂——就业创业成长营‘直播营销’主题培训”。线上线下职业院校青年、大学生、就业帮扶青年等 100 余人参加。培训方式为理论讲授、虚拟直播平台实操，内容包括法律法规、直播玩法、用户运营、选品策略、团队分工、直播脚本撰写等。

【“红领巾成长营”暑期托管活动】 7月10日至21日，团区委组织“红领巾成长营”暑期托管活动。活动项目依托区社区青年汇、基层团组织等建立红领成长营地11个，开设思想引领、文体健康等课程165节，服务时长990余小时，服务有看护需求或看护困难家庭的青少年296人。

【朝阳区第一期少年军校】 7月23日至29日，团区委举办朝阳区第一期少年军校暨第五期青少年防暴恐安全夏令营，面向朝阳区困境青少年、快递外卖小哥等新就业群体子女、优秀志愿者子女及社会招募100名8岁至15岁青少年。夏令营讲授国防教育、军事训练等军事课程，消防安全、交通安全、安全风险识别与应对等安全特色课程及自主生活训练内容，培养营员的军人意志品质、强化集体荣誉和团结合作意识。

【青年志愿服务人才培育】 9月，团区委举办2023年朝阳区青年志愿服务人才培育暨公益创业项目大赛。经过资格审核、初赛，11月14日，项目决赛在22院街社区青年汇举行，评选出金奖2个、银奖3个、铜奖5个、优秀奖10个。大赛培育的“西部温暖计划”项目，获2023年中国青年志愿服务公益创业赛银奖。

【朝阳区“三长联动”青少年生态教育】 10月21日，朝阳区“三长联动”青少年生态教育暨2023级朝阳小河长毕业巡河活动在北京温榆河公园朝阳示范区西园举办，朝阳区青少年家庭280组参加。活动引导青少年家庭走近自然，参与保护自然志愿服务，增强“生态文明共同体”意识和社会责任感。

【朝阳区青年志愿者协会成立大会】 12月5日，北京市朝阳区青年志愿者协会成立大会暨第一次会员大会召开。会议审议通过《北京市朝阳区青年志愿者协会章程》，选举产生北京市朝阳区青年志愿者协会第一届理事会、监事会及会长、副会长、秘书长、监事长，确定协会工作方向及奋斗目标。协会会员69名，涵盖驻区大型企业、社会组织等志愿服务工作负责人及优秀志愿者代表，服务范围包括扶贫、济困、扶老、助残、救灾、助学等。王忠平任青年志愿者协会第一届理事会，副会长王颖、冯帆、张帅，秘书长石鑫，监事长胡清林。

【青年工作联席会议】 12月12日，朝阳区青年工作联席会议2023年全体（扩大）会议举行。区委相关领导出席并讲话，团市委研究室主任参加。会上，传达北京市青年工作联席会议2023年全体（扩大）会议精神，听取2023年朝阳区青年工作情况及下一阶段重点任务和落实市委《关于全面加强新时代首都少先队工作的若干措施》有关情况的汇报，区委网信办、区市场监管局和建外街道分别围绕青年工作典型做法和有益经验作交流发言。区青年工作联席会各成员单位主管领导、各街乡主管领导及团组织负责人约80人参加。 （李博雅）

▲ 7月23日至29日，团区委举办朝阳区第一期少年军校暨第五期青少年防暴恐安全夏令营 （何文昊 摄）

朝阳区妇女联合会

【概况】 2023年，北京市朝阳区妇女联合会（简称区妇联）坚持“三融合”工作模式，将思想政治工作与服务大局、服务中心、服务妇女相融合；强化引领联系服务职能，有效发挥桥梁纽带作用，团结引领广大妇女坚定不移听党话、跟党走，为中国式现代化的朝阳实践贡献巾帼力量。北京市朝阳区妇女联合会获首都全民义务植树先进单位称号。区妇联权益部副部长获首都拥军优属拥政爱民模范奖。

【寒假关爱儿童活动】 1月13日至14日，区妇联组织寒假关爱儿童活动，慰问全区122名困境儿童，送早教玩具、科学实验套装、学习用品、护眼台灯、书包等，一封慰问信。

【打造“驿港湾”】 1月16日，区妇联打造服务不同领域新业态新就业群体女性和家庭（“驿姐”“驿家”）的活动阵地“驿港湾”。全区43个街乡，建成“驿港湾”55家。“驿港湾”依托各街乡党群服务中心及示范妇女之家，向“驿姐”“驿家”提供歇歇脚、喝喝水、上上网、聊聊天、问问事、充充电、舒舒心、暖意箱8项基础服务，为新业态新就业群体女性打造暖心的服务场所。截至2023年底，“驿港湾”建成73家。

【“两节”送温暖活动】 1月至2月，区妇联举行“两节”送温暖活动。

发放慰问金总额为125.45万元。其中，慰问单亲特困母亲家庭538户，发放慰问金27.15万元；慰问女性低收入家庭1966户，发放慰问金98.3万元。

【"朝之花"她主题活动】 3月7日，区妇联以线上线下相结合的方式，举办"朝之花"她对话"新修订的妇女权益保障法——护航女性职业发展之路"主题活动。中华女子学院法学院退休教授、区人力资源和社会保障局综合执法队干部、北京市兰台律师事务所律师、全国妇联网络及新媒体工作专家智库成员、区妇联副主席从不同领域、专业的角度，围绕"女性职业发展"进行主题演讲与讨论。

【朝阳区庆祝"三八"妇女节活动】 3月8日，区妇联举办朝阳区庆祝"三八"妇女节活动。活动以"逐梦新时代 绽放朝之花"为主题，包括"勇·担当""绽·芳华""聚·星火"3个篇章，通过视频短片、互动采访、配乐诗朗诵、情景剧等形式，展示朝阳区广大女性的巾帼风采。活动向获全国三八红旗手、全国巾帼建功标兵、全国巾帼文明岗、朝阳巾帼之星、文明岗和巾帼建功先进集体的榜样代表献礼；启动2023年妇女儿童事业发展五大行动。区委、区人大、区政府、政协、区妇联领导及部分朝阳区委办局、街乡领导出席活动。来自全区各行各业的优秀女性、区人大代表妇女小组成员、区妇联执委、街乡妇联干部、"两新"领域女性、最美家庭等300余人参加活动。

【学雷锋巾帼志愿服务活动】 3月5日至15日，区妇联动员全区各级妇联组织学雷锋巾帼志愿服务活动。各巾帼服务队围绕妇儿维权、家庭教育、文化体育、敬老助残、爱心帮扶、环境整治、社会治安等，立足基层，面向家庭，开展形式多样的志愿服务千余场，实现微心愿300余个。营造团结互助、向上向善的社会风尚。

▲ 3月8日，朝阳区妇联举办朝阳区庆祝"三八"妇女节活动 （区妇联 供图）

【区妇联第十四届二次常委会、四次执委会】 3月16日，区妇联召开第十四届二次常委会、四次执委会。区妇联领导班子，区妇联第十四届常委、执委参加会议。区妇联第十四届二次常委会审议通过《朝阳区妇联2022年工作总结和2023年工作思路（审议稿）》和区妇联第十四届执委、常委增替补人选。区妇联第十四届四次执委会通过《朝阳区妇联2022年工作总结和2023年工作思路（审议稿）》，增替补执委4名、常委2名。

【"春风行动"线上女性专场招聘会活动】 3月21日，区妇联、区人力资源和社会保障局举办"春风行动"线上女性专场招聘会活动。活动以"春风送真情 援助暖民心"为主题。以"朝阳女性"公众号和"朝阳区人力资源公共服务中心"小程序发布信息形式。活动有北京市双桥燕京中药饮片厂、北京大班家政服务有限公司、沃思卡（北京）人力资源管理服务有限公司等招聘企业15家，发布招聘行政专员、管理人员、育儿嫂、服务员等岗位40余个，拟招聘人数600余人，累计阅读量约1.2万人次。

【"春风送暖"慰问活动】 4月13日，区妇联与北京市经济和信息化局、北京市中小企业服务中心联合举行"携手新征程，建功新时代"2023年"春风送暖"慰问活动。北京市中小企业服务中心相关负责人、区妇联领导、市妇联妇女发展部4级调研员出席活动，来自朝阳区"两新"领域的优秀科技女性和妇女创业就业带头人代表参加活动。活动一行人参观望京科技园易蓝空间的望京留创园数智展厅、AI赋能加速平台、母婴室，了解易蓝空间的创办理念、发展战略以及未来规划愿景，感受国际化、数字化、专业化的科创服务以及为女性员工提供的贴心暖心服务等相关情况，园区优秀女性创业代表和国家级创业导师就创业相关问题进行主题分享。围绕如何更好地平衡工作和家庭生活、营造职场性别平等方面交流讨论。

【反家暴实务工作培训】 4月28日，区妇联组织反家暴实务工作培训。区妇联党组成员、副主席潘小俪出席会议，街乡、社区（村）妇联干部及律师志愿者100余人参加。国家中级社工师、二级心理咨询师、深圳市鹏星家庭暴力防护中心副总干事刘西重老师以受害人为中心的反家暴实务工作为主题，以分析近年来发生的家暴案例的形式，讲解家庭暴力的定义、类型、特点、危害性，帮助学员掌握反家暴工作实务方法。

【朝阳区第十二届家庭文化节】5月13日，区妇联“知子花开 朝阳绽放”朝阳区第十二届家庭文化节暨2023年家庭教育宣传周启动仪式在日坛公园举办。活动以“拥抱阳光的家——环保活动区”“家风传承的家——传统文化展示与体验区”“健康温馨的家——家教与健康咨询区”“融入社区的家——家庭参与社区治理展示与体验区”等互动体验，把家庭教育与家风建设传播，宣传《中华人民共和国家庭教育促进法》，营造全社会重视、支持家庭教育的浓厚氛围。活动设置《习近平走进百姓家》阅读分享区，引导广大家庭深刻感悟“人民领袖爱人民，人民领袖人民爱”，牢记嘱托建设好家庭、传承好家教、弘扬好家风，坚定不移听党话、跟党走，奋进新征程。

【妇联系统干部培训班】6月15日至16日，区妇联在朝阳宾馆多功能厅举办2023年妇联系统干部培训班。区妇联执委、各妇工委妇女干部、街乡妇联专职副主席、妇联干部、街乡妇联执委等200余人参加。培训由中华女子学院院长刘利群、全国妇联妇女研究所副所长姜秀花、北京市妇联宣传部部长王芳、北京青少年心理健康与素质发展中心负责人果海霞等授课；培训内容涵盖意识形态工作、妇联系统宣传工作、妇女权益保障、家庭教育等方面。

【全国妇联主席到朝阳区调研】7月11日，全国妇联主席沈跃跃到朝阳区就巾帼家政工作调研。全国妇联副主席、书记处书记林怡，北京市委副书记刘伟，北京市委副秘书长孙文锴、北京市妇联党组书记、主席张雅君、区委、区政府、区妇联领导陪同调研。沈跃跃了解巾帼家政服务企业在员工招收、培训、管理等方面问题，询问家政员的期盼、家庭反馈等。座谈会上听取部分巾帼家政企业意见建议；沈跃跃强调，家政服务事关家庭幸福安康，“一老一小”照料和扩大就业，党政重视、社会关注、群众有需求等要在相关部门指导下，加强协同联动，在壮大家政员队伍、配合加强技能培训、培树巾帼家政典型、营造尊重家政职业良好社会氛围、促进提升家政行业规范化水平上着力，帮助广大普通家庭解决养老育幼等操心事烦心事，支持更多有意愿的妇女实现就业增收。沈跃跃要求，各级妇联要在学思想用思想上下功夫、见行动、出实效，领悟“两个确立”的决定性意义，把推动家政服务提质扩容作为践行“两个维护”的实际行动、以学促干的切实举措，深化家庭家教家风建设，积极回应广大家庭和妇女儿童的急难愁盼。

【市妇联领导到朝阳区调研】9月21日，北京市妇联基层组织建设部部长刘阳一行到朝阳区就商圈妇女组织建设工作调研。刘阳一行到华贸中心社区“市级妇女之家”，了解妇女之家建设、社区妇联组织队伍建设、服务商圈妇女等基本情况；察看八里庄街道“庄里小哥”驿站户外设置情况和华贸中心社区“驿港湾”室内功能区，了解街道以党建引领新就业群体融入商圈治理的“华贸中心模式”，以及“驿港湾”阵地为新就业群体女性提供的具体服务内容；走访华贸中心悦·空间商务楼宇，了解其党建阵地建设运行、党群服务中心为商务楼宇女性提供的贴心暖心服务——设置母婴室、读书角、活动区等情况。刘阳一行在华贸中心悦·空间就品牌创建情况举行座谈会。会上，朝阳区妇联党组成员、副主席姬连娣汇报朝阳区“两新”领域妇女组织建设情况，全区已建“两新”领域妇女组织1000余个，以八里庄华贸商圈为重点，着力打造商圈妇女组织建设工作品牌，凝聚巾帼力量共同推进商圈高质量发展。

【“点亮儿童未来”世界儿童日主题活动】11月20日，区妇联、区城管委举行“点亮儿童未来”世界儿童日主题活动。区妇儿工委办公室、朝阳区妇联设计制作儿童友好宣传海报成人版和儿童版3000余张，并贴在全区43个街乡的673个社区宣传栏内。

【处级女领导干部培训班】11月22日至24日，区委组织部、区委党校、区妇联联合举办2023年朝阳区处级女领导干部培训班。区委副书记、区委党校校长郑宇，区委党校常务副校长陈庆华，区委组织部部务委员韩珊珊出席开班仪式，区妇联党组书记、主席苏静主持开班仪式，全区各单位的60余名处级女领导干部参加培训。培训围绕学习贯彻习近平新时代中国特色社会主义思想和党的二十大精神，以提升处级女领导干部综合素质和履职能力为目标，结合处级女领导干部的特点和需求，设置政治理论学习、家庭家教家风建设、历史文化现场教学等课程。中央党校、中华女子学院等相关行业领域的专家学者进行专题辅导。（冯　春）

朝阳区科学技术协会

【概况】2023年，北京市朝阳区科学技术协会（简称区科协）有3个区属学会、43个街乡科协、80个企业科协、3个园区科协。有1个朝阳区院士专家服务中心、12个院士专家工作站。实施“金葵花”品牌融智朝阳、人才朝阳、科普朝阳、爱在朝阳4个子行动，开拓进取。入驻国际科技组织总部集聚区的国际科技组织增至11家。区科协被中国科协评为“2023年表现突出的科普中国组织单位”，被评为2023年全国科普日主场活动暨第十三届北京科学嘉年华优秀组织单位。朝阳区科协在全国科协系统首创增设“最美科技创新团队”奖项。

（谢丽娜）

【6家企业科协和2家园区科协成立】2023年，区科协批复启迪瑞景能源环境科学研究院（北京）有限公司、北京京仪集团有限责任公司、北京格灵深瞳信息技术股份有限公司、北京大蚯蚓

数字科技有限公司、安东石油技术（集团）有限公司、何氏眼科医院6家公司成立企业科协；北京星火国创企业管理有限公司、北京瀚海智业国际科技发展有限公司2家公司成立园区科协。截至年底，区企业科协数量80家，园区科协数量3家。（王小文）

【最美科技工作者和最美科技创新团队】 3月至10月，区科协举办最美科技工作者和最美科技创新团队遴选及宣传学习活动。活动经过动员、组织推荐、专家遴选小组与遴选委员会两轮遴选、联合审查及公示，最终中国电子科技集团公司第十二研究所集团公司首席科学家、研究员级高级工程师冯进军等19名2023年朝阳区“最美科技工作者”和中国科学院动物研究所——马世骏科技创新突击队等5支“最美科技创新团队”。其中，中国电子科技集团第十二研究所集团首席科学家冯进军当选2023北京“最美科技工作者”，并被推荐2023年全国“最美科技工作者”候选人。9月26日，举办2023年朝阳区“最美科技工作者”先进事迹发布会。北京市科协相关领导、朝阳区副区长舒毕磊出席。主办单位相关负责人，人民网、新华网、《科普时报》、《北京青年报》、朝阳区融媒体中心等10余家媒体代表参加活动。发布会播放宣传片《点亮精神火炬 凝聚科技力量》，发布“最美科技工作者”名单，3名“最美最美科技创新团队”代表作典型发言，副区长舒毕磊讲话，主办单位领导和“最美”代表回答记者提问。（王小文）

【朝阳区师生获青少年科技创新大赛奖】 4月28日至30日，第42届北京青少年科技创新大赛终评活动在中国科学院大学雁栖湖校区举行。朝阳区13所学校的55名学生的35个项目进入终评活动环节，14项中学生科技创新作品获一等奖；7个学生项目在青少年创客国际交流展示活动中获一等奖；朝阳师生获“北京交通大学‘北京交大思源科技创新专项奖’”等各类专项奖17项。岳蕾、孔令娟2位老师获十佳科技辅导员称号。（赵　早）

【专家到企业指导】 4月至11月，区科协组织北京大学材料科学与工程学院研究员、河北工业大学暖通专业系教授、北京理工大学光电学院研究员、北京科技大学教授、北京化工大学教授等18位专家到北京美斯顿科技开发有限公司、北京市热力集团有限责任公司、北京世纪互联宽带数据中心有限公司、北京玻璃色量子科技有限公司、国能国华（北京）燃气热点有限公司5家企业指导。专家结合企业生产经营难点和具体需求，在双碳、智慧供热、人工智能、量子计算、运行取样等方面，为企业解决棘手的专业技术难题并提供未来发展方向等咨询。（王小文）

【国内首个国际科技组织总部集聚区落地朝阳区】 5月31日，国内首个国际科技组织总部集聚区落地朝阳区，世界绿色设计组织（北京代表处）等8家国际科技组织入驻东湖国际中心。在“5·30全国科技工作者日”主场活动上，国际科技组织总部集聚区亮相；在2023中关村论坛上，发布国际科技组织落地北京为“十大重大成果”。（谢丽娜）

【市科协与区政府战略合作协议签署】 5月31日，北京市科协与朝阳区人民政府签署战略合作协议。根据协议，双方从5个方面（聚焦高精尖产业，服务科技产业建设；提升国际影响力，建设国际科技组织总部集聚区；汇聚高层次人才，激发区域人才创新活力；加强社会化协同科普，提升公民科学素质；夯实组织基础，提升基层科协组织力）加强合作，助力朝阳区集聚国际科技创新资源，推进高质量发展。其中，国际科技组织总部集聚区落地朝阳，是双方战略合作的重要成果，也是双方合作的重要内容。（谢丽娜）

【科学家会客厅主题活动】 5月至9月，区科协举办科学家会客厅主题活动6场，内容包括工业互联网、人工智能、数字医疗、网络安全、互联网3.0等朝阳产业发展重点。活动以前沿科技知识分享、主旨演讲、圆桌论坛、项目路演等形式，科学家52人、12万人观众进行线上线下联动交流。建立企业交流站6家，授予青年科学家称号25人，形成《数字经济人才赋能朝阳创新发展的研究及建议》。（王小文）

【科技创新课】 6月至10月，区科协组织科技部人才中心三级研究员，北京市科学技术研究院评估预测主任、全国科技振兴城市经济研究会常务理事，北京市忠慧律师事务所合伙人等10位专家，讲解工业互联网（工业元宇宙）、人工智能、数字安全、大企业内部创新与外部创新、如何与资本对话、知识产权保护、技术交易与推广推介对接交流会——新技术新产品供需对接（工业互联网专场）等14门课程38课时。内容包括科技产业发展趋势及科技项目政策解读、创新创业知识体系构建与实战能力提升、科技企业育成赋能与科技成果转化3个模块内容。50余万人次参加。（王小文）

【朝阳区科普活动】 6月至11月，区科协组织“筑梦星辰——航空航天模型制作”“常见病的预防与保健”等社区科普活动95场，科学教育场馆参观体验活动40场，“仰望星空心系祖国科普讲座”“云逛中国航天博物馆”等线上科普活动10场，42个街道（地区）社区居民4万余人次参加活动。（赵　早）

【基层科普项目资助计划】 6月至11月，区科协组织2023年朝阳区基层科普项目资助计划支持13个项目，其中街乡项目11个，学会项目2个。开展科普活动300场次，发放宣传资料1万余份，线上线下参与20万人次。（赵　早）

【朝阳区师生获全国青少年科技创新大赛奖】 8月，在第37届全国青少年科技创新大赛上，北京市第八十中学高杰磊获本届大赛最高荣誉“中国科协主席奖”。中国传媒大学附属小学在本届大赛中被评为“十佳科技教育创新学校”，并选为“创新之星”学校。朝阳区师生代表获中学生科技创新项目一等奖2项、二等奖1项、三等奖1项、专项奖6项，优秀科技辅导员创新项目三等奖1项。 （赵　早）

【全国科普日朝阳区主场活动举办】 9月16日至24日，由区科协和朝阳区文明办主办、中国航天科技集团五院天津基地管委会协办的2023年全国科普日北京市朝阳区主场活动在朝阳区档案馆新馆举办。展览以“中国载人航天三十年”为主题，以主题展览、成果展示、科普讲座、模型制作、互动体验等形式，立体呈现中国载人航天30年的伟大历程、所取得的辉煌成就，生动展现广大航天人特别能吃苦、特别能战斗、特别能攻关、特别能奉献的精神风貌。活动参与约7000人次。 （赵　早）

【企业科协服务科技工作者资助项目】 9月，区科协组织企业科协服务科技工作者资助项目资助园区、企业科协项目26个，引导支持基层组织开展学术研讨、专业培训，服务科技人才成长进步，开展技术攻关，推动科技成果转移转化，提高企业创新活力。 （王小文）

【朝阳区科协第八次代表大会】 11月13日，朝阳区科学技术协会第八次代表大会在北京昆泰酒店召开。北京市科协党组书记、常务副主席，朝阳区委书记文献，区委副书记、区长吴小杰，区人大常委会主任陈宏志，区政协主席王旭，区委常委出席开幕式。来自朝阳区各领域的科技工作者代表，各委办局领导、各区科协领导约400人参加开幕式。会上，区科协党组书记冯守华作朝阳区科协第七届委员会工作报告。大会选举产生新一届领导机构，中国工程院院士杜修力当选朝阳区科学技术协会第八届委员会主席，冯守华等9人当选副主席，玉红当选秘书长，马文操等35人当选常委。 （谢丽娜）

【朝阳区代表队获京津冀公民科学素质大赛一等奖】 12月23日，“聚科技之火 燃时代之光”——2023年京津冀公民科学素质大赛决赛在中国教育电视台演播厅举办。经过京津冀三地复赛选拔，北京市、天津市、河北省18支代表队进入决赛激烈。最终，经过两轮五大环节的挑战，朝阳区科协选派的朝阳区代表队获一等奖。 （赵　早）

【朝阳区公民科学素质大赛总决赛】 12月24日，由区科协主办的“金葵花”2023年朝阳区公民科学素质大赛总决赛暨新时代文明实践推动日活动在铜牛电影艺术空间举办。大赛6月启动，经过初赛、复赛、决赛，16个代表队进入决赛。最终，安贞街道代表队荣获一等奖，高碑店地区代表队获二等奖，奥运村街道和建外街道代表队获三等奖。晋级总决赛的16个街乡获优秀街乡组织奖；北京市第八十中学、北京市朝阳区教研中心附属学校和北京市日坛中学荣获优秀学校组织奖。 （赵　早）

朝阳区归国华侨联合会

【概况】 2023年，北京市朝阳区归国华侨联合会（简称区侨联）为朝阳区侨联第八届委员会。全区有街道侨联24家、乡侨联1家、商务楼宇和商务楼宇群侨联2家、律所侨联1家、社区侨联16家、乡侨联分会18家。组织三间房乡侨联、24家街道侨联换届及参加第十一次全国归侨侨眷代表大会。区侨联与顺义区侨联共同与双井蓝地组织“三八”国际劳动妇女节活动——体验服饰美与形象设计活动，组织侨青会工作交流会。朝阳区侨联、朝阳侨界代表人士、侨务工作者分别获全国侨联系统先进组织、全国归侨侨眷先进个人、全国侨联系统先进个人等荣誉。

【两节“送温暖”活动】 1月至2月，朝阳区各基层侨联进行两节“送温暖”活动。元旦、春节两节期间，走访慰问贫困归侨侨眷200余人次，侨界空巢老人300余人次，侨界代表人士400

▲ 2023年12月23日，朝阳区代表队在2023年京津冀公民科学素质大赛上获一等奖 （赵　早　摄）

余人次，发放慰问金 8 万余元，发放慰问品折合金额超 15 万元。

【“总对总”平台涉侨调解组织授牌】2 月 10 日、14 日，区侨联领导分别到国樽律所、京师律所就侨联工作进行调研，并为两家律所授“总对总”平台涉侨调解组织牌匾，推动全区涉侨多元调解工作。

【朝阳区侨青会换届】3 月 11 日，朝阳区侨联青年委员会第二次会员代表大会在朝外昆泰酒店举行。全区侨界青年代表、部分区侨联委员 40 余名参加。致公党朝阳区委副主委、区侨联常委李卓主持。市侨联党组成员、副主席苏泳到会祝贺并发表讲话。会上，听取大会筹备工作报告和第一届侨青会工作报告，通过《朝阳区侨联青年委员会章程》，选举产生封跃平等 18 人为常委的新一届侨青会领导机构。领导机构由 1 名会长、6 名副会长、1 名秘书长、1 名副秘书长、9 名常务委员组成。

【基层侨联工作会召开】4 月 20 日，朝阳区基层侨联工作会举行。朝阳区各基层侨联主席、侨联干部、各侨联分会联系人等近 70 人参加。会议宣讲党的二十大精神，总结朝阳区侨联 2022 年工作、提出 2023 年工作安排，为担任基层侨联主席 10 年、20 年以上的 16 人颁发荣誉证书。会上，北京国樽律师事务所律所以“如何更好保护归侨侨眷权益”为题作法律讲座。

【五四青年节爱心公益长跑活动举办】5 月 6 日，朝阳区侨青会与市侨青会联合组织“侨青彩虹行 共筑中国梦”五四青年节爱心公益长跑活动。市侨联海外联谊部领导、区侨联领导出席活动。活动是与“彩虹村庄康复中心”合作开展的关爱孤独症儿童爱心定向越野长跑、义卖和捐赠活动。活动有侨界青年近 30 人参加，募集慈善款约 5 万元。

▲ 5 月 6 日，市侨青会、区侨青会联合组织“侨青彩虹行 共筑中国梦”五四青年节爱心公益长跑活动 （周建奎 摄）

【朝阳区侨联八届四次全委会议举行】5 月 18 日，朝阳区侨联八届四次全委会议在首创·郎园 Station 举行。会上，宣讲党的二十大精神；通报 2023 年各街乡侨联换届情况；对区侨联委员联系基层工作部署，包括经济科技与人才、文化交流与联谊联络、理研调研与参政议政、社会工作与维护侨益 4 个方面。委员调研第四使馆区建设，参观郎园 Station，了解园区以文化搭起国际交往桥梁的建设理念，精品文化驱动城市更新的实践探索。

【口腔健康义诊活动举办】5 月 30 日，由区侨联、北京市侨联泰国归侨联谊会主办的口腔健康义诊活动在倪氏口腔医院举办。区侨联领导、北京市侨联泰国归侨联谊会领导、北京市侨联印尼归侨联谊会领导、北京市侨联马来西亚归侨联谊会领导、北京市侨联蒙古归侨联谊会领导出席，北京市侨联相关归侨联谊会、朝阳区各街道侨联的归侨、侨眷约 30 人参加。活动为归侨、侨眷普及口腔健康知识，提供免费口腔 CT、“一对一”检查、建档等。

【“侨说公益讲堂”话剧专场活动举办】7 月 8 日，由市侨联主办，区侨联承办，北京鹰剧坊文化传播有限公司协办的第十一届首都新侨乡文化节“侨心永向党 奋进新征程”——“侨说公益讲堂”话剧专场活动在郎园 Vintage 虞社演艺中心举办。展演话剧《玫瑰》。让观众从旁观者的角度审视“网络暴力”全过程，集中对其中的善与恶进行探讨，促使大家自觉维护健康的网络环境。北京市侨联党组成员、副主席苏泳，朝阳区侨联党支部书记、主席黄文娟出席，在北京的归侨侨眷、侨务工作者、留学归国人员、热心侨界文化活动的各界人士等约 200 人参加活动。

【2023 年“中国寻根之旅”夏令营举办】7 月 21 日至 29 日，由中国侨联主办，北京市侨联、区侨联承办，北京国际汉语研修学院协办的 2023 年“中国寻根之旅”夏令营北京朝阳营举办。来自中国澳门的青少年，以及美国、俄罗斯、加拿大、西班牙、意大利、阿联酋、韩国的华裔青少年和海外领队老师 57 人参加。夏令营以“建筑文化”为主题。营员们从中轴线上的古建筑群到朝阳内的 CBD、奥运场馆等大部分现代地标，认识建筑技艺和风格变迁，了解建筑文化当中蕴藏的丰富文化底蕴和历史见证。

【中非体育与教育高层论坛举办】9 月 23 日，区侨联与北京市中小学体育运动协会联合组织侨界青年及其子女参加第三届“一带一路”非洲外交官（子女）与北京中小学教师（学生）足球友谊赛暨中非体育与教育高层论坛。活动分足球友谊赛和论坛两部分。足球友谊赛分别在中非中小学生、北京中小学教师联队与非洲外交官联队之间展开。论坛围绕中非青少年之间的体育与文化方面交流合作进行探讨，各方均表达对中非更友好、更多元、更团结的交流合作的期待。活动有非洲外交官及其子女、北京中小学师生代表、侨界青年及其子女等100余人参加。

【朝阳区“侨之家”工作研讨活动举办】 11月2日，朝阳区“侨之家”工作研讨活动在中国华侨历史博物馆举办。基层侨联主席、乡侨联分会联系人、“示范侨之家”负责人等50余人参加。活动参观“筑梦之路——中国侨联发展历程展”，举行“侨之家”工作研讨暨第十一次侨代会精神座谈会。会上，区侨联主席黄文娟传达十一代会精神，与会人员就学习十一代会精神心得体会和“侨之家”工作开展情况进行分享交流。

【新侨创业及境内发展交流会举办】 11月16日，区侨联、区律师协会、无边界国际人才发展智库等在北京海润天睿律师事务所联合举办“共筑五宜 侨创朝阳”新侨创业及境内发展交流会。区律协领导，海润天睿高级合伙人，区律协公益与社会责任工作委员会负责人等嘉宾及近40位归国华人华侨企业家参加活动。活动为新侨解读创新创业中的法律、投资等方面问题，为新侨联谊搭建交流平台。

【基层侨联工作指导文件印发】 12月20日，区侨联制定印发《关于在朝阳区基层侨联中建立理论学习宣传小组的实施方案》《朝阳区基层侨联经费使用管理指导意见（试行）》文件。文件进一步规范基层侨联工作，加强基层侨联政治建设和工作指导。

（杨粤宁）

朝阳区青年联合会

【概况】 2023年，北京市朝阳区青年联合会（简称区青联）有委员298人，其中常务委员会委员60人、主席1人、副主席10人。北京市朝阳区青年联合会第七届委员会于2023年7月18日换届成立，按照委员代表性及其职业，划分为科学技术界别、教育界别、社会科学界别、经济界别、金融界别、文化体育和宗教界别、新闻出版和新媒体界别、卫生健康界别、法律和社会服务界别、港澳台侨和海外学人界别10个界别。获全国青年五四奖章等省部级及以上荣誉称号、入选“国家级高层次人才引进计划”等优秀青年代表40余人，担任市、区党代表、人大代表、政协委员等26人。区青联委员费斌杰、李秋雪、苗绿、付海钲、董青5人增补为市青联委员。区青联给29名困境青少年发放助学助困补贴6.1万元；到内蒙古自治区乌兰察布市察哈尔右翼后旗、卓资县考察调研对口支援合作项目，捐赠学习书籍等物资价值10万余元；给房山、门头沟等受灾地区重建募集应急救援资金及物品40万余元；向新疆维吾尔自治区墨玉地区青少年捐赠公益课程、帮扶资金等达80万余元。到河南省兰考县进行调研交流，就产业、人才、文化、乡村振兴等形成合作共建意向。区青联委员付海钲、杨天意、郭凌江入选2023“北京青年榜样”。

【新春慰问活动】 1月4日至9日，区青联举行“青春朝阳 温暖相伴”新春慰问活动。团区委、区青联及区青年就业创业实习基地代表慰问安贞医院、中日友好医院、垂杨柳医院、首都儿科研究所、朝阳医院的一线医务工作者，并送上牛奶、咖啡、洗护套装、护手霜等爱心物资，总价值4.5万余元。

【六届九次常委会举行】 3月27日，区青联六届九次常委会会议举行。会议审议通过《朝阳区青联2022—2023年度委员履职考核结果》《关于吸纳北京市朝阳区海外高层次人才协会等5个社会组织作为会员团体的建议》《北京市朝阳区青年联合会第七届委员会组成方案及委员推荐办法》《关于增补秘书长的建议》，发布2个朝阳共青团青少年项目。

【朝阳青年健走乐跑公益赛举办】 4月22日，区青联在奥森公园北园举办“益起健跑 青春朝阳——2023朝阳青年健走乐跑公益赛”。150余名委员及家属

▲ 2023年，区青联到内蒙古自治区乌兰察布市考察调研　（张　捷　摄）

▲ 4 月 22 日，朝阳区青联举办“益起健跑　青春朝阳——2023 朝阳青年健走乐跑公益赛”（王　乐　摄）

参加。活动募集资金 6 万元，全部用于朝阳青联青春助学计划。

【朝阳区青年联合会第七届委员会第一次全体会议召开】 7 月 18 日，朝阳区青年联合会第七届委员会第一次全体会议在望京昆泰酒店召开。会议听取区青联第六届委员会常务委员会所作的《踔厉奋发 守正创新 在中国式现代化的朝阳实践中汇聚青春力量》工作报告；青联委员对六届常务委员会工作报告、《北京市朝阳区青年联合会委员管理细则（修正案）》及领导讲话讨论交流。会议选举产生第七届朝阳区青联领导机构。北京团市委书记，朝阳区委书记文献，朝阳区委、区人大、区政协领导出席。北京市朝阳区青年联合会召开七届一次常委会，审议通过区青联七届委员会秘书长名单以及各界别主任委员、副主任委员、秘书长名单。

【“青春读书会——带你走进《习近平的七年知青岁月》”活动】 7 月 26 日至 8 月 20 日，区青联各界别举办“青春读书会——带你走进《习近平的七年知青岁月》”活动，青联委员重温习近平总书记青年时期扎根陕北黄土高原七年的知青岁月，自觉做习近平新时代中国特色社会主义思想的坚定信仰者和忠实实践者。

【京津冀“城市年轻力创造者大会”举办】 8 月 29 日，团区委联合共青团天津市和平区委员会、共青团河北省石家庄市委员会、北京市朝阳区青联、北京朝阳文旅发展集团有限公司举办京津冀“城市年轻力创造者大会”。中国城商联城市更新工作委员会、中央美术学院、中国传媒大学专家学者，以及朝阳文旅发展集团、盈展集团、天津和平印象城、石家庄湾里庙等单位从业人员约百人参加。大会聚焦城市更新主题，包括参观交流、开幕式、两个主题论坛。会上，发布《青年文化消费视角下的年轻力报告》；北京市朝阳区、天津市和平区、河北省石家庄市 3 地青联签订合作框架协议，中城沃土（北京）城市更新科技有限公司、北京市朝阳区青年联合会与北京首创郎园文化发展有限公司、天津欢购商业运营管理有限公司、石家庄市民族路湾里步行街建设发展有限责任公司签订《京津冀城市更新战略合作协议》。

【“青年科学家进校园”活动】 10 月 9 日，区青联“青年科学家进校园”活动在芳草地国际学校世纪小学举行。活动由区青联委员、中国农业大学副教授王天一讲授“光”在智慧农业中的应用科普知识。

【“科技之光青年讲堂”活动举办】 11 月 6 日，由团区委、区农业农村局、区农业农村综合服务中心、区青联主办的“高素质农民培训班暨‘科技之光青年讲堂’活动”在朝来农艺园举办。农业从业青年 30 余人参加活动。活动参观朝来农艺园；分享以“科技小院助力乡村振兴”为主题的在门头沟创立黄安坨科技小院、开展科技助农的心路历程；中国农业大学副教授张璐讲授“光伏加智慧农业关键技术”课程；中国农业大学副教授王天一对农业装备智能化技术、智能农业装备平台等相关领域知识进行系统梳理，并交流“智慧农业关键技术”相关问题。

【“致朝阳 · 正青春”主题诵读活动举办】 11 月 19 日，区青联在首创朗园 Station 举办“强国志 · 青春说”青联大讲堂暨“致朝阳 · 正青春”主题诵读活动。青联委员、青年代表 40 余人参加。诵读《新朝阳：城市进化论》《致朝阳：“60 后”，正青春》《假如李白、杜甫、苏轼穿越到了秋天的朝阳》等文章，回顾朝阳区历史，感受朝阳区发展成就。

【首个台湾青年驿站揭牌】 11 月 26 日，区青联、区台办在宸冰书坊联合举办朝阳区首个台湾青年驿站揭牌仪式。青联委员代表、北京台协及台协青年会骨干等 40 余人参加活动。台湾青年驿站，为京台青年提供沟通交流、分享心得、相互学习、互相帮助的机会，打造一个集交流、服务为一体的功能复合型平台。揭牌仪式上，两岸青年举行破冰活动、有声书录制、在京台湾青年创业交流分享等。

【七届二次常委会扩大会议举行】 11 月 26 日，区青联七届二次常委会扩大会议举行。会议进行“赏邮票 学报告 话成就”“赏邮票 话三农”专题学习，传达学习《习近平总书记在同团中央新一届领导班子成员集体谈话时的重要讲话精神》《关于加强和改进青联委员作风建设的若干规定》，各界别就换届以来各项工作进行汇报，区青联主席、副主席、常委出席，各界别秘书长出席。

【区青联与天津市滨海新区青联战略合作框架协议签署】 12月20日，区青联与天津市滨海新区青联签署战略合作框架协议。根据协议，双方就搭建两地青年合作交流平台，服务两地青年成长发展等方面合作。（李 想）

朝阳区工商业联合会

【概况】 2023年，北京市朝阳区工商业联合会（简称区工商联）有直属会员1013家、团体商（协）会员40个。区工商联组织召开第十二届第二次执委会议。被中华全国工商业联合会评为全国工商联系统信息工作先进单位，被北京市工商联评为北京市工商联系统信息工作先进单位。

【民营企业百强座谈会举行】 1月10日，区工商联举行北京民营企业百强朝阳区上榜企业代表座谈会。区委领导、区工商联相关领导出席。4月21日，区工商联组织北京民营企业百强朝阳区上榜企业第二次座谈会。座谈会主要以非会员企业为主，来自制造、网络安全、文化传媒等行业11家企业就百强企业当前经验情况、存在困难诉求、银企对接等内容交流。区委统战部、区工商联相关领导出席。

【走访调研】 1月18日，区工商联领导走访首都机场集团传媒有限公司。2月9日，区工商联领导走访北京民营企业百强上榜企业北京白龙马云行科技有限公司。2月17日，区政协主要领导一行走访工商联界别政协委员李志起所在公司——振兴国际智库。区工商联相关领导陪同。4月24日，区工商联组织10余家会员企业代表到中国石化北京化工研究院走访交流。区工商联相关领导出席活动。5月17日，区工商联领导走访调研北京嘉林药业股份有限公司。区工商联相关领导，区纪委监委驻区委统战部纪检监察组相关人员出席。

【助企纾困座谈会】 2月24日，北京市工商联走访调研杉数科技公司，围绕中小企业数字化转型中的痛点、难点问题与朝阳区民营企业代表座谈交流。市政协副主席、市工商联主席燕瑛出席并讲话。朝阳区委领导，市工商联领导，市发展改革委、市经信局有关负责人，区工商联相关领导参加。

【宣教员座谈会】 3月20日，区工商联组织非公企业党建宣教员座谈会。区委领导，区政协委员、宸冰阅读创始人宸冰及20余名会员企业的宣教员参加座谈会。会上，叶青大厦王进宏和举贤网郭艺墨就自身经验、如何撰写稿件等方面进行经验分享；宸冰从宣讲主题、内容、目标和性质4个方面为宣教团成员进行现场指导；于晓军书记在总结讲话中强调，宣教员要不断提高政治站位，紧密结合实际贴近听众，在稿件创作中弘扬主旋律。

【企业发展服务站暨智库团队成立】 5月18日，朝阳区工商联企业发展服务站颁牌暨智库团队成立启动仪式在三里屯举办。市、区工商联相关领导，区委统战部相关领导，区工商联领导、区三里屯街道，区发展改革委、朝阳园管委会（区科信局）、区商务局等相关负责人出席启动仪式。企业发展服务站承担汇聚共识、联络沟通、赋能发展等任务，发挥连接、服务、助力发展的平台作用，体现“同心”宗旨，打响“同心”服务。区工商联智库团队，旨在紧扣工商联“两个健康”工作主题，团结凝聚智库成员单位的集体智慧和研究力量，开展理论研究和实践创新；鼓励、支持、引导智库成员单位参与朝阳区年度协商议题发言及其他促进朝阳区民营经济高质量发展的各项重点调研，合作完成区工商联团体提案、区工商联重点课题调研等工作；通过建言资政，助力朝阳区工商联参政议政、调查研究工作迈上新台阶。

【政策宣讲会举办】 7月26日，由区工商联、朝阳区高层次人才服务中心主办的人才政策专场宣讲会举办。朝阳区民营企业相关负责人员60余人参加。宣讲会就民营经济领域人才关心的人才引进、人才服务、组织申报等内容培训。区工商联相关领导、区委组织部人才科、区高层次人才中心人才开发科负责人出席。

【民营企业家高级研修班开班】 9月11日，朝阳区工商联民营企业家高级研修班开班。研修班以“学习·开拓·分享·启发”为主题。研修班旨在促进企业间联系交流，提升自身能力和素质，碰撞智识，凝聚思想，为企业发展

▲ 5月18日，朝阳区工商联企业发展服务站颁牌仪式（区工商联 供图）

注入新的活力。开班仪式上进行学员破冰、正念冥想、“金融科技未来发展”专家主题分享。高级研修班为期3个月。9月22日，区工商联举办国学专题研修课堂，国学文化学者、风雅国学发起人李阳泉为企业家讲国学——“向苏东坡学什么”。李阳泉讲述苏东坡生平故事，分享苏东坡家国情怀、博闻高产、善恶分明、乐观豁达、乐天知足、跨越千古的君子品德。10月27日，区工商联举行“悦读 悦享”专题交流活动，组织企业家以书会友，交流互鉴为主题开展专题授课和分享交流。区工商联相关领导、区工商联小微企业服务工作委员会委员、区工商联企业家高级研修班学员和部分会员企业负责人参加。研修班考虑学员的实际需求与特点，兼顾理论与实践、灵活与实效、输出与输入，通过线上课程与线下课程相结合、异地研学与课堂教学相结合、专家授课与学员分享相结合，组织商业发展、数字经济、国学文化、沟通表达、团建活动等主题分享课程。学员们通过走访调研、主题学习、课后分享等，做到学有所思、学有所获、学有所感。区委领导出席结业仪式并讲话。

【朝阳区73家企业上榜北京民营企业百强】 9月21日，北京市工商联召开2023北京民营企业百强发布会，发布2023北京民营企业百强“1+4”榜单，即“北京民营企业百强”“北京民营企业科技创新百强”“北京民营企业文化产业百强”“北京民营企业中小百强”和“北京民营企业社会责任百强”。朝阳区73家企业上榜，其中主榜单（即民营企业百强）13家，科技创新百强13家，文化产业百强19家，中小百强22家，社会责任百强16家。

【区域合作】 4月20日，北京市朝阳区、内蒙古自治区卓资县、察右后旗3地20余家企业座谈会举行。3地工商联相关领导出席。4月25日，密云区不老屯镇举办招商引资推介会暨创业空间产业孵化基地签约仪式。北京市市场监督管理局相关领导，朝阳区、密云区工商相关领导，密云区市场监督管理局相关领导、朝阳区管庄乡及不老屯镇相关党政领导出席。6月14日至16日，朝阳区委领导带队，工商联机关及会员企业代表15人赴内蒙古自治区卓资县、察右后旗进行实地交流对接。6月28日至30日，区工商联与云南省德宏州工商联开展友好工商联交流活动。德宏州政协副主席、州工商联主席、州总商会会长杨艳一行，参观朝阳区亮马河风情水岸、中国共产党历史展览馆、798文化园区，对朝阳北化机爱工场文化科技融合产业园进行考察交流，在叶青大厦党委交流民营企业非公党建工作。区委统战部、区工商联、德宏州工商联相关领导，两地10余名企业家参加相关活动。9月13日至16日，朝阳区工商联调研组赴黑龙江省伊春市嘉荫县，就当地经济发展进行专题调研。调研组了解当地红色资源、边贸发展、冰雪经济、乡村振兴等情况。双方工商联相关领导参加。10月24日，辽宁省朝阳市委常委、统战部部长史卫东带队来朝阳区，围绕民营经济、民族宗教、党外知识分子、新的社会阶层等统一战线各领域工作开展考察调研。辽宁省朝阳市委统战部、朝阳区委统战部、工商联相关领导参加活动。10月30日，广东省揭阳市人民政府副市长刘鹏带队到北京市朝阳区，围绕朝阳区汽车服务、配件等产业到五方天雅汽车服务园区开展调研，区工商联相关领导参加活动。10月31日，朝阳区工商联联合天津市河东区、滨海新区，河北省唐山市工商联及民营企业代表开展主题为“数字赋能新发展 区域协同新格局”京津冀协同发展交流对接活动。朝阳区工商联相关领导，天津市滨海新区政协、工商联相关领导，唐山市政协工商联领导出席，三地4家民营企业代表40余人参加活动。11月8日至11日，朝阳区委领导带队，到云南省德宏州开展考察调研。德宏州委副书记、宣传部部长孙杰，德宏州政协副主席、工商联主席杨艳等参加。区委领导一行围绕首届“北京朝阳国际茶香文化节”启动和推广，建设北京国际消费中心城市主承载区这一主题，通过实地走访考察、组织交流座谈，重点了解当地茶产业、茶文化和茶经济，以及咖啡产业发展模式和口岸贸易优势，努力找到两地产业合作的契合点，打开协同发展的突破点，激发企业的创新活力和创造潜能。区工商联相关领导参加活动。

【教育培训】 5月9日至12日，区工商联会员企业综合党委组织基层党组织书记60余人举办“学习贯彻党的二十大精神基层党组织书记培训班”。5月22日至26日，区工商联2023年度“红色精英”企业家理想信念教育培训班举办。区工商联执常委、年轻一代创业者及相关单位负责人30余人参加。8月8日，区工商联举办十二届执委会委员及商会负责人政治理论培训，区工商联执委、所属商会负责人70余人参加。10月26日至27日，区工商联组织基层党组织书记100余人参加2023年“三新”领域学习习近平新时代中国特色社会主义思想培训。12月19日至20日，朝阳区政协、区委统战部在朝阳区社会主义学院第二校区联合举办2023年朝阳区政协委员和党外人士培训班。区工商联积极组织执委和界别政协委员参加。

【民营经济统战工作联席会成立大会举行】 12月19日，朝阳区委统一战线工作领导小组民营经济统战工作联席会第一次全体会暨成立大会举行。会议对成立民营经济统战工作联席会的相关问题进行说明，审议通过《中共北京市朝阳区委统一战线工作领导小组民营经济统战工作联席会工作规则》《中共北京市朝阳区委统一战线工作领导小组民营经济统战工作联席会各成员单位职责分工》，发放《中共北京市朝阳区委统一战线工作领导小组民营经济统战工作联席会2024年工作要点》。区委统战部部长李国红围绕民营经济统战联席会提出工作要求。32家成员单位主管领导参加会议。会议由区工商联领导主持。区工商联相关领导参加。 （唐加斌）

法 治

政法委及综治

【概况】 2023年，中共北京市朝阳区委政法委员会（简称区委政法委）统筹政法各单位，坚持以习近平新时代中国特色社会主义思想为指导，坚持统筹和发展安全两件大事，认真履行新时代政法工作四大职责任务。提升党建引领，落实《中国共产党政法工作条例》，严格执行请示报告制度，区委政法委向区委区政府请示报告36次，向市委政法委请示报告18次。深化政治督察和纪律作风督查巡查制度，构建“一年全覆盖，一年重点查”机制。创新朝阳特色政法宣传模式，形成以微信公众号、微博、抖音为主，微信视频号、今日头条号、百家号为辅的新媒体宣传矩阵，“北京朝阳政法”新媒体平台全网累计文章阅读量超2000万次，视频播放量超500万次。加强政法队伍建设，制定《区委政法委2023年度教育培训工作计划》，分级分类举办各种培训班，开展政法文化节系列活动，政法系统2个集体、19名干警受到记功表彰，获国家级、市级奖励27项。开展各项爱警工程，慰问帮扶政法干警316人次。

【重大活动安保】 2023年，区委政法委依托战时指挥体系，统筹全区专群力量，有效运行工作机制，全面落实点、线、面社会面防控工作任务，针对全区重要目标、重点要害部位、重点区域，有针对性地开展安保维稳和应急处置准备工作，协调解决各类风险隐患。实现全国两会、服贸会、“一带一路”国际合作高峰论坛等重大活动期间政治经济社会的安全稳定。

【市域社会治理现代化试点验收】 2023年，区委政法委扎实推进市域社会治理现代化试点收官工作，培育冬奥安保、金融风险防范、城乡接合部整治、使馆区安保4项重点创新项目，打造左家庄街道“一码共治”、朝外街道“芯上朝外”等70余项基层治理经验亮点，《朝阳区打造源头化解特色领域矛盾纠纷新模式》被中央政法委《社会治理现代化专刊》刊登推广，高分通过市级验收和中央政法委抽查复核，获评“全国市域社会治理现代化试点合格城市”。

【重点领域平安创建】 2023年，区委政法委推进平安校园、平安医院创建，检查校园周边重点部位15674处，整治治安乱点118处，实现“法治副校长”“校园保安”“视频监控”“一键式报警器”配备4个100%；实现对医疗机构安全检查全覆盖，发现隐患4175条，整改率98%，推动22家三级医院设置保卫机构和警务室，15家三级医院配置人脸识别系统、一键报警装置。

【群众安全感工作提升】 2023年，区委政法委夯实平安朝阳建设基础，健全完善平安建设组织体系和考核机制，探索提升群众安全感路径，分析群众安全感调查方案，调查变化情况、成果应用及区群众安全感历史变化情况，研究重点难点问题。同时，梳理市、区两级群众安全感调查报告中的问题，统筹各单位、各街乡对照具体问题，按照《朝阳区关于进一步开展提升群众安全感专项行动的工作方案》具体要求，结合市域社会治理现代化试点工作、维护安全稳定等重点工作加强分析研究，制定整改措施，最大限度解决群众诉求。

【“朝阳群众”升级版品牌打造】 2023年，区委政法委继续深化“朝阳群众”品牌建设，健全“朝阳群众”规范管理、宣传报道、考核激励等各项配套机制。注重发展中青年队伍，做到老、中、青比例适当，发动更多行业、更多领域群众参与。吸纳我爱我家210家门店3000名经纪人、1285家律所23714名执业律师加入“朝阳群众”。

【重点区域重点行业整治】 2023年，区委政法委开展铁路沿线综合整治，明确目标任务，加大攻坚力度，各涉路街乡拆除违建184405.97平方米，疏解腾退面积2772平方米，铁路沿线环境和社会治安明显好转，综合整治取得成效，用时16天拆除平房地区（乡）“疏整促”专项行动和大排查大整治“双挂账”的铁路青年公寓。运用打、防、管、控、建等手段，推进3处市级挂账、12处区级挂账、28处街乡级挂账社会治安重点地区整治。持续宣传贯彻《中华人民共和国反有组织犯罪法》，推进教育、金融放贷、市场流通三大重点行业领域专项整治。在全区开展“整治打击涉特种行业（设备）证件违法犯罪活动”专项行动。开展违规电动三、四轮车专项治理，制定置换和管理措施，全区53666辆违规电动三、四轮车均按时限要求淘汰处置完毕，占全市的7.95%。

【矛盾纠纷预防化解】2023年，区委政法委坚持和发展新时代"枫桥经验"，常态化抓好社会矛盾纠纷预防化解工作。立足超大城市矛盾纠纷源头预防调处化解工作实际，持续研究、统筹抓好"无讼朝阳"诉源治理工作。起草专班运行方案，破解思路瓶颈，推动更多法治力量向引导端和疏导端用力，形成《关于推进朝阳区社会矛盾纠纷源头预防调处化解工作有关情况的报告》向区委报告。探索建设交通、劳动争议、金融、医疗等行业矛调分平台，实现43个街乡分平台全覆盖，2023年，全区各级各类矛盾调处分平台共受理调解纠纷66635件，调解成功18167件，调解成功率28.16%。在中央政法委《政法动态》"社会治理现代化专刊"2023年第1期刊发《北京市朝阳区打造源头化解物业领域矛盾纠纷新模式》，介绍有益做法及主要经验。（徐玉光）

法治政府建设

【概况】2023年，朝阳区坚持以党的二十大精神和习近平法治思想为指导，坚持围绕中心，服务大局，在统筹全面依法治区、深化法治政府建设方面统筹谋划、担当作为，持续推进规范性文件合法性审查工作，做好行政复议、行政应诉、行政执法协调监督工作，各项重点工作平稳有序推进。巩固全国法治政府建设示范区创建成效，积极争创示范项目，深化综合行政执法和行政复议体制改革。深化法治政府体检成果运用，建立依法行政培训长效机制，全面落实行政机关负责人出庭应诉制度，大力推动街乡行政执法规范化建设，区行政复议案前化解经验被新修订的行政复议法吸纳。（徐　菲）

【规范性文件合法性审查】2023年，区司法局编辑印发《北京市朝阳区合法性审查工作指导手册》和相关法规制度汇编，以问题和需求为导向，从合法性审查工作的主要流程、常见问题解析、示范文本等方面提供具体指导；将中央、市、区各级有关法规和制度政策文件梳理汇总，提供工作依据和参考。区司法局全年对114件区政府重大行政决策、行政规范性文件和各类合作协议草案进行合法性审查，提出法律意见400余条；向区人大常委会和市政府备案区政府（区政府办公室）制发的行政规范性文件7件；对部门、街乡备案的14件文件进行备案审查，首次发送《行政规范性文件审查建议书》，就1件部门制发的文件提出备案审查工作建议。配合区人大常委会和市司法局开展修订治安管理处罚法等14项法律法规规章的征求意见工作，组织部门、街乡和法律顾问研提意见，提出基层建议50余条。（李　祺）

【行政复议】2023年，朝阳区构建"1+1+43"接待咨询新格局，畅通行政复议渠道。制定完善行政复议接待、立案审查、行政争议源头预防化解等八项工作制度和流程，打造统一规范高效的工作机制，行政复议质效不断提升。全年区政府新收行政复议案件5258件，是复议体制改革前年均案件量的近10倍。审结行政复议案件5080件（含上年结转），纠错率为5.09%，调解率为41.6%，调解率连年位居全市前列。区行政复议案前化解工作经验被新修订的《中华人民共和国行政复议法》吸纳。12月1日，区司法局在全区范围内开展新行政复议法宣讲宣传活动。当日开展宣讲活动48场，发放宣传资料13500件，接待群众5100余人次。（肖向琳）

【行政应诉】2023年，朝阳区办理区政府行政诉讼案件790件，被复议案件27件；办理区司法局行政诉讼案件99件，被复议案件116件。落实行政负责人出庭应诉制度，区政府行政负责人出庭应诉5次，区司法局行政负责人出庭应诉15次，创历史新高。分析行政应诉案件基本情况、案件特点，推动区域重点任务和重大问题风险化解，研究探索解决黄杉木店天鹅湾项目历史遗留问题，提供法律路径。针对重点疑难案件赴基层调查案情，指导属地妥善办理案件，降低法律风险。（杨子砚）

【依法治区工作】2月20日，区政府开展2023年第一次政府常务会会前学法。3月16日，北京市司法局与朝阳区召开法治建设工作座谈会。3月，以区委、区政府名义出台《关于深化朝阳区法律顾问制度的实施意见》，将党委部门纳入制度体系，实现制度优化升级。5月，区级第四届法律顾问换届工作完成，并举行新一届法律顾问建言献策座谈会，推动全区"大法治"工作格局。5月29日，区政府第六次常务会就朝阳区创建全国法治政府建设示范项目工作进行研究部署，制定《朝阳区创建全国法治政府建设示范项目工作实施方案》，成立创建全国法治政府建设示范项目工作组，由区政府主要领导任组长，相关区领导任副组长，工作组办公室设在区司法局。5月30日，区委依法治区办召开第15次会议，审议通过《中共北京市朝阳区委全面依法治区委员会2023年工作要点》。8月23日，区委全面依法治区委员会2023年全体会议召开，会议由区委书记、区委全面依法治区委员会主任文献主持，区委依法治区委副主任、委员出席会议，区委依法治区委各小组成员单位、全区各相关部门、各街乡主要负责人列席会议，会议传达市委全面依法治市委员会2023年全体会议精神，审议通过《中共北京市朝阳区委全面依法治区委员会2023年工作要点》。10月，《北京市朝阳区法律顾问工作规则》印发实施，强化法律顾问的规范管理和作用发挥。12月12日，2023年推进依法行政工作领导小组第二次会议召开，会议审议通过《朝阳区法治政府建设（2022—2023）》白皮书。（李　祺　邢筱筱）

【依法行政培训】 6月9日，区司法局组织召开“违法建设拆除与行政赔偿”培训会，街乡司法所、综合执法队60余人参训。7月25日，组织召开预付卡领域行政执法专题培训。8月2日至4日，朝阳区依法行政办举办2023年度依法行政工作专题培训班。培训内容涵盖习近平法治思想解读、行政应诉典型案例解析、北京市行政处罚案卷评查标准解读、规范性文件审查工作指导及依法行政绩效考核指标解读等多方面。9月25日至27日，举办2023年处级干部法治政府建设培训班。内容涵盖习近平法治思想、全面推进依法行政、解读民法典和行政复议法等。 （邢筱筱）

【行政执法协调监督】 6月16日，区委全面依法治区委员会执法协调小组召开全体（扩大）会，14个成员单位主管领导在主会场参加会议，38个行政执法部门和43个街乡在视频分会场参会，会议传达市委依法治市委执法协调小组2023年第一次会议精神，审议通过区委依法治区委执法协调小组2023年工作要点，对全区行政执法和执法协调监督工作作出部署。7月27日，区委依法治区委执法协调小组开展道路交通安全和运输领域专项案卷评查工作。8月，组织开展2023年度行政执法案卷评查工作，对43个街乡的86本处罚案卷、25个委办局的48本处罚案卷、26个委办局的52本许可案卷开展评查与讲解。10月11日，区人大常委会法制办主任一行到区司法局开展评议调研工作。12月7日，副区长许杰主持召开区委依法治区委执法协调小组全体（扩大）会。 （杨鑫安琪）

公　安

【概况】 2023年，北京市公安局朝阳分局（简称公安朝阳分局）锚定“守底线、强基础、深改革、重规范、树形象”发展方向，完成习近平总书记系列专项勤务以及全国两会、第三届“一带一路”国际合作高峰论坛、服贸会等重大活动安保警卫，严密“亮马—三里屯”“中植系”常态防控勤务。完成各项安保警卫勤务1384起。完成大型活动安保任务211项775场次，安检732.7万人次、物品466.6万件次。连续13年实现命案现案破案率100%，连续5年实现抢劫类案件破案率100%。查处违规养犬行为2189起，收犬7491只。受理出入境证件28.2万余件、发证12.86万余件。综合运用“电子围栏”“反诈App”等信息化手段，预警劝阻拦截疑似被电信诈骗信息150万余条，避免群众经济损失超16亿元，破获电信网络诈骗违法犯罪案件3034起，刑事拘留686人。以社区、网络、校园等重点部位为主阵地，组织禁毒宣传活动220余场次，受教育群众达百万余人次；拓宽宣传广度，深入传统农村地区宣传常见毒品原植物危害50余次。撰写的《朝阳区反恐办以“五个三”工作措施为抓手全力夯实全国两会安保反恐防范基础》《朝阳区反恐办规范标准、科技赋能持续提升反恐重点目标安全防范水平》等经验材料6篇，在全市成员单位转发。朝阳区获评“首批全国治安防控体系建设示范城市”称号。1个集体获评“第九届首都民族团结进步先进集体”称号，1人获评“第九届首都民族团结进步先进个人”称号，3人获市公安局优秀教育训练工作者称号。 （王晖）

【社会治安管理】 2023年，公安朝阳分局依托“春雷8号”“春夏平安行动”“夏季治安打击整治”“冬季攻势”等专项行动，全年检查危险物品从业单位1800家次，排查重点点位、行业6000余处次，对排查出的98件问题隐患第一时间通报，全部盯办整改到位；检查旅馆业单位2.5万余家次，发现问题814家，责令整改344家次，取缔无证照“黑”旅店100家。抓获“盗非”（盗销非机动车）人员718名。持续巩固和发展“安全生产专项整治三年行动”“国务院安全生产十五条硬措施”工作机制，推动落实安全生产专项工作，累计检查单位8786家处，整改问题隐患672处，查处违规动火作业案件26起。以全区102处挂账点位及夜经济商圈、网红打卡地、繁华商圈等大人流区域为整治重点，不间断开展大规模、多波次、全覆盖打击治理，组织区城管局、交通执法五支队、环卫局、绿化局等相关政府部门开展联合执法3000余次，行政拘留各类扰序人员1466人。 （卞亚勋　丛珊）

【“智慧平安小区”建设】 2023年，公安朝阳分局“智慧平安小区”二期建设项目完成终验。完成前端智能安防设备小区建设1810个，完成率99%。依托基础管控中心管理应用平台，持续推进属地街乡前端智能安防设备数据采集应用及街乡、区级平台运行，保障前端智能安防设备采集的静态、动态数据实时上传至区级平台，有效整合小区视频图像数据管理应用，推进朝阳区市域社会治理工作管理体系和服务模式优化发展。 （范晓雪）

【矛盾纠纷化解】 2023年，公安朝阳分局加强和规范人民调解与治安行政调解的衔接工作，对接区法院、区司法局，创新研究制定《关于加强和规范治安民间纠纷联合调解实施方案》，在六里屯、朝外、垡头、常营、金盏、南磨房、黑庄户等7个试点街乡设立联合调解室，从联合调解室调解员选聘培训、分级调处、案件流转等方面明确区法院、区司法局、区公安部门的职责任务，理顺了受理、甄别、调解、分流、协作各项工作流程。健全分级分类调解、所所对接、案件回访、预防预警制度，7个试点派出所累计受理矛盾纠纷总数2883件，成功调解矛盾纠纷2877件，化解率达99.8%。 （张勇）

【电信诈骗防范打击】 2023年，公安朝阳分局坚持推进构建“全民反诈”工作格局。将电信诈骗防范治理纳入朝阳区平安建设重点考评项目，成立银行系统首家“四级反诈中心”并建设银行朝阳支行四级反诈中心，设立公安朝阳分局资金研判挽损中心，建立43个街乡的三级联席办公室和联席会议制度，进一步规范派出所分类预警劝阻和止付冻结操作处置流程。建立反诈宣传微信群4273个，推送宣传小视频11万条，在群人数达24.8万人；线下开展反诈防范常识宣传活动3710场，悬挂横幅3530条，张贴海报7.9万张、标语1.6万条，发放反诈宣传手册19.9万册。破获电信网络诈骗违法犯罪案件3034起，刑事拘留686人；预警劝阻拦截疑似被电信诈骗信息150万余条，避免群众经济损失超16亿元。（王子晗）

【“公安+行政”执法协作】 2023年，公安朝阳分局坚持公安机关主动向前一步，加强环境、食品、药品、旅游和知识产权等领域执法协作，推动公安机关与行政部门的“六协同”（领域管理、信息线索、风险情报、响应处置、技术支撑、宣传信息）机制措施，与区15个行政部门对接，建立《朝阳区环食药旅领域“公安+行政”执法协作联席会议制度》，各部门之间组织召开各类专题会、座谈会、培训会20余次、建立各领域台账10余份、建立各领域联动机制3个，有效打通部门壁垒，整合部门资源，提高协作效能。（王 越）

【轻微刑事案件“一站式”办理】 2023年，公安朝阳分局开全市先河组建轻微刑事案件办理团队，引入伤情鉴定、物价认定、法律文书邮递等功能，全面打造合成作战、案管监督、证据辅助指引、办案远程提讯等“融合化场景式办案新常态”，为轻微刑事案件侦诉审辩职能对接、规范运行、高效协同提供全链条服务保障。以充分保障犯罪嫌疑人合法权益为宗旨，会同区检察院、区法院、区司法局等部门，强化案件筛选分流，优化审核审批环节，制定推进轻微刑事案件“一站式”办理工作意见及实施细则，对符合“48小时‘一站式’全流程结案模式”的轻微刑事案件，快速启动“一站式”办理机制，实现刑事司法公正与效率相统一，切实做到案件办理“从快不降标准，从简不减权利”，真正做到政法机关、法援律师与双方当事人都显著受益，使轻微刑事案件办理在朝阳区率先实现“正义快速到达，权益保障同步”。全年审核适用刑事48小时速裁程序案件664件，涉案人员674名，办理数量居北京市公安局第一。（屈鑫帅 刘 鹤）

【保安行业管理】 2023年，公安朝阳分局对负责监管的民营保安服务企业、保安服务驻勤点、已备案自行招用保安员单位开展调查摸底，分级建立档案，细化完善监管措施，对企业和驻勤点进行积分制考评，采取以会代训的形式对保安公司法人总经理等公司管理层进行培训；强化自招保安员备案审查。全年审核自招保安员备案材料355件，辞退各类不符合条件保安员1175名，抓获负案在逃犯罪嫌疑人18名。（丛 珊）

【违规电动三、四轮车治理】 2023年，公安朝阳分局牵头成立区级专班，制定工作方案和考核办法，拉列14项任务账单，推动公务用车和行业用车淘汰置换，特别是坚持与路面动态执法、社区静态摸排、网上筛查巡检相结合，查处违规驾驶行为4.5万起；设置回收网点384处，对5.4万辆在账车辆分类施策、逐人逐户宣传劝导，按期完成车辆清退任务。（何 帆）

【社区消防安全管理】 2023年，公安朝阳分局持续加强社区消防安全管理工作，依托消防安全隐患排查整治专项工作，围绕消防安全宣传、单位安全监管、隐患排查整治、消防安全培训等内容，明确工作目标，细化工作措施，层层分解责任，确保消防安全管理责任落到实处。全年入户宣传25.1万余次，召开宣传会4136次，悬挂横幅标语5443条，发放宣传材料24.8万余份，发布宣传信息4.8万余条，组织消防演练917次。（张 勇）

【公园景区旅游秩序维护】 2023年，公安朝阳分局紧盯元旦、春节、中秋、国庆等节假日期间全区50家公园景区及周边旅游秩序，制定节假日期间《朝阳区公园景区安全保卫方案》《朝阳分局2023年彩叶观赏期旅游安保工作方案》，保障欢乐谷、奥森、朝阳公园、温榆河公园等辖区重点公园游客249万人次安全游览，处理违章停车327起，交通事故82起，疏导交通121次。（王 越）

【反恐宣传活动】 2023年，公安朝阳分局深入贯彻落实习近平总书记关于反恐怖宣传教育工作的重要指示精神，结合《中华人民共和国反恐怖主义法》颁布实施七周年、“110”宣传日、“4·15”全民国家安全教育日、“5·12”防灾减灾日、“6月安全生产月”等时间节点，开展反恐宣传活动。在辖区繁华场所、重点地区张贴发放《中华人民共和国反恐怖主义法》《防范恐怖袭击宣传手册》《涉恐涉暴线索奖励办法》等主题海报、宣传资料6万余份。依托“北京反恐”微信公众号，通过微信群转发宣传推文、组织知识答题等方式，动员群防群治力量及广大社会群众3万余人参与答题活动；在北京朝阳站、朝阳医院、联合大学等重点部位开展综合演练19场次，受训人员2500余人。（林 静）

【破获盗版侵权专案】 3月1日，公安朝阳分局会同市文化执法总队、市版权局、廊坊公安机关等部门，联合开展侵权盗版违法犯罪专项打击行动，全链条打掉9个京内京外非法印刷、批发、销售盗版图书犯罪团伙，刑事拘留24人，捣毁窝点10处，查获盗版侵权图书253万余册，涉案金额约1.3亿元，为全市近年来侦破的涉案金额最大、图书册数最多、链条最完整的侵犯著作权案件。（王 越）

【失联人员查找中心组建】 3月22日，公安朝阳分局成立失联人员查找中心。完善警情线索流转、警种衔接配合、24小时值守等机制，找回率达99.98%，位列市公安局前列，撰写《坚持人民至上，构建具有北京朝阳特色的走失人员查找模型》调研文章。

（何　帆　卞亚勋）

【“国际禁毒日”主题宣传】 6月26日，公安朝阳分局联合北京广播电视台在朝阳公园举行“阳光 健康 爱与希望”主题宣传活动，同步发行宣传主题曲《相信》，首次在北京朝阳站开展禁毒预防教育活动。现场发放普及禁毒法律法规和防范毒品常识宣传品60万余件（套）。本月为“全民禁毒宣传月”，期间公安分局利用互联网、融媒体和禁毒宣传教育各类数字资源，开展形式多样、内容丰富的宣传活动。

（王子晗）

【被盗窃电动自行车发还仪式举行】 7月1日，公安朝阳分局组织召开刑侦系统突出打击战果通报会暨被盗物品发还仪式。中央广播电视总台、北京广播电视台、新华社、《中国青年报》、《北京日报》、《北京青年报》、《新京报》、中国警察网、区委宣传部等多家媒体记者、受害群众代表参加活动。活动现场向受害群众代表返还电动自行车4辆、自行车7辆。

（王子晗）

检　察

【概况】 2023年，朝阳区人民检察院（简称区检察院）受理各类案件19457件，占全市基层院办案量的15.04%。其中，受理刑事检察案件14388件，比上年增长86.2%；民事检察案件2739件，比上年增长56.87%；行政检察案件1717件，比上年增长86.63%；公益诉讼案件613件，比上年减少41.9%。办结各类案件18693件，占全市基层院办结量的15.04%。其中，办结刑事检察案件13951件，比上年增长82.46%；民事检察案件2670件，比上年增长54.69%；行政检察案件1474件，比上年增长61.98%；公益诉讼案件598件，比上年减少43.1%。受理数与审结数均居全市基层院首位。区检察院获第十一届北京市“人民满意的政法单位”、北京市青年文明号、首都禁毒工作先进集体等各级荣誉表彰10项，干警获全国优秀公诉人、首都劳动奖章、第十一届北京市“人民满意的政法干警”争创奖等各级荣誉表彰12项。

【刑事检察】 2023年，区检察院受理刑事检察案件14388件，办结刑事检察案件13951件。其中，办理危害国家安全和政治安全犯罪案件132件143人。办理抢劫、强奸等严重暴力犯罪案件305件321人。办理走私、贩卖、持有毒品犯罪案件62件66人。办理非吸、集资诈骗等破坏市场经济秩序犯罪案件1080件2435人。办理涉外刑事案件63件96人。办理生产、销售伪劣产品等案件33件130人。办理侵害未成年人犯罪案件149件157人，对20名未成年犯罪嫌疑人作出附条件不起诉决定，附条件不起诉率达45.6%。

【刑事诉讼监督】 2023年，区检察院发挥审判监督职能，协助区法院提升刑事裁判质效，化解刑事申诉。挂牌成立全市首个社区矫正中心检察办公室。协同相关单位对63名判处实刑而未执行的罪犯，交付监狱依法执行刑罚。

【民事检察】 2023年，区检察院受理民事诉讼监督案件2739件，办结民事诉讼监督案件2670件。对大标的额民商事案件开展专项监督7件，均获法院采纳支持。与区法院合力打击虚假诉讼行为，建立案件线索移送、联合查办等全流程配合机制，协力保护当事人合法权益。制发再审检察建议3份，获得法院回复采纳。

【行政检察】 2023年，区检察院受理行政检察监督案件1717件，办结行政检察监督案件1474件，制发行政违法监督检察建议1223份。开展道路交通安全和运输执法领域专项整治，联动行政机关及时排查道路隐患，同步建设电子监控等配套设施，以行政监督助力社会治理。开展行政处罚规范化专项工作，协助行政机关提升行政处罚文书质量，为法治朝阳建设贡献检察智慧。

【公益诉讼检察】 2023年，区检察院受理公益诉讼案件613件，办结公益诉讼案件598件，制发公益诉讼检察建议124份。开展换电柜专项监督工作，摸排全区120处换电柜运营情况，整治消防问题38项。与区残联携手共建朝阳区无障碍公益诉讼中心，为维护残疾人平等权利提供法治保障。

【保护国资国财】 2023年，区检察院加强成品油领域税收国有财产保护，督促18家加油站补缴税款人民币2513万元，实现全区加油站增值税入库比上年增长32.8%，增值税企业自主申报入库比上年增长44.6%。协同税务机关，督促6家违规取用地下水的企业补缴水资源税人民币813万元，督促11家占用耕地的企业补缴耕地占用税人民币401万元，促进国家税金“颗粒归仓”。

【优化营商环境】 2023年，区检察院依法打击职务侵占、挪用资金等侵犯企业合法权益犯罪244件288人，惩治向商家恶意敲诈、威胁曝光勒索钱款类案件8件11人。严把市场“门槛”，将办案中发现的48家疑似为违法犯罪设立的“幌子公司”线索移送市场监管部门，已吊销营业执照29份。依托涉案企业合规机制，助推符合条件的5家市场主体合规经营。与区工商联共同签订《民营企业产权保护社会化服务体系战略合作备忘录》，携手打造“亲清护企”法治营商环境的朝阳范本。

【检察听证会】 2023年，区检察院就254件案件召开检察听证，邀请人大代表、政协委员、人民监督员、专家学者等344人次作为听证员参与听证。

【数字检察赋能法律监督】 2023年，区检察院开展特种作业操作证专项监督（该项工作基于北京市人民检察院“涉安全生产的特种作业操作证”类案法律监督模型展开，该模型系大数据法律监督重点模型），对496个建设工地开展大排查大整治，核查特种作业操作证3526张，查出伪造证件151张，分别对34人以涉嫌买卖国家机关证件罪移送公安机关立案侦查，保障安全生产。运用“追捕追诉怠于执行情况大数据法律监督模型”，协助公安机关将91名犯罪嫌疑人抓捕到案。开展公租房违规使用大数据法律监督专项，追回欠缴租金人民币17.5万元，盘活和依规处置国有住房资源人民币2.8亿元。

【特色检察品牌打造】 2023年，区检察院锚定高素质、专业化队伍目标，打造涉外“朝晖3S”等检察工作品牌。深耕检察实务研究，中标省部级以上调研课题2项，入选最高检典型案例4件，市级参考性案例、典型案例25件，获评国家检察官学院教学实践示范基地。深化“朝阳晨钟”品牌建设，选任法治副校长深入34所中小学，开展法治教育109次。对712所学校开展校园周边交通安全隐患排查，办理行政公益诉讼案件31件，推动完善交通基础设施311处，共筑“平安校园”，共建“宜学”朝阳。

【司法工作人员相关职务犯罪办理】 2023年，区检察院参与立案侦查徇私枉法、滥用职权等司法工作人员职务犯罪案件3件3人。侦查终结全市首例检察机关履行机动侦查权案件，为建立健全直接侦查、机动侦查、自行补充侦查“三位一体”的检察侦查体系作出有益探索。衔接监察委员会，办理职务犯罪案件43件51人，追缴赃款人民币5887.9万元，向涉案单位制发检察建议6份，推动实现惩防并举、标本兼治的廉政防控体系。

法 院

【概况】 2023年，朝阳区人民法院（简称区法院）受理各类案件139547件，结案140506件。常态化开展扫黑除恶斗争，全链条整治电信网络诈骗行为，严厉打击危害国家安全和群众反映强烈的各类犯罪。创新民生司法保障，加强涉就业、医疗、消费、交通安全等民生案件审判工作，与区仲裁院建立“3+3+3”劳动人事争议化解体系，与北京市第三中级人民法院、区卫健委建立医疗纠纷化解十项工作机制，发布《涉预付式消费类服务合同案件审判白皮书》《非机动车交通事故案件审判白皮书》。落实优化营商环境工作任务，高效审结商事案件，建设“普法驿站”，参与服贸会举办，加大知识产权司法保护力度，服务区域经济社会高质量发展。在行政审判中贯彻“监督就是支持、支持就是监督”理念，妥善化解行政争议，全力助推法治政府建设。强化执行攻坚力度，创新财产执行方式，加快兑现胜诉利益。启用诉讼服务中心新址，建成集诉讼服务大厅、线上诉讼服务、“12368”热线为一体的“一站式”体系，诉讼服务、便民利民举措全面升级。健全妇女儿童权益保障机制，构建以“柔性司法”理念为中心，预防、保护、关爱为主线的“1+3”工作模式，发布《人身安全保护令申请指南》，发出《中华人民共和国妇女权益保障法》修订实施后北京市首份《夫妻共同财产申报告知书》，相关机制入选最高人民法院“第五批新时代人民法庭建设案例”。坚持和发展新时代“枫桥经验”，“四联四力”打造物业纠纷源头治理示范社区改革举措获评全国法院“十大最具创新‘一站式’建设改革创新成果”，并获中央政法委、最高人民法院刊载推介。2023年，区法院获“人民法院媒体融合工作先进集体”“全国法院先进个人”等市级以上集体和个人荣誉33项。

【刑事审判】 2023年，区法院审结刑事案件3264件，判处罪犯4257人。审结电信网络诈骗及关联犯罪案件165件，为受害群众挽回经济损失500余万元。召开新闻通报会发布《涉电信网络诈骗案件审判白皮书》及典型案例，开展“全民反诈在行动”集中宣传月系列活动。审结贪污、贿赂、职务侵占等犯罪案件75件。审结非法吸收公共存款、集资诈骗等犯罪案件353件，追赃挽损3亿余元。审结涉毒品犯罪、涉黄涉非犯罪相关案件88件，许某某等人侵犯著作权案、赵某某等人传播淫秽物品牟利案入选全市“扫黄打非”十大案件。

▲ 9月25日，区法院诉讼服务中心新址正式启用 （区法院 提供）

【民商事审判】 2023年，区法院审结各类民商事案件85786件。审结涉民生案件24630件，虚拟货币支付工资案入选最高人民法院“第三批人民法院大力弘扬社会主义核心价值观典型民事案例”，涉老审判工作经验被《北京市老龄事业发展报告》收录，涉养老服务养老产业案件入选北京法院涉老审判典型案例。审理《中华人民共和国民法典》实施后全市首例遗产管理人被诉案，弘扬崇德向善、扶危济困的中华民族传统美德。审结全市首例碳排放配额交易案，规制扰乱碳排放配额交易市场秩序行为。审结商事案件24042件，化解金融民商事纠纷17945件，审结全市首例私募基金投资人代表起诉交易关联方案，保护投资人合法权益，发送司法建议为私募基金行业稳健运行贡献司法良策。审结知识产权案件4315件，发布《涉外知识产权民事司法保护白皮书》。推进涉外审判专业化建设，与全国首家专业化域外法查明机构签署合作框架协议，发布《涉外家事案件审判白皮书》及典型案例。

【行政审判】 2023年，区法院审结行政案件1769件。连续15年发布《行政案件司法审判年度报告》，组织行政机关开展专题法治培训8次，600余人次旁听示范性庭审。每季度向区委、区政府发送《行政机关涉诉态势分析》，定期与区司法局召开“府院联席会”，研究解决市场监管、社保稽核等行政执法难题。

【执行工作】 2023年，区法院执结案件49249件，执行到位金额116亿元。依法执结涉十八里店乡违建腾退案、涉十里堡村重点违建房屋腾退案等案件17件，腾退面积13.4万平方米。全面推行网络司法拍卖，成交金额35亿元，举办北京、常熟、成都、佛山、沈阳五地联动大型法拍车专场线上活动，上架773辆法院扣押车辆。成功处置数字人民币、影视作品信息网络传播权等新型财产权益，在全市首次司法拍卖成交新能源汽车充电站，最高溢价率234%，相关案例被最高人民法院执行工作动态刊载、向全国法院推介。

【司法便民利民举措】 2023年，区法院启用诉讼服务中心新址，系统整合导诉服务区、自助服务区、窗口服务区、审判辅助事务管理中心、语音诉讼服务平台五大功能区，大学生志愿者、法律援助中心、非诉讼纠纷化解中心全部进驻，建成集诉讼服务大厅、线上诉讼服务、“12368”热线于一体的一站式体系。全年网上立案81657件，电子送达案件165659件，通过“12368”热线等方式解决群众诉求45万余个，联系法官到位率100%，受到群众表扬工单数居全市法院首位。

【非机动车交通事故案件审判白皮书】 2月8日，区法院召开新闻通报会，发布《非机动车交通事故案件审判白皮书（2021年度—2022年度）》，通报非机动车交通事故案件审理情况及典型案例。白皮书分为“非机动车交通事故案件的审理情况”“非机动车交通事故案件的特点”“非机动车交通事故案件的审理难点”“关于加强非机动车道路交通安全管理的建议”“典型案例”5个部分，对2021—2022年期间区法院审理的非机动车交通事故责任纠纷案件进行系统梳理，重点分析案件审理情况、案件特点、审理难点，就加强非机动车道路交通安全管理提出对策建议。

【“四联四力”打造物业纠纷源头治理示范社区改革举措】 2月15日，区法院“四联四力”打造物业纠纷源头治理示范社区改革举措获评全国法院“十大最具创新‘一站式’建设改革创新成果”，并获中央政法委、最高人民法院刊载推介。区法院通过“组织联建、资源联合、服务联供、群众联治”，充分激活和发挥党建引领“牵引力”、协作配合“聚合力”、司法服务“助推力”、基层社会“自治力”，以集中审理全区物业纠纷为契机，主动融入党委领导下的基层社会治理工作，着力前置防线、前瞻治理、前端控制、前期处理，通过畅通和规范群众诉求表达、利益协调、利益保障通道，实现精治共治法治，源头化解更多物业纠纷。

【医疗纠纷化解10项工作机制】 2月24日，区法院与北京市第三中级人民法院、区卫健委签署《关于构建和谐医患关系化解医患矛盾 建设更高水平平安朝阳的联动协议》。根据联动协议，三方将在平安朝阳建设制度创新和法律风险防范方面开展深度合作交流，建立医疗纠纷化解10项机制，即互联会商机制、联合调研机制、普法宣传机制、两级法院沟通机制、示范裁判机制、多元解纷机制、案例通报机制、司法建议机制、督促履行机制、强化执行机制，实现府院联动，为防范化解医患纠纷提供坚实法治保障。

【涉预付式消费类服务合同案件审判白皮书】 3月14日，区法院召开新闻通报会，通报涉预付式消费类服务合同案件审理情况暨消费者权益保护典型案例。《涉预付式消费类服务合同案件审判白皮书（2020年度—2022年度）》分为“涉预付式消费类服务合同案件的审理情况”“涉预付式消费类服务合同案件的特点”“涉预付式消费类服务合同案件的典型问题及裁判思路”“高效化解预付费服务合同纠纷的对策及建议”“消费者权益保护典型案例”五个部分，对2020—2022年间区法院审理的涉预付式消费类服务合同纠纷案件进行系统梳理，重点分析纠纷特征、发案趋势、典型问题，就预防化解相关纠纷提出对策建议。

【涉电信网络诈骗案件审判白皮书】 3月30日，区法院召开新闻通报会，发布《涉电信网络诈骗案件审判白皮书（2018年度—2022年度）》。白皮书分为“涉电信网络诈骗案件的审理情况”“涉电信网络诈骗案件的特点”“打击治理电信网络诈骗犯罪的对策及建议”“典型案例”4个部分，对2018—2022年间区法院审理的涉电信网络诈骗案件进行系统梳理，重点分析犯罪主体、犯罪场景、犯罪链条、技术手段、犯罪套路等，就打击电信网络诈骗犯罪、治理网络空间提出对策建议。

【人身安全保护令申请指南】 4月13日，区法院召开《人身安全保护令申请指南》暨典型案例新闻通报会。《人身安全保护令申请指南》结合相关法律规定，以17组问答形式帮助社会公众了解家庭暴力种类，明确人身安全保护令的申请条件、方式和适用规则，为家庭暴力受害人寻求司法保护提供清晰指引。

【涉外知识产权民事司法保护白皮书】 4月26日，区法院召开新闻通报会，发布《涉外知识产权民事司法保护白皮书》暨典型案例。白皮书分为“涉外知识产权民事纠纷案件概况及特征”“涉外知识产权民事诉讼程序领域高发问题”“涉外知识产权民事诉讼实体领域典型纠纷”“涉外知识产权司法保护审判理念与专项机制”4个部分，对2014—2022年间区法院审理的涉外知识产权民事案件进行系统梳理，重点分析常见纠纷特点、高发问题，切实回应涉外知识产权民事司法保护需求。

【与全国首家专业化域外法查明机构签署合作框架协议】 5月6日，区法院与深圳市蓝海法律查明和商事调解中心签署合作框架协议，推进涉外审判专业化建设。深圳市蓝海法律查明和商事调解中心是全国首家专业化的域外法查明法人机构，被最高人民法院授予“港澳台和外国法查明基地”称号。区法院与该中心签署框架协议，在外国法查明、涉外民商事纠纷调解、建立中立性评估、组织法律培训与调研等领域共建多项工作机制。

【“3+3+3”劳动人事争议化解体系】 5月18日，区法院联合区劳动人事争议仲裁院召开新闻通报会，发布《劳动人事争议仲裁与诉讼衔接工作白皮书（2020年度—2022年度）》。2020年以来，区法院与区劳动人事争议仲裁院探索形成“三联动、三衔接、三延伸”的“3+3+3”朝阳劳动人事争议化解体系，通过融合府院联动、信息联动、调解速裁联动“三联动”的多元解纷平台，协同调处“灭隐患”；做实仲裁与诉讼的要素、效果、尺度“三衔接”，提升裁审“硬实力”；以党建延伸、基层延伸、社会治理延伸“三延伸”，提升司法服务效能，由点及面“治未病”。

【“1+3”妇女儿童权利保障机制】 8月28日，区法院王四营人民法庭构建的以“柔性司法”理念为核心，预防、保护、关爱为主线的“1+3”妇女儿童权利保障机制入选最高人民法院第五批新时代人民法庭建设案例。该机制以“柔性司法”理念为中心，延伸出预防、保护、关爱3条主线，即坚持预防和调解优先，推动纠纷源头预防化解；坚持保护和教育结合，通过建立“立审执优先”机制、创新未成年人审判教育模式、联合开展家庭教育指导工作，构建特色司法保护体系；坚持回访和延伸统一，通过坚持跟踪回访机制、首创教师“法制教育基地”、持续加强良好家风宣传引领，弘扬现代家庭文明观念和社会主义法治精神。

【“朝知云调解平台”助力服贸会服务】 9月2日，区法院亮相2023年中国国际服务贸易交易会现场，通过主会场签约“朝知云调解平台”合作协议，分会场设立法官工作站并开展专题普法的形式，深度参与、高质量服务服贸会，为本届服贸会提供有力的知识产权司法保障。“朝知云调解平台”系区法院与首都版权协会、北京知识产权保护中心、北京朝阳国家文化产业创新实验区管理委员会联合建设的在线调解平台，中国版权协会、北京版权调解中心、北京赛智知识产权调解中心、北京阳光知识产权调解中心、中关村英普斯蔓软件行业知识产权促进人民调解委员会等多家行业调解组织入驻该平台开展调解工作。

【网络司法拍卖直播】 12月7日，区法院开展网络司法拍卖直播活动，执行局法官做客北京广播电视台《法治进行时》直播间，对此次司法拍卖拍品进行精选推介，来自全国5个车场的773辆待拍车辆在直播间亮相，开创全国司法拍卖五地直播先例，获得社会广泛关注。“人民网+”客户端，人民法院报官方微博及视频号，北京广播电视台《法治进行时》官方微博、视频号，纪实科教频道微博，北京时间App，区法院官方微博，淘宝直播等多平台同步直播，观看网友36.5万人次，成交汽车334辆，成交金额逾3424万元，溢价金额超584万元，切实维护当事人的合法权益。（杨　虹）

司法行政

【概况】 2023年，朝阳区司法局（简称区司法局）紧紧围绕区委、区政府各项工作部署，聚焦司法行政各项工作，着力提升普法宣传质效、推进人民调解工作水平、优化公共法律服务、维护社会安全稳定，不断推动司法行政工作高质量发展。1个乡人民调解委员会被评为全国模范人民调解委员会，1个乡人民调解员被评为全国模范人民调解员。（徐　菲）

【行政审批】 2023年，区司法局办理许可和备案类业务18974件，全年发放律师执业证9102本。全区68个部门设置公职律师管理机构，144名工作人员获得区属公职律师执业证书。完成对辖区1237家律所的年度考核工作，为22094名律师的年度考核结果进行备案。（董　宁）

【司法鉴定】 2023年，区司法局完成辖区9家参评司法鉴定机构的诚信等级评估初评工作。开展物证类文书评查活动，对区登记的从事物证类司法鉴定业务的司法鉴定机构，按照比例采取随机抽取的方式，抽取40本文书，从司法鉴定文书质量和案件办理程序规范性等方面，进行集中评查。

（王　玮）

【公共法律服务】 2023年，区司法局完成《北京市公共法律服务体系建设发展规划（2021—2025年）》中期评估任务，制作《朝阳区公共法律服务中心成果手册》和中心宣传片。12月21日，在北京朝阳新闻发布厅召开公共法律服务体系建设新闻发布会。联合司法所做好法律顾问选任，与668个社区（村）按照顾问律师和社区（村）"一对一"配备模式签订村（居）公益法律服务协议，签约率为100%，实现全区村居法律顾问全覆盖。

（王　玮）

【法律援助】 1月3日，区司法局开展农民工法律援助专项维权，助力农民工讨薪维权。3月3日，联合团结湖街道开展妇女法律援助志愿服务活动，发放法律援助宣传材料120份，解答群众咨询16人次。8月18日，区司法局与北京市第二监狱签订法律援助合作协议并举行送法进监区活动，法律援助志愿律师进监区为新入监服刑人员提供"一对一"的法律咨询。10月，开展老年人专项维权活动，举办老年人合法权益保障主题活动60余场，接待老年人法律援助咨询300人次，累计发放法律援助宣传手册5000余份。10月31日，区法律援助中心举办法律援助工作业务培训班，就《中华人民共和国法律援助法》的实施与运用以及法律援助案件质量提升工作等内容进行讲解，100家法律援助志愿律师事务所的律师代表参加培训。2023年，受理法律援助案件4686件，解答"12348"热线法律咨询43216人次，提供现场、电话咨询16万余人次。

（王　鹤）

【律师管理】 1月6日，区律师协会换届选举工作完成。3月10日，召开朝阳区律师执业权利保障工作联席会第八次会议。7月3日，区律师行业党委集中学习司法部6月30日召开的律师工作座谈会和全国律协组织传达学习该座谈会的精神。9月20日，朝阳区主办2023北京CBD涉外法律服务研讨会。12月8日，区律师行业党委集中学习习近平总书记在第十个国家宪法日之际作出的重要指示。2023年，司法局领导走访调研律所10余家。做好律师类群众现场投诉咨询、来信来访、行政执法检查、行政投诉、行政处罚案件的审理等工作。全年现场接待来访群众620余次，办理信访案件130件，办理信息公开案件20件，电话解答群众咨询1.5万余次，对1849名律师、232家律所进行检查。受理律师类投诉案件429件，作出答复260件，比上年增加23.8%。行政处罚立案38件，审结28件，其中给予行政处罚16件。

（张　静　刘素红）

▲ 4月，朝阳区法律援助中心工作人员受理无家可归的老人"返还原物"之诉，前期已为老人打赢三个诉讼

（区司法局　提供）

【人民调解】 3月，区司法局、区房管局联合印发《创新朝阳区物业管理纠纷调解工作体系建设的实施方案》，推动全区物业管理纠纷调解工作。4月6日，举办朝阳区人民调解工作培训。4月至5月，朝阳区开展行业性、专业性调解组织调研工作。9月，朝阳区制定《在全区开展纪念"毛泽东批示学习推广'枫桥经验'60周年暨习近平总书记指示坚持发展新时代'枫桥经验'20周年"人民调解系列主题活动的方案》，全面开展纪念"枫桥经验"系列主题活动。10月9日，全国调解工作会议召开，黑庄户乡人民调解委员会被评为全国模范人民调解委员会，平房乡人民调解员曹俊英被评为全国模范人民调解员。10月31日至11月2日，朝阳区召开坚持和发展新时代"枫桥经验"研讨会。12月，区司法局、公安朝阳分局、区法院联合印发《朝阳区关于加强和规范治安纠纷与民间纠纷联合调解工作的实施意见》，推动基层人民调解与治安行政调解衔接工作。12月，制定《关于建设朝阳区非诉讼纠纷化解中心开展诉调对接工作方案》，经区委政法委审议后，正式开展朝阳区非诉讼纠纷化解中心建设工作。

（解天泉）

【社区矫正】 3月，区司法局联合区检察院开展社区矫正执法工作专项督查。3月23日，组织社区矫正对象开展党史学习教育。7月20日，朝阳区社区矫正中心举行新址揭牌仪式。9月13日，北京市司法局副局长一行到区社区矫正中心开展调研。9月26日，司法部预防犯罪研究所所长一行到区社区矫正中心调研指导社区矫正工作。

（赵荣华）

【普法工作】 4月6日至7日，朝阳区举办2023年乡村“法律明白人”业务培训，培训围绕全面贯彻落实党的二十大精神、民法典、农村基本经营制度、如何做好乡村普法工作、人民调解工作经验分享等内容展开。8月25日，完成北京市“八五”普法中期验收，市委依法治市委守法普法协调小组对全市“八五”普法中期工作暨国家机关普法责任制履职报告评议进行评估验收，参观实地抽查的朝阳区市级法治文化活动基地——垡头地区文化中心和区级普法宣传阵地——垡头法治文化广场，以汇报片《砥砺奋进新征程，法治朝阳谱新篇》的形式听取朝阳区“八五”普法中期工作开展情况。8月29日，朝阳区举行守法普法宣传大使聘任仪式，正式聘任北京电视台节目主持人李杰作为朝阳区守法普法宣传大使。11月8日至15日，区委依法治区委守法普法协调小组、区司法局组织开展2023年全区国家机关“谁执法谁普法”普法责任制履责报告评议工作，由区人大代表、政协委员、新闻媒体代表等10人组成的集中评议组，在随机选取的8家单位自查自评基础上，通过查阅自查自评报告及普法工作档案资料，分别对参评单位“八五”普法以来落实“谁执法谁普法”普法责任制履责情况进行评议打分，8家单位均获评优秀等次。11月15日，区委全面依法治区委员会守法普法协调小组召开第六次（扩大）会议，通报区“八五”普法中期验收、普法责任制落实情况，审议通过《北京市朝阳区首批“全国守法普法示范市（县、区）”创建活动考评指标体系（2023年版）任务分解》，部署“全国守法普法示范市（县、区）”创建活动工作。12月4日，由区委依法治区办、区委依法治区委守法普法协调小组、区委宣传部、区司法局等单位联合举办的2023年北京市朝阳区“宪法宣传周”系列活动启动仪式暨法治文艺大赛颁奖仪式在垡头地区文化中心举行。12月7日，区领导吴小杰到日坛公园参加朝外街道“大力弘扬宪法精神，建设社会主义法治文化”宪法宣传周普法活动。（张　兵）

【公证管家服务启动】 12月4日，正阳公证处与朝阳区望京街道办事处举行签约仪式，签订《公益法律服务共建协议》，正阳公证处望京便民服务点正式成立，公证管家服务正式启动。

（宋　冉）

仲　裁

【概况】 2023年，朝阳区劳动人事争议仲裁院（简称区仲裁院）践行“立品牌、重预防、强调解、慎裁决”工作宗旨，形成以院级品牌为核心、支部品牌为支撑、庭室品牌为延伸的党建品牌矩阵。中央广播电视总台新闻频道《新闻直播间》栏目以《优化劳动争议办理服务　积极化解纠纷》为题，对区仲裁院推动基层纠纷化解工作进行报道。2023年，区调解仲裁系统受理劳动人事争议案件38434件，其中区仲裁院受理28907件，案外调解和基层调解组织化解9527件。全年仲裁结案率98.84%、调解成功率61.87%、案件终结率75.22%。区仲裁院获“北京市劳动人事争议处理工作优秀单位”“北京市劳动人事争议调解仲裁综合工作优秀单位”称号，仲裁员14人获“优秀仲裁员”称号，1人被区退役军人事务局评为“初心永不改　戎创新时代——朝阳区第三届最美退役军人”。调研报告《违法解除劳动合同引发继续履行的困境与重构》《新就业形态“不完全劳动关系”劳动者权益保障研究》被北京市人力资源和社会保障局评为北京人社系统调研报告一等奖，区企业联合会劳动争议调解委员会被确定为第二批“北京金牌劳动人事争议调解组织”并被人力资源社会保障部等四部门评为“2022年度工作突出基层劳动人事争议调解组织”。

【集体争议案件联合调解】 2023年，区仲裁院联合朝阳区法院开展2次重大集体争议案件联合调解，化解劳动纠纷783件，调解成功率98.7%，有效推动区域案源治理。

【巡回法庭与裁审交流活动】 2023年，朝阳区仲裁院“法官工作站”开展巡回法庭与裁审交流活动4期。区法院法官公开开庭审理劳动争议案件4件，均当庭宣判维持仲裁裁决，仲裁员、兼职仲裁员及调解员旁听庭审，并于庭审后与法官进行裁审衔接交流。

【“青年荟”志愿服务队活动】 2023年，区仲裁院“青年荟”志愿服务队组织36名青年仲裁员开展10次普法宣传志愿活动，惠及121家企业和

▲ 2023年，行业陪审员参与仲裁案件审理活动　（区仲裁院　提供）

181名企业代表，引导企业规范用工管理。

【普法宣传活动】 2023年，区仲裁院“仲裁法宣队”联合区总工会、区法院、区综合执法队、街道及地区办事处走进常营地区及世贸天阶广场开展联合普法活动，设立宣传咨询台为群众“面对面”解答群众法律咨询100余件，发放普法宣传资料1000余份。

【商会企业劳动争议调解委员会成立】 3月24日，区仲裁院指导成立汽车服务业商会劳动争议调解委员会，覆盖朝阳区汽车服务业商会成员单位82家，相关从业人员数千人，旨在化解汽车服务业劳动争议在源头、规范企业用工管理、优化营商环境。5月23日，指导成立新就业形态头部平台企业调解组织——饿了么（北京）蓝骑士劳动争议调解委员会，覆盖骑手6000余名，为区辐射面最广的调解组织。

【首批行业陪审员聘任及参与案件审理】 3月31日，区仲裁院举行朝阳区劳动人事争议仲裁委员会行业陪审员聘任仪式，从人事管理、人力资源、餐饮服务、新业态经济4个领域中聘任4名行业陪审员。2023年，区仲裁院开展行业陪审员实质参与仲裁案件审理的合议庭审5次，在庭审后联合行业陪审员发放行业仲裁建议书，就行业内企业存在的共性问题提出有效可操作性意见建议。

【仲裁裁决书在互联网公布办法发布】 10月27日，朝阳区劳动人事争议仲裁委员会发布《关于在互联网公布劳动人事争议仲裁裁决书的办法（试行）》（朝仲委发〔2023〕1号）共15条，明确了裁决书的公开范围、公开方式、公开时间等方面内容。

【涉自贸区企业裁决书首度公开】 12月5日，区仲裁院在朝阳区人民政府门户网站“仲裁裁决书公开”专栏首度公开3份涉本区自贸区企业的裁决书。

（吴岩玲）

军 事

区人武部工作

【概况】2023年，中国人民解放军北京市朝阳区人民武装部（简称区人武部）坚决贯彻中共中央、中央军委、陆军总部和北京卫戍区决策部署和重大工作安排，坚持以坚定的意志、协调的行动、强大的战斗力推进工作持续向上向好发展。完成民兵执勤、抢险救灾、民兵整组训练、年度征兵、国防教育等多项任务。6月，区人武部被北京卫戍区表彰为“先进旅团级党委”。

【民兵应急分队建设】2023年，区人武部调研民兵应急分队的任务区分、应急装备、使用权限等问题。优先编组经过军事训练、户籍在朝阳区、岗位固定的在职人员、退役军人和专业技术人员。为民兵应急分队配备应急装备，进行正规化建设。

【民兵整组】2023年，区人武部编建具有区域特色，突出高质量发展排头兵优势的新质民兵分队，动态更新潜力信息，选拔有训练基础、过硬素养、优良作风的适龄人员加入民兵队伍。

【民兵训练】2023年，区人武部组织两次民兵训练。6月，区人武部适应实战化训练要求，完成应急民兵基地化培训任务，为加强各领域新质力量布局融合、军地企资源一体整合打下新基础。10月，区人武部向新质力量进行专业拓展与实兵部队进行联演联训，按实战要求完成新质新域民兵分队的自考自评和能力、战力评估，把新质体系的力量编实建强。

【民兵政治教育】2023年，区人武部下发民兵政治教育教材和《民兵之歌》，安排落实政治教育内容。开展学刊、用刊活动，进行职能任务、形势政策、爱国主义、遵纪守法以及相信科学、破除迷信等教育。全区订阅《中国民兵》《国防教育》《中国国防报》等报刊900余份，订阅到街乡党（工）委书记、大专院校主管领导、所有专武干部和民兵连。

【征兵工作】2023年，区人武部畅通“部警校乡”协调机制，组织街乡、高校采取入户调查登记、网上比对登记和查验兵役证等形式，开展兵役登记，登记率100%。落实“五率”（报名率、上站率、合格率、择优率、退兵率）要求，坚持以大学生为主体的征集思路，加大社会技能人才征集力度，在政治考核环节，落实三级联审、网上对比、区域联审，协调出兵大户所在派出所为征兵高校政治考核开辟快车道。开展征兵宣传，落实区征兵优待办法和廉洁征兵措施办法。

【国防教育】3月，区人武部到北京第二外国语学院参加国防教育工作室揭牌仪式暨2023年春季参军大学生入伍欢送会。4月，举办主题为“国家安全形势分析，反间谍相关知识讲解”的全民国家安全教育大会，全区43个街乡负责人参会。5月，区人武部协调区委宣传部、区教委和区退役军人事务局为全区15所全国国防示范学校挂牌。6月，在北京联合大学组织北京市2023年国防教育暨征兵宣传进校园活动。9月，抽组4名民兵骨干代表朝阳区参加北京市首届国防知识与技能大赛，获第一名的成绩。

【防汛工作】7月，区人武部调整民兵和驻区部队防汛指挥部领导成员，完善新版防汛方案，出动各街乡民兵参加防汛救灾。8月1日，区人武部防汛应急值守专班值守，按要求参加区委区政府防汛调度会。各街乡民兵应急分队动用171人、15台车、19台水泵，疏通积水点55处。辖区武警支援门头沟、房山地区抢险。12月7日，区人武部针对做好雨雪冰冻灾害应急支援准备，对辖区街乡进行应急预案部署，区属应急连、各街乡应急排参加，按指挥架构层层部署确保每名应急分队民兵明确任务，做到随时出动。

（杨　涛　王子龙）

人民防空

【概况】2023年，朝阳区完成区国防动员体制改革相关任务及人防工程综合整治、战备设施维护维修、指挥通信建设、“接诉即办”事项办理等各项工作，参与“一带一路”国际合作高峰论坛等应急值守，办理接诉即办诉求案件266件。1月11日，北京市朝阳区国防动员办公室挂牌成立（简称区国动办，暂时保留“朝阳区人民防空办公室”牌子），是区政府直属工作部门。有行政机关1个，内设综合科、国防动员协调科、军事设施保护科（工程管理科）、规划建设科、指挥通信科、法制宣传科6个科室，有行政编27个、工勤编制2个。下属2个全额拨款事业单位，分别是区人防工程管理所，事业编制51个；区防空防灾通信指挥中心，事业编制10个。7月24日，召开朝阳区国动委第一次全体会议。

【指挥通信训练演练】2023年，指挥通信日常业务训练完成，参加市国动办组织的京津冀“3+2”通信支援演练、指挥车比武驻训和核化防护综合训练。

【人防工程隐患治理】2023年，区国动办开展安全生产大检查大排查和有限空间“双防一推进”（防止违规作业、防止盲目施救，推进企业落实主体责任）行动。消除市区挂账的住人及燃气安全隐患。应急处置人防工程内渗漏积水，实现平安度汛。开展质量监督，完成问题整改。

【社区人防建设】2023年，完成人防社区人防疏散标识、人防疏散公示栏巡查维护。安装配备公共安全宣传栏、人防入口标识牌、公用人防车库入口警示语和人防物资柜。

【国防人防宣传教育】2023年，朝阳区在10余所中小学开展国防动员“小社团”54场，普及学生2670人次。与区教委联合编写、制作《国防知识读本——人防篇》1.2万本、《人防小视频》240套，发至中小学校，实现全区中小学国防教育全覆盖。利用中央和市、区各类平台宣传国防人防内容117条，总阅读量44.5万人次。

【防空袭警报鸣响】9月16日，“全民国防教育日”警报试鸣任务完成，除避开司法和教师资格考试场所、医院的警报器外，朝阳区五环路外警报器全部参与试鸣，鸣响率100%，完成紧急疏散掩蔽演练。

【国防动员综合训练】10月9日至11日，朝阳区组织开展2023年国防动员综合训练。综合训练设定军事地形学、野外生存等科目。区国动办全体人员、43个街乡主管领导和工作人员参加训练。

【人防工程平战转换演练】11月1日，朝阳区首次人防工程平战转换演练完成，重点演练防护功能转换、使用功能转换和设备设施转换3个科目、16个项目。（邱云波）

退役军人事务

【概况】2023年，朝阳区贯彻落实“加强军人军属荣誉激励和权益保障，做好退役军人服务保障工作”“巩固发展军政军民团结”等战略部署，以争创全国双拥模范城“八连冠”为抓手，开展法律、健康、文化、人才、科技、生态6个领域为部队办实事项目，与驻西藏边防连队结对共建，为部队设计建设强军文化馆。推进“千企万店”社会化拥军行动，试点街乡扩大到13个，拥军店企1411家。落实安置政策，接收退役士兵、军转干部、军休干部等，为退役军人提供就业创业培训，发放各类抚恤补助。发放现役军人立功受奖喜报及其他荣誉。发放光荣牌，为一、二等功臣定做、发放“功臣之家”实木光荣牌匾。健全建强区、街乡、村居三级退役军人服务保障体系，组建朝阳区“首都老兵”志愿者宣讲团。开展“红色九月”系列活动。在北京市长青生命纪念园为烈士刘俊杰举行安葬仪式。与西藏共建部队领导座谈。朝阳区退役军人事务局（简称区退役军人事务局）等12家单位被授予“首都拥军优属拥政爱民模范单位”称号。（严　苗）

【退役军人服务保障】2023年，朝阳区落实《退役军人服务中心（站）服务与运行规范》地方标准，统一各级服务中心（站）政治文化氛围建设，加强对基层工作人员业务培训指导，进一步提高“军”的特色和“家”的氛围，推动服务保障体系从“有”向“优”转变。面向各街乡解读《基层退役军人服务站思想政治工作实用手册》，指导推动基层思想政治工作规范化、体系化。（王鹏飞）

【优待褒扬】2023年，朝阳区举办“红色九月”系列活动，结合“9·3”抗日战争胜利纪念日、“9·30”烈士纪念日等重要时间节点，开展缅怀革命先烈纪念活动。依托央视网、中青网等媒体，实时播放公祭仪式，累计传播量2031.86万次，培育尊崇烈士的社会风尚。同时，协同区委政法委、公安朝阳分局、区国资委、建外街道完成烈士刘俊杰安葬工作。（王鹏飞）

【军休服务】2023年，朝阳区按照就近就便的原则，移交外区服务管理89人，调整全区17家军休所服务管理范围，优化军休干部服务管理关系，解决全区军休干部服务管理工作中军休所地点设置不均衡、军休所服务范围覆盖不均衡等问题。同时，落实基层党支部人数要求，军休干部党支部由原来的101个调整至226个。成立朝阳军休党校、军休诗词学会和摄影协会，强化军休干部思想政治引领，满足军休干部精神文化需求。（王鹏飞）

【就业创业】2023年，区退役军人事务局构建退役军人就业创业综合服务平台，为退役军人提供就业创业培训，举办2场退役军人及军属招聘会，打造退役军人岗位专招模式。加大自主就业退役士兵就业创业减税降费政策宣传力度。（王鹏飞）

【双拥工作】2023年，朝阳区通过“上门服务”，问部队之需，开展为部队办实事项目，覆盖法律、健康、文化、人才、科技、生态6个领域，助力部队发展建设。帮助部队推进解决家属院基础设施老化、垃圾清运不到位等治理难题，协调对接各街乡开展植树绿化进军营，助力部队营区生态文明建设。完成年度两次新老兵接待转运工作，推进“城连共建”，与驻西藏边防连队结对共建，为部队设计建设强军文化馆。协助家属随军和就业创业，保障军人子女100%享受优质教育。

（王鹏飞）

【老兵宣讲活动】 2023年，朝阳区组织“老兵永远跟党走”巡回宣讲报告会5场，对越作战一等功臣王自焰，73岁“首都老兵”志愿者、最美退役军人施国堂，“永远跟党走”活动创始人范晓伟等“首都老兵”宣讲团成员到南磨房地区（乡）、团结湖街道、三里屯街道、北京市第八十中学睿德分校等，用老兵语言、从老兵视角、讲老兵故事，展现首都退役军人风采。1600余人参与现场活动，10000余人观看相关视频，典型经验做法被中央退役军人事务工作领导小组办公室《简报》刊登。（金亚平）

【“首都老兵”志愿服务活动】 2023年，区退役军人事务局引导全区704支“首都老兵”志愿服务队，6292名“首都老兵”志愿者开展全国两会、服贸会、“一带一路”高峰论坛等重大活动服务保障、医疗救助、创业帮扶、理论宣讲、心理咨询、法律援助、社区服务、环境治理等志愿服务活动4385次，22474人次参与。（金亚萍）

【就医绿色通道开通】 2023年，区退役军人事务局与武警北京总队医院沟通协商，开通朝阳区军休干部就医绿色通道服务，为危急重症的军休干部提供服务。（李　晶）

【慰问部队】 1月，区四套班子领导走访慰问驻区部队，为部队官兵送去节日祝福和新春问候。8月3日，区双拥办慰问团到陆军某训练基地，慰问野外驻训部队官兵。11月29日，区双拥办为驻藏部队寄送春节慰问品、新年贺卡及500幅全区中小学师生书画作品。（杨　阳）

【“拥军图书室”赠书揭牌仪式】 2月22日，朝阳区双拥办协同区文化和旅游局、区图书馆在驻区部队某部举行“拥军图书室”赠书揭牌仪式，免费赞助建立图书室所需的近1.5万册图书，并定期免费更新，纳入全区统一规范管理，实现异地借书还书。

（杨　阳）

▲ 2023年，朝阳区“首都老兵”志愿者开展医疗救助、创业帮扶、环境治理等志愿服务活动4385次。图为12月11日，大屯街道的“首都老兵”志愿服务队帮助小区扫雪铲冰（金亚平　摄）

【区军休干部服务管理工作咨询委员会成立】 2月28日，朝阳区军休干部服务管理工作咨询委员会成立并召开第一次全体会议，会议讨论通过《朝阳区军休干部服务管理工作咨询委员会章程》，为咨询委员会委员颁发聘书，等额选举产生两名咨询委员会副主任委员。委员会负责调研军休干部的现实需求，听取、收集军休干部对服务管理工作中的意见建议及合理诉求，发现和反映服务管理机构的普遍性、倾向性问题，开展军休工作改革创新课题研究，为做好服务管理工作提出具有前瞻性、针对性、可操作性的意见建议；发现并挖掘服务管理机构和军休干部中的各类先进典型，提出总结经验和事迹宣传建议；讨论、研究军休党委委托的其他工作。（姜玲玉）

【“三八”节“致敬最美军嫂”活动】 “三八”节前夕，朝阳区与驻区部队组织开展“致敬最美军嫂”活动，20余名“朝阳区百名最美军嫂”代表参观奥运会标志性建筑——奥林匹克塔，到三里屯拥军示范街体验朝阳区“千企万店”拥军成果，到驻区部队某部营区零距离感受营区官兵日常工作、训练和生活，听取部队建设汇报，观看防暴处突演练，参加专题座谈会。

（杨　阳）

【军地青年联谊会】 3月19日，“青春有约、爱在军营”朝阳区军地青年联谊会在某部队礼堂举行，近150名驻区部队现役官兵和医务工作者参加活动。（杨　阳）

【清明祭英烈活动】 清明节期间，区退役军人事务局在马骏、谢玉山、芦亮、周芝才烈士墓，长青生命纪念园无名烈士纪念碑等地开展清明祭扫，缅怀革命烈士、弘扬烈士精神、赓续红色基因。区退役军人事务局，驻人力资源社会保障局纪检监察组，北京军事检察院和朝阳区人民检察院，黑庄户、崔各庄、金盏地区（乡），近130名党员、干部参加活动。同时，

▲ 7月8日，朝阳区承办的北京市“双拥杯”军地智力竞技比赛在某部队闭幕　（杨　阳　摄）

依托中华英烈网开展“网上祭英烈”活动。（杨洁茹）

【第四届“双拥杯”乒乓球友谊赛】 4月19日，朝阳区第四届“双拥杯”乒乓球友谊赛在某部队举办。驻区部队、区双拥工作领导小组成员单位、各街乡38支代表队200余名运动员、裁判员参赛。区体育局、区消防救援支队、某部队分别获团体赛第一、二、三名，区消防救援支队、三间房地区（乡）、来广营地区（乡）选手分别获男子单打第一、二、三名；区消防救援支队、来广营地区（乡）、东湖街道选手分别获男子双打第一、二、三名。（杨　阳）

【“双拥杯”军地智力竞技比赛】 7月8日，由市双拥办主办、区双拥办承办的北京市“双拥杯”军地智力竞技比赛，在驻朝阳区某部队闭幕。市双拥办成员单位、16个区和经开区、驻京部队198支参赛队伍参加比赛。南磨房地区（乡）代表队获二等奖，区体育局、八里庄街道代表队获三等奖。市双拥办、退役军人事务局，区双拥办，区人民政府，驻京某部队，各区退役军人事务局领导出席闭幕仪式。（杨　阳）

【“千企万店”拥军行动第二批试点启动】 7月18日，区双拥办、区退役军人事务局协同13个试点街乡、驻区部队及拥军店企，在南磨房街道心连心广场举行第二批“千企万店”拥军行动试点启动仪式。活动回顾首批试点单位实践历程，发起拥军倡议，为首批6家最美拥军单位颁发奖杯和证书，为第二批10家“签约单位”颁发牌匾。市退役军人事务局、区双拥办、驻区部队、区双拥工作领导小组成员单位、试点街乡的领导参加活动。（杨　阳）

【军政座谈会暨双拥工作领导小组会】 7月28日，朝阳区举办军政座谈会暨双拥工作领导小组会及庆“八一”文艺演出活动。会议总结回顾朝阳区双拥工作情况，部署下一阶段工作任务。驻区部队领导感谢区委区政府和全区人民长期以来对部队建设的关心支持。军委领导在讲话中肯定朝阳区历年双拥工作成绩。区委书记文献代表区委、区政府和全区人民，向驻区部队全体官兵、军队离退休干部、退伍军人以及军烈属致以节日问候。对驻区部队全体官兵“驻朝阳、爱朝阳、建朝阳”的付出，表示感谢。中央军委政治工作部、退役军人事务部、北京市退役军人事务局、驻区部队、区委区政府等军地领导出席活动。“最美退役军人”、驻区部队官兵、区双拥工作领导小组成员单位代表、各街乡代表1000余人参加活动。（杨　阳）

【区军休党校、诗词学会和摄影协会成立】 9月12日，朝阳区军休党校、诗词学会和摄影协会成立大会在蓝调庄园举行。大会为军休党校校务委员会委员、诗词学会及摄影协会名誉会长、顾问、会长、副会长颁发聘书。军休诗词学会和摄影协会召开第一次理事会议，研讨协会成立的组织构架、章程等，部署下一步工作。区军休所党委成员、各党总支书记、党支部书记等180余人参会。（姜玲玉）

【三里屯现象·双拥优势助力新发展实践研讨会】 9月21日，《中国双拥》杂志社与朝阳区联合在区委党校举办的三里屯现象·双拥优势助力新发展实践研讨会。区委书记文献为推动双拥工作高质量发展提出指导性意见，

▲ 7月28日，朝阳区举办庆“八一”演出活动。图为庆祝建军96周年慰问演出　（杨　阳　摄）

区委常委、区双拥办主任、区武装部部长致辞。市退役军人事务局拥军优抚处领导以及首都军地有关研究机构专家、高等院校学者到会，讨论交流三里屯国际时尚街建设双拥示范街的实践，为运用双拥优势助力新发展实践建言献策。（杨　阳）

【烈士纪念日公祭仪式】9月30日，在全国第十个烈士纪念日到来之际，朝阳区在日坛公园马骏烈士墓等纪念地举行烈士公祭活动。区委、区人大、区政府、区政协四套班子主要领导，武警北京总队、战略支援部队相关领导，抗美援朝老兵、一等功获得者、马骏烈士家属及区部分烈属、“首都老兵”志愿者、兵支书、最美退役军人、学校师生、武警官兵、拥军企业以及来自社会各界群众代表参加活动。（王志文）

【“红色九月”活动】9月，朝阳区开展“红色九月”系列活动。组织纪念抗战胜利78周年主题活动，在黑山扈抗日战斗纪念园，50余名退役军人代表回忆革命历史，缅怀革命先烈。组织烈属代表及工作人员到武警北京总队某支队参观部队荣誉室等，了解该部队历史沿革。邀请开国将军之女分别在三里屯、朝外街道为辖区退役军人、“首都老兵”志愿者、机关事业单位、社会团体人员讲述将军英雄事迹。（杨洁茹）

【新一届全国双拥模范城迎检】10月12日，朝阳区接受市退役军人事务局考评验收新一届全国双拥模范城创建工作。会上，市双拥工作检查考评组观看《把双拥政治优势转为新发优势朝阳区2020—2023年双拥工作汇报片》。区委书记文献代表朝阳区委区政府向市双拥工作检查考评组汇报朝阳区创建新一届全国双拥模范城工作。会后，检查考评组查看朝阳区新一届双拥模范城创建工作存档资料，现场观看朝阳区为部队办实事项目“一队一品”成果，实地考察“千企万店”社会化拥军工作第一批试点街乡三里屯街道，检查南磨房地区（乡）双拥工作和亮马河码头社会化拥军示范点等成果及武警部队北京市总队驻朝阳区某部拥政爱民工作开展情况。区四套班子主要领导、区双拥工作领导小组成员单位主要领导、驻区部队有关领导参加。（杨　阳）

功能区建设

北京商务中心区

【概况】2023年，北京商务中心区管委会（简称CBD管委会）推进各地块建设，Z3项目施工至地下2层结构，Z6项目施工至地下1层结构，Z4项目施工至地上6层结构。500千伏电站建设进展顺利；永安里地块获“多规合一”（将国民经济和社会发展规划、城乡规划、土地利用规划、生态环境保护规划等多个规划融合到一个区域上，实现一个市县一本规划、一张蓝图，解决现有各类规划自成体系、内容冲突、缺乏衔接等问题）协同平台研究意见；化石营项目签约率和交房率98.25%，1008户居民完成搬迁，完成建设用地内建筑拆除。推进存量楼宇更新，支持国贸中心项目原国贸饭店整体升级改造。北京CBD利用“两区”建设政策叠加优势，依托其全球招商联络站，滨松光子学商贸（中国）有限公司、北京星巴克咖啡有限公司被认定为跨国公司地区总部，至此，北京CBD功能区认定的跨国公司地区总部数量增至110家，占比北京市50%。2月18日，北京市委书记尹力到北京商务中心区管委会调研，尹力听取CBD规划建设整体情况汇报，了解朝阳区推进“两区”建设等工作。7月18日，市委常委、常务副市长夏林茂与外交部部长助理徐飞洪一行到第四使馆区南侧坝河滨水空间一期实地调研，并召开项目开发建设领导小组全体会议。听取第四使馆区及周边区域、金盏国际合作服务区中区规划情况、第四使馆区项目总体情况以及市区两级第四使馆区服务保障工作情况等。4月3日，区委书记文献主持召开北京商务中心区管理委员会干部会，区委常委、组织部部长赵立军宣布市委关于CBD管委会区级领导干部陈黛任命决定。市委建议，陈黛任北京商务中心区管理委员会（副局级）主任，试用期一年。5月7日，文献出席在迪拜绿色硅谷自贸区举办的以“中阿同心 共筑未来”为主题中阿招商推介交流会暨北京CBD全球商务联络站——中东站揭牌仪式。中东站是北京CBD全球商务联络站第6站，该站的建立开启以迪拜为基础更大范围商务合作，利用双方自贸区政策和迪拜具有优势国际规则，搭建双方贸易往来桥梁与沟通渠道。11月28日，福布斯中国与重庆市渝中区人民政府在福布斯中国解放碑论坛上发布“2023福布斯中国商务中心区竞争力评选”结果，北京CBD排名第一，上海陆家嘴CBD、广州天河CBD、深圳福田CBD分列2～4位。北京CBD功能区税收1285.1亿元，比上年增长10.5%，占朝阳区的58.4%，占北京市的8.5%。优势产业保持集聚态势，金融、商务税收合计占比51%。地方级收入564.1亿元，比上年增长4%；区级收入289.1亿元，比上年增长1.7%。楼宇经济贡献突出，过亿元楼宇145座，较上年增加14座，位居全市各功能区首位。功能区新注册企业12658家，比上年增长21.64%，总注册资本666.47亿元。国内首家新设外商独资券商渣打证券（中国）有限公司入驻商务中心区；引入俄罗斯最大的独立天然气生产商诺瓦泰克（中国）控股有限公司、壳牌（北京）新能源科技有限公司等重点企业，助推CBD产业发展。

【数字经济发展】9月，北京农副产品交易所有限责任公司完成股权转让，成为金融控股集团全资子公司，名称变更为北京国际大数据交易所有限责任公司。单位对外一般称谓为北京国际大数据交易所（简称北数所）。北数所是北京建设全球数字经济标杆城市的重要部分，承载着建设成为国内领先数据交易基础设施和国际重要数据跨境交易枢纽任务。11月9日，中国世界贸易组织研究会、数字经济和数字贸易专业委员会到访商务中心区管委会，沟通专委会情况和数字友好城市评价体系建设情况，以及北京CBD在数字经济方面发展情况，双方讨论招商引资、数字经济、数字楼宇等方面合作问题。中国世界贸易组织研究会、数字经济和数字贸易专业委员会主任、商务中心区管委会主任参加。

【重点企业入驻CBD】1月31日，壳牌（中国）在北京CBD新设科技总部——壳牌（北京）新能源科技有限公司入驻CBD，注册资本47800万元人民币。1月，滨松光子学商贸（中国）有限公司被市商务局认定为跨国公司地区总部。北京自贸试验区国际商务服务片区朝阳组团首家跨境直供商品超市——优购够环球甄选折扣仓在金盏园区金茂中心落地。3月，中信金属股份有限公司通过首次公开发行股票申请并将在主板上市，3 月 28 日在线上、线下公开申购。是继乐华娱乐后 CBD 功能区第二家上市公司，实现 2023 年一季度双“开门红”。中信金属是中信金属集团全资子公司，成立于 1988 年，是中信集团最为重要实业子公司之一，长期以来立足于大宗商品贸易和矿业投资两大主业，聚焦铌、铜、铁、铝、钛白粉、高纯铬等特种原材料、特种新材料做精做强，加大技术研发解决“卡脖子”难题，致力于保障国家战略资源安全、助力重点原材料供应安全和供应链稳定。公司投资巴西矿冶公司、秘鲁邦巴斯铜矿、艾芬豪矿业、西部超导、中博世金等，2021 年公司营业收入超过千亿元。7 月，北京德亿信数据有限公司与香港诺华诚信有限公司签订个人信息出境标准合同，并通过市委网信办备案审核。个人信息出境标准合同备案制度在北京 CBD 落地，首次实现北京市与香港特别行政区间征信数据合规出境。8 月 10 日，全球医药科技企业麦克斯科学落地 CBD。麦克斯科学通过成立麦克斯生物医药（北京）有限公司，将先进科学技术及产品引入中国，以创新为核心，建立从研发到生产销售完整产业链。8 月 21 日，诺瓦泰克（中国）控股有限公司入驻国贸中心。该企业由俄罗斯最大独立天然气生产商俄罗斯诺瓦泰克公共股份公司出资 1 亿元人民币设立，主要从事天然气和液态烃勘察、生产、加工和销售。该公司是能源转型关键参与者之一，旨在利用清洁能源保持全球环境和气候复原力。

【系列品牌活动】 1 月 11 日，CBD 管委会举办大健康论坛暨北京 CBD 大健康产业联盟成立仪式。北京 CBD 大健康产业联盟汇聚医疗健康、医药、寿险、保险经纪等全产业链资源，依托“两区”[国家服务业扩大开放综合示范区和中国（北京）自由贸易试验区] 建设政策叠加优势，促进大健康全产业链发展，提升区域白领和国际人士健康工作和生活品质。区域医疗健康机构、医药企业、寿险公司、保险经纪公司等 30 余家代表参加。7 月 27 日，正大侨商中心举办“超甲级智慧商务综合体高质量发展论坛”。朝阳区区长致辞，表示研究制定 CBD 楼宇品质分级评价标准，在全国推广使用，为提升商务楼宇规划建设、运营管理规范化水平提供有益参考。区商务局、商务中心区管委会、区投促中心介绍朝阳区及北京 CBD 营商环境、惠企政策、服务举措等。9 月 25 日，市发展改革委、中国外商投资协会主办，区政府、经开区管委会、中国外商投资协会药品研制和开发工作委员会（RDPAC）承办，商务中心区管委会协办的跨国药企北京行暨促进生物医药产业投资合作圆桌会在郡王府召开。市发改委主任主持。北京市副市长出席并总结致辞。卫健、医保、网信、经信、科技等市级部门，以及朝阳、昌平、大兴、经开区等区级有关负责人，辉瑞、拜耳、默克、赛诺菲等知名跨国药企及行业组织协会负责人等近百人参加。11 月 6 日，主题为“开放朝阳、共享未来”第六届中国国际进口博览会朝阳区招商推介会在朝阳区召开。朝阳区委常委、常务副区长等出席。会议专题推介朝阳区营商环境和相关政策。朝阳区相关职能部门及 50 余家国内外重点企业参加。区委宣传部、区政府办、区发展改革委、区金融办等相关职能部门负责人 70 余人参加。同日，第六届中国国际进口博览会“北京日”活动举办。该活动立足首都城市战略定位，发挥进博会国家级、国际性展会平台优势，以“投资北京 共赢未来”为主题，开展招商引资推介活动。商务中心区管委会主任代表朝阳区作主题为“迎接世界 拥抱朝阳”现场推介，介绍朝阳区在经济发展、国际化、营商环境、产业空间等方面成绩，展示朝阳在开放中迎接世界“中国涉外第一区”形象。11 月 21 日，由商务中心区管委会主办，北京国粹艺术传承促进会承办的 2023 北京 CBD 音乐季——“以曲会友、共撷秋实”CBD 国潮戏曲演出活动在国贸大酒店举行。11 月，由北京商务中心区管理委员会主办，北京国粹艺术传承促进会、北京 CBD 摄影俱乐部、视觉中国 500px 承办的“听・见”世界——北京 CBD 魅力之夜活动在国贸举办。活动全方面、多形式展现朝阳区与 CBD 的国际文化底蕴。国际组织、中国美国商会等外国商会代表，跨国公司地区总部代表，中国摄影家协会代表等出席，共同体验非遗文化，观看北京 CBD 对外开放成果视听影像展，欣赏民族音乐及中外名曲演出。

▲ 2023 年，CBD 管委会开展系列品牌活动。图为 9 月 25 日，跨国药企北京行暨促进生物医药产业投资合作圆桌会会议
（北京商务中心区管理委员会　供图）

▲ 2023 年，北京 CBD 数字经济创新中心揭牌。图为 2 月 14 日，北京 CBD 数字经济创新中心揭牌仪式现场（北京商务中心区管理委员会 供图）

【北京 CBD 数字经济发展论坛暨创新中心揭牌】 2 月 14 日，由北京 CBD 管委会主办，北京双创街控股有限公司承办的北京 CBD 数字经济发展论坛暨北京 CBD 数字经济创新中心揭牌仪式在众秀大厦（CBD 核心区清华项目）举办。论坛以“创新数字科技生态场景，打造数字经济全球标杆”为主题，立足于数字产业化、产业数字化、数字化治理、数据价值化，共同探讨新一轮信息技术变革和数字化发展趋势，推动北京 CBD 数字经济创新发展。数字经济科技联盟打造集科研单位、数字企业、金融企业、楼宇单位等为主要成员交流合作平台，汇集数字经济全产业链资源和智慧，共谋区域数字经济发展。

【北京商务中心区商会成立】 2 月 23 日，由中信和业、CBD 招商服务公司联合业界共同发起，CBD 管委会指导的北京商务中心区商会成立，并召开第一届第一次会员代表大会。会员单位包括中信集团核心单位、华贸集团、普华永道、特斯拉、泰康保险等各行业代表性企业，以及楼宇联盟、商圈联盟、餐饮联盟、大健康产业联盟等区域内行业协会，涵盖跨国公司、商业楼宇、文化传媒、金融、人力资源、数字经济、科技创新、商业服务、医疗及消费等行业，为 CBD 区域内跨行业交流搭建平台。大会通过《北京商务中心区商会第一次会员代表大会选举办法》《北京商务中心区商会会费收取管理办法》《北京商务中心区商会章程（草案）》等商会制度文件。总商会主发起单位代表宣读《北京商务中心区商会筹备工作报告》。大会选举第一届理事会、监事会，并选举中信和业投资有限公司为总商会会长单位，北京 CBD 招商服务公司为副会长单位，益博睿信息技术（北京）有限公司为监事长单位。选举北京国华置业有限公司、金港汽车文化发展（北京）股份有限公司为理事单位，安顾（中国）企业管理有限公司等为监事单位。

【北京 CBD 核心区重点项目建设】 3 月 14 日，CBD 核心区 Z4 民生银行项目完成基础底板浇筑，历时 82 小时。该基础底板浇筑为大体积混凝土施工，最大厚度 4.8 米，基坑深度 33.36 米，最快浇筑速度每小时 270 立方米，总混凝土浇筑量约 1.6 万立方米。该项目高 140 米，总建设规模为 195723 平方米，地上 26 层，地下 5 层，建设单位为民生银行，总承包单位为中建三局，监理单位为北京帕克，建成后作为民生银行全球中心、职能管理中心、品牌中心。3 月 16 日，CBD 核心区 Z6 远洋项目底板浇筑完成。Z6 远洋项目规划高度 160 米，总建设规模 180983 平方米，地上 33 层，地下 5 层，施工单位为远洋国际建设有限公司，监理单位为北京赛瑞斯国际工程咨询有限公司，建成后作为高端写字楼，为 CBD 区域经济发展增加更多承载空间。3 月 24 日，CBD 核心区六工区 Z3（中金）地块完成土方外运工程。该地块规划高度 140 米，地上建筑规模 12 万平方米，地上 29 层，地下 5 层，土方外运工程总土方量约 23.2 万立方米。建设单位为北京金通港房地产开发有

▲ 2023 年，北京 CBD 核心区重点项目建设。图为 9 月 10 日，核心区 500 千伏电站建设现场（北京商务中心区管理委员会 供图）

限公司。4月27日,CBD核心区Z3(中金)地块项目取得建筑工程施工许可证。项目规划高度140米，总建设规模为174941平方米，地上29层，地下5层，主要用途为商业办公。施工单位为中建三局集团有限公司，监理单位为中咨工程管理咨询有限公司。9月2日，CBD核心区Z3项目第4段基础底板浇筑完成，历时48小时。Z3项目位于CBD核心区六工区西北区域，2023年4月27日取得施工许可证，规划高度140米，总建设规模为175696平方米，地上29层，地下5层，建设单位为北京金通港房地产开发有限公司，施工单位为中建三局集团有限公司。12月25日，CBD核心区Z5地块项目取得建筑工程施工许可证，该项目为CBD核心区第7个在建项目。地下公共空间项目启动第二批机电工程招标，完成景观回填、铺装、种植工程。文化设施项目完成幕墙系统施工，启动机电与装修工程实施。Z3项目完成基础底板浇筑，启动地下结构施工。Z4项目施工至F10层地上结构。Z5项目基础桩施工完成。Z6项目施工至F4层地上结构。Z1a项目开展西区土方外运、内支撑施工。完善Z8项目建筑设计方案，具备上报市政府条件。

【咖啡青年节暨咖啡推介交流活动】5月18日至21日，由香江国际中国地产与咖啡垂直媒体行走与咖啡联合主办的2023金台市集第三届CBD咖啡青年节在财富金融中心举办。北京市70余个咖啡品牌及上海、广州、天津、西安、重庆、厦门、青岛、高雄等15个城市33个精品咖啡专业品牌参加，消费者可足不出京，一站式打卡全城咖啡馆和全国网红店。8月3日，商务部外贸发展局主办、商务中心区管委会承办的“2023原产地咖啡品鉴暨推介交流会——北京CBD专场”活动举办。活动以“咖品味来 释放贸易发展新动能”为主题，围绕各国咖啡推介及咖啡企业家沙龙、咖啡杯测品鉴及拉花表演、原产地咖啡供需对接交流会、优质原产地咖啡及周边产品展陈

▲ 2023年，北京CBD举办咖啡青年节暨咖啡推介交流会。图为8月3日，2023原产地咖啡品鉴会——北京CBD专场（北京商务中心区管理委员会 供图）

等，搭建世界咖啡豆产地与中国咖啡消费市场桥梁，推动中国咖啡经济融入国际市场，助力咖啡消费市场高质量发展。5家驻华使馆、5家行业协会及机构、50余家企业等近百人参加。

【“北京CBD—天津港 京津协同港口服务中心”揭牌】6月14日，CBD管委会联合天津港（集团）有限公司在北京CBD招商服务中心揭牌成立“北京CBD—天津港 京津协同港口服务中心”。该服务中心的成立“一站式”直通办理天津港关务、物流、仓储等综合业务，提供交通物流相关政策法规解读、港口物流服务信息咨询、港口服务相关问题解答、物流业务需求初期对接等服务。加强CBD区域外贸企业与天津港沟通。揭牌活动邀请中信金属、特斯拉、壳牌、索尼、松下、宝马、三星等30余家外贸企业以及北京朝阳海关、天津港等单位，围绕预约通关、跨境贸易、港口服务等方面座谈交流，了解港口优势和企业诉求，加强问题沟通解决。提供朝阳海关便利化服务，包括AEO高级认证指导及原产地证明打印；提供“灵活查验”服

▲ 2023年，“北京CBD —天津港 京津协同港口服务中心”揭牌。图为6月14日揭牌仪式现场（北京商务中心区管理委员会 供图）

务，即企业申请上门查验，海关主动服务；全市率先实现 7×24 小时预约通关，提升监管效能；在朝阳海关一体化报关服务，实现在天津港等口岸便捷通关。构建朝阳海关、天津海关跨关区合作机制。在通关保障、风险监控、实验室检测等多个领域建立完善跨关区协作机制，推动“船边直提”“抵港直装”“保税展示”服务。

【北京 CBD 流动驿站】 6 月 28 日，由北京 CBD 党工委主办“新就业群体庆祝中国共产党成立 102 周年主题党日活动暨北京 CBD‘流动驿站’成立仪式”在北京 CBD 骑士驿站举办。CBD 骑士驿站为快递小哥提供休息、补水、医疗等服务。市委组织部，区委组织部，CBD 管委会、CBD 总工会，饿了么（北京）党总支相关领导及外卖小哥——“蓝骑士”党员代表等 50 余人参加活动。

【《促进北京商务中心区高质量发展若干措施》发布】 6 月，北京 CBD《促进北京商务中心区高质量发展若干措施》发布。该措施立足北京商务中心区、金盏国际合作服务区发展阶段，对标国际经贸规则，包括“推动总部经济能级倍增、建设千亿元规模国际级商圈、建设数字经济创新示范、打造国际化营商环境先行示范区”等 4 章 19 款 35 项，最高奖励超过千万元。新增外资研发机构设立、数字经济创新型企业培育、文物艺术品产业发展等 12 项支持措施，培育区域发展新动能。

【北京国际合作论坛暨 CBD 论坛】 9 月 19 日，由市发展改革委、市商务局、市外事办、朝阳区政府、环球时报社共同主办的 2023 北京 CBD 论坛在北京银泰中心举办。主题为“开放汇聚力量，共创美好未来——中国式现代化的 CBD 探索”。论坛分为参观展览、领导致辞、主旨演讲、成果展示、重磅发布、交流对话等。国内外代表聚焦开放、经济、科技、数字，围绕“一带一路”“两区”建设、绿色低碳等方面开展国际交流对话。北京 CBD 发布 CBD“总部倍增计划”，发布系列推进措施与成果，助推总部经济发展能级提升。金融城 695 届市长迈克尔·梅内里及诺贝尔经济学奖得主、英国科学院院士克里斯托弗·皮萨里德斯发表视频致辞。来自驻华使馆、国际组织、外国商协会、跨国企业总部等外籍嘉宾约 20 人参加。中外企业聚焦“CBD 引领经济增长新趋势”“多元产业格局、打造一流发展生态”2 个主题开展交流对话；发布《朝阳区促进产业提质升级 推动经济高质量发展指导意见》《北京 CBD“总部倍增计划”》《金盏国际合作服务区中区规划建设思路》3 项重要成果。商务中心区管委会与全球音乐教育联盟、华为公司、太古地产签订战略合作协议。中外 200 家企业、400 余人参会。

▲ 2023 年 9 月 19 日，由市发展改革委、市商务局、市外事办、朝阳区政府、环球时报社共同主办的 2023 北京 CBD 论坛在北京银泰中心举办。图为论坛现场

（北京商务中心区管理委员会　供图）

【国际交流】 10 月 13 日，韩国科技考察团到北京 CBD 区域蚂蚁集团、SKP-S、掌阅科技参观交流。中国驻韩国使馆、国家发展改革委国际合作

▲ 2023 年，CBD 管委会开展国际交流活动。图为 10 月 19 日，中德商务文化交流——北京 CBD 之夜活动现场

（北京商务中心区管理委员会　供图）

中心、商务中心区管委会参加。北京CBD推进“总部倍增计划”，成为外资机构进驻中国的首选地。加强企业问需，吸引并支持更多外企在CBD落户发展。同日，由国际货币基金组织驻华代表处、中国人民大学国际货币研究所（IMI）主办，国际金融与产业合作论坛（IFIC）合办的2023年国际货币基金组织（IMF）《世界经济展望报告》发布会在北京CBD国贸大酒店举办。使领馆代表、业界专业人士等近200位嘉宾参会。世界经济展望发布活动开展10余年，首次在北京CBD举办。10月19日，柬埔寨商业部副国务秘书斯瓦娜莉，国际知识产权促进会联席主席吴雪（上海智慧照明产业联合会会长）到访北京CBD，专题调研CBD招商引资及政务事项一体化服务模式。同日，CBD管委会“中德商务文化交流——北京CBD之夜”活动举办。区领导、相关部门负责人与驻区德国企业以及中德多家媒体代表一起感受中国传统文化、共商合作发展、共话德国机构在CBD区域高质量发展前景，提升区域国际化交流合作水平。活动邀请辖区9家德国企业、德国商会，以及中德多家媒体代表21人参加。辖区内有各类德资企业290家，包括克诺尔、保时捷、奥迪、拜耳等德国企业中国区总部。

【轨道交通28号线始发站东大桥站开工建设】 10月25日，轨道交通28号线东大桥站“地连墙”（“地连墙”是指地下连续墙。地下连续墙是基础工程在地面上采用一种挖槽机械，沿着深开挖工程的周边轴线，在泥浆护壁条件下，开挖出一条狭长的深槽，清槽后，在槽内吊放钢筋笼，然后用导管法灌筑水下混凝土筑成一个单元槽段）开始施工，该站为28号线完成年度建设投资任务奠定基础。东大桥站是28号线始发站，属轨道交通28号线、22号线建设控制性节点工程，也是6号线、17号线、22号线和28号线四线换乘车站，建设规模大、周期长、风险高。该车站长210米、宽7.8米，位于CBD核心区东大桥五岔路口东侧，沿朝阳门外大街自西向东敷设，采用纵向分幅盖挖逆作法施工。一期交通导改、管线改移等工作完成，施工设备、安全文明施工、开工条件核查完毕，符合开工条件。（张明磊）

北京奥林匹克中心区

【概况】 2023年，北京奥林匹克中心区管理委员会（简称奥林匹克中心区管委会）完成中国国际服务贸易交易会、第三届“一带一路”国际合作高峰论坛、2023全球数字经济大会主论坛等服务保障工作。完成中国网球公开赛、2023贝壳北京马拉松、“华表奖”颁奖典礼等432项1018场次文体、会展活动服务保障工作，保障84.34万人观看“五月天”等24场次大型演唱会。提升国家AAAAA级旅游景区服务水平，接待游客3563.45万人。建立重点节假日保障机制，4月和9月，在重要点位完成2次花卉布置，布置花箱4026个，栽种花卉12855平方米，91.5万余株。劳动节、端午节、中秋节、国庆节期间，奥林匹克中心区接待游客300万人次，其中劳动节期间游客量位居全国景区前10。推进整体品质提升工作，对标国家政务功能区规划，开展中心区政务保障能力提升总体方案编制工作。成立市场化运营公司，形成智慧化园区服务一期落地方案。推进北投资产移交，明确绿地、固定卫生间、中轴铺装大道和龙形水系等

▲ 2023年，奥林匹克中心区管委会开展花卉布置。图为4月，郁金香花丛映衬下的鸟巢（宋晓燕　摄）

▲ 2023 年，奥林匹克中心区管委会举办“纪念北京 2022 年冬奥会成功举办一周年”系列活动。图为 2 月 4 日，冬奥志愿者在“鸟巢”寄语墙上写下新年祝愿　（夏波光　摄）

接收单位。中心区重大投资项目谋划取得初步成果。做好北辰中心、北辰荟等重点楼宇招商工作。新引入北京华乐非凡文化传播有限公司、北京中宸芯光科技等 70 余家企业，优化经济产业结构。6 月 12 日，位于奥林匹克中心区的国家科技传播中心向公众开放。该中心与中国科技馆通过连桥实现空间贯通，总建筑面积 62640 平方米，内设中国科学家博物馆。中心开放 4 个展区，分别是中华科技文明展（序）、生态文明建设专题展、“邮票与科技”主题展及“把论文写在祖国大地上”主题展。每周二至周日 9：30 至 16：30 开放，上下午各开放 2 场，接待观众 2 万余人。北京奥林匹克中心区管理委员会获国家体育总局颁发的 2023 中国体育文化博览会 · 2023 中国体育旅游博览会优秀组织奖；获北京市体育局颁发的 2020—2023 年度北京市体育事业突出贡献奖先进集体称号。北京奥林匹克公园服务中心获中宣部颁发的全国（第八批）学雷锋活动示范点。北京奥林匹克公园执法大队 1 人获北京市体育局颁发的 2020—2023 年度北京市体育事业突出贡献奖先进个人。

【冬奥会一周年系列活动】 2 月 4 日，由北京奥运城市发展促进会主办，北京奥运城市发展促进中心联合北京市、河北省体育和残联部门承办的纪念北京 2022 年冬奥会成功举办一周年系列活动举办。国家体育场、国家游泳中心、国家速滑馆等奥运场馆联动发力，以主题展览、冰雪运动体验、新春集市等多种形式，举办“归巢”“情满冰立方”“辉煌冬奥”主题展览，“冰丝带市民速度滑冰系列赛首站”等系列活动，弘扬冬奥精神，点燃群众冰雪热情，共享冬奥遗产成果。

【战略合作（框架）协议签署】 2 月 10 日，奥林匹克中心区管委会与北京银行城市副中心分行签订战略合作协议，旨在推动奥园国家体育产业示范基地建设，探索体育文化与金融融合发展新路径，以金融之力赋能体育产业发展。奥林匹克中心区管委会与北京银行城市副中心分行建立长期稳定战略合作关系，结合双方优势，通过抓政策、抓战略、抓渠道、抓创新等措施完善合作机制，携手搭建政府引导、市场主导、银企联动、多方参与的体育金融服务平台，促进奥园体育产业高质量发展。9 月 28 日，在由人民日报社《民生周刊》杂志社、新疆阿勒泰市人民政府主办的 2023 全民健康论坛暨阿勒泰大健康产业创新发展大会上，奥林匹克中心区管委会与阿勒泰市人民政府签署战略合作框架协议（以下简称“协议”）。协议旨在依托阿勒泰市及奥林匹克中心区资源禀赋，深化两地在体育、文化、旅游、人才等领域交流。奥林匹克中心区党工委书记、管委会主任作“融合发展新格局 全民健康促发展”主旨演讲，从赛后转型融合发展、人民至上惠民发展、品质完善提升发展 3 方面分享奥林匹克中心区发展成效。

【首届中国冰雪大篷车百场巡回主题活动】 3 月 26 日，由中国滑雪协会、中国滑冰协会、中国花样滑冰协会主办

▲ 3 月 26 日，中国滑雪协会、中国滑冰协会、中国花样滑冰协会主办首届中国冰雪大篷车百场巡回主题活动。图为市民参与陆地冰壶体验的活动现场　（宋晓燕　摄）

的首届中国冰雪大篷车百场巡回主题活动最后一站——第100场在北京奥林匹克中心区结束，标志着冰雪运动推广主题活动收官。活动贯穿北京冬奥会举办前后，以旱地化冰雪运动推广方式，把冰雪运动送入街区、带到百姓身边，助力实施冰雪运动“南展西扩东进”战略。

【“亚运走十城·吉利伴你行”北京站活动】 4月27日，由杭州亚组委举办的“亚运走十城·吉利伴你行”收官之站——北京站在北京奥林匹克公园举办。活动以“弘扬冬奥精神，共迎亚运盛会”为主题，整合升级“亚运Talk”“亚运UP”“亚运Music”三大品牌活动，串联“鸟巢”“水立方”等经典体育地标，向首都各界展示亚运筹备进展和杭州在全国人民支持下办好亚运会的决心，营造全国人民迎亚运氛围。

【国家会议中心二期B23地块竣工】 6月29日，北辰集团国家会议中心二期项目配套部分B23地块取得竣工备案表，标志着总建筑面积21.8万平方米的北辰荟、北辰中心商业写字楼综合体具备可使用条件，为国家会议中心二期商业、写字楼后续开业运营提供保障。B23地块2019年10月动工，2023年6月12日通过竣工验收。项目建设单位为北辰实业集团，施工单位为中建二局，监理单位为中咨工程建设监理有限公司。

【与中青旅控股股份有限公司战略合作协议签署】 7月28日，朝阳区人民政府与中青旅控股股份有限公司签署《北京市朝阳区人民政府中青旅控股股份有限公司战略合作协议》（以下简称协议）。协议就奥园品质提升及运营战略合作达成原则性约定。主要内容是在奥园“双奥园区”品牌建设领域、在奥园游览服务提升领域、在丰富奥园业态产品方面、在奥园品质提升方面加强全过程合作。

【纪念北京夏季奥运会举办15周年系列活动】 8月8日，北京夏季奥运会开幕15周年之际，奥林匹克中心区举办“北京奥园·双奥体育文化周”“追梦十五年”主题展览、“冰丝带”滑起来·冠军公益课、北京奥运文化主题邮局开业典礼等庆祝北京夏季奥运会15周年系列活动，涵盖展览、轮滑、研学等诸多项目，营造全民健身氛围。由奥林匹克中心区管委会、朝阳区体育局、奥运村街道办事处、朝阳文旅发展集团有限公司主办，世奥森林公园开发经营有限公司、北京朗昆文化产业发展有限公司承办的“北京奥园·双奥体育文化周”活动在北京奥林匹克塔举办，包含奥运艺术雕塑展、奥运冠军人像摄影展、品牌运动互动体验等特色活动。由北京奥运城市发展促进会主办，北京奥运城市发展促进中心、北京市国有资产经营有限责任公司承办的“追梦十五年”北京奥运会成功举办15周年主题展览在国家体育场开幕，展览以图片、文字、音视频和实物相结合展陈方式，展现北京2008年奥运会15位（组）代表性人物15年成长故事，弘扬北京奥运精神和北京冬奥精神。“奥运文化”主题邮局揭牌。奥运文化主题邮局位于奥林匹克公园庆典广场北侧，将传统邮政服务与文化创意相结合，开设沉浸式打卡区、文创商品展示区、盖戳章区、定制业务区等多个功能分区。

【北京华乐非凡文化传播有限公司落户奥林匹克中心区】 8月11日，北京华乐非凡文化传播有限公司（简称华乐非凡）工商、税务关系迁入奥林匹克中心区。华乐非凡与国内多家音乐公司及一线演出艺人长期合作，该公司演出活动带动相关业态增长，拉动消费效应。

【魅力朝阳之夜主题活动】 9月3日，由北京市商务局和朝阳区人民政府共同举办的朝阳国际交流洽谈会暨“共享朝阳发展 共话合作未来”魅力朝阳之夜主题活动在五洲皇冠国际酒店举办。活动邀请中国瑞士商会、中国国际贸易中心、正威集团、中青旅、中信国安等百余家企业代表以及国际组织、外商协会代表共商发展、洽谈合作，为服贸会期间提升朝阳区企业洽谈质效、挖掘项目投资潜力提供支撑。商务部、北京市商务局、北京市投资促进服务中心、朝阳区相关领导出席。

▲ 2023年，奥林匹克中心区管委会举办“北京奥园·双奥体育文化周”“追梦十五年”主题展览等系列活动。图为8月8日，在鸟巢举办的“追梦十五年”主题展览，游客与福娃雕塑合影 （宋晓燕 摄）

▲ 2023 年 9 月 3 日，朝阳区举办朝阳国际交流洽谈会暨“共享朝阳发展 共话合作未来”魅力朝阳之夜主题活动。图为朝阳之夜活动现场（宋晓燕 摄）

奥林匹克中心区管委会相关领导受邀参加，并邀请腾讯科技、华夏基金、中青旅、先导集团及北辰集团等在奥林匹克中心区有发展意向和重大项目的企业参加。

【中国考古博物馆开放】 9 月 15 日，地处北京奥林匹克中心区的中国考古博物馆首次对公众开放。中国考古博物馆是由中国历史研究院建立的以考古命名的国家级专业博物馆。该馆以“历史中国，鼎铸文明”为主题，以“仓储式陈列”“沉浸式体验”为特色，集展览展示、收藏保护、学术研究、宣传教育为一体。常设展厅 7000 余平方米，展品 6000 余件，陈列包括“文明起源”“宅兹中国”“大国一统”“和融万方”“民族觉醒”5 个专题，展出的所有出土文物精品全部来自考古田野发掘一线，展出的所有珍贵古籍全部是中国历史研究院珍藏。以绵延 5000 余年而不断裂的中华文明和统一多民族国家形成与发展历程为展陈主线，重点展示从旧石器时代到近代不同时期中国政治、经济、文化、社会生活以及中外交流状况。

【国家体育馆成为北控男篮新主场】 9 月，国家体育馆成为北京控股篮球俱乐部男篮新主场。北京控股篮球俱乐部与国家体育馆签署合作协议，自 2023—2024 赛季起，国家体育馆成为北控男篮新主场，全赛季北控男篮在国家体育馆举办 20 场主场比赛。北控男篮于 10 月 23 日在国家体育馆举办首场揭幕战。

【《冰梦丝语》——Magic on Ice 活动】 10 月 1 日至 3 日，《冰梦丝语》——Magic on Ice 在国家速滑馆“冰丝带”开演。由 19 位国际一流花滑选手组成的演员阵容，完整贯穿 3 场演出，参演运动员包括安娜·谢尔巴科娃、阿丽娜·扎吉托娃等 2 位奥运冠军、8 位世界冠军、11 位全国冠军。

【朝阳融媒体发展大会暨“五宜”朝阳行启动仪式】 11 月 18 日，北京朝阳融媒体发展大会暨“五宜”（宜居、宜业、宜商、宜学、宜游）朝阳行启动仪式在北京奥林匹克塔举办。来自中央和市属新闻单位、网站平台、新闻院校及网络正能量大 V 代表，围绕媒体融合 10 年发展、科技赋能媒体深度融合、互联网前沿话题等开展交流研讨，讲好“五宜”朝阳故事。市委宣传部有关领导，区领导，中央、市属主流媒体代表参会。晚间，“潮朝阳·夜精彩”2023 北京朝阳国际灯光节开幕活动在奥森公园南门露天剧场举办。到场嘉

▲ 2023 年，国家体育馆成为北控男篮新主场。图为 10 月 23 日，北控男篮球员在国家体育馆赛场比赛（孙云鹏 摄）

▲ 10 月 1 日，《冰梦丝语》——Magic on Ice 在国家速滑馆“冰丝带”开演。图为表演现场（宋晓燕 摄）

▲ 2023 年，北京朝阳融媒体发展大会暨“五宜”朝阳行启动仪式在北京奥林匹克塔举办。图为 11 月 18 日，“潮朝阳·夜精彩”2023 北京朝阳国际灯光节开幕式光影艺术秀 （宋晓燕 摄）

▲ 2023 年，奥林匹克中心区展位亮相“两博会”。图为 12 月 8 日，北京奥林匹克中心区展区 （孙云鹏 摄）

宾欣赏光影艺术装置，以及奥运塔秀、山秀、水秀。

【奥园运营公司成立】 11 月 23 日，由朝阳区出资代表朝阳文旅集团与中青旅出资代表合资设立的“北京双奥金旅文化发展有限公司”注册成立。注册地址位于奥林匹克中心区内。成立该公司旨在发挥朝阳区与中青旅优势资源，以市场化运营加快奥林匹克中心区各项提升方案落地。后续奥林匹克中心区管委会指导“北京双奥金旅文化发展有限公司”在交通游线、服务业态、智慧平台建设等方面开展细化方案落地工作。

【奥林匹克中心区展位亮相“两博会”】 12 月 8 日至 10 日，奥林匹克中心区参加由国家体育总局在苏州国际博览中心主办的 2023 中国体育文化博览会、中国体育旅游博览会（简称两博会）。奥林匹克中心区党工委书记、管委会主任董健带队，组织奥促中心、国家游泳中心、北辰会投、世奥公司等社会单位参加“两博会”。奥林匹克中心区展位以时空隧道为主题，集中展示自 2001 年申办夏奥成功至 2023 年各个历史阶段发展历程和成绩。VR 体验区使观展者感受到运动带来的激情与快乐，展台准备奥林匹克中心区品牌手册、研究报告和杂志等资料。巡馆期间，国家体育总局副局长带队到奥林匹克中心区展位考察。奥林匹克中心区管委会获“优秀组织奖”。奥林匹克中心区管委会借助“两博会”等国家级平台，加强政策和整体品牌宣传推介。

【第 13 届鸟巢欢乐冰雪季】 12 月 20 日，国家体育场有限责任公司主办的第 13 届鸟巢欢乐冰雪季在国家体育场（鸟巢）举行。该欢乐冰雪季是北京冬奥会后首次恢复开放主、附场，项目活动区域 6 万余平方米。主场以嬉雪项目为主，设置向未来出发航天主题冰雪乐园；附场以紫禁城过大年传统国风文化呈现，设有高台滑雪项目，配套冰雪文创产品零售及餐饮，打造“市内冰雪一日游”。作为唯一在“双奥开闭幕式场馆”举办的大众冰雪品牌活动，十余年来吸引观众超过 250 余万名。

【大型活动服务保障】 2023 年，奥林匹克中心区管委会组织力量，完成 5 月 23 日在国家体育馆举行的第十八届、第十九届中国电影华表奖颁奖典礼，7 月 4 日至 7 日在北京国家会议中心举行的 2023 全球数字经济大会主论坛，9 月 2 日至 6 日在国家会议中心、国家体育馆举办的 2023 年中国国际服务贸易交易会，9 月 26 日至 10 月 8 日在国家网球中心举行的 2023 中国网球公开赛，10 月 17 日至 18 日在国家会

▲ 2023 年，第 13 届鸟巢欢乐冰雪季新闻发布会在国家体育场（鸟巢）举行。图为 12 月 20 日，鸟巢欢乐冰雪季新闻发布会冰雪节现场 （宋晓燕 摄）

▲ 2023年，中国国际服务贸易交易会在国家会议中心举行。图为9月2日，中国国际服务贸易交易会国家会议中心展区场景 （夏波光 摄）

议中心举行的第十六届中国—拉美企业家高峰会、11月17日至19日在国家速滑馆举办的2023—2024国际滑联速度滑冰世界杯（北京站）比赛、12月7日至10日在国家体育馆举行的国际滑联世界花样滑冰大奖赛总决赛等赛事、活动服务保障工作。奥林匹克中心区全年举办演唱会24场，其中国家体育场17场，国家体育馆7场。奥林匹克中心区管委会在赛事、活动期间，科学布控，统筹管理，指挥联动，排查维护设施设备，确保平稳运行；做好景观布置、环境整治、环卫保障及绿化养护；开展“拉网式”安全生产检查，筑牢安保维稳防线；打击违法经营行为，强化环境秩序管控；开展专项交通整治，秩序管控、组织疏散等，确保各项赛事和活动安全有序。

（王 璇）

中关村朝阳园

【概况】 2023年，中关村科技园区朝阳园管理委员会（北京市朝阳区科学技术和信息化局）［简称朝阳园管委会（区科学技术和信息化局）］根据中共北京市委机构编制委员会和区政府有关文件精神，完成机构改革。中共北京市朝阳区委中关村科技园区朝阳区工作委员会（简称朝阳园党工委）是区委派出机构；中关村科技园区朝阳园管理委员会（简称朝阳园管委会）是区政府派出机构，为副局级。朝阳园管委会（区科学技术和信息化局）以制度建设为抓手，捋顺机关内部各项工作关系，合署办公，内部管理走上正轨。制订“三重一大”（重大决策、重要人事任免、重大项目安排和大额资金使用）事项集体决策制度实施细则、档案工作责任制等10余项工作制度，确保重大行政决策程序完备、合法合规。建立各项业务条线工作机制，组建机关党委、纪委、9个党支部，构建覆盖功能区、政策区19个街乡经济发展工作体系。业务工作全面展开，梳理形成重点任务、重点项目、重点指标工作清单，推动重点任务落实。3月至8月，北京市经信局产促中心、市经信局材料产业处、市科委、中关村管委会领导先后到朝阳园调研中关村朝阳园及中关村先行先试改革工作。3月至12月，朝阳园管委会领导到国药资产、医联集团、中金资本、北京中医药大学、中国食品发酵工业研究院有限公司、中国医学装备协会转化医学分会、拜耳（中国）有限公司调研，就未来发展方向及合作机遇交流座谈。5月，重组后的中关村科技园区朝阳园管理委员会（北京市朝阳区科学技术和信息化局）调整朝阳园安全生产委员会领导成员和办事机构，并报朝阳区安委会备案。新一届安委会主任由朝阳园党工委书记舒毕磊和朝阳园管委会主任杨洪福担任，各分管领导任委员。成员由13个街乡和2家国企组成。安委会下设办公室，办公室设在产业空间管理处。朝阳园功能区全年实现区级收入202.31亿元，比上年增长2.3%，占全区区级收入的12%，比重35.9%。推动以产业互联网、人工智能、数字安全为主导产业，聚焦互联网3.0、数字医疗、光子集成电路等前沿技术产业方向的“3+X”特色产业集群建设。中国工业互联网研究院科研楼启用，工业软件产业创新中心成立，阿里巴巴集团芯片等50余家重点企业落地。出台《朝阳区互联网3.0创新发展三年行动计划》，组建国内首个互联网3.0应用场景研究院，落成全市首家中关村互联网3.0产业园，共建京港互联网3.0数字产业中心。组建全市首支数字人AI基金，上线全国首个数字人资产存证平台，引进北京市混合现实与新型显示工程技术研究中心。建成工体元宇宙、泡泡玛特城市乐园等示范应用场景，上线全球首个“元宇宙就绪的5G超级网络”。引进心医达诚、Deeptech深科技等10余家数字医疗领域企业。电子城IC/PIC创新中心完成“一孵化三中心一平台一服务”（一孵化：“中关村硬科技孵化器”，三中心：“光子集成技术创新中心”“IC产业生态创新中心”“集成电路与光子应用体验中心”，一平台：“集成电/光路设计研发服务平台”，一服务：为企业提供集成电路全产业链的共性技术服务）产业生态建设，引进40余家集成电路/硅光企业。编制《朝阳区“城市智慧大脑”建设总体规划》，打造“城市智慧大脑2.0”，经济大脑一期建成并投入使用，归集融合部门业务及社会数据近2亿条。全区京办使用连续20余周全市各区综合排名第一。与福建大数据集团合作成立京闽数科（北京）有限公司。加强社会信用体系建设，构建政务数据汇集共享机制。全区新建5G基站220站，建成5229站；完成频段扩容500余站，推动重点场所5G网络精准深度覆盖。共建京蒙合作人工智能算力中心，发布朝阳区信创适配攻关基地，启动创客北京2023鲲鹏应用创新大赛。北京国际大数据交易所取得经营资质，首次实现北京与香港征信数据合规出境。支持产业类项目310个，安排支持资金1.88亿元。截至10月底，科创基金投资子基金14支，总规模207.43亿元。与北京工业大学共同打造山河湾谷创新区，为朝阳南部崛起注入新动能。建成创投生态赋能中心及“全国股转系统北京证券交易所朝阳服务基地”，注册创投机构53家，落地创投项目243个。全国首个国际科技组织总部集聚区落地，8家国际科技组织入驻。全区16家企业被认定为北京市外资研发中心，占全市比重22%。承办2023全球数字经济大会。建成“朝保宝赋能之家”、朝阳区质量基础设施“一站式”服务工作站（朝阳园站）等服务平台，2家市级专精特新服务站获批，全区专精特新中小企业725家，专精特新“小巨人”企业62家，分别占全市总量的10.6%和7.8%。朝阳园北区启动区规划综合实施方案获市政府批复，释放150万平方米产业空间；完成E6E7违法建设项目接收；建成朝阳园智慧园区（一期），实现智慧园区三维可视化、企业信息查询便捷化、园区管理智能化。法治政府建设工作步入正轨，落实行政规范性文件内部合法性审核及内部公平竞争审查制度，出具审核意见45份；转入3项行政处罚权；当年技术合同认定登记工作，登记合同965份，合同成交总金额792.07亿元，技术交易额383.94亿元；实现合同747份、金额53.34亿元、技术交易额53.22亿元。

（王娜娜　赵宏伟　李　鑫　吴思思　赵　培）

【全区两会科技创新专题发布】 1月4日，在朝阳区两会（朝阳区第十七届人民代表大会第三次会议，政协北京市朝阳区第十四届委员会第二次会议）期间，北京朝阳新闻发布厅组织区发展改革委、中关村朝阳园管委会、区科学技术和信息化局联合开展线上发布，发布全区两会科技创新专题。全区两会科技创新专题聚焦高质量发展主题，介绍朝阳区商务科技“商务+科技”“双轮驱动”建设成果及2023年重点工作。（夏春玲）

【《中关村朝阳园发展建设三年行动方案》】 1月，朝阳区印发《中关村朝阳园发展建设三年行动方案》，方案聚焦培育数字经济产业集群、优化园区创新创业生态体系、提升园区空间作用和开发建设效能、推动园区开放和国际化水平提升、深化园区体制机制改革等方面，将中关村朝阳园打造成为基础设施完善、环境清新优美、产业调度集聚、机制高效有力、开放创新活跃的世界领先科技园区。

（夏春玲）

【机构改革】 2月3日，朝阳区委、区政府根据中共北京市委机构编制委员会办公室《北京市朝阳区规范开发区管理机构促进开发区创新发展的实施方案》《关于调整中关村科技园区朝阳园管理机构、朝阳区科学技术和信息化局有关机构编制事项的批复》，印发《中共北京市朝阳区委办公室北京市朝阳区人民政府办公室关于印发〈中共北京市朝阳区中关村科技园区朝阳园工作委员会、中关村科技园区朝阳园管理委员会、北京市朝阳区科学技术和信息化局职能配置、内设机构和人员编制规定〉的通知》。通知明确中共北京市朝阳区委中关村科技园区朝阳区工作委员会（简称朝阳园党工委）是区委派出机构，中关村科技园区朝阳园管理委员会（简称朝阳园管委会）是区政府派出机构，为副局级。北京市朝阳区科学技术和信息化局（简称区科学技术和信息化局）是区政府工作部门，为正处级，加挂北京市朝阳区大数据管理局（简称“大数据局”）牌子。朝阳园党工委、朝阳园管委会与区科学技术和信息化局合署办公。2月20日，朝阳园党工委、朝阳园管委会（区科学技术和信息化局）搬迁至北京市朝阳区望京东路8号锐创国际大厦A座集中办公，内设机构有办公室、发展规划处、产业促进一处、产业促进二处、科技创新处、产业空间管理处、信息化建设发展处、企业服务处、机关党委（党群工作处）。根据《中共北京市朝阳区委机构编制委员会关于调整中关村科技园区朝阳园管理机构、区科学技术和信息化局所属事业单位机构编制事项的批复》，将原区科学技术和信息化局所属的区科技创新服务中心和朝阳园党工委、朝阳园管委会所属的朝阳园服务中心整合，重新组建北京市朝阳区科技创新服务中心，保留区大数据信息中心、区信息网络中心，下设北京市朝阳区科技创新服务中心（简称区科技创新服务中心）、北京市朝阳区大数据信息中心（简称区大数据信息中心）、北京市朝阳区信息网络中心（简称区信息网络中心）3家事业单位。

（王娜娜　冯贝贝　闫　磊）

【朝阳园北区启动区建设】 3月7日，朝阳园北区市政工程建设指挥部在北区施工现场挂牌成立。北区市政工程建设指挥部统筹解决高压线永久入地工程、高压线临时迁改工程、重点项目周边配套道路及管线建设等问题。指挥部按照“每周召开一次调度会”机制，会同区级相关部门、属地街乡及建设单位，第一时间发现问题，分层分类处置，提速北区市政工程建设工作。5月6日，北区启动区规划综合实施方案获市政府批示，该方案可为朝阳区释放114.6公顷土地资源，150.9万平方米产业空间资源。规划综合实施方案作为园区规划建设法定规划成果，助力朝阳区高精尖产业项目落地、望京国际人才社区建设，保障国际医院等重点项目如期开工建设。

（熊志阳）

【北京数字经济核心区建设工作要点发布】 3月16日，2023年朝阳区数字经济核心区建设工作要点经区政府常务会审议通过并印发，区北京数字经济核心区建设2023年工作要点围绕朝阳区“商务+科技”双轮驱动发展战略，以北京数字经济核心区建设为统领，实施9个方面30项重点任务，统筹支撑北京国际科技创新中心、全球数字经济标杆城市、中关村世界领先科技园区、“两区”重点园区建设等发展目标在朝阳区落地。（夏春玲）

【区政府和福建省大数据集团签署战略合作框架协议】 5月25日，北京朝阳大数据有限公司与福建省大数据集团所属福建省星云大数据应用服务有限公司合资设立的京闽数科（北京）有限公司揭牌仪式举行。朝阳区委书记文献和福建省大数据集团党委书记、董事长钟军等出席。京闽数科（北京）有限公司的成立标志着朝阳区与福建省大数据集团的战略合作初结成果，京闽牵手、协同创新，加快朝阳区数字经济核心区建设步伐。文献在致辞中表示，福建省大数据集团是在全国率先成立的省级国有全资大数据企业，是“数字福建”建设的主力军，在数字经济发展、数字政府建设等方面发挥重要作用。朝阳区坚持商务和科技双轮驱动，把数字经济作为推动科技创新发展重要引擎，建设数字经济核心区，并在全市率先打造“城市智慧大脑”。朝阳区政府和福建省大数据集团签署战略合作框架协议，成立平台企业，有助于在更高起点上推进数字朝阳建设。（崔　晨）

【工联院入驻电子城·（北京）IT产业园】 5月28日，中国工业互联网研究院（简称工联院）入驻电子城·（北京）IT产业园。工联院的设立旨在将其打造成为工业互联网领域世界知名重要智库、技术创新重要源泉、政府监管重要支撑、企业赋能重要动力、拔尖人才重要基地、国际合作重要平台，贯彻落实国家工业互联网创新发展战略，开展工业互联网相关发展战略、规划、政策标准研究，网络、平台、安全体系建设，国际交流与合作等工作。工业和信息化部副部长，北京市副市长，市经信局副局长，朝阳区委副书记、区长，电子城高科领导及有关高校、企业代表出席揭牌仪式。（朱昱光）

【朝阳园在“城六区分园和亦庄园”评价中均排名第二】 10月10日，北京市委副书记，市政府党组书记、市长殷勇组织召开第34次市政府常务会议，听取市科委中关村管委会《关于报审〈中关村示范区分园创新发展综合评价指标体系（修订版）〉及年度评价结果的请示》。根据中关村示范区2022年度、2023年度分园创新发展综合评价结果，朝阳园在“城六区分园和亦庄园”分类综合评价中均排名第二。该评价是北京市科学技术委员会、中关村科技园区管理委员会根据市政府常务会议关于开展中关村示范区分园创新发展综合评价工作要求，基于《中关村示范区分园创新发展综合评价指标体系（修订版）》，会同第三方机构开展的分园创新发展综合评价工作。（夏春玲）

【三年提升行动工作动员部署会】 10月26日，中关村示范区分园三年提升行动工作动员部署会在中关村朝阳园召开。北京市副市长出席并讲话。市政府秘书长主持会议。市科委、中关村管委会主任通报2023年度中关村示范区分园创新发展综合评价结果排名情况和分园3年提升行动任务目标部署；朝阳园管委会主任作关于朝阳区科技创新和中关村朝阳园发展情况汇报。北京市副市长调研电子城高科和360集团，听取电子城高科关于公司发展和产业布局情况汇报，调研360公司数字安全和人工智能等科技创新成果。（赵　培）

【Biotech企业家沙龙活动】 11月30日，由朝阳科技集团、首科院、中城新产业合作成立的合资公司北京数康朝科科技产业发展有限公司主办的Biotech企业家沙龙活动在望京生命科学园2号楼举办。活动聚焦数字医疗产业发展前沿，会聚朝阳园、首科院、英飞智药、希诺谷生物、浦合医药、水木未来、元智三目、晨星基因、乐威医药、成铭资本等，搭建政府、智库、企业、资本等多方主体交流平台，助力国内创新药Biotech产业及AI制药、细胞及基因治疗、大小分子靶向药物、相关领域CRO/CDMO等高附加值细分赛道高质量发展。朝阳园党工委委员、管委会副主任带队参加。朝阳园向与会企业介绍中关村朝阳园基本情况及朝阳区数字医疗产业发展方向。他表示，朝阳区具有扎实医药健康产业基础，在应用场景、优质企业、数字化、国际化等方面具有明显优势。朝阳区推动IT（新一代信息技术）+BT（生物医药）深度融合发展，以数字医疗为核心、以优质空间为载体、以集聚发展为目标，构建数字医疗产业创新发展格局。参会企业介绍公司发展概况、核心技术及主要业务，并讨论人工智能辅助药物设计、结构生物学冷冻电镜、基因编辑动物模型构建等多项前沿技术问题。企业家沙龙活动以系列活动形式定期开展，为数字医疗产业相关企业搭建开放交流平台，助力打造朝阳区数字医疗产业创新生态。（李　鑫　吴思思）

【阿里北京总部竣工备案】 12月，阿里巴巴北京总部项目完成幕墙安装、机电调试、临时用电工程建设、规划验收、临时展社拆除等各项工作，完成竣工备案。阿里巴巴北京总部项目于2019年12月27日开工建设，总建筑规模约47万平方米，建设单位为中建三局，监理单位为北京赛瑞斯国际工程咨询有限公司。

（熊志阳）

【朝阳园固定资产投资超额完成任务】 2023年，中关村朝阳园政策区范围内有新建、延续、挖潜固投项目20项，比上年增加420%，完成约75亿元固定资产投资任务，比上年的16亿元固定资产投资任务翻两番。

（孟　兵）

国家文化产业创新实验区

【概况】2023年，中共北京市朝阳区委国家文化产业创新实验区工作委员会（简称文创实验区党工委）是区委派出机构，北京朝阳国家文化产业创新实验区管理委员会（简称文创实验区管委会）是区政府派出机构，加挂北京国家广告产业园区管理办公室（简称广告园区管理办）牌子。文创实验区党工委与文创实验区管委会合署办公，为正处级。根据相关文件精神，将区委宣传部承担的区文创办日常工作和推进全区文化创意产业具体工作职责划转至文创实验区管委会；将区委宣传部所属的区文创发展中心整建制划归文创实验区党工委、文创实验区管委会管理。文创实验区党工委、文创实验区管委会贯彻落实党中央关于国家文化产业创新实验区（不含北京商务中心区）文化产业发展工作方针政策、决策部署和市委、区委有关工作要求，在履行职责过程中坚持和加强党对国家文化产业创新实验区（不含北京商务中心区）工作的集中统一领导。文创实验区管委会聚焦朝阳区“1234”（谱写率先基本实现社会主义现代化的朝阳篇章的“一条主线”；坚持商务和科技“双轮驱动”；聚焦文化、国际化、大尺度绿化“三化”主攻方向；实现首都高质量发展示范区、文化创新引领区、国际交往中心区、绿色宜居标杆区的“四区”发展目标）发展战略和“五宜”（宜居、宜业、宜学、宜养、宜游）朝阳建设，坚持科技赋能文化创新、文化赋能城市发展，推进优结构、强服务、提质效3大任务，以园区品质提升、企业梯次培育、文化菁英引育和文化精品培育4大计划为抓手，建设具有世界影响力的国家文化产业创新引领区，推动全区文化产业高质量发展。3月至12月，北京市人民对外友好协会，北京市广播电视局党组成员、副局长，市委宣传部副部长，北京电影局局长，商务部服贸司，文旅部政法司，市委常委、宣传部部长，中国电影科学技术研究所所长等领导先后到国家文创实验区调研，了解文化贸易企业发展情况及存在问题，就朝阳区高质量建设国家文化基地给予指导。4月至11月，区领导到北京泡泡玛特文化创意有限公司、北京爱奇艺科技有限公司、朝阳区服务包企业央视频、央视创造、哔哩哔哩北京公司、中央广播电视总台、中国环球广播电视有限公司、文创实验区管委会、爱上电视传媒有限公司调研，了解企业经营发展情况、未来发展方向以及面临的主要困难和存在问题。5月8日，国家文创实验区政务服务工作站在莱锦文创园CN15号楼设立，旨在为朝阳区内所有文化企业免费提供多项政务服务，促进政务综合服务体系再升级。7月11日，文化和旅游部产业发展司在国家文化产业创新实验区召开全国文化产业改革创新发展座谈交流会。7月12日，文创实验区管委会完成朝阳区促进文化产业高质量发展若干措施支持项目对外公开征集工作，申报期内征集项目291个。9月21日，经区委常委会（十三届〔2023〕35号）审定通过，2023年度朝阳区促进文化产业高质量发展专项资金支持项目84个，支持金额12171万元。7月28日，文创实验区管委会与朝阳区人民法院在郎园Station共同举办“普法驿站”启动仪式并揭牌。8月10日，由区文创办、文创实验区管委会主办的劳动仲裁专项法律咨询活动在莱锦文化创意产业园举办，旨在普及劳动仲裁相关法律知识，帮助企业解决相关劳动纠纷。9月22日，国家文创实验区法律服务进园区巡回审判、二次创作主题研讨会活动在莱锦文创园举办，旨在通过巡回审判、二次创作主题研讨会等形式提供专业法律指导。至年底，全区2487家规模以上文化企业实现全年收入3145亿元，占全市比重为15.2%，比上年增长9.4%，居全市第二。全区规模以上文化新业态特征较为明显的16个行业实现收入1212.0亿元，占全区比重38.5%。文体娱行业实现收入664.6亿元，比上年增长7.4%，全市第一。

【国家文化产业创新实验区发展论坛】1月9日，文创实验区管委会举办国家文化产业创新实验区发展论坛。论坛以“科技赋能文化创新 文化赋能城市发展”为主题，聚焦国家文化产业创新实验区规划建设，探讨数字文化产业的创新发展与实践探索。活动报道成为朝阳区3年来首次刊登在《北京日报》头版报眼工作报道，被《人民日报》等9家纸媒及各类型新闻媒体报道477篇次。论坛活动现场启动“云园区”（由国家文创实验区牵头谋划，与德必集团、中国移动北京公司等企业采取“政府引导、市场主导、政策支持、共建共享”方式携手打造。通过大数据、物联网、VR、AR等技术以及元宇宙等展现方式，推动“云园区”与实体园区及各类文化场景、服务场景深度融合，助力文创企业数智化转型，加速推进数字服务与线下服务协同发展）建设。文化和旅游部、北京市、朝阳区相关部门领导出席，文化产业领域专家学者、行业组织代表、重点园区及企业代表等100余人参加。

【国家文创实验区AIGC创意产业联盟成立】3月17日，国家文创实验区AIGC（人工智能生成内容）创意产业联盟成立。该联盟由果壳、蓝色光标、数字立场、豆瓣联合科大讯飞、中文在线等企业共同发起成立，在郎园Vintage文化创意产业园、北京国家广告产业园区率先落地两个AIGC创意产业基地。国家文创实验区AIGC创意产业联盟利用人工智能技术赋能文化内容生产，高效生产优

▲ 2023 年，国家文创实验区 AIGC（人工智能生成内容）创意产业联盟成立。图为 3 月 17 日，全市首个 AIGC 创意产业联盟成立并落户国家文创实验区合影　（刘　莎　摄）

质文化产品，加快形成数字文化产业发展新动能。

【国家文创实验区文创行业党委成立】 3 月 17 日，文创实验区管委会召开国家文创实验区文创行业党委成立大会。区委组织部副部长、区委“两新”工委副书记向国家文创实验区文创行业党委授牌；区委宣传部副部长，文创实验区党工委书记、管委会主任向园区和企业代表发放“党建服务包”（“理论学习包”包括《习近平经济思想学习纲要》《党的二十大文件汇编》《党的二十大报告学习辅导百问》等，“党建工作包”包括党旗、党徽、《中国共产党章程》《中国共产党支部工作条例（试行）》《基层党务工作实用手册》《党支部书记实用手册》等，“政策服务包”涵盖《文化产业相关政策汇编》《国家文创实验区文创企业服务指南》等）；区委常委、宣传部部长出席会议并讲话。

【京津冀“文化产业赋能乡村振兴”工作推进活动】 3 月 21 日，朝阳区副区长杨蓓蓓代表国家文创实验区到河北衡水市武强县参加京津冀“文化产业赋能乡村振兴”工作推进活动，现场与河北省文化和旅游厅签订战略合作协议。协议围绕搭建协同发展平台、推动政策服务创新、开辟宣传推介阵地、联手举办品牌活动等内容，通过建立全方位、多层次、经常性沟通机制，发挥国家文化产业创新实验区经验复制推广和辐射带动作用，与河北文旅厅合作启动实施文化产业赋能乡村振兴产业支持计划，推进京冀文化产业融合发展。区文化创意产业发展中心相关领导参加。

【文化金融系列活动】 4 月 11 日，由区文创办、国家文创实验区管委会、区金融办主办的朝阳区文化金融系列活动启动仪式暨战略·赛道·价值——文化产业投资焦点解析主题沙龙活动举办，副区长出席。沙龙汇聚政府、企业、智库和金融机构等资源，搭建文化金融服务交流平台，重点聚焦文化科技融合赛道，共话产业投融资热点，推动文化产业和金融产业互融互促，拓宽文化企业融资渠道，为区域文化产业高质量发展注入“暖流”。政府部门、投资机构、金融机构、文化企业及园区负责人等 50 余人参加。该主题沙龙是 2023 年文化金融系列活动的首场活动。10 月 20 日，文创实验区管委会举办朝阳区文化金融发展思享汇活动。活动以“大模型·多模态·大数据——金融科技助力文化产业发展”为主题，聚焦文化产业特别是文化科技融合发展过程中遇到的关键问题，探讨新时期文化与金融合作新路径，行业内专家学者、金融投资机构代表围绕文化金融融合发展过程中热点话题交流观点、经验。副区长，北京银行副行长出席活动中，朝阳区文化产业基金联盟揭牌成立，联盟首批成员单位包括 10 家基金机构，管理基金规模人民币基金 2400 亿元，基金数量 200 余只。

【文化产业园区携行计划】 4 月 26 日，文创实验区管委会到内蒙古自治区鄂

▲ 2023 年，文创实验区管委会举办国家文创实验区文创行业党委成立大会。图为 3 月 17 日，国家文创实验区文创行业党委成立现场　（刘　莎　摄）

▲ 2023 年，文创实验区管委会举办朝阳区文化金融发展思享汇活动。图为 10 月 20 日，朝阳区文化产业基金联盟成立揭牌仪式现场　　（刘　莎　摄）

尔多斯参加“暖城之邀文创赋胜”第四届中国设计师大会暨鄂尔多斯创意设计人才周活动。落实文化和旅游部“文化产业园区携行计划”，发挥国家文创实验区示范带动作用。文创实验区管委会与鄂尔多斯科教文化创意产业园签订战略合作协议，围绕加强业务交流合作、协同共建品牌活动、优化人才培养机制 3 方面开展结对园区合作，推动“文化产业园区携行计划”取得新进展。

【实验区高质量发展三年行动计划实施】 2023 年，文创实验区落实《国家文化产业创新实验区高质量发展三年行动计划(2023—2025 年)》。实施“园区品质提升计划”，推动“智慧园区”建设，推动 798、广告园等重点园区升级发展，打造文化融入城市的消费品牌活动，搭建文化贸易平台。全区文化产业企业数量提升，新增注册文化企业 3982 家，其中注册资本 5000 万元以上企业 65 家、1 亿元以上企业 19 家。银数传媒、能量盒科技等一批文化科技融合龙头企业落户朝阳区。全区产业规模壮大。全区 2488 家规模以上文化企业实现收入 2813 亿元，占全市比重为 15.4%，比上年增长 12.3%，居全市第二。产业结构优化。全区规模以上文化新业态特征较为明显的 16 个行业实现收入 1108 亿元，占全区规模以上文化产业比重为 39.4%。文体娱行业实现收入 548.7 亿元，比上年增长 7.2%，占全市比重 29.0%，收入规模保持全市第一，文化、体育和娱乐业增加值增速 5.9%。

【园区品质提升计划】 5 月 17 日，文创实验区管委会组织召开朝阳区文化产业园区品质提升工作部署会，区领导出席并致辞。会上，朝阳区 33 家园区被授予“2022 年度北京市级文化产业园区”称号，北京文化创意产业园区协会、清华大学建筑设计研究院等成为园区品质提升助飞合作伙伴，首创郎园、798 艺术区、北京智链合创科技有限公司等园区和企业代表分享园区高质量发展经验心得。10 月 20 日，文创实验区管委会发布朝阳区文化产业园区品质提升计划培育入库园区名单，其中包括百亿元级园区 15 家、特色园区 26 家。

【798 艺术区国际儿童艺术周】 6 月 1 日至 8 日，798 艺术区举办国际儿童艺术周活动。活动聚焦新时代少先队员精神风貌，推出“红旗的一角”少先队员美术作品展，引导少先队员牢记红领巾的由来和意义，珍惜美好生活，健康茁壮成长；展出“悦在童年”儿童艺术公益展，从中法儿童交流、特殊及正常儿童绘画等多个维度呈现儿童艺术教育现状；推出“我的小小地球”儿童公益环保艺术展，旨在用儿童艺术语言讲述地球故事，唤起大家对环境问题的感知与思考，呼吁更多伙伴投入环保行动中去；举办脸绘、沙盘立体雕塑、魔术气球等艺术互动体验活动，让小朋友们与艺术交流、互动，拉近与艺术的距离，在艺术中获得快乐。

▲ 2023 年，文创实验区管委会发布朝阳区文化产业园区品质提升计划培育入库园区名单。图为 10 月 20 日，朝阳区文化产业园区品质提升计划培育入库园区名单发布现场　　（刘　莎　摄）

【战略合作】 6月7日，国家文创实验区与深圳市龙岗数字创意产业走廊签署战略合作框架协议，协议围绕经验共享、平台共建、活动联办、服务联动，促进两地文化产业跨区域协同发展。9月2日，朝阳法院、首都版权协会、北京市知识产权保护中心、文创实验区管委会在2023年中国国际服务贸易交易会“知识产权争议解决与高质量发展论坛”上签署“朝知云调解平台”战略合作协议，共同打造知识产权纠纷多元化解的朝阳样本。

【深圳文博会亮相】 6月7日至11日，国家文创实验区首次亮相深圳文博会，参加文博会文化产业园区高质量发展论坛暨“文化产业园区携行计划”签约仪式，并与区相关部门共同举办朝阳区招商推介相关活动。活动以“数说”形式展示北京朝阳文化产业发展成果，并携798艺术区、751园区、鲸世科技、光禹莱特无相艺术空间、时趣互动等园区和文化科技企业参加。深圳文博会期间，北京朝阳展区举办招商引资现场推介会，介绍国家文创实验区产业发展成果举措、北京朝阳良好文化产业发展基础和氛围、优质营商营文环境等，期待更多优秀文化企业到北京朝阳投资兴业落户发展。国家文创实验区与深圳市龙岗数字创意产业走廊（国家文化产业示范园区），在北京朝阳招商引资推介会上签署战略合作框架协议，双方将发挥国家级文化产业示范园区辐射带动作用，结合国家文创实验区区域国际资源丰富、资本市场发达、高端人才聚集优势，以及龙岗数字创意产业走廊在数字创意方面全产业链优势，通过经验共享、平台共建、活动联办、服务联动等方式开展相关合作，并建立统筹协作、落实反馈、合作推介等工作机制，推动双方在企业、项目、人才、服务等方面良性互动，为全国文化产业跨区域协同发展探索和积累经验，落实文化和旅游部“文化产业园区携行计划”。

【沙龙活动】 6月15日，朝阳区围绕“发挥跨境电商作用，打造国际化文化品牌”主题，举办国家文化出口基地沙龙活动。邀请中国传媒大学专家专题授课培训，并组织与会企业开展座谈交流，共同探讨品牌出海新路径。12月26日，文创实验区管委会启动国家文创实验区AIGC赋能文化产业系列沙龙活动，首场活动在首创郎园Station举办。活动以“AIGC赋能影视产业创新”为主题，邀请商汤科技等科技、影视企业负责人，结合技术发展趋势和影视企业实际需求，探讨AIGC技术赋能影视企业的应用场景和商业模式。围绕AIGC技术发展趋势和影视企业实际需求，开展主题演讲、案例分享和技术交流，搭建起文化与科技企业之间对话交流平台，凝聚共识，推动文化科技融合发展。

▲ 2023年，国家文创实验区首次亮相深圳文博会。图为6月7日至11日，国家文创实验区展台 （刘 莎 摄）

【推动文化产业高质量发展促进经济总量倍增工作方案】 7月17日，《朝阳区促进产业高质量发展指导意见》（以下简称指导意见）经2023年第14次区长办公会研究审议，并原则通过。该指导意见包括《推动文化产业高质量发展 促进经济总量倍增工作方案》（简称方案）。方案指出，朝阳区文体娱力争3年年均增速12%以上，2025年实现收入639亿元以上；5年年均增速10%以上，2027年收入732亿元以上；到2028年率先实现总量倍增，实现行业收入总量800亿元以上。文体娱行业新培育2家百亿元企业，5家十亿元企业。打造10个入驻企业年收入超百亿元园“示范园区”，20个主题突出、特色鲜明、效益显著的“特色园区”。“十四五”期间，规模以上文化产业收入年均增速不低于10%。

【国家文创实验区“云园区”】 7月27日，国家文创实验区“云园区”数智创新招商大会在北京国家广告产业园区召开。大会以“数智赋能 创新发展”为主题，邀请各领域专家研讨“云园区”建设与发展，并诚邀文化企业和园区共同“云端”相聚，利用该平台“上云用数赋智”。文创实验区党工委书记、管委会主任为“云园区”合作伙伴和优秀服务商颁发证书。9月2日至6日，国家文创实验区“云园区”在2023年服贸会文旅服务专题朝阳展区展览展示中开园，并作专题新闻发布，朝阳区百个文创园区数字孪生项目（一期）建设阶段性成果亮相展区。

【服贸会文旅服务专题展朝阳展区】 9月2日至6日，由文创实验区管委会牵头举办的2023年服贸会文旅服务专题展朝阳展区在首钢园开展。展区聚

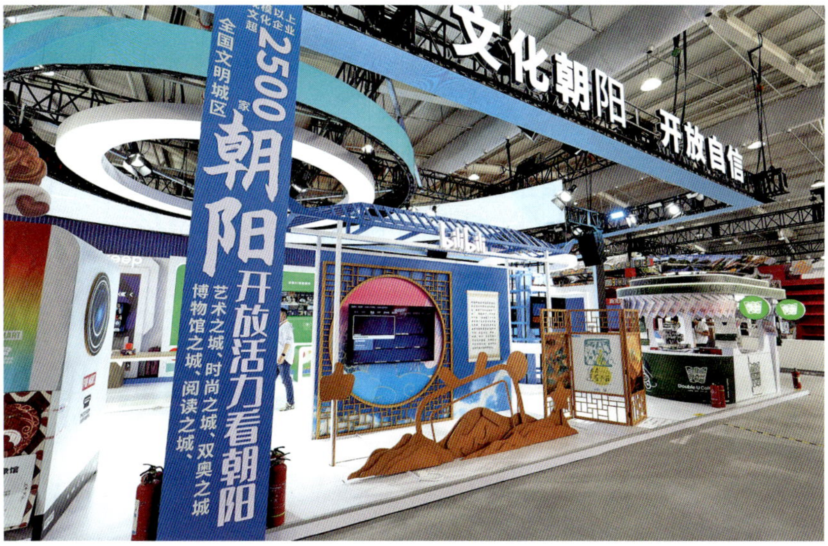

▲ 2023 年，由文创实验区管委会牵头举办的 2023 年服贸会文旅服务专题展朝阳展区在首钢园开展。图为 9 月 2 日至 6 日，服贸会文旅服务专题展朝阳展区现场（刘 莎 摄）

焦“文化朝阳开放自信”主题，设置数字文化成果展示区、文旅消费体验展示区 2 个板块。文创实验区管委会组织朝阳文旅集团、中图云创、泡泡玛特、Keep（卡路里）科技、798、印象笔记、优锘科技、时趣互动，以及腾讯音乐、哔哩哔哩、喜马拉雅北京市场主体 11 家文化企业参加朝阳展区线下展览展示活动，现场展示 33 家市级文化产业园区，以及文旅集团旗下朝阳公园、世奥公园、温榆河公园等企业。举办 3 场新闻宣传发布活动，组织开展媒体记者集中探馆采访活动。

【“魅力京津冀”活动】 9 月 25 日至 27 日，文创实验区管委会联合中国文化产业协会开展的“魅力京津冀”文化产业合作对接暨人才培养活动在北京音乐产业园举办。活动聚焦文化产业高质量发展，结合朝阳“开放月”活动，围绕产业对接合作、资源挖掘、人才培养等内容开展为期 3 天交流推介和培训，推进京津冀 3 地文化产业深度融合发展。活动促成京津冀 3 地 6 家公司项目签约合作。来自京津冀 16 个区和 6 个地级市以及其他 7 个省市 102 家相关部门和文化企业 100 余人参与。

【北京 798 艺术节】 9 月 28 日至 10 月 26 日，北京 798 艺术节在 798 艺术区举行。艺术节以“传承 · 未来”为主题，汇集 798 艺术区内外资源，以多元艺术展览、主题研讨交流、艺术生活体验、公共文化活动为主要形式，开展近百场活动，向海内外展现“五宜”朝阳和活力北京时代魅力，增进文化艺术交流互鉴。

【国家文化产业创新实验区发展大会】
10 月 19 日，文创实验区管委会召开国家文化产业创新实验区发展大会。大会以“文化与科技创新与融合”为主题，研究探讨数智时代文化产业发展新理念新业态新模式，展示科技赋能文化创新形成的新案例新产品新体验。市委宣传部副部长出席活动并致辞。大会采取“1+2”形式（1 场国家文化产业创新实验区发展大会主项活动 + 朝阳区文化金融发展思享汇和 2023 年全国老旧厂房协同发展联盟暨文旅产业赋能城市更新交流活动 2 场分项活动），增加生成式人工智能创作歌曲《朝阳味道》和虚拟人与人共舞开场表演秀环节，创新形式，丰富大会活动内容，打造相对具有规模的大会盛况。中宣部文改局、文旅部产业发展司、市委宣传部、市发展改革委、市广电局、区委、区政府、中国传媒大学、北京服装学院、北京工业大学等相关领导等 260 余人参会。

【北京文化创意大赛朝阳赛区赛事】
11 月 3 日至 12 月 28 日，文创实验区管委会举办第七届北京文化创意大赛

▲ 2023 年，文创实验区管委会联合中国文化产业协会开展的“魅力京津冀”2023 文化产业合作对接暨人才培养活动举办。图为 9 月 25 日，“魅力京津冀”活动现场（刘 莎 摄）

▲ 2023 年，北京 798 艺术节在 798 艺术区举行。图为 9 月 28 日，798 艺术节开幕式现场（刘 莎 摄）

朝阳赛区赛事。该赛事聚焦文化与科技、创新与融合，面向全区征集文化科技融合新业态创新型项目，挖掘和培育数字文化领域具有成长性的人才和项目，鼓励创新、支持创业。包含文化创意项目赛道、文创产品开发赛道、创意设计服务赛道、新视听内容创新赛道、AIGC应用创新赛道、原创剧本创作赛道6大赛道。其中，新视听内容创新赛道包含科技水平高的视听制造技术制作；AIGC应用创新赛道主要涵盖以计算机技术、人工智能为辅助工具的文化内容生成创作作品。文创大赛朝阳赛区首次与朝阳国际人才创业大会（ITEC）实现联动，通过ITEC创业赛进入复赛项目，可直接进入文创大赛朝阳赛区决赛。重点关注AIGC（生成式人工智能）、5G+8K、区块链、大数据、云计算、XR等科技赋能文化创新形成的新产品、新体验。赛事分为项目征集、项目初赛、项目复赛、决赛等环节，采取市场化方式运作，动员金融机构赞助支持，吸引园区参与活动组织承办，探索政府主导、市场主体参与赞助的赛事举办模式。经评选，产生朝阳分赛区一等奖1名、二等奖2名、三等奖3名，以及学生参赛项目奖3名和若干单项奖、优胜项目奖。

【交流活动】 11月14日，澳门中华民族文创学会一行到国家文创实验区重点园区郎园Station调研影视产业发展情况，实地参观设计师聚集、中轴创意展示商街、中央站台文化广场，并考察驻园企业北京壹同传奇影视文化有限公司。11月28日，北京市委宣传部产业处组织文化产业高质量发展专题研讨班一行60余人到郎园Station开展现场教学活动。同日，天津市河西区人民政府副区长一行调研国家文化产业创新实验区特色园区郎园Station，并与企业代表座谈交流。

▲ 2023年，朝阳区政协国家文化产业创新实验区委员工作站挂牌成立。图为12月22日，区领导为工作站授牌（刘 莎 摄）

【建设国际一流影视制作基地工作计划】 12月15日，朝阳区推进全国文化中心建设领导小组办公室印发《朝阳区建设国际一流影视制作基地工作计划（2023年—2025年）》（以下简称计划）。计划指出未来三年朝阳区以高质量影视资源要素集聚为基础，以影视创制为核心，以数字科技、高端服务、龙头带动为导向，建设集多元化影视交流创作、全流程影视拍摄服务、高端前沿影视后期制作、复合型影视人才培养等多功能于一体的国际一流、国内领先的影视制作基地。

【政协国家文化产业创新实验区委员工作站】 12月22日，朝阳区政协国家文化产业创新实验区委员工作站挂牌成立。区政协党组副书记、副主席为工作站授牌。建立区政协国家文化产业创新实验区委员工作站，旨在推进人民政协协商民主建设，推动全过程人民民主向基层有效延伸。

【10个项目入选文化精品工程】 12月22日，国家文化产业创新实验区“文化精品工程”重点项目发布，电影《流浪地球2》、电视剧《一路朝阳》等10个项目入选“文化精品工程”。“文化精品工程”是国家文化产业创新实验区提升计划的八大行动举措之一，2023年启动，旨在加大对区域文化精品项目的统筹规划和培育引导，重点鼓励支持和引导培育一批具有区域代表性和行业影响力，思想精深、艺术精湛、制作精良的文化精品项目，弘扬时代主旋律，践行社会主义核心价值观，促进区域文化产业高质量发展。评选原则是统筹资源、覆盖全面、突出重点、强化引导。遴选标准是坚持双效统一、坚持以人为本、守正创新、融合发展等重点项目，对入选重点项目，优先进行宣传推介、推荐参评重要奖项、推荐项目参与国家、北京市、朝阳区等重要奖项的认定申报、优先进行跟踪服务、优先引导朝阳文创基金参与投资，助力企业高质量发展。根据项目的具体实施情况，综合考虑其经济效益与社会效益，采取优中选优与重点推荐（获国家级、市级相关奖项或荣誉）相结合方式，经集体研究，认定一批年度“文化精品工程重点项目”，并适时对社会发布。（刘 莎）

经济管理

宏观经济调控

【概况】 2023年，北京市朝阳区发展和改革委员会（简称区发展改革委）统筹推进全区经济社会发展，全年完成地方级收入1114.2亿元，比上年增长10.5%；完成区级财政收入563.5亿元，比上年增长12%。累计完成固定资产投资1231.7亿元，比上年增长7.3%，占全市完成总量的13.9%。完成建安投资445.6亿元，比上年增长1.1%。区域内44个重点建设项目纳入市重点项目，计划投资约427亿元；25个项目纳入市重点推进前期工作项目计划，计划总投资约800亿元。56个项目纳入区级重点项目。重大投资项目91个，总投资约902亿元。596家企业获7.07亿元资金支持。获大羊坊路（东三环路—东五环路）道路工程、姚家园北街等54个项目市政府补助资金约21亿元。拨付2022年度促进产业转型升级专项资金28.1亿元、鼓励商务楼宇减免租金支持资金2010.38万元，涉及393家企业。朝阳区获专项债资金189亿元，用于东坝北西区域、孙河乡前苇沟组团、管庄乡等5个棚户区改造项目。（秦　聪）

【“服务包”企业走访联系服务工作方案】 2023年，朝阳区制定并实施《朝阳区2023年度“服务包”企业走访联系服务工作方案》（以下简称“方案”）。方案提出要主动靠前、用心用情为企业办实事、解难题，努力打造走访企业有准备、服务企业有记录、诉求办理有跟进、发展动态有监测、服务成效有评估的“五有”服务模式，推动企业更好实现自身发展，为朝阳经济平稳健康发展提供有力支撑。

（刘　伟）

【重点工程计划项目】 2023年，北京市重点工程计划涉及朝阳区项目20个，项目总投资约890亿元，其中科技创新及现代化产业类项目4个、基础设施类项目7个、民生改善类项目9个，包括国家会议中心二期项目、中国民生银行CBD总行办公大楼项目、阿里巴巴北京总部园区项目、望京区域交通综合治理建设项目、工体110千伏输变电工程等10个续建项目，北京中学东坝北校区建设工程、温榆河公园朝阳段二期项目等10个新建项目。

（刘宣炜）

【基本建设计划安排实施计划项目投资】 2023年，朝阳区政府投资基本建设计划安排实施计划项目120个，总投资约272亿元，年度安排区级资金约26亿元；下达4批市级资金，安排43个项目资金约21.13亿元。争取市级重大投资项目前期谋划资金2000万元，强化朝阳区重大投资项目谋划储备工作，夯实“谋划一批、储备一批、实施一批”项目储备和滚动接续机制。

（崔浩天）

【区域经济发展的统筹谋划】 2023年，朝阳区目标分解“横向到边、纵向到底”，围绕全年预期目标，按季度分解预期指标。做好市场主体服务，围绕稳存量、扩增量，各部门形成行业重点企业等清单，结构化推进任务落实，走访企业数量从占经济总量比重的60%扩展到80%。以政策带动重点行业发展，围绕营商环境、消费、科技创新等重点领域，互联网3.0等细分行业分别制定行动计划和支持政策，全面保障区域经济社会发展。（李　昂）

【节能降碳宣传】 2023年，区发展改革委、区生态环境局联合印发《关于组织开展朝阳区2023年全国节能宣传周和低碳日活动的通知》，组织行业主管单位、街乡、功能区管委会在本领域、本辖区、本单位开展节能减碳和生态文明宣传活动。制作并发放宣传品约2万件，举办重点用能单位节能减碳培训会和碳达峰碳中和专题培训班。用能单位、行业主管部门、街道（地区）办事处、功能区管委会等相关部门负责人500人参加。（金　莉）

【节能成效】 2023年，朝阳区能源消费总量为976.09万吨标准煤，比上年增长4.35%，万元GDP能耗为0.1164吨标准煤，按不变价格计算，比上年下降1.12%。全区支持节能减碳项目45项，支持资金4587.03万元，带动社会资本投入约7.32亿元，年节能量约4.84万吨标准煤。（金　莉）

【第三届“凤鸣计划”评选】 2023年，区发展改革委组织第三届“凤鸣计划”企业评选工作。评选围绕信息传输、软件和信息技术服务、科学研究和技术服务、租赁和商务服务等七大行业，进行个性化指标筛选，吸纳各领域优质

高成长企业入库。通过存量企业评价、增量企业申报评审，评选出第三届“凤鸣计划”服务企业259家。（刘　灿）

【招商引资】 2023年，朝阳区招商任务指标超额完成。增加入库项目1284个，计划投入资金1267亿元，落地785个优质项目。其中，亿元以上项目97个，10亿元以上项目20个。（刘　灿）

【产业空间线上管理平台】 2023年，朝阳区产业空间线上管理平台上线。朝阳区发改委同相关部门、街乡完成新一轮情况摸排，形成空间资源台账，全区可用于承载产业落地的空间面积约1708万平方米，同步建立起全区产业空间地图，推动实现重点楼宇、园区落点落图。线上管理平台面向全区各单位开放，可根据拟引进企业的具体需求，筛选查询空置楼宇信息，帮助企业选址落户，实现优质项目与产业空间精准对接。（刘　灿）

【碳达峰碳中和制度建设和方案】 2023年，朝阳区组建碳达峰碳中和工作领导小组，确定以区长为组长，33家相关单位为领导小组成员的组织构架。5月8日，领导小组第一次全体会议举行，出台领导小组工作规则、领导小组办公室细则等制度文件。8月21日，印发《北京市朝阳区碳达峰实施方案》，编制《北京市朝阳区2023年碳达峰碳中和工作要点》，梳理2023年碳达峰碳中和储备项目。（全　莉）

【东西部协作】 2023年，朝阳区召开区级东西部协作工作会议4次，高层联席会议6次，双方领导完成高层互访。朝阳区支援合作工作领导小组办公室组织到内蒙古自治区乌兰察布市卓资县、察右后旗和通辽市科左后旗实地调研400人次；组织朝阳区16个街乡、87个社区（村）、31个社会组织、22所学校、25所医院、47家企业与帮扶地区结对。拨付区级帮扶资金7470.39万元，选派85名专业技术人才到帮扶地区交流。接收6名内蒙古自治区三地党政干部到朝阳区挂职锻炼，159名专业技术人才到朝阳区跟岗培训。采购和帮助销售帮扶地区农畜牧农产品和特色手工艺品2.56亿元，帮助结对地区农村劳动力省外转移就业907人，就近就地就业7535人。（杨录涛）

【朝密结对协作】 2023年，朝阳区、密云区结对协作。朝阳区拨付协作帮扶资金1亿元，支持项目9个。30家民企与密云区30个经济薄弱村结对帮扶，村年经营性收入10余万元。乡镇学校手拉手帮带教育教学交流培训，培训优秀教师60余人次，打造特色学科课程5个。朝阳区19家卫生医疗机构与密云区19家社区卫生院结对，开展活动。接收密云区干部9名，选派6名驻村第一书记到密云挂职锻炼。为密云区劳动力提供就业岗位1973个。（杨录涛）

【朝阳区2023年财源建设工作方案】 3月13日，朝阳区制定《朝阳区2023年财源建设工作方案》。方案包括6个方面24项重点任务。明确坚持优化服务、主动作为、扩源强基、精细管理，统筹短期措施与长期计划、加强横向与纵向联动，持续优化财源结构，提升收入质量，推动朝阳财源建设工作取得新成效。（马晓逸）

【朝阳区推进“双五”工程2023年度工作方案】 3月13日，朝阳区制定《朝阳区推进“双五”工程2023年度工作方案》。方案明确“双五”工程2023年总体工作目标，并对各单项工程本年度工作重点做出具体安排，涉及112个项目。（徐万妍）

【“十四五”规划中期评估工作方案实施】 4月19日，朝阳区印发实施《朝阳区“十四五”规划中期评估工作方案》。方案明确中期评估工作的总体要求及主要内容，对《北京市朝阳区国民经济和社会发展第十四个五年规划和二〇三五年远景目标纲要》及30个区级专项规划的评估进度作出安排。区发展改革委全年同50余个部门开展“十四五”规划中期评估工作，围绕经济、民生、生态及社会治理等组织多场部门座谈会和专家论证会，并委托专业机构实施第三方评估。组织社会调查，收集居民和企业问卷近1.4万份，30个区级专项规划完成中期评估工作。（徐万妍）

【营商环境行动方案】 5月10日，朝阳区印发《朝阳区高标准建设国际投资贸易示范区 持续打造国际一流营商环境行动方案》。方案围绕营造公平竞争的市场环境、高效便捷的政务环境、良法善治的法治环境、高标准建设国际投资贸易4个领域，提出184项任务举措。（刘　伟）

【投资管理办法】 7月26日，朝阳区印发《朝阳区政府投资管理办法》。办法进一步规范明确区级项目资金管理方式、项目审批程序、成本管控等，从谋划、储备、决策、实施、监管、竣工、验收等全生命周期加强政府投资项目管理。（崔浩天）

【营商环境考评位居全市第一】 9月19日，2022年度北京市对各区营商环境考评结果发布，朝阳区位居全市第一。朝阳区委、区政府把优化营商环境作为“双一把手工程”来抓，坚持系统观念、坚持问题导向、勇于创新突破，连续落地一系列“首个”“首创”经验，切实提升企业群众获得感和满意度，打造营商环境创新示范区。12月9日，区委研究制定《朝阳区关于全面优化营商环境打造“北京服务”的工作方案》，并印发实施。“方案”以更大力度提升企业群众获得感为核心目标，以市场化、法治化、国际化、智慧化为导向，以建设服务型政府和数字政府为主抓手，围绕“六大环境”提出112项改革任务。（刘　伟）

【产业政策修订完善宣传】 4月至6月，朝阳区统筹各产业办修订完善产业政策，并通过区委区政府审议。在总办法＋商务、金融、高新技术、文化、中小、CBD等6个专项政策的基础上，新增《朝阳区招商引资服务机构奖励办法》。提出GDP指标支持政策，明确50%以上资金用于增量支持。制定产业政策宣传方案，设计产业资金项目征集海报及产业政策“一图读懂”宣传资料，利用“线上＋线下”的形式开展宣传。组织产业政策解读会，为各相关单位、各类企业讲解新版政策内容及项目申报要求。（刘 灿）

【产业高质量发展指导意见印发】 9月19日，朝阳区印发《朝阳区促进产业提质升级 推动经济高质量发展指导意见》。指导意见提出未来经济发展的指导思想、总体目标和重点任务。明确，未来3～5年，朝阳区按照“做优金融、做大商务、做强科技、做精文化”的总体思路，力争新培育3家千亿元企业、40家百亿元企业、100家十亿元企业，形成1个万亿级产业、3个五千亿级产业、3个千亿级产业，加快构建更具国际竞争力的现代化产业体系。（刘 灿）

【朝阳区协同副中心发展】 12月12日，通州区党政代表团12人到朝阳区考察。朝阳区委书记文献组织朝阳区与通州区结对工作交流座谈会。两区签订战略合作框架协议，联合举办经济高质量发展暨招商引资大会，印发实施产业协同发展结对工作方案，在产业发展、公共服务等领域协作发展。（苏 品）

【编制计划报告】 12月18日，朝阳区编制《关于朝阳区2023年国民经济和社会发展计划执行情况与2024年国民经济和社会发展计划草案的报告》。报告从“聚焦‘五子’联动持续发力，高质量发展新动能加快释放”“坚持产业转型升级与区域发展双促进，经济发展基础不断夯实”等5个方面总结2023年计划执行情况，并结合中央、北京市的各项部署和2024年发展形势，提出2024年经济社会发展计划总体考虑和初步安排。（苏 品）

自然资源管理

【概况】 2023年，市规划自然资源委朝阳分局围绕中心工作，服务首都大局，开展城市国土空间监测和自然资源资产清查，夯实自然资源底数；聚焦土地要素保障，做好土地征收和供应工作；严格自然资源行政执法，守牢自然资源安全底线；持续为民办实事，高效办理不动产登记工作，助力区域经济社会高质量发展。完成“4・15”国家安全日、“4・22”地球日、“6・25”土地日、“12・4”宪法日等法制宣传工作；组织开展《中华人民共和国民法典》《中华人民共和国安全生产法》《北京市实施行政处罚程序若干规定》专题培训；办理各类案件852件次；“接诉即办”10500件；办理依申请信息公开1826件；制定《分局政府信息依申请公开工作指引》，依照信息公开流程，完成受理、办理及送达工作，确保答复格式规范化、答复内容专业化，降低行政复议诉讼的败诉风险。

（陈 琳 高 雅 林 勇）

【城市国土空间监测】 2023年，市规划自然资源委朝阳分局配合市规划自然资源委开展2022—2023年度城市国土空间监测。配合完成全区75431个图斑内业提取、1688个图斑外业核查和统计分析报告编制。11月，朝阳区2022—2023年度城市国土空间监测成果通过入库检查和国家验收。

（傅连珍）

【自然资源资产清查】 2023年，市规划自然资源委朝阳分局开展全民所有自然资源资产清查试点工作，对朝阳区内6类自然资源资产，18671块全民所有自然资源地类图斑、16812宗国有宗地实物量清查、价值量核算、权益管理信息清查。（王瑾瑜）

【土地征收】 2023年，市规划自然资源委朝阳分局对接项目主体提供政策指导、推进征地前期手续办理。东坝北西区域C、D地块棚户区改造土地开发项目及黑庄户定辛庄安置房项目3个项目取得农用地转用和土地征收批复，办理东坝北西区域B、C、D地块棚户区改造土地开发项目，焦化厂公租房4个项目的征地结案。（连 莹）

【土地供应】 2023年，朝阳区公开供应一般经营性用地8宗，建设用地面积约29公顷，建筑规模约71万平方米。完成批而未供土地50宗，供应面积255.5公顷，处置率14.17%。

（刘庆双）

【自然资源行政执法】 2023年，市规划自然资源委朝阳分局开展执法检查3389次，巡查里程25100千米，立案查处432件，已结案（含结转）338件，作出处罚245件（实质性处罚32件）。向属地政府移送525起次违法建设案件，配合属地及城管部门对859处新增违法建设出具书面认定。（张 平）

【不动产登记】 2023年，朝阳区不动产登记中心受理业务27.65万件，核发不动产权证书11.87万本、不动产登记证明6.32万份。解决20个历史遗留项目、15165套房屋的不动产登记问题。

（马奉明）

国有资产监督管理

【概况】 2023年，北京市朝阳区人民政府国有资产监督管理委员会（简称区国资委）完成《2022年度朝阳区企业国有资产管理情况专项报告》的撰写；研究制定《区国资委研究实施〈朝阳区国有企业改革深化提升行动实施方案〉工作方案》，印发《关于高质量谋划开展国有企业改革深化提升行动的通知》。纳入投资计划备案的单位12家，备案项目73项，年度计划投资额189.92亿元。协调区财政局向5家监管企业6个项目拨付国资预算资金5800万元。批复朝富公司企业年金方案、CBD集团上报的安捷利尔医药公司混改工作方案，把10家监管企业共计7265万元的利润收入上缴国库。完成10家企业78个备案项目（固资62个、股权16个），年度投资计划额137.8亿元。区国资委7月迁入办公新址团结湖北五条5号。（林春照）

【国资国企运营】 2023年，区国资委监管企业资产1732.6亿元，比上年增长10.9%；净资产430.5亿元，比上年增长6.4%。监管企业营业收入165.7亿元，比上年下降3.3%；实现利润10.8亿元，比上年增长5.8%。（于国洲）

【国资国企监管】 2023年，区国资委加大对国资国企监管力度，强化对违规责任追究，出台企业违规经营投资责任追究实施办法，对企业资产流转、产权登记等事项监管，规范房屋出租管理。完善国资监管大数据平台数据在线报送、电子公文、绩效分析评价等功能，丰富大数据监管平台应用场景；完善考核指标体系，落实全员业绩考核要求，促进企业效益回稳上升；规范企业内部治理体系，实时跟踪企业项目投资情况，做好债务风险防控，加强对企业融资行为的监管。（于国洲）

【国有企业改革】 2023年，区国资委推进战略性重组和集团化改革，文旅集团、科技集团、城发集团组建成立；成立朝阳大数据公司，与福建大数据集团合资成立京闽数科公司，推进数字朝阳建设。推动经营性资产统一监管，完成区机关企事业单位4家企业脱钩接收工作；研究制定国有企业改革深化提升行动工作方案，推动实施新一轮国企改革。董事会建设实现一级企业外部董事占多数格局。完成安捷利尔医药公司混合所有制改革，成立望京创新基金，参投望京私募基金公司，加大科创项目投资孵化。组建朝阳人才发展有限公司，打造朝阳人才发展新平台。优布局调结构，推动国有资本向符合区域功能定位和战略需要的领域集中。（于国洲）

【央企国企合作】 2023年，中国卫星网络通信集团有限公司北京总部落地朝阳区，区国资委提供朝阳酿酒厂产业园备选方案，为中国星网北京总部选址。文旅集团与中青旅控股、中国东方演艺集团签署战略合作协议，推进文旅和文化演艺产业合作发展。城发集团与国家开发银行、中国金茂集团下属北京金茂产城公司签署战略合作协议，探索推进区域城市有机更新、城市建设与运营等领域的交流与合作。城发集团与中建智地合作开展酒仙桥等区域开发建设，提升城市建设品质。朝阳科技集团与福建省大数据集团合作成立京闽数科公司，共同推进数字政务建设和数字经济发展。科技集团与北京外企人力资源服务公司合资成立朝阳人才发展有限公司，推动朝阳人才发展。（张广海）

【国资国企招商引资】 2023年，区国资委构建国企发展与招商引资有机融合的机制体系，各种渠道吸引央企、北京市企、上市公司、社会企业等将资金、人才和技术落地朝阳。文旅集团与广州世嘉穗华旅游文化发展有限公司合资设立北京温榆河阿尔法户外探险运动有限责任公司经营温榆河公园一期阿尔法项目，投资1600万元占股40%；文旅集团与上海盈展企业管理有限公司合资设立北京朝盒文化传播有限公司主要运营管理茑屋书店项目，投资1200万元占股40%；科技集团与北京外企人力资源服务有限公司合资成立北京朝阳人才发展有限公司，主要负责为朝阳区招聘和吸引高端人才，投资30万元占股30%；科技集团与创业黑马科技集团股份有限公司等合资成立北京数智云科信息科技有限公司，主要运营科技服务园区，投资192.5万元占股35%；科技集团与北京顺新咨询有限公司等合资成立北京数康朝科科技产业发展有限公司，主要为数字医疗创新港楼宇提供运营服务，投资140万元占股35%；国有资本运营公司出资10亿元参与诚通证券增资扩股，占股6.27%，把诚通证券吸引至朝阳区落户。（薛皎薇）

【朝阳区属重点国有企业】 2023年，朝阳区属重点国有企业12家，包括北京京客隆商业集团股份有限公司（简称京客隆集团）、北京朝阳国际科技发展集团有限公司（简称科技集团）、北京朝阳文旅发展集团有限公司（简称文旅集团）、北京国际商务中心区开发建设集团有限公司（简称CBD国际集团）、北京朝阳城市发展集团有限公司（简称城发集团）、北京宝嘉恒基础设施投资有限公司（简称宝嘉恒公司）、北京市朝富国有资产管理有限公司（简称朝富公司）、北京潘家园国际民间文化发展有限公司（简称潘家园公司）、北京朝阳国有资本运营管理有限公司（简称国资公司）、北京市朝阳水务集团有限公司（简称水务集团）、北京市朝阳环境集团有限公司（简称环境集团）、北京市朝阳区保障性住房发展有限公司（简称朝保发公司）。（林春照）

【监管企业举证类图斑证明】 2023年，区国资委办理所涉监管企业举证类图斑证明。为6个街乡出具国有企业生产及办公用房证明117处，建设面积逾19万平方米，办结率100%。（林春照）

【工作微信公众号成效】 2023年，区国资委工作微信公众号见成效。微信订阅号设计制作发布节日庆祝、重点项目等专题信息，37期124篇，阅读量6.51万余人次；围绕区域发展形势和国资国企重点工作先后设计安全生产、重点项目等专题信息，35期116篇，阅读量6.50余万人次；围绕区域发展形势和国资重点工作先后设计制作发布防汛、项目活动等专题信息327期101篇，阅读量4.88万余人次；以区域发展形势和国资重点工作先后设计制作发布年度盘点、安全、工会活动等专题信息26期104篇，阅读量3.60余万人次。（林春照）

【抢险救灾】 2023年，区国资委为强降雨导致受灾严重的房山、门头沟两区派出多支救援队，携带大型排水单元、抢险车、保障车抢险救灾。所属朝阳城发集团结对帮扶房山区十渡镇、张坊镇灾后恢复重建，投入4名骨干人员、应急保障车2辆，协助属地完成十渡应急保障中心项目（平急两用房）建设、开展十渡镇政府办公用房水毁部分的修复改造工作、推进28个受损公共服务设施项目修复修缮工作。阳城发集团向十渡镇捐赠300桶涂料和300吨水泥，城发集团员工为受灾地区捐款10000元。（林春照）

【三大集团公司揭牌仪式】 2月16日，区国资委举办朝阳文旅集团、朝阳科技集团、朝阳城发集团揭牌仪式。区委副书记、区长吴小杰及区委领导出席。仪式上，区委、区政府宣读关于成立朝阳文旅集团、朝阳科技集团和朝阳城发集团公司的决定。吴小杰和三大集团相关负责人为朝阳文旅集团、朝阳科技集团和朝阳城发集团揭牌。三大集团分别与合作方代表签署战略合作协议并发言。三大集团公司的组建以市场化、平台化、专业化、规模化为方向，加快推进区属一级企业集团化改革、同类资源的集中化重组和子企业专业化重组改造，推动国有资本向符合区域功能定位和战略需要的领域集中，向具有核心竞争力的优势企业集中。三大集团为区国资委监管一级企业；发挥国企统筹和引领作用，助力首都城市战略定位和朝阳经济社会高质量发展。（林春照）

【合作洽谈会】 2月24日，由区国资委主办的区属国企与国家开发银行合作洽谈会举办。会上，城发集团和朝保发公司代表企业就农村产业项目、城市更新和保障房建设3项重点工作任务谈融资需求。国开行围绕加强针对性金融方案设计，助力提升金融服务水平，全力支持重点领域发展等主题与区属企业代表进行探讨。（林春照）

【协助文旅集团举办首航活动】 3月18日，由区国资委指导和协助、文旅集团承办的亮马河“2023年醒春启航新征程”首航活动举办。文化和旅游部产业发展司、中央广播电视总台北京总站、北京市商务局、北京市文旅局、朝阳区委区政府领导等出席。活动主会场设置在燕莎码头命运共同体广场，凯宾斯基饭店、燕莎商城、蓝色港湾、四季酒店、Daily Bagel、郡王府、温榆河公园 Double U Coffee 等数10家亮马河沿岸品牌商家组成品牌展示区，提供特色产品及品牌展示。活动现场发布亮马河文旅地图，启动亮马河IP形象设计、最美亮马河摄影和短视频征集活动。6千米航线醒春复航，沿岸优质文旅商企业打造浪漫派对。（林春照）

【奥运沙滩排球场馆改造施工图审查事宜的请示获批】 5月4日，朝阳区政府批准区国资委《以区政府名义向市规自委行函办理朝阳公园奥运沙滩排球场馆改造施工图审查事宜的请示》。审查事宜的请示明确项目的建设单位主体、项目位置、建筑规模等情况，指出由北京市规划和自然资源委员会（简称市规自委）建设工程消防设计审查处组织进行审图。（林春照）

【亮马河经济带商业联盟成立】 5月9日，亮马河经济带商业联盟成立。联盟由政府指导小组和企业联合小组组成，以高质量发展为目标，持续优化共商、共治、共建、共管、共享、共赢“六共模式”。（林春照）

【首届北京朝阳国际茶香文化节】 5月19日至21日，由区国资委主办的首届北京朝阳国际茶香文化节举办。文化节以“与世界共享一杯中华好茶”为主题。依托亮马河水城相融、商圈互联，旅游、消费、文娱相互连接的水岸经济带，营造消费氛围，激发朝阳“茶”消费活力。（林春照）

【2023年“培优”计划招聘】 8月，朝阳区完成企业2023年“培优”计划招聘工作，招聘26名海内外优秀硕士毕业生；开展2023年新招聘“培优”计划人才非京生源引进和人才公租房需求上报工作，区国资委向区人社局报送非京生源引进需求19人，向区住保中心报送人才公租房需求25套。（林春照）

【国资预算资金】 8月，区国资委协调区财政局向朝富集团拨付国资预算资金700万元，用于北京朝阳家园物业管理有限公司接管老旧小区物业服务项目。全年拨付预算资金6500万元，涉及文旅集团、科技集团、城发集团、朝富集团4个企业7个项目。（林春照）

【泡泡玛特城市乐园开园】 9月26日，北京朝阳公园的泡泡玛特城市乐园开园。城市乐园为国内首个潮玩行业沉浸式IP主题乐园，占地约4万平方米，以泡泡玛特独特的文化基因及原创IP属性，打造一个具有文化包裹感的线下体验空间，致力于为不同年龄段的消费者提供优质的产品和体验，传递“创造潮流 传递美好”的品牌使命。（林春照）

【首届北京朝阳国际灯光节】 11月18日至12月9日，由区国资委指导、文旅集团主办的首届北京朝阳国际灯光节举办。全网相关报道及内容1.5万余篇次，传播量累计约7亿人次。灯光节期间朝阳区内重点商场开展百余场“光影+”消费活动，北京SKP、蓝色港湾、THE BOX朝外、三里屯太古里、朝阳大悦城等重点商圈客流量超1000万人次，较日常客流上涨31%，销售额近21亿元。（林春照）

【产权管理业务培训】 11月23日，区国资委在朝阳宾馆二层会议厅举办产权管理业务培训。培训宣传贯彻产权管理和房屋出租管理政策。区国资委相关领导，各一级企业产权管理、出租管理工作主管领导，从事产权登记、国有资产处置、国有资产评估管理、房产出租管理的部门负责人及具体工作人员140余人参加。培训内容围绕

“国有资产交易监管政策”“资产评估管理政策”“产权登记政策及实操”“房屋出租管理政策”等内容。北京产权交易所分享北交所出租挂牌管理制度及操作流程，朝阳文旅集团和朝富公司国企代表国企进行经验交流。

（林春照）

【房屋产权确立】 12月12日，朝阳区的双花园南里3、4号楼及平房，以及劲松二区201号楼北，劲松七区721楼北，潘家园菜店4处房屋权属由原为区菜蔬公司产权，变更为朝富公司，权属为国有资产；12月26日，区国资委同意位于朝阳公园南路1号方舟湖1号房屋（建筑面积55.62平方米）权属归朝阳文旅集团下属北京朝阳公园开发经营有限责任公司所有，可用于商业、办公使用。（林春照）

【违规投资追究办法出台】 10月至12月，朝阳区出台《朝阳区国有企业违规经营投资责任追究实施办法（试行）》，以及《朝阳区国有企业违规经营投资问题线索查处工作指引》《朝阳区国有企业违规经营投资问题线索移交及责任追究报告工作规程》2项配套制度，并完成制度宣传贯彻工作和大数据平台建设工作。（林春照）

民营经济服务

【概况】 2023年，朝阳区投资促进服务中心（简称区投资促进服务中心）完成招商引资项目落地33个，其中内资项目27个、外资项目6个，包含区重点产业招商指导目录中目标企业清单项目3个。朝阳园管委会面向全区中小企业组织产业政策项目征集和项目评审工作，安排引导资金6977万元，支持企业108家。朝阳园管委会规划建设西奥中心科学家会客厅，承载北部创新生态建设服务功能；发布10条支持意见，与北京工业大学共同打造山河湾谷创新区；建成创投生态赋能中心及“全国股转系统北京证券交易所朝阳服务基地”。截至10月底，注册创投机构53家，落地创投项目243个。落地全国首个国际科技组织总部集聚区，首批8家国际科技组织入驻。全区16家企业被认定为北京市外资研发中心，占全市比重达到22%。承办2023全球数字经济大会，全面展示朝阳数字经济发展成果。建成“朝保宝赋能之家”、朝阳区质量基础设施“一站式”服务工作站（朝阳园站）等服务平台，获批2家市级专精特新服务站，全区专精特新中小企业725家，专精特新“小巨人”企业62家，分别占全市总量的10.6%和7.8%。

（沈　承　袁　野）

【企业政策扶持】 2023年，区市场监管局开展信用提升行动助力市场主体纾困解难，就强化信用公示指导、探索信用合规建设、建立健全常态化信用修复机制、建立信用惩戒缓冲期、实施公示信息抽查容错、实行亮照经营等工作措施进行补充指导。（李媛媛）

【市场主体培育】 2023年，区市场监管局与区发展改革委、商委、金融办、国资委等部门会商解决招商引资项目落地问题。发挥绿色通道作用，指导、服务国内外头部企业、独角兽企业办理商事登记业务，带动项目落地朝阳，打造投资准入准营体系。（李媛媛）

【个私经济主体登记】 2023年，区市场监管局推动个体工商户申请转变为企业，提升个转企速度，材料齐全实现1日办理。截至年底，个体工商户43197户，比上年增长11.21%，在全市占比9.89%，在全市排名第二，私营企业282256户，比上年下降0.75%，在全市占比14.67%，在全市排名第一。

（李媛媛）

【个私经济服务】 2023年，区市场监管局开展直播宣传，在线讲解《市场主体登记管理条例》、个体工商户登记以及餐饮经营许可相关政策条例；联合“小个专”（小微企业、个体工商户、专业市场三者的简称）党建工作指导站进行共建活动；搭建银企交流平台，解决企业融资瓶颈；开展“个体工商户经营状况跟踪调查”及市场活跃度调查活动，调查被调查个体工商户的经营状态、营收状况、缴纳税费、吸纳就业、享受优惠政策情况等；组织以“精准服务、优化环境、提升质量”为主题的第二届“全国个体工商户服务月”活动，帮助个体工商户解决生产经营和发展中面临的具体困难。

（李媛媛）

【中小企业培育】 2023年，区市场监管局开展小微企业质量管理体系认证提升行动，鼓励并指导各认证机构发挥各领域行业专家的作用，为小微企业提供适合自身特点和实际需求的培训、咨询、帮扶和认证服务。

（李媛媛）

【优化营商环境】 2023年，区投资促进服务中心与各国（地区）商协会建立联系机制开展招商引资，与香港中华工商总会签订战略合作协议，组织召开朝阳区政府与中国德国商会圆桌会。专场招商引资推介：组团到新加坡、中国香港举办2场“朝阳区招商引资推介会”，宣讲朝阳区招商引资政策，参加2023年新加坡科技周活动；英国伦敦发展促进署参观中关村朝阳园，研讨发展互联网产业的战略和扶持科技创新企业的政策，为英国来华企业提供全方位的优质服务；参加北京市“开放北京的活力与动力”不同国别外资专场招商推介专场，宣讲《朝阳区促进产业发展政策管理办法》“1+7”产业政策体系、政策特点、政策调整及政策内容。组织2022年度朝阳区中介机构表彰暨2023年度市场化招商工作座谈会，向24家中介机构授予“朝阳区招商引资合作机构”铭牌，鼓励中介机构参与朝阳区招商。（沈　承）

【企业服务】 2023年，区投资促进服务中心为驻区企业、历年招商引资项目提供发展支持；与朝阳区人民法院联合举办“优化营商环境·助力企业发展”座谈会，针对企业面临的法务问题展开交流讨论；与10余家银行进行“互动交换计划”合作洽商，共同组织召开“政＋银＋企”政策解读会。

（沈 承）

财 政

【概况】 2023年，北京市朝阳区财政局（简称区财政局）争取中央及市级资金支持，及时收回部门非紧急、非必要及结余资金；落实直达资金常态化管理要求，精准分配直达资金，保障直达资金直接惠企利民；不断加强和规范国有资产管理，对于新增资产配置需求，优先调剂使用符合条件的公物仓资产。推进财政票据电子化改革，预算管理一体化系统整合、电子非税收入一般缴款书推广工作。朝阳区一般公共预算收入完成563.5亿元，比上年增加60.5亿元，增长12%；接收直达资金7.17亿元（中央直达资金5.88亿元、市级直达资金1.29亿元），分配率100%，整体支出7.13亿元，进度99.4%。其中，中央直达资金5.86亿元，进度99.6%；市级1.27亿元，进度98.3%。2022年结转直达资金308.52万元支出完毕。完成税收。增值税151.4亿元，比上年增加47.2亿元，增长45.4%；企业所得税131.9亿元，比上年减少0.8亿元，降低0.6%；房产税97.1亿元，比上年增加7.1亿元，增长7.9%；城市维护建设税26.3亿元，比上年减少0.6亿元，降低2.2%；土地增值税37.7亿元，比上年减少5.1亿元，降低11.9%；印花税13.2亿元，比上年增加0.1亿元，增长0.9%；个人所得税36.4亿元，比上年降低0.3亿元，降低0.7%。区财政局获评北京市2022年度市级交通安全工作成绩突出单位、获节约型机关称号及首都民族团结进步奖。

【一般公共预算支出】 2023年，朝阳区一般公共预算支出547.8亿元，完成年初预算的100.5%，保持较高的支出强度，发挥财政“保民生、促发展”的职能作用。

【重点项目投入】 2023年，朝阳区促进产业转型升级支出294796万元，产业资金支出93269万元。用于支持互联网3.0产业生态体系建设专项资金约1亿元。推进“两区”建设，扶持专精特新、独角兽等优质企业，加快工业互联网、人工智能等数字经济核心产业布局。

【乡村振兴投入】 2023年，朝阳区城乡社区支出409671万元，农林水支出423573万元。推进城市更新和开发建设方式转型，拨付老旧小区综合整治资金12.66亿元。

【民生投入】 2023年，朝阳区社会保障和就业支出1863181万元，卫生健康支出472879万元。落实康惠园小区项目配套九年制学校、朝阳第二实验小学等民生实事项目，教育支出1095775万元。

【生态建设投入】 2023年，朝阳区统筹使用市区两级功能疏解专项资金20.58亿元用于疏解相关工作。安排农村地区拆违点位集体收益补偿、区级城乡结合部安全隐患整治、京沈客专节点涵洞遗留问题整治等项目资金及第二批公园开放项目资金；支持朝阳医院东区周边东十里堡路、常意路疏堵工程等5项市区重点项目资金5272.3万元；提高区域环境建设质量，改善市容市貌，追加温榆河公园周边环境整治等项目资金3097.65万元。

【预算绩效管理】 2023年，朝阳区对65个项目的事前绩效评估，资金规模80.17亿元，核减资金约1.44亿元，支持资金约78.73亿元；开展财政事后绩效评价项目45个，包括直达资金、重大投资、重点支出等。

【政府采购管理】 2023年，朝阳区政府采购系统加强使用管理、规范政府采购预算调整程序等，遵照“应编尽编”和“应采尽采”的有关要求。朝阳区全年调整项目从2020年的2024项降低至2023年的24项，下降98.8%；调整金额从65938.29万元降低至2023年的4400万元，下降93.3%。

【会计管理】 2023年，区财政局联合区内六大行业主管部门，加快履行资产移交和在建工程转固手续，督促指导单位存量基础设施入账。管理会计案例征集。组织区内行政事业单位、企业积极参与北京市管理会计案例征集活动，经遴选和修改，朝阳区报送的4篇案例中1篇企业案例获评全市优秀案例，1篇行政事业单位案例入选市级案例库。新会计制度转发。研究学习《北京市公立医院成本核算办法》《政府会计准则第11号》《政府会计准则制度解释第6号》等各类新出台的政府会计制度，做好解读宣传。

【财政资金管理】 2023年，区财政局对近3年的评审项目在管理各环节中存在的问题进行总结分析，形成评审案例，供资金主管科室及项目单位参考；对评审中发现存在严重问题的项目，函告相关单位，督促形成监管合力，提升项目管理工作水平，加强对财政资金的管理。

【财政监督】 2023年，区财政局加强监督检查工作，全年行政执法检查1273件。包括加强预算管理监督，有效防范化解风险、紧抓问题导向、稳抓新政策落实、加强财会执行监督，规范制度执行、紧盯决策部署落地见效，开展保障民生重点领域监督检查。把检查中发现的重大问题及整改限期结束后，仍不能按时完成整改的问题事实，报送区纪检监察机关。

【债务风险防控】 2023年，区财政局本着“聚焦重点、适度举债、高效实用、防控风险”的原则，向北京市申请新增政府专项债券，市财政局最终同意朝阳区申报189.34亿元，主要用于平房乡棚改环境整治项目等5个重大项目建设。朝阳区守住不发生区域性系统性风险底线，强化政府债务"借用管还"全流程监管，落实预算制管理工作要求，杜绝新增隐性债务，科学测算年度举债规模，足额安排偿债资金，按时偿还到期债务。（李　伟）

税　务

【概况】2023年，国家税务总局北京市朝阳区税务局（简称区税务局）创新攻坚，持续深化税收征管改革，推进"税务云厅"场景化建设，多方合作拓展税收共治格局。聚焦主责主业，推进组织收入与优惠落实，全力做好组织收入工作。完成税收收入（不含成品油消费税退税、个人所得税代扣代缴手续费退库、出口退税）2119.5亿元，比上年增长9.8%。其中，中央级税收收入1098.6亿元，比上年增长9.9%；地方级税收收入1020.9亿元，比上年增长9.6%。征收社保费1137亿元，比上年增长9.7%；征收非税收入76.2亿元，扣除国有土地使用权出让收入后比上年增长10%；征收职业年金18.1亿元、代收工会经费22.4亿元。区税务局获首都劳动奖状，北京市2023年度市级交通安全工作成绩突出单位称号。（林　洁）

【税费征管改革】2023年，朝阳区"一对一"主动辅导纳税人13万户次，线上全业务平均办结时长缩短70%，网上办税满意度约100%。新增6个"云厅+非税场景"，统一整合受理业务节点，提供全流程"陪伴式"缴费服务。建立"云上枫桥"税费争议处理机制，累计在线咨询服务超2万小时。全面数字化的电子发票开票扩围，推进数电票赋额、业务培训辅导、纳税服务、运维保障、风险防控等各项工作，新增数电票纳税人10余万户，咨询服务量1.5万人次。（林　洁　张　艺）

【减税降费】2023年，朝阳区落实各项税费支持政策，推动"政策找人"，建立《税费政策精准推送工作规范（朝阳）》，推送优惠政策、提示提醒等类型消息43万条次。新增减税降费及退税缓费144.61亿元。（张　艺）

【依法治税】2023年，朝阳区依法治税，执行行政裁量权基准制度。开展宪法宣传日活动，推进行政执法公示、执法全过程记录、重大执法决定法制审核3项制度落地。（张　艺）

【纳税服务】2023年，区税务局举办专精特新企业专场培训116户，为43个园区、1900余户创新型中小企业精细辅导。接诉即办受理12345热线诉求约1.5万件次。助力国际消费中心城市主承载区建设，25户离境退税商店、1家即买即退商店扩围。推出"朝阳税务管家"服务品牌，探索大企业"专业化""定制化"新路径，建立重点外企"一对一"直联机制，设置"一户一档"动态户口本，管家主动跟进个性化需求，提供定制化纳税服务、风险管理服务。（林　洁）

【"税务小哥"宣传】2023年，区税务局升级"税务小哥"宣传品牌，打造"税务小哥"高质量发展3年行动规划和团队建设方案。发布操作指南、政策解读等短视频63期，阅读量达33.9万人次。建成"税务小哥"直播间，开辟实时互动答疑形式，直播8场，吸引观众14万余人次，点赞量23万人次。（林　洁）

【税务队伍建设】2023年，区税务局举办"企业所得税学习年"培训，举行"书香税语"、知识竞赛等青年活动，搭建青年成长平台，组建83人的外语人才团队、130余人的"税务小哥"团队、17人的公职律师团队，选派干部参与旁听庭审活动、"一带一路"外事服务保障等活动。系统练兵比武获团体优胜奖，15名干部入选青年才俊。（林　洁）

2023年朝阳区税务局税务所一览表

表1

名称	地址	电话
北京市朝阳区税务局	朝阳区安苑东里三区1号	87426551
第一税务所（办税服务厅）	朝阳区宏泰东街望京东园4区绿地中心5号楼	81612366
第二税务所	朝阳区光华路9号光华路SOHO二期E座	81612366
第三税务所（办税服务厅）	朝阳区来广营红军营南路甲3号	81612366
第四税务所（办税服务厅）	朝阳区西大望路甲12号B座一层	81612366
第五税务所	朝阳区光华路9号光华路SOHO二期E座	81612366
第六税务所	朝阳区来广营红军营南路甲3号	81612366
第七税务所	朝阳区华威北里甲26号	81612366

续表 1

名称	地址	电话
第八税务所	朝阳区来广营红军营东路甲8号鸿懋商务大厦	81612366
朝外税务所	朝阳区左家庄东里甲3号	81612366
劲松税务所	朝阳区小八里庄37号	81612366
建外税务所	朝阳区光华路9号光华路SOHO二期E座	81612366
呼家楼税务所	朝阳区太阳宫中路甲6号临1号	81612366
八里庄税务所	朝阳区左家庄东里甲3号	81612366
双井税务所	朝阳区华威北里甲26号	81612366
左家庄税务所	朝阳区左家庄东里甲3号	81612366
酒仙桥税务所	朝阳区宏泰东街望京东园4区绿地中心5号楼	81612366
麦子店税务所	朝阳区太阳宫中路甲6号临1号	81612366
望京税务所	朝阳区宏泰东街望京东园4区绿地中心5号楼	81612366
大屯税务所	朝阳区来广营红军营南路甲3号	81612366
奥运村税务所	朝阳区来广营红军营南路甲3号	81612366
东湖税务所	朝阳区宏泰东街望京东园4区绿地中心5号楼	81612366
南磨房税务所	朝阳区小八里庄37号	81612366
高碑店税务所	朝阳区定福庄路9号	81612366
十八里店税务所	朝阳区小八里庄37号	81612366
常营税务所	朝阳区小八里庄37号	81612366
管庄税务所	朝阳区定福庄路9号	81612366
金盏税务所	朝阳区宏泰东街望京东园4区绿地中心5号楼	81612366
来广营税务所	朝阳区来广营红军营南路甲3号	81612366

金融管理

【概况】 2023 年，北京市朝阳区金融服务办公室（简称区金融办）吸引 51 家金融机构落户朝阳区，其中总部机构 11 家，一级分支机构 18 家，支行支公司 22 家，涵盖银行、证券、金融控股等金融业态。区内金融机构数量 1874 家。从行业分类看，银行业 997 家，证券业 296 家，保险业 450 家，其他金融机构 131 家；从内外资角度看，内资机构 1498 家，外资（合资）机构 376 家，外资（合资）机构数量占全市金融机构总量的三分之二以上。

【辖区企业上市】 2023 年，朝阳区 7 家企业上市。1 月，北京粉笔蓝天科技有限公司、北京乐华圆娱文化传播有限公司在香港联合交易所上市；北京量子之歌科技有限公司在美国纳斯达克证券交易所上市。4 月，中信金属股份有限公司在上海证券交易所主板上市。5 月，北京国际人力资本集团股份有限公司在上海证券交易所挂牌上市。7 月，北京卡路里科技有限公司在香港联合交易所上市。11 月，Global Lights Acquisition 在美国纳斯达克证券交易所上市。

【首支住房租赁投资基金设立】 1 月 16 日，朝阳区首支住房租赁投资基金——建万（北京）住房租赁投资基金（有限合伙）登记设立。该基金管理人为建信住房租赁私募基金管理有限公司，主要出资方为建信租赁住房基金（母基金）和万科集团，首期规模 100 亿元。

【国内首家合资转外资公募基金公司】 4 月 21 日，泰达宏利基金管理有限公司宣布变更公司法定名称为“宏利基金管理有限公司”。该公司成为国内首家合资转外资全资控股获批的公募基金公司。公司具有公募基金管理、专户管理、QDII、FOF 等多项业务资格，并具备综合管理多元化资产的能力。

【北京外资试点暨创投集聚区政策培训会举办】 4 月 26 日，区金融办、北京基金业协会、香港创业及私募投资协会、香港投资基金公会联合举办北京外资试点暨创投集聚区政策培训会。培训会以线上线下结合的形式进行，在北京和香港两地同时举办，百余家机构参加。培训会对北京外资试点政策和朝阳国际创投集聚区政策进行解读和案例分享，帮助更多机构了解北京外资落地和创投服务政策。

【全国首家新设外商独资证券】 5月5日，渣打证券（中国）有限公司在朝阳区完成工商登记注册，注册资本为人民币10.5亿元，成为全国首家新设的外商独资证券公司。

【企业上市服务政策宣讲会】 6月28日，由区金融办、区政务服务局主办的朝阳区企业上市服务政策宣讲会举办。宣讲会包括北京市及朝阳区上市综合服务机制、上市综合服务窗口、上市服务举措及政策、合法合规信息查询“一窗通办”流程等内容。市企业和中介机构代表约400人参加。

【2023年服贸会金融专区朝阳区展】 9月2日至6日，朝阳区参展2023年服贸会金融专区展。服贸会金融专区朝阳展区面积247.5平方米，展区整体设计用亮马河水系将“水”元素和“树”元素串联起来，寓意“金融活水滋养实体经济沃土”“朝阳发展沃土滋养区内企业壮大”，着重展现朝阳区落实“首都城市战略定位”“坚持‘五子’联动”和“融入新发展格局”的具体成效。

【穆巴达拉投资公司北京办公室开业】 9月，穆巴达拉投资公司在朝阳区正大中心举行北京办公室开业仪式。国开金融有限责任公司和红杉资本、高瓴资本等知名美元基金商业合作伙伴相关负责人参加。区金融办联合市金融监督管理局推进战略合作协议签署及人民币基金设立工作，为穆巴达拉投资公司在朝阳区发展提供全方位服务支持。穆巴达拉管理顾问（北京）有限公司在朝阳区，注册资本400万美元，投资范围涵盖科技、消费和医疗等领域。

【2家公司获批保险经纪业务牌照】 11月7日，国家金融监督管理总局批准宝马（中国）保险经纪有限公司和安顾方胜保险经纪有限公司在全国范围内经营保险经纪业务，获批保险经纪业务牌照。2家机构业务牌照的获得是国家金融业高水平对外开放的重要成果，对北京市加快金融领域“两区”建设，助力朝阳区国际金融聚集具有标志性意义。 （陈付佳）

审　计

【概况】 2023年，北京市朝阳区审计局（简称区审计局）完成64个项目，其中审计项目58个，专项审计调查6个。查出问题金额24.19亿元，其中违规金额4687万元、管理不规范金额23.72亿元；发现非金额计量问题600个；损益（收支）不实金额12万元；出具审计报告和专项审计调查报告64篇。处理处罚金额4569万元；移送司法机关、纪检监察机关和有关部门处理事项5件，移送处理金额2037万元。促进整改落实有关问题资金5526万元。提出建议357条，全部被采纳；推动被审计单位制定整改措施301项；促进被审计单位建立、健全规章制度95项；并向社会公告审计结果3篇。区审计局实施的对朝阳区2018年至2020年职业教育及实训基地运营等情况的专项审计调查项目、对中共北京市朝阳区委建外街道领导干部任职期间经济责任履行情况审计项目获2023年北京市审计机关优秀审计项目二等奖，实施的对中共北京市朝阳区委崔各庄地区领导干部任职期间经济责任履行情况审计项目获2023年北京市审计机关优秀审计项目三等奖。

【专项调查审计】 2023年，区审计局完成对高新技术产业专项资金、污染防治、国资国企质量及运营、优化营商环境、土地储备、办好重要民生实事6个专项审计调查项目。

【预算执行审计】 2023年，区审计局完成12个一级预算单位现场审计，区教委所属2个二级预算单位现场审计。采集全区一级预算单位财务数据，构建数据分析模型25个，记录疑点2811条，制作核查清单。发现预算编制不细化、应缴未缴财政收入、资产超标等18类问题。

【领导干部经济责任审计】 2023年，区审计局对6个部门、3个街道、5个乡22名领导干部经济责任审计，对3个区属国有企业6名领导人员经济责任审计，对1个部门、1个乡3名领导干部自然资源资产离任（任中）审计。制定《朝阳区区级部门主要领导干部自然资源资产审计评价指标体系（试行）》和《朝阳区乡镇主要领导干部自然资源资产审计评价指标体系（试行）》，并在具体项目中试运行。

【政府投资审计】 2023年，区审计局对环境整治提升、老旧小区改造、道路建设、市政配套工程建设等项目进行审计，对5个街乡的环境整治、8个街乡的老旧小区改造审计，及郊野公园建设等全区性建设任务审计。

【内部审计】 2023年，区审计局组织内审单位内部审计负责人高级研修班，培训300余人次，1400人参加继续教育。内部审计理论研究1篇论文入选北京市内部审计论文汇编。检查全区117家区属行政事业、街乡及国有企业单位2022年度内部审计工作组织管理和审计项目质量情况，对实施内部审计项目的71家单位95个项目进行重点检查。

【审计整改】 2023年，区审计局印发《朝阳区审计整改约谈办法》，修订《朝阳区审计局审计整改管理办法》，检查重点项目20个。

【审计信息宣传】 2023年，区审计局发出审计信息255篇，总采用544篇次。其中：《中国审计报》、《中国审计》、审计报公众号等国家级媒体、平台采用13篇次；北京日报App、首都文明网、

北京审计网、市局公众号、北京内审网等采用130篇次。（张亚青）

统计

【概况】 2023年，北京市朝阳区统计局（简称区统计局）创新开展高频统计监测，经济指标发展预判50余轮；完成国际消费中心城市建设等18项年度研究课题；成立区级、街乡第五次全国经济普查机构，选聘普查指导员和普查员队伍6600余名；开展普查区划分和绘图工作，划定普查区737个，普查小区3311个，标绘建筑物110628个。“准规模”单位查找1.4万个。印发《朝阳区关于更加有效发挥统计监督职能作用的若干措施》。完成统计执法任务1662家。调查一科获2023年“北京市工人先锋队”荣誉称号；统计局宣讲团在朝阳区“百姓宣讲”活动中获优秀组织奖，2名干部获一等奖，参与朝阳区机关工委第五季“悦读·阅廉”活动获优秀组织奖。（陈红 张娟）

【经济运行监测】 2023年，区统计局按周开展经济形势分析研判，建立17个指标预判分析的常态化工作机制，跟踪监测指标恢复情况，经济指标发展预判50余轮。制定统计监测完成时间表，修订完善统计监测目录，形成21项监测内容。对高质量发展综合绩效评价和“七有”“五性”监测分析，服务全区经济高质量发展及保障。（黄桂俊）

【统计专项调查】 2023年，区统计局进行各类专项调查、调研、座谈会等25次，撰写各类报告240余篇。在民生领域，垃圾分类调查2次，每次完成500份样本调查；民生实事项目线索调查样本300份。《任重道悠，终始唯一——朝阳区城乡居民垃圾分类意识及现状调查报告》获得区委副书记、区长吴小杰批示；《生产经营保稳向好 预期偏弱仍需提振——2023年2季度朝阳区中小微企业发展情况调查报告》获得常务副区长聂杰英批示；《立足生态发展新起点，打造和谐宜居新标杆——朝阳区居民环保意识调查报告》获得副区长任超批示；另外有多篇报告、工作动态被国家、市、区媒体转载采登。（刘狄菲）

【统计数据质量】 2023年，区统计局修订完善统计业务工作手册、基层基础制度汇编、街乡统计工作考核细则等，每月通报“十率”（测算入库率、达规率、异地纳统率、上报率、核查率、准确率、覆盖率、差错率、误差率、应用率），对数据生产前的调查单位管理、数据生产过程中的采集与审核、数据生产后的监督与使用情况进行量化管理，每季度开展质量控制自查评估。全年统计巡查14个重点街乡，对区人力资源社会保障局开展部门统计巡查。组织街乡统计所、社区（村）统计人员培训16批次。建立科所结对工作机制，实现局队20个科室与43个统计所“一对一”联系指导。以集中授课、送课上门等形式举办区属部门培训3次，建立朝阳部门统计工作京办群。（隋鹏）

【朝阳区第五次全国经济普查】 2023年，区统计局成立以常务副区长为组长、36个部门为成员的朝阳区第五次全国经济普查（简称五经普）领导小组，全区43个街乡、737个社区（村）均成立相应的普查机构。选聘普查指导员和普查员6600余名，划定普查区737个，普查小区3311个，标绘建筑物110628个。清查法人单位和产业活动单位244765个、个体经营户28607个。完成投入产出单位名录库维护、培训、各季度报表收审核查等相关工作。挑选14个街乡开展“五经普”专项统计巡查；对全区所有街乡开展清查阶段事中质量抽查，重点核查清查数据质量和虚报、漏登单位情况。（杨旭 隋鹏）

【统计报告和信息】 2023年，区统计局撰写统计分析报告278篇，编印统计专报5期、专题分析93期、产业监测28期、区域监测12期、研究报告10期；被区委办和区政府办采登经济信息和分析报告205条，被市统计局采登信息171条、分析报告261篇，被国家统计局采登信息18篇。《2023年春节后企业返岗用工情况调研分析》《2022年1—4季度朝阳区农业生产监测分析》《2023年上半年朝阳区GDP完成情况分析》《2023年上半年朝阳区规上单位纳统情况》《高度关注总部企业核心功能布局 加快推动总部经济高质量发展——朝阳区总部经济发展专题研究》等分析报告得到区领导34次批示。《识变应变促经济回升向好 知重负重谋朝阳发展新篇——2022年1—3季度朝阳区经济运行报告》获北京市统计局优秀统计分析报告评选形势类三等奖，《朝阳区经济空间布局与区域协调发展研究》《强健体魄多励志 双奥朝阳向未来——冬奥会“北京周期”下朝阳区居民体育健康行为及需求调查报告》获专题类三等奖。《关于加大扶持力度帮助中小企业恢复发展的建议》获政协北京市朝阳区委员会2023年度优秀提案表彰。《新形势下政府部门设立专门党务工作机构的必要性研究》获朝阳区党建研究会自选课题成果评选一等奖。《关于推动消费品市场提质增量的建议》被市委信息室评为“优秀信息”，《2022年朝阳区居民养老现状及需求调查报告》等3篇信息分析评为区委办“优秀信息”。向区有关单位提供数据102.4万余笔。编印《北京市朝阳区人口普查年鉴2020》《朝阳区第七次全国人口普查报告选编》《朝阳统计手册2023年》《2022年朝阳统计分析报告》《北京市朝阳区统计年鉴2023年》。通过北京朝阳网、朝阳统计信息内网、“北京朝阳统计”官方微信发布《朝阳区2022年国民经济和社会发展统计公报》。（黄桂俊）

【统计普法执法】 2023年，区统计局印发《朝阳区关于更加有效发挥统计监督职能作用的若干措施》，开展领导干部学法活动7次。普法情景剧《统计无小事之有温度的执法》获得2023年北京市朝阳区法治文艺大赛二等奖。作为基层立法联系点，提出的修改《中华人民共和国统计法》部分意见建议被全国人大常委会法工委采纳。完成统计执法任务1662家，其中日常检查200家、专项检查320家、非现场检查200家、数据核查940家、查处迟报2家。立案73起，其中普通程序立案32起（销案1起），简易程序立案41起。

（田　泳　闫　瑾）

【统计宣传】 2023年，区统计局协办北京市统计局“北京政府统计机构成立70周年主题展览暨2023年北京政府统计开放日”主题展览，接待观展人员4700余人次，制作宣传视频《数据之旅》《非凡十年　数看中国式现代化的朝阳实践》《数载万象　活力朝阳》。微信公众号推送图文230期293条，阅读12.6万人次，粉丝量达4.8万人，政务动态被市局平台采登171篇，区政府外网采登66篇，国家局平台采登18篇，《中国信息报》《朝阳报》等各类媒体刊发112篇。创新宣传助力“五经普”，开通朝阳区“五经普”专网，推动“五经普微站”上线，制作海报、系列长图、科普视频等宣传产品，组织“进园区、进商圈、进楼宇、进影院、进大厅”、启动仪式等活动，策划人物风采系列文章。

（张　娟）

【统计课题研究】 2023年，区统计局完成国际消费中心城市建设等年度研究课题18项。《新发展格局下朝阳区企业成长潜力测度研究》《商事制度改革下名录库数据应用探索》2篇报告在北京市第二十二次统计科学讨论会现场分享。创新开展“中国式现代化的朝阳实践”系列研究，以组建跨科室课题攻关小组形式完成研究课题6项。“中国式现代化的城市活力发展测度研究及提升路径”研究参加全市统计建模大赛。

（黄桂俊）

【人口抽样调查】 10月至11月，区统计局开展2023年年度人口抽样调查。调查时点为11月1日零时，调查涉及朝阳区43个街乡的445个社区（村），603个村级样本块，调查登记25007户、58686人。其中，国家点涉及31个街乡的48个社区（村），48个村级样本块，调查登记1961户、4593人；北京点涉及43个街乡的431个社区（村）中555个村级样本块，调查登记23046户、54093人；2批次固定样本跟访调查涉及全区42个街乡，完成734人跟访样本登记。采用“线下会议＋线上腾讯会议＋线上统计专网”3种形式对指导员和调查员培训。成立6个业务督导组分片督导，开展实地踏查和全过程质量控制，完成电话回访准确性抽查1505户。

（庄　园）

市场监督管理

【概况】 2023年，北京市朝阳区市场监督管理局（简称区市场监管局）以“强党建、稳秩序、促发展、保安全”为工作主线，践行“首善标准、监管为民”市监文化。办理行政处罚案件2714起，罚没款7532.16万元。全区实有市场主体37.32万户，比上年增长0.75%；新设市场主体3.89万户，比上年增长27.56%；受理各类行政许可申请2.6万件，商标窗口受理各类业务申请6503件。企业年报率94.51%，代表机构年报率89.85%，特种设备年报率100%。推进“双随机、一公开”监管工作，发起47批次，抽查主体4276户次；统筹协调区文旅局、区人社局、区统计局等28个部门，发起131批次，抽查主体1.26万户次。在市场主体的设立、变更、注销、备案、增减补换证照及股权出质登记等场景，实施告知承诺制度，引导企业主动承诺诚信经营，市场主体登记告知承诺覆盖率达100%。举办接诉即办十大案例暨“最美办件人”评选，承办各渠道群众诉求57.7万件，其中“12345”热线接诉即办群众诉求36.3万件。组织从事网络直播营销平台签署《朝阳区网络直播营销平台自律公约》，引导直播平台企业切实履行平台经营义务，构建直播带货全流程行业自律机制。获产品质量安全监管保障贡献突出集体、五星市场监督管理所等国家级荣誉，以及北京市工人先锋号，全国市场监管数字化试验区（北京）建设示范区创建单位等市级荣誉。

【优化营商环境】 2023年，区市场监管局对标北京市营商环境6.0改革任务，制定工作方案，围绕重点领域确定73项任务，创新实现市场准入领域7项首单。7项首单包括全市首张二维码“一照多址”营业执照，全市首个使用简化公证文书办理外商投资登记，全市率先实现“营业执照”和“医疗机构执业许可证”一次办好、同步发放，全市率先实现香港非自然人投资主体全程网办，全市率先实行建筑工地食堂食品经营许可“一地块一证”，全市首个区级大厅“合法合规信息查询”专窗，全市首批落实歇业备案制度。

【市场各领域违法行为打击】 2023年，区市场监管局查办北京首酿金麦贸易公司在发布的商业广告中使用不规范中国地图的方式损害国家的尊严或者利益案，罚款20万元；查办车好多旧机动车经纪（北京）有限公司广告中使用或者变相使用国家机关、国家机关工作人员的名义或者形象、广告中贬低其他经营者及发布虚假或者引人误解的广告案，罚款38万元；查办巴拿马万国（国际）博览会组委会北京代表处违规从事经营活动案，罚款644.9万元；办理全市首例假冒央企案，查办中铁辰邦（北京）科技有限公司、中铁辰邦（北京）投资管理有限公司擅自使用他人有一定影响的企业名称案，分别罚款5万元。

【容错纠错清单2.0版本】 2023年，区市场监管局出台全市市场监管系统首个轻微违法行为容错纠错清单2.0版本及实施意见，引入依法监管、过罚相当、处罚和教育相结合及诚实信用4项基本原则，涵盖许可类、食品类、药品类、广告类、不当竞争类、价格类、产品质量类七大市场监管执法领域35项经营者在日常经营过程中可能会经常触犯、举报密集、处罚额度较高的违法行为。适用容错条款办理案件1237件，减免处罚金额4738.33万元。

【公平竞争审查】 2023年，区市场监管局建立会审制度，明确会审流程和方式，规范审查机制，会审政策措施100件，提出修改意见48条。公平竞争审查抽查检查，检查评估区发展改革委、区财政局、区商务局等20个单位2022年制发的文件143份。制定《财政奖补领域公平竞争审查规则》。

【金融类企业限制】 2023年，区市场监管局组织限制金融类企业登记、金融类广告监测、高风险企业吊销等工作，协助金融主管部门限制高风险金融企业迁入54家，限制高风险金融企业变更44家。

【广告监管工作规程指引编制】 2023年，区市场监管局编制《广告监管工作规程指引》，解决广告监督执法、监测数据复核校对、网络平台企业监管不力、损害消费者权益等民生问题，明确执法取证、执法程序环节的关键要素，提出疑难问题的解决方法和行政处罚善后处置的工作建议。

【首个区级预付卡管理工作方案】 2023年，区市场监管局制定全市首个区级《朝阳区预付卡管理工作方案》。方案包括指导原则、职责分工、工作机制、工作要求等内容，制定涉及预付卡经营的领域及管理部门清单、应纳入资金存管经营者台账、朝阳区预付卡监管行政执法流程图等。出台全市首个单用途预付卡管理系列标准，打造单用途预付卡全生命周期监管规范。

【重大活动服务保障】 2023年，区市场监管局承担北京市两会、全国两会、第十三届北京国际电影节、2023年中关村论坛、2023年全球数字经济大会、2023年中国国际服务贸易交易会等22项重大活动服务保障。组织活动的相关食品、特种设备安全、产品质量安全、市场秩序监管、环境整治、应急管理等服务保障任务。保障安全就餐54万人次，开展食品快速检测7000个，监督食品留样8.5万件，检查特种设备1473台。

【“五控”机制处置方案】 2023年，区市场监管局印发《朝阳区市场监管局意识形态突发事件“五控”机制处置方案（试行）》。“五控”包括会商联控、导向把控、即时管控、流程严控、风险可控。方案为全市首个涉意识形态突发事件的规范化处置机制，进一步压紧压实意识形态工作主体责任，规范工作流程，提升工作效率，拧紧意识形态安全阀、织密意识形态安全网、系牢意识形态安全绳。

【“跨省通办”合作框架协议签订】 6月，区市场监管局与天津市河东区市场监督管理局签订企业登记业务“跨省通办”合作框架协议。根据协议，双方结成企业登记业务“跨省通办”合作伙伴关系，为群众和企业提供“就近办”政务服务，推动实现京津企业登记业务“跨省通办”。（李媛媛）

2023年朝阳区市场监督管理所一览表

表2

序号	名称	地址	电话	邮编
1	亚运村街道市场监督管理所	北京市朝阳区安慧里一区11号楼	010-64932996	100101
2	小关街道市场监督管理所	北京市朝阳区惠新东街8号设计大厦13层	010-84644537	100029
3	望京街道市场监督管理所	北京市朝阳区广顺南大街21号院蓝色家园小区西门外	010-64212331	100102
4	东湖街道市场监督管理所	北京市朝阳区宏昌路望京西园220号院内北侧办公楼四层	010-64728614	100102
5	太阳宫乡（地区）市场监督管理所	北京市朝阳区太阳宫地区尚家楼48号院1号楼一层底商	010-84624847	100028
6	金盏乡（地区）市场监督管理所	北京市朝阳区金盏大街3号（金盏城市管理指挥中心）	010-84333173	100018
7	奥运村街道市场监督管理所	北京市朝阳区科荟桥东北角	010-62940953	100192
8	酒仙桥街道市场监督管理所	北京市朝阳区将台乡驼房营路3号	010-64309117	100015
9	将台乡（地区）市场监督管理所	北京市朝阳区将台乡驼房营路3号	010-64329430	100016
10	来广营乡（地区）市场监督管理所	北京市朝阳区来广营地区朝来绿色家园蕴实园3号楼底商	010-84950775	100012
11	建外街道市场监督管理所	北京市朝阳区建国路93号院万达广场3号楼一层	010-58205533	100026
12	东坝乡（地区）市场监督管理所	北京市朝阳区东坝乡人民政府院内405室	010-65491772	100018

续表2

序号	名称	地址	电话	邮编
13	朝外街道市场监督管理所	北京市朝阳区雅宝里15号楼（朝外政务服务中心）2层211室	010-85610579	100020
14	六里屯街道市场监督管理所	北京市朝阳区甜水园北里1-2	010-65069242	100025
15	八里庄街道市场监督管理所	北京市朝阳区慈云寺1号东区国际3号楼A座211、219、108、109室	010-52187326	100025
16	垡头街道市场监督管理所	北京市朝阳区垡头街道翠城馨园524号楼	010-67389581	100023
17	十八里店乡（地区）市场监督管理所	北京市朝阳区双龙南里129号楼	010-87310453	100122
18	小红门乡（地区）市场监督管理所	北京市朝阳区小红门乡小红门村临918号	010-67639370	100176
19	三里屯街道市场监督管理所	北京市朝阳区幸福二村28号楼2单元	010-84497355	100027
20	左家庄街道市场监督管理所	北京市朝阳区左家庄顺源里小区6号楼	010-64668825	100027
21	麦子店街道市场监督管理所	北京市朝阳区朝阳公园西里南区6号楼	010-58260845	100125
22	东风乡（地区）市场监督管理所	北京市朝阳区东风乡政府星火西路9号	010-85818457	100016
23	团结湖街道市场监督管理所	北京市朝阳区团结湖北头条9号楼	010-85589302	100026
24	三间房乡（地区）市场监督管理所	北京市朝阳区建国路甲8号院巴学园东侧	010-65420081	100024
25	大屯街道市场监督管理所	北京市朝阳慧忠里B区108号楼3层	010-52192878	100101
26	安贞街道市场监督管理所	北京市朝阳区安贞西里二区17号楼顶层	010-52203697	100029
27	和平街街道市场监督管理所	北京市朝阳区和平街西苑甲12号楼1层	010-84282097	100013
28	崔各庄乡（地区）市场监督管理所	北京市朝阳区崔各庄乡草场地村崔各庄乡政府政务楼一层西侧	010-64321040	100015
29	孙河乡（地区）市场监督管理所	北京市朝阳区孙河乡顺白路6号政务服务中心院内	010-84200568	100015
30	香河园街道市场监督管理所	北京市朝阳区西坝河西里28号英特公寓四层	010-52172006	100028
31	潘家园街道市场监督管理所	北京市朝阳区松榆东里37号楼	010-87373176	100021
32	双井街道市场监督管理所	北京市朝阳区厂坡村街厂坡村1号	010-52172276	100022
33	南磨房乡（地区）市场监督管理所	北京市朝阳区双龙南里212号楼	010-87312145	100122
34	王四营乡（地区）市场监督管理所	北京市朝阳区王四营乡王四营村党员服务中心东侧楼二楼	010-67373882	100023
35	呼家楼街道市场监督管理所	北京市朝阳区呼家楼北街乙4号	010-65018535	100026
36	平房乡（地区）市场监督管理所	北京市朝阳区平房乡黄杉木店路10号	010-85518505	100123
37	常营乡（地区）市场监督管理所	北京市朝阳区富力阳光美园甲1号105二层	010-65480860	100024
38	管庄乡（地区）市场监督管理所	北京市朝阳区管庄路管庄东里21号楼	010-85707889	100024
39	首都机场街道市场监督管理所	北京市朝阳区首都机场场西平街2号街道办事处	010-64571573	100621
40	奥管委市场监督管理所	北京市朝阳区安苑北里12号2层	010-64810160	100029
41	劲松街道市场监督管理所	北京市朝阳区农光南路甲1号三层	010-67730440	100021
42	高碑店乡（地区）市场监督管理所	北京市朝阳区高碑店乡康家园25号楼	010-85791630	100024
43	黑庄户乡（地区）市场监督管理所	北京市朝阳区黑庄户乡黑庄户家属院内	010-85386401	100023
44	豆各庄乡（地区）市场监督管理所	北京市朝阳区绿丰家园东路与西马各庄北路交叉口往东20米	010-85307404	100121

质量技术监督

【概况】 2023年，区市场监管局推进贯彻质量强国战略各项工作任务，助力区域经济稳定有序发展。组织和指导本区宏观质量管理、产品质量安全监督管理、特种设备安全监督管理，统一管理计量工作、标准化工作、检验检测工作，依法对认证活动实施监督检查等。制定《朝阳区贯彻落实〈质量强国建设纲要〉行动方案（2023—2025年）》及《重点任务清单》。被评为产品质量安全监管保障贡献突出集体、“铁拳”行动突出贡献集体。

【缺陷消费品召回】 2023年，区市场监管局召回缺陷产品9家次，涉及儿童玩具、纸制品、智能锁、汽车冷却液、防爆用品、电冰箱等。

【产品质量监管】 2023年，区市场监管局对生产领域监督检查，对电动自行车及蓄电池、燃气灶具及配件、涉及生态环境保护产品、特殊人群用品等重点产品，监督产品质量安全。开展各类执法检查2.06万家次，监督抽查744组；办理产品案件157件，罚、没收款145.76万元。

【特种设备监管】 2023年，区市场监管局对特种设备使用单位实施监督检查8505家次，办理案件27起，收缴罚款88.25万元，安排检验任务9300单，出具检验检测报告5.9万台（份）。

【项目资金资助】 2023年，区市场监管局对符合市级资助条件的15家单位、15项标准予以资助，资助金额244万元；对符合区级资助条件的44家单位提出的179项标准、1项标准化试点示范活动和2项推动标准国际化项目予以资助，资助金额190万元。

【标准化行动方案】 2023年，区市场监管局制定印发《朝阳区标准化行动方案（2023—2025年）》。行动方案有3大部分、10个章节、32项工作任务，包括朝阳区未来3年的标准化工作整体部署，建立朝阳区标准化工作联席会议制度。

【“CCC免办证明”】 2023年，区市场监管局推行“先证后管承诺制”的实效，受理企业检查取得“CCC免办证明”的企业等业务总量3237件，“CCC免办”审批1651家次，出具证书1615张。

【民生计量保障】 2023年，区市场监管局对超市、集贸市场、餐饮单位、加油站、旅游景区商店等民生领域计量监督检查9979家；检定项目25个，检定计量器具6.5万台（件）。

【安全监督管理文件印发落实】 2023年，区市场监管局印发《开展全系统安全生产、火灾隐患和食品药械安全大排查大整治实施方案》《关于开展特种设备安全隐患大排查大整治工作的通知》，企业录入率100%，企业自查和政府端检查率均100%，检查8554家单位，发现消除隐患503项。印发《关于贯彻落实〈特种设备生产单位落实质量安全主体责任监督管理规定〉〈特种设备使用单位落实使用安全主体责任监督管理规定〉的通知》，特种设备生产、使用单位落实安全主体责任，4717家单位配备安全总监、安全员。

【“儿童用品安全行”宣传活动】 2023年，区市场监管局联合北京市产品质量监督检验研究院举办“儿童用品安全行”宣传活动。在北京第二外国语学院附属小学、北京中学，以“儿童安全”进课堂的形式，讲解产品缺陷带来的安全隐患，介绍如何正确使用文具用品、如何选购安全的儿童文具等，提高广大师生、家长的辨别能力和自我保护意识。

【质量基础设施“一站式”公共服务模式建设】 2月，朝阳区质量基础设施“一站式”公共服务平台上线运行。平台为全市首个区级线上“质量基础设施‘一站式’公共服务平台”、全市首个实现“标准补助申报”线上“一站式办理”、全市首个实现线上“缺陷产品召回材料申报”。平台完成44家单位的179项标准补助申报材料、9家单位缺陷消费品材料及9家北京市人民政府质量管理奖申报材料的报送。9月21日，质量基础设施“一站式”服务工作站（朝阳园站）挂牌成立。工作站为园区企业提供标准、计量、检验检测及认证认可、质量管理等方面的服务。“线上+线下”质量基础设施“一站式”服务模式的建立，建成“一个窗口受理、一个平台保障、各职能部门分工办理”的质量基础设施综合服务体系。（李媛媛）

食品药品监督管理

【概况】 2023年，区市场监管局坚持“四个最严”标准，坚持问题导向和底线思维，坚持清单管理和靶向治理，严守食品药品安全底线，确保不发生系统性、行业性和区域性风险。被评为参加整治借党的二十大进行商业炒作和医疗美容行业突出问题专项治理工作成绩突出集体、药品安全专项整治工作表现突出单位、北京市药品不良反应监测工作先进单位。

【专项检查】 2023年，区市场监管局专项检查。对生产经营儿童化妆品主体监督检查426家次，其中化妆品网络经营者8家次，母婴用品专卖店146家次，商超109家次，其他化妆品经营者163家次；对辖区市场内大米经营者质量安全监督检查，排查大米生产经营过程中使用香精、掺假掺杂、以低等级大米冒充高等级大米、虚假标注标签等问题，监督检查大米食品生产经营者361家次，出动执法人员723人次，抽检大米相关产品82批次；乳粉掺杂使假排查，打击乳粉掺杂使假、以假充真等违法行为，监督检查乳粉相关食品生产经营者1895家次，出动执法人员3793人次，检查乳粉相关电

▲ 2023年，区市场监管局食品安全专项行动检查。图为1月30日，执法人员检查辖区元宵经营主体食品安全　　（邹　玥　摄）

商平台197家次，抽检乳粉相关产品24批次。

【食品安全专项行动】 2023年，区市场监管局食品安全专项行动检查。检查辖区食品生产企业、食品经营企业、网络相关食品企业、校园相关食品企业、涉及食品保障供应的相关企业。检查各类企业59349家，处置风险问题654个。

【食品安全责任保险】 2023年，区市场监管局推行食品安全责任保险，以网络餐饮平台为试点，发挥食品安全责任保险的社会管理和经济补偿功能。截至年底，饿了么平台线上等商户24748户投保食品安全责任保险，参保率100%。

【大洋路批发市场智慧农贸系统】 2023年，区市场监管局指导大洋路批发市场应用智慧农贸系统。设置数据大屏、商户管理、合同管理、进场预约、商品质检等模块，全方位管理市场。“进场预约”模块，实现入场车辆和货物的可视化管理，通过“进场预约—信息审核—快速检测”3个步骤，在高效进行入场查验的基础上，确保食品安全可追溯，达到“快速预警、促进安全”的目的。

【食品展览展销会展前报告工作指导】 2023年，区市场监管局制定印发《食品展览展销会展前报告工作指导》。报告工作指导明确食品展览展销会范畴、展前报告流程以及政策要求和监管依据。报告工作指导在2023年中国国际咖啡展览会、第三届澜湄水果节、北京朝阳国际精酿啤酒节实施，检查经营项目许可范围、经营者资质公示、人员健康证明、销售过程控制等。出动检查156人次，检查商户480家次，发现未按食品标签要求条件存贮食品、直接入口食品操作不规范等问题5件次。

【制止餐饮浪费专项行动】 2023年，区市场监管局举办“制止餐饮浪费专项行动”活动。成立制止餐饮浪费专项行动领导小组及工作专班，聚焦餐饮浪费突出问题，指导全区餐饮企业逐项自查、整改。举办“制止餐饮浪费专项行动”启动仪式，发布《朝阳区市场监管局制止餐饮浪费倡议书》；联合区教委对全区学校食堂检查；联合区机关事务管理服务中心等6部门印发《关于开展北京市机关食堂反食品浪费工作成效评估和通报制度实施方案工作的通知》，对全区日平均用餐人数超过100人次规模的食堂评估。

【保健食品行业食品安全专项治理】 2023年，区市场监管局组织保健食品行业食品安全专项治理，监督检查保健食品生产企业4家次、特殊食品经营企业5315家次，检查发现问题并整改14家。

【国家食品安全示范城市创建】 2023年，区市场监管局制定印发《朝阳区创建国家食品安全示范城市工作方案》；发放《食安朝阳 与你同行 携手共创国家食品安全示范城市》一封信；进行创建国家食品安全示范城市年度创区跟踪评价和满意度测评。

【食品药品监督抽检】 2023年，区市场监管局食品安全常规监督抽样3486批次，不合格7批次，合格率99.78%；市县食用农产品监督抽样3821批次，不合格119批次，合格率96.76%；组织食品安全快速检测5480批次，其中普通食品快速检测5400批次，保健食品快速检测80批次。药品经营和使用环节抽样410件，不合格检验报告1件；医疗器械经营和使用环节区级抽检65批次、市级抽检30批次。

【不良反应监测】 2023年，区市场监管局收集、评价药品不良反应监测评价报告1769件，追踪严重病例补充报告75件，审核医疗器械不良事件监测报告2407件，辖区内二、三级医疗机构药品不良反应、医疗器械不良事件消除“零报告”，化妆品不良反应报告138件。　　（李媛媛）

价格管理

【概况】 2023年，区市场监管局围绕优化营商环境，加强教育收费监管、完善殡葬服务市场价格秩序、规范旅游市场价格及宠物诊疗秩序等，组织查处价格收费违法违规、不正当竞争，违法直销、传销，侵犯商标专利知识产权和制售假冒伪劣等行为，查处价格类违法案件116起，罚没金额

227.97 万元，退款 3475.45 万元。印发《朝阳区实行商品和服务明码标价工作指引》，明确价格标识规则，促进全区经营主体规范明码标价。

【民生商品价格监管】 2023 年，区市场监管局开展防汛救灾和恢复重建期间市场价格监管执法工作，对民生商品、防汛常用药品、重建物资等商品和服务的市场价格监管执法。出动执法人员 7660 人次，检查市场主体 4116 家，行政指导 208 户。

【违规收费治理】 2023 年，区市场监管局对供水、供电、供气、供暖等领域的价格监管，清退违规收费，查处不执行政府定价或政府指导价、违规收费等价格违法行为。指导物业企业全面梳理、自查现行收费项目和标准，强化企业价格自律，规范收费行为。联合区发展改革委、区教委及区财政局在全区范围内开展教育收费自查自纠和重点抽查检查，查处违规收费行为 6 起。责令清退违规收费金额共计 3475 万余元，惠及商业主体近 3000 家。

【价格专项执法行动】 2023 年，区市场监管局开展旅游市场价格专项执法行动及营业性演出票务市场"黄牛"非法倒票乱象专项整治行动，规范旅游参观景区、周边餐饮、住宿、停车、营业性演出票务市场等 9 个环节价格秩序，出动执法人员 345 人次，检查旅游参观景区、特色旅游街区、线上旅游平台等经营主体 262 家，行政指导 42 户，立案 2 起，罚没金额 7.5 万元。开展双随机抽查及会同区农业农村局联合执法规范宠物诊疗市场秩序，查处宠物诊疗机构提供服务、销售商品不执行明码标价规定、价格欺诈等违法行为。对 180 家宠物诊疗机构全覆盖检查，办理宠物诊疗机构价格违法案件 17 件，罚没金额 21.4 万元。组织安葬设施价格行为专项排查、殡葬服务收费价格秩序专项检查和全区殡仪服务领域侵害群众利益问题专项整治，出动执法人员 437 人次，检查殡葬服务经营者 210 家，立案查处 3 起，罚没款金额 20.5 万元。 （李媛媛）

知识产权保护

【概况】 2023 年，朝阳区市场监督管理局，加挂北京市朝阳区知识产权局（简称区知识产权局）牌子。区市场监管局（区知识产权局）扎实推进知识产权运营服务体系重点城市建设与知识产权日常监督管理工作，持续提升全区知识产权创造质量、运用效益、保护效果、管理水平、服务能力和国际影响力，推动知识产权在区域经济发展、科技创新、产业规划、综合治理、公共服务等领域的全面运用和聚合发展，知识产权强区建设成效显著。年内，获第四届全国知识产权协同保护业务竞赛组织奖，被评为北京市知识产权系统先进集体、2022 年度北京市知识产权公共服务优秀区中心。

【知识产权制度体系完善】 2023 年，区市场监管局（区知识产权局）完善知识产权制度体系。1 月 16 日，印发《北京市朝阳区"十四五"时期知识产权发展规划》。2 月 24 日，印发《朝阳区知识产权资助办法（2023 年修订）》。2 月，起草并以朝阳区打击侵犯知识产权和制售假冒伪劣商品工作领导小组名义印发《朝阳区打击侵犯知识产权和制售假冒伪劣商品工作领导小组工作规则》《朝阳区打击侵犯知识产权和制售假冒伪劣商品工作领导小组办公室工作细则》《朝阳区打击侵犯知识产权和制售假冒伪劣商品工作领导小组成员单位职责分工》。4 月，印发《2023 年朝阳区知识产权行政保护实施方案》，提升知识产权创造、运用、保护、管理和服务水平，释放创新创业创造动能。

【知识产权强市建设示范工作】 2023 年，区市场监管局（区知识产权局）研究制定并以区政府名义印发《朝阳区知识产权强市建设示范城市工作方案（2022—2025 年）》，形成《主要任务分解表》，制作政策解读文件，完善《国家知识产权强市建设示范工作情况调研表》，同知识产权联席会成员单位共同推进知识产权强市建设示范城市各项工作，加强全区知识产权工作顶层设计，打造区域知识产权工作高地。

【商标注册】 2023 年，朝阳区商标注册申请量 85719 件，占全市总量 21.61%。商标注册量 53789 件，占全市总量的 22.74%。截至 12 月，朝阳区有效商标注册量 792493 件，比上年增长 3.74%，占全市总量 25.74%。各项数据均列全市各区第 1 位。

【专利授权】 2023 年，朝阳区专利授权量 29598 件，占全市总量 15.26%。截至 12 月，朝阳区有效发明专利拥有量 105609 件，比上年增长 15.72%，占全市总量 18.39%。各项数据均列全市各区第 2 位。

【优化和完善工作站布局】 2023 年，区市场监管局（区知识产权局）加强工作站规范化建设和动态监测管理，同意中护航工作站因园区企业变动较大、无法开展知识产权服务等因素提出的撤站申请。持续推进公共服务体系建设，新建酷车小镇知识产权公共服务工作站，并根据产业特点开展知识产权全链条公共服务。

【知识产权公共服务体系构建】 2023 年，全区形成国家知识产权局商标业务北京朝阳受理窗口、北京市知识产权公共服务朝阳区中心、10 家知识产权公共服务工作站、7 家商标品牌指导站的"1+1+10+7"知识产权公共服务体系。区市场监管局（区知识产权局）加强工作站、商标品牌指导站的统筹指导和业务交流，5 家商标品牌指导站被北京市知识产权局确定为北京市商标品牌指导站。指导工作站开展"知识产权助力重点产业发展"专项活动，指导工作站参加北京市知识产权公共服务优秀范例评选工作，知识产权服务业集聚效应明显。

【知识产权纠纷调解】 2023年，北京市朝阳区（设计服务业）知识产权纠纷人民调解委员会做好行业性专业性人民调解组织规范化建设工作，同时建立奖励机制并活跃调解氛围，激发调解员动力，成功调解14例涉及著作权、专利权和商标权等纠纷案件。

【重点产业知识产权运营基金设立】 2023年，区市场监管局（区知识产权局）按照“政府引导、市场运作、专业管理、防范风险”原则，在区科技创新创业引导母基金之下，设立重点产业知识产权运营基金，规模1.3亿元，其中政府出资6500万元，社会资本出资6500万元。北京朝阳中孵知识产权投资合伙企业（有限合伙）完成北京证监局预核名、工商登记注册和基本户、托管户和募集户开立。

【创新管理与知识产权国际标准运营中心建设】 2023年，区市场监管局（区知识产权局）创新管理与知识产权国际标准运营中心在朝阳设立，助推全区加快建设国家知识产权运营服务体系试点城市，全面提升重点创新主体的创新与知识产权运用能力。

【企业科创性诊断及知识产权合规指引项目】 2023年，区市场监管局（区知识产权局）开展企业科创性诊断及知识产权合规指引项目工作，为全区科创上市企业知识产权业务提供规范指引和合规标准样本，提高企业科创板上市成功率，助力企业创新、融资和发展。

【企业知识产权体检项目】 2023年，区市场监管局（区知识产权局）完成50家企业的调研和知识产权体检测评并出具知识产权体检报告，协助企业完善知识产权管理制度。

【知识产权执法】 2023年，区市场监管局（区知识产权局）对辖区内27家专利代理机构及54名专利代理师开展双随机检查，加强信用宣传教育，引导和支持行业自律。知识产权案件立案44件，结案62件，罚没款131.45万元。

【知识产权宣传活动】 4月，区市场监管局（区知识产权局）开展知识产权宣传周活动，围绕“加强知识产权法治保障，有力支持全面创新”活动周主题，到企业、园区开展系列宣传宣讲，活动吸引上百家企业参与。邀请国际标准制定专家、知识产权管理专家、贯标企业代表举办“知识产权国际标准园区行”首场活动，推动首个知识产权管理国际标准《创新管理—知识产权管理指南（ISO 56005）》加快落地试点实施。

【跨区域知识产权工作合作协议签订】 6月，区市场监管局（区知识产权局）、天津市河东区市场监督管理局与张家口市市场监督管理局在北京朝阳签订跨区域知识产权工作合作协议，形成京津冀知识产权保护合力，推动区域间知识产权事业全面发展。

（李媛媛）

商贸服务业

综　述

▲ 11 月 6 日，进博会朝阳区招商推介会现场　　（区商务局　供图）

【商贸服务业基本情况】 2023 年，北京市朝阳区商务局（简称区商务局）推进全区消费市场潜力持续释放，“两区”建设不断深化，批发零售业和租赁商务服务业运行平稳，商务领域高质量发展取得明显成效。全年实际利用外资 31 亿美元，实现货物进出口总额 16080.4 亿元。新增跨国公司地区总部 8 家，实现社会消费品零售总额 3355.5 亿元。建成 61 个“一刻钟便民生活圈”。　（张维民）

【“两区”建设进展】 2023 年，区商务局强化周调度机制，重点围绕招商引资、政策解读、推广案例等方面加强业务交流和信息共享。谋划朝阳区服务业扩大开放综合示范区建设 2.0 方案，印发实施重点园区（组团）发展三年行动方案，发布“两区”建设 2023 年工作要点。围绕金融创新、数字经济、人才服务等朝阳特色领域，形成 62 个改革创新实践案例，其中 11 个案例获全国复制推广、5 个案例获北京市复制推广。新形成并报送“1+2+3 打造零窗极速税收管理新引擎”“企业合法合规信息查询提速服务模式”等一批优质创新案例。完善全区统一招商引资平台，充分发挥国际化特色和优势，引进培育 78 个在全国、全市具有示范性、影响力的创新突破性项目。组团赴沙特阿拉伯、阿联酋招商引资，推动中阿新能源汽车世界（朝阳—迪拜）签约，设立北京 CBD 驻中东招商联络站。组团赴澳门招商引资，与南光（集团）有限公司、中华（澳门）金融资产交易股份有限公司签署战略合作协议。进博会期间，举办朝阳区招商推介会，对朝阳区营商环境和相关政策进行专题推介。“两区”新增入库项目 1284 个，排名全市第一，完成年度新增入库指标数 257%。加快国际商事争议解决中心建设，与市三中院签署合作协议，强化司法保障。持续深化“国际人才一站式服务平台”建设，率先实现 A、B、C 类工作许可证和居留许可证“两证联办”5 日办结；组织召开“亲密伙伴”计划人才专场政策解读会。设立“北京 CBD—天津港京津协同港口服务中心”，为企业提供通关便利化服务。　（张维民）

【消费模式创新】 2023 年，朝阳区实现社会消费品零售总额 3355.5 亿元，比上年增长 5.5%，占全市 23.2%，规模居全市首位。围绕国际消费中心城市主承载区建设，构建贯穿全区的“一纵一横一核”（“一纵”即地铁 14 号线商业带，“一横”即亮马河国际风情水岸，“一核”即 CBD 千亿元规模国际级商圈）商业版图，研究制定《CBD×三里屯国际消费体验区实施方案》。推动 DT51、THE BOX 朝外、东坝万达等十大商业综合体开业运营，释放近百万平方米商业空间。优化汽车消费供给结构，联合举办 2023 北京购车节、汽车生活节，活跃汽车市场；提升新能源车占比，助推比亚迪“仰望”“腾势”落地朝阳。借助海南消博会契机，举办朝阳区招商推介会，推动 Alexander Wang、Gentle Monster 等国际品牌设立子公司。借力线上平台做强综合零售，深化与抖音合作，推动燕莎友谊商城等 12 家商场入驻抖音。助推企业数字化转型，小仙炖、潘家园获首批北京特色直播电商基地

▲ 3 月 23 日，2023 北京消费季“一刻钟品质生活节”在朝阳启动　（区商务局　供图）

称号。培育蓝色港湾—亮马河国际风情水岸、工体—三里屯等一批“夜京城”特色消费地标，全区新增 3 条“深夜食堂”特色街区（总数增至 9 条）。三里屯入选首批全国示范智慧商圈。望京小街成为全国首个成功开展商业服务领域标准化建设的街区。举办第二届新消费品牌创新发展大会，助力区域新消费品牌发展。截至年底，入驻首店 424 家，占全市 44.8%。全区离境退税商店超过 350 家，居全市首位。支持黑珍珠和米其林餐厅指南年度发榜活动，全市 70% 的黑珍珠餐厅和 60% 的米其林餐厅落地朝阳。联合高德发布“潮朝阳消费地图”，打造“city walk”“city ride”“city tube”消费打卡路线，支持举办“潮朝阳”系列促消费活动近 500 场。举办首届北京朝阳国际茶香文化节、亮马河“2023 醒春启航新征程”、首届北京朝阳国际灯光节等高品质活动。灯光节期间，举办 200 余场文娱消费活动，区内重点商业综合体客流量超 1000 万人次，较日常客流上涨 31%，21 天实现销售额近 21 亿元；《人民日报》、新华社等国内主流媒体相关报道近 2000 篇次，全网相关报道及内容 1.5 万余篇次，传播量超 7 亿人次。（张维民）

【总部经济发展】 2023 年，朝阳区开展总部政策对比研究，推进市区两级总部政策修订工作；实施“总部成长计划”，推动区级总部企业量质齐升。推动星巴克、戴姆勒商用车等企业认定跨国公司地区总部。新增跨国公司地区总部 8 家，全区跨国公司地区总部增至 153 家，占全市 7 成。（张维民）

【服贸会参与】 2023 年，朝阳区高质量做好 2023 年服贸会参与及服务保障工作，参与“投资中国年”“北京日”等专题、主题活动，联合承办服务贸易发展高峰论坛，组织区 500 余家企业重点参加 1 个综合展、1 个成就展、2 个专题展及 1 个线上展，展示重点领域发展成果。达成投资类成果 13 个，意向签约额达 21.66 亿美元，“北京日”签约金额 161.06 亿元，两项金额均居全市首位。（张维民）

【批发零售和租赁商务服务业】 2023 年，朝阳区批发零售业和租赁商务服务业共形成区级收入 180.94 亿元，比上年增长 3.9%，占全区的 32.11%（全区 563.5 亿元，比上年增长 12%）。其中，批发和零售业实现区级收入 88.29 亿元，比上年增长 0.84%；租赁和商务服务业实现区级收入 92.65 亿元，比上年增长 7.02%。（张维民）

【外贸进出口】 2023 年，全区完成货物进出口总额 16080.4 亿元，比上年下降 11.4%，占全市总量的 44.1%。其中，进口完成 14494.5 亿元，比上年下降 12.8%，占全市总量的 47.6%；出口完成 1585.9 亿元，比上年增长 3.4%，占全市总量的 26.4%。货物进口、出口及进出口总额均居全市首位。（张维民）

【利用外资】 2023 年，朝阳区新设外资企业 471 家，比上年增长 11.1%，占全市 27.2%；实际利用外资 31.0 亿美元，比上年下降 50.8%，占全市 22.6%。实际利用外资 1000 万美元以上企业 33 家，实际利用外资实现 30.06 亿美元。（张维民）

【政务服务】 2023 年，区商务局办理粮油仓储单位备案 14 次；企业境外投

▲ 7 月 6 日，朝阳区总部企业政策宣讲会召开　（区商务局　供图）

资备案2家；企业单用途商业预付卡备案11家；受理服务外包合同数量3883笔；出具软件出口合同登记证书723份，合同金额40.47亿美元，执行金额29.04亿美元；拍卖企业（分支机构）申请取得从事拍卖业务的许可178笔，拍卖企业年度核查410件次；办理成品油零售经营资格审批56家。（张维民）

【烟草专卖与管理】 2023年，北京市朝阳区烟草专卖局（公司）［简称区烟草专卖局（公司）］为纳税信用A级企业。办理卷烟、雪茄烟违法案件110起，其中5万元以上案件64起，查获违法卷烟、雪茄烟1190.11万支，刑拘18人；查办电子烟案件17起，查获违法电子烟产品10.89万个，刑拘14人。6月16日，区烟草专卖局（公司）破获一起非法生产销售调味电子烟案件。查获非法生产的调味电子烟和电子烟具若干，实物案值百万余元；捣毁非法生产电子烟窝点2个，查获调味电子烟生产流水线2条、相关机器设备、半成品、雾化物、电子烟商标纸及其他原辅材料若干；抓获涉案嫌疑人12人，刑事拘留10人。12月5日，区烟草专卖局（公司）与公安部门联合破获一起电子烟涉刑案件。查获非法经营的电子烟产品327个品种，有烟弹22855个、烟具1080个、一次性电子烟5929个、电子烟套装212个，涉案金额近140万元。

（崔耀东　周　昀）

邮政服务

【概述】 2023年，中国邮政集团有限公司北京市朝阳区分公司（简称区邮政分公司），承担朝阳区普通邮政业务和邮政速递物流的经营、服务及相关设施、网络规划、建设、运行管理工作任务及邮政金融代理业务。主要经营函件、包裹、特快专递；报刊；集邮；邮送广告；邮政电子商务；邮政储蓄；代理保险；邮政汇款、代销基金、债券、代收（水费、电费、燃气费）、代发（养老金、工资）等业务。从业人员2681人，其中合同用工1246人、劳务用工612人、劳务承揽823人。区邮政分公司下辖15个邮政支局、131个营业网点，其中金融网点53个（正常开业的47个）。20个主题邮局，19个投递网点，35个营业部；有邮运机动车253辆，两轮电动车726辆，三轮电动车952辆，普邮投递道段472条，快包投递道段869条。全年实现业务收入8.87亿元，完成市分公司预算100.7%；利润实现-564万元，完成市邮政分公司预算131.5%，全市排名第一；毛利完成5.41亿元，完成预算103.8%，同比增幅10.5%，列城区分公司首位。其中，金融业务总体收入完成3.67亿元，增幅14.56%，毛利实现3.33亿元，同比增加3402.7万元；寄递业务总体收入完成2.54亿元，增幅33.9%，全市排名第三，城区分公司排名第一。毛利实现1.027亿元，同比增加922万元；邮务业务总体收入完成2.35亿元，增幅8.9%，毛利实现7858万元，同比减少783万元；电商业务总体收入完成0.45亿元，增幅38.81%。

【重要会议和巡视信箱服务工作】 2023年，区邮政分公司落实“四个服务”的总体要求，做好全国两会、全球可持续交通大会、第三届“一带一路”国际合作高峰论坛、北京市和朝阳区两会等重要会议的邮政服务工作，做好中央和北京市委巡视信箱等服务工作，得到全国政协办公厅、中央第十巡视组、北京市委宣传部的肯定和表扬。

【主题邮局】 2023年，区邮政分公司先后组建国家科技传播中心主题邮局、通惠河畔——艺术半壁主题邮局、奥运文化主题邮局、兰台主题邮局、北京记忆主题邮局等5个主题邮局，总数达到20个。加强文化融合，依托自身资源优势，将传统邮政服务与文化创意相结合取得长足发展。扩大产品路径，引入第三方等合作方式的更新，不断激发产品端研发能力、开展线上媒体同步推广，提高主题邮局营收获客能力，全年创收1277万元。围绕“打造主题邮局 合作发展共赢”进行领题破题，依托国家级文化体育生态区，结合社会热点、节日纪念、邮票首发举办活动93场，扩大主题邮局品牌影响。

【邮政服务质量提升】 2023年，区邮政分公司推进“四确保、六严禁”专题活动，按频次、时限进行解车投递，强化内部环节管控；规范投递操作，压降违规投点、违规投柜占比；特快邮件按址、按频次投递，准确反馈投递信息，确保给据邮件信息断点率低于万分之零点九，条码平信信息断点率低于千分之零点九，包快邮件丢损率万分之零点零三（达标值万分之零点三）、接诉即办解决率85.68%（达标值85%），均已达标。理赔及时率由年初的56.28%提升至12月的95.84%，超过达标值5.84个百分点。客户有责申诉率百万分之二点八八（达标值百万分之三点五）。国内普通邮件时限达到普遍服务标准。“11183”平台收到客户表扬36件；“11185”平台收到客户表扬34件；收到国家和地区各级党政机关、企事业单位、重大活动组委会发来的表扬信19件；《北京日报》《北京青年报》《北京工人》等主流媒体正面宣传报道130篇。

【为民服务措施持续推进】 2023年，区邮政分公司推进模块化改造8个项目和揽投部形象提升改造12个项目完成，批复投资229.96万元。建设自有自提点649个，应用241个，代投自提率指标完成29.09%；甩点直投率完成25.96%。新通邮小区4个，共45栋楼、148个单元、2589户。

【落实协同战略】 2023年，区邮政分公司持续深化与公安交管、烟草、中粮、汽车产业链等客户协同。惠农合作项目：构建集融合服务型生态中心推进惠农合作，成功打造邮惠农示范农业企业1个，完成融资E贷款净增5340万元，农产品交易额4813万元，农产品寄递收入344万元。政务服务项目：全年实现政务特快收入1802万元。会员服务项目，开展邮生活会员服务工作，发展邮生活会员111445个。军民共建项目：服务部队客户7个，实现军队喜报妥投率99.7%，完成全年进度100.5%。战略客户项目，开发战略客户28个，先后同北京天泽华助老服务中心、共青团朝阳区委员会、邮储北京朝阳支行签订战略合作协议。

【管控指标高效运营】2023年，区邮政分公司运营指标散户揽收及时率完成93.21%、标快收寄及时率完成97.2%、快包收寄及时率完成97.76、重点指标全面达标，标快及时妥投率完成82.71%，保持稳中有升。

【平安邮政目标实现】2023年，区邮政分公司全面细化安全生产提档升级实施方案，在支局建立相应配套制度。将安全员的月度绩效奖励同个人履职和安全检查结果挂钩。组织各式各类检查近300次。做好2023年度第八轮邮政金融安全评估工作，实际参与金融安全评估网点46个，参与评估的网点平均分值95.84分，35个金融网点评分为优秀，11个网点评分为合格。在53处投递和揽投网点、117处邮政营业网点以及支撑中心全面建立双重预防机制建设。

【爱驻朝阳主题活动】2023年，区邮政分公司投入资金30万元，完成3个职工小家、3个投递员之家、15个支行小家的全面升级改造和26个投递员设备补充。以“爱驻朝阳”为主题，开展各类文体活动。在员工中开展义诊活动，坚持日常慰问关怀，拓宽对职工关爱的广度以及加强对困难职工的帮扶力度。全年投入资金90余万元，实现帮扶送温暖的长效化、制度化。

【兔年生肖纪念酒正式发布】1月5日，区邮政分公司推出癸卯兔年生肖纪念酒，在管庄地区的京都邮酒主题邮局对外销售。本次发售的兔年生肖纪念酒，是京都邮酒主题邮局继庚子鼠年、辛丑牛年、壬寅虎年之后的第四款生肖纪念酒。

【《理学亢宗——千年程颢程颐》个性化邮票首发】2月5日，“理学亢宗——千年程颢程颐个性化邮票”在金台国际友谊主题邮局正式对外发行。《理学亢宗——千年程颢程颐》个性化邮票设计上精妙遴选两位先贤一生的重要节点及关键要素，并手绘再现“如坐春风”“程门立雪”之经典场景。邮票所撷取元素双凤亭取自传说“双凤投怀”，匾额由著名文学家、历史学家郭沫若题词；牌坊及宋理宗手书“理学亢宗”采自河南洛阳二程故里；太极图及《太极图说》代表二人都曾师承周敦颐学说；而书院建筑则采自河南伊川书院——“二程”思想发扬的重要场地。

【“向雷锋同志学习”题词宣传戳启用】3月5日，经中国邮政集团有限公司批准，区邮政分公司在北京水碓子邮政支局启用“《人民日报》发表毛泽东‘向雷锋同志学习’题词六十周年”数字化防伪邮资机宣传戳（自贴型）一枚。

【“获客强企 春风行动”】3月，区邮政分公司启动“获客强企 春风行动”。结合工作实际提出走实春风行动，着力抓好重点政企客户的走访、建联和开发工作；走强春风行动，通过走访获取信息，做到宣传品牌、办理业务、发展客户、广交朋友，增收获客；走成春风行动，通过活动的开展，达到扩大朋友圈、拓宽客户群、拉动销售额的目的这三大要求。三级领导高层建联近200次，四级干部建联近820次，先后建联退役军人事务部、外交部、农业农村部、国家乡村振兴局、北京市档案馆、区政府、区政协、区委宣传部等党政机关，人民日报社、中国历史研究院、北京广播电视台、北京工业大学艺术设计学院等文化传媒机构，中国寰球工程有限公司、中视元创公司、中国星网、大麦网、宝马中国等商务客户83户，助力项目赢单1962万余元。

【服务春季和秋季书市】4月和9月，“书香京城 悦读春天”春季书市和“2023北京秋季书市”分别在朝阳公园、地坛公园举办。区邮政分公司组建专门的服务队伍进驻书市，在提供寄递、销售服务的同时，创新工作内容，通过刻制风景日戳、举办主题展演、组织养生保健讲座等，丰富邮政服务的内容和方式，受到举办方和广大客户、书迷和邮迷的好评。

【“赏邮票 学报告 话成就”】4月起，区邮政分公司开展“赏邮票 学报

▲ 4月，区邮政分公司组织开展“赏邮票 学报告 话成就”活动，搭建邮政文化和邮票文化的融合发展平台
（区邮政分公司 供图）

▲ 8 月 22 日，“望京小街 X 北京邮政”GREEN 市集活动举办　　（区邮政分公司　供图）

告 话成就”活动，在对邮票知识和邮政企业有了全新认识的同时，为推介邮政全方位经营范围、建联更高层级客户、强化邮政文化和邮票文化的融合发展搭建平台。年内，先后在区政协学习委员会、国网信通、致公党朝阳区委、区委统战部、区残疾人联合会等单位开展“赏学”活动 51 场，听众和观众达 1 万余人次。

【全程服务梅西赛】 6 月 15 日，阿根廷国家队在北京工人体育场和澳大利亚队进行国际足球友谊赛。区邮政分公司创新服务形式，丰富服务内容，以北京体育邮局“快闪店”的形式服务广大球迷，更好地服务体育赛事。从当天下午 1 时起，体育邮局工作人员热情接待每一位打卡者，为球迷和邮迷们盖戳、邮寄、销票、拍照，直至深夜子时。

【组织开展市集活动】 8 月 22 日，区邮政分公司落实区发展改革委《关于恢复和扩大消费措施》的要求，创新思维，以火爆京城的市集夜市形式，举办“望京小街 X 北京邮政”GREEN 市集活动，集聚体育邮局、奥运文化主题邮局、中国工艺美术馆（中国非物质文化遗产馆）主题邮局、北京大运河邮局等 30 家主题邮局及文化体验店，成为北京邮政对外展示的样板。之后陆续开展“儿童丰收节”、老君堂公园“2023 北京邮政主题邮局中秋嘉年华”、“鼓楼园 X 北京邮政”市集、“通惠河畔・艺术半壁主题邮局之美丽乡村好物节”、“BCC 国漫庙会”等活动近 10 场。

【潮起亮马河精品展助力】 9 月 15 日，“潮起亮马河”的主题艺术创作精品展在亮马河畔的友谊广场拉开序幕。区邮政分公司配套设计“亮马河 24 桥纪念戳”和风琴折打卡，将亮马河的历史、变迁、改变记录于方寸之间。在展览开放期间，在亮马河沿岸设置 6 个打卡点，通过“亮马河 24 桥纪念戳”和风琴折打卡拍照，吸引游客在社交媒体账号进行拍照打卡。

【“双 11”包裹投递】 11 月 1 日至 25 日，区邮政分公司“双 11”包裹总量为 529.56 万件，日均 21.18 万件，是 2023 年 1 月至 10 月日均进口量（14.17 万件）的 1.49 倍，11 月 4 日单日进口包快邮件 27.6 万件。　（管　军）

朝富公司

【概况】 2023 年，北京朝富国有资产管理有限公司（简称朝富公司），持有 100% 股权的二级公司 13 家：北京弘朝伟业国有资产经营有限责任公司（简称弘朝公司）、北京金朝阳国有资本运营管理有限公司（简称金朝阳公司）、北京朝阳家园物业管理有限公司（简称物业公司）、北京恒瑞永天投资管理有限公司、北京中良实业有限公司（原北京市中良实业总公司）、北京朝阳农业综合服务有限公司（简称农服公司）、北京弘翼佳业商贸有限公司（简称弘翼佳业公司）、北京七〇一厂有限责任公司（简称七〇一厂公司）、北京朝政汽车检测场有限公司、北京粤海烤鸭店有限公司、北京浩志达商贸有限公司（简称浩志达公司）、北京潘劲源商贸有限公司（简称潘劲源公司）、北京嘉烨腾达商贸有限公司（简称嘉烨腾达公司）。持股二级公司 3 家：北京市腾远兴业汽车服务有限公司（简称腾远公司）投资占其总资本 98.2%；持有北京京客隆商业集团股份有限公司总股本 40.61%；北京富安小额贷款有限公司投资占其总资本 18.01%。年内，实现营业收入 8.44 亿元，公司资产总额 56.69 亿元，净资产 29.74 亿元，上缴税费 1.35 亿元，上缴国有资本收益 89 万元。3 月，北京朝政（腾远）公司吉利店在吉利汽车公司经销商大会上获全国授权四星级服务商和全国授权三星级经销商称号。4 月，吉利店被市消费者协会评选为 2023 年度“诚信服务承诺单位”。

【股权划转】 3 月，弘朝公司所属浩志达公司、嘉烨腾达公司、潘劲源公司 100% 股权划转至朝富公司，弘朝公司所属东方安信公司、佳兴恒业公司、亚奥欣欣公司 100% 股权划转至朝富公司所属弘翼佳业公司，北京市朝阳区农业农村综合服务中心所属北京水科园水产养殖技术有限公司 100% 股权划转至朝富公司所属农服公司。5 月 15 日，朝富公司所属金朝阳公司原参股企业北京高安屯垃圾焚烧有限公司股权无偿划转至北京朝阳环境集团有限公司。7 月 25 日，弘朝公司所属北京索坤达经贸有限公司 100% 股权无偿划转至朝富公司所属浩志达公司。7月，弘朝公司所属朝和伟业公司、三兴盛达公司、恒润佳业公司100%股权无偿划转至朝富公司所属嘉烨腾达公司。

【“一带三好”物业服务新模式】 4月28日，朝富公司所属朝阳家园物业公司与安贞街道共同探索，依托街道区域化党建“一会三平台六联盟”组织体系、城市治理联盟等党建组织优势，创新推出“一带三好”物业服务新模式（“一带”即在街道党建引领下由朝阳家园物业公司作为带领单位，组建红色物业联盟，带动各物业管理单位，共同发起“物业联盟公约”；“三好”即做业主好管家、政府好帮手、物业好伙伴），携手打造24小时“物业+便民服务中心”项目，安华里小区“家园·物业邻里中心”揭牌。该中心旨在解决老旧小区无物业、服务慢、选择少问题，以带头物业市场推进、其他物业按约履职、居民可享最优服务形式，实现物业“三好”目标。

【朝富公司60周年庆】 5月25日，朝富公司在劲松电影院举办以“砥砺奋进六十载，凝心聚力谱新篇”为主题歌咏比赛，以唱红歌、宣讲和舞蹈等形式礼赞朝阳区建区65周年发展成就，讴歌朝富公司成立60周年取得的成绩。有11支队伍参加比赛，区国资委有关领导及公司全体领导班子成员出席活动。

【便民服务】 5月，朝富公司所属潘劲源公司响应“菜篮子”便民工程，打造“一刻钟社区便民服务圈”，在华威北里小区入口处开设“便民菜篮子”菜站，调整经营业态，组织限时特价商品，为小区及附近居民提供舒适便捷购物体验。菜站开业当天为消费购物居民发放免费大白菜礼包2000余千克。

【智慧菜市场】 9月26日，潘劲源公司农光里菜市场正式开业。引入智慧农贸系统，菜市场内加装智慧大屏，实时播放当日菜价、畅销品、销量、促销活动等商品信息。市场给商户配备智慧电子秤，具有称重、移动支付等功能，顾客可通过智慧电子秤获得商户姓名和营业执照，扫描食品二维码查看食品来源追溯信息、农产品检测结果等，并对商户进行点赞、评价或者投诉。

【农资服务】 10月，朝富公司所属农服公司对金盏乡、豆各庄乡、黑庄户乡、王四营乡、平房乡等地块，开展“三秋”农机农资服务。出动拖拉机5次，完成农作物秋收540余亩、秋播工作155余亩。其中，秋收季节豆各庄乡完成100亩、金盏乡完成440亩玉米收割工作，共计540余亩。耕整播种工作王四营乡完成35亩、豆各庄乡完成120亩，共计155亩。

（陈　菲）

蓝岛大厦

【概况】 2023年，蓝岛大厦按照区国资委《关于组建北京朝阳文旅发展集团有限公司的通知》要求，无偿划转至北京朝阳文旅发展集团有限公司。公司注册资本1亿元，资产总额11609.77万元，净资产6620.30万元。实现销售额13332.78万元，利润总额−2833万元。蓝岛大厦在职职工283人（其中在岗职工221人，内退职工62人），退休职工1910人。蓝岛大厦举行全员安全演练5次，举办安全培训12次，召开安全生产会议15次。接待来访4人次、来电5人次，收到“接诉即办”转来53件次，信访案件2件次，信件投诉3件次，信访总量67件次，全部办结，未发生投诉升级案件。

【专业技能培训】 2023年，蓝岛大厦举行专业培训9期。4月20日，开展“技能大师工作室”内训师培训；6月20日，开展急救知识培训；7月5日至6日、27日，分三期开展“技能大师工作室”服务培训及实务考核；7月11日，开展物业专业岗位基本服务技能培训；7月21日，开展食品安全知识答题培训；8月15日，举办超市专题服务培训活动；7月18日、10月26日，开展“练内功、强素质”技能练兵活动；12月26日，开展收银员服务标准培训活动；12月28日，召开“技能大师工作室”年度分析会。

▲ 5月25日，朝富公司举办成立60周年歌咏比赛 （晁　爽　摄）

▲ 7月18日，蓝岛大厦开展“练内功、强素质”岗位技能练兵活动 （王　江　摄）

▲ 7月27日，蓝岛大厦开展“李新技能大师工作室”服务培训　　（王　江　摄）

【营销促销活动】 2023年，蓝岛大厦开展“平安年幸福味 红火过大年”“乐享三八有好礼”“欢度五一 幸福专集”“初夏大促 全场特惠”“蓝岛钻饰节”“秋时节”“初冬问暖”“双十一扫货日”“圣诞专场嗨购惠”主题服务促销活动9场，销售额7192.99万元。开展“弘扬雷锋精神 擦亮文明窗口”“潮朝外 洁街区”“实干促发展 文明见行动”主题服务活动3场，活动为期14天。

【技能大师工作室】 4月20日，蓝岛大厦开展“李新技能大师工作室”内训师培训。7月5日至6日、27日，蓝岛大厦分三期组织开展“李新技能大师工作室”服务培训及实务考核，择优选拔出“内训师”16名。12月28日，蓝岛大厦召开以“发挥文明单位示范作用 共促首都高质量发展”为主题的“李新技能大师工作室”年度分析会。

【百姓宣讲活动】 6月21日至7月21日，蓝岛大厦党委组建由公司各层面党员、职工群众组成的21人“百姓宣讲团”，以“深入学习宣传贯彻党的二十大精神，深化强国复兴有我”为主题，深入基层一线，开展6场百姓宣讲活动，覆盖职工受众450余人次。宣讲团用真实的语言，身边的故事，讲述在新时代取得的成就和光明发展前景以及蓝岛人自己的感人故事，影响和带动公司全体职工提振信心、立足本职、携手并肩共同推动企业转型发展。（黄　洁）

京客隆集团

【概况】 2023年，北京京客隆商业集团股份有限公司（简称京客隆集团），拥有北京京客隆首超商业有限公司、北京京客隆（廊坊）有限公司、北京京客隆超市连锁有限公司、北京市朝阳区京客隆职业技能培训学校、北京联超商业有限公司等5家全资二级公司，北京欣阳通力商业设备有限公司、北京朝批商贸股份有限公司2家控股二级公司，总资产91亿元，与上一年相比无变化。采取零售批发双轨运行业务模式。有大卖场、综合超市、便利店等多种业态零售店铺133家，营业面积约18万平方米，店铺网络覆盖至全市10余个区县及河北省廊坊地区。所有店铺均实施统一采购、统一配送、统一核算和统一营运管理，自建常温商品和生鲜食品两个现代化配送中心支撑零售业务拓展。京客隆集团红松园店、便利695店、驼房营店、金盏店、宋家庄店、便利659店、便利691店因合同到期、门店经营亏损等闭店。京客隆集团商品采购中心获“北京市工人先锋号”称号，京客隆集团定福庄店员王雪飞获2023年“首都劳动奖章”；北苑店获评全国总工会2023年户外劳动者暖心驿站“最美驿站”。

【红松园北里店开业】 3月1日，京客隆红松园北里店开业，该店位于朝阳区红松园北里18号院，超市经营面积2000余平方米，主要经营生鲜、日配、副食、食品、日化类商品，干货和生鲜日配类商品各占50%。

【AI视觉自助秤】 7月，京客隆集团在下属各门店推广使用AI视觉自助秤，通过人工智能技术，只需将要购买的水果蔬菜放到秤盘上，智能摄像头通过扫描商品，即可自动识别该商品的单价、重量和总价，实现智能化升级。

【市级技能大赛获奖】 9月，京客隆集团组织职工参加北京市第十三届商业服务业技能大赛，获优秀组织奖。在超市收银员项目比赛中，曹雍获得冠军，刘秀华、赵月、高凤霞、王建霞4人获“优秀能手”称号；在分拣商品员项目比赛中，钱翠玲、李腾、魏冲、范玉艳、张义立、郑静静6人获“优秀能手”称号；罗兴文获“优秀工作者”称号。（林　楠）

▲ 3月1日，京客隆红松园北里店开业　　（韩敏杰　摄）

工业和高新技术产业

工业产业发展

【概况】 2023年，朝阳区规模以上工业企业实现工业总产值748.8亿元，比上年下降0.9%。产值总量排名前5位的支柱行业累计实现产值589.9亿元，与上年持平。五大重点行业"三增二降"。电力、热力生产和供应业保持稳定，实现产值233.9亿元，比上年增长0.8%，占全区工业总产值的31.2%。开采专业及辅助性活动小幅增长，实现产值138.8亿元，比上年增长3.1%，占全区工业总产值的18.5%。电气机械和器材制造业平稳增长，实现产值107.3亿元，比上年增长4.0%，占全区工业总产值的14.3%。受基数高企、需求回落以及鼎桥通信技术有限公司影响，计算机、通信和其他电子设备制造业实现产值59.9亿元，比上年下降19.9%，占全区工业总产值的8.0%。非金属矿物制品业生产仍处低位，实现产值50.0亿元，比上年下降9.7%，占全区工业总产值的6.7%。

（张　鑫）

【北京数字经济算力中心成立】 7月25日，北京数字经济算力中心建设运营主体——北京电子数智科技有限责任公司在朝阳区成立。该公司为北京电子控股有限责任公司绝对控股，京东方科技集团股份有限公司、知鱼智联科技股份有限公司、贰零四玖投资集团有限公司、上海商筹科技有限公司、北京京国管股权投资基金（有限合伙）、北京金科基础设施产业基金（有限合伙）为股东。该公司的成立标志着北京数字经济算力中心建设工作进入启动项目立项阶段。9月18日，北京电子数智科技有限责任公司向市发展改革委提交的《关于北京数字经济算力中心项目节能审查申请文件》通过审查。市发展改革委出具项目的节能审查意见，原则同意该项目的节能报告，项目建成后，PUE值不高于1.146，年综合能耗控制在27788吨标准煤以内。项目开始启动设计、施工建设工程等前期工作。

（李　颖）

【全国数字经济产业高地考察交流】 7月28日至29日，区委副书记、区长吴小杰，带领区政府办公室、朝阳园管委会（区科学技术和信息化局）一行赴深圳市考察重点科技企业。代表团分别考察深圳市洲明科技股份有限公司、腾讯控股有限公司以及华为技术有限公司发展情况，与华为签署战略合作协议，并与森兰信息科技（上海）有限公司、深圳市安顿科技有限公司、和超高装（中山）科技有限公司、深圳市珑璟光电科技有限公司召开座谈会，重点围绕提升科技创新能力，加强企业与朝阳区在云计算、人工智能等领域的交流合作问题进行探讨。朝阳园管委会介绍朝阳区经济社会发展情况及中关村科技园区朝阳园企业在京支持政策有关情况。吴小杰表示，朝阳区坚持"科技+商务"双轮驱动发展战略，科技产业基础扎实、应用场景丰富、营商环境优越，希望广大科技企业结合朝阳区功能定位和资源禀赋谋划布局高精尖业务，赋能区域数字产业化、产业数字化，希望行业领军企业发挥"链主"作用，进行开源开放，引领带动产业链上下游企业联动发展，协同构建产业生态、创新生态体系。朝阳区将加强与行业领军企业、产业链关键环节高成长企业等的对接交流，吸引产业创新要素集聚，打造标杆示范应用场景，做好企业服务保障，共同打造全国数字经济产业高地。

（崔　晨）

【中关村互联网3.0产业园（朝阳）挂牌】 8月24日，中关村互联网3.0产业园（朝阳）挂牌。中关村互联网3.0产业园（朝阳）获中关村国家自主创新示范区领导小组办公室冠名批复，是全市首家互联网3.0产业基地。园区聚焦互联网3.0垂直产业链，重点发展人工智能、虚拟现实、区块链、互联网等关键基础支撑技术，着力建设成为全国引领的互联网3.0产业生态集聚基地，带动北京市互联网3.0产业生态建设和产业发展。同时，互联网3.0产业共性技术服务平台——XR虚实互动创新应用平台、高标准光场采集平台启用。

（杨沫涵）

【京港互联网3.0数字产业共建合作启动】 8月，京港互联网3.0数字产业共建合作启动，将通过共建京港互联网3.0产业中心和京港青年人才创业基地，实现资源整合与优势互补。

（杨沫涵）

【北京国际大数据交易所经营资质落地朝阳区】 9月26日，北京国际大数据交易所全面完成北京农副产品交易所股权收购工作，包括名称、交易品种、交易规则、营业范围等变更审批以及工商变更。标志着北京国际大数据交易所经营资质落地朝阳。（刘悦镔）

【互联网3.0应用场景研究院成立】10月25日，互联网3.0应用场景研究院成立仪式在中关村互联网3.0产业园（朝阳）举行。朝阳园领导及创业黑马代表、高校、研究机构、科技企业、应用场景20余位专家顾问出席活动。仪式上朝阳园领导向互联网3.0应用场景研究院的专家顾问颁发聘任证书。（杨沫涵）

【京港互联网3.0产业中心暨青年人才创新基地落地】11月18日，在朝阳区政府、元宇宙与人工智能30人论坛联合主办的“承上启下 智元宇宙——第四届元宇宙与人工智能产业生态大会”上，京港互联网3.0产业中心暨青年人才创新基地揭牌，落地中关村互联网3.0产业园。（杨沫涵）

【北京工业软件产业创新中心成立】12月22日，北京工业软件产业创新中心在朝阳区恒通国际商务园成立。工业和信息化部信息技术发展司软件处领导，北京市经济和信息化局副局长，朝阳区委副书记、区长吴小杰，朝阳园管委会主任等领导出席活动，工业软件应用场景相关企业单位和高校院所代表参加活动。创新中心以加速国产工业软件创新应用发展为核心理念，以完善国产工业软件产业生态为核心，致力于解决国产工业软件面临的共性核心制约，加速工业软件的国产替代进程，提升工业软件自立自强能力。以场景牵引打破工业软件供需协同困境，以人工智能推动工业软件换道超车。成立仪式上，创新中心与汽车、航空、能源等行业主要研究单位开展战略合作，首批将与北汽集团、中化等用户开展试点，加速推动形成开放共赢的工业软件产业生态。（付　然）

高新技术产业

【概况】2023年，朝阳区绩效考核任务指标为高新技术企业保有量4004家，除去有效期内的2021年、2022年保有量企业2374家，2023年需认定通过高新技术企业1630家。年度1302家企业高新技术企业通过认定评审，其中新认定企业544家、复核企业758家，未完成年度目标，目标缺口300余家，完成年度保有量为3649家。（黄雅卿）

【重点企业“服务包”】2023年，全区各部门服务企业协同考评结果显示，朝阳园每月“服务包”工作考评综合得分保持全区前列，7次排名全区第一，2次排名全区第二，全年总分排名全区第一。朝阳园为96家区级“服务包”企业办理各类服务诉求共500余项，服务满意度100%；企业全年实现区级收入57.38亿元,同比增长3.75%；组织企业申报朝阳区各部门产业政策，有39家企业获得各类产业资金支持9613.42万元；协调企业新设机构9家，注册资本金13.67亿元；推进9个重点项目落地，总投资额17.67亿元。（段　梅）

【黑马数字人加速器产业运营公司成立】1月3日，朝阳黑马数字人加速器产业运营公司——北京数智云科信息科技有限公司成立，标志着全市唯一一家数字人产业基地专业化产业运营起步。（夏春玲）

【区高科技高成长20强揭晓】1月12日，经德勤中国与中关村科技园区朝阳园管理委员会联合组织征集、评审，2022年度“朝阳高科技高成长20强”及“朝阳明日之星”榜单揭晓。高科技高成长20强获奖企业覆盖全区多个产业，软件和互联网领域的高科技企业居多。明日之星获奖企业集中于互联网、大数据、泛AI和智能家居等细分行业。（夏春玲）

【“魔搭”与北京市数字人基地签约】3月14日，中国人工智能开源社区“魔搭”（ModelScope）与落地朝阳的北京市数字人基地举行战略签约仪式，双方将携手建设共性服务平台，进一步降低中小企业参与人工智能技术创新门槛。（杨沫涵）

【财源建设暨数字经济统计培训】4月18日，朝阳园管委会（区科学技术和信息化局）贯彻落实“商务+科技”双轮驱动发展战略及市区财源建设、数字经济工作部署，开展财源建设暨数字经济统计工作专题业务培训，区发展改革委、区税务局、区市场监管局、区统计局等部门业务科室负责人，朝阳园功能区、政策区19个街乡、管委会各处室干部等近100人参加培训。（赵小伟）

【朝阳区信创适配攻关基地成立】4月25日，朝阳园管委会（区科学技术和信息化局）、华为技术有限公司、北京鲲鹏联合创新中心联合发布成立北京市朝阳区信创适配攻关基地，旨在推进信创产品研发迭代，加快攻关适配工作。（杨沫涵）

【“XR产业加速器”成立】5月上旬，朝阳园管委会（区科学技术和信息化局）指导，创业黑马联合网易（北京）数字产业中心、星地中心、蓝色光标、大蓝科技、凌云光·元客视界、腾讯研究院，与达晨财智、联想创投、华映资本、梅花创投、英诺天使基金等单位共同发起成立“XR产业加速器”，旨在搭建国内标杆性的XR产业生态系统，共同探索快速成长路径。（杨沫涵）

【企业自研成果发布】5月16日，朝阳园管委会（区科学技术和信息化局）在集成电路领域的重点支持企业——北京玻色量子科技有限公司发布自研100量子比特相干光量子计算机——“天工量子大脑”，该项自研成果达国际领先水平。（王紫珊）

【中国工业互联网研究院科研楼启用】 5月28日，朝阳园管委会（区科学技术和信息化局）在工业互联网领域的重点支持单位——中国工业互联网研究院科研楼揭牌启用，工业和信息化部、北京市、朝阳区相关领导出席揭牌仪式。（王紫珊）

【网易（北京）数字产业中心落地】 5月，朝阳园管委会（区科学技术和信息化局）重点引进网易（北京）数字产业中心落地朝阳区。网易（北京）数字产业中心作为网易数字产业赋能区域创新发展的重要载体，重点围绕数字互娱、数字内容、科技综合三类产业生态，集聚数字产业创新培育和数字产业发展，在朝阳区建设全国数字经济创新范式及全球数字产业创新名片，打造全国互联网3.0产业高地。（杨沫涵）

【高新产业资金拨付】 6月15日至7月12日，朝阳区重点产业发展引导资金信息管理平台发布《关于公开征集〈朝阳区促进高新技术产业发展若干措施〉2023年度支持项目的通知》，开展项目征集等各项工作。项目征集期间，通过公众号、企业微信群、重点商务楼宇及产业园、企业协会等多种渠道进行转发宣传，通过多场政策培训会的宣传形式，做好政策解读，扩大政策知晓面。经条件审核、资质核验、专家评审、审计验收、实地踏勘、企业信用信息查询等多种方式审核及评审，以及区政府常务会、区委常委会审议等程序，9月25日完成资金拨付。此次支持项目202个，安排支持资金11831.35万元。（段　梅）

【艺旗集团北京总部落地】 7月，艺旗科技集团北京总部落地朝阳区，互联网3.0、元宇宙业务板块在此地布局，并以北京艺旗网络科技有限公司、北京艺旗乐动科技有限公司、北京元跃科技有限公司3家主要经营主体开展业务。（王紫珊）

【北京数道智算科技有限公司揭牌】 9月26日，北京数道智算科技有限公司揭牌仪式在望京科技园举行，是朝阳区落实市政府北京市和内蒙古自治区协作“倍增计划”开展的重点项目。朝阳区联合广东中关村协同智算股权投资合伙企业（有限合伙），摩尔线程智能科技（北京）有限公司、北京智谱华章科技有限公司等主体共同出资设立北京数道智算科技有限公司，共建北京、内蒙古合作人工智能算力中心项目。各出资方完成出资协议签约，公司已注册落地在朝阳望京科技园区。（杨沫涵）

【中关村新一轮先行先试改革措施】 10月30日，朝阳区承接中关村新一轮先行先试改革措施动员部署会，区卫生健康委、区委网信办等各先行先试改革措施承接单位主管领导及朝阳园管委会主管领导、相关处室负责人参会。11月21日，朝阳园管委会（区科学技术和信息化局）联合市科委、中关村管委会、北京科技政策宣讲团举办中关村新一轮先行先试改革政策宣讲会。会上就《北京市技术转移机构及技术经理人登记办法》《北京市关于落实完善科技成果评价机制的实施意见》《提升企业创新能力支持资金管理办法（试行）》3项政策进行解读。（赵　培）

【与香港数码港签署互联网3.0战略合作备忘录】 11月3日，区长吴小杰带队调研香港数码港，参观数码港Web3生活体验馆、Hall of Fame社群、培育企业路邦（Roborn）及5G动感控制仿生机器人「ME」和应用于不同场景的机械人产品等园区设施及代表性企业，开展双方交流座谈及企业交流会，为“朝阳国际科创会客厅”举行揭牌仪式，中关村朝阳园管委会副主任、区科学技术和信息化局局长与数码港行政总裁签署《中关村科技园区朝阳园管理委员会（北京市朝阳区科学技术和信息化局）与香港数码港管理有限公司就合作京港互联网3.0战略合作订立的合作备忘录》。（杨沫涵）

【朝阳区国际科创会客厅】 11月，朝阳园管委会在新加坡MultiAlpha Capital和中国香港数码港设立“朝阳区国际科创会客厅”，分别作为朝阳区开展与新加坡、中国香港企业交流合作、引进两地及海外科技创新项目、帮助朝阳区企业拓展海外业务的平台。（杨沫涵）

【华鲲振宇智能科技有限责任公司落地】 11月，北京华鲲振宇智能科技有限责任公司落地朝阳区，重点围绕计算、存储、大数据、物联网、工业互联网、人工智能等领域补强朝阳区鲲鹏端到端上下游生态产业链，同时打造信创生态认证和创新基地，共同推动朝阳区数字经济重点领域应用创新。（王紫珊）

【数字医疗产业发展座谈会】 12月19日，区领导在望京生命科学园2号楼主持召开朝阳区数字医疗产业发展座谈会，区卫生健康委、朝阳科技集团、首都科技发展战略研究院、安贞医院、朝阳医院远程医学中心、北京国际大数据交易所、数康朝科、传世般若、望里科技、远毅资本相关单位负责人参会并围绕本行业、本领域数字医疗工作开展情况和发展前景、存在问题及困难、对朝阳区发展数字医疗产业的意见建议进行交流。（李　鑫　吴思思　苏子怡）

【数字经济核心区建设汇报】 12月27日，区委常委会专题听取全区数字经济核心区建设工作汇报。会上区委书记文献对2024年数字经济核心区建设工作提出要充分认识“商务＋科技”双轮驱动的重要意义；要发挥朝阳区场景丰富、国际化及产业空间三大优势推进数字经济核心区建设；推动落实重点产业项目。（赵　培）

【4家企业成为全市首批市级两业融合试点企业】 12月，根据《北京市先进

制造业和现代服务业融合示范园区和试点企业认定及支持办法（试行）》规定，经市级两业融合发展联席会议机制第一次会议审议通过并完成公示，全市有35家企业成为北京市首批市级两业融合试点企业。朝阳区有安世亚太科技股份有限公司、北京经纬恒润科技股份有限公司、北京中电华大电子设计有限责任公司认定为领跑型试点企业，杉数科技（北京）有限公司认定为成长型试点企业，4家企业获认定。（王紫珊）

农业　农村

乡村振兴

【概况】 2023年，朝阳区农村地区有19个乡、117个建制村、317个社区，总面积350.5平方千米。朝阳区农业农村局（简称区农业农村局）与中共北京市朝阳区委农村工作委员会（简称区委农工委）合署办公。区委农村工作领导小组办公室设在区委农工委，负责处理领导小组日常事务工作。朝阳区推进样板乡村建设，完成黑庄户乡小鲁店民居改造和风貌管控方案及设计图集编制前期准备工作。打造农业多功能示范基地，金盏乡连年种植航线下标识性大田，年引种彩色旱稻，在蓝调庄园、蟹岛爱伴农场试种水稻丰富游人体验。农业观光园接待游客15.5万人次，实现旅游收入1.2亿元，比上年增长68.6%。

（庞　欣）

【乡村振兴组织与人才保障】 2023年，朝阳区强化农村基层作风能力建设，加强村级组织主要负责人监督管理，做好第一书记监督考核和激励保障。加大后备干部储备培养力度，村级后备人才达到344名。开展“强化监督治理、保障乡村振兴”专题教育，1.1万人参与专题教育，1200余个党组织学习研讨。印发《北京市朝阳区乡村人才振兴工作指导意见(试行)》。完成农村实用人才中级评定96人，开展农村实用人才培训659人次。实现2086名农村劳动力就业，完成全年指标任务的104.3%。建立未就业参保农村劳动力台账，累计输送岗位19.1万个。

（刘虹泽）

【农村城市化建设】 2023年，朝阳区加快3个棚改项目手续办理，协调推动8宗地块入市成交，回笼资金238.69亿元。东坝北西区、姚家园三期等9个安置房2.38万户、3.4万人居民回迁入住，有序推进7处在建安置房按期施工建设。推动4个集体租房项目前期手续办理。13个集体产业项目指标确定，占地面积82.6413万平方米，建筑面积235.5万平方米。系统梳理土储、棚改、旧改等历史遗留项目，研究确定全区剩余农村腾退及安置房10年建设计划。

（刘虹泽）

【城乡融合发展三年行动计划】 2023年，朝阳区集成30家单位及19个乡的力量，健全领导机构，明确责任分工，建立工作调度机制、任务督办机制，围绕“三个三”（“三个片区”即南部崛起、东部跨越和北部提升；“三块地”即安置房用地、集体产业发展用地和平衡资金用地；“三个一体化”即基础设施一体化、公共服务一体化、社会保障一体化）发展思路，推动城乡融合发展三年行动计划。截至年底，完成45项任务，推进12项任务取得重大进展。149项任务累计完成110项，实现11宗土地入市交易。

（刘虹泽）

【整建制农转非工作】 2023年，朝阳区以中心城区功能定位要求，高水平保障和改善民生，创新超转人员农转非保障资金管理模式，按照“资金有统筹、保障有标准、支出可持续”的工作原则，制定《朝阳区整建制农转非工作实施方案》，推动崔各庄乡、高

▲ 2023年3月，朝阳区农村城市化建设加快。图为平房乡平房村住宅腾退现场(刘望宸　摄)

▲ 9月28日，东坝国际商业中心项目商业业态部分——万达广场开业活动现场

（叶环宇　摄）

碑店乡、平房乡、王四营乡、管庄乡、黑庄户乡、金盏乡、十八里店乡、小红门乡68个村、7.7万名农业人口整建制农转非工作，方案提交市政府审批。　（刘虹泽）

【产业用地区级统筹】 2023年，朝阳区聚焦重点项目深化“村地区管”，创新集体与社会资本合作模式。东坝国际商业中心等2个集体产业项目建成投入运营，集体资源效益激活放大。推进建成产业项目招商迭代，南磨房数字出版基地A区、将台星地中心项目招商入驻率分别达到75%、60%，集体产业空间利用效能持续提升。

（刘虹泽）

【农业生产】 2023年，朝阳区落实粮食安全责任，落实“田长制”，把1.55万亩耕地保护责任、耕地质量等级由5.18提升至5.10。按时保质完成第三次全国土壤普查任务。强化耕地分类管理，永久基本农田及储备区均实现无污染。重要农产品稳产保供，完成粮食作物面积525.75公顷，蔬菜产量830.9万千克，油料作物面积约52.69公顷年度任务。蔬菜年度生产任务830.9万千克提前完成，单产较上年提高10%。完成全国两会、第三届“一带一路”国际合作高峰论坛等重大活动淡水鱼供应保障。　（刘虹泽）

▲ 6月9日，朝阳区将台乡自然里生态农场，大型收割机开足马力抢收小麦（王　飞　摄）

【农村集体“三资”管理】 2023年，朝阳区创新“三资”监管模式，出台《朝阳区规范农村产权流转交易工作实施细则》，审核集体资产流转项目789个（其中5000平方米以上项目30个），涉及面积93.1万平方米，年租金8.3亿元；提交市农交所公开交易项目291个，涉及金额17.25亿元。出台《朝阳区农村涉地合同联预审工作实施细则》，区级审核通过合同305份，涉及年租金2.49亿元，推动涉地合同审核流程全部纳入可视化平台。注销经营异常集体企业105家，推进集体企业规范化管理。　（刘虹泽）

【农业现代化】 2023年，朝阳区加快数字农业建设，制定出台《朝阳区数字农业农村工作方案》，建立强化区级数字农业农村工作专班。开发运用朝阳数字农业平台，强化农情监测分析，持续提升机耕水平，农作物耕种收综合机械化率、设施农业机械化率分别达到90%、48%以上。区政府与中国农业科学院、中国水产科学院、农业农村部规划设计院签订战略合作协议，为朝阳区农业现代化发展提供智力支撑。朝来农艺园实现番茄采收机器人、智能打药车、巡检机器人实景调试应用。　（刘虹泽）

【农村人居环境整治】 2023年，朝阳区实施农村人居环境整治提升5年行动，制定《朝阳区“十四五”时期提升农村人居环境建设美丽乡村行动方案》。开展“百师进百村”工作，高碑店乡白家楼方案被市农业农村局评为优秀策划方案。完善垃圾分类长效机制，印发《朝阳区生活垃圾分类达标、示范居住小区（村）创建考核办法》，明确各乡2023年至2025年三年分类治理计划任务。完成前三批示范和达标村市区两级验收工作，9个村根据

▲ 6月，高碑店乡高井村成为全国乡村治理示范村　　（李媛博　摄）

“五有四好”标准完成区级示范创建工作。实施乡村绿化美化行动，开展村庄绿化覆盖率调查，44个村实现村庄物业化全覆盖。制定清洁取暖工作方案，清洁取暖管理平台实现农村地区全覆盖。（刘虹泽）

【农村文化建设】 2023年，朝阳区以“听党话、感党恩、跟党走”为主题，组织开展农村系统“强国复兴有我”百姓宣讲活动。开展各类文明实践活动6702次，线下覆盖人群26万余人。开展乡村移风易俗，制定《朝阳区关于开展农村移风易俗重点领域突出问题专项治理工作方案》，完善村民自治和基层治理。繁荣乡村文化活动，举办第34届北京农民艺术节“乡村大舞台”朝阳区专场展演以及中国农民丰收节朝阳区庆祝活动，全年开展公共文化活动2850场，参与人数210万人次。（刘虹泽）

【撤村建居】 2023年，朝阳区遵循稳妥推进原则，对具备市级规定“撤村建居”条件的村，按照“一村一策”严格履行撤村民主程序。完成豆各庄、来广营、三间房、将台、太阳宫5个乡27个村的“撤村建居”工作。（刘虹泽）

【种业振兴】 2023年，《朝阳区种业振兴工作协调机制工作制度》实施。全区完成第三次畜禽遗传普查和第一次水产养殖种质资源普查。严格落实种质资源保护政策，推动郎家园枣品种提纯复壮。与北京市农学院建立协作机制，投入60万元建设育苗基地1.67万平方米（25.05亩），改良老化枣树3000余株。实施“蛋种绒球金鱼”和“王字虎头金鱼”特色畜禽水产种质资源保护项目，改良黑大眼、红帽子、红狮头等金鱼品种，培育出凤尾高头、龙睛球2个新品系，推动黑庄户乡小鲁店村成为华北地区重要的观赏鱼产销基地，设计开发“鱼·礼”系列文创产品。引入中信种业科技项目落户朝阳。（刘虹泽）

【农业多功能示范基地建设】 2023年，朝阳区加快农旅融合发展，完成朝来农艺园、孙河郎枣园“十百千万”畅游行动项目建设，两园区全年接待研学参观4000余人次。在温榆河公园打造云上梯田、田北农舍、雷桥芙蓉等农业景观种植场景，平房乡油菜花、京城梨园梨树等特色农作物种植与郊野公园相映成趣。金盏乡连年种植航线下标识性大田，引种彩色旱稻。在蓝调庄园、蟹岛爱伴农场试种水稻丰富游人体验。农业观光园接待游客15.5万人次，实现旅游收入1.2亿元，比上年增长68.6%。（刘虹泽）

▲ 5月29日，朝阳区委农工委组织开展“乡情京韵颂盛世 凝心铸魂促振兴”北京农民艺术节“乡村大舞台”朝阳区专场展演活动　　（胡　颖　摄）

▲ 7月10日，朝阳区委农工委组织召开2023年度朝阳区农村地区村社区书记培训班
（朱晓宛 摄）

【乡村治理】 2023年，朝阳区制定《关于开展乡村振兴领域专项治理的工作方案》《关于强化农村地区监督治理工作的实施方案》，督促拆迁腾退、“三资”监管、耕地保护利用等重点领域制度贯彻执行。提升乡村治理效能，完善区、地区、社区（村）三级议事协商联动机制，建设19个乡农村社区协商议事厅示范点。 （刘虹泽）

【农村党组织建设】 2023年，朝阳区强化基层作风能力建设，制定《2023年朝阳区农村地区基层党建工作要点》，修订《朝阳区社区、村党组织书记区级备案管理实施办法》，落实村级组织主要负责人管理监督若干措施。加强“两新”组织建设，推进416家服务包企业等重点“两新”党组织应建尽建，扩大党组织覆盖和工作覆盖。
（刘虹泽）

【农村工作领导小组会议】 6月9日，区委农村工作领导小组第一次（扩大）会议召开，研究审议《朝阳区关于做好2023年全面推进乡村振兴重点工作的实施方案》《关于乡级党政领导班子和领导干部推进乡村振兴战略2023年度实绩考核情况》《关于强化农村地区监督治理工作的实施方案》《北京市朝阳区农业现代化发展规划（2021—2025）》《朝阳区耕地及农业园区建设工作方案（2021—2025）》5项事项，书面审议朝阳区农村整建制农转非工作落实情况。 （庞 欣）

农村经济管理

【概况】 2023年，朝阳区农村集体经济总收入126.7亿元，比上年增长12.1%；集体资产总额1758.7亿元，比上年增长5.0%；集体净资产546.2亿元，比上年增长9.9%；人均所得45265元，比上年增长4.2%。全区村级预算总收入76.6亿元，预算总支出71.9亿元，预算结余4.7亿元。朝阳区农村合作经济经营管理站（简称区经管站）落实农村集体资产管理政策，坚持发展经济与规范管理并重，规范集体“三资”管理，推动农村集体经济高质量发展。
（张 萍 王雯婧）

【集体产权制度改革】 2023年，朝阳区持续深化乡村两级集体产权制度改革。围绕剩余村级改革任务，按“一村一策”推动难点问题解决，全区155个村全面完成村级产权制度改革，完成率100%。11月，将台乡完成乡级集体产权制度改革，建立新型集体经济组织。稳步推进乡级产权制度改革，区政府第15次常务会、区委第43次常委会审议通过《朝阳区乡级集体产权制度改革实施方案》，区政府第18次常务会、区委第43次常委会审议通过《来广营等5个乡乡级产权制度改革实施方案》。12月，孙河、东坝2个乡召开团体社员代表会，启动乡级产权制度改革工作。
（张艳辉 刘虹泽）

【集体经济组织运行】 2023年，朝阳区19个乡级集体经济组织、155个村级集体经济组织规范外部标识挂牌，集体经济组织挂牌率100%。区经管站办理农村集体经济组织登记证书变更34家，注册登记新型集体经济组织2

▲ 6月19日，高碑店乡乡级集体经济组织规范挂牌 （张艳辉 摄）

家。规范农村集体经济组织运行管理，建立《集体经济组织会议情况台账》，发挥乡联社（村合作社）管委会决策作用、监委会监督作用、社员代表大会民主管理作用，促进集体经济高质量发展。健全农村集体经济组织内部管理制度，制定《关于规范农村集体经济组织收益分配的指导意见》。

（张艳辉）

【集体资产管理】 2023年，朝阳区落实“村地区管”制度要求，制定《朝阳区规范农村产权流转交易工作实施细则》，编印《朝阳区农村集体资产产权交易工作手册》，规范产权交易工作流程。通过农村集体资产资源可视化平台录入房屋、建筑物类资产5762处，建筑面积2850.14万平方米，其他固定资产3453项，实现资产资源和资产信息关联，实现资产资源链条化、动态化、可视化管理。召开13次区级项目联审会，审核19个乡提交的集体房屋出租产权交易项目823个。其中5000平方米以上项目36个，涉及建筑面积644238.76平方米，年租金64217.75万元，提请区农资委审议；5000平方米以下项目787个，涉及建筑面积532567.63平方米，年租金48669.59万元，报区农资委备案。其中审核通过项目819个，驳回项目4个；审核通过1个其他类设备租赁项目，提交市农交所公开交易。全年成交项目188宗，成交金额18.15亿元。

（张艳辉）

【农村涉地合同管理】 2023年，朝阳区出台《关于进一步深化“村地区管”加强农村涉地合同管理的若干措施》。研究制定朝阳区农村涉地合同联预审工作实施细则，完善农村涉地合同联预审管理机制，建立区级合同联预审联席会议制度，加强合同前置审核和源头监管。 （徐　薇）

【农村土地承包调解仲裁机制】 2023年，经区政府批复朝阳区农村集体经济合同纠纷调解仲裁委员会更名为朝阳区农村土地承包仲裁委员会并调整其成员单位，完善区农村土地承包调解仲裁体系。研究如何加强农村土地承包经营纠纷调解工作，编制《朝阳区农村土地承包纠纷调解仲裁工作手册》，加强和规范农村土地承包经营纠纷调解工作。 （徐　薇）

【农村集体企业清理工作】 2023年，区经管站指导各乡有序推进集体企业清理工作，实现规范管理。完成注销经营异常集体企业111家；以产权清晰、权责明确、政企分开、管理科学的现代管理制度为导向，推进100家集体所有制企业改制。通过清理集体企业和开展企业改制工作，推进集体企业参与减量发展和改造提升，助力推动集体经济发展。 （胡春静）

【农村集体企业管理培训】 8月4日，区经管站组织召开规范农村集体企业管理培训会，指导各乡进一步规范开展集体企业改制及注销工作、规范企业财务核算、加强内部控制、优化税收筹划。区经管站主管领导、产业科、各乡主管领导、经管站站长及工作人员、乡联社、村合作社负责人、企业负责人及财务人员等179人参加培训。

（胡春静）

【农村集体资产资源可视化平台试点运行】 8月25日，朝阳区作为农村集体资产资源数据管理可视化平台信息化流程的试点区，率先运行资产资源可视化系统，运用科技手段实现集体资产资源全链条、可视化、信息化监管，为提升集体资产、集体经济合同监管提供科技支撑。 （徐　薇）

【农村集体资产专项检查】 8月至9月，区经管站对全区19个乡57个村集体经济组织运行和集体资产管理情况开展专项检查。针对检查发现的问题，明确整改工作要求，督促各乡做好问题整改。制定《朝阳区农村集体资产管理制度》，健全制度，规范管理。围绕农村涉地合同管理开展专项治理，研究制定专项行动实施方案，全区动员部署培训，乡级自查自纠，区级专项检查，逐乡反馈检查意见，发送工作提示，督促整改落实。开展整治农村集体财务管理不规范问题排查，逐乡反馈检查意见督促落实整改，做到应改尽改。

（张艳辉　徐　薇　王雯婧）

农业农村综合服务

【概况】 2023年，朝阳区农业农村综合服务中心（简称区农服中心）加快

▲ 8月4日，区经管站在将台乡政府组织召开朝阳区规范农村集体企业管理培训会

（胡春静　摄）

农业技术推广应用，强化农业农村发展人才支撑，保障惠农惠民政策落地，全面助力乡村振兴。在10个街乡、21个示范单位开展阳台菜园推广工作，推广种植蔬菜24种近3万株。全区主要农作物绿色防控覆盖率（粮食和蔬菜）由上年72.65%提升至82.53%。完成春季、秋季7337公顷次农区灭鼠技术指导。新增初级农村实用人才344人，中级农村实用人才96人。与北京市朝阳农业综合服务有限公司（简称区农服公司）签订《国有资产无偿划转协议》，将区鱼种场全部资产、农机驾校部分资产移交区农服公司。朝来农艺园、盛泰嘉禾2家基地被评为优级标准化基地，蓝美莓通过优级标准化基地复评。（程 琦）

【增殖放流】 2023年，区农服中心开展增殖放流2次。4月14日，在坝河、温榆河公园、马家湾湿地公园开展春季增殖放流活动，放流鲢鱼、草金鱼3090千克、3.3万余尾；10月25日，在温榆河公园开展秋季增殖放流活动，放流鲢鱼、鳙鱼、草鱼8000千克、25万余尾。（李 佳）

【阳台菜园“六进工程”】 2023年，区农服中心在10个街乡、21个示范单位开展阳台菜园推广工作，推进阳台菜园“六进”（进街乡、进机关、进公园、进社区、进学校、进家庭）工程，推广种植蔬菜24种近3万株。（闫慧文）

【水产普查】 2023年，区农服中心对6家符合水产种质资源的养殖单位开展普查。6家养殖单位有观赏龟品种44个、观赏鱼品种3个、食用鱼品种7个。在坝河、萧太后河2条自然水域设6个踏查点位，按照《北京市水生外来入侵物种普查清单》进行排查，未发现外来入侵水生动物。（李 佳）

【动物疫病防疫宣传】 2023年，区动植物疫病预防控制中心多渠道开展狂犬病防疫宣传工作，重点通过数字多媒体推送。区农服中心及所属区动植物疫病预防控制中心与市农业农村局、市动物疫病预防控制中心共同制作宣传片《预防狂犬病 共建美好生活》分别在“京农三彩”、北京电视台新媒体端“北京时间爱宠频道”、区农服中心公众号“朝阳都市农业”进行推送宣传，阅读量7575次。在《北京青年报》新媒体、“北京时间”、“朝阳都市农业”对朝阳区组织下社区免疫工作进行报道，其中“北京时间”报道的《@朝阳区养犬人士 狂犬病免疫进社区了》浏览量51.1万次。通过朝阳有线电视台《朝阳新闻》栏目、首都之窗政务网、“北京时间”App、“朝阳都市农业”、爱宠健康小程序等多种途径，宣传讲解介绍动物检疫办理流程、注意事项。（韩 颖）

▲ 4月14日，区农服中心在坝河开展春季增殖放流活动（李 佳 摄）

【动物检疫净化】 2023年，区动植物疫病预防控制中心开展马传贫、马鼻疽两病检疫净化工作，检疫马属动物1469匹，检疫率100%。核发动物检疫合格证明8560张，检疫出证动物15980头（只、羽）。（韩 颖）

【动植物疫病监测】 2023年，区动植物疫病预防控制中心实验室完成1916份农残样品快速检测，检测结果合格率100%。对414份抽检样品进行气相和液质方法定量检测，其中1份芹菜样品马拉硫磷的检出值超出GB 2763—2021规定的最大残留限量，判定为不合格，定量抽检样品检测结果合格率为99.8%。实验室对231份兽残样品进行磺胺类药物等ELISA试剂盒定性检测，检测结果均为阴性。抽检63份（55份畜禽样品、8份水产样品）兽残样品，均未检出液质硝基呋喃类药物等。（韩 颖）

【狂犬病集中免疫】 2023年，区动植物疫病预防控制中心统筹社会兽医力量，组织辖区内13家社会动物医院参与39个街乡狂犬病流动免疫点进社区服务，开展上门服务7次，为空巢、行动不便、孤寡老人饲养的爱犬注射疫苗。全年免疫犬只46991条（其中注册犬21332条）。（韩 颖）

【农业植物疫情监测】 2023年，区农服中心开展23种外来有害生物的监测和普查。诱捕到橘小实蝇93只，未发现其他外来有害生物。开展红火蚁普查大棚163个次、农田763.015公顷次、草坪和沟渠沿岸20.677公顷次，均未发现红火蚁。（李方舟）

【农区灭鼠】 2023年，区农服中心指导各乡开展春、秋季7337公顷次农区统一灭鼠技术指导。捕获率0.33%，

▲ 2月2日，区农服中心技术人员在中农春雨基地发放捕鼠夹（刘 洋 摄）

完成农田鼠密度控制在3%以下防控目标。（李方舟）

【废弃物回收】 2023年，区农服中心开展农药包装废弃物回收处置和农业投入品废弃物回收处置工作。回收农药包装废弃物包装瓶（袋）100622个、1270千克，回收废弃地膜2435千克，回收滴灌管、育苗盘等塑料废弃物865千克。农药包装废弃物回收率为90.8%，地膜回收率为92.9%。（李方舟）

【草地贪夜蛾监测防控】 2023年，区农服中心按照长短结合、标本兼治的原则，以生态控制和农业防治为基础、生物防治和理化诱控为重点、化学防治为底线综合治理的策略，编制并下发《2023年朝阳区草地贪夜蛾防治技术指导意见》。监测草地贪夜蛾8491.53亩，未发现草地贪夜蛾。（李方舟）

【外来入侵生物普查】 2023年，区农服中心依据《朝阳区农业外来入侵物种普查技术工作方案（2022—2023年）》继续开展入侵植物和病虫害普查。普查农田、果园、河道等不同物种生存的生态环境面积400公顷（6000亩），覆盖19乡24个村的24个地块，普查到入侵植物39种、入侵病虫害2种。（李方舟）

【农药减量绿色发展】 2023年，区农服中心推广精准施药、色板诱杀、双网覆盖、熊蜂授粉等多项蔬菜生产绿色防控技术，指导园区开展蔬菜和小麦病虫害防控工作，助力朝阳区农业生产绿色发展。全区主要农作物绿色防控覆盖率由上年的72.65%提升至82.53%。（李方舟）

【农产品质量安全监测】 2023年，区动植物疫病预防控制中心对北京中农春雨高科技股份有限公司、北京水科园水产养殖技术有限公司、北京朝来农艺园有限责任公司等13家企业开展检查53次。主要检查生产记录、农药库房药品规范存放、使用记录及食用农产品合格证使用情况，指导督促企业规范生产经营活动，科学使用农业投入品，落实农（兽）药安全间隔期（休药期）要求。（李梓君）

【有机产品认证】 2023年，区农服中心有序引导无公害农产品向绿色、有机农产品提升，组织主体按照相关要求有计划、有步骤地开展认证。通过开展绿色有机知识宣传、技术培训，印制发放朝阳区《2023年绿色、有机认证明白纸》，为朝来农艺园、温榆河公园等4家单位提供绿色有机认证咨询。通过服务指导，新增都市农汇、鲁店农场、金天茂、朝来农艺园4家企业。通过有机转换认证，累计认证品种24个，认证产量42.96千克。（李梓君）

【标准化生产】 2023年，区农服中心为推进“三品一标”（承诺达标合格证产品、绿色食品、有机农产品和农产品地理标志）工作，推进农业标准化建设。按照“区级建设、市级评定、动态管理、优级奖励”建设原则，严格落实备案管理、等级评定等动态管理制度。开展农产品“三品一标”生产基地信息采集，备案基地15个，其中新增备案基地2个、良好及以上标准化基地8个。（李梓君）

【惠农政策落实】 2023年，区农服中心通过会议、培训、下乡送服务、制作发放宣传图册等方式开展惠农政策宣传，帮助农业企业和农户充分理解政策支持。购置补贴农业机械16台，受益农户5户，补贴资金4.72万元。指导东坝、平房2台拖拉机回收拆解，申报农机报废补贴资金0.7万元。10个乡的15家农业生产主体投保政策性农业保险投保39单、保费485655元。受春季大风、暴雨天气影响，全年保险理赔金额353593元，比上年保费总额扩大1.68倍，投保乡由原来的5个主要农业重点乡扩大至10个。（冯丽静）

【行政许可办理及核查】 2023年，区农服中心办理农药经营许可证审批3件，动物诊疗许可证审批31件，兽药经营许可证审批9件，农作物种子经营许可证3件，拖拉机和联合收割机登记13件，执业兽医师备案457人。依据法定期限办理164家动物诊疗机构和668人次年度报告。协助区农业农村局完成行政许可事项35家单位现场核查工作。（张小梅）

【田间种植指导】 2023年，区农服中心开展主栽作物种植服务指导，制定栽培技术指导意见12项，强化选择审定品种、适时播种、压茬种植及水肥管理等重要环节，提高单产。引进新品种16个、新技术2项；指导粮食蔬菜高产擂台赛、示范田建设，以赛促产，提高粮食种植水平。加强农机服务指导，联络周边区县农机服务组织，支援服务15次；开展机手作业服务指导，检测机收损失率，实现颗粒归仓。组织乡、园区、种植户参加市农业技术推广站农药、肥料、作物等种植培训和现场观摩会11次，参训230人次。（闫慧文）

【秸秆综合利用及肥料试验】2023年，区农服中心推广测土配方施肥面积666.67公顷（1万亩），设置施肥调查点8个，开展粮食、蔬菜作物年度施肥量调查、总量测算，开展小麦、玉米化肥利用率实验，实现主栽作物化肥利用率42%以上。开展秸秆综合利用，夏收小麦80公顷（1200亩），秋收玉米506.67公顷（7600.05亩），实现秸秆综合利用率100%。（闫慧文）

【农村实用人才培训】2023年，区农服中心开展农业生产技术类实用人才培训、社会文化类实用人才培训、中高级农村实用人才带头人培训、管理类农村实用人才培训等9次，培训人数762人次。（张　莹）

【农情调查业务培训】4月20日，区农服中心联合区农业农村局举办朝阳区2023年农情调查统计工作培训会，规范蔬菜生产数据报送、掌握新报表系统使用操作规程，13个涉农乡负责农情调查统计人员近50人参加培训。（杨育才）

【数字科技示范应用】6月至12月，区农服中心依托东坝生态农业示范园，以数字农业发展为基础、以科技项目为载体，优化升级温室智能装备、开发农业入侵生物标本二维码、更新农事码数据库，丰富拓展先进技术装备示范应用、科普教育等都市农业数字科技展示和体验应用场景。（薛天祺）

▲ 7月，区农服中心为北京黑庄户观赏鱼养殖发展中心引进400余尾优质金鱼（李　佳　摄）

【金鱼小池精养推广】7月，区农服中心为北京黑庄户观赏鱼养殖发展中心引进400余尾优质金鱼，包括猫狮、泰狮、紫蝶尾、虎头、珍珠等10个名优品种，推广金鱼小池精养。（李　佳）

【防疫专业培训】8月至9月，区动植物疫病预防控制中心分别对官方兽医、签约兽医、执业兽医师及街乡、村（社区）基层防疫员进行专业培训，培训884人次。（韩　颖）

【农村实用人才评定】9月至12月，区农服中心开展朝阳区2023年初、中级农村实用人才评定工作。经评定，新增初级农村实用人才344人、中级农村实用人才96人。（张　莹）

【兽医从业人员手册出版】10月，区动植物疫病预防控制中心编撰完成基层兽医从业人员教材《动物衣原体病预防与控制手册》《基层兽医宠物源人兽共患传染病防疫技能手册》两本书，由中国农业科学技术出版社出版发行。（韩　颖）

【地力提升工作指导】12月6日，区农服中心对接黑庄户、金盏、孙河、崔各庄乡，并联络市耕地保护中心成立技术指导组，对4个乡、东郊农场19块耕地质量等级为7以下地块逐一开展实地勘查调研，对各地块3年内种植耕作情况，土壤养分含量，水电、排灌设施情况进行全面了解。针对19个地块逐一制定技术指导方案，提出地力提升建议。（闫慧文）

【参加市职业技能大赛】12月，朝阳区农业农村系统参加第一届北京市动物疫病防治员职业技能大赛，获团队优秀奖，获个人三等奖1个，获个人优秀奖2个。（韩　颖）

农业综合执法

【概况】2023年，朝阳区农业综合执法大队（简称区农业执法大队）检查各类管理相对人2171家次，出动执法车辆2477车次、执法人员7016人次，下达监督笔录意见书1926份，作出行政处罚236件，罚没款22.75万元。处理投诉举报987件，行政调解退赔费48.24万元。办理动物演艺活动备案54场次，"承诺制"核查6件，动物闭环监管核查9081件，检查各类农业机械、外埠进京作业机械2900余台次，收容动物14只，救助大鲵2尾、龟94只、鳄雀鳝1只、鳄鱼1只。开展行政许可监督1062家次、联合执法检查120次。开展河道巡查308次，公路站检查进京动物99车次、1353头（只）；开展行业培训16次；开展多形式普法宣传77次。对6家兽药经营企业进行GSP验收8次。开展农产品监督抽样检查160家次，抽取蔬菜样品230个、水产品34个、兽药产品36份，全部检测合格。通过“企安安”政府端开展安全检查1035家次。对7个乡30家主体859个“大棚房”开展问题回潮反弹全面排查。开展季度巡查4次，使用“北京设施农业巡查”App巡查大棚734个次。对129个地块1.55万亩农田种植情况、问题类型进行3轮巡查。收到感谢锦旗8面。开展16批次232家次“双随机”事项抽查。其中，检查生产基地14家，兽医实验室5家，兽药生产企业1家、经营企业13家，饲料生产企业1家、经营企业3家，农药经营企业15家，种子经营企业17家，野保单位2家，水产养殖企业3家，植物检疫3家，动物诊疗机构155家。检查结果有2家不符合要求，双随机摇号和检查结果等相关信息按规定公示。

▲ 2月，区农业执法大队举办《中华人民共和国农产品质量安全法》专题培训讲座
（区农业执法大队　供图）

【农机消防安全检查】 2023年，区农业执法大队在“春耕备耕”“三夏”“三秋”等农时季节与区应急管理局、公安交管、消防支队及各乡农机主管等部门协作，履行农机安全监管职责，开展涉农领域安全隐患排查，提升农机规范化管理水平。全年开展农机安全生产联合执法检查50天次，检查涉农企业104家次。结合各乡复耕复种时间安排，检查各类农业机械、外埠进京作业机械2900余台次，督导注销报废拖拉机2台次，受理国家补贴及新购入拖拉机、旋耕机、微耕机、播种机、割灌机等农机具现场核查12台次，开展农机集中检验6天次，检验拖拉机18台次，对其中4台次予以检验不通过登记。在重大活动保障及市农业农村局安全生产督导组反馈隐患问题期间，联合区消防救援支队对重点涉农企业、反馈问题企业开展执法检查14次，对占用消防“两通道”、未建立灭火器巡查制度、设施大棚存在易燃物等20处消防安全问题实行立查立改，从源头上杜绝火灾隐患发生。

【《中华人民共和国农产品质量安全法》专题培训】 2月16日，区农业执法大队举办新修订的《中华人民共和国农产品质量安全法》专题培训。特邀农业农村部农产品质量安全监管司围绕“《中华人民共和国农产品质量安全法》的修订背景、修订的重点问题、承诺达标合格证制度以及农产品监管执法实务”等方面进行详细解读。通过培训，参训人员对基层农产品质量安全工作的重要性有了更深刻的理解，为保障全区农产品质量安全奠定坚实基础。

【与非法放生当事人约谈】 2月17日，区农业执法大队与“2·13”非法放生事件当事人进行约谈。网民微博发布一则亮马河非法放生事件信息引发市民高度关注，在社会面造成较大影响。当事人出于减少杀生的个人意愿购买河虾、泥鳅、田螺、螃蟹等水生物种，于2月10日12时在新中路亮马河桥上放入亮马河，纯属个人行为。执法人员向其宣讲相关法律对于非法放生、未按规定放生行为的相关监督管理规定。当事人表示道歉并接受教育，以后不再发生此类问题。

▲ 2月，区农业执法大队约谈“2·13”非法放生事件当事人　（区农业执法大队　供图）

【动物诊疗行业健康发展培训会】2月28日，区农业执法大队举办动物诊疗行业健康发展培训会，召集上年度接诉即办问题比较突出的涉宠管理相对人参加培训。培训会上，执法人员通过分享日常工作中的真实案例，从响应接单、现场检查、工单反馈、回访、立案处罚等环节进行逐一讲解，就举报数量多的同类问题进行说明和分析；针对新修订的法律规定、诊疗、售宠中容易发生纠纷的环节和对外咨询方式等方面进行培训，并现场答疑解惑。此次培训18人参会，发放宣传手册36份。

【动物诊疗机构投诉举报处理约谈会】3月9日，区农业执法大队召开朝阳区动物诊疗机构投诉举报处理约谈会，辖区内23家被投诉举报较多的诊疗机构及执法人员35人参会。执法人员就2022年朝阳区动物诊疗单位投诉举报情况进行通报，并指出2023年1月至2月动物诊疗类投诉举报发生量仍处于高位、投诉举报产生较多的单位缺乏对相关法律法规的重视等问题。会上下发新版《动物诊疗机构管理办法》《执业兽医和乡村兽医管理办法》《北京市安全生产条例》等5种相关文件200份。

【动物诊疗行业普法宣传会】3月9日，区农业执法大队组织开展动物诊疗行业"3·15"普法宣传会，2022年朝阳区投诉举报量较多的动物医院和9个动物诊疗行业连锁机构总公司及旗下动物医院的23名负责人参会。执法人员对新修订的《动物诊疗机构管理办法》和《执业兽医和乡村兽医管理办法》进行解读，强调新法要求更细、管理更严、处罚更重的特点，结合"接诉即办"情况介绍针对不同客户群体，从前台接待顾客、接诊、交代病情、回访等各个环节容易出现投诉举报的情况及注意事项。发放《动物诊疗机构管理办法》和《执业兽医和乡村兽医管理办法》等宣传材料200余份。

【农机安全监管工作表彰大会】3月10日，区农业农村局、区农业执法大队召开2022年度朝阳区农机安全监管工作表彰大会。向2022年度获朝阳区农机安全监管工作优秀单位奖、农机安全监管工作促进奖、优秀个人奖等5个奖项的单位与个人分别颁发奖牌、锦旗、奖杯与证书。

【"3·15"普法宣传活动】3月15日，区农业执法大队联合市区街乡相关单位在崔各庄京旺家园文化广场开展以"加强农产品质量监管 保障消费者食用安全"为主题的"3·15"普法宣传活动。向广大居民普及新修订的《中华人民共和国农产品质量安全法》《中华人民共和国种子法》等涉农相关法律法规，对群众广泛关注的狂犬病、禽流感、非法捕捞、外来入侵物种、农产品质量安全等问题进行现场解答，对群众提出的疑问进行讲解。发放《农产品质量安全知识手册》《狂犬病相关知识手册》《禽流感相关知识手册》《宠物饲料管理办法》等宣传材料1200份，接待法律咨询50余人次。

【植物检疫法规培训】3月29日，区农业执法大队组织召开区种子企业植物检疫法规培训会。执法人员以3部法规为基础，从植物检疫执法依据、农业植物检疫范围及本机关职权范围、植物检疫证书示例、相关法规条款解读、行政处罚案例等5个方面进行培训授课，重点讲解种子生产经营过程中关于植物检疫工作必须遵守的具体规定。17家种子企业负责人及工作人员24人参会。现场发放植物检疫法规汇编、植物检疫知识问答等宣传材料50余份。

【"大棚房"App扫码巡查】3月，区农业执法大队对7个乡30家设施农业主体进行"大棚房"App扫码巡查，检查扫码上传大棚信息182条。检查中，区农业执法大队就发现的问题形成书面材料上报区农业农村局农业科。农业科督促整改后，各乡"大棚房"App使用情况好转。

【打击假劣农资普法宣传】4月12日至23日，区农业执法大队在田间地头、超市、公园、农资企业、公路站开展"全民国家安全教育日、打击假劣农资"普法宣传活动。执法人员向广大居民宣传普及农产品质量安全、农机安全、农业植物检疫、渔业资源保护、水生野生动物保护等相关法律法规知识，现场解答群众提出的问题。发放《北京

▲ 4月，区农业执法大队开展"全民国家安全教育日、打击假劣农资"普法宣传活动
（区农业执法大队 供图）

市安全生产条例》《朝阳区农业安全生产宣传手册》等10余种宣传材料1600余份，发放宣传袋800余个，现场解答市民咨询200余人次。

【农机安全大讲堂】 4月13日，区农业执法大队通过线上线下相结合的方式，召开2023年朝阳区第二期农机安全大讲堂——农机安全监管工作考核细则解读培训会。会议部署2023年各乡开展上半年农机安全监管考核工作。执法人员解读《2023年朝阳区农机安全监管工作目标考核办法》及评分标准、分析2022年农机安全监管考核工作中存在的问题、明确考核组成员及分组安排、讲解乡级农机监管台账统计填报方法。大队执法人员、乡农机安全监管人员、农机使用单位负责人及安全管理人员等98人参训。

【企业安全生产检查】 4月25日，区农业执法大队、区应急局执法队、小红门乡、黑庄户乡农业主管部门成立联合考核组，对各乡安全进行联合检查。在对王四营乡联检时发现，属地两家企业在安全管理制度及应急预案建立、机具库房和消防硬件设施等方面存在安全隐患，农业执法大队和安全生产管理部门根据各自职责对两家企业进行行政约谈。执法人员告知企业存在的问题、隐患及整改要求，帮助企业剖析问题原因，督促企业学习农业机械相关法律法规，提升企业管理水平，确保农业机械维修及配件质量，避免由此带来的投诉举报；提出具体整改措施，要求企业建立健全安全管理制度、规范填写维修记录和按时报送年度维修情况统计表等具体措施，落实安全生产全员责任清单等各项制度，督促企业尽快提升管理水平，全面进行整改和规范；告知被约谈企业，区农业执法大队将加大监管检查力度，定期进行复查，督促企业整改措施落实到位。

【农产品生产基地联合执法检查】 4月26日，区农业执法大队会同区应急局执法队、崔各庄乡政府，对奶西农工商合作社、圣雅圣露酒庄2家农产品生产基地开展联合执法检查。执法人员对检查中发现的隐患现场要求单位负责人立即整改，组织开展本单位安全隐患自查自改工作，将整改结果及时汇报至乡主管部门。此次区农业综合执法大队检查农产品生产基地、农机使用单位、动物诊疗、兽医实验室、水产养殖、农产品批发市场、富国海底世界等涉农企业50家次，制发监督笔录、隐患告知书50份，出动执法人员187人次、执法车辆67车次。督促涉农企业整改油料暂存场所无强制通风设施、库房易燃物存放混乱、园区内宿舍存在违规使用电热毯、违规安装使用电热水器等隐患问题15项。

▲ 4月，区农业执法大队开展“农机安全生产和火灾隐患大排查大整治”专项工作
（区农业执法大队　供图）

【农产品质量安全普法宣传】 4月27日，区农业执法大队执法人员与市农业综合执法总队城区支队到北京不姜就电子商务有限公司（叮咚买菜）进行农产品质量安全普法宣传培训。市总队执法人员现场向叮咚买菜的法务及质控环节工作人员讲解种子、农药、野生动物保护、农产品质量安全监管等方面法律知识。大队执法人员从进货查验、农产品质量安全检测、农产品承诺达标合格证制度、农产品标识管理、农产品质量安全事故应急处置等方面向叮咚买菜工作人员进行培训；针对叮咚买菜公司提出的种子标签和说明书违法行为定性、卫生用农药识别、水生野生动物经营利用许可等问题进行解答。培训发放《农产品质量安全知识手册》《狂犬病相关知识手册》等宣传材料60余份。

【农机安全生产专项检查】 4月中旬至5月底，区农业执法大队牵头，会同区应急管理局、各乡农机安全主管部门，开展农机安全生产和火灾隐患大排查大整治专项工作，保障夏收工作平稳进行。此次专项行动出动执法人员225人次、执法车辆45车次，对19个乡45家农业生产经营组织在用的19种、1208台农业机械进行专项检查。收割作业现场发放反光背心40余个，警示彩旗200余面，草帽30余顶，宣传手册30余本。

【农产品质量安全培训】 5月5日，区农业执法大队举办农产品质量安全培训，10家农产品生产经营企业参加。执法人员从农产品质量安全、农业投入品使用、法律责任等方面重点解读新修订的《中华人民共和国农产品质量安全法》，同时就农产品生产记录填写、农产品质量安全抽样检测、农产品质量安全标志使用、农产品质量安全标准体系、承诺达标合格证制度等内容进行专题讲解。印发新修订的《中华人民共和国农产品质量安全法》20 份。

【农产品生产基地植物检疫法规培训】5 月 5 日，区农业执法大队召开农产品生产基地植物检疫法规培训会，9 家农产品生产基地及 2 家相关种植单位负责人 11 人参加会议。执法人员从植物检疫概念、植物检疫性有害生物名单、植物检疫执法依据、重点法规条款解读、行政处罚案例等 5 个方面进行课程培训。现场发放《植物检疫法规汇编》《植物检疫知识问答》等宣传材料约 40 份。

【企安安软件专题培训及注册自查】5 月 15 日至 17 日，区农业执法大队对各涉农企业进行企安安软件的安装、注册、使用培训，同时督促各企业完成首次隐患自查工作。通过线上与线下相结合的方式，对农机、动物诊疗、渔业等 10 类行业 290 家涉农企业进行企安安首次培训。248 家企业完成注册并开展第一次自查。针对尚未完成注册的 42 家企业逐一进行沟通督导，帮助企业解除疑惑。至 17 日，全区 290 家在册涉农企业全部完成“企安安”注册工作，同时进行首次隐患自查上报工作。

【农业安全生产监管】4 月至 5 月，区农业执法大队会同区应急局、区消防支队开展联合执法检查，检查涉农企业 139 家，发现隐患问题 20 项，做出安全生产行政处罚 3 起。5 月 19 日，区农业综合执法大队邀请区应急管理综合执法大队开展以农业领域安全生产监管问题与思考为主题的专项培训会，区农业农村局法制科和社会管理科、区农业综合执法大队、区农服中心 80 人参会。

【兽药生产经营单位法律法规培训】5 月 24 日，区农业执法大队举办朝阳区兽药生产经营单位法律法规培训会，辖区内 18 家兽药生产经营企业及 1 家兽药生产企业全部参会。执法人员就 2022 年开展兽药行业监督检查情况进行通报，重点围绕兽药 GSP、GMP 关键点对企业提出具体要求。与会人员学习农业农村部有关领导主讲的“我国兽药行业管理政策规定和监管实践”课程。发放《兽药管理条例》《北京市安全生产条例》《朝阳区农业安全生产宣传手册》等多种宣传材料 60 余份。

▲ 8 月，区农业执法大队开展涉农企事业重点单位安全生产和火灾隐患排查治理专项工作
（区农业执法大队 供图）

【动物防疫工作会】5 月 30 日，区农业执法大队联合区农业农村局、区农服中心、区动植物疫病预防控制中心召开朝阳区动物防疫工作会，各街乡动物防疫工作负责人员 43 人参会。执法人员提出做到“无疫”安全，落实涉宠经营预付卡摸底排查及台账建立工作等要求，推进马术俱乐部申办“动物防疫条件合格证”相关工作。现场发放《中华人民共和国动物防疫法》《北京市动物防疫条例》《狂犬病强制免疫告知书》等 5 种普法宣传资料 150 余份。

【涉农企事业安全生产和火灾隐患排查】8 月 15 日至 9 月底，区农业执法大队组织开展涉农企事业重点单位安全生产和火灾隐患排查治理专项工作。执法人员针对区级重点涉农企业的安全生产制度、事故应急预案、安全生产教育培训情况、安全生产设施配备、安全隐患自查自纠等情况进行专项检查。发放草帽、农机安全生产手册和农业安全生产及农产品质量安全宣传手册等普法宣传材料。

【执业兽医师动物卫生培训】9 月 20 日，区农业执法大队联合区农服中心、区动植物疫病预防控制中心举行区执业兽医师动物卫生工作培训会，辖区内诊疗机构 200 余名执业兽医参加。执法人员结合当前动物诊疗行业发展现状和日常监管重点，对与会单位提出共同推进动物诊疗机构预付卡管理工作等工作要求。培训发放《中华人民共和国动物防疫法》《北京市动物防疫条例》《动物防疫法律汇编》等 4 种普法宣传资料 700 余份。

【拖拉机驾驶证申领】9 月 12 日、10 月 16 日，区农业执法大队与市农业执法总队、区卫生健康委沟通，得到延庆区农业农村局、区农业综合执法大队、团结湖社区卫生服务中心支持，分两期组织朝阳区 10 个涉农乡、1 家国有农场、1 家农业服务公司 57 名拖拉机驾驶证申领人员，前往延庆区专业考场完成拖拉机驾驶证申领考试，

▲ 9 月，区农业执法大队开展拖拉机驾驶证申领工作　　（区农业执法大队　供图）

57 名拖拉机手全部取得“拖拉机驾驶证”。

【农村宅基地建房联合执法检查】 9 月 21 日至 10 月中旬，区农业农村局组织，区农业执法大队牵头，联合市规自委朝阳分局、区住建委、各乡政府开展秋季农村宅基地建房联合执法检查，检查 8 个乡、16 个村、2 宗在建完建住宅，未发现违法行为。

【微耕机事故应急处理及消防演练】 9 月 27 日，区农业执法大队组织实施由区农业农村局牵头的微耕机事故应急处理及消防演练活动，区应急管理局、区消防救援支队联合参加。应急、消防、农业农村、19 个地区办事处、45 家农业生产经营组织和农机使用单位负责人、机手代表 200 人参加活动，发放《农业安全生产宣传手册》《农产品质量安全法》“平安农机漫说法规”等宣传材料 2000 余份。

【秋季植物检疫执法专项行动】 10 月中旬至 11 月下旬，区农业执法大队对所有大田种子生产经营企业及部分蔬菜种子企业 10 家单位开展秋季植物检疫执法专项行动，未发现违法行为。

【森林防火宣传活动】 11 月 7 日，区农业执法大队会同区应急局执法队、平房乡农机主管部门、平房乡安监科相关人员在平房乡京城梨园郊野公园内开展森林防火宣传活动。执法人员向过往群众发放宣传资料，讲解森林防火安全知识、野外火源管控规定、森林火灾警示案例，叮嘱大家注意生活中消防安全细节，严禁露天焚烧农作物秸秆，及时清理可燃物，将火灾隐患消除在萌芽状态。发放各类宣传材料 300 余份。（林超颖）

金 融 业

综 述

【金融业基本情况】 2023年，朝阳区金融业实现增加值1633.2亿元，比上年增长5.0%，占全区地区生产总值的19.5%，总量在全区各行业中位居首位。朝阳区金融业实现税收459.8亿元，贡献区级收入88.8亿元，占全区区级收入的15.8%。

【两新党建联盟成立】 6月13日，朝阳区金融行业两新党建联盟成立大会在郎园Station橙色空间举行。区委组织部、金融办相关领导出席。郎园Station园区代表以及区内两新金融机构党组织代表70余人参加。联盟致力于强化党建引领，立足金融行业资源禀赋，凝聚行业力量，搭建交流平台实现两新金融组织的纵向发展、横向联合。

【企业上市服务政策宣讲会】 6月28日，由区金融办、区政务服务局主办的朝阳区企业上市服务政策宣讲会举办。宣讲会包括北京市及朝阳区上市综合服务机制、上市综合服务窗口、上市服务举措及政策、合法合规信息查询"一窗通办"流程等内容。市企业和中介机构代表约400人参加。

（陈付佳）

银 行

中国建设银行股份有限公司北京朝阳支行

【概况】 2023年，中国建设银行股份有限公司北京朝阳支行（简称建行朝阳支行）下设营业网点17个。支行综合筹资时点1511.58亿元，综合筹资日均1342.35亿元，各项融资时点余额675.48亿元，中间业务收入2.94亿元，不良率0.12%。

【国际业务】 2023年，建行朝阳支行跨境人民币结算量443.94亿元，国际业务金融总量29.3亿元。联动区内政府机构接待马来西亚代表团，为新注册在CBD自贸区马来代表团牵头企业开立基本账户。

【服务实体经济】 2023年，建行朝阳支行制造业贷款新增107.19亿元；中长期制造业贷款新增106.69亿元；战略新兴贷款新增119.41亿元；基础设施贷款新增102.73亿元。承接雄安招商公园1872个项目，达成公积金贷款6934万元、商贷16889万元；"建行生活"携手三里屯街道开展"相约三里 活力重启"系列活动。

【城市更新+住房租赁】 2023年，建行朝阳支行成为朝阳区保障性住房发展联盟会员单位。与月坛支行组团支持隆福大厦装修改造等5个城市更新改造项目，投放0.62亿元。实现住房租赁个人客户转化1383户。为北京朝阳城市发展集团有限公司开立基本账户。

【普惠金融】 2023年，建行朝阳支行以普惠促网点转型，普惠金融重点领域贷款余额66.11亿元，贷款余额新增22.6亿元，辖内15家综合网点均超亿元。北京君创澜新科技发展有限公司

▲ 6月13日，朝阳区金融行业两新党建联盟成立大会召开并举行授牌仪式（白文月 摄）

作为通过金融综合服务网推荐的首贷户，获得3年期善新贷贷款支持。

【金融科技】 2023年，建行朝阳支行协助总分行为北京春苗慈善基金会开发“慈善资金监管系统”，共同开展“京城暖心餐 真情暖八方”公益孵化项目，探索慈善信贷基金合作新模式。为中央工艺美术学院附属中学上线建行生活“智慧食堂”功能，实现北京分行首笔刷脸支付的“智慧食堂”产品。

（杨子衿）

中国工商银行股份有限公司北京朝阳支行

【概况】 2023年，中国工商银行股份有限公司北京朝阳支行（简称工行朝阳支行）下辖25家物理网点，其中财富管理中心3家、理财中心22家，以及2家离行式自助银行。所辖25家网点可开办包括对私结售汇、外汇汇款业务在内的全部个人金融业务，可开办人民币对公业务、外汇对公存款及对公结售汇业务。工行朝阳支行实现拨备前利润16.96亿元，比上年增加1.44亿元，比上年增长9.43%。

【存款业务】 2023年，工行朝阳支行本外币全部存款时点余额1722.40亿元，日均余额1733.58亿元，比上年分别增加117.43亿元、114.42亿元，比上年分别增长7.32%、7.07%。其中人民币储蓄存款时点、日均余额分别为789.97亿元、761.64亿元，比上年分别增加63.59亿元、87.9亿元；人民币对公存款时点、日均余额达到886.38亿元、933.26亿元，比上年分别增加81.91亿元、42.06亿元；外币储蓄存款时点、日均余额分别为2.73亿美元、2.72亿美元，比上年分别增加1480万美元、1793万美元。

【贷款业务】 2023年，工行朝阳支行人民币贷款时点、日均余额分别为211.3亿元、239.34亿元，比上年增加3.17亿元、27.62亿元。向乡村振兴、民营、制造业、战略新兴、科技创新、专精特新、绿色信贷等重点领域投放人民币贷款资金约167亿元；法人普惠贷款余额16.83亿元，比上年增加5.97亿元，比上年增长55%，其中网点端增量占比44%；个人普惠贷款余额12.35亿元，比上年增加1亿元，比上年增长8.81%。

【中间业务】 2023年，工行朝阳支行实现中间业务收入5.39亿元，比上年增加1214万元，比上年增长2.31%。

【GBC联动】 2023年，工行朝阳支行大力构建“GBC铁三角”营销服务新模式。中标“财政工资统发业务”；搭建与辖内5家社区商户的沟通桥梁，收单交易额167.32亿元，增加商户账户数量4670余户。（陈思雨）

中国工商银行股份有限公司北京市望京支行

【概况】 2023年，中国工商银行股份有限公司北京市望京支行（简称工行望京支行）于2000年8月从中国工商银行北京市朝阳支行分设，10月26日对外营业。下辖香河园支行、首都机场支行、四元桥支行、国展支行等20个网点支行。实现拨备前利润10.3亿元。

【存贷款业务】 2023年，工行望京支行本外币各项存款时点余额833亿元，比上年增加98亿元，比上年增长14%；日均余额768亿元，比上年增加92亿元，比上年增长13%。其中，人民币存款时点余额798亿元，比上年增加92亿元，比上年增长13%；日均余额722亿元，比上年增加87亿元，比上年增长14%。外币存款时点余额4.1亿美元，比上年增加0.37亿美元，比上年增长9.81%；日均余额5.65亿美元，比上年增加0.91亿美元，比上年增长19.25%。

【中间业务】 2023年，工行望京支行实现中间业务收入3.3亿元。

（刘　鑫）

中国工商银行股份有限公司北京自贸试验区国际商务服务片区支行

【概况】 2023年，中国工商银行股份有限公司北京自贸试验区国际商务服务片区支行（简称工行国际商务服务片区支行）辖1个营业部，10家网点支行。其中，旗舰店4家、综合店7家；智能化网点11家，智能化覆盖率100%。实现分行口径本外币拨备前利润10.63亿元，比上年增长0.27亿元。本外币存款余额793.71亿元，比上年增加123.91亿元；本外币贷款余额250.10元，比上年增加21.78亿元；中间业务收入3.80亿元，比上年增长2932万元。

【信贷业务】 2023年，工行国际商务服务片区支行本外币各项贷款余额250.10亿元，比上年增加21.78亿元。其中，人民币对公贷款余额197.84亿元，比上年增加38.61亿元；个人贷款余额60.39亿元，比上年减少1.31亿元。

【存款业务】 2023年，工行国际商务服务片区支行本外币各项存款余额793.71亿元，比上年增加123.91亿元。其中，人民币对公存款余额344.42亿元，比上年增加34.38亿元；人民币储蓄存款320.20元，比上年增加23.16亿元。

【中间业务】 2023年，工行国际商务服务片区支行实现中间业务收入3.80亿元，比上年增长2932万元。

（张　晗）

中国工商银行股份有限公司北京九龙山支行

【概况】 2023年，中国工商银行股份有限公司北京九龙山支行（简称工行九龙山支行）下辖 14 家网点。其中，旗舰店 3 家，综合店 11 家。网点业务范围包括办理人民币存款、贷款、结算业务，外汇存款、汇款、贷款，外币兑换等业务。实现拨备前利润 8.56 亿元。

【存贷款业务】 2023 年，工行九龙山支行全部存款日均 614 亿元，比上年增长 23.5%。其中，本外币储蓄存款日均 410 亿元，比上年增加 52.8 亿元。本外币对公存款（含同业）日均 204 亿元，比上年增加 64 亿元。本外币各项贷款日均 199 亿元，比上年增加 17 亿元。有贷户户数 300 户，比上年增加 119 户。

【营业收入】 2023 年，工行九龙山支行实现营业收入 11.5 亿元，比上年增加 1.67 亿元，比上年增长 17.02%。

【中间业务】 2023 年，工行九龙山支行实现中间业务收入 2.06 亿元，比上年增加 492 万元，比上年增长 2.44%。

【服务实体经济】 2023 年，工行九龙山支行与北京市属重点制造业国企客户信贷合作审批贷款金额 28.3 亿元，上线大额资金报送系统；与北京大型民营企业签署 3 年 300 亿元意向授信的战略合作协议。

【普惠金融】 2023 年，工行九龙山支行普惠金融贷款余额 18.06 亿元，比上年增加 5.66 亿元。实现辖内全部网点发起普惠业务。

【对公存款】 2023 年，工行九龙山支行重大案件存款增长 20 亿元。践行三员要求，与辖内镇街联系全覆盖，新开对公结算账户比上年增长 41%。

（刘　楠）

中国工商银行股份有限公司亚运村支行

【概况】 2023 年，中国工商银行股份有限公司亚运村支行（简称工行亚运村支行）下设 1 个银行卡业务团队，1 个国际业务团队，1 个对公专营柔性团队，1 个普惠金融业务部，挂靠 1 个融工分部。持有营业执照网点 14 家，其中物理网点 13 家，均为综合网点。实现营业收入 12.29 亿元，比上年增加 8072 万元，比上年增长 7.03%；实现拨备前利润 9.38 亿元，比上年增加 6830 万元，比上年增长 7.85%；实现净利润 7.28 亿元，比上年增加 8567 万元，比上年增长 13.35%；实现 EVA4.2 亿元，比上年增加 4675 万元，比上年增长 12.5%。

【存贷款业务】 2023 年，工行亚运村支行本外币存款时点余额 671 亿元，比上年增加 14.8 亿元；日均余额 650 亿元，比上年增加 57 亿元。本外币贷款时点余额 305.51 亿元，比上年增加 62.22 亿元；日均余额 275.51 亿元，比上年增加 36.89 亿元。

【网点优化】 2023 年，工行亚运村支行有旗舰店 6 家、综合店 5 家、便利店 2 家；附行式自助银行 13 家、离行式自助银行 1 家。

（王玉丹）

中国银行股份有限公司北京商务区支行

【概况】 2023 年，中国银行股份有限公司北京商务区支行（简称中行北京商务区支行）下辖 16 家经营性物理网点，均可开办包括对私结售汇、外汇汇款、个人理财、银行卡业务以及对公结算、国际结算、跨境业务、金融机构业务等全部个人、公司金融业务。实现中间业务收入本外币折合人民币 2.36 亿元，拨备前利润 10.76 亿元，本外币存款日均总额折合人民币 792.10 亿元，本外币存款时点总额折合人民币 810.18 亿元。

【存贷款业务】 2023 年，中行北京商务区支行人民币存款日均余额 760.39 亿元，其中人民币公司存款（含金融机构）日均余额 532.64 亿元，人民币储蓄存款日均余额 227.75 亿元，外币存款日均余额 4.48 亿美元。本外币各项贷款余额 331.56 亿元，其中人民币公司贷款余额 270.59 亿元，个人贷款余额 60.97 亿元。

【普惠金融】 2023 年，中行北京商务区支行坚持金融工作的初心与使命，致力于服务实体经济，为小微企业提供精准、有效的金融支持。普惠金融业务规模扩大，普惠金融业务重点领域余额 31.67 亿元，存量普惠客户数 858 户。

【消费者权益保护】 2023 年，中行北京商务区支行针对电信网络诈骗、非法集资等社会关注热点，开展“3·15 国际消费者权益日暨消费者权益保护教育宣传周”“守住钱袋子”“金融消费者权益保护教育宣传月”等系列活动，到社区、商圈、校园、工地、企业园区等不同群体进行宣教 40 余次。加强对金融消费者风险责任意识的教育，提升金融消费者的风险识别能力和为自己决策承担责任的意识，引导金融消费者通过合法程序解决金融消费纠纷。

（杨雪巍）

中国农业银行股份有限公司北京朝阳支行

【概况】 2023 年，中国农业银行股份有限公司北京朝阳支行（简称农行朝阳支行）下辖 23 家营业网点。本外币各项存款日均余额 659.2 亿元，本外币各项贷款日均余额 711.9 亿元，实现营业收入 19.5 亿元、净利润 11.9 亿元、手续费及佣金净收入 2.1 亿元，纳税额 1.63 亿元。

【服务实体经济】 2023 年，农行朝阳支行向实体经济领域投放贷款约 108 亿元，银保监口径普惠贷款日均余额 9.98 亿元，落地多个供应链项目，完成普惠金融下沉工作。

【风险防控】 2023年，农行朝阳支行不良资产保持低位，资产质量保持平稳，不良率与上年持平；开展“合规标杆建设年”活动，夯实案防合规管理基础；强化溯源治理和个人信息保护，持续做好涉案账户压降工作；做实特殊群体金融服务，完成“农情暖域”品牌提升工作；从严抓好安全生产各项工作，推进平安农行建设。

【清廉金融文化建设】 2023年，农行朝阳支行对全行员工以集中版晨会方式进行清廉文化宣讲6次；组织各类警示案例学习教育活动，拍摄清廉金融文化警示教育片，制作警示教育月刊12期；下发节日廉政提示函5期，打造廉洁金融文化阵地，不断提升警示教育效果，营造廉洁文化氛围。（陈　晨）

中国农业银行股份有限公司北京朝阳东区支行

【概况】 2023年，中国农业银行股份有限公司北京朝阳东区支行（简称农行朝阳东区支行）下设营业网点14个，营业网点均分布在CBD地区。本外币各项存款日均余额385.9亿元，本外币各项贷款日均余额120亿元，手续费及佣金净收入6031.09万元，净利润3.73亿元，主营业务收入6.42亿元。

【实体经济服务】 2023年，农行朝阳东区支行给越秀集团发放房地产开发贷款18.5亿元，获绿色贷款日均增量10.5亿元；制造业贷款时点增量1.24亿元，增速299%；科创贷款增量19.82亿元，增速54%。

【客户服务】 2023年，农行朝阳东区支行为中国航空资本控股有限公司、航天科工（北京）空间信息应用公司、大家资管、安信资管、中融人寿、亚太财险等央企及同业客户开立账户；营销安贞街道办事处党费专户并上线智慧党费产品；与朝阳区市场监督管理局、政务服务中心、房屋管理局、民政局、建外街道、望京街道、垡头街道、团结湖街道、王四营乡人民政府、南磨房乡人民政府等对接，举办各种党建、慰问活动，建立政银、军银合作关系。

【社会活动】 2023年，农行朝阳东区支行服务老年客户，为辖内网点配备血糖血压仪、无障碍柜台等设备；开展上门服务、社区反诈宣传活动。秉承用心、暖心、贴心的服务理念，打造有“温度”的商业银行。（李安妮）

保险　信托

中国人寿保险股份有限公司北京市分公司

【概况】 2023年，中国人寿保险股份有限公司北京市分公司（简称中国人寿北京市分公司）是中国人寿在京分支机构。中国人寿北京市分公司向个人及团体提供人寿、年金、健康和意外伤害保险产品，涵盖生存、养老、疾病、身故、残疾等方面，全面满足客户在人身保险领域的保险保障和投资理财需求。内设17个部门，下辖73个分支机构，依托覆盖北京城乡的服务网络，搭建移动化、智能化、社交化的客户服务体系。中国人寿北京市分公司实现总保费收入129.48亿元，比上年增长5.6%。新单保费44.14亿元，比上年增长14.8%。总理赔件数82万余件，日均服务客户2000余人次，总赔付12.5亿元，日均赔付超340万元，其中重疾类、身故类和残疾类合计9000余件，赔付金额逾6亿元。

【保险服务】 2023年，中国人寿北京市分公司为航天、地产、船舶、环保、基建等实体经济领域提供保险保障，保费规模4.16亿元；战略性新兴产业保费收入5120万元，保障人数6万人；绿色保险保费收入491万元，保障人数1.2万人；涉农保费收入4043万元，乡村振兴保费收入63万元，帮扶地区产品采购111万元；销售老年险、计生险标准保费1314万元，服务人群81万人，赔款支出1107万元；新业态业务保障人群70余万人，经办案件支出3000万元。个人养老金保费收入5622万元，普惠保保费收入3913.65万元。

【应对北京暴雨灾情】 7月29日，北京暴雨引发门头沟、房山等地灾情频发，中国人寿北京市分公司组织排查门头沟、房山两家分支机构的人员和客户伤亡情况，为受灾地区提供保险服务和灾后救助。针对灾情紧急制定处理预案，第一时间启动理赔绿色通道，向区民政局等政府有关部门、驻区金融单位、受灾街道乡镇配送饮用水、方便面、消毒液、驱蚊液等物资500余箱，并开展理赔工作。截至年底，各类理赔报案37件，结案35件，赔付302.87万元，其中身故赔付15件、268.98万元；失联赔付5件、31万元，医疗赔付15件、2.89万元。（刘　彻）

北京国际信托有限公司

【概况】 2023年，北京国际信托有限公司（简称北京信托）下设二级公司2个，其中全资子公司1个，控股公司1个。公司全年实现营业收入3.35亿元，比上年下降28.24%；实现利润总额2598.08万元，比上年下降55.87%；净利润584.85万元，比上年下降88.36%。公司固有资产总额212.24亿元，比上年增加28.01%；净资产总额95.35亿元，比上年下降10.8%。公司各项税款入库合计2.85亿元。

【主要业务】 2023年，北京信托受托管理的实收信托规模1192.58亿元。其中，集合信托规模868.58亿元，占比72.83%；单一信托规模151.08亿元，占比12.67%；财产权信托规模172.92亿元，占比14.50%。主动管理规模占比77.02%，主动管理类业务占比稳步提升，产品结构进一步优化。全年新增信托规模542.59亿元。其中，集合信托新增规模460.79亿元，占比84.92%；单一信托新增规模37.83亿元，占比6.97%；财产权信托新增规模43.96亿元，占比8.10%。实现93个项目的到期清算，规模1703.02亿元。其中，集合项目规模1533.08亿元。

【业务创新】2023年，北京信托担任信托受托人的“北京信托·北辰世纪1号财产权信托——北辰世纪中心CMBS项目”采用“信托计划+资产支持专项计划”的双SPV结构，发行规模28.61亿元，期限18年。协助客户设立首单特殊需要信托。特殊需要信托，旨在发挥信托制度优势，重点帮助特殊人群及其家庭成员解决生活方面的后顾之忧，妥善做好老年人、未成年人、罹患疾病或残疾等需要长期照顾的群体的生活和财富安排，满足该群体的生活需求，避免财富被挪用，并按照委托人的个性化意愿，管理和分配信托财产。委托人在北京信托设立的特殊需要信托，实现对委托人晚年生活保障和百年之后对特定家庭成员的长期生活支持，未来委托人还将结合“意定监护+信托监察人+遗嘱”等复合机制，进一步丰富信托财产，并实现对受益人的长期生活支持。落地首单“双委托人”资产服务信托，实现同一个信托项目委托人数量的突破，增加家庭客户通过一个信托账户归集家庭财富的便捷度，解决通过一个“信托账户”为多名家庭成员提供财富管理和传承服务的痛点。落地首单家庭关爱信托，信托整合风险隔离、日常分配、养老需要、特殊关爱和资产配置等内容；让信托为委托人和家人提供全方位的关爱和保障。家庭关爱信托包括可以防范风险，信托账户内的财产独立于委托人和受益人的其他个人财产，一旦委托人身故，信托财产不作为委托人遗产；可以关爱家人和成长支持，委托人可根据自身需要为自己和家人选择相应的分配方案；更低的设立门槛，普通中产型家庭即可设立“家庭专属信托账户”；可持续资产配置；可以兼顾家庭财富传承需求五大特色。（高 源）

旅 游 业

综 述

【旅游收入】 2023年，朝阳区持续优化文旅产业融合发展环境，培育文旅融合新业态、新场景、新模式，不断推动文旅消费提质增效，文旅产业融合发展呈现出良好态势，多个文旅重点项目获得国家级、市级文旅品牌认定。全年实现旅游收入1332.4亿元，比上年增长117.6%，为全市第一，占全市旅游总收入的22.8%；接待净游客量7536.3万人次，比上年增长86.4%。旅游收入和接待净游客量分别恢复至2019年全年的95%和124.7%。 （冯若思）

【10件礼物入选2022年第二届“京潮·京品”朝阳礼物】 2月8日，由中共北京市朝阳区委宣传部指导，北京市朝阳区文化和旅游局（简称区文化和旅游局）主办，北京潘家园国际民间文化发展有限公司承办的2022年第二届“京潮·京品”朝阳礼物征选活动结果在郎园Vintage·兰境艺术中心揭晓，活动历时7个月，征集参赛作品191件，最终评选出10件“朝阳礼物”及5个单项奖。10件朝阳礼物分别是798 Young电路板魔方（A款）、观朝追梦、鸟巢冬奥座椅套再利用项目、“双奥之城—朝阳影像”纸雕灯、纳吉兔儿爷六福组合、《冰雪奇遇》盘扣系列饰品、妈妈制造风鼓未来繁花似锦系列文创、“丹凤朝阳”朝阳礼物专属礼盒、Koorabbee酷迷兔—美好生活和兔宝节气明信片套装（春、夏、秋、冬四款）及配套节气印章/兔宝四季节气徽章。 （冯若思）

【10家园区入选第二批文化事业产业融合发展示范园区】 2月8日，区文化和旅游局发布第二批文化事业产业融合发展示范园区名单，并在郎园Vintage·兰境艺术中心举行授牌仪式，10家文化事业产业融合发展示范园区是首创·郎园Station、北京化工集团华腾易心堂文化创意产业园、东枫德必WE人工智能创新基地、恒通国际创新园、醉库国际文化创意园、文心华策国际影视交流中心、酷车小镇汽车文化产业园区、北化机爱工场文化科技融合产业园、塑三文化创意园和凤凰中心。 （冯若思）

【8家街区入选区第二批特色文旅消费街区】 2月8日，区文化和旅游局发布第二批特色文旅消费街区名单，并在郎园Vintage·兰境艺术中心举行授牌仪式，8家特色文旅消费街区是亮马河国际风情水岸、751特色文旅消费街区、北京欢乐谷、首创·郎园Station、北京颐堤港、酷车小镇特色文旅消费街区、E50·PARK和北京望京合生麒麟新天地。

（冯若思）

【朝阳文旅集团成立】 2月16日，北京朝阳文旅发展集团有限公司（简称朝阳文旅集团）揭牌成立，隶属于北京市朝阳区国资委，是朝阳区域文商旅产业融合发展平台公司，由昆泰集团、朝阳公园、世奥公司、蓝岛大厦4家企业整合而成。集团总部65人（含管培生16人），总部有一级部门9个，下设二级部门3个，其中领导班子9

▲ 2023年，8家街区入选朝阳区第二批特色文旅消费街区。图为2月8日举行的授牌仪式
（冯若思 摄）

人。12 月 11 日，北京朝阳文旅发展集团有限公司工会成立。集团拥有文商旅建筑空间 150 万平方米，户外公园面积超 1700 万平方米，旗下拥有奥森公园、朝阳公园、温榆河公园及 THE BOX 朝外、嘉瑞文化中心、郡王府等空间。集团提出并践行“让美好生活触手可及”的发展愿景，与太古集团、东方演艺、中青旅、太合音乐、开心麻花、上海盈展、大董餐饮等文旅消费业态头部企业开展战略合作，文旅要素齐全、商业资源丰富，致力于为朝阳打造新地标、引入新商业、构筑新场景、植入新内容、创造新热点、引领新消费、搭建新平台，努力成为具有影响力的城市高品质文商旅产业融合发展实践者、创造者、引领者。全年，朝阳文旅集团牵头承办“2023 醒春启航新征程”亮马河首航、首届北京朝阳国际茶香文化节、2023 北京朝阳国际灯光节等大型区域性活动，参加第十九届中国（深圳）国际文化产业博览交易会等国际、国内展会，助力建设“中国潮”“国际范”“烟火气”共融共生大美朝阳。

（范晓妍）

【朝阳文旅集团签署战略合作协议】 2 月 16 日，北京朝阳文旅集团有限公司、北京朝阳国际科技集团有限公司和北京朝阳城市发展集团有限公司揭牌成立仪式暨签约仪式举办。会上朝阳文旅集团与上海盈展资产管理有限公司、中青旅控股股份有限公司、中国东方演艺集团签署战略合作协议。

（范晓妍）

【751 街区入选第二批国家级旅游休闲街区】 3 月 2 日，文化和旅游部公布第二批国家级旅游休闲街区名单，朝阳区 751 旅游休闲街区入选。

（冯若思）

【水立方入选红色旅游普研学项目培育试点单位】 6 月 14 日，文化和旅游部资源开发司认定北京国家旅游中心有限责任公司（水立方）为红色旅游普研学项目培育试点单位，全市共有 9 家。

（冯若思）

【3 个项目入选第一批全国智慧旅游沉浸式体验新空间培育试点名单】 7 月 26 日，文化和旅游部公布第一批全国智慧旅游沉浸式体验新空间培育试点名单，位于朝阳区的中国共产党历史展览馆（“长征”沉浸体验、飞越影院）智慧旅游沉浸式体验新空间、teamLab 无相艺术智慧旅游沉浸式体验新空间、亮马河国际风情水岸智慧旅游沉浸式体验新空间 3 个项目入选，全国入选项目 24 个。

（冯若思）

【6 家单位入选第二批北京市旅游休闲街区】 8 月 22 日，市文化和旅游局公布第二批北京市旅游休闲街区名单，亮马河国际风情水岸、朝外 UIC 城市活力创新中心、望京小街、首创·郎园 Station、朝阳区大悦城和北京斯普瑞斯奥特莱斯风情小镇 6 家单位入选，占全市认定数量的一半。

（冯若思）

【泡泡玛特城市乐园入选科技创新应用场景十佳案例】 9 月 4 日，北京市文化和旅游局公布 2023 年北京市文化和旅游科技创新应用场景十佳案例，泡泡玛特城市乐园入选。

（冯若思）

【亮马河国际风情水岸入选市第二批微度假目的地品牌】 9 月 21 日，北京市文化和旅游局推出第二批微度假目的地品牌，亮马河国际风情水岸入选，全市共 6 个。

（冯若思）

【798 艺术区入选国家工业旅游示范基地】 10 月 12 日，文化和旅游部公布 69 家国家工业旅游示范基地名单，位于朝阳区的北京市 798 艺术区入选。

（冯若思）

【北京光禹莱特悦和入选第一批全国智慧旅游“上云用数赋智”十佳优秀解决方案名单】 10 月 18 日，文化和旅游部资源开发司发布第一批全国智慧旅游“上云用数赋智”十佳优秀解决方案名单，北京光禹莱特悦和数字科技有限公司——沉浸式数字交互艺术综合体解决方案入选。

（冯若思）

【751 园区等 7 家单位入选 2022 年北京市扩大文化和旅游新消费奖励项目名单】 11 月 7 日，北京市文化和旅游局公布 2022 年北京市扩大文化和旅游新消费奖励项目名单，朝阳区有 7 个项目上榜。其中，国家旅游科技示范园区 751 园区、国家级旅游休闲街区三里屯太古里、国家级夜间文化和旅游消费集聚区朝阳大悦城、北京欢乐谷、798—751 艺术街区入选文旅消费新业态，亮马河国际风情水岸、遇见博物馆入选文旅消费新场景。

（冯若思）

【北京温榆河公园入选国家体育旅游示范基地】 12 月 8 日，国家体育总局、文化和旅游部发布国家体育旅游示范基地名单，北京温榆河公园入选。

（冯若思）

【朝阳区入选国家文化产业和旅游产业融合发展示范区建设单位】 12 月 18 日，文化和旅游部联合自然资源部、住房城乡建设部发布国家文化产业和旅游产业融合发展示范区建设单位名单，朝阳区入选，全国共 50 个。

（冯若思）

景区景点建设与服务

【概况】 2023 年，朝阳区有国家 A 级旅游景区 21 家，其中 AAAAA 级 1 家、AAAA 级 3 家、AAA 级 17 家。有旅行社 1432 家，其中一般社 939 家、出境社 481 家、外资社 12 家；有旅行社分社 130 家，旅行社服务网点 524 家。年内，推进公共服务设施改造，完成 2023 年度等级景区、星级饭店实地复核，开展文明城区建设工作。

（宋　蕊）

2023年朝阳区A级旅游景区一览表

表3

	等级	景区名称	评定A级景区时间	票价
1	AAAAA	北京奥林匹克公园	2012年11月	免票
2	AAAA	北京中国紫檀博物馆	2003年11月	50元/人，残疾人免票
3	AAAA	北京朝阳公园	2005年11月	免票
4	AAAA	北京欢乐谷	2008年11月	299元/人，残疾人免票
5	AAA	日坛公园	2006年11月	免票
6	AAA	团结湖公园	2006年11月	免票
7	AAA	红领巾公园	2006年11月	免票
8	AAA	蓝色港湾国际商区	2010年11月	免票
9	AAA	北京蓝调庄园	2012年11月	免票
10	AAA	北小河公园	2014年11月	免票
11	AAA	大望京公园	2014年11月	免票
12	AAA	古塔郊野公园	2014年11月	免票
13	AAA	将府公园	2014年11月	免票
14	AAA	庆丰公园	2014年11月	免票
15	AAA	兴隆郊野公园	2014年11月	免票
16	AAA	四得公园	2015年11月	免票
17	AAA	白鹿公园	2016年11月	免票
18	AAA	北京陶瓷艺术馆	2016年11月	免票
19	AAA	斯普瑞斯奥特莱斯	2017年11月	免票
20	AAA	京城梨园	2018年11月	免票
21	AAA	西藏文化博物馆	2019年11月	免票

（宋　蕊）

【旅游环境建设】 2023年，区文化和旅游局对辖区内201家的文旅企业开展行业暗访调查评估，涵盖酒店、景区等7个业态，形成《朝阳区2023年度文旅行业调查评估项目工作报告》《宾馆饭店调查评估街乡分报告》。深入欢乐谷等景区，开展12场文明旅游进景区旅游志愿服务活动；在胜利饭店等地开展12次培育和创建文明旅游示范单位培训活动；引导支持日坛宾馆等开展4场反对浪费、崇尚节约主题宣传活动，并通过朝阳融媒体宣传报道。（宋　蕊）

【等级景区和饭店评定复核】 2023年，区文化和旅游局对6家等级景区（庆丰公园、西藏文化博物馆、兴隆公园、古塔公园、京城梨园、将府公园）和7家星级饭店（大郊亭国际商务酒店、二十一世纪饭店、安徽大厦、兰溪饭店、佳丽饭店、呼家楼宾馆、农展宾馆）开展评定复核工作。6家景区均通过等级复核；3家酒店通过星级复核，3家酒店延期一年复核，1家酒店申请撤销星级资质。另有2家酒店（实华饭店、将台酒店）未列入年内复核计划，根据企业申请，同意撤销星级资质。（宋　蕊）

【朝阳公司公共服务改善】 2023年，朝阳公园改造旅游厕所2座，人行步道1200平方米，新增垃圾桶160个，补助金额75万元，切实改善朝阳公园旅游环境，全面提升游客舒适度和满意度。（宋　蕊）

【北京东岳庙古建修缮与保护】 8月1日，历时两年多的古建修缮与保护，北京民俗博物馆（北京东岳庙）恢复向公众开放。此次修缮为建馆二十多年首次大规模保护性修缮，北京东岳庙中路保护整修工程，包含庙区中路所有的下架油饰、檐椽、望板、地面和墙面等项目，涉及钟鼓楼、岱岳殿、七十六司到后罩楼等8000多平方米的建筑，重点恢复东岳庙中路古建群传统地仗工艺，并进行油饰。其间，北京东岳庙安防和消防工程启动，改造庙区整体安防监控系统和消防系统。

北京民俗博物馆分馆——北顶娘娘庙的“一、二进院修缮工程”“安防工程”“消防工程”顺利竣工，并在同日开馆。（吴瑟斯）

旅游节庆活动

【概况】2023年，朝阳区举办北京朝阳国际茶香文化节、“型走亮马河”国际时装秀、“朝阳有潮市——潮朝阳 FUN生活”古风市集、2023北京朝阳国际文化旅游节、北京朝阳国际灯光节等重点活动，打造新消费场景，助力文旅融合，刺激文旅消费。（冯若思）

▲ 2023年8月25日至27日，朝阳区文旅局在东岳文化广场举办“朝阳有潮市——潮朝阳 FUN生活”古风市集活动。图为活动现场的古风表演（郭佳雯 摄）

【“玉兔使者·文物里的新春祝福”展览】1月22日，第22届北京民俗文化节暨第25届东岳庙庙会开幕。文化节以线上形式推出“玉兔使者·文物里的新春祝福”展览，展览直播累计点击量264.9万人次，并被中央电视台、“学习强国”学习平台、《北京日报》、北京电视台等媒体报道近40次。推出“玉兔使者迎新春”微博话题活动，正月初一至十五每天为观众展示一件馆藏兔文物，累计阅读量36万人次。（吴瑟斯）

【“我们的节日”春节元宵系列文化活动】1月，区文化和旅游局为弘扬中华优秀传统文化，推进新时代文明实践中心建设，在喜庆、欢乐、祥和的节日气氛下，弘扬时代新风，继续以“福满京城春贺神州”为主题，充分挖掘、整合现有文化资源，结合“文化进万家”“文化文艺志愿服务”等工作，组织策划文艺演出、展览展示、阅读推广、文化讲座、非遗体验等类型丰富的公共文化活动630场。（木海热木）

【“2023醒春启航新征程”首航活动】3月18日，由朝阳文旅集团牵头承办的“2023醒春启航新征程”首航活动在亮马河畔举办，标志着亮马河游船的全新开启，游客可沿6千米航线泛舟河上，游览二十四桥十八景，欣赏美轮美奂光影秀。文化和旅游部产业发展司、中央广播电视总台北京总站、北京市商务局、北京市文化和旅游局、朝阳区等领导出席首航仪式。活动现场，发布亮马河文旅地图，并启动亮马河IP形象设计、最美亮马河摄影和短视频征集活动。（范晓妍）

【北京朝阳国际茶香文化节】5月19日至21日，朝阳区联合市商务局、市文化和旅游局主办的“北京朝阳国际茶香文化节”在北京郡王府及亮马河沿岸举办。文化节以“与世界共享一杯中华好茶”为主题，邀请驻华使领馆、茶协代表、非遗匠人、国际企业代表、国际学校学生、知名茶企及市民游客共同游览亮马河国际风情水岸，近距离感受朝阳茶香文化。（冯若思）

【“型走亮马河”国际时装秀】7月27日，由区文化和旅游局主办的“型走亮马河”国际时装秀，在亮马河国际风情水岸举办，来自Shahar Avnet、Kawayan、Noritamy以及Shenkar College 4个国际知名品牌设计师作品首次亮相中国地区，是4大品牌系列产品的首次发布。（冯若思）

【“朝阳有潮市——潮朝阳 FUN生活”古风市集活动】8月25日至27日，由区文化和旅游局主办的“朝阳有潮市——潮朝阳 FUN生活”古风市集活动在朝外大街12号东岳文化广场举办，活动以“潮”为基调，充分释放“月光经济”魅力，展现朝阳文化底蕴与活力，吸引游客3000余人。活动突出“文旅+”跨界融合和时尚朝阳特色，创设一系列特色消费新场景。现场设有文化创意、文创产品、手工艺品、陶瓷工艺、咖啡西点、特色服饰、潮流手办等50余个摊位。市集突出传统文化，充满复古风。在非遗主题摊位，游客观赏到刘立宏剪纸、玲玲工坊等非遗大师的匠心造物，感受非遗文化魅力。体验区，诗词飞花令、投壶游戏等沉浸式场景打卡点，吸引游客排队体验。现场还有民乐乐队表演。（冯若思）

【2023北京朝阳国际文化旅游节】9月26日，“潮朝阳 FUN生活”2023北京朝阳国际文化旅游节在亮马河国际风情水岸开幕，聚焦中秋和国庆假日消费节点，采用“1+N”主分场模式开展活动，主会场举办开幕式和市集，分会场梳理全区标志性文旅场所，开展30余场特色文旅活动。（冯若思）

【2023 北京朝阳国际灯光节】 11 月 18 日至 12 月 9 日，由北京市文化和旅游局、北京市商务局、中央广播电视总台北京总站、北京市朝阳区人民政府主办的 2023 北京朝阳国际灯光节，围绕“潮朝阳·夜精彩”主题，以光影为媒、以艺术为境，以三里屯路、亮马河、朝阳公园为核心，串联 CBD、蓝色港湾、大望京、通惠河等多个区域，通过“五光场景”和“十色活动”向全世界讲述朝阳故事。灯光节期间，区文化和旅游局整合各类优质文旅资源，推出纵情嗨唱之旅、漫游音乐之旅、品味戏剧之旅、静享文博之旅、休闲欢乐之旅 5 大板块 80 场好听、好看、好玩、好逛的文娱活动。开幕式发布 2023 北京朝阳国际灯光节文旅地图及主题游览路线及灯光节吉祥物“靓靓”。此次朝阳灯光节是北京首个国际灯光节。（冯若思）

旅游监督管理

【概况】 2023 年，区文化和旅游局坚定不移践行安全发展理念，围绕文旅行业大排查大整治、假日保障、防汛等专项、重点工作，确保完成全国两会等重大活动安全服务保障，暑期文旅市场安全服务保障等各项安全生产工作，努力创造安全稳定的行业环境。突出分类分级指导，对 100 家文旅企业开展安全风险评估工作、1000 家文旅企业开展隐患排查治理、4000 家企业开展安全生产大培训，开展 11 场专项应急演练；打造数字管理体系，加强行业平台建设。

【文旅行业安全风险评估】 3 月至 10 月，区文化和旅游局对 100 家文旅企业开展安全风险评估，指导企业进行危险有害因素辨识，落实安全风险分级管控措施，出具安全风险辨识评估报告、应急资源调查报告和应急能力评估报告。

【文旅行业应急演练】 4 月至 9 月，区文化和旅游局开展 11 场文旅行业专项应急演练，指导企业开展应急演练工作，增强文旅企事业单位应对突发事件的能力和水平。

【文旅行业安全生产培训】 6 月至 9 月，区文化和旅游局对文旅企事业单位开展 4 期安全生产培训，主要培训生产经营单位主要负责人和安全管理人员，内容聚焦企业主体责任落实、法规政策、现场管理与应急处理等方面，为参训人员提供系统、全面的安全生产知识培训。

【文旅行业安全隐患排查治理】 6 月至 9 月，区文化和旅游局抽取 1000 家文旅企事业单位开展隐患排查，建立隐患排查治理总台账和各业态分台账，编制文旅行业隐患排查总报告及各业态分报告。

【安全生产督察考核】 7 月至 10 月，区委区政府安全生产第三督察组对区文化和旅游局安全生产工作开展三轮综合督察。11 月 18 日，迎接国务院安全生产委员会 2023 年度省级政府安全生产和消防工作考核巡查。11 月 29 日，市委、市政府安全生产第五督察组到区文化和旅游局开展第三阶段安全生产督察。同时，区文化和旅游局迎接国务院、北京市延伸督查 5 次，区文化和旅游局按要求将反馈问题全部整改完成。（张尉靖）

旅游合作与交流

【概况】 2023 年，区文化和旅游局参加第十九届中国（深圳）国际文化产业博览交易会、2023 年中国国际服务贸易交易会等展会，推介朝阳区旅游资源，加大旅游宣传，并与新疆维吾尔自治区昌吉回族自治州、吉林省白城市签订合作协议，推动文旅产业高质量共同发展。

【旅游联合战略合作协议签订】 3 月 16 日，“丝路庭州·昌盛吉祥”2023 昌吉州春季旅游系列推介会（北京市专场）在北京市朝阳区亮马河饭店举办。会上，北京市朝阳区文化和旅游局与新疆维吾尔自治区昌吉回族自治州文旅局签订《“联发展·合共融”旅游联合战略合作协议》，构建互利共赢、长期稳定的区域合作关系，推动两地文化和旅游产业共同发展。12 月 22 日，北京市朝阳区文化和旅游局与吉林省白城市文化广播电视和旅游局共同签订《“北京朝阳——吉林白城”旅游合作框架协议》。将充分发挥朝阳区与白城市的文旅资源优势，共促资源互享、市场互助、信息互通、客源互送，推动两地文化和旅游高质量共同发展。

【第十九届深圳文博会设朝阳展区】 6 月 7 日至 11 日，朝阳区参加第十九届中国（深圳）国际文化产业博览交易会，首次设独立展区，以“开放活力看朝阳”为主题，邀请 798、751、郎园 Station 等文创园，Keep、泡泡玛特等 20 家文化科技、文化消费企业及重点代表项目参展，着重展示朝阳区聚焦以人民为中心，建设宜居、宜业、宜商、宜学、宜游的“五宜”新朝阳建设成果。参会期间举办“文化朝阳 开放自信”2023 北京市朝阳区招商推介会，多维度展示朝阳区文商旅产业取得的新成果，宣传推介朝阳形象，拓展招商方式，推动北京市与深圳当地企业交流互鉴，吸引近 50 家优秀企业参加。中宣部、文化和旅游部产业发展司、市委宣传部、市文化和旅游局等单位领导到展位参观指导。

【参展 2023 中国服贸会】 9 月 2 日至 6 日，2023 年中国国际服务贸易交易会朝阳区文旅服务专区在首钢园展出，展会现场邀请朝阳文旅集团、泡泡玛特、798、Keep、中图云创等多家企业、园区参展，并在宣传台发放《遇见朝阳》文旅攻略地图和《走进朝阳》宣传折页等宣传品。市、区两级领导到展位参观指导，并给予肯定。

【参加 2023 北京国际文旅消费博览会】10月20日至22日，2023北京国际文旅消费博览会在中国国际展览中心（朝阳馆）举办。朝阳展区邀请朝阳文旅集团，集中展示亮马河国际风情水岸、THE BOX 朝外 | 年轻力中心、温榆河公园、奥森公园等活力十足的文旅项目和文旅产品。发放《“遇见朝阳”朝阳区文旅攻略地图》《开放活力看朝阳画册》《走进朝阳折页》多种宣传品。其间，朝阳区文化和旅游局获得北京国际文旅消费博览会组委会颁发的2023北京国际文旅消费博览会优秀组织奖和最佳展示奖。

（冯若思）

城乡规划与建设

国土空间规划

【概况】 2023年，市规划自然资源委朝阳分局梳理汇总20余家区级部门工作，形成《关于〈朝阳分区规划（国土空间规划）（2017—2035年）〉实施情况的报告》，并通过区人大常委会审议。完成年度3.60平方千米城乡建设用地净减量任务，办理各类审批事项423件，其中低风险建设工程规划许可证6件。办理建设工程规划验收70件，建筑规模524.06万平方米。办理市政线性规划核验备案项目3件，长度776米。（陈　琳）

【分区规划实施】 2023年，市规划自然资源委朝阳分局根据2023年朝阳区人大常委会关于分区规划实施情况督办重点，调研拆后利用典型案例及小微空间更新特色项目，以解剖麻雀的方式实地了解城乡建设用地减量、大尺度绿化、城市更新、补充民生设施短板等分区规划实施重点工作。（郑　璐）

【城乡建设用地减量】 2023年，市规划自然资源委朝阳分局形成《朝阳区城乡建设用地减量任务分解方案（2023—2025）》，印发至各乡实施。以拆违腾退、疏解整治、绿隔地区建设、土地一级开发为路径，采取多项任务捆绑实施模式，推动"大尺度绿化"。完成年度3.60平方千米城乡建设用地净减量任务，涉及17个乡、约635个图斑。2018年至2023年朝阳区累计完成约42.7平方千米城乡建设用地减量任务，完成量居全市首位。（薛　雷）

【城市体检】 2023年，市规划自然资源委朝阳分局开展全区整体城市体检指标梳理分析，构建全面科学的体检工作体系，对全区总体规划实施情况进行评估。围绕中关村朝阳园、CBD中央商务区等重要功能区及将台酒仙桥产城融合组团开展三个重点地区深化研究，结合区域发展特征，分析现状问题挑战，提出发展策略导向和近期项目计划。聚焦典型居住片区（酒仙桥街道）和典型乡城乡统筹实施情况开展2个重点专题研究，细化体检指标颗粒度，为朝阳区特色化发展出谋划策。（郑　璐）

【责任规划师】 2023年，市规划自然资源委朝阳分局制定《朝阳区责任规划师2023年工作要点》并实施印发，指导责任规划师开展年度工作。推进建党百年23个小微空间改造项目及5个公共空间改造项目，从百姓切身需求入手，搭建"共治协商"平台，着力推动项目实施。聘请朝阳区总责任规划师及团队，拟定《朝阳区总责任规划师工作办法（试行）》和《2023年朝阳区总责任规划师任务清单》。开展"责任规划师助力提升城市美学，塑造'五宜'朝阳城市新风貌"课题研究。（郑　璐）

【市政交通规划建设】 2023年，市规划自然资源委朝阳分局开展M3、M22、M28、市郊铁路东北环线线路及场站一体化研究。M3线路一体化方案报市规划自然资源委，以协调市域铁路集团深化望京站一体化方案。开展第四使馆区、东坝北西区、中关村朝阳园北区等重点区域道路交通与市政工程方案研究，推进阿里巴巴北京总部等重点项目周边配套市政交通基础设施建设。推进坝河口蓄滞洪区等3项国债资金重点项目规划建设。规划研究推进雨水、污水、自来水、电力、燃气、热力、公交电力等管线消隐工程27.3千米。（刘习美）

【规划综合审批】 2023年，市规划自然资源委朝阳分局办理各类审批事项423件。其中，建筑类项目选址意见书5件，用地规模27.32万平方米；建设工程规划许可证42件，建筑规模约306.78万平方米；乡村规划许可证1件，建筑规模约35.05万平方米；居民建房工程规划许可证4件，建筑规模0.23万平方米；低风险建设工程规划许可证6件，总建筑规模0.63万平方米；临时建设工程规划许可证34件，总规模12.88万平方米；市政工程类项目选址意见书28件，用地规模125.26万平方米；建设工程规划许可证203件，总建筑规模4.61万平方米，线性规模18.11万延米；地名命名及建筑物名称核准34件；国有土地划拨45件，国有土地协议出让5件，楼门牌办理16件。（戴　维）

【项目规划核验】 2023年，市规划自然资源委朝阳分局办理建设工程规划验收70件，建筑规模524.06万平方米；办理市政线性规划核验备案项目3件，长度776米。完成国家科技传播中心、国家会议中心二期配套部分B23地块办公商业楼、国家体育馆2022冬奥改建［训练馆（扩建）等2项］、国家网球中心配套综合服务楼、阿里巴巴北京总部、东坝国际商业中心和北京赛特购物中心外立面改造等重点项目规划验收工作；落实安置房规划验收工作，核发19项安置房规划验收手续，涉及10余个街乡、215栋住宅，2万余住户，总建筑面积约300万平方米。

（魏雨龙）

城市更新

【概况】2023年，朝阳区老旧小区综合整治项目实现开工30个小区，90.6万平方米。完工15个小区，80万平方米。老楼加装电梯开工264部，完工259部，电梯完工数量位居全市第一。化石营旧城区改建项目征收补偿工作顺利实施，项目范围内关东店北街17、18、19、20、21号楼及平房区域房屋已全部拆除，涉及上市地块实现场平地净。酒仙桥旧城区改建项目第一批实施地块完成搬家腾房及选房工作进展顺利，截至11月8日，项目第一批实施地块（二街坊、三街坊、四街坊、十一街坊、立新村）住宅房屋3450户全部完成搬家腾房工作，拆除工作同步实施，同日选房工作结束，被征收居民陆续办理入住。完成棚户区住宅征拆腾退105户，完成2个项目（管庄棚改五期项目、亮马J项目）"拔钉子"收尾净地工作。（张德学）

【老旧小区综合整治】2023年，朝阳区举办"更朝阳 新朝阳 更新朝阳"北京朝阳城市更新论坛。朝外大街升级改造（一期）及THE BOX朝外｜年轻力中心、亮马河国际风情水岸项目获市级城市更新最佳实践项目，劲松114号楼拆除重建等5个项目获市级优秀项目，双井数字院街等6个项目入选2023中国城市更新优秀案例，获奖数量均居全市首位。老旧小区综合整治项目实现开工30个小区，90.6万平方米。完工15个小区，80万平方米。老旧小区加装电梯开工264部，完工259部，电梯完工数量位居全市第一。

（康鼎伦　张德学）

【棚户区改造和环境整治】2023年，朝阳区棚改须完成住宅征拆腾退104户、2个项目"拔钉子"收尾净地工作。9月，已圆满完成任务，住宅征拆腾退105户，完成2个项目（管庄棚改五期项目、亮马J项目）"拔钉子"收尾净地工作。28个在途棚改项目总占地面积约3463公顷，总建设规模约1147万平方米，计划总投资约2577亿元。重点推进各棚改项目土地入市工作，三间房D区项目、金盏马沙雷项目、酒仙桥项目、平房二期项目棚改实施方案已经区长办公会审议；崔各庄奶西村棚改项目3个地块、东坝北西区域棚改项目4个地块和管庄一期棚改项目1个地块完成成本审核；实现8个地块（含教育、市政用地各1个）上市，涉及孙河、崔各庄奶西、东坝北西区域项目，成交价132亿元，回收成本101亿元。（李翊楣　张德学）

2023年朝阳区棚户区改造和环境整治项目表

表4　　　　单位：户

序号	项目名称	总数	累计完成数	2023年实际完成数
1	中直安慧职工住宅（小关北里43号）工程项目	149	149	0
2	永安里旧城区改建项目	943	943	0
3	亮马J地块棚户区改造和环境整治项目	137	136	0
4	东坝北西区域棚改项目E地块	757	757	0
5	南磨房乡广渠路棚户区改造项目（含大郊亭3号院）	516	440	0
6	三间房乡南区棚户区改造开发项目	865	865	0
7	三间房D区棚户区改造土地开发项目	2732	2330	0
8	平房乡棚户区改造项目（一期）	459	205	0
9	平房乡棚户区改造项目（二期）	427	154	0
10	平房乡棚户区改造项目（三期）	981	518	0
11	平房乡棚户区改造项目（四期）	194	0	0
12	管庄乡棚户区改造土地开发二期（新小寺）项目	770	770	38
13	管庄乡棚户区改造土地开发三期（管庄村）项目	298	298	47
14	管庄乡棚户区改造土地开发四期（绿隔C区）项目	703	703	45

续表 4

序号	项目名称	总数	累计完成数	2023年实际完成数
15	管庄乡棚户区改造土地开发五期（咸宁侯）项目	536	536	0
16	小红门乡棚户区改造和环境整治项目	3547	114	0
17	甜水园旧城区改建项目	714	250	0
18	酒仙桥房改带危改土地一级开发项目（酒仙桥旧城区改建项目）	6474	0	0
19	化石营旧城区改建项目	606	0	0
合计		21808	9168	130

【轨道交通建设拆迁】2023 年，朝阳区承担地铁 3 号线一期、地铁 12 号线、地铁 17 号线、地铁 22 号线、地铁 28 号线 5 条在建地铁线路的前期征地拆迁协调工作，里程 95.8 千米，设车站 56 座，停车场 1 座，车辆段 2 座。在全市率先形成区级轨道交通建设临时使用权利主体待定国有土地制度，全年复函同意市轨道建管公司地铁 3 号线、14 号线、17 号线、22 号线、28 号线 5 条线路 63 块临时使用权利主体待定国有土地意见。完善朝阳区轨道交通临时占地补偿政策，制定下发《朝阳区区域内轨道交通建设项目临时占地补偿指导标准实施细则》。全年实现地铁临时施工用地围挡约 18.6 万平方米；完成轨道交通投资约 123.22 亿元，其中建安投资约 84.46 亿元。

（王　晶　张德学）

【超低能耗示范建筑管理】2023 年，区住房城乡建设委配合北京市朝阳节能减碳组审计工作，整理“十三五”期间区公共建筑节能绿色化改造相关资料，完成报送 4 个超低能耗示范项目初审、方案以及市级奖励资金凭证等材料。材料齐全细实，得到审计组肯定。（王云飞　张德学）

【公共建筑超电耗限额管理】2023 年，区住房城乡建设委组织向超限额使用电量单位送达《关于公布 2020 年度和 2021 年度重点公共建筑电耗考核情况的通知》，通过公共建筑能耗限额管理系统受理超限额公建的企业认楼和异议申请，及时向市住房城乡建设委反馈落实情况。（王云飞　张德学）

【废弃物资源化综合利用】2023 年，区住房城乡建设委定期组织召开建筑垃圾资源化再生产品推广会，宣传贯彻建筑垃圾再生产品利用方面重点政策文件，为建筑垃圾再生产品推广利用搭建平台，提供便利。发挥国有企业及国有控股企业在建筑垃圾资源化再生产品综合利用工作中的带头作用，督促政府投资及保障性住房工程项目达到建筑垃圾资源化再生产品使用规定。（王云飞　张德学）

【配套设施收缴】2023 年，区住房城乡建设委收缴配套设施 30 所，94214.8 平方米。其中，教育配套设施 6 所，54198.61 平方米（幼儿园 5 所，九年一贯制 1 所）；卫生设施 3 所，424.38 平方米；文化配套设施 8 所，17009 平方米；民政配套设施 5 所，5908.93 平方米；其他社区服务配套设施 8 所，16673.87 平方米。

（王　旭　张德学）

【化石营旧城区改建项目】2023 年，化石营旧城区改建项目实施“旧改 + 征收”区域化同步征收战略。该项目 10 月 3 日启动，30 天达到旧改区域 100% 预签约。2 月 27 日，区政府作出化石营旧城区改建项目房屋征收决定，涉及产权调换全部居民完成补偿款发放及选房工作，所有具备入住条件的居民全部完成集中入住手续办理。项目范围内关东店北街 17、18、19、20、21 号楼及平房区域房屋已全部拆除，涉及上市地块实现场平地净。

（王男男　张德学）

【专项基金返退】2023 年，区住房城乡建设委受理新型墙体材料专项基金项目 6 项，退返 400 万元；完成散装水泥专项资金初审项目 6 个，返退金额 260768.67 元。（王苗苗　张德学）

【节能和建材专项检查】2023 年，区住房城乡建设委配合住房城乡建设委，采取自查与抽查相结合的方式，检查在施项目 25 个，检查结果显示绝大多数抽查项目参建主体能较好执行相关政策法规和标准规范，检查中发现问题均要求各单位落实整改。

（王苗苗　张德学）

【建材采购信息填报】2023 年，区住房城乡建设委联合质量安全监督站，对系统中未填报完成的项目进行梳理，完结建材采购信息填报工程 462 个项目。（王苗苗　张德学）

【高层建筑火灾隐患排查】2023 年，朝阳区完成开展使用易燃可燃外墙外保温材料高层建筑火灾隐患排查工作，43 个街道（地区）办事处参与排查，其中 14 个街道（地区）办事处存在使用易燃可燃外墙外保温材料的高层建筑 239 栋，29 个街道（地区）办事处不存在使用易燃可燃外墙外保温材料的高层建筑。（王苗苗　张德学）

【绿色生产管理】2023年，区住房城乡建设委督促预拌混凝土搅拌站做好绿色生产管理工作，现场检查和视频巡查483站次。加强对搅拌站进行绿色规程管理工作，检查65站次，对发现的各类问题要求立即整改。完成《预拌混凝土绿色生产管理规程》执行情况专项检查，在产15家搅拌站区级检查全部达到良好以上水平。推进北京市预拌混凝土搅拌站绩效分级工作，由企业自愿申请，区住房城乡建设委进行资料初审，市住房城乡建设委组织专家团队进行资料核查和现场复核，全区有4家绩效引领性预拌混凝土搅拌站。（王苗苗　张德学）

【信访与信息公开】2023年，区住房城乡建设委接待处理群众信访事项1357件次，其中群众来信来电来访390件；通过网上信访系统接收967件次。主要涉及拆迁补偿、房屋质量、施工扰民、工程款纠纷、老旧小区综合整治等问题。收到政府信息公开申请324件，均处理完毕。

（李笑颜　张德学）

【酒仙桥旧城区改建项目】2月6日，酒仙桥旧城区改建项目第一批实施地块启动签约意向登记工作，签约意向登记比例99.26%。5月25日，启动预签约工作，预签约比例达99.30%，8个地块全部达标，其中二街坊、三街坊、十一街坊、立新村4个地块签约率实现100%。7月15日，区政府作出酒仙桥旧城区改建项目房屋征收决定，分批实施房屋征收。11月8日，项目第一批实施地块（二街坊、三街坊、四街坊、十一街坊、立新村）住宅房屋3450户全部完成搬家腾房工作，拆除工作已同步实施，同日选房工作结束，被征收居民已陆续办理入住。

（王男男　张德学）

【裁执分离工作】8月30日，朝阳区印发《朝阳区人民政府组织实施房屋征收拆迁强制执行工作规程》，强制执行工作进入快车道，加速滞留户清理工作，确保早日实现土地总体利用，加快土地收益。12月15日，呼家楼街道办事处完成对CBD 500千伏输变电项目两户滞留户强制执行工作。12月29日，双井街道完成对北京东站货场职工宿舍项目强执工作。

（王男男　张德学）

建筑业管理

【概况】2023年，北京市朝阳区住房和城乡建设委员会（简称区住房城乡建设委）开复工工程1459项，建筑面积3510.00万平方米。竣工506项，674.02万平方米。建设筹集保障性租赁住房4674套，完成年度任务的31.2%。竣工各类保障性住房12500套，完成年度任务的104.1%。开工建设安置房632套，完成年度任务的105.3%。完成地铁3号线一期、12号线、17号线、22号线、28号线5条在建轨道交通14项主责任务，实现地铁临时施工用地围挡约18.6万平方米。超额完成年度投资约123.22亿元（其中建安投资约84.46亿元）。保障地铁17号线北段年底高质量建成通车，确保5条轨道交通线路有序建设。接收教育、医疗、文化、养老等公共服务配套设施30所，94214.8平方米。推进“住建领域经济工作调度平台”“企业纾困解难服务平台”建设，走访朝阳区GDP重点支撑房地产和建筑企业，精准开展企业帮扶。超额完成固定资产投资任务680亿元，占全区任务56.7%。（张德学）

【工程监管】2023年，区住房城乡建设委监督工程1459项，建筑面积3510.00万平方米。竣工验收506项，674.02万平方米。其中，房建工程48项，412.40万平方米；装修工程456项，261.57万平方米；市政工程2项，0.05万平方米。在监规模以上工程496项，建筑面积1736.19万平方米。其中，房建工程160项，建筑面积1369.09万平方米；市政工程105项，长度140.91千米；地铁工程43项，建筑面积212.53万平方米；老旧小区改造工程11项，建筑面积50.78万平方米；装修工程170项，建筑面积82.80万平方米；拆除工程7项，建筑面积20.99万平方米。监管预拌混凝土生产企业15家。

（杨　涵　张德学）

【工程质量监管】2023年，区住房城乡建设委严格落实质量监督制度，全面提升建筑工程结构质量监管水平，建筑材料见证取样送样过程实现100%信息化管理，工程标准层混凝土墙体模板采用全钢大模板及铝合金模板体系比率达到90%以上，全区所有在施新建房屋项目总体能达到主体结构“零缺陷”要求。推动营商环境改善，完成竣工联合验收386项，占全市联合验收比例25.84%。

（王　帅　张德学）

【工程质量监督检查】2023年，区住房城乡建设委对全区工地累计出动检查组1117组次，检查人员2450人次，检查工地1018项次，发现并督导整改问题2924个。（王　帅　张德学）

【施工安全监管】2023年，区住房城乡建设委持续推动建筑工程领域安全隐患排查整改，提升安全生产管理水平，全面加强危大工程管理，筑牢施工现场安全生产防线。在国务院安全生产考核巡查及市、区安委会多次安全督查中均取得较好成绩。累计出动检查组5946组次，检查人员11893人次，检查工程5571项次，夜查112项次。发现并督导整改各类问题5655项，限期整改209项，开展安全告诫约谈211项次、1017人次，移交处罚303项，通报179项。街乡检查3881项次，发现并督导整改各类问题3862项，限期整改346项。持续推进“党建引领、全员参与，人人都是安全员”管理模式，落实体验式安全培训制度、安全责任区制度、值日安全员巡查制度、施工安全事项公示制度等。制定《关于加强朝阳区建设工程分包单位安全管理的通知》，健全施工现场安全生产保证体系。突出管控重点，全面提升“危大工程”安全监督管理效能。开展“危大工程”检查1557项次，发现安全隐患747项，均整改完毕；委托专家抽查深基坑工程53项，模架工程23项，起重机械吊装工程3项，委托第三方机构检测起重机械37台。确保“危大工程”安全管理始终处于可控状态，有效遏制群死群伤事故的发生。强化对高空、动火、晚间及有限空间作业等危险作业的安全监管，多措并举深化危化品、电动自行车、临建临电和消防安全等专项整治，做好超前谋划和纾困保障。应对“百年一遇”汛情，加强汛期施工安全防控；做好降雪、寒潮期间施工安全管理工作，确保全区建筑工程安全平稳有序。（杨　涵　张德学）

【施工工地扬尘治理】2023年，区住房城乡建设委开展扬尘治理专项检查2882项次，联合执法检查140项次，发现扬尘问题499条，夜查86项次，书面移交转办269项次，责令整改499项次，整改问题499条，约谈告诫29项次，全区通报1次。远程视频检查工程47090项次，远程视频检查发现问题553条。完成全国两会、“一带一路”国际合作高峰论坛等重要会议活动及劳动节、清明、端午、中秋节、国庆等节假日期间安全服务保障、空气质量保障和环境提升整治任务。

（杨　涵　张德学）

【建设工程复工复产】2023年，区住房城乡建设委研究制定《2023年春节后建设工程复工管理工作要点》，组织召开建设工程复工复产工作部署会，加快推动“四重一大”（重点工程、规上工程、有重要影响的工程、民生工程和大集团公司）项目实质性复工，带动各类建设工程有序复工。全年，朝阳区66项重点工程（地铁39项、房建20项、市政7项）全部复工，复工复产率100%。

【保障性住房建设】截至2023年年底，朝阳区共建设筹集各类保障性租赁住房4674套，完成年度任务的31.2%；竣工各类保障性住房12500套，完成年度任务的104.1%；开工建设安置房632套，完成年度任务的105.3%。

（常　栋　张德学）

【房地产开发管理】2023年，区住房城乡建设委做好新建改建居住区配套设施审核备案，加强对项目开发全过程动态监管，依据项目建设时序进行现场勘查，保证公共服务配套和市政设施与住宅同步建设、同步完成、同步交付使用。完成新建改建居住区《项目建设方案》备案13项，建筑面积339.29万平方米（其中住宅295.25万平方米，市政设施配套7.87万平方米，公共服务配套17.49万平方米）。完成13个开发项目手册区县初审和18次开发项目预售服务配套建设情况确认，并进行现场实地核查。

（王　旭　张德学）

【房地产开发企业资质管理】2023年，区住房城乡建设委办理各项房地产开发企业资质审批62件，均为新设立二级资质。截至年底，朝阳区有开发企业235家，其中二级214家、三级1家、四级20家。（王　旭　张德学）

【生态环境保护督查整改】2023年，区住房城乡建设委严格落实生态环境保护督查整改方案工作要求，加强环保督查整改及扬尘治理工作，督办责任单位及时报送整改进展。牵头负责的3项环保督查整改任务，均按时、保质、保量完成销号申请、销号审查、备案申请、销号备案等全流程销号工作。（王小磊　张德学）

【劳务管理及行业维稳】2023年，区住房城乡建设委全面加强住建系统劳务管理业务培训，对43个街乡开展劳务管理人员业务培训，进一步加强与属地业务交流；联合区人力资源和社会保障局对全区住建系统工地开展以“劳务管理及农民工工资支付保障”为主题的线上直播培训讲座，进一步强化落实建筑企业劳务用工主体责任。强化全行业、地区维稳工作，重点加强重要节日、全国两会、服贸会及“一带一路”国际合作高峰论坛期间全员24小时备勤保障，应急响应迅速。配合区人力资源和社会保障局及属地协调解决劳务费及农民工工资群体性纠纷85起。

（王小磊　张德学）

【建设工程消防管理】2023年，区住房城乡建设委对辖区内建设工程依法开展消防验收、备案及抽查工作。业务内容包括针对建设工程的消防验收、备案及抽查，以及相关问题咨询解答和信访投诉处理。全年完成消防验收工作472项次，完成消防备案项目80项。（贾美妓　张德学）

【施工许可监管】2023年，区住房城乡建设委核发全区建设项目施工许可551项，建筑工程面积549.61万平方米，比上年降低32.02%；投资228.6亿元，比上年降低30.66%。办理“施工准备函”2项，建筑面积19.59万平方米，投资14.65亿元。全年区施工许可核发量约占全市施工许可核发量的20%，投资额等重要指标均居全市前列。施工许可资料案卷得分99分，连续两年取得市区行政案卷评审第一的成绩。

（王晓颖　张德学）

【招标投标监管】2023年，区住房城乡建设委纳入全区建筑工程招投标监管事项139项，涉及建筑面积280.51万平方米，市政建设长度15.11万米，实现建安投资145.17亿元。其中施工招投标103项，监理招投标工程37项；资格预审文件备案、招标文件备案、招投标书面情况报告备案348项。

（张志斌　张德学）

【绿色建筑发展管理】2023年，区住房城乡建设委协调推进全区新建建筑100%均按照绿色建筑标准二星级及以上标准设计和建设，制定《北京市朝阳区建筑绿色发展三年行动方案

（2023—2025年）》。朝阳区全年实施超低能耗面积为33.08万平方米，完成市级年度任务100%；公共建筑节能绿色化改造开复工项目29个，改造面积共计245.7万平方米，完成市级年度任务的101.6%。完成金茂绿创中心超低能耗（朝阳区来广营土地储备地块B1～B3）和万科时代中心·望京绿色建筑（望京新城B区6～10#）示范项目约680.5万元的市级奖励资金拨付工作。

（王云飞　张德学）

【建筑业企业资质及人员管理】2023年，区住房城乡建设委受理建筑业企业资质新设立31家，涉及69个专业；增项85家，涉及247个专业；升级10家；注销8家；施工企业劳务资质备案40家；资质延续300家。建筑业企业基本信息网上全流程变更202家；受理二级建造师执业资格初始注册、重新注册、变更等业务2556人。受理“安全生产考核合格证书”延期2856人。

（王云飞　张德学）

【建筑市场信用体系建设】2023年，区住房城乡建设委开展“双随机、一公开”联合抽查工作，对15项工程组织建筑市场行为、人员履职和执业情况进行监督检查。对六里屯街道和东风乡的29个项目开展专项安全大检查。依托“信用中国”工作平台，配合区科信局加快推进建设领域企业的社会诚信建设，主动修复失信行为，提高诚信经营意识。开展工程款纠纷专项治理活动，根据工程款纠纷案件的不同特点，按照现场突发类、群众反映类、信访举报类进行分类处理，稳妥处置东坝乡华樾国际一期、小红门乡江南府项目、孙河乡九章别墅项目等多起工程款纠纷。组织建筑市场行为日常抽查130余人次。

（刘已正　张德学）

【安全管理】2023年，区住房城乡建设委完成全国两会、春节前后停复工、中高考等重要会议活动和重点时段的安全环境保障，开展危险重大工程第三方专家检查、安全隐患治理三年行动、施工工地扬尘治理、施工围挡专项治理、“疏解整治促提升”、地下管线保护、绿牌工地创建等重点工作任务，共同谋划安全生产月、消防宣传月、汛期安全、冬季施工安全、冬春火灾防控、烟花爆竹禁放、预防煤气中毒及重要节假日等重点时段和专项安全工作。深入开展安全生产和火灾隐患大排查大整治，制定工作方案，分解工作任务，明确工作内容和要求，统筹推进整改反馈工作。搭建系统平台功能模块，统筹限额以下小型工程、零星作业、家庭装修、农民宅基地自建房建设以及暂时予以保留的违法建设范围内工程的安全管理，制定工作方案通知，明确各部门职责。结合生产安全事故、行业安全生产形势及工作开展情况，定期对安全生产工作进行分析研判，形成书面报告。依据市级《限额以下小型工程施工安全管理办法（试行）（2023年修订）》，以朝阳区限额以下小型工程安全管理联席会议办公室名义制定并由17个成员部门联合下发《朝阳区限额以下小型工程安全管理实施细则（试行）（2023年修订）》。联合区联席会议各成员部门组成督导组，开展“限额以下小型工程规范管理”专项工作。

（孙　萌　张德学）

【行政执法】2023年，区住房城乡建设委综合执法大队立案351起，执法检查11262项次，出动执法人员28117人次，责令改正236起，作出行政处罚782起。其中，普通程序处罚323起，罚款309万余元；简易处罚459起，处以警告78起，处以罚款381起，罚款62万余元。作出不予行政处罚17起，撤案6件。所办理处罚案件在区司法局、市住建委组织的行政处罚案卷评查中，参评案卷获得全优成绩。

（王璐瑛　张德学）

【接诉即办】2023年，区住房城乡建设委接收诉求12561件，受理10494件，其中4994件被纳入考核。响应率99.94%，同比上升0.22%；解决率88.61%，同比上升10.1%；满意率91.1%，同比上升7.02%。自办综合得分90.74，同比上升7.18分。区级最终平均排名第23名。

（蔡　铭　张德学）

建设企业简介

北京宝嘉恒基础设施投资有限公司

【概况】2023年，北京宝嘉恒基础设施投资有限公司（简称宝嘉恒公司）隶属朝阳区国资委，企业性质为国有一人有限公司，注册资金119966万元。公司设9部2室。在职职工59人。宝嘉恒公司作为朝阳区基础设施建设核心企业，主要负责朝阳区域内主次干路的拆迁建设任务，同时，利用企业道路建设的优势和朝阳区加大功能区建设的发展趋势，对道路两侧的土地资源进行开发建设。年内，实现绿隔地区公园环绿道（朝阳段一期）主体基本贯通；总体完成幺家店路一标、幺家店路四标、石佛营东路、常营中街、双桥东路、长营南路、建材制品总厂南街、雅宝路、秀水河胡同9条道路拆迁建设工作；完成望京区域交通综合治理；完成中关村朝阳园北区高压线（国际医院等地块）临时迁改工程。全年完成投资额4.5亿元，净利润1573万元，上缴税金1398万元。

【新建项目】2023年，宝嘉恒公司取得焦化厂六街、孛罗营东一路立项批复；完成东苇路、天苇路、坝河北街、坝河北三街、东苇四路施工监理招标，实现东苇路、天苇路开工建设；实现绿隔地区公园环绿道（朝阳段一期）主体基本贯通。

【续建项目】2023年，宝嘉恒公司总体完成幺家店路一标、幺家店路四标、

▲ 10 月，宝嘉恒公司承担的中关村朝阳园北区高压线临时迁改工程完工
（宝嘉恒公司　供图）

石佛营东路、常营中街、双桥东路、长营南路、建材制品总厂南街、雅宝路、秀水河胡同 9 条道路拆迁建设工作；完成望京区域交通综合治理；完成中关村朝阳园北区高压线（国际医院等地块）临时迁改工程。

【前期研究】 2023 年，宝嘉恒公司取得摩奇饮料厂东路、东坝南一街、坝河北一街等 6 条道路多规合一会商意见；垡头西二路、朝阳港中路取得用地预审和选址意见书；百子湾二街取得初设概算批复。

【架空线入地项目】 2023 年，宝嘉恒公司实现广渠路、三里屯地区、亮马河地区电力架空线入地工程土建基本完成，北京会议中心周边地区辛店路电力隧道已进场施工。

【停车管理】 2023 年，宝嘉恒公司实际运营路侧停车位 25626 个，涉及道路 289 条；运营封闭停车场 43 个。完成预约停车系统的系统升级及朝阳区停车诱导系统初验工作；完成无人值守停车场云坐席系统的开发上线及封闭停车场自动化对账、自助冟交系统功能开发；完成 15 个自营停车场外观硬件升级；垂杨柳医院地下停车场 B3 层、居然之家、红领巾公园、新天地绿荫、四得公园等 6 个停车场开通无感支付服务。

（郝　晶）

北京昆泰控股集团有限公司

【概况】 北京昆泰控股集团有限公司（简称昆泰集团），是朝阳区属国有企业北京朝阳文旅发展集团有限公司全资子企业。昆泰集团坚持将履行国企责任与实现自身高质量发展相结合，积极投身朝外市级商业中心、大望京国际科技商务区等重点区域开发建设，推进城市更新行动重点任务，承办市区大型节事活动等。昆泰集团注册资金 4 亿元，下属企业 30 余家，持有型物业面积近 80 万平方米，成为横跨空间开发、文化产业、酒店管理、商业运营等多领域多业态的综合型集团公司。集团总部共计 156 人，总部有一级部门 13 个，下设二级部门 3 个。

【温榆河公园】 2023 年，昆泰集团下属温榆河公园全力推进公园建设和运营提质，围绕“温榆生活 · 潮玩文化”的战略定位，陆续打造了朝花溪食餐厅、木卯营地等核心自营项目，引入泵道、越野乐园等特色项目，成功举办温榆潮玩生活节等活动，荣登微博平台“公园人气榜”榜首、京张体育文化旅游带“十大网红露营地”榜单、获评北京市体育旅游精品项目、“国家体育旅游示范基地”荣誉称号。同时温榆河公司工程建设部荣获由中华全国总工会授予的“全国工人先锋号”荣誉称号。

【朗昆自在营地】 2023 年，昆泰集团下属北京温榆河公园朗昆自在营地获评全国自然教育基地称号，成为全国 245 家第四批自然教育基地（学校）中的一员。朗昆自在营地坐落于温榆河公园，营区占地面积约 8000 平方米，自开营以来，以综合型教育营地为核心，朗昆自在营地致力于将自然教育带进公园，立足自然中的教育。

【花花世界—沉浸文娱新空间】 2023 年，昆泰集团下属朗昆文化公司坚持深耕“文化的商业化与产业化”方向，通过源源不断的优质文化内容，在大望京国际商务区打造高品质、现代化、科技感、设计感十足的文化艺术体验与文化消费综合场所。由朗昆文化与知名演艺品牌开心麻花联袂打造的“花花世界”，位于望京嘉瑞文化中心，由总面积近 4000 平方米的三层整层环形空间及顶层的城景露台组成，以“沉浸式演艺”为核心功能，形成“演艺 +”的复合型业态。9 月，“花花世界”入围北京市首批演艺空间培育项目，更是 15 家入围者中唯一一个“一站式”沉浸文娱新空间。

【参与民主立法】 2023 年，昆泰集团在区国资委的统一部署下参与全国人大常委会法工委立法意见征集工作，集团审计部下设法务部经理蔡新秀结合自身工作经验和企业发展规划，提出有关《中华人民共和国招标投标法》中涉及“合同条款变更”的立法建议，被全国人大常委会法工委采纳。

【会议服务保障】 1月4日，北京市朝阳区第十七届人民代表大会第三次会议在望京昆泰酒店召开，昆泰酒店工作人员以热情周到、务实高效、细致入微的服务态度，圆满完成了为期3天共计400余人的会议接待服务保障工作。

【区委党校改造】 3月1日，区委书记文献为区委党校第二校区揭牌。区委党校第二校区原为昆泰集团下属企业阳光丽城酒店。2022年9月启动改造工程，改造区域面积约1.5万平方米，历时半年完工。

【郡王府烛光音乐会】 3月，由朝阳文旅集团参与承办的"2023醒春启航新征程"活动在亮马河畔举办，活动当晚，昆泰集团旗下郡王府在有百年历史的银安殿内，携手GO EVENTS举办主题为"致敬经典"的小型影视音乐会，此次也是郡王府首次尝试以烛光音乐会的形式，以音乐为介质，将百年府邸的恢宏呈现在观众面前。12月，在北京朝阳国际灯光节系列活动中，郡王府再次上演了一场烛光音乐之旅——逐光·郡王府烛光音乐会，以声声乐章，彰显独特意境。

【孙河棚改项目】 4月28日孙河棚改项目（002、003地块R2二类居住用地）土地上市交易成功。据市规划自然委网站消息，朝阳孙河前苇沟002、003地块收到中建智地报价，最终该地块由中建智地以40.4亿元竞得，楼面价约4.38万元/米^2。2016年，温榆河公园定位为北京市"生态绿肺"和首都生态文明建设"金名片"，并被列入《北京城市总体规划（2016—2035年）》。为推进温榆河公园建设，启动孙河棚改项目，并授权昆泰集团下属昆泰嘉恒公司为实施主体。

【诚信品牌企业】 5月，昆泰集团在2022年度"百业万企"共铸诚信文明北京活动中荣获"北京市诚信品牌企业"荣誉称号；9月，在2023年"百业万企"共铸诚信文明朝阳活动推进会中荣获首批"北京市诚信品牌企业"荣誉称号。

【"中华慈善日 朝阳公益周"主题活动】 9月，朝阳区慈善协会在郡王府举办"大爱慈善·你我同行"——2023年"中华慈善日 朝阳公益周"主题活动，旨在广泛动员社会各界参与慈善事业，传递向上向善的正能量。中华慈善总会副秘书长，朝阳区副区长，朝阳区慈善协会会长、副会长，朝阳文旅集团副总经理、昆泰集团总经理出席会议。

【THE BOX朝外丨年轻力中心】 9月16日，由朝阳区政府、朝阳文旅集团下属昆泰集团与URF盈展共同打造的朝外大街城市更新项目——北京特色UIC城市活力创新中心的首个商业空间，THE BOX朝外丨年轻力中心（简称THE BOX朝外）正式"开盒"。THE BOX朝外集创新零售、艺术展览、智能科技、娱乐体验于一体，80%入住品牌为北京首店或概念店，致力于满足全市15～29岁中国新生代青年消费力需求，以创新模式助力朝外商圈激发消费新活力。改造完成后的THE BOX朝外，将空间作为策展场景，用科技场景化、消费游戏化、生活效率化定义了THE BOX朝外风格的生活方式，实现朝外整体公共空间品质提升，助力朝阳区打造CBD千亿级消费商圈目标。 （白珍妮）

北京国际商务中心区开发建设集团有限公司

【概况】 2023年，北京国际商务中心区开发建设集团有限公司（简称CBD国际集团）作为区国资委监管的一级企业，拥有5家全资子公司、2家分公司、2家参股公司。资产总额193.71亿元，负债总额179.10亿元，所有者权益14.61亿元。围绕"开发建设、投资运营"两大主责主业，逐步构建形成八大业务体系，推动集团业务向多领域深层次发展，践行国企职责使命。实现收入2.55亿元。2月23日，在北京商务中心区商会会员大会第一届筹备大会上，CBD国际集团当选为副会长单位。北京CBD国际服务公司获批"2023年促进CBD高质量发展招商联络站奖励政策"150万元。11月，信链公司"预付管家交易监测存管"系统通过信息系统安全等级保护第三级备案。12月1日，CBD国际集团获批加入北京市内部审计协会。12月，CBD国际集团工程建设分公司承接的焦化厂地铁站周边临时道路工程仅用21天完成施工，顺利通行。

（刘 畅 王彩艳 白宇辰）

【东坝南三街道路工程】 2023年，CBD国际集团工程建设分公司推进东坝南三街等道路工程。1月6日，启动东坝南三街道路工程施工、监理招标工作；8月21日，工程取得东段（单店西路——单店中路）工程施工许可证，进入道路施工阶段；12月20日，东坝南三街单店西路至单店中路道路工程主体工程完成，实现与周边道路联通，保障周边居民出行通行需求。

（王 赛）

【CBD核心区建设项目】 2023年，CBD国际集团工程建设分公司在CBD核心区地下空间项目、一期大市政项目取得进展。CBD核心区地下空间项目于2月1日取得项目变更许可证，年内主体结构施工全部完成验收。12月15日，CBD核心区地下空间市政交通基础设施及配套工程项目取得委托管理费225.6万元。CBD核心区一期大市政项目于12月4日取得项目核准批复，该项目建成后能够实现CBD及能源输配环的闭环。 （张孟晨）

【混合所有制改革】 2023年，CBD国际集团完成1家企业混合所有制改革。5月11日，北京商务中心区投资管理有限公司《关于北京安捷利尔医药销售有限公司混合所有制改革实施方案的请示》获区国资委批复。本次混改采取北京产权交易所公开挂牌交易，选择股权转让的方式进行，引进民营战略投资者，释放49%股权。安捷利尔医药公司股权转让信息于6月挂牌见网。8月30日，北京商务中心区投资管理有限公司与战投方百世堂医药公司举行股东协议签约仪式，并召开安捷公司第一届股东会、董事会。北京安捷利尔医药公司成为区属唯一一家“混合所有制改革”的国有控股企业。（芦雪飞）

【CBD区域重点地块签订平台公司委托协议】 2023年，根据朝阳区长办公会议精神，北京国际商务中心区开发建设集团有限公司与北京市朝阳区规划和自然资源综合事务中心，分别签署CBD核心区二期、CBD遗留八块地、CBD东扩B街区、CBD东扩C街区平台公司委托协议。由CBD国际集团负责完成以上项目土地一级开发全部实施工作，具体负责以区综合事务中心名义办理相关手续，并具体承担土地储备项目的前期、征地、拆迁、供应、市政建设、安全及环保管理、信访、接诉即办及其他与项目相关的工作。（李江涛）

【“元宇宙·第二三里屯商街”上线】 1月6日，北京商务中心区国际招商服务有限公司配合北京CBD管委会联动CBD商圈联盟，协同区域内多个品牌商家，共同打造全新数字商圈“元宇宙·第二三里屯商街”上线。“元宇宙·第二三里屯商街”是北京CBD区域通过数字孪生技术，在数字空间中搭建的一个精度高、真实感强的“第二个三里屯”购物街，为消费者打造线上的、沉浸式的、交互式的消费场景。引入包括正大商城、华为、泡泡玛特、几何科技、全球货仓、Nice、秀水街、金港GT乐园等在内的10余个品牌商家入驻。消费者可以在线上体验沉浸式逛街，享受与线下同步的新品首发和折扣活动。（吴姗姗）

▲ 1月6日，数字商圈“元宇宙·第二三里屯商街”上线（吴姗姗 摄）

【化石营旧城区改建项目】 1月13日，北京CBD国际集团取得《北京市朝阳区发展和改革委员会关于朝阳区化石营旧城区改建项目调整征收投资任务书的批复》。5月8日，化石营旧城区改建项目开展为期10天的置换房源选房工作。年内，化石营旧城区改建项目依据《北京市朝阳区人民政府房屋征收决定》，完成1009户住宅被征拆房屋的收房工作，并完成占地面积约80%的房屋拆除工作。（刘继星）

【“潮车Pop-up市集”系列活动】 2月2日，北京CBD管委会指导，北京商务中心区国际招商服务有限公司联动金港汽车、中骏世界城、优乐购免税仓储超市举办北京CBD“潮车Pop-up市集”系列活动，提振国际消费中心城市建设。本次活动搭建都市新消费场景下的“区域文化、跨境贸易商品、城市热点区域”等多维场景塑造，推动城市24小时（CAZ）活力中心区建设。（白宇辰）

【CBD产业发展与招商工作研讨会】 2月16日，北京商务中心区国际招商服务有限公司配合北京CBD管委会组织召开“北京CBD产业发展与招商工作研讨会”。北京CBD管委会、朝阳区委农工委、规自委朝阳分局以及10余个街乡的经济发展主管领导参加会议。会议邀请CBD功能区重点产业园区，以及产业园运营、投资、招商、数字中台建设等相关的企业代表参加。研讨会上，多位产业专家针对产业园现代化运营管理、产业园投资与资产证券化、产业园区数字化建设等方面进行分享，对产业园未来在投资、建设、运营等多维度进行深度解析。（吴姗姗）

【招商公司获国家职业技能等级认定资质】 3月20日，北京商务中心区国际招商服务有限公司获人力资源和社会保障部颁发的“政务服务综合窗口办事员”国家职业技能等级认定资质，是全市范围内区属企业中唯一一家获得该资质的企业。（白　舟）

【招商推介】 4月12日，北京CBD国际招商公司承办的第三届中国国际消费品博览会北京市朝阳区招商推介会在海南省国际会展中心举办。招商公司抓住消博会召开契机开展招商引资工作，挖掘新的合作机会，推动企业到朝阳区落户。5月7日，北京CBD国际集团配合朝阳区委、区外办、区商务局、区农业农村局、区金融办与迪拜硅谷管理局共同举办“中阿同心 共筑未来”中阿招商推介交流会

▲ 5 月，北京 CBD 国际集团配合举办中阿招商推介交流会暨全球商务联络站中东站揭牌活动

（马志珩　摄）

暨全球招商联络站中东站揭牌活动。10 月 30 日，北京 CBD 全球招商联络站新加坡分站举行朝阳招商推介交流会。11 月 4 日，北京 CBD 全球招商联络站——香港分站举行朝阳招商推介交流会。11 月 9 日，北京 CBD 国际招商公司承接 2023 朝阳区—澳门招商推介会在澳门科技大学举办。11 月 20 日，北京 CBD 国际招商公司组织“CBD 开放日”招商推介活动。

（白宇辰　马志珩）

【永安里旧城区改建项目】 4 月 24 日，北京 CBD 国际集团取得《北京市朝阳区人民政府关于同意北京国际商务中心区开发建设集团有限公司作为永安里旧城区改建项目实施主体的批复》。5 月 30 日，永安里旧城区改建项目取得北京市规划和自然资源委员会朝阳分局《关于永安里地块规划综合实施方案“多规合一”协同平台研究意见的函》。年内，北京 CBD 国际集团协同区征收中心、区房管局，完成永安里旧城区改建项目，朝阳区房管所平房区域的拆除及永安东里 1 号楼的拆除工作及建外大街 12 号楼裙楼拆除工作。

（何建祥）

▲ 5 月，北京 CBD 国际集团承担永安里旧城区改造项目。图为建外 12 号楼裙拆除现场

（刘继星　摄）

【信链公司成为区青年就业创业实习基地】 4 月，信链公司依托 CBD 国际集团青年人才培养顶层设计，顺应数字经济发展趋势，强化科技创新人才体系支撑，与团区委搭建沟通交流平台，为青年人才建立双向选择优选通道，信链公司获团区委“朝阳区青年就业创业实习基地”授牌，成为全区 61 家实习基地之一。

（刘思涵）

【京津协同港口服务中心成立】 6 月 14 日，在北京 CBD 管委会业务指导下，北京 CBD 国际集团招商服务有限公司承办的“北京 CBD—天津港·京津协同港口服务中心”揭牌仪式在北京 CBD 招商服务中心举办。北京海关综合业务处、北京市商务局商务环境协调推进处、北京 CBD 管委会、北京朝阳海关、天津港集团、天津港集团物流经营管理中心、中国天津外轮代理有限公司等相关领导以及 30 多家企业负责人出席活动。“北京 CBD—天津港·京津协同港口服务中心”的设立将天津港的港口服务前置到朝阳区、深入到 CBD，为企业通关提供“一站式”全方位、高效便捷服务，提升京津两地营商环境，促进企业之间经济合作与发展。

（白宇辰）

【版权保护战略合作签约仪式】 7 月 19 日，北京 CBD 国际集团招商服务有限公司承办的版权保护战略合作签约仪式在北京 CBD 招商服务中心办。此次合作旨在提升区域企业版权专业能力，促进版权事业发展，充分发挥 CBD 招商服务中心的作用，为企业提供全方位、高效便捷的服务。

（白宇辰）

【“CBD 精酿啤酒节”活动】 8 月 25 日，CBD 国际集团协助邀请区内餐饮企业参加首届“CBD 精酿啤酒节”。活动以“精酿啤酒”为主题，旨在通过市集方式，提升区内餐饮企业品牌知名度和影响力，刺激区域内消费活力，展现 CBD 国际活力氛围。

（白宇辰）

【信链公司增强预付费监管宣传】 8月7日至8月13日，信链公司联合歌华有线开展协同合作，于黄金时段在全市范围内通过歌华有线电视开机页面进行预付管家平台宣传，引导广大消费者和预付费企业熟知预付管家，助推预付费企业积极纳入预付费监管范畴，主动纳入预付管家监管，配合朝阳区预付费监管工作精准落地，扩大预付费监管政策的影响力。

（刘思涵）

【承办魅力朝阳之夜活动】 9月3日，北京CBD国际招商公司承办“共享朝阳发展 共话合作未来”为主题的魅力朝阳之夜活动在北辰五洲皇冠国际酒店举办。CBD招商公司协助配合完成邀约147家重点意向企业参与活动，紧抓服贸会召开契机，利用活动平台协助朝阳区开展招商引资工作，推动企业到朝阳区落户。（白宇辰）

【CBD核心区文化设施项目】 10月27日，CBD核心区文化设施项目完成东塔南立面幕墙玻璃安装，主要包括幕墙工程、LED动态信息墙工程、景观照明工程三部分，完成投资比例约57%。（孟军鹏）

【安捷利尔医药公司开通基药权限】 11月底，安捷利尔获得朝阳区基础药销售资格，解决11年的基药销售难题，为区内医疗机构的发展注入新的活力。

（芦雪飞）

【商务美食评选】 12月16日，北京CBD国际招商公司承办北京CBD商务美食评选活动，吸引北京CBD区域内180家餐饮单位参与。活动围绕“品美食，鉴故事，系健康，引时尚”主题，以“激发城市消费新潜能 引领商务美食新标准”为主线，基于“CAZ”城市区域文化特性，线下通过发动北京CBD区域内大型规模餐饮店、酒店，特色店的参与，汇聚业界智慧、促进餐饮行业发展。（白宇辰）

北京朝阳城市发展集团有限公司

【概况】 2023年，北京朝阳城市发展集团有限公司（简称朝阳城市发展集团），以原朝开公司为主体组建，注册资本20亿元，在职职工220余人，为区国资委一级监管企业，公司定位为朝阳区农村城市化和城市建设服务及运营总平台公司。业务范围涵盖土地一级开发、棚户区改造、农村集体产业用地区级统筹开发、项目代建、城市有机更新、资本运作及政策研究等多个领域，为实现朝阳区经济社会高质量发展提供有力保障和支撑。截至年底，集团公司资产总额351.73亿元，净资产51.59亿元，实现营业收入7.15亿元，利润总额2.86亿元，上缴税金2.66亿元。实现2个“圆满”，即奶西棚改供地项目及驹子房、七棵树定向安置房项目圆满完成。创造3个“速度”，即1年内实现朝阳城市发展集团从组建到规范运营；4个月内实现酒仙桥项目一期3个地块基本“清零”；110天内完成援建房山标志性建筑十渡应急保障中心项目建设。创造5个“第一”，即一级开发平台完成首次土地入市交易；建设全市首个“平急两用”示范项目；首次联合头部企业参与土地竞拍；举办首次朝阳城市更新论坛；启动首例“村地区管”试点项目立项。取得北京市诚信企业、结构长城杯金奖等4项市级荣誉。

【集团化改革与建设】 2023年，朝阳城市发展集团完成集团化建设，确立集团及二级公司组织架构、各部门职责和岗位编制，完成集团旗下企业整合和股权划转工作，形成以北京市朝阳区新经纬土地开发有限责任公司为主体的土地一级开发与棚户区改造平台，以北京市朝阳城市建设综合开发有限责任公司为主体的房地产二级开发与政府投资项目代建平台，以朝阳城市有机更新（北京）建设有限责任公司为主体的城市有机更新平台，以北京朝阳新经济发展有限公司为主体的农村集体用地开发与建设平台，参与推动朝阳区城市化建设，实现71个在建项目同步推进。建立“123+工作平台”的运营管理体系，研究制定企业发展战略及人才战略，启动大数据中心建设及企业数字化转型研究，建立全区视野新发展格局。强化集团风险防控体系建设，压实平台公司主体责任，建立“一企一策”绩效考核机制，安全生产“一票否决”强效机制，落实经理层任期制和契约化管理，规范经营行为。成立集团工会，保障职工权益。

【区级土地开发整理平台】 2023年，朝阳城市发展集团完成奶西棚改项目、十八里店朝阳港一期项目2宗土地入市交易，累计交易价款约63亿元，达到最高溢价15%，回收开发成本约44亿元；东坝南区土储项目21-4地块等关键节点实现突破；小红门9号地等4个地块达到入市条件；完成酒仙桥旧城区改建项目一期3453户居民交房，基本实现场清地净，接收土储项目29个，同步推进7个项目开发筹备工作。探索建立全生命周期土地开发管理模式，深化政企合作，参与规划阶段前期研究，完善土地预供分析及供地组织，推进开发项目周边市政道路及配套管线建设，提升开发地块市场价值，通过合理切分工作条块，实现土地项目供前时长及供后保障管理的精准控制，实现一级开发项目平台化运营。

【区级农村集体产业统筹开发平台】 2023年，朝阳城市发展集团启动半壁店集租房项目立项，创新“国企+集体经济组织+社会资本”合作模式，论证股权配置、责权分配、产业项目推进路径等关键性问题，完成合资公司注册及项目用地手续，形成配套制度体系及合作协议模板，通过不断优化细节，为后续项目合作提供样板。同步推动王四营等5个项目合作谈判，加强集团层面高频调度、融资支持、人才储备、企业合作等全要素资

▲ 9 月 27 日，朝阳城市发展集团举办城市更新论坛 （耿　宁　摄）

源保障体系，进行联合攻关，加速成果落地。

【区级城市有机更新平台】 2023 年，朝阳城市发展集团举办“更朝阳　新朝阳　更新朝阳”2023 北京朝阳城市更新论坛、城市更新前沿技术方法应用场景专题沙龙，搭建政企、专家互动交流平台，有序开展甜水园项目居民信访化解安置，承接并探索垂杨柳整体片区城市更新思路，协助开展六里屯街区控规编制工作。启动迪阳大厦更新改造工程，从社会层面的参与引导到实体项目的操盘，综合推动城市更新的新一轮发展。

【区级项目开发及代建平台】 2023 年，区政府代建项目进一步集聚，开发实力显著提升，同步推进王四营十一学校、北京中学东坝北校区一期、酒仙桥粪便消纳站 3 个重点代建项目，总投资约 12 亿元。为潘家园地铁社区服务用房项目、朝阳区工人文化宫装修改造项目、区政府第二办公区装修改造等项目提供咨询服务。开复工面积约 16 万平方米，竣工面积约 27 万平方米，出售驹子房、七棵树、豆各庄项目等房源 3000 余套，回收房款约 31 亿元，出租经营收入约 1 亿元。 （耿　宁）

田华建筑集团公司

【概况】 2023 年，田华建筑集团公司（简称田华集团）履行对朝阳区农口建筑业管理、服务的协调职能。实现开复工面积 98 万平方米，完成产值 28 亿元，签订施工合同 279 项。5 月初，集团顺利通过专业机构严格审核，获评 AAA 资信企业信用等级和重合同守信用单位称号；行政办专员陈文俊在区农村系统第十一届“践行社会主义核心价值观十佳人物”和“优秀人物”表彰会上获专项特别贡献奖。

【安全专项行动】 2023 年，田华集团开展“防高坠、除隐患、促复工、保平安”安全专项行动。专项行动分三个层面同时开展，自 2 月 23 日起，各分公司、项目部分别成立以第一责任人为组长的领导小组，统一安排部署此项工作，各在施工地由项目经理带队持续对本工程进行安全生产自查自纠，各分公司落实安全监管责任，对下属项目行动部署和开展情况进行监督检查。自 2 月 28 日起，集团公司由安全副总经理带队，技安部对所有在施工地开展安全专项行动，对分公司和项目部此项工作的部署、开展情况及现场施工安全状况进行全面检查。此次专项行动严格落实市、区住建委相关文件要求，重点围绕项目复工安全、预防高处坠落相关措施落实、施工现场安全隐患排查、消防安全管理等情况进行全覆盖检查，对安全管理薄弱的项目进行重点管理，落实整改专项行动中发现的问题。

【消防安全管理】 2023 年，田华集团针对消防安全问题采取一系列教育措施和安全大排查行动。4 月 19 日，田华集团根据“4·19”市住建委安全生产紧急会议精神，汲取丰台区北京长峰医院火灾事故教训，决定从即日起至 12 月 31 日在公司开展消防隐患大排查行动。田华集团通过对所有在施工程“朝阳区星火西路 17 号楼一至二层局部内装修工程（朝阳区星火西路 17 号楼一、二层局部装修工程）、朝阳区东坝国际商业中心项目［1 # 楼绿隔产业用房（商业）等 7 项］、朝阳区东坝驹子房农民定向安置房二期项目（E 区及配套小学、幼儿园）（E01 住宅楼等 13 项）、管庄乡小寺村安置房项目（1 # 住宅楼等 26 项）、管庄乡杨闸（二期）安置房项目（1 # 住宅楼等 21 项）（1 ~ 8 # 住宅楼、S-1 ~ S-3 # 公建、03 # 04 # 地下车库、03 # 04 # 人防出入口）、管庄乡杨闸（二期）安置房项目（1 # 住宅楼等 21 项）（9 # 、10 # 住宅楼、S-4 # 公建、05 # 地块地下车库、幼儿园、警卫室）”共计 70 余万平方米进行零死角排查，共检查出隐患 388 条，包括消防隐患 84 条。截至年底，监督跟踪各项目部全部整改到位，确保企业消防安全无事故，保障集团安全生产稳步推进。 （吴　国）

市政公用事业建设与管理

综述

【供暖保障】 2022—2023年供暖季，朝阳区集中供暖面积2.24亿平方米，全区供暖“12345”市民服务热线投诉工单由上年5900个减少至5342个，全区万平方米投诉量0.562，低于全市平均万平方米投诉量。2023年，区城市管理委组织全区43个街乡持续开展“访民问暖”行动，走访居民小区开展室内测温，约谈投诉较多、舆情问题严重的供暖单位，提高供暖服务质量。

【夜景照明】 2023年，朝阳区城市管理委员会（简称区城市管理委）以“五夜”为特色主题，打造朝阳“不夜之城”，为夜间经济发展提供高质量夜间沉浸场景。夜游“亮马河”，实施亮马河国际风情水岸沿岸通航延伸段、三环内段及蓝港周边建筑物亮化工程，提升52栋建筑物夜间景观形象。夜赏“金十字”，点亮长安街东延长线“最有温度的行政通廊”和东三环核心段“最有品质的商务通廊”，呈现一横一纵“金十字”名片。基本实现夜秀“新朝阳”、夜购“潮商圈”、夜品“中国风”。11月18日至12月9日，首届朝阳国际灯光节精彩亮相，以“1+1+1+N”为呈现范围，分主题、分层次打造涵盖灯光互动艺术、体验装置和创意灯光秀的夜间活动场所及消费打卡地，奥林匹克塔等5处灯光秀、“吉凤朝阳”等4处光影秀、AR幻奇等2个AR体验、“龙行靓马”等6个交互装置及“蓝海微波”“星河步道”“河畔霓裳”等14个灯光装置集体亮相，展现五光十色、璀璨亮丽的“五宜”朝阳夜景风貌。

【燃气安全排查整治】 2023年，区城市管理委全力消除燃气管线占压隐患，完成市级挂账隐患1608处。强化关键领域重点行业安全检查，推进天然气居民用户安全型配件安装，累计完成安装39.2万余户。老化燃气管线更新改造，累计完成改造管线长度59.15千米，其中庭院管线56.69千米，楼内立管2.46千米。落实非居民用户液化石油气禁用规定，开展打击“黑气”专项行动，“回头看”检查11次，查扣液化气罐66个，公安机关抓获倒卖气罐10人，现场起获非法液化气罐67个，查扣运输车3辆。修订《燃气安全检查指南（朝阳区2023修订版）》及燃气安全宣传海报下发属地街乡，增强民众燃气安全意识。

【控违拆违】 2023年，区城市管理委完善“控违拆违”组织架构，组成“控违拆违”专班，启动专项监督，实体化集中办公，统筹推进“控违拆违”工作。坚持目标导向，逐乡开展点对点、面对面的实地走访，着重督导拆违难度大、点位多的乡，推动限期整治类图斑拆除进展。全区销账建设面积400.61万平方米，完成市级任务109%；销账腾退土地面积356.96公顷，完成市级任务101%；全区62787处举证类图斑、建设面积2101.78万平方米，于7月底全部办结，办结率达到100%。

【垃圾分类全流程精细化管理】 2023年，区城市管理委完成340个垃圾分类示范类和800个垃圾分类达标类小区（村）建设。推进再生资源回收经营者备案，加强备案指导和现场检查，完成备案企业13家、经营场所65家；加快酒仙桥粪便消纳站、高安屯厨余垃圾处理厂、焚烧三期、渗沥液提标技改等项目建设。

【电力服务保障】 2023年，区城市管理委治理输配电隐患300项，治理率100%。工体变电站、龙潭湖—弘善输电工程实现竣工投运；CBD 500千伏变电站本体工程、后街、何各庄、三营门、高辛庄、北小河、费家村7个变电站建设工程全面开工。

【环卫行业不合规三、四轮车专项治理】 2023年，全区环卫行业使用的5281辆不合规电动车全部淘汰，新购4398辆合规电动三轮环卫车全部到位，并完成车辆检测、车辆上牌登记申请等工作；完成4429名驾驶员考证任务，人车配比率达100.7%，助推朝阳区完成不合规电动三、四轮车有序“退场”目标。

【路灯建设】 2023年，区城市管理委按照“永临结合”方针推进路灯工程建设，金蝉西路等20余条无灯道路建设安装太阳能路灯440根，青年西路等30条路灯补建工程全面开工。（张文倩）

供 水

【概况】2023年，区水务局利用行政手段调控供需矛盾，协调上级部门争取政策，审批更新水源井凿井许可21个，为实现区农业灌溉目标提供水源支撑。结合取用水管理专项整治行动整改提升和地下水管理专项排查整治工作，现场排查1525眼机井，办理取水许可证559个。完成珠江绿洲家园、京通苑等17个自备井小区（单位）置换，受益4.99万人。垡头街道祈东家园、祈安家园、北焦家园三个社区于7月底接入市政自来水后，全区街道范围内居民住宅小区实现市政自来水全覆盖。全市率先开展园林绿化非常规水源接入，完成东坝郊野公园等7个公园和绿地引入河湖水和再生水，累计可利用非常规水源73万立方米，实现生态、社会、经济效益多赢。实施金盏乡东窑村等3个村水源置换项目，推进农村地区城乡供水一体化进程，完成2个村、17个单位（小区）水源置换，受益人口约8.5万人。

【水源置换部署推进】1月31日，区水务局召开地下水超采治理马泉营村水源置换项目外部管线建设协调会。北京市自来水集团、北京市基础设施投资有限公司、北京市地铁运营有限公司项目负责人及崔各庄乡、孙河乡主管领导参会。会议明确自备井供水地铁站和车辆段置换工作要求。7月15日，市水务局局长潘安君一行到管庄乡八里桥南院小区开展提升自建设施供水规范化服务运行水平主题教育调研活动，区水务局、管庄乡及小区产权单位向调研组分别汇报全区自建设施供水及置换情况、管庄乡供水情况和小区自建设施管理及置换需求。潘安君就八里桥南院小区置换市政自来水的水源问题、内部管线问题、楼内立管问题逐一调度，要求各单位结合主题教育，按照管理权限充分争取政策和资金支持，形成合力，尽早解决老百姓对市政自来水的急切诉求，把主题教育“突出问题导向，切实解决实际问题”的总要求落到实处。8月2日，市水务局副局长李宇带队调研朝阳区自建设施供水工作。调研组现场检查京通苑及701厂自建设施供水情况，就东卫城、701厂自备井置换工作从政策和技术上给予指导。11月3日，区水务局落实区长吴小杰主题教育工作要求，由局长陈杰带队前往十八里店乡调研祁庄市政水接入工作，区财政局、区发展改革委参加调研。与会人员就祁庄市政水接入方案、资金来源及实施安排进行讨论并形成一致意见。11月17日，金盏乡东窑村约340户村民全面完成水源置换。接入市政自来水后，水压更加稳定，水质更加优良，村民的幸福感显著提升。

【农村供水工作会】3月3日，朝阳区召开农村供水工作会暨饮用水水源地及保护区划定座谈会，区水务局、区生态环境局、黑庄户乡、金盏乡、崔各庄乡、平房乡、王四营乡、小红门乡、高碑店乡、十八里店乡相关负责人参加会议。会议传达《北京市推进供水高质量发展三年行动方案（2023—2025年）》、“每月一题”供水保障问题工作会议精神，对重大会议期间城乡供水安全保障工作提出要求。会议就区、乡级饮用水水源地名录制定及保护区划定进行座谈，区水务局、区生态环境局解读相关政策文件。

【供水工作交流合作】4月12日，市自来水集团副总经理姚磊带队走访朝阳区政府，副区长孟锐、区水务局局长陈杰以及规自委朝阳分局、区交通委、区住建委、区园林绿化局主管领导参加座谈。会上，市自来水集团和朝阳区各部门就近年来朝阳区供水管线建设、自备井置换等工作进行交流。10月25日，湖北省武汉市青山区水务和湖泊局副局长王学华带队考察学习朝阳区再生水利用工作。区水务局、市排水集团、朝阳水务集团相关负责人参加交流。会上，朝阳区介绍再生水利用情况，重点就水资源调度、河道生态补水、园林绿化非常规水源置换、再生水成本构成等进行深入探讨，并参观中国水谷再生水湿地公园、高碑店再生水厂和亮马河等重点项目。

【农展馆后湖及馆区绿化浇灌水源补给】4月21日，区委书记文献带队到农业展览馆实地调研，前往农展馆后湖实地查看补水工程效果。农展馆后湖补水工程于2022年11月启动实施，沿麦子店街西侧、农展馆北路铺设约560米引水管线、布设水泵及自动化调水设备、恢复施工沿线路面及相关市政基础设施等。2023年1月12日基本完工，具备通水条件，亮马河与农展馆后湖实现“牵手”，每日可为农展后湖提供优质景观水3000余立方米。

【供水管线改造】5月23日，市供水中心现场检查“水黄”小区供水管线改造工作，检查组调研三间房乡定福园小区居民用水情况，在六里屯街道十里堡北里东、西小区现场检查管线施工情况，并入户调研居民用水。居民对供水改造工作满意，表示管道更换后“水黄”问题明显改善。同日，朝阳区召开中国传媒大学家属区供水改造协调会，就传媒大学家属区庭院线改造适用政策及供水接入方式进行研究，安排部署传媒大学节水型高校试点工作。

【园林绿化非常规水源置换】8月31日，区水务局召开2024年园林绿化非常规水源置换项目方案专题会。会议要求围绕机井置换工作做文章，确保地下水压采成效；要充分考虑项目实施中的难点、问题，加强沟通协调，注重可行性；要加强宣传，营造保护生态、爱水节水氛围。9月6日，区水务局会同市排水集团再生水分公司前往区园林绿化局，就区级公园及绿地再生水接入工作进行座谈，区园林绿化局分管副局长、再生水分公司副经理及相关科室负责人参加座谈。三方就绿化行业再生水利用工作进行深入沟通，对接具体需求和最新政策，一致表示要加强沟通对接，因地制宜，结合管线条件分类施策，用足用好现有政策，推进园林绿化高标准接入再生水，压采涵养地下水，提高全区水生态文明水平。

【供水安全保障】 11月17日，区水务局在东坝乡召开会议，部署11月20日夜间降压供水期间保障工作，区水务局水资源科、市自来水集团、东坝乡、金盏乡、平房乡及涉及社区、物业、重点单位代表200余人参加会议。根据整体工作安排，市自来水集团将于11月20日23时至22日6时，对东坝乡、金盏乡、平房乡数十个小区及公建单位进行降压供水，其间，可能出现水压低、水微、个别户停水现象，影响20余万人的供水。市自来水集团就施工安排及降压期间保障工作进行介绍，区水务局及东坝乡就相关工作提出具体要求。12月27日，区水务局主要领导一行前往小红门乡，就肖村村民安全饮水情况进行调研。对用水高峰期易出现水压、水量不足问题，区水务局会同市自来水集团制定肖村水源置换实施方案，推进肖村水源置换工作。

（王　珂）

供　电

【概况】 2023年，国网北京市电力公司朝阳供电公司（简称朝阳供电公司）负责朝阳地区范围内的电网规划建设、运行管理、电力销售和177.7万客户的供电服务工作。负责输电线路154条，总长424千米；10千伏线路1904条，总长度10032.85千米；10千伏配电站室6133座，配电变压器11482台、总容量6882兆伏安。完成售电量214.29亿千瓦时，综合线损率完成1.55%，完成接电容量87.99万千伏安，城市供电可靠率为99.998%，全年最大负荷469.3万千瓦，历史最大负荷469.3万千瓦。时隔十年，朝阳供电公司再度被授予首都劳动奖状；5次获评国网线损“进步十佳”地市公司，入选国网公司“四率合一”监测分析应用“进步十佳”地市级单位；5家基层单位11次获评国网线损百强供电所。

【电力保障】 2023年，朝阳供电公司坚持“五个最”“四个零”（最高标准、最强组织、最严要求、最实措施、最佳状态；设备“零故障”、客户“零闪动”、工作“零差错”、服务“零投诉”）目标，坚决扛起“一带一路”保电主力军的职责担当，组建“20+8+2+1”（20支“1+N”团队、8支输电团队、2支配电团队、1支安保团队）保障体系，克服筹备时间短、保障点位多、各项任务交织等困难，全面确保国工艺美术馆和国家会议中心重要活动、系列会议供电万无一失。全年完成全国两会、服贸会等110项保电任务，保电天数279天。发挥朝阳经验支援成都大运会和杭州亚运会保电，公司获评国网公司保电先进集体。健全政治供电保障体系，修编发布《政治供电管理细则》等制度文件23份。

【安全生产】 2023年，朝阳供电公司面对度夏期间469.3万千瓦历史最大负荷冲击，创新建立“电网+政府+客户”政企机制，治理输配电隐患278项，制定“一小区一方案”63份，完成3个小区隐患问题治理和3个重载小区增容改造，守牢城市运行“生命线”。精准开展度冬电网运行方式分析和负荷预测，压实“六类”供暖客户保障责任，成功经受394.2万千瓦冬季历史最大负荷考验。有效应对“杜苏芮”140年不遇强降雨影响，同时派出4支201人支援团队，完成门头沟、房山抢修复电任务。推进安全管理体系建设，建立“安委会统筹部署+安委办定期督办”机制，实现体系“公司—部门—工区—班组”四级落地，并顺利通过北京公司验收。印发《安全管理穿透及措施提升工作方案》，建立并落实“18+1+产业安全提升”安全管理工作机制，在全年计划同比增长88.2%的情况下，现场违章率下降12%，计划准确率提升3.1个百分点达到94.8%。扎实开展安全生产和消防隐患大排查大整治、重大事故隐患专项排查整治2023专项行动，治理隐患2115项。大客户供电中心电缆通道运检室获评北京市青年安全生产示范岗。

【政企合作】 2023年，朝阳供电公司把握朝阳区疫情转段后经济快速恢复的难得机遇，坚持以优化发展环境为着力点，找准电力发展与朝阳“两区”建设、城乡融合发展的契合点，将电

▲ 6月20日，国网北京朝阳供电公司奥运中心区供电服务中心核心班组在樱花路开展检修

（樊晓彤　摄）

力工作融入经济社会发展全局。借势北京供电公司与朝阳区委区政府主要领导会谈有利契机，促请区政府专门出台《朝阳区电力项目建设及重点事项协同推进工作机制》，建立“1+3”工作机制。在电力项目专班推进下，召开高层季度调度会3次、月度例会6次，构建政企协同发展新格局。定期向区委、区政府主要领导报送《电力看》专报，围绕民生服务、电力保供、电网建设等大事要事，高频次、大密度进行汇报沟通，做到重要工作及时反馈、重点成效及时反映。区委、区政府主要领导到公司视察指导3次、批示肯定工作8次。

▲ 11月15日，国网北京朝阳供电公司翠城供电所到王四营马房寺村开展煤改电补贴及“网上国网”宣传
（朝阳供电公司　供图）

【改革创新】 2023年，朝阳供电公司推进配网状态检测实验室落地，打造先进电缆缺陷复现平台，试点5种国际领先电缆在线监测技术验证。“10kV柱式绝缘子绝缘护罩”成果入选国网公司“运检业务职工创新成果推广应用清单”，并与国网电商公司签订成果转化协议。全年授权发明专利3项、完成率100%，申请发明专利18项、完成率225%。获北京市管理创新二等奖、北京公司管理创新三等奖各1项，获北京公司科技创新三等奖、群众创新三等奖各1项。QC项目获得国家级、电力行业级奖项7项，获奖质量和数量均实现历史突破。数字赋能有效。数据主人制认定率达到100%，基层数据服务专区访问6万余次，应用RPA技术节约人工时长3000小时。中央商务区供电服务中心、双桥供电所分别完成国网公司和北京公司数字化供电所示范建设。对外数据服务实现上链存证突破和增值变现，完成首笔数据资产登记。打造北京公司首个园区级全品类能源数据接入典型案例。大数据应用体系入选中国信息产业商会国企数字化转型会刊，并获“电力数字化创新应用案例奖”。稳妥推进省管产业改革，全面完成主业与产业财务并表并账。科技数字化中心正式获批，科技管理与数字化工作转型加速。核心班组建设扎实推进，科数中心自动化室在国网公司常态化督查中被评定为优秀，奥运中心架空班组获评国网公司“标杆班组”。落实三项制度改革，管理岗位竞聘率达到100%，员工年度绩效与薪酬实现倒排挂钩。

【为民服务】 2023年，朝阳供电公司深化“工单驱动业务”管理模式，印发《任务工单管控细则》，创新建立“以问题为导向”的任务类工单督办机制，初步实现“工单闭环”向“问题闭环”提升。全年全渠道热线工单、频繁停电工单量同比下降6.71%、60.31%，供电服务突出问题同比减少55.10%，全专业业务工单执行规范性同比提升46.25%。坚持重要活动、重要节日、度夏度冬工单提级管控，全年受理客户投诉21件，同比下降27.59%。优化营商环境，严格兑现“三零”服务承诺，开通重点项目绿色通道，高效完成平房乡、山水文园等14项重点项目送电。深化“一件事一次办”，完成居民“刷脸办电”15例、“房产+电力”联动过户11例、“一证办电”493例。北京市电力千人千题竞赛考试成绩86.47分，位居全市各区第一名。稳步推进营销工程，打响老旧小区工程攻坚战，借助政企协作机制，解决阻碍施工问题20余项，实现竣工送电17项。承发包工程完成处置180项。深化移动作业平台应用，超前完成8万具智能表换装任务。

【人才队伍建设】 2023年，朝阳供电公司开展人才队伍建设“五大行动”（统筹布局行动、支撑引领行动、聚力跨越行动、旗帜领航行动、强基提效行动），开展冬训201期次，举办4项150余人次技能比武，完成“双跨”（跨部门、跨专业培养）培养24人次。“四库”（高技术技能培育库、青年人才托举库、专家人才储备库、高端人才争先库）人才由152人增至181人，北京公司特一级专家实现从0人到3人的突破，1人入选国网公司级青年托举人选，1人获评国网“十佳服务之星”，1人获评全国电力行业青年培训师竞赛三等奖，2人获得全国电缆竞赛北京赛区前10名。（王兆东）

垃圾清运和环境卫生

【概况】 2023年，北京市朝阳区环境卫生服务中心（简称区环卫中心）负责清扫道路面积3601.6万平方米，其中机械作业面积1675.11万平方米，“洗、扫、冲、收”新工艺作业覆盖率达到95%；人工作业面积1926.49万平方米，保洁过街天桥167座，地下通道55座，保洁清掏果皮箱10450个；管理公共卫生间1664座，密闭式清洁站257座，大型密闭式清洁站16座。全年清运居民厨余垃圾30.02万吨，清运非居民厨余垃圾9.87万吨，清运其他垃圾131.72万吨，清运处理粪便74.56万吨。完成填埋任务41548.59吨，其中，经分选大粒径垃圾5019.77吨、残渣26000.98吨、扫街土10527.84吨。完成全国两会、春节、劳动节、国庆节等重要时间节点、重大节日期间环境保障。出动保洁人员28万人次，道路清扫作业车辆5万辆次，检查人员6000人次。

▲ 2023年，支援房山区“23·7”流域性特大洪水受灾较为严重地区。图为8月，房山十渡中心大街，朝阳环卫工人清理道路淤泥（李 宏 摄）

【空气重污染应对】 2023年，区环卫中心高效应对空气重污染，接到预警，及时启动空气重污染应急预案，调配人力和机械，对重点道路增加机械作业，重点区域强化小型机械湿化作业模式。共出动道路清扫保洁人员11.46万人次，道路保洁作业车辆1.03万辆次，使用再生水5.11万吨，检查人员2560人次。

【落叶高产期道路环境保障】 2023年，区环卫中心按照“一路一策”“一域一方”的“差别化、精细化、多元化”作业法，快速合理配置人力、工具、车辆，发挥人员车辆最大效能，提高清扫、巡查频次。同时调配清运力量支援落叶清运，减少落叶堆积时间，做到“随落随扫、随扫随清”。共出动清运作业车辆499辆次，清理落叶1700余吨。

【扫雪铲冰】 2023年入冬以后，区环卫中心结合天气变化，及时启动扫雪铲冰应急预案，开展作业。其间，出动作业人员2.88万人次，融雪水车2036辆次，使用步道除雪机械设备1990台次，施洒液体融雪剂溶液3.05万吨，人工撒布固体融雪剂1120吨。

【支援房山灾后道路清理及垃圾清运】 2023年，区环卫中心支援房山区“23·7”流域性特大洪水受灾较为严重的地区，负责灾后道路清理及垃圾清运。其间，区环卫中心累计出动人员2690人次、作业车辆1027台班，机械作业长度2448千米，人工作业面积138.38万平方米，清理道路淤泥及两侧杂物899立方米，清运垃圾669.52吨。（王可心）

园林绿化

【概况】 2023年，北京市朝阳区园林绿化局（朝阳区绿化委员会办公室）（简称区园林绿化局）完成《北京市朝阳区“十四五”时期绿化发展规划中期执行情况评估报告》，完成揭网见绿122公顷任务销账和“留白增绿”（园林绿化）42.08公顷任务销账，完成桥体绿化任务7个实施点位，总长度约3600延米。

▲ 2023年，区环卫中心启动扫雪铲冰应急预案开展作业。图为1月，区环卫中心第四清洁车辆场扫雪铲冰作业（区环卫中心第四清洁车辆场 供图）

依法依规完成“多规合一”平台建设项目和市政基础设施项目等园林方案初审和会商件83件。新一轮百万亩造林绿化工程扫尾任务涉及的8个项目。截至年底，进场实施总面积7794亩，完成栽植面积3079亩。围绕全龄友好理念推动公园绿地提质增效，不断提高公园绿地500米服务半径覆盖率，2023年实施全龄友好型公园3个，改造提升面积7.41公顷。提升园林绿化品质建设花园城市，科学编制园林绿化领域专项规划。编制《朝阳区建设花园城市示范区规划研究暨三年行动计划》，建立涵盖住建、生态、园林、水务、交通等多领域项目库，形成有效指导朝阳区花园城市建设路径清单。加快推进重点特色项目落地，落实区委区政府关于“一园一花一品”“一路一叶一花”指示精神。开展局属公园特色建园，打造公园行业新品牌。联合交通部门共同打造15条特色林荫景观大道。围绕朝阳区“花园城市”建设目标打造示范项目，加快推动“五河十园”［以温榆河、清河、坝河、通惠河及萧太后河（凉水河支流）五条主要河道为依托，建设保障城防防洪安全、服务市民休闲活动、展现朝阳历史与现代魅力的生态廊道；十园：十个超大型旗舰公园，围绕十大绿色核心，建立不同层级的公园体系，营造丰富的休闲游憩空间。包括奥林匹克森林公园、朝阳公园、温榆河公园、朝南万亩森林公园、平房森林公园、东郊森林公园、金盏森林公园、金田公园、黑庄户农业生态公园、黑桥创艺公园］绿道一期的实施（规划约40千米）。加大公园绿地开放力度，再打造25处无界公园，年底前实现开放。在温榆河公园内选取两块共计25000平方米绿地作为公园绿地开放共享试点，打造可供搭帐篷、运动健身、休闲游憩等亲近自然户外活动场景。依托区内各“互联网＋义务植树基地”开展群众植树活动百余场，参加尽责人数超15万人次，创建首都绿化美化花园式街道1个、花园式社区8个、花园式单位10个、首都森林村庄1个。持续推动朝阳园林绿化从绿起来、美起来向用起来、连起来转变。制定《朝阳区园林绿化行业安全风险评估三年工作方案（2022—2024年）》《北京市朝阳区园林绿化局安全生产和火灾隐患大排查大整治工作方案》。着力提升城市绿地景观效果和平原生态林质量效益。评选“朝阳区精品绿地”树立示范，推进“地被变革”推广乡土适生植物。开展居住区绿地专项治理，重点整治50个小区的100个绿化问题，落实街乡帮扶联络工作机制，全年帮扶街乡40余次。开展3000亩平原生态林林分结构调整，林下补植3.3万株栓皮栎，实施3处村头片林改造，增加“百姓身边的森林”。联防联动做好杨柳飞絮综合防治，提前部署加强组织领导，全区建立64支应急防治队伍，加强巡查精准防治，全区注射杨柳雌株花芽抑制剂7.4万株。充分利用抚育剩余物在林地内搭建人工鸟巢、昆虫旅馆等野生动物栖息环境，建设保育小区3处。定期检查7家野生动物驯养繁殖单位，累计出动车辆16次，人员32人。抓好林业有害生物防控，设立市、区两级虫情监测点51个，美国白蛾防治面积10533.33万平方米，林业有害生物成灾率0‰，无公害防治率98%，种苗产地检疫率100%，园林绿化资源有害生物监测覆盖率100%。全区开展森林火灾隐患排查整治和查处违规用火行为专项行动，指导属地和有林单位建立隐患排查整治台账，区、乡两级出动检查组1999个、10800人次，下发整改通知52份，排查火灾隐患149处，整改率100%。持续开展秋季林下可燃物清理，组织工人5900余人次、车辆800余次，割打林下杂草21660余亩，清理林下可燃物5700余吨；开展行政执法11次，罚款1100元，批评教育林地内吸烟人员205人。建章立制，构建林长制长效责任体系，统筹各项重点工作，发挥林长制抓手作用，朝阳区在全市林长制督查考核结果优秀。在市园林绿化局2022年度安全生产考核中，区园林绿化局安全生产考核结果优秀，在区委政法委（区平安办）平安建设工作考核评比中，区园林绿化局被评为2022年优秀单位。

（魏冬梅）

【朝阳区公园情况】 截至2023年底，全区共有83家公园，面积3630.56万平方米。其中，综合公园14家，面积1522.13万平方米；社区公园22家，面积245.07万平方米；历史名园1家，面积19.8万平方米；专类公园27家，面积1586.03万平方米；游园15家，面积42.18万平方米；生态公园4家，面积215.35万平方米。 （韩 笑）

2023年朝阳区公园一览表

表5

序号	公园名称	公园地址	咨询服务电话
1	奥林匹克森林公园	朝阳区科荟路33号	64529060 64529028（24小时电话）
2	朝阳公园	朝阳区朝阳公园南路1号	65953490 65025865（24小时电话）
3	庆丰公园	朝阳区东三环中路厂坡村街甲2号	67780728（24小时电话）

续表 5

序号	公园名称	公园地址	咨询服务电话
4	大望京公园	朝阳区望京东路甲6号	64725018 64725018（24小时电话）
5	团结湖公园	朝阳区团结湖南里16号	85973603 53621108（24小时电话）
6	朝阳区红领巾公园	朝阳区后八里庄5号	85817037 85824746（24小时电话）
7	四得公园	朝阳区将台西路9号	64353759 64353759（24小时电话）
8	北小河公园	朝阳区师家坟村156号	64708518（24小时电话）
9	望和公园	朝阳区北四环东路77号	64755736 84765896（24小时电话）
10	温榆河公园（朝阳）	朝阳区来广营北路与滨河路交叉路口南侧	21737733 51426919（24小时电话）
11	望湖公园	朝阳区望湖北路51号	52251098 13911270525
12	立水桥公园	朝阳区明天第一城社区汤立路两侧	84848602 18601171533
13	东一处公园	朝阳区重兴寺东路交叉口北200米	13241309388 13718027236
14	润泽公园	朝阳区水岸中街	84957278 13810163370
15	万和桐城公园	朝阳区南湖区西路220号	13601317928
16	望承公园	朝阳区望京南湖渠西路220号	65958866 13910538661
17	太阳宫花园	朝阳区太阳宫北街2号院	84299452 13366997026
18	仰山公园	朝阳区安立路30号	15901063181
19	儿童主题公园	朝阳区四季星河路甲1号	15652083586 15810251382
20	华汇紫薇公园	朝阳区北四环小营北路8号	13901253993 13901207559
21	瑞竹园	朝阳区京承高速与来广营西路交叉路口往东北约130米	85967551（24小时电话）
22	百子湾公园	朝阳区后现代城C区南侧	13241309388 18526565868
23	望京SOHO和趣园	朝阳区望京街10号	85967551（24小时电话）
24	十友园	朝阳区来广营北路北纬40度小区后身	13241309388 17503212856
25	丽都公园	朝阳区芳园西路6号	64360541 18101097145

续表 5

序号	公园名称	公园地址	咨询服务电话
26	金隅南湖公园	朝阳区阜通西大街20号	64795418 84780519（24小时电话）
27	望京体育公园	朝阳区望京湖光中街	13260074405
28	弘善城市休闲公园	朝阳区左安路21号	85967551（24小时电话）
29	常营保利公园	朝阳区常顺路东100米	85967551（24小时电话）
30	翠城公园	朝阳区东堡头路70号	13241309388 18630100985
31	坝河休闲公园	朝阳区西坝街丽湾家园西南侧	13241309388 13511099783
32	暖山生态公园	朝阳区双桥东路与康中街交叉口东北100米	13241309388 15222192890
33	日坛公园	朝阳区日坛北路6号	85616301（24小时电话）
34	元大都城垣（土城）遗址公园（朝阳段）	朝阳区安外小关街甲38号	84647381 84648252（24小时电话）
35	八里桥公园	朝阳区瑞祥北街	65730788 13699180953
36	华茂绿线休闲园	朝阳区立通路西侧	85967551（24小时电话）
37	大屯阳光休闲园	朝阳区安立路68号	13260074405
38	昆泰休闲公园	朝阳区望京启阳路2号	85967551（24小时电话）
39	小红门芳林园	朝阳区城外果园路	13241309388 15222192890
40	会议中心休闲园	朝阳区来广营西路88号东侧	65713396
41	家乐福休闲园	朝阳区北四环东路与北四环东路出口北侧	13260074405
42	劲松百环休闲园	朝阳区武圣北路东侧绿地	85967551（24小时电话）
43	利星行休闲园	朝阳区广顺南大街8号	85967551（24小时电话）
44	绿影园	朝阳区大屯科学园南里中街南沙滩小区	13260074405
45	丁香园	朝阳区将台乡驼房营路西侧	13260074405
46	裘马都休闲园	朝阳区尚家楼路2号东南侧	13260074405
47	左家庄科普廉政文化园	朝阳区香河园路与左家庄西街交会处东侧	13260074405
48	首城国际休闲园	朝阳区广渠路36号院	85967551（24小时电话）
49	小关奥林匹克文化游园	朝阳区安苑路17号	13260074405
50	紫檀休闲园	朝阳区紫檀博物馆东侧绿地	65713396
51	马家湾湿地公园	朝阳区大鲁店北路	85967551（24小时电话）
52	兴隆公园	朝阳区高碑店兴隆庄甲8号	85764376 85761866（24小时电话）
53	古塔公园	朝阳区王四营乡高碑店路东侧	87390858（24小时电话）

续表5

序号	公园名称	公园地址	咨询服务电话
54	将府郊野公园（一至三期）	朝阳区东八间房临甲10号	64331580 84564669（24小时电话）
55	将府公园（四期）	朝阳区东八间房临甲10号	64331580 84564669（24小时电话）
56	京城森林郊野公园	朝阳区平房乡黄杉木店路两侧	85823730（24小时电话） 18611400697
57	小武基公园	朝阳区小武基路与垡头路交叉路口往东120米	13801169895 18526565868
58	朝来森林公园（三期）	朝阳区顺白路	84953646 18618125530
59	官庄公园	朝阳区广化大街	87390858（24小时电话）
60	东风公园	朝阳区东风乡将台洼村	18810248265
61	鸿博郊野公园	朝阳区小红门乡小红门南里	87603360（24小时电话）
62	镇海寺郊野公园	朝阳区小红门乡牌坊村	87603360（24小时电话）
63	勇士营郊野公园	朝阳区来广营地区北苑东路	13501082075 13031029583
64	京城槐园郊野公园	朝阳区姚家园路辅路	18611400697 18513974085
65	平房公园	朝阳区朝阳北路亮马厂东侧	18611400697 13436552974
66	白鹿郊野公园	朝阳区王四营乡柏阳景园北侧	87390858（24小时电话）
67	京城梨园郊野公园	朝阳区平房路东幺家店路北	85360981（24小时电话） 18611400697
68	东坝郊野公园	朝阳区东坝乡康各庄路南	65491621 65491802（24小时电话）
69	常营公园	朝阳区幺家店路	65485616（24小时电话）
70	朝来森林公园	朝阳区来广营地区新勇路	13501082075 84911106（24小时电话）
71	金田郊野公园	朝阳区于家围北村478号	85373726（24小时电话）
72	太阳宫公园	朝阳区太阳宫中路甲6号	84158000 13801011715
73	老君堂郊野公园	朝阳区十八里店乡老君堂村五环近康华桥	13581650612
74	海棠郊野公园	朝阳区老君堂村	13581650612
75	清河营郊野公园	朝阳区北苑东路四号	84911106 13801126285
76	黄草湾郊野公园	朝阳区大屯乡北五环路南	64800915 13520720427
77	杜仲公园	朝阳区三间房乡	85368639 13011075590

续表 5

序号	公园名称	公园地址	咨询服务电话
78	京城体育郊野公园	朝阳区姚家园路73号	18611400697 15801636891
79	百花郊野公园	朝阳区高碑店乡北花园村内	13439876390
80	太阳宫体育休闲公园	朝阳区太阳宫北街西坝河路	84158000 13911437610
81	何里栖地公园	朝阳区何各庄村	84579588 13601055379
82	四合公园	朝阳区四户庄村	85384278 13522161180
83	孙河郊野公园	朝阳区孙河乡孙河村	84915007 18610542555

【创建国家森林城市】 2023年，区园林绿化局组织专家对朝阳区近4年森林城市建设任务梳理汇总，最终以24项指标全部达标通过市级部门验收考核，达到国家森林城市标准。通过举办丰富多彩的宣传活动，营造浓厚宣传氛围，吸引市民对森林城市建设的关注，不断提升公众对朝阳创森的认可度和满意度。在各公园安装道旗2680面、户外大屏3处、制作地铁灯箱广告30处、公交站台广告126处，发布宣传新闻200余条。 （张　珊）

【花卉常态化项目】 2023年，2023花卉常态化项目于5月26日开工，11月3日竣工，施工内容是中轴路、民族大道、北辰东路、北辰西路、安立路等重点道路的28处点位花卉景观布置，面积合计25069平方米，包括栽植、摆放花卉等，种植孔雀草、鼠尾草、四季海棠红、凤仙等时令花卉223万余株。项目建设单位为北京市朝阳区公园和绿化建设管理中心，施工单位为北京朝园弘园林绿化有限责任公司，监理公司为北京德轩工程管理有限公司，设计公司为北京北林生态田园景观规划设计有限公司。 （孙泽帅）

【古树名木保护】 2023年，区园林绿化局对东坝乡原轻工技术学校、朝外街道日坛公园内的90株古树开展技术复壮保护，在垡头翠城公园内创建古树公园1处。严格落实分级管理工作制度，对朝阳区古树名木开展全覆盖检查，对属地古树名木工作负责人员专业培训，并在公园面向游客开展古树名木保护宣传。 （刘　洋）

【野生动物保护】 2023年，区园林绿化局对接区城管执法局、公安分局森林公安大队、街乡属地等多部门开展联合执法行动。对重点部位及场所开展执法检查224次，出动执法人员448人次。其中，野生动物类型行政立案3件，办结3件，没收野生动物制品5件，罚款13.581万元。日常执法过程中，收缴救助野生动物216只，其中包括国家一级5只、国家二级14只、“三有”动物186只、常见野生动物11只。检查人工繁育单位7家，累计出车16辆次，人员32人次。截至年底，区园林绿化局在册陆生野生动物人工繁育单位7家，动物447只。 （任宇晴）

【林地林木行政审批】 2023年，区园林绿化局使用林地审核审批，永久占用林地审核8件，占用林地面积222535平方米；永久占用林地审批13件，占用林地面积23377平方米；占用林地备案11件，占用林地面积48988平方米；临时使用林地审批17件，占用林地面积139240平方米；修筑直接为林业生产经营服务的工程设施占用林地审批2件，使用林地面积共计75223平方米。林木移伐审批，林木采伐347件，采伐林木74588株（含市局审批1株）；林木采挖移植262件，移植林木813379株（含市局审批54株）。绿地及树木，审核永久占用绿地37件，涉及绿地面积16247.22平方米；审核临时占用绿地2件，涉及绿地面积6886平方米；审核砍伐树木许可15件，涉及树木1209株；审核移植树木许可26件，涉及树木7696株。绿地及树木移伐审批，审批临时占用绿地73件，涉及绿地面积153914.87平方米；树木砍伐191件，砍伐树木679株；树木移植86件，移植树木1171株。社会投资项目涉及审核审批许可9件，其中审核项目4件，涉及移植树木332株，砍伐树木120株；审批项目5件，涉及砍伐树木31株。 （任宇晴）

【林长制责任落实】 3月，朝阳区印发《朝阳区总林长令2023年第1号》，全面部署2023年朝阳区林长制重点工作；4月，印发2号令《关于加强春季森林防灭火工作的令》；6月，印发3号令《关于做好美国白蛾、松材线虫病等重大林业有害生物防控工作的通知》；11月，印发4号令《关于切实加强我区森林防灭火工作的令》，及时跟进信息，更新林长名单。在2022年全区43个街乡级公示牌及623个社区村级公示牌已全部设立的基础上，2023年增设4个社区村级公示牌，更换3个公示牌贴纸，更新林长信息。

（任宇晴）

【绿道建设】 2023年，绿隔地区公园环绿道（朝阳段一期）项目北至北小河，南至姚家园路，东至坝河，西至东风迎宾公园。工程于2023年8月开始施工，以朝阳东部地区现状绿隔公园为绿色基底，绿道长约39千米（其中新建20.97千米，改造12.04千米，借路5.79千米），总建设面积约116.86公顷。截至年底，可实施部分绿道道路主体完工，其余绿化工程和配套附属设施未完成，串联5个乡（崔各庄乡、将台乡、东风乡、东坝乡、平房乡）7个公园（黑桥公园、将府公园、东风公园、东风迎宾公园、京城体育公园、京城槐园、东坝郊野公园）。项目建设单位为北京宝嘉恒基础设施投资有限公司，施工单位为北京市第五建筑工程集团有限公司，监理公司为北京四方工程建设监理有限责任公司。

（解佳雪）

【花园式单位、社区、首都森林村庄创建】 2023年，花园式创建是让广大市民近距离享受城市绿化美化成果的惠民工程，也是建设绿色生态朝阳的重要组成部分。区内花园式街道、花园式社区、花园式单位通过开展各类绿化美化工作、组织丰富多彩的园艺活动，提高群众义务植树尽责率，改善地区环境品质，提高市民爱绿护绿意识。全年完成义务植树活动221场次，创建首都绿化美化花园式街道1个、花园式社区8个、花园式单位10个、首都森林村庄1个，全部通过市级验收。

（张　珊）

【朝阳园林绿化系统防汛】 2023年，区园林绿化局制定《朝阳区园林绿化防汛应急预案》，完善工作制度，构建具有行业特点的“重部署、严落实、强值守和快处置”防汛应对模式。汛期降雨19场，7月至8月主汛期期间，极端天气预警54次（大风13次、雷电19次、冰雹3次、暴雨13次），与上年同期持平，其中黄色预警21次，比上年同期增加75%。开展防汛演练26次、培训22场，排查隐患29处，加固易倒伏树木681棵。台风“杜苏芮”期间，园林绿化专项分指挥部，处置倒伏树木442棵、折枝174棵、倒树砸车22辆、压线4处，累计出动人员1869人次、车309辆次。支援街乡处置树木23次。

（张晋峰）

【“互联网+全民义务植树”基地】 2023年，区园林绿化局依托区内各“互联网+全民义务植树”基地，组织全区开展群众植树活动，新建孙河及崔各庄两处“互联网+全民义务植树”基地，为更多单位、团体、学校和广大市民持续提供义务植树尽责服务保障。

（张　珊）

【助力中轴线申遗】 1月7日，北京卫视《最美中轴线》节目组到日坛公园取景录制节目。由历史民俗专家房博讲解园中祭日壁画、九龙柏和圜坛的历史及发展。通过节目，让游客更多了解日坛公园岁月变迁，领略日坛公园的精神与神韵，借音乐之声传递北京中轴线文化，助力北京中轴线申遗。

（张　琳）

【环境保障】 3月3日至15日，全国两会期间，为营造优美、安全的绿地环境，区园林绿化局按照市区统一部署，上下联动开展绿地养护管理工作。其间出动检查人员956人次，养护作业人员31739人次，清理绿地面积约2380万平方米、可燃物540吨，湿化绿地面积895万平方米。

（黄　珊）

【“春分·朝阳”文化节】 3月21日，第十六届“春分·朝阳”文化节在日坛公园举办。区委区政府、区文化和旅游局、区社工委民政局、区宣传文化中心等领导参加了文化节活动。文化节分为春分礼乐、日坛游艺、朝外玩味三大板块，活动现场有竖鸡蛋、扔羊拐、投壶、抽陀螺、滚铁环等12项传统游戏，并设有公益服务、医疗健康、美食非遗等咨询、体验项目，让游客亲身体验传统文化，为游客答疑解惑。

（张　琳）

【国家领导人到东坝中心公园参加义务植树】 4月4日，党和国家领导人到位于朝阳区东坝中心公园的植树点，同首都群众一起参加义务植树。植树点位于北小河和坝河交汇处的东坝中心公园内，面积约300亩，种下油松、西府海棠、国槐、柿树、红瑞木等树苗。

（张　珊）

【元大都城垣遗址公园第23届海棠花节】 4月6日，朝阳区元大都城垣遗址公园第23届海棠花节正式启动。启动仪式在海棠花溪景区内举办，海棠花节主题为“海棠花开元大都，春光烂漫映花溪”，由北京文明游园公益形象大使“文小明”“游小园”带领公众进行文明游园，感受春日气息。市区有关单位领导等参加了活动。元大都公园海棠花溪总面积16.4万平方米，共有28个品种的海棠树5000余株，是全市海棠品种最多、数量最大的海棠园，栽植有西府海棠、金星海棠、雪球海棠、垂丝海棠、果冻海棠、贴梗海棠等常见品种，还种植了露易莎、春雪、粉屋顶、粉手帕等新优品种海棠。公园于1998年开始举办“海棠花节”，已成功举办23届，与香山植物园的桃花节、玉渊潭公园的樱花节并称为北京春天的三大花节。海棠花节期间游客流量约40万人次。

（徐玲玲）

【飞絮治理】 4月29日至5月3日，由区园林绿化局牵头，联合区城市管理委、区水务局、区环卫中心相关部门，奥森公园、朝阳公园、金都园林等重点单位及各街乡，组建64支飞絮防治队开展联防联治工作。作业人员接到指令携作业设备在30分钟内到达指定区域开展喷水、湿化和清扫作业；安排专门人员巡查重点区域及周边，密切监测飞絮情况，为全区飞絮精准防治提供实时依据。其间，日均出动高压喷水车、雾炮车、清扫车等190辆次，作业人员1500人次，累计喷水或修剪杨柳树雌株9.53万株，湿化绿地林地及硬化道路面积4906.7万平方米。

（黄　珊）

【市人大农村委员会领导调研朝阳区绿化园林工作】 6月14日，市人大农村委员会领导到温榆河公园朝阳示范区调研，区人大常委会及区园林绿化局领导等约30人参加。调研团队首先观看温榆河公园朝阳示范区宣传片，了解公园落实“山水林田湖草”保护理念和特色运营战略，致力于打造北京最大户外文化旅游先锋地。随后到木卯营地，了解营地的规划建设与发展经营模式，强调在营地经营过程中，要保护好林木资源，梳理总结运营经验。最后，到花溪锦田区域，体验该处依托园区优质森林资源，打造集自然科普、户外研学、花卉艺术、生物多样性展示于一体的新型文化交流空间、沉浸式生活美学高地。

（黄　珊）

【北京荷花文化节暨首届朝阳区红领巾公园荷花观赏季活动】 6月28日，北京荷花文化节暨首届朝阳区红领巾公园荷花观赏季活动举办。园林绿化局围绕“一园一花一品”特色建园要求和红领巾公园自身特点，打造首届朝阳荷花节。荷花观赏活动在“荷”你相遇——主题展区、清塘荷韵——荷塘写生区、荷香墨语——地书创作区、“荷”你在一起——互动体验区、荷风雅韵——文艺展示区五大活动区域，开展各类特色文化活动，营造独具特色的文化氛围，提升公园文化内涵和吸引力。

（韩　笑）

【“安全生产月”宣传咨询活动】 6月，是第22个全国“安全生产月”，主题为“人人讲安全、个个会应急”。园林绿化局制定《安全生产月活动方案》，围绕“5·12”防灾减灾日、消防宣传月等主题开展大排查大整治宣传。开展学习培训和网络知识竞赛18场、宣传咨询活动11场；消防宣传月期间领导班子组织消防法律法规学习培训13场、参加269人次，开展宣传活动26次、发放宣传材料520份，组织应急演练28次、参加77人次。

（张晋峰）

【天津市同行参观交流】 7月13日，天津市环境建设投资有限公司总经理，副总经理，投资开发部部长，天津市城市园林绿化服务中心副主任，天津市园林工程有限公司党支部书记、总经理等到京实地参观调研朝阳区奥林匹克森林公园、朝阳公园、日坛公园。调研内容涵盖政府投资公益性公园及企业投资经营性公园的投资建设与运营模式、公园配套服务项目与经营项目投资模式、项目公司组织架构和人员配置情况、公园经营权取得方式、公园整体规划定位与功能分区与业态布局方案、经营业态选择与组织的总体考虑与具体方式、公园经营收入主要来源与占比等。

（刘　超）

【“一园一花一品”工作会】 7月14日，区园林绿化局召开“一园一花一品”工作会议，局属9个公园主要领导参加。会议部署特色建园工作，要求结合各公园一种特色开花植物、一个特色景观或一项特色文化活动等进行改造提升，实现一园一特色，打造公园行业新品牌，推进局属公园“一园一花一品”各项工作的开展，完成局属公园“一园一花一品”特色建园项目方案设计及意见征集。

（刘　超）

【林果花草蜂种业专业论坛】 9月12日，由北京市园林绿化局与延庆区人民政府共同主办的2023年“林果花草蜂种业专业论坛”在北京世园公园中国馆举行。论坛以“花园城市 种业先行”为主题，围绕种业行业前沿领域和关键技术，通过学术论坛、企业推介、展览展示、现场参观等环节，全面展示北京市林果花草蜂种业创新发展成果。朝阳区企业北京盛泰嘉禾农业科技发展有限公司参加并参展，参展品类别为枣，展品名称为郎家园枣。朝阳区园林绿化管理服务中心林果部和林保部相关人员，以及北京三元绿化工程有限公司、北京盛泰嘉禾农业科技发展有限公司、北京假日农夫科技有限公司3家企业代表参展。

（蔡继红）

【遇见日坛——坛庙文化展】 9月28日，由北京坛庙文化研究会、北京市朝阳区园林绿化局、北京市朝阳区日坛公园共同主办的“遇见日坛——坛庙文化展”在日坛公园神库神厨院内举办。文化展分为四部分，第一部分北京坛庙历史文化知识；第二部分中国古代祭日典仪活动；第三部分日坛公园匠心修缮，重现历史风采；第四部分日坛公园北天门3D立体古建风貌地画。“遇见日坛——坛庙文化展”让公众了解坛庙在古代的作用和意义，了解中国历史文化。

（张　琳）

【迁徙候鸟保护】 9月至11月，北京进入秋季候鸟迁徙期，大批南飞候鸟途经北京，做短暂休息和补给后南下越冬。常见的“三有保护动物”（指国家保护的有重要生态、科学、社会价值的陆生野生动物）鸟类有普通翠鸟、煤山雀、暗绿绣眼鸟、黄雀；国家二级保护动物有红喉歌鸲、画眉等。一些不法分子利用候鸟迁徙短暂休息期，铤而走险，非法猎捕。区园林绿化综合执法队提早制定《打击秋冬季乱捕滥猎和非法经营利用鸟类活动专项行动工作方案》，与属地街乡、区城管执法局、公安分局森林公安大队等部门开展严厉打击辖区内非法鸟市行动，与志愿者共同巡视猎捕野生动物行为高发点位。国庆节期间，对全区花鸟鱼虫市场、自发鸟市、猎捕高发区域内的25个点位严防死守，出动执法人员20余人次，收缴私设的猎捕粘

网 12 张，没收救助野生鸟类 100 余只，鸟笼若干。（英　峋）

【第二批公园开放试点项目拆除完成】 12 月 15 日，区园林绿化局完成 2023 年度朝阳区第二批公园开放试点项目拆除工作。第二批公园开放试点公园 25 处，完成围栏拆除 25 处 36467 延米。（韩　笑）

【“朝园工匠”竞赛活动】 12 月 27 日，朝阳区 2023 年“朝园工匠”冬季树木修剪竞赛在定福庄西路与幺家店路交会处西南角举办，比赛采用现场实际操作技能考核形式进行，全局 13 家基层单位 50 名一线园林养护工人参赛，朝阳区园林绿化局党委书记、局长到场指导。参赛选手使用手持、手锯、高枝剪等工具为国槐“整形”。最终，绿化一队获得团体赛第一名、北小河公园获得团体赛第二名、日坛公园获得团体赛第三名，12 名参赛人员分获第一、二、三名。（黄　珊）

朝园弘园林绿化有限责任公司

【概况】 北京朝园弘园林绿化有限责任公司隶属区园林绿化局，为全民所有制企业单位，具有城市园林绿化壹级资质的企业，经营园林绿化、园林机械、花卉苗木、环保技术开发等项业务。获 ISO 9001 质量管理体系、ISO 14001 环境管理体系和 OMS 18000 职业健康安全管理体系认证，是中国风景园林学会的会员单位。2023 年中标项目 15 个，包括局属项目 9 个、市场项目 6 个。完成 4 个项目的设计和改造方案，项目设计面积约 3.7 万平方米。做好二级安全生产标准化各项工作，保证安全管理资料完善，制度体系健全，各类隐患、风险和有害因素得到有效防范，保证安全生产绩效稳定。（岳　棋）

【市场招投标】 2023 年，北京朝园弘园林绿化有限责任公司中标项目 15 个，其中局属项目 9 个，包括工人体育场周边环境整治（一期）项目（园林绿化局）、2023 年重点道路、2023 年花卉常态化、2023 年全龄友好公园改造其他建筑工程采购项目、朝阳区首批公园开放项目（施工）、朝阳区桥体垂直绿化项目、2023 年新建绿地项目（施工）、朝阳区第二批公园开放项目三标段（施工）和 2023 国家网球中心应急花卉布置；市场项目 6 个，包括王化路（化工路—京哈高速）道路绿化工程、航研所东路（幺家店路—朝阳北路）道路绿化工程、香河园街道 2023 年绿化养护项目、姚家园北街东四环内环树木伐移工程、朝阳区东五环（七棵树桥—白家楼桥）供水管线工程树木移伐恢复工程、百子湾保障房项目配套道路绿化工程。（岳　棋）

【工程设计】 2023 年，北京朝园弘园林绿化有限责任公司承揽朝阳区 2023 年花卉常态化设计、朝阳体育中心绿化恢复、朝阳区人社局绿地改造、朝阳区美育教育中心庭院改造 4 个项目的设计和改造方案，项目设计面积约 3.7 万平方米。（岳　棋）

园林绿化管理服务中心

【概况】 2023 年，北京市朝阳区园林绿化管理服务中心（加挂北京市朝阳区林业工作站牌子）全力做好林木有害生物防治工作，修订《朝阳区突发林木有害生物事件应急预案》，设立市、区两级虫情监测点 51 个，美国白蛾专项监测点 280 个。发放《朝阳区林保情况》45 期，介绍虫害识别特征、防控方法及防控药剂推荐。向朝阳区所有在册果园发放羊粪有机肥 3965 袋、低毒低残留农药 575 箱。组织辖区内果园召开 2023 年食用林产品工作会议，指导监督各果园日常工作。为全面贯彻落实全市“十四五”时期乡村振兴战略实施规划及市领导关于老北京水果品牌建设的重要批示，提升全市老北京水果的品质，组织实施 2023 年朝阳区老北京水果示范基地建设项目，通过基地遴选、遴选公示、前期调研、过程监管等环节，顺利通过专家组验收。配合局里接受国家林业和草原局及市局城镇绿化处检查城市绿地绿化、树木批后监督执行情况，均未出现重大问题及瑕疵。截至年底，共接到申报地铁 12 号线工程和平西桥站 13、14 号施工场地、朝阳区望京区域交通综合治理工程、姚家园北街（东四环—东五环）道路工程、王化路（化工路—京哈高速）道路工程等城市绿地绿化、树木批后验收项目 438 个。到期验收项目 369 个，施工现场巡查检查 665 次。开展 22 处认建认养公园绿地安全专项监督检查及日常监督检查活动，出动人员 540 余人次、车 270 余辆次。2023 年新增认建认养绿地 1 处。按照《北京市代征城市绿化用地移交建设管理办法》接收北京市土地整理储备中心朝阳分中心收储开发项目孙河乡 V 地块代征绿地、东风乡代征绿地（一至七宗地）部分代征绿地、朝阳区平房乡姚家园新村三期安置房项目、朝阳区平房乡姚家园新村 H 组团代征绿地、康城花园住宅小区二期建设项目、朝阳区东四环南路甲 1 号二号地物流港仓储项目、朝阳区东郊农场保障房 E 地块、配套中小学 H 地块项目、上东十号拆违腾退代征绿地等 14 个项目代征绿地的移交手续办理和接收工作，接收代征绿地总面积 160 余万平方米。（周新颖）

【2023 年林草生物灾害防控宣传活动】 5 月 12 日，区园林绿化管理服务中心在将府公园“酒仙壁画”小广场开展 2023 年林草生物灾害防控宣传周和防灾减灾日宣传活动。市局防治检疫处、资源保护中心、执法大队、北京林业有害生物防控协会、区绿化局及将台乡公共事务服务中心相关领导参加活动。现场免费向过往市民发放美国白蛾查防要点和松材线虫病介绍的宣传折页 800 份，并解答市民提出的关于

▲ 2023 年，朝阳区开展林草生物灾害防控宣传周和防灾减灾日宣传活动。图为 5 月 12 日，区园林绿化管理服务中心在将府公园宣传活动现场（曹郭莹 摄）

林业有害生物防治工作的疑问。（曹郭莹）

【美国白蛾、松材线虫病防控视频会】 6 月 9 日，区园林绿化管理服务中心组织区外办、区农业农村局、区民政局、区水务局及 43 个街乡和局属公园、绿化队召开联合的 2023 年美国白蛾、松材线虫病防控工作推进视频会。会议由区园林绿化管服中心主任主持，会议再部署美国白蛾、松材线虫病防控工作。压实责任，明确各相关单位的防控职责，确保部门联动。会议强调，提高防控意识和重视程度，加大对美国白蛾防治问题的通报力度，强化督查，利用多种形式督办，加强工作推进。（曹郭莹）

【老北京水果示范基地建设项目区级验收】 12 月 13 日，北京市园林绿化局产业处陈浩同及 3 位专家到朝阳区开展 2023 年老北京水果示范基地建设项目验收工作。区园林绿化管理服务中心主任等相关人员一同到示范基地参加验收工作。专家组在了解项目整体情况后结合实地考察最终通过验收。（蔡继红）

公园和绿化建设管理中心

【概况】 2023 年，北京市朝阳区公园和绿化建设管理中心根据各郊野公园游客量随时调整工作人员力量，保障郊野公园有序运行。加强宣传，引导游客文明游园，维护文明和谐的游园氛围。每月对郊野公园开展巡视检查 2 次，发现问题督促整改，形成季度检查问题汇总，与市园林绿化局开展的月度检查、半年综合检查形成交叉监督检查机制。为提升郊野公园管理水平，开展公园管理方面培训 4 次。通过树木疏移、移植调整林分密度，构建朝阳区郊野公园混交、复层、多功能森林群落和生物多样性体系，达到针阔混交和乔灌结合的效果。完成林分结构调整面积 1037.13 亩，移植树木 610 株，疏伐树木 5348 株。落实《北京市无界公园建设三年行动计划（2023—2025 年）》（京绿办发〔2023〕75 号）的文件精神，提升公园景观的视觉品质，推动花园城市建设，配合公园科做好 22 个郊野公园无界开放工作。（刘 岩）

【重点道路施工项目】 2023 年，亮马桥路（东三环路—东四环路）、东坝南二街（东四环路—东五环路）两条道路景观提升项目于 5 月 23 日开工，11 月 16 日竣工。景观施工面积 22761 平方米，栽植白蜡、银杏等乔木 833 株，接骨木、榆叶梅等灌木 5063 株，色块（带）4765.4 平方米，玉簪、鸢尾等宿根花卉 22428 株，铺设冷季型草 6106 平方米。项目建设单位为北京市朝阳区公园和绿化建设管理中心，由北京朝园弘园林绿化有限责任公施工司，北京园磊工程管理有限公司监理，国信腾远（北京）工程设计有限公司设计。（孙泽帅）

【2023 年全龄友好园】 2023 年，大屯文化广场、东直门楔形绿地、首城国际绿地 3 处全龄友好型公园改造完成，施工总面积 74633 平方米，于 6 月 21 日开工，9 月 30 日竣工。共栽植五角枫、臭椿等乔木及绿篱 12986 株，色带 328.39 平方米，八仙花、千屈菜等宿根花卉 17875.48 平方米，铺设冷季型草 3689.94 平方米、苔草 13389.5 平方米、竹类 213.3 平方米。新增儿童滑梯、攀爬绳、攀岩点等设施，以满足不同年龄市民的休闲健身活动需要。该项目建设单位为北京市朝阳区公园和绿化建设管理中心，由北京朝园弘园林绿化有限责任公司施工，北京中建工程顾问有限公司监理，北京多义景观规划设计事务所、北京北林地景园林规划设计有限责任公司及北京北林生态田园景观规划设计有限公司设计。（孙泽帅）

绿化一队

【概况】 2023 年，北京市朝阳区园林绿化局绿化一队养护范围西起东二环，东至通马路，南起分钟寺，北至滨河路。绿化养护面积 610.62 万平方米。其中，特级绿地 78 条 290.8 万平方米，一级绿地 131 条 206.1 万平方米，二级绿地 166 条 110.6 万平方米，三级绿地 11 条 3.1 万平方米。完善各项管理制度，调整考核细则的分值，加大对养护班组的日常检查，全年养护检查 12 次。完成会议、调研、检查等活动环境保障工作 20 余次。完成接诉即办案件 1135 件。接收、排查、处理网格案件 9544 件，第三方案件 3172 件。解决信访案件、夜间举报 400 余件，配合调研、检查等路线保障 30 余次。安排专人负责病虫害巡查管理，采取预防为主和综合防治相结合的方法开展病虫害防治工作。开展养护知识培训、夏季修剪培训，提高绿化养护整体水平。坚决贯彻“安全第一，预防为主，综合治理”的管理方针，层层签订安全生产责任书。开展《安全生产和火灾隐患大排查大整治工作》《以案为鉴深化安全生产和火灾隐患整治专项行动》等工作方案的整体部署，结合《2023年安全生产和应急管理工作要点》、《2023年安全生产月、消防月活动方案》、《动火作业和特种作业专项检查方案》及有限空间作业“双防一推进”安全整治专项行动、电动自行车领域消防安全专项整治行动等专项行动，持续开展安全督查检查，全年累计督查检查场所187家次、排查隐患104项，整改104项。排查毛白杨、国槐等险树335株，修剪银杏、国槐等干枝死杈938株，出动人员850人次、车120辆次，清理倒伏树木450株，折杈的危险树木420余株。配合交通队修剪遮挡路牌、信号灯的苗木150株，出动人员220人次，车36辆次。创建文明、卫生城区期间，负责管辖范围内的绿化环境保障工作，确保绿地内无死株、陈旧性垃圾，环境保障面积600万平方米，出动人员20000余人次，车1500余辆次。（冯子涵）

【花卉常态化项目】2023年，花卉常态化项目于6月6日开工，11月6日竣工。总施工面积4394.04平方米，整理绿化用地4394.04平方米，种植土回填164立方米。全年栽植花卉673962株、栽植绿植71株、绿地覆盖彩色有机覆盖物3967.14平方米、绿地覆盖假草坪426.9平方米。（李　伟）

【春季补植】2023年，绿化一队在东四环路、东二环路、广渠路、西大望路、北五环路、建国路、农展南路、外二环路、朝阳北路、朝阳路等养护道路，补种植乔灌木1649株、绿篱色块41.63万株、宿根地被68万株、月季5.42万株、草坪2.55万平方米。（刘　旭）

【绿化成果保护】2023年，绿化一队拆除各类违法占用绿地行为150余件，处理绿地内违章停车180余辆，配合各类市政管线抢修5次，恢复临时占用绿地1800平方米。清理绿地内居住闲散人员3人次，配合相关合法建设单位勘测现场90余次，勘测面积66500平方米，安全合法移伐各类树木2980株，涉及占地面积59740平方米。（侯　蕊）

【古树养护】2023年，绿化一队对管辖范围内的11株古树（其中松柏8株，槐树3株）加强养护管理，安排专人负责巡查、记录日常情况、填写古树名木生长管护情况检查表，并进行浇水、除草、施肥、病虫害防治及适当修剪，古树状态良好。（刘　旭）

【2023年全龄友好公园改造其他建筑工程采购项目——首城国际绿地项目】2023年，2023年全龄友好公园改造其他建筑工程采购项目——首城国际绿地项目位于首城国际西侧，于6月21日开工，9月30日竣工。由北京北林地景园林规划设计院有限公司设计，北京中建工程顾问有限公司监理，区园林绿化局绿化一队施工。绿化面积23435平方米，其中绿化完成乔木栽植44株，灌木栽植110株，色带栽植669.88平方米，花卉地被栽植10223.79平方米。土建工程完成沥青路铺装2057.32平方米，塑胶铺装1263.3平方米，透水砖铺装467.22平方米，新建廊架2处，新建景墙2堵，改造框井景墙1堵，儿童攀爬墙1堵，儿童滑梯1座，康复栏杆13.8米，无障碍坡道1处，防腐木座椅51处，成品座椅9套，垃圾桶15组。（李　伟）

【2023年重点道路——亮马桥路项目（东三环路——东四环路）】2023年，2023年重点道路——亮马桥路绿化养护项目位于亮马桥路（东三环路——东四环路），于5月20日开工，11月16日竣工。由国信腾远（北京）工程设计有限公司设计，北京园磊工程管理有限公司监理，区园林绿化局绿化一队施工。整理绿化用地4732平方米，种植常绿乔木4株、落叶乔木286株、落叶灌木430株、色块（带）2839平方米、花卉248平方米、草皮1583平方米，铺设园林喷灌管道2894米。（李　伟）

绿化二队

【概况】2023年，北京市朝阳区园林绿化局绿化二队绿地养护范围东至姚家园路，西至健翔桥（海淀交界），南至工体北路，北至立水桥（昌平交界）。绿化养护道路430条（块），园林绿地607.57公顷，其中公共绿地42处，地被植物216.62万平方米。服贸会期间在北辰西路国家会议中心区域及首钢园沿途开展绿化环境保障工作，修剪周边道路乔灌木、绿地卫生保洁、补植补种等，派出专项养护人员135人次、高枝车2辆次、巡查人员11人次、货车6辆次，清理地面3.85万平方米、补植地被及绿篱色块1120平方米，其中补植大叶黄杨2000株、苔草3500株、修剪乔木90余株。截至年底，受理政民互动件1433件，回复率100%，其中日常案件785件，应急案件173件，设施案件164件，非我权属件（“12345”热线“接诉即办”投诉核实后，非绿化二队绿地管辖范围）311件。开展防治杨毛柳絮专项治理，使用微喷带的道路200条，微喷带长度6.5万米。出动防汛应急抢险队员40人，处理倒伏树木85株、折枝51处、被砸车11辆，出动578人次、机械81台次。代征绿地管辖51处，其中实际管辖34处，监督管理绿地17处，面积约271.11万平方米。配合开展2023年度精品绿地专业养护检查工作；与朝阳区安贞西里社区组织开展“情系安贞西社区邻里节”活动；与南湖街道办事处共建共享绿化养护管理。按照区委、区政府总体安排部署，完成2022年林荫路提升改造项目（施工）、2023年重点道路施工工程、2023年全龄友好公园改造其他建筑工程采购项目、朝阳区桥体垂直绿化项目工程、朝阳区首批公园开放项目施工、2023花卉常态化项目（施工）等，绿化建设面积5.91万平方米。绿化管理监督巡查办理80件绿化移植及占地手续审批工作，其中基站手续办理44件，工程项目审批及办理36件。配合街道及交通队协调会50次，处理“12345”投诉案件43件。养护范围内3株古树分别是110年的桧柏、210年的侧柏和290年的国槐，古树状态正常。（刘晓兰）

【春季补植】2023年，绿化二队对辖区内安定路、安立路、安立路北延长线、奥林东路、北辰东路、北辰路、北四环路、丁香园、东四环路、阜通东（西）大街、广顺南（北）大街、京承高速A、三环路、世贸奥林绿地、曙光西路、太阳宫中路、驼房营大街、温榆河大道、望京沟、仰山绿地等重点道路苗木开展春季补植。其中，栽植行道树311株，绿地乔木62株，灌木1400株，月季2.50万株，绿篱色块19.36万株，混合播种地被14.72万平方米。（刘孟然）

【春季修剪专项行动】2023年，绿化二队聘请市级专家组老师培训24名养护人员春季修剪及专项修剪技术，修剪专项行动期间使用高枝车138辆次、运输车276辆次、出动修剪人员1794人次，修剪白蜡356株、栾树203株、国槐328株。（刘孟然）

【林荫路提升改造项目】4月9日，区级工程林荫路提升改造项目竣工，施工地点为北辰西路、阜安西路、阜通西大街、和平里北街、惠新西街、女子学院路等10条道路，包括绿化工程、土建工程、给水工程。其中，栽植乔木1658株、色带3887平方米、攀缘植物991米，整理绿化用地5585.2平方米，移除绿化色带6063平方米、乔木141株、花卉80平方米、攀缘植物991米及拆除与安装基础等。该项目于2022年10月11日开工，由北京市朝阳区园林绿化局建设，北京朝园弘园林绿化有限责任公司承建，北京中景恒基工程管理有限公司监理。（任　爽）

【花卉常态化项目】5月26日，区级重点工程2023花卉常态化项目开工，施工范围农展桥、中轴路、民族大道、北辰东路等多条道路。绿化面积8327.40平方米，栽植时令花卉122.41万株，铺设冷季型草653平方米，铺冬季覆盖物树皮8347.70平方米，更换营养土120立方米。项目11月3日竣工，由北京市朝阳区公园和绿化建设管理中心立项，北京朝园弘园林绿化有限责任公司承建，北京德轩工程理有限公司监理，绿化二队施工。（任　爽）

【全龄友好公园改造】6月21日，2023年全龄友好公园改造其他建筑工程采购项目开工，地点为大屯文化广场、东直门楔形绿地，施工整理绿化用地2.67万平方米，栽植乔木122株、灌木2258株、绿篱1.11万株、花卉4.72万株、攀缘植物56株，铺地被6550平方米，栽植色带84平方米、草本植物1.25万平方米及庭院修缮工程、电气工程、排水工程及其他造景。改造项目于9月19日竣工，由北京市朝阳区公园和绿化建设管理中心立项，北京朝园弘园林绿化有限责任公司承建，北京中建工程顾问有限公司监理，绿化二队施工。（任　爽）

【帮扶属地办事处】7月28日至8月2日，受台风“杜苏芮”影响北京市出现暴雨及大暴雨极端天气，市民生产生活受到影响，绿化二队与各街乡保持沟通，开展支援帮扶处理各类应急事件。其间帮扶左家庄、三里屯、香河园、望京、奥运村、小关、安贞等街道办事处，出动人员103人次、车辆14辆次，处理树木倒伏、折枝14处。（刘孟然）

【首批公园开放项目】8月4日，朝阳区首批公园开放项目开始施工，地点位于大屯阳光文化园、丁香园、裘马都公园、望京体育公园、小关奥林匹克文化游园、左家庄科普廉政文化园，10月3日竣工。项目整理绿化用地711平方米，栽植色带1.11万株、卫茅1.93万株，还包括拆除砖砌体、钢栏杆、预埋铁及恢复墙面喷刷涂料、石材墙面等。项目由北京市朝阳区园林绿化局立项，北京朝园弘园林绿化有限责任公司承建，北京园磊工程管理有限公司监理。（任　爽）

大黄庄绿化队

【概况】2023年，北京市朝阳区大黄庄绿化队道路绿化养护110条，面积587.94万平方米。其中，特级道路27条322.76万平方米，一级道路25条73.35万平方米，二级道路40条59.02万平方米，三级道路9条19.99万平方米，四环、五环9条路段面积112.82万平方米。2023年，推进大尺度绿化建设，高标准严要求完成东坝中心公园7万余平方米的绿地建设和花卉常态化布置。打造“一路一花一叶、一园一花一品”景观效果，推动创建花园式城市示范区；加大养护精细化管理力度，科学管理，做好创卫、创森、全国两会、“一带一路”国际合作高峰论坛等重大活动保障工作，积极营造优美整洁、安全有序的园林绿化环境。按照朝阳区和区园林绿化局部署有序开展事业单位所办企业脱钩与事业单位改革工作。（王爱华）

【病虫害防治】2023年，大黄庄绿化队制订年度病虫害防治计划，每日巡查，重点开展圃地及各养护路段行道及绿地内国槐、毛白杨、柳树、栾树等10种落叶乔灌木和绿地草坪的巡查防治，对蚧壳虫、蚜虫、天牛等18种虫类实施化学药物配比喷洒。全年病虫害防治使用化学农药商品量13.25吨，无公害农药商品量3.3吨，防治施药面积587.94万平方米。

（徐　谦）

【循环利用】2023年，绿化废弃物处理中心收到绿化一队、绿化二队、大黄庄绿化队、大望京公园、红领巾公园等各基层单位的绿化废弃树叶、树枝等675.58吨，全部粉碎做微生物发酵处理，投入使用大黄庄圃地有机腐殖质462.28吨。（李海玉）

【五环内非建设空间腾退拆除】2023年，大黄庄绿化队配合完成朝阳区疏解整治促提升专项任务，协助高碑店乡五环内非建设空间疏解腾退工作。通过入户摸底、重点约谈、现场研判、发放告知等方式对14处资产商户政策解读、劝解引导，有效解决企业诉求难点，腾退拆除12处资产涉及的153家企业，拆除建筑面积7.4万余平方米，完成总任务的86%。剩余2处资产为涉法涉诉资产，须属地开具执法文书后腾退拆除。（刘子珂）

【祁庄社区公园建设工程】4月20日，十八里店乡祁庄社区公园建设工程开工，5月8日竣工。项目占地1912平方米，整理绿化面积1912平方米，种植乔灌木油松、元宝枫、国槐等树木57株，使用大叶黄杨、金叶女贞组成色块（带）199.06平方米，栽植鸢尾玉簪、松果菊等花卉499.04平方米、地被1214.48平方米，移植花灌木8株。项目由北京园磊工程管理有限公司监理，禾森设计（北京）有限公司设计，北京市朝阳田华建筑集团公司承建，大黄庄绿化队施工。（张　骁）

【常态化花卉项目】5月26日，区级工程常态化花卉项目开工，11月1日竣工。项目包括朝阳北路中心隔离带、京通路南北两侧辅路外花卉种植及绿地整理，其间共整理绿地2228平方米，栽植牵牛、凤仙、海棠等花卉10余种280992株。（张　骁）

【消除安全隐患】7月13日，杨闸环岛东北角八里庄社区部队家属院1株胸径约45厘米的栾树因大雨倒伏，造成交通堵塞，存在安全隐患。大黄庄绿化队积极响应“街乡吹哨，部门报到”工作机制，启动突发情况处置预案，紧急出动应急队员8人，用时1小时，倒伏大树处理完毕。（李海玉）

【朝阳区桥体垂直绿化项目】7月22日，朝阳区桥体垂直绿化项目开工，8月21日竣工。项目涉及7座立交桥，大黄庄绿化队负责施工5座，包括十八里店北桥、十八里店南桥、四方桥、工大桥和弘燕桥立交桥，工程总体绿化3990.5延米，主要为园林绿化。其间，整理绿化面积2900平方米，种植乔灌木5株、绿篱3129株、花卉1422平方米、攀缘植物2503米。项目由北京中城建建设管理有限公司监理，北京爱地园林景观设计有限公司设计。（张　骁）

北花园绿化队

【概况】2023年，北京市朝阳区北花园绿化队养护道路绿地总面积467.53万平方米。其中，特级道路绿地27条66.39万平方米，一级道路绿地47条157.72万平方米，二级道路绿地109条157.92万平方米，三级道路绿地10条面积7.22万平方米，四环五环道路绿地78.25万平方米。路段补植草坪68100平方米、灌木174559株、乔木18265株、月季25572株、宿根花卉326909株、竹子4900株。投标道路绿地标段养护工程16个、农药标段1个（第三方公司负责采购全年所需农药品）、养护水维修标段1个（第三方公司负责养护范围内的水管维修）和1个人工劳务4班标段招投标，与19个中标单位签署园林绿化养护合同、安全责任书、疫情防护措施细则、综合治理责任书和农民工工资发放等相关文件。接收、处理网格案件1537条，均按要求处理答复，完成率100%。完成专业绿化改造工程3项，劲松东延路沿线环境整治项目（南磨房段）、劲松东延路沿线环境整治项目（王四营段）和2022年林荫路提升改造项目，总面积1.4万平方米。生产部门合理养护圃内绿化苗木4688株。（李　迪）

【林荫路提升改造项目】4月中旬，林荫路提升改造项目完成竣工验收，该项目于2022年11月中旬入场施工，分别位于东坝大街与长店大街、来广营东路、黑泉路、王四营北路。为解决各条大街树木分布稀少，林荫覆盖面积不足问题，栽植道路乔木行道树706株，长度8330延米。其中，东坝东大街130株，长店大街192株，黑泉路120株，来广营东路68株，王四营北路196株。由北京中景恒基工程管理有限公司监理。（潘浩渺）

【劲松东延路沿线环境整治项目】9月初，劲松东延路沿线环境整治项目（南磨房段）开工，项目位于南磨房乡观音堂路段道路两侧街旁地块。整治改造街旁硬化路面、中央隔离带环境，面积2612.11平方米，栽植常绿乔木7株，落叶乔木14株，落叶灌木146株，色带1836.84平方米，地被花卉775.27平方米。项目于9月底完成验收，由北京华达建业工程管理股份有限公司监理。10月上旬，劲松东延路沿线环境整治项目（王四营段）入场施工，位于王四营乡观音堂路段中央隔离带及道路两侧街旁地块。整治改造街旁硬化路面和中央隔离带环境，绿化面积3180平方米，栽植落叶乔木262株，落叶灌木494株，地被3100平方米。11月中旬完成验收，由北京华林源工程咨询有限公司监理。（潘浩渺）

园林绿化综合执法队

【概况】2023年，北京市朝阳区园林绿化综合执法队处理各类举报78起，包括电话举报、巡查发现、接诉即办、上级交办、同级转办、森林督查等。其中，行政立案28起（涉林案件13起，涉野生动物及其制品案件3起，涉野生植物案件1起，森林防火案件11起），行政罚款43.83万余元，要求恢复原貌及林业生产条件4处，没收涉案野生动物制品5件，涉案植物1件，救助野生动物216只。秋冬季及中秋节、国庆节期间，针对候鸟大规模迁徙和集群活动特点，执法队会同区城管执法局、朝阳分局森林公安大队对接属地联合执法。在全区花鸟鱼虫市场、自发鸟市、猎捕高发区域内的25个点位严防死守，严厉打击辖区内非法鸟市，无间断巡视猎捕野生动物行为高发点位，做到及时有效打击非法猎捕、游商占道经营、售卖鸟类的违法行为。结合各类专项行动开展野生动植物保护执法检查766处点位。按照上级部门工作指示，对涉及朝阳区涉嫌侵占林地案件迅速查办，针对无视国家法律法规，擅自使用林地和无证采伐林木的，尤其是非法开发、建设管理用房等违法使用林地行为的，责令限期恢复植被并对其行政处罚。执法队共处理违法图斑14个，应立案11件（14个地块中存在2处涉密地块、2块合并办理），实际立案11件，全部结案，并上传国家林草局专项平台，全部审核通过。（英　頔）

【野生动植物保护检查】3月9日，由市园林绿化综合执法大队队长带队，会同市公安局森林公安分局、区园林绿化综合执法队、市公安局朝阳分局森林公安大队、丰台区园林绿化综合执法队20余人，对朝阳区十里河天骄文化城、十里河雅园国际开展联合执法检查。市辖两区协同、多部门联合，协力破解交界地区痼疾顽症治理难题。检查同时向市场工作人员、商户及周边群众宣传保护野生动植物资源相关法律法规，强化野生动植物保护意识，从根源上遏制违法犯罪行为的发生。（英　頔）

【常态管理+联动协同】3月12日，由市园林绿化执法大队、区园林绿化局、区园林绿化综合执法队，联合区城管执法局、和平街街道办事处、森林公安、和平街派出所、周边街道综合执法队等多家执法部门，在青鸟园及周边区域开展巡查盯守、执法监管，坚决遏制东直门非法鸟市及早市反弹。其间，出动执法人员500余人次，执法车70辆次，劝离、查处无照占道经营行为39起，宣传教育50余人次。（英　頔）

【“2023绿剑行动”】7月23日，区园林绿化局联合十八里店乡政府、朝阳分局森林公安大队对十里河文化城周边贩卖野生动物违法行为开展“2023绿剑行动”联合执法。十八里店乡综合执法队对占道经营、无证游商贩卖鸟食、鸟笼等违法行为查扣驱离；朝阳区园林绿化局、森林公安大队查处贩卖野生鸟类等违法犯罪行为，收缴救助野生鸟类11只；执法过程中，向市民宣传常见野生鸟类和相关法律法规，增强市民对野生动物保护意识。为提升后期震慑、正向宣传效果，本次联合执法邀请到《法治进行时》栏目组全程跟拍曝光。（英　頔）

奥林匹克森林公园

【概况】2023年，奥林匹克森林公园属北京世奥森林公园开发经营有限公司（简称世奥公司）管理，是国家AAAAA级旅游景区。位于北京城市中轴线北端，南起科荟路，北临清河，东至安立路，西至林萃路。公园规划占地面积约680公顷，以五环路为界，分为南、北两园。南园约380公顷，北园约300公顷，横跨北五环路的生态廊道将南北两园连为一体。公园水面面积67.7公顷，绿化面积472.65公顷。园内有乔灌木59万余株，植物品种530种，其中乔灌木278种，花卉地被252种，绿化覆盖率95.61%。2月，经区委区政府研究决定世奥公司并入朝阳文旅集团；9月，北京市体育局授予国家网球中心“北京市体育示范基地”称号；“五一”假期，奥森公园举办首届“奥森生活——城市森林音乐季”音乐节活动；北京市网球运动协会主办“中润发·尤尼克斯杯”北京网协会员团体赛在世奥公司下属的国家网球中心南区气膜馆举行；北京奥林匹克塔全年服务接待国家体育总局、国台办、北京市政府、市委组织部、办公厅等重点单位登塔调研22次，承接北京文化论坛观摩学习、北京大学学生参观学习等研学活动。全年奥林匹克森林公园接待游客965.49万人次。（陈迎双）

【第六届奥森公园儿童冰雪嘉年华活动】1月1日至2月26日，“第六届奥森公园儿童冰雪嘉年华”活动在奥森公园南门大草坪举办，活动占地面积约5万平方米，分为雪场和冰场两部分。高约5米的人造雪山是雪场内最吸引眼球的设施，雪场以贴近自然设计，打造了雪圈、雪地火车、雪地大碰撞、雪场油桶火车、雪地招财树等10余个冰雪游乐项目，为保障安全，雪场完善安全措施，并在每一个项目的起点到终点，都有安全员全方位保障。冰场设有冰滑梯、冰车、冰上自行车、特色冰上碰碰车等10余个项目，为保障安全，冰场立安全围挡，实施全天候监控。活动共接待游客2万余人次。（陈迎双）

【第六届北京市新年徒步大会启动仪式】2月4日，由朝阳区人民政府、北京市徒步运动协会共同主办，朝阳区体育局、北京奥林匹克中心区管理委员会、北京世奥森林公园开发经营有限公司、北京卡路里科技有限公司等单位承办的“行走双奥之城 健步美丽朝阳”第六届北京市新年徒步大会暨2023朝阳区全民健身徒步活动启动仪式在奥林匹克森林公园举办。2000余名市民代表通过徒步健身的方式纪念北京冬奥会一周年，并迎接中国二十四节气之首——立春。市区有关单位领导参加了启动仪式，并为活动开始鸣笛。（李　颖）

【第十三届全国名校EMBA网球精英赛】2月11日，“第十三届全国名校EMBA网球精英赛北方赛区”在世奥公司下属的国家网球中心南区气膜馆举办，是2023年在北京举行的首场全国性标杆网球赛事，各地高校EMBA队齐聚于此共享网球盛宴。国家体育总局网球运动管理中心、全国名校EMBA网球联盟领导出席开幕式并致辞。（刘继兰）

【奥森公园花卉观赏季】 2023年，奥林匹克森林公园举办“第十二届奥林匹克森林公园花卉观赏季”。其中，3月中旬至5月上旬，为“春花展”，游客可在公园内分批次欣赏到30余个品种、10万余株春季花卉。6月下旬至7月下旬，为“百亩葵花展”，引进种植了20余个观赏向日葵品种。6月下旬至8月中旬，为“奥森公园荷花文化节活动”，荷花主要分布在南园湿地和清河导流渠区域，占地面积约2.5公顷，以红莲为主要品种，除荷花外，还种植了睡莲、芦苇、菖蒲等水生植物。9月下旬至10月下旬，为“秋日花卉展”，为丰富秋季展览内容增加了“粉黛乱子草花海”展区，成为奥森公园又一新亮点。花田野趣景区被分为东西两区，东区为“粉黛乱子草”展区，西区为“波斯菊”展区。10月下旬至11月中旬，为“秋日彩叶展”，彩叶展期间，公园内的数千亩彩色叶树依次变色，呈现秋日景色。（陈迎双）

【“优农·青选·奥塔”品牌消费节活动】 4月1日，首届“优农·青选·奥塔”品牌消费节活动在北京奥林匹克塔西三门广场举办，是“北京农业在社区”主题公益活动在2023年的首发活动。（杨彩虹）

【奥森锻炼——2023奥森半程马拉松】 5月13日至14日，由朝阳文旅集团和世奥公司共同主办的奥森锻炼——2023奥森半程马拉松在奥林匹克森林公园举办。赛事由奥林匹克中心区管委会、区体育局、奥运村街道指导，运营和视频直播由北京柒和体育文化发展有限公司承办。约1800名跑者参加，全程21.0975千米，跑者途经奥海、生态廊道桥、湿地、宣言广场等公园景点。区委奥运村街道、奥林匹克中心区管委会、朝阳文旅集团等单位领导出席启动仪式。（李　颖）

【2023黄剑奥运艺术展】 7月，“献礼党的生日 添彩双奥之城”2023黄剑奥运艺术展在北京奥林匹克塔开展，吸引众多游客参观打卡，展期1个月。北京奥林匹克塔携手“奥运艺术大使”黄剑献礼党的生日，为“双奥之城”和“双奥之区”赋能添彩。奥运雕像展共包括32个主题、66件展品，充分展现了奥运之美、雕塑之美和运动之美。（杨彩虹）

【第五届“国网杯”开幕】 9月23日，国家网球中心第五届“国网杯”开幕。“国网杯”作为国家网球中心一项传统赛事，本届“国网杯”赛事规模达到近450位选手参赛，十二个组别共486场比赛。比赛期间国家网球中心利用小红书及抖音官方账号等媒体平台全程直播赛事，吸引2万余人在线观看，点赞量达6万余次。（刘继兰）

【首届北京朝阳国际雕塑邀请展】 11月18日，“时代朝阳，雕塑新风”首届北京朝阳国际雕塑邀请展在奥林匹克森林公园举办，此次雕塑展由北京市人民政府和中国城市雕塑家协会共同主办，朝阳区文化和旅游局、北京朝阳文旅集团有限公司承办，中国城市雕塑家协会策展。邀请展包括大型艺术展、中外艺术家雕塑交流展和城市新媒介灯光艺术展等内容，展品百余件，展览持续至2024年1月17日。（李　颖）

【北京朝阳“国际灯光节”】 11月18日，北京朝阳“国际灯光节”开幕，奥森公园全力做好塔秀、山秀、水秀的设施改造维护和安全管理、游客服务等工作，保障展演顺利进行，并打造奥塔文化市集，开展“奥森炫彩之夜”荧光夜跑活动，以“灯光节”为契机发展园区夜经济。（杨彩虹）

【第十七届iCAN大学生创新创业大赛总决赛】 12月23日，第十七届iCAN大学生创新创业大赛全国总决赛在奥林匹克塔举办，聚焦“文商旅体科”深度融合的“奥塔发布”（“奥塔发布”是围绕北京“双奥”核心遗产奥森与奥塔运营转型升级推出的重大品牌之一，以传承奥运文化精神为主题特色，以项目运营、文化运营、空间运营为支撑，聚焦“文商旅体科”深度融合，打造新品牌、新科技、新文创、新服务“首发首推首展首演”的高端发布平台）平台正式推出。（杨彩虹）

朝阳公园

【概况】 2023年，朝阳公园由北京朝阳公园开发经营有限责任公司负责开发经营管理，是国家AAAA级旅游景区，规划总面积288.7公顷，其中水面68.2公顷、陆地面积220.5公顷，绿化覆盖率87%，为免费开放式公园。2023年，朝阳公园与昆泰集团、世奥公司和蓝岛大厦整合组建朝阳文旅集团，2023北京书市在朝阳公园举办，公园景观提升改造，北京朝阳国际啤酒节举办，泡泡玛特城市乐园落户朝阳公园，举办生态文明系列活动。

【公园景观提升改造】 2023年，朝阳公园景观提升改造。春节前后公园栽植进口郁金香花球，布置郁金香花圃。5月，提升门区景观品质，在拆除公园围栏及大门的基础上，公园沿街绿地进行融合改造，拆除围墙600余米，园区西二门至河道，沿线改造420余米。栽植乔灌木164株、草花2000余株、绿篱地被约700平方米，实现公园绿地与城市绿地有机衔接。西围墙景观提升，增加优质公共空间，优化景观绿化，种植常绿乔木38株、花灌木177株、灌木球23株、绿篱700余平方米、花卉860平方米，入夏园区花溪谷百日菊盛开，入秋花溪谷黄秋英盛放。园内原婚庆宫改造为樊登书店，园区内旧厕所翻新3D打印厕所，北湖草坪引进羊驼和梅花鹿，北湖建造天鹅家园景观并引进白天鹅、黑天鹅栖息。

【生态文明系列活动】 2023年，朝阳公司在园内举办生态文明系列活动。4

▲ 2023年，朝阳公园提升改造。图为园区内翻新的3D打印厕所　　（靳珩 摄）

月4日，举办由10组家庭参加的用画笔描绘春光图的“爱绿一起·春季的自然观察笔记”活动，旨在让小朋友们在识别园艺植物和野生花草的同时学会分辨其科学特征，用绘画和文字创作出属于自己的自然笔记；4月29日，组织13组家庭开展“传统植物扎染·非遗互动手工体验课”主题活动，活动现场老师和孩子们分享扎染工艺的历史文化起源、材料、制作技法与流程，指导完成扎染包、帽子等属于自己的特色扎染作品。5月20日，组织8组家庭开展“春季的自然观察笔记创作”主题活动，课堂上孩子们了解月季名字的由来及现代月季背后的故事，学会观察月季，在老师的指导下绘制出属于自己的月季自然笔记；6月3日，组织13组家庭开展“初夏自然翻翻乐制作”主题活动，孩子们和家长一起在老师的引导下，观察身边植物，欣赏植物的叶与果的多样性，动手制作“翻翻乐”，用画笔定格属于自己的“初夏自然翻翻乐”；6月23日，组织18组家庭开展“芳香迎端午手工制作香囊体验课程”活动，邀请专业老师为孩子们上端午科普课，认识艾草、薰衣草、香茅草、薄荷等有功效的香囊材料，自己动手制作端午香囊；8月19日，组织18组家庭开展“北京市市树活动课程”活动，孩子们跟着老师一起，在家长的带领下认识北京市市树及其他相关树种，观察分辨其科学特征，了解国槐文化底蕴，亲自动手，用烘干的国槐树叶和槐米制作市树粘贴画；10月29日，组织16组家庭开展“秋天的树——自然笔记课”活动，孩子们跟随老师，观察树木，记录树形、树皮、树叶、果实，用绘画、文字等不同方式书写自然笔记；11月4日，组织30名陈经纶中学帝景分校四年级学生开展“种子的智慧”科普课程活动，学生们在中国农业大学植物分类学教师的带领下，在公园中寻找种子，了解它们的传播方式，一同探索大自然中生物的智慧；12月2日，组织15组家庭开展“青铜器手工皂DIY”主题活动，老师讲解青铜器文化知识和制作工艺，以现代手工制皂过程模拟青铜冶铸流程，以文化为核心，以体验为方式，呈现青铜冶铸的详细步骤，让参与活动的学生学习古代青铜器的制作过程，感受中国古代匠人精神和青铜文化。

【领导节前安全检查】 1月17日，北京市园林绿化局巡视员等和区园林绿化局领导一同到朝阳公园检查春节前安全保障工作。实地检查公园监控中心、滑雪场、滑冰场安全情况，要求节日期间加强安全检查和隐患排查，确保平安过节。3月10日，区国资委副主任到朝阳公园对全国两会期间安全保障工作和春季消防安全落实情况检查及指导，检查中，通过听汇报和实地查看，了解新浪电竞项目施工现场安全管理、北部园区水务局建设的绿地施工现场、公园微型消防站基本建设、园区林地湿化、消防安全应急设备设施、通船项目蓝港码头运营前准备等情况。提出全国两会期间安全工作要全方位部署、全力参与、全覆盖检查，重点时段落实领导值班值守制度，实时掌握辖区动态，做好信息报送工作；加强人员安全教育培训，完善应急预案，提升隐患排查、应急处置等方面能力；从严从实落实各项措施，筑牢安全屏障。

▲ 2023年，朝阳公园举办生态文明系列活动。图为8月19日，“北京市市树活动课程”活动，孩子们展示各自的市树粘贴画　　（程诗含 摄）

【与昆泰集团、世奥公司和蓝岛大厦整合组建朝阳文旅集团】 1月19日，按照十三届区委常委会第44次会议和区政府2022年第10次常务会议关于同意组建朝阳文旅集团的决定和北京市朝阳区人民政府国有资产监督管理委员会《关于组建北京朝阳文旅发展集团有限公司通知》，朝阳公园与昆泰集团、世奥公司和蓝岛大厦整合组建朝阳文旅集团，承担朝阳区文商旅产业的统筹开发和商业运营业务，助推国际消费中心城市建设。

【亮马河风情水岸首次试航准备】 3月2日，公司副总经理谢强带领游乐经营部及滨水乐游相关人员开展2023年度亮马河国际风情水岸首次试航准备工作。试航航线为燕莎码头至蓝港码头，包括测试水闸开关、河道水位、游船运行及不同类型游船在码头的停靠情况等。3月9日，市交通委朝阳运输管理分局、市交通运输综合执法总队8人到朝阳公园参与通航项目的应急演练及检查验收工作。谢强介绍通航项目整体情况及关键问题，滨水乐游负责人说明通航项目一期及二期的运营时间、游船类型和销售价格及安全保障等情况，并组织开展游客落水营救、水上消防等应急演练。

【2023北京书市】 4月14日，由北京市委宣传部主办的2023北京书市在朝阳公园开幕，展期11天。此届书市以“书香京城·悦读春天”为主题，开展促进全民阅读文化活动，引领“爱读书、读好书、善读书”的社会风尚，助力建设书香京城。书市围绕“助发展、惠民生、促消费”主旨，搭建品牌性文化活动平台，紧扣主题、聚焦主业、惠民利民、注重创新的特色亮点，在展场面积、参展品种、展商数量上都有大幅提升，汇集出版发行业国有和民营力量，共同助力京城阅读文化品牌建设，让阅读成为北京特质。

【亲子“家”年华活动】 6月1日，由北京市妇女联合会主办，北京市妇女儿童服务中心及各区妇儿中心承办的“奋进新时代童心向未来”——2023年“和爸爸妈妈一起过六一”亲子“家”年华活动在朝阳公园举办。活动在公园北大门设置亲子运动打卡专区，供游客领取运动纪念集章卡。各组家庭依次完成滚铁环、拍篮球、跳绳、踢毽子等亲子活动，沿健身步道到达乐奇妙洛宝贝五谷营地，营地舞台上，北京榜样代表丛君敬和学生们献上原创诗歌《我的妈妈》；现场两位小朋友分享自己和爸爸妈妈的童年梦想，两代人的追梦路由此交汇。在亲子公益捐赠环节，活动邀请到首都最美家庭代表参与仪式并向公益机构交接捐赠物品，以奉献精神感受爱的流动，以身作则培养儿童社会责任感。在互动体验区内，孩子们分别参与手工涂鸦扇子、农耕文化和“我是小小绘本家”活动体验。初夏季节，每一位小朋友耕耘专属的1平方米农场园地，体会夏种秋收。

▲ 2023年，亲子“家”年华活动在朝阳公园举办。图为6月1日，“六一”五谷营地“奋进新时代 童心向未来”活动现场 （靳 珩 摄）

【国家卫生区复审】 6月8日，区卫生健康委督导检查组到朝阳公园指导国家卫生区复审工作，市级专家到场指导，区疾控、区国资委相关领导参加。检查组实地检查和查阅档案资料，重点复审朝阳公园健康教育和健康促进、健康主题公园两部分；检查组与专家重点查看园区健身器材、健身步道、牌示标识、宣传展板等点位，对发现的问题和不足提出整改要求，要求提高责任意识，压实主体责任，提升园区环境卫生治理效能；加大巡视巡查力度，做到随查随改，举一反三；加强协同联动，健全创卫工作长效机制，力促公园环境卫生治理水平提档升级。

【市文化旅游局督察组突击检查】 6月21日，市文化和旅游局督察组以“四不两直”（不发通知、不打招呼、不听汇报、不用陪同、直奔基层、直插现场）方式突击督察检查公园安全生产和火灾隐患大排查大整治开展情况及端午节假期安全保障工作准备情况，副总经理曹京伟介绍安全生产和火灾隐患大排查大整治开展情况及端午节假期安全保障准备情况。督察组审查排查整治材料、班子专题研究部署及带队检查情况、安全管理制度、应急预案、隐患排查台账、教育培训记录等档案资料。采用“四不两直”方式随机对监控中心、机关食堂、微型消防站、园区游乐设施等区域用电安全、燃气安全、消防安全、警示标志设置等情况实地检查。检查中督察组对存在的问题细致指导并提出整改建议，要求加强相关方单位的安全管理，加强辖区风险源的辨识和有限空间、特种设备的检查维保；做好电动车等停放区域的火险隐患应急处置工作；贯彻安全理念，规范做好应急演练。

【荷花文化节朝阳展区】 6月28日，北京市荷花文化节开幕。朝阳公园作为三大展区之一，开启夏日荷花“霸屏”模式。朝阳公园原有荷花栽种面积约5公顷，主要分布在北湖、荷花湖和生态水溪三大展区，品种多为红莲，游客可近观荷花、远眺水鸟，享受“日映芙蕖红，鸭戏荷叶间”的盛夏野趣。为丰富荷花品种、营造荷花景观、延长荷花观赏期，公园在原有荷花种类基础上，引进伯里夫人、新云锦、红唇等荷花品种，增添睡莲、王莲等极具观赏性的水生植物，新增荷莲近1300盆，在水上展出的同时增加雾泉及月光水道、咖啡车平台、中心岛南侧等多处陆地观赏区。荷花展期持续到8月底。

【朝阳公园AAAA等级景区复核工作】 6月29日，北京市文化和旅游局委派北京市旅游行业协会专家到朝阳公园开展AAAA级景区复核工作，公司党委书记、董事长等领导参加。检查组分为综合管理组和安全管理组，现场检查朝阳公园服务质量、环境质量、景观质量等，在指挥部听取朝阳公园基本情况、景区整体运营管理、重点工作落实及之前复核整改情况汇报，现场点评景区规划、应急救助、公共服务、商业网点管理以及安全生产五方面，并提出整改建议：加强园区管理力度，不断提升公园环境品质；加大宣传推介力度，持续提高服务管理水平；加强合作单位监督管理，高度重视游乐游船等设施的安全运营和日常维护；妥善做好接诉即办工作，有效解决游客合理诉求；持续做好疫情防控工作，守护职工和游客健康安全；抓好安全教育培训，提高职工安全意识和应急能力。

【科学防治病虫害】 7月，美国白蛾和蛀干害虫进入羽化高峰期，朝阳公园针对性地开展病虫害消杀工作，采用人工摘除幼虫网幕、释放天敌昆虫、挂置点位监测桶等措施，综合防治病虫害。为确保天敌放飞成效，公园在醒目位置设置告知提示，安排专人巡查，提示游客切勿触碰。在园区集中碧桃和分散碧桃处投放三角形诱捕器，搭配60个梨小食心虫诱芯，降低害虫出生率，既有效减少虫害，又减少药物喷洒，防治面积60余亩。

【消防安全知识讲座】 8月17日，公司聘请左家庄消防特勤站副站长以“消防安全 人人有责”为主题开展消防安全知识讲座。各部门安全负责人、班组长以上人员及合作、租赁单位负责人140余人参加培训。培训包括宣贯解读消防法律法规，结合火灾案例和企业实际，讲授火灾特点、预防火灾基本常识及发生火灾的基本规律和特点，解析安全消防“四个能力”（检查消除火灾隐患的能力，组织人员扑救初起火灾的能力，组织人员疏散逃生的能力，消防宣传培训能力）知识要点，引导企业职工关注，重视消防安全工作，推动消防安全责任制落实，提升企业人员处置安全隐患能力和责任意识。

【国家慢性病综合防控示范区复审调研专家组到园检查】 8月16日，国家慢性病综合防控示范区复审调研专家组到朝阳公园开展“健康教育和健康促进”及“健康主题公园”工作检查，市区成员单位相关人员及公司相关人员参加。调研专家组以查阅资料、听取汇报方式，复审朝阳公园落实国家慢性病综合防控示范区建设情况。作为健康主题公园，朝阳公园始终以提升市民游客健康水平为目标，重点围绕慢性病危险因素研究，以健康促进和健康管理为抓手，利用现有资源不断打造高品质文化活动，持续完善体育健身服务配套设施，为游客提供健康、舒适的游园环境。朝阳公园会严格对标相关要求，落实专家组建议，持续巩固建设成果，把健康理念融入市民游客、企业职工的工作生活中，营造“健康促进没有旁观者、个个都是参与者”氛围，提升区域慢性病防治管理水平。

【北京朝阳国际啤酒节】 9月22日至24日，北京朝阳国际精酿啤酒节在朝阳公园万人广场举行，来自世界排名前100的精酿品牌以及国内几十家精酿厂牌参加。为期3天的啤酒节每天8小时不间歇电音现场，精酿、音乐、热舞、人潮，以精酿作为暗号、用音乐点燃气氛、用律动表达自我。100种以上全球首发酒款亮相啤酒节。活动还设置乒乓球啤酒、速饮挑战比赛、大口吃汉堡、端杯过杆等游戏环节。

【泡泡玛特城市乐园落户朝阳公园】 9月26日，国内首个潮玩行业沉浸式IP主题乐园泡泡玛特城市乐园（POP LAND）正式在北京朝阳公园开园。作为朝阳公园城市更新项目之一，泡泡玛特城市乐园让游客能够一站式享受潮玩主题游乐体验和服务，沉浸式解锁焕活城市文商旅融合空间新体验。泡泡玛特城市乐园，占地面积约4万平方米。城市乐园设有泡泡街，有诸多特色IP店铺互动装置，能看到MOLLY、LABUBU、DIMOO、SKULLPANDA和PUCKY等经典IP身影；有LABUBU奇遇森林一个充满奇幻的神秘世界，里面生活着THE MONSTERS家族；森林区继承朝阳公园原本的自然景观地貌，以IP形象的故事背景，打造神秘渔村、精灵树屋、勇士部落等特色场景；森林区拥有沙地、蹦蹦云、滑梯组合、林下游乐及小小迷宫等无动力装置，让游客尽享欢乐时光。乐园专属的IP——MOKOKO和ROYAL MOLLY更是吸引潮玩爱好者的目光，更具潮流特色。城市乐园还有主建筑城堡，城堡主人是MOLLY，一层大厅包含潮玩收藏馆及MOLLY玩具屋；二层与三层为餐饮区，从家具、装饰到菜品，都充满IP特色；城堡地下一层为游客打造一个沉浸式体验场所，围绕MOLLY的心愿展开，名为“心愿之旅”，让观众近距离体验潮玩制作全过程。城堡南面的湖滨区，湖面上停泊着美味探索号游艇，游客可在游艇上享受甜点。泡泡玛特城市乐园作为朝阳公园的特色精品项目，为“宜游”朝阳路线增加新站点，给游客提供更为多元的选择。

【督导组督导检查公园安全和消防】 11月3日，区委区政府第七督察组以“四不两直”方式督导检查朝阳公园安全生产、消防安全工作。检查中，督察组坚持“把风险当隐患、把隐患当事故”的原则，对公司辖区相关方泡泡玛特项目通过实地查看、观摩参与、查阅资料等形式，检查室内外运营区域的用电安全、消防安全、安全标志设置、安全管理资料等安全措施落实情况。结合现场检查情况提出：要严守安全生产底线，切实做好日常安全生产和管理，牢记安全生产重于泰山；要提高安全生产红线意识，时刻绷紧安全生产这根弦，严格落实安全生产主体责任，强化各项安全管理措施，认真排查隐患，做到防患于未然，杜绝各类安全事故发生。

【2023北京朝阳国际灯光节】 11月18日至12月9日，朝阳公园作为2023北京朝阳国际灯光节分会场，结合小型音乐演出、美食市集、互动体验游艺等内容，举办荧光跑、米其林美食节、逐光音乐会等活动，既能满足时尚人士多场景拍照打卡，又能满足亲子互动体验、三五好友赏景小酌的需求。其间（11月25日晚间），朝阳公园“小怪兽”荧光跑活动举行。朝阳公园依托首届北京朝阳国际灯光节，围绕“双奥之城”发展理念，与专业体育运动机构合作，释放夜间运动场景新模式，推动“全民健身”发展理念。活动共吸引261名跑者报名参与，跑者们佩戴装饰手环、发卡等发光设备，在园内灯光璀璨之处，化身灵动的光影者，散发着朝阳“夜经济”旺盛活力。

【亮马河冰雪狂欢节活动】 12月22日，亮马河冰雪狂欢节在朝阳公园开幕。公园充分利用中心岛剧场（贝壳剧场）空间，全新打造成为冰雪体验场所，使其变身雪乐园，新场地、新体验，项目占地约6000平方米，拥有雪地飞跃、飓风墙、拖拉机八爪鱼等创新项目，还有雪地旋转、雪地坦克等戏雪与亲子游乐项目，可同时满足不同年龄段游客需求，各项目体验不限时、不限次，是本届亮马河冰雪狂欢季的一大亮点。北湖冰上乐园场占地约30000平方米，紧邻贝壳剧场和野鸭岛，湖面变身“踏冰”场地，设有怀旧味道的亲子冰车、喜感十足的电动狗拉雪橇、欢乐刺激的冰上碰碰车等10余种冰上娱乐项目。冰雪活动持续至2024年2月25日。

（张　轶）

▲ 12月22日，亮马河冰雪狂欢节在朝阳公园开幕。图为朝阳公园冰雪狂欢节入口

（靳　珩　摄）

中华民族园

【概况】 2023年，北京中华民族博物院（北京中华民族园）（简称民族园），成立中华民族博物院综合运营管理部，负责博物院整体运营管理、综合事务运作、协调各部门关系、处理各项外联工作等。截至年底，园区占地面积28.2万平方米，其中绿地面积17.26万平方米，道路、广场面积2.96万平方米，水面面积4.3万平方米，建筑占地面积4.1万平方米，是博物馆与公园相结合的旅游景区。园内种植有乔木3986株、灌木9016株、月季类2072株、攀缘类5926株、竹子130170株、绿篱3000株340平方米，草坪2.25万平方米；种植宿根花卉1927丛，一、二年生草花8342平方米；种植农作物56种，8693平方米。全年，移栽乔木7株、灌木130株、攀缘植物10株。北园全年开放，南园在4月29日至11月15日期间，逢周六、日和国家法定节假日开放。南、北两园单独售票，45元/人，统一票价（成人），未成年人、60周岁以上老人、现役军人等群体按照优惠政策免费，可网上购票。全年接待游客32.42万人次，其中免票10.75万人次。门票收入861万元，总收入2786万元；比上年，游客量增加65%、门票收入增加9.5%、总收入增加54.5%。

（汪　昆）

【景区建设】 2023年，民族园主要开展6项维修改造工程。贵宾室装修改造工程，房屋内外维修、改造、装修，由北京金月福装饰工程有限公司施工，1月10日开工，3月20日竣工，投资189万元；门区停车场改造工程，规划停车位、增加停车场设施，由北京兴超宏扬机电安装工程有限公司施工，3月26日开工，5月29日竣工，投资61.9万元；藏族景区配电室改造工程，改造高低压配电柜等，由瀚辉新能源科技（北京）有限公司施工，6月20日开工，8月20日竣工，投资37万元；景颇族村寨维修工程，房屋结构维修、室内装修、油饰，由北京冬冬创远装饰工程有限公司施工，7月1日开工，9月20日竣工，投资37万元；侗族风雨桥维修工程，桥身结构加固、更换腐朽木质廊顶、更新防水、彩绘等，由北京冬冬创远装饰工程有限公司施工，8月1日开工，9月30日竣工，投资98万元；南园主展厅防水维修，由北京冬冬创远装饰工程有限公司施工，10月6日开工，10月16日竣工，投资30万元。

（王　冲）

【节日摆花】 2023年，"五一"节假日，摆花3210盆，在北园门区内广场和重点民族村寨摆放花坛，花卉品种有羽扇豆、同瓣花、海棠、天竺葵、落新妇、情人菊、美女樱、黑八宝景天、南非万寿菊、叶子花、鸭掌木、铁树、枇杷、小叶榕、天门冬、变色木、吊兰、金盏花、三色堇、鼠尾草、五彩梅等。"十一"节假日，摆花2700盆，在北园门区内广场、南北园重点村寨摆放花坛。花卉品种有小菊、变叶木、海棠、矮牵牛、孔雀草、串红、世纪红、假连翘、叶子花、铁树、橡皮树、天门冬、吊兰、鸭掌木、马尾铁、桂花、君子兰等。

（高　源）

【病虫害防治】 2023年，园内植物主要病虫害有锈病、蚜虫、蛾类害虫、红蜘蛛等。早春使用广谱性抗虫药预防，局部范围虫害采用剪除虫枝、打药措施，3月至10月，全园范围打广谱抗虫药4次防治虫害，效果较好。

（汪　昆）

【展览布置】 2023年，园内举办临时展览13场，均由北京中华民族博物院策展制作。分别是《欢天喜地过大年——优秀剪纸艺术展》，展览位于北园京族民居内，内容为非遗剪纸传承人的剪纸作品，展览面积50平方米，展出作品60幅，1月对外开放；《我们的文化遗产——餐桌上的节日展》，展览位于北园朝鲜族民居内，以图片、实物相结合，展览面积50平方米，展出图片47幅、实物3件（套），2月对外开放；《我们的文化遗产——国之色（蜡染）展》，展览位于北园朝鲜族书房，以实物为主，展览面积80平方米，展品55件，3月对外开放；《古老的传说—神秘的苗族银饰展》，展览位于北园水苗民居内，以实物为主，展览面积80平方米，展品40件，4月对外开放；《中国印记—雕版印刷展》，展览位于南园纳西族民居内，内容为多个少数民族的雕版及印刷品，展览面积80平方米，展品42件，5月对外开放；《我们的文化遗产—童心看世界儿童书画艺术展》，展览位于北园高山族展厅，内容以非遗儿童书画作品为主，展览面积150平方米，展品80幅，6月对外开放；《古老的传说—藏族文化遗产（迪庆藏族自治州黑陶木碗）》展，展览位于南园纳西族民居内，以实物为主，展览面积70平方米，展品46件，7月对外开放；《多彩的中华民族—藏族编织挑花刺绣》展，展览位于北园藏族康巴民居内，以实物为主，展览面积40平方米，展品14件，8月对外开放；《铸牢中华民族共同体意识—我们的历史我们的根》，展览位于南园壮族民居内，以各民族纺织刺绣品为主，展览面积160平方米，展品64件，9月对外开放；《多彩的中华民族—古色俄罗斯族（俄罗斯族油画艺术展）》，展览位于北园俄罗斯族民居内，展品为中央美院多位画家以俄罗斯族文化为主题的油画作品以及俄罗斯族传统民居陈列，展览面积120平方米，展品30件，10月对外开放；《古老的传说—苗画》展，展览位于苗族民居内，展览面积50平方米，展出苗画作品19幅，11月对外开放；《我们的文化遗产—鄂伦春烙画艺术展》，展览位于北园傣族民居内，展览面积80平方米，展出烙画作品28件，12月对外开放；《唐卡艺术珍品展》，展览位于满族皇堂子正殿内，以实物为主，展览面积100平方米，展出各类唐卡19幅，12月对外开放。

（齐　飞）

【文化活动】 2023年，北京中华民族博物院策划举办重点文化活动6场。分别是《新春主题活动》，内容有学做白族扎染、纳福香囊，参与民族传统体育等，活动时间1月21日至29日；《多彩的春天—女神游园活动》，为"3·8"国际妇女节特别活动，活动内容有游园、跳竹竿舞、体验白族扎染等非遗项目，活动时间3月8日至10日；《清明景和—清明主题游园活动》，内容有游园踏青、非遗手工艺体验、学跳民族集体舞等，活动时间4月5日；《我们的文化遗产—文化深呼吸·非遗零距离活动》，活动内容有体验传统剪纸、雕版印刷、白族扎染、花灯制作、纳福香囊、民族体育等非遗项目，活动时间3月10日至12月31日；《我们的传统节日—端午印象》，活动内容有游园、跳竹竿舞、民族集体舞大家跳、投壶游戏，编五彩线、包粽子、编蛋套等，活动时间6月22日至25日；《迎中秋·庆国庆双节非遗时光周》，活动内容有游园、投壶游戏、射箭比赛、制作团圆饼、制作花灯等，活动时间9月29日至10月6日。

（牟　静）

【共建活动】 3月至7月，中华民族博物院与中央民族大学联合开展《中华民族一家亲 同心共筑中国梦》院校共建主题活动，先后有400余名中央民族大学师生到中华民族博物院，参与体验民族文化讲解、民族服饰、民族歌舞、民族体育、民族特色饮食、非遗手工制作等；4月21日，中央社会主义学院第十期新疆中青年爱国宗教人士培训班的新疆班60余人到中华民族博物院参观学习；8月暑期，中华民族博物院与民族园社区联合举办

▲ 8月暑期，中华民族博物院与民族园社区联合举办《走进中华民族园 探寻多彩民族文化—民族园社区青少年研学活动》（牟 静 摄）

《走进中华民族园 探寻多彩民族文化——民族园社区青少年研学活动》。（牟 静）

日坛公园

【概况】 2023年，北京市朝阳区日坛公园占地面积20.62万平方米，绿化面积13.26万平方米，水面面积4700平方米。全年，修缮钟楼、西坛门、北坛门、宰牲亭、神库神厨院门院墙、具服殿院门院墙及神路，排除古建筑存在的安全隐患，局部恢复原形制作。充分发挥红色教育基地作用，做好爱国主义教育基地各类接待、宣传以及活动举办工作。马骏烈士纪念室免费对外开放，采取电话预约方式分批次参观祭扫。与中国传媒大学、芳草地国际学校合作，开展“小小讲解员”和“讲解员进学校”活动。马骏烈士纪念馆全年接待团体祭扫活动256次14895余人次。全年公园接待游客338.86万人次。（张 琳）

【古树名木保护】 2023年，日坛公园为园区内古树打药、巡查，防治蚜虫和蛀干害虫并启动古树复壮施工。对公园内44株古树巡视检查，根据每株古树现有生长需求及周边环境条件，分别制定古树专项复壮措施，确保古树健康生长，消除安全隐患，复壮措施涉及防腐、枝条整理、树洞、支撑、拉纤、抱箍更换、大树移植、影响古树生长环境大树修剪等保护措施，于9月底完成。9月7日和10月25日，北京市园林局古树巡查组和区级古树工作人员对园区内古树巡视检查。（杨 辉）

【马骏烈士墓主题活动】 2023年，日坛公园党支部在马骏烈士墓组织开展“祭扫烈士墓 凝聚爱国情”为主题的马骏烈士墓清明祭扫志愿服务活动。芳草地国际学校民族校区开展民族文化实践育人课程之“追忆马骏 红色传承”40载暨清明文化主题教育实践活动。朝阳区退役军人事务局开展“2023·崇尚·清明祭英烈”活动。北京高校香港学生联合会、澳门学生联合会等港澳台青年参观马骏烈士纪念馆，祭扫马骏烈士墓，追忆革命先烈的英勇事迹，感悟革命先烈的爱国深情。马骏烈士纪念馆全年接待团体祭扫活动256次，接待游客14895余人次。（张媛丽 么亚玹）

【圜坛正式开放】 1月20日，日坛公园内圜坛正式面向游客免费开放。圜坛每日定点开放，由专人巡视巡察，并在拜台周围布置了围栏和安全提示。（张 琳）

【日坛中学诗会活动】 4月6日，日坛中学初中部在日坛公园举办“诗文祭英烈，共筑爱国魂”诗词朗诵会活动。学生们朗诵《献给烈士》《这盛世如意所愿》等15首诗词颂扬先烈。活动约400人参加。（赵 旭）

【花卉布置】 4月18日，日坛公园布置春季花卉5000平方米，栽植花卉88542株，包括凤仙、矮牵牛、变叶木、紫花满天星、多年生草本地被等。9月底，结合节日布置和坛庙文化展在园内栽摆凤仙、比格海棠、朝雾草、斑叶芒、细叶芒、美人蕉、百日草、紫菀、山桃草、繁星花等20余种16000余株应季花卉和宿根花卉。（陆连弟）

【烈士纪念日公祭活动】 9月30日，朝阳区委、区政府、区人大、区政协四套班子主要领导及来自社会各界群众代表、马骏烈士家属及区部分烈属代表、学校师生代表、武警官兵代表等100余人在日坛公园马骏烈士墓前举行公祭仪式。公祭活动在全场高唱《中华人民共和国国歌》歌声中开始，20余名少先队员代表手持鲜花，面向马骏烈士雕像献唱《我们是共产主义接班人》，并致少年先锋队队礼；在庄严的《献花曲》伴奏下，12名礼兵抬起由区委、区人大、区政府、区政协、驻区部队以及朝阳区社会各界群众代表敬献的花篮缓步前进，将花篮一字排列放在马骏烈士纪念碑基座前。区委书记文献作为代表为烈士整理花篮缎带，缅怀先烈。敬献花篮后，全体参加仪式的人员依次走上前，共同瞻仰烈士纪念墓鲜花表达崇敬之情。（孙 琳 么亚玹）

【做客北京广播电视台】 10月30日，日坛公园刘天宇与北京国文琰园林古建筑工程有限公司高级工程师赵鹏受邀做客北京广播电视台调频107.3《运河之声》广播节目。为听众朋友详细介绍日坛公园并介绍和宣传“遇见日坛——坛庙文化展”。（刘天宇）

【日坛公园建筑群修缮工程通过预验收】 11月16日，通过了北京市文物工程质量监督站专家对日坛建筑群修缮工程竣工的预验收。该项目于4月18日开工，9月25日完工并通过四方验收，历时160天。修缮工程范围包括钟楼、宰牲亭院、西坛门、北坛门、西神道、神厨神库院门及院墙、具服殿院门及院墙，总建筑面积707.51平方米。修缮工程解决屋面漏雨，木构件糟朽，墙体外闪，墙面抹灰空鼓、脱落，地仗、油饰开裂、脱落等问题，消除建筑安全隐患，采取局部恢复原形制做法。（詹成娟）

▲ 10月，北京市朝阳区呼家楼中心小学团结湖分校在红领巾公园主题广场举办少先队入队仪式，图为13日少先队入队仪式现场（郝 培 摄）

红领巾公园

【概况】 2023年，北京市朝阳区红领巾公园总面积41.99万平方米。其中，绿地15.81万平方米，绿化覆盖率94%，水面12.86万平方米。2023年，公园在服务上转变工作思路，在管理上力求精细高效，践行“公园城市”理念，探索公园开放管理新模式。园内有乔木3984株、灌木63200株、月季9398株；竹子434平方米；绿篱98369株；宿根花卉453000株；草坪面积110798平方米。公园内养护为特级养护，绿化养护面积391774.67平方米。全年接待游客409.12万人次。（梁欣怡）

【公园花卉布置】 2023年，“五一”“十一”节日前夕，在公园主景区布置花卉，栽植海棠、鼠尾草、牵牛等约6.5万盆；栽植比格海棠、串红、孔雀草等近8.7万盆，部分宿根花卉补植约1.9万盆。（邱纪舒）

【鸟类自然观察活动】 2023年，红领巾公园开展鸟类自然观察活动24次，378人参加活动。活动期间观测到锡嘴雀、鸳鸯、绿头鸭、珠颈斑鸠、夜鹭等65种鸟类8654只，涵盖北京地区的居留鸟类型、繁殖鸟类型、迁徙鸟类型和冬候鸟类型等主要鸟类。其中，锡嘴雀是北京不常见的冬候鸟。第一次在公园内同时记录到两种秧鸡科鸟类，黑水鸡鸟和白骨顶鸟。发现黑水鸡繁殖幼鸟2只，䴙䴘幼鸟2只。还首次发现黄喉鹀鸟、白鹭、池鹭鸟、北长尾山雀在园内停留。（梁欣怡）

【生态小课堂】 2023年，公园开展生态小课堂活动14次，累计327人参加，课堂主题不同，多以植物观察、生态导览、鸟类认知、自然创作等方式开展。课堂上参与者亲自动手制作公园明星树身份牌、测量等高线A形架、宣传保护湿地生态多样性海报，了解公园植物形态结构及生态价值，了解地形概念及地形测量目的，学习鱼类和地栖动物在湿地生态系统中的作用，了解荷花从一颗莲子到莲藕的完整生长过程等知识。课堂活动充分结合公园生态科普需求，围绕公园湿地生物多样性和湖心岛生物多样性，活动聚焦“普查”，借助活动动员更多社会力量参与公园生物多样性调查工作中，为公园第三期科普标识牌设计安装和湖心岛“一园一品”改造做数据积累。（梁欣怡）

【春节及元宵节景观布置】 1月，春节和元宵佳节前夕，红领巾公园在各门区、南门广场及主景区道路两侧悬挂红灯笼、中国结等饰品，节日景观布置悬挂灯笼260个、中国结70个。（邱纪舒）

【主题广场少先队员入队仪式】 3月和10月，北京中学二分校和北京市朝阳区呼家楼中心小学团结湖分校分别在红领巾公园主题广场举办少先队员入队仪式，参加活动师生882人。其间，公园党员干部为北京中学二分校一年级学生授红领巾。授红领巾仪式后少先队员们参观红领巾公园少年英雄雕塑群像和长征宣传展板，了解红色故事和红色人物。（梁欣怡）

【杨柳飞絮多措施治理】 4月7日至5月中下旬，公园根据杨树和柳树分布情况，分区域、分时段采用“洒、喷、冲、扫”等多措施精准治理。组织专人巡防，集中力量综合防治。每日对树木高压喷水，增加地面湿化和飞絮清扫频次。园内有杨柳树500余株，利用抗蒸腾剂黏结性强的物理防治特性，喷洒规范配比的抗蒸腾剂混合溶液，使飞絮粘在花絮部位，将飞絮治理工作控制在源头，做到“打早、打小、打了”。（邱纪舒）

【小学社会实践活动课】 5月23日，北京市东城区西中街小学的474名师生在红领巾公园红领巾主题广场开展社会实践活动课。活动中，学生们接受少先队教育，认识中国少年先锋队队旗和队徽；参观雷锋、刘胡兰、王璞、刘文学、卓娅、小萝卜头、张锦辉、罗志群与邓金娣塑像，了解英烈故事，学习革命精神；参观游览公园生态科普教育区，开展园内实践活动，参观生态导览标识牌，了解湿地物种关系以及动植物生态链的运转，观察鸟类身体结构，学习红领巾公园常见鸟类翼展等相关知识；完成学习手册的探究任务。（梁欣怡）

【自然笔记活动】9月24日，红领巾公园开展自然笔记活动，19组家庭共同参与。自然笔记主要源于观察素材的收集和研究。参与者观察植物的根茎叶花果实，了解植物当下生长状态，现场采集所需素材。分别了解五角枫、鸡爪槭和茶条槭；白蜡和杜仲；油松、白皮松和雪松；香蒲、荇菜、柽柳和水杉；木槿和紫薇；鹅绒藤和萝藦等形态相近植物之间的差别，完成自然笔记创作。（梁欣怡）

团结湖公园

【概况】2023年，北京市朝阳区团结湖公园辖区面积12.36万平方米，陆地面积7.7万平方米，绿地面积4.44万平方米，建筑占地面积2.39万平方米，铺装面积0.87万平方米，水面面积4.6万平方米，公园绿化覆盖率57.66%，是江南特色的AAA级免费公园。2023年，公园按照《北京市生活垃圾管理条例》要求，以生活垃圾减量化、资源化、无害化为目标，对标属地政府部门要求，做好垃圾分类工作。开展不定期垃圾桶站检查，安排专人分时分段二次分拣园内垃圾。创建典范城区及卫生城区，发动全体职工认领园区“责任田”，两人一组排班保洁卫生死角、劝阻不文明游园行为；病媒防治做到定期清理小型坑洼积水、维护52个毒饵站、更新破损鼠饵站3处；定期更换公园宣传栏及电子屏幕的宣传内容；公园人流密集区域设置控烟标识，专人巡查；对重点部位、环节进行“拉网式”排查；给园内239株杨树、柳树注射杨柳飞絮抑制剂；签订2023年安全生产责任书17份；安全生产办公室与职工签订安全承诺书28份；加强督查检查，强化安全监管；开展安全宣传，提升安全意识。全年游客接待量572万人次。（李洪静）

【春季花卉补植】2023年，公园春季补植时令花卉榆叶梅8株、大花萱草1800株；补植沙地柏、小叶黄杨、大叶黄杨、红叶小檗和金叶女贞共3580株，绿篱稀疏处补植整齐；云山坡面及中岛山坡北侧补植黄刺玫20株、马蔺3750株；补植冷季型草坪180平方米、混播草籽80千克；西门附近补植大花月季450株、局部补植丹麦草100平方米。（李洪静）

【园区绿植及养护】2023年，公园绿地养护面积4.44万平方米，属特级养护；实有绿植植物乔木2058株，灌木594株，攀缘植物150株，竹子23113株，月季4332株，色块6336株，绿篱43925株，宿根花卉976925株，草坪11914平方米。（韩晓楠）

【节日花卉布置】2023年，“五一”期间，公园主路沿线周边地栽花卉及花坛布置，使用四季海棠、凤仙花、美女樱等5种时令花卉12166株。国庆节和中秋节期间公园地栽花卉布置，使用四季海棠、五星花等4种花卉5582株，并在公园东门入口广场摆放“欢度国庆”字样立体绿雕面积18.9平方米，摆放散尾葵、小丽花、悬崖菊、黄菊等14种花卉3550盆。（韩晓楠）

【公园古树】2023年，公园内有国家二级古树国槐2株，古树名木实行统一管理，建立古树名木调查登记，鉴定分级，设立标志，制定保护措施，指派专人定期检查古树生长和管护情况，及时将养护工作记录上报系统。实时为古树树堰中耕、合理浇水、喷洒营养剂、阶段性打药，古国槐树生长良好。（韩晓楠）

【文明游园主题宣传】6月1日，团结湖公园举办文明游园主题宣传活动。公园东门入口电子显示屏通过视频形式倡导文明游园。现场向游客派发文明游园宣传手册和纪念品，倡导从我做起，率先践行，以实际行动共同营造安全、文明、和谐的游园气氛。（韩晓楠）

【公园无障碍设施整改】10月27日，团结湖公园无障碍设施整改工程开工。项目施工包括公园码头南侧至南门东侧局部426平方米园路无障碍铺装及4间无障碍厕位改造。团结湖公园管理处负责项目施工管理，经过单价比选，选定北京君澜逸园林绿化有限公司施工，于11月2日竣工投入使用。（韩晓楠）

元大都城垣遗址公园

【概况】2023年，北京市朝阳区元大都城垣遗址公园朝阳段总面积67.2万平方米。其中，绿地面积43.65万平方米，绿化覆盖率82%，水面面积6.49万平方米，建筑占地面积7.49万平方米，铺装面积10.84万平方米（含园路）。2023年，重新制定适合公园的养护考核标准与相关制度，日常的检查养护承包单位工作，运行效果良好。加强养护人员工作能力培训。公园围绕“预防为主、安全第一、综合治理”方针开展安全管理工作。明确安全管理责任体系，与全园职工及所有驻园单位层层签订安全生产责任书、消防安全责任书112份。全年安全综合大检查11次，局专职安全员公园隐患排查20次。重大活动、夏季防汛、用电高峰、重大节日、重要时段、冬季防火等时间节点向驻园单位下发安全通知书，要求各驻园单位加强内部管理，排查隐患及时整改，完成春节、全国两会、“一带一路”国际合作高峰论坛等节假日、重要活动时段及海棠花节等特殊时期的保障任务，全年未发生任何责任性事故。配合亚运村、小关、太阳宫等属地派出所和城管人员组成执法队，开展文明游园专项行动，切实维护好安全有序、文明健康的游园秩序。公园打药班对3号地海棠花溪内金星、西府、垂丝、雪球等品种海棠树刷石硫合剂，防治越冬害虫和病原菌，树干涂白是园林养护入冬后的一项重要工作。全年接待游人382万人次。（于红艳）

【文明引导员志愿服务】4月，海棠花节期间，公园20余名文明引导员到元大都公园志愿服务，协助公园向游人宣传环保意识、公德意识，倡导市民文明游园，劝阻和制止游客的各种不文明行为，引导游客文明赏花。（刘　晖）

【公园土城墙文物保护】5月26日，区文旅局执法队和小关执法队到元大都公园检查土城墙文物保护工作。检查组就公园对城墙遗址的保护工作给予了肯定，并对加强城墙遗址保护提出合理建议。公园表示会与相关单位配合，采取更有力措施加强对土城墙的保护，形成联合执法长效机制。（赖兴友）

【广州市白云区园林绿化局到京参观交流】8月15日，广州市白云区园林绿化局副局长带队各职能部门负责人到京参观考察元大都公园开放式试点改造工作，区园林绿化局副局长及元大都公园主任陪同。参观期间，客人们征询许多关于公园开放的经验，包括对不文明行为的管理，景观的维护，相关养护经费的下拨、管理与使用等。（刘　晖）

【增设简易坡道】9月10日，公园收到市民“12345”热线诉求件，希望在健安东路富仁名苑小区对面增设便于轮椅下行坡道。元大都公园领导与相关部门非常重视，及时联系核实情况，确认诉求真实合理，优化调整诉求地点挡车墩，增设便于轮椅通行的简易坡道，游客表示十分满意。（刘　晖）

四得公园

【概况】2023年，北京市朝阳区四得公园总面积17.54万平方米。其中，绿地面积12.09万平方米，水面面积0.73万平方米，铺装面积1.90万平方米，其他面积2.87万平方米，绿化覆盖率76%。2023年，做好公园精细化管理，每日进行园区巡查及现场工作指导，每月月末园务部自行针对养护工作完成情况及安全检查落实情况记录归档。推进公园“一园一花一品”建设，以梅花作为园内特色植物，栽植雪梅等9个梅花品种62株。园内3株油松、4株白皮松采取更换土壤、施肥、打药等方式实施树木复壮。全年接待游客84万人次。（崔显红）

【公园常规养护】2023年，公园常规养护分为草坪养护、花灌木养护和乔木养护。草坪养护实施专人负责，白色垃圾等随时清理，保障绿地卫生，每月定期修剪打药，夏季为草坪生长迅速期，每两周修剪一次，修剪工具定期消毒，避免污染草坪形成病害；花灌木养护，所有绿篱、造型植物修剪造型1次，达到层次分明，造型植物比例协调，松土保持土面疏松不见杂草，易滋生病虫的植物做预防消杀处理；乔木养护，疏剪所有乔木的内膛枝，剪除枯枝、下垂枝、病虫枝。（魏佳俊）

【节日花卉布置】2023年，“五一”“十一”期间公园门区、湖区、健身步道花坛摆放及地栽花卉4处，花卉用量4.5万株，面积1150平方米。（魏佳俊）

【交流宣传】2023年，四得公园接待市委党校首都人口与公共服务调研组、区政协、广州市白云区园林绿化局、通州区园林绿化局领导到公园调研交流。接受北京电视台《北京您早》《特别关注》《北京时间》栏目报道各1次、垃圾分类四周年采访拍摄1次、北京市园林绿化局绿化与生活杂志社采访1次，被“北京朝阳”公众号报道1次。拍摄《宣传贯彻二十大，法制文艺润京城——四得公园依法依规，巧解噪声风波》短片。（杨语歆）

庆丰公园

【概况】2023年，北京市朝阳区庆丰公园总面积20.21万平方米，陆地面积20.01万平方米，水面积0.2万平方米，绿地面积13.89万平方米，绿化覆盖率67.3%。2023年，跟进公园改造前期工作，持续提升公园开放后景观环境质量，跟进“一园一花一品”工作，各项工作取得长足进步。联合市水务综合执法朝阳分队、市城市河湖管理处通惠河管理所、双井街道组织开展文明游园引导活动。与市城管执法局、区城管执法局、双井街道城管执法队开展以主题为“优美的公园环境离不开您的细心呵护”联合执法宣传活动。落实“安全第一，预防为主，综合治理”安全生产方针，切实把安全工作放在一切工作的首位，全年签订安全生产责任书60份。更换园内太阳能照明设施，修缮木质结构平台、监控设施等基础设施。配合属地街道办事处举办“溯源黄木展运河文化欣美井踏青二闸涌数字经济春风潮”清明节踏青、“多彩邻里节”广场舞大赛等活动。全年接待游客24.84万人次。（郭俐呐）

【苗木补植】2023年，公园苗木补植缺株少植、地面斑秃地块，其中补植灌木1014株、品种月季200株、色带植物5600株，补植宿根花卉16000株、苔草2500平方米、草坪1700平方米，播撒各种花籽草籽9500平方米。修剪乔灌木200株，春末花后修剪约1000株，修剪雌株杨柳树300余株。（张　珺）

【节日花卉布置】2023年，“五一”“十一”前夕，在公园门区、主景观区布置花堆6个，花带4处，摆放三角梅、一品红、牵牛花、孔雀草等时令花卉13000余株。（张　珺）

【杨柳飞絮治理】2023年，庆丰公园采取修剪、喷湿等措施治理杨柳飞絮。全园短截修剪雌株杨柳树300余株；杨柳树高压水枪喷湿，道路喷湿，及时清理

等措施防治杨柳飞絮。共出动水车、药车120辆次，人员600人次。（于海强）

【防治美国白蛾】 2023年，公园安排人员每隔三天巡视一次园内白蜡、栾树等重点树木，查找美国白蛾幼虫网幕，对厕所附近重点区域每日一查，发现白色丝网立即剪掉枝条，尽量不造成破网，以免幼虫漏网。剪下的网幕集中烧毁或深埋，杀死散落的幼虫。同时采用触杀菊酯类药剂1000倍施药防治重点区域，喷药均匀周到，不漏喷，不留死角。（于海强）

【春季植树活动】 4月6日，庆丰公园党支部党员12人携手黄木厂社区党支部30余人在东园丁香谷北侧开展春季义务植树活动。现场栽植榆叶梅30株、月季500株。（于海强）

【"一警六员"消防技能考核】 9月26日，九龙消防救援站组织公园职工开展"灭火器灭真火，消火栓出真水"消防基本技能实操实训现场考核活动。实操实训考核分为灭火器操作、消火栓操作两部分。由消防站站长讲解火灾种类、灭火基本原理、常见初期火灾扑救方式及灭火器与消火栓的正确使用方法，参训人员按照"一提、二拔、三压、四喷"规范操作，并参加考核。此次"一警六员"消防基本技能实操实训考核通过率100%，参训人员达到"小火会用灭火器、大火会用消火栓"要求。（王明杰）

大望京公园

【概况】 2023年，北京市朝阳区大望京公园占地面积33.49万平方米，其中绿地面积25.62万平方米，绿化覆盖率85%，铺装面积5.34万平方米，水面面积2.34万平方米，管理用房面积1811平方米，景观建筑面积128平方米。2023年，公园开展落叶乔木及常绿乔木修剪培训、春季花后修剪培训以及2023年接诉即办工作培训，到南海子公园参观学习，组织开展文明旅游志愿服务活动、义务植树活动等。与属地签订2023年度垃圾清运合同。更换园内垃圾分类标识168张。加强安全管理，全年安全检查21次，查出一般隐患7项，及时责成相关部门整改。开展安全教育培训6次，开展消防安全演练2次。在局公园系统全年各项养护评比中，大望京公园养护成绩获得好评。全年接待游客61.86万人次。（许秋珩）

【春季补植】 2023年，公园春季补植灌木1170株、乔木120株、藤本2100株、月季2400株、苔草50084盆、冷型草5000平方米、绿篱色块5200株。（郭　莹）

【花卉布置】 2023年，"五一""十一"公园主景观望京台、西2门位置花卉布置，栽植四季海棠、松果菊、金鸡菊、小菊、串红、凤仙、火炬花等多品种花卉31358盆。（郭　莹）

【土建修复及维修】 2023年，公园维修翻新管理用房，更换照明线路约100米，更换照明灯40余盏、太阳能灯11盏，安装绿篱网255延米，加装栏杆121延米，改造回形门8处，架空线入地61延米，安装电动自行车专用充电设施2处。全园维修破损地面、墙面2200余平方米，修缮门区岗亭3间，防腐木花台翻新改造加厚塑木86平方米，增设景观花箱3处，木质护栏更换维修约500延米。园区内增设自动售卖机5台，公园二期雨水管、雨水口增设6处，园区内小木屋（游客中心）维修、玻璃场厅屋顶防水（打胶）约300平方米。（肖　刚）

【修剪培训】 2月17日，公园邀请植物修剪经验丰富的陈志超，在公园绿地开展落叶乔木及常绿乔木修剪培训，养护部成员和养护工人32人参加培训。陈志超依次示范修剪国槐、悬铃木、华山松、油松、碧桃等，围绕"一平、二净、三清、四空、五密、六去"修剪原则，详细讲解不同植物的修剪要点、修剪方式和注意事项，并指导工人实操修剪。（王金生）

【古树养护】 3月，公园做好古树的浇春水及埋肥。4月至6月，做好古树的除草、浇水、做树堰，开展尺蠖、蚜虫、红蜘蛛、叶柄小蛾等虫害防治。7月至9月，做好古树的修剪、排涝、中耕除草并防治尺蠖、红蜘蛛。10月至12月，浇冻水、中耕及涂抹树木保护剂。400余年的国槐古树生长良好。（王金生）

【"朝阳区文明旅游志愿服务"活动】 11月3日，大望京公园在公园西一门开展"朝阳区文明旅游志愿服务"活动，活动现场，志愿者通过发放宣传资料、设置咨询台、现场解答等方式，宣传文明出游、森林防火人人有责，并向市民游客介绍文明旅游、朝阳区文旅攻略、安全出行常识等，面对面向市民游客推荐朝阳区旅游精品线路，品人文、觅美景、聚欢乐，活动期间发放各类宣传资料200余册。（许秋珩）

望和公园

【概况】 2023年，北京市朝阳区望和公园占地面积38.62万平方米。其中，绿地面积30.02万平方米，绿化覆盖率80%，铺装面积7.6万平方米，水面面积0.98万平方米。2023年，维修公园南北园塑胶跑道约260平方米、园路路面约350平方米，维修北园湖岸100米，更换北园座椅塑木面层65平方米；维修南园雨刷石广场100平方米，维修南园墙砖80平方米。推进义务植树尽责活动，创新望和公园特色的尽责形式。"3·12"植树节、首都义务植树日、国际森林日、世界地球日、全国生态日等重要时间节点开展主题鲜明的义务植树尽责活动，满足市民参与义务植树的尽责需求，用实际行动践行习近平生态文明思想，传播生态文明理念。全年接待游客54.55万人次。（董　鑫）

【“互联网+全民义务植树”】2023年，作为“互联网+全民义务植树”基地以不同主题组织义务植树尽责活动48场，参与尽责人数1657人，栽植金银木、榆叶梅、海棠等树木480株，抚育树木4654株，清洁绿地37.57万平方米，发放“首都全民义务植树尽责证书”1169份、“国土绿化荣誉证书”470份。（董　鑫）

【全民科学健身服务示范基地启动仪式】4月7日，“活力望京·‘京’彩有我”全民健身季暨全民科学健身服务示范基地启动仪式在望和公园南园举行。市区有关单位领导出席。启动仪式上，朝阳区人民政府副区长舒毕磊致辞，首都体育学院武表学院书记祝莹介绍全民科学健身服务示范基地建设项目，望京街道居民代表及首都体育学院学生展示舞狮、太极、体育舞蹈、篮球、武术等体育项目，奥运冠军与望京居民代表共同宣读《望京街道全民健身倡议书》。启动仪式结束，与会领导宣布全民健身活动季启动，150余名居民代表参与活动。（董　鑫）

【防汛抢险】8月1日，受台风“杜苏芮”环流影响，北京迎来最强降雨，望和公园开展防汛抢险，共出动清扫人员200余人。1台15千瓦排水单元（强排水泵）用于北园香风湖，3台汽油机水泵，其中2台用于北园香风湖、1台用于南园下沉广场和雨水花园，2台污水泵用于北园儿童滑梯和葡萄架处。使用安全岛（锥桶）20个、警戒带300米、消防水带200米，清掏雨水箅子150余处。（闫　升）

北小河公园

【概况】2023年，北京市朝阳区北小河公园占地面积19.59万平方米，绿地面积15.42万平方米，绿化覆盖率为78.71%，道路面积1.61万平方米，水面0.7万平方米，建筑面积1.91万平方米。2023年，以文明城区复检为抓手，不断完善公园服务管理，在公园行业检查评比中成绩良好；大力推进“一园一花一品”工作；加强公园开放后管理工作，加强人员投入，做好一线巡视，提高养护保洁频次，及时劝阻不文明行为，确保公园安全舒适，并运用植物造景做好出入口和沿线景观设置。结合公园开放后出现的问题和公园实际，形成自身的管理办法，努力为市民营造良好活动空间，游客满意度达100%。加强园内绿化养护精细化工作，着重培训修剪及病虫害防治和实际解决问题能力；“五一”“十一”等重大节日时令花卉栽植4.49万株。落实安全生产主体责任，结合北京长峰医院“4·18”事故教训，开展安全生产、消防大检查和各项安全教育培训。受理“12345”群众热线诉求26件，“三率”均为100%。全年公园接待游客42.2万人次。（刘玉昆）

【春季补植】2023年，北小河公园利用春季植树最佳时期优化公园景观环境，全园补植宿根花卉6200株，更换和铺设草坪5550平方米，种植苔草30000株、品种月季150株、竹类450墩。（赵　娜）

【节日花卉布置】2023年，“五一”“十一”等重大节日前夕，北小河公园在东门口、园路两侧、儿童广场等区域进行花卉布置。栽植孔雀草、小菊、海棠、醉蝶、凤仙等时令花卉4.49万株。（赵　娜）

【游客满意率调查】9月19日，北小河公园开展游客满意率调查活动，在公园东门设立宣传台，现场发放调查表150份，收回调查表150份。调查内容包括公园绿化管理、卫生管理、设施管理、不文明行为管理和安全管理等方面，并向游客征集公园实施开放管理及后期公园改造提升的意见和建议。此次调查，游客对公园整体满意率达99%；游客建议集中在增加体育活动设施、增加座椅、增加花卉品种介绍牌等，公园对游客的意见和建议记录整理，作为改进调整的参考依据，为游客提供更好的服务。（张　婷）

【“朝园工匠”冬季修剪比赛】12月27日，北小河公园参加区园林绿化局和区园林绿化局工会联合举办的“朝园工匠”冬季修剪比赛，由公园主管领导带队，2名专业技术人员和4名养护人员参加比赛。比赛分为集体赛和个人赛，北小河公园荣获团体赛第二名，1人荣获个人赛三等奖。（崔　北）

城市市政综合管理

城管综合执法

【概况】2023年，北京市朝阳区城市管理综合行政执法局（简称区城管执法局）以“提升执法诉求比”为整体目标，聚焦主责主业，以重大活动服务保障为主线，以重点执法专项为重点，统筹推进城市安全运行、环境整治提升、文明城区创建、接诉即办等工作，抓好综合执法队伍建设及执法规范化建设，促进城市管理提质增效。全年，主动开展法律法规宣传，在央级市级媒体刊播新闻633条、公众号推送文章274篇；区城管综合执法系统出动执法人员28.9万人次、车辆9.1万辆次，开展各类联合执法2003次，累计罚款1460万元。

（区城管执法局）

【包片督导机制落实】2023年，区城管执法局牵头制发《朝阳区城管执法局2023年城市管理专项执法工作方案》，统筹推进城市运行、污染治理、市容环境方面等重点专项执法工作。创新实施包片督导机制，全区划分4个片区，局领导和直属队通过全系统部署、多层次培训、片区指导、约谈督导等方式，包片跟进街乡落实情况，统筹调度街乡全面开展执法工作。其间，全区立案量和罚款总额均为近五年的最高值，其中生活垃圾、建筑垃圾专项结案量超过2018—2022年总结案量，燃气安全专项结案量是2018—2022年总结案量的3倍。（王赢林）

【占道经营整治】2023年，区城管执法局制发占道经营专项整治行动方案，分解量化街乡重点专项月度诉求控制指标，开展重点商圈外摆秩序管控、地铁站口周边治理、露天烧烤整治等综合性工作，借力全市城管综合执法系统“畅夏清风”专项执法行动，与北京市城管执法局重点站区分局及东城、丰台、通州、大兴、昌平、顺义区城管执法局签订《“伙伴计划”工作协议》，发挥多部门联动合力，统筹调度市级重点点位周边秩序整治工作，组织开展东直门立交桥下、十里河周边、三间房地区等区域非法鸟市整治，坝河、温榆河等河道周边绿地露天烧烤整治。其间，全区占道经营执法专项立案7042起，罚款166.76万元；公共区域环境秩序执法专项立案2360起，罚款71.92万元；露天烧烤执法专项立案557起，罚款19.9万元；非法小广告执法专项立案1120起，罚款29.41万元。（王赢林）

【安全生产大排查大整治】2023年，区城管执法局制发专项方案，成立工作专班，开展燃气安全、城市生命线安全、环境秩序、电力安全、供热安全、生活垃圾设施安全、交通安全、其他领域大排查大整治工作，关键节点制发工作提示，提高人均检查量和人均隐患发现量，推动安全生产全领域执法工作。其间，接受国务院安全生产委员会、市委、市政府安全生产督察2次；组织全区城管综合执法系统录入安全生产检查单11.2万余份，发现隐患问题3.6万余起，督促街乡推进整改。（王赢林）

【污染防治】2023年，区城管执法局联合区生态环境局、区住建委及各街乡共享联动，点穴式督导重点点位，对夜间施工举报较高的工地开展点穴式跟进督办，会同属地街乡综合行政执法队约谈建设施工单位，安排执法人员夜间实地盯守；开展24小时施工地视频监控巡查，每日对全区253个在账工地至少巡查一次。组织全区城管综合执法系统开展建筑垃圾“每周行动日”污染防治专项整治行动。其间，区城管执法局监控平台安装监控摄像系统348套，建立包含全市2004家合法渣土运输单位和14817辆合法运输车辆牌照的台账系统，监控平台和现场执法下发督办单1075份。

（王赢林）

【垃圾分类专项执法】2023年，区城管执法局紧扣执法诉求比，依职责开展执法处罚，加大生活垃圾分类违法行为处罚量；开展“城管执法精准进社区”工作，持续推动居住小区（村）执法检查，完成生活垃圾分类全覆盖执法检查；紧盯重点企事业单位，聚焦生活垃圾“产生—运输—处理”全环节，开展“全链条”执法。其间，全区城管综合执法系统录入生活垃圾类检查单66269份，依据《北京市生活垃圾管理条例》处罚23818起，罚款185.2万元。（王赢林）

【燃气安全执法整治】2023年，区城管执法局坚持全年安排和阶段性攻坚相结合，持续强化燃气执法检查，开展区级联合检查抽查。其间，组织全区城管综合执法系统开展2轮次燃气安全集中整治行动，检查全区758所学校点位及周边区域开学季燃气安全，检查燃气供应企业及燃气非居民用户31703家次，发现问题现场整改1118家次，立案限期整改1439起，罚款31.82万元。（王赢林）

【废弃电动三、四轮车清理整治】2023年，区城管执法局采取定期实地督导、线上线下相结合的方法，指导属地落实废弃电动三、四轮车清理整治工作，联合属地执法队到社区巡查、摸排、建账。其间，全区城管综合执法系统登记建账3039辆，公示后无人认领依法清理并集中停放1495辆，提示督促主张权利人回收处置1478辆，清理整治率97.83%。（王赢林）

【违法建设整治】2023年，区城管执法局制定违法建设专项执法方案，牵头组建别墅整改专班，对全区65个别墅区6271栋房屋实地走访摸排，对涉及的6个乡逐个走访、实地调研，推动属地街乡拆除完毕十八里店乡3处别墅区内私搭乱建违法建设，其余5个乡48处纳入别墅区私搭乱建摸排台账。对36件在账强拆待执行违法建设案件开展隐患排查，与区相关部门合力指导支持，参与“吹哨报到”会40余次。其间，指导属地街乡拆除违法建设17464.93平方米，排查涉嫌违法建设彩钢板房46730.87平方米。（王赢林）

【执法队伍教育整顿】2023年，区城管执法局开展全区城管执法队伍教育整顿工作，坚持学习教育、检视查纠、整改落实统筹兼顾、一体推进，开展全区群众诉求突出问题集中整治行动，用好普查结果，做好基层画像，实现全区执法力量配备有所优化、执法纪律作风有所好转、执法办案程序有所规范、执法工作效能有所提升。全年，全区开展专项处罚7898件，全年诉求9957件，比上年下降21%，处罚诉求比1.26。（王赢林）

【执法规范化建设】2023年，区城管执法局持续强化执法规范化建设，依托“朝阳城管”企业号平台和多种宣传渠道，开展法律法规宣传，组织开展各级各类培训70次，累计参加5248人次；健全执法制度机制，推行权力清单动态管理，强化法制培训，开展层级法制培训12期，“云旁听”12期，编发常用法律法规汇编“工具书”1435套；结合“吹哨报到”机制深入街乡开展个案讲解19期，严格行政复议诉讼，重点推进案卷评查、执法参与、职权触发，不断夯实基层依法行政基础；制定街乡千分制考核办法，考核重点向一线执法倾斜，向提高重点专项处罚诉求比、教育整顿倾斜，开展全区城管综合执法系统行为规范、执法风纪检查，提高执法人员依规履职意识和规范执法水平。（王赢林）

【重要时间节点服务保障】2023年，区城管执法局组织全区城管综合执法系统完成全国两会、中高考、春运、“五一”、“十一”等重要时间节点，“一带一路”国际合作高峰论坛、2023年中国国际服务贸易交易会、北京文化论坛等重大活动及中超、中网、明星演唱会等大型文体活动期间的环境秩序保障工作。其间，统筹全区城管综合执法系统在重点保障区域针对燃气安全、非法小广告、无照游商、店外经营、施工扬尘、非法运营等突出问题开展执法管控，深化与公安机关的联动协作，常态化开展“城管+公安”联合执法，打击社会面秩序违法行为，营造安全、整洁、文明、有序的城市环境。（王赢林）

【联勤联动园林绿化执法宣传】2023年，区城管执法局制定2023年度专项工作计划，以市—区—街（乡）“三级协同”为依托，在节假日和周末游园高峰强化三级联勤联动，为属地执法部门与区园林绿化部门、公园管理单位搭建沟通协作平台，联合市城管执法局、区园林绿化局及奥运村、孙河、麦子店、亚运村、太阳宫等10余个重点街乡，在奥林匹克森林公园、温榆河公园、朝阳公园、元大都遗址公园、日坛公园、庆丰公园等开展联勤联动执法宣导活动；联合市城管执法局专业执法指导处，组织全区城管综合执法系统业务骨干在古塔公园开展送教下基层暨园林绿化知识竞赛活动。（王赢林）

智慧城市管理

【概况】2023年，北京市朝阳区城市管理指挥中心（简称区城管指挥中心）落实市委深改委“接诉即办”改革专项小组的总体要求，出台朝阳区“接诉即办”改革工作要点，全面推进重点难点问题解决。完善区级考核评价体系，加大媒体宣传力度，召开媒体宣传工作会，邀请先进街乡介绍经验，从选题到拍摄内容开展多层面培训，全年区级统筹参与《接诉即办》栏目30期、《向前一步》4期。在市级加分基础上，给予相关单位10倍加分，鼓励各单位积极参与媒体宣传；修订“吹哨报到”考核机制，实行“双考核”（既考核吹哨单位，也考核应哨单位），激励街乡部门形成合力，解决问题。全年，“吹哨报到”机制解决诉求938件，受理“12345”市民服务热线诉求近130万件，比上年下降4.21%，占全市16区交办量17.33%。平均解决率93.9%、满意率94.8%，比上年分别提高0.9和1.5个百分点，全市排名第9位。全年上报城市管理案件162万件，解决率97.8%。

【“每月一题”工作落实】2023年，朝阳区委全面深化改革委员会“接诉即办”改革专项小组印发《朝阳区2023年接诉即办“每月一题”推动解决重点民生诉求的工作计划》的通知（朝接改组发〔2023〕1号）。全区“每月一题”共21个方面（即“18+3”，指北京市“12345”热线中心年初确定的18个“每月一题”，加上朝阳区人民政府根据朝阳区实际增加3个“每月一题”）。区城管指挥中心认真落实，全年受理“每月一题”诉求127471件，月均诉求10622件。

【“接诉即办”系统平台功能优化】 2023年，区城管指挥中心完善“接诉即办”系统平台模块，量化展示工作实绩。包括优化提升快速响应平台，优化大数据及算法，完善原始解决率、涉否诉求等关键指标展现形式，强化数据分析有效性和信息共享便捷性，助力各单位提升“接诉即办”效率；强化平台对接，多环把控工单时限，区级平台设置签收、退单时间限制，避免因“未按时签收、未按时推送”产生零分工单，同时加强区级、市级平台数据比对，坚持每天通报，确保每个工单按时签收，办理结果按时推送，形成工作闭环；推进平台融合实现网格热线互补，通过实时信息传输，实现网格化城市管理平台和“接诉即办”系统平台的数据共享，比对网格员上报案件与群众诉求，促进重点环境问题的网格监督，推动未诉先办。

【“七有”“五性”诉求分析】 2023年，朝阳区“七有”（幼有所育、学有所教、劳有所得、病有所医、老有所养、住有所居、弱有所扶）、“五性”（便利性、宜居性、安全性、公正性、多样性）平均综合成绩95.04分，在全市16区中排名第10，较上年排名上升4名。其中，“七有”综合得分为94.39分，“五性”综合得分为95.1分。

【5个治理类街乡全部退出】 2023年，区城管指挥中心每月对市级治理类街乡（治理类街乡指的是在全市范围内，“12345”市民服务热线接到的市民诉求量较大的街乡，通常情况下，治理类街乡的市民诉求量在全市范围内排名前10）和未进先治街乡分析研判和提示，及时提供给区发展和改革委员会及相关街乡共同努力，5个治理类街乡全部退出，达到预期目标。

【政策与考核规则培训】 2023年，区城管指挥中心结合《2023年度北京市接诉即办考评实施办法》《不计入考评或只考评响应率事项清单》和考核规则，对重点街乡开展点对点培训80余次，邀请专业部门开展重点难点诉求行业指导培训13次，开展街、乡及委办局一线工作人员面对面现场培训11次，累计培训4000余人次。

（钱国军）

交通运输管理

【概况】 截至2023年底，朝阳区有地面公交企业2家，运营线路290条；公交枢纽1个，公交场站132个；出租汽车企业44家（不含个体车辆），其中网约车平台企业6家；省际客运站3家，道路客运企业15家；汽车租赁企业152户；货运企业667家；维修企业1020家；水运企业8家；汽车驾驶员培训学校4所。有共享自行车企业3家，月均共享自行车23万余辆，从业人员420人。

（纪晓颖）

【交通设施建设】 2023年，北京市朝阳区交通委员会（简称区交通委）编制完成《朝阳区2023年道路建设计划》，完成望京区域综合交通治理和朝阳大悦城周边区域交通综合治理主体工程；完成“十四五”时期交通发展规划中期评估、自由贸易试验区科技创新片区朝阳组团范围内的交通影响评价审查、朝阳区重大决策社会稳定风险评估报告备案（交通部分）；推动重点区域，包括金盏国际合作服务区、温榆河公园、亮马河北路、上市地块、安置房、保障房、棚改项目配套道路等道路前期手续，办理占掘路行政许可事项136件。全年完成大修养护道路12条，面积20.9万平方米，步道5.7万平方米；完成中小修道路169条，道路面积23.8万平方米，步道面积7万平方米。接收6条代建道路。机动车备案停车场690个，备案停车位235892个。启动劲松东延路、东十里堡路等疏堵工程；建设完成双桥东路等20条道路，其中主干路1条、次干路7条、支路12条，总长度14.1千米，区域路网进一步完善。焦化厂、化工桥道路积水治理工程全部完工，治理后焦化厂地铁站口、化工桥西北处北侧非机动车道积水面积减少90%。完成小红门乡牌坊铁路道口封闭拆除，包含裁撤、拆除废弃道口、监护用房等，消除周边居民通行的安全隐患。完成华联DT51周边交通综合治理项目（一期）、西大望路等10条道路交通设施升级改造和东三环等一批区域交通综合治理项目。整治完成京沈客运专线下凹涵洞路面。建外街道等推行错时共享机动车停车场51处，提供错时车位3090个，利用微信公众号、社区宣传栏等向居民提供共享停车场信息，方便居民了解车位情况；拆除违法建设、利用边角空地等方式，在东坝、崔各庄、十八里店、常营等街乡新增居住区停车位2141个。

（吴选辉）

【朝阳大悦城周边区域交通综合治理】 2023年，区交通委为改善朝阳大悦城及周边地区的交通出行条件，营造良好营商环境，组织实施朝阳大悦城周边区域交通综合治理工程（约7.6公顷范围，含道路工程、照明工程、雨水工程、给水工程和管道工程），项目东至四季星河西路、南至朝阳北路、西至青年路、北至四季星河南街。

（陈　洋）

【望京区域综合交通治理】 2023年，望京区域交通综合治理部分完工。治理范围北起北五环，南至东北四环，西起京承高速，东至机场高速，约14.5平方千米。治理内容包括：构建慢行体系，改造13条道路，打造3平方千米的慢行示范区；建设13.14千米望京外环休闲绿道；突出科技手段，强化智慧管理，打造15条绿波路段，开展望京、东湖全域智慧停车管理；完成望京健身大外环绿道主体建设。

（陈　洋）

【桥下空间治理】 2023年，朝阳区配合北京市交通委完成60处桥下空间整治任务，主要整治桥下空间的车辆无序停放、垃圾杂物乱堆乱放等问题。制定《朝阳区2023年桥下空间整治工作方案》，协调各街乡开展上账、整治、销账工作。督促、管理使用单位按照“八有、八无”（有值班制度，有环境卫生责任制度，有日常巡查检查制度，有应急预案及突发事件处置制度，有消防器材，有桥梁保护设施措施，有监控设备，有公示牌；无损坏桥梁设施行为，无侵占道路通行空间，无燃气、明火和大功率电器使用，无废旧机械存放，无车辆乱停乱放，无垃圾杂物乱堆乱放，无栏杆缺损、锈蚀、脏污，无违规侵占）标准整治桥下空间，并依据市级核验标准完成相关点位销账任务。（马卫国）

【增设收费路侧停车位】 2023年，区交通委继续深化道路停车改革，充分调研道路和居住区周边停车供需情况，科学合理增设停车泊位，在朝外、大屯、垡头、豆各庄、南磨房、高碑店等13个街乡，增设路侧停车电子收费泊位5263个。（张龙银）

【共享单车管理】 2023年，区交通委梳理完成国贸、东大桥等90个地铁站共享单车停放使用情况，协调企业安排320余名定点运维人员，健全常态化管理机制，扎实推进共享单车规范停放，保障地铁进出站口道路通畅。（张龙银）

【道路运输管理】 2023年，北京市交通委员会朝阳运输管理分局（简称市交通委朝阳运输管理分局）为市交通委派出机构，负责朝阳区内道路运输管理工作。全年，作为法定实施主体，共办理各行业事项23871件；作为协办部门，录入市级事项从业人员业务601件，录入其他区县事项12件；解答现场咨询及来电咨询2万余次；辖区企业通过线上申请的区级事项22518件，整体网办率94.3%，上线新审批系统的事项网办率97.4%。办结接诉即办工单3340件，主要集中在网约出租车、巡游出租车、道路客运、机动车维修及场站保障等重点行业。完成2023年中国国际服务贸易交易会、“一带一路”国际合作高峰论坛等重大活动期间的交通保障任务；完成驾培机构2022年度质量信誉考核2家，考核结果均为AAA级。归集上报辖区道路客运行业2022年度信用信息，录入15家客运企业和3家客运站信用信息76条，涵盖企业形象、集体获政府表彰奖励、安全生产标准化建设和交通违法发生率等多项指标。（纪晓颖）

【重大节假日和节点运输保障】 2023年，市交通委朝阳运输管理分局精心调度各运输企业运力，保证重大节假日期间的群众出行需要。元旦假期，出动巡视检查人员20人次，每日巡视检查首都机场出租汽车调度站，实时关注航班抵离、客流变化及天气变化情况，做好研判，汇总上报运营数据，根据实际客流情况，采取不同应对方案，确保无旅客滞留。其间，首都机场市内巴士班车运营147辆次，运送旅客533人次；东西区出租汽车调度站运营出租汽车14221辆次，运送旅客24176人次，采取圈车保障4次，圈车1684辆次，运送旅客2863人次，未出现旅客长时间滞留情况。1月7日至2月15日的春运期间，分局首都机场场站科出动执法人员314人次，检查T2、T3航站楼出租车调度站车辆指挥调度、旅客上车引导等情况152站次。应对雨夹雪天气和道路结冰、大雾双黄色预警等，及时启动恶劣天气接续运输保障预案，指导机场公共区增发摆渡车和调派巡游车保障等方式疏散到港旅客。其间，东西区航站楼出租车运营31.71万辆次，运送旅客53.89万人次；圈车7.2万辆次，调派保点出租汽车4896辆次，运送旅客8323人次；发送免费摆渡车85辆次，运送旅客2347人次。北京朝阳站场站科采取“提前部署网约车，多方协调公交车，指导调派出租车”的保障方式，成功应对1月27日（正月初六）到站8.3万人的最高峰客流。其间，场站科出动执法人员192人次，检查北京朝阳站公交平台和出租汽车调度站车辆指挥调度、旅客上车引导等情况74站次；出租车运营8.9万辆次，运送旅客15.03万人次。3月，全国两会期间，分局以重点地区运输安全服务保障为核心，督导行业企业安全生产、反恐维稳、环保减排、提升服务质量等各项工作。其间，出动服务保障人员132人次，检查北京朝阳站、首都机场接续运输保障情况66站次；出动执法人员312人次，专项执法检查148家次，约谈企业6家次；开展网络监管39次，发现问题79项及时责成整改；接办各行业投诉158件，妥善办结；督导辖区重点行业企业开展全面隐患排查整治，排查运营车6209辆，排查隐患问题271项，及时采取措施治理。“五一”假期，分局加强运力研判，制定应急接续运输保障方案。以“五一”假期首尾保障为重点，制定分级保障措施和大容量输运应急响应措施。全面调度部署，组织相关保障单位召开工作部署会，协调各方力量投入运力保障。靠前指挥，每日安排巡查组在白天和夜间高峰时段开展指挥调度。其间，首都机场，出动执法人员32人次，检查首都机场出租车调度站16站次；圈车20339辆次，运送旅客34576人次；调派保点出租汽车1431辆，参与运营保障2884辆次；协调首都机场公共区发送免费摆渡车11辆次，运送旅客287人次。北京朝阳站，出动执法人员40人次，巡查检查北京朝阳站出租汽车调度站、公交站台、网约车专用上客区等重点区域，现场指挥保障企业开展运输保障工作，圈车1.8万辆次；启动出租汽车保点4次，调派企业保障车辆705辆，运营852辆次。端午假期期间，分局在首都机场和北京朝阳站每日巡查值守至夜航结束，到站旅客疏散完毕。其间，启动首都机场Ⅱ级应急保障3次，Ⅰ级应急保障1次；采取开通免费路侧摆渡车、调派保点巡游车方式应对晚间集中到港旅客高峰；调集辖区出租车保障片组保点运营4次，调派保点出租汽车792辆次，参与运营保障 1301 车次，疏散到港旅客约 2200 人次；“十一”假期，分局场站科巡查值守首都机场和北京朝阳站。指导首都机场出租车调度站运营出租车 11.74 万辆次，运送旅客 19.55 万人次；北京朝阳站 5.5 万辆次，9.9 万人次。组织首都机场出租车保点 5 次，运营出租车 1128 辆次；北京朝阳站出租车保点 12 次，运营出租车 2332 辆次。协调首都机场公共区发送东直门、三元桥免费摆渡车 11 辆次，运送旅客 254 人次；协调市重点站区管委会朝阳站办发出免费摆渡车 23 辆次，运送旅客 667 人次。向市交通委申请地铁 6 号线、14 号线延时，服务北京朝阳站 3 小时，加开列车 28 列，运送旅客 3759 人次。（邵　洋）

【规范安全监管制度】 2023 年，市交通委朝阳运输管理分局制定修订《党政领导干部安全生产责任制实施细则》《分局安全生产积分激励办法》《分局国家安全和平安建设领导小组办公室工作规则（试行）》《分局安全生产委员会工作规则》等 17 项安全管理和监管等规范性制度文件，从制度上压实安全责任，不断提升安全管理规范化水平。（朱　露）

【指标注销与企业监管变更】 2023 年，市交通委朝阳运输管理分局依据《道路旅客运输及客运站管理规定》，对不符合省际客运班线经营资质延续经营许可条件的北京阿尔萨客运有限公司，注销其省际线路运营资质。依据《北京市交通委员会关于明确道路客运车辆更新期限的通告》要求，中信联合、赛特国旅和北青旅注销超期未更新包车客运运力指标 44 个。四达国际旅行社有限公司兼并重组至丰台北京虹桥旅行社有限公司，注销其道路客运经营资质。依据《北京市交通委员会关于明确中旅商务旅行服务有限公司等客运企业监管主体的通知》要求，7 月 24 日，北京天马通驰旅游客运有限公司管辖区县由朝阳区变更至密云区；7 月 28 日，中旅商务旅行服务有限公司管辖区县由朝阳区变更至东城区。（袁明扬）

【网约车行业落实“接诉即办”机制】 2023 年，市交通委朝阳运输管理分局印发《朝阳辖区网约车行业接诉即办机制》，以“接诉即办”为切口促进网约车行业接诉即办和管理服务水平双提升。建立定期总结通报机制、工单督办机制、重点难点问题政企研究会商机制，以“接诉即办”为切口，发现行业管理问题，针对性分析和解决问题，从根源上解决驾驶员刷单、学生专车、车辆降级接单等重点高频问题的投诉。在一些重点问题上实现“解决一个问题”到“解决一类问题”，从“接诉即办”到“未诉先办”，“接诉即办”和行业管理服务的相互促进和相互提升。全年朝阳运输管理分局共妥善办理行业投诉 2288 起。（苏　尧）

【辖区出租汽车扬招站治理】 2023 年，市交通委朝阳运输管理分局踏勘辖区 44 个出租车扬招站，发现存在问题扬招站 31 处，协调区交通委督导建设方对问题整改优化，确保扬招站使用正常，为驾驶员停车、休息、候客、如厕等提供便利。（苏　尧）

【出租车“油改电”推进】 2023 年，市交通委朝阳运输管理分局通过政策宣贯、制定推进计划、跟进推广进度、统筹推进车辆更新、定期约谈督导等措施，贯彻落实行业重大战略部署，助力打赢蓝天保卫战。发布政策告知书 10 次，专项约谈 3 次，推进落实纯电动出租汽车的推广应用。完成到期报废燃油车退出工作，开展到期报废燃油车现场勘验 57 批次，勘验车辆 388 辆。2022 年政策期纯电动出租车更新 1394 辆，完成率居北京市城六区第一。（苏　尧）

【网约车行业“老破小”车辆和问题驾驶员清退工作】 2023 年，市交通委朝阳运输管理分局督导辖区网约车平台清退行业“老破小”不合规车辆 6745 辆，清退不合规驾驶员 357 人。联合公交保卫总队现场勘验申请建档网约车 43 批次，勘验车辆 507 辆，确保平台新接入建档车辆和驾驶员 100% 合规。（苏　尧）

【辖区道路客运企业“两类人员”安全考核】 2023 年，市交通委朝阳运输管理分局落实《道路运输企业主要负责人和安全生产管理人员安全考核管理办法》，推动辖区道路客运企业主要负责人和安全生产管理人员参加安全考核，实现年度辖区所有运营企业“两类人员”考核全覆盖，累计完成考核 141 人。（袁明扬）

【道路客运企业年度质量信誉考核】 2023 年，市交通委朝阳运输管理分局对辖区道路客运企业开展 2023 年度质量信誉考核，最终审核上报 16 家，其中 11 家考核结果 AAA 级，3 家考核结果 AA 级，1 家考核结果 A 级，1 家企业纳入管理不评级。（袁明扬）

【维修企业烤漆房污染治理提质升级核查】 2023 年，市交通委朝阳运输管理分局核查 221 家企业提交的烤漆房提质升级改造材料。其中，146 家企业提交改造完成照片资料，75 家企业提交改造计划或者改造方案。（石慧达）

【汽车喷烤漆房安全使用综合评价抽检】 2023 年，市交通委朝阳运输管理分局对年度内在用汽车喷烤漆房安全使用开展综合评价抽检。分局成立专项整改工作群，逐户逐条通报企业在喷烤漆房安全使用方面存在的问题，抽检反馈问题涉及辖区 16 家维修企业，并要求企业立即整改。截至年底，16 家企业全部完成整改并提交整改报告。（石慧达）

【完善首都机场和北京朝阳站交通信息显示屏】 2023 年，市交通委朝阳运输管理分局邀请市交通委综合事务中心修改完善首都机场和北京朝阳站 5 块运行交通信息显示屏显示模板，并专项培训场站科有关人员。在北京朝阳站发布公交车线路、地铁延时等重要交通信息，引导旅客乘坐多种交通方式快速离站。在首都机场T2、T3航站楼发布机场快轨、巴士乘车信息，向旅客宣传离港更多选择。（邵　洋）

【首都机场运输保障联合办公、会商研判机制】 2023年，市交通委朝阳运输管理分局建立首都机场运输保障联合办公、会商研判机制。根据客流预测数据和出租车补充量、蓄车量、天气及市内交通状况等基础信息，与首都机场公共区、市交通运输综合执法十一支队、出租车调度站共同会商研判，决策启动出租车运力保障和具体启动时间、数量，制定《首都机场交通接驳联合办公值守保障工作制度》。（邵　洋）

【“一业一证”行业综合许可改革】 2023年，市交通委朝阳运输管理分局对照朝阳区“一业一证”改革行业目录，梳理辖区交通行业证件审批及办理要求，修订审核要点，开展综合窗口受理业务培训，实时更新一次性告知清单、材料清单、办事指南等相关文件，优化审批流程及环节，推动全程网办。（侯　爵　郑　璇）

【典型事迹宣传学习活动】 2023年，市交通委朝阳运输管理分局组织辖区出租汽车企业开展“北京榜样·京城的哥”典型事迹推广宣传学习活动。通过颁发荣誉证书、荣誉奖章及相关奖品等方式，肯定“京城的哥”在爱岗敬业、规范运营、亲情服务、热心公益的表现和付出，组织辖区出租汽车行业从业人员学习24名“北京榜样·京城的哥”典型事迹，激励辖区驾驶员文明服务。（苏　尧）

【水路运输及其辅助业核查】 2023年，市交通委朝阳运输管理分局对辖区10家水路运输及其辅助业企业和25家无船承运企业的实际经营情况开展全面摸底调查，进一步掌握辖区水路运输企业和无船承运企业的基础信息和发展方向。（李　磊）

【“企安安”上账检查应用】 2023年，除非实际经营和失联企业外，朝阳区1841家企业全部注册使用“企安安”“一站式”服务系统，企业自查隐患1398项，执法检查373项。注册企业中，巡游出租企业44家，网约车企业6家，汽车租赁企业151家；公交运营企业2家；道路客运企业12家，客运站3家；维修企业1043家，实际经营901家，已不经营的企业142家（未在企业名册内）；水运游船企业8家，驾培企业4家；货运企业716家，运营企业707家（含危货8家），调度站3家。（朱　露）

【安全生产和火灾防控专项行动】 2023年，市交通委朝阳运输管理分局以行业安全生产和火灾隐患大排查大整治工作为主线，紧盯重点开展安全生产和火灾防控专项治理，夯实事故防范和应急处突工作，全面落实各专项任务，不断提升安全监管质效，推进行业企业主体责任落实。全年安全生产和火灾防控专项出动执法人员安全检查督导5059人次，安全监管检查2355家次，发现一般安全隐患564个，全部整改完毕。专项行动中，行政约谈292件，批评教育181件，责令改正45件，问题移送64件，联合执法检查197家次。（朱　露）

【“情满运政　一路朝阳”党建服务品牌培树推广】 2023年，市交通委朝阳运输管理分局培树推广“情满运政　一路朝阳”党建服务品牌，探索“融信、融智、融惠、融效、融情”的“五融”工作法。日受理量最高300余件，审批事项整体网办率94.7%，其中新审批系统上线事项网办率97.9%。朝阳融媒体、北京电视台《红绿灯》节目组、《中国交通报》分别于2月4日、2月21日、9月19日报道了“情满运政　一路朝阳”党建服务品牌建设中的生动实践。（苏奕臻）

【道路交通安全管理】 2023年，北京市公安局公安交通管理局朝阳交通支队（简称朝阳交通支队）对朝阳区道路交通依法实施管理。下属呼家楼、高速路、东外、亚运村、劲松、双桥、机场7个大队。全年接警411324起，其中交通事故报警235520起，交通拥堵报警31262起。开展夜查酒驾专项行动350次，查获酒后驾车违法行为2073起；醉酒拘留955人，行政拘留647人，其中逃逸拘留69人、涉牌拘留193人、非司机拘留188人、准驾不符131人、二次饮酒拘留81人，酒后驾驶营运车辆拘留14人。现场执法68.8万起，非现场执法895万起。现场处罚违法停车4302起；闯红灯违法行为925起，比上年下降9.14%；涉牌违法5119起；扣车7001辆，比上年上升3.55%；处罚货车违法行为7.9万起，比上年上升11.2%；处罚电动三、四轮车5.0万起；机动车不礼让斑马线228起，比上年下降91.32%；查扣超标电动车223辆；摩托车炸街、车辆拼改装1万笔。管界发生交通事故163194起，伤811人，死亡180人；交通事故快速处理162018起，占99.3%；一般程序处理1176起，占0.7%。（吕泽浩）

【交通特勤警卫任务】 2023年，朝阳交通支队完成各项交通特勤警卫任务3174次，其中一级勤务516次、二级勤务308次、三级勤务2350次，累计投入警力51454人次。（吕泽浩）

【源头监管宣传】 2023年，朝阳交通支队重点开展减压交通死亡事故工作。全年走访、检查单位26663家次，采取责令限期改正执法措施5677家次、禁止机动车上路行驶2270家，实施1万元至2万元罚款处罚87家、罚款103万元。排查出交通安全事故隐患4处，治理完成。“122”交通安全日举办以“文明交通　你我同行”为主题的交通安全宣传活动45场次。全年组织开展各类交通安全宣教和培训活动1210场次，印发宣传材料38.5万余份，摆放宣传展板1600余块，悬挂各类

横幅650余条，教育群众70万余人次。（吕泽浩）

【接处警工作建设】 2023年，朝阳交通支队以实现“三级及以上交通警情处警5分钟到达、四级交通警情处警10分钟到达、建外大街（建国门桥至国贸桥）1分钟到达”的警情处置总体目标，以全面缩短处警用时为核心，开展专题研讨4次，牵头制定《朝阳支队提升接处警质效总体方案》；明确大厅6类岗位设置及各岗位具体职责，制定并完善《指挥调度大厅工作规范》与《日常考核细则》，着重优化大厅辅警岗位结构，精细化调整辅警工作任务与职责，突出警辅队伍在警情盯办与电台调度两项工作成效。同时，各岗位民警、辅警分为4个组每月进行考核并公示；依托电台督导手段，重点围绕处警问题、重要区域、重要时段强力推进督导提示力度，杜绝“四条红线”（严禁出现以电话联系、自行协商等理由不及时派警、处警或拖延出警的行为；严禁出现对群众报案、举报置之不理或因管辖问题推诿扯皮行为；严禁出现不处警、慢处警行为；严禁出现因工作不当导致发生敏感舆情、“12345”投诉）问题发生，累计下发各类考核单1282份。全年支队接到各类“122”报警411324次，比上年上升21.2%。其中，交通事故报警235520次，比上年上升65.4%；交通拥堵报警31262次，比上年上升190.6%；平均处警用时8.8分钟，比上年下降44.9%。（吕泽浩）

【规范执勤执法】 2023年，朝阳交通支队开展抽查执法记录仪50次、案卷评查15次，发放执法提示单40份；查处凑数执法问题113件；核查行政强制措施15751件，核查率100%；涉酒强制措施核查1842件，核查率100%。专项督办案件103起，确保案件及时、正确、妥善处置。全年接待群众行政复议立案1090起；行政诉讼案件出庭应诉68次；审理行政拘留案卷647宗；审理危险驾驶刑事案卷955宗；办理国家赔偿案件171宗，赔偿35885元。（吕泽浩）

【非现场执法全面提升】 2023年，朝阳交通支队非现场执法总量895万笔，占全局27%。处罚货车禁限76万笔，占全局23%。处罚摩托车禁行45万笔，占全局44.5%；处罚违法停车103万笔，占全局22%；处罚非礼让3.3万笔，占全局47.8%；处罚占用公交车道55万笔，占全局43.6%；处罚分心驾驶6.3万笔，占全局22%；处罚占用应急车道41万笔，占全局58.6%；处罚不按车道行驶70万笔，占全局34%。（吕泽浩）

【信号配时巡视优化调整】 2023年，朝阳交通支队制定干线协调方案，对鼓楼外大街、朝阳路、东十里堡路、化工路、朝阳北路实行绿波控制，并优化北辰东路、安立路、化工路绿波控制，同时应用信号控制平台完成应急及临时调整。全年，组织配时公司调研修改路口3114处次，调整路口配时1100余处次，配合各大队答复“12345”等平台反映信号灯配时、故障等问题1000余处次。加强巡检三里屯、国贸CBD、朝阳大悦城、合生汇周边，调整重点时段方案以适应流量突变需求；为保障学校周边出行，十几处朝阳区重点学校周边路口施行开学前巡检调整，以适应开学流量变化。精细化调整红领巾桥、华威南路肿瘤医院南门、日坛东路北口、儿研所等9处重点路口，解决群众关心急盼问题。（吕泽浩）

【非现场执法设备增设完成】 2023年，朝阳交通支队完成望京地区交通工程、小营SKP、嘉铭桐城地区、清河营地区交通治理等区交通委投资建设项目，高位停车违停赋能五期朝外地区共享接入项目，以及来广营北路、通久路、东坝驹子房路等四同步道路交通工程1520套自建设备的建设和调试。（吕泽浩）

【违法停车新规系统升级及信息录入】 2023年，朝阳交通支队依照公安部交管局推出的违法停车抓拍短信提示新举措，配合市交管局科信处对区政府投资建设的1500余套自动违法停车抓拍专用及赋能设备按照新规全面升级。结合短信提示新规，组织开发新版违法停车抓拍软件，对抓拍流程和操作全面优化，简化抓拍工作，提升工作效率。按照警种融合执法工作部署，完成集成指挥平台朝阳分局派出所2412名民警、219名支队警辅的用户信息备案。（吕泽浩）

【优化区域交通组织】 2023年，朝阳交通支队制定落实交通组织优化方案139个；推进完成朝阳医院（常营）周边区域交通治理，优化道路交通组织，拓宽道路提升交通通行能力，缓解区域拥堵；完成14处大型路口“右转必停”交通组织优化，完善减速震视觉减速线、反光道钉等交通安全设施，提升路口安全环境，降低安全隐患；综合治理12所试点医院、学校周边交通，实现试点医院、学校周边交通秩序明显改善；配合区交通委推动石佛营东路、幺家店路的道路建设与开通，打通朝阳站东路断头路，优化开通星火西路与四路居南路交叉口，完善朝阳站周边路网建设，为朝阳站交通枢纽运行提供交通保障；东三环11处出入口，通过优化线形、完善加减速车道设置、设置交替通行等措施，提升东三环整体通行能力。（吕泽浩）

【应急演练与技能培训】 3月至6月，市交通委朝阳运输管理分局联合朝阳区消防救援支队分批次组织辖区公交司乘人员开展消防技能培训，以提高公交司乘人员防火意识和灭火技能，强化公交行业应对突发火情的处置能力。培训覆盖全区132所公交场站全部一线司乘人员。6月27日，组织北京天木汽车修理有限公司联合东城区11家小微型道路客运企业开展应急救援演练活动，活动模拟救援发生碰撞事故的道路客运车辆，演练现场警戒、救援、撤离、清理等各环节，检验事故发生后企业应急救援队伍反应、处置、医疗救助、后勤保障及事故后期处置能力。11月16日，组织辖区维修企业召开安全生产工作培训会，邀请交通运输部公路科学研究院、朝阳区消防救援支队专家，讲授培训维修行业涉及的法律法规、安全生产主要标准和关键设备安全防护等，结合行业发生的典型火灾事故案例对企业如何做好火灾隐患排查整改、防火巡查检查、灭火救援预案制定和应急演练等内容。现场还实操演示消防器材使用方法。辖区877家维修企业派员现场参加培训会，5364人次通过“北京汽车维修行业协会”公众号观看线上直播。12月，联合北京市道路运输协会举办2023年度道路客运驾驶员工伤预防及驾驶技能提升培训会和中旅旅游汽车有限公司专题培训会，聘请专家培训防御性驾驶及驾驶员心理健康等内容，辖区11家道路客运企业安全负责人和近200名驾驶员参加。组织辖区道路运输企业开展应急演练，完成演练培训37场次，演练涉及客运、货运、维修等行业，内容涵盖安全生产、消防、防汛、疫情防控、突发事件处置等环节。

（轩永飞　石慧达　袁明扬　朱　露）

【举行综合行政执法制式服装换装仪式】 4月24日，市交通委朝阳运输管理分局举行综合行政执法制式服装换装仪式，分局全体执法人员身着新式制服，整装列队，高举右拳，庄严宣誓。

（李沫函）

【货运行业安全生产和火灾隐患大排查大整治】 4月至12月，市交通委朝阳运输管理分局开展货运行业安全生产和火灾隐患大排查大整治专项行动。行动期间组织召开19场安全生产和火灾隐患大排查大整治工作会，辖区651家企业参与。每次会议均通报道路交通伤亡事故、发放安全承诺书、致企业安全的一封信、安全手册等，指导企业开展隐患排查和整改落实。同时在辖区货运行业推广运用“企安安”应用程序，召开15场应用程序使用培训会，编发3版使用手册，在微信公众号上发布2篇培训文章，累计培训货运从业人员800余人次，8家危险货物运输企业完成注册使用，722家普通货物运输企业676家完成注册使用，完成率92.6%。强化协作配合，开展联合执法，协调北京市交通运输综合执法总队五支队、市公安局朝阳分局、区交通委、区应急局、区市场监管局、区城管委，建立部门长效联动机制，联合查处违规企业266家次；注销企业237家，退出运营车辆300余辆。

（刘慧玲）

【新备案机动车维修企业核查】 6月1日，市交通委朝阳运输管理分局主管领导带队到五方天雅汽车服务园开展实地调研。7月18日，分局修管科到五方天雅汽车服务园联合园区物业，现场组织园区内11户新备案企业就培训机动车维修行业法规、开业条件、系统操作方法、环保法规和安全防护措施等开展集中培训，核查各新备案企业开业准备。

（石慧达）

【“安全月”宣传】 6月是国家确定的生产安全月。6月16日，市交通委朝阳运输管理分局出动15人次，分两组到朝阳公园南门、四惠交通枢纽向公众及从业人员开展主题为“人人讲安全，个个会应急”宣传活动。重点宣传交通运输行业安全法律、法规，交通安全应急科普知识，交通安全应急救援自救逃生知识，发放宣传材料及宣传品1700余份。

（朱　露）

【劲松东延路等放行通车】 6月28日，劲松东延路疏堵工程［石佛营东路、东坝南二街（东五环至星火西路段）］主体结构竣工并放行通车。工程惠及周边2万余居民。

（马卫国）

【防汛应急预案桌面推演】 7月18日，市交通委朝阳运输管理分局组织召开主汛期防汛动员部署会暨分局2023年防汛应急预案桌面推演活动。桌面推演共设5个阶段3个科目，背景预设主汛期北京持续降雨且出现短时局地强降雨天气，引发北京朝阳站、四惠交通枢纽等重点防汛应急保障部位，发生人员聚集、列车晚点，航班取消等事件，造成旅客滞留无法正常疏散。分局防汛办组织各科室人员参与桌面推演，模拟指挥部办公室发布预警、总指挥启动预案、防汛应急组成员暨行业科室工作人员如何处置应对。

（朱　露）

【城环城汽配城整治】 7月25日，市交通委朝阳运输管理分局联合五支队、小红门乡政府到城环城汽配城开展联合整治行动。分局修管科以汽配城备案企业为例，向汽配城负责人介绍合规机动车维修企业应具备的条件，分局运政科现场指导企业备案流程和各表单填写注意事项，五支队向企业宣传《机动车维修管理规定》。

（石慧达）

【防汛应急保障】 7月29日至8月1日，受台风“杜苏芮”影响，市交通委防汛办发布暴雨红色预警，市交通委朝阳运输管理分局全员备战。分局防汛指挥部办公室按指令启动防汛应急预案，分局全程参加防汛视频调度会，全员在岗在位，各科室按职责分工负责防汛预警传达、排查汛情和运力保障任务；启动4个防汛备勤组24小时轮替上岗点位巡查值守，对东高路马各庄段、老姚家园路丽水嘉园南门、厢白旗桥下、荷清路与中关村北大街交叉口等高风险积水点位，与属地街乡、派出所、交管、排水集团人员互相配合，每小时上报积水排水情况。各方努力应对，没有发生人员受伤、财产损失等事故。

（朱　露）

【出租汽车与汽车租赁行业全覆盖监管检查】 7月，市交通委朝阳运输管理分局对辖区巡游出租汽车企业、车辆、驾驶员开展全覆盖监管检查。其间，出动监管检查人员92人次，全覆盖检查辖区出租企业45家、个体出租汽车管理站1个，出租车5206辆（其中停运车辆202辆）、驾驶员5256人。现场监督企业整改灭火器压力不足、安全带使用不规范、车窗贴深色膜、未使用统一车辆座套、门贴和价签损坏、车辆卫生不整洁等问题751辆次，督导企业完善台账资料35家次，发现企业违规聘用超龄驾驶员7人，约谈企业7家次。通过全覆盖监管检查，全面掌握行业企业基本情况，规范行业安全运营。8月至9月，开展汽车租赁行业全覆盖监管检查。下发《租赁汽车行业综合监管合规手册》，检查和指导企业管理制度、安全生产、车辆管理、承租人身份核验等，通过约谈指导、限期改正、联合执法处罚等措施，帮助99家企业完善和提升规范化管理水平，完善和细化租赁企业台账。组织开展汽车租赁企业年度质量信誉考核和信用评级，为分级分类监管打基础。开展租赁汽车企业非营运车辆数据核查和备案超期企业注销工作，注销车辆2553辆，注销企业13家。（苏　尧）

【交通运输安全隐患和突出问题专项整治“百日行动”“双百行动”】 7月至10月底，市交通委朝阳运输管理分局开展道路货运安全隐患大排查大整治专项工作暨“货运行业百日安全专项治理行动”（简称“百日行动”）。“百日行动”期间，分局组织召开跨部门联合工作会议3场，成立联合治理行业异常问题工作组1个，开展联合执法检查10家次，专项联合行动3次，问题通报6起，查处违法违规、问题企业11家；组织问题企业召开集中核查现场会15场，涉及企业342家次；多措并举，开展行业隐患排查，累计排查一般类隐患310起，消除308起；约谈存在较大安全隐患企业30家次；问题告知移送存在涉嫌违法违规行为企业8家次；督导、劝阻、清理违法违规企业140家，车辆260辆。10月至12月，开展道路运输安全生产突出问题集中整治“双百行动”。出动人员1472人次，入户检查普货运输企业345家次，网络监管256家次，入户检查危货运输企业39家次，网络监管96家次；多措并举开展行业隐患排查，排查一般类隐患307起，消除302起，约谈存在较大安全隐患企业28家次；问题告知移送存在涉嫌违法违规行为企业5家次；督导、劝阻、清理违法违规企业121户、车辆254辆。分局增加辖区危货运输车辆情况摸排频次，加大视频监控设备安装工作督导力度，危货运输车辆视频监控报警设施安装率100%。完成危货运输从业人员动态监管的“最后一公里”；线下面对面指导帮扶安全风险隐患排查有疑问、有困难企业。其间，分局向货运企业提供指导服务261次，对集中、突出问题，制作流程示意图2份，公众号推文2篇。（刘慧玲）

【朝阳派员参加全国交通运输行业职业技能大赛北京地区汽车维修工选拔赛】 10月31日至11月1日，2023年第十四届全国交通运输行业职业技能大赛北京地区汽车维修工选拔赛在北京祥龙博瑞汽车服务（集团）有限公司二分公司举办，市交通委朝阳运输管理分局组织辖区11家新能源汽车维修企业15名维修工参赛。选拔赛分理论知识和技能操作2项，历时2天。最终，辖区5家企业8名维修工排名进入前10名，被市交通委授予“北京市交通技术能手”称号。（石慧达）

【宪法等法律法规宣传】 12月4日，市交通委朝阳运输管理分局联合市交通运输综合执法总队五支队到四惠客运站开展宪法和法律宣传活动。执法人员在点位播放视频、张贴海报、挂横幅、发放宣传手册、宣传品等，向群众讲解宪法、行政复议法、道路运输法等与人民群众息息相关的法律法规及政策文件相关知识。同时，要求辖区企业加强宪法等法律法规的学习宣传，利用经营场所电子显示屏、宣传栏及微信公众号等宣传媒介，多渠道开展宪法、行政复议法、交通法规等相关法律法规的宣传。（李沐函）

【新增包车客运车辆包车二维码印制发放】 12月，市交通委朝阳运输管理分局落实《北京市交通委员会关于启用“北京市包车客运二维码”的通知》要求，对新增的113辆包车客运车辆印制发放包车客运二维码，并督促指导企业根据不同车型，正确张贴。（袁明扬）

【出租行业新系统上线运行】 12月，出租行业新审批系统上线运行。市交通委朝阳运输管理分局组织审批工作人员学习相关事项的程序性规定和系统操作，在“北京市政务服务事项管理系统”中对出租行业涉及事项进行信息填报、修改，并同步更新“首都之窗”办事指南。同时，对在业务办理中发现的系统漏洞、功能需求不匹配、程序性规定不完善等问题，汇总反馈至市交通委相关部门。（侯　爵　郑　璇）

市容环境管理

【概况】 2023年，北京市朝阳区城市管理委员会（简称区城市管理委）围绕春节、全国两会、中关村论坛、工体赛事等重大活动开展市容环境服务保障，组建专班统筹推进，保障各项服务。推动三里屯路、佳程广场及周边、六佰本商业街巷等城市更新项目建设。完成三里屯路环境整体更新，串联太古里、3.3服饰大厦等多个商圈，服务第二使馆区；佳程广场及周边环境整治（一期）以霄云里商圈为服务核心，改善霞光里北街、机场辅路等沿线环境；六佰本商业街巷改造，西侧街巷步行化、景观化、商业运营化提升。以北京朝阳站为中心，完成迎宾大道（一期）、北京朝阳站周边二期环境整治；围绕服务城市副中心建设，实施化工路沿线环境整治；以新工体亮相为契机，提升工体北门、东门等核心点位的环境景观，重点区域环境明显改善。

【“门前三包”责任单位“一网统管”】 2023年，朝阳区在全市率先实现全区“门前三包”责任单位“一网统管”。区城市管理委以一个平台为抓手，以共商共治为原则，以“四有十无”为标准，以积分评级、“红黑榜”等手段为工作路径，从基础信息建设完善、优化考核体系、强化执法部署、创经验树示范4个方面出发，形成“一网覆盖、多点开花”的“门前三包”共治管理格局，促进环境秩序面貌持续向好。

【工人体育场周边环境整治】 2023年，为更好落实新北京工人体育场整体亮相，区城市管理委将工体周边环境整体提升与三里屯商圈升级、营商环境改善等重点任务相结合，重点实施工体北门、东门、西门门前区域及部分绿化带改造，整体风格与工体综合体实现内外衔接、统一协调。

【“六佰本”商业街升级改造】 2023年，原“六佰本”商业街完成改造。区城市管理委以“政企联动”共同推动升级整治，由产权单位组织实施商业区及商业广场环境提升，由政府投资落实六佰本商业街巷环境综合治理，完成特色景墙改造、地面铺装、绿化植被、休闲设施、电气及给排水系统等整治内容，打造集办公与商业于一体的城市发展活力综合体。

【重大活动环境保障】 2023年，区城市管理委完成春节、全国两会、中关村论坛、工体赛事等各项环境保障任务。“一带一路”国际合作高峰论坛保障期间，以“一区、三线、四环、多节点”为布局，通过景观小品、硬质横幅、灯笼灯饰、花坛花卉、电子显示屏等多种形式，营造浓厚环境氛围。在传统景观布置和环境保障方式的基础上，奥运塔、大望京建筑组群、CBD区域以及腾龙阁、华润时代、同心桥、通盈中心、“炫彩望京”雕塑等上演灯光秀，持续发挥氛围营造作用。

【背街小巷环境精细化整治提升】 2023年，区城市管理委全面总结前两轮背街小巷治理成果经验，启动背街小巷环境精细化治理三年（2023—2025年）行动计划，以“十无”“五好”“四有”（“十无”即无私搭乱建、无开墙打洞、无乱停车、无乱占道、无乱搭架空线、无外立面破损、无违规广告牌匾、无道路破损、无违规经营、无堆物堆料，“五好”即公共环境好、社会秩序好、道德风尚好、同创共建好、宣传氛围好，“四有”即历史文化有传承、绿化美化有品质、生活休闲有空间、便民服务有配套）为标准，对209条小巷“打包提升”，打造央美西街、武圣东路等一批精品街巷，街巷治理取得新成果。完成1500个“骑沿井”（通常指位于人行步道和非机动车道交会处下凹式管井）整治；持续推进街区户外广告设施设置规划编制，第一批次47个街区的规划文稿定稿，履行合法性审查程序；加快推进第二、三批次146个街区编制工作；稳妥推进景恒街等7条道路广告特许经营工作。

【街巷环境管理】 2023年，区城市管理委以文明城区、卫生城区创建为抓手，通过“专项治理+综合整治”，促进环境秩序面貌持续向好。抓严抓实专项治理。开展共享单车停放、街头游商、违法停车、非法小广告、大型垃圾乱堆乱放问题专项整治行动，稳步推进奥林匹克公园等8个重点区域及12条通道环境整治，拆除护栏75.36千米。加密加细综合整治。落实“月检查、月排名、月通报”制度，加大对全区环境问题的检查力度，检查整改环境问题3.7万余个，不断完善朝阳区环境建设管理考评办法及实施细则；整治市级环境脏乱点台账12批次2420处；开展地铁站口周边环境专项检查3960处次，发现并整改问题1700余个；完成文明城区创建检查问题910余个。

（张文倩）

房产及物业管理

【概况】 2023年，朝阳区房屋管理局（简称区房管局）持续优化“租购补并举”住房保障体系，全年新增市场租房保障家庭569户，市场租房补贴发放2062户；全年整合腾退及剩余房源开展配租工作13批次，解决3224户家庭住房困难问题；全区公租房备案家庭保障率为80.82%，较2022年底提升11.26%，完成市住建委“公租房备案家庭保障率年度提升10%”的任务目标；建立143人的专业化物业管理类调解员队伍，深入参与全区物业管理纠纷调解工作；在全区范围内开展物业服务企业信用评价工作；全区商品房销售面积为151.3万平方米，增速达92.7%，超额完成市区下达指标任务；成立全市首个住房租赁中介行业党委，探索党建工作有机嵌入行业治理工作格局；完成自建房结构安全专项整治三年行动，在2023年全市自建房考核中朝阳区排名第二；完成房产实测绘审核备案151件，涉及685个楼栋，总建筑面积达1106.98万平方米；成立区房管局房屋及设备技术委员会，在房屋结构、屋面墙面防水、安全评估及鉴定等方面研提意见；收办行政复议、各类诉讼案件、检察监督案件、非诉执行案件共51件，包括公房承租、住房保障、住房租赁、物业管理、政府信息公开、行政履职、合同纠纷、房改售房等类型案件；通过市民热线“接诉即办”平台接收诉求33000余件，响应率为99.99%，解决率93.62%；政府信息主动公开251条，全文电子率达100%，主要涉及保障性住房摇号、选房工作等；政府信息依申请公开接待申请人240余人，受理政府信息依申请公开申请228件，答复222件，总计420余条，主要涉及物业管理、住宅专项维修资金审批、商品房预售、直管公房管理等。10月24日，市供热协会授予区房管局供暖中心“2022年度北京市供热行业优秀文明单位”称号，授予供暖中心8名职工“2022年度北京市优秀供热管家”称号。12月，区总工会认定区房管局周宇创新工作室（所属创新项目：朝阳区住房租赁中介行业管理平台）为以领军人名字命名的区级创新工作室。

（赵振雄　唐　静）

▲ 5 月 8 日，区房管局工作人员在麦子店街道司法所会议室为辖区内物业项目进行现场调解（区房管局　供图）

【物业管理纠纷调解】 2023 年，朝阳区物业管理纠纷人民调解委员会组建含 140 余名物业管理纠纷人民调解员的纠纷调解队伍，收集物业管理纠纷案件 374 件，完成调解 173 件，达成协议金额 1600 余万元。（任海峰）

【公共租赁住房配租】 2023 年，区房管局以“快速配租”“实时配租”“专项配租”“直接发放选房通知单”等多种形式压茬组织开展公共租赁住房配租工作 13 批次，滚动提供房源 9197 套，发放各类选房通知单 8262 张（户），3224 户家庭选定住房。其中，面向“低保、低收入、重残、大病等特殊困难”轮候家庭启动专项配租，提供房源 955 套，发放选房通知单 524 张（户），252 户家庭签订选房确认书。

（杨　雯　赵　军　何艳涛）

【历史遗留办证难工作推进】 2023 年，区房管局配合市规自委朝阳分局、街乡等单位，解决历史遗留项目群众办证难的实际问题。完成来北家园、东坝家园、焦化厂保障房等 22 个历史遗留项目，涉及 100 个楼栋，总建筑面积 101.59 万平方米。（郝　鹏）

【房改审核】 2023 年，区房管局核准受理本区域内房改单位 316 家，办理房改售房 5850 套，面积 40.62 万平方米。针对已售公房专项维修基金完成审核 53 家单位。（钱　前）

【重点房屋安全管理】 2023 年，区房管局严格 C、D 级房屋安全监管，定期对在账未解危的产权单位开展检查并下发督促解危函，送达告知函 48 份，其中 2 处房屋完成解危；督促物业及产权人对已满足使用时间及条件的 33 栋房屋建筑进行房屋安全评估或鉴定；配合市规自委朝阳分局推进公共公益违法用地违法建设专项整治行动，出具 48 个项目的认定意见，审核房屋安全鉴定报告 99 份。（于金水）

【房屋防汛】 2023 年，区房管局统筹完成全区城镇房屋防汛工作。汛前组织相关委办局、43 个街乡、500 余家物业服务企业，开展房屋防汛工作培训、应急演练和桌面推演，提前准备防汛物资，组建抢险应急队伍，完成汛前工程。向 C、D 级危房、重点防汛房屋、低洼院落等防汛重点点位的房屋产权单位或产权人发送提示信息 362 次，宣传折页 2 万余份。汛期值班在岗 1418 人次，检查公房楼房 959 栋、平房 1484 间。开展直管公房防汛应急抢险演练，对重点防汛点位再摸排再整治。组织防汛应急抢险队赴南磨房乡百子湾、房山区九洲溪雅苑小区、房山区乐汇家园社区等地开展抢险救援工作。

（凌虎伯　崔芳静　唐　静）

【自建房结构安全整治行动】 2023 年，区房管局组织各街乡、各相关部门完成自建房结构安全专项整治三年行动，在全市自建房考核中朝阳区排名第二。按照北京市自建房结构安全隐患排查技术导则，通过“1+12+43”自建房专

▲ 8 月，朝阳区物业管理协会集结“抢险突击队”支援房山区抗洪一线（区房管局　供图）

项整治工作体系，于9月提前完成全区存在隐患的20688栋自建房整治销号；制发跨部门工作机制；制定朝阳区隐患自建房分类整治流程图，对街乡和三方机构共开展培训、督导、调度推进会20次。制发《警示案例》《安全常识》等宣传材料，进一步提高产权人对自建房的安全意识；整治完成后持续开展回头看；建立网格化动态管理制度和自建房安全隐患常态化巡查发现机制，督促各行业主管部门、各属地街乡落实日常安全监管责任。（洪　超）

【普通地下室管理】2023年，区房管局按照市住建委大排查大整治及深化整治工作要求，结合“7·31”大暴雨情况对单元式普通地下室防倒灌进行摸排调研，对已备案普通地下室、用于员工居住普通地下室、用于仓储普通地下室组织开展抽查检查，及时发现潜藏问题隐患。全年抽查检查普通地下室3906处次，完成普通地下室备案181件。（张　学）

【物业管理信用评价】2023年，区房管局对50家物业服务企业、176个住宅项目开展物业服务企业信用评价，评出A级企业17家，B级企业20家，C级企10家，D级企业3家。（任海峰）

【购房资格材料专项检查】2023年，区房管局开展房地产经纪机构购房资格材料专项检查工作，覆盖各类购房家庭，做到100%检查。共抽查存量房各类家庭购房资格申请材料588份，涉及房地产经纪机构6家。（高荣霞）

【开展住房租赁中介行业安全生产检查】2023年，区房管局全面开展房屋管理领域安全生产整治工作，向街乡及公安朝阳分局发送《关于做好出租房屋安全隐患排查清理整治工作的通知》；向备案住房租赁中介机构发送《关于加强安全隐患大排查及做好“五一”期间安全生产工作的重要通知》，督促企业落实各项安全措施，开展自查自纠行动；成立专项检查组对辖区内住房租赁中介机构门店进行安全大检查；针对朝阳区重点集中式租赁住房开展专项夜查行动。（高荣霞）

【违法群租房治理】2023年，区房管局“吹哨报到”24次，走访街乡13次，接到群租房举报10939件，排查出租房屋85694处，违法群租整治5513处（其中宿舍类群租整治999处）。开展《北京市住房租赁条例》朝阳区住房租赁政策宣传系列活动，组织43个街乡开展违法群租房及租赁政策宣传活动50场，提供有针对性的政策解读和答疑解惑，发放宣传材料2万余份。（王梓希　张　鹏）

【房地产经纪机构监管】2023年，区房管局受理房地产经纪机构（分支机构）备案类业务156件，“双随机”检查40家。办理群众现场咨询88件，电话咨询9783件。处理房地产交易管理平台、“12345”热线“接诉即办”、现场举报等各类投诉17089件。开展检查3100余次，出动6200余人次，约谈企业114家，暂停企业登陆存量房平台及公示相关信息49家，暂停网签7家。（乔雨欣）

【商品房销售市场日常监管与服务】2023年，区房管局受理预售许可初审12个，现售备案171件，预售许可延期11件，现售变更2件，完成12次64个项目价格引导工作。检查售楼现场165次，约谈企业75次，下达责令整改26次，对13个企业暂停网上签约25笔，转办执法大队3件。（陈　爽）

【保障性住房补贴发放】2023年，区房管局发放各类保障性住房补贴91971户次，发放金额17444.24万元。其中，市场租房补贴发放25265户次，发放金额5169.16万元；公租房租金补贴发放66682户次，发放金额12273.76万元；廉租房租房补贴发放24户次，发放金额1.32万元。（刘三虎）

【保障性住房资格审核】2023年，全区获得公共租赁住房（实物）备案资格家庭2026户；获得市场租房补贴（货币）备案资格家庭636户；获得公共租赁住房租金补贴（货币）备案资格家庭969户，完成各类资格复核工作151批次，共计27496户次。推行“资格有效期管理”机制，启动公共租赁住房轮候家庭资格复核3批次，涉及4847户家庭，终止“无效轮候家庭”资格2645户。（韩　莹）

【住房保障工作人员能力建设】2023年，区房管局制定《朝阳区街道（地区）住房保障工作质量评估实施细则》，对全区43个街道（地区）住房保障工作人员开展履职能力测试评估工作，122名住房保障工作人员参加并通过测评。（韩　莹）

【重点人群住房保障】2023年，区房管局开展重点企业人才住房对接8批次，其中中央商务区管委会4批次，冬奥村4批次，涉及71家重点企业，惠及256户家庭。开展区人力资源和社会保障局“引贤计划”招聘人员配租人才公租房审核工作，审核通过39户。2月和7月先后启动2022年新毕业大学生对接保障性租赁住房试点配租工作和2023年朝阳区面向毕业大学生对接保障性租赁住房试点配租工作，审核618户家庭，其中562户家庭通过审核。开展十八里店西直河保障性租赁住房供需对接试点审核工作，审核1370户家庭，其中1211户家庭通过审核。（傅珊一）

【共有产权项目递补选房】2023年，区房管局分别发布梧桐湾嘉苑和梧桐港嘉苑项目26套房源、城志畅悦园（1～4号楼）项目2套房源、城志畅悦园（5号楼）项目1套房源、锦安家园项目11套房源、锦鲤雅苑项目2套房源递补选房公告。启动上述42套

房源选房配售工作并全部售罄，其中面向京籍配售30套，面向非京籍配售12套。（何艳涛）

【保障房监督检查】2023年，区房管局根据市建委“朝阳区市场租房补贴专项检查不低于600户”的抽查要求，加大对虚假申请、不在签约地址居住、骗取市场租房租金补贴行为的打击力度，于11月提前一个月完成年度专项检查任务。对全区6家产权单位41个公共租赁住房项目开展不定期监督检查，未发现承租家庭存在出租（转租）、出借（转借）、擅自改变房屋使用用途等违规行为。（程　远）

▲ 12月，区房管局供暖中心工作人员入户测温　（区房管局　供图）

【经济适用住房配售上市】2023年，区房管局受理经济适用住房上市申请323件次，办结323件次。为“老弱病残孕”特殊困难群众推出“上门审、上门核、上门办”专项服务，帮助2户特殊困难家庭完成经适房上市审核。（程　远）

【档案管理】2023年，区房管局接收文书档案8410件，照片档案33件；扫描文书档案83699页件；接待文书档案查询约1854件次，服务科室信访答复、诉讼、纪检监察等工作领域需求；接收人事档案材料2086张；转出干部人事档案15本；接收干部人事档案59本。（贯　楠）

【直管公房租赁】2023年，区房管局完成北京市公有住宅租赁合同申请使用备案133件，市场租住宅房屋出租审批153件，工商企业租签订租赁合同17处，完成房改售房备案94户，收回房屋10处。（张榕芳）

【直管公房房屋及设备检查修缮】2023年，区房管局对辖区内直管公房及设备设施进行安全检查，检查楼房、平房300.73万平方米，其中平房6.08万平方米、中式楼0.67万平方米、正规楼289.29万平方米、简易楼4.69万平方米，房屋完好率97.29%。完成直管公房及设备设施修缮工作，完成16幢1.29万平方米楼房屋面防水，5幢楼房上下水更新；完成电梯大中修10部，电梯机房更新3处，泵房大中修5处。（崔芳静）

【更新维修供暖设备】2023年，区房管局夏季更新工程更换供暖外线管道4800余米，更换室内设备层供暖管道3600余米，更换供暖设备15台等，总投资927万余元，涉及14处锅炉房、7处换热站；参与城管委牵头的老旧小区供热管网改造工程，全部改造工程管道9200米，涉及1900余户居民，占总供热管道的10%。（唐　静）

【房屋供暖】2023年，区房管局完成18个街乡、445万平方米、5.7万余户居民冬季供暖任务，实现“三个100%”（设备完好率100%、运行平稳率100%、供热达标率100%）目标。（唐　静）

【信访来信来访】2023年，区房管局办理各种渠道信件489件。接待群众来访2385批次、3527人次；接收信访积案10件，全部上报结案。（徐子君）

水务 防汛

水 务

【概况】 2023年，北京市朝阳区水务局（简称区水务局）完成防汛、节水、水环境治理等任务目标。三大“朝阳模式”深入打造水务特色品牌。“亮马河国际风情水岸更新模式”点亮城市夜生活，获《人民日报》头版关注和报道；“园林绿化非常规水源置换模式”累计为18个乡5.2万亩绿地置换河湖水和再生水1092万立方米，实现生态、社会和经济效益多维共赢；“污水源头调查模式”在全市率先实施。多项水务工作走在全市前列。亮马河水上运动试点被纳入全市首批7处亲水试点区之一；全市首个节水主题影院“落户”蓝色港湾；完成34个小区、单位自备井置换，置换数量和受益人口均居全市第一；水务执法处罚案件量、罚款金额、柔性执法免罚金额3项指标均居全市第一。

【溯源治污】 2023年，区水务局持续推进溯源治污，协调各相关街乡推进2023年市级下达的160处混接错接治理任务，完成115处。12月，朝阳区8处国考、市考断面平均水质全部达标，其中1处为Ⅱ类、4处为Ⅲ类、3处为Ⅳ类，优Ⅲ比例达到62.5%。

【河长履职】 2023年，各街乡、村（社区）两级河长开展河湖巡查18319人次，巡河率100%，各街乡落实河湖问题整改2169件，问题处置率100%。引导市民安全文明游河湖工作纳入全年重点，动员各级河长带队巡河，区总河长牵头，区级流域河长巡河督导，节假日期间出动巡查人员7053人次、保洁人员9327人次、清理河湖垃圾3185立方米，河湖水环境执法检查623次、出动执法人员1937人次、各部门联合执法103次，清退扎堆露营、露天烧烤、乱丢垃圾等不文明行为1537人次。开展河湖汛期暑期防溺水专项行动，建立“朝阳区汛期暑期防溺水工作群”，防溺水专项工作周报式管理，新增防溺水设施82件，出动防溺水检查1337人次；开展夜查、联合执法行动等20次，劝阻溺水高风险行为248人次，组织防溺水宣传培训、宣传公众号等25次，达成全社会河湖防溺水共识。

【行政执法】 2023年，区水务局开展执法检查19987次，行政处罚1513件，其中一般处罚173件、不予处罚310件、简易处罚1030件，处罚金额863万余元，减免处罚金额约923.2万元。

【“朝阳群众小河长”志愿项目】 2023年，“朝阳群众小河长项目”从2017年发起建立时的10家社区青年汇“小河长站点”增加到43家，小河长志愿者“志愿北京”年度在线实名注册人数增长至1518名。与区内多所小学联合，新增6支节水中队及1支小河长红领巾宣讲员队伍。“朝阳群众小河长”志愿者已达5500余人，巡河总里程超过13万千米，巡河上报问题2919件。10月21日，由北京市温榆河公园协调小组办公室、朝阳区河长制办公室、朝阳区田长制办公室、朝阳区林长制办公室指导，共青团北京市朝阳区委员会和朝阳区水务局主办的朝阳区“三长联动”青少年生态教育暨2023级朝阳小河长毕业巡河活动在北京温榆河公园朝阳示范区西园开展，市水务局副局长杨进怀，区执行总河长、副区长任超参加活动，并接受小河长2023年年度报告。

【通惠灌渠治理工程】 2月28日，通惠灌渠（高碑店路—五环路段）治理工程开工建设，5月30日完成通水验收，7月底主体工程完工，9月底对外开放。项目的建成保障了河道防汛功能，并为朝阳区增添一处高品质滨水空间，成为朝阳生态文明建设的金名片。

【亮马河三环路桥下滨水绿道贯通工程完成】 6月20日，亮马河三环路桥下滨水绿道贯通工程完成，工程建设克服施工周期短、地下管线错综复杂等问题，创新围堰导流施工工艺，全面贯通18千米高品质滨水绿道。亮马河三环路桥下滨水绿道贯通工程（提升部分）对三环连廊、街心花园、地铁出风口升级改造，改造构成大型“灯光秀”，增添独特的灯光秀夜游体验；新建亮马河展厅，改造铂宫船闸门厅，117平方米展厅以亮马河发展历程为主线，围绕“六大工程、二十四桥、朝阳主要水系分布与商业布局概览图”等内容，用文字、图片、史料等向参观者介绍亮马河时代背景和建设历程。亮马河旅游通航延伸工程（提升部分）

二期航线（蓝港码头至红领巾码头）架空电力及电信线入地改造，亮化四环路红领巾桥栏杆及桥柱景观，在桥梁护栏上设置红领巾图案导光板，整体色彩和谐柔美。

【小场沟综合治理】 9月底，小场沟（朝阳干渠段五环外方涵—小场闸）综合治理工程189米未治理河道建设完成，实现全线贯通。 （王　珂）

节　水

【概况】 2023年，区水务局围绕“一条主线，三项重点任务，四个市级量化目标”开展工作，主线是《北京市节水条例》宣贯，三项重点任务是市级非居民用水户移交、节水创建示范工程、节水宣传平台搭建，四项市级目标分别为用水总量（总量控制在4.1417亿立方米，其中新水控制在3.7225亿立方米）、用水效率（与2022年比下降2%）、节水创建（辖区节水型机关、重点监控名录高耗水企业创建率100%）、海绵城市建设达标率（32%），均顺利完成。

【与区教委沟通节水管理工作】 2月9日，区水务局副局长带队到区教委沟通教育系统节水管理工作，区教委相关部门负责人参加会议。会上，重点围绕教育系统用水指标管理、校园节水宣传、“节水＋海绵”校园创建等工作展开深入交流，形成共识。按照“节水优先、过程监管、协作共赢、以点带面”的思路，强化教育系统节水工作精细化管理。通过加快创建一批“节水＋海绵”校园，树立教育行业节水标杆，探索可向全区复制推广的节水型绿色校园模式。

【节水工作调研】 2月22日，市节水用水中心、区水务局、机场街道联合到机场动力能源公司调研节约用水工作，主要就用水单位用水计划指标管理、节水管理及技术措施等沟通，明确管理权移交后节水工作相关要求。3月13日，市节水用水中心、区水务局联合到北京广播电视台调研节水工作，现场查看办公场所重点用水部位情况、听取用水单位用水计划指标管理、节水管理及技术措施等汇报，提出北京广播电视台作为市级地方媒体，要发挥行业作用，在节水公益宣传上作出亮点，市区联动挖掘节水潜力，多措并举，合力打造节约用水示范典型。8月15日，区水务局副局长带队到国家体育场（鸟巢）、国家游泳中心（水立方）调研节水工作开展情况，市节水用水中心及奥管委相关负责人参加。现场走访重点用水部位，听取用水管理单位介绍，并召开座谈会，对奥林匹克中心区节水工作改进提出意见建议，与会人员深入探讨，形成一致意见：鸟巢、水立方是国家级体育场馆代表，同时也作为旅游窗口，将纳入朝阳区节水阵地建设范畴，通过深度合作，打造节水型体育场馆典型。11月1日，区水务局副局长带队到东坝乡万达广场调研，东坝乡公服中心相关人员参加。现场听取北京东坝万达广场商业管理有限公司用水情况介绍，宣贯《北京市节水条例》，重点围绕用水计划指标申报、日常内部节水技术措施、万达影城节水厅改造等方面开展交流。11月28日，区水务局副局长带队到朝阳区人朝分东坝学校开展节水专项调研，学校校长参加座谈，区教委及东坝乡相关人员参会。会上听取校园用水基本情况及节水工作开展情况介绍，重点探讨节水与教学结合问题，明确将节水内容纳入小学低年级德育课程，深度合作开发教学内容；将学校作为朝阳区民办学校节水示范典型，深挖校园节水文化；通过水务、教委、学校通力配合，在《北京市节水条例》实施一周年之际，推出朝阳区节水型校园示范标杆。

【节水宣传纳入公益宣传时段常态化播放】 3月23日，市区水务部门联合到北京广播电视台，围绕节水宣传、北京广播电视台节水用水等工作与电视台深入交流。市水务局宣传处、节水办、市节水用水中心、区水务局等领导参加，北京广播电视台总编室、新闻中心、新媒体（北京时间）、营运中心、行政管理部等部门负责人参加座谈。会上，市水务局介绍《北京市节水条例》立法背景、主要内容及宣贯工作开展情况，市区水务局提出节水宣传需求，与会各方将充分依托北京电视台的窗口平台作用，将节水宣传作为固定内容纳入公益宣传时段常态化播放，共同发力，提升市民节水护水意识，巩固北京节水型社会建设成果。

【跨界融合宣传节水】 4月25日，为做好《北京市节水条例》宣贯工作，充分发挥市区节水宣传联动作用，值北京国际电影节召开之际，市区水务局联合在东坝乡朗园·station会场设置节水展台，实现“节水＋影视”首次跨界融合，节水宣传走向更大平台。展览分为节水公益短视频展播、《北京市节水条例》宣贯、倡导光瓶行动及VR游戏互动4个环节，现场观众积极参与，营造浓厚的节水氛围。

【第32届全国城市节水宣传周】 5月14日至20日，第32届全国城市节水宣传周期间，区水务局牵头各行业部门、各街乡开展“节水进校园、节水进社区、节水进家庭”的线上线下宣传活动，着力打造“节约用水、人人参与”的节水氛围。

【节水工作交流合作】 6月13日，市水务局牵头到中国传媒大学研究节水型高校创建试点及供水改造项目推进会，市水务局、市自来水集团、区水务局、三间房乡参加。会上形成一致意见，中国传媒大学严格落实节水各项工作要求，按照一流示范节水型高校标准做好具体工作。市区水务部门以此次会议为契机，强化对高校节水工作重要性和必要性认识，探索具有首都特色节水型高校创建经验，对照节水型高校评价标准各项指标，结合学校实际，深入调查研究，找准问题，提实对策，拿出方案，扎实推进。学校发挥自身专业优势，总结创建过程中形成的理论成果、制度成果和实践成果，推广具有普遍借鉴意义的方法、经验，推动全市乃至全国高校节水工作的深化和提升。6月27日，区水务局到爱奇艺科技有限公司沟通节水宣传合作相关事宜，三里屯街道参加座谈。会议重点探讨爱奇艺平台与朝阳节水工作结合点，围绕《北京市节水条例》实施宣贯、节水知识普及、节水典型推广等深度合作，拓宽节水宣传渠道，放大节水宣传社会效应。7月18日，到阿里中心优酷公司对接调研节水宣传工作。讨论如何做好节水与优酷平台融合，达成一致意见，持续与辖区各类视频平台保持合作关系，提升节水宣传社会影响力。10月17日，到腾讯总部对接节水宣传工作。双方探讨腾讯集团旗下业务与北京市节水工作结合点，达成一致意见。腾讯公司作为新媒体平台代表，发挥企业公益作用，依托现有载体和资源，扩大以朝阳为代表的首都节水工作影响力。12月19日，到铜牛电影产业园主持召开节水宣传媒体行业专题座谈会，中央广播电视总台、北京广播电视台、抖音、新浪、爱奇艺、腾讯、传奇影院、万达影院等主流媒体和新媒体出席。会议探讨宣传合作方向和形式，达成一致意见，结合《北京市节水条例》一周年等重要时间节点，充分调动线上线下资源，形成节水宣传媒体矩阵，同步发力，营造全社会节水氛围。

【化工路沿线社区自来水通水仪式暨节水宣传活动】 7月26日，区水务局联合区节约用水促进会、垡头街道在北焦家园社区开展以“饮水思源 节水爱水”为主题的化工路沿线社区自来水通水仪式暨节水宣传活动。区社工委书记、区水务局局长等领导参加活动。化工路沿线祁东家园、祁安家园于7月25日完成自备井置换，正式接通市政自来水，标志着朝阳区街道范围内居民住宅小区全部喝上自来水。仪式上，社区居民以爱水护水主题，通过舞蹈、诗朗诵、纪录片的形式，表达感激，宣传节水；居民代表宣读节水倡议书，号召社区居民珍惜来之不易的南水，做节约用水的践行者；与会领导向社区评选出的6名节水能手颁发证书；社区居民参与节水宣传互动，区水务局、节水促进会工作人员现场宣传《北京市节水条例》内容，并为居民发放节水宣传品，解读朝阳区居民家庭换装高效节水器具补贴政策。

【节水创建】 8月11日，区水务局召开2023年节水载体创建工作培训会，对15家用水单位宣贯《北京市节水条例》，结合最新节水创建标准开展培训。会上要求各单位深刻认识水资源紧张形势，理解节水型单位建设的重要意义，提高思想认识，加强组织领导，全面做好节水创建工作；坚持问题导向，对标对表，熟悉掌握评价标准，制定创建工作计划，形成问题清单，逐一制定方案措施，补齐短板弱项；落实节水主体责任，加强宣传引导，严格奖惩，细化分工，落实工作。会后，逐一解答创建单位提出的问题，为创建工作的顺利开展打下基础。

【学生公寓评比颁奖仪式暨节水宣传活动】 10月18日，区水务局联合北京工业大学在校园开展以“节约用水 从我做起”为主题的节水学生公寓评比颁奖仪式暨节水宣传活动。活动现场北工大师生积极参与，争先在“节约用水 从我做起”主题墙上签名，区水务局现场宣传《北京市节水条例》内容，为师生发放节水宣传品。颁奖仪式上，学校后勤保障处从教育节水、管理节水、科技节水3个方面介绍北工大节水优秀做法，同时开展节水有奖问答，提高校园节水意识。北京工业大学于2021年建成为节水型高校，并于2023年入选国家节水型高校典型案例，人均用水量低于高校用水定额先进值，是高校节水的排头兵。

（王　珂）

防　汛

【概况】 2023年，朝阳区实施水系连通建设，实现亮马河、北小河、坝河等18条河道120千米互联互通，构建起“一纵四横、多支多点、排蓄渗用”的“朝阳水网”。区水务局全面部署落实“清管行动”，汛前完成雨水设施清理清掏，主汛期前完成万红路铁路涵洞等15处积水点治理工程。落实落细防范措施，全面排查整治河道防洪风险隐患，修订水旱灾害防御应急预案，组建80人专业防汛抢险队伍，增配防汛抢险设备，开展防汛演练培训。汛期完成应急响应15次，出动抢险小组93轮次。2023年7月极端强降雨期间，水务局全员在岗在职，科学研判雨情汛情，提前做好河道预泄腾容，实施坝河150米河道加固。抽调3批骨干力量及5台排水单元（泵车）支援房山抢险救灾，全助力灾区重建家园。（王　珂）

【全区安全度汛】 2023年，区应急局围绕“不死人、少伤人、城市不看海、财产少损失”的防汛工作目标，完善防汛机制体制建设，修订《北京市朝阳区防汛应急预案》，建立“1+12+43+N”（1个防汛指挥部+12个防汛分指挥部+43个街乡防汛指挥部+N个成员单位）防汛组织体系；组织开展防汛实地实兵演练，分别于6月10日、7月28日组织开展两场区级2023年防汛实地实兵应急演练，磨合区防汛指挥协调机制，锻炼各分指、成员单位及抢险队伍处突水平，提升全区应对汛情、险情、灾情的综合素质和应急处置能力；加强强降雨应对工作力度，在11次强降雨过程中，全区各级防汛指挥机构人员全部在岗在位，运用雪亮视频和单兵设备对重点部位和易积滞水点位滚动轮巡，组织属地对积水隐患地点分片巡查，做到积水点早发现、早处置，汛期未发生较突出涉汛事件；以五大类防汛隐患为重点，在全区开展防汛隐患排查整治工作，梳理汇总积水点68处；汛期过后，再检查年度在账积水点位，销账年度未发生积水的点位，实地调研在账和新增积水点位，研判方案逐点位整改，最大限度减少区域汛情、灾情的出现。（汪世鹏）

【防汛工作检查】 5月20日，朝阳区副区长带队检查河道防汛和安全生产工作。区水务局及区农业农村局、孙河乡有关领导参加。实地检查孙河马场河道行洪障碍物问题；驼房营闸、通惠排干节制闸防汛和标准化建设工作；查看孙河组团中心湖工程建成情况和通惠灌渠治理工程施工现场。强调各方协作，加快推进孙河马场行洪障碍物清理；细化防汛调度方案，加强闸站运行保障人员培训，压实责任，严格值班值守，做好闸坝标准化建设。6月7日，区水务局局长带队到通惠排干闸开展督导检查，深入了解闸房标准化建设推进情况及防汛工作落实情况，指出加强监管、持续完善标准化查漏补缺，全面落实达标站点标准化建设。6月10日，市领导检查万红路下凹桥区防汛工作。现场电话检查防汛3个责任人情况，要求落实条块结合管理模式，道路交通做好积水点信息公示，属地落实好防汛责任，强化应急处置。6月23日，区级河长巡查大羊坊沟，区水务局及十八里店乡领导随行巡河调研。区领导要求加强各级河长履职，密切关注汛期、暑期防溺水工作要求的落实，热点区域持续加强水环境管护工作，加强宣传引导，动员社会力量，营造良好河湖水环境；科学安排高温期河道保洁作业人员错时作业，注意个人防护，确保河道作业人员安全。7月10日，区水务局局长、副局长现场检查化工桥积水点治理成效，并检查萧太后河河道安全和水环境。强调抓住主汛期前窗口期，加快解决各类防汛安全隐患；加强河道巡查，强化防汛安全检查和河道入河口的水环境保障，溯源治污根治问题；对于河道管理范围内街乡管辖区域的环境秩序类问题，要充分利用好河长督办机制，促进问题解决。（王　珂）

【防汛调度部署】 6月16日，区水务局局长带队检查城市内涝积水点治理工程施工现场。现场查看北岗子涵洞、东八间房将府公园泵站、万红路铁路涵洞、酒仙桥北路京沈涵洞4处积水点治理工程进展，协调区交通委、将台乡解决施工遇到的问题，对涉及深基坑作业的安全措施和防护提出明确要求：要紧盯工程施工质量安全，加快施工进度，尽早完工发挥效用。7月28日和29日，区水务局两次组织全局召开“杜苏芮”台风影响强降雨应对工作动员部署会，制定《朝阳区水务局应对台风“杜苏芮”影响强降雨工作方案》，安排部署河道防洪各项应对准备工作。做好水旱灾害防御组织、协调工作；加强河湖、重要水工程的防御洪水及应急水量调度。区水务局局长等领导在区防汛指挥部参加合署办公，协助区领导指挥应对，其他局领导在分指挥部指挥调度并到重点单位和点位督导工作。全局人员在岗坚守96小时。7月30日下午及31日下午，朝阳区副区长到区水务局指挥降雨应对工作，听取区水务局关于本轮强降雨应对工作的相关汇报，并察看河道实时监控。（王　珂）

【“7·20”降雨】 7月20日18时至22日13时20分，全区平均降雨64.6毫米，11个站监测累计降雨量超过80毫米，最大累计降雨量在和平西桥站，为100.3毫米，最大小时雨强出现在劲松站，小时降雨量为48.9毫米（22日8时至9时）。其间，清洋河向清河排水约6.2万立方米，坝河向温榆河排水约116.4万立方米，通惠排干出境水量约88.2万立方米。（王　珂）

【“7·26”降雨】 7月26日15时45分至19时，全区平均降雨17.9毫米，最大累计降雨量在王四营站，为54.7毫米，最大小时雨强也出现在王四营站，小时降雨量为54.1毫米（26日17时至18时）。其间，清洋河向清河排水约1.1万立方米，坝河向温榆河排水约5.8万立方米，通惠排干出境水量约16.7万立方米。（王　珂）

【“7·29”降雨】 7月29日，受台风“杜苏芮”登陆减弱后北上的低压系统和副高外围偏南暖湿气流的共同影响，朝阳区开始出现持续性降水，至8月1日夜间，降雨逐渐减弱结束。7月29日20时至8月2日8时，全区平均降雨量200.4毫米，达大暴雨标准，共有28个站点累计降雨量超过200毫米，占全区总站数50%；最大累计降雨量在首都机场站，为233.6毫米，最大小时雨强出现在首都机场站，小时降雨量为39.9毫米（30日5时至6时）。区级河道最大流量出现在坝河楼梓庄闸，最大流量199.99米^3/秒（7月31日18时）。（王　珂）

【“23·7”极端强降雨灾情】 7月，“23·7”极端强降雨过程中，朝阳区有受灾街乡25个，受灾村7个，受灾人口1999人；农作物受灾面积51.06公顷，农作物成灾面积20.84公顷，粮食作物受灾面积21.00公顷，粮食作物成灾面积9.05公顷；倒塌房屋户数2户、房屋间数4间（平房乡），严重损坏房屋户数1户、房屋间数1间（平房乡），一般损坏房屋户数3户、房屋间数3间（平房乡、金盏乡）；受损社会服务设施35处（均为公厕）；受损电力线路1.00千米。直接经济损失48.56万元，其中房屋及居民家庭财产损失4.50万元、农业损失24.34万元、基础设施损失2.65万元、公共服务设施损失17.07万元。（吴群力）

【台风“杜苏芮”期间支援兄弟区县】 8月3日，按照市委、市政府工作部署，朝阳区全力支援房山区、门头沟区、昌平区及河北涿州等受灾严重地区，区应急局、区水务局等11家单位领队及抢险队员83人组成朝阳区支援房山窦店抢险队，到房山区窦店镇支援排水作业任务；区应急局支援潭柘寺镇北村42部800兆无线电台，支援流村镇移动通信保障车1辆。（汪世鹏）

【支援房山区防汛抢险】8月3日，按照区委区政府工作要求，区水务局组建支援房山区防汛抢险工作组，安排区排水管理中心、局防汛抢险大队共11人驾驶抢险单元（泵车）、皮卡赶赴房山区，抢险组于14时30分到达指定点位，按照房山区抢险任务分工，在窦店镇芦村开展排水作业。8月6日，按照区委区政府工作部署，区水务局再次派出抢险工作小组，由区水务建设管理中及局防汛抢险大队工作人员组成10人抢险小组，驾驶皮卡、越野车及排水单元（泵车）驰援房山区，抢险小组18时30分到达指定点位房山区石楼镇板桥村大石河与第一批支援人员共同开展排水作业。8月9日，区水务局领导和区水务集团领导到房山窦店镇慰问支援房山防汛应急抢险人员。现场详细了解抢险任务开展情况和抢险人员工作和生活情况，并为抢险人员送去生活物资。8月14日，按照区委区政府工作要求，区水务局组建第三支抢险队支援房山区十渡镇抢险，区河道管理一所和局防汛抢险大队8人驾驶抢险单元（泵车）、皮卡到房山区，11时到达指定点位十渡镇综合文化中心，执行抽排1500平方米地下室积水及清理地下室报告厅淤泥任务。8月19日，区委副书记、区长吴小杰等领导到房山区十渡镇对接防汛救灾和灾后重建工作，区水务局局长等领导陪同到房山区十渡镇慰问区水务局救灾抢险队员。

（王　珂）

生态环境保护

综 述

【生态环境质量指数稳步提升】 2023年，北京市朝阳区持续开展大气攻坚行动和街乡标准化治理，汽修集群VOCs精细治理取得阶段性成效，完成“一带一路”国际合作高峰论坛等重大活动空气质量保障任务。率先发布区级总河长令，开展集中式饮用水水源地环境状况调查和水质检测，完成306千米管涵污水源头调查和128处雨污错接混接点位治理。监测复耕复垦耕地土壤污染状况。生态环境质量指数（EI）稳步提升，连续四年获得污染防治攻坚战成效考核优秀等次。

【生物多样性调查和保护】 2023年，区生态环境局组织开展全域大规模的生物多样性本底调查。累计观测记录到各类物种1367种，发现大型真菌疑似新种1个、中国新记录种2个、北京新记录种1个。深入推动3处生物多样性保护先行示范公园建设和雨燕归“朝”工程，3处公园共设立本杰士堆41个、人工鸟巢23个、昆虫旅馆25个，朝阳公园组织开展雨燕巢址规划，在周边水域发现北京雨燕踪迹。

【生物多样性主题日活动】 5月18日，区生态环境局在温榆河公园举办“从协议到协力：复元生物多样性——向阳而生，多样生物在朝阳！”主题活动，发布《朝阳区生物多样性保护规划（2023—2035年）》，规划制定开展调查监测与评估、保护自然生态空间、科学实施生态修复等9个方面、32项举措和22项重点项目，并提出建设3处生物多样性保护先行示范公园，并进行朝阳区全域生物多样性调查工作启动仪式。生态环境部自然生态保护司、市生态环境局、朝阳区人民政府等单位领导及社会各界代表出席活动。

【世界环境日主题活动】 6月5日是第50个世界环境日，朝阳区举办“朝气绿染景色新，生态文明向阳生”主题活动，并启动国家生态文明建设示范区创建工作，号召广大市民尊重自然、爱护环境，自觉关注和投入生态环境保护工作中，践行绿色生产生活方式，共建绿色家园。北京市生态环境局、朝阳区人大常委会相关领导及区政府党组成员等参加。活动中，朝阳区生态环境局聘请联合国首授环保艺术大师、北京金台艺术馆馆长袁熙坤为朝阳区环保公益大使，区人大常委会领导为其颁发聘书。

【朝阳区获评“国家生态文明建设示范区”】 10月28日，生态环境部在山东省济南市召开以“生态文明 美丽中国——谱写人与自然和谐共生的现代化建设新篇章”为主题的中国生态文明论坛济南年会上，朝阳区获评“国家生态文明建设示范区”，副区长任超代表朝阳区接受生态环境部授牌，朝阳区成为国家减污降碳协同创新试点地区。

【获评生态环境执法机构规范化建设达标示范区】 10月31日，朝阳区通过北京市生态环境局验收组现场验收，成为北京市第一批行政执法机构规范化建设达标示范区。按照《北京市生态环境综合行政执法机构规范化建设实施

▲ 2023年，朝阳区开展“向阳而生 多样生物在朝阳”宣传活动。图为5月18日，“从协议到协力：复元生物多样性——向阳而生，多样生物在朝阳！”主题活动现场

（区生态环境局 供图）

▲ 11月24日，2023北京朝阳"美丽中国"建设实践论坛举办。图为朝阳群众代表、小河长代表等共同点亮"美丽朝阳"新画卷 （区生态环境局 供图）

方案》要求和"三年三步走"（市级率先完成、区级示范一批、全市全面完成）目标，通过规范机构职能设置，全面依法履职；强化人才队伍建设，锻造精兵强将；配齐配全执法装备，科学高效执法；健全完善制度机制，提升工作质效；规范行政执法程序，公正文明执法；创新执法方式方法，优化营商环境；推动信息化平台建设，助力高科技执法；健全运行各项保障机制，激发队伍活力，全力推动创建工作高标准高质量完成。

【亮马河畔话生态——北京朝阳"美丽中国"建设实践论坛】 11月24日，由朝阳区人民政府主办，朝阳区生态环境局等单位承办的亮马河畔话生态——北京朝阳"美丽中国"建设实践论坛在朝阳区金台艺术馆举办。论坛以"高水平保护推动高质量发展，建设中国式现代化美丽城市"为主题，与会领导嘉宾共话"美丽中国"未来形态，激发创新活力和市场动能，构建合作共赢的生态创新发展新格局。中国工程院院士，国家部委、国家级事业单位、国家级社会团体领导，北京市相关委办局领导，朝阳区及相关高校领导出席。论坛上，朝阳区发布"美丽朝阳"生态文明系列成果，与中国生态文明研究与促进会、中国城市环境卫生协会签订战略合作协议，邀请朝阳群众代表、小河长代表等共同点亮"美丽朝阳"新画卷。北京朝阳环境集团获得中国环境保护产业协会授予的"无废园区减污降碳协同技术创新实践基地"称号。论坛设置3个主题分论坛，分别在北京市朝阳循环经济产业园、金台艺术馆、亮马河风情水岸举办，与会代表围绕生态产业、生态文化和生态空间进行交流和沉浸参观。 （胡 婧）

生态环境保护

【概况】 2023年，朝阳区 $PM_{2.5}$ 累计平均浓度34微克/米³，PM_{10}、二氧化硫（SO_2）和二氧化氮（NO_2），累计平均浓度分别为63微克/米³、3微克/米³和34微克/米³，持续达到国家二级标准。空气质量优良天数280天，优良比率73.2%，其中连续保持优良天最高25天，重污染天数3天，比上年减少1天。全区8个国考市考断面水质稳定达标、优Ⅲ比例62.5%。全区污染地块安全利用率100%，未发现受污染耕地。

【生态环境行政许可】 2023年，区生态环境局发放生态环境行政许可60件（含辐射类6件），完成建设项目备案1146件、放射性同位素备案83件，核发辐射安全许可证452件。主动公开政府信息820条、受理依申请公开39件。深入排查管辖区域内13种重点发证行业，建立健全许可证企业清单档案库，核发排污许可证331家，完成排污许可登记167家。持续推进"双百"任务落实，强化"三监"联动，完成501家排污许可证质量核查，排污限期整改"清零"取得阶段性成果。完成615家排污许可年度执行报告审核工作。完成119个区级"三线一单"（生态保护红线、环境质量底线、资源利用上线和生态环境准入清单）管控单元的细化工作，在温榆河公园二期建设中推动成果落地应用。

【普法宣传活动】 2月2日，区生态环境局联合麦子店街道，在枣营北里社

▲ 2月2日，区生态环境局联合麦子店街道开展"2023年朝阳区环境保护志愿服务"普法宣传活动。图为普法宣传活动现场 （区生态环境局 供图）

区开展“2023年朝阳区环境保护志愿服务”普法宣传活动。区生态环境局制作《北京市土壤污染防治条例》宣传手册及环保纪念品，向居民群众宣传土壤污染防治相关知识。工作人员现场解答居民群众关心关注的土壤污染防治相关问题，科普日常生活保护土壤生态环境知识要点。

【空气污染应对】 3月21日，北京市发生空气污染过程，区生态环境局重点执法检查工地、汽修、餐饮、加油站、年检场、重点道路、用车大户等，共出动执法人员62人次，检查各类污染源企业47家次，检查重型柴油车409辆次，查处不合格车辆44辆次，检查非道路移动机械18台。会同相关部门与相关企业做好沟通对接，引导鼓励企业、工地实施“协商减排、自主减排”，全区107个在施工程尽最大可能减少或停工室外建筑工地喷涂粉刷、护坡喷浆、切割、土石方等高污染工序，并停用相应非道路移动机械，58家汽修企业自主停限产，协商停用喷烤漆房64间，9家搅拌站自主停限产。区环卫中心加大道路清扫保洁力度和频次，出动道路清扫保洁职工3600人次，作业车辆578辆次，使用中水2681吨。全区各街乡出动4100余人次，其中执法检查人员900余人次、保洁人员近3200人次，检查各类污染源935家次，清扫垃圾470余吨，苫盖裸地2350平方米。

【突发水环境事件联合应急演练】 7月1日，区生态环境局在北京市自来水第九厂组织开展朝阳区突发水环境事件联合应急演练。应急演练模拟北京市自来水集团有限责任公司第九水厂液氨泄漏，造成人员受伤和清河水环境污染。按照“南阳实践”“以空间换时间，以时间保安全”的思路，事件发现后，朝阳区立即启动联合应急预案，组织开展切断源头、污染追踪、筑坝拦截、技术削污、调水稀释和饮水保障等应对措施，经过共同努力，成功化解污染风险，保障人民生命安全和清河流域水环境质量安全。此次联合应急演练由朝阳区生态环境局主办，朝阳区应急局、朝阳区水务局协办，北京自来水集团有限责任公司第九水厂承办，北京师范大学提供技术支持。北京排水集团坝河流域分公司、金隅红树林环保科技有限公司、北京市自来水集团社会力量积极参与。北京市生态环境局观摩联合演练。

【全国科普日活动】 9月18日，由北京市生态环境局主办，北京市生态环境保护宣传中心、北京市朝阳区生态环境局承办的“全国科普日——探访朝阳区生态环境监测中心”活动举办。主题为“提升全民科学素质 助力科技自立自强”，分为老师讲堂、现场参观、分享交流三部分，吸引17名学生代表参加，旨在加强青少年生态环境教育，激发广大青少年学习生态环境保护知识的兴趣和热情，丰富其了解环保、参与环保的社会实践途径。活动由北京市朝阳区生态环境监测中心提供支持。

【生态环境保护工作调研】 9月21日，北京市生态环境局党组书记、局长陈添到朝阳区调研生态环境保护工作，实地调研油烟、噪声扰民问题治理，倾听居民代表意见建议，具体部署如何做好监管和政策研究。区有关单位领导参加调研。 （胡　婧）

水环境治理

【概况】 2023年，区水务局接续实施全面打赢城乡水环境治理歼灭战第四个3年行动。全动员、全覆盖、全手段开展污水源头调查，排查43个街乡714个社区（村）1.5万余家排水户，查找问题点位1957处。开展四大流域31处合流制溢流口排查整治，排查331处小区（单位），完成128处环保督察错接混接治理任务，10处溢流口实现源头污水不入河。实施半壁店沟水环境改善工程，半壁店沟全线通水。萧太后河、大羊坊沟等生态补水5830.4万吨，补水量达历史新高。年内，朝阳区8个国家和市级考核断面中1个断面水质类别为Ⅱ类（清河下段沙子营），3个断面水质类别为Ⅲ类（亮马河南岗子七棵树、萧太后河黑庄户、西排干朝阳通州界），4个断面水质类别为Ⅳ类（通惠河下段新八里桥、坝河下段沙窝、观音堂沟观音堂、大柳树沟孟家坟），优良比例达到50%，无劣Ⅴ类断面，8个国家和市级考核断面水质全部达标。集中式饮用水源地

▲ 9月18日，朝阳区开展“全国科普日——探访朝阳区生态环境监测中心”活动。图为学生代表探访朝阳区生态环境监测中心 （区生态环境局　供图）

水质稳定达标、地下水水质总体稳定。（王 珂 胡 婧）

【水资源保护】 2023年，区生态环境局制定印发《2023年朝阳区集中式饮用水水源地环境状况动态调查工作方案》，推进辖区集中式饮用水水源保护区划定和优化调整工作。开展水源地水质监测和周边环境调查160余人次，饮用水水源保护区专项执法，出动执法检查人员22人次，检查水源井周边污染源单位37家次，未发现污染饮用水问题。开展丰、枯水期监测辖区地下水污染风险监控点，研判水质达标情况及变化趋势，提出地下水风险源头预防与管控措施，完善地下水环境质量改善（保持）方案。执法检查高安屯卫生填埋场、加油站等风险源头企业129家次，未发现水环境违法问题。（胡 婧）

【打造优质水环境】 2023年，区生态环境局联合水务部门，落实“清管行动”“清河行动”，开展流域点穴、地下水污染防治等专项执法检查，加大对入河口巡查及治理力度，完成306千米管涵污水源头调查，完成128处混接错接点位整治工作，累计生态补水3830.4万吨，指导相关部门和街乡持续开展入河排口清理整治。全局出动执法检查人员384人次，检查各类涉水单位926家次，发现水环境问题62家次，均责令改正，行政处罚21件，处罚金额119.5万元。（胡 婧）

【河长制考核断面监测】 2023年，区生态环境局每月监测全区4大河系109个街乡、社区（村）河长制考核断面，分析数据2.7万余个，出具报告500余份，打分考评102个街乡河长制考核断面，考评结果及时反馈区河长办和各街乡。（胡 婧）

【领导调研】 2月27日，区委书记文献带队调研亮马河综合整治提升项目。强调要全力推进亮马河各项综合提升工作，将其打造成为河道复兴引领城市更新的典范、文化旅游消费融合发展的典范、朝阳区高质量发展的典范，成为国内领先、国际一流的文化旅游消费目的地，提升市民获得感、幸福感。区水务局局长等随同调研。文献实地察看贯通工程建设情况，要求严格落实安全生产主体责任，加强工程质量管理，高标准、严要求完成项目建设。在随后召开的座谈会上，文献听取亮马河项目整体情况、“亮马河国际风情水岸”二期综合整治提升项目等工作情况汇报。文献指出，历经滨水空间治理、旅游通船和通航延伸三个阶段，亮马河国际风情水岸建设实现了建筑物、绿地、水面无缝衔接，持续引领两岸生态建设发展，真正形成蓝绿交织、水城共融的城市生态空间。以河为线串联三里屯、燕莎、蓝色港湾三大商圈，让亮马河两岸风景更宜人、商业更多元，助力推进国际消费中心城市主承载区建设，擦亮亮马河这一朝阳文商旅新名片。6月27日，区委书记文献调研通惠灌渠（高碑店路至五环路段）河道治理工程进展情况，文献沿河察看河道治理、水利工程、绿化改造等工作推进情况，详细了解高碑店区域滨水经济带建设情况。文献强调，要进一步提升两岸景观，打造“一桥一景”、水乡特色的高品质滨水景观，让市民游客共享滨水空间休闲旅游新体验。高碑店乡要深刻把握好“舍”与“得”、疏解与提升的关系，主动学习杭州等地在大运河综合保护等方面的先进经验，将生态环境保护与运河文化相融合，既要传承好地区历史文脉，留住乡愁记忆，又要统筹谋划好周边区域产业规划，全面提升业态品质。要加强部门联动，提前做好河道沿线交通组织、停车规划等工作，倒排工期、加紧推进，确保工程如期完工、精彩亮相。区水务局局长等一同参加调研。7月1日，区委副书记、区长吴小杰调研通惠渠治理工程，区水务局局长等随同调研。吴小杰指出项目要结合周边规划发展情况，优化广场绿芯，拓展滨水空间绿化种植，在增加绿化种植的基础上，进一步提升滨水空间和生态品质，为激活商圈，推动区域高质量发展创造良好的氛围。10月31日，区委书记文献围绕“深入学习贯彻习近平新时代中国特色社会主义思想，促进全区生态文明建设再上新台阶”主题到通惠灌渠（高碑店路—五环路段）治理工程进行调研。文献强调，要推进文化、旅游、商业深度融合，将通惠渠滨水空间打造成为“城市更新”新样板，以滨水空间激活区域发展活力，为市民打造优美安全的开放水岸。区水务局局长参加并作汇报。（王 珂）

【福建专班考察亮马河国际风情水岸】 6月27日，由福建省委党校副校长、生态环境厅副厅长、住房和城乡建设厅副厅长及福建省各市副市长、县委书记等组成的60人“推进实施城市更新行动”专题班到朝阳区亮马河国际风情水岸考察。专题班一行参观三环贯通工程，感受一分半钟穿行三环的便利，了解亮马河水上运动情况，到蓝港观鱼察看亮马河通航情况。区水务局副局长王成志全程讲解。（王 珂）

【朝阳水环境推介】 9月19日，2023年北京CBD国际商务季“宜居”朝阳建设新闻发布会上，区水务局新闻发言人、副局长娄立仓作新闻发布，介绍朝阳区在持续治理改善区域水环境、水资源、水生态和水安全的情况。发布介绍2023年朝阳区重点实施南部地区的通惠渠（高碑店路—五环路段）治理工程，改造后的通惠渠滨水空间将与周边商街和街巷交织交融，以“水街”为主旋律，再现北京运河商业文化场景。朝阳区持续治理改善水生态环境，打造亮马河国际风情水岸、坝河、萧太后河等优美河湖滨水空间。为给市民提供丰富多彩的水上娱乐活动，扩大河湖开放共享，在亮马河部分水域开设桨板、皮划艇、赛艇等水上运动试点。同时，朝阳区致力于让水“流动起来”，完成水系连通建设，构建起“一纵四横、多支多点、排蓄渗用”

的“朝阳水网”。全区24条共计200余千米主干河道实施全域连通、蓄水流动、生态修复和智能调度4项措施，实现水体流动、净化提升。（王　珂）

【水环境工作项目入选“城市更新最佳实践”项目】 9月26日，在北京城市更新专项小组指导和市委城市工作办、市住房城乡建设委、市规划自然资源委的指导下，由北京城市规划学会、北京城市更新联盟组织开展的第二届“北京城市更新最佳实践”评选活动中，朝阳区“亮马河国际风情水岸项目”入选第二届“北京城市更新最佳实践”项目。亮马河风情水岸项目以河道复兴带动城市更新，成功激活城市新空间活力。在北京城市更新论坛活动上，区水务局局长上台领奖并接受采访。（王　珂）

【污水排放方案研究】 11月1日，区水务局到中国电影博物馆召开协调会，主动上门服务，协调研究污水排放方案，崔各庄乡、市排水集团、电影博物馆及涉及单位等相关负责人参加会议。经与会单位研讨，建议电影博物馆新建污水管线将污水接入黑桥公园污水管线最终进入北小河市政污水管线，实现规范排放。（王　珂）

节能减排

【概况】 2023年，朝阳区作为全市碳排放量最大、重点排放单位最多的区域之一，结合实际制定《北京市朝阳区应对气候变化2023年行动计划》，加强对碳排放单位监督管理，完成北京市下达的碳排放“双降”目标任务。

【应对气候变化】 2023年，按照北京市应对气候变化2023年行动计划，结合朝阳区实际制定《北京市朝阳区应对气候变化2023年行动计划》，明确6项24个重点任务和具体措施，通过区委常委会正式实施，压实各部门主体责任，夯实具体措施落实到位。

【碳排放控制】 2023年，朝阳区加强对碳排放单位监督管理，督促辖区内单位按时开展碳排放核算、监测计划落实和清缴工作，完成全区253家一般报告单位、重点碳排放单位系统填报。现场督促170家重点碳排放单位开展履约操作指导。妥善处理正东电子、高园物业合并履约问题。配合市生态环境局开展第四方抽查企业51家。结合全区二氧化碳排放情况，开展减污降碳协同增效研究，成功入选第一批国家减污降碳协同创新试点。完成全市下达的碳排放“双降”目标任务。（胡　婧）

朝阳环境集团

【概况】 2023年，北京朝阳环境集团有限公司（简称朝阳环境集团）高安屯厨余垃圾处理厂项目开工；举办低碳发展峰会，承办北京朝阳“美丽中国”建设实践论坛；全国首家低碳（零碳）环境产业园区试点在环境集团启动；焚烧中心达到高效清洁焚烧Ⅱ级基准值；生活垃圾焚烧三期项目建设及建设主体通过区委常委会会议审定，进入前期手续办理阶段。朝阳环境集团获国家发明专利41项，实用新型专利21项，软件著作权7项，注册商标1项。集团员工1人获2023年“首都劳动奖章”称号。朝阳环境集团获国家高新技术企业认证，入选全国第一批产业园区减污降碳协同创新试点、央视《中国品牌档案》、北京市市级新时代文明实践基地。（张丹丹）

【城市固废处理】 2023年，朝阳环境集团处理固体废弃物87.48万吨，完成年度任务108.94%，其中焚烧中心处理垃圾72.11万吨、渗沥液处理12.48万吨。全年发电量突破3亿千瓦时，上网发电2.61亿千瓦时；餐厨厂处理垃圾（含厨余）15.37万吨，售废弃油脂0.57万吨。经中国城市环境卫生协会高效清洁焚烧评价组评价，朝阳清洁焚烧中心垃圾焚烧达到高效清洁焚烧Ⅱ级基准值。（刘志恒）

【科普教育践行社会责任】 2023年，朝阳环境集团践行科普教育社会责任，全年接待社会各界参观275批次，12154人次。承办市生态环境局组织的“环保教育 从娃娃抓起”等系列活动，配合市城管委宣教中心组织开展“垃圾分类，我们在行动”、环境卫生等系列主题活动10余次。与内蒙古乌兰察布市察哈尔右翼后旗对接支援合作，购买垃圾运输车、垃圾桶等物资200余件近50万元。（张丹丹）

【企业品牌建设】 2023年，朝阳环境集团在新华社、《人民日报》、央视网、《新京报》等国内27家主流媒体围绕集团固废处理和低碳发展等经验做法宣传报道，其中文字报道54篇、视频报道10次，树立公司正面形象，扩大公司在行业内影响力；应邀参加2023年中国国际服务贸易交易会，会议期间作主题发言并签订北京“零碳园区”碳管理综合示范项目协议；应邀参加第二十一届中国国际环保展览会，会议期间协办生态环保产业国际合作交流会；应邀参加第十八届固体废物管理与技术国际会议，会议期间协办“无废城市”建设与固体废物产业创新发展论坛；应邀参加2023中国城市环境卫生协会年会暨环境卫生博览会，宣传城市废弃物园区化协同处置理念。（张丹丹）

【科研成果】 2023年，朝阳环境集团在生活垃圾处理关键工艺环节，从拓展处理路径、提高处理效率、强化协同效果、强化智慧管理等方面着手，形成城市垃圾焚烧减污降碳成套技术、循环经济产业园能源和废水系统优化管控技术等一批核心技术，完成专利62项，其中发明专利41项、实用新型专利21项。（张艳会）

【低碳发展峰会】 5月19日，朝阳环境集团作为中国城市环境卫生协会循环经济产业园区专业委员会主任委员单位，在北京举办循环经济产业园区低碳发展峰会，峰会以“把握绿色机遇‘碳’寻园区未来”为主题，研讨循环经济产业园区低碳发展新机遇、新挑战，挖掘园区协同技术、管理、商务价值潜力和创新经验，探索“双碳”背景下城市绿色低碳循环发展新路径。区委副书记、区长吴小杰，副区长李欣出席峰会，来自全国近百家企业代表200余人参加。（张丹丹）

【高安屯厨余垃圾处理厂项目开工】10月26日，朝阳环境集团北京高安屯厨余垃圾处理厂项目开工仪式在朝阳循环经济产业园举行，标志着北京市规模最大的厨余垃圾处理厂正式开工。区领导宣布项目开工，中国城市环境卫生协会会长徐文龙为开工仪式致辞，市发展改革委资环处、市城管委设施处、区国资委、区城管委等有关部门负责人出席开工仪式，环境集团董事长皮猛与到场嘉宾共同挥锹培土，建设项目进入实质性阶段。高安屯厨余垃圾处理厂是北京市首批厨余垃圾专业化处理设施，是朝阳区生态文明建设重点工程。作为市、区两级重点项目，占地面积59.76亩，项目采用“预处理＋湿式厌氧”的处理工艺，预处理环节破解厨余垃圾分选难点，实现有机质回收率提高至95%，出渣含水率降至60%以下；湿式厌氧环节创新性采用高中温切换方式，提高工艺系统的广普性和稳定性。（张艳会）

科技

综述

【科技工作】 2023年，中关村科技园区朝阳园管理委员会（北京市朝阳区科学技术和信息化局）[简称朝阳园管委会（区科学技术和信息化局）]出台《朝阳区互联网3.0创新发展三年行动计划》，组建国内首个互联网3.0应用场景研究院，落成全市首家中关村互联网3.0产业园，共建京港互联网3.0数字产业中心。组建全市首支数字人AI基金，上线全国首个数字人资产存证平台，引进北京市混合现实与新型显示工程技术研究中心。建成工体元宇宙、泡泡玛特城市乐园等示范应用场景，上线全球首个“元宇宙就绪的5G超级网络”。编制《朝阳区“城市智慧大脑”建设总体规划》，打造“城市智慧大脑2.0”，经济大脑一期建成投用，归集融合部门业务及社会数据近2亿条。加强社会信用体系建设，构建政务数据汇集共享机制。全区新建5G基站220站，累计建成5229站；完成频段扩容500余站，推动重点场所5G网络精准深度覆盖。共建京蒙合作人工智能算力中心，发布朝阳区信创适配攻关基地，启动创客北京2023鲲鹏应用创新大赛。北京国际大数据交易所取得经营资质，首次实现北京与香港征信数据的合规出境。承办2023全球数字经济大会。法治政府建设工作步入正轨，落实行政规范性文件内部合法性审核及内部公平竞争审查制度，出具审核意见45份；转入三项行政处罚权；2023年技术合同认定登记965份，合同成交额792.07亿元，技术交易额383.94亿元；实现合同747份、金额53.34亿元、技术交易额53.22亿元。

（王娜娜）

【功能区产业发展】 2023年，朝阳园功能区实现区级收入202.31亿元，比上年增长2.3%，占全区总量的35.9%。推动以产业互联网、人工智能、数字安全为主导产业，聚焦互联网3.0、数字医疗、光子集成电路等前沿技术产业方向的“3+X”特色产业集群建设。中国工业互联网研究院科研楼启用，工业软件产业创新中心成立，阿里巴巴集团芯片等50余家重点企业落地。引进心医达诚、Deeptech深科技等10余家数字医疗领域企业。电子城IC/PIC创新中心完成“一孵化三中心一平台一服务”产业生态建设，引进40余家集成电路/硅光企业。与福建大数据集团合作成立京闽数科（北京）有限公司。2023年支持产业类项目310个，安排支持资金1.88亿元。截至年底，科创投资子基金15支。与北京工业大学共同打造山河湾谷创新区，为朝阳南部崛起注入新动能。建成创投生态赋能中心及“全国股转系统北京证券交易所朝阳服务基地”，截至年底，注册创投机构60家，落地创投项目283个。全国首个国际科技组织总部集聚区落地，8家国际科技组织入驻。全区16家企业被认定为北京市外资研发中心，全市占比22%。建成“朝保宝赋能之家”、朝阳区质量基础设施“一站式”服务工作站（朝阳园站）等服务平台，2家市级专精特新服务站获批，全区专精特新中小企业725家，专精特新“小巨人”企业62家，分别占全市总量的10.6%和7.8%。朝阳园北区启动区规划综合实施方案获市政府批复，释放150万平方米产业空间；完成E6E7违法建设项目接收；建成朝阳园智慧园区（一期），实现智慧园区三维可视化、企业信息查询便捷化、园区管理智能化。

（王娜娜）

【朝阳园完成迁址合署办公】 2023年，朝阳园管委会（区科学技术和信息化局）于2月20日搬迁至北京市朝阳区望京科技园区望京东路8号锐创国际A座，完成原朝阳园党工委、朝阳园管委会与区科学技术和信息化局合署办公。内设9个处室，下设北京市朝阳区科技创新服务中心（简称区科技创新服务中心）、北京市朝阳区大数据信息中心（简称区大数据信息中心）、北京市朝阳区信息网络中心（简称区信息网络中心）3家事业单位。机构改革开局之年，朝阳园管委会（区科学技术和信息化局）以制度建设为抓手，逐步理顺机关内部各项工作关系，确保合署办公各项工作正常开展。制定“三重一大”事项集体决策制度实施细则、档案工作责任制等10余项工作制度，确保重大行政决策程序完备、合法合规。内部管理基本走上正轨，建立各项业务条线工作机制，组建机关党委、纪委、9个党支部，构建覆盖功能区、政策区19个街乡的经济发展工作体系。业务工作全面展开，梳理形成重点任务、重点项目、重点指标工作清单，推动重点任务落实。

（王娜娜）

科技管理

【概况】 2023年，朝阳园管委会（区科学技术和信息化局）启动元宇宙示范应用场景和解决方案征集工作，面向全国征集一批应用场景和有一定示范效应的解决方案；北京朝阳国际科技发展集团有限公司揭牌成立；开展海外发展政策培训；研究制定《朝阳区互联网3.0创新发展三年行动计划（2023—2025年）》，制定并发布《朝阳区支持互联网3.0创新发展的若干措施》；“人工智能产教融合基地”揭牌；与北京工业大学、北京控股集团有限公司签订战略合作协议。

【研究制定《朝阳区互联网3.0创新发展三年行动计划（2023—2025年）》】 2023年，朝阳园管委会（区科学技术和信息化局）研究制定《朝阳区互联网3.0创新发展三年行动计划（2023年—2025年）》，从加强关键核心技术攻关、建设产业服务平台、推动重大应用场景建设、完善互联网3.0生态体系、深化国际化开放合作等方面，确定21项重点任务，提出打造“一纵一横多引擎”的互联网3.0区域产业布局。3月13日，区政府联合北京市科学技术委员会、中关村科技园区管理委员会、北京市经济和信息化局共同印发该政策文件。

（杨沫涵）

【《朝阳区支持互联网3.0创新发展的若干措施》制定发布】 2023年，朝阳园管委会（区科学技术和信息化局）制定并发布《朝阳区支持互联网3.0创新发展的若干措施》，聚焦互联网3.0全产业链创新要素，从技术攻关、园区建设、平台服务等方面，确定支持项目12大类20余项，推动朝阳区互联网3.0产业集聚发展。 （杨沫涵）

【《朝阳区支持互联网3.0创新发展的若干措施》落地兑现】 2023年，朝阳园管委会（区科学技术和信息化局）依据《朝阳区支持互联网3.0创新发展的若干措施》，启动2023年度项目公开征集及定向征集项目组织谋划，依据实施程序开展专家论证、项目评审、专项审计等相关工作，形成2023年度若干措施拟支持方案，经2023年第17次区政府常务会议、十三届区委常委会2023第41次会议审议通过并落地兑现，合计支持项目68项。

（杨沫涵）

【朝阳园与北工大共建山河湾谷创新区】 12月21日，中关村科技园区朝阳园管理委员会与北京工业大学、北京控股集团有限公司签订战略合作协议，共建北工大山河湾谷创新区，建设以北京工业大学平乐园校区为核心，辐射朝阳区南部的九龙山、十里河/西直河、百子湾、欢乐谷（山河湾谷）等周边地区的人工智能+产业创新高地和数字经济示范区。推动北工大山河湾谷创新区建设，是促进科技创新、产教融合和产业发展的重要举措，也是三方充分发挥各自优势，共同推动朝阳区经济社会发展的重要体现。

（陈 亮）

【朝阳区与北京理工大学签署战略合作框架协议】 12月27日，区委书记文献，区委副书记、区长吴小杰率队走访北京理工大学，并与北京理工大学党委书记、中国工程院院士张军就进一步深化区校合作座谈交流，双方签署战略合作框架协议、共建北京理工大学国家大学科技园（朝阳分园）框架协议。双方将在加强科技创新、推进教育交流、深化人才队伍交流、推动科技成果转化、开展国际交流等方面开展合作，共同打造新时代改革开放新高地。整合国内外优质资源，打造集聚“自主创新、成果转化、产业孵化、金融赋能、人才培养”多位一体的综合性基地。

（王凯丽）

科技活动

【概况】 2023年，朝阳园管委会（区科学技术和信息化局）举办北京朝阳互联网3.0生态发布大会及多场技术、数字经济、战略生态大会；全球首届斯芬克斯元宇宙戏剧节落地798 CUBE（北京798艺术区创意广场）；举办2023未来科学论坛等多场高峰、发展论坛活动；举办中关村5G创新应用大赛总决赛、北京市人工智能行业大模型创新应用大赛等赛事活动；国际科技组织总部集聚区成立，“凤巢元宇宙”首次公开亮相；主办智汇朝阳G20YEA国际合作推介会活动；西班牙创新机构、企业和投资机构到访中关村朝阳园并与园区企业、创投机构代表座谈交流。

【启动元宇宙示范应用场景和解决方案征集】 1月16日，朝阳园管委会、区科学技术和信息化局联合发布关于公开征集元宇宙示范应用场景和示范解决方案的通知，面向全国征集一批应用场景和有一定示范效应的解决方案。应用场景主要领域包括商业场景、文旅场景、文创场景、城市场景、工业场景、医疗场景、金融场景和其他场景；技术和解决方案在商业、文旅、文创、城市、工业、医疗、金融或其他领域形成了落地应用方案。

（夏春玲）

【北京朝阳国际科技发展集团有限公司揭牌】 2月16日，作为朝阳区科技体制改革政策落地的重要一环，北京朝阳国际科技发展集团有限公司揭牌仪式举行，标志着朝阳区科技创新平台公司正式组建完成。区委副书记、区长吴小杰出席并讲话，区委常委有关领导出席。 （夏春玲）

【互联网3.0生态发布大会】 3月20日，由北京市科委、中关村管委会、北京市经信局、北京市科协、朝阳区政府主办的“朝启蓬勃互联网3.0筑未来”互联网3.0生态发布大会在将台地区（乡）星地中心举办。会上，《朝阳区互联网3.0创新发展三年行动计划》和专项支持政策发布，同时发布七大元宇宙标杆示范场景（工体元宇宙、SOLANA蓝色港湾元宇宙、凤凰中心元宇宙、泡泡玛特城市乐园、人民党建云党建元宇宙、中信银行金融元宇宙和通盈中心商业元宇宙）；朝阳区与中金资本、网易集团分别签订合作协议，朝阳区与中金资本联合组建全市首支互联网3.0产业基地，网易（北京）数字产业中心落地朝阳；全国首个互联网3.0应用场景研究院、互联网3.0产业（星地中心）揭牌成立。市、区相关领导出席大会，线下活动参与近200人次。（杨沫涵）

【海外发展政策培训会举办】 3月30日、5月25日，中关村朝阳园国家地理信息服务出口基地先后在超图举办两期海外发展政策培训会。培训会上，与会专家分别作《贯彻习近平主席“全球发展倡议”，进一步扩大地理信息服务出口》《中国数字新基建开拓多元化国际市场》《中国信息技术服务企业出海的税务筹划与考虑》主题报告，深入浅出地讲解和分析地理信息服务出口的重要性及发展前景，阐述全球数字经济现状及中国数字新型基础设施建设在国际市场中的角色与发展情况，从税务角度给予开展地理信息服务出口业务企业务实有效的意见建议。北京市朝阳区总部企业联合会、中国科学院空天信息创新研究院、超图集团、阿布扎比投资办公室、朝阳园管委会（区科学技术和信息化局）、朝阳区人力资源和社会保障局、中国银行北京分行、中国银行朝阳支行、德勤、甲骨文软件、超图软件、中关村空间信息产业技术联盟及相关企业代表等参加培训。（杨沫涵）

【“人工智能产教融合基地”揭牌】 4月8日，“人工智能产教融合基地”揭牌仪式在北京工业大学举行，朝阳园党工委副书记、管委会主任杨洪福和北京工业大学副校长陈树君共同揭牌。人工智能产教融合基地的建设，旨在深入贯彻落实北京国际科技创新中心建设要求，推动朝阳区创新发展，强化科技赋能，加速构建“3+X”产业体系。朝阳园将与北京工业大学一道，在人工智能领域不断探索和创新，积极组织人才、技术、资金等方面的资源，努力实现创新链、产业链、人才链和资金链四链融合发展，建设国际化、高水平的产教合作平台。（陈　亮）

【出口基地企业对接会】 4月19日，中关村朝阳园国家地理信息服务出口基地企业“走出去”对接会在超图集团举办。商务部投资促进事务局，朝阳园管委会（区科学技术和信息化局），斯里兰卡驻华使馆、纳米比亚驻华大使馆、肯尼亚驻华使馆、中关村一带一路产业促进会、超图集团、中国科学院空天信息创新研究院、中关村空间信息产业技术联盟及相关企业代表近20人参加活动。商务部投资促进事务局电子信息产业部主任介绍中国2022年吸收外资、对外投资整体情况；朝阳园工委委员、管委会副主任介绍中关村朝阳园国家地理信息服务出口基地；超图集团副总裁介绍超图集团地理信息产品海外发展情况；中国科学院空天信息创新研究院航空遥感中心副主任作遥感大数据智能处理与应用服务报告；映物科技（北京）有限公司总经理作北斗及时空区块链产品的海外应用报告。斯里兰卡公使衔参赞（商务）娜丽卡科迪卡塔、纳米比亚驻华大使馆商务处投促专员秦朵、肯尼亚驻华使馆大使秘书威尔玛分别发言，介绍当地投资情况。（杨沫涵）

【全球首届斯芬克斯元宇宙戏剧节落地798 CUBE】 4月，朝阳园管委会（区科学技术和信息化局）联合数智云科公司引进全球首届斯芬克斯元宇宙戏剧节落地798 CUBE（北京798艺术区创意广场）。全球首届斯芬克斯元宇宙戏剧节于4月15日至5月7日线上线下同时举办，为期23天，推动想象与科技碰撞，打破疆域，致力于一个扩大人们对戏剧本质和戏剧未来新理解的可能性。（杨沫涵）

【2023未来科学论坛】 5月26日，2023未来科学论坛在中关村国家自主创新示范区展示中心举办。作为2023中关村论坛平行论坛之一，2023年未来科学论坛由未来论坛联合朝阳区人民政府共同主办，活动旨在打造集科学普及、前沿科技信息交流、人才交流功能于一体的国际化交流平台。朝阳园管委会主任杨洪福在致辞中表示，朝阳区政府与未来论坛在科普活动举办、高端人才引进、科技信息交流等方面开展全方位合作，促进全球顶级科学家和投资人汇聚北京、关注朝阳，推动政府与科学界、产业界、投资界跨界交流与合作，同时也为吸引优秀科技创新人才、营造良好创新创业氛围，提供了有力支持，充分体现了朝阳区政府坚持创新驱动，落实国家创新驱动战略，对科技创新工作的高度重视。（赵　剑　张　晔）

【中关村5G创新应用大赛总决赛】 5月26日，由北京市科委、中关村管委会，北京市经信局，北京市通信管理局，朝阳区政府联合主办，中国信通院，朝阳园管委会（朝阳区科学技术和信息化局）承办的中关村5G创新应用大赛总决赛在朝阳区国际创业投资集聚区举办。前期，大赛面向全社会征集核心技术、行业应用、个人应用、中小企业四类5G创新应用标杆案例。500余个申报项目中10家企业团队进入决赛现场，为全球观众路演展示“5G如何赋能千行百业”。大赛最终决出一等奖2名、二等奖3名、三等奖5名。（杨沫涵）

【国际科技组织总部集聚区成立】 5月31日，国际科技组织总部集聚区在朝阳区东湖国际中心揭牌启用，为国际科技组织提供便利服务，持续吸引全球科技组织落户北京，为北京国际科技创新中心和国际交往中心建设注入新功能。中国科协、北京市、朝阳区相关领导出席揭牌仪式。当日，北京市科协与朝阳区签署战略合作协议。双方从聚焦高精尖产业，服务科技产业建设；提升国际影响力，建设国际科技组织总部集聚区；汇聚高层次人才，激发区域人才创新活力；加强社会化协同科普，提升公民科学素质；夯实组织基础，提升基层科协组织力 5 个方面加强合作，助力朝阳区集聚国际创新资源，推进区域高质量发展。

（朱卫东）

【工体元宇宙 GTVerse 开启首次元宇宙直播】 6 月 15 日，朝阳园管委会（区科学技术和信息化局）重点支持的互联网 3.0 标杆示范应用场景工体元宇宙 GTVerse，联合抖音和 PICO 共同推出在北京工人体育场举办的阿根廷国家队与澳大利亚国家队足球邀请赛元宇宙直播，是中国体育界首次实现 XR 头显、手机和 Pad 等多形态智能终端沉浸式观赛，开创了互联网 3.0 数实融合体验观赛新篇章，为城市体育文化带来元宇宙场景应用划时代变革。

（王紫珊）

【2023 地理信息软件技术大会】 6 月 27 日，朝阳园管委会（区科学技术和信息化局）在空间地理信息领域的重点支持企业——超图软件，联合朝阳区政府等相关单位共同主办的 2023 地理信息软件技术大会在北京国家会议中心举办。此届大会为期 2 天，以“空间智能 因融至慧”为主题，邀请政府领导、院士专家、企业代表等，解析空间智能技术内涵，展示其广阔应用前景。会上，超图软件正式发布 SuperMap GIS 系列产品的最新版本 SuperMap GIS 2023，并全新推出多个产品。SuperMap GIS 2023 是将卫星遥感获取的数据与地理信息系统软件分析融合，实现海量遥感影像快速处理分析、高效存储、管理和分发共享，缩短影像从获取到应用时间，提高遥感数据精准度，为各行业应用需求提供更强大数据服务。（杨沫涵）

【2023 全球数字经济大会】 7 月 4 日至 7 日，2023 全球数字经济大会在北京国家会议中心举行。本届大会以“数据驱动发展，智能引领未来”为主题，旨在展现数字中国北京实践，推动构建开放共赢的数字领域国际合作格局。大会期间，朝阳区举办互联网 3.0 峰会、数字技术助力朝阳“南部崛起”、光电子集成应用与产业化发展论坛。其中，互联网 3.0 峰会上，院士级专家与顶尖企业家领衔的国内外政产学研用顶级产业“智囊团”为 2023 年互联网 3.0 产业方向定下基调，引领产业发展方向。一系列市级重大项目、朝阳区与国内龙头企业的重大合作签约及国内首个 XR 产业加速器等方面的成果发布，全方位展现北京作为数字经济产业、互联网 3.0 的产业高地，在数字经济、互联网 3.0 等方面的突出优势与引领作用。数字技术助力朝阳“南部崛起”论坛旨在破解数字经济区域发展不协调问题，立足于“产学研融合，打造朝阳南部地区创新策源高地”“高品质建设，构筑朝阳南部地区品质生活高地”“数字化转型，建设特色产业园区经济发展高地”三大基本点，助力朝阳“南部崛起”。光电子集成应用与产业化发展论坛构建了一个多元、开放、创新的共享平台，汇聚国内外顶尖的专家学者、业界精英及有识之士，搭建沟通交流与创新融合的桥梁，探讨光电子集成技术应用新场景，探索产业发展新模式，增强经济发展新动能。

（赵 剑 张 晔）

【2023 全球数字经济大会互联网 3.0 高峰论坛】 7 月 6 日，由朝阳区政府承办，朝阳园管委会（区科学技术和信息化局）等协办的 2023 全球数字经济大会互联网 3.0 高峰论坛在国家会议中心举办。论坛以“数智赋能，引领未来”为主题，邀请数字经济、互联网 3.0 产业政产学研企 300 余人参加，共同探讨数字技术与实体经济深度融合的发展路径。会上正式发布 4 项重大成果，涵盖共性产业服务平台、基金、关键技术“揭榜挂帅”、重大合作签约等多个方面，进一步夯实互联网 3.0 产业的发展底座，为朝阳区互联网 3.0 产业的创新发展提供有力支撑。市区有关单位领导出席。（王紫珊）

【互联网 3.0 领军企业举办战略生态大会】 7 月 26 日，朝阳区互联网 3.0 领军企业——北京蔚领时代科技有限公司举办主题为“聚势·破界”的 2023 蔚领时代 MR 内容产品发布暨战略生态大会，来自相关各领域的行业组织和企业代表 200 余人参加大会。会上发布自研 100 个量子比特相干光量子计算机——“天工量子大脑”。该机型具有 100 个计算量子比特，达到国际领先水平，可以解决最高超过 100 个变量的数学问题，求解速度比经典优化算法平均加速超过 100 倍，平均求解结果优于经典算法 120%，并实现上百规模光量子之间的“全连接”控制，具备完整的可编程能力。（王紫珊）

【“凤巢元宇宙”首次公开亮相】 7 月 26 日，“凤巢元宇宙”首次公开亮相，将“中国摄影四十年”线下展览还原到线上。凤巢元宇宙是朝阳区内“互联网 3.0+ 文化”领域应用场景的典型代表，以凤凰中心为原型打造文化元宇宙，采用数字仿真技术建设元宇宙空间，以虚实结合的方式链接全球文化艺术资源，通过 3D 建模技术与建筑数据结合对凤凰中心建筑数字化还原，还可以借助虚拟数字分身与数字空间进行交互。（王紫珊）

【创客北京 2023 创新创业大赛朝阳区启动会召开】 8 月 8 日，由朝阳园管委会（区科学技术和信息化局）主办、电子城高科创 E+ 承办的“创客北京 2023”创新创业大赛朝阳区启动会召开。会议围绕项目征集、赛事宣发等工作沟通和部署，朝阳区窗口平台、基地单位代表 30 余人出席活动。大赛以激发创新潜能，集聚创业资源，营造“双创”氛围为宗旨，着力打造为中小企业和创客提供交流展示、产融对接、项目孵化平台，催生新产品、新技术、新模式和新业态，发掘和培育一批专精特新优秀企业和优秀团队，推动中小企业转型升级和成长壮大，支持大中小企业资源共享、协同创新、融通发展，助力制造强国和网络强国建设。“创客北京”创新创业大赛经过多年发展，已成为北京市参赛项目、赛事规模“双优”的双创品牌赛事。

（苏　姗　张　晔）

【首届未来创造者大会】 8月15日，三里屯国际青年人才会客厅携手全球领先的办公空间服务平台WeWork中国成功举办首届未来创造者大会。大会以“创造、连接、共赢”为目标，围绕“引领‘科技＋消费’新趋势”主题，邀请企业家、投资人及创新创业者展开主旨报告和未来高峰对谈，为有颠覆性思路、前瞻性眼界、超前布局的“创造者”们提供交流合作平台，承载为企业、楼宇、政府，搭建多方共赢合作模型的使命，助力创新性生态圈发展。（杨沫涵）

【北京市互联网3.0创新生态发展大会】 8月24日，由北京市科学技术委员会、中关村科技园区管理委员会、朝阳区人民政府共同主办的北京市互联网3.0创新生态发展大会在朝阳区举办。市区有关单位领导出席。大会汇聚数字经济、互联网3.0产业政产学研企的嘉宾，聚焦特色园区、应用场景、共性技术平台等产业创新要素，研讨互联网3.0生态建设，推动北京市互联网3.0产业高质量发展。会上，全市首个互联网3.0产业基地——“中关村互联网3.0产业园”在朝阳正式揭牌。大会创新使用XR虚拍全运营平台艺术策划的XR虚拟现实技术进行现场呈现，将嘉宾融入虚拟场景中，由360智能营销云开发的数字人可心也作为大会主持人亮相。

（王紫珊）

【国家地理信息服务出口基地企业走进中交集团】 9月12日，由中交集团、朝阳园管委会（区科学技术和信息化局）主办，中关村空间信息产业技术联盟、中交星宇科技有限公司承办的中关村朝阳园国家地理信息服务出口基地企业走进中交集团活动举办。国务院国有资产监督管理委员会、商务部投资促进事务局、北斗办国际合作中心、中关村科技园区朝阳园管理委员会（北京市朝阳区科学技术和信息化局）、中关村空间信息产业技术联盟及北斗产业相关企业、朝阳园出口基地企业代表等参加会议。现场交流环节，各参会单位结合自身业务特点、技术优势，就未来北斗海外规模应用推广路径、合作模式等方面开展深入交流，期望依托中交集团海外业务实现“抱团发展、借船出海”，让中国的北斗更广泛、更深入地服务全球市场。

（杨沫涵）

【智汇朝阳G20YEA国际合作推介会】 9月18日，智汇朝阳G20YEA国际合作推介会在国际创业投资集聚区举办。推介会由朝阳园管委会（区科学技术和信息化局）主办，北京市朝阳区委宣传部、中国共产主义青年团北京市朝阳区委员会、北京市朝阳区人民政府外事办公室协办，G20青年企业家联盟项目（简称G20YEA）中国理事会、朝阳科技集团承办。朝阳园管委会主任出席活动并致辞，朝阳园管委会副主任介绍中关村朝阳园发展情况。会上，朝阳科技集团与G20青年企业家联盟签订战略合作协议，通过国际组织与企业的合作，为朝阳服务业扩大开放营造了良好的发展氛围，为朝阳区国际化、全球化发展布新局、谱新篇。来自中国、西班牙、新加坡、法国的四家优质科技企业亮相推介会路演展示，在教育、基础设施建设、新能源、运输服务等领域相互交流，共享全球服务贸易发展新机遇。

（朱卫东　苏　姗）

【北京市人工智能行业大模型创新应用大赛】 10月17日，北京市人工智能行业大模型创新应用大赛金融领域初赛在网易（北京）数字产业中心举行。初赛由市金融局，市科委、中关村管委会，朝阳区政府联合主办。聚焦金融服务赛道，围绕大模型技术演进趋势和行业应用特点，关注应用需求、创新能力、商业效益、应用前景等方面，评选出一批创新性强、成熟度高、示范性好的优质典型应用案例。（杨沫涵）

【朝阳服务基地揭牌仪式】 10月31日，在市科委、中关村管委会，北京市地方金融监督管理局，北京证券交易所指导下，由朝阳园管委会（区科学技术和信息化局）与北京市朝阳区金融服务办公室、朝阳区高层次人才服务中心联合主办，由北京朝阳国际科技创新服务有限公司和北京股权交易中心有限公司联合承办的“聚焦北交所 赋能独角兽暨全国股转系统 北京证券交易所 朝阳服务基地揭牌仪式”在国际创业投资集聚区举办，朝阳区“北交所上市专题系列培训班”亦于当日启动。朝阳区人民政府党组成员、党工委书记，北交所总监，市金融监管局资本市场处、市科委、中关村管委会、朝阳园党工委、朝阳区金融办、朝阳区发展改革委、朝阳区商务局、CBD管委会、朝阳区文化创意产业发展中心、朝阳区高层次人才服务中心、朝科创公司、北股交公司等领导出席。活动吸引100余家独角兽、潜在独角兽企业、榜单智库机构、私募基金、律师事务所及科技金融类媒体等相关单位参与。

（朱卫东　苏　姗）

【工体元宇宙GTVerse体验中心开放内测预约】 10月，工体元宇宙与中国移动正式启用全球首个元宇宙就绪的中国移动北京工人体育场5G超级网络，工体元宇宙GTVerse体验中心面向友好生态客户开放内测预约。工体元宇宙是朝阳区首批互联网3.0标杆示范应用场景，已经成为北京市数实融合原创能力最强、系统运营能力最强和多场景体验最新的互联网3.0发展新标杆，助力新工体创新文体产业消费模式，提供顶级数实融合消费体验。

（王紫珊）

【现场签署战略合作协议】 11月11日，朝阳区政府与香港科技大学在“香港科大－和林微纳”2023（人工智能）百万奖金国际创业大赛决赛现场签署战略合作协议。朝阳区政府与香港科技大学将共同建立紧密的合作关系，发挥双方的优势和资源，通过建设科创项目孵化加速器、成立前沿科技研究院以及鼓励设立科创基金等合作项目，建设国际化创新创业平台，并通过打造一体化服务平台、推动产学研深度开展以及全球人才集聚等领域深入合作。（苏 姗）

【第四届元宇宙与人工智能产业生态大会】 11月18日，由朝阳区政府、元宇宙与人工智能三十人论坛联合主办，朝阳园管委会（区科学技术和信息化局）、福石投资管理（北京）有限公司、北京数智云科信息科技有限公司、绿色金融60人论坛、万博新经济研究院联合承办的“承上启下 智元宇宙——第四届元宇宙与人工智能产业生态大会”在朝阳区举行。大会围绕元宇宙与人工智能产业发展热点问题展开探讨，进一步推动元宇宙与人工智能产业的创新实践。中国社会工作联合会会长、朝阳区区长、中关村朝阳园党工委书记等出席大会开幕式。大会采用线上线下相结合的方式进行，围绕数字经济2.0时代的价值创造、元宇宙与人工智能对经济的影响、人工智能与元宇宙时代的算力挑战、人工智能和元宇宙的技术融合及应用场景展望四大主题，邀请专家学者和行业领军人物参加，共同探讨如何在元宇宙与人工智能融合下，引领各行业创新与发展。大会发布了星地超创者产业联盟和伏羲智元产业基金等项目。会上，京港互联网3.0产业中心暨青年人才创新基地揭牌。基地位于中关村互联网3.0产业园，依托京港两地在互联网3.0产业生态布局上的互补性，发挥两地的技术优势、人才优势、金融优势，共同开展新技术的研发创新和应用，吸引和孵化优秀的互联网3.0企业和创新项目落地，打造京港互联网3.0产业创新集聚区和青年人才创新创业集聚区。

（杨沫涵）

【数据要素流动专题研讨会在京港两地举办】 11月28日，第26届京港洽谈会专题活动——数据要素流动专题研讨会以视频连线方式在京港两地举办。研讨会以“推动征信数据跨境流动新发展”为主题,北京国际大数据交易所、香港诺华诚信、东亚银行及来自京港两地50余家银行、金融机构、科技公司参与。研讨会由市“两区”办、市委网信办、市经信局、香港私隐专员公署指导，朝阳区政府主办，北京国际大数据交易所和香港诺华诚信承办。香港个人资料私隐专员钟丽玲解读《香港特别行政区个人资料（私隐）条例》，市“两区”办特聘专家靳晖解读北京“两区”及数字贸易港工作思路。国家网信办、市委网信办相关负责人解读国家法规制度框架及北京市围绕数据出境服务举措等。北数所、朴道征信、东亚银行等机构点分享数据跨境流通、个人征信、京港数据联通等实践成果，北京信用学会专家解读个人征信报告。

（周迎辉）

【西班牙创新机构调研走访园区】 12月5日，西班牙创新机构、企业和投资机构一行20余人到中关村朝阳园走访调研，参观国电总部电子城高科和国际创业投资集聚区，并与园区领导及科技企业、创投机构代表座谈交流。朝阳园管委会（区科学技术和信息化局）有关领导，酒仙桥街道工委及园区10余家企业代表参加交流。座谈交流中，双方就科技组织落地、科学技术创新交流、经济增长和国际合作等交换意见。中西相关企业代表全方位交流各自优势及发展现状，为今后企业间的跨国合作奠定基础。活动有助于激发中、西双边企业合作潜力，促进双方在科技、服务、投资及产业合作领域与朝阳区有更多合作空间，同时依托BEZ-BIC中欧联合创新中心、国际科技组织总部集聚区和国际创业投资集聚区，实现“一心双区”互促、资源互通，为北京实现进一步扩大开放，建设北京国际科技创新中心提供新动能。（朱卫东）

气象服务

【概况】 2023年，朝阳区气象局（简称区气象局）履行气象观测、预报预警和服务职责，发挥气象防灾减灾第一道防线作用，扎实推进气象高质量发展，为城市运行和重大活动保障提供及时、准确气象服务。年内获评“全国优秀气象科普教育基地”。

【气候概况】 2023年，年度平均气温为14.6℃，比常年平均值12.9℃偏高1.7℃。冬、春、夏、秋季平均气温分别为－0.8℃、16.1℃、28.3℃、14.8℃，与常年同期平均值－1.3℃、14.5℃、25.8℃、12.8℃相比，分别偏高0.5℃、1.6℃、2.5℃、2.0℃。年度极端最高气温为40.6℃，出现在7月6日，极端最低气温为－15.5℃，出现在12月17日。年度降水量为622.6毫米，比常年降水量582.0毫米偏多40.6毫米，偏多不足一成。年度冬、春、夏、秋季降水量分别为6.3毫米、41.8毫米、479.7毫米、82.8毫米，与常年同期平均值9.5毫米、66.6毫米、403.3毫米、102.6毫米相比，夏季偏多近2成，冬、春、秋季分别偏少3成、近4成、近2成。年度单日最大降水量为106.1毫米，出现在7月30日；最长连续降水天数为5天，降水量为218.2毫米，出现在7月29日至8月2日；最长连续无降水天数为52天，出现在2022年11月21日至2023年1月11日。年度日照时数为2549.8小时，比常年平均值2395.2小时偏多不足一成，年度冬、春、夏、秋季日照时数分别为589.2小时、643.4小时、726.7小时、623.0小时，与常年同期平均值523.5小时、723.5

小时、594.8 小时、553.4 小时比，春季偏少 1 成，冬、夏、秋季分别偏多 1 成、2 成、1 成。

【异常气候现象】 2023 年，3 月、6 月、7 月、9 月、10 月，气温明显偏高，6 月出现≥ 35℃的高温日数为 15 天，为建站以来历史同期最多，6 月 21 日至 25 日连续 5 天出现 35℃以上高温天气，与历史同期记录持平。7 月极端最高气温 40.6℃，为建站以来同期第三位，月平均气温 28.9 ℃为建站以来第一位。受强冷空气影响，12 月中下旬朝阳区出现持续低温天气，17 日最低气温 -15.5℃，位居近三十年 12 月极端最低气温第一位，连续 7 天最低气温低于 -10.0℃，与历史记录持平。受台风“杜苏芮”影响，7 月 29 日至 8 月 2 日朝阳区出现最强降水过程，主要降水持续时间达 77 小时，全区平均降雨量 200.6 毫米，有 28 个站点累计雨量超过 200 毫米，占全区总站数的 50%。区气象台发布 2023 年首个暴雨红色预警信号。12 月降水量为 12.0 毫米，比常年同期降水量偏多 5 倍。2023 年，沙尘日数为 17 天，比常年（3.1 天）明显偏多，沙尘暴 2 次，分别出现在 3 月 22 日和 4 月 11 日，3 月 22 日达强沙尘暴级别。

【汛期气候特征】 2023 年，6 月 1 日至 9 月 15 日汛期，朝阳国家气象观测站累计降水量为 553.2 毫米，比常年（1991—2020 年）同期 438.3 毫米偏多 26.2%，比近十年（2013—2022 年）同期 486.8 毫米偏多 13.6%，比上年同期 636.2 毫米偏少 13.0%。汛期朝阳区经历降雨过程 23 次，强降水和强对流天气过程 10 次，分别是 7 月 11 日至 12 日、7 月 20 日至 22 日、7 月 24 日、7 月 26 日、7 月 27 日、7 月 29 日至 8 月 2 日、8 月 23 日、8 月 30 日、9 月 2 日、9 月 9 日。空间分布上整体呈现西部地区偏多，东部地区偏少的特征。时间分布上 7 月下旬、8 月下旬和 9 月上旬降水量较常年显著偏多。

【预报预警及气象服务】 2023 年，区气象局发布各类灾害性天气预警信号 192 期。为保障城市运行、防汛、扫雪铲冰、重大活动等工作制作发布气象预报、预警、科普类微博微信 1141 期，气候预测 24 期，天气情况 661 期，重要天气专报 62 期，气象信息专报 299 期，环境气象趋势预测 365 期。

【执法检查】 2023 年，区气象局开展执法检查 186 次。全国两会、“一带一路”国际合作高峰论坛期间，对会场周边易燃易爆等防雷重点单位开展专项检查，完成活动场馆周边防雷重点单位检查 100% 全覆盖。各大型活动期间，按照北京市公安局“禁飞”要求，严格落实“禁飞”工作。对辖区内全部气球升放企业采取临时封库措施，确保消除安全隐患。行政处罚、行政许可结果在北京市气象局官网上公示，接受社会监督，全年无行政复议、诉讼案件发生。与北京电视台《法治进行时》栏目组联合拍摄防雷减灾宣传片，并在科教频道播出。

【政务服务改革】 2023 年，区气象局使用“北京市工程建设项目审批管理系统”开展行政审批。在体验气象行政许可事项办理及程序的流程中，持续发现办理流程中可能出现的问题。全年行政许可申请 96 件，准予许可 96 件，其中雷电防护装置设计审核 11 件，准予许可 11 件；雷电防护装置竣工验收 85 件，准予许可 85 件；升放气球行政许可申请 1 件。

【朝阳区重大活动气象保障服务平台】 2023 年，区气象局开发“朝阳区重大活动气象保障服务平台”，实现重点保障区域“百米级、分钟级”精细化气象预报。依托朝阳区数字孪生建设成果，推进“数字孪生 + 气象”工程，推动智慧气象融入智慧城市建设。完成全区积滞水点信息更新，融合雷达回波、自动站雨量，形成防汛“一张图”。

【气象科普】 2023 年，“3・23”世界气象日、“5・12”全国防灾减灾日期间，区气象局开展多项科普宣传活动。联合区生态环境局、甘露园社区及东润枫景社区组织居民、学生等参加气象开放日活动，模拟多种气象灾害场景，依托朝阳气象科普基地 VR 设备、观测仪器、现代化平台，让居民、学生沉浸式互动体验。5 月 12 日，联合区应急局、消防救援支队、区地震局在朝阳公园万人广场开展以“防范灾害风险 护航高质量发展”为主题的宣传活

▲ 3 月 18 日，东润枫景社区居民、学生参观朝阳气象观测场　　（刘自名　摄）

▲ 5月14日，区气象局与区妇联、东风乡党群办共同开展东风地区“家校社”共育“同心园”实践项目主题活动 （周 鑫 摄）

动，并通过微信公众号、微博、新媒体平台进行线上科普宣传。6月9日，走进府学胡同小学朝阳学校开展全国气象科技周主题活动。多次与区妇联、东风乡党群办共同开展东风地区“家校社”共育“同心园”实践项目主题活动，组织中小学生、社区居民、企事业单位参观朝阳气象科普基地，体验VR气象科普馆互动设备，组织气象科普大课堂。与区教委联合协助市气象学会组织开展2023年全市中小学生气象科普竞赛。

【重大活动气象服务保障】 2023年，区气象局完成春运、全国两会、服贸会、“一带一路”国际合作高峰论坛、中超联赛、2023北京朝阳国际灯光节等重大活动气象保障服务。积极对接各活动保障组，有针对性制定专项服务方案，提前研判气象不利条件，加强对相关部门的服务提示，为活动顺利举办提供有力气象支撑。

【业务团队科研创新能力提高】 2023年，区气象局业务团队强化暴雨、强对流观测机理分析研究，撰写暴雨特征分析报告1篇、热岛分析报告1篇。获批国家自然科学基金青年基金项目1项，首次实现区局科研人员获批国家自然科学基金项目。1人获市职工职业技能大赛气象观测员竞赛第1名。

（刘自名）

教 育

综 述

【教育基本情况】2023年，朝阳区有幼儿园314所、小学69所、普通中学94所（不含西藏中学、民办北方中学、民办国际艺术学校），职业高中3所。在校生数分别有幼儿园84623人、小学177103人、中学76908人、职业学校2951人、特殊教育学校86人。设立义务教育学区15个，有中小学教育集团21个。教育经费投入1227808.1616万元。北京市朝阳区教育委员会（简称区教委）推进第五轮“双名工程”特级教师、特级校长、市区级骨干教师和班主任队伍在教学一线发挥领军作用，全区所有公办和民办义务教育学校“教师学历”“音体美教师配置”“骨干教师分布”3项指标均达到义务教育优质均衡先行创建教师队伍建设标准。持续推动拔尖创新人才贯通培养，确定首批30所拔尖创新人才培养基地，同中国科学院、清华大学、北京大学等7所高校紧密合作，形成市区校联动、大中小衔接、校内外协同朝阳特色拔尖创新人才自主培养体系。研制区级“大思政课”综合改革试验区区校共同体建设指导文件，构建区域大中小学思政课一体化工作格局。48所中小学组建“校园心理剧工作坊”，培育“校园心理剧”创新项目。心理品质培养课程覆盖全区4～9年级所有学生，心理健康教师培训和教研实现各类型中小学全覆盖。在全市率先成立区级青少年创新学院。七大品类55门素质类数字课程服务13万余名学生，智慧作业教育平台试点服务近2万名学生，课后服务增加70余项课程菜单。干部教师信息技术应用能力提升培训100%。“十四五”教育规划实施情况中期评估完成。朝阳区是全市首批通学车试点区，开通呼家楼中心小学、朝阳区外国语学校、人大附朝阳学校、陈经纶嘉铭分校、首师大朝阳小学等9校址39辆通学车，27条通学线路。朝阳区入选全国学校家庭社会协同育人实验区。在全国和市级科技、艺术等活动中，朝阳区获奖数量和占比位居全市前列。优秀科技教育人才晋级全国和国际大赛，获中国科协主席奖、中国青少年科技创新奖、宋庆龄发明金奖等荣誉称号。区教委获首都民族团结进步先进集体、北京市中小学植物栽培大赛优秀组织奖、23年市教育系统网络安全攻防演习优秀攻击单位称号。（张　明）

【朝阳区与6所高校签订教育合作协议】2023年，朝阳区与6所高校签订教育合作协议。与中国传媒大学签订第二期合作办学协议；与清华大学附属中学签订第三期合作办学协议、与首都师范大学附属中学签订合作办学协议、与北京工业大学签订联合办学合作协议、与对外经济贸易大学签订合作办学补充协议、与北京师范大学签订朝阳区教育高质量发展合作框架协议。（王艳成）

【实验区成果展示】3月至7月，区教委推广“基于教学改革、融合信息技术的新型教与学模式”项目成果，在北京市朝阳区芳草地国际学校远洋小学、北京市朝阳师范学校附属小学、北京市陈经纶中学分校望京实验学校及清华大学附属小学商务中心区实验小学4所学校作主题展示、交流研讨；到北京市陈经纶中学分校望京实验学校、北京市日坛实验学校和北京市陈经纶中学，对实验区项目校智慧作业探索、信息技术融合课堂教学进行调研总结。参与实验教师撰写相关论文1000余篇，获市级奖项488篇，获市级“新技术赋能教研和教学高质量发展”优秀成果29项，区域案例入选教育部“2023年度智慧教育”优秀案例榜。（楚　娜　何爱英）

【校友郎平回母校主题教育】6月12日，北京市陈经纶中学1974级校友郎平回母校参加“让女排精神在经纶落地生根——杰出校友郎平回母校主题教育”。郎平与师生、老校友交流互动，分享从业生涯奋斗史，展现家国情怀、理想追求和品德风范；到校史馆，观看经纶百年发展历史；现场采集手摸入馆珍藏；参加陈经纶中学“郎平班”授牌仪式，为学校首届“郎平杯”排球联赛开球。学校师生600人参加活动。截至年底，陈经纶中学教育集团在各学段遴选“郎平班”，本部高中校区设置4个、本部初中校区设置2个、保利校区小学部设置6个；集团同时逐步推动排球课程在各学段全覆盖，其中本部高中校区设置8个排球选修班，帝景分校五年级体育课安排相关排球内容，保利校区一年级5～8班课表安排排球课。（黄　杰）

【中国基础教育高质量发展·北京论坛】9月23日,中国基础教育高质量发展·北京论坛在朝阳区举办,设主论坛和5个分论坛,43位国内教育专家学者在主论坛共论教育未来。5个分论坛围绕区域教育高质量发展与创新实践、学前教育高质量发展与普惠创新、义务教育高质量发展与优质均衡、高中教育高质量发展与特色多样化办学、学段贯通与拔尖创新人才培养主题设置。论坛为探讨国家基础教育高质量发展新机遇、新挑战、新路径集聚学术力量,成为向全国输出朝阳区教育特色平台,在探索“让每一个孩子在家门口享受优质教育”过程中,形成具有实践应用与推广价值研究成果,提升朝阳教育在北京市乃至全国影响力。全国基础教育领域各级专家、学者、名校长,北京市城6区教育行政部门及中小学校长代表等580人线下参会,5万余人线上参会。

(李慧贤　黄阳艳　沈静炫　宋　丹)

【首届基础教育卓越教师创新发展学术年会】10月27日至28日,由区教委、中国教育学会主办的首届基础教育卓越教师创新发展学术年会在北京市陈经纶中学举办。会议以“以教育家精神引领教师教学创新”为主题。分示范课、主论坛和分论坛3个单元。会上,区教委作《支持创新型教师成长的朝阳教研实践》报告,介绍全区以教师为主体,融培育、展示为一体区域教师发展支持系统构建、实施路径及引导不同发展层次教师开展浸润式教师研修、实现个体创新发展的主要成效。12位专家学者在3个分论坛发言,10个学科26位教师做示范课展示。来自全国专家学者、教学名师,全国各地区教师研训部门,中小学校长、教师代表等500余人参加。

(张婉月　李慧贤　黄阳艳　何爱英)

教育管理

【概况】2023年,区教委开展依法治校示范校创建评选,推出8所区级示范校。利用区级“吹哨报到”平台,强化复杂问题多部门协同办理,提高解决率。坚持“主动治理、未诉先办”,受理总量比上年下降29.24%,区级考核平均成绩比上年增长近5%。开展形式多样安全宣传活动和防震减灾演练。建立“一室五组”联络员运行工作机制。第二批绿色学校创建93所。(张　明)

【优质规模校均衡布局】2023年,区教委制定《关于朝阳区基础教育设施布局及学校建设相关情况的报告》。报告围绕朝阳区“南部崛起、东部跨越、北部提升”战略部署,梳理优质规模学校、特色办学学校及资源紧张地区学校状况,优化教育资源布局,在管庄、黑庄户、孙河等地区扩大优质特色教育资源覆盖面。组建专项工作小组,对全区学校办学条件台账进行指导审核,调研资源紧张地区学校,制定“一校一案”策略。(赵　影)

【信息技术应用】2023年,朝阳区教委信息技术应用与区域科技企业合作,向实验校提供思维训练、艺术启蒙、传统文化、心理教育、工程科技5类55门“双师”素质课程,覆盖110余所学校11万余名学生。区域目标检测练习册语文、数学、英语、物理、化学学科34册文字转化为数字化处理,形成20000道电子化练习题,丰富课后作业及课后服务资源储备。截至年底,录制教育部基础教育精品课50节、北京市优质资源课程325节;第24届中小学师生信息素养交流展示活动作品征集,征集微课、教学案例作品488件;供给公开课、微课程、教材分析及教研辅助资源3400余项;组织6所空中课堂基地校录制市级初中语文学科优质资源课程275节、录制高中化学及生物学科微课资源各25节,并上传北京市数字资源平台;录制基础教育精品课146节,其中92节精品课获市级优课称号。

(楚　娜　么　丹　戴伟明)

【校长负责制的实施方案】2023年,区教委发布《朝阳区关于建立中小学校党组织领导的校长负责制的实施方案(试行)》。实施方案明确,坚持“强统筹、抓规范、重创新、优实效”思路,实施“加压式推进、标准化引导、多维度保障、全方位落实”策略,推动基层单位持续以“五张卷”(学校各领域多层次全方位落实改革无死角;党组织领导学校全面工作协调顺畅无障碍;党组织书记围绕改革抓党建述职评价好;制约单位建设发展重点难点问题破解好;党组织引领学校教育高质量发展成色好)为标准,以抓实“四化一行动”(基本常识手册化,加强应知应会学习;制度机制清单化,形成规范落实常态;事项要求具体化,精准精细推进改革;议事规则图解化,厘清会议决策程序;开展“党办挂牌行动”,营造改革浓厚氛围)、夯实“三个点位”(加强党组织班子自身建设,发挥好“龙头”带动作用;坚持“支部建在连上”要求,强化学校基层组织功能;落实重要部门负责人由党员担任要求,履行政治把关职能)、做实“五项工作”(落实一次备案上报、开展一次自查分析、抓好一个难点破解、创新一个特色亮点、形成一套长效机制)为抓手,推进各项任务落地。(吴丹萍　王圆圆　冉师建)

【课后智慧服务项目试点】2023年,朝阳区教育系统课后智慧服务项目试点,75个校区2万余名师生使用。项目以区域目标检测电子化为起点,基于新课标发布后知识图谱,把全部练习题打上标签,与知识图谱关联。同步关联后台海量题库和知识点讲座视频。为学生课后学习和作业提供AI助教,让教师实现快速及时反馈学生学情。(戴伟明)

【朝阳区资助学生】2023年,朝阳区资助学生237784人次,资助总金额3044.26万元,比上年增加11万元。其中,学前教育阶段资助1952人次,资助金额136.76万元;义务教育阶段资助232068人次,资助金额2531.73万元;普通高中阶段资助1270人次,资助金额95.16万元;职业高中阶段资助 2494 人次，资助金额 280.61 万元。
（马恬静　姜　春）

【公办学校与国际学校协同发展启动会】 3 月 3 日，朝阳区教委在北京京西学校举办“公办学校与国际学校协同发展启动会暨外籍人员子女学校教育教学优质创新发展研讨会”。会上，解读《朝阳区部分公办学校与国际学校发展共同体建设三年行动计划》，就未来教育、创新人才培养、教育质量与创新等方面进行学术研讨；26 所公办学校与国际学校结成共同体。截至年底，共同体结对学校开展学校互访、交流研讨、学术论坛、观摩展示、文体比赛、中华传统文化交流等活动 39 场。师生 2000 余人次参加。（卢　娟）

【朝阳区教育系统诉求服务中心成立】 4 月 1 日，朝阳区教育系统诉求服务中心成立。服务中心隶属于区教委，有工作人员 14 名，主要完成区教育系统工单响应、工单派件、工单审回等任务。服务中心利用区级“吹哨报到”平台，对复杂问题强化与上级部门、属地街乡、区属部门以及各委办局之间协同办理，齐抓共管、协同联动、增强监管，形成政策合力。截至年底，区教委响应率保持在 100%。12 月 1 日，基层单位“接诉即办”平台派单功能上线运行，公办中小学校、区教委办幼儿园、职业高中开通 133 个账号。打通基层学校接诉即办办理通道，实现工单从区教委下派学校，学校立即处理“闭环一单到底”工作机制。责任部门利用平台大数据、人工智能、区块链等新技术，分析预判群众办事需求预警。截至年底，区教委受理“12345”热线市民反映诉求 29573 件，受理总量比上年下降 29.24%。（赵　光）

【国家通用语言文字推广普及先进集体奖】 5 月 10 日，朝阳区职工大学获国家通用语言文字推广普及工作先进集体奖。区职工大学把语言文字工作纳入教育教学之中，采用“菜单 + 订单”“线上 + 线下”等形式，为全区 43 个街乡社区免费派送语言文化课程；开创性启动朝阳区社区教育活动骨干培训项目（种子工程、团长班），其中书法、朗诵、主持人等班级培养大批语言文化骨干志愿者；打造“老少三代成语文化龙门阵”“亲子诵读”等品牌活动。（韩志波）

【国际化教学课例研讨会】 5 月 26 日，区教委举办国际化教学课例研讨会。研讨会以“永无‘纸’境跨学科主题实践活动的设计与探索”为题，聚焦跨学科教学研究。第一阶段围绕“学研训用”国际化交流作研修展示，第八十中学管庄分校作“基于立人教育目标，构建拔尖创新人才培养的课程体系”工作汇报，汇星校区负责人作“跨学科主题课程构建与实施”主题发言，教师学院解读“学研训用”一体化培训项目内涵，北京耀中国际学校小学部分享跨学科课程构建与实施等经验。第二阶段集中展示包含语文、数学、道法等 10 个学科 16 节国际化教学研究课，授课教师以跨学科项目式学习沙龙形式与外教专家深入研讨交流。区教委领导为第八十中学管庄分校颁发“学研训用教师培训实践基地”牌。区教委领导、教师学院干部教师、内蒙古自治区乌兰察布卓资县教育研究中心干部、区内各中小学干部教师 200 人参会。（宋　丹）

【学校更名】 5 月，华中师范大学第一附属中学朝阳学校更名为首都师范大学附属中学朝阳学校。北京市金盏学校更名为首都师范大学朝阳金盏学校。中国传媒大学附属中学加挂“北京中学传媒分校”牌子。（陈玉洁）

【学校撤销】 5 月，经区委机构编制委员会批准撤销中国科学院附属实验学校分校、北京工业大学附属中学双桥分校、北京市朝阳区呼家楼中心小学景新分校、北京市朝阳区实验小学博远分校。（陈玉洁　张　明）

【学校成立】 5 月，经区委机构编制委员会批准，成立北京市十一学校朝阳实验学校，为九年一贯制，公益一类，经费形式财政补助（2023—2024 学年度朝阳区教育基本情况统计资料录入校名，未招生）。8 月，成立北京科学高中，为高级中学，公益一类，经费形式财政补助（2023—2024 学年度朝阳区教育基本情况统计资料未录入校名）。（陈玉洁）

【获国家和市级奖学金】 6 月至 10 月，北京市陈经纶中学等 26 所学校 230 人获市 2022—2023 学年普通高中奖学金，22 所学校 105 人获北京市普通高中宏志奖学金。3 名学生获中等职业教育最高荣誉国家奖学金，分别是北京市求实职业学校陈晓蕾、北京市劲松职业高中李怡潼、北京市电气工程学校张东宝。4 个学校 122 名学生获中等职业教育北京市政府奖学金，其中北京市求实职业学校 50 人，北京市劲松职业高中 36 人，北京市电气工程学校 33 人，北京市朝阳区安华学校 3 人。（马恬静　姜春）

【服贸会教育专题展示活动】 9 月 2 日至 6 日，区教委组织 13 所公办、民办、外籍人员子女学校参加中国国际服务贸易交易会教育服务专题展示活动。展示内容包括国际学校课程教学、国际教育交流合作、港澳台教育、国际教育优质发展等方面内容。活动突出朝阳教育“开放、多元、融合”国际化特色，助力国际学校扩大生源，提升朝阳国际教育整体影响力。（卢　娟）

【循证教育国际研讨会】 11 月 17 日至 18 日，由北京市朝阳区人民政府、北京师范大学主办的循证教育国际研讨会以线上线下相结合方式在北京师范大学举办。研讨会以“循证教育决策与实践：推动教育高质量发展”为主题。设立 2 场主论坛、7 场平行分论坛，发布学术报告 61 份。来自中国、美国、英国、日本、芬兰等国家和地区的大学学者、政府教育决策者，国家教科院、评估院、考试院、督导室、教研室等教育机构研究和实践人员 60 余人，一线中小学校长和教师 300 余人线下参会，1.2 万人次在线观看直播。朝阳区作为全国首个试点区域开展循证教育研究，8所学校进行试点研究，分别是北京中学、北京市第八十中学、北京市陈经纶中学、清华大学附属中学望京学校、北京市朝阳外国语学校、北京第二外国语学院附属中学、中国传媒大学附属中学（北京中学传媒分校）、北京市朝阳区教研中心附属小学。（李慧贤　黄阳艳）

【数智赋能基础教育项目研究启动】11月28日，区教委与北京师范大学启动“数智赋能基础教育项目——利用信息技术支撑学生综合素质评价”专项研究项目。项目旨在通过连续5年采集实验学校学生与综合素质评价相关信息，助力朝阳区教育系统构建区域综合素质评价专题数据库，形成基于区域、学校和学生个人综合素质评价报告，共同开发综合素质评价工具，成为朝阳特色综合素质评价模式。全年召开培训会2次，有74所实验学校6万余名师生参加测评。（戴伟明）

【综合管理改革的实施意见】12月，区教委与区委编办、区人保局、区财政局联合签发《关于推进朝阳区中小学教师“区管校聘”综合管理改革的实施意见》。实施意见明确指导思想、工作目标、工作机制，从编制管理、岗位管理等7个方面内容，探索集团化办学中教师“区管校聘”有效机制。选取陈经纶中学教育集团、八十中学教育集团、北京中学教育集团、朝阳区实验小学教育集团、垂杨柳中心小学教育集团、芳草地国际学校教育集团6个有比较成熟工作基础和管理经验教育集团先行试点。（陈玉洁）

师资队伍建设

【概况】2023年，朝阳区学校在岗教职工42147人（公办学校22527人、民办学校19620人，幼儿园17430人、小学6690人、中学16438人、职业学校663人、特殊教育86人、专门学校37人、其他法人单位803人），其中高级职称4230人、中级职称7835人。北京市特级教师285人、北京市学科骨干教师320人、北京市学科教学带头人64人、北京市骨干班主任88人。区教委开展“思想铸魂”“固本强基”“清朗计划”“教育提升”“警钟长鸣”“典型赋能”等师德集中学习专题系列教育活动。建设师德师风典型案例库，遴选基层单位典型特色经验案例85项。弘扬教育家精神，推进第五轮“双名工程”。建立健全“人才工作日、人才专题工作会”机制，落实“四航计划”，实施“领军人才塑造”等12个人才培养项目。组建4个“好书记工作室”和32个“名师工作室”。遴选143名拔尖青年教师后备人才，组织181名青年干部跟岗锻炼。与北京师范大学合作，遴选校长、教师、班主任等98人参加教育家型校长培育、专家型教师培养等重点项目，遵循“唤醒自觉、激发内驱、专业赋能”原则，通过“线上、线下、校本”3条路径推进干部教师暑期实训，形成“三类四级”研修班等一系列学校特色创新实训模式。开展第三届“朝阳杯”教学基本功活动。北京市第八十中学校长任炜东、北京市朝阳区垂杨柳中心小学金都分校校长郑丹娜、北京市第八十中学教师王朝祥、北京京西学校校长MARTA MEDVED KRAJNOVIC为朝阳区“凤凰计划”教育领军人才。（张　明）

【特级教师教育专家指导成效】2023年，区教委组织118位特级教师及教育专家到67所学校，在提升基层学校薄弱学科教师专业水平发挥作用，为全区教师队伍优质均衡发展作贡献。指导中学40所、小学17所、幼儿园8所、职高2所，完成听评课、研讨交流等活动1841次；被指导学校获奖71项，其中国家级10项、市级26项、区级35项；被指导教师获奖796项，其中国家级54项、市级337项、区级314项。（赵　俭）

【幼儿园园长培训体系构建】2023年，区教委构建层级化、多元化、高质量幼儿园园长培训体系。以提升“园长专业能力与素养”为核心，以“幼儿园园长研修一体化服务发展平台”为依托，创建“后备人选、新任、成长型、骨干型、专家型”园长5级梯队进阶培养模式，形成“政治师德、专业领导、个人综合”3大素养园长培训课程体系，提升园长“政策、管理、师德、育人、保教、引领专业”等核心能力；创建“区域—片区—园所”区内3级联合培养共同管理联动培育机制；完善园长遴选、培养、进阶、认定、评估、激励制度，形成多层面、立体化培养培训体系和“线上线下”混合式培训新模式；开设“幼儿园保育教育质量评估指南落实专题”等通识类培训，培训新任园长300余人；开设“幼儿园保育教育管理”等拓展类培训，提升不同层级园长专业素养与能力。（张翠红）

【幼儿园教师专业素养提升】2023年，区教委以面授、网授、追踪指导、引导自学等方式，围绕学科素养、教育教学基本功及社会普遍关注的教育问题，对幼儿园教师4600人进行5大领域核心经验为主学科培训。开设小规模、研究型工作坊5个，培养种子教师280人，区骨干教师、学科带头人132人；分4批组织127人研究生学历幼儿园教师开展沙龙活动；到20所幼儿园，以现场教学观察、问卷、深度访谈等方式，开发保教主任专项培训课程和教研组长专项培训课程。（张翠红）

【“田野行动”项目】2023年，区教委开展“田野行动”项目。聚焦“校本研修指导、调研诊断问题、课堂教学观察、培训资源推介”，组织21次活动。对245个校区，为基层学校提供“在反思和创新中不断成长”“基于课堂观察反观课堂提问追问的设计与实施”等129门“校本研修指导”培训课程资源、“五育融合”“学业发展研究”等48个培训项目资源、“结构化课堂研究”“思政研究”等43个工

作坊资源，指导学校自主完成新课标培训。（李宏斌）

【义务教育均衡教师队伍建设达标】2023年，区教委落实教育优质均衡先行创建教师队伍建设，以科学开展人员招聘、交流轮岗、区内流动双选会等方式，保障全区所有公办、民办义务教育学校“教师学历、体艺教师配备、骨干教师配置”3项指标均达到义务教育优质均衡先行创建教师队伍建设标准。对义务教育阶段各学校教师学历、骨干教师、体育艺术专任教师、教师平均工资、教师培训、教职工编制、交流轮岗、持证上岗、编外聘用等指标进行指导、审核。12月，区教育系统通过义务教育优质均衡发展国家督导评估认定检查。（汪　鑫）

【第五轮“名师工程”建设成果】2023年，区教委推进第五轮“名师工程”，落实“领航、护航、远航、助航”4项行动计划，实施“领军人才塑造”等12个人才项目。落实《朝阳区教育系统骨干人才管理办法》《朝阳区教育系统骨干人才履职考核奖励办法》，对骨干人才进行4个维度16个方面履职考核。启动“专家型教师培养”项目，与北京师范大学联合培养38名学科领军人才；推荐1人入选教育部新时代中小学名师培养计划、30人入选北京市名师培养计划，并成立“名师工作室”；组织各类优秀人才评选推荐，36人获评2023年北京市特级教师，77人获评北京市优秀教师、北京市优秀教育工作者，推荐73人参评北京市学科带头人、364人参评北京市骨干教师、95人参评北京市中小学骨干班主任、41人参评幼儿园骨干主班教师，遴选区级143名拔尖青年教师后备人才。（靳国立）

【教育系统干部培训】2023年，区教委开设干部培训班17个，培训干部2600余人次，累计1000余学时，干部培训满意率95%以上。依托浙江师范大学开展“中澳班”学历提升项目，进行干部高研培养；举办中小幼校园长（书记）专题培训班、校级干部综合能力提升网络培训、“领航杯”校级干部研究成果评选活动等；采用“1+5+N”模式推进“新时代教育改革行动研究专项培训”项目，培养青年干部人才。举行班主任工作交流、课程申报论证等培训，开展素养拓展、参观访学等活动。（汪应红）

【师德师风建设】2023年，区教委组织全区中小学、幼儿园开展“四个一”师德师风专项自查整改活动，建立师德师风“四个常态化”工作机制。制定“师德集中学习”专题教育活动方案，开展“思想铸魂”“固本强基”“清朗计划”“教育提升”“警钟长鸣”“典型赋能”主题师德建设行动。征集文化建设、队伍建设、学校管理、师德榜样等维度178份师德建设案例，遴选典型案例85项，形成师德师风典型案例库。（汪　鑫　佟　梦）

【教师交流轮岗】2023年，朝阳区学校交流轮岗教师3457人，占符合交流轮岗教师总数的43%。其中，全职交流轮岗教师1689人，占交流轮岗教师49%；区级以上骨干教师2112人，占交流轮岗教师61%。在北京市首次教师交流轮岗综合考核中，评定为优秀等次。
（陈玉洁　王燕燕　王秉超　赵　俭）

【朝阳区被确认国家级优秀教学成果推广应用示范区】2023年，教育部确认朝阳区为“马芯兰小学数学教学法”“区域基础教育综合评价能力建设”“以幼儿自主学习为核心的幼儿园低结构活动探索”“小学数字化教学的实践探索”“基于核心素养的学科能力诊断评价和教学改进系统”5项基础教育国家级优秀教学成果推广应用示范区。5个项目组举行国家级、北京市级研讨会40余次，300余人朝阳区干部教师在各级论坛中作主题发言或上研究课、展示课，发表论文60余篇，公开出版物10多项，课题立项60余个，教学成果14项。组织3000余节听评课活动，指导400余节各级各类研究课沉淀约3000项通识类、核心类、实践类系列培训资源，开展分层分类培训150余场，核心参与成果推广教师457人，参训教师16万余人。
（何爱英　赵洁　张浩钰　李筑恒）

【朝阳教育专家库建设】2023年，区教委组建“朝阳教育发展专家库”。把任期内市、区级学科带头人、骨干教师、优秀青年教师，在职在岗北京市特级教师、正高级教师，外区外省市退休特级教师、教研员、教育专家等分级分类纳入专家库，形成“基础、中坚、高端、竞技”4个层级专家库队伍。截至年底，专家信息入库6393人。专家承担教师资格认定、教师职称评审、各级各类骨干评选、教师交流轮岗、骨干兼职支教等评审工作，在思想政治师德素养、教育教学岗位实践、科研实践专业创新等方面履职尽责。（董　鑫）

【区优秀班主任工作室经验交流会】3月30日，区教委举办区优秀班主任工作室经验交流会。会上，全国模范教师、全国优秀班主任郑丹娜介绍“郑丹娜名班主任工作室”15年成果，就“班主任工作的变与不变”与老一代班主任、工作室成员、青年班主任代表交流研讨。截至年底，郑丹娜名班主任工作室培养青年班主任学员300余名，其中80名获北京市“紫禁杯”班主任称号、7名获北京市“紫禁杯”班主任特等奖、43名被评为北京市骨干班主任、12名被评为北京市“学生最喜爱的班主任”。（肖艳丽）

【职业教育发展论坛】5月27日，区教委举办职业教育发展论坛。论坛以“职教转型发展背景下的高质量师资队伍建设”为题，聚焦新时代背景下中职教师队伍建设，在产教融合、发展机制、发展策略等方面开展研讨；作“产教融合的职教师资队伍建设”主题报告，分析职业教育产教融合特点和新变化，提出加大专业契合度、职业教育人才培养逻辑起点要从岗位需求出发、职业教育教师培养模式要体现职业特点等建议；以"数字化背景下的职教教师素质画像"为题，描述数字化大背景下职业教育教师应具备素质、能力及加快促进新时代职业学校教师专业成长紧迫性；北京市劲松职业高中范春玥、北京市电气工程学校张燕、北京市求实职业学校何琳3名正高级教师分享职业信仰和成长经历，与会专家、企业家等围绕"职教转型背景下教师成长的理念和路径"进行研讨。职业学校领导、教学干部及企业家代表等100余人参加。（何爱英）

【托育管理人员培训】 7月6日至7日，区教委举办"2023年北京市朝阳区托育管理人员培训"。培训内容包括"2～3岁婴幼儿语言、动作和社交与情感发展""2～3岁婴幼儿卫生保健、常见疾病防控及科学喂养""2～3岁婴幼儿一日生活照护及活动设计与组织"等专题内容。113名托班管理负责人参加。（王颢茗）

【校长领导力培训会】 8月25日，区教委举办中小学校长教育领导力培训会。会上，初一语文和数学教研员、初二物理教研员聚焦拔尖创新人才培养进行学科质量监测情况分析，提出结合学生突出问题形成教研主题；以集体备课形式，开展教研组（备课组）研讨，开展课例研究等改进建议。北京市陈经纶中学分校、北京师范大学朝阳附属学校教学负责人分别作"立足素养，深研学科体系贯通；精准施策，着力创新人才培养""养成式拔尖创新人才培养实践"专题发言，突出强调统筹落实创新人才培养方法策略。区教科院作"深耕课堂 潜心育人"专题报告，提出系统学习理解课标，整体思考育人路径；健全集体备课机制，有效提升课堂质量；细化优生培养机制，促进优生持续发展等教学改进建议。区教委相关负责人从建立完善常态化质量分析机制、拔尖创新人才培养具体化策略、课堂提质等方面部署工作，并就探索大小教研模式、拔尖创新人才贯通培养等方面提出实施建议。（何爱英）

【"劳模工作室"挂牌】 9月8日，区教委举行首批"劳模工作室"授牌仪式。"劳模工作室"，发挥教育系统国家级、市级劳动模范带动和辐射作用，弘扬劳模精神、劳动精神、工匠精神，引领中青年干部教师迅速成长，工作室运行周期为2023—2025年。北京市第八十中学原校长田树林、朝阳区实验小学校长陈立华等19名国家级和市级劳模领军人才做首批工作室主持人。工作室从政治思想水平、职业道德素养、教育教学技能、教学管理技能、教育科研水平等方面帮助200名中青年教师成长。（高 峰 蔡文静）

【两个人才培育项目实施】 9月至12月，区教委实施"教育家型校长培育""教育学者行动计划"项目。对30名具有"朝阳教育领军人才""两特一高"等称号优秀校长和10名优秀年轻校级干部，以专家引领、入校诊断、名校跟岗等方式，围绕学校发展、教育科研、办学思想等内容，进行研修培训。截至年底，导师指导交流80余次、导师入校诊断23次、名校跟岗实践20人次；教育学者行动计划导师指导60余次。（刘璟一）

【专项培训举办】 10月至12月，区教委举办"新时代教育改革行动研究"专项培训。培训跟岗实践学习有5个研修班183名青年干部参加。跟岗实践学习采用现场教学、导师带教方式，34位名校长、好书记担任跟岗实践导师，学员每周脱产跟岗学习不少于2天，跟随导师到学校，学习治校办学、教育教学、队伍建设等先进经验和办学特色。（郦 华）

【"班主任领军人才培养项目"启动】 12月19日，朝阳区教委举办"朝阳区班主任领军人才培训项目"启动会。项目依托北京师范大学专业资源，致力于打造朝阳区乃至北京市、国家优秀德育队伍，是朝阳区第五轮"双名工程"中重点项目之一，为期3年。会上，解读项目培训方案，作"学校文化——是什么？如何做？"专题讲座。区教师学院干部教师、北京师范大学项目组领导及教师、优秀班主任30余人参加。（马 静）

素质教育

【概况】 2023年，朝阳区有校外教育单位1个，为北京市朝阳区青少年活动中心。中心5址总占地面积26476.06平方米，建筑面积25962.14平方米。电子图书15万册。拥有办公用计算机358台。在职教职工139人，包括正高级职称2人，高级职称40人，特级教师3人，北京市学科带头人1人，北京市级骨干教师4人。朝阳区教委组织专家对学校专题培训，完成89所学校方案评审。以课题研究为载体，系统梳理学校德育工作发展现状和改进策略，为学校一体化德育评价改革提供理论和实践指南；以红领巾广播站、电视台、班会等形式，开展"学习新思想，做好接班人""童心向党"等主题教育及"七个一"实践活动，引导广大中小学生坚定不移听党话、跟党走；以"宪法宣传周"活动为契机，组织学生学习宪法基本知识，提升学生参与宪法学习活动积极性和实效性。坚持常态推进禁毒教育，获"首都禁毒工作先进集体"荣誉称号。持续开展心理健康教育，培育"校园心理剧"创新项目，48所中小学组建"校园心理剧工作坊"，北京师范大学朝阳附属学校、北京市日坛中学被评为"北京市第二批中小学心理健康教育实践研究特色校"。心理品质课程建设覆盖全区4～9年级学生，各类型中小学的心理健康教师培训和教研实施。劳动教育基地建设，增加32家劳动教育实践基地。打造家校社协同育人共同体，形成全区15个学区、43个街乡、74个社区58所实验校教育网络，研发录制家庭教育指导服务课程60节。召开“朝阳区第一届体育与健康教育科学大会”，成立体育专项办公室。举办朝阳区第二十六届学生艺术节，参与学生近2万人次。开展科技模型嘉年华、无线电通信、天文观测、海洋主题教育、“我是科学代言人”等20项区级科技活动，学生8万人次参与。构建“小初高一体化”创新人才培养体系，成立朝阳区“小小科学家”研究院，创新人才培养机制研究及实践探索项目，北京市第八十中学学生高杰磊获第37届全国青少年科技创新大赛最高荣誉“中国科协主席奖”。在第42届北京青少年科技创新大赛中，中学生科技创新作品14项获一等奖。参加青少年创客国际交流展示终评7个学生项目获一等奖。在第23届北京市中小学生金鹏科技论坛活动中，获一等奖38项，43所学校被认定为北京市艺术教育特色学校、28所学校被认定为北京市科技教育示范学校；53所学校被认定为朝阳区艺术教育特色学校、60所学校被认定为朝阳区科技教育示范学校、85个社团被认定为朝英学生科技社团。

（王　铮　沈　湛　张　勇）

【幼儿园德育一体化建设】 2023年，区教委制定《朝阳区幼儿园德育指导意见（试行）》，指导意见引导幼儿园准确把握幼儿园德育工作目标、内容和方法，完善家园校育人机制，建立小、中、大班全程伴随式家长培训体系，借助T8平台资源和《朝阳区幼儿园家长教育指导手册》，为各年龄段家长推送学习资源并开展培训。（邢　凯）

【“宜学”朝阳建设系列宣传活动】 2023年，朝阳区教工委就“宜学”朝阳建设，开展系列宣传活动。组织参加2023年北京CBD国际商务季之“宜学”朝阳新闻发布会，对朝阳教育发展成就进行全方位宣传；组织媒体探校活动，围绕习近平总书记到朝阳区参加首都义务植树与朝阳师生交谈的热烈反响进行宣传，对接央视《新闻1+1》栏目，专访陈经纶中学集团校长刘雪梅；高起点建设新学校，中国网等中央和市区媒体报道《打造“宜学”朝阳》；“中国基础教育高质量发展·北京论坛”“首届基础教育卓越教师创新发展学术年会”“循证教育国际研讨会”“第三届PDC国际教育大会”进行深度报道；与清华大学物理系和数学系联合举办多次学术研讨会及北京中学构建未来理想学校学术研讨会。

（陈　璐）

【“大思政课”综合改革试验区】 2023年，区教委参与北京市以实践教学为主题“大思政课”综合改革试验区建设。与中国传媒大学马克思主义学院、北京工业大学马克思主义学院2所高校结成共同体，形成朝阳区落实北京市“大思政课”综合改革试验区区校共同体建设的实施方案，起草朝阳区“大思政课”综合改革工作专班工作规则，印发《关于开展“大思政课”建设实践教学基地遴选工作的通知》，确定朝阳区“大思政课”建设实践教学基地名单和兼职教师名单。围绕大中小学思政教育一体化建设、“大思政课”建设等问题，组织研究、研讨活动，以大中小学师生实践教学“三课”活动为路径，建构课程育人新形态。开展大中小学“大思政课”建设征文活动，征集论文、案例146篇；开展思政课教师队伍专项调研，组成2794人思政课教师队伍；调研活动21次，组织研讨交流14次，完成调研报告2份。

（陈　宇　汪应红）

【心理健康教育工作模式创新】 2023年，区教委以“关注师生心理健康，积极融入校园生活”为主题，开展“5·25”心理健康关爱行动月主题活动。完善学生心理危机分级预警和干预体系。15个学区加强心理健康教师队伍建设和心理品质课程建设，在六年级和九年级开设“坚毅”课程，培养“成长型思维”，提升学生“坚毅”品质。课程以课堂教学和团体辅导形式授课，有必修学时6节，选修12节选修；29所学校参加学区示范课程，举办区教研活动87次。研发小学1～3年级心理健康课程，开发“阳光心态”教材。评选区级心理品质教育优秀成果“优秀个案”52份、“优秀微课”21份。组建“校园心理剧工作坊”，实施双导师制度创作，形成学校特色校园心理剧本20余个。（杨　帅）

【红色主题教育】 2023年，区教委组织20余万中小学学生，以红领巾广播站、电视台、班会等形式开展“学习新思想，做好接班人”“网上重走长征路”“写给革命先烈的一封信”“童心向党”等活动；学生到党史馆，参加“七个一”爱国主义教育实践活动7195人；学雷锋志愿活动599人次；参与社区服务、敬老养老等公益活动16254人次；学生到军事博物馆、国家博物馆和首都博物馆16620人，参加坚定不移听党话、跟党走活动。

（沈　湛）

【中职“课程思政”教学实践】 2023年，区教委以基于学科核心素养凝练思政要素、系统构建课程思政内容、中高职思政教育一体化等形式，引领职业学校开展中职“课程思政”教学实践。北京市求实职业学校构建“两同三融六着力”育人大格局。北京市电气工程学校培养学生成为有理想、有技能、有纪律、有情操、有毅力“五有人才”；北京市劲松职业高中构建“1334”（一个理念、三方协同、建设三项内容、实现四个目标）课程思政建设框架；北京市求实职业学校数学课程获北京市标杆课程综合特等奖。

（何爱英）

【立法建议报告制定】 3月3日，区教委制定《朝阳区教育委员会关于对十四届全国人大常委会立法需求和立法工作意见建议的报告》。报告对未来5年立法项目意见提出3条建议，包括2条制定法律建议和1条修改法律建议，对加强和改进新时代立法工作提出建议4条。12月，全国人大常委会法工委朝阳区人大常委会基层立法联系点为区

教委颁发证书，表彰区教委立法建议被国家立法采纳。（邱红雨）

【劳动教育成果】3月15日，区教委举办劳动教育背景下学科融合实践市级展示、12年一体化劳动教育市级展示会、劳动教育成果汇报特别行动市级展示、“城市学校开展农业生产劳动实践”区级劳动周展示等系列活动，相关成果在《现代教育报》报道。劳动教育类研究课题立项为市区规划课题30余项，劳动教育成果在北京市第五届立德树人实践研究成果中获奖10余项。评选区级生活技能培育类、劳动文化建设类、公益志愿服务类成果975份。（杨 帅）

【第24届朝阳区师生信息素养提升赛事】3月至5月，由区教委主办的第24届朝阳区师生信息素养提升实践赛事举行。赛事分为教师组、学生组评选类和学生组“人机创”类3个竞赛板块，征集教师作品642件，学生作品730件。人机创代表队54支参加比赛。80余所中小学2000名师生参加比赛。其中，教师作品60件获奖，学生作品139件获奖，人机创代10支队伍获奖。（戴伟明）

【共青团少先队实践育人活动成效】3月至10月，朝阳区委教育工作委员会团少工委办公室组织76所学校参加2023年“团建百强”品牌项目和十佳主题团日活动征集。清华大学附属中学朝阳学校2021级高中2班团支部“传承雷锋精神 绽放时代光芒”被评为2023年北京共青团“主题团日”年度十佳活动。4月，北京市“学习二十大 争做好队员”主题绘画征集活动，获奖队员20人，其中获金奖4人、银奖3人、铜奖6人、优秀奖7人。北京市“童心向党快乐成长——集体舞征集展示活动”，4所学校获奖。5月，北京青少年美术作品展暨京津冀青年艺术展征集，46份作品获奖。6月，北京市纪念延安双拥运动80周年“情浓翰墨少年志 礼赞双拥展未来”中小学生主题书画作品展活动，绘画作品28人获奖、书法作品34人获奖。（郭 锐）

【素质特长骨干学生培养】4月1日，区教委启动素质特长骨干学生培养项目。项目以创新人才培养为核心，创新朝阳区素质特长骨干学生培养工作模式及实施路径，为朝阳教育高质量发展及创新人才培养奠定基础。朝阳区85个“朝英”科技社团、193个“朝花”艺术社团、10个“朝韵”人文社团、110个“朝跃”体育社团共推荐社团骨干学生3000余人为首批学员。周末在活动中心红庙校区、新源里校区、安华里校区和香河园校区参加活动。训练活动包括周末常规培养活动、专业实践活动、参观交流活动、竞赛展示活动等。涉及航空模型、机器人、无线电通信、声乐、舞蹈、美术、民乐、打击乐、钢琴、京剧、戏剧等30余个专业项目，150个班次，涵盖科技、艺术、体育、人文等领域。（刘 欣）

【第一届体育与健康教育科学大会】4月14日，由区教委主办的朝阳区第一届体育与健康教育科学大会举办。大会以“新时代体育健康教育的创新与实践”为主题。大会就“如何申报区教育教学优秀成果奖”做专题培训。4月至5月，征集“朝阳区体育与健康教育科研年”活动论文840篇，成果25项。评出论文一等奖127篇、二等奖163篇、三等奖218篇，优秀成果奖8项。论文参评北京市体育与健康科学论文报告会574篇，获奖233篇，其中，一等奖12篇、二等奖90篇、三等奖131篇。12月1日，在北京市第二中学朝阳学校举办朝阳区第一届体育与健康教育科学大会总结表彰会。会上，北京中学教师侯雪萌、北京市朝阳区实验小学教师于浩作论文撰写分享，北京教育学院体育与艺术教育学院作题为“让研究成为教学的自然延伸”报告。区教委领导、教师学院干部教师、学校主管领导及教师代表400余人参会。（宋 丹）

【第十届中小学生创新性学习成果评选】4月至11月，区教委组织第十届中小学生创新性学习成果评选。收到学生创新性学习成果374项，其中课题研究类87项、设计制作类79项、社会实践类77项、艺术创作类39项、学习方法类32项、信息技术类30项、文学创作类30项。由清华大学、区教师发展学院评委会评选出金、银、铜奖各30项，学校优秀组织奖20所。88所学校约2000人参加。（杨 帅 金 巍）

【“青年教学名师工作室”启动会】5月18日，区教委举办朝阳区的北京市学校思想政治理论课“青年教学名师工作室”启动会。朝阳区的“青年教学名师工作室”设立在呼家楼中心小学、人大附中朝阳学校、北京中学3所学校。工作室以11名主持人命名，每个工作室招募10名45岁以下教师。工作室在2023年按照建设管理办法完成“五个一”建设任务，即：确立一个有价值研究问题、开发一组高质量课程资源、参加一次区级以上教学竞赛、进行一次主题展示交流、承担一次师资培训或主题宣讲。区教科院等单位设立11个区级“青年教学名师工作室”。工作室建设周期3年，主要任务是提升青年思政课教学名师专业水平和专业能力，发挥示范引领作用，完成党的二十大精神进课程、进课堂、进头脑，提升师生思想理论水平；进行教学方法创新、教学内容衔接、教学能力提升。截至年底，工作室开展特色教研活动80场次，3名教师在市级以上大型学术论坛主题发言、30余名教师在区级思政学科专题研讨会发言，10余名教师立项市区级科研课题，多名教师撰写发表论文。（沈 湛 何爱英）

【全国中小学国防教育示范校挂牌】5月30日，区教委与区人民武装部在东北师大附中朝阳学校举行获全国中小学国防教育示范校称号学校挂牌仪式。全区北京工业大学附属中学十八里店分校等15所学校为全国中小学国防教育示范校单位。区人民武装部、区委宣传部、区委教工委、区教委领导及各中小学、职高、民办学校主管领导180余人参加颁牌仪式。

（张　勇）

【世界无烟日主题活动】 5月31日，区教委开展第36个世界无烟日“无烟为成长护航”主题宣传教育活动。活动包括“绘少年力量，画无烟未来”控烟主题绘画作品征集评选和“控烟宣传百校巡展”。征集作品1465幅，评选出小学组一等奖18个、二等奖40个、三等奖70个，中学组一等奖3个、二等奖6个、三等奖10个。8所校参与市疾控无烟日主题宣传展板巡展，154所校参与“绘少年力量，画无烟未来”主题绘画作品征集。

（付　刚）

【健康示范课专家进校园】 9月至11月，区教委组织中小学健康示范课暨专家进校园教育活动。162名健康副校长、健康教育领域专家举办讲座、培训共243场，内容包括防近控肥、口腔卫生、健康饮食、疾病预防等健康示范课程，受益学生8.7万人。10所学校优秀课程被推荐到市级推广。

（冯秀琦　邱云峰　付　刚）

【高中学生心理健康测评】 9月至12月，区教委开展高中学生心理健康监测。高中学生系统测评21557人次，形成学校总体报告23份、班级报告572份、年级报告76份、年级对比报告69份、区级报告1份；向全区高中德育干部和心理教师反馈高中学生心理健康测评情况，组织专业人员解读高中生心理测评数据并进行甄别，研究干预中学生心理问题策略，并对学校心理教师进行系统性和专业化培训。

（刘树榆）

【高中“德育质量年”行动计划】 10月11日，区教委发布《朝阳区普通高中“德育质量年”行动计划（2023—2024）》。计划提出，在常规德育工作基础上，开展“铸魂强基”理想信念主题教育、“润心提质”心理健康教育、生涯教育“指南针”行动、“科研赋能”德育科研引领等四大重点项目，重点培养学生理想信念、心理健康、学习品质、内驱力等非智力因素，提升德育工作实效，并提出强化组织领导、加强统筹协调、健全长效机制3项工作要求。

（刘树榆）

【朝阳区实验小学专利发布会】 10月26日，朝阳区实验小学举行师生作品获国家专利项目发布会。师生专利项目获批43项，涉及计算机软件著作权、实用新型专利、外观设计专利等类型。学校领导、师生代表45人参加。区教委有关部门专题策划“朝阳区实验小学获40余项国家专利”主题宣传报道，在《人民日报》《光明日报》《现代教育报》发布《朝阳区实验小学涌现“专利现象”助推拔尖创新人才培养》《一所小学　缘何涌现40余项发明专利》《朝阳区实验小学：学校涌现“专利现象”打通拔尖创新人才培养通道》等宣传报道。

（虞　茵　郑祖伟）

【健康教育成果征集评选】 10月至12月，区教委组织“我的健康好习惯”视频评选。以“少年健康面向未来”为主题，收集视频作品134个，评选出一等奖38个、二等奖68个、三等奖28个，其中10所学校10个优秀作品被推荐到市级参与评比。64所学校134名学生参加活动。

（付　刚）

【“小小科学家”合作项目签约】 12月3日，朝阳区青少年活动中心与北京师范大学科学教育研究院联合签署“小小科学家”研究院创新人才培养机制研究与实践探索项目合作协议。项目依托高校和科研院所顶尖专家资源、优质活动资源以及专业评价机制，采用“科学家+实验室+教育研究者+一线教师+个性化选题”融合模式，遴选具有创新潜力学生作为培养对象，支持学生开展全过程自主科学探究，助力学生能力发展和潜质激发，服务区域师生科学素养提升。

（王　芳）

【网球示范区】 12月22日，国家体育总局网球运动管理中心认定朝阳区为“网球示范区”并授牌。授予朝阳区教委、奥运村街道办事处、三里屯街道办事处等19个单位“网球示范区创建突出贡献单位”称号；北京中学、北京市朝阳外国语学校、中国人大附中朝阳学校、景山学校朝阳学校、北京市第八十中学（南校区）、陈经纶中学嘉铭分校等10所学校“网球示范区创建示范学校”称号。

（张　勇）

【全国文明城区测评】 12月26日，朝阳区教育系统参加2023年度首都未成年人思想道德建设工作测评及全国文明校园、首都文明校园测评。得分94.58分，高于全市平均分1.48分，排名全市第一；全国及首都文明校园测评中，中国人民大学附属中学朝阳学校得分108.97分，高出全市平均分4.77分，排名全市第一；28所首都文明校园得分98.99分，高于全市平均分2.44，排名全市第一。

（汪亢亢）

【朝花艺术教育风采展示】 12月29日，区教委举办朝花艺术教育风采展示暨年度美育成果展示活动。展出金帆书画院和朝花书画艺术总团优秀美术、书法作品120幅；艺术展演演出分5个篇章，展示校内外金帆团、阳光团、朝花艺术总团、朝花团13个优秀作品，校内外学生艺术团400余名学生参加演出。

（范　均）

【高校进校园主题活动】 12月，区教委在北京市第八十中学、北京市陈经纶中学、北京中学、北京市日坛中学举办高校进校园主题活动。活动以线上线下形式进行，北京师范大学等8所高校专家进校园宣讲，指导学生生涯规划和学业选择，梳理目标和人生方向，提升学习动力。

（刘树榆　来应红）

【积极心理品质培养项目优秀成果交流】12月，区教委举办第五届朝阳区中小学生积极心理品质培养项目优秀成果年度小学场、中学场交流会。观摩“坚毅”课程中“难事准则”和“刻意练习”同课异构活动，小学7个班、初中6个班展示优秀课程；中国音乐学院附属北京实验学校、北京市和平街第一中学等4校参加展示项目；北京明远教育书院实验小学、中央美术学院附属实验学校等校4名心理教师作“培养学生积极心理品质”案例分享；表彰2023年第五届朝阳区中小学生积极心理品质培养项目优秀成果评选优秀组织奖13个，作品奖19个。

（杨 红 宋 丹）

学前教育

【概况】2023年，朝阳区有幼儿园314所（教育部门办园33所、其他部门办园6所、地方企业办园16所、事业单位办园14所、部队办园6所、集体办园36所、民办园203所）。幼儿园招生27143人，离园34598人，在园84623人。幼儿园教职工总数17430人。全年学前教育经费投入69918.5035万元。朝阳区教委开展30次研讨和15次教研活动，帮助保幼儿园提升解决实践问题管理能力；片区教研员入园267次，线上线下听课指导1478节；举办8次全区沙龙研讨，15次片区教研；面向全区400余址幼儿园推送视频资源44个，推送文本资源10个，解决保教管理和实践中问题。朝阳区全覆盖教研建设成果入选北京市“创新教研方式，推进全覆盖教研”项目成果集。普惠率比上年增长5%有余。建立全程伴随式家长培训体系，面向全区各类型幼儿园园长开展专题培训8场次，分协作片区开展专题研讨。教育部发布《2022年基础教育国家级教学成果奖拟授奖成果公示》，学前教育首次获国家级成果奖，是本次北京市学前教育唯一获奖成果。

（张翠红 邢凯 何爱英）

【托班试点】2023年，区教委对幼儿园学位筛选，开办托班幼儿园50址，推进幼儿园托班试点，增加2～3岁托班托位1105个。对托班教师及管理人员开展托育工作专业培训，提升托班教师照护能力，规范幼儿园开设托班服务行为。

（邢 凯）

【普惠性幼儿园增加】2023年，区教委认定民办园普惠园3所，增加普惠性学位960个；新建居住区配套幼儿园开园3址，增加普惠性学位780个；成立国有企事业单位办的公办园1所，增加普惠性学位90个。朝阳区普惠性幼儿园覆盖率增长至91%。

（邢 凯 杨荣宽）

【朝阳区丰和幼儿园成立】2023年，朝阳区丰和幼儿园成立。幼儿园地址位于北京市朝阳区太阳宫中路丰和园15号院1号楼，为公办幼儿园，规模3个班；北京华油服务有限公司为办园单位，提供幼儿园开办资金。

（邢 凯）

【公办幼儿园更名】2023年，2所公办幼儿园更名。北京星海艺术幼儿园更名为北京星海幼儿园，中国人民解放军总装备部直属机关幼儿园更名为中国人民解放军战略支援部队机关幼儿园。

（邢 凯）

【幼儿园培训课程研发】4月至12月，朝阳区教师学院研发幼儿园培训课程。4月，以提升幼儿园教师重点人群岗位胜任力为目标，面向区内108位保教主任、132位教研组长进行问卷调研，以问题为导向，研发包含岗位职责、指导能力、领导能力、综合能力、保教管理实践5个模块45个专题的“幼儿园保教主任岗位胜任力专项培训”课程；包含教研管理、教研设计、教研组织、教研成果转化、教科研引领5个模块16个专题的“幼儿园教研组长专业能力提升培训”课程。2门课程纳入朝阳区“十四五”继续教育专业选修课程。

（员春蕊）

基础教育

【概况】2023年，朝阳区有小学68所（教育部门办校62所、民办校6所），初级中学7所（教育部门办校7所），完全中学12所（教育部门办校11所、民办校1所），高级中学3所（民办校3所），九年一贯制学校37所（教育部门办校32所、民办校5所），十二年一贯制学校35所（教育部门办校17所、民办校18所），特殊教育学校1所。专门学校1所，有教学班7692个（小学5321个、初中1701个、普通高中670个）。招生62725人（小学33198人、初中20028人、普通高中9499人）；毕业42724人（小学22518人、初中14711人、普通高中5495人），在校生254011（小学177103人、初中53646人、普通高中23262人）。初中入学率、巩固率、毕业率均为100%。中小学合格率100%。全年中小学教育经费投入1066460.22万元，中小学固定资产总值232000万元。设立义务教育学区15个，中小学教育集团21个。朝阳区教委建立由6个优质中学教育集团牵引中小学办学联盟，形成小初高贯通培养新地图。北京中学入选全国义务教育教学改革实验校；开展智慧作业等项目研究，依托智慧作业云平台等信息化手段，优化作业设计和布置，形成大数据学情分析报告，开展全学科阅读、跨学科实践、项目式学习等主题活动，分享学校拔尖创新人才培养经验。开展幼小衔接研究，提供入学适应期教学设计模板、学业评价量表和课堂评价量表等支持工具。高中教育搭建学校、集团（学区）和全区组成三级培养基地体系。成立北京青少年创新学院朝阳分院，有11个集团（学区）基地校、9所区级基地校、3所国际学校基地校和7所高校及科研院所基地单位。全区13门课程被认定为2023年北京市普通高中特色课程。7所高中入选北京市普通高中特色发展研究协作体。

（郎玉晴 聂 昱 周丽红 杜 咏）

【高中学校多样化特色发展方案论证】2023年，区教委启动第二轮高中学校多样化特色发展方案论证。以28所学校为试点，“一校一案”研制高中多样化特色发展方案；与北京师范大学合作，指导首批10所学校优化课程建设方案。截至年底，朝阳区有13门课程被认定为北京市普通高中特色课程，7所高中校入选北京市普通高中特色发展研究协作体，1篇区域案例、5篇学校案例入选2023年北京市普通高中多样化特色发展典型案例。

（种凌晨　聂　昱　何爱英）

【普通高中特色课程建设研讨会】4月7日，区教委举办北京市普通高中特色课程建设研讨会。会上，北京市第八十中学、北京市陈经纶中学、北京中学、人大附中朝阳学校、东北师范大学附中朝阳学校等21名教师呈现特色课程研究课21节，展示近年来学校特色课程站位下课堂教学样态；区教委相关负责人介绍朝阳区初步形成课程多样化特色发展区域推进模型，建立推进高中特色课程建设区域支持系统，推动学校以特色课程建设为载体、实现多样化特色发展高质量发展等探索过程；区教科院作“朝阳高中特色课程建设的实践与思考”专题报告，总结特色课程建设路径及成效；北京市第八十中学作“创新·卓越·多元以课程建设促进学校特色发展”经验交流，介绍明德铸魂、诚意润心、贯通培养等特色课程群具体实施情况和机制路径。线下300余人参加，15384人次在线观看直播。

（种凌晨　聂　昱　何爱英）

【首届“中学物理教学融合发展”学术研讨会】8月11日至12日，朝阳区教委举办首届“中学物理教学融合发展”学术研讨会。会议以“中学物理教学融合发展”为主题。会议采取研修工作坊交流学习模式，专家学者、一线教师代表就课程教育教学、课外科技活动和项目式教育教学、针对性教学、课程建设、课例设计等方面研讨。研讨会推进中学物理理论教学与实验教学、课内教学与课外科技活动融合发展，为拔尖创新人才提供成长成才通道。200余人参会。

（李慧贤　黄阳艳）

【第十届“构建未来理想学校国际学术研讨会”】9月9日至10日，区教委举办北京中学第十届构建未来理想学校国际学术研讨会。研讨会以“拔尖创新人才在基础教育的早期培养”为主题。研讨会采取主题演讲、论坛等形式，总结北京中学10年办学实践经验，探讨拔尖创新人才培养方式方法。教育部、北京市、朝阳区相关负责人，国内外专家、学者、校长，朝阳区中小学书记、校长、教师代表以及校友代表、家长代表等线上线下万余人参加。　（李慧贤　黄阳艳）

【未来教育洞察论坛】9月13日，朝阳区教科院未来教育洞察论坛以线上直播形式开播。论坛包括课程建设、学科研究、课堂教学与评价和教师专业发展4个方面，有“核心素养与学科本质探索”“基于大概念的单元教学设计”等14个主题，在固定时间采取学校展示和名师论坛形式进行。论坛作为一个开放而多样化学习平台，致力于完善区域研训课程体系和实施方式，建立稳定课程类常规教研机制。截至年底，“探秘足球中的数学”“设计中轴游路线　宣扬中轴线文化”“坚固的蛋壳”等跨课堂教学展示课50余节，组织清华大学附属中学广华学校、北京市第八十中学管庄分校、北京中学、北京市陈经纶中学嘉铭分校等10余所校进行“跨学科教学实践的经验与探索”“新建校五育融合的课程建构”等专题经验交流10余场次。　（何爱英）

【首届基础教育卓越教师创新发展学术年会】10月27日至28日，由区教委、中国教育学会主办的首届基础教育卓越教师创新发展学术年会在北京市陈经纶中学举办。会议以“以教育家精神引领教师教学创新”为主题。分示范课、主论坛和分论坛3个单元。会上，区教委作题为“支持创新型教师成长的朝阳教研实践”报告，介绍全区以教师为主体，融培育、展示为一体区域教师发展支持系统构建、实施路径及引导不同发展层次教师开展浸润式教师研修、实现个体创新发展的主要成效。12位专家学者在3个分论坛发言，10个学科26位教师做示范课展示。来自全国专家学者、教学名师，全国各地区教师研训部门，中小学校长、教师代表等500余人参加。

（李慧贤　黄阳艳　何爱英）

【教学实践展示】12月28日，区教委举办“大主题　大学科　大空间——信息技术支持下的课堂教学实践”展示交流活动，活动聚焦学科核心素养培育，探索信息技术支撑下跨学科实践。北京市陈经纶中学嘉铭分校展示跨学科、多学科融合课程9节，涉及道德与法治、语文、数学、物理、英语等学科以及音乐、美术、信息技术等活动。各校教学负责人、信息技术干部及教研组长等260余人参加。

（郎玉晴）

特殊教育

【概况】2023年，朝阳区有特殊教育学校1所（北京市朝阳区安华学校），专门学校1所（北京市朝阳区工读学校），随班就读学校6所；在校特教学生429名；专任教师90名，特殊教育兼职教研员和中心组成员40名。全年特殊教育经费投入6766.1557万元。朝阳区教委特殊教育工作落实特殊需要学生教育“一生一案”策略，建立完善特殊学生教育诊断评价机制，以区域特殊教育管理云平台为依托，采用电子化、信息化诊断评价方式，实现实时评价、阶段性评价和综合性评价。以评价为导向，帮助教师正确评估特殊学生能力现状，制定合理教育目标，为特殊学生提供针对性融合支持策略。持续推进朝阳区融合教育

"1+2+15+N"("1"是指区级特教中心,"2"是指两个区级资源基地,分别是区级自闭症教育训练基地和培智教育训练基地,"15"是指融合教育学区资源中心,"N"是指融合教育资源教室校)保障体系建设,调整和完善服务实体运作制度机制。截至年底,自闭症教育基地、各学区资源中心组织开展专项培训22次,重点跟踪、服务支持个案120人,为区内随班就读教师、家长提供咨询和指导,为特殊学生提供辅导、康复训练等支持。

(王桐娇)

【融合教育支持服务保障体系建设】 2023年,区教委对自闭症教育基地、各学区资源中心组织专项培训14次,重点跟踪、服务支持个案108人,并持续为学校、片区随班就读教师、家长提供咨询、指导等服务,为特殊学生提供辅导、康复训练等支持。

(李艳艳)

【教师教学基本功获奖】 2023年,朝阳区在教育部和市教委开展的特殊教育教师教学基本功展示和融合教育优秀教育教学案例遴选活动中获奖。其中,基本功课特等奖2节,融合案例特等奖1个、一等奖1个、三等奖1个。3个获奖融合案例入选首届全国特殊教育教师基本功展示案例;2节基本功课列入围首届国家特殊教育精品课遴选。

(王桐娇)

【特殊教育教师研训】 2023年,区教委构建区域特殊教育教师专业发展教科培赛一体化研训系统。针对特殊教育和融合教育教师开展"普通学校特需生视知觉训练及视觉障碍学生融合教育""普通学校特需生听知觉训练及听觉障碍学生融合教育""常用辅助器具应用策略""辅具设计与使用个案研讨""学习科学视角下的课堂改革实践""普校教师在自闭症学生融合教育过程中的挑战与机遇""脑科学与学习力培养"等主题专业研训;开展"融合教育中学习通用设计的理论与实践""立足评估,做好特需生单一被试研究""构建家校共育融合圈""工作经验交流分享会"研训活动;组织特教学校和特教班干部教师开展"特殊教育学校课程与教学问题的几点思考""具身德育理念及对特殊教育学校德育工作的启示""特殊教育学校教材国家级示范培训"专题研训活动。开展研训导一体专业教研活动,课堂教学评估支持组、自闭症儿童支持组、培智教育教研组分别进行"优化课堂教学策略,推进融合教育高质量发展""孤独症儿童语言思维发展支持策略研究""培智课堂教学有效性策略研究"等活动。截至年底,组织教研活动48次,其中大教研17次,小教研31次。

(刘　琳)

【特殊教育辅具进校园研训活动】 9月,区教委首次开展特殊教育辅具进校园系列研训活动。辅具是用来增加、维持或改善身心障碍者能力,如助视器、站立架、沟通本等。辅具在特殊教育中的作用包括有效地预防、补偿、减轻或抵消因身体功能减弱或丧失给学生学习和生活造成影响,支持和帮助学生在学习、生活中提升品质,实现融合发展。区教委教研部门针对辅具设计与使用、案例撰写开展专题培训,对日常生活活动、非语言沟通障碍、视觉听觉障碍、运动障碍、学习认知障碍、情绪及多动障碍6大类辅具进行介绍,并分组对特殊教育教师和融合教育教师具体指导,提高教师辅具设计与使用普适性和科学性。截至年底,区教委教研部门组织专项培训6次、全区辅具设计与使用基本功比赛1次,重点跟踪和服务支持个案115人,指导干部教师150人。

(刘　琳)

职业教育

【概况】 2023年,朝阳区有公办职业高中3所,学生2951人,招生1220人,毕业619人。教职工663人,其中专任教师544人;正高级职称8人;市特级教师2人、市骨干教师11人、市学科教学带头人3人、市骨干班主任2人。公办职高占地面积26.60万平方米,产权建筑面积19.99万平方米。设有劲松职业高中常营校区、求实职业学校望京校区和电气工程学校管庄校区等11个校区。全年中等职业学校教育经费投入32835.7402万元。朝阳区教委做好专业设置管理,增加专业1个,撤销专业1个,增加"3+2"中高职衔接项目8个;3所职高学校申报市域产教联合体2项,推动学校与联合体内政府、高职院校、企业、科研机构等多元主体共同提升人才培养质量;推进职业教育国际示范项目和国际交流,实施"心手相连""彩虹桥""施耐德工程师学院"3个项目。2所校参加第三届"一带一路"国际技能大赛和2023年服贸会,1所校成为中欧清洁能源技术现场工程师培训基地;特高项目建设第一批包括北京市劲松职业高中的餐饮服务专业群、大董餐饮文化学院,北京市电气工程学校施耐德电气工程师学院、海尔智能技术应用学院、智能建筑电气专业群。北京市求实职业学校学前教育专业6个项目通过验收;组织职业高中学生参加全国及北京市职业院校技能大赛、全国专业教学指导委员会和行业举办技能大赛,70余人次在行政部门组织技能大赛中获奖。

(郭伶俐)

【求实职业学校专业设置调整】 2023年,北京市求实职业学校撤销"电子竞技运动与管理"专业1个。增加8个"3+2"中高职衔接项目,分别为北京市电气工程学校园林技术专业与北京农业职业学院环境艺术设计专业、北京市电气工程学校建筑装饰技术专业与北京财贸职业学院建筑室内设计专业、北京市电气工程学校建筑智能化设备安装与运维专业与北京财贸职业学院工程造价专业、北京市电气工程学校软件与信息服务专业与北京网络职业学院软件技术专业、北京市求实职业学校航空服务专业与北京政法职业学院民航安全技术管理专业、北京市求实职业学校婴幼儿托育专业与北京青年政治学院早期教育专业、北京市求实职业学校金融事务专业与北京财贸职业学院金融科技应用专业、北京市劲松职业高中休闲体育服务与管理与北京体育职业学院运动训练专业。

（张　林）

【教学干部课程领导力提升培训】 3月至6月，区教委举办职业高中学校教学干部课程领导力提升培训班。培训以“教学干部课程领导力提升”为主题。培训包括专业建设、课程体系、课程开发与实施、单元设计、课堂设计等内容，以研讨、展示等形式，完成“说专业”“说课程体系”“说课程”“说+单元设计”“四说”学习任务。500余人次参加培训。（张　林）

【职教宣传月】 5月，区教委举办2023年朝阳区职业教育宣传月活动。活动以“技能让生活更美好”为主题。5月27日，宣传月启动仪式在劲松职业高中举行，业务主管部门、合作院校及企业代表、学校师生300余人参加。5月28日，北京朝阳未来职业教育发展2023主题论坛举办。论坛上，职业教育专家、合作企业代表就“职教转型发展背景下的高质量师资队伍建设”研讨，区教委作“朝阳中职师资建设实践与思考”报告。宣传月活动组织校园开放活动21场，约780名中小学生参加职业体验；7个校企合作项目签约；承办北京市职业院校技能大赛等5个赛项比赛，109名学生参加技能大赛，2350名学生通过个人视频号、微博展示学校、专业和个人技术技能。

（张　伟）

【职业高中教学能力大赛】 6月3日，区教委举办2023年朝阳区职业高中教学能力大赛。3所职业学校22支团队参赛，其中公共基础课组9支、专业课组13支。经过教学设计和答辩两个环节，评出公共基础课组一等奖1名、二等奖2名、三等奖4名；专业课组一等奖2名、二等奖3名、三等奖5名。活动体现“以赛促教、以赛促学，以赛促改、以赛促建”宗旨，彰显“学生中心、能力本位、工学一体”教学理念。（何爱英）

【朝阳区职业教育与成人教育学会换届】 12月28日，朝阳区职业教育与成人教育学会第七届第一次会员大会暨换届选举大会在朝阳社区学院（职工大学）召开。会上，48名代表听取并通过上一届理事会工作报告、财务报告、监事会工作报告及换届审计报告；通过学会新章程（草案）及换届选举办法（草案）；选举出第七届朝阳区职业教育与成人教育学会理事会9名和监事会3名。分别召开第七届第一次理事会和第七届第一次监事会，选举朝阳社区学院（职工大学）原党委书记马金东为第七届会长，社区教育中心副主任韩志波为副会长，家庭教育中心主任张勇为监事长。（王　峥）

▲ 5月，朝阳区教委举办朝阳区职业教育宣传月活动。图为5月27日，宣传月启动仪式在劲松职业高中举行（区教委　供图）

高等教育

北京中医药大学

【概况】 2023年，北京中医药大学设有3个校区，设置12个院（系、部），开设16个本科专业，覆盖6个学科门类；具有一级学科7个；一级学科博士点3个、二级学科博士点42个、专业学位博士点9个；一级学科硕士点7个、二级学科硕士点47个、硕士专业学位授权类别14个；博士后科研流动站3个。有“双一流”建设学科3个，国家级一流本科专业建设点7个、北京市级一流本科专业建设点9个，北京高校重点建设一流专业1个，北京高校高精尖学科2个。拥有教室196间，其中网络多媒体教室196间。数字终端4269台，其中学生终端684台、教师终端1935台。数字资源量中电子图书171.79万册、电子期刊22.97册、学位论文1136.08万册、音视频23723小时。增加教育部重大血管病医学基础创新研究中心1个、中医药防治重大慢病国际合作联合实验室1个，医药基础研究创新中心1个，国际合作联合实验室1个。获教育部高校思政工作精品项目1项。入选《北京高校党建和思政工作经验做法汇编》3篇。获“互联网+”大学生创新创业大赛北京市金奖7项、银奖15项。获第三届全国中医药高等院校大学生创新创业大赛金奖5项。中医药博物馆获全国先进中药标本馆。“10秒”中医药体验馆案例荣获“首届中医药文化国际传播十大典型案例”。

【教育教学】 2023年，学校与北京理工大学共同开展微专业建设，两校选拔205名学生互换学习。东直门医院获评国家中医临床教学培训示范中心。学校获国家级高等教育教学成果奖二等奖1项，增加国家级一流课程6门，获北京高校教师教学创新大赛一等奖、二等奖各1项；获北京市高等学校教学名师奖2项、青年教学名师奖1项；获批北京高校虚拟教研室建设试点2项，北京高等教育“本科教学改革创新项目”4项、北京高校“优质本科课程”等系列荣誉16项。获批2项北京本科高校产学研深度协同育人平台。

【学科科研】 2023年，学校学科入选国家中医药管理局高水平重点学科建设25个，获批国家级重点项目6项；校企合作研发2个中药创新药获国家药品监督管理局临床试验批准。5年获国家社科基金冷门绝学研究专项立项资助。首获全国创新争先奖，获中国专利奖优秀奖2项、北京市科学技术奖2项、北京市哲学社会科学优秀成果奖1项、中华中医药学会科学技术奖15项。

【师资建设】 2023年，学校增加国家级四青人才2人，北京市科技新星计划2人；8位教授入选爱思唯尔中国高被引学者榜单，7人入选国家中医药管理局中医药国际交流人才库。增加博士后中标博士后基金和人才项目10项，启动实施校内“岐黄英才计划2.0”，首次单独设立自然科学和人文社科。

【交流与合作】 2023年，学校与澳大利亚西悉尼大学签署合作协议，以中医中心为平台开展“中文+中医”项目合作；与德国迪根道夫科技应用大学签署合作协议，中医药研究、人才培养、生活方式与养生保健数字化应用、中医临床服务等合作研究；与北京市药品监督管理局签署战略合作协议，探索北京地区中药传承、创新与发展的首善道路。与清华大学玉泉医院、北京医院等5家医院共建教学医院，与北京市东城区社区卫生服务管理中心共建社区实践教学基地。

【第三届北京中医药大学岐黄奖】 1月，第三届北京中医药大学岐黄奖评选结果公布，中国工程院院士王永炎、国医大师颜正华分获中医类、中药类岐黄奖。“北京中医药大学岐黄奖”是根据《北京中医药大学章程》设立的学校最高荣誉奖，旨在奖励全世界在中医药及相关领域做出卓越贡献的人士。岐黄奖奖金由学校通过社会募集，奖励金额为人民币100万元。

【王琦书院及九体医学展馆开馆】 2月24日，学校举行王琦书院及九体医学展馆开馆仪式。书院展馆由前厅、黄帝内经、第一讲、拜师堂、藏书阁、多功能厅6个板块构成。九体医学展馆分为引言、古今中外比较、大事记、三大科学发现、全生命周期健康维护、健康中国、国际共享7个板块，介绍中医体质学从研究人的“病”到研究病的“人”的思维模式转变、中国人九种体质的发现、调节体质防控慢病和全生命周期健康维护的研究成果，以及研究成果在国家基本公共卫生服务和慢病防控中的转化应用和国际影响。5月30日，北京中医药大学王琦书院与九体医学馆入选2023年科学家精神教育基地。

【中药创新药“苏合颗粒”获临床试验批准】 3月，学校与重庆巨琪诺美制药有限公司联合申报的1.1类中药创新药“苏合颗粒”获得国家药品监督管理局临床试验批准（2023LP00288）。“苏合颗粒”新药研发项目由学校王停教授团队牵头，联合杜守颖教授团队共同研发。项目依托国家中医药管理局名医名方重点研究室、北京中医药研究院中药新药研发中心、国家药品监督管理局中医药研究与评价重点实验室，历时8年研发而成，是学校历史上首个1.1类中药创新药临床批件。“苏合颗粒”新药研发得到国家科技重大专项“重大新药创制”平台项目“基于临床为导向的名医名方中药新药临床前研发平台的建立”（2017ZX09301011）的支持。通过该平台项目的开展，搭建“处方—研发—评价”三位一体的名医名方中药新药研发技术平台。

【学校主办中国亚太经合组织合作基金第二届国际研讨会】 7月5日，中国亚太经合组织合作基金第二届“传统药物科技创新的监管科学与国际共享”国际研讨会召开。大会由中国生物技术发展中心和北京中医药大学联合主办，北京中医药大学国家药品监督管理局中药监管科学研究院和中药学院共同承办。大会邀请张伯礼院士担任主席，俄罗斯国家科学院Ramil Usmanovich Khabriev院士担任联合主席。来自中国、中国香港、俄罗斯、日本等12个APEC成员经济体及英国的146位代表、专家学者和嘉宾参加会议。会议设有“传统药物的药物警戒与国际共享”“国际传统药物标准发展和共同利益”和“青年学术论坛”3个平行论坛。31位APEC经济体专家代表、青年学者围绕大会主题，分别从传统药物的药物警戒体系建设、传统药物安全性研究与评价、国际传统药物（外来中药）标准研究、新药用植物资源的发现及研究进展等方面作报告并交流。

【北京中医药大学良乡校区图书馆开工】 10月19日，北京中医药大学良乡校区图书馆开工奠基仪式举行。良乡校区图书馆项目坐落于良乡校区东院，总建筑面积61649平方米。图书馆地上7层、地下2层，设计高度39.05米，可满足藏书110万册，同时容纳1200人馆内就读，是集图书借阅读、大型活动、文艺演出、校史陈列为一体的多功能楼宇。图书馆区域书架采用巨构药匣七星斗柜设计，彰显中医药特色，融入学校“人心向学、传承创新”理念；报告厅区域设计采用天圆地方设计布局，彰显学校“自信向善、和而不同”的校风、“崇德尚学、

▲ 10月19日，北京中医药大学良乡校区图书馆开工奠基仪式举行

（北京中医药大学　供图）

承古纳新”的教风和“博学勤思、笃诚践行”的学风。

【上海合作组织医学大学联盟校长论坛】 10月27日，全球医学人才培养暨上海合作组织医学大学联盟校长论坛在北京国家会议中心举办。论坛由中国教育国际交流协会主办，北京中医药大学、上海合作组织医学大学联盟承办。会上，专家围绕国际医学人才培养、未来医学人才培养、医学人才培养的区域特征和全球趋势等主题研讨，举行上海合作组织医学大学联盟第二次工作会议。教育部国际合作与交流司，中国教育国际交流协会，北京中医药大学，以及来自陕西中医药大学、河南中医药大学、澳大利亚西悉尼大学、俄罗斯公共健康科学研究院、伊朗德黑兰医科大学等上海合作组织医学大学联盟高校的负责人等参加。

【中国中医药高等教育发展论坛举办】 12月24日至25日，中国中医药高等教育发展论坛暨教育部高等学校中医学类、中西医结合类专业教学指导委员会总结大会在京举办。论坛以“传承精华 守正创新”为主题。论坛由全国中医药教育发展中心和教育部中医教指委、中西医结合教指委共同主办。会上，总结中医、中西医结合教指委5年来的工作；对通过中医学、中西医临床医学专业认证的院校举行授牌仪式，新中国中医药高等教育发展史编写启动，举行全国高等学校中西医结合类专业国家卫生健康委员会“十四五”规划教材的发布仪式、全国中医药行业规划教材标准化题库发布仪式等。来自全国院校的300余位专家学者和嘉宾参加。（齐佳兵）

北京工业大学

【概况】 2023年，北京工业大学7个校区，设置25个院（系、部），开设72个本科专业，覆盖8个学科门类。学校有网络多媒体教室591间。数字终端26647台，其中学生终端14656台、教师终端11991台。数字资源量中电子图书1596574册、电子期刊974845册、学位论文10077245册、音视频10510小时。学校与全球35个国家和地区的214所机构建立伙伴关系；参与怀柔科学城高能同步辐射光源建设，与中国科学院高能物理所签订共同建设测试线站的技术合作协议；与华为技术有限公司联合建设先进光技术创新实验室。启动建设大兴氢能产教融合基地、怀柔物质科学科教融汇基地、朝阳人工智能产教融合基地、北工大—亦庄高端装备产教融合基地。“材料生命周期工程”教师团队入选第三批全国高校黄大年式教师团队；2名学者获首批“北京市先进科技工作者”称号。4项成果获国家级教学成果奖；获中国国际大学生创新大赛全国金奖1项，铜奖7项；获“挑战杯”全国大学生课外学术科技作品竞赛国家级奖项14个；获多项国际级和国家级运动赛事冠军。获批新设应用经济学博士后科研流动站。

【学科建设系列行动方案发布】 2023年，北京工业大学“十四五”学科建设推进大会召开。会上，学校发布学科建设系列行动方案。方案布局“碳中和、城市更新、人工智能、高端智库”特色领域，形成“一流学科引领、高峰学科林立、基础与特色学科交叉支撑”的特色学科雁阵；聚焦“双碳”领域启动本硕博贯通人才培养改革。会上公布，临床医学、地球科学、物理学3个学科新晋ESI全球前1%；获批建立“国家科技创新高地建设战略研究中心”教育部战略研究基地、首都教育高质量发展政策研究基地，成立智库中心。

【《低至1nm层状氧化铋的铁电性研究发表》】 3月23日，北京工业大学教师卢岳作为共同通讯作者的研究成果《低至1nm层状氧化铋的铁电性研究》在《科学》期刊上在线发表。北京工业大学博士研究生胡敬聪为论文的共同第一作者，北京工业大学为通讯单位。铁电性研究综合利用低剂量—积分差分相位衬度曝光等技术方法（iDPC）、同步辐射X射线衍射和DFT计算，精确定位出一种全新结构Bi6O9铁电薄膜材料的原子级占位信息。

【科技创新成果转化促进大会召开】 4月7日至9日，北京工业大学科技创新成果转化促进大会召开。大会以“植根首都 科技报国”为主题。大会内容包括科技成果路演、企业进校现场“揭榜挂帅”、毕业生专场双选会、招生政策现场解读、百场线下校园文化活动等。会上，学校发布“北工大科创十条”，签署各类合作协议22项，达成意向合同95项，意向合同金额超过1.2亿元；推介专利160余件。

【市委书记尹力在校调研】 4月9日，市委书记尹力就“深入学习贯彻习近平新时代中国特色社会主义思想，推动首都高等教育高质量发展”在北京工业大学调研。尹力强调，在全党深入开展学习贯彻习近平新时代中国特色社会主义思想主题教育，是党中央作出的重大决策，是贯彻落实党的二十大精神的重大举措。要结合自身实际，抓紧抓实主题教育，不断增强科技创新能力，培养高素质人才，为首都高质量发展提供人才保障和智力支持。

【学校承办第五届全球重大挑战论坛】 9月18日至20日，由中国工程院、美国国家工程院、英国皇家工程院共同主办，北京工业大学承办的第五届全球重大挑战论坛在学校奥林匹克体育馆举办。论坛上，中美英3国工程院发布《联合宣言》；数百名工程科技界院士专家学者以线上线下相结合的方式，围绕“工程促进可持续发展”主题，聚焦“可持续基础设施”“碳中和”“数字经济”三大议题，以19场报告、6场专题研讨展开学术交流，探讨以工程科技应对全球重大挑战的热点问题、前沿理论和跨学科解决方案。

【山河湾谷创新区建设启动】 10月16日，北京工业大学山河湾谷创新区建设启动仪式举办。创新区由北京市朝阳区人民政府和北京工业大学共同建设，是北京市首个区政府和高校联合打造的环高校创新区。创新区以北工大平乐园校区为核心，辐射朝阳区南部九龙山、十里河/西直河、百子湾、欢乐谷地区，致力于在朝阳区南部打造创新产业带和创新文化融合带。

【学校发布3个专项规划】 12月，北京工业大学发布“北京工业大学服务首都高质量发展——内涵、特色、融合3项发展专项规划”。规划包括，学校“0–1”的原始创新，推动以“双基一高”战略为牵引的内涵发展，强化面向应用的基础研究、顶级科学基础设施和科研平台建设，打造高水平人才队伍和一流拔尖创新人才；“1–10”面向应用的创新，瞄准国际前沿、国家重大需求和首都高精尖产业布局，着力提升学科与首都发展功能定位的匹配度，打造一流学科引领、高峰学科林立、基础与特色学科交叉支撑的特色学科雁阵；“10–100”的创新成果转化落地，发挥学校作为首都东南地带唯一以工为主的多科性研究型大学的建设优势，结合北京国际科技创新中心建设空间布局，按照学校“1+3+N”融合发展体系，深耕朝阳、联动通州、拥抱亦庄、布局怀柔，牵手北京市其他13区、龙头企业、头部高校和科研院所，构建“一体两翼多点”创新发展空间布局，把学校科教优势转化为首都东南部发展动能，形成对首都北京科技创新的空间溢出效应，服务首都高质量融合发展。

（张 超 凌 晨）

北京信息职业技术学院

【概况】 2023年，北京信息职业技术学院设有酒仙桥校区、东坝校区和花乡校区3个校区，设置8个院、1个部。开设46个专科专业。学校由北京电子控股有限责任公司举办，为理工院校。拥有教室158间，包括网络多媒体教室158间。数字终端8764台，包括学生终端7925台、教师终端839台。数字资源量中电子图书258400册、电子期刊74435册、学位论文591390册、音视频3445小时。“双师型”教师208人。毕业生取得职业类证书367人。在校生参与现代学徒制培养学生122人。学校获评“十四五”国家规划教材20本，入选国家级在线精品课程2门；获省级教学能力比赛奖41项，1名教师入选新时代职业学校名师（名

▲ 4月7至9日，北京工业大学科技创新成果转化促进大会召开。图为校园开放日系列活动启动仪式现场 （北京工业大学 供图）

匠）名校长培养计划（2023—2025年）名师（名匠）培养对象。学生获市级以上竞赛奖项141项，其中获得全国大赛一等奖3项、二等奖5项、三等奖10项，获得北京市比赛一等奖（含金奖）21项、二等奖40项、三等奖（含铜奖）62项。学校获北京市教学成果一等奖4项。教师团队获2023年北京市职业院校技能大赛教学能力比赛高职组一等奖5项、二等奖1项，中职组二等奖1项。1个教师团队获2023年全国职业院校技能大赛教师教学能力比赛三等奖。获评北京市职业院校教学管理“促创新、补短板分类提升计划”二等奖。在教育部2022年“‘青春献礼二十大 强国有我新征程’——第六届全国高校大学生讲思政课公开课展示活动”中，学生作品《国家安全是定国安邦的重要基石》《做数字中国建设的新时代文明大学生——守育网络道德》获全国高职组一等奖，《立足新发展阶段 贯彻新发展理念》获优秀奖。

【科研服务】 2023年，学校立项北京市职业教育教学改革项目课题8项、北京市教育科学“十四五”规划课题3项；签订服务企业社会项目18项；获批发明专利授权1项，实用新型专利11项；社会培训项目24个，服务12000余人。入选国家级职业学校校长培训基地（2023—2025年），获评北京市首批全民数字素养与技能培训基地（数字生活类2023—2025年）、中泰合作“中文＋职业技能”项目示范校——北京信息职业技术学院项目合作推广基地。服务行业企业发展，为北京电子控股有限责任公司提供芯屏产业相关日资讯报告、专题研究报告、产业动态观察报告等10类报告303份。

【学校承办北京市数字教育大会职业教育分会】 4月，北京信息职业技术学院承办北京市数字教育大会职业教育分会。大会聚焦新技术和产业变革对职业教育的新需求，展现数字化浪潮下北京市职业教育改革发展特色和职业教育数字化前沿技术应用成果，探讨职业教育加速产教科融合、助推产业转型升级的北京方案。教育部职业教育与成人教育司、北京市教委等领导出席。会上，央属高校、职业院校、研究机构及龙头企业6位行业专家、校长和领军人物做主题报告，围绕加快推动北京职业教育数字化高质量发展进行探讨。

【2023年职业教育宣传月启动仪式举行】 5月，由北京信息职业技术学院承办的北京市职业教育产教融合推进会暨2023年职业教育宣传月启动仪式举行。北京市、教育部职业教育与成人教育司等领导出席。北京市职业教育工作联席会议成员单位、有关部门负责人，各区、职业院校、行业企业、科研机构代表300余人参会。会议发布北京市职业教育产教融合重点项目，举行北京职业教育“入学即入职”项目发布仪式，举办北京职业教育产教融合成果展。

【“入学即入职”项目发布】 5月27日，北京信息职业技术学院发布北京职业教育“入学即入职”项目。项目提出学校与相关领域龙头企业合作“入学即入职、学习即上岗”培养模式。实施“入学即入职、学习即上岗”培养模式，把企业招工和学校招生融为一体，学生入学后获得学生和见习职工双重身份，校企一体招生、共同培养、双基地训练，毕业后即可直接转为正式员工，达到学生入学即入职、学校招生即就业、企业招工即培养的三赢目标。

【全国信息安全产教融合共同体成立】 6月17日，由全国信息安全职业教育集团、高校毕业生就业协会信息化工作办公室主办的全国信息安全产教融合发展大会暨全国信息安全产教融合共同体成立大会在京召开。北京信息职业技术学院是全国信息安全职教集团理事长单位。全国信息安全产教融合共同体由全国信息安全领域众多领导型企业、高水平大学、职业院校共同发起，以服务全国信息安全行业发展为使命，以创新全国信息安全人才培养模式为主线，打造跨区域统筹、多主体协同的产教融合平台，促进教育链、人才链、产业链、创新链的深度融合，构建全国信息安全职业教育发展新生态。成员单位150名代表参加大会。

【学校工会第一届会员代表大会召开】 7月5日至6日，北京信息职业技术学院工会第一届会员代表大会召开。会上，党委副书记、工会负责人、副院（校）长宋梅作《不忘初心 担当作

▲ 6月17日，全国信息安全产教融合共同体正式成立　（北京信息职业技术学院　供图）

为 凝聚力量 推动发展 团结动员广大教职工奋力谱写学校高质量发展新篇章》工作报告；选举宋梅、王迎泽、陈强、芦建宇、杨薇、石红梅、李秋淮为学校工会第一届委员会委员，选举魏群、张硕、高蕊为学校工会第一届经费审查委员会委员。工会委员会和经审委员会分别召开第一次会议，宋梅当选学校工会第一届委员会主席，王迎泽、陈强当选学校工会第一届委员会副主席，魏群当选学校第一届经费审查委员会主任。

【学校第一次党员代表大会召开】 7月14日，北京信息职业技术学院第一次党员代表大会召开，党委书记洪伟作《以习近平新时代中国特色社会主义思想为指引 奋力谱写新时代学校高质量发展新篇章》工作报告；纪委向大会作书面工作报告。大会通过党委工作报告决议和纪委工作报告决议。洪伟、卢小平、宋梅、胡西南、董国东、张晓蕾、吕冀宁当选学校党委第一届委员会委员，胡西南、刘均、魏玲、张定国、姜旭当选学校纪委委员。会后，纪委召开第一次全体会议，胡西南当选纪委书记，刘钧当选纪委副书记。党委召开第一次全体会议，会议通过纪委书记、副书记选举结果。洪伟当选党委书记，卢小平、宋梅当选党委副书记。

【2023中俄职业教育圆桌会议举行】 9月17日，由北京信息职业技术学院与“俄中教育联盟”协会联合主办的“2023中俄职业教育圆桌会议”举行。俄罗斯教育部直属职业教育发展中心专家，俄罗斯和哈萨克斯坦10所大学、中学校长，5家俄罗斯IT企业专家，俄罗斯大学、中学学生代表，北京市教育国际交流协会和10家京津冀地区兄弟院校代表参加。北京市教育国际交流协会领导出席。学校副校长张晓蕾介绍学校教育国际化建设主要成就，北京工业职业技术学院、天津现代职业技术学院、河北软件职业技术学院分别介绍学校办学特色和专业发展情况。“俄中教育联盟”协会主席康拓林·弗拉基米尔、“决策工厂”总经理弗明·阿纳托利、西伯利亚联邦大学航天与信息技术研究院院长卡布林杰尼斯介绍俄罗斯教育国际化情况、IT企业发展情况等。

【中俄青年IT技能邀请赛】 9月27日，北京信息职业技术学院举办2023中俄青年IT技能邀请赛。大赛设置“一带一路”十周年主题海报设计和“IT产品的设计与开发”2个赛项，俄中教育联盟协会成员单位和中国京津冀地区高职院校13支代表队60余名师生参赛。学校代表队作品“辉煌十年，未来无限”、中俄联合代表队作品“Dakkar crew”项目获一等奖。

【北京新一代信息技术产教联合体成立】 10月29日，由北京信息职业技术学院、北京电子城高科技集团股份有限公司、360数字安全集团主办的北京新一代信息技术产教联合体（简称联合体）成立大会在北京360大厦举行。北京市朝阳区人民政府党组成员、副区长、朝阳园党工委书记舒毕磊、北京电控副总经理王海鹏、360数字安全集团总裁胡振泉、北京电子城高科技集团股份有限公司党委书记苗传斌致辞。洪伟主持会议。会上，公布北京新一代信息技术产教联合体章程、发展规划、首批成员单位名单及10项重点任务。政府相关部门、本科高校、职业院校和企业代表参加大会。联合体围绕北京市新一代信息技术产业，立足中关村科技园区企业发展和数字化转型所需的技术技能型人才需求，利用数字技术促进产教融合相关的社会调研、理论研究与实践、学术交流、校企联合科研、人才供需匹配、人才培养、师资队伍建设、会议会展、社会培训、实训基地建设、国际化合作和创业孵化模式转型；开展校企数字化转型、产业大数据采集分析、数字化平台开发和运营、数字教育资源开发建设、数字校园建设、技能型人才数字化评价体系建设和服务创新。

【学校4个项目通过验收】 11月7日，北京市教育委员会、北京市财政局、北京市人力资源和社会保障局、北京市发展和改革委员会联合公布北京市特色高水平职业院校、第一批特色高水平骨干专业（群）和第一批特色高水平实训基地（工程师学院和技术技能大师工作室）项目验收结果。北京信息职业技术学院的网络与通信专业群、软件与信息服务专业群、燕东微电子工程师学院、神州泰岳信息安全工程师学院项目通过验收，等级为优秀。

（李丹丹）

北京化工大学

【概况】 2023年，北京化工大学为教育部直属理工院校，设有4个校区，设置18个院（系、部），开设66个本科专业。教室面积8.74万平方米，实验实习用房7.72万平方米。“双一流”建设学科1个，国家级一流本科专业建设点22个，北京市级一流本科专业建设点19个，北京高校重点建设一流专业1个，北京高校高精尖学科2个。两院院士8人（含中国科学院外籍院士1人、工程院外籍院士1人），全国高校黄大年式教师团队2个，4个国家自然科学基金委员会创新研究群体，6个教育部长江学者创新团队。学校图书、刊藏量193.65万册，电子图书258.52万册，电子期刊74.30万册。推进思政工作体系升级，开展合作教研活动6次，各类交流研讨6场，形成《北京化工大学全面推进“大思政课”建设的工作方案》。获评1项全国高校混合式教学设计创新大赛特等奖，3门国家级课程思政示范课、7门北京市课程思政示范课程、4项全国本科院校化工类专业教师课程思政能力竞赛一等奖。在CNS三大国际顶刊上发表研究论文4篇，其中2月在Cell上发表3篇研究长文，并列当月全国CNS榜单第一。学校获评首批北京市“青年教学名师工作室”、市“征兵工作先进单位”，获第25届“外研社·国才杯”全国大学生英语辩论赛一等奖。

【学校与中国石油战略合作协议签署】 2月1日，北京化工大学与中国石油天然气集团有限公司座谈会举行。会上，签署战略合作协议。根据协议，双方强化统筹协同，凝聚科技创新合力，在课程建设、实践教学、学生就业、科技研发、技术交流等方面搭建校企人才培养和产学研深化合作平台。

【学校获多项北京大学生音乐节奖】 3月1日，北京市委教育工委、市教委以“艺韵青春 强国有我”为主题的北京市大学生音乐节公布获奖结果。北京化工大学的节目获多个奖项，2个器乐类节目荣获最佳表演奖，3个声乐类节目获最佳表演奖1个、优秀表演奖2个，2个主题歌曲展演节目获展演奖。艺术团4位教师获优秀指导教师奖，其中1位教师获声乐类优秀指挥奖。

【第六届中国青年好网民优秀故事百场分享活动】 3月17日，由共青团中央宣传部、中央网信办网络社会工作局联合主办，北京化工大学、中国青少年新媒体协会联合承办的中国青年好网民优秀故事百场分享活动启动仪式暨首场分享活动在京举行。活动旨在落实党的二十大关于加快建设网络强国的战略部署，动员广大青年在网络上积极弘扬主旋律、传播正能量，以实际行动投身到清朗网络空间建设中，为全面建设社会主义现代化国家而不懈奋斗。活动有参加评选的故事7.1万个，最终评选优秀故事50个。6位中国青年好网民代表分别从创作网络育人文化精品、打造青年思政精品课程、致力于马克思主义青年化阐释、传承中华优秀民族文化、投身网络技术科普、开展网络普法反诈宣传方面，讲述自己在网络上弘扬主旋律、传播正能量的生动故事。

【学校承办首届中国——碳生物技术和低碳产业发展大会】 4月7日至9日，由中国生物工程学会——碳生物技术专业委员会、国家能源生物炼制研发中心、中国科学院——发展中国家科学院生物技术卓越中心、西安市——碳化合物生物转化技术重点实验室联合主办，北京化工大学承办的首届中国——碳生物技术和低碳产业发展大会在北京化工大学举办。大会以“一马当先·‘碳’索未来”为主题，旨在推动国家经济高质量可持续发展，研讨交流碳生物技术领域的最新研究进展和技术成果。大会设有主会场、研究生分会场和墙报分会场3个主题会场，22人作报告。来自高校、科研院所和企业的代表250余人参加大会。

【学校与天津市武清区深化合作框架协议签订】 4月28日，北京化工大学与天津市武清区人民政府在天津市武清区签订深化合作框架协议。根据协议，双方加大创新资源导入力度，围绕生物医药、绿色生物制造等重点领域合作，助力武清高质量发展和北京化工大学工程科技成果落地转化；共建北京化工大学武清产学研基地。

【新能源与新材料创新联合体成立】 7月17日，“北京化工大学—中国石油天然气股份有限公司石油化工研究院新能源与新材料创新联合体”成立大会在北京化工大学朝阳校区召开。创新联合体是持续推进校企双方事业高质量发展的重要成果，双方将加快构建龙头企业牵头、高校院所支撑、各创新主体相互协同的创新平台和工作阵地，在新能源、生物化工、高性能材料、高端装备等领域展开深入合作，全方位合作共赢。创新联合体构建“产学研用”融合的校企协同创新模式，依托双方科技创新力量和产业化资源，依托双方科技创新力量和产业化资源，以国家战略需求和中国石油的产业布局为导向，对标国际领先、面向国家战略、瞄准科技前沿，在新能源与新材料等相关领域深化基础研究，取得关键技术突破，在重点领域推进产业化进程，助力中国石油炼化产业转型升级，突出理论创新前沿引领性和技术应用示范性，发挥北化在基础研究与原始创新，以及中国石油在应用研究、工程放大与产业转化方面的优势，推动新能源和新材料技术的变革。9月15日，创新联合体项目举行签约仪式。

【“生物基可降解聚酯橡胶万吨级产业化项目”落地江苏省】 7月20日，由学校先进弹性体材料研究中心为主完成的“生物基可降解聚酯橡胶万吨级产业化项目”落地江苏省南通市如东县。项目突破高分子量聚酯橡胶连续化生产等工艺难题，完成千吨连续化中试试验。对提高国家在橡胶领域的技术创新，保障国家橡胶行业的高质量和可持续发展具有重要战略意义。

▲ 4月28日，北京化工大学与天津市武清区深化合作框架协议签订（北京化工大学 供图）

项目的总投资额10亿元，占地120亩，旨在建设年产11万吨生物基可降解聚酯橡胶的生产线，首期拟建设年产1万吨连续化生产线。

【入选全国高校黄大年式教师团队】 8月31日，教育部公布第三批“全国高校黄大年式教师团队”创建示范活动入围名单，北京化工大学生命健康材料教师团队入选。团队依托生物医用材料北京实验室、天然高分子医用材料教育部重点实验室，建立完善的“产—学—研—医—用”新材料产业体系和创新孵化平台，固定资产总价值超过1亿元。

【学校与中信集团战略合作框架协议签署】 9月15日，北京化工大学与中信集团签署战略合作框架协议。根据协议，双方践行国家战略、服务改革发展的责任使命，明确协同攻关领域，建好人才培养“孵化器”，为强国建设、民族复兴伟业作出新的贡献。

【学校与中国日报社战略合作框架协议签署】 9月15日，北京化工大学与中国日报社战略合作框架协议签署仪式在京举行。根据协议，双方在国际传播合作、复合型国际化人才培养、学术交流和传播平台建设等领域合作。

【学校与交通银行北京市分行框架合作协议签署】 9月15日，北京化工大学—交通银行北京市分行框架合作协议签约仪式举行。根据协议，双方有效实现优势互补、融合创新，打造协同育人与成果转化合作平台、科技赋能智慧校园建设、深化产学研金深度融合发展3方面发力，携手推动“双一流”建设高校与一流金融机构协同发展、深度合作，不断塑造合作共赢新优势新动能。

【市委教育工委书记游钧到北京化工大学调研】 10月10日，北京市委常委、市委教育工委书记游钧到北京化工大学调研。游钧考察有机无机复合材料国家重点实验室，高端压缩机及系统技术全国重点实验室，国家碳纤维工程技术研究中心，国家能源生物炼制研究中心，北京软物质科学与工程高精尖创新中心，生物医用材料北京实验室，诊断与自愈工程研究中心、危险化学品库房等；听取院士及相关实验室、科研团队负责人工作汇报，并与大家交流。北京市委教育工委领导参加调研。

【2023“一带一路”产学研合作论坛】 12月1日，由教育部中外人文交流中心与北京化工大学联合主办的2023“一带一路”产学研合作论坛在北京化工大学逸夫会议中心举办。中国工程院院士、校长谭天伟，印度尼西亚共和国驻华大使馆公使裴连杰、文化参赞李健，巴基斯坦驻华大使馆科技参赞汗·穆罕默德·瓦齐尔，教育部中外人文交流中心副主任曹叠峰，“一带一路”绿色发展国际联盟秘书长崔丹丹，山东玲珑轮胎股份有限公司副总裁孙松涛、中化学国际工程有限公司总经理鲍广东，以及来自爱尔兰、希腊、俄罗斯等12个国家的嘉宾和来自国内30余所高校的代表100余人参加论坛。论坛包括以“秉持人文交流理念推进‘一带一路’产学研合作”“‘一带一路’科技创新合作”“丝路基金推进共建‘一带一路’”“融入‘一带一路’，构建国际化人才梯队”“中国企业‘走出去’需求及国际竞争力思考”“高校推进共建‘一带一路’思考与实践”为题的主旨演讲；“‘一带一路’国际人才培养模式及实践和‘一带一路’科技合作及技术转移模式及实践”两个平行分论坛。论坛上，北京化工大学与俄罗斯托木斯克国立大学、吉尔吉斯斯坦贾拉拉巴德国立大学、俄罗斯喀山国立研究工艺大学签署本科生联合培养协议与合作备忘录。

【获评教育部直属高校精准帮扶典型项目】 12月5日，教育部印发《关于公布第八届教育部直属高校精准帮扶典型项目推选结果的通知》，北京化工大学《坚持“党建+”示范引领，谱写科左中旗乡村振兴新貌》项目获评教育部直属高校精准帮扶典型项目。学校的项目包括连续选派挂职干部和驻村第一书记到内蒙古自治区通辽市科尔沁左翼中旗工作，帮助内蒙古自治区通辽市科尔沁左翼中旗花吐古拉镇韩家窝堡嘎查村建设党群服务中心、党史教育基地，并遴选10余个党支部同韩家窝堡嘎查村党支部开展联学共建，通过打造品牌IP、制定营销方案等途径助力农产品销售，壮大产业发展；多个专家教授团队开展科技上门服务，推动“废胶粉基渗灌管高效节水灌溉”等一批科技项目落地，用科技手段让农民富起来，大幅度提高村集体的经济收入。

【学校与北京大学第三医院合作协议签署】 12月25日，北京化工大学与北京大学第三医院合作签约仪式举行。根据协议，双方打造交叉学科合作创新研发组织，推动医工结合协同育人，提升卫生健康领域科技创新能力，把学科前沿、先进技术汇集到服务人民生命健康上来，促进人类重大疾病攻克。

（王俊强）

北京经济管理职业学院

【概况】 2023年，北京经济管理职业学院设有2个校区，由市教委举办，为财经类院校，设置8个院（系、部），开设22个专科专业。有网络多媒体教室103间。数字终端4687台，包括学生终端4151台、教师终端536台。数字资源量中电子图书542457册、电子期刊8629册、学位论文347172册、音视频56044.5小时。“双师型”教师166人。聘请校外教师26人、行业导师2人。在市级课程思政标杆选树活动中获特等奖8项，入选北京高校思想政治工作创新示范项目2个、“双百行动计划”优秀示范项目2个。加强“幸福学园”升级建设，编纂《大学生幸福白皮书》。9部教材入选教育部首批“十四五”职业教育规划教材名单，获国家级教育教学成果奖2项、教学能力比赛国赛三等奖1项。获批市级专业教学资源库2个、市级在线精品课程6门。学生获技能大赛国赛一等奖1项、三等奖1项，市赛一等奖6项。承办第九届“互联网+”大赛北京赛区比赛，获一等奖6个、二等奖14个，连续4年获“互联网+”大学生创新创业大赛北京赛区优秀组织奖。获第二届“京彩大创”百强团队3个，振兴杯国赛优胜奖1项。学校成为中国贸促会企业合规师培训示范基地、第十九届中国企业教育百强单位，获批首批全国健康学校建设单位，挂牌成立中澳国际学院，获评中文联盟数字化教育金牌机构。

【学校入选GDI高职专科专业评估榜】1月10日，广州日报数据和数字化研究院（GDI智库）发布“GDI高职专科专业评估榜（2023）”，北京经济管理职业学院以18个A档入选。744个高职专科专业中开设的高职（专科）院校达到20所及以上的360个专业实行等级评估，学校位于全国第65，北京市第3。学校在北京市职业院校中排名第1的专业有13个，排名第2的专业有8个，排名第3的专业有7个，共有28个专业在北京市职业院校中排名在前，占总专业数的85%。

【学校两个案例获北京市职业院校思政和德育工作优秀案例】2月8日，北京市职业技术教育学会公布北京市职业院校思政和德育工作优秀案例评选结果，北京经济管理职业学院的《党建引领一线贯穿——“11315课程思政教育模式”的探索与实践》《坚持立德树人，打造“幸福学园”德育品牌》两个案例获二等奖。案例《党建引领一线贯穿——“11315课程思政教育模式”的探索与实践》，介绍学校课程思政建设经验模式。学校全面落实立德树人根本任务，将思想政治教育元素融入所有课程中，实现各类课程与思政课程同向同行，协同育人，形成“11315课程思政育人模式”，即围绕落实立德树人根本任务，通过全面占领课堂育人主渠道，学校党委、二级学院党总支、基层党支部“三线联动”，实现思政工作一线贯穿，构建“五育并举”新格局，培养德智体美劳全面发展的时代新人。案例《坚持立德树人，打造“幸福学园”德育品牌》总结“幸福学园”德育品牌创新实践和成效。“幸福学园”以“做对学生最好、最负责任的高职学院”为己任，遵循教育教学规律，坚持“以生为本、因材施教”；遵循技术技能人才成长规律，达成“厚德强技、知行合一”；遵循思想政治工作规律，实现“奋斗幸福、时代新人”。“幸福学园”是学校党委推动“三全育人”改革的工作载体和重要平台。

【“通武廊”退役军人教育培训基地授牌仪式举行】3月6日，北京经济管理职业学院“通武廊”退役军人教育培训基地授牌仪式在河北省廊坊市固安校区举行。“通武廊”退役军人教育培训基地是由河北省廊坊市退役军人事务局、北京市通州区退役军人事务局、天津市武清区退役军人事务局联合发起，旨在推动京津冀退役军人职业培训协同发展，实现一体化培训，更好为通州、武清、廊坊地区退役军人提供高质量就业创业服务。

【学校参展2023年中国国际服务贸易交易会】9月2日至6日，北京经济管理职业学院参展2023年中国国际服务贸易交易会。学校采用“固定展示”“互动体验”“主题活动”相结合的形式，通过图文介绍、视频展示、技艺展示、技能体验、现场互动等形式，全面展示学校在专业建设、产教融合、人才培养、社会培训、国际合作领域的办学成果及服务首都“四个中心”建设、“京津冀协同发展”的具体做法，重点展示学校在培养高素质技术技能人才方面的成功实践。学校连续第三次参展，获评“优秀参展单位”。

【全国职业院校技能大赛获奖】9月25日，2023年全国职业院校技能大赛（高职组）“珠宝玉石鉴定”赛项在北京经济管理职业学院落幕。由北京经济管理职业学院珠宝与艺术设计学院张扬、卢晓桐、孙焕响3名学生组成的团队获大赛一等奖第一。珠宝与艺术设计学院指导教师李姗姗、邢瑛梅获全国职业院校技能大赛“优秀指导教师奖”荣誉称号。

【全国第二届职业技能大赛】11月，中华人民共和国第二届职业技能大赛获奖结果公布，北京经济管理职业学院教师邢亚英的人工智能工程技术、闫硕的人工智能工程技术、魏仁胜的工业互联网工程技术、王晓华的工业互联网工程技术、侯佳丽的人工智能训练获大赛优胜奖。大赛于9月16日至18日在天津举办。大赛以“技能成才技能报国”为主题，分市赛选拔项目和国赛精选项目。各省、直辖市遴选出最优秀的选手参赛。学校人工智能学院、临空经济管理学院和数字财金学院12名教师、7名执裁专家参赛。

（任天行）

北京联合大学

【概况】2023年，北京联合大学是经教育部批准，由北京市建设的综合大学。产权占地面积40.63万平方米。全年教育经费投入16.87亿元，固定资产总值30.55亿元。有教室462间，其中网络多媒体教室355间。学校设有12个校区，设14个学院、4个直属教学单位；开设本科专业72个，专科专业11个，有硕士学位授权一级学科点10个、硕士专业学位类别14个。国家级一流本科专业建设点12个，北京市级一流本科专业建设点22个，北京高校重点建设一流专业3个，北京市重点建设学科6个，北京高校高精尖学科2个。国家重点实验室1个，北京实验室1个，北京重点实验室3个。招生7111人，毕业生6271人。

▲ 5月25日，北京联合大学低碳零碳创新中心揭牌成立

（北京联合大学生物化学工程学院　供图）

【教学科研】 2023年，北京联合大学启动新一轮本科教育教学审核评估，成立教育质量监控与评估办公室。制定《2023—2025年本科教育教学高质量发展行动计划》，获评国家级一流本科课程6门、国家级虚拟仿真实验教学一流课程1门、北京高校优质本科课程4门。英美诗歌名篇选读课程入选教育部首批“拓金计划”名单。旅游管理专业通过世界旅游组织旅游教育质量认证，制药工程专业通过工程教育认证。获评北京市教学名师和青年教学名师各1人，启动教学名师培育专项计划，首批选定20人。北京学新兴交叉学科平台获立项。新设校级科研机构9所，成立低碳零碳创新中心，再次获批文化和旅游部“文化和旅游研究基地”。社会科学研究首次进入ESI全球排名前1%，首次获批北京市科委科技新星交叉合作课题，获北京市科学技术奖励1项。发布与中国银行合作成果“数字人民币赋能红色金融场景”，“非遗小院”成果的“南关竹马”创编话剧《竹马·青梅》上演。

【教学交流】 2023年，北京联合大学与50余所国（境）外高校恢复合作，启动11个国家的学生出国（境）项目30余个，举办高水平国际会议10场。连续第4年受邀参与中国国际服务贸易交易会，展示学校服务首都发展新成果，举办2023数字人民币技术与应用论坛。与内蒙古自治区兴安盟阿尔山市政府、湖南省张家界市武陵源区政府、北京陶瓷艺术馆分别签署战略合作协议并挂牌产学研合作基地，与北京科技大学、新疆职业大学、北京市档案馆、北京建筑设计研究院有限公司等单位签署战略合作协议。承办首都高校学生社团风采展示暨首都高校“学生最喜爱的社团”发布仪式、高校数字档案馆（室）建设论坛，与朝阳区人民政府征兵办公室联合承办北京市2023年国防教育暨征兵宣传进校园活动。

【首届校园文化周】 5月22日至28日，北京联合大学举办“多彩文化，魅力联大”首届校园主题文化周活动。学校聚焦五育并举，举办应用型大学可持续发展论坛、新技术发布会、教师工作坊、校友回家、艺术展演、音乐会、戏曲进校园、体育比赛、劳动体验等各类活动400余个。文化周活动旨在通过开展系列文化艺术、体育、科技竞赛活动，发挥校园文化育人功能，促进学生全面发展。学校定于每年春季学期停课一周开展文化周活动。

【全国首个红色金融育人联盟成立】 7月28日，全国首个红色金融育人联盟在北京联合大学成立。联盟旨在引导示范把红色金融的思想政治教育贯穿于金融人才培养全过程，在全国形成有红色基因、有专业导向、有示范引领价值的大学生思想政治工作品牌，共享红色金融资源，联合开发一系列红色金融育人成果。联盟由北京联合大学发起，成员单位包括全国20个省市的50余家高校、金融机构和红色金融教育场馆，秘书处设在北京联合大学，主席、常务副主席、秘书长由北京联大校、院领导担任。中国金融思想政治工作研究会和中国高校金融教育金课联盟为联盟指导单位。9月25日，联盟组织10余所成员校的金融新生同上主题为“传承红色金融基因，飞扬青春报国梦想”的红色金融第一课，进行红色金融启蒙教育。

【建校45周年庆祝活动】 10月至11月，北京联合大学举行建校45周年系列庆祝活动。校庆活动包括纪念大会、首届校友发展论坛、离退休人员座谈会、青年教职工座谈会、成果主题展览、建校45周年校庆征文和各学院纪念活动7个方面。其中，纪念大会于10月21日举行，发布学校“智慧校友+”信息平台和学校新版官方网站。北京市委教育工委副书记、高校代表、校友代表、关心支持学校发展的社会各界代表及学校老领导、师生员工代表1500余人参加；首届校友论坛于10月21日举办，7位优秀校友以主旨报告和圆桌对话的形式分享自己的发展历程，讲述所在行业领域前沿，共商学校发展之策。（王　岩）

北京青年政治学院

【概况】 2023年，北京青年政治学院设有6个二级学院、1个中心、1个继续教育学院和多个研究所。开设专科专业19个。学校由北京市教育委员会举办，为语文类院校。有教室105间，包括网络多媒体教室35间。数字终端2983台，包括学生终端2684台、教师终端105台。数字资源量中电子图书1226548册、电子期刊629951册、学位论文6303740册、音视频321462小时。

“双师型”教师116人。聘请校外教师39人、行业导师16人。毕业生中取得职业类证书504人。学校制定《北京青年政治学院服务“一带一路”建设国际化发展规划（2023—2025年）》；建设“丝路青年学院”“国际文旅服务产教融合共同体”“国际化产业学院”3个平台；承办“丝路工匠”国际技能大赛；“丝路青年学院”在哈萨克斯坦阿拉木图挂牌成立。学院“服务‘一带一路’建设的‘外语+’高职多语种人才培养模式的探索与实践”获评国家级职业教育教学成果奖二等奖，获北京市职业院校教学管理能力“促创新、补短板分类提升计划”一等奖。参加24个市赛赛项，获一等奖8项、二等奖12项、三等奖24项。健康养老照护赛项获2023年全国职业院校技能大赛三等奖。1名教师入选教育部新时代职业学校名师培养计划，1个团队入选北京市属高校高水平教学团队建设支持计划，学院获北京市教学能力比赛优秀组织奖。

【学院“挑战杯”竞赛获奖】 2023年，学院在“青创北京”2023年“挑战杯”首都大学生课外学术科技作品竞赛中，学生作品《基于非遗传承的文化乡村建设研究与实践》获“青学二十大”红色专项赛一等奖，《马背学校——梦开始的地方》获得“青学二十大”红色专项赛三等奖，《嵌入式构建城市社区医养结合养老服务模式》获得“挑战杯”课外学术科技作品竞赛主体赛三等奖。作品《基于非遗传承的文化乡村建设研究与实践》结合“京郊灯笼第一村”九渡河镇红庙村文化进行墙绘设计，传承乡村特色非遗文化，推动乡村环境改善和乡风文明建设。作品《马背学校——梦开始的地方》以视频形式呈现，由军事博物馆解说员出镜讲解“新时代国防和军队建设成就”主题展览，介绍陆军指挥学院的历史沿革，一段段红色故事激荡人心，展现一代代青年先锋的家国情怀。作品《嵌入式构建城市社区医养结合养老服务模式》就上海、北京、杭州等城市在推行试点过程中形成的嵌入式医养结合养老模式以及存在的问题进行分析并提出改善措施和建设方案，助力实现老有所医、老有所养，满足老年人健康和养老服务需求。

【产业学院和共同体建设】 2023年，北京青年政治学院与13家企业签订校企合作协议，成立“政务服务与基层治理产业学院”“国际文旅服务贸易产业学院”“国际职业技能产业学院”，建立“京津冀托幼一体化产教融合共同体”“国际文旅服务产教融合共同体”“全国托幼行业产教融合共同体”；与北京健康养老集团等行业企业的合作筹备成立智慧养老产业学院，与完美世界股份有限公司联合建设数字文创产业学院。

【科研教学项目】 2023年，北京青年政治学院获批全国教育科学课题教育部重点项目1项、北京市教委社科计划一般项目3项、北京教育科学规划一般项目1项，北京市社会科学基金决策咨询项目重点项目1项、一般项目1项。1份研究报告被中共中央办公厅采纳，1份研究报告被北京社科联、社科规划办《成果要报》采纳，获批北京市社会科学基金决策咨询项目重点项目1项、一般项目1项。开展服务乡村振兴、培育首都急需人才和社区教育社会培训项目9项。第一批“特高”项目——学前教育专业群通过验收，新建婴幼儿托育服务与管理专业和学前教育专业、早期教育专业形成托幼一体化专业群。申报政务服务专业并招生。

【制度建设】 2023年，北京青年政治学院协调推进制度废、改、立工作，梳理汇总出学院现行有效制度240项，形成涵盖学校内部治理、教育教学改革、学生教育管理、产教融合校企合作、社会培训服务等方面的现代职业学校制度体系，年度新制定45项、修订40项、废除28项制度。

【“北青小屋”揭牌】 10月26日，北京青年政治学院与望京街道、万科集团合作共建的“望京小街·北青小屋”启动仪式在朝阳区望京小街举办。仪式以“打卡北青小屋　赋能人生成长”为主题。学院党委书记、望京街道工委书记为“北青小屋”揭牌。万科集团、市教委职成处、社区工作者和居民代表、学院及附属幼儿园师生代表参加。“北青小屋”是学院公益性社会服务基地。“北青小屋——微课平台”整合党建思政、基层治理、团青工作、托幼一体化、智慧康养、融媒体技术以及国际文旅七大课程体系，开设文化培训、亲子教育培训、中老年康复保健、英语听说与讲解交流等课程，采取“送课上门”方式开展继续教育和公益社会培训服务，满足专业教师、学生、行业从业人员、社会学习者的长期学

▲ 10月26日，望京小街·北青小屋启动仪式　（北京青年政治学院　供图）

习的需求，为学院各专业拓展定制化系统培训市场生源。（王玉江）

继续教育

【概况】 2023年，朝阳区有职工大学1所（北京市朝阳区职工大学），市民终身学习示范基地10个，市民终身教育服务中心6个，街乡社区教育中心43个。举办第十九届朝阳区全民终身学习活动周。8人获第十五批首都市民学习之星称号；"北京市终身学习品牌"，新增4个品牌；3个项目获评"京韵特色社区教育示范项目"；推进课程与师资研发，开设45个培训项目，开班78个班次，服务学生14166人；开展部队退役转业干部职业技能培训，探索从职业能力提升转化为稳定就业创业。推进老年教育工作，市教委认定朝阳区10个团队为2023年北京市新时代老年学习共同体，2个社区为北京市老年学习示范点。举办朝阳区"好家长之星"评选和"我的育儿故事"征文评选；开展家庭教育咨询指导；制订"家校社协同育人共同体"项目建设方案和项目实验校章程，形成覆盖全区43个街乡、74个社区家校社协同育人工作体系。"朝阳区家庭教育咨询服务中心"获评市教委2023年北京市家庭教育咨询服务优秀单位；区职工大学获评北京市"优秀成人继续教育院校(培训机构)"。

北京市朝阳区职工大学（挂朝阳社区学院、北京市开放大学朝阳分校牌子）分别在北京市朝阳区和平里南口砖角楼5号、朝阳区北三环东路17号、朝阳区双龙南里120号3址办学。区职工大学开展专科教育；北京市开放大学朝阳分校开展专科、本科教育，开展成人非学历培训及继续教育；区社区学院开展成人大专（高职）层次学历教育，学习形式为业余；学校由朝阳区人民政府举办。区职工大学总占地面积34706平方米，建筑面积28912平方米。图书馆建筑面积208平方米，藏书12524册。固定资产总值5829万元，其中教学、科研仪器设备总值2430万元。全年经费投入6271.95万元，其中财政性资金5766.24万元，自筹资金505.71万元。学院信息化经费投入45万元，信息化设备资产1489万元，网络信息点数630个。学院设17个部门，有在职教职工142人，其中高级职称38人。设有综合教学部、经济管理系、艺术系3个教学系部，开设7个本科专业、14个专科专业。各层次学历教育招生4250人，毕业378人，在校生5910人。全年培训42369人次。（郭伶俐）

【全民终身学习活动周举办】 2023年，区教委举办朝阳区第十九届全民终身学习活动周。活动周以"让学习成为一种生活方式"为主题。社区居民、从业人员、青少年、老年人等人参加。有讲座、党课学习、阅读交流、实践活动等形式，内容包括贯彻落实主题教育、开展全民阅读、开设社会大讲堂、展示经济发展成果、展示终身教育成果等。活动周开展活动4091场，47万余人次参加，覆盖全区43个街乡、部分区级单位及全区中小学幼儿园、民办学校。（张 林）

【两个小程序开通】 2023年，区教委开发"我的线上课堂"和"心系朝阳"2个小程序。2个小程序为社区居民免费提供文化、艺术、教育等课程资源。截至年底，"我的线上课堂"用户数1.51万人，访问次数30.98万次。结合小程序开发运营，进行新媒体课题研究，获北京市网络新媒体环境下工委工作课题研究成果三等奖。（尉迟娜）

【朝阳区退役军人系列培训】 3月至11月，区教委举办2023年春季和秋季退出现役自主就业退役士兵适应性培训、朝阳区自主择业军队转业干部思政能力提升专题讲座、朝阳区自主择业军转干部创业能力提升培训、朝阳区自主择业转业干部职业技能培训。区内约4000名退役军人参加相关培训。培训采用线上线下结合的方式。培训内容包括习近平新时代中国特色社会主义思想和党的二十大精神、职业规划、职业指导、创业解析、朝阳区区情、法务知识及8项职业技能。培训进一步提升参训学员政治判断力、政治领悟力和政治执行力，以及对新环境、新岗位的适应能力，增强了学员就业创业竞争力，激发学员投身社会主义现代化建设主动性、积极性和创造性。（王颛茗）

【4个项目获终身学习品牌项目】 3月至7月，区教委组织北京市2023年"终身学习品牌项目"推荐工作。朝阳区建外街道的"益行夕阳"老年大学、东湖街道望京花园东区东阅书院党的创新理论研习推广项目、安贞街道的安贞数字文化家园暨"贞心365"云学院建设项目、潘家园街道的巧娘工作室4个项目获评2023年北京市"终身学习品牌项目"。（张 林）

【新时代老年学习共同体认定】 8月，区教委组织街乡、社区优秀老年团体参加2023年北京市新时代老年学习共同体认定工作。经市教委和市老龄办认定，八里庄街道十里堡南里社区青青舞蹈队、建外街道莺韵之声合唱团2个团队获评AAAAA级团队，左家庄街道老年大学五龙亭朗诵艺术团、建外街道"益行夕阳"国画队、南磨房欢乐谷社区静修太极气功辅导站、麦子店街道枣花舞蹈队4个团队获评AAAA级团队，管庄地区新天地社区舞馨社、麦子店街道朗诵戏剧表演社团、水墨画社和书法篆刻社团4个团队获评AAA级团队。（张 林）

【家校社协同育人共同体建设】 9月至10月，区教委举办"家庭家教家风建设"和"儿童心理指导咨询志愿者"专项培训。培训采用专题讲座与工作坊、理论学习与实践交流、线上与线下相结合方式，解读家庭教育政策、法律法规等，1646人参加培训。截至年底，区家校社协同育人共同体覆盖全区15个学区、32个街乡、74个社区58所实验校。通过"一生一案"，排查化解家校矛盾。建立教师联系学生工作机制、

建立问题化解与矛盾处置三级管理责任制度等协调机制，督促指导家校协同工作。（张　勇　黄　莉）

民办教育

【概况】 2023年，区教委辖属民办教育单位307所，其中民办幼儿园203所，在园幼儿38803人；民办中小学31所，在校学生15651人；关停社区办园点20家，现有63家。区教委处理民办学校电话投诉450件、政民互动1214件、信访事项10件；全领域监管培训机构办学行为，全年检查6526校次；采用信息化手段实现全流程监管，搭建区域“预付管家”平台，集中开展标准化合约推广，推动校外培训机构纳入资金监管。围绕学科类隐形变异培训防范化解，建立联合执法工作机制，整合资源，充实队伍，行业、市场、公安、属地等部门在各自职责范围内协同开展工作，实现部门违法线索互联、监管标准互通、处理结果互认，形成协同办案、闭环管理有效工作机制。全年通过移送违规培训线索，立案22件。坚持行业归口，落实从业人员准入和从业禁止制度。文旅、体育、科技等行业主管部门联合市场监管部门，对非学科类培训机构开展综合执法检查，全面排查整治培训收费、价格、宣传等内容，严查“大课包”等违规行为，规范校外培训秩序，出动检查人员1900余人次，检查960余校次。制定《2023年朝阳区加强民办义务教育规范管理实施方案》，明确工作目标、组织机构、工作任务、完成时限、责任清单、工作要求；与区发展改革委、区市场监督管理局共同研究拟订《朝阳区民办义务教育学校收费管理实施细则（试行）》。（任娜娜　丁艳荣）

【无证校（园）治理】 2023年，区教委联合属地街乡、区市场监管局、公安朝阳分局、消防救援支队等部门执法检查，进行无证校（园）治理。区教委把拒不整改无证机构，移送区市场监管局，依法立案查处。截至年底，向区市场监督管理局和街乡移送17件，并配合各方完成治理任务。（增　珊）

【民办学校信用评价】 2023年，区教委组织民办学校信用评价工作。民办学校参与评审230所。经过学校申报、综合评审等环节，评估民办学校办学水平和办学质量，网上公示，产生信用评价星级评定结果。其中，五星级办学单位11所，四星级单位185所。实施信用动态管理制度，定期复评民办学校信用状况，对违法违规行为取消其信用等级，公开举报电话，接受社会监督。（任娜娜　李嘉宾）

【民办中小学撤销】 2023年，撤销1所学校。北京市朝阳区金色河畔高尔夫学校，地址在北京市朝阳区孙河北甸1号。（王　欣）

【民办幼儿园撤销】 2023年，撤销民办幼儿园1所。北京市朝阳区新世界幼儿园，原园址位于北京市朝阳区望京北路51号院6号楼。（王　欣）

【民办幼儿园更名】 2023年，民办幼儿园更名8所。

朝阳区更名民办幼儿园一览表

表6

序号	更名前称	更名后称
1	北京市朝阳区博识梦飞幼儿园	北京市朝阳区家育苑亮马幼儿园
2	北京市朝阳区人朝分东坝幼儿园	北京市朝阳区燕京雍阳东坝幼儿园
3	北京市朝阳区北方之星来北幼儿园	北京市朝阳区博雅来北幼儿园
4	北京市朝阳区金雁飞鸣幼儿园	北京市朝阳区蓝莓果幼儿园
5	北京市朝阳区艾毅新城小规模幼儿园	北京市朝阳区鼎耀新城小规模幼儿园
6	北京鸿誉幼儿园朝阳有限公司	北京市朝阳区巴学园泛海幼儿园有限公司
7	北京绿橙朝阳路幼儿园有限公司	北京棒宝贝幼儿园有限公司
8	北京市朝阳区如童幼儿园有限公司	北京市朝阳区丽都宜荷幼儿园有限公司

（王　欣）

【民办中小学更名】 2023年，民办中小学更名2所。

朝阳区更名民办中小学一览表

表7

序号	更名前名称	更名后名称
1	北京市朝阳区睿森学校	北京市朝阳区未来实验学校
2	北京市朝阳区清森学校	北京市朝阳区探月学校

（王　欣）

【校外培训机构专项治理行动】 5月至6月，区教委组织校外培训“平安消费”专项行动，联合区市场监管局、区金融办等部门，强化校外培训预收费资金监管。7月至8月，开展校外培训“监管护苗”2023年暑期专项行动，对重点时段开展集中执法检查，严查学科类隐形变异培训，聚焦“一对一”“住家教师”“高端家政”以及以夏令营、研学旅行、托管班等名义违规培训等问题进行专题整治。对1起违规学科培训行为进行公开通报。（丁艳荣）

【民办教育交流】 7月9日至10日，朝阳区民办教育协会参加中国民办教育协会主办的首届地方民办教育协会工作交流会。会上，区民办教育协会作“加强信用体系建设，促进民办教育发展”主题发言，从组织诚信建设活动、签署诚信办学承诺书、师德承诺主题教育、诚信活动先进单位、优秀教师和先进工作者评选、开展公益活动、开展信用评价工作、信用体系建设等方面介绍朝阳区民办教育诚信建设管理经验。（杨　扬）

教育督导

【概况】 2023年，朝阳区政府教育督导室设中小学、幼儿园、职高、校外及特教督学责任区32个。6月，通过市督导室评估验收；12月，朝阳区义务教育优质均衡督导评估被教育部督导局认定。聘任朝阳区第八届督学352名。组织朝阳区2023年春季督学培训会、“朝阳教育督导”微信平台使用培训；发展素质教育督导评估9所公办中小学校，以诊断式督导形式督导评估区内职高校和民办学校26所，社区办园点办园质量督导评估复评65所、公办中小学体育专项督导124所。（赵常付　赵　宁）

【同级督政】 2023年，朝阳区政府教育督导室修订《2023年对街道、地区（乡）办事处依法落实教育责任督导考核评价工作方案》。5月4日，区政府教育督导室对街道、地区（乡）办事处依法落实教育责任督导考核评价工作部署。9月22日，组织培训会，解读考核评价要点及测评细则。各街乡依据《评价指标体系》开展自查工作；11月中旬至12月底，开展集中考核，形成2023年度落实教育责任专项考核结果，上报区绩效办。（李　雪　张爱军）

【第八届责任督学聘任大会举办】 2月17日，朝阳区政府教育督导室第八届责任督学聘任大会举办。会议采用线上、线下形式。会上，总结第七届责任督学工作成效，部署第八届责任督学工作。朝阳区责任督学挂牌督导工作聚焦教育发展目标和重点，增强督导实施精准性和时效性，推动高质量教育督导体系建设，更好地促进朝阳教育高质量发展。新聘督导专家、第七和八届责任督学、相关科室、各中小学、幼儿园、职业高中等督导对象负责人及相关工作人员1100人参加会议。（赵常付）

【义务教育优质均衡发展督导评估】 6月29日至30日，朝阳区政府北京市人民政府教育督导室对朝阳区义务教育优质均衡发展实地督导评估暨对区级人民政府履行教育职责情况综合督导检查。区政府、各委办局主管领导、两委相关科室和直属单位70余人参加。督导检查包括听取区政府工作汇报、查阅档案等；举行区政府相关委办局负责人、教育行政部门相关科室负责人、校长座谈会；清华大学附属中学朝阳学校、北京市朝阳区呼家楼中心小学、北京市陈经纶中学劲松分校、北京市朝阳区呼家楼中心小学柏阳学校、北京市朝阳区将府实验学校、北京市朝阳区白家庄小学等6所学校考察；主要督导检查环节结束后集中反馈督导评估意见。12月18日至22日，区政府接受教育部对朝阳区义务教育优质均衡发展国家督导评估认定实地核查。核查组听取朝阳区作主题为“坚持教育优先发展　全面履行政府职责　大力推进朝阳义务教育优质均衡发展”汇报；就一些问题对相关委办局问询；查阅相关支撑档案；实地核查北京市陈经纶中学嘉铭分校、北京中学一分校、北京拔萃双语学校、北京市朝阳实验小学南校、北京市朝阳区芳草地国际学校、北京市第八十中学6所学校；教育部核查组对整体督导评估情况进行口头反馈。区政府、各委办局主管领导、两委相关科室和直属单位60余人参加。（李　雪　张爱军）

【区政府教育督导委员会成员单位联席会】 12月15日，朝阳区政府教育督导委员会办公室以视频会议形式举办成员单位联席会，30个成员单位参加。会议部署迎接教育部义务教育优质均衡发展国家督导评估认定实地核查工作部署会。督导委员会主任、区政府副区长通报朝阳区义务教育优质均衡发展国家督导评估认定工作自评报告，区教委部署迎接教育部义务教育优质均衡发展国家督导评估认定工作，区委常委、统战部负责人指示，统一思想、高度重视、推动朝阳教育优质均衡发展，加强领导、精心组织、做好教育部督导评估认定，落实责任、力求实效、不断提升朝阳区教育督导工作水平。（李　雪　张爱军）

文 化

综 述

【文化强区建设】 2023年，朝阳区聚焦全国文化中心、“五宜”朝阳建设，加强优秀传统文化保护传承，巩固扩大文化品牌影响力，优化公共文化服务供给。坚持“以文铸魂、以文兴业、以文育城”，建设开放自信的文化强区。深化“朝阳群众”品牌建设，构建城市文化标识体系，培育多场景、多业态演艺新空间。实施“文化+”战略，加快布局数字文化新业态，建设国际一流、国内领先的影视制作基地，创建国家文化产业和旅游产业融合发展示范区、国家文化和旅游消费示范城市。截至年底，全区有公共文化设施622处，城市书屋44家，社区流动美术馆57家，人均公共文化服务设施面积2.2平方米。有博物馆80家，实现每10万人拥有2.2座博物馆。全年开展公共文化活动5086余场，参与群众约425.37万人次。举办第22届北京民俗文化节。发布《朝阳区推进时尚之城建设三年行动计划（2023—2025）》，与6家知名院校、院团签署战略合作协议，组织时尚领域专家举办3次战略研讨会。策划实施24集大型电视杂志《北京朝阳文旅纪事》，获“全国百强文旅项目”。推动公共文化服务提质增效，文化馆等各处设施全年免费开放，提供公益惠民演出、培训等各类活动473场。举办“朝阳八月全民艺术节”“金刺猬大学生戏剧节”“朝阳公益影厅”“粉墨朝阳惠民京剧演出”“我们的节日”等系列文化活动，提升百姓幸福生活指数，以文化惠民增强群众精神力量。优化升级“朝阳宣传文化服务平台”，以数字化赋能公共文化发展，累计发布活动610场，预约活动3.17万人。全年规模以上文化及相关产业实现收入3145.0亿元，比上年增长3.2%；实现利润158.7亿元，比上年增长35.1%。

（于旭晨　李俊龙）

【街乡公共文化设施建设】 2023年，区文化和旅游局作为“多样性”人均公共文化服务设施建筑面积牵头部门，对标首都公共文化服务体系示范区创建标准，提升街乡公共文化设施达标率，有效利用疏解腾退空间及小区文化配套，实现社区（村）文化活动室设施和服务升级。推进各级基层文化设施和分馆建设。保障特殊群体基本文化权益，设置专门活动空间和服务项目。截至年底，人均公共文化服务设施建筑面积2.2平方米。

（木海热木·艾再孜）

【共建“时尚之城”战略合作签约】 4月27日，朝阳区“共建时尚之区”战略合作框架协议签约仪式在北京郡王府饭店举行，朝阳区政府与中国传媒大学、中央音乐学院、中国音乐学院、北京电影学院、中央歌剧院、中国东方演艺集团6家分别签署“时尚之城”战略合作协议。明确未来五年，双方将在推动各项创新成果转化，搭建艺术人才培育实践平台，提升朝阳区文化、艺术、时尚城市品质，推动文化事业和文化产业繁荣发展，推动北京全球时尚消费中心城市建设等方面展开深入合作，通过进一步整合首都文

▲ 5月23日，北京首家乡情村史“类博物馆”半壁店村史馆挂牌开放

（区文化和旅游局　供图）

▲ 4 月 27 日朝阳区“共建时尚之区”战略合作框架协议签约仪式在北京郡王府饭店举行，朝阳区与六家院校、院团达成共建“时尚之城”战略合作　（区文化和旅游局　供图）

化演艺资源，促进朝阳区文旅产业融合发展，培育朝阳文旅消费新地标，共同打造朝阳“时尚之城”。

（木海热木·艾再孜）

公共文化

【概况】 2023 年，朝阳区在区级、街乡、社区村三级基础上，设置地区级文化中心，推动四级公共文化服务网络建设，优化区级文化设施，鼓励引导特色文化空间建设，新建成城市书屋 2 家，累计建成朝阳城市书屋 44 家；依托“首都市民音乐厅”“社区流动美术馆展览项目”品牌活动项目，打造更多公共文化休闲空间；聚焦“七有”“五性”考核指标要求，整合多方资源，与首都 6 家演艺院校、院团达成战略合作，共同打造朝阳“时尚之区”“艺术之城”，赋能城市发展；落实北京市演艺新空间工作，对区内 12 家演艺新空间授牌认定，助力形成朝阳演艺之都品牌效应。举办“粉墨朝阳”京剧文化惠民演出活动 36 场，线上线下惠及 34 万人次。区宣传文化中心（区文化馆）入选首批“全国青少年美育示范基地”名单，是全市唯一入选的区级文化馆。

（木海热木·艾再孜　李俊龙）

【“全民阅读”主题系列活动举办】 2023 年，区宣传文化中心与中信书店签署《实体书店走进新时代文明实践中心战略协议》，围绕共建阅读空间、组织社区文化活动、提供文化服务等方面进行深度合作，累计开展亲子阅读等活动 20 场。举办“芳草雅集·青年文荟”世界读书日新书分享会，邀请三位青年作家分享新书及创作感悟。举办“榜样到家 –Bang Young!”讲座，教授辖区居民阅读方法，倡导自主学习习惯。举办“爱读书·读好书·阅享新时代”公益读书讲座活动，分享经典名著《如何阅读一本书》，现场指导读书方法。

（李俊龙）

【社区流动美术馆展览项目】 截至 11 月 10 日，朝阳区文化和旅游局委托北京盛世宝文化科技有限公司在来广营、望京、团结湖、呼家楼等 22 个社区流动美术馆展览 44 场。开展流动美术馆进校园、进企业、进楼宇、进商圈、进社区活动，新建校园美术馆 5 座、新建楼宇美术馆 5 座，开展展览活动合计 38 场。

（木海热木·艾再孜）

【公益电影放映】 9 月 27 日，“朝阳公益影厅”在完美世界影城冬奥村店举办启动仪式。现场向完美世界院线、中影国际影城等四家院线、影院代表授牌，放映影片《万里归途》。“朝阳公益影厅”发挥社会力量作用，探索合作共赢新模式，创新公益电影供给新机制，促进公益电影质与量的提升，在 8 家影院完成第一期电影放映活动 78 场，2216 人次观影。全年，区宣传文化中心采取固定场所和流动放映相结合的方式，为群众放映公益电影 1200 余场，31400 人次观影。

（李俊龙）

▲ 11 月 17 日，朝阳区流动美术馆进商圈暨“家国情愧”画家荆贵家书画作品展在燕莎奥特莱斯购物中心广场揭幕　（区文化和旅游局　供图）

【首都市民音乐厅活动转播】 6月至12月，首都市民音乐厅活动在首都图书馆举办。活动由中央歌剧院、中国广播艺术团、北京交响乐团三家院团承演，为广大市民呈现歌剧《茶花女》、经典交响音乐会《声如夏花》、大型民族交响音乐会《大河九曲》等演出6场，线下观看市民约4200人。朝阳文旅云参与转播，国家公共文化云、北京数字文化馆等多个平台直播或转播线上点击量233万余次。

（李博雅）

▲ 12月25日，朝阳区首批演艺新空间授牌仪式举行　（区文化和旅游局　供图）

【垡头笑剧场】 10月20日，姜昆题写的“垡头笑剧场”启动仪式在朝阳区垡头地区文化中心举办，中国曲艺家协会名誉主席、区文联名誉主席、著名评书表演艺术家刘兰芳，市区有关领导及垡头周边街乡、垡头辖区企事业单位领导及驻区部队、居民嘉宾代表等300余人到场参加。启动仪式暨首场演出由相声表演艺术家李金斗领衔，赵炎、石富宽、刘颖、付强、应宁、王玥波等老、中、青三代相声演员齐聚一堂，联手带来对口相声、双簧表演等10个精彩节目。垡头笑剧场由区文旅局、区文联、区宣传文化中心、垡头街道办事处联合主办，围绕“欢聚一堂 笑口常开 文化垡头 精彩朝阳”主题，开展传统文化专场系列演出，每月在垡头地区文化中心演出一场。年内，举办专场演出3场，900余人次观看。　（刘向菲　李俊龙）

【区对外文化交流协会换届】 11月29日，区对外文化交流协会第七届第一次会员大会在区规划艺术馆举行，选举产生协会新一届理事、监事及领导班子，区各相关单位领导、60余家协会成员单位代表100余人参加会议。

（李俊龙）

【区首批12家演艺新空间授牌】 12月25日，朝阳区演艺新空间授牌仪式在嘉瑞文化中心举行，开心麻花沉浸演艺新空间·花花世界等12家独具特色演艺场所成为区首批获授牌的演艺新空间。朝阳区持续推进特色演艺新空间建设，致力打造演艺消费新场景，推动文商旅跨界融合。

（木海热木·艾再孜）

群众文化

【概况】 2023年，区文化和旅游局结合“全国文明城区创建”、“美丽乡村建设”、“五城建设”（博物馆之城、阅读之城、艺术之城、双奥之城、时尚之城）等重点工作，采取线下结合线上形式，开展各类特色文化活动，保证市民文化供给。全年举办各类文化活动5666项、6473场，覆盖1947.37万人次。统筹“我们的节日”系列文化活动，持续推出“北京潮流音乐节”“艺术朝阳”等特色项目。依托“周末大舞台”“星火工程”等品牌活动项目，推进传统艺术和高雅艺术的普及。围绕“亮马河风情水岸国际艺术季”“2023亮马河国际风情水岸系列微演出活动”等品牌活动项目，策划各类主题专场演出，对接各类人群文化需求，提升文化供给精准度及覆盖率。

（木海热木·艾再孜）

▲ 10月13日，首都图书馆举办《大河九曲》大型民族交响音乐会（区文化和旅游局　供图）

【“我们的节日”系列活动】 2023年，区文化和旅游局围绕春节、元宵节、清明节、端午节、七夕节、中秋节、重阳节7个传统节日及元旦、劳动节、国庆节主题，开展具有时代特色的系列文化活动，满足市民精神文化需求。全年开展节日文化活动1566场，参与群众251.35万余人次。

（木海热木·艾再孜　李俊龙）

【百姓周末大舞台】 2023年，由北京市文化和旅游局主办，朝阳区文化和旅游局承办公益性演出“百姓周末大舞台”开展文艺演出86场，覆盖43个街乡，参与群众约1.5万余人次。演出内容对接地区百姓需求，节目类型有综艺、儿童剧、杂技、戏曲等。举办进校园、进养老机构等专场慰问演出。

（李博雅）

【星火工程】 2023年，由北京市文化和旅游局主办、朝阳区文化和旅游局承办的公益性演出“星火工程”，在全区开展文艺演出38场，覆盖19个乡镇，参与群众0.58万余人次，实现农村地区全覆盖。演出内容对接地区百姓需求，节目类型包含综艺、儿童剧、杂技、戏曲等多种形式。在保障普通观众群体基础上，开展进校园、养老机构等专场慰问演出。

（李博雅）

【群众文艺创作】 2023年，区宣传文化中心推送53支队伍、179名专业人才、232个作品参加“歌唱北京”“舞动北京”“艺韵北京”“影像北京”等市级以上各类群众文化艺术类赛事，93个作品获奖。挖掘全区优秀文学作品，孵化潜力作者，推出《芳草地》（双月刊）常规期刊6期、《朝阳群众话朝阳》特刊1期，刊印4000册。

（李俊龙）

【全民美育活动】 2023年，区宣传文化中心开展“社区一家亲”全民美育课堂进街乡、进机关、进校园，组织声乐、器乐、舞蹈、美术、戏曲、话剧、非遗等课程3000场次，线上线下受众30万余人。朝阳区美育教育中心对外开放，开展春季学期课程、暑期集训课程、秋季学期课程，开设音乐、舞蹈、书画、器乐、棋类等17门类艺术课程1526课时，服务30520余人次。利用国家大剧院、中国音乐学院附中等专业院团、院校资源，举办“五月的鲜花”师生音乐会、“少年之光”音乐会、“芳草雅集”“名师讲艺”等美育活动500余场次。

（李俊龙）

▲ 9月21日，在首开书院开展“百姓周末大舞台”演出活动——即兴喜剧专场

（区文化和旅游局　供图）

【“金刺猬”大学生戏剧节】 3月26日，由朝阳区推进全国文化中心建设领导小组办公室、区新时代文明实践中心办公室指导，北京戏剧家协会、朝阳区宣传文化中心主办，共青团朝阳区委、新京报社支持的第21届“金刺猬”大学生戏剧节颁奖典礼及优秀剧目展演活动在区宣传文化中心9剧场举办。本届戏剧节以“强国复兴有我，演绎精彩青春”为主题，征集全国15个省、自治区、直辖市及特别行政区33所大学院校36个剧社的52部剧目，近2000人参与，约22万人线上观看。活动特邀9位国内资深戏剧专家组成评审组对作品进行历时3个月的评审，遴选出11部优秀剧目，选出最佳表演奖、最佳编剧奖、最佳演出奖。

（李俊龙）

【北京潮流音乐节】 4月30日至5月2日，“北京潮流音乐节”在北京音乐产业园举办。音乐节以“摇滚燃岁月”“热血铸青春”“五音传千年”为主题，邀请面孔乐队、隔壁老樊、九连真人、南无乐队等12支乐队进行演出，每场演出约40分钟，惠及百姓约3000人次。活动在《北京日报》、《北京晚报》、北京人民广播电台、环球网、新浪网新闻、北京电视台、中国新闻网、人民网、人民政协网、中国网、《新京报》等20余家媒体报道。

（李博雅）

【社会主义核心价值观原创文艺作品征集展示】 6月27日，第九届“艺术朝阳”社会主义核心价值观原创文艺作品征集和展示活动启动仪式暨“朝阳群众创艺秀”在东进国际中心举行，朝阳区委常委、宣传部部长孟锐出席活动。12月27日活动收官，活动征集849部优质作品，累计播放量1.2亿人次。

（木海热木·艾再孜）

【亮马河国际风情水岸系列微演出活动】 6月至11月，亮马河国际风情水岸系列微演出活动在亮马河沿岸持续举办，演出活动108场，参与群众约3.9

▲ 5月1日，北京潮流音乐节“热血铸青春”专场演出　　（李博雅　供图）

万余人次。活动采取“专群结合”方式，邀请朝阳区战略合作院校、非遗传人、文艺带头人、街乡品牌文化团队等多层次文艺人才团队，持续开展器乐、声乐、曲艺、戏曲等多种形式的微演出活动，为市民游客提供文体休闲旅游更加深度融合的沉浸式夜间消费场景。（李博雅）

【首届朝阳捌月全民艺术节】 8月5日，区宣传文化中心启动以“打开艺术之门，朝阳拥抱未来”为主题的首届朝阳捌月全民艺术节暨朝阳区新时代文明实践推动月活动。艺术节为期一个月，通过主题活动、艺术课堂、艺术实践等3个板块11个重点项目，举办100余场文化活动，开设400小时公开课程，10余万人次参与。在全市首届文化馆服务宣传月活动评比中，区宣传文化中心文化建设一科、亚运村街道市民活动中心获先进集体，“每日艺术课堂”和“美育实践工坊”获典型示范项目，5人获先进个人。（李俊龙）

【亮马河风情水岸国际艺术季】 10月15日，由市文化和旅游局、区人民政府主办，区文化和旅游局承办的2023亮马河风情水岸国际艺术季在朝阳公园贝壳剧场开幕。活动为期一个多月，邀请中外艺术家、艺术爱好者等开展38场文化艺术活动，打造京城首个户外演艺主题城市会客厅，展现多元文化交相辉映的朝阳活力。

（木海热木·艾再孜）

▲ 7月15日，亮马河国际风情水岸系列微演出活动——“艺彩绽放 闪亮朝阳”民乐专场演出　　（李博雅　供图）

文化遗产保护

【概况】 2023年，朝阳区第七批区级非遗项目启动申报评审，朝阳香文化传习所开馆，以“文化和自然遗产日”4大板块32场主题活动为代表的非遗展示与传播活动策划推出，“非遗之美·璀璨朝阳”朝阳区建区65周年非物质文化遗产精品展开幕，“寻找工匠”朝阳区非遗传承人群培养计划持续实施，“非遗大课堂”“职工美育课堂”等贴近人民生活的普及教育培训多地开展等，既延续了以往朝阳区非遗工作的品牌优势，同时将非遗的发展与创新融入“五宜”朝阳的建设中，在实践中，探索走出非遗保护传承的“朝阳模式”。坚持“保护第一、加强管理、挖掘价值、有效利用、让文物活起来”的新时代文物工作方针，主动融入发展大局，更好推动朝阳区文博事业建设。依据最新政策合理规划文物使用，促进文物保护与旅游开发协调发展。持续鼓励社会力量兴办博物馆，协同各方力量助推文博发展，开展“类博物馆”认定工作，实施五进工程切实文博惠民，打造特色活动品牌弘扬传统文化。

（白洁琼　李俊龙）

【非遗代表性传承人和代表性项目推荐评审】 2023年，区文化和旅游局、区宣传文化中心推荐申报第五批北京市级非物质文化遗产代表性传承人7名，评选第七批朝阳区级非物质文化遗产代表性项目33项。（白洁琼　李俊龙）

【大运河传说故事抢救工作】 2023年，朝阳区开展大运河（朝阳段）传说故事抢救工作，精选传说故事31篇编印成集，填补非遗名录民间文学类别空白。

（白洁琼　李俊龙）

【“非遗”文化活动】2023年，朝阳区举办非物质文化遗产体验、培训、讲座等各类活动210场。重点组织“梦幻·秘境”国家级“非遗”项目傅氏幻术专场演出、三里屯商圈“非遗”市集、“寻找工匠”泥塑（北京兔儿爷）传承人群培训、孔医堂中医项目扶持，组织朝阳“非遗”项目亮相“一带一路”国际合作高峰论坛、首届国际“非遗”周。（白洁琼　李俊龙）

【传统文化进商圈活动】1月2日，区文旅局联合蓝色港湾国际商区举办为期4天的传统文化进商圈活动结束。通过现场写书法送福字、送剪纸以及中国结亲子手工体验等方式，营造节日氛围，弘扬优秀传统文化，为市民元旦假日增添文化元素。

（张　莅　曹　艺）

【朝阳香文化传习所揭牌】2月21日，北京市朝阳香文化传习所揭牌、开馆仪式举办，市、区相关领导出席仪式。朝阳香文化传习所，建筑面积1200平方米，为全区首个由政府提供场地支持、非物质文化遗产代表性传承人运营的非物质文化遗产传习所。全年开展公益惠民文化活动100场，惠及15000人次。（白洁琼　李俊龙）

【“博物馆之城”主题论坛】3月2日，以“美好向未来：以文博空间构筑城市聚场”为主题的朝阳区“博物馆之城”主题论坛在北京郡王府举行。活动由朝阳区文化和旅游局主办，北京蓝色智慧管理咨询中心、北京郡王府承办。中国文物学会会长、故宫博物院学术委员会主任单霁翔，北京市文物局副局长向德春，朝阳区领导文献、黄晓伟、许嘉宁、杨蓓蓓、李靓出席。活动中，邀请专家学者畅谈“博物馆之城”建设，朝阳区向专家颁发聘书，表彰优秀博物馆，与社会各方签订战略合作协议，汇集多方力量共促“博物馆之城”建设。

（李博纶　陈　烜）

▲3月2日，博物馆之城论坛现场　（区文化和旅游局　供图）

【全市首家“类博物馆”挂牌】3月24日，北京首家“类博物馆”北京崇德堂匾额博物馆挂牌开放。国家文物局、北京市委宣传部、北京市文物局、朝阳区政府等单位共同参加挂牌仪式。

（李博纶　曹　艺）

【“5·18”国际博物馆日活动启动】5月1日，首届北京博物馆活动月、朝阳区“5·18”国际博物日活动主会场暨2023年北京博物馆文创市集启动仪式在中国铁道博物馆（东郊馆）开幕，北京市文物局、北京博物馆学会、朝阳区人民政府、朝阳区文旅局等单位领导出席。（李博纶　曹　艺）

【全市首家乡情村史“类博物馆”挂牌】5月23日，北京首家乡情村史“类博物馆”半壁店村史馆挂牌开放。半壁店村史馆占地面积932平方米，共有藏品486件（套），通过该馆的展览展示可以让观众更多地了解朝阳区高碑店乡半壁店村史，了解传统文化。市

▲3月24日，北京首家类博物馆北京崇德堂匾额博物馆挂牌开放　（区文化和旅游局　供图）

文物局、区文化和旅游局相关领导出席活动。（李博纶 陈 烜）

【文化和自然遗产日宣传活动】 6月2日至10日，区宣传文化中心开展“加强非遗系统性保护 促进可持续发展”朝阳区2023年文化和自然遗产日系列主题活动，策划非遗展览展演、文化互动体验、传统文化讲堂和非遗美食体验之旅4个板块，包括“携手共传承”京蒙非遗交流展演、“非遗之美·璀璨朝阳”朝阳区非物质文化遗产精品展、“朝阳迎非遗，国声看大戏”京剧演出、“致敬非遗”传统文化雅集、“巧手绘制兔儿爷，编制中国结”制作体验等32场主题活动，向群众展示中华优秀传统文化和朝阳区非遗系统性保护经验成果，惠及群众6500余人次。

（白洁琮 李俊龙）

【青少年走进博物馆系列活动】 8月11日至10月22日，“在朝阳遇见博物馆”之青少年走进博物馆系列活动分别在中国紫檀博物馆、中国电影博物馆、北京闽龙陶瓷艺术博物馆举办。活动由朝阳区文化和旅游局主办，中国紫檀博物馆、中国电影博物馆、北京闽龙陶瓷艺术博物馆承办。3场活动主题鲜明，各具特色，吸引600余名青少年及家长走进博物馆，体验传统文化魅力。（李博纶 陈 烜）

【博物馆进商圈启动仪式】 9月16日，“在朝阳遇见博物馆”之博物馆进商圈启动仪式在朝阳区蓝色港湾举办。至9月底，以展览、展演、市集等文博活动，打造沉浸式、共享型、多元化的朝阳商圈文化空间。

（李博纶 陈 烜）

【大运河永通桥修缮工程竣工】 10月24日，北京市文物工程质量监督站、国家文物局专家库专家共同对大运河永通桥修缮工程进行竣工验收。工程于2021年12月3日开工，修缮内容主要包括本体修缮（栏板、望柱、桥面、雁翅等）、河底装板调查、河身驳岸整修以及分水尖整修等。

（陶 原 沈子豪）

▲ 10月24日，永通桥竣工验收　（区文化和旅游局 供图）

【博物馆之城建设专项培训班】 11月6日至7日，2023年朝阳区博物馆之城建设专项培训班在中央文化和旅游管理干部学院举办，来自全区各博物馆的馆长、业务负责人80余人参加培训。培训邀请故宫博物院、首都博物馆、中国文物报社的业内知名专家学者进行授课。其间，组织博物馆座谈会，促进馆间交流互鉴。

（张 莅 曹 艺）

【北京第二批“类博物馆”挂牌开放】 11月24日，北京第二批“类博物馆”北京闽龙陶瓷艺术博物馆、北京聚砚斋砚台文化博物馆经由北京市文物局验收，正式挂牌对外开放。

（张 莅 曹 艺）

【文娱场所突击夜查】 12月24日，区文化市场综合执法大队主要领导带队到三里屯地区，重点对周边文娱场所开展突击夜查。执法人员到天堂酒吧、德云社、爱乐汇等场所，对是否悬挂证照和警示标志、是否存在接纳未成年人、是否含有紧张内容等进行逐条逐项对照检查，同时严格核实各场所安全通道是否畅通、消防器材是否完好、应急预案是否完备等安全生产相关措施落实情况。（何 晶）

2023年朝阳区区级以上文物保护单位一览表

表8

序号	文物名称	保护级别	地址
1	东岳庙	国家级	朝阳区朝外大街141号
2	日坛	国家级	朝阳区日坛北路6号
3	元大都城墙遗址	国家级	朝阳区安外小关街甲38号
4	四九一电台旧址	国家级	朝阳区豆各庄乡双桥街9号院
5	清净化城塔	国家级	朝阳区黄寺大街11号
6	大运河－永通桥	国家级	管庄乡八里桥村东南
	大运河－庆丰闸	国家级	朝阳区双井街道庆丰公园东园
	大运河－平津闸	国家级	朝阳区高碑店乡高碑店村
7	北顶娘娘庙	市级	朝阳区奥运村街道奥体公园临时5号院
8	十方诸佛宝塔	市级	朝阳区王四营乡王四营村
9	顺承郡王府	市级	朝阳区朝阳公园南路19号
10	马骏烈士墓	市级	朝阳区日坛北路6号
11	南下坡清真寺	区级	朝阳区朝外二条129号
12	张翼祠堂	区级	朝阳区豆各庄乡豆各庄村西1号院
13	海阳义园（山东会馆）	区级	朝阳区呼家楼南里2号院
14	肃慎亲王敬敏墓	区级	朝阳区王四营乡道口村西北
15	常营清真寺	区级	朝阳区常营乡常营民族家园1号
16	那桐墓	区级	朝阳区三间房乡双桥街西巷6号
17	显谨亲王衍璜墓	区级	朝阳区潘家园街道潘家园东里

文化市场管理

【概况】 2023年，区文化市场综合执法大队围绕文化市场安全对辖区内网吧、歌舞厅、影剧院及演出、出版物、版权、文物和卫星地面设施等各类文化娱乐场所开展行政执法检查。全年出动执法人员17352人次，检查文化娱乐场所5953家次，开展联合检查及夜查140次，立案102起，结案120起，罚没款41.74万元，收缴物品63件，处理投诉举报件9033件。

【开展互联网公司专项约谈】 1月16日，区文化市场综合执法大队对北京龙威互动科技有限公司、北京互联经纬科技开发有限公司及北京完美世界科技文化有限公司等互联网公司，开展树立公司底线意识、风险意识和预判意识等专项约谈。

【检查酒店卫星电视接收情况】 2月15日，区文化市场执法大队由市广电局传媒机构管理处领导带队，会同市级文化执法部门和相关技术单位对朝阳区各酒店卫星接收和安全隐患问题开展联合检查指导。

【网络文化公司调研检查】 3月10日，区文化市场综合执法大队深入北京龙威互动科技公司、完美世界集团和孔夫子旧书网进行网络文化领域实地调研和检查，向各企业宣讲行业法律法规，督促各企业守法合规经营。

【文化娱乐场所专项检查】 4月5日，区文化市场综合执法大队联合公安、市场监管局等相关部门开展为期一周的文化娱乐场所专项检查，以歌舞娱乐场所为重点对象，出动执法人员70余人次，检查相关文化娱乐场所20余家次。

【宗教专项联合检查】 4月18日，区文化市场综合执法大队针对公共场所设置宗教设施、违法举办宗教活动等违规行为，联合公安、民宗、属地等部门开展专项执法检查，立案调查4起、清理露天造像2处、清理宣传牌1处，取缔非法宗教活动场所1处。

【“护苗·绿书签”活动】 4月23日，区文化市场综合执法大队联合麦子

▲ 4月23日，区文化市场综合执法大队联合麦子店街道开展“护苗”宣传活动
（区文化和旅游局　供图）

店街道在枣营北里社区开展2023年“护苗·绿书签”法治宣传活动，为未成年人健康成长筑牢文化安全“防火墙”。

【对电影放映场所进行联合检查】 4月26日，市委宣传部副部长、市电影局局长霍志静带队，联合朝阳区委宣传部、区文化市场综合执法大队、街道办事处等部门，对三里屯等重点区域电影放映场所进行实地检查。检查组一行重点对影院消防等安全应急工作落实情况进行严格核查，对影院做好“五一”节前安全生产各项工作提出7项具体要求。

【“国际禁毒日”普法宣传】 6月26日，区文化市场综合执法大队在朝阳公园开展“国际禁毒日”普法宣传活动。通过发放禁毒宣传册、文化执法宣传品、提供法律咨询等多种形式，帮助群众了解毒品危害，强化识毒、防毒、拒毒意识，加大对文娱场所的禁毒宣传力度，推动全区文化市场禁毒工作高质量发展。

【暑期行业执法检查】 7月4日至11日，区文化市场综合执法大队开展为期一周的暑期文化行业执法检查，出动执法人员99人次，检查网吧、KTV、电玩城等重点文娱场所33家次，对4家存在超时经营行为的KTV予以立案。

【卫星接收设施集中专项整治】 7月31日，区文化市场综合执法大队深入开展非法卫星地面接收设施集中专项整治，拆除卫星地面接收设施145套，引导物业管家和居民自觉抵制非法安装“小耳朵”行为，净化社区软环境，筑牢广播电视安全播出防线。

【服贸会服务保障】 8月23日，区文化市场综合执法大队开展2023年中国国际服务贸易交易会服务保障工作，对辖区内8家服贸会接待酒店的广播电视安全播出情况进行“拉网式”检查，同时对酒店及服贸会场馆周边文娱场所开展专项检查。

【“护苗成长　一路同行”普法宣传】 9月18日至21日，区文化市场综合执法大队到呼家楼小学、北京陈经纶中学（本部初中），开展“护苗成长　一路同行”普法宣传系列活动，准备动画视频、普法课堂、有奖问答等环节，向青少年学生介绍“扫黄打非”小常识，为未成年人构筑起全链条、全方位的文化市场保护屏障。

【文化市场安全生产检查】 9月27日，区文化市场综合执法大队联合区委宣传部、区应急局综合执法大队、区消防救援支队及属地街道，开展中秋、

▲ 4月26日，区文化市场综合执法大队做好安全事故警示教育，开展“五一”节前影院行业安全检查　（区文化和旅游局　供图）

▲ 6月26日，朝阳区文化市场综合执法大队在朝阳公园开展普法宣传，筑牢文化市场“全民禁毒”防线　（区文化和旅游局　供图）

国庆节前文化市场安全生产检查，重点检查红砖美术馆、金鸡百花影院等场所节前服务保障与安全生产工作。

（何　晶）

文化产业

北京潘家园国际民间文化发展有限公司

【概况】北京潘家园国际民间文化发展有限公司（简称潘家园文化公司）编制56人，实有46人。子公司4个，为北京潘家园旧货市场有限公司（简称市场公司）、北京潘家园古玩艺术品文化传媒有限公司（简称传媒公司）、北京潘家园拍卖有限公司（简称拍卖公司）、北京潘家园文化创意有限公司（简称文创公司）。2023年，潘家园文化公司资产总额76198万元，负债总额8331万元，所有者权益67868万元，利润总额1710万元。潘家园文化公司加入朝阳区对外文化交流协会理事单位，获评2022年度“北京市诚信品牌企业”，1人获2022年度北京工艺美术行业先进个人称号。“潘家园”品牌被认定为中国驰名商标、北京市著名商标、北京市年度十大商业品牌，市场入选全国十大古玩市场、全球十大“跳蚤”市场、北京市朝阳区文化创意产业集聚区、北京市朝阳区首批特色文旅消费街区、北京市朝阳区精品文化旅游线路。潘家园旧货市场获“第十三届中国商品市场峰会功勋市场”“北京市特色消费街区”称号，获评北京市安全文化建设示范企业和安全生产标准化二级企业，在首届全国职工木作技艺技能大赛中获“特别贡献奖”。潘家园直播电商基地获评为“北京市特色直播电商基地”。潘家园官方微博账号“潘家匠”获微博平台“2022年度微博电商红人”称号。潘家园礼物“缠枝莲宝相纹盖碗”获2023“一带一路”文创大赛文博非遗艺术赛道金奖，“丝路华彩绢绣装饰摆台”获2023“一带一路”文创大赛“丝路金桥”IP联名设计荣誉赛道银奖，“北京雨燕”风筝装饰画入选“北京外事礼物”名录，被授予纪念奖牌，“双奥之城·北京影像”获2023中国旅游商品大赛入围奖。潘家园拍卖公司获2022艺势峰会暨第六届艺术市场价值榜“开拓创新奖”。

【“抖音好物年货节”活动】1月1日至7日，潘家园电商直播基地联合抖音平台举办“抖音好物年货节”活动。活动以“宝藏心意年”为主题，从商品选品、短视频拍摄、玩法指导等方面组织商户参与。活动期间，基地订单近21万单，比上年增长30%，成交总额超9985万元，比上年提高99%。

【潘家园拍卖获开拓创新奖】1月18日，由北京商报社、北京拍卖行业协会联合主办的“2022艺势峰会第六届艺术市场价值榜”揭榜，潘家园拍卖公司以独特的经营理念和创新的拍卖模式，获“开拓创新奖”。潘家园拍卖公司定位于中小拍卖市场，主打高频次、小规模日常生活拍，吸引更多普通百姓参与拍卖活动。拍卖从2020年开始突破常规定位，布局线上业务，通过潘家园拍卖小程序、抖音直播建立起稳定的线上拍卖平台。年内，潘家园拍卖举办线上拍卖活动近700场、线下活动近50场，上拍拍品超3万件，成交额比上年增长190.2%。

【“京潮·京品”朝阳礼物征选】2月8日，由区委宣传部指导、区文化和旅游局主办、潘家园文化公司承办的第二届“京潮·京品”朝阳礼物征选品牌盛典举办。征选活动开始于2022年7月，历经作品征集报名、作品初审、公众投票、决赛路演等阶段，产生10个“朝阳礼物”及5个单项奖。此次品牌盛典对最终获奖作品进行揭晓颁奖，潘家园礼物两款参赛作品“双奥之城·朝阳影像”纸雕灯和“丹凤朝阳”粉彩仿古泥灰釉三才杯分获“朝阳礼物奖”和“网络人气奖”。“京潮·京品”朝阳礼物征选活动，成为朝阳区彰显区域文化内涵、激发区域文旅消费潜能、推动文旅融合发展的品牌文化活动。

【春季艺术品拍卖会】2月23日至26日，潘家园文化公司开启春季艺术品拍卖活动。此次拍卖会设“中国书画专题”“古籍文献专题”“杂项专题”“当代及签名艺术专题”4个专场，计700余件拍品，包括书画作品、明清古籍、名人手稿信札、奏折题本、纸品文献、瓷器、玉器、木雕、漆器、铜器、潮

▲ 2月8日，第二届“京潮·京品”朝阳礼物征选活动品牌盛典（潘家园文化公司　供图）

流玩具、名人签名等若干细类，种类繁多、精品荟萃。此次拍卖为 2023 年度第一次线下拍卖，在优质特色拍品供给上下足功夫，兼容古朴韵味与当代审美。该场活动达成拍卖额 17.47 万元，成交率 25.2%。

【抖音“3·8 女王节”活动】 3 月 8 日，潘家园电商直播基地联合抖音平台举办抖音“3·8 女王节”活动。活动以“天生光彩、魅力自定义”为主题，围绕节日造势营销，抢滩“她经济”，从短视频制作、货品准备、活动组织等方面开展，掀起消费热潮。活动期间，订单量近 30 万单，销售额近 1.47 亿元，比上年增长 13.51%。

【“北京风光办公垫”获奖】 3 月 20 日，由中共北京市委宣传部指导，北京市文物局、北京中轴线申遗保护办公室主办的 2022 北京中轴线文化遗产传承与创新大赛获奖榜单发布，潘家园公司选送作品“北京风光办公垫”获“中轴创意赛道——中轴文创”文创类作品优秀奖。大赛以“传承中轴文脉　传播古都文化”为主题，征集作品 1600 余件，经过组委会专家审定，16 件文创类作品获得奖项。

【民间旧货展】 3 月 23 日至 26 日，由潘家园文化公司、北京慧彩东方文化公司共同组织的“第七届潘家园民间旧货展”在潘家园旧货市场举办。此次展会以民间、民俗藏品为特色，展销古玩旧货、玉石珠串、古瓷器、文玩核桃、文房字画、海外回流等诸多藏品。现场设有 200 余个展位，云集海内外收藏家 400 余人。开展首日，吸引 3000 余名周边游客游览购物。

【玻璃器皿展】 3 月 25 日，由北京市文物局指导、潘家园文化公司主办、北京琉璃之美文化发展有限公司协办的“丝路上的七彩之光、琉璃之美”玻璃器皿展在潘家园旧货市场开幕。此次展览以古代丝绸之路国家玻璃器皿为主题，展出从西罗马帝国时期（约公元 1 世纪）到伊斯兰晚期（约公元 13 世纪）玻璃器皿及古珠、古雕塑等艺术品，其中古代玻璃器皿 100 余件、古代珠饰 60 件、古代雕塑 5 件。

▲ 3 月 25 日，潘家园文化公司主办的“丝路上的七彩之光、琉璃之美”玻璃器皿展开幕
（潘家园文化公司　供图）

【钱币邮票交流会】 3 月 29 日至 31 日，“2023 潘家园第三届全国钱币邮票交流会”亮相北京潘家园旧货市场东书刊区。活动现场设有 150 余个摊位，各式钱币、邮票藏品悉数亮相，品类多样、品相各异。交流会现场日均客流量 2000 余人次，市场整体客流量比上年增长 20%。

【全国连环画交易会】 4 月 20 日至 24 日，潘家园第三十一届全国连环画交易会在潘家园旧货市场举办。此届连环画交易会云集不同年代的连环画名家手稿、获奖作品、古典故事题材等精品，琳琅满目、品类齐全，吸引众多连环画爱好者及游客争相选购。

【首批北京市特色直播电商基地】 4 月 26 日，北京市商务局指导开展首批北京市特色直播电商基地认定工作，潘家园电商直播基地获评首批“北京市特色直播电商基地”称号。认定工作依据《北京市特色直播电商基地认定办法（试行）》，从特色直播电商基地的运营规模、服务能力、品牌特色、示范能力、发展潜力等维度对参评基地进行评价，包括潘家园直播基地在内的 13 家单位被认定为北京市特色直播电商基地。

【核雕展销会】 5 月 11 日至 14 日，聚核缘第十届全国核雕名家名作精品展销会亮相潘家园旧货市场。此次活动精选全国 30 余户参展商，携 2000 余件核雕作品亮相展会，邀请多位核雕名家齐聚京城，为广大藏友奉上一场核雕盛宴。10 月 19 日，聚核缘第十一届全国核雕名家名作精品展销会在潘家园旧货市场拉开帷幕。活动为期 4 天，精选全国 30 余户参展商及多名核雕大师携 2000 余件核雕作品亮相，其中不乏国家级非遗传承人、国家级高级工艺美术师等大师级精选核雕作品。展会期间客流量近万人，受到核雕爱好者以及社会各界人士广泛关注。截至年底，核雕展销会举办 11 届。

【“双奥之城·北京影像”纸雕灯入选北京礼物】 5 月 30 日，北京市文化和旅游局发布 2023 年新认证的“北京礼物”，潘家园文创公司选送的“双奥之

▲ 5月11日至14日，聚核缘第十届全国核雕名家名作精品展销会亮相潘家园旧货市场（潘家园文化公司　供图）

城·北京影像”纸雕灯获选代表北京形象的北京礼物。10月，“双奥之城·北京影像”纸雕灯被纳入第三届“一带一路”国际合作高峰论坛期间特色文创展售商品，潘家园文创公司因高质量完成服务保障任务获北京市政府外事办公室感谢信。

【首届喜马拉雅文化古代艺术品交流会】6月1日至7日，“2023北京潘家园首届喜马拉雅文化古代艺术品交流会”亮相潘家园旧货市场。此次活动汇聚16家经营喜马拉雅文化古代艺术品参展商，集中展示以各类佛像、唐卡、古珠、天铁为主的喜马拉雅风格艺术品，展现喜马拉雅地区民族、民俗、民间生活特点，呈现不同时期、不同地区、不同文化艺术品“对话”，为喜马拉雅风格艺术品爱好者和商家搭建学习交流平台。

【首届中国文物艺术品交流会】6月9日，“首届中国文物艺术品交流会”“首届全国市县收藏组织经验交流会”开幕仪式在潘家园旧货市场举行。中国收藏家协会、北京市文物鉴定委员会、全国工商联民间文物艺术品商会业态专委会以及来自全国市县收藏协会代表出席开幕式。交流会汇聚全国各地150余位藏友，5000余件展品以展示、展销方式与广大消费者见面。此外，同期举办文物艺术品惠民拍卖、行业从业者座谈、新书签售会等活动。

▲ 6月9日，首届中国文物艺术品交流会在潘家园旧货市场举办（潘家园文化公司　供图）

【“潘家园拍卖三周年”艺术品拍卖会】6月18日，潘家园拍卖公司举办“潘家园拍卖三周年”艺术品拍卖会。此次拍卖会精选书画古籍、名人墨迹、纸品信札、文房杂项等713件拍品，邀请拍卖之家、易拍全球、孔夫子旧书网等9家网络拍卖平台进行线上同步预展拍卖。潘家园拍卖秉承“经营讲诚信　商品讲品质”经营理念，邀请行业专家对所有拍品层层把关。此次活动成交拍品242件，成交金额30余万元。

【扇子文化艺术展】7月19日至30日，由潘家园文化公司联合北京扇子艺术协会共同举办的“扇子文化艺术展”亮相潘家园旧货市场现代品收藏大厅。展览汇集200余件作品，包含折扇和团扇两大品类，扇面题材涵盖山水、人物、花鸟、书法等传统内容。活动期间，北京扇子协会会长、制扇非遗传承人郑高现场展示手工制扇过程，并有多位扇面绘画老师根据需求进行现场绘画制作，画面内容创新丰富，吸引不少年轻游客和藏家驻足观看。

【首届“非遗建盏”文化节】7月26日至30日，北京首届非遗建盏文化节亮相潘家园旧货市场东区大棚。此次文化节甄选以茶器为主的2000余件作品，囊括束口、敛口、撇口、敞口等形制，色釉有黑色釉、兔毫釉、鹧鸪斑釉、毫变釉和杂色釉等，器形多样，釉色丰富，多角度、全方位向消费者展示建盏文化。展览邀请20

余位建盏手工艺人亲临活动现场，和广大藏友及消费者面对面交流建盏文化。

【爱心公益惠民夜拍】 7月28日，潘家园拍卖公司举办首场爱心惠民夜拍活动。活动以潘家园首届非遗建盏文化节为契机，精选省级建盏工艺大师精美作品20件作为拍品，以低价起拍、零元起拍的形式，助力爱心公益事业，帮扶特殊儿童。活动现场广大游客踊跃参与，拍品全部成交，所得拍卖收入全数捐赠给特殊儿童。

【胶片摄影派对】 8月5日，由潘家园旧货市场和小红书人气博主“埃里克相机实验室”联合举办的“北京胶片摄影派对”在潘家园旧货市场二层展厅举行。现场有胶片摄影作品分享、基础胶片摄影教学、现场冲印胶卷体验、胶片摄影器材交流及模特胶片写真拍摄等活动，为摄影爱好者提供展示交流平台。

【获“一带一路”文创大赛金银奖】 9月5日，由工业和信息化部工业文化发展中心指导、中国联合国采购促进会主办的2023“一带一路”文创大赛在首钢园颁奖。文创公司选送的两款文创产品“缠枝莲宝相纹盖碗”“丝路华彩绢绣装饰摆台”分获文博非遗艺术赛道金奖、“丝路金桥”IP联名设计荣誉赛道银奖。

【民间收藏艺术品展示交易会】 9月7日至10日，北京·中国文物国际博览会潘家园分会场——第三届潘家园民间收藏艺术品展示交易会在潘家园旧货市场举办，集中展出300余件优秀民间收藏品，各时期、各窑口、各工艺的古瓷精品以及各朝代古币、银币、银锭、纸钞等展品悉数亮相。公司紧扣文博会主题，采用线上线下融合方式，呈现民间旧货收藏展览、民间收藏交流会、公益鉴定、知识讲座、线上拍卖等一系列内容，满足各层级收藏爱好者的鉴赏需求。

【首届非遗茶艺师班培训】 9月21日至24日，潘家园首届非遗茶艺师班培训活动在潘家园旧货市场二层培训教室举办。此次活动邀请江西省南昌市巾帼建功标兵、洪州茶艺非遗传承人、国家一级茶艺师、一级评茶员熊雅琼老师进行授课，重点围绕茶文化历史和种类、识茶、煮茶、泡茶、倒茶、品茶方法进行讲解，详细介绍茶的种类、泡茶器具、泡茶之法和茶艺礼仪等知识。

【全国“红色收藏”展览交易会】 9月22日，由中国收藏家协会红色收藏委员会和潘家园文化公司共同举办的北京潘家园第二十届全国“红色收藏”展览交易会在潘家园旧货市场开幕，面向全国藏友公开征集藏品，展出1000余件经典藏品，涵盖各类像章、雕塑、摆挂件、织绣品、老照片、宣传海报、书法作品、毛主席诗集、罕见邮票、珍贵红色书籍等。市场内专设200余个红色藏品摊位，供来自全国各地的红色藏友携藏品在此交流。

【中国鸣虫大赛文化活动】 10月5日、12月9日至10日，由首都鸣虫专业委员会主办、虫友堂协办的“中国鸣虫大赛文化活动”在潘家园旧货市场现代收藏品大厅二楼展厅举行。其中10月5日活动包括北京第三十六届蟋蟀邀请赛“姚亦飞杯”、北京市第十一届蟋蟀个人赛、北京市第三届蟋蟀“虫王杯”赛三个环节，活动邀请数十位评委专家点评观赛。年内，开展鸣虫大赛3场，同期开展鸣虫知识文化讲座、养虫心得等交流活动。

【潘书馆古旧书博览会】 10月12日，潘家园文化公司联合孔夫子旧书网共同主办的“潘书馆——‘万阅典藏’2023潘家园第五届古旧书博览会”在潘家园旧货市场开幕。此届书博会为期4天，以“文山书海　阅享人生”为主题，以古旧图书展区为主阵营，设古旧图书展区、精品新书展区、“善藏”秋季拍卖会、线上特色活动四大主要活动板块，同步开展古旧书高峰论坛、公益鉴宝、集章打卡、童趣集市、文创手账市集等文化活动。

【秋季艺术品拍卖会】 10月15日，潘家园秋季艺术品拍卖会在潘家园旧货市场举槌。此次拍卖会以文化惠民为基调，重点布局大众收藏拍卖，设置中国书画、瓷器杂项、古籍善本、潮流名品4个专场16项小专题，900余件拍品。成交拍品237件，成交率为26.48%。

▲ 10月5日，中国鸣虫大赛文化活动在潘家园旧货市场举办　（潘家园文化公司　供图）

【全国职工木作技艺技能大赛】 10月21日至23日，由中国职工技术协会、国家林业和草原局木文化创意产业国家创新联盟主办、潘家园公司协办的首届全国职工木作技艺技能大赛暨“考工杯”手工木工及家具设计竞赛在潘家园旧货市场举行。大赛为期3天，包括作品展示、手工木工实操及理论知识竞赛等环节，16名来自全国各地木作领域顶尖匠人与非遗传承人携手展现中国传统木作技艺魅力。在此次比赛中，北京潘家园旧货市场有限公司荣获“特别贡献奖”。

【“北京雨燕”风筝画入选“北京外事礼物”】 10月，由北京市政府外事办公室主办的首届“北京外事礼物”征集活动启动，潘家园文创公司选送的“北京雨燕”风筝装饰画入选此次“北京外事礼物”名录，并被授予纪念奖牌，纳入北京市外事礼品储备库，向外事部门和社会广泛推荐，服务国际交往需要。

【旧货市场获“中国商品市场功勋市场”】 11月，由国家市场监督管理总局、浙江省人民政府共同主办的第十三届中国商品市场峰会在浙江省义乌市召开，会上首次发布“中国商品市场功勋市场榜单”，潘家园旧货市场被授予“中国商品市场功勋市场”奖牌，成为全国唯一登上功勋市场榜单的文化类单位。

【潘家园31周年庆系列活动】 12月22日，以“守正、引领、展望”为主题的中国·潘家园31周年庆系列活动暨第六届“潘淘荟”年度发布会在潘家园旧货市场启动。区相关委办局及街乡领导，天津市驻京办事处及河北省政府驻京办事处相关领导嘉宾出席活动开幕式。开幕式发布《潘家园文化艺术品指数2023》，潘家园市场公司、传媒公司分别为诚信商户颁奖。潘家园文化公司与中信消费金融有限公司、新京报传媒有限公司签订战略合作协议，致力构建新时代潘家园企业治理和运营的商业模式。来自潘家园、十八里店地区民间文化、文玩艺术市场的经营者，签署《关于成立中国·潘家园文化产业联盟倡议书》。潘家园公司发起关于成立京津冀文化艺术品市场产业联盟的倡议，共促京津冀文玩行业协同发展。当日，潘家园全新LOGO和SLOGAN在发布会现场更新发布。

▲ 12月22日，潘家园31周年庆典开幕式暨第六届“潘淘荟”年度发布会召开
（潘家园文化公司　供图）

朝阳规划艺术馆

【概况】 2023年，朝阳规划艺术馆接待服务相关单位、社会各界人士382批次、近17200人次参观。举办朝阳·拥抱未来“礼赞新时代　奋进新征程”发展成就展、“北京中老年模特大赛”、全国老旧厂房协同发展联盟大会等活动。

【“礼赞新时代　奋进新征程”发展成就展】 5月18日，朝阳·拥抱未来“礼赞新时代 奋进新征程”发展成就展在朝阳规划艺术馆开幕，现场发布《六十五个字，寄语朝阳新未来》原创海报。区四套班子领导，区级老领导代表和朝阳群众代表出席。年内，接待全区及社会各界参观团体382批次、17200余人次。

【北京中老年模特大赛】 2023年，以“讴歌新时代 幸福夕阳红”为主题举办北京中老年模特大赛。活动自2022年10月18日启动至2023年7月29日结束，历时9个月，接收报名队伍62支，2000余人参赛。7月22日、29日在朝阳规划艺术馆T空间分别组织完成线下复赛、决赛，由4家线上平台直播，线上观看人数80.12万人次，微博话题阅读量115.7万人次。

【全国老旧厂房协同发展联盟大会】 10月20日，全国老旧厂房协同发展联盟暨文旅产业赋能城市更新交流活动在751D·Park北京时尚设计广场举办，发布《2021—2022年度老旧厂房调研报告》，新吸纳联盟成员单位4家。活动邀请北京市（区）及津冀等地区文化产业相关行政部门代表、北京市和朝阳区园区代表、全国老旧厂房协同发展联盟园区代表、全国各地文化园区、文化企业及产业生态链相关机构代表及专家学者代表与媒体记者等100余人与会。（李俊龙）

新闻传媒

【概况】 2023年，朝阳区融媒体中心聚焦市、区中心工作、重点任务，坚持“内宣＋外宣”联动、“网上＋网下”一体的宣传模式，努力为全区各项事业的高质量发展提供强有力的新闻宣传保障。自2023年以来，中心策划制作的20件作品获评全国、市级奖项。“朝阳群众”快手号荣获快手官方平台“2022年度影响力政务账号”荣誉称号，入选由新华社发布的全国县融中心2023年第三季度综合传播力影响力调研典型案；《大使眼中的“最朝阳”》获评2023年夏季全国县级融媒优秀作品；《悦读阅朝阳》在“TV地标（2022）”中国电视和网络视听综合实力大型调研成果中荣获年度优秀融媒体节目称号；《海外创业者眼中的最朝阳》获得“爱上北京的100个理由”短视频征集大赛一等奖。

（许　阳）

【学习宣传贯彻党的二十大精神】 2023年，区融媒体中心持续做好党的二十大精神宣传阐释，及时转发推送中央、市属权威媒体相关理论阐释、解读报道，做好党的二十大精神各级各类宣讲报道。推出“学习宣传贯彻党的二十大精神”“学习党的二十大精神心得体会”等专栏，做好全区贯彻落实党的二十大精神生动实践的宣传，开设“新时代新征程新伟业”“朝向新征程”等专栏，展示全区上下干事业的激情。全年刊发报道200余篇，新闻报道220条。“北京朝阳”客户端发布相关内容130条次。

（许　阳）

【主题教育宣传报道】 2023年，《朝阳报》开设“学习贯彻习近平新时代中国特色社会主义思想主题教育”“学思想 强党性 重实践 建新功”专栏，及时报道朝阳区主题教育开展情况并结合区域重点工作，做好发展成绩展示报道，刊发报道250余篇，新闻报道170余条。“北京朝阳”客户端发布相关内容214条次。

（许　阳）

【建区65周年成就展示】 2023年，区融媒体中心围绕建区65周年这一主题，提前策划宣传报道内容，聚焦高质量发展主线，重点围绕朝阳区在党的十八大以来取得的成就，特别是具有首创意义的突破性成就。例如“五城”建设、“两区”建设、大尺度绿化、城市更新、国际消费中心主承载区建设等进行专题报道。策划“奋力推进中国式现代化的‘朝阳实践’”“热火朝天干事业，扬帆远航65载，走出一条高质量发展之路奏响高质量发展春之曲”“持续做好新‘三化四区’建设”3个专版报道。推出“朝阳底气何来？”“朝阳的‘一’”“秒懂朝阳”“公园城区初长成”“抢滩互联网3.0，朝阳很拼”等通版报道。全年刊发报道35篇、新闻报道80余条。“北京朝阳”客户端发布相关内容40条次。

（许　阳）

【借力主流媒体扩大传播影响力】 2023年，区融媒体中心主动对接人民日报社、新华社、中央广播电视总台、中国日报社、北京日报社、北京广播电视总台等中央和市属媒体，借力扩大传播效应。组织新闻宣传活动3202余场次，在中央、市属、专业类媒体刊发报道1.2万余篇次，可统计全网总传播量超67.8亿次，发出“朝阳声音”，讲好“朝阳故事”。

（马　天）

【“朝阳魅力”对外展示】 2023年，区融媒体中心联合新华社，策划海媒平台传播，在新华社Facebook、Twitter、YouTube等海外社交媒体平台New China官方账号推送北京朝阳国际茶香文化节活动内容；积极对接香港《经济导报》、香港《大公报》《香港商报》《香港经济日报》等港媒，做好宣传报道；对接《中国日报》，在“Spotlight Beijing”Facebook、Twitter等海媒平台上展示朝阳风采。同时，在自有各新媒体平台累计推送中英双语各类策划内容近130篇次，通过海报、图文、视频等多种形式，融合中英双语文案、双语字幕、英文配音等双语要素，展现朝阳国际化形象。

（马　天）

【创建文明城区工作宣传】 2023年，区融媒体中心围绕创建文明城区，对朝阳区开展“传承优良家风 强国复兴有我”，新时代文明实践推动日示范活动；“朝阳升明月 光影家国情”朝阳区新时代文明实践推动日示范活动；麦子店开展“共建‘五宜’朝阳 强国复兴有我”新时代文明实践主题推动日活动等内容，邀请中央、市属媒体进行采访报道。中央、市属媒体累计报道300余篇。

（姜丽钧）

【朝阳融媒社区行活动】 2023年，区融媒体中心举办“与BlingBling的朝阳，一起citydance！”朝阳融媒社区行活动，向“朝阳群众”征集在华贸爱心红绿灯、亮马河观澜桥等14个朝阳特色点位任意位置拍摄的关于citydance的视频，在区融媒体中心自有平台、小红书、抖音发布视频作品，线下参与群众及线上浏览量突破100万次。

（张　昱）

【首席记者制与融媒创意工作室机制创新】 2023年，区融媒体中心研究制定《北京市朝阳区融媒体中心首席记者制（试行）》《北京市朝阳区融媒体中心融媒创意工作室制度（试行）》，创新媒体融合改革工作机制，激发创新活力和业务潜能，发挥高技能人才在新闻生产工作中的作用，实现首席记者制与融媒创意工作室双驱动，全面提升朝阳区融媒体新闻质量，打造中心新闻品牌。

（李　卉）

【数字801频道播出情况】 2023年，数字801频道播出朝阳新闻、全民健身总动员、健康朝阳、同在蓝天下、走进朝阳教育、档案的朝阳、曲艺话朝阳等7个栏目；引进栏目及纪录片

21部，展播纪录片4部，完成排播时长82800分钟；引进电视剧7部，完成排播时长66430分钟；引进动画片和市局展播动画片12部，完成排播时长20700分钟；审核排播宣传片、公益广告、专题片107675分钟。

（张　昱）

【“学习强国”朝阳学习平台上线】2023年，区融媒体中心推进“学习强国”朝阳学习平台建设工作。根据《“学习强国”朝阳学习平台建设工作方案》，组建运营中心并有序推进朝阳学习平台PC、App两端建设。6月30日，在朝阳区建区65周年之际，“学习强国”朝阳学习平台上线，设置“学用新思想”“开放活力看朝阳”等14个栏目。全年签发图文、视频稿件1219条，其中《大使眼中的“最朝阳”》获2023年夏季全国县级融媒优秀作品奖。

（张　昱）

【CYBA朝阳篮球联赛宣传报道】2023年，区融媒体中心围绕CYBA朝阳篮球联赛，开设“CYBA最前沿”专栏，对主场地THE BOX朝外空中光影篮球场、联赛开幕、参加开幕活动表演赛的新体联篮球队进行探访式、沉浸式报道。各平台制作并推送新闻产品39条，总浏览量达650万次。

（张　昱）

【9篇“北京朝阳”文章阅读量超10万】3月1日，区融媒体中心在“北京朝阳”微信公众号推送的《朝阳是什么？》，阅读量10.4万人次；5月30日推送的《区委书记文献：为人民建好“五宜”朝阳》，阅读量10.1万人次；6月13日推送的《在朝阳，其实你不（cai）懂阿根廷→》，阅读量10万人次；8月21日推送的《这很朝阳！》，阅读量10.2万人次；11月18日推送的《今晚，相约不夜朝阳！》，阅读量10.3万人次；12月1日推送的《第一！》，阅读量10万人次；12月5日推送的《投资朝阳，值得！》，阅读量10万人次；12月9日推送的《追光者》，阅读量10.2万人次；12月27日推送的《2023，谢谢你爱“我”！》，阅读量10.2万人次。

（张　昱）

【亮马河醒春启航宣传】3月18日，亮马河全新启航。当晚，区融媒体中心与中央广播电视总台北京总站记者开展联合直播，在央视新闻客户端、央视频、央视新闻微博平台、北京朝阳App等平台推出“泛舟亮马河，打卡京城璀璨夜景”主题直播，阅读量近400万人次。中央广播电视总台《东方时空》《晚间新闻》《共同关注》等栏目黄金时段对此进行报道。中央、市属媒体及重要网络转载600余篇次，全网传播量累计近1.4亿人次。

（姜丽钧）

【首届“北京朝阳国际茶香文化节”宣传报道】5月19日至21日，首届“北京朝阳国际茶香文化节”在北京郡王府及亮马河沿岸举办。《朝阳报》对“北京朝阳国际茶香文化节”进行详细报道，推出“在朝阳，以茶会友香飘世界”跨版专题，挖掘朝阳茶文化底蕴、展示茶香之城建设成果。推出“在朝阳，我们喜欢这样喝茶”专版，以国际友人的视角展现朝阳茶文化的浓厚氛围。“朝阳有线”于5月下旬，对朝阳区打造“茶香之城”进行报道。新闻栏目累计报道条数312条。“朝阳群众”抖音发布10条视频，阅读量375.7万人次。中央、市属媒体及重要网络转载800余篇次，可统计网络传播量累计超1.1亿人次。邀请《人民日报》《光明日报》等近30家国内主流媒体现场采访。突出国际传播效能，联合新华社，策划海媒平台传播。

（许　阳）

【对话一把手“五宜”朝阳新闻宣传】5月30日，区委书记文献和区委副书记、区长吴小杰，以及北京CBD管委会、中关村朝阳园管委会主要领导，出席北京市人民政府新闻办公室召开的“十六区‘一把手’谈贯彻落实党的二十大精神”首场新闻发布会，发布了“为人民建好‘五宜’朝阳”（朝阳为宜居、宜业、宜商、宜学、宜游的“五宜”新朝阳）主题发言。《人民日报》、新华社、《北京日报》、北京广播电视台、凤凰卫视、《澳门月刊》、《日本经济新闻》等境内外20余家媒体参加发布会，并聚焦“五宜”朝阳建设成果和创新举措等内容进行报道。相关媒体及重要网络转载100余篇次，可统计网络传播量累计超2200万人次。

（姜丽钧）

【参加第十九届中国国际文化产业博览交易会】6月7日，第十九届中国（深圳）国际文化产业博览交易会开幕。区融媒体中心聚焦“开放活力看朝阳”主题展，做好会前预热和会中集中宣传，深化重点媒体合作，多维度加大对外新闻宣传报道。相关媒体及重要网络转载380余篇次，可统计阅读量超800万人次。（姜丽钧）

【首届北京朝阳国际灯光节宣传报道】11月18日至12月9日，朝阳区以“潮朝阳 夜精彩”为主题举办首届国际灯光节。区融媒体中心把宣传报道重点与开放活力的朝阳城市形象相结合，深耕原创内容，持续强化融合报道优势，展现“美丽朝阳、共建共享”的良好形象。相继推送融媒体产品185条，阅读量887万人次。邀请中央市属主流媒体、境外媒体、网络大V等对开幕式盛况、各项文商旅活动以及朝阳不夜之城进行全方位深度报道，向世界讲述“越夜越精彩”的“不夜朝阳”。全网相关报道及内容1.5万余篇次，可统计传播量累计超7亿人次。

（许　阳）

档　案

【概述】2023年，北京市朝阳区持续组织落实朝阳区档案事业发展规划、拟订年度计划、工作制度、规范性文件，依法监督、指导朝阳区机关、团体、企事业单位和其他组织的档案工作，开展档案执法检查和档案业务培训。印发《关于做好重大战略、重大工程、重大项目、重大活动档案工作的实施意见》等文件4份。截至年底，全区共有立档单位139家。朝阳区档案馆（简称区档案馆）作为全区立档单位档案综合保管和开发利用部门，馆藏203个全宗，馆藏文书档案文书档案361711卷355305件，纸质照片档案29034张，数码照片档案174830张，实物档案2112件，名人档案6624件，书画366幅，光盘档案5669张，资料18428卷，电子档案数据138.03TB。接待查档利用者12097人次。依托全国、北京市档案查询服务平台，受理档案查询243件次，咨询226件次。

（陈宝媛　任妍杰　周　娟）

【涉改单位档案处置】 2023年，区档案局提前介入并加强与区国资委及相关企业的沟通对接，制发《关于对朝阳文旅集团、朝阳科技集团、朝阳城发集团档案处置工作的意见》，明确涉改企业档案处置原则和方法。区档案局还对区委办公室、区委政法委、朝阳园管委会、区科学技术和信息化局、区国动办等涉改部门档案处置原则和方法分别下发通知，确保档案处置完整与安全。（陈宝媛）

【档案执法检查】 2023年，区档案局根据《中华人民共和国档案法》及相关法律法规规定，在全区范围内抽取29家单位开展“双随机”档案执法检查。同时，为巩固“十四五”以来档案执法检查成果，提高检查整改成效，从“十四五”期间已接受执法检查的单位中抽取6家单位进行整改情况“回头看”。检查采取听取汇报、现场查看、抽查所属单位等方式，对单位档案工作责任制和管理制度落实、档案基础业务、监督指导所属机构档案工作、档案信息化建设、档案安全防范措施情况、档案违法违纪行为等6个方面进行检查，并向各受检单位出具检查反馈意见书。

（任妍杰）

【档案安全】 2023年，区档案局紧盯春节假期、雨季汛期等重要时间节点，两次制发关于开展档案安全自查工作的通知，制作自查登记表，督促各立档单位从档案安全管理、档案安全应急措施、档案信息安全管理等方面进行自查并向区档案局备案。严格档案服务外包安全和保密工作，对施行项目的人员、工作场所、技术、业务操作等进行全过程监管。

（任妍杰）

【档案接收征集】 2023年，区档案馆完成26家区属单位的档案移交进馆工作。接收冬奥会和冬残奥会朝阳区运行保障工作等2022年重大活动档案电子目录5000余条，完成目录条目的质检及系统上传工作。征集电视纪录片《京东漫步看朝阳》原始素材专业录像带1套30盒及解说词手稿1份，国家级非物质文化遗产——“京绣”挂屏作品《盛世岁朝图》京绣1件，以及生活老物件近100件，照片资料1000余张，图书画册11册。（梁　璐）

【区情区史教育“四进”工程启动】 2023年，区档案馆启动区情区史教育“四进”工程（进党校、进学校、进网络、进社区村）。推进区情区史教育进党员干部教育培训，制定《走近朝阳历史，感悟奋进历程》现场教学课程教学方案，9月秋季学期起纳入公务员初任培训班、中青班等主体班课程。推进区情区史宣传进网络。策划制作《档案里的朝阳》区情区史系列视频。

（戚柏兴）

【《档案里的朝阳》区情区史系列视频】 2023年，区档案馆制作《档案里的朝阳》区情区史系列视频10期，在“北京朝阳”App、“北京朝阳”微信公众号和“学习强国”学习平台、长城网等媒体播出，总点击率超70万人次。获评“2023年第二季度北京市广播电视创新创优节目”（全市共10个节目获评）、北京市党员教育电视片创作优秀成果。（戚柏兴）

【口述历史采集】 2023年，区档案馆开展以“踔厉奋发·朝向新征程”为主题的2023年口述历史采集工作，选取“两代表一委员”、榜样人物、行业代表、劳模、名师、朝阳群众等不同领域优秀代表，从开拓者、实践者、创新者、见证者、后继者等多个视角，完成对10名口述人的采访，双机位高清摄像时长1644分钟、形成视频文件92.16 GB，图片185张，整理文字稿159752字。

（梁　璐）

【第八届“兰台杯·朝阳符号”摄影征集大赛】 2023年，区档案馆举办第八届“兰台杯·朝阳符号”——新时代的朝阳摄影征集大赛。活动征集到159名参赛者报送的参赛照片948张。评选出单幅作品一等奖2幅、二等奖5幅、三等奖10幅、优秀奖30幅，组照作品一等奖1组、二等奖3组、三等奖8组、优秀奖20组，以及优秀组织奖4名，获奖作品均入藏区档案馆。

（张敬煜）

【档案数字资源建设】 2023年，区档案馆完成1992—1993年拟开放档案数据整理核查目录8000余条。开展馆藏部分档案数据整理核查，涉及5个全宗，4.3万条目录，22万页数字化副本。完成馆藏重要数据（约10TB）异地备份、核对和移交市馆工作。完成馆系统数据库备份近20次，馆应急系统同步还原3次，馆藏数字化副本全文备份2次。进行目录导入、数据挂接、数据修改、数据统计等数字资源处理40余次。

（罗　希　马旭阳）

【数字档案馆（室）建设】 2023年，区档案馆建成新馆数据中心机房和政务外网网络安全系统，朝阳区数字档案馆系统平台建设（一期）项目通过初验，开始试运行。为区属立档单位提供档案室系统技术支持服务300余人次，为馆内各科室解决档案馆系统各类问题150余个，完成数据备份和系统内数据统计工作，保证朝阳档案管理系统的正常运行。

（罗 希）

【档案开放审核】 2023年，区档案馆依法向社会开放9324件形成年度为1992年、1993年的馆藏档案。完成129个全宗近21万件档案初审。馆藏1991—1993年28.77万件档案延期开放申请报区档案局审核。

（关志雪）

【制度体系建设】 1月31日,印发《关于进一步建立健全各单位档案工作责任制的通知》，要求各单位全面建立档案工作责任制，以本单位内部工作制度的形式印发实施。7月10日，印发《关于做好重大战略、重大工程、重大项目、重大活动档案工作的实施意见》，明确做好重大战略、重大工程、重大项目、重大活动档案工作具体要求。7月13日，印发《关于推进档案分类方案、文件材料归档范围和档案保管期限表三合一制度的通知》，规范工作流程，明确工作要求，计划“十四五”期间分三批开展，着力建设覆盖面更加广泛、内容更加丰富、结构更加优化的档案资源体系。

（陈宝媛 任妍杰）

【区档案馆新馆开馆】 6月9日，区档案馆新馆开馆。“时代征程 砥砺前行”——朝阳区建区65周年专题展、“城市映像 光影朝阳”专题图片展、“前进中的朝阳档案方志事业”专题展、珍贵档案室同日展出。区委书记文献致辞并宣布新馆开馆。市档案局、市档案馆相关部门负责人，区档案局、区档案馆、区地方志编纂委员会办公室以及参与推动区档案馆新馆建设相关单位负责人参加。文献指出，新馆的建成是全区档案事业发展的里程碑，全区档案和地方志工作者要坚定扛起“为党管档”的政治责任，建设高素质专业化档案人才队伍，提升档案工作能力和服务能力，充分利用好、发挥好档案资政育人的作用，打造区情区史教育主阵地、城市文化交流新地标，守护朝阳历史。

（戚柏兴）

【“国际档案日”系列宣传活动】 6月9日至15日，朝阳区开展以“奋进新征程 兰台谱新篇”为主题的国际档案日系列宣传活动。区档案馆新馆开馆，举办“兰台杯·朝阳符号”——摄影征集大赛颁奖仪式、巧娘工作室作品捐赠仪式和荣誉馆员颁证仪式。播放档案方志发展纪实宣传片和“精品年鉴”宣传片。设立“档案方志角”，开展读志读鉴用志用鉴“七进”活动，宣传推广档案方志编研成果。制作“朝阳记忆”系列宣传品，不断拓宽宣传记忆工程展示渠道，扩大影响力。学习强国、北京朝阳App、北京朝阳公众号、《朝阳报》、朝阳有线电视台等媒体进行专栏报道。利用区政府南楼大厅多媒体展示平台，循环播放国际档案日宣传素材和国家档案局宣传片《逐梦兰台》，向全区各单位发放市档案局统一制作的档案宣传海报。定制特色宣传用品开展档案口号宣传，设计制作档案阅读架作为宣传用品发放全区。通过朝阳区宣传文化中心公众号平台，利用线上答题方式开展档案知识问答，活动累计参与19199人次。

（陈宝媛 王传会）

【档案方志工作会议】 7月12日，召开全区档案方志工作会议。区委常委、统战部部长出席会议并讲话。会议传达全国、北京市、朝阳区档案和方志工作相关会议精神，听取区融媒体中心、麦子店街道、高碑店乡高井村等3家基层单位交流发言。会议回顾总结全区2022年以来档案方志工作情况，安排部署下一阶段重点工作。区档案局、区档案馆全体干部，区属立档单位和志鉴供稿单位档案方志工作主管领导、综合档案室档案员、年鉴和大事记主笔人300余人参加会议。（陈宝媛）

【分片联系服务机制】 7月13日，全区建立档案工作分片联系服务机制，畅通全区各立档单位与区档案局、区档案馆联系渠道。全区立档单位分为7个联系服务协作组，区档案局负责统筹协调，规划部署联系服务内容，区档案馆按照“一科一组”原则，各科室包组负责，加强与全区各立档单位之间的沟通联系，加强对各单位档案工作动态把握，有针对性地提供指导服务，及时发现问题、了解需求、解决困难。（任妍杰）

【《中国档案报》专访】 7月28日，《中国档案报》记者对区档案馆档案工作进行专访，与档案局馆长等工作人员座谈，电话连线来馆查档群众，全面了解档案工作特色亮点和工作成绩。相关文章刊登在《中国档案报》2023年9月11日，总第4034期第一版。

（陈宝媛）

【档案人员初任培训】 7月31日至8月4日，区档案局举办2023年档案人员初任培训，全区90名机关、企事业单位、街乡的专（兼）职档案人员参加培训。培训采取面授、实际操作与笔试相结合的形式，其中集中面授培训共5个工作日，主要包括档案工作综述、文书档案管理、电子文件和电子档案管理、会计档案管理、档案法治工作等内容。（任妍杰）

【档案参阅】 7月，区志办编写《东坝古今钩沉——从京东集镇到第四使馆区》（总第11期），梳理东坝作为古都北京东郊“门槛”的历史脉络，展现其历史上在政治、军事、经济、文化等方面的作用和地位，为区领导提供资政参考。（李 娜）

【“十四五”规划中期评估】 12月，区档案局组织开展《北京市朝阳区“十四五”时期档案事业发展规划》实施情况中期评估工作。评估内容包括档案治理体系建设、档案资源体系建设、档案服务保障、档案安全体系建设、档案信息化建设、档案人才队伍建设、保障措施等7大项22小项60个具体指标。（任妍杰）

地方志

【概况】2023年，朝阳区地方志工作以深入学习宣传贯彻党的二十大精神、学习贯彻习近平新时代中国特色社会主义思想为主线，以朝阳区方志馆挂牌成立为契机，落实《朝阳区地方志事业发展规划（2021—2025年）》及区地方志编委会部署要求，按照区委主要领导关于朝阳区方志馆要“打造区情区史教育主阵地、城市文化交流新地标”的定位要求完成各项工作。召开北京市朝阳区地方志编纂委员会全体会议。举办2023年年鉴、大事记工作部署暨业务培训会。向区四套班子领导，区委、区政府各部委办局，各街道、地区（乡），各中小学，各社区居委会和村委会发放《北京朝阳年鉴（2022）》1300余册。按时保质向《北京年鉴（2023）》《中国地方志年鉴（2023）》供稿，收集《北京援藏30年志》朝阳区相关文件资料99份、照片资料230张。对全国20余部年鉴进行评审并撰写评审意见。参加市委党史研究室、市地方志办组织的各区党史、地方志工作机构座谈会、中国年鉴精品工程系列研讨会暨第八期全国年鉴主编培训班。朝阳区被市委党史研究室、市地方志办确定为全市7家第三轮修志试点单位之一。《北京朝阳年鉴（2021）》在第九届全国地方志优秀成果（年鉴类）评审中，被评为特等年鉴；在北京市第四届年鉴综合质量评审中，获特等奖。

（李　静　李　娜）

【基层修志编鉴指导】2023年，朝阳区地方志编纂委员会办公室（简称区志办）指导3部街乡志书出版。其中，《王四营乡志》由北京市朝阳区王四营乡志编纂委员会编纂，9月由当代中国出版社出版，56.8万字，记述上限为1949年、下限为2015年；《北京市朝阳区太阳宫乡志》由《北京市朝阳区太阳宫乡志》编纂委员会编纂，12月由方志出版社出版，62.3万字，记述上限为事物发端、下限为2016年；《北京市朝阳区朝外街道志》由《北京市朝阳区朝外街道志》编纂委员会编纂，6月由方志出版社出版，82.8万字，记述上限为1954年、下限为2015年。指导《北京商务中心区年鉴》编纂工作。截至年底，朝阳区24个街道中7个街道启动修志，其中2个街道完成志书出版；19个乡全部启动修志，其中11个乡完成志书出版。

（李　静）

【方志文化宣传】2023年，朝阳区开展“读志用志读鉴用鉴‘七进’活动”，到中国海关总署、朝阳区图书馆、北京商务中心区管委会等单位举办年鉴专题讲座5次；在朝阳区委党校设立方志角，在朝阳区图书馆、朝阳区街道和乡图书馆及社区和村阅览室设立地方志书籍专柜（架），赠送朝阳区志鉴等各类书籍600余册。拍摄以“用精品佳作 记录讴歌服务新时代”为主题的《中国精品年鉴·北京朝阳年鉴》宣传片，向全国推广“朝阳经验”。国际档案日系列活动期间展出朝阳区地方志优秀成果5大类200余册，接待团体观众110余批次5500余人次，其间向各界人士赠送地方志图书300余册。《北京朝阳年鉴（2022）》发放范围扩大至全区社区居委会和村委会，增加发放数量600余册。完成《朝阳兰台》报编印和发放12期，刊发稿件120余篇10余万字。每月发至区委、区政府各部委办局，各街道、地区（乡）等。该报设兰台要闻、兰台资讯、业务交流、历史回顾等常规栏目。设“学习二十大 奋进新征程、档案颂辉煌”“志·说”“档案背后的故事”等专栏。转摘全国、北京市、朝阳区关于档案和地方志工作方面的理论文章和领导讲话、朝阳区历史文化方面的故事等。（李　静）

【区地方志编纂委员会全体会议】7月3日，区地方志编纂委员会全体会议召开。会议审议通过《北京市朝阳区地方志编纂委员会工作规则》《北京市朝阳区地方志编纂委员会委员单位职责分工》等文件，调整区地方志编纂委员会组成，成员单位由33个增加至40个。

（李　静）

【北京市朝阳区方志馆成立】7月，北京市朝阳区方志馆挂牌成立。该馆建筑面积40060平方米。新收藏图书1785种4128册，其中志书1157种1500册、年鉴279种553册、地情资料316种2006册、其他人文社科图书33种69册。入藏图书包括《广东历代方志集成·省部》大型丛书，《山西通志康熙版》《漳州府志（明）》《万历通粮厅志》等典籍。截至年底，馆藏全套《北京市志》《北京年鉴》《保宁府志》等志鉴、地情资料1000余种7000余册，总数1万余册。设“时代征程 砥砺前行——朝阳区建区65周年”“前进中的朝阳档案方志事业”等专题展。接待上海市地方志办公室，北京市委党史研究室、市地方志办公室等单位到馆参观调研。（李　静）

【《北京市朝阳区大事记汇编》】9月，区档案馆、区志办编纂的《北京市朝阳区大事记汇编》内部印发。该书分上、下两册，按单位性质设四套班子、区委、政府、发改委、建管、政法、文教卫体、街道、农业农村、国资委10章，收录朝阳区150家单位2022年的大事、要事，通过梳理、记录全区发展脉络，为日常工作提供参考和索引，为编史修志做好大事记素材积累。全书127万余字。（李　娜）

【大事记电子书数据库系统平台】9月，区志办研发大事记电子书数据库系统平台软件，具有数据加工编辑、筛选检索、阅览、数据导出等功能，提高大事记电子数据利用效率。

（李　娜）

【《北京朝阳年鉴（2023）》出版】11月，北京市朝阳区地方志编纂委员会主持编纂的《北京朝阳年鉴（2023）》由方志出版社出版。该卷年鉴为第19

卷，全书146万字。卷首设编辑说明、朝阳区行政区划图、数字朝阳2022，卷首图片设喜迎党的二十大、助力北京冬奥会和冬残奥会、稳定经济运行、城乡融合发展、接诉即办 疏解整治专题。该卷年鉴除区情概览、特载、专文、大事记外，设有北京冬奥会和冬残奥会服务保障、中国共产党朝阳区委员会、朝阳区人民代表大会、朝阳区人民政府、政协朝阳区委员会、中国共产党朝阳区纪律检查委员会 朝阳区监察委员会、民主党派、人民团体等28个类目，下设230个分目、2395个条目，收录图片329幅（卷首63幅、随文266幅）、表格61张。卷末设附录、索引。该卷年鉴增设北京冬奥会和冬残奥会服务保障类目，调整框架20余处，主要调整有“投资促进”分目从“工业 商贸服务业”类目移至“经济管理”类目，“市容环境管理”“园林绿化”两个分目从“生态环境”类目移至“城乡管理”类目，“金融管理”分目从“金融业”类目移至“经济管理”类目等。内容主要反映朝阳区在北京冬奥会和冬残奥会服务保障方面的大区担当，记述朝阳区在深入学习宣传贯彻党的二十大精神，立足新发展阶段，贯彻新发展理念，融入新发展格局，以新时代首都发展为统领，突出文化、国际化、大尺度绿化主攻方向，实施高质量发展“五大提升工程”和高品质生活“五大示范工程”，全面建设首都高质量发展示范区、文化创新引领区、国际交往中心区、绿色宜居标杆区等方面的举措和取得的成效。（李 静）

【《共建精品年鉴示范区框架协议》签订】 11月，北京市朝阳区地方志编纂委员会办公室与江苏省南通市地方志编纂委员会办公室、连云港市地方志编纂委员会办公室签订《共建精品年鉴示范区框架协议》，将共同推进“精品建设、提质扩面、人才培养、方志传播”年鉴事业高质量发展综合体系建设，完成中国精品年鉴创建和中国精品年鉴区域试点任务，开创三方年鉴事业发展新局面。（李 静）

【《北京市朝阳区五大工业基地考》】 12月，北京市朝阳区档案馆、北京市朝阳区地方志编纂委员会办公室编纂的《北京市朝阳区五大工业基地考》内部印发。该书1册，设纺织工业区、电子工业区、化学工业区、机械工业区、汽车工业区5章。全面记述20世纪五六十年代开始朝阳区内五大工业基地的发展脉络及各工业区企业的发展历程，是朝阳区第一部全面、系统记述五大工业基地相关情况的资料书。全书1.4万余字。

（李 静）

【《北京市朝阳区43个街乡地名由来》】 12月，《北京市朝阳区43个街乡地名由来》完成编纂。该书1册，全书4450字，设街道、乡两章。记述朝阳区43个街乡地名的由来，是留存朝阳区街乡地名历史的资料书。

（李 静）

文联活动

【概况】 2023年，北京市朝阳区文学艺术界联合会（简称区文联）负责所属各文艺家协会的团结引导、联络协调、服务管理、自律维权工作；负责组织、开展地区文学艺术活动。10个协会有会员1800余名，直属单位有朝阳书画院。区文联获全国“巾帼文明岗”称号；区文联工会主席刘向菲获2023年首都劳动奖章；区曲艺家协会主席种玉杰获2022年朝阳群众好榜样年榜人物。区文联编著的《观朝追梦——打卡北京朝阳文化秘境》在第二届“京潮·京品”朝阳礼物征选活动中获“最具文化匠心奖”。以《加强街乡文联建设，助力首都文艺繁荣》为题，区文联在全国文联组联工作会议暨组联干部培训班作典型交流。

【原创文艺作品】 2023年，区文联开展原创歌曲征集活动，征集原创歌曲4首，歌曲MV拍摄及制作《太阳与春风的传说》和《坝河连着你和我》2个。开展原创音乐剧音乐及剧本创作，完成原创音乐剧《艺术区》剧本及歌曲创作《不信我不行》《抠抠索索》《这个地方》3首。《艺术区》于10月1日进行首场演出，截至年底演出31场。原创音乐剧《三里屯42号》于2月22日在北京市文联老舍剧场演出，全年演出场次23场（其中小剧场21场，大剧场2场）。开展原创都市励志网络短剧《回到亮马遇见你》的创作及播出，该剧31集，以“亮马河商圈”“蓝色港湾商圈”为背景，拍摄一部以青年人创业、恋爱为主题的网络短剧，反映朝阳区自然环境、居住环境、营商环境、创业环境等一系列的跨越式提升。12月10日，短剧在抖音、快手、文联视频号、北京时间等平台播放，截至年底，浏览量达140万人次，点赞评论量达5000+。

【专题培训】 2023年，区文联举办朝阳区文艺家协会专题培训班，培训内容为：“朝阳区区情”“推进文化自信自强，铸就社会主义文化新辉煌”“常见眼病和冬季如何护眼”“中国画浅谈与鉴赏”“书画同源——书法艺术的欣赏”等课程；举办街乡文联交流座谈会，各街乡文联主管领导汇报交流本辖区文联工作开展情况、特色亮点、存在的问题与不足、下一步工作思路等。覆盖文艺骨干240余人次。

【文艺志愿服务】 春节前夕，区文联开展“迎新春 送祝福”文艺志愿服务活动，组织慰问团队前往区卫健委、公安朝阳分局、区人力社保局等10余个委办局，北京市垂杨柳医院、朝阳区疾控中心等医疗单位和防疫部门，以及各街乡文联和八里庄街道十里堡南里社区等地，对机关工作人员、一线医务工作者和防疫人员、部分艺术家、全区38个街乡文联文艺工作者和社区工作者进行新春慰问，赠送春联、福字、剪纸7000余件。

【“翰墨朝阳”书法活动】 3月8日，由区文联主办，区书法家协会、区美

▲ 10 月 25 日，“中国梦 翰墨朝阳”第五届全国书法大赛获奖作品展“五宜”朝阳书法笔会（张正晔 摄）

术家协会承办的“翰墨朝阳”书画艺术进校园活动在北京中学东泽校区举办。10 月 24 日，由北京书法家协会、朝阳区委宣传部主办，区文联、区书法家协会承办的“中国梦 · 翰墨朝阳”第五届全国书法大赛获奖作品展在和 · 艺术馆开幕。此次展览展出一等奖作品 5 件、二等奖作品 10 件、三等奖作品 20 件、优秀奖作品 100 件、入展作品 100 件，市区相关领导以及书法家代表、参展作者代表、书法爱好者约 100 余人参加开幕式活动，展期为 10 月 24 日至 11 月 5 日。现场还举办“五宜”朝阳书法创作笔会活动。9 月至 10 月，由北京市文联品牌项目引导资助、朝阳区文联主办、区书法家协会承办的“翰墨朝阳 · 书法大课堂”在管庄地区文联书法创作基地举办 5 次培训。

【“大地回声”原创歌曲专场演出】 3 月 16 日，“大地回声”——中国文联文艺助力乡村振兴原创歌曲专场演出在北京欢乐谷 · 华侨城大剧院举办。活动由中国文联、中国文艺志愿者协会主办，中国文联文艺志愿服务中心承办，中国音乐家协会、朝阳区委宣传部支持，北京市文联、朝阳区文联、朝阳区南磨房地区工委、办事处等 30 余家单位协办。中国文联、中国文艺志愿者协会、北京市文联、朝阳区委区政府等相关领导出席活动。此次专场演出的 15 个精彩节目中，有 13 首歌曲是 2022 年由一批优秀的词曲作家沿着习近平总书记基层考察的足迹采风创作的歌曲。20 余位歌唱家和青年歌手为观众带来原创歌曲。

【考察调研】 4 月 23 日至 27 日，区文联一行 8 人赴广州深圳考察调研，学习兄弟单位工作经验，加强文联组织交流合作，对岭南历史文化与当代艺术融合、文化艺术设施、文艺资源开发和利用、当地特色美术展览及设计、考察艺术氛围及新文艺群体业态发展、文学艺术与科技融合等进行实地调研。

【“旋舞朝阳”舞蹈活动】 5 月 22 日至 23 日，由朝阳区文联主办，朝阳区舞蹈家协会承办的 2023 年“旋舞朝阳”民族舞选拔提高活动在朝阳区垡头地区文化中心举办。北京舞蹈家协会艺术顾问贾洪震、中国歌剧舞剧院国家一级演员蔡芳出席开班仪式并担任授课讲师，来自朝阳区各街乡舞蹈队的 30 余名业务骨干和 80 余名舞蹈队员参加活动。11 月 13 日，由区文联主办，区舞蹈家协会承办的“旋舞朝阳”交谊舞提升培训成果展示暨文艺志愿服务进社区活动在中国电影博物馆举行。活动展演《好儿好女好家园》《长江之歌》《祝福祖国》3 支交谊舞。

【“悦动高雄”文化交流活动】 6 月 26 日，由北京市朝阳区人民政府、北京海峡两岸民间交流促进会、中华民族发展基金会共同主办，朝阳区台办、

▲ 11 月 13 日，“旋舞朝阳”交谊舞提升培训暨文艺志愿服务进社区活动在中国电影博物馆举办（张正晔 摄）

▲ 9 月 26 日，第四届“欢乐朝阳”曲艺作品比赛决赛现场　　（高雨溪　摄）

区文联、台湾高雄市青溪总会共同承办的海峡两岸社团交流节暨第八届“悦动高雄”两岸交流活动在望京昆泰酒店举行。北京市台办、市委社会工委、市民政局、市工商业联合会和朝阳区的领导，部分在京全国性脱钩协会商会，北京市、区属行业协会商会负责人，以及台湾岛内各阶层代表人士等约 200 人参加活动。活动现场设立毛猴、吹糖人、风筝、剪纸、雕刻、面塑、京剧脸谱、火烩葫芦、内画、手工编织等“非遗 +”主题体验区。来自海峡两岸的知名艺术家和青年演员，表演歌舞、京剧、大鼓、魔术、旗袍舞韵等节目。

【“欢乐朝阳”曲艺作品比赛】 8 月 18 日，区文联、区曲艺家协会举办第四届“欢乐朝阳”曲艺作品比赛初赛，邀请市曲艺界领导和知名表演艺术家担任评委。活动收到优秀作品 54 份，包含单弦、御子板、相声、鼓曲、快板、评书、数来宝、曲艺小品、北京琴书等多个曲艺种类的作品。经过评委组初评，30 个节目入围决赛，涵盖传统剧目和原创曲艺作品等多种表现形式。9 月 26 日，比赛决赛在区垡头地区文化中心举办，邀请全国 5 名知名曲艺表演艺术家担任评委。经过激烈角逐，《青年领袖恽代英》《智能生活 欢乐朝阳》《失街亭》3 部作品获一等奖，《阳光照朝阳》等 5 部作品获二等奖，《垃圾分类你我它》等 8 部作品获三等奖，《校园升国旗》等 14 部作品获优秀奖。

【“文艺两新”集聚区朝阳区实践基地揭牌】 8 月 18 日，中国文联“文艺两新”集聚区朝阳区实践基地揭牌仪式在北京音乐产业园举行，“北京音乐家协会音乐创作基地”授牌仪式同步举办。中国文联党组成员、副主席、书记处书记诸迪，中国文联国内联络部主任谢力，北京市文联党组书记、常务副主席陈宁，朝阳区委书记文献，朝阳区政协原主席、区文联主席谢莹及朝阳区领导郑宇、孟锐、杨蓓蓓出席活动。揭牌仪式上，中国文联国内联络部与朝阳区文联签署《中国文联“文艺两新”集聚区朝阳区实践基地合作备忘录》，中国文联、北京市文联、朝阳区有关领导共同为中国文联“文艺两新”集聚区朝阳区实践基地揭牌，向中国文联批准的首批入选集聚区实践基地的北京音乐产业园、鹡堂文化艺术园区、铜牛电影产业园 3 个园区授牌。

【“潮起亮马河”主题艺术创作精品展】 9 月 15 日，由区文联主办，区摄影家协会、区美术家协会、区民间文艺家协会、区音乐家协会承办的“潮起亮马河”主题艺术创作精品展在亮马河畔的友谊广场举办，《亮马河 24 桥》剪纸邮折同步首发。区文联在现场展演原创歌曲《亮马河》《亮马河畔》《亮马蝶变》，朗诵表演艺术家瞿弦和、张筠英诵读原创诗歌《亮马河之思》。此次精品展展期为 2023 年 9 月

▲ 8 月 8 日，北京市首家“文艺两新”集聚区实践基地揭牌仪式　　（张正晔　摄）

▲ 9 月 15 日，“潮起亮马河”主题艺术创作精品展开幕式　（张正晔　摄）

15 日至 30 日。“朝阳艺象”美术作品展，展出 46 幅美术作品，其中包括由多位美术家历时 3 个月精心绘制的总长 12 米的美术长卷《潮起亮马河》。“镜头中的朝阳”摄影展，展出 49 幅摄影作品。

【“艺韵朝阳”民间艺术展】 9 月 16 日至 20 日，由区文联主办、区民间文艺家协会承办的“艺韵朝阳”民间艺术作品展在流动美术馆举办。展出作品包括风筝、脸谱、面塑、毛猴、剪纸、内画、京绣、雕漆、点翠、榫卯车模、核雕、特艺蝈蝈等 50 余件作品。

【“美哉风兮”朝阳城市风情画展】 10 月 15 日至 19 日，由区文联主办、朝阳书画院承办的“美哉风兮”第六届朝阳城市风情画展在区流动美术馆总馆举办。此次展览汇集江元、陆太林、钟捷等 30 余位画家的 40 幅美术作品。

【“文润朝阳”读书交流活动】 11 月 3 日，由区文联主办、区文学创作协会承办的“观朝追梦 · 文润朝阳”读书交流活动在熹阅堂图书馆举办。围绕《观朝追梦》一书展开交流讨论和深度解读。11 月 10 日，“观朝追梦·文润朝阳”读书交流活动进行线上宣传，包括同步直播、新京报 App 宣传、新京报客户端文化频道文章推送和主持人姚雪松短视频平台等渠道宣传。截至年底，总观看量为 233.392 万人次。

（刘向菲）

卫生 健康

综 述

【医疗卫生体制改革】 2023年，朝阳区推进医疗卫生体制改革、分级诊疗和医联体建设，以“3+4+7”模式（3个层级医疗卫生机构+4大片区医联体+7项工作机制）深化4个紧密型综合医联体建设。推动“两个允许”（允许医疗卫生机构突破现行事业单位工资调控水平，允许医疗服务收入扣除成本并按规定提取各项基金后主要用于人员奖励）政策落地，兑现发放相关奖励基金。

【区域医疗资源配置优化】 2023年，朝阳区优化区域医疗资源配置，朝阳医院常营院区开诊、嘉会国际化医院初步具备开工条件，市中医医院二次选址取得市级批复，国家中西医结合中心在朝阳落地。提升基层医疗卫生服务能力，小关第二社区卫生服务中心开诊，实体化运行社区卫生服务中心50家，辖区45个建制村实现“一村一站”（一个建制村有一个社区卫生服务站）全覆盖。朝阳区首批21名卫生健康首席监督员上岗。建成1家北京市老年护理中心、1家安宁疗护中心、2家安宁疗护示范基地和3家社区示范中心。

【人才队伍建设】 2023年，朝阳区有55744人完成驻区及直属医疗机构继续医学教育培训，参培率100%、合格率100%。朝阳区“凤凰计划”（朝阳区为吸引和留住海外高层次人才，支持和鼓励其在朝阳区创新创业而提供各种政策和资源支持的项目）高层次人才卫生健康领域认定36人，其中领军人才16人、优秀青年人才20人。

【信息化建设】 2023年，区卫生健康信息化项目投入2180万元，其中启动“朝阳区卫生健康委卫生信息平台升级改造”和“朝阳区卫生信息系统运维和医疗机构运营监管分析”2个建设项目；完成“朝阳卫生健康云服务”和“朝阳区卫生信息系统运维和数据治理”2个建设项目验收。实施卫生健康云平台、卫生大数据平台、互联网诊疗平台“三大工程”，深化数字卫健协同平台应用，完善全民健康信息平台建设。保障卫生健康系统35个重要信息系统在专属云环境下运行，完成3个重要信息系统网络安全等级保护及密码应用测评；在平台汇聚并治理辖区325家医疗卫生机构（6家区属医院和241家社区卫生服务机构等）8.2TB、近6亿条诊疗相关数据；区互联网诊疗平台有46家机构（39家社区中心+2家社区站+5家医院）953名医生注册，实现线上家庭医生签约建档。通过建立数字应用矩阵，搭建低代码应用60余个。完成辖区内12家三级医院“直连扩面”工作，市“三医联动”（医疗、医保、医药联动）工作专班以推进全市110家三级医院智慧服务能力建设为目标，以落实预约挂号直连、医保移动支付、检验检查结果查询、医学影像发布四项任务为工作重点，扩大接入医院的数量，实现市级系统与医院信息系统直连，提升“三医”（医疗、医保、医药）领域信息化水平。

【科研工作】 2023年，北京市垂杨柳医院、朝阳区第三医院、朝阳区疾病预防控制中心、朝阳区紧急医疗救援中心等10家单位申报并中标科研项目18项，获批经费97万元。发表SCI收录论文18篇。申报科研项目和发表SCI收录论文情况见表9、表10。

2023年朝阳区卫生单位项目申报情况统计表

表9

序号	获批项目名称	申报单位	项目类别	经费（万元）	获批时间
1	数字化家医签约中心在家医服务中的效果评价	高碑店社区卫生服务中心	中国社区卫生协会“社区卫生科研基金”项目	1.00	2023年8月

续表 9

序号	获批项目名称	申报单位	项目类别	经费（万元）	获批时间
2	北京市家庭医生签约服务水平提升研究	北京市一中西结合医院	北京市卫生健康委员会	8.00	2024年1月
3	“择时用药”方案治疗肝郁血虚型失眠症的推广与应用研究	北京市一中西结合医院	北京市卫生健康委员会	15.00	2024年1月
4	标准督导式教学联合SEGUE量表在全科规培门诊教学中的应用	北京市垂杨柳医院	北京市卫生健康委员会	2.00	2023年7月
5	生物安全二级模式实验室建设及区域内实验室数字化督导体系建立研究	朝阳区疾控中心	北京市卫生健康委员会	21.00	2023年1月
6	医务社会工作介入社区健康志愿者队伍的组建与赋能	东风社区卫生服务中心	北京健康管理协会	1.00	2023年10月
7	开展社区自助互助精神康复服务	朝阳区第三医院	北京健康管理协会	1.00	2023年11月
8	人文关怀视角下社区医疗与医务社会工作相结合的实践模式探索	高碑店社区卫生服务中心	北京健康管理协会	1.00	2023年10月
9	医务社工介入血液透析患者的服务模式	朝阳区双桥医院	北京健康管理协会	1.00	2023年10月
10	环泊酚与丙泊酚在老年衰弱前期患者无痛胃镜检查中麻醉效果的比较：一项前瞻性随机对照研究	北京市垂杨柳医院	北京康盟慈善基金会	5.00	2023年9月
11	基于心房颤动患者服务需求的中医综合康复模式构建与应用	南磨房社区卫生服务中心	北京市中医药管理局	12.50	2023年9月
12	新“3+3”工程王玉英三名传承工作室	朝阳区妇幼保健院	北京市中医药管理局	9.00	2023年12月
13	抗生素治疗药物监测的临床应用研究	北京市垂杨柳医院	北京药理学会	1.00	2023年2月
14	聚焦医务人员人际沟通能力的心理体验服务	朝阳区第三医院	北京市总工会	1.00	2023年11月
15	针刺疗法对亚健康院前急救人员干预效果的疗效研究	朝阳区紧急医疗救援中心	朝阳区总工会	10.00	2023年9月
16	高碑店地区托幼机构儿童心理行为发育现状及干预	高碑店社区卫生服务中心	北京市朝阳区第三医院	4.50	2023年6月
17	慢性疼痛患者药学服务模式探索与实践研究	北京市垂杨柳医院	朝阳区精防中心	1.50	2023年6月
18	新型冠状病毒致疫前后精神分裂症患者中医症候变化研究	朝阳区第三医院	朝阳区第三医院	1.50	2023年6月

2023 年朝阳区医疗卫生单位发表 SCI 统计表

表 10

序号	论文题目	作者姓名	发表刊物	刊物类别
1	A 12-Year Retrospective Analysis of Blood Culture Isolates in the Intensive Care Unit of a Tertiary Hospital in China《中国某三级医院重症监护病房血培养分离菌12年回顾性分析》	彭振丽	*CLINICAL LABORATORY*	Article

续表 10

序号	论文题目	作者姓名	发表刊物	刊物类别
2	Magnetic resonance findings of Stewart - Treves Syndrome in primary limb lymphedema compared with pathology: A retrospective single-center study 《淋巴管肉瘤原发性肢体淋巴水肿的磁共振结果与病理对照：回顾性单中心研究》	马 隽	*Frontiers in oncology*	Article
3	Identification of miRNA-mRNA regulatory network associated with the glutamatergic system in post-traumatic epilepsy rats 《miRNA-mRNA调控网络鉴定相关创伤后癫痫大鼠的谷氨酸系统》	马 隽	*FRONTIERS IN NEUROLOGY*	Article
4	Cohort size required for prognostic genes analysis of stage II/III esophageal squamous cell carcinoma 《II/III期食管鳞癌预后基因分析需要样本量的研究》	孔令红	*Pathology oncology research*	Article
5	Crystal-storing histiocytosis in the stomach: A case report and review of the literature 《胃储晶体组织细胞增多症一例病例报告及文献复习》	孔令红	*FRONTIERS IN ONCOLOGY*	Article
6	Clinical Feasibility of Automated Brain Tissue and Myelin Volumetry of Normal Brian Using Synthetic Magnetic Resonance Imaging With Fast Imaging Protocol: A Single-Center Pilot Study 《基于合成磁共振成像快速扫描参数评估正常脑组织体积分割测量的可行性：单中心初步研究》	郑作锋	*JOURNAL OF COMPUTER ASSISTED TOMOGRAPHY*	Article
7	Evaluating T1， T2 Relaxation， and Proton Density in Normal Brain Using Synthetic MRI with Fast Imaging Protocol 《基于合成磁共振成像快速扫描参数评价正常脑组织T1、T2弛豫时间》	郑作锋	*MAGNETIC RESONANCE IN MEDICAL SCIENCES*	Article
8	Levosimendan administration is not associated with increased risk of bleeding and blood transfusion requirement in patients undergoing off-pump coronary artery bypass grafting: a retrospective study from single center 《左西孟旦不增加非体外循环冠状动脉旁路移植术患者术后出血及输血需求》	王立红	*PERFUSION-UK*	Article
9	T Lymphocyte Subsets Profile and Toll-Like Receptors Responses inPatients with Herpes Zoster 《带状疱疹患者中T淋巴细胞亚群和Toll样受体的检测》	浙江省皮肤科医院	*JOURNAL OF PAIN RESEARCH*	Letter
10	A Comparative Study of the Clinical Effects of Targeted Treatments with Nilaparib and Olaparib on Recurrent Ovarian Cancer 《尼拉帕尼和奥拉帕尼靶向治疗复发性卵巢癌的临床疗效比较研究》	唐振利	*OURNAL OF BIOLOGICAL REGULATORS AND HOMEOSTATIC AGENTS*	Article
11	Removal of a Hard Plastic Bottleneck Causing Penile Strangulation With Holmium Laser 《使用钬激光去除导致阴茎绞窄的硬质塑料瓶颈》	王凯歌	*Urology*	Article
12	Investigation of Factors Influencing Sleep Status in Beijing Children Age 3 to 14 Years 《北京市3～14岁儿童睡眠状况影响因素调查》	栗 卓	*Otology Rihnology Laryngology*	Article

续表 10

序号	论文题目	作者姓名	发表刊物	刊物类别
13	Cognitive and Brain Gray Matter Changes in Children with Obstructive Sleep Apnea: A Voxel-Based Morphological Study《阻塞性睡眠呼吸暂停儿童的认知和脑灰度变化——形态学研究》	栗　卓	*Neuropediatrics*	Article
14	Teaching the "Four Ming Acupressure Points" massage method for adolescent myopia prevention and treatment《"四明穴"推拿技术防治青少年近视教学》	梅文静	*Asian J Surg*	Article
15	Genotypes Diversity of Acute Gastroenteritis Outbreaks Caused by Human Sapovirus - Beijing Municipality, China, 2015-2021《2015—2021年北京市札如病毒暴发的基因特征研究》	焦　洋	*China CDC Weekly*	Review
16	Human rotavirus strains circulating among children in the capital of China（2018 - 2022）_ predominance of G9P[8] and emergence of G8P[8]《2018—2022年北京市儿童中轮状病毒基因亚型流行特征-G9P[8]的持续流行及G8P[8]的出现》	焦　洋	*Heliyon*	Article
17	Evaluation of Tigecycline Utilization and Trends in Antibacterial Resistance from 2018 to 2021 in a Comprehensive Teaching Hospital in China《2018—2021年中国某综合性教学医院替加环素使用及耐药趋势评价》	周　虹 孙翔玉	*Infection and Drug Resistance*	Article
18	Recent advances in access to overcome cancer drug resistance by nanocarrier drug delivery system《纳米载药体系克服耐药肿瘤的最新进展》	孙翔玉	*Cancer Drug Resistance*	Letter

【卫生健康系统安全生产】2023年，北京市朝阳区卫生健康委员会（简称区卫生健康委）成立区卫生健康系统安全生产委员会，建立"1+4+8+N"（区卫生健康委安全生产委员会为1个枢纽，利用安全生产督查检查队、工作片区检查队、兼职隐患检查员队和第三方专业机构服务队4支队伍，将辖区医疗卫生机构分为8个片区管理，细化安全生产工作N个方面）卫生健康系统安全生产体系，协调指导督促区卫健系统安全生产工作。按照"区级统筹、片区管理、相互学习、共同提升"原则，开展安全生产和火灾隐患大排查大整治、有限空间、动火作业、燃气安全、外包外租、自建房及彩钢板建筑消防安全、限额以下在建施工项目管理、电动自行车、危险品等多个专项检查及100余次联合区级部门督导检查。开展大规模培训9次、联合区消防救援支队、区应急管理局等单位开展主题培训24次，派出2759人次，对3790家次单位开展安全生产检查，约谈安全生产工作不力的非直管单位23次，查处各类安全隐患4229项，整改率100%。

▲ 2023年，朝阳区卫生系统开展安全生产大检查。图为11月21日，北京市卫健委安全生产督导组到区疾控中心调研指导安全生产工作　　（区疾控中心　供图）

▲ 2023 年，区卫生健康委完成基本建设。图为 6 月 9 日，朝阳医院东院区竣工并对外开诊　（姜　南　摄）

【卫生基本建设】 2023 年，朝阳区卫生健康系统基建总投资 20503 万元，区财政总投入 20503 万元。改扩建医疗用房 42983 平方米，其中团结湖 17 号楼装修改造工程结构加固施工工程量完成 50%，为区医管中心和区医疗卫生信息中心提供升级使用办公住房；协调北京飞机维修公司职工活动中心房产作为机场社区卫生服务中心建设用房，解决机场中心无实体困境，施工单位公开招标，工程款首款已拨付；双桥医院隐患改造工程总体进度完成 80%。朝阳区中医医院装修改造一期工程完成主体施工。太阳宫等社区卫生服务中心、第三医院装修改造工程、大望京 B20-2 应急除卓工程及其他基层卫生单位应急维修改造工程全部完工。接收小区卫生配套用房 3 处，建筑面积 415 平方米。首都医科大学附属北京朝阳医院常营院区 6 月投入使用，北京嘉会国际医院举行开工仪式，首都医科大学三博脑科医院地下结构施工完成。　（周翔飞　赵瑞萍）

公共卫生

【概况】 2023 年，朝阳区户籍人口平均期望寿命 83.38 岁，其中男性 80.88 岁、女性 85.98 岁。户籍人口出生 11131 人，其中男性 5748 人、女性 5383 人，出生率 5.08‰；死亡 19061 人，死亡率 8.70‰；人口自然增长率 -3.62‰。因病死亡 18386 人，占总死亡人数的 96.46%；死因顺位前 10 位依次为心脏病，恶性肿瘤，脑血管病，呼吸系统疾病，内分泌、营养和代谢性疾病，损伤和中毒，消化系统疾病，神经系统疾病，泌尿生殖系统疾病，传染病。

【秋冬季呼吸道传染病防控】 10 月至年底，朝阳区针对支原体肺炎等秋冬季呼吸道传染性疾病发病率增高，医疗机构门急诊、发热门诊服务量增长情况，组织成立以区主要领导为组长，区卫生健康委、区医疗保障局、区市场监管局、区民政局及区教委为成员的工作专班，建立例会和日、周报告制度，统筹协调，科学部署，落实分级诊疗，提升基层服务能力。49 家社区卫生服务中心开展甲乙流、肺炎支原体抗体检测项目，48 家社区卫生服务中心提供放射影像学检查服务；将可提供儿科服务的社区中心从 26 家扩充至 41 家；37 家社区卫生服务中心可开展适龄儿童的输液服务。实施“一院一策”（针对不同医院实际情况实施针对性防控措施），工作专班例会现场了解就诊疗、药品储备等情况，解决问题。在区妇幼保健院北院区开放 50 张病床作为首都儿科研究所附属儿童医院第二病区；统筹设置 110 张病床作为大医院续贯病房。组织中日友好医院等呼吸科专家培训社区卫生服务机构。指导学校、养老机构等重点场所通过中药预防饮等进行流感预防保健。推行互联网诊疗，更新发布医疗机构服务信息，引导患者就近就诊。联合区教委加强学校晨午检及健康监测。巩固“三握手”（社区卫生服务中心、养老机构和街乡办事处三方联动机制）机制，加强入院医护力量支持，为老年人提供服务保障。

【疾病控制】 2023 年，朝阳区加强传染病报告监督和防治。报告传染病 22 种 226711 例，报告发病率 6586.83/10 万，比上年增长 621.76%；报告死亡率 0.61/10 万，比上年下降 29.86%。甲乙类传染病发病率 1500.98/10 万，比上年增长 307.20%；报告死亡率为 0.61/10 万，比上年下降 29.86%。报告甲类传染病 4 例，均为霍乱。乙类传染病报告发病率居前 3 位的依次为新型冠状病毒感染、梅毒、肺结核；死亡人数前 3 位是艾滋病、肝炎、肺结核。新报告肺结核病例 854 例，报告发病率 24.81/10 万；新报告艾滋病病人 166 例，感染者及艾滋病患病人数共 8589 例，其中艾滋病患者 2742 例，报告发病率 4.82/10 万；死亡 12 例。调查处置 271 起（含暴发疫情 2 起）手足口病和疱疹性咽峡炎聚集性疫情。调查处置 927 起集中发热疫情，其中 2 天 10 例集中发热疫情 38 起，流感样病例暴发疫情 22 起。调查处置 171 起（中学 12 起，小学 76 起，学前机构 79 起，消防站 2 起，养老院、医院各 1 起）急性胃肠炎聚集性疫情，其中 1 起暴发疫情涉及病例 59 人。其中 86 起（50.29%）为诺如病毒感染，16 起（9.36%）为札如病毒感染，7 起为腺病毒、轮状病毒、星状病毒等感染（4.08%），23 起（13.45%）未定性，39 起（22.81%）未查出明确病原体。调查处置猴痘病例 129 例。完成土源性线虫监测1034例人员调查及其粪便标本收集。3月6日，在全市第一个挂牌疾病预防控制局。利用三级慢病防控网络，推动全区慢病工作，通过国家对慢性病综合防控示范区的复审。组建洪涝灾后防疫应急队两批23人支援门头沟、房山区，出动现场处置111人次。新组建主要慢性病患者干预小组44个，组建社区老年防跌倒知识小组43个。组建社区体重干预小组39个。完成老年人健康素养调查400人。完成慢性病及危险因素监测5624人。完成643人次农村大肠癌和548人次城市“五癌”（肺、肝、乳腺、上消、下消）临床筛查，完成1286份城市五癌筛查问卷和2200份农村大肠癌筛查问卷，完成4856例肿瘤患者随访。全年完成流感疫苗接种426120支，包括免费291617支、自费134503支。开展4407人次脑卒中高危人群筛查干预和7599人次慢阻肺高危人群初筛，完成1205人慢阻肺高危人群肺功能检查及随访管理。开展心血管病高危人群早期筛查与综合干预，完成748人长期随访。实施全民健康生活方式各项活动，开展全民健康生活方式日、高血压日、糖尿病日等慢病相关宣传活动20余次，发放宣传品10万余份。组织开展“万步有约”职业人群健走活动，37家单位555人参加。新培训健康指导员107人；新建7个健康示范机构，对既往124家健康示范机构及28条健康步道、28个健康小屋、9个健康主题公园、3条健康一条街等开展督导。指导朝阳区公共安全馆以满分结果通过健康北京示范基地市级验收。

【中小学生生长发育状况受检】2023年，朝阳区中小学生参加体检114225人，身高受检37763人，其中上等37291人、下等472人；体重受检37763人，其中上等37076人、下等687人；视力受检105799人，其中视力不良59950人；营养状况受检37691人，其中肥胖5318人、营养不良10461人；贫血受检76948人，其中贫血

▲ 2023年，朝阳区加强传染病报告监督和防治工作。图为6月26日，朝阳区疾控中心在朝阳公园举行国际禁毒日宣传活动（王丽娟　摄）

3426人；沙眼受检19523人，沙眼0人；龋齿受检34397人，其中龋齿12470人。

【计划免疫】2023年，朝阳区接种免疫规划疫苗691220剂次，其中基础免疫376705剂次，加强免疫314515剂次；全市户籍儿童接种431740剂次、流动儿童接种259480剂次。疫苗报告接种率99%以上。接种非免疫规划疫苗20大类76个单品1127942剂次。接报预防接种不良反应（AEFI）795例，其中一般反应614例、异常反应54例、心因性反应12例、偶合症115例。水痘、麻风腮分别应急接种2884剂次、2558剂次。完成流感疫苗接种426120剂次（免费291617剂次、自费134503剂次）。

【爱国卫生】2023年，朝阳区完成卫生区56项指标及证明文件等材料的线上填报、满意度调查等准备工作，牵头制定《朝阳区国家卫生区复审工作实施方案》，召开动员部署及工作推进会。组织区市场监管局、区城管委等部门以指导验收、现场抽查、街乡复审互查等形式全覆盖检查36次，通过验收，达到国家卫生城市标准（2021版）现场评估要求。区爱国卫生办公室牵头区教委等5部门共同制定《朝阳区关于进一步做好冬季控烟工作的通知》。组织各街乡开展周末卫生大扫除32次，清理居民小区2万余个次，清理卫生死角10.4万处，清理垃圾7950吨，29.8万人参与，出动各类车辆1.4万辆次。推进“健康朝阳”建设，举办“宜居靓家园　健康新生活”爱国卫生月暨世界卫生日主题宣传、“健康北京周”及亮马河“健康朝阳号”首航仪式等系列宣传活动。蓝色港湾国际商区控烟示范街区试点建设通过市级验收。设计制作发放健康促进宣传资料22种12.5万份，健康教育宣传栏电子小样6期48种，开展线上线下健康知识讲座和宣传活动2980场，微博、微信公众号线上文章、视频推广1999篇，受众225万人次。

【病媒生物防制】2023年，朝阳区爱国卫生办公室根据《朝阳区病媒生物预防控制服务机构备案办事服务规范（试行）》要求，落实区级病媒防制备案制度。开展春季灭鼠、夏季灭蚊蝇及冬季病媒生物控制专项活动，全区4.73万人次病媒防制专业人员现场作业，维护毒饵站55.41万个，新布放鼠饵站1.98万个，封堵鼠洞3.26万个，

▲ 2023 年，朝阳区开展秋冬季呼吸道传染病防控。图为 10 月 30 日，区卫生健康委在亮马河国际风情水岸组织“健康朝阳号 首航健步行”活动（袁 力 摄）

治理和清理散在孳生地 20.37 万处，投放灭鼠剂 2.75 万千克，投放灭蚊蝇药 2.8 万千克。

【综合监督】 2023 年，朝阳区开展公共卫生监督。公共场所应监督单位 9405 户，注销 1476 户，仍有卫生许可证公共场所单位 7929 户。［旅店业 1047 户，文化娱乐场所 262 户，理发店、美容店 5997 户，游泳场（馆）260 户，公共浴室 74 户，商场（店）、书店 263 户，展览馆、博物馆、美术馆、图书馆 19 户，体育场（馆）5 户，候车（机、船）场所 2 户］，监督 17366 户次，监督覆盖率 97.22%，合格率 88.36%。公共场所卫生行政处罚 1830 件，其中一般程序 767 件、简易程序 1063 件，罚款 109.68 万元。生活饮用水应监督单位 4666 户，完成监督 7000 户次，监督覆盖率 85.44%，合格率 95.06%。生活饮用水行政处罚数量 343 起，其中一般程序 243 件、简易程序 100 件，罚款 15.32 万元。医疗卫生机构监督检查 1958 户，监督检查 10524 户次，覆盖率 100%，合格率 98.16%，处罚 433 起，罚没款 255.35 万余元。开展无证行医联合执法 161 次，取缔无证行医 27 户次，实施行政处罚 27 件，罚没 120.24 万余元，其中没收违法所得 4.04 万余元。受理举报案件 3340 件，处理率 100%，查证属实率 16.98%。计划生育监督检查 81 户，覆盖率 96.30%，合格率 98.77%。未发现非医学需要胎儿性别鉴定和选择性别人工终止妊娠等违法违规行为。全年办理多机构执业备案 12024 人次。

【急救工作】 2023 年，朝阳区建成 1 个急救分中心，实现 43 个街乡 80 个急救站点全覆盖。落实单车次补偿机制政策，改善急救指标，呼叫满足率 100%。急救平均反应时间从 17.89 分降至 9.5 分钟，比上年提升 47%。通过“线上线下”“带帮传”等方式推进，区 120 急救车组由 78 车组增至 142 车组，加上辖区内运行的北京市 120 及 999 急救车组，全区急救车组 174 组。急救服务满意度回访 1800 名群众，形成整改建议 46 条，动态督导整改；印发《医疗安全与行风责任书》《关于加强院前急救网络第三方服务管理的通知》，完善工作标准和管理流程。分段专项督导“2 分钟出车”“12 分钟到达率”等过程指标，发布周报 44 期，每周排名、点评、督导，提升各急救站整改力度。参与全区各类突发事件 581 件次，完成重大节假日和大型活动保障任务 71 项。在京津冀卫生应急演练暨知识技能大赛中，获团体一等奖和 4 个优秀个人奖。

【精神卫生】 2023 年，朝阳区严重精神障碍患者建档 13634 人（京籍患者 12905 人），报告患病率 3.961‰，在册规范管理率 95.14%，在管病情稳定率 99.33%，规律服药率 88.21%，面访率 93.02%。严重精神障碍患者免

▲ 2023 年，区卫生健康委加强急救工作管理。图为 12 月 6 日，北京市卫生健康委员会组织 2023 年京津冀卫生应急演练暨知识技能大赛，朝阳区代表队获得团体一等奖（区卫生健康委 供图）

费体检 5803 人。发放贫困诊疗费补助 60.19 万元，889 人次患者受益。11149 人通过免费服药资格审核，投入免费服药经费 799.85 万元，免费服药政策惠及率 81.5%。10341 名严重精神障碍患者监护人申请看护管理补贴，看护补贴申请率 92.64%，发放补贴 2257.63 万元。二代长效针剂累计免费治疗精神分裂症患者 166 人，投入经费 291.82 万元。开展 5790 名免费服药患者血药浓度检测，投入经费约 35 万元。开展心理援助工作，区心理援助热线接听 179 通，其中接听北京市“8858”心理援助热线 105 通；通过“暖翼平台”（北京市卫生健康委搭建的北京市居民心理健康体检与心理援助服务平台）筛查反馈，为 5 名有心理服务需求的中高风险人员提供心理疏导。对外发表心理科普文章 310 篇，总访问量 298916 次。开展宣传活动 549 次，发放科普宣传材料 53016 份，心理健康宣教受众 96659 人次。开展朝阳区居民心理健康素养调查，完成 6430 例，居民心理健康素养水平 46.73%。

【妇幼保健】 2023 年，朝阳区常住产妇 20626 人，北京市户籍产妇 10928 人；常住活产 20973 人，北京市户籍活产 11131 人；辖区助产机构产妇剖宫产率 44.48%。孕产妇死亡率 0/10 万，常住孕产妇系统管理率 99.75%，北京市户籍孕产妇系统管理率 99.63%。孕产妇住院分娩率 99.99%。常住高危孕产妇管理率 99.79%，北京市户籍高危孕产妇管理率 99.74%。婚检人数 20747 人，婚检率 66.60%，检出疾病 707 人，疾病检出率 3.41%。孕前优生筛查人数 21750 人，目标人群覆盖率 89.87%。全区 0～6 岁在册儿童 16.63 万人，其中北京市户籍在册儿童 10.98 万人，外地户籍在册儿童 5.65 万人。新生儿疾病筛查率 101.00%，新生儿听力筛查率 100.83%。围产儿出生缺陷发生率 38.15‰，围产期监测出生缺陷发生顺位前 5 位分别是先天性心脏病、外耳其他畸形、多指（趾）、肾积水、隐睾。常住 5 岁以下儿童死亡率 1.95‰，户籍 5 岁以下儿童死亡率 2.34‰。常住婴儿死亡率 1.53‰，户籍婴儿死亡率 1.71‰。0～6 岁儿童健康管理率 99.28%，0～6 岁儿童系统管理率 98.48%。

【生育服务】 2023 年，朝阳区组织街乡新生育条例培训，部署新政策实施后生育登记及出生上报工作，落实各项帮助政策，应对“全面三孩”政策。朝阳区户籍人口出生性别比为 107。户籍人口生育登记 12398 人，其中一孩生育登记 9059 人、二孩生育登记 3114 人、三孩生育登记 214 人、多孩生育登记 11 人。按照每人 2100 元标准发放农村部分计划生育家庭奖励扶助金 11806 人。发放独生子女父母相关奖励金 27129 人 948.71 万元。

【托育服务】 2023 年，朝阳区印发《朝阳区托育服务体系建设工作方案（2023—2025 年）》及《朝阳区落实普惠托育服务试点工作的实施方案》，明确普惠托育发展规划路径。新增 6880 个托位数，比上年增长 38.35%。全区完成 7 家托育机构备案。完成朝阳区首批 3 家普惠托育机构认定。新增备案机构 7 家，实有备案机构 20 家。9 家托育机构被评为“北京市托育服务示范单位”，获补助款 90 万元。

【职业卫生】 2023 年，朝阳区完成国家重点职业病监测及风险评估工作。全区有毒有害工业企业 400 家，职业病与健康危害因素监测系统收集职业病病例报卡 25 张，其中尘肺病复诊病例 2 例、尘肺病晋级病例 1 例、无职业病病例、新发病例 21 例（尘肺病 16 例、物理因素所致职业病 1 例、职业性耳鼻喉口腔疾病 2 例、职业性肿瘤 1 例、职业性化学中毒 1 例）。完成职业病鉴定 7 例。

【血液管理】 2023 年，区属医院用血总量 10620 单位，自体输血 305 人及用血总量 546.79 单位。全区采血点 8 个，采血车 5 辆。采血量 90102.1 单位，其中全血采集 82074.6 单位、成分血 8027.5 单位；全年供血量 256466 单位，其中红细胞 121132.00 单位、血浆 113503.50 单位、血小板 21830.50 单位。

（周翔飞　赵瑞萍）

医疗卫生

【概况】 朝阳区有医疗卫生机构 2001 个（含驻区医院），其中公立机构 425 个、民营机构 1576 个，营利性 1459 个、非营利性 519 个、其他类 23 个。全区有卫生技术人员 66818 人，其中执业（助理）医师 26472 人、注册护士 30251 人，实有床位 28026 张，每千常住人口拥有卫技人员 19.41 人、执业（助理）医师 7.69 人、注册护士 8.79 人，每万常住人口拥有全科医师 3.04 人，每千常住人口拥有床位数 8.14 张、社区卫生服务机构床位数 0.32 张。

【医疗卫生改革】 2023 年，朝阳区印发《朝阳区深化医改工作重点任务》，定期跟踪任务进展，推进任务落实。印发《北京市朝阳区推动公立医院高质量发展行动方案》，明确各相关单位责任，定期开展深化医改监测评价。6 月，朝阳区入选全国紧密型城市医疗集团试点城市之一。全区在 4 个区域医疗资源网格基础上，以辖区内 4 家综合性三级医院为牵头单位，联合周边医疗机构和社区卫生服务中心成立 4 个紧密型城市医疗集团，在 4 个医疗集团中各纳入一家中医类医院作为中医类牵头医院，建立“医学检验、医学影像、心电诊断、病理、消毒供应”5 个资源共享指导中心，实现跨院区、跨机构医疗资源整合。新成立口腔、内分泌专科医联体。垂杨柳医院、双桥医院与北大人民医院签约专科医联体。朝阳区建设专科医联体 26 个，其中市级 16 个、区级 8 个、跨区 2 个。

▲ 2023 年，朝阳区入选全国紧密型城市医疗集团试点城市之一。图为 12 月 6 日，朝阳区成立 4 个紧密型城市医疗集团，并建立 5 个区域资源共享指导中心　（张　蕾　摄）

【医政工作】2023 年，区卫生健康委颁发医疗机构设置批准书 0 家、医疗机构执业登记注册 139 家、中医诊所备案 32 家。完成医疗机构变更 595 家、医疗机构主动注销 67 家（含备案中医诊所 15 家）。办理医师执业注册 2147 人、变更 5513 人、注销 151 人。外国医师短期行医首注 48 人、延期 100 人、学术交流 2 人。医师多执业机构备案 12019 人。美容主诊备案 543 人。盲人医疗按摩备案 36 人。护士变更注册 1971 人，护士执业重新注册 135 人，护士执业注册首注 1174 件，护士执业注销注册 43 人。办理行政许可事项 47811 件，办理行政确认事项 19676 件，办理其他职权事项 951 件，办理公共服务事项 36 件，四类 68474 件。

【医疗工作】2023 年，朝阳区医疗机构总诊疗人次 52385792 人次，其中医院 32404565 人次，社区卫生服务机构 15655004 人次，门诊部及以下 4326223 人次；出院 1007262 人次，其中医院（不含护理院）996722 人次，社区卫生服务机构 10540 人次，全区医疗机构编制床位使用率 77.77%，实有床位使用率 80.21%，平均住院日（不含精神专科医院）7.5 天。全区医疗机构门诊 49229774 人次、急诊 3125458 人次、家庭卫生服务 26448 人次。社区卫生服务机构总诊疗 1565.50 万人次，占全区总诊疗量的 29.88%，社区卫生服务机构出院 10540 人次，占全区出院人次数的 1.05%。全区社区卫生服务机构编制床位使用率 46.21%，实有床位使用率 69.76%。区属 6 家医疗机构门诊 2387080 人次，急诊 408249 人次，家庭卫生服务 10 人次，出院 55970 人次，平均住院日 11.31 天，平均住院日（不含精神专科医院）8.1 天，病床使用率 70.1%，实有床位使用率 70.1%，床位周转 23.27 次，医护比 1：1.19，死亡率 0.4%，全年住院手术 14924 人次。

【社区卫生】2023 年，朝阳区有社区卫生服务中心 52 家，其中政府办 36 家、社会办 16 家；运行的社区卫生服务站 189 个，其中政府办 144 个、社会办 45 个。全区社区卫生服务机构卫生技术人员数为 5627 人，其中执业医师（助理）4562 人（其中全科医师 922 人，含专职防保）、护士 1694 人（含专职防保）。全年社区卫生服务机构门急诊 15257779 人次，上门服务 18365 人次。49 家实体社区卫生服务中心纳入医联体，社区卫生服务机构向二、三级医院上转患者 60156 人次，二、三级医院下转患者 114696 人次。小关第二社区卫生服务中心实现实体化运行，全区实体化运行的社区卫生服务中心 50 家。家医签约 1541855 人，签约率 44.80%；重点人群家医签约 848121 人，签约率 97.56%。健康档案建档 3041860 份，建档率 88.37%，使用率 67.34%，实现 100% 健康档案电子化。

【对口支援】2023 年，区卫生健康委发挥区域医疗资源优势，建立 26 对两地机构间"结对帮扶"对子。从 5 家区属医院、15 家社区卫生服务中心及区疾控中心中选派专业技术人才 27

▲ 2023 年，朝阳区 49 家实体社区卫生服务中心纳入医联体。图为 7 月 26 日，东风社区卫生服务中心组织健康知识宣讲活动　（东风社区卫生服务中心　供图）

人，对口支援（内蒙古自治区卓资县15人、察右后旗5人、科左后旗6人，新疆维吾尔自治区生产建设兵团47团1人），其中一年期9人次、3～6月期18人次。接收各地来京进修学员964人次。帮助受援医疗卫生机构填补空白科室5个，协助支援合作单位建立临床重点专科6个，输出医疗卫生技术17项，开展培训42班次，培训人数1340人次。支援医生在受援医疗机构门急诊诊疗患者1.5万余人次，开展受援地区脱贫群众义诊巡诊1000余人次，向受援地输出医疗卫生技术70余项。各预算单位通过“832”扶贫平台，购买支援合作地产品377.36万元。

▲ 2023年，朝阳区举办“亮马河说中医”文化宣传活动和“第八届驻华使节中医药健康日”活动。图为6月21日，北京市中医管理局、朝阳区人民政府共同主办“北斗七星”谈·朝阳区亮马河水岸经济带国际友人说中医药系列活动之《本草纲目》专辑活动（钟琳玉　摄）

【中医工作】 2023年，朝阳区入选中央财政支持的全国中医药传承创新发展示范试点项目，成为北京市唯一示范试点。完成市中医局组织的全国基层中医药工作示范区评审检查工作。推进区中医药薪火传承工程，在建第八批基层中医传承工作室25个、名老中医传承工作站4个、双语中医专家工作站4个、中药特色技术专家传承工作室5个；搭建“数字化中医师承培训体系”，完成108人基层家庭医生中医药能力提升培训；完成区级首批“西学中”培训164人。启动区级6个引领类和16个培育类中医重点专科项目，在区属医院或社区卫生服务机构设立12个名老中医工作室和32个基层中医传承工作室。开展中医药进社区活动400余场（含区级名中医团队开展的130余场）。开展中医药文化进校园活动154场。在2023年中国国际服务贸易交易会·中医药健康产业国际智库论坛上，发布国家中医药传承创新发展示范试点项目之朝阳区“亮马河国际风情水岸经济带”中医药健康产业服务项目。举办“亮马河说中医”文化宣传活动和“第八届驻华使节中医药健康日”活动2次。完成北京市第一中西医结合医院和区中医医院等级评审复审工作，启动2家医院智慧医院信息化建设项目。推进区中医医院新院区建设、双桥医院中西医协同疫病防治基地建设、区妇幼保健院“升降浮沉”（进一步提升妇幼中医药服务能力、进一步发挥中医药在降低妇幼健康风险中的作用、进一步推动妇幼中医药健康文化自觉浮现、进一步推进妇幼领域中医药资源下沉）工程建设，在基层推广10个妇幼诊疗中医服务包。实现实体社区卫生服务中心中医馆全覆盖。社区卫生服务中心中医类别医师占同类机构医师总数比例超过25%。完成46名北京市中医医术确有专长人员资格审核工作。完成260余家中医类医疗机构校验工作。

（周翔飞　赵瑞萍）

朝阳区区属医院

【北京市垂杨柳医院】 北京市垂杨柳医院（又名清华大学附属垂杨柳医院，简称垂杨柳医院），是区卫生健康委直属三级综合性医院，有本院区、东院区及管庄院区3个院区。医院占地面积38317.81平方米、建筑面积109103平方米。2023年，垂杨柳医院强化专科建设，实行“优综合、优平台、强专科”发展战略，强化亚专业疾病及专病诊治中心建设，设立首席专家和学科主任制。梳理整改消防安全隐患，实施“医疗质量与安全三年行动计划”。构建运营管理体系，设立三级贯标办公室，成立创评工作专班，备战等级医院评审。医院牵头朝阳区南部紧密城市医疗集团，有19家成员单位；牵头呼吸专科医联体，有15家成员单位。新加入协和医院内分泌科、骨科等医联体及天坛医院呼吸科等21家专科医联体。7月27日，医院肿瘤科更名为肿瘤外科；11月7日，血液内科更名为血液科（肿瘤内科）。医院医师98人在174家机构多点执业；外院医师44人在医院多点执业。办理人才引进7人，柔性引进人才1人。执业医师450人，注册护士656人。编制床位750张，开放床位871张，重症医学床位52张。医疗设备净值34964.92万元，无甲、乙类医用设备。新购置医用设备4516.38万元。全年总收入148202.2万元，其中医疗收入134707.25万元。年出院34677人次，床位周转次数38.20次，床位使用率91.43%，平均住院日7.17天。病房护士与床位比为0.37∶1。住院手术10738例，其中三级手术占44.57%、四级手术占14.59%，日间手术43例。剖宫产率45.5%，无孕产妇和新生儿死亡，围产儿死亡率1.7‰。31个科室实施临床路径管理，病种297个，入径率77.2%，完成率 84.15%。全年临床用血量 9289 单位，其中自体输血量 497 单位、274 人次。医保出院 32268 人次、总费用 58542.17 万元。实施管理精细化“4+1”（构建运营管理组织体系、DRG 付费下的结构优化“组合拳”、HRP 助推资源优化管理成本管控、全员参与的节能减排以及能力提升助推行动）行动，形成多部门联动的 DRG 管理体系。医院药占比 29.71%（除外草药）。门诊药占比 38.67%，住院药占比 22.31%。门诊抗菌药物处方比例 13.28%，急诊抗菌药物处方比例 45.04%，住院患者抗菌药物使用率 46.77%，抗菌药物使用强度 34.66（DDD）。预约挂号 833827 人次，占门诊人次比例 83%。开展新技术 37 项，其中市卫生健康委审批项目 1 项：体外膜肺氧合（ECMO）技术。医院自行开展项目 36 项：如普外科：上臂静脉植入式输液港、乳房内注射材料取出术、乳房缩小整形术、乳腺癌根治术Ⅰ期乳房再造术；呼吸与危重症医学科：支气管镜肺减容术、经皮微波消融术、经支气管镜热成形术、CT 引导下经皮肺穿刺切割活检术等。医院接收上转病人 3167 人、下转病人 5756 人。参加医疗责任保险 1238 人，总费用 94.91 万元。年度赔付总金额 84.62 万元。医护比 1∶1.27，床护比 1∶0.37。ICU 床位 52 张。护理单元数量 39。开展优质护理 100%，不良事件上报率 100%，整改率 100%。医院全年申报首都卫生发展科研专项、北京市自然科学基金等 30 项科研项目，中标首都卫生发展科研专项、北京市住院医师规范化培训质量提高项目，朝阳区精神卫生特色服务项目、学会及基金会项目等 6 项，资助经费 32.5 万元，单位匹配经费 7 万元。在研课题 6 项，结题 2 项。获国家知识产权局授权专利 11 项，其中发明专利 1 项，实用新型专利 10 项。医院有普通外科、检验科、呼吸内科、感染性疾病科、急诊医学科 5 项北京市重点专科培育项目。承担华北理工大学、河北医科大学等院校教学工作，带教教师 221 名，新招收硕士研究生 1 名，在培硕士研究生 3 人。在培全科住院医师 4 人，组织带教师资参加院级、省市级师资培训 192 人次，组织学员培训 30 次，联合全科基地开展教学督导 12 次。外派进修人员 19 人，在职研究生外出实习医师 1 人。接收实习、进修医生 226 人。开展多种形式的继续医学教育项目培训 36 项，包括国家级 1 项，市级 16 项，区级 19 项。信息化建设总投入 646.8 万元。医院开展各项培训 66 次。外送 9 人进修。接收石家庄医专护理专业学生 46 人、北京劳动保障职业学院 16 人。派出 4 名医疗卫生技术人员分别到新疆维吾尔自治区和田地区墨玉县，内蒙古自治区鄂托克前旗、乌兰察布市卓资县及赤峰市巴林左旗人民医院开展对口支援工作。医院举办北京市垂杨柳医院急危重症与感染诊疗论坛、“聚力·优化·提升·增效：高质量时代下医院管理与发展研讨会”等学术会议。

（高　雪　张新庆）

【北京市第一中西医结合医院】北京市第一中西医结合医院（简称市第一中西结合医院）为区卫生健康委直属三级甲等中西医结合医院，分本部（CBD）院区、东坝院区、大屯院区。医院占地面积 27415 平方米，建筑面积 27153 平方米，租用面积 2374 平方米。2023 年，市第一中西结合医院新增 23 个中医特色专病门诊，包括心悸门诊、胃脘痛门诊、瘙痒门诊等。其中 10 个专病门诊获批北京市中医专症门诊实训基地。医院制定“11353+N”［以“中西医结合服务人民健康”为一个中心，以“党建引领中西医结合高质量发展”为一条主线，强化巩固 3 个市级重点专科（心内科、骨伤科、内分泌科），发展 5 个院级中心（针灸中心、消化内镜中心、老年病诊疗中心、治未病中心、急诊急救中心），打造 3 支品牌团队（介入治疗团队、头晕团队、眼科团队），形成 N 个中医特色专病专科。］业务发展战略，通过三级甲等医院等级评审。医院参与朝阳区国家中医药传承创新示范试点项目申报并获批。医院执业医师 341 人，注册护士 358 人。编制床位 405 张，开放床位 402 张，其中重症医学科 ICU 床位数 8 张。医疗设备总值 3791.14 万元，其中乙类医用设备 3 台。新购置医用设备总值 672.88 万元。医院总收入 71527.02 万元，其中医疗总收入 61651.2 万元。东坝院区成立针灸脑病科、血管介入科；大屯院区成立老年病科。医院出院 9362 人次，床位周转 16.48 次，床位使用率 62.96%，平均住院日 9.43 天。住院手术 1883 例，其中三级手术 20.34%，四级手术 21.46%。医院输血 608U，其中自体输血 20 人次、33U。14 个临床专业科室开展 30 个病种的临床路径，入径率 19.65%，完成率 97.05%。预约挂号 50.61 万人次，占门诊总人次 95.85%。门诊药占比 42.8%，住院药占比 21.61%。门诊患者抗菌药物使用率 3.24%，急诊患者 13.10%，住院患者 51.58%。门诊抗菌药物处方比例 12.45%，急诊抗菌药物处方比例 24.54%，抗菌药物使用强度 52.2（DDD）。上转病人 7 例，下转病人 39 例。医院成为朝阳区南部紧密型城市医疗集团中的中医医联体牵头医院，成员单位 20 家。医院是中日友好医院紧密型城市医疗集团成员。加入北医三院骨科等 11 个专科医联体。医院多点执业医师 38 人，外院在医院多点执业医师 35 人。引进人才 2 人。医院开展 3 项新技术：聚多卡醇内痔日间硬化治疗、三焦点和区域折射型人工晶体矫正白内障术后老视的应用、青光眼引流管手术治疗青光眼。心内科获批北京市中西医协同“旗舰”科室建设单位；骨科、内分泌科、呼吸科、脑病科、老年病科获批朝阳区重点专科。医保出院 7494 人次，总费用 13808.53 万元，次均费用 18426.11 元。7 月 31 日，医院开通门诊慢特病异地直接结算业务，包括高血压、糖尿病、恶性肿瘤门诊治疗、肾透析 4 个病种。12 月 30 日，开通医保移动支付功能，实现北京参保人员在手机端预约挂号、交费等业务实时分解。有 709 人参加医疗责任保险，费用 49.46 万元。医院有护士358人，其中本科246人。全院医护比例1.04∶1，床护比1∶0.33，有27个护理单元，ICU床位8张。病房、门、急诊科开展优质护理服务，责任制整体护理落实率100%，护理不良事件上报率100%。医院安排区级继续教育讲课15次；安排专科培训85人次。完成年度7名实习生带教工作，培训考核17名实习生，接收7名进修人员。医院申报市级课题7项、年底在研课题数11项、结题2项。医院承担长春中医药大学教学任务，提供教师114人。派出进修5人。线上举办2个专项培训班。投入信息化建设经费155.16万元。开通互联网诊疗，通过“互联网+”医保服务资格验收。医院派出3人到内蒙古自治区乌兰察布市察右后旗医院、新疆维吾尔自治区墨玉县妇幼保健院和墨玉县人民医院开展对口支援工作。接收25名内蒙古进修医师到院学习。医院完成公共区域墙面粉刷1536平方米，铺设墙塑2014平方米；病区更换病房门、污物间门等126樘；改善安全设施；配合东坝乡政府道路规划，完成PCR实验室平移、南侧新建大门铺路建围挡、停用原有水井临时接入东坝乡政府生活用水水井。规范停车场管理，拆除彩钢板房屋543.54平方米，基础建设总投入金额157.78万元。

（贺　蕾　侯小兵）

【朝阳区妇幼保健院】 朝阳区妇幼保健院（朝阳区妇幼保健计划生育服务中心）（简称区妇幼保健院）是区卫生健康委直属三级妇幼保健院，医院有南北两个院区，下设朝阳区潘家园社区卫生服务中心。医院占地面积27557.8平方米、建筑面积49377.7平方米，租用面积782.96平方米（潘家园社区卫生服务中心）。2023年2月1日，区妇幼保健院开设互联网诊疗。3月21日，北院区增设产二科。6月8日，中共朝阳区妇幼保健院总支部委员会升格为中国共产党北京市朝阳区妇幼保健院委员会，隶属于朝阳区卫生健康委党委。10月10日，完成儿童保健部、计划生育技术服务部、孕产保健部、妇女保健部4大部科室组建工作。10月27日，增设特需医疗科。10月30日，北院区增设妇二科。11月20日，被市卫生健康委确认为三级乙等妇幼保健院。11月，与首都儿科研究所合作，在区妇幼保健院北院区加层开设小儿呼吸科病区，定名为首都儿科研究所呼吸内科第二病区。医院申报朝阳区中医妇科重点专科，在潘家园社区卫生服务中心华威北里社区站及松榆东里社区站成立“基层中医传承工作室”。新增“韩松雪创新工作室”“周凤英创新工作室”2个创新工作室。医院牵头儿童保健医联体，成员单位为安贞、平房、太阳宫3家社区卫生服务中心。医院加入的专科医联体有首都儿研所牵头的紧密型儿科医联体、区第三医院牵头的朝阳区临床精神心理保健专科医疗联合体。医院执业医师177人，注册护士206人。编制床位489张，开放177张，其中儿科重症NICU床位6张。医疗设备净值6207.79万元，其中乙类医用设备4台。新购置医用设备66.79万元。医院总收入21183.19万元，其中医疗总收入15709.66万元。有16名外院医师在医院多点执业，16名医院医师开展多点执业。引进人才2人；录取研究生数17人，其中硕士16人、博士研究生人数1人。医院出院4085人次，床位周转28.44次，床位使用率32.77%，平均住院日4.21天。住院手术2193例，其中三级手术占22.59%、四级手术占3.14%，日间手术110例。剖宫产率35.75%，无孕产妇和新生儿死亡，围产儿死亡率0.36%。妇科、产科、乳腺科、儿科实施临床路径9种，入径率14.23%，完成率89.86%。全年用血量240U，自体输血4人次，血量5U。医院药占比21.12%，门诊药占比25%，住院药占比19%。门诊抗菌药物处方比例8.08%，急诊抗菌药物处方比例3.15%，门诊患者抗菌药物使用率11.53%，急诊患者抗菌药物使用率14.37%，住院患者抗菌药物使用率48%。抗菌药物使用强度67.51（DDD）。门诊297331人次，其中预约挂号24083人次，占门诊总人次81%。编制床位489张，开放床位177张。区级危重新生儿救治中心接收救治外院转入患儿86例；儿童早期综合发展中心接收上转病人2240例、下转病人15例；妇科接收下转病人0例；乳腺科接收下转病人2279例。潘家园社区卫生服务中心门诊107111人次；家庭医生服务签约12807人，其中重点人群家庭医生服务签约8580人。高血压管理3057人，糖尿病管理2045人；老年人免费体检1706人。管理0～6岁计划免疫儿童2910人，预防接种33760剂次，其中一类疫苗接种21488人次，二类疫苗接种12272人次；完成辖区流感疫苗接种9544剂次，其中老年人免费流感疫苗接种3490人次，学生免费流感疫苗接种3365人次。0～6岁儿童保健18433人次，新生儿访视1599人次，高危儿管理838人次；孕产妇保健4984人次，孕产妇建册652人，孕产妇产后入户访视1488人次，重点高危孕产妇管理服务978人次。辖区传染病报告373例，传染病访视5440人次；结核病追访17人，艾滋病追访424人次；管理重性精神疾病患者581人。医保就诊总人次175595人，总费用10845.9万元。其中，北京市医保患者出院3797人次，门诊特病患者住院结算567人次，总费用2598万元、次均费用5952.41元。医院完成门诊慢特病异地结算、医保疾病诊断编码贯标、医疗机构全量信息上传及医保移动支付工作。参加医疗责任保险354人，总费用20.55万元。医院有护士218人。医护比1∶1.1，床护比1∶0.4。新生儿NICU床位18张。护理单元16个。改进工作流程11项，护理不良事件50例，上报率100%，整改率100%。护士理论考试429人次，合格率92.6%；技术操作考试985人次，合格率95%。医院健全护理管理组织体系架构，制定优质护理方案，梳理护理服务流程，改进护理质量，加强安全问题风险管理。14人当选北京护理学会2024年新一届专委会委员。申报成为河北正定师范专科学校教学基地。选派6人参加专科护士培训。医院申报市级课题“北京市中医药管理局新‘3+3’（市中医管理局启动的旨在打造集‘名医、名师、名家’于一身的‘3名’传承工作室，建设代表师门最高水平的名医‘门人’传承工作站和代表师门较高水平的名医‘传人’工作站，形成北京中医药继承‘门人、传人、学人’的‘3人’传承谱，打造名医代传类、平台类、创新类、学科类、培训类、国际类、智库类七类示范案例）工程王玉英‘3名’传承工作室（培育类）”，获9万元资金支持，负责单位为北京中医药大学。医院科研项目结题2项。医院选派2名医师到内蒙古自治区科左后旗妇幼保健院、新疆维吾尔自治区和田地区墨玉县妇幼保健院支援7个月至1年。接收新疆墨玉县妇幼保健院8名医护人员到医院进修学习1个月。接收来自内蒙古自治区巴彦淖尔市、乌兰察布市卫生健康系统的医务人员15人来院跟岗培训1个月。派出1人到航天中心医院进修3个月。信息化建设总投入387万元，完成互联网诊疗平台接入；信息技术支持北院区逐步开诊和直连扩面专项任务开展工作；支持北院区医疗和医辅逐步开诊，完成一院两址专项硬软网跨平台多系统集成项目。投资45万元完成南院区氧气系统改造项目。

（王欣彤　于亚滨）

【双桥医院】 朝阳区双桥医院（简称双桥医院）是朝阳区卫生健康委直属二级综合医院，包括本院区、北院区两个院区。医院占地面积18048.52平方米，建筑面积15058.83平方米；北院区为租赁用房，占地面积962平方米，建筑面积8648.01平方米。完成医疗服务收费和耗材价格改革；实行异地门特病即时结算；调整耗材和药品目录；加强门诊住院全程及终末管理；实施DRG模拟运行，骨科率先开展DRG付费结算。满足患者不同层次不同需求，本院区、北院区采取同质化服务，成人、儿童静脉输液、雾化等，开展儿科全天无假日门诊、妇科延时服务，优化住院超声等服务。承接朝阳区中医药传承创新发展示范试点支撑项目——双桥医院中西医协同疫病防治基地。13名学员取得朝阳区首批“西学中”培训合格证书。医院为朝阳区南部紧密型城市医疗集团成员单位。加入北京大学人民医院骨科医联体、北京大学口腔医院口腔医联体、同仁医院眼科医联体、朝阳医院肾内科医联体4个专科医联体。加入中国创伤救治联盟，成为中国创伤救治联盟成员单位。医院执业医师182人，注册护士151人。医疗设备净值5125.51万元，其中乙类医用设备数量2台。新购置医用设备总金额162.51万元。医院总收入数30635.79万元，其中医疗收入数26650.30万元。编制床位236张，开放床位204张，其中可转换ICU床位的重症医学科床位8张。内设27个临床科室、9个医技科室、4个辅助科室。骨科为朝阳区重点培育专科，心血管内科、中医科、呼吸科、急诊科、老年病科为医院重点专科。增设精神科门诊，减少产科诊疗科目。医院总诊疗451906人次，出院5156人次，床位周转次数25.27次，床位使用率64.03%，平均住院日9.87天。全年手术2051例，其中三级手术占比21.15%、四级手术占比2.92%，日间手术636例。无孕产妇和新生儿死亡。12个临床科室、45个病种实施临床路径管理，入径率98.7%、完成率97.55%。全年临床用血22U，红细胞18U，血小板4治疗量。医保出院3670人次、总费用62967239.19元、次均费用17157.29元。北京市医保门诊332307人次、次均费用431.86元。将科室医保管理工作纳入医院绩效考核标准。药占比38.27%，其中门诊药占比56.11%、住院药占比28.5%。门诊患者抗菌药物使用率11.4%、急诊患者抗菌药物使用率27.63%、住院患者抗菌药物使用率53.72%。门诊抗菌药物处方比例14.03%，急诊抗菌药物处方比例40.23%。抗菌药物使用强度40（DDD）。临床基因扩增实验室增项，包括甲型流感病毒、乙型流感病毒、呼吸道合胞病毒、腺病毒、肺炎支原体、人鼻病毒，完成73人次。落实分级诊疗制度，发挥紧密型城市医疗集团联动作用，畅通双向转诊通道，下转病人1319人次，接收上转病人18人。加强与朝阳区第三医院合作，深化转会诊机制，共同保障精神障碍合并躯体疾病患者安全。实行非急诊全面预约医疗模式，开展114预约挂号、诊间预约和现场预约等预约挂号服务，预约挂号77125人次。参加医疗责任保险人数360人、99428元。有护士158人。医护比1：1.18，床护比1：1.34；ICU床位8张。护理单元11个。提高优质护理服务内涵，加强专科护士培训，不良事件上报率100%、整改率100%。组织护士培训10次、培训593人。医院科研结题1项，在研课题2项。发表科研论文19篇，其中核心期刊4篇。医院派出14名医务人员参加临床科研能力提升培训。加大人才引进力度，引进肾内科副主任医师1名，公开招聘编制内正式职工3名，自主招聘合同制外聘职工13名。柔性引进专家8名，聘任三级医院专家12名，中医师承专家2名。派出外院进修7人次，住院医师规范化培训2人。参加继续医学教育387人，学分达标率100%。继续学历教育27人。外派护士长学习15人次。选派3名骨干医师对口支援新疆维吾尔自治区和田地区人民医院、内蒙古自治区科尔沁左翼人民医院。接收内蒙古自治区科尔沁左翼后旗对口支援单位21人。对口支援内蒙古自治区科左后旗人民医院1年。医院信息化建设投入305.77万元，其中朝阳区中医药传承创新发展示范试点支撑项目信息化项目已完成前期调研和招投标工作。医院住院楼装修造工程面积6023平方米，完成工程量的50%，项目总投资2073万元。

（田　梦　刘　剑）

【朝阳区中医医院】 朝阳区中医医院（简称区中医医院）是区卫生健康委直属二级甲等中医医院，下属朝外社区卫生服务中心。医院占地面积6542.74平方米，建筑面积20295平方米，租用面积5663.33平方米。2023年，区中医医院通过全国二级甲等中医医院评审。医院建立中医肺病综合科；以学术为引领推动名学科建设；实施“3个上台阶”（管理上台阶、公共卫生工作上台阶、基本医疗服务上台阶）工程，建设旗舰型中医社区卫生服务中心。加入朝阳医院为牵头单位的紧密型城市医疗集团，医院为其中中医医联体牵头医院。12月5日，与北京中医药大学第三附属医院针灸微创肿瘤科合作。与朝外社区卫生服务中心（下设8个社区站）形成医疗联合体，创建可视化针刀微创培训基地。医院执业医师119人，注册护士117人。医疗设备净值4807万元，其中甲、乙类医用设备数量3台。新购置医用设备总金额4356万元。全年总收入24835.7万元，其中医疗收入16635.2万元。门诊就诊189299人次。医院编制床位220张，实有床位207张。医院入院2247人次，出院2305人次，床位周转11.14次，床位使用率57.55%，平均住院18.77天，死亡率4.90%。门诊人次180815人次，门诊次均621元。预约挂号占门诊总人次的68.2%。医保出院1659人次、总费用4144.7万元、次均费用21892元。其中，北京市医保出院1872人次，费用4144.7万元，次均费用22140.66元。门诊抗菌药物处方比率5.02%，急诊抗菌药物处方比率9.36%，住院抗菌药物使用率40.56%。抗菌药物使用强度为21.66（DDD）。296人参加医疗责任保险，总费用9.02万元；年度医院总赔偿金额117.9万元。朝外社区卫生服务中心门诊89275人次；家庭医生服务签约29764人，其中重点人群家庭医生服务签约10817人。高血压管理2738人，糖尿病管理1059人；老年人免费体检6250人。管理0～6岁计划免疫儿童2138人，预防接种22778剂次，其中一类疫苗接种11929人次，二类疫苗接种10849人次。完成辖区流感疫苗接种8830剂次，其中老年人免费流感疫苗接种4536人次，学生免费流感疫苗接种882人次。管理0～6岁儿童保健3802人次，新生儿访视821人次，高危儿管理100人。孕产妇保健726人次，孕产妇建册726人，孕产妇产后入户访视821人次，重点高危孕产妇管理服务313人次。辖区传染病报告102例，传染病访视107人次；结核病追访330人，艾滋病追访15人次。管理重性精神疾病患者367人。医院有护士117人。开展优质护理，设立建立不良事件管理小组，不良事件上报率100%、整改率100%。外出进修3人，中医护理治疗专科护士培训3人。医院申报首都卫生发展科研专项（中医药类）1项，“解郁益智方联合氢溴酸伏硫西汀治疗肝郁肾虚型抑郁症认知损伤的临床疗效评价及眼动特征分析”；在研区级课题1项；结题市级课题2项。脱产外出进修学习10人次。委派1名药师对口支援内蒙古自治区赤峰市巴林左旗人民医院1年；委派4名医师到内蒙古自治区乌兰察布市卓资县中蒙医院及通辽市科尔沁左翼后旗通辽市蒙医整骨医院、新疆维吾尔自治区生产建设兵团十四师四十七团挂职及结对帮扶工作，为期1～13个月。派出5名主治医师到北京市密云区果园社区卫生服务中心、怀柔区怀北镇卫生院对口支援。接收内蒙古自治区察哈尔右翼后旗、巴彦淖尔市医务人员17名医务人员到院进修学习。参加国内学术交流31人次。医院信息化总投入金额417万元，上线合理用药系统；完成医保电子凭证全流程覆盖等3项工作；完成市级电子病历三级测评、信息化核心机房建设。医院投入基础建设资金523万元，推进区医院装修改造项目一级工程。完成医院停车场改造项目、节水改造工程。

（刘　媛　任思洋）

【北京市朝阳区第三医院】 北京市朝阳区第三医院（简称区第三医院）是朝阳区卫生健康委直属二级精神专科医院，有双桥院区、金盏院区、美沙酮第六门诊部、美沙酮第九门诊部4个院址。医院占地面积13000平方米、建筑面积8094.785平方米。2023年，区第三医院作为成员单位参与朝阳区精神卫生医疗联合体，加入首都医科大学附属北京安定医院精神心理医疗联合体。9月30日，与区妇幼保健院签订《朝阳区临床精神心理保健专科医疗联合体》协议，安排2名医生到区妇幼保健院儿童青少年门诊定期出诊。派出主治及以上职称医生25人分别到朝阳区25家社区卫生服务中心出诊，备案多点执业。医院牵头组建朝阳区精神卫生与心理健康质量控制和改进中心。新增社区长效针剂治疗患者65名，配合开展严重精神障碍免费服药患者血药浓度监测。与朝阳区博爱残疾人康复护理中心、朝阳区精神病托管服务中心签署绿色通道协议。救治辖区内严重精神障碍流浪乞讨人员，收治患者11人。在社区、部队、学校开展义诊和健康讲座18场，服务3200余人次；开展职工心理健康服务需求调查300人次，艺术治疗线下体验活动10次、线下轻疗愈12周，服务1840余人次；为区医保局、急救中心等单位职工提供健康宣教、艺术减压团体服务320人次；值守心理援助服务热线286天，心理咨询及治疗850人次，心理干预75次；开展宣传活动549次，发放科普宣传材料53016份，受宣96659人次；“朝阳心理健康”微信公众号及美篇推送科普文章310篇，访问量30万人次。医院执业医师61人，注册护士155人。编制床位260张，开放床位400张，其中重症医学科床位数0张。医疗设备净值463.3万元。新购置医用设备总金额2.7万元。总收入16690.09万元，其中医疗收入10292.44万元。医院门诊总人次24339人，出院385人次，入院406人，床位周转率次数27.59次，床位使用率97.5%，平均住院日327.26天。卫技人员与开放床位比0.63∶1，执业医师与床位之比0.15∶1，病房护士与床位之比0.39∶1。全年医保出院335人次，总费用3285.3762万元，次均费用98071元。医院药占比20.29%，包括门诊药占比91.03%，住院药占比 5.19%。门诊、急诊未使用抗菌药物，住院患者抗菌药物使用率 6.19%，抗菌药物使用强度 14.32（DDD）。预约挂号人次及占门诊总人次比例为 100%。全年新开展平衡检测仪（姿势稳定测试系统）、空气波压力循环治疗仪两项技术疗法。开展病区个案社工服务 16 人，服务 358 人次。组织同伴支持康复模式培训会 2 场。组织同伴支持社区康复服务活动 208 次，康复者参与 2102 人次。医院参加医疗责任保险 249 人，总费用 51880 元。排查和跟进医疗预警事件 11 件、不良事件 8 件，解决信访投诉案件 165 件。医护比 1∶2.54，床护比 0.39∶1。护理单元 8 个。完善护理质量控制管理，建立护理专业质量指标监测体系，安全护理合格率 98%；未发生压力性损伤、护理文件书写合格率 98%、消毒隔离合格率 99%；无护理差错，急救物品完好率 100%。新申报并获批项目 3 项，分别为北京市总工会优秀职工心理服务助推项目“聚焦医务人员人际沟通能力的心理体验服务”，获支持资金 1 万元，挂牌“职工创新工作室”；北京健康管理协会医务社工多元培育服务项目“开展社区自助互助精神康复服务”，获支持资金 1 万元；区级精神卫生特色项目“新型冠状病毒致疫前后精神分裂症患者中医症候变化研究”，获支持资金 1.5 万元。在研课题 1 项。组织外院专家会诊 83 人次，查房、教学 100 次；开展精麻药培训及处方权考试 2 次。举办神经精神学科病例分享研讨会 2 次。安排 4 名医师赴首都医科大学宣武医院睡眠学科、首都医科大学附属北京安定医院儿童精神治疗科进修，2 名医师参加北京市医师骨干培训。安排 2 名护士援助内蒙古自治区乌兰察布市察哈尔右翼后旗中心医院。医院信息化建设投入 140 万元。基建改造项目 5 项，约 228 万元，包括新建消防疏散梯（双桥住院部北楼西侧）、改造院外自来水、改造疏散坡道及避风阁等。医院获第七届医疗卫生行业 EAP 高峰论坛优秀创新案例提名奖。

（张婷婷　马　良）

体 育

综 述

【全民健身动员】 2月28日，朝阳区召开全民健身工作会，旨在以实施《北京市全民健身条例》为重点，以群众需求和满意为出发点和落脚点，完善全民健身公共服务体系，开展全民健身活动，丰富群众健身场地，培育全民健身队伍，加强全民健身科学精准指导，打造具有区域特点的全民健身事业发展新模式。区体育局群体科、市场科负责人解读2023年朝阳区全民健身工作计划、街乡体育市场安全监管工作计划；区体育局2位副局长分别提出全民健身工作、街乡体育市场安全监管工作要求；区体育局局长讲话要求各相关单位开拓创新，团结奋进，以饱满的工作热情和求真务实的工作作风，推进朝阳区体育事业发展。会议为国家级、北京市级以上各类先进单位、先进团队受表彰代表颁发证书、匾牌。会后开展全民健身工作培训，首都体育学院副校长、国家二级教授、博士生导师专题解读《北京市全民健身条例》。43个街乡体育工作主管领导及科长、区各单项体育协会代表等130余人参会。

【体育健康群众诉求解决】 2023年，北京市朝阳区体育局（简称区体育局）落实“接诉即办”，解决群众合理诉求。采取对闭店、投诉较为集中、多次协调未达成一致的体育经营单位联合约谈近70次，现场核查50余次。加强与区市场监管局、属地等单位部门联动治理，维护体育消费者合法权益和行业形势稳定。避免预付式健身消费纠纷、集中诉求等问题高发，区体育局受理“接诉即办”案件33607件，案件量比上年增加22343件，比上年增长198%。从诉求类别看，行业预付式消费纠纷投诉占比90%以上。上门检查128次，启动“吹哨报到”机制53次，处理信访件197件，接待上访群众32人，接听对外“热线电话”1881次，召开“提质降量”企业工作会6次，涉及企业74家。（尚 蔚）

【体育行业监管】 2023年，朝阳区推进体育行业监管，严守底线，升级提质安全生产工作。温榆河公园、国家马术文化周（北京）暨天星调良马术公开赛2个项目获评2023中国体育旅游精品项目；国家马术文化周（北京）暨天星调良马术公开赛、全国大学生冰球联赛、双奥之城魅力场馆路线等13个项目获评北京市体育旅游精品项目。

【获奖情况】 2023年，朝阳区被中国网球协会评为网球示范区；区体育局被国家体育总局评为2023年全国体育事业突出贡献奖（集体）；被北京市体育局、北京市人力资源和社会保障局评为2020—2023年度北京市体育事业突出贡献奖先进集体；北京市朝阳区第一少儿业余体校被国家体育总局青少司评为国家体育后备人才基地（2021—2024年）；朝阳体育代表团被中华人民共和国第一届学生（青年）运动会组织委员会评为中华人民共和国第一届学生（青年）运动会体育道德风尚奖。11人被北京市体育局、北京市人力资源和社会保障局评为2020—2023年度北京市体育事业突出贡献奖先进个人；1人被北京市总工会 北京市人力资源和社会保障局评为2022年首都劳动奖章。

群众体育

【概况】 2023年，朝阳区贯彻全民健身国家战略、《北京市全民健身条例》等工作要求，落实“双奥朝阳”［朝阳区作为2008年北京奥运会和2022年北京冬奥会举办地，拥有丰富奥运遗产。朝阳区抓住发展契机，开发利用好奥运资源，传承奥运精神，实施《朝阳区“双奥朝阳”建设十大行动计划（2022—2024年）》，写好冬奥盛会后半篇文章，擦亮“双奥”城市名片］建设、网球特色区打造、全民健身场地设施建设、以北京市全民健身示范街道和体育特色乡镇创建为抓手，推动全民健身组织体系和功能完善。满足群众多元化健身需求，提升“15分钟健身圈”服务品质。在全市首创“科学健身、精准健身”推广活动。整合区域优势体育资源，打造品牌赛事活动和品牌队伍，共享全民健身成果。

【健身场地设施建设】 2023年，朝阳区推进建外、东湖、双井、朝外、机场、高碑店、管庄、太阳宫、小红门、孙河10个街乡北京市全民健身示范街道和体育特色乡镇创建工作，强化全民健身组织体系和功能建设，对照创建标准指导开展工作，督促整改提升。挖掘疏解腾退空间、公园绿地、“金角银边”等资源，突出全人群、全季节、全时段特点，在全区建设60处体育健身活动场所，新增体育健身设备321件，满足群众多元化健身需求，提升“15分钟健身圈”服务品质。

【科学健身指导】 2023年，朝阳区在北京市首创“科学健身、精准健身”推广活动，在“一街一乡”试点基础上，将培训范围扩大至43个街乡文体干部，聘请专家讲授科学健身知识，围绕运动与人体关系、医学知识和运动训练、预防运动损伤、医疗性和预防性体育运动等方面，打造课程体系，创造交流学习平台，培养大众科学健身理念。开展理论课和实践课48场，创新性开展6场进公园实践教学，1600余人次参加线下授课。面向43个街乡群众、区工会职工等，重点推广传统健身项目（八段锦、站桩），组织太极拳、健身操等健身项目培训，带领群众科学健身、健康锻炼。

【基层健身队伍规范】 2023年，朝阳区落实全民健身团队备案登记和星级评定工作，推选金盏乡程式八卦掌继震卦武学社、奥运村双泉社区柔力球队等81支队伍参与市级星级团队评定，其中获五星级健身团队1支、四星级2支、三星级4支、二星级10支、一

▲ 2023年，朝阳区参加北京市第一届星级健身团队交流展示大赛。图为5月18日，朝阳区社会体育指导员在“乡村振兴”全国农村社会体育指导员交流展示大会民族传统类项目比赛中获奖　（孟慧慧　摄）

星级21支。金盏乡程式八卦掌继震卦武学社、将台开心柔力球队参加北京市第一届星级健身团队交流展示大赛，均获二等奖。

【群众体育赛事】 2023年，朝阳区通过片区例会、交流展示活动、实地走访等形式，各街乡交流工作思路、特色亮点及经验做法，整合区域优势体育资源，打造品牌赛事活动和品牌队伍，共享全民健身成果。全区8个全民健身片区开展片区活动近40项，覆盖片区成员街乡群众7000余人次。举办300余场各级各类体育赛事活动。开展CYBA朝阳篮球联赛、新年徒步大会、社区杯足球赛、羽毛球比赛、桨板嘉年华等多项品牌活动，鼓励支持街乡举办60余项地区品牌赛事，囊括健身爱好者、妇女、老年人、部队官兵、残疾人等不同群体。首届CYBA朝阳篮球联赛吸引包括街乡、委办局、驻区企业、高校等65支队伍、768名运动员参加，赛事规模和参与人数均创历史新高。创建网球示范区，举办高校网球赛、企业杯网球公开赛之律师行业分站赛、职工网球赛、科技园网球赛、网球总决赛等，推进网球进社区、进公园，增加网球人口。

▲ 2023年，区体育局在全市首创“科学健身、精准健身”推广活动。图为12月16日，朝阳区健身团队在2023年北京市星级全民健身团队交流展示大赛中获奖　（孟慧慧　摄）

▲ 2023年，区体育局打造品牌赛事活动和品牌队伍。图为8月8日，“全民健身日”系列活动燃动朝阳奥园轮滑　（孟慧慧　摄）

2023年朝阳区大型体育场馆一览表

表11

序号	场馆名称	地址	项目
1	北京国家游泳中心有限责任公司（水立方）	北京市朝阳区天辰东路11号国家游泳中心	游泳
2	国家体育场	北京市朝阳区安定路甲3号	田径
3	国家体育馆	北京市朝阳区天辰东路9号	冰场
4	国家速滑馆	北京市朝阳区林翠路2号	冰场
5	工人体育场	北京市工人体育场北路	足球
6	国家奥林匹克体育中心（英东游泳馆、体育场、体育馆）	北京市朝阳区安定路1号场馆处	游泳、乒乓球、田径、轮滑、射箭、足球、羽毛球、保龄球台球、网球、沙壶球、篮球、健美操
7	北京工业大学奥林匹克体育馆	北京市朝阳区西大望路平乐园100号	羽毛球、游泳
8	朝阳场馆中心（朝阳体育馆、体育中心）	北京市朝阳区姚家园路77号	羽毛球、网球、足球
9	北京郡王府体育中心	北京市朝阳区朝阳公园南路19号（总办）	游泳
10	中日青年交流中心银橄榄体育世界	北京市朝阳区亮马桥路40号	游泳
11	朝阳公园开发经营公司网球中心	北京市朝阳区农展南路1号（办公室）	网球、健身、篮球
12	北京世奥森林公园开发经营有限公司	北京市朝阳区洼里乡人民政府院内东侧会议中心	羽毛球、网球、篮球
13	北京中国网球公开赛体育推广有限公司	北京市朝阳区林翠路与速滑馆北路交汇处	网球

（尚　蔚）

竞技体育

【概况】 2023年，朝阳区探索创新项目发展体系、竞赛保障体系、质量监控体系“三大体系”。体教融合，以“让每一名朝阳区中小学生都有1～2项陪伴其终身的体育爱好”为目标，把业余训练带进学校，把运动项目植入体育校本课程，让普通学生在感受竞技项目魅力的同时增强体质。朝阳区代表北京市参加第一届全国学生（青年）运动会取得优异成绩，在北京市第二届冬季运动会上首次排名第一，推进“体教融合”，培育打造区级联赛，围绕备战下一届市运会目标，提前谋划、精心组织，推动竞技体育高质量发展。

【第一届全国学生（青年）运动会】 11月5日至15日，朝阳区组队代表北京市参加第一届全国学生（青年）运动会，建立区体育局与市属体校对接机制、制定周密方案、做好保障，确保取得优异成绩。经过层层筛选，组织18个项目281名运动员参加全国学生（青年）运动会决赛，朝阳代表团获得2枚金牌、7枚银牌、6枚铜牌，朝阳区培养和输送的运动员获得5枚金牌、5枚银牌、4枚铜牌。

▲ 2023年，朝阳区组队代表北京参加第一届全国学生（青年）运动会。图为11月15日，柔道运动员李硕硕获男子73kg级冠军（王　月　摄）

【网球示范区】 12月22日，中共朝阳区委书记，区委常委、宣传部部长，朝阳区人民政府副区长出席由国家体育总局网球运动管理中心、中国网球协会、教育部学生体育协会联合秘书处以及北京市朝阳区人民政府共同主办的2023年中国网球协会小网球工程推进活动暨网球示范区授牌仪式。国家体育总局网球运动管理中心为朝阳区授牌“全国网球示范区”，朝阳区成为全国首个获该称号的城区。区体育局、区司法局、区教委等9个委办局和奥运村、三里屯等10个街乡被授予“全国网球示范区创建突出贡献单位”称号；北京中学、北京市朝阳外国语学校、中国人民大学附属中学朝阳学校等10所学校被授予“全国网球示范区创建示范学校”称号。由中国网球协会与教育部中学生体育协会联合推出的“小网球工程”落地朝阳。

【北京市第二届冬运会】 2023年，朝阳区代表团（青少年竞技组）派出177名运动员参加2023年北京市第二届冬季运动会全部6个项目比赛，在项目全覆盖基础上扩大参赛规模。经过角逐，朝阳区代表团在该届冬运会上取得31枚金牌、15枚银牌、14枚铜牌，首次全市排名第一。

【体育后备人才培养】 2023年，朝阳区探索创新项目发展体系、竞赛保障体系、质量监控体系“三大体系”，围绕新周期竞技体育高质量发展课题，分别组织3所体校22支项目队分9批次开展青少年业余训练总结分析会。各项目主教练总结汇报16届市运会任务完成情况，重点剖析存在问题，梳理17届市运会工作，拓宽人才选拔渠道，扩大人才培养辐射面。全年累计注册运动员4135名，新增授予一级运动员119名、二级运动员271名、三级运动员78名。

【体教融合】 2023年，朝阳区布局国家级传统校1所、市级传统校17所、区级传统校52所；区中小学布局国家级青少年体育俱乐部16家，区级俱乐部19家；布局训练网点132处。全区以“运动项目进课堂，体校教练上操场”和“让每一名朝阳区中小学生都有1~2项陪伴其终身的体育爱好”为目标，把业余训练带进学校，把运动项目植入体育校本课程，让普通学生在感受竞技项目魅力的同时增强体质。培育打造区级联赛品牌，夯实青少年体育人才建设基础。举办青少年棒垒球、排球、射箭、网球、冰壶、短道速滑、滑雪、快乐体操等项目比赛，4327名运动员参加比赛。做好学生（青年）运动会、冬运会随队保障，开展康复理疗400余人次。收集重点运动员基础数据894人次，开展日常身体机能监测1200余人次。为棒球等20个项目配备专属体能教练。落实反兴奋剂“2线、3决、把5关”（“2线”：要运动员及辅助人员、运动员家长等各方守住底线、不碰红线；“3决”：对待反兴奋剂工作要态度坚决、行动自觉、目标杜绝；“把5关”：要把好学习培训关、把好宣传教育关、把好营养品关、把好药品使用关、把好食品卫生安全关）要求，开展反兴奋剂专题培训2场，做好营养品保障。骨龄判读530余名。开展9次聚焦参赛备战等工作，围绕运动选材、运动康复、营养补充、反兴奋剂等教育，36个学时线上线下教练员系列培训，参加培训人数680余人次。（尚　蔚）

▲ 2023年，由中国网球协会与教育部中学生体育协会联合推出的“小网球工程”落地朝阳。图为12月22日，学校网球操展演（李　嬴　摄）

体育产业

【概况】 2023年，朝阳区制定《体育行业推动经济高质量发展促进GDP总量提升工作方案》，开展朝阳区体育消费季活动、体育产业高质量发展若干措施政策研究和冰雪消费季活动。做好重点企业服务工作和体育经营单位安全生产保障工作，实现安全监管工作高频次、大密度、全覆盖。梳理职责，编印《2023年朝阳区体育行业监管工作指导手册》，做到“一本通引”。谋划创新，促进体育产业发展，加大体育服务供给，开展重点企业服务，打造体育消费新场景。

【体育产业发展】 2023年，朝阳区推动体育产业发展，制定《体育行业推动经济高质量发展促进GDP总量提升工作方案》，完善各类清单，撰写周、月、季度指标促进工作开展情况文字材料45份。开展重点企业调研走访工作。挖掘3家潜力企业升规纳统。实地走访重点企业40家，电话沟通对接重点及潜力企业60家，协助对接场地、青训等各类资源10余次。开展招商引资工作。首次参加斯迈夫国际体育产业展览会，展示8家企业资源，推介奥运4个场馆参加厦门国际体育用品博览会，与安踏体育开展招商对接4次。

【体育服务供给】2023年，朝阳区加大体育服务供给，开展体育消费季活动。举办2023朝阳区时尚户外运动消费季主题活动，推介体育时尚户外消费项目25类，活动赛事近百场，发布3条文体旅骑行路线，开展第二届骑行活动，展示区内时尚户外运动资源，支持企业开展各类促消费活动。“北京奥园·双奥体育文化周”在奥林匹克塔启动。活动设置奥运文化艺术展、运动科技互动体验、体育文化主题消费3大板块10余项打卡互动体验内容。开展重点项目征集。征集体育领域重点企业、活动、项目42个，其中迁入朝阳区项目1个，中网公开赛、斯迈夫国际体育产业博览会等重点项目6个、重点活动10个。支持区域体育企业开展赛事活动。新工体投入运营，举办10余场足球赛事，60多万人次观赛。举办中国网球公开赛、第十届北京国际马术大师赛、首届CYBA朝阳篮球联赛等大小赛事300余场，20余万人次参与。向区域体育企业征集赛事活动4次，在“健行朝阳”公众号开设“潮朝阳 潮体育”模块，征集区域内各类时尚体育赛事及消费活动，宣传展示体育项目资源，发布赛事活动信息120余篇。

【重点企业服务】2023年，朝阳区开展重点企业服务工作和体育产业高质量发展若干措施政策研究。解读体育产业工作重点，推介重点项目，鼓励区内企业资源互助。召开体育产业高质量发展若干措施协调会4次。召开体育产业工作会，近百家企业参会。整合区域体育空间，征集街乡、商圈、产业园区内有意向开展体育运动项目建设的空间资源19处。举办网球产业交流活动，扩大网球运动影响力，全区60余家网球相关企业参加并参与讨论。组织企业参加项目推介及招商会，协助10家企业上报民间资本推介项目，1家企业申请设备购置贴息贷款；4家企业参加京（北京）张（张家口）推介招商会，5家企业参加市体育局重点企业经济座谈会。支持区内企业和项目申报北京市体育旅游精品项目。5家企业分别获得北京市体育旅游十佳精品赛事、路线、目的地称号，8个项目入选北京体育旅游精品项目名单。协助企业引入数字化运营模式，邀请鸟巢、冰丝带等近50余家企业参加“北京体育市场数字赋能计划”，对接体育数字化企业3家。探索体育场馆运营新模式，鸟巢承接大型演唱会14场；水立方成立青少年俱乐部，举行活动赛事12次；冰丝带引入国际冰上演出项目，吸引观众约1万人；举办国际花滑比赛、演唱会及演出8次。国家体育馆作为北京控股篮球俱乐部主场，首场比赛观众1万余人。

【体育消费】2023年，朝阳区打造体育消费新场景，开展朝阳区冰雪消费季活动。全区26家冰雪场所面向群众开放，春节7天累计接待3.95万人次。落实国际消费中心城市建设，完成主责任务7项、配合任务6项。推动后奥运时期场馆赛后利用，“双奥朝阳”4大场馆（国家体育馆“冰之帆”、国家体育场“鸟巢”、国家游泳中心“水立方”、国家速滑馆“冰丝带”）达成战略合作协议，深化后冬奥可持续发展，“鸟巢”“水立方”“冰丝带”暑期总客流量近250万人次，3场馆为青少年提供各类培训500余场。挖掘时尚潮流项目，全区时尚项目经营单位近百家，The Box朝外|年轻力中心项目、北投奥园1314等园区成为时尚运动潮流园区。申报北京市体育产业示范基地。10家企业提交申报北京市体育产业示范基地材料，经初审，上报市体育局8家。

【体育经营单位安全生产】2023年，朝阳区做好体育经营单位安全生产保障工作。实现安全监管工作高频次、大密度、全覆盖。推进各类专项工作，开展高危项目游泳场馆、新业态体育经营项目、秋冬季冰雪项目、游泳场所危险化学品、气膜场馆、有限空间夜查、地下密闭健身场所、体育健身场所违法用地清理排查等专项执法监督检查。开展安全生产主体责任评估，依托专业力量，评估260余家游泳场所安全生产主体工作，督促体育经营单位提升安全生产工作能力和水平。点面结合、日常检查与专项检查相结合，督促整改检查中出现的隐患和问题，整改复查合格率100%，实现闭环管理。通过日常巡查、联合检查等多

▲ 2023年，区体育局打造体育消费新场景。图为12月9日，朝阳区冰雪运动消费季启动仪式 （张 超 摄）

种执法方式，出动6050人次，检查体育经营单位2980家次，发现隐患问题1035项，下达责改通知书35份，约谈103家企业法人，实施行政处罚5起，责令关停经营单位3家，线索移交7处突出安全隐患问题。处理体育经营单位紧急突发事件15起次，上门处理信访投诉案件158起次。

【体育市场监督管理】 2023年，朝阳区梳理职责，印发《2023年朝阳区体育行业监管工作指导手册》，做到“一本通引”。开展朝阳区体育局安全生产和火灾隐患大排查大整治工作，制定《朝阳区体育行业预付费资金监管工作方案》《朝阳区体育行业预付费资金监管工作指导手册》《朝阳区体育行业预付式监管行政处罚自由裁量标准（试行）》等指导性文件。出动执法人员1070人次，检查预付式消费体育经营单位1000余家次，对存在违反条例要求的379家体育经营单位下达停发预付卡的责令限期整改通知书，对2家责改逾期单位下发行政处罚事先告知书。完成“七有”（幼有所育、学有所教、劳有所得、病有所医、老有所养、住有所居、弱有所扶）、“五性”（便利性、宜居性、多样性、公正性、安全性）指标任务，将朝阳区人均公共体育场地面积提升至2.9平方米，全市排名提升至第8名。统筹梳理依法行政工作新标准，梳理新确定的53项行政执法和行政处罚职权、12项行政许可和备案职权。依法依规开展许可审批、体育设施注册登记备案，新办或换发高危项目行政许可106项，办理体育设施注册备案登记45项。做好重大体育用地规划事项谋划申报，将颐堤港二期体育公园、朝阳区体校建设、来广营乡体育用地（恒大名都北侧）等3个项目纳入发展改革委谋划储备库。督促青少年校外培训机构落实预付费监管工作各项要求，督促纳入监管、开通账户、上架课包，上线率100%，出动检查320人次，检查培训机构1200余家次。

（尚　蔚）

▲ 2023年，区体育局开展安全生产和火灾隐患大排查大整治工作，图为6月19日，游泳场馆救生应急演练暨技能培训现场　（盛　天　摄）

社会生活

居民收支

【概况】 2023年，朝阳区居民收入增长，居民消费增势良好，居民收支达到预期目标。其中，人均可支配收入为92501元，比上年增长6.3%，增速较全市高0.7个百分点，排名城六区第二；人均消费支出51817元，比上年增长13.2%，增速较全市高1.7个百分点，排名城六区第一。

【居民收入】 2023年，朝阳区居民人均可支配收入92501元，比上年增加5520元，增长6.3%。在居民收入的四项构成中，人均工资性收入61727元，比上年增长7.9%，占人均可支配收入的66.7%；人均经营净收入265元，比上年增长38.0%，占人均可支配收入的0.3%；人均财产净收入15098元，比上年增长4.1%，占人均可支配收入的16.3%；人均转移净收入15411元，比上年增长2.1%，占人均可支配收入的16.7%。

【居民消费支出】 2023年，朝阳区居民人均消费支出51817元，比上年增加6061元，比上年增长13.2%。其中，食品烟酒支出11169元，占人均消费支出的21.6%；衣着支出2120元，占4.1%；居住支出21522元，占41.5%；生活用品及服务支出2679元，占5.2%；交通通信支出4541元，占8.8%，教育文化娱乐支出3733元，占7.2%；医疗保健支出4564元，占8.8%；其他用品和服务支出1489元，占2.9%。

【耐用消费品拥有量】 2023年，朝阳区每百户居民家庭拥有家用汽车41辆，摩托车2辆，助力车17台，洗衣机96台，电冰箱（柜）98台，微波炉76台，彩色电视机98台，空调163台，热水器91台，洗碗机9台，排油烟机88台，固定电话17线，移动电话192部，计算机74台，照相机27台，乐器12架，健身器材7台，空气净化器（含新风系统）26台，地面清洁电器26台。

（张子祺）

就　业

【概况】 2023年，朝阳区推动区内实现更高质量和更充分就业。区内就业人员235.52万人，北京市户籍城镇登记失业率3.23%，城镇登记失业人员实现就业31565人，包括就业困难人员实现就业24762人。全年开发就业岗位82705个。认定9家定点技能培训机构，承担北京市失业人员、农村转移就业劳动力和外省市来京务工人员等政策性培训任务。审批发放促进就业政策资金1.81亿元。　（王　展）

【信息安全测试员职业技能竞赛】 9月18日，朝阳区2023年度信息安全测试员（渗透测试员）职业技能竞赛初赛在北京劳动保障职业学院开赛。竞赛考核理论知识、技能操作2个模块赛程，使用高度拟真安全测试靶场，参赛选手需要在指定时间内，对指定目标发起安全测试。靶场模拟真实IT业务场景，与单纯技术类攻防对抗相比，比赛对选手在真实安全业务场景下适应能力提出更高要求。每位选手需要进

▲ 2023年，朝阳区人力资源和社会保障局举办朝阳区信息安全测试员（渗透测试员）职业技能竞赛。图为9月18日，区信息安全测试员竞赛现场　（代明宇　摄）

行实战渗透，现场对模拟目标进行网络攻击，全面考察参赛选手技能水平。96名选手参赛。复赛于9月15日在北京朝阳区国际科技创新服务有限公司开赛，18名选手晋级复赛且参赛。最终，20名选手取得相应职业技能等级证书，其中3人获得技师级职业技能等级证书。信息安全测试员职业技能竞赛为北京市首次举办。（肖雅文）

【咖啡师职业技能竞赛】 10月14日，由朝阳区人力资源和社会保障局、朝阳区商务局和朝阳区总工会联合主办的朝阳区2023年度咖啡师职业技能竞赛初赛在北京联合大学商务学院举办，旨在全方位提升咖啡从业者技能水平，选拔高技能咖啡人才，助推朝阳区“咖啡之城”建设。竞赛通过咖啡品鉴、识别、经营管理和拉花技能等知识和动手能力全面考察选手，每名选手经3名考评员综合评分。108名选手参赛。复赛于10月28日在北京经济管理职业学院望京校区举办，25名选手晋级复赛且参赛。最终，41名选手取得相应职业技能等级证书，其中4人获得技师级职业技能等级证书，1人被区总工会授予“朝阳工匠”称号，9人被授予“朝阳匠心达人”称号，10人被授予“朝阳能手”称号。咖啡师职业技能竞赛为北京市首次举办。（肖雅文）

【区房地产策划师职业技能竞赛】 10月14日，由朝阳区人力资源和社会保障局和朝阳区总工会主办的朝阳区2023年度房地产策划师职业技能竞赛初赛在北京链家大兴培训基地举办。竞赛采用“理论＋实操”双重模式进行，考核方案规划、项目定位、营销策划等国家职业标准要求的专业内容，357名选手参赛。复赛于10月20日在创享空间举办，88名选手晋级复赛且参赛。最终，59名选手取得相应的职业技能等级证书，其中5人获得技师级职业技能等级证书。1人被区总工会授予“朝阳工匠”称号，9人被授予“朝阳匠心达人”称号，10人被授予“朝阳能手”称号。信息房地产策划师职业技能竞赛为北京市首次举办。

（肖雅文）

【区互联网营销师职业技能竞赛】 10月21日，由朝阳区人力资源和社会保障局、朝阳区总工会主办的朝阳区2023年度互联网营销师（直播销售员）职业技能竞赛初赛在北京劳动保障职业学院举办。竞赛采用“理论＋实操”双重模式进行，实操环节搭建营销场景，通过现场模拟直播等形式推广产品，3名考评员依次对其打分。87名选手参赛。复赛于10月28日在青年创业创新（北京）教育科技有限公司举办，23名选手晋级复赛且参赛。最终，初赛、复赛39名选手取得相应的职业技能等级证书，其中4人获得技师级职业技能等级证书。1人被区总工会授予“朝阳工匠”称号，9人被授予“朝阳匠心达人”称号，10人被授予“朝阳能手”称号。（肖雅文）

▲ 朝阳区人力资源和社会保障局、朝阳区总工会举办2023年度互联网营销师（直播销售员）职业技能竞赛。图为10月21日，互联网营销师竞赛现场（代明宇 摄）

【首家“招聘服务站”】 11月3日，朝阳区首家“招聘服务站”亮相六里屯棕榈泉生活广场。招聘服务站通过就业服务端口前置、重心下沉，打通就业服务“最后一米”，满足求职者就近求职、了解政策需求，方便群众“好就业，就好业”。11月3日至12月1日，招聘服务站举办综合招聘活动5场，56家用工单位提供就业岗位252个，115人到场求职，63人达成初步意向。

（贾思辰）

【人事考务工作】 2023年，朝阳区承接22项市级人事考试任务和4项区级事业单位招聘任务，服务考生28.71万人次。承接市级人事考试资格审核工作8次，审核考生近1.12万人次。区考试测评中心在全市首创“人事考试指挥调度平台”，实现考试工作统一指挥、统一调度，全年通过平台处理突发情况近500起。（张 静）

人力资源

【概况】 2023年，朝阳区启动“引贤计划”，发布岗位51个，招录40人。规范人力资源市场建设，深化视野范围人事制度改革，加强专业技术人员队伍建设，事业单位招聘1001人；招录乡村振兴协理员35人；接收非北京生源应届毕业生1999人。办理人力资源行政许可425家，完成555家人力资源机构换证。（王 展 张 琳）

【“春风行动暨就业援助月”专项活动】 1月1日至3月30日，朝阳区开展春风行动暨就业援助月专项活动，全区公共就业服务机构走访和电话摸查4910名就业困难人员和零就业家庭，累计提供职业介绍、职业指导、岗位推荐等服务2万余人次，组织开展服务行业专场、女性专场、劳务协作专场等招聘会84场，为1372家企业发布就业岗位4万余个，帮扶3825名就业困难人员实现就业，为671名家庭生活困难登记失业人员发放两节送温暖补贴33.55万元。（贾思辰）

▲ 2023年，朝阳区人力资源公共服务中心在全区组织开展“金秋招聘月”专项活动。图为10月28日，金秋招聘月活动期间，小红门乡招聘活动现场（陈 曲 摄）

【积分落户】 4月13日，朝阳区落实《北京市积分落户管理办法》和《北京市积分落户操作管理细则》，启动2023年度积分落户申报工作。申报工作启动前，组织工作人员梳理常见问题、强化政策学习，成立咨询电话接听小组及数据信息比对小组，做好日报及疑难问题整理汇总上报工作。5月12日，朝阳区积分落户申报阶段结束，申报单位7900家，有23016人完成系统申报。经系统审核、复核、积分排名、公示，全区1163人取得年度落户资格。（贾思辰）

【“百日千万招聘”专项行动】 6月6日至9月13日，朝阳区开展“百日千万招聘专项行动”，通过“就业超市”平台、“朝阳区人力资源公共服务中心”微信公众号以及街乡微信公众号举办各类线上招聘活动17场，线下招聘会48场，累计为710家用人单位发布岗位信息12727个，为2023届高校毕业生提供683个就业岗位。为各类求职人员提供职业指导6395次，发放就业政策宣传材料19290份。（贾思辰）

【“仲夏之约”专项活动】 7月17日至9月30日，朝阳区开展“仲夏之约”就业专项服务季活动。活动以登记失业人员和北京市农村劳动力，离校未就业高校毕业生为重点，通过电话沟通、入户走访等形式向重点群体介绍公共就业服务机构职能和服务内容，聚焦专精特新企业，餐饮、住宿、家政等生活性服务业企业，新就业形态平台企业等重点企业，利用线上线下多渠道举办招聘会42场，为有招聘需求的260余家企业提供招聘服务，发布岗位信息4880个，为各类求职人员提供职业指导546次，发放就业政策宣传材料5486份。（贾思辰）

▲ 2023年，朝阳区组织开展“百日千万招聘专项行动”。图为6月27日，百日千万招聘专项行动期间，香河园街道招聘活动现场（贺金红 摄）

【“金秋招聘月”专项活动】 10月16日至11月15日，朝阳区开展“金秋招聘月”专项活动。依托区公服中心微信公众号、市百姓就业超市平台、街乡微信公众号举办综合性专场、地区专场等主题招聘活动35场，累计为575家有招聘需求的企业发布岗位信息1万余个，促进949人次与企业达成就业意向，发放就业政策等宣传材料7600份。（贾思辰）

【首批街乡职业指导工作室】 11月10日，朝阳区首批街乡职业指导工作室授牌仪式在建外便民服务中心举行。街乡职业指导工作室是就业服务的“集合器”、是群众身边的“职场大医生”、是企业与劳动者之间的桥梁，是开展就业服务、提升就业服务效能措施之一。朝阳区公服中心相关领导出席活动并为团结湖、和平街、建外、东湖、双井、酒仙桥、香河园7家街道便民服务中心工作室授牌，形成以区级为中心、覆盖43个街乡和相关职能部门的“1+43+N”全区统一联动就业服务体系。“三驾马车”（1+43+N、区街乡和各个职业指导工作室）同向发力，构建“大就业”服务格局。

（贾思辰）

社会保障

【概况】 2023年，朝阳区加快提升社会保险服务保障效能，构建和谐稳定的劳动关系，各项社会保险基金累计征缴861.41亿元，累计支出461.68亿元。完成综合计算工时工作制和不定时工作制审批516件，完成劳务派遣行政许可申请、延续变更审批612件。完成区内医疗保险费用审核支付、医疗保险基金监管、定点医药机构协议管理等工作。开展“北京普惠健康保”投保工作，配合区金融办为1.8万名困难群众投保。扩大医保结算范围，朝阳区新增医保定点医药机构100家以上。落实门诊慢特病异地直接结算扩面、医保移动支付扩面、朝阳区CHS-DRG付费改革相关工作，推动15分钟医保服务圈。区医保局《“雪琴热线”筑起通往民心之路——朝阳区打造规范化医保热线服务品牌》获2022年度全国医疗保障经办服务规范建设典型案例三等奖。区医保中心1人获“2023年北京榜样”周榜人物、2023年度“首都最美巾帼奋斗者”、“微火聚光2022朝阳群众好榜样”年榜人物称号。朝阳区人力资源和社会保障综合执法队获北京市2022年度劳动保障监察工作先进单位、“无拖欠工资”工作先进单位、2023年北京市清理整顿人力资源市场秩序专项行动先进单位和2023年北京市应急先锋号称号。朝阳区人力资源和社会保障综合执法队1人获2023年首都劳动奖章和第一届全国和谐劳动关系创建工作先进个人称号。

（王　展　周雅静）

【定点医药机构协议签署】 1月20日，朝阳区2023年度医保服务协议续签工作完成，371家定点医疗机构、136家定点零售药店和6家工伤定点医疗机构签署北京市医保服务协议。新增14家定点医疗机构，100家定点零售药店。

（张　园）

【领导调研】 2月7日，国家医保局党组成员、副局长带队到朝阳区医保局调研。实地考察朝阳区医保中心综合服务大厅；交流座谈医保信息平台应用情况、医保经办机构及定点医疗机构信息化标准化开展情况，提出补漏洞、破瓶颈、看亮点等建议。座谈结束后，国家医保局领导到首都医科大学附属朝阳医院实地查看医保信息平台应用情况。5月17日，市政协教卫体和文化文史委党组成员、副主任，市卫健委党委委员，市医院管理中心组成市政协调研组，到朝阳区劲松社区卫生服务中心和北京市垂杨柳医院考察北京市医保工作。调研组到劲松社区卫生服务中心实地考察该院办理医保业务相关流程；听取垂杨柳医院医保经办服务流程汇报；围绕优化医保经办服务流程，提高医保经办服务效率等问题展开讨论。6月8日，国家医保局党组成员、副局长到朝阳区专题调研北京市长护险（长期护理保险）测试工作，调研组到爱依养老院调研经办机构护理计划制订过程；到失能人员家庭调研护理机构上门服务过程；就长护险护理服务测试工作开展座谈交流。调研组认可北京市长护险测试工作。国家医保局，北京市医保局，朝阳区人民政府相关领导参加调研。9月26日，国家医保局待遇保障司司长樊卫东带队到朝阳区爱依养老院开展长护险专题调研。调研组到爱依养老院调研失能和需求评估、委托经办机构的护理计划制订、培训机构培训等内容；市医保局汇报北京市长护险政策及业务流程；区医保局汇报朝阳区长护险测试工作情况。

（周雅静）

【《保障农民工工资支付条例》宣传活动】 4月，朝阳区开展《保障农民工工资支付条例》施行3周年系列宣传活动。活动向全区在施工程项目开展“严格落实保障农民工工资支付‘核心制度’，切实维护农民工自身权益”主题直播培训，2388人次观看，发表评论400余条；联合各街乡开展培训会，向近千名企业、施工项目和农民工代表宣讲《保障农民工工资支付条例》并答疑。在全区开展在施工程项

▲ 2023年，国家医保局领导到朝阳区养老院调研。图为9月26日，国家医保局待遇保障司司长樊卫东（左二）带队到朝阳区爱依养老院开展长护险专题调研　（常　丹　摄）

▲ 2023年，朝阳区人力资源和社会保障局开展《保障农民工工资支付条例》施行3周年系列宣传活动。图为4月27日，北京地铁12号线16标工程项目组织劳资专管员观看区人力资源和社会保障局组织的《保障农民工工资支付条例》施行三周年线上直播培训 （刘丹奇 摄）

目《保障农民工工资支付条例》落实情况专项检查，联合约谈重点项目12家。在蓝色港湾就业流动服务站招聘活动中，设立“劳动权益保护”展台，为50余人开展咨询。在全区建筑工地、商务楼宇、居民小区和政务服务大厅等场所张贴900份宣传海报。

（刘丹奇）

【国际档案宣传月活动】 6月1日至30日，朝阳区围绕第16个国际档案日主题“奋进新征程 兰台谱新篇”开展档案宣传月系列活动。活动通过打造档案普法宣传角、集中学习档案法规及档案业务、组织观看纪录片《档案背后的秘密》、完成线上档案知识问答等形式，提高全员存档、用档意识。

（谭淑文）

【跨省异地就医直接结算政策集中宣传月】 6月12日，朝阳区举行主题为“跨省直结更便捷 异乡就医有‘医靠’”跨省异地就医直接结算政策集中宣传月活动启动仪式。在医保中心经办大厅搭建异地结算政策宣传大厅；政策培训和动员区内600余家定点医药机构、43家便民中心；在4家定点医疗机构、4家定点零售药店和2家便民中心开展现场政策宣传；依托全区43家便民服务中心和200余家社区卫生服务机构建立长期服务点；区内30家社区卫生服务中心座谈交流推进基层社区卫生服务机构异地结算承接能力、异地直接结算政策及宣传工作。利用“雪琴热线”（2021年，区医保中心成立电话咨询中心，医保中心第一党支部以中心所在科室基层服务指导科科长兼党小组长张雪琴为党建品牌命名，同频打造“雪琴热线”党建品牌及服务品牌）电话咨询实现异地就医政策推送，6月推送异地就医政策短信2.4万条，接听异地就医结算咨询电话1098人次。区医保中心到首都医科大学附属朝阳医院，北京中医药大学第三附属医院，八里庄便民服务中心，同仁堂有限公司松榆里药店、南磨房店，高远百康大药房有限公司广外店、管庄店开展政策宣传。

（周雅静）

【国际劳工组织亚太区域局调研】 10月18日，国际劳工组织亚太区域局局长麻田千穗子带队到区社保中心调研，来访团肯定朝阳区社会保险改革发展历程及经办服务工作，交流社保领域便民服务事项“打包一件事”办理、依托一体化平台开展社保经办管理服务数字化转型、中国社会保障体系面临的风险挑战与未来发展路径等问题。人社部社保中心、人社部养老保险（国际合作）处、市社保中心等相关人员参加调研。 （谭淑文）

【劳动保障监察书面审查工作】 10月至12月，朝阳区开展劳动保障监察书面审查工作，以新就业形态行业、经营性人力资源服务机构、娱乐业和住宿餐饮业等行业领域用人单位为重点审查对象，采取自查与审查结合、街

▲ 2023年，朝阳区医保局开展主题为“跨省直结更便捷 异乡就医有‘医靠’”跨省异地就医直接结算政策集中宣传月活动。图为6月15日，区医保中心到北京中医药大学第三附属医院开展宣传活动 （肖 梅 摄）

▲ 2023 年，朝阳区人力资源和社会保障局开展劳动保障监察书面审查工作。图为 10 月 25 日，朝阳区人力资源和社会保障综合执法队副队长参加奥运村街道书面审查动员会暨普法宣传培训会，向辖区企业人力资源负责人进行法律法规宣传培训　　（刘丹奇　摄）

乡审查与行政执法结合方式，集中检查一批用人单位落实各项劳动保障政策情况。审查用人单位 2220 家，涉及劳动者 12.82 万人，其中责令改正用人单位 25 家，为 31 名劳动者补发工资 51.7 万元，补签劳动合同 18 份，督促 3 家用人单位补办社会保险登记，为 1234 名职工个人补办社保登记，督促 1 家用人单位补办非标准工时审批手续。审查过程中未发现侵害未成年工、女职工合法权益及支付劳动者工资低于北京市最低工资标准的违法行为。

（刘丹奇）

【京津冀医保协同发展合作框架协议签署】 12 月 26 日，北京市朝阳区医保局、天津市滨海新区医保局及河北省廊坊市医保局三地签署《关于推进京津冀三地先行区（市）医保协同发展合作框架协议》。中共北京市朝阳区委常委、北京市朝阳区人民政府党组成员、副区长，河北省廊坊市人民政府副市长出席签约仪式并致辞。北京市医保局党组成员、副局长，天津市医保局党组成员、副局长，河北省医保局党组成员、副局长共同见证签约。合作框架协议主要围绕医保高频事项跨省通办、信息共享互用、医保基金协同监管等方面开展深度合作，增强参保群众跨省异地办理医保服务事项便捷性，提高医保基金使用效能，减轻参保群众看病就医负担等事项制定。

（周雅静）

▲ 2023 年，北京市朝阳区、天津市滨海新区、河北省廊坊市医疗保障局签署医保协同发展合作框架协议。图为 12 月 26 日，医保协同发展合作框架协议签署现场。前排左一为河北省廊坊市医疗保障局党组书记、局长李涛，中间为北京市朝阳区医疗保障局党组书记、局长商建英，右一为天津市滨海新区医疗保障局党组书记、局长尹占春　　（肖　梅　摄）

【智慧人社数字化建设】 2023 年，朝阳区 250 余人次参与北京智慧人社一体化平台两轮测试。9 月 25 日 18 时至 10 月 20 日 0 时，北京市社会保险管理信息系统停机，部分社保业务暂停办理期间，区社保中心完成新系统上线软硬件筹备工作，包括台式机系统升级，建立自助区并完成设施配套，完成平台信息初始化工作账号权限建立，累计为 646 名用户完成账号迁移及创建，审批权限 4700 条。平台上线后，区社保中心经办大厅内设立“社保业务网办区”，抽调各科室人员排班组建帮办队伍，日均服务 1200 余人次，确保新旧系统切换平稳过渡。根据北京市人力社保局“北京市社会保险信息管理系统建设突出贡献集体和个人”通报，区社保中心获“最佳贡献集体”称号，中心工作人员 15 人分别获“需求设计专家”等 6 项称号。

（谭淑文）

【营商环境优化】 2023 年，朝阳区开展“局科长走流程”工作，成立 6 个走流程专项组，明确体验方式、注重进度把控、强化成果转化，查找政策流程落地堵点，提升为民服务水平。区社保中心推进“工伤一件事”（工伤认定及工伤待遇核定业务统一合并到工伤保险行政事务受理科办理）工作，高效服务办事群众。增加短信提醒服务，优化经办进度送达方式，方便办事群众及时掌握工伤认定办理进度，至年底，累计发送 850 条信息。

（谭淑文）

▲ 2023 年，朝阳区开展“局科长走流程”工作。图为 7 月 26 日，区社保中心开展优化营商环境“局科长走流程”工作　　（张　淼　摄）

【社会保险政策宣传】 2023 年，朝阳区“朝保宝宣讲队”开启线下培训，通过线上、线下相结合方式开展企业及机关事业单位社保政策、业务经办专题培训。“朝保宝宣讲队”到朝阳社区学院、中国石化集团等地开展现场培训 11 场，累计覆盖 820 余家单位、2.4 万人次。面向参保群众讲解线上社保跨省转移和社保费征收等政策，并操作指导，观看人数 182 人。线下开展“社保服务进万家”活动 7 场，投放海报、折页等各类宣传品 350 份，累计覆盖 2.2 万人次。　（谭淑文）

【互联网 + 政务服务】 2023 年，朝阳区“北京朝阳社保中心”微信公众号关注量突破 40 万人次。区社保中心微信公众号“北京朝阳社保中心”及“朝保点”微服务平台多次改版升级，新上线“大字版”切换模式、增设“全域搜索”功能、设置“业务办理”链接跳转、增加“新系统业务”子菜单，全年发送推文 176 篇，点击量 375 万余次。区社保中心开展“社保帮办通”二维码上线工作，上线 3 个月，为 183 人次提供帮助、结局相关诉求。　（谭淑文）

【阶段性缓缴社会保险费】 2023 年，朝阳区接收辖区 6656 家单位延长缓缴 3 项社保费（养老保险费、失业保险费、工伤保险费）补缴期限申请，参保单位可在 2023 年年底前，采取分期或逐月补缴等方式还款，补缴期间免收滞纳金。　（谭淑文）

【社会保险缴费基数申报】 2023 年，朝阳区根据《关于合并申报 2023 年度“五险一金”（养老保险、失业保险、工伤保险、医疗保险、生育保险、住房公积金）缴费工资有关问题的通知》要求，完成 2023 年度“五险一金”缴费工资申报工作，涉及辖区 110991 家单位。　（谭淑文）

【医疗保险审核】 2023 年，朝阳区审核 349.54 亿元（含各险种医疗费用及生育津贴和异地结算），比上年增长 68%；城镇职工基本医疗保险审核 210.93 亿元，比上年增长 60%；城乡居民基本医疗保险审核 17.95 亿元，比上年增长 63%，生育保险审核 23.19 亿元，比上年增长 59%。　（张　园）

【定点医药机构管理】 2023 年，朝阳区 627 家定点医药机构全部完成协议签署，包括 390 家协议续签定点医疗机构，237 家协议续签定点零售药店。朝阳区备案辖区定点医疗机构 28 项诊疗事项。全年接收 149 家医药机构信息变更申请，恢复协议 1 家，解除协议 5 家，中止协议 6 家，完成对 41 家定点医疗机构“互联网 +”医保信息系统的现场验收及报送。　（张　园）

▲ 2023 年，区社保中心“朝保宝宣讲队”开启线下培训。图为 7 月 20 日，区社保中心“朝保宝宣讲队”在中关村朝阳园开展线下培训活动　　（许明珠　摄）

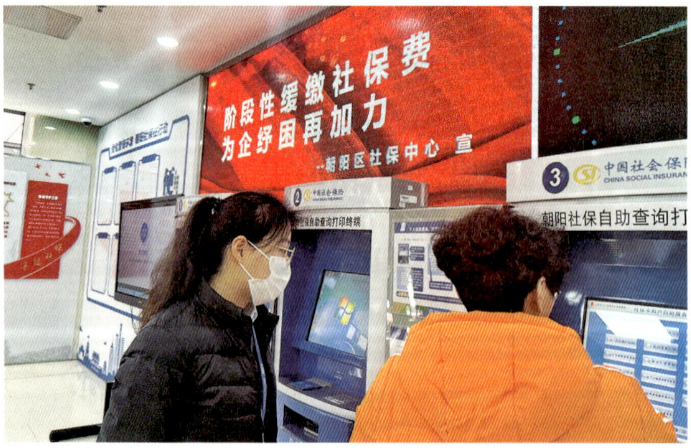

▲ 2023 年，区社保中心接收辖区 6656 家单位延长缓缴三项社保费。图为 5 月 16 日，区社保中心开展“阶段性缓缴社会保险费”工作　　（张　淼　摄）

【医保医师管理】2023年，朝阳区医师备案人数为2.1万人，医师月考核涉及扣分医师234人次，医疗机构118家次。全年培训医师13期，涉及医师2993人次。（张　园）

【跨省异地就医直接结算】2023年，朝阳区74家定点医疗机构开通异地门诊慢特病直接结算服务，为异地参保人员垫付门诊（普通门诊和门慢特病）医疗费用413.98万笔，结算总金额17.32亿元。审核异地住院费用40.3677万笔，人次比上年增长106.56%，审核总金额1302867万元，比上年增长86.44%，基金支付金额821934万元，比上年增长95.17%。辖区230余家定点零售药店全部开通异地直接结算（支持异地社保卡和医保电子凭证）业务，涉及药店购药费用11.76万笔，为全国各地11.79万人次参保人进行异地持医保卡购药直接结算，减少异地人员垫付1618.61万元。朝阳区390家定点医疗机构全部开通跨省异地直接结算业务，满足异地参保人来京就医购药需求。（张　园）

【医保移动支付试点及扩面】2023年，朝阳区20家医院实现医保移动支付功能，占北京市114家医院的17.5%。参保人员在医院就医期间，可通过手机完成医保结算，门诊费用线上直接医保报销，解决参保群众为缴费来回跑、排队长、等待久等问题。（周雅静）

【违规费用筛查】2023年，朝阳区筛查违规费用（个人异常就医行为、欺诈骗保行为疑问数据）56333条，生成警示告知书58人次，约谈告知书47人次，约谈违规人员87人次，追回40人次违规费用41.0556万元。（张　园）

社会建设

【概况】2023年，朝阳区围绕“五宜”朝阳建设，推动构建党建引领共建共治共享治理格局，在发展中保障和改善民生，推进基层治理体系和治理能力现代化。主题教育期间，到基层调研2400余次，收集意见建议1900余条，现场解决问题1600余个。形成双井街道CBD慢行系统建设、酒仙桥街道沉浸式工作法助力旧城改造、双井垂西楼体抗震节能改造、垡头翠城交通治理等特色案例。区级社会工作指导中心案例获评市级优秀案例，101家社区社会组织获评全市“十百千”（在全市范围内选树并宣传推广数十家区级或街乡级社会组织培育孵化示范机构、一百位社区社会组织领军人物、一千家示范品牌社区社会组织，以彰显社区社会组织在参与社区治理、满足居民需求、培植社区文化、促进和谐社区建设等方面的积极作用，为新时代首都发展贡献力量）示范品牌，奥运村街道南沙滩社区等5个社区入选中组部评定的先进典型社区案例。

【社会建设综合统筹】2023年，朝阳区召开2023年社会建设和乡村振兴工作会，区四套班子、区主管领导、社会建设工作领导小组各成员单位、各街乡等参加。会议印发《2023年朝阳区社会建设和发展报告》，总结2022年朝阳区社会建设工作，部署2023年社会建设工作要点。区委社会工委、区民政局深化社会治理体制改革，推进教育事业、医疗卫生、社会治理、养老服务等改革任务取得新成效。完成朝阳区“十四五”时期社会治理发展、民政与社会福利事业发展规划中期评估。完善区级街道工作专班机制，完成28项年度街道重点任务，提升街道统筹协调能力、服务能力、管理能力和动员能力。

【“七有”“五性”监测评价】2023年，朝阳区强化组织保障，建立区级“七有”“五性”工作专班，明确牵头部门和责任单位，确保各项任务有效组织实施。强化制度保障，印发实施《朝阳区提升“七有”“五性”民生保障水平2023年工作计划》和部门系列提升方案，形成“工作会商、分类调度、定期通报、督导考核”运转机制。强化专题调度，区政府主要领导定期专题研究“七有”“五性”相关工作，整体会商破解区域发展难题。强化问题导向，把握社会评价关键点，优化接诉即办“事前预警——事中通报——事后复盘”全流程分析机制，定期通报12345“七有”“五性”诉求情况和“三率”（响应率、解决率和满意率）综合评价情况，做好领域复盘分析。强化指标调整应对，围绕2024年新调整指标体系，组织各部门参加全市“七有”“五性”监测评价指标体系培训会。年中全市排名第7，比上年提升5名，上升幅度全市第一，17项指标第一，11项指标实现提升。

【城市地区社区党建】2023年，朝阳区建强基层组织，实施“全网有力”工程，印发《关于规范城市地区基层党组织设置的细则》，促进基层党组织设置与网格管理体系有机融合。完善全域协同体系，通过“三图两报告一公示”（“三图”指街道社区党建工作协调委员会组织架构图、需求分布图、资源分布图；“两报告”指党建工作协调委员会工作报告、成员单位履行社会责任报告；“一公示”指建立共建项目进展情况公示）机制压实各方共建责任，将党的引领力转化为社会动员力。启动雁阵计划，划分102个雁阵，评定102名“头雁”，储备1405名“雏雁”，释放“雁阵效应”。建成24个市级优秀社区书记工作室，数量居全市第一。搭建区、街两级“无界联动”平台，梳理具有结对意愿的社区和社会单位党组织目录，形成跨区域共建项目30余个。深化“走动联”（开展“大走访、深动员、促联建”活动）工作机制，摸清现有资源和各方需求，形成共建项目1372个。加快“三新”党建（新经济组织、新社会组织、新就业群体党的建设）发展，城市地区纳税千强“两新”组织、亿元楼宇、产业园区实现党组织100%覆盖，“领航

▲ 2023 年，朝阳社会建设领域庆祝中国共产党成立 102 周年。图为 6 月 26 日，十大党建品牌领奖现场
（区民政局　供图）

三里——三里屯商圈党建”等 8 个品牌获评全市“两新”组织党建品牌项目。引导新就业群体参与社会治理，小哥副楼长（外卖小哥担任居民楼副楼长）覆盖率 71.65%。联合高德推出朝阳区党群服务地图，552 项民生服务一“导”即达。

【全面从严治党】 2023 年，中共北京市朝阳区委社会工作委员会（简称区委社会工委）、北京市朝阳区民政局（简称区民政局）强化理论武装，通过理论中心组学习、主题教育集中研讨、警示教育学习等形式，夯实思想根基，筑牢思想防线。推动区、街、社区三级监督贯通协同，选派 75 名社区干部参与巡察。强化宣传阵地建设，开展“法律进社区”等线下活动 165 场，利用媒体、网络组织线上宣传活动 35 场，普及法律知识，加强正面引导，营造和谐稳定社会氛围。强化意识形态管理，坚持“第一议题”制度（各级党组织必须把学习习近平新时代中国特色社会主义思想和党的会议精神、习近平总书记重要讲话精神等内容，作为党委会、理论中心组学习、支部大会、支委会、党小组会及其他党内重要会议的“第一议题”，第一时间组织传达学习），妥善处理热点事件，保障民生领域平稳。

【基层民主协商】 2023 年，朝阳区围绕全过程人民民主基层实践，擦亮党政群共商共治品牌，探索“便于协商、善于协商、常于协商”基层民主协商模式。加强“线上 + 线下”网格议事，建设街乡协商试点 2 个、市级社区议事厅示范点 16 个、市级楼门院治理示范点 15 个，推动 1200 余项为民办实事项目落地。印发《协商民主与基层治理朝阳实践》，为街乡规范协商程序、丰富协商内容提供工作参考，并在《中国社区报》专版宣传。

【社区治理效能】 2023 年，朝阳区印发实施《朝阳区关于加强基层治理体系和治理能力现代化建设的实施方案》，明确 70 项任务统领基层治理改革。优化社区治理单元，拆分调整 44 个 3000 户以上大型社区，推进撤村建居，印发《朝阳区撤村工作指导手册》，撤销 27 个村委会建制。支持社区治理体制创新，深化“社区成长伙伴计划”，编印《朝阳区社区成长伙伴计划案例集》，探索推进社区治理现代化的“朝阳路径”。提升社区服务便利性，建成 17 处市级社区服务空间开放式示范点，打造 3 个“社区之家”规范化建设示范点。举办第五届“社区邻里节”，形成东湖街道“四聚焦”（聚焦邻里文化、邻里互助、邻里服务、邻里文明），多彩社区邻里节活动等经验做法。东湖街道组织各类“社区邻里节”集中主题活动 135 场，吸引 220 家社区社会组织、110 家社会单位、超万名志愿者参与，年均直接参与居民 1.2 万余人次，形成以居民公约为支撑、以邻里关系为纽带、以文化活动为载体的社区和谐邻里新模式，提升居民获得感和归属感。

【社工队伍建设】 2023 年，朝阳区强化力量配备，完成全市最大规模社工招录 2944 人，实现报名、录取人数新

▲ 2023 年，区委社工委、区民政局举办第五届“社区邻里节”。图为 5 月 20 日，八里庄街道远洋天地家园社区举办社区邻里节活动现场
（八里庄街道　供图）

高，现有社区工作者总量1.1万余人，基层力量得到极大充实，队伍结构向“高学历、年轻化”方向发展。面对优秀社区书记和社工定向招聘事业编157名，率先实施社工调资、社工体检等政策，激发基层干事创业活力。强化精细管理，完善《朝阳区社区工作者制度汇编》和《朝阳区社区工作者工资待遇的实施细则》，健全能上能下、能进能出机制，分层分类开展社工书记主任班、初任班、青年社工班19个班次、2500余人。

【社会工作服务】 2023年，朝阳区发挥“五社联动”（以党建为引领，以居民需求为导向，以社区为平台、以社会组织为载体、以社会工作者为支撑、以社区志愿者为依托、以社会慈善资源为助推，提升基层治理能力，建设人人有责、人人尽责、人人享有的社会治理共同体）作用，优化社会工作服务布局，建成35个街乡级社会工作服务中心和205个社区（村）级社会工作服务站，居全市首位，区级社会工作指导中心案例获得市民政局优秀案例。推荐20名社会工作者参与“优才计划”，2人通过高级社会工作师笔试，提升社会工作专业能力。开展百人百场社区公益普法课、智慧助老、线下联谊等公益行动，完成社区大课堂1500多节。修订《志愿服务组织登记操作指引》，规范志愿者注册和志愿服务时长记录，推动志愿服务管理规范化。整合社会慈善资源上百家，为新就业群体、特殊群体以及社区发展提供多元化支持。

【社会组织管理】 2023年，朝阳区有登记注册社会组织985家，其中社会团体204家，社会服务机构781家。办理社会组织登记行政许可218项。对70家社会组织进行“双随机”（在监管过程中随机抽取检查对象，随机选派执法检查人员）抽查审计，规范化等级评估社会组织60家。社会组织法定代表人离任审计全覆盖，为4家社会组织提供离任审计、注销清算。开展行业协会商会乱收费治理、社会服务机构非营利性监管、“僵尸型”社会组织专项整治行动，撤销5家常年未年检或不开展活动的“僵尸”组织。

【社会组织扶持】 2023年，朝阳区使用社会建设专项资金940万元购买公益服务项目101个，使用区级社会建设专项资金498万元购买社会组织孵化中心项目44个。鼓励社会组织支持乡村振兴，动员7家社会组织与内蒙古自治区察右后旗、卓资县结对开展帮扶，派出6名专业人员挂职。支持社会心理服务指导中心运营项目和19个独立建设的社会心理服务站点运营，涉及资金110万元，开展系列社会心理服务活动和定期社区心态监测，社会心态更加理性平和。

【品牌社区社会组织】 2023年，朝阳区有社区社会组织8527家，精品社区社会组织1240家。区委社会工委、区民政局使用市社会建设资金156万元，支持78个品牌社区社会组织建设。加快培育社区社会组织骨干队伍和领军人才，做好北京市选树“十百千”（北京市在全市范围内选树并宣传推广数十家区级或街乡级社会组织培育孵化示范机构、一百位社区社会组织领军人物、一千家示范品牌社区社会组织）社会组织宣传推广选树活动，推荐街乡级社会组织培育孵化示范机构3家、社会组织领军人物10人、示范品牌社区社会组织101家。安贞街道安华里社区红娘小组“乐当月老，为爱搭桥”优秀事例在北京市第五届“社区邻里节”主会场展板展示宣传。

【城市治理】 2023年，朝阳区完成第三届“一带一路”国际合作高峰论坛、2023年服贸会等重大活动服务保障工作。紧抓“两个关键小事”（垃圾分类和物业管理，是北京以高质量城市治理建设和谐宜居之都的两个“关键小事”），推进“五个物业”（法治、规范、智慧、品牌、安全）和地区物业服务评价，做好生活垃圾分类社区动员工作。推进城市地区疏整促、创建无违法建设街道工作，完成1123处城镇燃气管线隐患整改。筑牢安全底线，开展安全生产和消防安全隐患大排查大整治，印发《区委社会工委区民政局安全生产和火灾隐患大排查大整治工作方案》等系列文件，联合消防救援支队首创派驻社区消防专员机制，动员行业协会、商会引导会员企业开展隐患排查治理，重点加强养老机构、精神卫生福利机构、儿童福利机构、

▲ 2023年，区委社会工委、区民政局支持78个品牌社区社会组织建设。图为9月，安贞西里社区社会组织史超齐劳模摄影工作室组织志愿者制作手工月饼，送给快递人员
（安贞街道 供图）

▲ 2023 年，区委社工委、区民政局开展安全生产和消防安全隐患大排查大整治工作。图为 5 月，麦子店街道开展农展南里社区 17 号楼全景楼院改造提升后小区景观
（麦子店街道　供图）

救济救助机构等人员密集场所的日常检查排查，联合属地及专业部门开展多轮次、全覆盖隐患检查 1000 余家次。
（朱玲莉）

民　政

【概况】 2023 年，朝阳区落实政府绩效任务（市、区重点任务）11 项，其中 2 项既是重点任务又是民生实事，推进社会建设和民政各项事业取得新成效。完成征地超转人员、残疾人员及地退人员服务保障工作，完成社会救助、婚姻登记、殡葬服务等工作。区民政局社会福利科获评 2017—2022 年度北京市未成年人保护工作先进集体。区社区服务中心获评北京市社会建设与民政工作先进集体。区民政局街道工作科获评 2022 年度首都城市环境建设管理样板单位。民政局社会福利科 1 人获评 2017—2022 年度北京市未成年人保护工作先进个人。区委社会工委、区民政局街道工作科 1 人获评北京市社会建设与民政工作先进个人。朝阳区完成动员社会力量，多方筹措慈善资金，实施助医、助学、助老、助残、助困等慈善救助活动，在重大自然灾害、突发公共事件发生时实施紧急救助等任务，全年募集善款 1912.14 万元，使用善款 2171.73 万元，实施救助项目 224 个，惠及困难家庭 14852 户。
（朱玲莉　王东明）

【儿童福利和未成年人保护】 2023 年，朝阳区落实困境儿童各项福利政策，将 23 名困境儿童及时纳入保障范围，分别发放孤儿、实事无人抚养儿童助学金 54 人次 13.5 万元、25 人次 8.51 万元。开展“两节”（元旦、春节）、“六一”儿童节期间困境儿童关爱服务活动。做好儿童收养登记日常咨询、登记等相关工作，办理儿童收养登记 2 件，审核收养意向登记信息 62 件。推进未成年人保护工作，组织召开未成年人保护委员会专题会议，组织推荐市未成年人保护工作先进集体 7 个和先进个人 15 个。5 月 20 日至 6 月 20 日期间，组织开展“未成年人保护宣传月”活动。
（朱玲莉）

【征地超转及残疾人员保障】 2023 年，朝阳区做好征地超转人员［指因国家建设征地农民户转为非农民户的原农村劳动力中年龄超过转工安置年限（男满 60 周岁，女满 50 周岁及其以上）人员、无赡养人的孤寡老人以及法定劳动年龄范围内完全丧失劳动能力的病残人员］日常服务保障。全区有征地超转人员 22441 人，其中市管人员 4234 人、区管人员 18207 人，新接收孙河乡、三间房乡征地超转人员 6 人。全年累计发放生活补助约 8.53 亿元，节日补助 63.47 万元，发放孤老防暑降温费 0.92 万元，孤老药费补充报销 5.35 万元。为 10163 名征地超转人员发放清洁能源自采暖补贴 1715.02 万元。为 23127 名超转人员调整生活补助，补发调标差额 3153.65 万元。做好残疾人员服务保障工作，发放残疾

▲ 2023 年，区委社会工委、区民政局落实困境儿童各项福利政策。图为 8 月 23 日，组织部分福利院儿童在奥肯尼克家庭农场参加社会实践活动
（刘　洋　摄）

人“两项补贴”19.9万人次，发放资金6562.31万元。（朱玲莉）

【地退人员服务保障】 2023年，朝阳区做好地退人员（民政部门管理的地方退休退职人员）工资、过节费、采暖费等资金发放工作，累计为地退人员发放工资、过节费等资金3777.65万元。完成100位去世地退人员一次性抚恤金、丧葬费审核发放工作，发放资金1451.99万元。至年底，朝阳区有地退人员405人（其中新中国成立前老工人4人）。（朱玲莉）

【流浪乞讨人员救助】 2023年，朝阳区加强流浪乞讨人员救助管理，优化入站前DNA比对工作流程，建立“一人一档一册一表一析”。全年救助3184人，分流3202人，护送返乡49人，购票262张，街面劝导2290人，医疗救助精神病人234人。以寻亲工作为重点，区民政局会同公安分局治安支队、金盏乡派出所面部识别和DNA采集长期滞留受助人员178名，筛选出13条相似度85%以上的人员信息，确认2人身份信息，分别由户籍地救助站和家属自行接领。（朱玲莉）

【社会救助】 2023年，朝阳区提升基本生活救助标准。低保标准由1320元调整到1395元，特困供养标准由1980元调整到2092.5元。至年底，保障低保对象10896人，低收入人员891人，特困供养人员59人，累计支出低保金1.93亿元，电价补贴44.59万元，低收入生活补贴86.73万元，城乡低保特困人员价格临时补贴48.77万元，分散供养特困人员补助19.55万元，集中供养特困人员供养费406.01万元。发挥临时救助备用金救急救难作用，为999人次发放临时救助金242.11万元。开展两节慰问，为困难群众发放慰问金566.45万元，市区领导集中走访慰问13户，发放慰问金和物品1.44万元。创新开展服务类社会救助，推进政府购买社会救助服务，在物资救助、服务救助基础上，构建心理救助、智能救助、能力救助、社会力量参与救助的多元救助体系。依托专业社会工作机构，对社会救助对象中60岁以上独居老人、重残人员、重病人员及未成年人实施类别化、差异化救助，通过需求评估、精准帮扶、专业社工服务，形成“找人—助人—自助”帮扶链条，为近千人提供精准救助服务。（朱玲莉）

【行政区划】 2023年，朝阳区对接东城、西城、海淀、丰台、通州、昌平、顺义、大兴各区民政局区划管理部门，完成第四轮行政区域界线联合检查工作。针对行政区域界线划分有关疑问，协助街乡就跨界管理区域进行协商、明确管辖，形成典型经验和示范效应。（朱玲莉）

【婚姻登记】 2023年，朝阳区办理结婚登记20416件（含涉外201件）、离婚登记6963件（含涉外60件）、补发婚姻登记证3454件（含涉外64件）、出具无婚姻登记记录证明89件。受理离婚登记申请9732件，对公及办事群众查询婚姻档案10941件，协助北京市交通委完成小客车指标核验5339条，协助办事群众跨馆查询原始结婚档案完成补领结婚证785件。开展“延时错峰”服务，全年提供延时错峰服务时间700余小时，累计办理婚姻登记7000余件，约占总登记量17%。落实“跨省通办”惠民政策，办理“跨省通办”结（离）婚登记和受理离婚登记申请6082件，居全市第一。推行婚俗改革，在登记高峰日开展专题宣传活动，向新人宣传优秀婚姻家庭文化。推进“一站式”婚登婚检落地，群众办事更加便捷、高效、温馨。（朱玲莉）

【殡葬服务】 2023年，朝阳区完成疫情转段后的殡葬服务工作。协调属地政府、公安、交通、消防和卫生等部门保障朝阳区清明服务工作，建立“1+4+N”（1个区级指挥部，4个地区分指挥部，N个部门和街乡指挥部）服务保障工作体系，制定“1+12”（1个区级和4馆园、4地区和公安、交通、消防、卫健4部门共12个分方案）服务保障工作方案，形成由区领导担任总指挥，层级管理、条块结合指挥体系，明确职责分工，健全保障机制。清明节累计接待祭扫群众191023人次，接待祭扫车辆60644辆。以清明祭扫服务为契机，加强移风易俗宣传和殡葬执法检查。开展殡仪服务领域危害群众利益专项整治工作。保障无社保群体丧葬补贴，发放补贴1092人次546万元，办理16例遗体外运业务。（朱玲莉）

▲ 2023年，区委社会工委、区民政局为获得第十三届“首都见义勇为好市民”的人员颁发证书。图为8月23日，为徐宝明和郁茂春颁奖（区民政局 供图）

【见义勇为】 2023年，朝阳区依法依规落实见义勇为人员权益保护工作，组织区内见义勇为人员群体参加体检活动，做好“两节”慰问工作，按政策规范发放伤残抚恤金，梳理完善见义勇为人员信息系统档案。做好见义勇为行政确认工作，对见义勇为线索进行调查取证、核实，确认见义勇为2例（3人）。 （朱玲莉）

【慈善助医项目】 2023年，朝阳区实施慈善助医项目5个，惠及困难家庭397户，为患有重大疾病的397名困难群众送去慰问金212.51万元。

（王东明）

【慈善助困项目】 2023年，朝阳区实施慈善助困项目8个，使用善款853.61万元，惠及困难家庭10021户。实施困难党员帮扶项目，为朝阳区在职、退休生活困难党员按照每人1000元～3000元标准，使用善款435.8万元，惠及3581名困难党员。与区总工会联合，为邮政公司200名患有近视的邮政骑手配镜，送去温暖抗疫礼包，使用善款3万元。由43家慈善分会组织辖区内2471名困难群体通过发放慰问品、联欢等活动，使用善款24.71万元。向全区3769名各类困难群体发放慰问金，使用善款376.9万元。实施儿童福利院定向项目，为朝阳区儿童福利院购买厨房设备等电器，解决区福利中心儿童福利院电器不足困难，使用善款13.2万元。

（王东明）

【慈善助学项目】 2023年，朝阳区实施慈善助学项目1个，实施成长助学项目，对全区社会救助对象中的1576名青少年开展有针对性的助学帮扶，发放1000～5000元助学成长金，使用善款398万元，惠及困难家庭1576户。

（王东明）

【慈善助老项目】 2023年，朝阳区实施慈善助老项目1个，为全区社会救助对象中60周岁（含）以上2567名老年人送去米、面、油等生活必需品和节日慰问，使用善款117.52万元，惠及困难家庭2567户。

（王东明）

▲ 2023年，区民政局通过街道慈善驿站统筹协调，实现“社区需求＋资源聚焦”有机链接，做大做强慈善项目库。图为1月3日，朝阳区公益品牌“将小爱”开展元旦系列公益活动——“买菜也能做公益 一分捐赠都是爱”现场 （区民政局 供图）

【重特大灾害项目】 2023年，朝阳区为在北京水灾中受损严重的房山区、门头沟区、昌平区捐赠救灾物资，用于受灾群众和一线人员所需，使用善款163.98万元。为在北京水灾中受损严重的房山区十渡镇九渡大街基础设施的恢复重建提供善款，使用善款138.69万元。 （王东明）

【慈善公益活动】 2023年，朝阳区开展慈善公益活动3个，使用善款31.39万元。其中，参加第六届中国——老挝学生手拉手活动，使用善款20万元。开展“9·5公益日慈善活动”，携手北京市双桥燕京中药饮片厂支援青海抗震救灾，向青海省慈善总会，捐赠防风通圣丸、感冒清热颗粒、板蓝根颗粒等医疗药品，使用善款11.39万元。

（王东明）

【分会救助活动】 2023年，朝阳区慈善协会（简称区慈善协会）所属街乡慈善分会实施救助项目203个，使用善款88.03万元，惠及困难家庭291户。

（王东明）

【慈善帮扶】 2023年，朝阳区在八里庄街道试点建立“首善有我”慈善捐赠工作站，在20个社区挂牌成立“社区慈善捐助站”，通过街道慈善驿站统筹协调，实现“社区需求＋资源聚焦”有机链接。做大做强慈善项目库，提升“建外红”（建外街道慈善品牌）、“将小爱”（将台街道慈善品牌）、“久久爱”（酒仙桥街道慈善品牌）等影响力。开展慈善救助，实现捐赠意愿与慈善效果有效结合，至年底，街乡慈善救助专项基金3500万元，慈善救助人数14759人次，支出救助总金额2154.46万元。全区收捐衣物25818件，接受捐款40685.25元。弘扬慈善文化，组织参加北京慈善发展论坛·社区慈善分论坛，分享社区慈善工作经验，举办“凝聚慈善力量 共筑大爱朝阳”朝阳慈善日活动，提高慈善事业社会参与度。 （朱玲莉）

民族宗教事务

【概况】 2023年，朝阳区有汉族、回族、满族、朝鲜族、藏族等56个民族，少数民族人口近24.4万人（包括流动人口）。区内有民族工作重点街道、民族乡各1个，民族村4个，全区经批准的清真食品生产经营网点323家。区内佛教、道教、伊斯兰教、天主教、基督教5大宗教均有信徒。有宗教团体3个，分别是朝阳区伊斯兰教协会、朝阳区天主教爱国会、朝阳区基督教“三自”爱国运动委员会。宗教活动场所13处，其中道教宫观1座（北京东岳庙）、伊斯兰教清真寺10座、天主教堂1座（平房教堂）、基督教堂1座（朝阳教堂）。2023年，朝阳区落实市、区关于民族宗教工作决策部署，围绕铸牢中华民族共同体意识，坚持宗教中国化方向，为区域经济发展营造和谐稳定社会环境。宗教工作三级网络和两级责任制［全区（市、区、旗）、乡（镇、街道）、村（社区）］网络和两级［乡（镇、街道）、村（社区）］示范创建，作全市经验交流推广。完成孙河康营清真寺恢复、潘家园松榆清真寺环境改造提升。朝阳区伊斯兰教协会考核评议10座清真寺寺管会负责人和26名阿訇。全区10个单位获第九届首都民族团结进步先进集体称号，19名个人获第九届首都民族团结进步先进个人称号。

▲ 2023年，朝阳区在常营回族乡举办铸牢中华民族共同体意识文艺汇演。图为5月6日，“铸牢中华民族共同体意识”文艺汇演集体合影 （朝阳区委统战部 供图）

【民族团结进步活动】 1月17日，朝阳区在北京市民族团结进步教育基地——日坛公园马骏烈士墓开展主题为“弘扬爱国情 赓续民族魂”社会主义核心价值观系列活动。传承民族英烈精神，赓续民族英烈传统。区内民族餐饮企业50余名少数民族员工参加。1月18日，朝阳区组织开展民族团结进步创建进社区活动，向各民族员工宣讲党的二十大报告新思想、新论断、新要求。4月4日，朝阳区组织芳草地国际学校民族校区学生开展“追忆马骏 红色传承”活动。学生代表向马骏烈士墓敬献花篮；全体学生吟诵马骏烈士亲笔写的诗歌《一个小蜘蛛》；全体人员合唱民族校区原创歌曲《英雄马骏 我们永远把您牢记》《扫墓歌》，追思英烈，表达敬仰之情。朝阳区芳草地国际学校民族校区学生400余人参加。5月6日，朝阳区在常营回族乡举办铸牢中华民族共同体意识文艺汇演，演出舞蹈《欢聚一堂》、相声《汉字研究》、快板《五十六个民族大团圆》等16个各具民族特色文艺节目。市民族宗教委党组成员、副主任，区委常委、统战部部长，区人大、区委统战部、区委宣传部、区文化和旅游局，常营乡以及驻区部队、相关部门领导出席。6月21日，市民族宗教委员会与朝阳区委统战部在朝阳区兆泰国际中心共同举办“多彩光影 同心共筑”民族电影主题文化广场活动。通过公共空间讲好民族团结进步故事，丰富各族群众精神文化生活，有形、有感、有效开展铸牢中华民族共同体意识宣传。区委常委、统战部部长，市民宗委、区委统战部、区民宗办、市民族团结进步促进中心等领导出席。8月18日，朝阳区举办各族青少年民族体育主题交流（北京）夏令营活动开营仪式暨朝阳区铸牢中华民族共同体意识教育实践基地体验活动。夏令营主题是“民族体育欢乐行 同心筑梦向未来”，为期7天，开展参观学习类、主题教育类、互动交流类等活动，感悟民族团结进步和首都建设发展新貌。来自内蒙古自治区、新疆维吾尔自治区、吉林省、北京市安贞辖区部队官兵、家属及辖区青少年130名各族青少年参加夏令营。北京市民宗委、市民族团结进步促进中心、朝阳区委统战部、区民宗办、安贞街道及4地民族工作部门领导出席开营仪式。

【宗教节日】 4月22日，朝阳区10所清真寺5300余名信教群众参加开斋节庆祝活动。区委常委、统战部部长，区政府副区长分别到康营清真寺、常营清真寺看望慰问信教群众，并致以节日祝福。各清真寺所在地党（工）委主要领导到清真寺慰问并祝贺节日。6月29日，朝阳区10所清真寺3300余名信教群众参加伊斯兰教古尔邦节庆会礼活动。活动宰牲牛9头、羊42只。公安朝阳分局、区委统战部领导和有关街乡主要领导到辖区清真寺与信教群众一起欢度节日，并一起参加升国旗仪式。24日平安夜，朝阳区天主教平房堂、基督教朝阳堂举办8场宗教活动，3200余人欢度圣诞节。

【领导调研】 7月6日，朝阳区委常委、统战部部长到北京市和平街第一

▲ 2023 年，朝阳区 10 所清真寺开展开斋节庆祝活动。图为 4 月 22 日，开斋节区委常委、区委统战部部长李国红看望慰问宗教人士，并参加升国旗仪式　　（赵国民　摄）

中学调研民族团结教育示范校建设情况。区委统战部、区委教工委领导参加。8 月 10 日，朝阳区委书记到铸牢中华民族共同体意识教育实践基地——中国藏学研究中心北京西藏文化博物馆，实地调研藏文化的传承和创新。中国藏学研究中心党组书记、副总干事，区委统战部部长等参加调研。

【区民宗工作三级网络和两级责任制部署会】 8 月 8 日，朝阳区召开民族宗教工作联席会暨区民族宗教工作三级网络和两级责任制部署会，区委常委、统战部部长出席并讲话。会议阐释《朝阳区民族宗教工作联席会成员单位分组情况及职责》，部署《朝阳区关于深入推进朝阳区民族宗教工作三级网络和两级责任制的实施方案》落实工作。会议要求：要对照区实施方案和任务清单，制定印发辖区内工作实施方案和任务清单，部署工作，抓好组织实施；要做到工作力量配备到位，工作机制运转顺畅，工作任务落地落实，区专班将采取“四不两直”（不发通知、不打招呼、不听汇报、不用陪同，直奔基层、直插现场）方式，检查各街乡落实情况；要提高思想认识，维护区域安全稳定。朝阳区宗教工作三级网络和两级责任制示范创建工作，向全市作经验交流推广。

【市第十一届民族传统体育运动会】 8 月，朝阳区组织 240 余名运动员参加北京市第十一届民族传统体育运动会 7 个竞赛项目和 3 个表演项目比赛，获得 5 枚金牌、16 枚银牌和 8 枚铜牌，并获得 2 个道德风尚奖和优秀组织奖。

【铸牢中华民族共同体意识表彰会】 12 月 29 日，朝阳区召开铸牢中华民族共同体意识暨民族团结进步工作总结会召开。会议传达北京市第九届首都民族团结进步表彰大会精神；通报朝阳区民族团结进步工作情况；获奖代表区委教育工委、区文化市场综合执法大队、北京市和平街第一中学和中华民族博物院等单位代表作大会交流发言；会议表彰获首都民族团结进步先进集体称号的 10 个单位和获首都民族团结进步先进个人称号的 19 名个人。市、区相关部门领导出席，获评第九届首都民族团结进步奖的先进集体、先进个人，各相关部门、各街乡，民族学校和中小学代表，统战领域代表，各民族代表及部队官兵 430 余人参加。

（张素琴）

老龄事业

【概况】 2023 年，朝阳区常住人口 344.6 万人，其中 60 岁及以上常住人口 84.5 万人（24.5%），65 岁及以上常住人口 58.0 万人（16.8%），是北京市老年人口最多的区。区老龄办完成 49 家实体社区卫生服务中心社区老年健康服务规范化建设，全区建设达标率

▲ 8 月，朝阳区参加北京市第十一届民族传统体育运动会。图为朝阳区参赛节目（朝阳区委统战部　供图）

100%。围绕人口老龄化问题开展人口老龄化国情市情区情教育进机关、进社区、进医疗机构等活动。建成1家北京市老年护理中心。朝阳区被国家卫生健康委员会命名为全国医养结合示范区。八里庄街道远洋天地家园社区等7个社区被国家卫生健康委员会、全国老龄工作委员会办公室评为全国示范性老年友好型社区。乐成老年事业投资有限公司被国家卫生健康委员会评为全国医养结合示范机构。

（周翔飞　赵瑞萍）

【医养结合】2023年，朝阳区老龄工作委员会办公室（简称区老龄办）、卫生健康委、区民政局等11部门联合印发《朝阳区深入推进医养结合发展的实施方案》，建立党委政府统筹、卫生健康及民政部门牵头、相关部门配合、全社会参与的医养结合工作机制。全区81家养老机构与属地社区卫生服务中心、街乡办事处巩固完善“手拉手”联系机制。依托区级老年健康和医养结合服务指导中心开展医养结合及老年健康服务技能培训，14家医养结合机构纳入市级医养结合远程协同服务平台，实时更新国家医养结合信息平台数据，全区医养结合两证齐全机构46家，利用平台数据管理医养结合机构工作。为50.25万余名65岁及以上老年人提供医养结合服务，医养结合服务率94.11%。

（周翔飞　赵瑞萍）

【老年健康】2023年，朝阳区完善老年健康服务体系建设，完成49家实体社区卫生服务中心社区老年健康服务规范化建设，全区建设达标率100%。创建北京市老年友善医疗机构，4家医疗机构通过市级验收、23家医疗机构完成复评，建成率96.6%。崔各庄社区卫生服务中心转型建成北京市老年护理中心、孙河社区卫生服务中心转型建成北京市安宁疗护中心。建立“分区包片”安宁疗护服务管理运行模式，即以一南（北京市垂杨柳医院）、一北（航空总医院）2个市级安宁疗护示范基地为引领，以市级社区安宁疗护示范中心、市级安宁疗护中心、市级老年护理中心等为成员的安宁疗护服务体系，提供医疗机构与社区、居家相衔接的安宁疗护服务。为19923名65岁及以上老年人开展失能失智评估，为确认的5608名失能失智老年人开展健康服务，服务率100%。开展老年人“口福”和心理关爱试点项目，辖区31家社区卫生服务中心为4300余名老年人提供口腔检查服务。孙河和呼家楼第二社区卫生服务中心在2个社区设立心理关爱服务点，累计为413名65岁及以上常住老年人提供心理健康评估，覆盖率82.6%。开展老年人规范健康管理服务，全年为39万余名老年人提供健康管理服务，老年管理率73.68%。

（周翔飞　赵瑞萍）

【老龄工作】2023年，朝阳区围绕“人口老龄化问题深度解析与积极应对”“健康生活从心开始 你我的银发人生”等主题，开展人口老龄化国情、市情、区情教育进机关、进社区、进医疗机构等活动。开展全国示范性老年友好型社区创建活动，八里庄街道远洋天地家园社区、东风地区东风苑社区、香河园街道西坝河西里社区、建外街道秀水社区、安贞街道外馆社区、广营地区莱蓁园社区、大屯街道中灿家园社区7个社区获“全国示范性老年友好型社区”称号。朝阳区评选并表彰100名区级“孝顺之星”，其中2名“孝顺之星”被推选为2023年度北京市“孝顺榜样”。组织老年人参与北京市各类老年活动，区卫生健康委获第九届京津冀“银发达人”大型展示评选优秀组织奖。区老龄工作委员会办公室（简称区老龄办）联合区体育局围绕“改善老年营养，促进老年健康”老年健康宣传周主题开展宣传活动。区老龄委成员单位联合属地街乡、医疗机构开展“敬老月”宣传活动。

（周翔飞　赵瑞萍）

【养老服务创新】2023年，朝阳区成立北京市首个区级养老服务行业党委，为行业健康有序发展提供组织保障。深化创新居家养老服务模式“揭榜挂帅”工作，26个街乡、31个驿站参与创新试点，街乡覆盖率60%。承办北京市首届养老服务“家年华”活动，43家大型养老服务企业为老人提供“床、护、助、餐、医、康”全系列居家养老服务产品，同步在高碑店地区启动朝阳区分会场，整合辖区养老服务企业30余家开展惠老服务。上

▲ 2023年，区卫生健康委开展人口老龄化国情、市情、区情教育进机关、进社区、进医疗机构等活动。图为10月20日，来广营地区组织开展义诊活动（区卫生健康委　供图）

线朝阳区养老服务一键查询程序，展示地区养老服务机构地理位置、服务项目、收费价格等基本信息，通过查询“量身”匹配可享受的养老服务资源，实现24小时老人需求全响应。推动“一键呼”服务提质增效，新增安装智能服务终端6300户，累计服务老年人5.16万户，为高龄失能老年人提供急救、健康、养老等便利服务。

（朱玲莉）

【老年人福利政策】 2023年，朝阳区落实基本养老服务清单制度，滚动开展特殊困难老年人摸底建账和需求调查，促进养老服务供需精准对接，全区16.8万名老年人享受各类相关津贴补贴，发放补贴金额超过6亿元。提升基本养老服务能力，按照责任片区为2.12万名经济困难家庭、失能失智重度残疾老年人等提供基本养老服务，签约率94.9%。开展失能老年人能力评估，共评估2.5万人。

（朱玲莉）

【养老服务质量】 2023年，朝阳区新增备案养老机构6家、养老服务驿站10家，接收养老配套设施4个，养老床位1025张（其中家庭照护床位300张），建设京津冀协同养老床位1400余张，实现养老服务一刻钟全覆盖。开展养老服务提升行动，完成养老机构星级评定18家，养老服务驿站星级评定31家。优化社会化养老服务人才培养机制，加强养老服务人才队伍建设，开展护理员技能培训并组织养老从业人员专场招聘会、养老机构护理员大赛等活动，提高养老护理员和老年社会工作者的专业技能水平和职业素养。通过与属地社区卫生服务中心手拉手、内设医疗机构、签订合作协议等方式，实现养老服务机构医养结合服务全覆盖。拓展养老服务社会资本投入渠道，促进养老服务主体多元化，激发养老服务市场活力，培育形成首开寸草、龙振、汇晨、爱侬、福寿苑等养老服务品牌。

（朱玲莉）

▲ 2023年，区民政局通过与属地社区卫生服务中心“手拉手”、内设医疗机构、签订合作协议等方式，实现养老服务机构医养结合服务全覆盖。图为3月，养老驿站工作全面复苏，老人参与驿站活动

（区民政局　供图）

【养老助餐】 2023年，朝阳区完善养老助餐服务体系，新增老年餐桌10个，至年底，全区有老年餐桌187家，助餐服务网络覆盖43个街乡，累计开展助餐服务23.5万余人次。上线养老助餐服务智慧化运营系统，做到助餐服务全链条信息“留痕迹、有记录、可追溯”。

（朱玲莉）

【养老综合监管】 2023年，朝阳区健全完善养老监管方式，印发《朝阳区养老机构信用评价评分细则》，实施动态等级评定，定期发布“红黑榜”。围绕养老机构服务质量、服务收费等典型案例，区民政局联合法院探索建立共同调解机制，召开养老机构监管工作会暨涉老民事诉讼、劳动争议典型案例分析会，推动问题解决。印发《朝阳区养老服务机构等安全生产大检查工作方案》，民政、消防、应急、市场、属地等多部门联合，强化机构消防、食品、极端天气等安全检查，层层压实责任，督促问题整改。规范养老机构合同网签工作，通过网签系统按照《北京市养老服务合同》示范文本签订合同5000余份，引导各方依法签订服务协议，维护合法权益。

（朱玲莉）

残疾人事业

【概况】 2023年，朝阳区完成区残联第八次代表大会换届工作。打造“汇爱朝阳”品牌，为建好“五宜”朝阳贡献力量。加快推进残疾人社会保障体系，全区残疾人城乡居民养老保险参保率98%，城乡居民医疗保险参保率100%。构建多元化多层次康复服务体系，全区康复服务覆盖率100%。健全残疾人关爱服务体系，推进残疾人就业创业、融合教育、法律援助、文化体育等民生实事，为残疾人生活提供各种便利化条件，增强残疾人获得感、幸福感、安全感。区残疾人联合会被中国助残志愿者协会评为阳光助残志愿服务基地。区残疾人就业和社会保障服务中心1人被市总工会、市人力资源和社会保障局授予首都劳动奖章。

【区残联第八次代表大会】 3月20日，朝阳区召开第八次残疾人代表大会。市残联党组成员、副理事长，朝阳区委书记，区委副书记、区长，区人大常委会主任，区政协主席，区委常委、统战部部长，区政府副区长出席。区

▲ 2023年，朝阳区召开残疾人联合会第八次代表大会。图为3月20日，开幕会现场
（区残联 供图）

委常委、统战部部长主持开幕会。区委副书记、区长致开幕词；区总工会党组书记、常务副主席代表群团组织向大会致贺词；区残联党组书记、执行理事会理事长人选代表区残联第七届主席团作工作报告。报告指出，过去五年，朝阳区残联在落实残疾人社会保障制度、完善残疾人关爱服务体系、无障碍环境建设等方面树立了典范标杆，实现区、街乡、社区三级服务阵地全覆盖，推动朝阳区残疾人事业高质量发展，希望朝阳区以换届为契机，乘势而上，再创新局面。区委书记代表区委、区人大、区政府、区政协祝贺大会召开，讲话肯定全区五年来残疾人工作，指出全区5万多名持证残疾人，参与经济社会发展各项事业，展示自尊、自信、自立、自强生命光彩，涌现出袁艳萍、李楠、李辉、张云、杨光、杜鹏等先进模范人物、先进榜样，特别是在2008年夏季奥运会和2022年冬季奥运会开闭幕式、火炬接力传递、城市志愿等各项活动中，朝阳区代表向世界展示中国残疾人精神风貌。提出要充分认识残疾人群体是促进高质量发展的重要力量；要坚持以人民为中心的发展思想，尊重和保障残疾人合法权益，使残疾人以平等地位和均等机会参与社会生活；要坚持服务为先，用心用情做好残疾人工作3点要求。3月21日，第八次残疾人代表大会闭幕。会议审议通过《朝阳区残疾人联合会第七届主席团工作报告的决议》；宣布朝阳区残疾人联合会第八届主席团名誉主席、主席、副主席，执行理事会理事长、副理事长、理事及各专门协会名誉主席、主席、副主席名单；宣读出席北京市残疾人联合会第八次代表大会代表人选和北京市残疾人联合会第八届主席团委员候选人人选名单。大会完成各项任务。第八次代表大会代表和组会委员候选人300余人参加会议。

【区残疾人工作培训】 4月26日至27日，朝阳区举办残疾人工作培训班。培训邀请中央党校教授、国内无障碍领域专家、中国残联及市残联领导联系朝阳区残疾人工作实际，围绕学习党的二十大精神、习近平新时代中国特色社会主义思想、《中华人民共和国残疾人保障法》及残疾人权益保障方面法律法规、无障碍环境建设、残疾人就业、残疾人康复6方面重点进行专题辅导。区政府残工委委员、43个街道（地区）办事处残联主管领导、理事长，区残联科以上干部130余人参加培训。7月31日至8月4日，朝阳区举办支援合作乡村振兴智力帮扶残疾人工作者培训班，旨在更新工作理念，拓展工作思路和方法。培训邀请十四届全国人大常委会委员、中国残联及市残联领导重点围绕无障碍环境建设、基层组织建设、信息化建设等内容，采取"集中授课+现场教学+参观考察+交流研讨""四位一体"课程模式进行专题辅导。组织残疾人工作者参观北京市残疾人服务示范中心、朝阳区残疾人职业康复中心；到国家游泳馆和国家体育馆等地，观摩助残服务项目，体验无障碍设施，了解残疾人职业康复服务模式。内蒙古自治区察右后旗、科左后旗、卓资县、北京市密云区四地残联理事长、理事和工作人员，以及线上新疆维吾尔自治区墨玉县、第十四师四十七团残联工作者130人参加培训。

【残疾人专场招聘会】 5月16日，朝阳区残疾人联合会（简称区残联）联合区人力社保局、区税务局召开"汇爱朝阳 企业助残"残疾人专场招聘会。盒马鲜生、和睦家医院、北京新云南皇冠假日酒店、平安保险等25家重点企业参加，现场设置政策咨询、职业能力测评、就业服务等专业指导项目。招聘会提供就业岗位42个，152名残疾人投简历，63人达成面试意向。

【"第33次全国助残日"主题活动】 5月19日，朝阳区举办第33次全国助残日"汇爱朝阳 推动朝阳区残疾人事业高质量发展"主题活动。全国人大常委会委员、中国残联副主席、中国助残志愿者协会会长，北京市残联党组成员、副理事长，组联部主任，朝阳区政府副区长、区政府残工委主任，区残联党组书记、理事长向全区发出第33次助残日倡议，呼吁社会各界能更多了解、关注、支持朝阳区残疾人事业，打造"汇爱朝阳"助残服务品牌，汇聚各方力量，共同推动朝阳区残疾人事业高质量发展。到会领导为参加

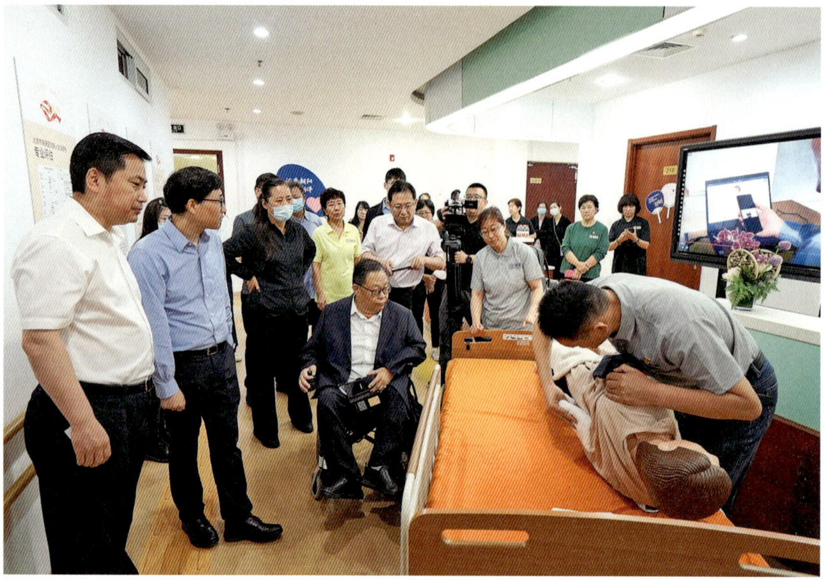

▲ 2023 年，朝阳区举办第 33 次全国助残日“汇爱朝阳 推动朝阳区残疾人事业高质量发展”主题活动。图为 5 月 19 日，主题活动现场 （区残联 供图）

活动的残疾人、爱心人士发放朝阳区“首善有爱、环境无碍”宣传品。区残联与中科同源新时代学习研究中心签订党建结对备忘录，与盈科律师事务所签订爱心合作备忘录。市残联、区残联领导与街乡、企业代表共同启动朝阳区残疾人助浴服务项目。全国人大常委会委员、中国残联副主席、中国助残志愿者协会会长和朝阳区政府副区长、区政府残工委主任为朝阳区残联阳光助残志愿服务基地揭牌。北京市残联党组成员、副理事长和朝阳区政府副区长、区政府残工委主任为助浴服务示范中心揭牌。5 位区政府残工委成员单位领导为 5 家朝阳区新增助残志愿服务团队授旗。全国人大常委会委员、中国残联副主席、中国助残志愿者协会会长讲话肯定朝阳区残疾人事业，表扬朝阳区践行以人民为中心发展思想，凝聚社会各界爱心力量共同发展残疾人事业，增强残疾人安全感、获得感、幸福感等做法。提出朝阳区要坚持首善标准，完善残疾人服务体系，推动无障碍环境建设高品质发展，做大做强“汇爱”残疾人服务品牌，提升残疾人关爱服务水平，发展朝阳区残疾人事业等要求。市、区人大代表及政协委员代表，部分残工委成员单位委员、43 个街道（地区）残联主管领导、理事长及残疾人 100 余人参加活动。

【无障碍环境建设培训】 8 月 2 日，朝阳区召开《中华人民共和国无障碍环境建设法》专题培训会。培训特邀十四届全国人大常委会委员、全国人大社会建设委员会委员、中国残联领导围绕“学习贯彻无障碍环境建设法，推进无障碍环境建设之路径”主题，解读法条内涵和要点，用现实生活中成功与失败案例对比，为与会人员讲解《中华人民共和国无障碍环境建设法》。重点强调政府部门及相关单位法定职责，给朝阳区残联系统各级工作者学习贯彻《中华人民共和国无障碍环境建设法》指明方向、规范措施、提供遵循。部分市区党代表、人大代表、政协委员，区青联委员，律师、检察官，区政府残工委成员单位主管领导，43 个街乡残联工作主管领导和理事长，区残联机关科级及以上干部、五大专门协会（盲人协会、聋人协会、肢残人协会、精神残疾人及亲友会、智力残疾人及亲友会）主席，部分助残社会组织代表等 200 余人参加培训。8 月 22 日至 23 日，朝阳区召开无障碍环境建设监督员专业技能培训会。培训采取“教育动员 + 业务授课 + 现场互动 + 理论测试 + 参观见学”等多种方式进行。邀请市级无障碍环境建设专家解读创建全国无障碍环境建设示范城市验收标准；组织组织培训人员无障碍知识测试（笔试）；组织培训人员到北京市规划展览馆参观国家无障碍环境展示。朝阳区 20 个行业主管单位、43 个街乡残联理事长及相关工作人员 200 余名监督员参加培训。

【第七次全国残疾预防日主题宣传教育活动】 8 月 25 日，朝阳区预防先天

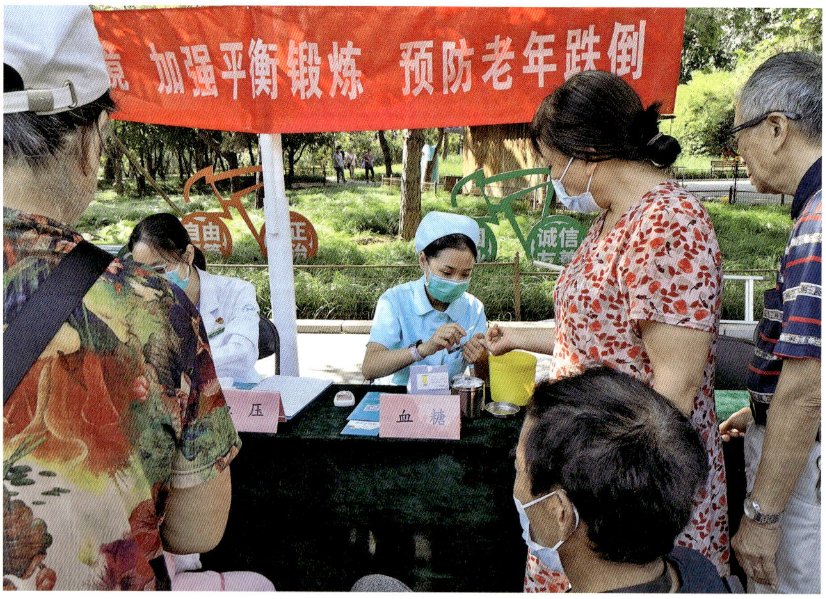

▲ 2023 年，朝阳区预防先天残疾，守护美好未来——迎接第七次全国残疾预防日主题宣传教育活动在兴隆公园举办。图为 8 月 25 日，主题宣传教育活动现场（区残联 供图）

残疾，守护美好未来——迎接第七次全国残疾预防日主题宣传教育活动在兴隆公园举办，旨在呼吁社会各界重视致残因素防治，培养健康生活习惯，提升康复意识，形成全社会共建共享的残疾预防工作氛围。区卫生健康委、区教委、区民政局、公安朝阳分局、区应急局、区文旅局、区消防支队、高碑店乡残联等单位“组团”进公园，通过“面对面、零距离”方式，开展专家义诊、康复咨询等多项免费便民服务。活动现场发放残疾预防宣传资料3000余份，为85人测量血压、血糖等义诊，与10名社区居民签约家庭医生。

【朝阳区无障碍公益诉讼中心揭牌】 9月1日，朝阳区学习贯彻《中华人民共和国无障碍环境建设法》暨朝阳区无障碍公益诉讼中心揭牌仪式举办。区残联党组书记、理事长，区检察院党组成员、副检察长共同为朝阳区无障碍公益诉讼中心揭牌；获得朝阳区法治文艺大赛一等奖的原创诗朗诵——《找回春天》在活动中展示；区残联党组书记、理事长向中共北京市盈科律师事务所综合委员会副书记、盈科律师事务所全球合伙人、中国区执行主任李正授牌；区无障碍监督员代表朝阳区无障碍监督员作承诺。区检察院党组成员、副检察长指出《中华人民共和国无障碍环境建设法》明确将无障碍环境建设纳入检察公益诉讼法定领域，回应新时代人民群众新期待，是中国特色公益司法保护制度重要创新成果。区残联党组书记、理事长指出，区残联联合街乡、相关委办局、各界相关代表，经培训上岗，组建200人无障碍监督员队伍，并进行业务技能培训，旨在贯彻落实《中华人民共和国无障碍环境建设法》；联合盈科律师事务所，组建100名律师无障碍环境建设普法服务宣讲团，坚持以党建为引领，开展“1+1”（律师宣讲团＋属地单位）常态化普法宣传、法律咨询等服务，实现“共建、共治、共享，共拓、共塑、共融”；联合朝阳区检察院，建立朝阳区无障碍公益诉讼中心，加大无障碍环境建设法治护航，是朝阳区践行《中华人民共和国无障碍环境建设法》重要举措。区残工委相关成员单位、43个街乡残联主管领导，部分市区人大代表、政协委员，区残联五大协会代表，无障碍专家、无障碍监督员代表，助残社会组织（机构）代表，盈科律师事务所相关负责人，志愿服务团队及残疾人代表等近百人参加揭牌仪式。揭牌仪式结束后，朝阳区残联邀请市区人大代表、政协委员交流座谈学习贯彻《中华人民共和国无障碍环境建设法》体会。

【残联领导调研】 10月17日，区残联党组书记、理事长，副理事长带领无障碍专家到香河园街道西坝河西里社区调研全龄无障碍环境建设工作。调研组听取香河园街道办事处副主任“创建全龄无障碍环境”工作汇报和工委副书记、办事处主任小区无障碍环境改造介绍；实地查看西坝河西里社区设施点位情况；与街道、社区、施工单位及设计公司交流；沟通改造方案、工作进度、施工质量、关爱残疾人特殊群体等事宜，要求必须按照时间节点稳妥有序推进创建工作。香河园街道围绕区委关于建设“五宜”朝阳建设目标，明确“五优三好”（“五优”：优待老、幼、病、残、孕五类人；“三好”：可视化空间友好、可感化服务友好、可外化人文友好）惠民暖心工程，以西坝河西里社区为试点开展“全口径人群、全方位服务、全场景覆盖”全龄无障碍环境建设示范工作。12月20日，区残联党组书记、理事长带领班子成员和无障碍专家一行到双井街道色拾光·数字经济主题公园、尚8国际广告园、双井1·3社区集中调研无障碍环境建设工作。观看公园内无障碍坡道、扶手、标识等无障碍设施、慢行系统建设；双井数字经济发展成果；了解1·3社区融媒矩阵打造、线上线下精品活动、幸福社区卡等特色品牌情况；到双井街道市民诉求处置中心听取“数智双井城市智慧大脑”系统打造及运行情况介绍；听取双井街道工委副书记“党建引领，数智赋能”打造全市首个数字经济示范街道工作进程及成果汇报和双井街道工委书记养老助残联合体建设情况汇报。观看双井街道工作总结短片；了解街道近期数字经济建设、元宇宙孪生社区打造、茶文化活动等重点工作进展及成果。区残联党组书记、理事长肯定双井街道残联工作，希望继续发挥科技赋能优势，融入国际化元素，打造具有首都水平、朝阳特色的无障碍环境建设样板项目。

【创建全国无障碍建设示范城市工作】 10月19日，朝阳区召开创建全国无障碍建设示范城市工作推进会。区政府残工委主任、副区长、区创建工作组组长出席并讲话。会议由区政府残工委副主任、区政府办公室副主任主持。区政府残工委副主任、区残联党组书记、理事长传达市、区有关会议精神，部署朝阳区创建全国无障碍建设示范城市工作；区环卫中心，香河园街道、将台地区主管领导发言。区政府残工委主任、副区长、区创建工作组组长讲话，提出各单位要有系统思维，发动群众，加大宣传力度，让创建全国无障碍建设示范城市工作成为社会共识，条块联动，产生整体效应。要直面短板，坚持问题导向，聚焦解决群众急难愁盼问题，接受群众与社会监督，让人民群众切实感到环境有改善，生活有温暖。要完善工作机制，打造示范项目，严格施工日常监督，做好资金绩效评估，高质量推进无障碍建设示范城市创建工作等要求。33家委办局、43个街道（地区）办事处主管领导及主责科室负责人，朝阳区无障碍公益诉讼中心、盈科北京朝阳无障爱律师志愿服务团、无障碍认证专家代表等200人参会。10月30日至31日，朝阳区举办创建全国无障碍建设示范城市工作培训班。培训特邀北京市残联无障碍专家及无障碍环境建设信息系统工程师专题授课辅导。与会人员按工作职责分4个组，研讨交流如何在2024年实现创建全国无障碍建设示范城市和完成无障碍工作指标任务考核；北京朝阳盈科无障碍律师服务团与街道（地区）残联、社区（村）残协代表举行法律服务结对仪式；朝阳区残疾人代表王会青、杜鹏分享无障碍环境质量提升为他们工作、生活带来的变化与便捷。区残联党组书记、理事长讲话强调：要切实解决群众急难愁盼问题，实现“创建为民、创建靠民、创建惠民”，让朝阳人民有更多获得感、幸福感、安全感。朝阳区43个街乡主管领导、残联理事长及残联专职委员，23个相关委办局负责人，朝阳区残联领导班子成员、科以上干部及朝阳区创建专班办公室工作人员180余人参加培训。

【区残疾人就业培训基地揭牌】 10月23日，“美丽工坊”朝阳区残疾人就业培训基地揭牌仪式在朝阳区残疾人职业康复中心举行。中国残疾人联合会就业服务指导中心副主任，中国肢残人协会副主席，原中国肢残人协会主席等出席。与会领导共同为基地揭牌；到“美丽工坊”就业培训基地非遗剪纸培训现场观看残疾人学习剪纸过程，并与培训教师现场交流。中国残疾人联合会就业服务指导中心副主任祝贺“美丽工坊”残疾人就业培训基地落户朝阳区，他希望通过“美丽工坊”就业培训基地，促进更多的残疾人女性和有就业需求的残疾人熟练掌握职业技能，带动基层残疾人实现社区就业和居家就业，利用新媒体形式实现网络直播等创业，促进残疾人就业增收。

【无障碍版电影首映礼活动】 10月28日，朝阳区与普华永道举办《看不见的顶峰》无障碍版电影首映礼活动。观影过程中，欣欣向阳特别制作的无障碍版电影，通过口述音轨及字幕形式，帮助视障和听障残疾人更好了解影片内容，打造身临其境观影感受，进行“无障碍信息交流”。观影之后，导演范立欣以及盲人攀登者张洪现场互动。普华永道中国多样性主管合伙人、北京市朝阳区残联党组成员、副理事长，以及来自朝阳区盲协、聋协、普华永道帮扶性就业基地残障人士80余人参与观影活动。

【区领导调研】 11月15日，朝阳区政府副区长、区政府残工委主任到香河园街道西坝河西里社区调研指导全国无障碍环境建设示范城市创建工作。听取香河园街道创建“五优三好”全龄无障碍社区工作汇报，肯定香河园街道创建工作；实地调研西坝河西里社区无障碍设施建设情况；查看阳光步道、社区芳菲园广场、社区6号及8号居民楼、叶如陵爱心小屋、普法小阵地等；检查无障碍缘石、无障碍坡道、无障碍扶手、无障碍座椅等设施点位建设及改造情况。其间，邀请市级无障碍监督员实地体验已建无障碍设施。

▲ 2023年，区领导调研。图为11月15日，区政府副区长、区政府残工委主任到香河园街道西坝河西里社区调研
（区残联　供图）

【残疾人社会保障服务】 2023年，朝阳区有持残疾人58119人，办理新证2959件，注销2305件。区残联为118名外省户籍残疾人提供异地评残服务，为98名重度残疾人提供上门评定服务。3922名残疾人享受机动轮椅车燃油补贴。举办6场线上招聘会，全年新增758名残疾人就业。500人完成残疾人职业技能提升培训。49名残疾人学生和生活困难残疾人子女学生享受助学补助，19名学生享受中、高等院校新生奖励。为501名残疾儿童提供康复服务补贴，为3029人成年残疾人提供康复训练补贴，为5841人次残疾人提供8516件辅具费用补贴。为501人次重度残疾人提供无障碍出行服务及爬楼车接送服务。受理处置“12345”派件399件，综合解决率及满意率90%以上；为2995人次残疾人提供法律咨询。

【全国无障碍示范城市争创活动】 2023年，朝阳区实施《中华人民共和国无障碍环境建设法》和《北京市无障碍环境建设条例》，发挥区政府残工委统筹协调作用，将无障碍示范城市全要素纳入朝阳整体建设统筹考虑，与城市更新、背街小巷环境精细化治理、老旧小区改造等工作结合。印发《朝阳区2023—2024年创建全国无障碍建设示范城市工作实施方案》，以重点带动全局。申请并经区政府区长办公会审议通过，联合区财政局牵头为全区43个街乡和相关委办局追加无障碍改造资金1752.19万元，整改点位471个，提升无障碍建设软性服务和硬件保障水平。在全区创建16个“一刻钟无障碍便民服务圈”，组建并发挥200名专业无障碍监督员作用，监督体验无障碍设施点位2500个，完成2000个无障碍设施改造点位，数量为全市最多。尊重基层首创精神，创新打造香河园街道“全龄无障碍环境”示范社区、双井街道“数智赋能”数字经济无障碍主题公园等一批具有朝阳特色的样板示范项目，巩固和提升全区无障碍环境建设成果。提升无障碍环境建设工作“三员一长”（专职委员、系统操作员、监督员、残联理事长）专业技能水平，举办3期创建全国无障碍建设示范城市工作培训班，邀请全国及北京市无障碍领域专家专题讲座。坚持以善法促善治理念，通过开展宣讲无障碍小故事、发放宣传折页等，让法走进巷尾街头，注入百姓心头。

【“七有”“五性”监测评价指标落实】2023年，朝阳区落实“七有”“五性”监测评价指标，提升残疾人服务水平。全年服务残疾人19703人，康复服务覆盖率100%，在全市残联系统排名前列。超额完成朝阳区2023年重要民生实事项目，为5186人提供居家康复培训，为7945人提供辅助器具服务。

【残疾人就业保障审核】2023年，朝阳区审核安排残疾人就业用人（工）单位5376家，安置残疾人就业14847人，岗位补贴和社会保险补贴审批通过1570家，补贴金额8265.108453万元。

（许瑞婷）

红十字事业

【概况】2023年，朝阳区坚持党建引领，助力对口支援，推进“三救三献”（救灾、救护、救助；无偿献血、造血干细胞捐献、遗体器官捐献）核心业务，发挥党和政府在人道领域助手作用。区红十字会召开第九次会员代表大会。党组成立，区委常委、宣传部部长宣布区委关于成立区红十字会党组决定，任命刘秀芹为中共北京市朝阳区红十字会党组书记，刘晓利、明宝萍为党组成员。区红十字会启动学习贯彻习近平新时代中国特色社会主义思想主题教育工作，到街乡红十字组织、培训基地、社会单位、兄弟区县、相关委办局等开展调研、督导、交流学习58次，解决问题36个。区委副书记、区长，区红十字会党组书记、常务副会长参加第49届南丁格尔奖颁奖大会，祝贺慰问获得表彰的朝阳医院内科原护士长刘小娟。6月14日，纪念第20个“世界献血者日”，区红十字会组织红十字青少年志愿者、应急救护师资，联合通州血站工作人员在朝阳公园献血点开展宣传活动，并组织“捐献血液、分享生命”主题讲座，邀请北京市红十字血液中心血源管理科纪方授课，直播总观看量1.7万人次。区红十字系统通过报纸专版、画册、展板、主题画展、网络融媒体等举办主题宣传活动500余次，组织5个博爱家园、18所学校3万人参与“全国红十字生命教育应急救护知识竞赛”，均获得组织奖项。区红十字会在《中国红十字报》《博爱》杂志共刊文9篇，北京电视台、《朝阳报》、朝阳有线等刊登播放9次；公众号和官方网站推送信息218篇，市红十字会、区直机关工委等转发27篇。区红十字会获评中国红十字会2023年红十字生命教育应急救护知识竞赛先进单位组织奖一等奖；被市红十字会、市人力资源和社会保障局评为第二届北京市“人道奖”先进集体。在首都学雷锋应急志愿服务“四个10”（10名“最美应急志愿者”、10个“最佳应急志愿服务组织”、10个“最佳应急志愿服务项目”、10个“最美应急志愿服务社区”）先进典型活动中，红十字韧少年应急救护志愿服务队获评“最佳应急志愿服务组织”奖。区红十字会1人被中国红十字会评为2023年红十字生命教育应急救护知识竞赛先进个人组织奖一等奖；区红十字会2人被市红十字会、市人力资源和社会保障局评为第二届北京市“人道奖”先进个人。

【应急救护教育培训】2月24日，朝阳区为区委老干部局安装智能急救亭1台。全区54台智能急救亭全年提供应急服务1737次。10月26日，市红十

▲2023年，区红十字会组织红十字青少年志愿者、应急救护师资，联合通州血站工作人员开展宣传活动。图为6月14日，区红十字会在朝阳公园献血点开展“世界献血者日”主题宣传活动现场（胡海明　摄）

▲ 2023年，区红十字会推进应急救护培训进企业，图为6月14日，区红十字会在北京电视台开展应急救护培训活动 （宋俊肖 摄）

字会应急服务中心主任，区红十字会秘书长验收应急救护培训基地，为北京铜牛韧性应急救护促进中心、北京信息职业技术学院授牌“北京市红十字会应急救护培训基地”。区红十字会开展应急知识宣传普及19万人，完成应急救护培训取证20672人次，组织急救健康知识讲座126场，受众12036人次，线上直播10场，在线观看12万人次。

【红十字青少年工作】 4月26日，朝阳区和平街一中莲葩园校区博爱校医室通过北京市红十字会验收。“5·8”国际红十字日期间，组织20所学校20000名中小学生参加全国红十字青少年应急救护知识竞赛，开展针对青春期学生的生命教育心理专题讲座被区教委保健所作为班会内容学习。11月22日，区红十字会联合区教委、区新时代文明实践中心、区宣传文化中心，在区文化馆举办“童心绘爱”——“三献”（无偿献血、造血干细胞捐献、遗体和人体器官捐献）主题红十字青少年绘画展，前期收集画作113幅，展出24幅，接待市红十字会、区委宣传部、辖区学校等500余人。区红十字会开展4学时心肺复苏取证项目，为区属32所学校60个校区开班59场次，培训学员6077人次；通过“健康大课堂”项目，以“线上+线下”授课模式，培训学生13605人。

【志愿服务】 5月6日，朝阳区在北京奥林匹克森林公园举办“百姓身边的红十字”主题活动暨奥森公园红十字志愿服务站启动仪式，成立朝阳区红十字会献血宣传志愿服务队和朝阳区慈铭体检红十字志愿服务队。区红十字会联合朝阳韧先锋救援队，组织红十字志愿者在园区内巡检值守，提供应急救护保障、红十字知识宣传、急救技能普及和文明引导等志愿服务活动，服务群众1200人次。5月12日，区红十字会党支部联合团结湖街道中路北社区党委，开展“防灾减灾 救在身边”红十字博爱周主题活动；重启“司堃范爱心工作室红十字志愿服务站”，为社区居民开展健康咨询、困难救助和“三献”宣传等志愿服务活动。12月18日，区红十字会党支部在中路北社区12个外卖骑手暖“新”点建立红十字志愿服务站，并配备急救箱、急救知识宣传品和收纳箱等，定期进行应急救护培训和设施设备使用培训。区红十字会造血干细胞完成捐献并配型成功14人，淋巴细胞二次捐献配型成功1人；对外经贸大学、北京第二外国语学院、北京信息职业技术学院开展造血干细胞血样采集入库85例。红十字志愿者参与应急知识宣传、无偿献血、造血干细胞培训、逃生避险演练、募捐活动、志愿服务等4884次。

【款物接收】 5月，朝阳区开展“5·8”人道公益日线上募捐活动，纪念第76

▲ 2023年，区红十字会联合区教委、区新时代文明实践中心、区宣传文化中心，在区文化馆举办“童心绘爱”——“三献”主题红十字青少年绘画展。图为11月22日，市红十字会党组成员、副会长宋永红（后排左三）参观调研朝阳区红十字青少年“童心绘爱”——“三献”主题绘画展，并与区红十字会机关干部合影 （胡海明 摄）

▲ 2023 年，区红十字会组织各街乡开展“红十字博爱周”主题活动，图为 5 月 8 日，小红门地区鸿博家园第二社区开展“5·8”人道公益日募捐活动 （娄大伟 摄）

▲ 2023 年，区红十字会召开第九次会员代表大会。图为 9 月 6 日，区红十字会召开第九次会员代表大会开幕式 （孙宏娟 摄）

个“5·8”世界红十字日。活动动员全区 23607 人次募集善款 80.76 万元，超额完成市红十字会筹款目标 15.37%。全区全年接收款物 190.13 万元，其中接收捐款 188.47 万元；接收物资价值 1.66 万元。

【换届工作】 9 月 6 日，朝阳区召开红十字会第九次会员代表大会。市红十字会副会长，区委常委、宣传部部长，区人大常委会副主任，副区长，区政协副主席等领导出席。开幕会由副区长主持，会议审议通过《朝阳区红十字会第八届理事会工作报告》《朝阳区红十字事业 2023 2027 年发展规划纲要》《朝阳区红十字会监事会工作规则》；选举产生第九届理事会常务理事 29 名、理事 98 名；选举产生第一届监事会兼职监事长、专职副监事长，及 3 名监事。会议决定聘请区委副书记、区长吴小杰为名誉会长，选举副区长舒毕磊为会长，刘秀芹为常务副会长。经舒毕磊提名，会议通过刘晓利为秘书长。会议代表、嘉宾和红十字志愿者 219 人参加大会。

【款物发放】 2023 年，朝阳区救助困难家庭 928 户，发放救助金 252.4 万元。两节送温暖项目救助困难家庭 777 户，发放救助金 174.6 万元。专项救助项目救助非典后遗症人员 41 人，发放救助款 18.45 万元；救助少儿大病 32 户，发放救助金 24.7 万元；救助困难单亲母亲子女上大学 23 户，发放救助金 10.9 万元；救助 HIV 感染者 6 名，发放救助金 0.3 万元。博爱救助项目：救助 49 户，发放救助金 23.45 万元。区红十字会发放物资价值 142.65 万元。

【对口支援】 2023 年，朝阳区为内蒙古自治区卓资县、察哈尔右翼后旗、科尔沁左翼后旗，河南省淅川等地区红十字会提供募捐资金，开展助医、助困、助学项目，以及“救护车捐赠”“生活困难帮扶”“书香校建设”等不同项目物资支援。朝阳区结对帮扶门头沟区、房山区，支援款物 128.59 万元，其中发放救灾物资价值 6.16 万元，拨付门头沟区红十字会救灾款 103.31 万元，拨付房山区红十字会救灾款 19.12 万元。对口帮扶工作支援款物 182.63 万元，其中款项支援 164.43 万元，物资支援 18.2 万元。

▲ 2023 年区红十字会开展“两节”送温暖入户慰问活动，图为 1 月 17 日，区红十字会领导为垡头街道突发事件受助人颁发慰问金 （娄大伟 摄）

▲ 2023 年区红十字会援助门头沟区灾后重建工作，图为 8 月 2 日，区红十字会调拨饮用水 800 箱，方便食品 370 箱，紧急驰援门头沟区大峪街道 （娄大伟 摄）

【一个项目入选中国红十字总会《博爱家园案例集》】 2023年，朝阳区安贞街道安华里社区“博爱家园”项目入选中国红十字总会《博爱家园案例集》。中国红十字会主编的《博爱家园案例集》收录全国红十字会农村和城市博爱家园项目案例49个，其中北京市有2个项目入选，朝阳区安贞街道安华里社区“博爱家园”项目是其中之一。

（陈　曦）

精神文明建设

【概况】 2023年，朝阳区开展以“童心筑梦 强国有我”为主题的未成年人寒假主题教育实践活动、“2023·崇尚·清明祭英烈”主题教育实践活动、“童声飞扬·赞诵新时代”童谣朗诵作品征集推广上报活动、“尊师重教颂师恩 桃李芬芳沁花香”新时代文明实践主题活动，在2023年度首都未成年人思想道德建设工作测评中朝阳区排名全市6个创成区第一，在2023年度北京市全国文明校园和首都文明校园中小学校测评中均排名全市第一。举办“微火聚光 爱满京城”朝阳区新时代文明实践志愿服务展示交流活动，组织路口引导等志愿服务活动。开展“微火聚光 朝阳群众学榜样”年朝阳区道德模范宣讲等活动。举办朝阳区道德模范事迹展。开展5轮次文明城区常态化测评检查。7家基地获评北京市新时代文明实践基地。中央文明办反馈2022年度全国文明村镇测评，朝阳区获得总分93.83分。在中央文明办全国文明城区2022年度测评中，朝阳年度测评总得分95.76分，在全国直辖市创成区中位列第6名。区委宣传部被首都文明办评为2023携手创城“益”起精彩公益广告征集展示活动优秀组织奖。朝阳区首都儿科研究所、北京奥林匹克公园服务中心入选中央宣传部第八批全国学雷锋活动示范点。朝阳区报送的《朝阳区“创城+”探索文明城区建设新路径项目》获评2022年度首都精神文明建设工作十佳案例。

（张其勇　李　婷　白群旻）

【未成年人寒假主题教育实践活动】 1月7日至2月12日，寒假期间，朝阳区面向全区各街乡开展以“童心筑梦 强国有我”为主题的未成年人寒假主题教育实践活动。活动包括传统文化进社区、文明家庭创建、新时代好少年专题学习、新时代文明实践志愿服务等，引导未成年人及家庭了解中华优秀传统文化，培育和践行社会主义核心价值观，共同营造文明新风尚。全区中小学生参加。（董姝媛）

【文明城区创建工作】 2月、4月、6月、9月、11月，朝阳区开展5轮次文明城区常态化测评检查工作，实地暗访检查社区村、新时代文明实践中心、主次干道等，累计检查点位7004个，完成问卷调查5040份，提升全国文明城区创建常态长效水平。首都文明办向各区反馈文明城区创建测评检查工作。实地测评方面，向朝阳区反馈月检查清单24次，检查实地点位604处，在380处点位发现问题735个；专项检查方面，首都文明办实地暗访检查1次，在8处点位发现问题12个；“回头看”复查4次，复查整改完成点位26处，在18处点位发现未整改问题1个，复发问题25个，新增问题9个；问卷调查方面，反馈调查结果4次，有20个街道20个社区接受访问调查。相关问题全部整改完毕。区精神文明办配合首都文明办做好4次市级文明城区问卷调查工作，在朝阳区劲松街道磨房北里社区、安贞街道五路居社区、八里庄街道八里庄西里社区等20个社区、4个集贸市场开展问卷调查800份。开展4期区级问卷调查工作，覆盖全区24个街道，完成9210份样本，提升创城群众满意度。区精神文明办做好文明城区创建社会宣传工作。制作创城短视频《文明从我开始 朝阳因你精彩》《2022年朝阳创城实事工程扎实推进》《凝心聚力 再创佳绩》，依托北京朝阳App、抖音等多个平台进行宣传，营造氛围。做好2023“携手创城·‘益’起精彩”公益广告征集展示活动，朝阳区获2023携手创城“益”起精彩公益广告征集展示活动优秀组织奖；《美丽乡村》《低碳出行》2个作品分别获得中小学生平面类三等奖和优秀奖。（白群旻　李　娟）

【新时代文明实践志愿服务展示交流活动】 3月5日，朝阳区精神文明建设委员会办公室（简称区精神文明办）、区新时代文明实践中心办公室、团区委、区宣传文化中心联合举办“微火聚光 爱满京城”2023年朝阳区新时代文明实践志愿服务展示交流活动。活动包括志愿服务先进典型表彰、签约

▲ 2023年，朝阳区做好志愿服务工作。图为3月5日，“微火聚光 爱满京城”2023年朝阳区新时代文明实践志愿服务展示交流活动（李　婷　摄）

结对（榜样模范、志愿服务组织代表与新时代文明实践所代表结对）、《毛泽东“向雷锋同志学习”题词发表六十周年纪念》主题邮票发布、“五个10”（朝阳区最美志愿者10人、最佳志愿服务组织10个、最佳志愿服务项目10个、最美志愿服务社区10个、最美志愿服务家庭10个）先进典型主题展、志愿服务交流体验等8大单元内容，线上线下参与群众42.7万人，发放志愿服务宣传折页1875份、宣传册1250份。（李　婷）

【精神文明建设工作暨文明城区建设会】3月21日，朝阳区精神文明建设工作暨全面深化文明城区建设动员部署会在朝阳宾馆召开。市委宣传部副部长、首都文明办主任，战略支援部队政治工作部办公室副主任，武警北京市总队政治工作部副主任，朝阳区委书记，区委副书记、区长，区人大常委会主任，区政协主席及区法院、区检察院领导出席。会议听取朝阳区精神文明建设工作报告；中国传媒大学、链家集团、机关工委、城管指挥中心、朝外街道、来广营乡、香河园街道西坝河西里社区、高碑店乡高井村8家单位做大会书面交流；与会者观看2022年精神文明建设工作总结片；部署2023年全面深化文明城区建设和环境秩序提升（背街小巷环境精细化治理、“门前三包”责任制等）工作。区委、区政府各部委办局党政正职领导、各人民团体主要负责人、区人大各委（室）主要负责人、区政协秘书长、区政协各委（室）主要负责人、各街道、地区（乡）党政正职领导以及道德模范、北京榜样、优秀志愿者等先进典型代表等参会。（白群昊）

【“2023·崇尚·清明祭英烈”主题教育实践活动】3月29日，区精神文明办、区委教工委、区教委、区退役军人事务局联合开展“2023·崇尚·清明祭英烈”主题教育实践活动。活动线上利用网络平台观看红色经典影视作品、阅读红色故事、唱响红色歌曲；线下通过思政课、主题班队会、国旗下讲话等活动形式，开展红色诗歌朗诵、征文演讲、绘制手抄报等实践活动。全区170余所中小学、职业高中、民办学校20余万名学生参与。（董姝媛）

【朝阳区道德模范宣讲活动】3月29日，朝阳区开展“微火聚光 朝阳群众学榜样”2023年朝阳区道德模范宣讲活动。活动以深入学习习近平总书记关于学雷锋志愿服务系列重要指示精神为主线，邀请与雷锋同时代“40后”叶如陵、参与“双奥志愿”“80后”计时光等道德模范阅读自己续写的“雷锋日记”，展现老中青三代人的故事。叶如陵50年如一日从西藏到北京开展志愿服务，在社区建立起“叶如陵爱心小屋”。计时光北京赛区唯一一名轮椅志愿者，总服务时长超过300小时。60余位朝阳群众听取他们的事迹宣讲。（李　婷）

【榜样短视频征集展示活动获奖】3月31日，朝阳区获由北京榜样组委会举办的“寻觅榜样身影”——2022榜样短视频征集展示活动“优秀组织奖”。朝阳区推荐的作品《夏锐：与时代共舞》获一等奖；《绿衣使者：朝阳垡头志愿服务主题邮局》获三等奖；《“北京榜样·最美警察”周利武》获最佳人气奖；《我身边的擎旗手》《“北京榜样·最美警察”王剑雄》《梁雪青：数字经济推动者的故事》《三间房“强国复兴有我 光荣·梦想·传承”榜样人物宣传片》《生而平凡 成就非凡——朝阳区农村系统践行社会主义核心价值观十佳人物》《“北京榜样·最美警察”周利武》获优秀作品奖。（李　婷）

【朝阳区8人获“首都精神文明建设奖”】3月，朝阳区马海涛、王仲秋、李珑、张菁、陈立华、陈海斌、林建秋、郑敏8人获中共北京市委、北京市人民政府授予的“首都精神文明建设奖”。全市表彰200人。朝阳区获评“首都精神文明建设奖”的有8人，为各界涌现出的精神文明建设方面的先进典型，均为建设国际一流和谐宜居城市作出了贡献。（白群昊）

【“我认领 我服务”路口文明引导志愿服务活动】4月6日，朝阳区组织主题为“我认领 我服务”路口认领（每个文明单位认领1个交通路口，开展文明引导志愿服务）、路口引导等志愿服务活动。印发《关于组织文明单位开展“我认领 我服务”路口文明引导志愿服务活动的通知》，地区各级各类314家文明单位近8000人次参与路口认领、路口引导等志愿服务活动。（白群昊）

▲ 3月29日，朝阳区开展“微火聚光 朝阳群众学榜样”2023年朝阳区道德模范宣讲活动（李　婷　摄）

【1人入选全国百名最美生态环境志愿者名单】 4月，朝阳区推荐报送的王璐入选由生态环境部、中央文明办组织的2023年“‘美丽中国，我是行动者’提升公民生态文明意识行动计划”先进典型名单。王璐带领团队在社区开展垃圾分类义务宣传教育，组织上百场环保公益活动，撰写500多篇有专业水准的环保文章；制作“12星座垃圾分类短视频”；为孩子们制作400集保护野生动物系列广播情景剧；自主研发制作一批生态科普课，寓教于乐，用新媒体形式宣传社区群众，收到很好效果。（李　婷）

▲ 6月15日，举办“微火聚光 朝阳力量——2022年朝阳群众好榜样”发布仪式现场（李　婷　摄）

【群众性精神文明创建工作】 5月4日，朝阳区召开2021—2023年度首都文明村镇、文明单位、文明家庭、文明校园评选表彰工作会，区委各系统工委、“共铸诚信企业”征集工作各推荐单位、区私营个体经济协、区妇联等16家单位参加。区精神文明办重点提示评选及复查相关政策，现场开展工作答疑。6月21日，朝阳区2021—2023年度首都文明村镇、文明单位、文明家庭、文明校园推荐名单经13届区委常委会2023年第22次会议审议通过，通过复查审核的首都文明村镇24个、首都文明单位249个、首都文明家庭10户、首都文明校园27所。报首都文明委首都文明村镇4个、首都文明单位56个、首都文明家庭9户、首都文明校园15所。（白群昊）

【“朝阳区新时代好少年”选树学习宣传活动】 5月18日，区精神文明办、区教委、团区委、区妇联联合开展“朝阳区新时代好少年”选树学习宣传活动。印发《关于印发〈2023年朝阳区深入开展“新时代好少年”选树学习宣传活动的实施方案〉的通知》；从学校、街乡层选树“区级新时代好少年”20名、“区级新时代好少年提名”30名，培养德智体美劳全面发展的社会主义建设者和接班人。活动依托北京朝阳文明网、“文明朝阳”微信公众号等媒体，宣传“新时代好少年”先进事迹，引领广大未成年人学有榜样、行有示范、赶有目标。（董姝媛）

【道德模范交流展示活动】 5月，区委宣传部（区文明办）联合市委宣传部（首都文明办）在朝阳区望京街道新时代文明实践所开展“文明有约·健康义诊——道德模范进社区为群众办实事”道德模范交流展示活动。活动邀请首都道德模范穆军升、刘海鹰及其团队专家为社区居民宣讲事迹和健康义诊。道德模范通过送医上门，引导社区居民科学掌握自身健康情况，深入基层为群众办实事。（李　婷）

【朝阳群众好榜样发布】 6月15日，朝阳区“微火聚光　朝阳力量——2022年朝阳群众好榜样”发布仪式在北京音乐产业园举行。活动现场以视频、展板与访谈等形式，讲述榜样事迹、弘扬榜样精神。垡头邮政支局志愿服务队、王建东、李沐、杨朝、钟文杰、鹿来运获特别奖；王宁、王剑雄、刘壮、李楠、杨敬博等10人获年榜人物；丁宇菲、王黎维、刘仡、刘超、陈扬等17人获评“2022朝阳群众好榜样”提名奖。（李　婷）

【“声如夏花”音乐会观演活动】 7月21日，朝阳区开展“关爱礼遇朝阳

▲ 2023年，朝阳区做好礼敬榜样工作。图为7月21日，“关爱礼遇朝阳榜样模范”——“声如夏花”音乐会观演活动（区精神文明办　供图）

榜样模范”——“声如夏花”音乐会观演活动。活动邀请16位朝阳区榜样模范代表观看2023年首都市民音乐厅“声如夏花”室内音乐会。（李 婷）

【青活中心志愿服务总队获全国最佳志愿服务组织称号】 7月29日，朝阳区青少年活动中心志愿服务总队获由中央宣传部、中央文明办等部门和单位共同组织开展的2022年度全国学雷锋志愿服务“四个100”（全国学雷锋志愿服务100个最美志愿者、100个最佳志愿服务组织、100个最佳志愿服务项目、100个最佳志愿服务社区）先进典型宣传推选活动最佳志愿服务组织称号。朝阳区青少年活动中心志愿服务总队前身为北京市朝阳区少儿图书馆志愿服务总队，成立于2014年，2019年更名为北京市朝阳区青少年活动中心志愿服务总队。下辖10支二级团队，指导50余所学校学生志愿服务工作，每年活动300余场，长期开展“悦享书香”人文阅读类、“神兽行动”环保类、“美丽祖国我的家”支教类等系列志愿活动。（李 婷）

【朝阳区道德模范事迹展】 7月，朝阳区举办2023朝阳区道德模范事迹展，在区规划艺术馆、区图书馆（小庄馆）、区图书馆（劲松馆）和垂杨柳中心小学（金都校区）设置“2023年朝阳区道德模范事迹专题展览”，开展先进模范学习宣传活动。活动展示16位在朝阳区工作、生活的道德模范、身边好人、榜样人物先进事迹。通过展览，发挥道德模范感召人、影响人、带动人作用，倡导好风尚、弘扬正能量，引导朝阳群众崇德向善、见贤思齐，争做崇高道德的践行者、文明风尚的维护者、美好生活的创造者。

（李 婷）

【校园文明引导和通学定制公交志愿服务】 9月1日，全市中小学生开学，朝阳区178名公共文明引导员在44所学校周边指引过往车辆避让学生；在22个交通路口宣传遵守交通法规；在3条通学定制公交，引导中小学生秩序上下车。（李 娟）

【“百业万企”共铸诚信文明朝阳活动】 9月7日，朝阳区召开2023年“百业万企”共铸诚信文明朝阳活动推进会，启动2023年“百业万企”共铸诚信文明朝阳暨朝阳“诚信之星”企业选树活动。区委常委、宣传部部长，市委宣传部精神文明创建处处长出席并为朝阳区北京昆泰控股集团有限公司、北京潘家园国际民间文化发展有限公司等6家企业颁发“北京市诚信品牌企业”牌匾。区精神文明办、朝阳园管委会（区科信局）、区国资委等12个部门分管领导为朝阳区北京水滴科技集团有限公司、北京思维造物信息科技股份有限公司等代表颁发“北京市共铸诚信企业”牌匾。全区社会信用体系建设相关部门领导、各街乡主管领导、60家新培育企业代表近200人参加会议。（白群昊）

【新时代文明实践主题活动】 9月8日，教师节来临之际，区新时代文明实践中心办公室、区宣传文化中心在朝阳区呼家楼中心小学、芳草地国际学校世纪小学和垂杨柳中心小学3所学校开展“尊师重教颂师恩 桃李芬芳沁花香”新时代文明实践主题活动，学生们诵读献给老师的诗，并在文化志愿者指导下制作花篮、花束献给教师。（李 婷）

【全国文明城区创建实地点位治理优秀案例评选活动】 9月，朝阳区开展2023年朝阳区深化全国文明城区创建实地点位治理优秀案例评选活动。活动面向各街乡征集实地点位治理案例，收到案例70个，其中街道系统42个、农村系统28个。通过街乡申报、选题初筛、各部门评审、部务会审议等程序，麦子店街道《河道复兴带动城市更新——亮马河风情水岸河道治理推动全域环境秩序升级》、建外街道《依托建外·红学堂 深化文明城区建设》、潘家园街道《以“心”换“新”，从“烦心路”到精品街巷——潘家园街道武圣东路背街小巷》、东风乡《抓好朝阳站周边环境保障工作 落实创建文明城区新实践》、孙河乡《全方位立体式宣传动员 营造文明创建浓厚氛围》等10个案例获评2023年朝阳区深化全国文明城区创建实地点位治理优秀案例。（白群昊）

【7家基地获评北京市新时代文明实践基地】 9月，朝阳区中国电影博物馆、国家游泳中心、国家速滑馆、北京崇德堂匾额博物馆、五只猫娱乐Mall、青山派低碳生活馆、萌兽派7家新时代文明实践基地入选市委宣传部、首都文明办发布的北京市2022年度市级新时代文明实践基地名单。

（李 婷）

【2个案例入选首都未成年人思想道德建设创新案例】 10月，朝阳区清华大学附属中学朝阳学校的《八大品牌聚合力》在首都文明办举办的2023年度首都未成年人思想道德建设创新案例评选活动中，获评首都未成年人思想道德建设创新案例；三里屯街道新时代文明实践所的《“筑梦少年团”荣耀新时代》获评首都未成年人思想道德建设创新案例提名。清华大学附属中学朝阳学校将志愿服务作为重要实践育人方式，引导学生从绿色环保、赛会参与、社区活动、家校互动、支教助学、经典国学、健康知识、应急救援8大类品牌服务中学习，培育“奉献、友爱、互助、进步”志愿精神。三里屯街道新时代文明实践所案例围绕未成年人思想道德建设主线，重点从“青少年志愿服务进社区”“优秀传统文化传承”“职业劳动体验”三方面，开展“文明小河长”“礼让斑马线”等活动，2022年3月至2023年9月，“筑梦少年团”开展各类活动91场，累积受益2764人次。

（李 娟）

【童谣朗诵作品征集推广活动】 10月，朝阳区开展“童声飞扬·赞诵新时代”

童谣朗诵作品征集推广上报活动，活动面向全区从幼儿组、小学组、初中组3个层面，以“童声飞扬·赞诵新时代”为主题，征集符合社会主义核心价值观、体现赞诵新时代的原创朗诵作品。经层层选拔，最终推选15首优秀作品上报首都文明办，其中1首作品获得一等奖，3首作品获得二等奖，4首作品获得三等奖，1名教师获得优秀辅导奖。（董姝媛）

【市第六届礼让斑马线广场舞比赛获奖】 11月28日，朝阳区望京街道金凤凰舞蹈队《礼赞斑马线》经专家复评终审，获首都文明办举办第六届礼让斑马线广场舞比赛一等奖，并应邀参加第六届礼让斑马线广场舞比赛颁奖活动现场展演；潘家园街道追梦舞蹈队《礼让斑马线》获得二等奖；朝阳区获得“优秀组织奖”。（李　婷）

【2名学生入选首都“新时代好少年”】 10月18日，朝阳区史恬宁、刘星彤2名学生入选首都文明办、市教委、团市委、市妇联、市关工委联合举办的“奋进新征程 筑梦向未来——首都新时代好少年”活动首都“新时代好少年”名单。史恬宁是2021年度朝阳区“优秀少先队员”、三好学生、美德少年，获得朝阳区中小学生金鹏科技论坛二等奖，开设微信公众号“大宁说书”，创作更新，弘扬传统文化。她所在的家庭在第十届书香中国·北京阅读季活动中获得“书香家庭”称号。刘星彤是市级三好学生，擅长书画、勇于创新，作品先后获得全国、市级、区级以上奖项累计59项，其撰写的《关于北京市生活垃圾排放按量收费的建议》获北京市“小院士”、金鹏论坛、青少年创新大赛等奖项；论文《关于将社会保障卡开发成多功能卡片的建议》获“第十三届北京市中小学生科学建议奖评选活动”建言献策奖。（董姝媛）

【2人获评“2023北京榜样”年度人物】 11月24日，朝阳区推荐的“多年零差评、用服务温暖人心的外卖小哥”高丰和“自强不息勇于追梦的全国首位视障播音硕士”董丽娜2人获评市委宣传部、首都文明办举办的“2023北京榜样”“2023北京榜样”年度人物；李培义、尹大勇、陶勇、杨敬博4人获评“2023北京榜样”提名奖。（李　婷）

【先进典型表彰暨志愿服务展示交流会】 12月6日，朝阳区新时代文明实践中心办公室、区精神文明建设委员会办公室联合召开2023年学雷锋志愿服务“五个10”先进典型表彰仪式暨志愿服务展示交流会。会议总结2023年志愿服务工作；部署重点工作；表彰2023年朝阳区学雷锋志愿服务“五个10”先进典型；分享展示典型事迹。市委宣传部精神文明促进中心主任，区委常委、宣传部部长出席会议。区相关部门、43个街乡、50名志愿服务先进典型代表参加会议。（李　婷）

【围炉煮茶暨图书漂流市集活动】 12月17日，朝阳区新时代文明实践中心办公室、区新闻出版局、区宣传文化中心联合中信书店开展“旧书新知 悦读朝阳”围炉煮茶暨图书漂流市集活动。活动通过图书漂流市集、旧书捐赠、旧书借阅交换、围炉煮茶阅读分享沙龙、连环画收藏展等环节，倡导全民阅读、绿色环保理念。北京读书形象大使、“旧书新知”推荐大使宸冰等嘉宾，现场分享好书，20组志愿家庭参与捐书活动。120余人参加活动。（李　婷）

【“双奥之城 冬奥精神”主题宣讲活动】 12月21日，朝阳区在国家体育场（鸟巢）组织开展“双奥之城 冬奥精神”主题宣讲活动。市委宣传部副部长、首都文明办主任，区委副书记，区委常委、宣传部部长出席。活动采用线上线下同步进行方式，来自大屯、奥运村、亚运村街道及交通支队工作人员，冬奥志愿者、文明引导员等现场聆听北京榜样、北京2022年冬奥会交通安保民警敖翔，北京榜样、北京2022年冬残奥会开幕式表演者、无脚登珠峰第一人夏伯渝，冬残奥会开幕式轮椅舞者李辉，北京奥林匹克中心区管理委员会景区管理部工作人员刘思璐，延庆区体育局青少年体育和场馆服务中心副主任徐楠5位嘉宾讲述参与冬奥、助力冬奥感人故事。中国网直播矩阵总观看量1500余万人次，“双奥之城 冬奥精神”话题阅读量8244万次。（李　婷）

▲ 12月6日，朝阳区举办2023年学雷锋志愿服务“五个10”先进典型表彰仪式暨志愿服务展示交流会（区精神文明办　供图）

【首都未成年人思想道德建设和文明校园测评】 12月28日，首都文明办向朝阳区反馈2023年度首都未成年人思想道德建设工作测评、北京市全国文明校园和首都文明校园中小学校测评结果：在2023年度首都未成年人思想道德建设工作测评中，朝阳区在全市6个创城区中排名第一；在2023年度北京市全国文明校园和首都文明校园中小学校测评中，朝阳区在全市16区中均排名第一。（李　娟）

【首都环保公益组织和绿色生活好市民评选】 12月，经过组织推荐、专家审议、线上公示等评选环节，朝阳区链家志愿服务总队、紫荆花志愿服务队、北平里红色老兵志愿服务队、甘露园中里社区青年汇一号地环保队、平房地区新时代文明实践项目组5个组织获评2023年首都“优秀环保公益组织”；窦望云、王子君、刘杨、林桂珍、芦玉等13人获评2023年首都“绿色生活好市民”。（李　娟）

【区级新时代文明实践示范活动】 2023年，朝阳区开展“围炉煮茶话榜样”“悦跑朝阳 绿色生活”“围炉煮茶话宜居”“传承优良家风 强国复兴有我”“朝阳升明月 光影家国情”等10个主题区级新时代文明实践示范活动。活动邀请朝阳区榜样模范代表宸冰、刘壮等到朝阳区新时代文明实践中心“学习空间”，围炉煮茶、讲述朝阳榜样故事；在北京朝阳公园邀请周边地区30组志愿者家庭参与2.5千米的定向跑步；通过经典诗文诵读、家风家训故事分享、文艺表演，以及向20组文明家庭代表赠予家风匾额、书籍等形式，拓展朝阳区新时代文明实践中心建设，打通“宣传群众、教育群众、凝聚群众、服务群众”“最后一公里”，线上线下覆盖4万余人次。（李　婷）

【农村地区精神文明建设】 2023年，朝阳区印发《朝阳区关于开展2023年度移风易俗活动实施方案》《关于2023年深入开展文明村镇、文明单位创建活动的通知》。4月，区精神文明办指导高碑店乡高井村，崔各庄乡费家村完成2022年度全国文明村镇测评网上申报工作。12月，中央文明办反馈2022年度全国文明村镇测评，朝阳区获得总分93.83分。区精神文明办指导全国文明乡南磨房乡、平房乡，全国文明村高井村、费家村、郎各庄村以及新推荐孙河乡、黑庄户乡小鲁店村完成首都文明办年度测评工作。高碑店乡高井村、高碑店乡高碑店村、崔各庄乡、南磨房乡在北京市乡情村史陈列室验收中获评“优秀”等次；将台乡、崔各庄乡奶东村、王四营乡官悦欣园社区、王四营乡观音堂社区在北京市农村精神文明宣传视屏验收中获评“优秀”等次。（白群昊）

▲ 2023年，朝阳区发挥区级新时代文明实践中心示范带动作用。图为9月25日，举办“朝阳升明月 光影家国情”朝阳区新时代文明实践推动日示范活动（区精神文明办　供图）

【文明街巷、文明商户创建】 2023年，朝阳区推荐10条街巷、19个商户参加2023年度首都文明街巷、文明商户评选。丽都花园路、安贞街道办事处门前路、姚家园北路、三里屯西街、央美西街5条街巷和千禧大酒店、北京鸽行天下餐饮有限公司、北京崇德堂文化传播有限公司、北京胜利饭店有限公司、北京图书批发交易市场有限公司、北京悠唐商业企业管理有限责任公司、北京朗昆文化产业发展有限公司、中国东方演艺集团有限公司8个商户进入公示阶段。复核2017—2022年度首都文明街巷、文明商户，提出保留名单，建议保留66条街巷、72家商户“首都文明街巷”“首都文明商户”称号。在首都文明办主办的第六届“美丽街巷我的家”摄影、绘画作品征集活动中，朝阳区亮马河畔《清净与欢乐》、西大望路《一家图书4S店让读者流连忘返》2组（幅）作品获摄影类最佳记录奖；《751时尚设计广场》《三里屯街景》《漕运历史文化游览区》《蓝色港湾》《通惠河北岸》等11组（幅）作品获优秀摄影作品；2人获绘画类文明小画家一等奖，2人获绘画类文明小画家二等奖，2人获绘画类文明小画家三等奖。经市民网络投票点赞，亮马桥滨河《艺术气息的滨河路》《团结湖公园》作品获摄影类网络最佳人气奖。（白群昊）

【志愿服务】 2023年，朝阳区做好文明游园志愿服务工作。组织亚运村、酒仙桥、常营、管庄4个街乡43名公共文明引导员在中山公园开展文明游园志愿服务19天，服务游客262753人次，咨询问路22154人次，志愿服务时长1672小时。区精神文明办做好文明观赛志愿服务工作。组织东风、三里屯、劲松、双井、呼家楼中队54

▲ 2023 年，朝阳区开展文明观赛志愿服务。图为 5 月 23 日，球迷为柠檬黄赛场服务点赞（李　娟　摄）

名公共文明引导员参加工人体育场赛场文明观赛宣传志愿服务 15 次，服务观众 90278 人次，劝阻不文明行为 2284 人次，捡拾垃圾 6130 余件，志愿服务时长 5670 小时。（李　娟）

【文明养犬】 2023 年，朝阳区李宪菊、刘素阁、舒青、王兰、尧慧文、李惠玲 6 个家庭获评首都文明办公布的第四届“文明养犬在行动”“文明养犬家庭”典型；双合家园社区、大山子社区 2 个社区获评“文明养犬社区”典型；王从高获评“文明养犬宣传员”典型，“金豆之宣”文明养犬宣传团获评“文明养犬宣传团体”典型。

（白群昊）

应急管理

综　述

【守好森林防火底线】 2023年，北京朝阳区应急管理局（北京朝阳区森林防火指挥部办公室）[简称区应急局（区森防办）]认真落实各级森防工作要求和区领导指示，统筹协调区相关部门，积极推进队伍建设，深入开展隐患排查，强化底线思维，突出宣传引导，完备应急力量，确保全区无森林火情火灾发生。制定《关于全面加强朝阳区森林防灭火工作实施方案》，经区政府常务会审定并印发实施。结合区属国资企业改革实际，增补区国资委为区森防指成员单位。制定《朝阳区2023—2024年度森林防火期工作方案》《朝阳区各地区办事处、有林单位2023—2024年度森林防灭火工作任务书》，指导推动森防期各项工作有序开展。通过联合检查、部门抽查与单位自查相结合的方式，深入检查全区各相关部门、各有林单位火灾防控和隐患排查治理落实情况。指导区森防队伍从基础设施建设、装备配备、体能评估、专业能力、通信能力等方面完善规范化建设，配备灭火装备、个体防护装备、被装、训练器械等各类装备物资470件，完成森林消防综合救援队伍规范化建设年中、年度评估。完成孙河、东坝、来广营、十八里店、豆各庄5处市森林防火高点视频资源接入总值班室，每个高点覆盖周边5千米半径，可自动报警森林火警，成为城市防火、防汛等突发事件监控的技术补充手段。（李振山）

【应急物资前置代储】 2023年，朝阳区在全市率先探索应急救灾物资前置街乡储备工作模式，区应急局出台了《北京市朝阳区应急管理局应急物资代储管理办法（试行）》。在34个街乡前置储备棉帐篷、棉被、棉褥、折叠床和棉大衣、电暖气等救灾物资共6200人份2.735万件，提高应急物资调拨响应效率。（吴　尘）

【推进应急避难场所建设】 2023年，区应急局积极推进应急避难场所建设，对朝阳区现有18处地震应急避难场所和25处其他应急避难场所基础信息和配套设施情况进行核查，找准存在问题的场所、点位和设施，汇总梳理，并按照相应等级设施标准，结合年度应急避难场所维修改造，补充完善缺损设施。动态更新朝阳区各类应急避难场所台账。启动朝阳区应急避难场所规划编制项目，为后续建设应急避难场所制定文件依据。（李泽宇）

【综合减灾示范社区创建】 2023年，全区新创建13个综合减灾示范社区，47个社区全部通过复评。其中，孙河地区康营家园三社区作为优秀典型在全市进行经验分享。（刘宋祺）

【突发事件应对】 2023年，区应急局（区委区政府总值班室）共接报各级各类突发事件1580起，较2022年1497起增加了83起，同比上升了5.54%，较2021年1567起增加了13起，同比上升0.83%。其中，社会安全类589起，事故灾难类834起，公共卫生类28起，自然灾害类129起。各级各类突发事件均得到及时应对和妥善处置，辖区运行总体平稳。（张　斌）

【“5·12”防灾减灾宣传活动】 5月12日，以“防范灾害风险 护航高质量发展”为主题的“5·12”防灾减灾日宣传活动在朝阳公园万人广场举办。活动由区应急委主办，区应急局、区地震局、朝阳公园承办。活动分为公共宣传区、装备展示区、互动体验区、应急演练区4个区域，通过安全知识宣传答疑、应急车辆装备展览、模拟体验和科普竞答、地震应急避难模拟演练等活动提高公众灾害风险防范意识和素养。（吴群力）

【灾害信息员培训】 9月27日，区应急局组织各街乡和社区（村）灾害信息员，采用线下集中讲授结合线上同步转播的方式开展专题培训。应急管理部国家减灾中心专家团队围绕自然灾害的识别、自然灾害灾情统计制度、灾情报送实操等内容进行授课，进一步明确灾情报送的有关要求和相关程序，提升灾情管理人员的业务水平和工作能力。（吴群力）

【公共安全风险管理】 9月至10月，以第三届“一带一路”国际合作高峰论坛为契机，区应急局组织28个部门和43个街乡开展风险评估工作，收集到71种、690处风险点位信息，形成朝阳区2023年公共安全风险评估报告和街乡级的风险分析报告，做到风险评估全覆盖。（刘宋祺）

【区公共安全馆国际减灾日活动】 10月12日上午，在北京市朝阳区崔各庄乡赛特奥特莱斯购物广场，区应急局公共安全馆和崔各庄乡政府共同举办国际减灾日户外特别活动。商场员工和附近居民参与此次安全教育活动，现场体验区应急局公共安全馆移动式地震体验平台，烟雾逃生训练、地震灾害逃生训练、创伤包扎训练和消防逃生结绳训练等5个项目。（胡佳蕊）

【应急救援员培训】 11月22日至12月1日，区应急局组织应急救援员培训。区应急局及各街乡应急干部、应急志愿者共141人参训。应急管理部紧急救援促进中心专家围绕火灾扑救、心肺复苏、伤员转运、担架制作、检伤分类、现场区域标记等应急救援员能力进行授课和实操训练，并组织参训学员参加国家“应急救援员”（五级）职业资格考试，提升朝阳区应急队伍专业化水平。（吴群力）

【突发事件应急救助演练】 12月19日，朝阳区突发事件应急救助演练在区应急指挥中心举行。区应急局组织11个部门和4个街乡（社区）、志愿者队伍，以5.8级地震为背景，对灾害的震情速报和先期救助、灾情速报与预案启动、物资调运与避险安置、应急救助现场指挥调度、善后工作等进行了全流程桌面推演。（吴群力）

安全生产监督管理

【概况】 2023年，区应急局编写中心组学习参阅安全生产专刊2期，审议安全生产和消防议题16次。印发《北京市朝阳区安全生产职责分工规定》，明确全区59家党政机关、垂管单位、直属事业单位及43个街乡的安全生产法定职责，细化电动自行车、储能电站、密室逃脱等事项监管责任，弥补监管空白。组建7个督察组对43个街乡、2个管委会和15个区属部门开展安全生产全覆盖督察。区安委会、区防火委先后联合印发《朝阳区安全生产和火灾隐患大排查大整治工作方案》《关于贯彻落实习近平总书记重要指示精神进一步强化安全生产和消防安全责任落实防范遏制重特大事故若干措施实施方案》《以案为鉴深化安全生产和火灾隐患整治专项行动》，建立定期调度、专班化运行、隐患分级处置、重大隐患包案、督导检查、监督问责等工作机制，开展26个行业领域专项治理。制定完善《朝阳区严格施工动火作业消防安全管理工作措施》《朝阳区限额以下工程施工安全管理实施细则》等管控办法，印发《朝阳区应急管理综合执法大队工业和危化行业领域限额以下小型工程施工安全监管专项行动方案》《关于加强朝阳区冬季有限空间作业安全监管工作的通知》。办理特种作业假证等“行刑衔接”类案件12起，向公安机关移交处理13人。提炼典型案例，上报各类典型案例32个，其中1个执法案例被选为全市应急系统十大执法典型案例，10个执法案例被市级媒体公开报道。全年执法大队累计检查生产经营单位10567家次，办理行政处罚案件915起，罚款金额累计1241.4万元。以“人人讲安全、个个会应急”为主题组织策划“一把手讲安全”、安全科普知识宣传“六个一”“五进”等系列宣传活动，全年制作刊发各类新闻报道1280余篇、转发推送公益广告330余篇，在朝阳有线电视滚动播放安全提示性字幕信息每天200余次。进行警示教育，直击事故及执法检查现场，制作事故警示片、隐患曝光片和典型案例52个。全年服务指导企业安全生产标准化创建2132家、企业进行城市安全风险评估4112家、企业隐患排查清单编制4536家。办理人大、政协建议提案14件；整理282件“12345”市民热线诉求。在全区12次月度考核中，8次获得全区第1名。（邱婉凌）

【安全生产检查】 2023年，区应急局成立综合督导检查组8个，对全区43个街道（地区）安全生产检查。查阅资料千余份，延伸督查96处重点点位，发现问题隐患128项。领导带队检查760次，出动检查人员2.88万人次，检查生产经营单位2.03万家次，排查隐患1.67万项，整改隐患1.67万项，整改率99.9%，隐患挂账233项。（苏婷婷）

【有限空间作业安全生产事故隐患排查整治】 2023年，区应急局进行朝阳区工业企业及有限空间作业安全生产事故隐患排查整治。对全区工业企业污水处理设施设备等有限空间作业、高温熔融金属作业、重点环保设备设施、涉危使用、涉爆粉尘、储罐及压力容器、燃气使用、酒类制造、外租外包、电气焊等动火作业及劳动密集型企业安全出口等12项重点领域开展排查整治监督检查。出动检查人员30136人次，检查工业企业626家次，有限空间点位12537处，发现、整改隐患3654处。（赵光宇）

【有限空间作业专项夜查】 2023年，区应急局进行全区有限空间作业专项夜查。专项夜查是由43个街乡及17个相关行业主管部门、重点企业参与的夏季（汛期）有限空间作业专项检查。每周至少组织全覆盖夜查2次，行业内夜查每周至少1次，各重点企业每天组织夜巡查。全区出动检查人员4764人次，检查有限空间作业点位1868处，发现、消除隐患932处。（赵光宇）

【“双防一推进”监督执法和安全检查专项行动】 2023年，区应急局组织全区范围内有限空间作业“双防一推进”监督执法和安全检查专项行动。制定印发《关于印发〈朝阳区2023年有限空间作业“双防一推进”监督执法和安全检查专项行动方案〉的通知》，组织区43个街乡、17个相关职能部门开展以“防止违规作业、防止盲目施救，推进企业落实主体责任”为主要内容的有限空间作业监督执法和安全检查专项行动。全区累计检查企业6375家次，下达现场检查记录946份，责令整改文书32份，发放有限空间宣传资料13131份，查处安全生产隐患3102处，整改隐患3102处，隐患整改率100%。（赵光宇）

【安全生产培训】2023年，区应急局举办专职安全员和安全生产兼职巡查员安全生产业务培训17批次，全区989名专职安全员、1376名安全生产兼职巡查员参加。培训包括安全生产法律法规和标准、安全隐患排查治理、安全生产现场检查、消防安全专项监管、专项安全生产监管和重点行业安全生产监管6个方面内容，采取案例讲解、专项解读、实操模拟等形式。（叶思凡）

【安全生产和火灾隐患整治专项行动】2023年，北京市朝阳区安全生产委员会（简称区安委会）组织全区“以案为鉴深化安全生产和火灾隐患专项整治”行动。包括违规使用彩钢板建筑、各类建筑违法加建、经营性自建房和其他自建房、电力用户用电安全、限额以下工程、动火作业、政府投资建设工程项目、重大活动和重要节日保障8个整治专项。对彩钢板建筑查封24处，停止使用70处，停止出租48处，停产停业2处；自建房的安全整治680栋；在账政府投资建设工程项目304个，政府项目156个，发现并整改隐患135处；出动执法检查人员262人次。以联合执法、合力宣传教育等方式，对全区用电安全专项执法。（苏婷婷）

【“一带一路”国际合作高峰论坛安全生产保障】2023年，区应急局对“一带一路”国际合作高峰论坛安全生产保障。包括重点区域、重点点位安全管理，社会面重点行业领域安全监管，指导督促高峰论坛承办单位、参建单位及活动相关单位落实安全生产主体责任。出动检查人员5592人次，检查生产经营6116家次，发现隐患4252处，下达责令整改指令书291份，立案83家，处罚金额96万元。（云 琪）

【危险化学品行政许可审批】2023年，区应急局办结危险化学品经营许可证审批267件。其中，首次申请26件，延期申请68件，变更申请161件（含柴油变更69件），变更加延期申请12件。（陶炎鑫）

【实验室危险化学品安全专项治理】2023年，区应急局进行实验室危险化学品安全专项治理。出动执法检查人员1320人次，检查、验收生产经营单位308家次、涉危实验室976间，发现并消除隐患315处，现场责令1家单位实验室停业整顿；对2家国家级研究院发送《关于限期消除涉危实验室安全隐患的函》；对144家实验室整改隐患投入资金600余万元，立案5起，处罚金额8.3万元。（陶炎鑫）

▲ 特种作业专项执法检查行动。图为7月11日，区应急局联合区检察院特种作业专项执法检查（区应急局 供）

【加油站阻隔防爆】2023年，区应急局对全区27座加油站分3批进行阻隔防爆贯标改造，其中市级指定19座，区级认定改造8座。截至年底，2家列入第一批改造单位（1家加油站改造消除隐患，1家停业），列入第二批的改造单位5家完成改造验收，列入第三批的改造单位1家完成改造验收。（陶炎鑫）

【企业台账更新】2023年，区应急局更新维护企业台账系统。审核更新16582家，其中新增企业5277家、修改企业信息7199家、核销企业2824家、恢复企业16家、迁入企业635家、迁出企业631家。（王 越）

【城市安全风险评估】2023年，区安委会办公室组织各街乡、各有关部门对建筑施工等已风险评估的10个行业领域和教育等新增的4个行业领域进行城市安全风险评估。朝阳区新增完成风险评估单位1707家，其中非小微家企业398家。非小微企业安全风险评估更新及核查3948家，重点实地核查工业企业96家次，并填写《城市安全风险评估现场核查记录表》。对系统内企业风险评估更新3.88万家。（苏婷婷）

【安全生产标准化创建】2023年，区安委会办公室组织各街乡安全生产标准化创建，其中三级标准化创建企业900家，小微（岗位）创建企业1240家。标准化初评工作强化企业自主创建，以公开招标方式确定4家单位分片负责评审，隐患整改不到位企业不予通过，评审企业2140家。（苏婷婷）

【企安安系统使用】2023年，区应急局大排查大整治专班成立“企安安”

培训指导组，组织15次培训，各街乡和各行业领域参加培训1.03万余人。截至年底，朝阳区库台账10.52万家，“企安安”政府端检查31.57万家次，部门检查覆盖率98.87%，企业自查64.74万家次，企业自查覆盖率为91.43%。发现隐患22.28万处，隐患整改率为99.99%。区应急局使用“企安安”政府端检查1119家次，检出隐患1011处，区级重点企业检查覆盖率100%。（刘红磊）

【安全和应急管理工作大会召开】1月6日，朝阳区2023年度安全和应急管理工作大会召开。大会总结2022年全区安全和应急管理工作，对2023年重点工作任务进行部署。区委书记文献强调，要进一步统一思想、加强管理，坚守安全发展底线，牢固树立“万无一失”的工作标准和“一失万无”的忧患意识，始终以“如临深渊、如履薄冰”的工作状态，忠诚履职、担当作为，建设更高水平的平安朝阳，为全区各项事业再上新台阶提供坚实的安全保障。市应急管理局副局长，市消防救援总队总工程师，区领导吴小杰等参加。（苏婷婷）

【执法大队总支部委员会成立】2月1日，中共北京市朝阳区应急管理综合执法大队总支部委员会成立大会举行。大会表决通过《中共北京市朝阳区应急管理综合执法大队总支部委员会选举办法（草案）》和监票人、计票人名单和第一届党总支委员7名。区应急管理综合执法大队党总支召开第一次委员会议，选举党总支书记1名，副书记1名。区应急局主要领导等出席会议，局综合执法大队全体党员参加。（许海凤）

【“双打击一取缔”专项治理行动】3月28日至4月28日，区应急局组织“双打击一取缔”专项治理行动。专项治理行动以打击持假证上岗、无证上岗，取缔非法制假售假窝点为主要内容。检查建筑施工企业118家，出动人员227人次，出动车辆74车次，检查特种作业证数量220个，发现隐患数量208项，消除隐患数量160项，下达责令限期整改指令书40份，立案23家，处罚25万元。（云　琪）

【消防安全专项整治行动】4月10日至5月15日，区应急局检查30人及以上劳动密集型工业企业、仓储库房场所。出动检查人员18人次，检查生产、加工、经营企业用于物资、商品周转、存储库房1个，30人及以上劳动密集型企业11个，发现、消除隐患2项。（云　琪）

【安责险推广】4月18日至19日，区应急局组织安责险推广暨企业主体责任培训会。培训会包括安全生产责任保险制度推广、城市安全风险评估、隐患排查清单编制、标准化工作等内容。截至年底，朝阳区全年安责险宣导会403场，参会企业37028家，宣传走访企业693家，宣传覆盖率达87.27%。全区AB库39825家，参保企业单位21173家次，保险费3157.82万元；保险期内企业11004家，保险期内保险费2677.77万元。（邱婉凌）

【朝阳区安全生产和火灾隐患排查整治】4月18日至12月31日，区安委会组织各街乡、各部门进行朝阳区安全生产和火灾隐患排查整治。整治涉及危险化学品、工业企业、重点村、有限空间作业等重点行业领域，剧本娱乐、生物调和燃料油等新业态新领域以及涉及焊接、热切割、燃气供应和使用等场所，包括35个行业领域专项治理。累计监督检查各类企事业单位63.1万家次，查封769家、关停167家、拘留32人，处罚金额6088.27万元。（苏婷婷　许海凤）

【主题普法宣传活动】5月，区应急局2023年应急管理系统“法律十进”及“以案释法”主题普法宣传活动举办。辖区内各行业、各部门从事安全生产工作人员参加普法宣传活动。活动包括选拔组建优秀宣讲队伍、制作以案释法普法视频、协调举办普法宣讲活动等。在北京市应急局关于2023年应急管理系统“法律十进”及“以案释法”主题普法宣传活动中被评为优秀组织单位。（叶思凡）

【“安全生产月”活动】6月1日至30日，区安委会办公室组织各街乡、各部门、各企业以“人人讲安全、个个会应急”为主题开展“安全生产月”活动。活动。活动有千余人次参加的“安全宣传咨询日”现场活动；有“一把手带头讲安全”宣贯活动，1112家单位组织安全生产专题学习研讨，3114家单位举办“会前学法”“安全承诺践诺”等活动；开展“企业第一责任人专题讲安全”“一线工作者互动讲安全”活动；1221家单位组织企业主要负责人、安全管理人员和从业人员参与“安全生产大家谈”“班前会”“以案说法”等活动。活动围绕用电安全、用火安全、燃气安全以及家庭装修等，入户进行宣传服务8412次；引导社会公众排查燃气、用火、用电等家庭安全隐患13367次；推动社区开展堵塞占用消防车道安全检查、电动自行车违规充电安全检查、自查小焊接小切割作业等9501次；组织企事业单位员工绘制一张逃生路线图，参与单位1498家；机关安全生产宣传教育参与单位299家次。企业排查隐患19814家次；落实全员安全生产岗位责任发挥管理团队和专家作用参与单位3367家次；对动火等危险作业排查隐患5621家次；对外包外租等生产经营活动开展排查整治，排查隐患4743家次；开展事故应急救援演练活动参与单位1039家次。组织各企事业单位修订完善重点应急预案，梳理检验预案、锻炼队伍、核验物资、梳理流程、查摆不足，参加应急演练及实操实训32109人次。（苏婷婷）

【执法装备保障】6月，区应急局通过中国电信股份有限公司北京分公司采购移动执法政务网套餐60个，以满足

“北京市安全生产行政执法系统”中执法终端与系统平台无线网络连接的传输速度、质量。截至年底，为925名执法人员及专职安全员发放移动执法检查终端。（王　越）

【朝阳区入选首批“健康北京示范基地”】6月，健康北京行动推进办公室在全市开展“健康北京示范基地”建设工作，旨在推出一批具有社会影响力的健康单元，如公园园林、科普展厅、健身场所、健康技能示范教育基地（中心）等。朝阳区公共安全馆等13家单位入选首批“健康北京示范基地”。（胡佳蕊）

【安全生产督察】6月至12月，区安委会办公室成立7个督察组，对全区43个街乡、2个管委会和15个区属部门60家单位的大排查大整治工作情况督察。督察内容包括被督察单位领导干部学习贯彻习近平总书记关于安全生产工作重要论述情况、安全生产责任制落实情况、《全国重大事故隐患专项排查整治2023年行动总体方案》落实情况、重大事故隐患排查整治情况、国务院安委会督导组反馈的意见建议落实情况、大排查大整治硬措施落实情况、重点行业领域专项治理工作开展情况等。督察组组织座谈会、个别谈话302次，查阅文件资料2万余份；延伸检查各类企业（单位）387家，发现隐患问题1952项，其中问题284项、隐患1688项。（邱婉凌）

【动火作业和特种作业专项执法检查行动】6月1日至12月31日，由区安委会办公室、区防火委办公室印发《朝阳区动火作业和特种作业专项执法检查行动方案》，成立动火作业和特种作业专项执法领导小组，对全区10大重点行业领域的动火作业和特种作业行执法检查。区应急局检查生产经营单位958家次，查处隐患问题108项，立案处罚46起，处罚金额84.35万元。（任　奕）

【吊篮专项执法检查】7月4日至18日，区应急局组织全区建设施工领域吊篮作业安全专项检查。建立9家建筑施工领域吊篮作业隐患台账，立案5起，处罚金额6.5万元。（云　琪）

【工业企业涉氢使用专项治理行动】7月25日，区应急局组织工业企业涉氢使用专项治理行动。同北京市应急局基础处对北京有色金属与稀土应用研究所有限公司、北京中材人工晶体研究院有限公司及中材高新氮化物陶瓷有限公司北京分公司3家涉氢使用企业进行专项指导检查。截至年底，全区涉及氢气使用的5家工业企业通过内部自查及市局专家组现场检查等方式发现安全隐患22处，全部按照要求完成整改。（赵光宇）

【查处工业企业违法外包外租专项行动】8月，区应急局制定印发《关于严格查处朝阳区工业企业违法外包外租专项行动的通知》，在全区范围内进行查处工业企业违法外包外租专项行动。专项行动督促各相关街乡全面排查辖区内工业企业生产经营项目、场所、设备等外包外租情况，上报外包外租统计台账。朝阳区有32家工业企业存在外包外租，涉及其他企业200余家，完成企业自查及相关街乡监督检查，不存在违法外包外租情况。（赵光宇）

【电力用户用电安全专项整治】8月30日至12月31日，区应急局组织全区电力用户用电安全专项整治。包括输电、配电设备设施隐患排查，特种作业领域安全用电检查、流通领域电器产品质量监管，对企业配电柜、配电箱、电线、电缆、应急供电、电气设备等重点设备设施以及人员密集场所、城乡结合部地区、施工作业场所、居民小区等重点环节、重要领域专项排查治理。全区各部门、各街乡累计出动执法检查人员44342人次，检查生产经营单位34678家次，查处用电安全隐患37239余处；对安全用电领域违法违规行为处罚金额75.25万元。（任　奕）

【新业态安全生产专项检查】9月20日，区应急局组织全区“KTV + 餐饮”融合新业态安全生产专项检查。建立KTV娱乐行业和餐饮行业结合生产经营单位台账23家，检查企业主体责任、外包外租、特种作业、消防安全等重点领域。新业态执法检查出动检查人员72人次，检查76家次，指导消除安全隐患84处。（云　琪）

【朝阳区公共安全馆科普日系列活动】9月，区应急局公共安全馆参与全国科普日主场活动。活动每天接待数千名参加科普日主场活动的中小学生。由科普专家做专题讲堂的科普大咖讲堂活动在北京减灾协会、北京市科协防灾减灾专业智库基地和朝阳公共安全馆举办；北京市古建筑历史与保护、北京市水利系统及安全、北京气象与预报信息、北京市地震与防震减灾4场科普讲座在馆内的综合训练室举行。9月20日，由北京市朝阳区卫健委、朝阳区疾病控制中心和卫生健康科普基地主办的2023年北京市朝阳区全国科普日暨健康体重行动在朝阳区太阳宫公园举行，活动以卫生健康为主题，突出健康、急救、公共卫生科普，区应急局公共安全馆提供急救培训服务。（胡佳蕊）

【危化行业重点岗位人员培训举办】11月，区应急局组织危险化学品行业重点岗位人员培训3期。区危险化学品生产单位、化工医药企业、成品油管理公司和加油站负责人（法人代表、站长）、安全管理人员等约500人参加。培训由国家注册一级安全评价师授课，内容包括落实企业主体责任、加强安全生产管理，“安”字在心守红线、“全”字当头筑防线，“‘安’字在心坚守安全红线‘防’字当头紧绷安全之弦”等方面安全知识。（陶炎鑫）

消防救援

【概况】2023 年，朝阳区消防救援支队（简称“区消防救援支队”）隶属于北京市消防救援总队，为一类支队编制，下设 18 个职能处室、5 个大队、26 个消防救援站、64 个小型消防站。全年，接各类警情 8874 起，其中火警 3015 起，抢险救援 2939 起，社会救助 2920 起。执行政治类勤务 256 次，一般群众性活动 260 次，出动执勤车 765 辆次，执勤人员 2722 人次。检查单位 2.35 万家，发现隐患 2.42 万处，下发责令改正通知书 1.28 万份，处罚决定书 2746 份，下发临时查封决定书 806 份，采取“三停”（停产、停业、停止设施设备使用）措施 167 家，罚款 4935.6 万元，拘留 29 人。朝阳区消防救援支队获评第十六届“北京市思想政治工作优秀单位”，1 个队站受颁市级工人先锋号，3 人荣立个人二等功，22 人荣立个人三等功，420 人获嘉奖，多人获市区级“最美退役军人”“北京榜样”等荣誉。（谷雯丽）

【消防宣传培训】2023 年，区消防救援支队在各级媒体上稿 1149 篇；聚焦消防安全综合治理“朝阳经验”，联合新华社、央视社会与法频道推出《百名书记话消防》系列宣传报道，观看量达 1000 万次；派驻社区消防专员工作成效被 38 家主流媒体报道，文章阅读量超 200 万人次；加强公益和科普类消防宣传，制作《平安过大年》《小火亡人》《火灾那些事》等 16 部科普类系列公益宣传片和“密室逃脱”、大型综合体、“动火报备防患于未‘燃’”等 6 类普法公益宣传片；深挖消防文化，联合高德地图推出消防车护航功能，全国消防安全宣传教育月期间，联合中央美术学院开展消防 IP 形象创意设计，获国家消防救援局颁发优秀组织单位奖；举办 13 场次大型消防宣传主题活动，3 期沉浸式主题夏令营（冬令营）活动；在 10 场大型赛事、演唱会现场大屏播放消防安全提示视频，观看人数达 60 万人次；强化“一警六员”培训和自防自救力量建设，在鸟巢举办的 2023 年全市消防自防自救力量比武竞赛总决赛中，朝阳区 2 支微型消防站代表队取得团体赛第 1 名，10 人获得个人赛、双人赛前 3 名。（吉振新）

【消防专项治理】2023 年，区消防救援支队严格贯彻落实国务院安委会部署的《重大事故隐患专项排查整治 2023 行动》《全国城镇燃气安全专项整治工作方案》《关于开展高层建筑重大火灾风险专项整治的通知》《加强电动自行车全链条安全监管重点工作任务及分工方案》《关于重点督办消防安全问题突出的村（居）民自建房集中连片地区的通知》要求，结合消防安全隐患大排查大整治专项行动，开展村民自建出租房屋、高层建筑、大型商业综合体、电动自行车、医疗机构、学校、托育机构、施工现场动火作业等 14 个专项治理。检查单位 23536 家，发现隐患 24201 处，下发责令改正通知书 12837 份、处罚决定书 2746 份、临时查封决定书 806 份，采取“三停”措施 167 家，罚款 4935.6 万元，拘留 29 人。（刘振洋）

【消防干部挂职】2023 年，区消防救援支队启动消防干部到政府部门、街乡挂职和席位制兼职工作。统筹消防救援事业发展和基层消防安全治理两件大事，选派 24 名业务骨干到应急、住建、卫健、商务、教育、文旅、民政、农业农村、房管 9 个委办局以挂职方式担任副局长或副主任，到 15 个重点街乡以席位制的方式担任平安办副主任。到岗后，全体挂、兼职干部督导各部门、各街乡落实消防安全主体责任，发挥“三管三必须”（管行业必须管安全、管业务必须管安全、管生产经营必须管安全）职能作用，在推动基层消防安全治理体系和治理能力现代化建设中取得了良好效果。（刘振洋）

【派驻社区消防专员机制】2023 年，区消防救援支队以社区防火工作组织实体化建设、社区微型消防站提档升级为抓手，以弥补社区自防自救力量短板、抢抓灭火救人“黄金时间”为导向，首创“派驻社区消防专员”机制，负责前置备勤、防消联勤、宣传培训等工作。全区 130 名派驻社区专员入驻 305 个消防安全基础薄弱、居民火灾事故高发社区，采取“面对面”“手把手”方式，24 小时在岗履职，协助居民查改火灾风险隐患，帮助清理可燃杂物，开展社会化、群众性的消防安全宣传活动；整合社区微型消防站、义务消防队资源，建立区域联防责任机制，实现“一键调动、区域联动、一动全动”。（刘振洋）

▲ 10 月，北京市在鸟巢举办消防自防自救力量比武竞赛活动。图为总决赛现场（吉振新　摄）

【消防行政许可】 2023 年，区消防救援支队开展公众聚集场所投入使用、营业前消防安全检查 2241 家单位，出具公众聚集场所投入使用、营业前消防安全检查意见书 2241 份，其中合格 1816 份、不合格 425 份。（许 威）

【消防队站建设】 2023 年，区消防救援支队完成朝阳区 CBD 特勤消防站选址、推动望京北特勤消防站选址、完成朝阳区消防指挥中心及百子湾特勤消防站建设项目主体工程、取得小红门消防站初设概算批复、开展孙河特勤消防站和电子城西区消防站立项评审，完成亚运村消防站训练场改造。（韩成龙）

【火灾扑救】 12 月 28 日 3 时 17 分，朝阳区崔各庄乡东辛店村 39 号楼 1 层发生火灾，北京消防救援总队作战指挥中心接到报警后迅速调派总队、支队两级全勤指挥部，4 个消防站 10 辆消防车 50 名指战员到场处置。当日 3 时 43 分，现场明火被扑灭，起火物为一层停放的电动车，过火面积 90 平方米，火灾造成 4 人遇难，起火原因系电动车充电过程中自燃引发一层杂物起火。（秦 旸）

防震减灾

【概况】 2023 年，北京市朝阳区地震局（简称区地震局）是朝阳区政府直属事业单位，归口区应急管理局管理，业务受市地震局指导。年内，推进落实朝阳区"十四五"规划应急避难场所建设任务，建设 4 处国标Ⅱ类应急避难场所；应对 8 月 6 日山东德州平原 5.5 级震情，做好各项应急处置；开展应急志愿者培训及防震减灾宣传活动；做好应急避难场所维护维修及启动演练；完成地震监测预报管理、震情会商与跟踪工作；开展各项调研活动。接区城市管理指挥中心转派关于应急避难场所应急厕所问题诉求工单 25 件，及时组织街乡、公园等相关单位现场勘察、论证、调整解决，被区城市管理指挥中心评为"11 月接诉即办工作最佳新星奖"。被北京市防震抗震工作领导小组办公室评为 2023 年度区级地震部门综合考核先进单位，被北京市地震局评为 2023 年度监测预报工作先进单位，1 人被北京市防震抗震工作领导小组办公室评为 2023 年度区级地震部门先进工作者，1 人被北京市地震局评为 2023 年度监测预报先进个人。（裴雪锦）

【防震减灾宣传】 2023 年，区地震局在"5・12"防灾减灾日、"7・28"唐山大地震纪念日、"10・13"国际减灾日等重要节点，开展防震减灾主题宣传活动。在首都师范大学附属中学朝阳学校、芳草地国际学校甘露园校区、陈经纶中学民族分校、和平街一中北苑校区等，举办"地震科普 携手同行"防灾减灾日校园宣传演练活动，着重培养学生对地震科普知识和地震学的兴趣，增强师生防患危机的意识，提高防范灾害和自救互救的能力。（刘雪涛）

【监测预报与管理】 2023 年，区地震局全面检查辖区 30 处强震动观测台站、6 处压磁地应力观测站，不定期巡查 9 处宏观观测站，保障仪器设备处于良好状态。综合巡查辖区范围内的前兆观测、宏观观测站，实时监控数据传输网络，做好网络攻击防范工作准备，确保日常数据连续准确，为震情会商提供准确依据。（刘雪涛）

【地震灾害风险普查】 2023 年，区地震局按照《朝阳区第一次全国自然灾害综合风险普查地震行业实施方案》，重点排查辖区建筑物、重大基础设施等，调查和评估易造成重大人员伤亡、严重次生灾害后果及重大社会影响的各类地震灾害重点隐患。开展地震灾害风险评估，编制区级地震灾害风险区划图、灾害综合防治区划图等，提出区级综合防治对策。（刘雪涛）

【应急避难场所建设及维护管理】 2023 年，区地震局按照国家标准《地震应急避难场所场址和配套设施》和北京市地方标准《应急避难场所标志》，结合公园现状设施，维修改造将台坝河绿化带和安贞涌溪公园应急避难场所设施，建设 2 座应急厕所，增加 4 处应急取水点，安装应急供电配电箱，更新避难场所应急标志牌。（陈红卫）

【调查研究】 2023 年，区地震局局长带队到中国地震灾害防御中心、防灾科技学院及北京工业大学开展"地震灾害风险普查与防震减灾能力提升"专题调研；到崔各庄、平房、管庄地区办事处和温榆河公园、黑桥公园、京城森林公园、兴会公园，开展应急避难场所

▲ 2023 年，区地震局开展防震减灾主题宣传活动。图为 9 月 16 日，和平街一中地震科普现场（陈 楠 摄）

▲ 2023年，朝阳区公园应急避难场所设施维修改造。图为9月，将台坝河绿化带应急避难场所应急厕所施工现场（陈红卫 摄）

建设工作调研，推动“十四五”规划应急避难场所建设任务落实；到朝阳区教育研究中心附属小学、陈经纶中学崇实分校等4所学校专题调研防震减灾科普示范学校工作情况，形成相应调研报告。（刘雪涛）

【应急志愿者培训】 4月至7月，在元大都城垣遗址公园、朝阳公园、望和公园、北小河公园、兴隆公园、京城梨园、红领巾公园、太阳宫公园开展地震应急避难场所管理和工作人员应急能力培训。以各应急避难场所管理和工作人员为培训对象，主要讲授地震灾害常识、应急避难场所和疏散安置，训练蓬宿区搭建和自救互救基本方法与技能，提高应急避难场所地震应急能力。开展8期培训，每期30余人，培训地震应急志愿者247人。（陈红卫）

【地震应急避难场所启动演练】 5月12日，区地震局以“防范灾害风险，护航高质量发展”为主题，在朝阳公园万人广场组织开展北京市首次地震应急避难场所启动演练。模拟朝阳区发生破坏性地震，部分地区建筑受到破坏，受灾群众需要紧急转移安置的情景设置。采取实地演练、实时演练与实景再现的方式，开展地震应急避难场所启动的组织筹划、设施启用、疏散接收、安置保障4个阶段8个科目的全流程综合实战演练。区应急局、麦子店街道、朝阳公园等8家单位近200人参加演练，北京市地震局、朝阳区人民武装部等相关单位领导现场观摩。（陈红卫）

【成立党组】 6月28日，经区委常委会研究，同意成立中共北京市朝阳区地震局党组，关进国任党组书记、王学贵任党组成员。7月11日，区领导到朝阳区地震局，宣布区地震局党组班子，中共北京市朝阳区地震局党组正式成立。（裘雪锦）

【“十四五”规划4处应急避难场所建设】 7月至11月，区地震局协调区相关部门，争取专项资金300万元，推进朝阳区“十四五”规划应急避难场所建设任务落实，经过深入调研，科学规划，在温榆河公园一期、崔各庄黑桥公园、平房京城森林公园和管庄兴会公园建设4处国标Ⅱ类应急避难场所。10月9日施工建设，11月底完成基础设施建设，增加疏散面积96万平方米。（陈红卫）

【山东德州平原5.5级地震应急处置】 8月6日凌晨，山东省德州市平原县发生5.5级地震，北京市普遍有感，北京市地震局启动三级应急响应。区地震局及时启动应急响应，主要领导第一时间到岗调度指挥，组织开展应急处置，与市地震局相关处室对接，接收震感调查信息，收集朝阳区地震震感及信息，参与会商研判。及时将震情相关情况上报区领导，向区地震应急指挥部汇总报告震情信息，参加市政府视频专题会。监视震情，解答群众来电问询。总结复盘震情应对工作，总结工作经验，分析查找存在的问题和不足，制定改进措施，切实整改提高。（陈红卫）

▲ 2023年5月12日，朝阳区地震局开展北京市首次地震应急避难所启动演练（陈红卫 摄）

街道 地区（乡）

安贞街道

【概况】安贞街道位于朝阳区西北部。成立于1989年12月。东起安定路、安定门外大街与和平街街道相邻；南起外馆斜街、外馆西街、黄寺大街与东城区和平里街道接壤；西与海淀区花园路街道、西城区德胜街道相交；北与亚运村街道、奥林匹克公园公共区南部相接。辖区面积3.65平方千米。下辖10个社区。截至年底，辖区常住人口57016人、户籍人口（含人户分离）17445户42387人、流动人口（登记）11395人、外籍人口125人。常住人口中有汉族53949人、少数民族3067人；出生人口209人、死亡（报销户）人口1108人。辖区有法人单位3338家，其中央属单位有中国中煤能源集团有限公司、国家计算机网络与信息安全管理中心等60家，区属单位174家，其他单位3104家；有医疗机构7家，其中医院3家、社区卫生服务中心1家、社区卫生服务站3家；有大学1所、九年一贯制学校1所、高中1所、职业学校1所、小学办学点1所、幼儿园6所、民办幼儿园2所、民办社区办园点2所、国际学校1所、公办特殊教育学校1所；有养老机构9处；有280平方米便民服务中心和2000平方米地区文化中心各1处、文化广场3处、24小时自助图书馆1处。途经辖区公交线路34条，地铁8号线贯穿其中。辖区绿化率31.7%。2023年，安贞街道以实施“五个十条措施”（《安贞街道关于加强组织建设的若干措施》《安贞街道关于强化社会治理的若干措施》《安贞街道关于加强社会动员的若干措施》《安贞街道关于加强财源建设的若干措施》《安贞街道关于深化医联体建设强化公共卫生服务的若干措施》）为主线串联组织建设、社会治理、社会动员、财源建设、公共卫生服务的全年工作。坚持“人民城市人民建、人民城市为人民”，推动“安贞新坊”城市更新促进地区提质焕活，紧扣“七有”“五性”拓展未来发展空间；开展主题调研，形成27项调研报告促进科学决策；开展党政领导讲党课9次，文明实践理论宣讲500余场；完成朝阳区第十七届人大代表补选1人，促成以中国地质矿业有限公司为代表的一批异地经营企业完成回迁，“一企一策”办结诉求132项，满意率100%。地区805家商户、31类便民服务业态实现“贞心365”App一键查询及精准导航。实现区级财政收入7.56亿元，比上年增长7.19%。形成“遇·荐安贞”文化惠民品牌、“一带三好”物业服务体系、贞心数字文化家园项目等经验。安贞街道获全国“节约型机关”“首都民族团结进步先进集体”等称号，外馆社区获2023年全国示范性老年友好型社区；安华里社区党群服务中心获“北京市党群服务中心示范点”、王威威获“2023年度中国最美社工”称号。

【平安建设】2023年，安贞街道消防专员进驻社区，小型消防站出警速度缩短10～15分钟；回收处置违规电动三、四轮车770辆、升级施划非机动车停车线框整改404处，实现电动自行车“百米充电桩”全覆盖；安全生产和食品安全“零事故”。

【环境整治】2023年，安贞街道完成“疏整促”治理违法建设指标268.9%，举证类图斑办结率100%；完成老旧小区综合整治楼本体改造项目8个；完成外墙保温、屋面防水改造3.22万平方米，上下水管道改造8435.25米。整改提升22栋楼宇无障碍坡道26处、43项元素。补植补种斑秃绿地5170平方米，对51株古树名木实施“每月巡护管理＋专家查验”治理。

【社区建设】2023年，安贞街道建成社区建设示范点位9处，孵化赋能社区社会组织152支，5个政购项目（安外社区贞美楼院项目、安贞街道社会组织“贞”品牌项目、安贞街道社会组织培育孵化中心项目、安贞街道社区社会组织品牌项目、安贞街道社会工作服务中心项目）获评朝阳区优秀项目，史超齐摄影工作室、安华里红娘小组获评北京市“十百千”示范品牌社区社会组织；实施年轻干部培养计划，机关、社区干部双向交流锻炼，2名社区书记进入事业编，21名社工通过专业考核。

【民生服务】2023年，安贞街道坚持保障和改善民生，以“想办事、能办事、办成事”书写初心使命答卷，400余名街道、社区干部送政策进门2.7万余户，服务5.7万余名居民及2000余家单位；建成120平方米“家园·邻里中心”，试点打造“一带三好”红色物业服务模式，为居民提供24小时物业服务；与农工党北京中医药大学支部合作建设“中医药文化进社区实践教育基地”，开展优质中医药文化进社区服务 1.45 万余人次。开展“贞心为老”行动，“五社联动”推出集“行、餐、心、养、家”于一体的 47 项助老服务礼包。开展普惠及公益为老服务 4.3 万余人次，免费为失能失智老人发放消防安全“四件套”1759 套，为高龄失能老人安装维护“一键呼”终端 3416 个，安装适老“黄扶手”106 个。建成“一刻钟便民生活圈”2 个，补齐基础保障类业态 175 个、品质提升类业态 340 个，处理劳动纠纷 31 起，为 50 名劳动者讨回工资款项 25.51 万元。

▲ 9 月 25 日，安贞街道举办“传承非遗文化　感受民族魅力”夏令营活动（安贞街道　供图）

【接诉即办】 2023 年，安贞街道接诉即办诉求量 9148 件，平均每个考核周期诉求量 762.3 件，直派件平均响应率 100%、平均解决率 97.68%、平均满意率 98.01%。全年接诉即办考评 6 次，进入北京市前 100 名，网格化管理考核朝阳区排名第二。

【社会保障】 2023 年，安贞街道调整 392 名低保人员的保障标准。为地区 60 岁及以上低保、低收入、残疾等困难家庭 282 人发放养老服务补贴 51.6 万元；发放护理补贴 246 人 44.74 万元；发放生活补贴 158 人 116.975 万元；发放临时救助金 21 人 3.951 万元；发放慈善救助金 14 户 9.86 万元。发放低保金 396 人 741.77 万元；慰问残疾人 221 户发放慰问金 15.05 万元；慰问优抚对象、烈士家属 98 人，发放慰问金 9.8 万元；慰问 70 岁以上困难老人 82 人，发放慰问金 4.1 万元。

【文化品牌】 2023 年，安贞街道推动木偶剧院民族团结示范基地建设，联合举办“传承非遗文化　感受民族魅力”——迎“八一”军娃沉浸式木偶体验活动、2023 年各族青少年民族体育主题交流（北京）夏令营活动暨朝阳区铸牢中华民族共同体意识教育实践基地体验、文化沙龙等活动，600 余人参加。推出“遇・荐安贞”文化惠民品牌工程，连续 19 年举办安贞社区灯会。政、企、商、学、医多方联动，开展各类创意活动 53 场。

【文明城区创建】 2023 年，安贞街道实施文明城区创建六大专项行动，即非法小广告治理、“文明驾车礼让行人”、社区楼道堆物堆料清理、车辆规范停放、“门前三包”责任制落实、垃圾桶站（果皮箱）脏污破损整治，全年通过文明城区创建区级测评 4 次，其中 2 次排名第一。街道文明实践所和安外社区文明实践站获朝阳区示范所站，外馆社区获评朝阳区“最美志愿服务社区”。

【党群服务】 2 月，安贞街道 3 名朝阳区人大代表关于修改《中华人民共和国妇女权益保障法（修订草案）》部分条文、修改《中华人民共和国城乡规划法》部分条文、制定《中华人民共和国农村集体经济管理法》《中华人民共和国学前教育法》的意见建议被国家立法机关采纳。12 月，黄寺党群服务中心公共区域职工之家获评 2023 年“最美工会户外劳动者服务站点”；工会劳模史超齐获评民生发展论坛“2023 最美奋斗者”。2023 年，实施“党员 +”项目，开展基层党组织服务群众项目 29 个，惠及居民 3.6 万人次。

【应急处置】 7 月，安贞街道机关干部、社区工作者、物业公司、防汛应急队伍、社会单位联合应对北京市特大暴雨。出动车辆 33 辆，清理雨箅子 4767 处次，清理垃圾 108001 千克，处理“12345”热线房屋漏水案件 46 件。

【城市新地标建设】 2023 年，完成《朝阳区安贞街道街区控制性详细规

▲ 6 月 29 日，安贞街道安贞新坊活力街区公共空间改造提升项目完工　（安贞街道　供图）

划（2021—2035年）》编制，申报“安贞新坊活力街区公共空间改造提升项目”，获北京市支持资金4868.21万元，建成1500平方米彩色油菜花与粉黛乱子草田园城市景观新地标。

【帮扶振兴】 2023年，安贞街道拨付专项资金推动密云区冯家峪镇黄梁根村消薄行动，扶助村集体种植中药北苍术18.16万株。与房山区张坊镇东关上村签订实损结对帮扶协议，并推进实施。（王　梦）

2023年朝阳区安贞街道社区居委会情况一览表

表12

序号	名称	地址	电话
1	安贞里社区居委会	安贞里二区20号楼	64454198
2	涌溪社区居委会	安贞里二区20号楼	64427731
3	安贞西里社区居委会	安贞西里三区5号楼东侧小楼	64437232
4	五路居社区居委会	安贞西里四区甲1号楼西侧	64420391
5	安华里社区居委会	安华里二区14号楼西侧	84242016
6	安外社区居委会	安华里二区14号楼东侧	84241354
7	安华西里社区居委会	安华西里二区21号楼平房	64268241
8	外馆社区居委会	安华西里二区2号楼	64260100
9	黄寺社区居委会	黄寺大街28号院	62356771
10	裕民路社区居委会	鼓楼外大街3号楼1层	82026641

（王　梦）

奥运村街道

【概况】 奥运村街道位于朝阳区西北部。东起北苑路与来广营地区（乡）相邻；西至京藏高速路与海淀区相望；南起北四环中路与亚运村街道、大屯街道相接；北至清河与海淀区、昌平区接壤。辖区面积19.6平方千米。下辖17个社区。2023年，辖区常住人口99759人、户籍人口27260户70871人、流动人口28888人、外籍人口397人；户籍人口中有汉族66431人、少数民族4736人；出生人口548人、死亡人口854人。奥运村街道是2008年奥运会、2022年北京冬奥会主场馆、奥林匹克森林公园所在地，有北顶娘娘庙、龙王庙、弥陀古寺等历史古迹；有中国环境科学研究院及中国科学院地理科学与资源研究所、国家天文台等10家科研院所；有法人及产业单位6499家、规模以上企业357家、行政事业单位23家；有大学1所、中学2所、小学2所、九年一贯制学校1所、十二年一贯制学校3所、幼儿园15所、社区办园点5所；有三级医院2家、社区卫生服务中心1个、社区卫生服务站2个；有养老服务机构5处；有200平方米为民服务大厅和2200平方米地区文化中心各1处、辖区图书馆12家；有道路53条，其中市属道路14条、区属道路和背街小巷39条。途经辖区公交线路47条，地铁5号线、8号线、15号线贯穿其中。绿化面积118.33万平方米，街道自管面积6.21万平方米，辖区绿化率47.8%。2023年，奥运村街道以主题教育为牵引，主动融入“五子”［建设国际科技创新中心、国家服务业扩大开放综合示范区建设和中国（北京）自由贸易试验区建设、推动数字经济发展、以供给侧结构性改革引领和创造新需求、推动京津冀协同发展］联动服务和新发展格局。完成全国两会、国际服贸会、中国网球公开赛、“一带一路”国际合作高峰论坛等重大活动安保维稳工作；辖区17支文体队伍参加“2023奥运村奥林匹克文化大舞台”表演活动；体育爱好者们参加奥林匹克森林公园“全民健身徒步”活动。实现区级财政收入9.44亿元，比上年减少0.42%。代征个人出租房屋税款818.6万元。奥运村街道获评“首都拥军优属拥政爱民模范单位”“2019—2022年度北京市体育突出贡献先进集体”，街道团工委获评“建团100周年北京市五四红旗团委”，林萃西里社区巾帼阳光站获评“北京市示范站点”。（巩　健）

【平安建设】 2023年，奥运村街道开展加油站、工贸企业等单位安全生产检查1680家次，查改隐患890余项；

落实特种作业备案制度，组织安责险推广会10场次、企业1500余家次参会；出动894人次，检查单位1319家，整改消防隐患977处，受教育人数1469人；完成中和家园、领地2个挂账小区隐患整改；为失能失智老人、生活困难残疾人群体配备消防安全“四件套”862套；检查燃气、电动自行车、限额以下施工作业等单位2605家次；治理地下空间，查处违法群租房50套，拆除隔断42间、上下铺82张，查处非居室住人3户，疏解185人；联合驻地安监民警走访企业876家，限期整改58家；停驶有违法行为车辆57辆，罚款2万元。新增10条道路路侧停车位1087个，实现电子收费，改善通行环境，解决居民需求，300余人通过认证；协调华创生活广场、红星美凯龙等公共建筑停车场错时共享，增加共享车位916个。改善域清街、北沙滩路、清林路等路段停车秩序；淘汰处置电动三、四轮车1260辆，发放激励补贴828人。改建南沙滩、风林、北沙滩、林萃西里、双泉5个社区11个老旧小区道闸系统，提升居民安全感。完成第二期55个小区内外链建设、第一期21个小区内链施工（其中5个小区内外链均已完成），全部通过验收。

（李　洋）

【环境整治】 2023年，奥运村街道完成拆违任务6052.82平方米。朝阳区24个街道系统年度拆违任务16000平方米，其中奥运村街道拆违任务5000平方米，占任务总量的近1/3，任务量在街道系统排名第一。9月底超额完成全年任务量，完成率121%。

（龚丽丽）

【接诉即办】 2023年，奥运村街道受理“12345”市民热线各类诉求案件17040件，其中涉及直派案件8727件、转派案件6669件。主要诉求为：住房类、物业管理类、城乡建设类、环境保护类、公共安全类。接诉响应率100%，解决率73.80%，满意率78.75%。

（魏　凤）

【社会保障】 2023年，奥运村街道坚持以人为本，筑牢民生保障底线。完善养老体系建设，为高龄、独居、失能老年人安装“一键呼”智能服务终端，提供服务1200余人次；开展敬老助老活动20场，服务3500余人次。关心关爱困难群体，发放社会救助对象78户126人、残疾人1036人、伤残特扶待遇69户100人等，全年各类补贴470余万元。温馨家园开展美食制作、茶艺文化、电影赏析、手工制作、时尚彩绘、观影疗愈、养生讲座等“线上＋线下”文体活动110余次，参与人数2000余人次。完成残疾人康复状况监测及康复政策落实271人，残疾人签约家庭医生694人；协助办理、申请辅助器具300人次。统筹辖区6家医疗机构医疗资源，为社区居民提供健康服务，开展讲座、义诊活动57场，惠及居民2600余人次。打造“千企万店”拥军行动特色品牌活动，举办最美拥军系列评选表彰大会、拥军惠民购物节、听老兵讲故事等拥军活动5场，拥军商户拓展至321家，媒体报道宣传29次。

（潘　倩　王　莉）

【奥韵时讯】 2023年，奥运村街道制作发放《奥韵时讯》12期、12万份。微信公众号“掌上奥运村”推送637条，中央、市、区等各级媒体通过报纸、电视、电台、公众号、网站和客户端等平台报道街道新闻128次；街道融媒体分中心拍摄MV《为你骄“奥”》，制作《一起向未来》《双奥博物馆》《北京守夜人》等19条系列短视频，推出“奥宝为您讲冬奥故事”系列线上宣讲6次，和平街第一中学奥运村校区5名青少年在线上讲述冬奥故事。

（王志华）

【文体赛事】 3月，奥运村街道在奥林匹克森林公园南园南门外广场举办“传承冬奥精神 展现双奥风采，奥林匹克体育系列活动之朝阳区首届陆地冰壶球体验赛”，比赛召集奥运村周边7个街道、中国科技馆、北京市自动化工程学校等27家单位800名选手参赛。5月，奥运村街道在国家网球中心钻石球场举行“传承冬奥精神 展现双奥风采 向奥林匹克致敬 奥林匹克体育系列活动之2023年第六届京津冀毽友联谊大会”。北京市朝阳、海淀、东城、西城、昌平、房山、密云、怀柔等区及江苏省徐州市，以及山西省、辽宁省、河北省、天津市等全国各地的70支健身毽表

▲ 6月20日，奥运村街道举办残联端午节联欢会　（王　莉　摄）

▲ 9月26日，奥运村街道与北京国家速滑馆经营有限责任公司在国家速滑馆西门广场联合举办“2023奥运村奥林匹克文化大舞台”百姓专场活动。图为奥运村街道绿色家园社区党群乐养舞蹈队在现场演出　（马　晶　摄）

演队伍、700余名健身毽爱好者展示毽球技艺。　（马　晶）

【社区优化】 5月21日，奥运村街道拆分龙祥社区，成立林奥嘉园社区，管辖范围：西至清林东路，东至安立路，北至滨河路，南至清林路。完成社区居委会选举工作，选举产生主任1名、副主任2名、委员4名。　（崔潇文）

【欠薪整治】 11月，奥运村街道开展2023年度根治欠薪冬季攻坚行动，检查用人单位按时足额支付农民工工资情况；政府投资工程项目和国企项目审批监管、资金落实和工程款按期结算情况；工程建设领域落实农民工实名制管理、农民工工资专用账户、银行代发工资、工资保证金（保函）等保障工资支付制度情况。实施政府投资工程项目和国企项目欠薪清零攻坚行动，建立健全工作台账，实时掌握欠薪企业、欠薪人数、欠薪金额，做到欠薪问题不解决不销账。对查实的欠薪违法行为，做到“两清零”。全年检查用人单位510余家。处理来电、来访投诉案件、劳动仲裁平台案件151件，涉及286人、440余万元。

（甘剑雯）

2023年朝阳区奥运村街道社区居委会情况一览表

表13

序号	名称	地址	电话
1	总装社区居委会	安翔北里十号院内	84249152
2	南沙滩社区居委会	南沙滩66号1号楼1单元侧门3层	52071996
3	科学园社区居委会	科学园南里东街2号楼2层	64847138
4	风林绿洲社区居委会	风林绿洲12号楼4单元1层	64874476
5	国奥村社区居委会	林萃东路2号院	84374870
6	北沙滩社区居委会	北沙滩8号院5号楼	64842312
7	双泉社区居委会	域清街2号院5号楼	62957853
8	林萃社区居委会	林萃路9号院5–18号	84724688
9	龙祥社区居委会	清林路1号院7号楼3层	84942095
10	万科星园社区居委会	万科星园小区西门北侧100米	84945840
11	绿色家园社区居委会	媒体村天居园5号楼1层	84916766
12	大羊坊社区居委会	双营路11号院1号楼东北角	64528889
13	拂林园社区居委会	红军营南路68号天月园1号	84928981
14	大羊坊南社区居委会	北苑路32号院平安嘉苑小区1号楼	84931857
15	林萃西里社区居委会	澳景花庭小区1号楼1–2#楼A	85715988
16	北沙滩北社区居委会	懿品阁小区党建服务中心	64101485
17	林奥嘉园社区居委会	清林东路4号院9号楼北侧103号	64932797

（巩　健）

八里庄街道

【概况】 八里庄街道位于朝阳区中西部。成立于1956年1月。东起青年路与平房乡接壤，西至大望路及金台路与建外、呼家楼街道相连，南起京通快速路及电厂铁路线与高碑店地区相邻，北至二道沟河与六里屯街道相望。辖区面积4平方千米。下辖20个社区。2023年，有常住人口9.8万人，户籍人口21034户68586人、流动人口3万人、外籍人口1441人；常住人口中有汉族人口74502人、少数民族人5375人（其中满族2294人、壮族66人、蒙古族479人、回族2483人、藏族15人、苗族38人）；出生486人、死亡2004人。有驻地单位8476家，其中国有独资公司6家、全民所有制企业30家、集体所有制企业35家、私营企业8405家；有社区卫生服务中心2个、社区卫生服务站2个；有中学2所、高中1所、职业高中1所、九年一贯制1所、小学5所、幼儿园10所、社区办园点2所；有养老照料中心1处、养老驿站6处、街道慈善工作站1个、社区慈善工作站20个、街道级心理服务站1个；有580平方米为民服务大厅和2300平方米地区文化中心各1处、文化广场8处、图书馆1处、自助图书借阅机2台。途经辖区公交线路50条，地铁1号线、6号线、14号线贯穿其中，地铁22号线红庙站及慈云寺站在建。辖区绿化率35.8%。2023年，街道围绕“围着群众转、盯着需求干，以高质量党建引领高效能治理”的工作思路，持续强党建、促发展、优服务、破难题、办实事；实现区级财政收入17.17亿元，比上年减少9.54%，征收房产税3941.96万元，比上年减少3.55%。2023年，八里庄街道获评全国网球示范区创建突出贡献单位、全国示范性老年友好社区、北京市100个“两新”组织“党建强、发展强”党建品牌项目、首都文明街巷、首都最佳志愿服务组织、北京市理论宣讲三星级示范基地。

（刘艾菁）

【平安建设】 2023年，八里庄街道完成全国两会、“一带一路”国际合作高峰论坛等重大活动、重点时期社会面防控维稳；为2000余名特殊群体免费配备火灾自救“四件套”；开展安全生产大排查大整治专项行动，检查点位3160处，整治电池入户、飞线充电等问题124处；排查平房区安全隐患3200余家单位，发现并整改安全生产隐患764处；开展消防安全实操培训39场，地下空间安全检查1万余次，核查治理群租房285处；立案查处各类违法行为840起，日常执法检查12526次，发放各类告知书800余份，违规电动三、四轮车有序“退场”。

（黄　凡）

【环境整治】 2023年，八里庄街道聚焦人居环境品质提升，紧盯两个“关键小事”，推动绿无限公园路面升级、补种绿植8000平方米，打造全龄友好公园；实施十里堡路优化提升项目，打造“十里记忆”景观文化墙；华业玫瑰东方、天天朝阳等7个小区获评北京市生活垃圾示范小区，万科时代中心获评北京市生活垃圾示范商务楼宇；75家单位完成装修垃圾消纳备案，完成率100%；改造升级住邦2000下沉广场，安排专业人员引导，靶向解决朝阳路两侧外卖人员电动车停车难、停车乱难题，治理经验被《北京日报》报道；开展工地大排查大整治安全检查450余次；自筹资金为330户居民更换液化气安全型配件，夯实燃气安全防线。

（张熹蒙）

【社区优化】 2023年，八里庄街道拆分4个人口超过3000户的大型社区。原延静里社区拆分为延静里社区、延静里东社区，拆分后的延静里社区0.15平方千米、人口2307户，延静里东社区0.29平方千米、人口2006户；原八里庄西里社区拆分为八里庄西里社区、慈云寺北里社区，拆分后的八里庄西里社区0.14平方千米、人口3818户，慈云寺北里社区0.13平方千米、人口3033户；原红庙北里社区拆分为红庙北里社区、红庙北里第二社区，拆分后的红庙北里社区0.115平方千米、人口2067户，红庙北里第二社区0.115平方千米、人口2507户；原红庙社区调整为红庙社区、红庙东社区，拆分后的红庙社区0.17平方千米、人口1680户，红庙东社区0.29平方千米、人口2823户。完成4个新成立社区居委会选举，选举产生居委会主任4名、副主任4名，委员18名。

【“码上说”网上诉求办理平台上线】 2023年，八里庄街道聚焦群众多样化诉求与急难愁盼问题，围绕“快跑一步、先跑一米、未诉先办”工作思路，推出“码上说”网上诉求办理平台，依托网络平台形成居民诉求即时采集、即时反馈机制。首次登录平台，系统可通过自动定位系统实现精准定位，针对老年群体操作不熟练等情况专门设置上传图片、语音说事等功能，居民诉求上传后，2小时内由工作人员查看并核实，超过2小时的诉求件直接推送至社区书记，超过4小时未签收的诉求件直接推送至社区建设办公室，由街道层面督办。社区1小时以内签收响应率79%，4小时内签收响应率100%。平台上线运行共收集居民诉求1861件，已解决1834件，解决率95%，将居民群众的诉求矛盾化解在“12345”线下。接诉即办受理市民诉求19713件，其中市级直派10906件、区级转派8807件，年度综合排名全市第119名，平均综合成绩97.39。

（李婉童）

【“物业+养老”试点驿站投用】 2023年，八里庄街道依托社区物业管理优势，聚合优质资源，在远洋天地小区70号楼内腾挪一座2层复式小院，打造全市首家“物业服务+养老服务”试点驿站。占地面积300余平方米，有独立进出口，分室内服务区和室外活动区；有理疗设备、中医问诊、综合休闲、居家养老产品体验区、居民多功能活动区等体验场景6个，可为老年人提供健康服务、康复服务、家政助残、心理慰藉、应急服务、文化娱乐 8 大类服务。可提供日间照料、临时托管等传统服务，还引入八里庄社区卫生服务中心、北京同仁堂、慈铭体检、北派修脚、诚和敬老年食堂等合作企业单位，提供包括助餐、助医、巡查探访、个人清洁、养老顾问等多种类型服务。驿站可辐射服务远洋天地、八里庄西里、八里庄东里、城市华庭等多个社区的 2500 余名年老人。

（刘 杨）

【云动数治中心实体化大厅建成】 2023 年，八里庄街道聚焦以数字化赋能基层治理，提升治理效能，借机关驻地搬迁契机，一体打造云动数治中心实体化大厅。围绕扎桩、织网、参与、数治 4 个关键要素，设置党建强、邻里亲、产业兴、平安盾、城市靓、民生暖 6 个板块，建设集运行监测、应急联动、智能决策、指挥调度于一体的神经中枢和指挥中心，实现与便民服务中心大厅系统、八里庄人口数据库、朝阳监督、朝阳群众管城市等系统高效对接。简化党组织“三会一课”记录、社区活动管理流程，达成信息共享、“一屏观全域”、“一屏管全域”效果，构建未来数字化街道样本。

（刘艾菁）

【门前三包“六共”专项行动】 2 月 28 日，八里庄街道开展“门前街景共扮靓 营商环境齐创享”“门前三包”表彰暨“六共”行动发布活动。现场表彰“门前三包”优秀监督员 50 名、标兵商户 40 家、十佳商户 10 家，激励辖区商户参与社会治理；与北京市京师律师事务所签署共建协议，组建一支由 30 名律师组成的公益法律服务队伍，开通“50959955”公益法律服务热线，专为辖区商户及中小微企业提供法律援助。街道依托党建联盟“共平台”，发动辖区企业、商户、居民群众等参与社会治理，创新开展环境共治、秩序共管、设施共护、安全共守、文明共促、发展共享“六共”专项行动，以环境新面容、文明新风尚和精神新状态，推动“门前三包”工作蝶变升级。

（张熹蒙）

【共生商圈“双十条”及“九大载体”发布】 4 月 6 日，八里庄街道召开 2023 年党建工作协调委员会工作会暨共生商圈发展大会，立足辖区华贸、远洋、莱锦、青年汇 4 个商圈发展特色和消费潜力，发布推动商圈纵深发展“双十条”及“九大载体”。“双十条”，即八里庄街道工委、办事处关于加强朝阳区国际消费中心城市主承载区八里庄商圈支点建设的十条措施（强化党委引领发展功能、建立发展专门服务机构、建立陪伴服务综合机制、建立横向合作工作平台、推动城市环境提档升级、推动交通组织模式创新、推动创新联动营销模式、推动联合编制发展规划、支持培育文旅消费动能、支持打造创新生态街区）；八里庄商圈联盟关于推动商圈高质量发展的十条措施（强化业态统筹、强化联动营销、强化品牌培育、强化联合招商、强化氛围营造、强化品控联管、强化培训交流、强化典型培树、强化文化共育、强化治理参与）。“九大载体”包括举办文化节、启动消费季、建立分享营、构建营销链、形成服务包、完善保障团、服务员工派、点亮绿波带、建强防护网。

（于长河）

▲ 8 月 10 日，在八里庄街道云动数治中心启动仪式上，街道工委书记闫培文向参会人员介绍云动数治中心建立初心、功能定位及实践愿景等情况 （八里庄街道 供图）

【办事处机关驻地迁址】 7 月 15 日，经区政府批准，八里庄街道办事处机关驻地由莱锦文化创意产业园 D 区 11 号楼搬迁至甘露园南里 60 号，原驻地内所有业务同步迁移至新办公地点开展。 （刘艾菁）

【首届庄超体育联赛】 8 月 8 日，八里庄街道联合民革朝阳区委开拓公共体育共建合作机制，举办“活力庄超 激情八里”2023 年朝阳区八里庄街道首届庄超联赛活动。八里庄街道工委与民革朝阳区委签署体育手拉手共建协议，成立朝阳区首家街乡体育联合会——八里庄街道体育联合会，下设足球、篮球、羽毛球、乒乓球、游泳、冰雪运动 6 个分会。朝阳区委宣传部副部长，朝阳区体育局副局长及八里庄街道领导班子成员为八里庄体育联合会成员授牌并颁发聘书。活动时长 9 天（8 月 8 日至 16 日），分设足球、篮球、羽毛球、乒乓球等 4 场赛事，有 29 支队伍 330 余人参赛。

（管 薇）

【“全网有力”论坛】 8 月 18 日，八里庄街道联合人民日报社《民生周刊》，举办“全网有力 精细治理”论坛活动，论坛聚焦“网格化党建与共生商圈发展”“网格化党建与社区精细化治理”两个基层治理痛点、难点。中央党校战略哲学教研室副主任郝栋、北京市委党校公共管理教研部副主任杨旎、人民大学党史党建研究院副院长何虎生、北京市委党校党史党建专家黄峰、北京惠民社会治理研究院院长李文兵，与八里庄华贸中心社区党委书记刘东风、红庙东社区党委书记高书鹏、地区非公企业党支部书记丁海玉、居民党支部书记王英敏等进行深入探讨，发布八里庄街道基层治理工作经验与实践专刊《朝阳八里庄 幸福新高地》，设置党建引领、社区治理、平安建设、民生服务、经济发展、城市管理及文化繁荣7大主题版块及智库，收录文章30篇。

（于长河）

▲ 10月18日，八里庄街道在绿无限公园举办“全场景”养老服务示范中心启动仪式

（八里庄街道　供图）

【“全场景”养老服务示范中心揭牌】10月18日，八里庄街道在绿无限公园举办全市首家“全场景”居家养老服务示范中心揭牌仪式。示范中心位于城市华庭社区城市广场3号楼底商（十里堡甲3号院3号楼1层103、104、105），面积200平方米，设有指挥调度厅、多功能厅、产品展示厅、服务总调度台、教学实验区及居民自助体检服务区等功能区。示范中心按照“五端九化”的“范式服务”模式，聚焦五个条线端口，打造“一个线下中心，一个线上平台，一个需求清单，一个供应目录，一个管家机制”，示范中心运行实行“九化运营体系”（模式体系化、主体集约化、标准契约化、项目多元化、价格亲民化、方式智慧化、服务团队职业化、质量品牌化、政策精准化），以老年人需求为导向，在供给资源上精细分层分类，依托养老联合体，新吸纳企业60家参与为老服务，联合体商家服务范围涵盖餐饮、医疗、生活、百货等多种类型，可提供歇脚、如厕、饮水、求助等基本服务。中心服务范围可辐射覆盖城市华庭社区、十里堡南里社区、八里庄西里社区及四环内部分社区5200余人。

（刘　杨）

2023年朝阳区八里庄街道社区居委会情况一览表

表14

序号	名称	地址	电话
1	红庙北里社区居委会	红庙北里53号楼南平房	65014186
2	红庙北里第二社区居委会	红庙北里40号楼平房	65858577
3	红庙社区居委会	慈云寺甲11号楼旁平房	65917208
4	红庙东社区居委会	慈云寺1号院东区国际3号楼C座201室	65046519
5	华贸中心社区居委会	建国路89号院15号楼2层	65307249
6	延静里社区居委会	延静西里22楼东侧平房	65014362
7	延静里东社区居委会	华业国际A座223号	65913060
8	远洋天地家园社区居委会	八里庄西里59号楼南侧配楼2层	85866626
9	八里庄西里社区居委会	慈云寺北里207楼一层底商23-28号	65570478
10	慈云寺北里社区居委会	慈云寺北里118号楼苏宁生活广场东北角	65570948
11	八里庄东里社区居委会	朝阳区八里庄东里12号楼北侧院	65569064
12	八里庄东里北社区居委会	八里庄东里北巷4号楼北侧院内平房	65585877

续表 14

序号	名称	地址	电话
13	城市华庭社区居委会	十里堡甲3号院2号楼1层	85789902
14	十里堡社区居委会	十里堡东里127号楼2层	65577555
15	十里堡东里社区居委会	十里堡东里27号、28号楼之间平房	65578664
16	十里堡南里社区居委会	十里堡甲2号院1号楼北侧平房	65577308
17	朝阳无限社区居委会	甘露园1号楼2单元西侧	85739508
18	甘露园社区居委会	甘露园南里18楼北侧	85781756
19	甘露园中里社区居委会	青年汇小区3号楼1层103室	85740338
20	罗马嘉园社区居委会	朝阳北路107号院39号楼4层	85904039

（李婉童）

朝外街道

【概况】 朝外街道位于朝阳区西部。东起工体东路、东大桥路与呼家楼街道接壤；西至朝阳门南北大街与东城区朝阳门街道、东四街道相连；南至光华路与建外街道为界；北至吉市口八条、工体西路、工体南路与三里屯街道、东城区东直门街道相邻。辖区面积 2.2 平方千米。下辖 7 个社区。2023 年，辖区常住人口 42651 人、户籍人口 11349 户 42842 人、流动人口 23384 人、港澳台同胞及外籍居民 700 人；常住人口中有少数民族人口 4827 人；出生人口 238 人、死亡人口 598 人（含往年死亡强制注销人口）。有法人单位 5657 个，其中中央单位有外交部、司法部、民建中央、中石化等国家机关及企业 135 家；市属、区属单位有 277 家；有英国、朝鲜等 13 个国家的大使馆；有昆泰、蓝岛等大型商业企业和雅宝路、悠唐广场、侨福芳草地、THE BOX 等众多消费娱乐场所；有医院 2 家、社区卫生服务中心 1 个、社区卫生服务站 5 个；有科研院所 1 家、中学 1 所、小学 4 所、幼儿园 3 所；有社区服务中心 1 处、养老驿站 3 处、养老照料中心 1 处；有 500 平方米政务服务中心、3000 平方米地区文化中心和 2000 平方米党群服务中心各 1 处、文化广场 8 处、社区文化活动室 7 处。途经辖区公交线路 17 条，地铁 2 号线、6 号线贯穿其中。辖区绿化覆盖率 29%。2023 年，朝外街道坚持精治、法治、共治的工作思路，深化朝外“多圈建设”目标，依托地区“三中心（地区党群服务中心、融媒体分中心、新时代文明实践中心）、两载体（朝外邻里圈‘伴儿’App、‘朝阳门外’公众号）、一基地（马俊烈士墓爱国主义教育基地）”，坚持党建统领意识形态；完成首次全国两会代表驻地服务保障任务；实现区级财政收入 29.9 亿元，比上年增长 10.78%。朝外街道“四库一体”社区智慧消防系统建设入选第三届智慧消防论坛十大优秀案例；THE BOX 朝外丨年轻力中心项目入选 2023 中国城市更新优秀案例、北京城市更新最佳实践等。

【平安建设】 2023 年，朝外街道依托专业执法力量、安全互查联盟，聚焦医疗、养老机构、课外培训机构、有限空间等重点行业，围绕人员密集场所、地下空间、群租房、平房区等重点区域，开展联合检查执法 86 次，检查生产经营单位 2360 家次，消除事故隐患 2870 处。

【环境提升】 2023 年，朝外街道完成楼院综合整治提升改造 5 处，楼体内外立面粉刷 4 栋，集中治理区域存量架空线；完成 10 栋居民楼的楼顶防水铺装和楼体勾缝粉刷修复工程、3 个社区自来水管线消隐工程；打通三丰路梗阻，拓宽雅宝路单行双车道至双向四车道，改善儿研所周边就医环境及交通秩序，打通雅宝路地区道路微循环；改建废弃 20 余年体东停车楼为四层自走式立体停车楼，车位增至 232 个；13 条道路实行路侧电子停车收费管理，开发车位 460 个，惠及周边 19 个小区。

【社区建设】 2023 年，朝外街道建成社区楼门院治理示范点 2 处、议事厅示范点 1 个、成长伙伴计划示范社区 2 个；新建、升级 3 个社区服务综合体；解决朝阳门南大街甲 12 号楼 150 余户居民 30 余年拿不到房产证的难题；在各社区开展“一车一池一码”赋码服务，杜绝“车池分离”“上楼充电”等问题。发挥“伴儿”App 社会动员作用，举办“有伴儿市集”4 场、青少年假期活动 15 场、“文明实践＋”系列活动 96 场；打造“我和我的朝外”品牌文化活动，举办第十六届春分朝阳文化节、百姓周末大舞台等主题文化活动 103 场。

▲ 4月1日，朝外街道举办“有伴儿市集”活动　　（安天文　摄）

【接诉即办】 2023年，朝外街道接诉即办接受群众诉求10429件，退件1048件，实际受理9381件，综合三率得分93.14。排查地区矛盾纠纷11次，化解案件20余件，信访处置案件3件。

【社会保障】 2023年，朝外街道调整低保人员的保障标准288人。为地区60岁及以上低保、低收入、残疾等困难家庭181人发放养老服务补贴34.45万元；发放护理补贴186人22.89万元；发放生活补贴96人52.36万元；发放临时救助金17人3.87万元；发放慈善救助金17户2.815万元；红十字会救助5人发放2.6万元。发放低保金289人517.63万元；慰问残疾人108户发放慰问金8.5万元；慰问优抚对象、烈士家属46人，发放慰问金6.44万元；慰问70岁以上困难老人32人，发放慰问金1.6万元。

【“朝夕港湾”运营】 2023年，位于朝外神路街天福园社区的朝阳区首个医养残服务综合体——“朝夕港湾”启动运营。朝夕港湾，占地约600平方米，集合天福园社区养老服务驿站、朝外街道温馨家园和天福园社区卫生服务站，内设心理慰藉室、康复室、多功能厅、党建活动室、日间照料室、美食厨房、餐厅等8个功能厅，配有日间照料床、按摩床、康复训练设备以及助浴室、无障碍卫生间等，辖区老年人、残疾人在这里可享受“一站式”医疗、养老、助残“三位一体”服务。

▲ 3月29日，朝外街道天福园医养残服务综合体“朝夕港湾”启动运营　　（安天文　摄）

【经济普查】 2023年，朝外街道成立第五次全国经济普查领导小组，下设经济普查办公室，标绘1072个建筑物，划分128个普查小区。选聘指导员、普查员119人。朝外街道2.2平方千米，划分为7个社区，有商务楼宇50余座，截至2023年11月，朝外街道在单位清查阶段共登记6707家法人及产业活动单位，其中法人单位5657家、产业活动单位1050家，个体户677家。

【朝外大街街区更新】 2023年，朝外大街升级改造一期工程及THE BOX朝外丨年轻力中心项目入选第二届“北京城市更新最佳实践”项目。朝外大街街区更新项目采取以“片区规划引领空间设计”的理念，实现从单体项目到片区更新，打造“北京特色UIC——城市活力创新中心”。该片区以朝外大街、朝外南街为轴，纵向联动神路街、工人体育场南路、芳草地西街；项目不限于商业，还包含产业、商业、建筑空间及城市景观等各方面推动区域产业及业态升级改造，吸引全球范围内优质企业将其创新部门迁移至此，兼具“职、住、学、娱”四大城市功能，成为全市首个城市活力创新中心。

【北京民俗博物馆全新开放】 8月1日，坐落于朝阳门外大街141号的北京民俗博物馆（北京东岳庙）向公众开放。历时2年多的古建修缮与保护，700岁的北京东岳庙再亮真容。北京东岳庙始建于元代，占地3.6万平方米，是保存了元明清三代建筑风格的古代建筑群，并拥有数量众多的石质文物、明代精美彩塑彩画，以及楹联、匾额等文物与传统印记。此次修缮是北京民俗博物馆建馆20多年来首次大规模保护性修缮，从钟鼓楼、岱岳殿、七十六司到后罩楼共8000平方米。

（朱光照）

2023年朝阳区朝外街道社区居委会情况一览表

表15

序号	名称	地址	电话
1	芳草地社区居委会	东大桥路23号院	85619525
2	吉庆里社区居委会	工体西里4号楼南侧平房	65538102
3	吉祥里社区居委会	朝外大街北侧112号楼旁	65514388
4	三丰里社区居委会	三丰里14号楼南侧小楼	85612610
5	体东社区居委会	工体南路甲1号平房院	65512262
6	雅宝里社区居委会	朝外大街甲14号楼北侧	85628668
7	天福园社区居委会	天福园8号楼东侧平房	85611185

（朱光照）

大屯街道

【概况】 大屯街道位于朝阳区西北部。东起京承高速路、北湖渠路与来广营地区（乡）、望京街道为邻；南以北四环东路与亚运村街道、小关街道、太阳宫地区（乡）为界；西北至北辰东路、科荟路、安立路与奥运村街道接壤。辖区面积10.013平方千米。下辖24个社区。2023年，辖区常住人口187711人、户籍人口34932户93696人、流动人口94015人、外籍人口1152人；户籍人口中有汉族87424人，少数民族6272人；出生人口644人、死亡人口1099人。辖区有法人单位5921家，其中有中国藏学研究中心、中国石化工程建设有限公司等中央单位73家、地方单位236家、其他单位5612家；有医疗机构49家、医院4家、社区卫生服务中心1个、社区卫生服务站3个；有科研院所1家、大学2所、中学2所、小学6所、幼儿园17所；有养老驿站7处；有480平方米为民服务大厅2处、街道级文化活动中心7处（2085.5平方米）、文化广场1处和24小时自助图书馆2处。途经辖区公交线路37条，地铁5号线、15号线贯穿其中。辖区绿化率41.06%。2023年，大屯街道工委推进高品质商圈、科技园区建设，深化“一轴三带一核心”（高端商务轴、生态涵养带、产业发展带、宜居生活带，产业核心）发展规划，破解社区治理难题，117个服务项目（包括48个环境整治类项目、39个便民服务类项目、14个公共安全类项目、8个文化教育类项目、8个其他项目）全部完成。创建朝阳区首家花园式街道，连续13年创建花园式社区。实现区级财政收入21.32亿元，比上年增加0.87%，征收房产税1359万元，比上年增长10.5%。大屯街道中灿家园社区获“全国示范性老年友好型社区”称号，“大屯汇享空间”小微空间建设项目获北京市小微空间改造设计创意范例奖。

【平安建设】 2023年，大屯街道组织召开安全生产隐患排查治理工作部署会、推进会9次，培训会9次。组织安全生产隐患排查，检查企业5366家次，发现隐患4301处，整改隐患4134处；开展13个消防专项检查，检查社会单位5280家次，发现安全隐患4319处，当场整改4190处，下发限期整改通知书129份；组织各社区、物业单位、社会单位举办消防演练223次，组织消防培训90次。巡查地下空间3600

▲ 6月12日，大屯街道举行创建“首都绿化美化花园式街道”启动仪式　（杜　娇　摄）

余处次。下达责令改正通知书3200余份，发现问题隐患18800余个，现场整改14000余个，限期整改4000余个。

【交通环境整治】 2023年，大屯街道建设10条电子收费道路，施划路侧停车位624个，办理路侧优惠停车居住认证526人；对辖区违章停放车辆贴整改通知21120张，清理“僵尸”车辆150余辆，每月摆放清整共享单车1650辆；对安慧北街、小营西路人行便道增设硬质阻车桩270个；对安园、逸园社区道路施划导向车道标识30组；督促辖区企业新增停车场备案5处，为周边居民协调错时共享停车位350个；完成北湖渠西路、北关庄路、明馨街、关庄西路、小营北路以及欧陆经典周边沥青厂北路、小营中路、安慧路、鼎慧街、大屯北路道路改造工程，重新规划道路标线、加装拍违设施；清理违规电动三、四轮车594辆。

【城市管理】 2023年，大屯街道组织联合执法56次。排查出租房屋10373户，登记流动人口90049人，治理群租房178户，拆除隔断106间，拆除上下铺236套，疏解277人。开展现场执法6000余次。对施工、装修工地立案141起，罚款9.08万元；市容环境卫生领域立案71起，罚款3.33万元；生活垃圾领域立案514起，处罚5.445万元；禁烟控烟领域立案1起，处罚0.5万元；整治张贴散发“小广告”立案36起，处罚0.92万元。取缔无照游商非法使用液化石油气罐59个，清理居住小区内私装地锁100余个，清理楼道内乱堆物料300余处，拆除各类违法建设5300余平方米，完成万兴苑小区10余年的消防隐患整改，完成慧忠里D区14栋楼老旧小区改造工程，上下水改造比例80%。规范企业用工行为，检查企业单位600余家，处理劳资纠纷40余起。

【社区优化】 2023年，大屯街道调整优化社区居委会规模，拆分慧忠里第二社区、世纪村社区、育慧里社区；完成安慧北里安园社区、嘉铭园社区、欧陆经典社区、慧忠北里第一社区等4个社区居委会主任补选工作及新建慧忠北里第三社区居委会选举工作。

【实事工程】 2023年，大屯街道开展“我为群众办实事”实践活动，制定社区实事项目清单。24个社区形成117个服务项目，包括48个环境整治类项目、39个便民服务类项目、14个公共安全类项目、8个文化教育类项目、8个其他项目，117个项目全部完成。

【接诉即办】 2023年，大屯街道将接诉即办作为推动基层治理、提升服务群众能力的途径和为民办实事、解民忧的重要抓手。聚焦“七有”“五性”需求，关注就业、教育、医疗、养老、文化等民生问题，以最有力的措施、最实际的行动增进民生福祉。接收群众诉求18113件，退件1196件，实际受理16917件，直派考核成绩在北京市343个街乡镇中排名第186名，综合成绩排名朝阳区街道系统第19名。

【助残帮困】 2023年，大屯街道发放80岁以上残疾老人重阳节慰问品20人，慰问困难残疾人135人，发放慰问金10.25万元；发放低保金115人159.06万元；发放低收入人员救助金6人2.1万元；发放困境儿童救助金2人4.9万元；发放困难群众供暖补贴99人8.5万元；发放慈善救助金109人10.9万元；发放临时救助金2人5227.6元；发放新生入学救助金1人4500元。为辖区老年人提供助医服务311次，助餐服务31938次，助洁、助浴服务1248人次，教育培训1865人次、精神关怀2607人次，日间照料18人次，政策咨询729人次。为帮扶地区捐款18.9万元。开展红十字博爱募捐1.4万元，博爱救助1人2万元，申请大病救助1人3万元。

【便民服务】 2023年，大屯街道新增就业单位28个；开发新增就业岗位1500余个；办理灵活就业489人。新增经办退休业务255人，管理与服务社会化退休群体12397人；全年补换社保卡6000余人次；举办线上招聘会10场，承办（协办）大型线下招聘会2场；组织开展辖区失业及社会化退休人员活动23场。

【城市精细化建设】 2023年，大屯街道完成慧忠里D区14栋楼楼本体8.93万平方米及公共区域2万平方米改造，内容涵盖外墙保温、屋面防水、绿化提升等方面；完成小区燃气、热力、自来水9100米管线更新工程；完

▲ 12月，大屯街道慧忠里小区改造完成 （穆柏陶　摄）

成2021年老旧小区改造项目立项及2022年项目方案设计、清单编制工作；完成育慧里一区、育慧西里、太和小区、安慧东里、大屯里公交宿舍的电力改造提升，铺设电缆2.28万延米；完成大屯里小区、世纪村东区环境改造项目，提升小区公共设施6.295万平方米。提升改造安慧东里小区公共设施，增强儿童、老年人生活的安全性、便利性。

【垃圾分类】2023年，大屯街道开展垃圾分类环保时装秀、智能垃圾分类体验、打造“无废空间”等活动60场，被北京电视台、《北京日报》等市级以上媒体报道20次；指导三空间、宝石花苑小区创建北京市垃圾分类示范小区，协助名人大厦、首开大厦创建北京市垃圾分类示范楼宇，创建达标类小区28个，示范类小区11个；创建融华嘉园社区为可回收物和大件垃圾回收处理体系试点社区；将生活垃圾分类写入社区居民公约；召开垃圾分类专题党建工作协调委员会21次，组织居民研究生活垃圾分类难点问题议事协商126次；每月对所有小区和100家单位进行垃圾分类全覆盖检查，全年检查、指导8000余人次，组织社区、物业赋能培训53场，协助277家小区物业及社会单位签订厨余垃圾消纳合同，签订率100%。（胡艳华）

2023年朝阳区大屯街道社区居委会情况一览表

表16

序号	名称	地址	电话
1	慧忠里第一社区居委会	慧忠里甲316楼北侧	64980308
2	慧忠里第二社区居委会	慧忠里B区108楼东南侧	64959011
3	慧忠里第三社区居委会	慧忠里B区108楼东南侧	64959011
4	慧忠北里第一社区居委会	慧忠北里309楼230室	64869360
5	慧忠北里第二社区居委会	慧忠北里108号楼1层0106室	64864019
6	慧忠北里第三社区居委会	慧忠北里202号楼104室	64852605
7	安慧北里秀雅社区居委会	安慧北里秀园16号楼102室	64950058
8	安慧北里安园社区居委会	安慧北里安园6号楼104号	64951098
9	安慧北里逸园社区居委会	安慧北里逸园18号楼110室	64924376
10	大屯里社区居委会	大屯里小区院内西平房	84806303
11	金泉家园社区居委会	金泉家园文化活动中心2层	84806303
12	中灿家园社区居委会	安立路58号中灿苑物业楼B1层	64948099
13	安慧东里社区居委会	北苑路178号光大名筑7号楼1单元0128号	64826118
14	安慧东里第二社区居委会	北苑路176号隆宝宸商务大厦301室	64925198
15	欧陆经典社区居委会	北苑路172号万兴苑6号楼103室	84853151
16	育慧西里社区居委会	育慧西里小区居委会办公楼	64979709
17	嘉铭园社区居委会	嘉铭园A区5号楼2单元101、102号	84858717
18	融华嘉园社区居委会	嘉铭园B区北门底商	84869346
19	育慧里社区居委会	成慧路二号院1号楼1单元1层	84634647
20	育慧东里社区居委会	成慧路二号院1号楼1单元1层	84634647
21	世纪村社区居委会	育慧北路8号三区7号楼2层	84633844
22	育慧北里社区居委会	育慧北路8号三区7号楼2层	84633844
23	亚运新新家园社区居委会	辛店路亚运新新家园物业1层	51737167
24	富成花园社区居委会	小营路23号紫薇天悦5号楼102室	84856570

（胡艳华）

东湖街道

【概况】 东湖街道位于朝阳区东北部。东至机场高速中心线与崔各庄地区（乡）接壤；西至地铁13号线西侧与来广营地区（乡）相接；南至北小河北侧沿望京西路中心线至湖光北路、宏泰西街中心线及原崔各庄乡与望京街道界线至机场高速路，与望京街道相邻；北至五环路中心线与来广营地区（乡）和崔各庄地区（乡）相连。辖区面积5.388平方千米。下辖14个社区。2023年，辖区常住人口95507人、户籍人口17237户45559人、流动人口27686人、人户分离人口22262人、港澳台同胞及外籍人口1600人；出生人口229人、死亡人口391人。有法人单位6878家，其中央属单位48家、市属单位37家、区属单位13家；有各类企业5000余家，其中世界500强企业10家、跨国公司总部11家、外商投资企业125家、港澳台商投资企业29家；有医院3家、社区卫生服务中心1处；有中学4所、小学5所、国际学校1所、职业学校1所、幼儿园10所、社区办园点2所；有养老机构1处；有406平方米为民服务大厅和2500平方米地区文化中心各1处、文化广场14处、24小时自助图书机3台。途经公交线路37条，地铁13号线、14号线、15号线贯穿其中。辖区绿化覆盖率42%。2023年，街道强化党建引领，多措并举夯实非公有制企业党建工作；聚焦精细化管理，打造高品质街区；推进疏解整治工作，提升环境品质；促进经济高质量发展，建设实体化经济专班；维护区域安全稳定，持续筑牢安全底线，回应民生关切，落实“五宜”朝阳建设目标。各社区微信公众号面向退役军人开展政策宣传60余次；投入资金40余万元，防治林木病虫害9.8万平方米；林长巡查840次，解决绿化环境问题133起；举办周末大舞台2场、2023年朝阳群众liveshow亮马河展演东湖专场，开展播放红色主题和冬奥主题电影等品牌活动。实现区级财政收入19.04亿元，比上年增长18.94%；征收房产税1284.69万元，比上年减少13.68%。东湖街道获“北京市全民健身示范街道称号”。（赵　曦）

▲ 12月4日，东湖国际创投集聚区外景　（邢志远　摄）

【平安建设】 2023年，东湖街道出动安全执法检查人员10446人次，监督检查生产经营单位5223家次，排查安全隐患6205处。出动执法人员、保安人员14235人次，执法车辆4126台次，劝离游商2870余起、暂扣37起、规范违法小广告1316起、清理违规条幅33起、处理网格案件4437起。完成政府监管单60件，填写移动核录线上检查单4383份；规范“门前三包”245家，安装“门前三包”牌匾216块。立案查处一般程序违法案件289件，罚款12.07万元；简易程序621件，罚款2.285万元。（宋诗文　段艳青）

【环境整治】 2023年，东湖街道拆除违建607.94平方米，拆除果岭里class小区、慧谷金色家园1期130楼底商、京密路辅路废旧房屋违建项目。解决重点路段环境保障问题100余起；开展“三清一整”环境整治，清理各类无主垃圾1389车；处置市级环境挂账任务管理平台案件54件，区级环境挂账任务管理平台案件1062件，环境综合管理微信群实时督办案件122件，协助环卫单位解决问题300余起。签订非居民厨余垃圾合同130份；检查整改问题6000余处，排查驿站、大件装修垃圾堆放点、再生资源交投点安全隐患13次。安装河道警示牌21块，街巷长巡街10061人次、5503.1千米、672856小时，街巷长曝光环境案件1041件、群众曝光21件、小巷管家曝光6773件，“朝阳群众管城市”平台处理环境案件7807件。（黄成珍　李　征　李翔宇）

【接诉即办】 2023年，东湖街道受理“12345”市民热线投诉平台案件9479件，群众诉求类型集中在住房、物业管理、环境保护、公共安全、交通管理、市容环卫等方面。街道直派案件响应率100%、解决率97.35%、满意率97.88%。党政主要领导接访下访7次，接待群众来访30余批次，办理市、区转信访件85件次122人次，化解重复信访积案5件。排查矛盾纠纷14次284件。化解重大社会矛盾10件。（刘　颖　侯永利）

【便民服务】 2023年，东湖街道便民服务大厅受理办件35784件，接听咨询电话15392人次，电话办理业务4181件，后台业务61285件。延时服务办理7496件，全年业务总量124138件，日均受理143件，咨询电话日均62人次，电话办理日均17件，后台业务日均办理245件。接收退休申请226人，完成退休审批161人，接收退休关系转入186人、转出7人、死亡减员74人。完成死亡退费、清算、遗属待遇申请等后续工作，变更退休人员信息513人次，退休人员资格认证426人。完成自采暖补贴申请91人，补贴金额8.17万元。推荐失业人员技能培训、定岗培训，提供就业服务130余人次，实现困难人员就业398人。

（袁桑桑　赵红曦　张　静）

【社会救助与保障】 2023年，东湖街道发放低保金18户29人53.9万元；通过红十字会博爱救助平台救助困难群体23人，发放救助金21.85万元。受理低保家庭定期复审36户；发放临时救助金1户17251.91元。完成城乡居民基本医疗保险参保805人次，比上年增长35%。受理保障性住房资格申请24件、变更36件、复核132件；公租房补贴资格申请9件、变更7件、复核31件；发放备案通知单、选房通知单191份；协助优先配租申请人网上登记8人次。

（盛伟伟　孟立红　吴子禾）

【敬老助残】 2023年，东湖街道推进失能老年人能力评估及专项复评653人，追缴养老服务补贴津贴专项资金0.77万元；享受老年人补贴津贴2087人579.4万元。享受各类社会保障、补贴残疾人244人108.52万元。提供残疾人免费体检等服务118人次；10名残疾人通过灵活就业、持证上岗等形式实现就业；为残疾人适配辅助器具135人170件，开展特需儿童康复培训11人；为70岁以上失能老人113人、使用电动轮椅的残疾人5人及困难残疾人20人配备火灾自救逃生“四件套”。（盛伟伟）

▲ 5月30日，东湖街道政务服务站建成启用　（邢志远　摄）

【司法调解】 2023年，东湖街道组织律师进机关、进社区、进企业，为居民提供法律服务千余人次、出具法律意见书10份，审核街道合同1500余份次；开展以“民法典”“未成年人保护法”等为主题的法律讲座18场；开展法治宣传活动4场，发放宣传品，惠及机关干部和群众千余名；开展线上旁听庭审活动2次、律师下社区180余次、受理法律咨询1300人次，上报北京市调解平台调解纠纷462件，协调律师参与街道和社区的协调会30余次、制作调解协议书6份；处理“12345”投诉等劳动纠纷184件，涉及金额159.87万元；调处各类零散农民工讨薪投诉80万余元，完成北京华德康三间房医学检验实验室欠薪案件，涉及人员40人、金额19.94万元。

（苏　严　盛伟伟）

【东湖街道企业服务中心揭牌】 5月30日，东湖街道企业服务中心揭牌运行。企业服务中心位于众运大厦院内，建筑面积910平方米，服务中心内设立政务服务站，方便企业办理咨询、政务审批等业务，“一站式”办理企业设立、经营许可等120个事项。为企业开展党建、会议、文化、商务交流等活动提供场地服务，为快递小哥、驿姐等新就业群体提供暖心服务。2023年，企业服务中心帮助30余家企业办理工商变更、许可类事项、医师护士延续注册、档案查询等120余件，节约企业成本15万元。召开政企对接会、人才、税收、金融、法律政策宣讲会11场，覆盖各类企业160余家。

（赵　曦）

【社区建设】 7月，东湖街道备案社区社会组织365家，新增志愿者785名；调整31名社区工作者岗位，招录55名社区工作者；拆分超大型社区，由望湖社区拆分成立望馨花园社区党委和社区居委会，社区四至为：北至北五环，南至利泽西街，东至利泽西二路，西至京承高速路。由望京花园社区拆分成立华彩社区党总支和社区居委会，社区四至为：北至北五环，南至利泽中街，东至利泽中二路，西至广顺北大街。依法完成2个新建社区居委会选举、12个社区居委会委员补选工作，选举产生居委会主任5名、副主任13名、委员22名，所有居委会成员高票当选。

（赵　曦）

2023年朝阳区东湖街道社区居委会情况一览表

表17

序号	名称	地址	电话
1	望京花园社区居委	望京花园130楼1层	84729771
2	利泽西园一区社区居委会	利泽西园一区104楼105室	64750195
3	望湖社区居委会	利泽西园二区209楼101室	64786258
4	望京西园社区居委会	望京西园一区116楼东南侧黄色2层楼	64754948
5	南湖东园北社区居委会	南湖东园一区社区办公楼	84713336
6	南湖中园北社区居委会	南湖中园一区117楼底商	64709041
7	果岭里社区居委会	望京东路1号摩托罗拉大厦A座1层1A107室	84727412
8	大望京社区居委会	望京东园七区12-2室	84782880
9	东湖湾社区居委会	利泽西街6号院东湖国际中心写字楼1号楼2层	64735671
10	康都佳园社区居委会	澳洲康都4号楼1层2-0102室	64726823
11	望京花园东社区居委会	望京花园西区130楼204室	84729771
12	望京西园二区社区居委会	望京西园一区116楼南侧	64754948
13	望馨花园社区居委会	望馨花园206楼西侧地下室	64780172
14	华彩社区居委会	广顺北大街18号院2号楼2层	59501766

（赵　曦）

垡头街道

【概况】 垡头街道位于朝阳区东南部。东至北京炼焦化学厂东墙与豆各庄地区（乡）相邻；南至规划中翠城小区公共服务配套用房西南侧边线和化工路与十八里店地区（乡）、王四营地区（乡）接壤；西至厚金路和翠城小区规划区域西侧与南磨房地区（乡）、十八里店地区（乡）相接；北至金蝉北里、垡头北里和北京染料厂、北京炼焦化学厂北墙与王四营地区（乡）相连。辖区面积5.32平方千米。下辖17个社区居委会。2023年，辖区常住人口93038人、户籍人口15594户39107人、流动人口22231人、人户分离31529人、外籍人口171人；出生人口231人、死亡人口712人。有法人单位2698家，其中市属单位14家、区属单位8家、其他单位2676家；有医院1家、社区卫生服务中心2个、社区卫生服务站2个；有大学1所、中学2所、小学2所、幼儿园10所、社区办园点2个；有养老服务中心2处、养老院1处、养老服务驿站6处、在建驿站2处；有2000平方米为民服务大厅1处、文化广场2处、图书馆3处。途经辖区公交线路16条，地铁17号线贯穿其中。辖区绿化率32.54%。2023年，垡头街道围绕“五宜”朝阳建设，紧抓南部崛起机遇，不断服务和融入新发展格局，聚焦“一三四”工作思路（以党建引领为核心，以三区分类治理为路径，全面实施四深工程——深度统筹力量补短板、深耕城市治理强基础、深挖产业资源促发展、深化解忧纾困惠民生），依托“吹哨报到”机制为北焦社区、祈安社区、祈东社区铺设供水管线1779.5米、引入市政自来水，解决地区居民喝水问题；优化产业布局，推动山河湾谷先导区落户焦奥园区；北焦“怡生活”商业街一期8万余平方米开街，双合“合憬荟”商务楼开业，化工路科技商务产业带初具规模；“垡头力量”微信公众号发布微信1525条，总阅读量30万人次，粉丝超2万人；开设“云悦读”专栏，整合电子书、有声书、期刊资源10余万册；实现区级财政收入2.91亿元，比上年增长1.82%，征收小房产税1045.61万元，比上年增长58.95%。街道获“2020—2023年度北京市体育事业突出贡献奖先进集体”称号，“首都老兵”翠城趣园社区复转军人红星服务队获“北京榜样·最美退役军人”称号。

（安亚群）

【主题教育】 2023年，垡头街道开展处级领导集中学习5次、专题研讨6次、讲授专题党课9次，解剖式走访调研104次，现场解决问题66件，收集居民意见建议125条，解决群众诉求13139件次，形成调研报告11篇，调研成果转化运用清单31项。推进“首都高质量发展先锋行动”，解决修缮路面等群众急难愁盼问题92项，组织1000余名党员及志愿者开展志愿活动100余场。（谷 菲）

【基层党建】2023年，垡头街道吸纳焦化厂站派出所等4家社会单位加入街道党建协调委员会，落地党建共建项目46项；探索“1+4+17+N”基层治理格局，即以党建引领为核心，搭建党建工作协调委员会、社区门店自律联盟、物业服务联盟、社区社会组织联合会四大共治平台，依托17个社区党委，推动各界力量成为参与社会治理的“生力军”，营造“人人有责、人人尽责、人人享有”的基层治理共同体。发挥双合家园社区“移动议事厅”、翠城趣园社区“小楼门干大事”等议事协商作用，培育“焦响乐”“垡头好时节”特色品牌，激发居民自治活力，“合引擎”工作法被共产党员网推荐报道。完成双合家园、双美家园、祈东家园社区党委委员、纪委委员补选工作，调整社区党委书记1名、社区纪委书记2名、基层党支部书记5名，补选基层党支部委员18名。发展党员18名，转正党员21名。（谷 菲）

【平安建设】2023年，垡头街道开展安全生产和火灾隐患大排查大整治联合执法30余次、出动检查力量1654人次、检查点位3562个、发现并整改隐患1495处；对17个社区1700余户重点关爱人群开展入户消防宣传，发放消防宣传“一封信”1600余份；投入300余万元完善小型消防站建设，为辖区特殊困难群体661人发放消防安全“四件套”。张贴电动自行车消防安全宣传海报2000份，清理楼内违规停放电动自行车140辆，劝退各种违法违规充电行为600余起。摸排电动自行车10360辆，建设充电设施接口4019个；违规电动三、四轮车销账1268辆，清拖违规车辆300余辆。实施垡头西里社区8栋筒子楼安全隐患整改工程，对垡头西里4号、5号、6号、7号、8号、9号、19号、20号楼安全隐患点位实施整治，完成墙、地面防水、楼道粉刷、厨房卫生间墙面换新1万平方米，改造厨房、厕所41间，增设706个铁皮置物柜，更换30套公共区域门窗，更换公共区域暖气16套。推进焦化厂二街、焦化厂东五路建设，缓解焦化厂地块交通拥堵问题，解决周边居民5万人的出行问题；推进翠城地区路侧停车管理，加装隔离栏、施划交通线，新增路侧停车位396个，解决困扰居民10余年的出行拥堵难题；整治双合东路交通秩序，投入35万余元安装防护栏930米，增设标识标牌4套，人行道安装U形隔离桩180根，施划标线568米。（赵 盈 刘 纯 郭荣斌）

【环境整治】2023年，垡头街道拆除违建3927.18平方米，完成市足球青训基地选址、铁合金厂地块疏解腾退工作，涉及建筑21栋、商户82家、住户254人、建筑面积2.4万平方米；查扣液化石油气罐21个、流动商贩256人次、制作案卷147件，罚款7.435万元；整治“门前三包”4900余次、占道经营3600余次，规范乱堆物料2500余起，清理窗贴950余处；查处夜间施工噪声扰民违法行为280起。限额以下工程登记37处，开展检查75次，发现并整改问题103项。修建焦化厂西一临时路，惠及周边居民3万人，前往地铁减少绕行近2000米，居民称为“民心路”。（郭荣斌 马雷芳 刘 纯）

【社区建设】2023年，制定《北京市朝阳区垡头街道社区专职工作者管理制度系列文件》，招录新社工95人；任用2022年书记主任助理16人；公开选拔社区服务站站长4人、副站长6人。组织各类社工培训60余次，开展野外团队拓展活动，增强社工队伍的团结凝聚。社区社会组织联合会指导双合之窗编辑部、春熙志愿服务队、退伍军人红星服务队3支志愿服务队，全年服务3000人次，提升品牌影响力。深化“老街坊，新生活”项目，探索“人户分离”问题解决机制，联系东城区天坛街道，为社区老年人服务12人次。全年完成13个社区30个楼宇的楼门治理，议事协商50余场。

【法治建设与法律服务】2023年，垡头街道升级改造休闲广场为法治文化广场。占地面积3000平方米，建有宪法雕塑1处、法治长廊1处、法治宣传栏4套、朝阳普法形象雕塑2处。朝阳区社会矛盾纠纷源头预防调处化解垡头分平台下沉社区居委会，开展人民调解、办理接诉即办疑难复杂案

▲ 10月10日，垡头街道法治文化广场升级改造完成（杨照光 摄）

件50余次，开展普法讲座和人民调解180次，矛盾排查7200余次，化解矛盾780件。全年承办派出所委派的调解案件30余件。接待社区居民法律咨询1100余人次。（王久全）

【接诉即办】 2023年，垡头街道健全社区接诉即办协调会机制，发挥社区议事厅和业主委员会等载体作用，全年接收“12345”市民热线诉求14921件，办结13962件，直派件解决率95.28%、满意率95.68%，朝阳区综合成绩95.11分、排名第16名。（焦　洋）

▲ 10月16日，在北京工业大学举行北工大山河湾谷创新区签约仪式（杨照光　摄）

【敬老助残帮困】 2023年，垡头街道城镇登记失业人员再就业807人，就业困难人员再就业535人，开发就业岗位700个，走访慰问空巢、低收入老年人800户、各类困难群体140人，发放慰问金16万元；慰问低收入女性199户、单亲母亲19人、发放慰问金10.9万元；发放低保金624万余元、低收入补助金3万余元，发放低保低收入家庭取暖救助金26万余元，发放残疾人“两项补贴”148万余元。开展街道“中华慈善日 朝阳公益周”活动，募集善款9600元。推进无障碍环境共建共享“敬老月”活动，张贴宣传海报200余张，举办各类敬老爱老、智慧助老、手工、文体、法治讲座37场次。完成公共服务场所改造提升46处和残疾人无障碍家庭改造9户，涉及社区12个。开展辖区内公共服务场所无障碍设施排查，发现隐患问题121处，劝阻清理违规占用盲道自行车408辆。（苏武奕　蔡红梅　王　雪　宋晓帅）

【北工大山河湾谷创新区建设】 2023年，北工大山河湾谷创新区落户垡头街道焦奥园区。山河湾谷是北京首个由政府和高校共建的环高校创新区，目标是建设以北京工业大学平乐园校区为核心辐射朝阳区南部的九龙山、十里河/西直河、百子湾、欢乐谷（“山河湾谷”）等周边地区的人工智能+产业创新高地和数字经济示范区。中关村科技园区朝阳园管理委员会与北京工业大学、北京控股集团有限公司签订战略合作协议。朝阳区政府、北京工业大学和北控集团三方合作，将在北控集团下属、坐落在垡头地区的焦奥中心建设山河湾谷创新先导区。截至年末，三方共同从北京工业大学的成果库中遴选出30余项可转化的优质科技成果，作为先导区首批入驻项目。（安亚群）

2023年朝阳区垡头街道社区居委会情况一览表

表18

序号	名称	地址	电话
1	垡头一区社区居委会	垡头一区6号楼北侧	67200537
2	垡头二区社区居委会	金蝉里19号楼1层11号	67367009
3	垡头三区社区居委会	垡头西里二区18号楼	67375893
4	垡头东里社区居委会	垡头东里东院11排房南侧	67202696
5	垡头西里社区居委会	垡头西里24号楼北侧	67383926
6	垡头北里社区居委会	北里社区2号楼西侧	67362951
7	翠城馨园社区居委会	翠城馨园340号楼底商	67383200
8	翠城雅园社区居委会	翠城馨园236号楼西侧	67366200
9	翠城趣园社区居委会	翠城馨园103号楼	67360300
10	翠城盛园社区居委会	翠城馨园143号楼底商	67376900
11	翠城熙园社区居委会	翠城馨园420号楼底商	67371366

续表 18

序号	名称	地址	电话
12	翠城福园社区居委会	翠城馨园504号楼2层	87156463
13	双合家园社区居委会	双合中路5号楼2层	67858926
14	双美家园社区居委会	双合中路5号楼2层北侧	87151420
15	祈东家园社区居委会	怡安路15号院1号楼一单元2层	87302677
16	祈安家园社区居委会	怡安路15号院13号楼1层	67203368
17	北焦家园社区居委会	北焦家园社区1区11号楼公租房管理中心北侧	87307436

（李　楠）

和平街街道

【概况】 和平街街道位于朝阳区西北部，成立于1956年3月。东以城铁13号线为界与香河园街道相接；南起北二环路与东城区东直门街道、和平里街道相邻；西至安外大街与安贞街道接壤；北至元大都公园与小关街道相望。辖区面积4.54平方千米。下辖12个社区。2023年，辖区常住人口100204人、户籍人口24900户79152人、流动人口19107人、外籍人口283人；户籍人口中有汉族73868人、其他少数民族5284人，少数民族中人数最多的是满族，有2303人；出生人口323人、死亡人口1578人。辖区机关单位、“两新”组织和居民党支部有205个，党员6518人。有规模以上法人单位234个，其中有中国计量科技发展集团有限公司等139家规模以上服务业单位，有北京金隅商贸有限公司等52家规模以上单位；有高等院校3所、中学2所、小学6所、幼儿园5所；有820平方米的社区文化活动中心1个、社区文化活动室12个、社区图书馆1个；有医院2家、社区卫生服务中心1个、社区卫生服务站4个；有养老院1处。途经辖区公交线路50余条，地铁5号线和13号线贯穿其中。辖区绿化率36%。2023年，和平街街道助力“五宜”朝阳建设和首都高质量发展，统筹共商共治专项资金、党组织服务群众经费、公益事业金等经费416万元，完成为民办实事项目134件（其中街道级项目22件、社区级项目112件）；和平街便民服务中心职业指导工作室挂牌成立，成为朝阳区7家试点街乡职业指导工作室之一；与北京市密云区大城子镇人民政府签订结对协作框架协议（2023—2027年）；完成基础数据模块、线上议事模块开发工作、完成数字社工开发设计思路的研讨工作，打造基层治理数智化管理平台——“智享生活”；完成第五次全国经济普查清查阶段任务，划分12个普查区和39个普查小区，标绘1626个建筑物，清查法人和产业活动单位3382个、个体工商户521个；完成区级财政收入7.43亿元，比上年增加4.35%。和平街街道“和合之星”项目获评首都学雷锋志愿服务“五个100”首都最佳志愿服务项目、和平家园社区获评2023年度北京市“扫黄打非”先进基层示范点、和平家园北社区获评“北京市综合减灾示范社区”。（冯　娟）

【党建引领社会治理】 2023年，和平街街道建设“和合向荣”党建引领社会治理共同体，促进多元主体参与辖区治理。141个社会单位6580名志愿者参与十大志愿服务项目；7个社会单位、4个居民党支部参与社区小微空间改造9处；依托“1+12+N”新时代文明实践阵地开展文化传承和文明传导活动2700余场。组织“以青春之我，扬和合之帆”青年干部成长营活动，

▲ 8月，和平街街道和平家园社区小微空间改造完成（摄于9月25日，和平街街道　供图）

“和合向荣”青年V家挂牌成立，搭建青年实践创新平台。（王琳琳）

【平安建设】2023年，和平街街道开展地毯式、无死角、全覆盖安全隐患排查，检查企业3192家次，发现问题隐患1684处，隐患整改100%。召开“企安安”自查系统使用培训会6场，参加培训企业300余家，企业完成自查1678家，实现自查系统推广全覆盖。联合派出所、交通、消防等部门，检查辖区内施工动火作业单位52家次，出动人员130余人次，发现、整改隐患23条。年内，有施工登记企业46家，动火作业报备单位254家次，限额以下工程动火作业报备单位6家次。清理违规电动三、四轮车88辆，依法集中拖移59辆。（刘涵）

【环境整治】2023年，和平街街道完成道路坍塌应急抢修15处，解决漏水问题15处、污水堵塞问题4处、停电问题7起；修剪树木200余棵；修复破损路面15处；清理排水管线17.03千米、清淤100余立方米、清障130处；应急处理树木倒伏问题13起；处置环境案件579起。街巷长和小巷管家巡查5786次，解决问题3388件；设置生活垃圾投放点302处、生活垃圾驿站7处、低值可回收物驿站1处，创建北京市垃圾分类示范小区10个、垃圾分类示范楼宇2个；投入经费155.67万元，完成胜古南社区、和平东街社区、砖角楼社区4处自来水管线、污水管道、下水管道抢修改造；投入55.06万元完成和平家园社区、小黄庄社区、十四区社区、砖角楼社区、胜古南社区等5处背街小巷道路修复工程；拆除违建21处、1751.18平方米。年度立案907起，行政罚款25.66万元。职权检查覆盖率100%，录入执法检查单8050件。（罗文康　张绪瑞）

【接诉即办】2023年，和平街街道受理“12345”市民热线诉求13868件，办结工单13868件，有效回访11696件，退件805件，申请不纳入4474件，挂账48件。市直派件考核成绩排名北京市第82名，朝阳区街道系统排名第18名。（刘爽）

【社会救助】2023年，和平街街道政务服务中心和各社区服务站受理业务22238件，满意率100%；实现再就业558人，登记失业人员就业率72.94%。发放各类救助金、补贴703万元。指导、受理城乡居民养老保险、医疗保险参保缴费575人。实施临时救助高校学生学费、住宿费、居民医药费等困难群众18人，发放救助金3.97万元；实施慈善救助11人次，发放救助金4.38万元；发放困难群众救助金100人10万元；为辖区社会救助对象中的独居老人、重残人员、重病人员、未成年人开展居所清洁服务55人440小时，支出金额2.86万元；为辖区60岁以上失能失智老人、困难残疾人964人，配备火灾自救逃生器材“四件套”；慰问优抚对象189人次，发放慰问品1.13万元；调标享受定期抚恤、定期补助的优抚对象66人，补发4.19万元；解决建筑施工单位农民工讨薪问题3起涉及金额5.55万元；调解劳动人事争议21件，涉及金额24.44万元。
（陈荟群、王博、单明媛、左艳菊）

【“和合向荣”青年V+项目】2023年，和平街街道工委以年轻干部培养选拔为抓手，建设“和合向荣”青年V+项目，举办青年干部成长营系列活动8场；开展青年干部社会治理创新大赛，围绕六个选题为街道发展建言献策；成立“和合向荣”青年微家（V+），设立功能性党支部，由青年干部实现自我服务与管理。采用“实践+调研”方式，组织青年干部围绕党建、接诉即办、物业管理、停车治理、公共文化、数字服务等6个方面，以4人小组方式开展调研，走进社会单位和12个社区，下沉到居民百姓和各领域之中；建立青年干部联络员机制，与辖区党建协调委员会成员单位建立“一对一”联络员机制，发挥党建引领“协调员”、经济发展“服务员”、历史文脉“研究员”、宣传推广“信息员”的复合作用。（兰晨）

【“四集五议三平台”工作法】2023年，和平街街道创新提出“四集五议三平台”工作法（“四集”：集“智”赋能，集“资”惠民，集“力”增效，集“心”聚力；“五议”：党员带头议、多方参与议、话题广泛议、线下随处议、线上随时议；“三平台”：多层级党建协调共商平台、多场景数智化议事平台、多需求数智化服务平台），被“学习强国”学习平台、《中国社区报》、《朝阳信息（特刊）》、《朝阳报》、朝阳组工微信公众号等刊登；“‘453’工作法汇聚和平街高质量发展合力”入选全国城乡社区工作创新经验。和平街街道全过程基层民主案例入选《2023年全过程基层民主推进会暨全国城乡社区工作创新经验交流会材料选编》。（胡云　陈璐）

▲ 9月19日，和平街街道百姓周末大舞台活动　（和平街街道　供图）

【文化主题活动】 2023年，街道市民活动中心以“和平街邻居文化节系列活动”为主线，举办和美万家文艺演出、中秋红歌会、乞巧穿丝非遗体验、文旺阁博物馆参观、中华传统茶道文化体验等主题活动96场。组织青少年社区教育活动，举办“我与爬宠互动”、太阳能月球车、叶脉书签、废物利用环保达人秀等科教活动16场。参与朝阳区第十四届“清风扬正气、廉洁文化进社区”主题书画展示活动，街道征集书画作品33幅，居民刘之冀的绘画作品《秋》获评十佳绘画作品。街道团工委开展各类思政主题教育21场，覆盖团员青年864人；联合社会单位29家、8所院校的大学生志愿者开展志愿服务活动58场，覆盖600人次；举办青年工作座谈会、青年沙龙、主题团日等活动10场，27家社会单位500余名青年参与；启动寻找“和合之星”志愿服务项目，开展活动350余次，141家社会单位志愿者6580人参与。

（李　正　张　峥　赵瑞俊　赵昕宇）

【社会动员】 2023年，和平街街道优化提升3个服务中心的功能建设，开展党政群为民办实事、社区社会组织培育、居民骨干与志愿者培训、居民心理健康服务、社工团队凝聚力建设、特殊群体关爱、社会工作主题宣传等活动272场。完成12个社区服务案例指导及65小时专业督导，整合优化社区社会组织203支。（侯瑞云）

【社区建设】 3月至6月，和平街街道拟定《和平街街道专职社区工作者考勤与休假管理办法（试行）》《和平街街道专职社区工作者日常工作及绩效考核管理办法（试行）》《和平街街道社区加班管理制度（试行）》《和平街街道社区应急值守管理制度（试行）》《和平街街道专职社区工作者招任管理办法（试行）》《和平街街道专职社区工作者服务协议管理办法（试行）》《和平街街道专职社区工作者离职（任）交接管理办法（试行）》等7项社工管理相关制度办法。5月26日，启动社区工作者招录工作，考生通过报名系统网上报名406人，经网上资格审查、现场资格审查、面试、体检、档案审查等步骤，分三批办理入职28人，转正24人。（胡　云）

2023年朝阳区和平街街道社区居委会情况一览表

表19

序号	名称	地址	电话
1	和平家园社区居委会	和平家园社区西门平房	84291139
2	和平家园北社区居委会	十一区小花园南侧平房	84276690
3	樱花园社区居委会	樱花园小区24号楼7单元103室	64443929
4	胜古庄社区居委会	皇姑坟2号楼南侧平房	64452943
5	胜古南社区居委会	胜古南里12号楼北侧平房	64412738
6	和平东街社区居委会	十五区西门外平房	64278628
7	小黄庄社区居委会	和平西苑15号楼西侧平房	84270383
8	和平西苑社区居委会	小黄庄路1号速8酒店北侧平房	64214501
9	胜古北社区居委会	安定路12号院2号楼105室	64437323
10	砖角楼社区居委会	砖角楼北里7号楼北侧平房	64215592
11	十四区社区居委会	十四区14号楼北侧平房	84258576
12	科技苑社区居委会	十三区34号楼101室	84264316

（董　静）

呼家楼街道

【概况】 呼家楼街道位于朝阳区中心地带。东起金台路与八里庄街道交界；西至东大桥路与朝外街道接壤；南起光华路与建外街道为邻；北至工人体育场南路与团结湖街道、三里屯街道毗邻。辖区面积2.8平方千米。下辖13个社区。2023年，辖区常住人口70776人、户籍人口20927户61535人、人户分离常住人口9241人、港澳台同胞及外籍人口20043人；出生人口317人、死亡人口1285人。辖区有企事业单位11425家，其中登记注册类型国有86家、国有控股25家、隶属中央13家，归属地方的企事业单位42家，其他单位11297家；有医疗机构8家，其中三甲医院3家、社区卫生服务中心1家、社区卫生服务站4家；有养老照料中心及养老驿站6处；有科研院所4家、大学2所、中学1所、小学2所、幼儿园8所；有480平方米为民服务大厅、文化广场和24小时自助图书馆各1处。途经辖区公交线路35条，设有小庄公交总站，地铁10号线、6号线贯穿其中。有社区公园3处，健身园19处。辖区绿化率22.73%。2023年，呼家楼街道落实“五宜”朝阳建设任务，在强自信、稳增长、惠民生、保安全、防风险等方面，保持“进”的态势，弘扬“实”的作风，全力守护人民对美好生活的向往；完成朝阳区人大代表补选工作，依法补选区人大代表1名；完成金台路、农丰里新建社区居委会选举；帮扶内蒙古自治区卓资县复兴乡和红召乡11个村，筹得善款25.89万元，捐物价值42.5万元；实现区级收入27.6亿元，比上年增长13.35%。呼家楼街道立法联络站2023年反映的立法及相关工作建议中，有2条被全国人大常委会立法需求和立法工作建议采纳，写入法律修改意见。

（王会鑫）

【基层党建】2023年，呼家楼街道完成16项重点党建工作任务，新成立2个社区党委和11个“两新”组织党支部，“两新”重点企业党组织覆盖率100%。实施“三进三送三平台”楼宇服务模式，开展“党群阵地@你”系列活动20余场，实施党建活动项目90个，党组织服务群众经费项目115个。向“光荣在党50年”的老党员颁发纪念章，走访地区生活困难党员1230余人次，组织党员群众献爱心募集善款18万元。

（赵　堤）

【平安建设】2023年，呼家楼街道组织辖区企业、社区开展各类安全应急演练148场，发放扶老助残火灾逃生“四件套”626套；开展夜查65次、联合检查14次，检查安全生产企业、养老机构和单位食堂、酒店宾馆等场所5049家次、点位4201个，发现并整改隐患5955项；完成整改规模以上安全生产三级达标企业23家、小微企业达标46家。辖区注册“企安安”检查平台社会单位2713家，与企业新签订安全工作责任书372份；开展企业检查21204次，企业自查覆盖率100%；依托平台发现安全隐患8953项，全部完成整改；开展违规电动三、四轮车清理清退1136辆，清退政府违规用车65辆。

（孟　杰）

【环境整治】2023年，呼家楼街道完成整治施工围挡6处，查处店外经营、夜施扰民、“门前三包”等违法行为1277起，罚金33.29万元，治理违法群租房279处，对辖区125个创建图斑分类认定、举证上报和分类治理；垃圾分类开展入户宣传6831次、集中宣讲71场，更新垃圾投放设施41处；指导33个物管会、2个业委会完成换届选举；创建节水型社区1家；组织社区卫生大扫除92次、应急道路清扫保洁110次，巡查在施工地80余个次，苫盖裸露地面800余平方米；整治区级挂账乱点710处、市级13处。

（周　旭　龚　琛）

【社区建设】2023年，呼家楼街道完成街道社会工作服务中心建设，升级社区人口信息化管理平台，建成市级城乡社区议事厅示范点2个、市级楼门治理示范点4个、区级楼门治理示范点2个；组织各类社工素质拓展24次，召开社区协商会145次，组织“化石营地区50年变迁史”课题研究项目，开展第五届社区邻里节活动30场。调整优化社区规模，将原有11个社区拆分为13个社区，实现社区管辖户数均低于3000户的目标。完成2处社区办公用房空间改造，依法完成新设立社区居委会选举和相关社区居委会补选工作，所有居委会成员高票当选。

（齐　瑛）

【民生工程】2023年，呼家楼街道推进2022年第一批4个旧改项目落地，核桃园北里30号院进场施工；配合实施化石营旧改项目，实现30日签约率、交房率100%；推动呼家楼南里19号楼、24号楼危房应急疏散98户；完成全区首例属地牵头强执任务，新街大院4号楼拆除完毕；完成金台北街5号楼路面更新、呼家楼北里3号楼北侧下水管道修缮等利民宜居项目16个。

（龚　琛）

【接诉即办】2023年，呼家楼街道接诉即办受理办结市民热线诉求10817件，集中有占道经营、噪声污染、违法建设等投诉举报2649件，V8网格

▲ 9月13日，呼家楼街道“党群阵地@你”之“先锋工程“培训班结业　（杜　浩　摄）

平台接收案件 27836 件，平均解决率 95.95%，平均满意率 96.67%。

（姚　蕾）

【社会救助】2023 年，呼家楼街道伤残家庭新增 157 人。政府出资为低保 344 人、伤残家庭 116 人等困难群体办理安康保险，自主投保 98 户 241 人；发放低保金 232 户 373 人 576.27 万元；服务低收入家庭 37 户 60 人，其中 12 人享受低收入生活补贴，发放补贴 5.03 万元。新增 11 户困难家庭审核批准最低生活保障，6 户困难群众纳入低收入。向 59 名困难家庭学生发放慈善救助款 17.1 万元；向因病致困 8 人发放慈善慰问和救助款 5.1 万元；开发就业岗位 2007 个，就业完成率 69.44%；为 35 家用人单位提供就业服务，求职登记 669 人，创建充分就业社区 11 个；定岗培训 8 次，提供创业担保 2 次。

（宋　巍　王　硕）

【法治建设】2023 年，呼家楼街道开展班子成员集中学法 5 次，组织普法大讲堂活动 24 场；主动公开基层动态、“双公示”信息等各类信息 282 条，按时答复依申请公开 12 件；接受调解咨询 67 件，且全部达成调解协议。

（孟静心）

▲ 5 月 26 日，京津冀银龄大舞台——舞动呼家楼专场演出　（杜　浩　摄）

【病媒防制】2023 年，呼家楼街道出动专业防制人员 983 人次、车辆 210 车次；维护鼠饵站 6150 个，处理鼠类管井 5835 个，填补鼠洞 166 处，楼门道防治 4418 个，垃圾桶防治 5807 个，处理下水井 8794 个，清理滋生地 784 处；使用灭鼠药品 909.03 千克、灭蚊蝇药品 1065.5 升、灭蚊幼颗粒剂 178.4 千克、灭蟑药品 354.4 升。（杨博雅）

【文化宣讲】2023 年，呼家楼街道开展“文化名人‘开讲啦’暨公共文化服务保障法讲座”35 场、科普进社区 3 场、群众文化活动 72 场，与属地高校共建开展校社联合文化志愿活动，服务时长 300 小时；文化工作经媒体宣传报道 27 次，其中市级以上媒体报道 6 次。开展理论政策宣讲活动 500 余场，“强国复兴有我”主题百姓宣讲活动 11 场，新时代文明实践活动 1000 余场，通过微信公众号推送原创文章 425 篇，在中央、市、区级媒体刊登稿件 273 篇。

（刘　畅　王　洁）

2023 年朝阳区呼家楼街道社区居委会情况一览表

表 20

序号	名称	地址	电话
1	小庄社区居委会	金台里2号楼北侧平房	85996939
2	新街社区居委会	新街大院2号楼东侧平房	65067802
3	关东店社区居委会	向军南里5号楼北侧	65021910
4	关东店北街社区居委会	圣世一品28号院内	65861972
5	东大桥社区居委会	东大桥路8号尚都SOHO南塔1层	85959821
6	金台里社区居委会	金台北街甲1号	85994144
7	核桃园社区居委会	核桃园北里11号楼	65061163
8	呼家楼北社区居委会	呼家楼北里平房甲1号	65950122
9	呼家楼南社区居委会	呼家楼南里22号楼南侧平房	65022156
10	金台社区居委会	金台西路2号院12号楼	65369875

续表 20

序号	名称	地址	电话
11	金桐社区居委会	东大桥路8号尚都SOHO南塔1层	65089199
12	农丰里社区居委会	农丰里小区1号楼2单元对面	65003668
13	金台路社区居委会	金台里24号楼北侧平房	65911958

（姚　蕾）

建外街道

【概况】建外街道位于朝阳区西南部。东至西大望路与八里庄街道相邻；南起通惠河与双井街道相接；西至建国门立交桥与东城区建国门街道相望；北至光华路与朝外街道、呼家楼街道接壤。辖区面积4.4平方千米。下辖12个社区居委会。2023年，辖区常住人口35373人、户籍人口12946户49856人、流动人口15004人、外籍人口1114人；出生人口191人、死亡人口754人。有40个外国驻华使馆、代办处，2个外交公寓群；有规模以上法人单位1196个，其中央属单位有中国交通进出口有限公司、中国纺织对外经济技术合作有限公司等30个，地方单位有北京广播电视台、北京国际贸易有限公司等66个，其他单位1100个；有社区卫生服务中心2个、社区卫生服务站4个；有高中1所、中学1所、小学2所、幼儿园4所；有养老机构1处；有400平方米便民服务大厅、350平方米登记注册大厅和2400平方米地区文化中心各1处、文化广场2处。途经辖区公交线路46条，地铁1号线、2号线、10号线、14号线贯穿其中。辖区绿化率30%。2023年，建外街道以“闯、创、干”的精神，聚焦制约经济社会发展的痛点、堵点、难点，用好改革“关键一招”，增创高质量发展优势，提升地区发展品质、环境品质、治理品质和服务品质；完成全国两会、第三届“一带一路”国际合作高峰论坛服务保障；科技赋能智慧楼域，打通楼宇快递服务最后100米；举办百姓周末大舞台活动，丰富辖区居民群众的文化生活；组织群众性冰雪活动及冰雪项目普及宣传活动，引导辖区群众树立科学健身理念；“建外红”志愿服务平台注册11755人，参与“环境卫生”“治安巡逻”“垃圾分类”等志愿服务892人次。2023年，完成区级财政收入77.98亿元，比上年下降5.9%；征收小房产税1967.8万元，比上年增加3.25%。建外街道获评“五星市场监督管理所”“北京市劳动保障监察先进单位”“首都禁毒工作先进集体”“北京市思想政治工作先进单位”“北京市全民健身示范街道”“北京市改革街乡镇”“感动社会·民政榜样宣传教育活动榜样集体”“北京市工人先锋号”；秀水家园社区获评“2022年全国示范性老年友好型社区”，大北家园社区获评“北京市老年学习示范校（点）”，北郎东社区获评“首都绿化美化花园式社区”。（潘婷婷）

【平安建设】2023年，修订《建外街道办事处突发事件总体应急预案》。在北京志愿平台招募应急志愿者，聘请专业老师开展建外应急志愿者培训宣传工作。妥善处理东三环热力管网泄漏、永安里中街供暖管道爆裂、地铁10号线停运、日坛路水管泄漏等突发事件134起。出动检查人员1.99万人次，检查各类企业2.96万家次，检查消除安全隐患9200处。联合执法打击非法违法行为211起，停业整顿20家，行政处罚99.5万元。街道执法队录入执法检查单16141件，检查燃气用户单位1818家次、社会单位生活垃圾分类投放1345家次、物业小区735家次；录入街面环境秩序检查单5087个、控烟检查单372个；制作法治案卷1059件，罚款37.226万元（其中一般程序案件427件，处罚36.736万元；简易程序案件632件，处罚金额4000元）。各类企业单位“企安安”小程序注册并自查1000余家。录入安全生产检查单4524件，发现问题853起，整改完成853起。清理违规电动三、四轮车828辆。

（杨旸昱　杜昀鸽　张　宁）

【环境整治】2023年，建外街道结合创卫复审工作，开展集中清理大型交通枢纽、主干道两侧、小区内部等非法小广告20余次；清理乱涂、乱贴小广告2000余处；立案查处乱堆物料、店外经营、“门前三包”、非法小广告等案件53起，罚款1.7万元。执法队治理占道经营行为500余次，查扣电动三轮车6辆、三轮车89辆、二轮电动车5辆、自行车10辆、地摊61起，罚没并移交液化石油气罐59个，立案96起，处罚金额3.95万元，查处“黑摩的”7起，罚款4000元。拆除违法建设平台销账面积585.45平方米（拆违任务400平方米），完成年度任务146%。拆除点位主要为南郎家园1号楼写字楼门厅、铁路宾馆、国际俱乐部员工食堂等地。另外拆除隔断房、集装箱房等私搭乱建2000余平方米。（张　宁）

【社区建设】2023年，建外街道调整光华里社区规模，新设立光华东里社区居民委员会；完成北郎东社区居委会补选、大望家园社区（2021年）、月河社区（2021年）、光华东里社区（2022年）等3个新建社区居委会选举；补选刘斐为北郎东社区居委会主任；选举赵静为大望家园社区居委会主任、陈晓兵为月河社区居委会主任、王旭为光华东里社区居委会主任。

（朱砚君）

【实事工程】2023年，建外街道投入资金160余万元，完成“为民办实事”项目：永安南里13号楼南侧小微空间建设、民政部周边道路修复、永安里砖厂胡同PVC板更换、建国里1号楼楼道粉刷、光华欣居透水砖修复、光华里乙2楼南侧、现代城西侧、砖厂1号楼北侧道路修复等项目；配合朝阳区城管委完成三环路核心路段38栋楼宇夜景照明、景祥街商圈“一期”升级改造、汇京双子座大厦的更新；完成赛特购物中心以“赛特+”的新身份焕新亮相等20余个北京首批“一店一策”试点项目；建成建外街道“CBD核心区便民生活圈”；位于光华里15号楼北侧平房的养老照料中心揭幕运行，由建外老年家园运营的秀水社区养老服务驿站创建全国示范型养老服务驿站。

（王硕汝）

【接诉即办】2023年，建外街道执法队坚持“周一大交班”和周二、周四调度会制度，定期开展疑难案件处置调度工作，力求解决率和满意率双达标。执法队受理“12345”热线举报1973件，其中主办1546件、协办427件。处理值班室热线、队员接电、群众来队反映等投诉件600余件。办理网格单、首都城市环境建设管理委员会办公室办件、小程序件、市区督查督办件400余件，涉及无照经营、违法建设、夜施扰民、非法小广告、控烟、违规户外广告等方面。直派件解决率85%以上，满意率90%以上；转派件解决率80%以上，满意率90%。

（张 宁）

【信访代办制试点】2023年，建外街道先行试点信访代办制，探索建立信访代办“3255”工作体系，即“三个到位”（党政领导到位、人员组织到位、宣传到位）、“二级代理网络”（在街道层面建站，在社区层面建室）、“五大运行机制”（领导接访机制、矛盾纠纷排查机制、责任认定机制、会商机制、代办考核机制）、“五步工作法”（接访、调查、受理、处置、反馈），通过群众“出单”，专人跑腿；群众“有单”，主动代办；变群众“上访”为干部“下访”；“楼域共平台，代办到身边”等途径和形式，使群众反映的问题有人接、有人管、有人办。街道做到民有所呼、我有所应，坚持“群众动嘴、干部跑腿”，增强基层干部服务意识，有效避免减少群众重访、越级上访等事件的发生。全年代办信访事项125件，成功化解120件，代办化解率96%，让“信访代办”成为守护“民心”的“强心剂”、化解矛盾纠纷的“终点站”。

（孙贞英）

【社会保障】2023年，建外街道调整低保人员的保障标准301人。为地区60岁及以上低保、低收入、残疾及计生困难家庭161人发放养老服务补贴27.53万元；发放护理补贴180人33.45万元，发放生活补贴135人93.91万元；发放临时救助金12人6.68万元；发放慈善救助金22户6.8万元；红十字会救助20户发放4万元。发放低保金349人538.31万元；慰问残疾人143户发放慰问金11.27万元；慰问优抚对象、烈士家属48人，发放慰问金4.8万元；慰问70岁以上困难老人47人，发放慰问金2.3万元。

（刘 丽 张 琦 常 琦 刘丽洋）

【助残服务】2023年，建外街道投资17.8万元，完成住宅、餐饮场所、政务服务等17项、83个点位的改造工程，创建“全国无障碍建设示范城市”项目——月河社区一刻钟便民服务圈。朝阳区民政局、朝阳区残联拨付资金100.95万元，升级改造普法广场、职康站等62个点位。开展无障碍体验监督活动12次，完成残疾人居家环境无障碍改造10户。开展“残疾人文化周”政策宣传、技能培训等活动282场，参加2494人次。推荐残疾人就业14名，辅助器具申请458人。

（刘 丽）

【数字化街区】2023年，建外街道建成全市首个L4级别高精度数字孪生街区，对辖区4.4平方千米物理域空间全部高精度建模，在信息域汇聚人、房、地、事、企业、服务等52.7万条数据。构建街道、社区、楼宇、企业四级云上组织，147栋楼宇实现线上视频互联，

▲7月11日，建外街道在中海广场举行“科技赋能，智慧楼域”揭幕仪式 （刘耀东 摄）

54个小区图像全覆盖、语音全互通。重构数字治理组织模式，打破传统治理主客体、部门、空间“三个界限”，打造数据采集、服务和治理“三项标准”，探索“谁需要谁主导”的轮值治理模式，治理导向由“主治”发展到“共治”。创设多类基层应用场景，开发街面秩序、经济发展、社区建设、政务服务等20余类应用，做到数据多跑路、企业百姓不跑腿、政府治理增效能。央视科教频道《创新进行时》栏目报道建外街道“智治”经验。

（雷振新）

【企业年报统计】 2023年，建外街道对1226家规模以上企业及33家产业活动单位进行统计年报，涉及服务业、金融业、商业、工业、建筑业、房地产业报表46种，完成区、市、国家统计局下达150余批核实任务，核实信息9000条。每月完成1200余家企业定报统计，完成193家重点企业异地纳统回迁。

（任　莹）

【楼域间资源共享阵地的新型经济形态】 2023年，建外街道梳理出可共享的资源阵地79个、功能资源阵地17个。在资源交流上，可以通过4个阵地实现对接合作，其中“共享阵地”涵盖企业所需要的会务、产品展示、生活折扣、培训资源等10类资源，全力打通建外地区资源整合渠道，丰富楼域内企业间沟通方式，逐步融入楼域经济。一是会议资源共享：IFC会议中心30~200人会议室、费尔蒙酒店50~400人会议室、建国铂萃酒店50人会议室、东方梅地亚M剧场（低偿场租费用）、光华纺织集团文化中心、国寿金融中心南侧展厅、泰康大厦内部会议室（免费使用）。二是培训、商户资源共享：包括红牛公司企业优惠团购、葡萄酒礼仪免费讲课、用友软件免费提供专业财税金档服务财税培训、北京恒安中医院可免费提供公益义诊服务、慈铭体检中心可低偿服务于地区志愿者、慧贸天下科技有限公司可提供政府网络平台技术支持等。

（刘耀东）

【企业走访小程序开发成效与成果】 2023年，建外街道开发企业走访手机端小程序，包含企业信息、楼宇信息、异地纳税回迁任务进展、重点服务企业走访、为企业办实事等模块。在街道走访企业过程中，利用“扫楼”小程序前端手机录入，定期整理后台信息，考核街道走访任务，实时更新走访数据，及时反馈走访成果和企业需求，第一时间对接办理。截至年末，街道运用企业走访小程序为企业办实事432件。

（刘耀东）

【创新廉洁文化品牌】 2023年，建外街道整合资源，打造“建外·廉”品牌，通过活动、专题党课、年轻干部微课堂等方式，多层次、全方位、立体化开展廉洁文化“六进”活动。一是将“廉”元素融入参观、知识竞赛、邻里节等社区活动，利用楼域共建平台把廉洁主题书画巡展、北京市高级人民法院法官讲法、旁听庭审等活动办进泰康集团中心、国寿金融中心、正大中心、阳光金融中心等大型楼宇；在“清风建外”专栏设立节点教育、纪法知识等系列，营造地区清风正气。二是聚焦预防，精准开展纪律教育，对班子、社区、青年、财政、城建、城管以及非公企业，举办“以案学纪”专题党纪课14次、“纪法晨说”微课堂2次、思想理论课11次、业务培训30次，参观警示教育基地3批次，制作警示教育小册子600本，将警示教育送到干部身边，实现机关干部、社工、协管员全覆盖，提高教育整体性、针对性、覆盖面。

（杨琳琳）

【就业指导与帮扶】 2023年，建外街道走访就业困难人员195户，441名就业困难人员实现再就业。开展一对一指导619人次，跟踪回访830人次，就业困难人员摸查456人次，办理领取失业救济金人员参保手续71人次、受理灵活就业保险补助申请249人次。

（王军进）

【“建外·红学堂”】 7月28日，“建外·红学堂”名师讲座开讲。红学堂特邀中国金融40人论坛学术顾问、国家创新与发展战略研究会学术委员会常务副主席、重庆市原市长黄奇帆，做“在新时代发挥大市场规模优势，围绕绿色化、数字化、服务化、集群化趋势，推动朝阳经济高质量发展”专题授课。区委、区政府、区人大以及市、区各职能部门领导，地区重点总部企业代表、科技企业代表和社会组织代表200余人到场学习聆听。

（田梦园）

▲ 7月28日，建外街道特邀黄奇帆教授为“建外·红学堂”授课　（田梦园　摄）

2023年朝阳区建外街道社区居委会情况一览表

表21

序号	名称	地址	电话
1	大望家园社区居委会	朝阳区蓝堡国际公寓南区2层S211室	58940516
2	大北家园社区居委会	南郎家园小区北侧2层	58789731
3	永安里社区居委会	建外灵通观1号楼平房	58783622
4	南郎家园社区居委会	建国路88号现代城文化教育活动中心201室	58789718
5	北郎家园社区居委会	朝阳区光华路6号院外	58789723
6	光华里社区居委会	北建外街道光华里12号楼南侧平房	58783506
7	光华东里社区居委会	光华里甲12号建外城管队北侧平房	58940533
8	月河社区居民委员会	通惠河北路69号院枫丹公馆底商1-10号	58940511
9	秀水社区居民委员会	朝阳区东大桥路57号楼院内	58789721
10	永安里东居民委员会	建外SOHO西区16号楼B1-1603号	58789719
11	建国里社区居委会	建外三道街1号楼下南平房	58783548
12	北郎东社区居委会	西大望路3号蓝堡国际公寓南区S213号	58789724

（刘　峥）

劲松街道

【概况】 劲松街道位于朝阳区西南部。东起东四环中路与南磨房地区（乡）相邻；南至劲松724号楼南侧小马路、东南郊灌渠及南磨房路与潘家园街道、南磨房地区（乡）相交；西至东护城河、东三环南路与双井街道、东城区龙潭街道相望；北至劲松路、216号楼南侧小马路及广渠路与双井街道接壤。辖区面积5.2平方千米。下辖18个社区。2023年，辖区有常住人口103316人、户籍人口31464户77323人、流动人口5591人、外籍人口635人；户籍人口中有汉族人口71912人、少数民族人口5411人；出生人口450人、死亡人口1525人。有法人单位7263家，其中央属单位有中国能源建设集团有限公司、北京化工机械有限公司等7家，地方单位有北人集团公司、北京虎城供热有限公司等111家，其他单位7145家。有二级医疗机构3家、一级医疗机构3家，有社区卫生服务中心1个、社区卫生服务站5个；有职业高中1所、中学2所、九年一贯制学校3所、小学1所、幼儿园13所；有养老机构2处、养老驿站5处；有1900平方米为民服务大厅1处；有档案馆1座、电影院3座、图书馆1处和社区图书阅览室18个。途经辖区公交线路49条，地铁7号线、10号线、14号线贯穿其中。有街心公园2处，辖区绿化率33.3%。2023年，劲松街道以党建引领为核心，以经济建设为关键，以提升基层治理效能为主线，以队伍建设为支撑，抓重点、攻难点、树亮点，开展安全生产和火灾隐患大排查大整治，擦亮“劲松模式”城市名片。完成全国两会、服贸会、“一带一路”国际合作高峰论坛等重要时期维稳安保工作；完成“全国第五次经济普查”清查工作，清查7263家法人单位和产业活动单位、478家个体经营单位；完成全国人口抽样调查，国家样本点1个、北京市样本点17个，参与调查登记720户；完成朝阳区第十七届人大代表补选工作，补选朝阳区人大代表1名；劲松一区114号楼拆除重建项目竣工，劲松街道快递外卖行业联合工会成立，百环社区养老驿站建成；利用治理类专项资金968.72万元，完成接诉即办11个资金项目、14个任务事项；开展“全民健身我先行”风采展示等各类文体活动300余场，完成群众性艺术培训3200课时，惠及群众3万余人次。实现区级财政收入6.39亿元，比上年下降2.44%。劲松街道劲松一区114号楼拆除重建项目获评“北京城市更新优秀项目”，劲松便民生活圈获评北京市“优秀一刻钟便民生活圈”，百环社区、大郊亭社区、劲松东社区获评“北京市综合减灾示范社区”、何铁骊获评北京市“首都民族团结进步先进个人”。

（李　堃　李园园）

【平安建设】 2023年，劲松街道开展群租房“随发现、随挂账、随治理”整治行动318次处，建成1个“无群租房”小区。提升科技创安硬件设施水平，推进“雪亮工程”建设，优化视频监控布点建设、联网整合及支撑保障。建成1个地区小型消防站和17个社区微型消防站，整合社区微型消防站4家，建立区域联防责任机制9个，协助消防救援站处置火灾26起。开展防火隐患排查，检查医疗场所45次、工地36次；开展小区“两个通道”安全检查，处置占用消防车通道车辆20处；驻地消防员整合物业管理人员、小区保安员等175人，开展可燃物清理70余次；发动12家社会单位开展消防安全隐患自查自改，走访162户孤寡老人、残疾人等群体，协助42户居民查改火灾风险隐患。为辖区2168名消防安全重点关爱人群发放火灾自救逃生“四件套”。

（苏明超）

【道路交通整治】 2023年，劲松街道在西大望路东侧珠江帝景小区北侧建设一处公共停车场（珠江发展中心停车场），新增居住区停车位408个；新增有偿错时共享停车场1处、停车位100个；整治共享单车秩序乱点682次，码放车辆35.85万余辆，第三方清运公司清运共享单车15870辆；削减违规电动三、四轮车1315辆；辖区4条居民自治停车道路实施电子收费停车。推动共享单车电子围栏技术应用，劲松桥4个地铁口、双井2个地铁口开通入栏结算功能。全年清理“僵尸”车6辆，取缔占道经营130起，查扣黑摩的23辆，拆除地锁57个。

（李　曦）

【环境整治】 2023年，劲松街道完成2处施工围挡治理、1处桥下空间治理提升，创建农光里社区“无违法群租房”试点小区。拆除违法建设21处、1286.52平方米，疏解50余人。开展街面秩序专项执法行动60余次，取缔无照游商124起，规范“门前三包”320余次，暂扣三、四轮车109辆，取缔小广告2500余张。立案处罚各类违法行为884起，罚款36.99万元。开展生活垃圾专项执法检查2200余次，立案632起，罚款8.41万元。

（苏明超、刘雄辉）

【社区建设】 2023年，劲松街道完成2个社区拆分调整工作，原劲松北社区拆分调整为劲松北社区和劲松一区社区；完成社区届中调整工作，组织社区正副职遴选2次，55人进入社区后备数据库。完成磨房北里社区开放空间建设项目；完成劲松一区、八棵杨社区装修改造工程；完成社区级共商共治项目征集4大类39个，使用公益金241万余元，重点解决14个社区老旧车棚改造、公共充电设施建设、楼宇门禁、口袋公园建设等民生问题。

（和文塔）

【“一刻钟便民生活圈”评估验收】 2023年，街道完成“劲松便民生活圈”建设评估工作。“劲松便民生活圈”（由劲松北社区、劲松一社区、劲松东社区、劲松中社区、劲松西社区组成）有“一刻钟便民服务商家”158家、智能无人设备49台。其中，基本保障类业态66家，品质提升类业态92家，菜篮子、早餐店、药店、养老服务机构、保健养生、旅游服务等22个品类全覆盖，商铺连锁化率44.9%，优质品牌引入率37.30%。经北京市商务局评估验收，“劲松便民生活圈”为“优秀”等级。

（金　钊）

【接诉即办】 2023年，劲松街道建立以“真解决”为导向的考核评价指标体系，将接诉即办工作成效作为部门及个人考核评优、追责问责的参考依据，根据各承办科室业务特点及案件统筹需求，调整诉求中心人员分工，专岗专人。完善接诉即办平台系统，提升数据统计与分析能力，推进街道管理和治理模式创新，实现“案件决策科学化、主动治理精准化、公共服务高效化”。全年接诉即办受理群众诉求14937件，退件955件，实际受理13982件，综合三率得分94.60分。

（马　莹）

【社会保障】 2023年，劲松街道实现失业人员就业1008人。其中，就业困难人员就业785人，登记失业人员就业率72.52%，开发就业岗位2176个，119名失业人员参加职业技能培训；召开就业主题招聘会2场，办理城乡居民养老保险参保和续保手续325人，补办社保卡3243人次，办理城乡居民基本医疗保险941人；为“城乡居民基本医疗保险参保人员”提供大病医疗保险服务；审批退休443人、新接收退休人员837人。2023年发放低保金395户632人1099.86万元。发放高龄老人津贴5157人988.92万元、失能补贴2050人1397.31万元、养老补贴423人6.29万元；发放残疾人生活补贴266人212.57万元，护理津贴415人74.29万元。

（王丽丽）

【文明实践所、站品牌项目】 2023年，劲松街道“一所一站”（新时代文明实践所、首城社区新时代文明实践站）精品项目，结合街道“双中心”、首城社区资源及文化特色，增设新时代文明实践综合体验馆，设置红色观影厅、文明风采展示厅、云端劲松直播间等场所。全年开展理论宣讲、市民教育、科学普及、文化、体育健身等活动192场。首城社区新时代文明实践站获评北京市新时代文明实践优质点位。

（刘长鑫）

【垃圾分类】 2023年，劲松街道创建垃圾分类示范小区2个（禧福汇、万科蓝山）、示范商务楼宇1座（一轻大厦），9个垃圾分类示范小区、16个垃圾分类达标小区通过验收，完善18个社区可回收物和大件垃圾回收体系建设，21个小区装修垃圾实现“收运处”一体化治理，39个居住小区常态化监督考评全覆盖。

（李丽镜）

【扶困助残】 2023年，劲松街道残联对辖区2570名残疾人开展残疾人基本状况普查。温馨家园为地区残疾人提供康复、职康帮扶、技能培训、法律咨询、上网学习、辅具租赁、文体运动会活动等多项服务。安排残疾人就业5人，无障碍改造28处，居家无障碍改造15户；建立康复档案269人，向盲人提供定向行走训练5人，发放残疾儿童康复服务补贴19人，向重度肢体残疾人提供居家康复50人、免费申请康复辅助器具648人。发放困难残疾人生活补贴284人204万余元；发放重度残疾人护理补贴488人75万余元；发放重度残疾人、老年残疾人助残券153人10万元，提供残疾人社保补贴104人100余万元；发放残疾人家庭子女及学生学费补助2人2万余元；发放残疾人看护人（监护人）补助340人73余万元。　（顾　鹍）

【劳动监察】 2023年，劲松街道日常巡查社会单位300余家。处理辖区仲裁调解案件100余件、“12345”热线案件20件；配合朝阳区人社局处理欠薪案件560余件。完成辖区100余家企业书面审查工作；检查辖区建筑工程并收集用工材料100余次；检查指导辖区建筑企业趸缴工伤保险40次；接待来访投诉110余起，涉及劳动者400余人；处理突发事件18起，涉及劳动者300余人，涉及金额1000余万元。开展专项检查行动8次，收集辖区内企业用工信息80家。　（周俊义）

【城市更新项目】 3月8日，劲松街道启动位于双井桥东南角原北京歌舞剧院北侧职工宿舍平房拆迁工程，占地面积461.018平方米、建筑面积322.79平方米，涉及居民13户。3月23日，房屋全部拆除。5月，劲松一区114号楼拆除重建项目竣工，利用疏解腾退空间，增加居民厨房、卫浴面积，新增地下空间，实现内置电梯平层入户。66户居民实施回迁，引入市场化物业接管，实现安全宜居，该项目获评2023年北京市优秀项目。　（李丽镜）

▲ 5月3日，劲松街道在首成社区公园举办2023年“中国HAM五．五”暨北京业余无线电通信应急演练　（颜炳楠　摄）

【业余无线电科普基地建立】 5月3日，在劲松街道首城社区公园举办2023年“中国HAM‘五·五’节”暨北京业余无线电通信应急演练，以“通信应急演练进社区，健康有序发展惠民生”为主题，“三个首次”（首次以走进社区的方式宣传《中华人民共和国无线电管理条例》及相关政策法规；首次在街道系统创建“北京市业余无线电科普基地”；首次成立由辖区社工、居民、物业和无线电爱好者共同组建的“劲松街道防灾减灾应急科普志愿服务队”）成为突出亮点。　（苏明超）

▲ 5月，劲松街道114号楼拆除重建工程竣工　（李丽镜　摄）

【宣传教育活动】 5月至6月，劲松街道团工委组织青年开展“五一非遗传承周”手工技能培训，教授青年剪纸、毛猴、面塑等非遗技艺，30余名青年现场学习。8月16日，开展“炫彩劲松 健康未来行动计划”，为辖区26名困境青少年开展健康、心理、视力等医疗资源帮扶工作。8月19日，街道婚恋公益服务基地在街道“双中心”（“共产党员+”促进中心、社会工作服务促进中心）启动。现场邀请邮政储蓄银行双井支行、红星美凯龙北京至尊Mall、星巴克、宁波银行、新华书店、劲松口腔医院等单位300余人参与。同时在邮政储蓄银行朝阳双井支行营业厅设立劲松婚恋公益红娘服务基地分站。11月10日，通过“云端劲松”公众号，录播王俊玲代表谈“畅呼吸保健康，家庭医生在身边”、张玉代表谈“积极应对人口老龄化——社区居家养老服务”、赵磊代表谈“改善人居环境，提升群众的幸福感”、于渊莘代表谈《中华人民共和国家庭教育促进法》等栏目。（吴佳倩）

【第四届“最美劲松人”表彰】6月27日，劲松街道以“初心的力量，最美的模样”为主题召开庆祝中国共产党成立102周年主题活动暨第四届“最美劲松人”表彰大会，表彰劲松街道优秀共产党员95人、优秀党务工作者20人、先进基层党组织57个、朝阳区“十百千万”示范工程荣誉的获得者（朝阳区社会领域红色“头雁”3人、朝阳区社会领域优秀志愿先锋540人、朝阳区社会领域优秀基层治理和志愿服务队伍54支）、第四届“最美劲松人”20人；并为6名“光荣在党50年”党员代表颁发纪念证书，为20名“最美劲松人”颁发奖杯，为街道优秀共产党员党务工作者等24名代表颁发证书；17个社区“一社一品”（一个社区一个品牌）党建品牌亮相。（吴　萌　刘长鑫）

2023年朝阳区劲松街道社区情况一览表

表22

序号	名称	地址	电话
1	劲松北社区居委会	劲松二区218号楼南侧2层楼	67790796
2	劲松一区社区居委会	劲松一区132楼2层	67722820
3	劲松东社区居委会	劲松三区321号楼1门1号	67783532
4	劲松中社区居委会	劲松五区507号楼	67794210
5	劲松西社区居委会	劲松八区甲813号楼	87714607
6	农光里社区居委会	农光里142号楼西侧	67354935
7	农光里南社区居委会	农光里乙27号楼旁平房	87356776
8	农光里中社区居委会	武圣路农光里21号2楼1层	67354936
9	农光东里社区居委会	农光东里临甲9号	67356577
10	磨房北里社区居委会	磨房北里社区临甲120号	67313633
11	八棵杨社区居委会	东三环南路54号院东门外甲9号楼4层	87735585
12	大郊亭社区居委会	广渠路28号院208号楼底商北156号	58634292
13	百环社区居委会	广渠路66号院10号楼1层	87728617
14	百环东社区居委会	广渠路66号院14号楼北侧2层小楼	67768060
15	和谐雅园社区居委会	武圣北路6号院1号楼	67775750
16	西大望路社区居委会	西大望路37号院2号楼1单元	67677741
17	西大望路南社区居委会	东方雅苑1号楼	67725055
18	首城社区居委会	营盘沟路9号	67723480

（李　堃）

酒仙桥街道

【概况】酒仙桥街道位于朝阳区东北部，成立于1957年7月。东至酒仙桥北路与崔各庄地区（乡）接壤；南至亮马河与东风地区（乡）毗连；西至酒仙桥路、将台路与将台地区（乡）相接；北至京顺路与东湖街道、望京街道相邻。辖区总面积5.3平方千米。下辖16个社区。2023年，辖区常住人口71104人、户籍人口22395户65974人、流动人口8981人、外籍人口606人；出生人口426人、死亡人口1670人。有法人单位5840个，其中中央单位有普天科创实业有限公司、北京华信医院、中国电子科技集团公司等20家，市属单位有北京燕东微电子有限公司、北京正东电子动力集团有限公司、北京七星生活物业管理中心等30家，区属单位有北京朝阳海外学人中心、北京市朝阳自动化仪表厂等3家，其他单位5787家；有医院4家、社区卫生服务中心2个、社区卫生服务站2个；有科研院所4家、大学1所、中学4所、小学4所、幼儿园6所；有养老机构7处；有400平方米为民服务大厅、3600平方米地区文化中心各1处、有文化广场17处、24小时自助图书馆1处。途经辖区公交线路16条，地铁14号线贯穿其中。辖区绿化率19.25%。2023年，酒仙桥街道向“数字经济发展的窗口、文化创意产业的高地、街区有机更新的典范、老旧小区管理的样本、两区党建融合的示范”方向发展，制定《中共酒仙桥街道工委党建工作协调委员会工作方案》和《中共酒仙桥街道工委党建工作创新实施方案》，与360集团党委、751园区（北京正东电子动力集团有限公司党委）签订党建共建协议；中北路社区与恒通国际商务园、红霞路社区与国际电子城总部园区签订“手拉手”共建协议；完成34个物管会届满换届工作；为10个老旧无物业管理的小区引入标准化物业公司，实行物业服务管理工作；完成23个居住小区装修垃圾“收运处”一体化建设；提升辖区生态环境质量，全年 $PM_{2.5}$ 及TSP指数排名提升；新增科学研究和技术服务类型企业166家，完成税源引导回迁企业65家，新设市场主体671家。实现区级财政收入22亿元，比上年增加11.7%；征收小房产税2138万元，比上年增加458%。酒仙桥街道党群活动中心公共区域职工之家获评全国“最美驿站”、晶都国际小区获评北京市“生活垃圾分类达标、示范居住小区”。

（刘保军　赵婉晴）

【平安建设】2023年，酒仙桥街道成立朝阳区自由职业人员服务团；推进智慧平安小区建设工作，加装电动车充电端口245个，投入使用小型消防站1座、社区消防工作站2处；更新、新增灭火器8000余具，配备逃生器材“四件套”1244套；安装各类阻车桩173个、交通引导标识牌16块，施划行车线523米、停车位60个。完成居民天然气安全配件更换3111户，老人、困难群体、重点疾病患者隐患灶具更换125户。出动安全生产检查人员16086人次，检查各类企业8043家次，发现及消除安全隐患6753处，下达整改指令书1252份，约谈企业209家；督促9870家企事业单位使用“企安安”系统自查自纠。开展夜间及联合执法检查90余次，发现并整改安全隐患42处。开展违规电动三、四轮车专项整治行动，建立车主“一站式”回收模式，将车辆回收报废残值及补贴激励同步现场发放，淘汰违规电动三、四轮车852辆。

（于金艳）

【环境整治】2023年，酒仙桥街道按照“全覆盖、严执法、重实效、常态化”的原则拆除酒北村简易房、简易棚和房前屋后堆放的杂物，投资596.89万元用于更新门窗、修复屋面防水、墙面翻建粉刷、更换彩钢屋面、梳理线路、铺设透水砖、补植绿化、翻建公厕等，改善酒北村平房区域居民日常生活，消除安全隐患，直接获益居民600余人。开展联合执法检查立案6206件，处罚1532件；完成网格自处置案件1648件，动态更新并完善“门前三包”台账664家单位；拆除英雄互娱、万红路16号门前、酒仙桥南路4号院北侧三角地等16处、7417.32平方米的违法建设，查处群租房133余处，完成公共区域改造2100余平方米。

（周　好）

【社区建设】2023年，酒仙桥街道调整社区规模，社区数量由13个拆分为16个，增加8处办公用房约3011平方米。开展“赋能社工、夯基筑桥”系列培训20余次、户外拓展2次。调整社区班子和人岗匹配，涉及正职15人、副职23人，招录社工53名。各社区结合实际创新培育社区品牌。红霞路社区培育“久爱红霞”“久爱重聚”党建品牌，形成“沉浸式群众工作法”，被《人民日报》《北京青年报》等报道；电子球场社区落实老旧小区改造工作，打造“久爱新家”服务品牌；大山子社区创立“久爱红山”党建品牌，致力打造“久爱红山·五宜”新型社区；万红路社区深化“红齿轮”党建品牌，形成“传动共转工作法”；南路社区通过党建协调委员会搭建议事平台，引入多方资源参与社区治理；中北路社区依托“互动式”工作法，解决社区治理难题；高家园社区打造“蒲公英”工作法；驼西社区基于“红色驼铃”党建品牌构建“驼小铃在说”议事平台；东路社区打造“久爱暖东，同心邻里”社区服务品牌，为小区环境改造积蓄志愿服务力量；银河湾社区依托银联智囊团、党建协调委员会分会等平台，组织群众议事协商；怡思苑社区以“红色联盟”品牌深耕为抓手，建立双项清单机制，推动各驻区单位参与社区治理；驼东社区创立“久爱·红色驼峰”党建品牌；驼南社区形成“久心”工作品牌。

（牛恰恰）

【接诉即办】2023年，酒仙桥街道办理以老旧小区改造为主的群众诉求15750件。纳入市、区考核6555件诉求，响应率99.98%，解决率98.22%，满意率98.69%，综合成绩98.58分。全年9次排名进入北京市100名以内，综合成绩北京市排名第31名。

（高　欣）

【社会救助】2023年，酒仙桥街道定期召开社会救助评审会，主动发现辖区内困难家庭的实际困难，及时给予救助；严格审查在保人员家庭经济情况，及时撤销不符合条件的家庭救助。审核新申请及复审低保家庭456户764人、低收入家庭28户60人；撤销低保家庭108户、低收入家庭8户；申请临时救助困难家庭45户，发放救助金17.67万元。开展居家养老社会化服务扩面工作，基本养老服务签约率100%。为老年人提供助浴、理发、维修等各类服务7000余人次；为地区居民安装“一键呼”826户，新增家庭养老床位30张，高家园养老驿站、大山子养老驿站通过2星评定。

（王同羽）

【社会服务】 2023年，酒仙桥街道开发就业岗位2556个，实现就业困难人员就业970人，为31家用人单位办理招聘登记。职业技能培训96人，定岗培训10人。街道城镇居民医疗保险参保人员4133人。为各类参保人员补领、换领社保卡4278人次，审核参保人员医疗单据1550份、报销500万元。管理社会化退休人员21852人、社会化退休人员实体档案6802份，依据档案记录出具相关证明2180份，办理退休审批291人。（宋　扬）

【旧城区改建住宅房屋签约】 2月5日，北京市朝阳区人民政府房屋征收办公室下发《关于开展酒仙桥旧城区改建项目住宅房屋签约意向登记工作的通知》，签约意向登记工作60天。3月27日24时，酒仙桥旧城区改建项目8个地块中有6个地块签约成功率为98%，项目整体签约率98.34%。3月31日21时，酒仙桥旧改项目整体签约意向登记比例98.61%。5月19日，北京市朝阳区人民政府房屋征收办公室下发《关于酒仙桥旧城区改建项目预签征收补偿协议的通知》，预签约期工作40天，5月25日至6月23日完成签约可获得选房50积分和速签协议奖5万元/户；6月24日至6月28日可获得40积分和3万元/户；6月29日至7月3日可获得30积分和1万元/户；7月4日及以后积分为0。截至6月30日24时，酒仙桥旧城区改建项目8个地块预签约率全线突破98%。（关　音）

【文体活动】 5月，酒仙桥街道更换8个社区健身器材57件；舞蹈队参演中国文联原创舞蹈作品《丰收中国年》，并代表朝阳区文联参加中国文联"与人民同行"新时代文明实践志愿服务活动；9月，"太极之春"太极拳队获评北京市一星级健身团队；10月，街道以"谆谆师音，德沁人心"为主题举办2023年教师节活动，慰问辖区教育工作者500余人。2023年，街道设立"久久爱艺术课堂"公益课程，开设健身舞、模特表演、声乐、二胡、葫芦丝等公益课程11门，开课500余次。（牛恰恰　李济萍）

▲ 5月10日，酒仙桥街道舞蹈队参演中国文联原创舞蹈作品《丰收中国年》（李济萍　摄）

【搬家居民后续服务】 6月至8月，酒仙桥街道组织旧城改造区居民开展"老街坊记忆"等文化系列活动，征集老照片、打造旧改区网红打卡地、拍摄老街坊印象视频短片《搬家三部曲》，志愿者自编自唱并拍摄《老家酒仙桥》MV。11月10日，与东坝、崔各庄、豆各庄、黑庄户4个乡签署共建协议，采取派驻兼职副书记等方式帮助旧改搬迁居民尽快融入新社区，共同做好旧改区搬迁居民的后续服务工作。（牛恰恰）

【征收决定及住宅收房】 7月15日，北京市朝阳区人民政府发布《北京市朝阳区人民政府房屋征收决定》，对酒仙桥旧城区改建项目征收范围内房屋及其附属物分步实施征收，国有土地使用权同时收回。第一批实施地块征收范围：二街坊地块、三街坊地块、四街坊地块、十一街坊地块、立新村地

▲ 7月，酒仙桥街道打造旧改区网红打卡地，老街坊纷纷打卡（牛恰恰　摄）

块。项目住宅房屋第一批实施地块签约期限为7月15日至8月3日，为期20天。第一批实施地块征收签约住宅房屋被征收人共3450户，完成正式签约3443户，总体签约率99.80%。其中，二街坊、三街坊、十一街坊、立新村签约率100%，四街坊签约率99.56%。11月8日，第一批地块3450户住宅完成收房，住宅收房率实现100%。

（关　音）

【抗洪抢险】 7月，成立酒仙桥地区防汛抗旱指挥部，组建19支防汛联查抢险应急队，按照南北片区对重点区域不间断排查抢险。特大暴雨期间，电子球场社区四街坊11号楼突发墙皮脱落、墙体断裂，街道迅速转移居民，30分钟内完成全部居民疏散撤离，对房屋外围设置警戒线及安保力量看护。8月3日，酒仙桥街道支援北京市极端强降雨受灾地区房山区窦店、卢村、琉璃河村开展排水工作。经过6天130余小时的不间断作业，完成各点位排水任务。

（周　好）

2023年朝阳区酒仙桥街道社区居委会情况一览表

表23

序号	名称	地址	电话
1	红霞路社区居委会	六街坊8号楼后平房院	64309145
2	红霞北社区居委会	十街坊7号院	64307695
3	电子球场社区居委会	三街坊北街7号院5号楼1层	64373956
4	华信社区居委会	三街坊北街7号院5号楼1层	64373956
5	大山子北里社区居委会	大山子北里平房（24号楼4单元前）	64309130
6	大山子社区居委会	大山子北里小5楼	64355538
7	万红路社区居委会	万红路甲1号院	84572022
8	南路社区居委会	十一街坊16号楼旁平房	64309157
9	中北路社区居委会	酒仙桥路甲11号院平房	64309138
10	高家园社区居委会	高家园小区118号	64309144
11	驼房营西里社区居委会	电子城小区9、10号楼之间	84707693
12	东路社区居委会	驼房营南里兆维小区甲15号楼二层	64309166
13	银河湾社区居委会	万红西街9号院银河湾1号楼101、102号	64376984
14	怡思苑社区居委会	南十里居15号院10号楼北侧	64309128
15	驼房营东里社区居委会	驼房营路新华科技大厦对面顺丰快递后院	64302296
16	驼房营南里社区居委会	驼房营南路898园区东门南300米	64300721

（牛恰恰）

六里屯街道

【概况】 六里屯街道位于朝阳区中西部。东起京包铁路与东风地区（乡）、平房地区（乡）接壤；南以二道沟河为界与八里庄街道、呼家楼街道、高碑店地区（乡）相望；西至朝阳体育馆与团结湖街道相邻；北以农展南路为界与麦子店街道相接。辖区面积4.4平方千米。下辖18个社区。2023年，辖区常住人口103004人、户籍人口24313户59039人（其中汉族54472人、满族1980人、其他少数民族2587人）、人户分离5000人、流动人口38187人、港澳台同胞及外籍人口778人；出生人口419人、死亡人口1132人。有法人单位2623个，其中中央单位5家、市属单位14家、区属单位29家、其他单位2575家；有医院9家、社区卫生服务中心1个、社区卫生服务站6个；有大学1所、中学4所、国际学校1所、小学3所、幼儿园9所；有养老机构4处；有300平方米为民服务大厅、800平方米党群活动中心和700平方米地区文化中心各1处、文化广场4处、24小时自助图书馆2处。途经辖区公交线路30余条，地铁6号线、14号线贯穿其中。辖区绿化率31.5%。2023年，六里屯街道以深入学习贯彻党的二十大精神为中心，全面做好经济发展、创建文明城区、老旧小区改造3项重点工作，全力推动平安建设、城市管理、社区建设、民生保障和市民诉求处置等5项工作实现新突破。完成13个老旧小区改造综合整治工程；实现区级财政收入4.75亿元，比上年增长4.63%。六里屯街道获全国科普日主场活动暨第十三届北京科学嘉年华优秀组织单位；甜水园街、石佛营西二路在2023年“门前三包”精细化治理示范街验收工作中获评北京市示范街区；市民诉求处置中心获评北京市社会建设与民政工作先进集体。（崔永红）

【基层党建创新】2023年，制定《六里屯街道2023年党建工作要点》；完善党建工作协调委员会“一会五委”运行机制，收集需求清单65个、资源清单96个、项目清单27个；加强基层党组织标准化规范化建设，完成机关党总支和机关党支部换届改选、7个社区“两委”选举、规范调整7个党支部设置；新时代文明实践所（站）开展活动千余次，教育党员、服务群众万余人。（王嘉瑜）

【平安建设】2023年，六里屯街道开展“大排查大整治”专项行动，检查医疗机构、燃气使用单位、学校、施工工地、有限空间等重点行业领域，出动各类检查人员4215人次，检查各类企事业单位4437家次，联合执法36次，监督整改各类安全隐患2000余项；升级安防设施，投入资金26万元；拆除群租房138处，疏解人口156人；街道调委会调解案件44起，涉及金额117.25万元；指导552家企业完成城市安全风险评估工作。违规电动三、四轮车综合治理，回收淘汰违规车辆1844辆，其中居民自用车1347辆、行业（环卫、垃圾、快递）用车139辆、街道行政用车73辆、无主废弃僵尸车285辆。（张萌　曹璐）

【环境整治】2023年，六里屯街道申请专项资金22428.86万元完成燃气小区、延静里小区等13个小区、77栋住宅楼综合整治工程，惠及居民5776户。工程项目：楼本体新做外墙保温、上下水立管改造、楼体清洗粉刷等，公共区域的绿地改造、铺装硬化、停车位标线等。拆除违法建设151处，建设面积3237.43平方米，占地面积2733.19平方米，图斑案件办结率100%。违规彩钢板建筑在账点位9处全部拆除。推动“门前三包”工作健康运转，网格化管理辖区各主干道及沿线路段商户，辖区处于营业状态的商户400余家每日自查率100%，执法队全覆盖巡查率和案件处置率100%。甜水园街和石佛营西二路在2023年“门前三包”精细化治理示范街验收工作中获北京市示范街称号。（王雪　曹璐）

【社区建设】2023年，六里屯街道完成5个社区居委会选举工作，其中延静寺社区、晨光东社区、十福社区为2022年拆分成立的社区，静水园社区、丽景社区为2023年拆分成立的社区，5个社区全部采取户代表选举方式，有居民8904户、22452人参与选举，社区推选居委会成员34人，均为大专及以上学历，其中14人具备社会工作师（含助理）资格。7个社区完成社区党委选举、补选工作，7个社区实有党员1544人，应参加选举党员600人，实际参加投票党员518人，投票率86.3%。选举产生社区党委委员35人，其中男性12人、女性23人，本科以上学历19名，社区党委书记中本科以上学历5人。（廉洁　赵雪薇）

【慈善大集】2023年，六里屯街道举办慈善大集56场，88家商户参加，慰问弱势群体120人次。公益服务义诊测量血压2113人次、血糖68人次；测血氧、心率、诊脉1889人次；理疗推拿319人次，眼睛检查1568人次，法律咨询119人次，磨刀798把，理发579人次，收捐旧衣服4850余件，发放老人代金券1800张，总金额7200元。（朱春蕊）

【接诉即办】2023年，制定《六里屯街道接诉即办工作办法（试行）》《六里屯街道接诉即办工作实施细则（试行）》，明确办件流程、各部门职责，形成街道主要领导亲自督、主管领导具体抓、部室社区负责人直接办的“三级处置”机制，对“单双否”及问题案件“日调度”，全年召开调度会103次，会商案件403件，解决案件163件。建立“7×24小时”响应机制，办结群众诉求12887件，平均响应率100%、解决率96.78%、满意率96.96%。（鲁博南）

【社会保障】2023年，六里屯街道“医养结合”益智康护养老照料中心对外营业，先后入住老人24人。新增一老

▲ 10月23日，在道家园社区举办慈善大集，集市设有各类平价摊位及免费法律咨询、义诊、理疗等公益项目，图为公益问诊（六里屯街道　供图）

一小医疗保险人员660人，新增灵活就业469人，发放社保卡476人、换补卡4400人。手工报销医疗费用448人、金额141万元。新增63户79人低保申请，为现有475户802人申请低保金1207.44万元，为344户低保家庭办理集中供暖补助49.24万元，为359人申请医疗救助金33.26万元，复核779户低保户家庭情况、停发40户不符合低保待遇家庭的低保金。

（姜向群）

【科普文体活动】 9月，六里屯街道与朝阳区科协、北京市日坛实验学校共同主办“厚植科普沃土 点亮创新梦想”科普嘉年华暨全国科普日北京市朝阳区分会场活动。活动引入9D沉浸太空舱、意念赛车、神笔马良AR互动等先进设备，开放日2天吸引地区3000余人参与，125家新媒体报道转发活动信息。2023年，街道举办大型文体活动7场，开展“社区一家亲”全民艺术课堂培训65场，放映公益电影12场。居民参加健身培训、体质促进项目推广和各类体验活动12场，参与8000余人次。（赵之奇 陶 琪）

▲ 9月16日，六里屯街道与区科协、北京市日坛实验学校共同举办科普嘉年华活动——意念控制赛车（赵之奇 摄）

2023年朝阳区六里屯街道社区居委会情况一览表

表24

序号	名称	地址	电话
1	甜水园社区居委会	甜水园东里20号楼北侧	65024571 65024572
2	甜水西园社区居委会	甜水西园甲12号楼	85972199 85973199
3	秀水园社区居委会	水锥子北里4号楼南侧平房	85961850 85975685
4	碧水园社区居委会	甜水园北里6号楼北侧平房	65033285 65026092
5	静水园社区居委会	甜水园东里37号楼北侧平房	65058850
6	道家园社区居委会	道家园社区甲4号北侧	65021629 65920781
7	延静寺社区居委会	道家园12号楼103	65928548
8	嘉福园社区居委会	丽水嘉园1号楼地下室	65862417
9	六里屯北社区居委会	六里屯北里19号楼底商	65070871
10	晨光社区居委会	十里堡晨光家园B区324号楼1层	85842390 85847178
11	晨光东社区居委会	晨光家园C区201号楼首层	85847178
12	八里庄南社区居委会	八里庄南里8号楼1层南侧	85836657 85847501
13	八里庄北社区居委会	八里庄北里212号楼底商	85918559 85918862

续表 24

序号	名称	地址	电话
14	八里庄北里东社区居委会	八里庄北里301号楼103、104室	85521813 85829152
15	十里堡北社区居委会	十里堡北里11号楼西侧	85847186 85829273
16	丽景社区居委会	十里堡北里11号楼西侧	85847186（临时） 85829273（临时）
17	炫特家园社区居委会	炫特嘉园1号楼底商	85856772 85856807
18	十福社区居委会	炫特嘉园3号楼1层底商	65000916

（廉　洁）

麦子店街道

【概况】 麦子店街道位于朝阳区中东部，始建于1987年。东起东四环与东风地区（乡）接壤；西至东三环北路与左家庄街道、三里屯街道毗邻；南临朝阳公园南路、农展南路与团结湖街道、六里屯街道相接；北接机场高速与将台地区（乡）、太阳宫地区（乡）隔路相望。辖区面积6.8平方千米。下辖7个社区。2023年，辖区有常住人口44057人、户籍人口9284户23257人、流动人口6170户15431人、外籍人口5368人；户籍人口中有汉族21764人、少数民族1493人；出生人口150人、死亡人口382人。辖区有规模以上法人和产业单位583家、规模以下中小微企业122家；有美国、法国、日本、韩国等13个外国大使馆的第三使馆区；有上合组织、中国·东盟中心为代表的国际组织等多处涉外机构；有医院1家、社区卫生服务中心1个；社区服务中心、国际社区服务中心各1个；有中学、小学、公立幼儿园各1所，各类民办学校和教育机构11所；有社区养老驿站3处、养老照料中心2处；有200平方米为民服务大厅和2900平方米地区文化中心各1处、文化广场6处、24小时自助图书馆1处。途经辖区公交线路35条，地铁10号线、14号线贯穿其中。辖区绿化覆盖率67.5%。2023年，麦子店街道围绕“五宜”朝阳建设，立足地区实际，统筹抓好经济社会发展，聚力攻坚、实干笃行，完成全国两会、服贸会、“一带一路”国际合作高峰论坛等重大活动期间的服务保障任务；完成农展南里社区市级议事厅、楼门治理示范点建设，霞光里社区2个推广点位建设；完成国家卫生区复审迎检工作；“月华璀璨京彩未央”2023北京消费季夜京城活动在SOLANA蓝色港湾启动；“潮朝阳FUN生活”2023北京朝阳国际文化旅游节在亮马河国际风情水岸开幕。实现区级财政收入22.47亿元，比上年下降19.83%；小房产税征收791.33万元，比上年增加1.63%。街道获评第六批全国“扫黄打非”先进基层示范点、全国网球示范区创建突出贡献单位、北京市安全生产先进单位、北京市工人先锋号。（曹荣贵）

【基层党建】 2023年，麦子店街道落实“四下基层”制度，街道班子成员深入社区、企业调研165次，为居民、社会单位解决困难98件。推进“企企互动”，企业社区、居民社区“两社互动”，周边街乡党建“区域联动”，实现“两新”领域党建“两个覆盖”提

▲ 3月23日，亮马河党建·麦子店街道党建工作协调委员会暨燕莎、蓝港商圈建设研讨会召开 （麦子店街道　供图）

质增效。新成立“两新”组织党支部8个，86家纳税千强“两新”组织党组织覆盖率100%，14栋纳税亿元以上商务楼宇党组织覆盖率100%。新建工会31个、团组织5个、妇联组织10个。举办“党建引领 志愿赋能 让文明成为闪亮名片”等示范性活动4场，300余人参与。（王建新）

【平安建设】 2023年，麦子店街道开展安全生产和火灾隐患大排查大整治活动，整改隐患3000余处，安装电动车充电接口1000余个。完成施工前登记告知687家，涉及建筑面积53.6万平方米、从业人员6693人；识别伪造、过期、涂改特种作业证件131张。利用“企安安”共享平台，2832家企事业单位开展自查12909次，发现隐患643处，整改643处，隐患检出率217.59%。开展消防安全检查，出动人员1320余人次，检查楼门3720余户，清理堆物堆料4万余千克。回收处置违规电动三、四轮车384辆，淘汰处置率96%。（全捍东　王　正）

【环境整治】 2023年，麦子店街道推进“疏解整治促提升”专项行动，办结市级图斑76处、1.53万平方米，拆除违法建设并销账1004.33平方米。推动亮马河周边环境综合整治及东三环路沿线、亮马河沿线景观亮化工程，推进佳程广场及周边环境整治工程，打造功能复合、有品质有特色的公共空间。完成裸地苫盖10202平方米，治理辖区杨柳树飞絮10000余株；指导8个小区开展物管会组建和业委会选举、23个小区物管会（业委会）开展专项维修资金使用和物业服务企业选聘等工作，推动物业管理“三率”提升。全年创建治理完成“四好五有”（好房子、好小区、好社区、好城区，有人文、有生活、有公共服务设施、有环保设施、有安全设施）示范类小区9个，“四好五有”达标类小区12个；垃圾分类北京市示范商务楼宇2个。（吕　溢）

【社工人才培养】 2023年，麦子店街道启动“麦家陪伴社区人才成长计划”，以“麦家陪伴 四手联弹”工作法为主线，创新实施“3+1”社工培训模式，即“社工大课堂”能力素养提升培训、“社会工作者职业水平”培训、“国际社区建设人才专题培训”3个系列培训，以及麦子店街道社会工作服务中心“社会工作人才梯队”建设。全年开展各类专业讲座与研讨33场128课时、社会工作专业督导60小时、团队拓展4场、外出参观交流学习3次。新增初、中级社工师18人，社工持证率49%。（王微微）

▲ 11月1日，麦子店街道微改造后的朝阳公园西里南区小区环境提升

（麦子店街道　供图）

【敬老助残】 2023年，麦子店街道统筹各类养老资源，吸引13大类168家服务商，建立社区、高校助老志愿服务队13支。建设老年餐桌供餐点5家、堂食点4处，完成订餐服务7000余次。完成重度失能老人入户初审324人、复评135人，发放老年人补贴396人。办理残疾证、助残券、康复补贴等34人，为残疾人落实康复政策133人，解决残疾人就业难题8人；为辖区60岁以上老年人安装联网烟感报警器2904个，为262名高龄、残疾、重点关爱人员配备火灾逃生“四件套”。（张　妍　魏　东）

【接诉即办】 2023年，麦子店街道建立“三全、两循环”闭环管理机制，落实“派、督、退、办、访、回、刷”七步流程，针对具体情况系统研判分析，建立重点台账，统筹调度，推进办理。推动网格、信访与接诉即办的深度融合，深化未诉先办，主动治理。办理“12345”市民热线案件6129件，整体成绩提升至北京市第87名、朝阳区第5名。（佘国柱）

【社会保障】 2023年，麦子店街道登记城镇就业困难人员211人，开展“再就业援助月”“春风行动”等专项就业宣传活动，举办5次线上招聘会和3次年度现场招聘会，帮助失业、就业困难人员“在家门口”实现再就业227人。受理新增城乡居民医疗保险192人，审批申领城镇职工养老保险待遇82人，社保卡服务1308人次，审核新增低保家庭5户。为辖区51户低保家庭及5户低收入家庭等9大类民政事务管理救助人员发放资金486万余元。举办第六届“爱心汇聚 情暖麦家”慈善捐助活动，为4家企业9户困难老人对接慈善项目，筹得善款13.63万元。办理采暖救助27户、临时救助2人、慈善救助3人。制定并建立《突发讨薪事件应急处理方案》及《科室24小时备勤应急预案》，妥善处理突发讨薪案件85件，涉及600余人、工资500余万元。（佘国柱　张　妍　李　京）

【文化宣传】 2023年，麦子店街道完善“两清单一台账”（单位责任清单、班子成员责任清单、风险点台账），开展“扫黄打非”“护苗”“固边”专项行动，建立户外电子屏24小时联系台账。开展理论宣讲384场、百姓宣讲10场。联合中国东方演艺集团共同推出7款“青绿亮马河 文明麦子店”系列精神文明宣传品。承办“北京国际范儿线下采拍”“北京朝阳国际茶香文化节”“国际社区文化季”等活动10余场，接待中外人士700余人次。

（张　漫）

【司法调解】 2023年，麦子店街道开展普法宣传主题活动43场；与两高、京师、广言、金栋、普胜达5家律师事务所签订公益法律服务协议，开展“七有五性”法律咨询1304人次。调解矛盾纠纷528件，成功率100%。

（杨　靖　尚利军）

【调研交流】 4月13日，北京市委组织部组织全市16个区委组织部干部代表到麦子店街道枣营北里社区调研党建引领基层治理工作。4月14日，内蒙古自治区卓资县政协到麦子店街道枣营北里社区调研基层协商工作。5月23日，北京市委政法委到麦子店街道霄云荟党群服务中心、亮马河国际风情水岸、枣营北里社区调研辖区党建引领社会治理、安全防控及诉源治理等工作。5月31日，第二期“从首都实践看全过程人民民主”国际青年沙龙在京举办。来自法国、荷兰、美国、巴西、巴基斯坦、尼日利亚等11个国家的11名“国际青年领袖对话”项目外籍青年代表，走进北京市人大常委会机关、朝阳区麦子店街道枣营北里社区，与市人大代表和基层干部群众座谈交流。11月28日，江苏省苏州市中级人民法院院长蔡绍刚、苏州市人民检察院检察长李军、苏州市司法局局长王侃、苏州市委政法委常务副书记周斌伟等领导到麦子店地区蓝色港湾调研亮马河风情水岸及周边商圈经济带建设、环境秩序以及大人流防控工作。

（杜　明）

2023年朝阳区麦子店街道社区居委会情况一览表

表25

序号	名称	地址	电话
1	霞光里社区居委会	霞光里30号院5号楼西侧	51302817
2	亮马社区居委会	霞光里30号院5号楼1层东侧	64660199
3	枣营北里社区居委会	枣营北里30号楼	65928551
4	枣营南里社区居委会	枣营南里19号	65089525
5	朝阳公园社区居委会	朝阳公园西路9号北小楼	65383824
6	农展南里社区居委会	农展南里3号楼	65915230
7	枣营社区居委会	枣营北里19号楼	65910427

（曹荣贵）

潘家园街道

【概况】 潘家园街道位于朝阳区东南部。东至西大望路与南磨房地区（乡）相接；南至华威南路与十八里店地区（乡）、丰台区相邻；西至广渠门南滨河路与东城区隔河相望；北至农光路与劲松街道相连。辖区总面积3.4平方千米。下辖17个社区居委会。2023年，辖区常住人口100272人、户籍人口30941户75381人、流动人口27744人、外籍人口289人，户籍人口中有汉族70247人、少数民族5134人；新出生420人、死亡1915人。有法人单位3041个，其中中央单位有中国医学科学院肿瘤医院、国家体育总局体育彩票管理中心等17家，市属单位9家，区属单位39家，其他单位2976家；有医院7家、社区卫生服务中心3个、社区卫生服务站6个；有科研院所7家；有中学2所、小学3所、幼儿园5所；有老年公寓1处、养老服务驿站3处；有762平方米为民服务大厅和3372.9平方米地区文化中心各1处、文化广场3处、24小时自助图书馆3处。途经辖区公交线路30余条，地铁10号线、14号线贯穿其中。辖区绿化率20.6%。2023年，潘家园街道以主题教育为牵引，深化“一个工程四大行动”（党建强基工程，城市更新行动、安全守护行动、千家万户行动、文化润民行动），完成全国两会、“一带一路”国际合作高峰论坛和服贸会等重大活动服务保障、创建文明城区及国家卫生区复审、城市精细化管理、“疏整促”专项行动。地区快递外卖行业联合工会成立，第六次归侨侨眷代表大会召开，选举产生第六届侨联委员会；医务社工志愿服

▲ 5 月 12 日，潘家园街道第六次归侨侨眷代表大会召开　（李金龙　摄）

务基地揭牌，10 个医务社工志愿服务基地，有医务社工 150 人。实现区级财政收入 2.55 亿元，比上年增长 3.34%。潘家园南里四小区获评朝阳区首批“最美小院”。

【平安建设】 2023 年，潘家园街道开展安全生产和火灾隐患大排查大整治工作，违规电动三、四轮车削减淘汰 2387 辆，上账车辆实现“清零”。固化“三清一整”行动，清理楼道堆物堆料 1 万余千克。提升企业隐患识别和风险应对能力，对 452 家小微企业开展风险评估复核。开展重大燃气安全隐患消隐工作，更换液化天然气安全型配件 89 套，解决武圣西里 22 号楼南侧占压管线历史遗留问题，实现燃气市级挂账隐患销账。全年检查限额以上在施工地 120 余次，限额以下在施工地 1100 余次。消除地下室安全隐患 500 余处。夯实食品安全“两个责任”（食品安全属地管理责任、企业食品安全主体责任），处理食药安全投诉 921 件，立案 51 件，罚款 9.6 万元。

【环境整治】 2023 年，潘家园街道拆除松榆里社区房前屋后等 127 处违法建设，拆除面积 3870 平方米，创建无违法街道，353 个图斑全部办结销账。完成施工围挡治理 3 处、非施工围挡治理 1 处。配合北京电视台录制 1 期《向前一步》栏目。联合派出所核实处置违法群租房 200 余处，保持违法群租房“动态清零”。完成松榆里一区至松榆里四区、北京市房管局宿舍等 5 个老旧小区综合改造项目，惠及居民 3337 户。朝阳区档案馆门前开展大尺度绿化，建成“兰台园”，占地面积 4700 平方米。武圣东路翻新道路 5000 余平方米，建成全区首条精品街巷。建设松榆里全龄友好“无界公园”，项目被《北京日报》等媒体报道。建立物业管理例会机制，发布物业管理“红黑榜”，依法指导华西 56 号院等 10 个小区完成物业服务单位更换等工作，引导物业公司履职尽责。

【社区建设】 2023 年，潘家园街道完成 3 个新建社区和 13 个原有社区居委会选举和补选工作，新招聘录用社工 60 人。完成武圣东里、磨房南里等 5 处公益性用房装修改造和社区服务站规范化建设。探索“千家万户”基层治理模式，开发“云上潘”小程序，构建“一图一表一册”治理体系，形成“三事分流”工作机制，发现并解决诉求问题 3381 个。发挥社会组织作用，培育社区社会组织 236 支，完成服务案例 35 个，开展各类活动 289 次。

【接诉即办】 2023 年，潘家园街道编纂《潘家园街道接诉即办工作典型案例汇编》，健全“8710”工作机制（每周一至周日早上 8 点由主要领导带领相关部门和社区对涉否和剔除案件进行调度，每周 7 天不间断调度，落实 10 项工作保障机制），共召开线上、线下调度会 330 次。受理“12345”市民热线诉求 15633 件，响应率 100%，解决率 93.41%，满意率 94.97%，平均成绩为 94.69 分。

【社会保障】 2023 年，潘家园街道创建充分就业社区 14 个，城镇登记失业人员就业率 64%；开展非京籍义务教育入学、转学审核 428 人；监管全民健身器材，更新维修更换社区老旧器材 49 件；精准帮扶救助各类人员 2561 人。慰问老年人 1485 名，发放慰问品和慰问金 6.65 万元。救助辖区内低保等困难群体 126 人次，救助金额 32.42 万元。组织残疾人活动 171 场，服务人群 6386 人次。完成残疾人无障碍家庭改造 10 户，居家心理康复、辅具服务、居家康复 3 项培训服务 195 人；建设完成急救站 2 所，推荐松榆里社区养老驿站参加北京市民政局居家养老“揭榜挂帅”试点，创建北京市居家养老综合服务示范中心。

【“文化四季”系列活动】 4 月 13 日，潘家园街道“文化四季”系列活动开幕。“文化四季”系列活动以四季为特点，分为春季——春之韵，以春节、元宵节等传统节日为载体，打造传统文化季；夏季——夏之盛，以森林季演出为主，百姓周末大舞台为辅的文体活动，为地区居民提供多元化的文化盛宴，打造音乐舞蹈季；秋季——秋之实，以红色文化为主线开展红色主题教育、红色主题文艺演出等活动，打造红色文化季；冬季——冬之赞，以全民学习为主线，开展全民阅读、展览展示等活动，打造全民学习季。2023 年举办各类文化活动 245 场，参加演出人员 3000 人，惠及社区居民群众 17000 余人。

▲ 4 月 13 日，潘家园街道"文化四季"系列活动开幕式现场　　（李金龙　摄）

【对口帮扶】 9 月 5 日，潘家园街道一行 10 人，到内蒙古自治区乌兰察布市开展支援协作工作调研。先后前往北京八中乌兰察布分校、察右前旗、察右中旗及察右后旗考察调研，了解学校建设情况和乡村振兴情况，对接交流支援协作工作。北京潘家园国际民间文化发展有限公司、北京眼镜城市场有限责任公司、北京海文资产经营管理有限公司共同向北京八中乌兰察布分校、察右前旗、察右中旗及察右后旗捐赠帮扶资金及物品价值19万元。11 月 28 日，潘家园街道与房山区十渡镇栗元厂村建立结对帮扶关系，签订帮扶协议。

【原创独幕话剧《北平的黎明》复排首演】 11 月 8 日，潘家园街道原创独幕话剧《北平的黎明》在汇文中学垂杨柳分校报告厅复排开演，该剧由潘家园街道主办，地区居民自编自导自演。该剧讲述的是 1949 年，北平和平解放前夕，朝阳门外东岳庙、吉市口一带，一家日渐惨淡的老字号"虾米居"的酒馆里，来自社会各界的常客们面对兵临城下的时局议论纷纷，或恐慌或猜疑或期盼或喜悦，交织成一幅民间世态百相图。朝阳区委、区委宣传部、中国戏剧文学会、北京戏剧家协会、朝阳区文联、朝阳区宣传文化中心及街道领导、地区学校代表、各社区及地区居民等 350 余人到场观看。

【"'中国·潘家园'文化产业联盟"成立】 12 月 22 日，潘家园街道发起成立"'中国·潘家园'文化产业联盟"，包含北京古玩城等 8 家企业单位，签订《"'中国·潘家园'文化产业联盟"倡议书》，制定《"'中国·潘家园'文化产业联盟"章程》，助力企业开展联合合作、资源共享，推动区域经济社会及文化产业高质量发展。

（周雪蕾）

2023 年朝阳区潘家园街道社区居委会情况一览表

表 26

序号	名称	地址	电话
1	松榆里社区居委会	松榆里26号楼104号	87379160
2	磨房南里社区居委会	武圣庙6号	67347090
3	松榆西里社区居委会	松榆西里61号楼西侧	67303065
4	武圣农光社区居委会	松榆北路7号院9号楼2层	67327342
5	松榆东里社区居委会	松榆东里15号楼014室	67358840
6	武圣东里社区居委会	武圣庙6号	67321802
7	华威西里社区居委会	华威西里甲42号楼	87771754
8	华威西里南社区居委会	华威西里26号楼南侧平房	67797721
9	华威北里社区居委会	华威北里11号楼北侧平房	67720357
10	华威北里南社区居委会	华威北里甲32号楼	67733058
11	潘家园社区居委会	潘家园27楼104号	87783342
12	华威里社区居委会	华威里翌景家园2号楼1A	87731033

续表 26

序号	名称	地址	电话
13	潘家园南里社区居委会	潘家园南里11号楼北侧平房	87715076
14	潘家园东里社区居委会	潘家园东里12号楼110室	67721304
15	潘家园东里西社区居委会	潘家园东里1号楼北侧30米	67716540
16	武圣西里社区居委会	松榆北路7号院9号楼2层	87379079
17	松榆西里北社区居委会	松榆西里52号楼西侧平房（警务工作站）	67312289

（周雪蕾）

三里屯街道

【概况】 三里屯街道位于朝阳区中西部。东起东三环北路与团结湖街道相接；南临工体南路与朝外街道相连；西至春秀路与东城区东直门街道接壤；北濒亮马河与左家庄街道毗邻。辖区面积 2.9 平方千米。下辖 8 个社区。2023 年，辖区有常住人口 32347 人、户籍人口 13295 户 35777 人、流动人口 14672 人、外籍人口 1194 人，户籍人口中有汉族 33377 人、满族 1157 人、回族 740 人、其他少数民族 503 人；出生人口 174 人、死亡人口 809 人。有法人单位 7363 个，其中央属单位有 15 家、地方单位 105 家、其他单位 7243 家；有驻华使馆和国际组织 95 家、联合国驻华机构 17 家；有医院 2 家、社区卫生服务中心 2 个、社区卫生服务站 2 个；有大学 1 所、中学 3 所、小学 5 所、幼儿园 7 所；有养老机构 2 处；有 300 平方米为民服务大厅和 1200 平方米地区文化中心各 1 处、文化广场 2 处。途经辖区公交线路 40 条。辖区绿化率 40%。2023 年，三里屯街道深入实施“五子”联动（建设国际科技创新中心、“两区”建设、发展数字经济、以供给侧结构性改革创造新需求、深入推动京津冀协同发展）服务和融入新发展格局，提振经济社会发展信心。以建设“五宜”朝阳为引领，以“领航三里”“筑梦三里”“荣耀三里”为主线，坚持“文化、国际化”主攻方向，持续推进“文化三里屯”建设，围绕商圈治理、城市更新、人才聚集、民生改善、社会和谐，推动商圈发展与居民生活品质提升同频共振，推进各项工作跃上新台阶。举办“让世界遇见三里屯”为主题的三里屯“国际周”系列活动，包括第二届三里屯国际美食节、第二届三里屯京港澳青年生活节暨三里屯国际咖啡节、2023 三里屯第 22 届文化艺术节及系列活动、寻茶之旅——2023 北京国际茶香文化节等各类活动 120 余场。举办首届文化三里屯圆桌对话、三里屯礼物、三里屯日——首届“北京·马来西亚节”等板块的活动，落地实施“文化+”发展战略，通过以文化促消费的形式营造地区优质消费环境，提振经济发展信心。完成全国两会、服贸会、“一带一路”国际合作高峰论坛等重要时期安保任务；实现区级财政收入 13.74 亿元，比上年下降 5.15%；房地产业收入 3.44 亿元，比上年减少 19.12%。三里屯街道获评“北京市社会建设与民政工作先进集体”，获“首都双拥模范奖”、“一社一品”党建品牌获 2023 年全市 100 个两新组织“党建强、发展强”党建品牌项目。

【平安建设】 2023 年，三里屯街道按行业、领域严查动火作业、有限空间作业、安全用电、高空作业、特种作业证件和外包外租点位，开展联合检查 16 次，约谈企业 34 家次，联合区应急局处理违规企业 5 家，罚款 15 万元。开展安全隐患夜查 135 次，检查 2092 处场所，排查出一般隐患 906 处，立即整改隐患 847 处，限期整改隐患 59 处，整改率 93.4%。开展“拉网式”检查餐饮、酒店、单位食堂 682 家，对未安装熄火保护装置的 38 家单位和油烟清洗不到位 11 家企业实行约谈整改。覆盖检查所有在施工程、高风险以及动火作业工程 2～3 次，7 月至 9 月完成有限空间夜查夜巡工作 36 次，检查安全隐患 42 处，纠正违规操作可能引发安全事故的 11 处。完成 1414 辆电动自行车“一车一档”信息登记和补充完善充电设施设备，完成 1814 个充电接口安全检查。为 668 名 70 岁以上失能老人和残疾人配备火灾自救逃生器材“四件套”，排查更换 267 户居民家用燃气灶具。

【环境整治】 2023 年，三里屯街道打造北接亮马河，南接朝阳北路，全长 2.5 千米，总设计面积 8.7 万平方米的国际风情水岸。三里屯路东侧打造文化艺术空间与慢生活特色餐饮相结合的城市漫享街区。通过三里屯路慢行系统建设，与亮马河慢行系统连通，打造慢行友好街区的重要组成部分，助力三里屯打造国际一流商圈。拆除违法建设 13 处、3837.55 平方米，整治非法占压燃气管线 82 处，治理夜间施工扰民、施工扬尘等市容环境违法行为，立案 1029 起，处罚金 43 万余元。

【一社一品】 2023年，三里屯街道深度打造“一社一品”精品社区党建品牌，通过合纵连横提升党建质量，打造中纺里社区“党员知心屋”、幸福三村社区“红色护河队”、东三里社区“书记工作室”、幸福二村“六微工作法”、幸福一村社区“幸福村里幸福事”、白西社区“爱心帮帮团”、南三里社区“星火南三”、北三里社区“汇三力 聚三里”8个党建品牌。

▲ 9月21日，第二届三里屯国际美食节“餐桌上的秀场”系列活动开幕，图为宝藏餐厅颁奖典礼 （顾 欣 摄）

【接诉即办】 2023年，优化《三里屯街道“接诉即办”工作考核管理办法》、更新接诉即办闭环处置平台，接收群众诉求10233件，退件717件，实际受理诉求9516件，综合“三率”得分97.53分。

【社会救助】 2023年，三里屯街道对辖区困难群众提供临时救助8户2.49万元，对困难家庭学生提供入学救助3户1.32万元，发放医疗救助112人次21.95万元，慈善救助4人5490元；发放低保179户278人次493.68万元、低收入13户30人次2.51万元、特困1户1人次4.12万元；发放养老补助215人次37.36万元、失能补助1014人次720.82万元、高龄补助2688人次584.21万元；发放困难残疾人“两节”慰问金12.4万元、发放助残月慰问金4.5万元；发放在校学生扶残助学补贴0.9万元；发放残疾儿童康复补贴52.48万元；发放重度残疾人助残券5.04万元。

【“千企万店”】 2023年，三里屯街道作为朝阳区首批“千企万店”拥军行动试点街道之一，在实践中探索形成“12345”拥军工作机制（一种共识、两条街区、三个渠道、四区联动、五拥方阵），调动党、政、军、民、企群体，扩充拥军商户数量行业，优化打造双拥示范街三里屯西街，成立“崇军三里”拥军联盟，在全地区形成双拥氛围。

【筑梦少年团】 7月至9月，三里屯街道新时代文明实践所联络地区资源、拓宽宣传渠道，联动政校企三方力量，共同为辖区青少年打造温馨有趣的新时代文明实践乐园，在暑假期间开展志愿服务、传统文化、职业体验等“筑梦少年团”青少年主题实践活动20余场，500余人次参与。活动受到《北京日报》“北京时间”新媒体平台、《北京青年报》、“北京朝阳”政府网站、“文明朝阳”公众号等多家媒体的关注与报道，并获2023年首都未成年人思想道德建设创新案例提名奖。

【第二届三里屯国际美食节开幕】 9月20日，第二届三里屯国际美食节开幕，活动揭晓2022宝藏餐厅TOP名单，宣读建设低碳商圈倡议书，启动三里屯国际美食节后续活动。2023宝藏餐厅评选、三里屯好吃100美食周、三里屯美食快闪活动、三里屯餐桌微故事片、三里屯X尤伦斯艺术节、星厨联盟线下沙龙、低碳创新展七大主题活动。美食节吸引15万人次参与，拉动消费额度800余万元，有效推动地区餐饮行业发展和经济繁荣。（于 音）

▲ 11月1日，三里屯街道双拥示范街升级，设置地标指示牌 （顾 欣 摄）

2023年朝阳区三里屯街道社区居委会情况一览表

表27

序号	名称	地址	电话
1	幸福一村社区居委会	三里屯太平庄南里甲3号	64165638
2	幸福二村社区居委会	三里屯幸福二村甲5号楼1层	84604871
3	幸福三村社区居委会	北三里26、27号院平房	64620069
4	东三里社区居委会	东三里屯中十一楼南侧平房	64173175
5	北三里社区居委会	北三里屯甲1号1层	64177960
6	中纺里社区居委会	中纺里9号楼北侧平房	65074399
7	白家庄西里社区居委会	三里屯南路4号楼1层	65912776
8	南三里社区居委会	三里屯SOHO5号商场外侧底商5111号	85270262

（于　音）

首都机场街道

【概况】 首都机场街道位于朝阳区东北部。东邻顺义区界内T3航站楼；西接顺义区天竺镇；南与天竺镇楼台村相邻；北至顺义区界内空港保税区。辖区面积12.23平方千米。下辖4个社区。2023年，辖区有常住人口29116人、户籍人口6682户23442人、流动人口5642人、外籍人口32人，户籍人口中有汉族22131人、少数民族1311人（其中满族524人、回族246人、其他少数民族541人）；出生人口173人、死亡人口105人。有法人单位411个，其中央属单位有民航华北局、民航华北空管局等8家，市属单位有北京市大安山林场管理处1家，区属单位有北京恒润佳业商贸有限公司、北京市京客隆超市机场店等7家，其他单位395家；有医院1家、社区卫生服务站1个；有职业中学1所、中学1所、小学1所、幼儿园5所；有养老机构4处；有260平方米为民服务大厅和6000平方米地区文化中心各1处、文化广场2处、24小时自助图书馆2处。途经辖区公交线路13条，地铁机场快轨线贯穿其中。辖区绿化率43%。2023年，首都机场街道以“五宜”朝阳建设为工作目标，聚焦“补短板、强弱项、打基础、促长远”，守正创新，奋发有为，做到“四个更加”（党的领导更加有力、安全稳定更加牢固、辖区环境更加优化、民生福祉更加殷实），推进“四型国门”（忠诚、平安、美丽、幸福）建设走深走实。完成全国两会、服贸会、“一带一路”国际合作高峰论坛等重大活动期间服务保障工作；实现区级财税收入2.70亿元，比上年增加4.2%。首都机场街道获评国家级“节约型机关”，街道诉求处置中心获评“首都劳动奖状”，南路东里社区获“最美志愿服务社区”称号。

【主题教育】 2023年，首都机场街道推动主题教育全覆盖，党支部理论学习348次，书记讲党课101人次。班子成员集体调研5次，个人领题调研96次，收集意见建议45条，发现并解决问题80余个，完成30项重点任务及15件民生实事，巩固拓展主题教育成果。街道工委召开专题民主生活会，深入查摆具体问题18项。4个社区党委和24个党支部召开组织生活会，从严从实提出整改举措。

【平安建设】 2023年，首都机场街道推广使用“企安安”平台，企业填报“企安安”系统381家，填报率100%。检查生产经营单位1300余家次，发现并整改隐患356处，检查整改电动自行车消防安全隐患20余处。联合检查地区单位445家次，发现并整改火灾隐患16处。开展违规电动三、四轮车专项整治工作，淘汰131辆，销账100%。与30余家立户单位签订交通安全责任书，治理乱停车辆，上传随手拍176件，现场劝离违停车辆500余辆，更换、拆除污损破损标识标牌10余处，修缮阻车柱40余处。

【环境提升】 2023年，首都机场街道“三供一业”移交改造项目：完成小天竺路和副食西街的大修项目、小大竺路燃气管线改造工程、岗山路路灯安装及北垃圾楼改造移交工作；改善居民出行环境，10余栋居民楼前路面改造提升项目完工；解决副食东、西街路段雨污混排历史遗留问题、机场南路雨污混排改造项目完工；小天竺路周边城市公共空间提升改造项目进入市发展改革委项目库。完成朝阳区下发图斑治理任务1324处，年度拆违任务完成146.6%；探索“物业服务+社区再生资源回收”模式，完成3个垃圾分类示范小区和8个达标小区创建；完成4个社区物管会重新组建工作。

【社区队伍建设】 2023年，首都机场街道制定社工管理考核办法，储备社区正副职14人。激励干部履职担当，

▲ 3 月 16 日，首都机场街道开展“三强一勇”大讨论　　（文晓芳　摄）

开展处级领导“传帮带”8 次、“三强一勇”（强思想、强能力、强作风，勇当新时代国门先锋）大讨论 11 期。打造“耕田行社”社工培训品牌，分层分类提高社工队伍能力水平。

【为民办实事】 2023 年，首都机场街道筹措街道系统共商共治——南平里 39 号北侧花园提升项目和接诉即办工作经费 430 余万元，完成党政群共商共治工程，改造南平里 39 号楼北侧花园；完成燕翔西里 10 号楼周边停车场改造提升、南路东里小区交通内循环改造提升、南平里“美院秀秀”改造提升、北平里 11 号楼改造提升项目等 8 个民生实事工程。

【接诉即办】 2023 年，首都机场街道坚持问题导向，“日调度、周复盘、月点评、年总结”工作模式形成长效机制，解决居民诉求 1261 件，解决率 98.11%、满意率 99.38%；组织开展年度接诉即办大比武活动，汇编工作典型案例精品荟，探索“三协一合”治理模式，做到“干就干最好，争就争第一”。年度综合考评 6 次获北京市第 1 名，年度综合排名朝阳区第 1 名。

【社会服务】 2023 年，首都机场街道走访辖区重点用工单位，挖掘岗位 470 个，为 26 名残疾人安排就业岗位，实现享受政策性灵活就业补贴 97 人；协调解决农民工群体讨薪纠纷 5 次，追回工资 310 万余元；发放慰问金、低保救助金、特困供养金 97.2 万元，保障困难群体基本生活；走访慰问退役军人及优抚对象，用心用情提升“双拥”工作质效；社区卫生服务站家庭医生重点人群签约率完成 121%。

【文化活动】 2023 年，首都机场街道聚焦品牌创建，打造“国门空姐”“国门文体群英会”等特色品牌，开展各类活动 20 余场，惠及群众千余人。组建街道级品牌合唱队伍，组织各类培训 100 余次。更换辖区老旧健身器材 181 件，创建完成“北京市全民健身示范街道”。整合国航、机场离退中心公共资源，开放活动室 18 间，公共文化空间提档升级。　（王银红）

▲ 12 月 27 日，首都机场街道举办接诉即办工作技能大比武。图为机关干部创作小品演绎为居民解决疑难事　　（宋雨萌　摄）

2023 年朝阳区首都机场街道社区情况一览表

表 28

序号	名称	地址	电话
1	南路西里社区居委会	燕翔西里2号楼北侧服务办公用房	64571565
2	南路东里社区居委会	东平里5号楼北侧服务办公用房	64571579
3	南平里社区居委会	南平里31号楼西侧服务办公用房	64573848
4	西平街社区居委会	西平街9号楼东侧服务办公用房	64579204

（王银红）

双井街道

▲ 2 月，双井街道招商引资暨楼宇联盟正式成立　（郭宜宾　摄）

【概况】朝阳区双井街道位于朝阳区中西部，东起东四环路与南磨房地区（乡）相邻；南至劲松大街和广渠路与劲松街道相接；西至东二环路与东城区花市街道毗邻；北至通惠河与建外街道隔河相望。辖区面积 5.08 平方千米。下辖 18 个社区。双井街道是北京 CBD 的服务保障区、居住人口高度密集区、老工业基地转型升级区、先锋文化聚集区以及连通首都功能核心区与市行政副中心的重要廊道。2023 年，辖区常住人口 118120 人、户籍人口 30311 户 74630 人、流动人口 58586 人、外籍人口 1664 人，常住人口中有汉族 69936 人、少数民族 4694 人；出生人口 493 人、死亡人口 1454 人。有法人单位 8537 个、限额以上法人单位 290 家，其中中央单位有中国民用航空局空中交通管理局、人民美术出版总社等 6 家；有综合医院 1 家、卫生服务中心 2 个、社区卫生服务站 6 个；有中学 2 所、职业高中 1 所、国际学校 1 所、小学 4 所、幼儿园 10 所、社区办园点 3 处。有养老机构 2 处、养老驿站 5 处；有 550 平方米为民服务大厅和 2000 平方米地区文化中心各 1 处、文化广场 7 处。地铁 10 号线、7 号线、14 号线贯穿其中。辖区绿化率 36%。2023 年，双井街道坚持和加强党的全面领导，着力提升党建水平；坚持从严治党和廉洁自律，着力保持风清气正政治生态；坚持数字孪生创新驱动大方向，着力建设数智双井；坚持创新引领和打造品牌，着力推进社区建设；坚持用真情和匠心治理城市，着力提升宜居水平；坚持在发展中保障和改善民生，着力增进群众福祉；坚持统筹发展和安全，着力建设平安双井。发布《双井街道招商引资白皮书》，提出发展概况、享受政策、资源展示等具体举措，加大招商引资力度；完善“1+2+3+N”（一个统领，以党的建设为统领，全面统筹地区发展的各项事业；二个平台，以地区党群中心和党建工作协调委员会为抓手，打造地区社会领域党建工作开展的两个重要平台；三个重点，围绕地区合生汇、乐成中心、富力双子座三大商圈，带动地区其他楼宇服务站的建设；N 个基层战斗堡垒。抓好地区多个非公企业支部、社会组织支部、居民支部的党建工作，使支部形成有战斗力、有凝聚力的规范化的战斗堡垒）区域化党建工作体系，探索社会领域党建与数字经济双向赋能路径；建成“1+8”个创业就业服务驿站。完成区级财政收入 5.81 亿元，比上年增长 3.4%；征收小房产税 1002.62 万元（含增值税、个税等），比上年减少 18.77%。街道获北京市青年文明号集体、首都最美志愿服务社区等称号。市民诉求处置中心获北京市事业单位集体记大功奖励。

【平安建设】2023 年，双井街道建成垂西社区联合型微型消防站，整合社区安全防控队伍，启用“蓝卫士”App 系统，以楼道堆物识别系统、火眼识别系统、消防通道智管系统、车棚安全防控系统、垃圾溢满及遗洒识别系统、视频巡控系统等六大系统实现对小区院内、楼内、停车场、电动车棚等公共空间隐患排查全覆盖。清理违规电动三、四轮车 997 辆；新开 9 条道路高点视频路侧停车，办理路侧停车证 438 人；办理限额以下施工工程信息登记 641 家，完工销账 511 家，累计检查 789 次，发现问题 369 条，全部整改到位。联合朝阳区住建委对地区限额以下工程开展联合检查 12 次，检查限额以下工程 24 家、大型工地 13 家，发现、整改问题 60 条，确保工程有序安全施工。

【慢行系统建设】2023 年，双井街道完成庆丰公园西门通道改造及新建广告园慢行通道工程，工程分为庆丰公园西门通道改造、庆丰公园内慢行系统及新建广告园慢行通道等 3 处。其中庆丰公园西门通道改造工程——“井色拾光花园通廊”作为双井地区联通 CBD 慢行系统中的重要一环，提高辖区慢行承载力，提升居民出行品质。

【环境整治】2023 年，双井街道拆除百子湾路 29 号院内库房、北京东站服务楼、垂杨柳北里金色年华、东三环中路滩羊铺子二层等点位违章建筑 6847 平方米，其中挂账任务 700 平方米，完成任务 978.14%。

【老旧小区综合治理】2023 年，双井街道投入资金 300 余万元，联合 7 家产权单位对垂东社区排水系统整体改造，新建污水管道 300 余米，疏通污水井 289 座，管线清淤 1200 余米，解决垂杨柳东里 11 栋楼 25 个单元 500 户居民排水不畅、污水倒灌等问题。

完成垂杨柳西里6号楼外套式加固改造及“一站式”无忧服务试点工作。43户居民完成搬家及回迁。平均每户居民户内增加面积8.7平方米，缓解共用卫生间带来的邻里矛盾。街道投资900余万元，拆除违建400余平方米，完成百子湾29号院改造，历经3个月，完成楼体加固、节能保温、上下水管道更换和公共区域改造，解决困扰居民多年的屋顶漏雨及楼体不保温问题。

【社区建设】 2023年，双井街道拆分和平村一社区成立和平村二社区；拆分光环社区成立光华社区，拆分九龙社区成立庆丰社区，拆分百子园社区成立百子园南社区，拆分垂东、垂西社区成立垂南社区。通过报名、资格审核、笔试、面试、体检、考察、公示等环节，新招录社工150人。经过选拔流程，任用社区正职5名、副职24名。

【接诉即办】 2023年，双井街道探索“三心三包四调度”（三心：暖民心、守初心、强信心；三包：街道、社区两级书记—处级领导班子成员—科室负责人三级包案；四调度：常规日调度、重难点诉求调度、未诉先办调度、专项问题调度）工作机制，以“有解思维”推动接诉即办工作开展。办理各类诉求18121件，平均响应率99.97%，满意率96.58%。

▲ 12月，双井街道数字经济主题公园亮相 （郭宜宾 摄）

【社会救助】 2023年，双井街道开展“首善有我”“中华慈善日”等活动募集捐款7.2万元，慈善救助12人3.3万元；办理低保25户44人；为低保、低收入家庭申请采暖救助323户43.27万余元。为罹患重大疾病人员申请“温暖安康”慰问及救助19人5.1万元。节日期间走访慰问各类困难人员332户，发放慰问金18.75万元。

【数字经济主题公园】 2023年，双井街道利用京哈铁路沿线1.2万平方米腾退土地，投资1100余万元，建成“双井之光”“双井之窗”“未来展示”3项内容，改造升级原有城市形象广场、智能健身互动设施等，打造“北京市首家数字经济主题公园”。

【文化活动】 2023年，双井街道通过统筹区级文化资源，开设乐理、京剧等培训课程，组织非遗项目制作、观影等活动，开展生肖设计大赛、微春晚、欣美井清明踏青节、社区多彩行广场舞比赛、百姓周末大舞台原创少年派木偶剧演出、大运河神木文化等特色品牌文化活动300余场，参与群众9.5万人次。 （陈 宁）

2023年朝阳区双井街道社区居委会情况一览表

表29

序号	名称	地址	电话
1	广和里社区居委会	广和南里二条14号楼下平房	67745991
2	垂杨柳东里社区居委会	垂杨柳北里14楼西单元4-6号	87712371
3	垂杨柳西里社区居委会	垂杨柳西里6号楼南侧平房	67764486
4	广泉社区居委会	广渠门外大街甲28号院15号楼206室	87753405
5	广外南社区居委会	广渠门外大街22号楼北侧平房	67751339
6	双花园社区居委会	北双花园西里甲8号楼	67398650
7	光环社区居委会	双花园南里二区6号楼5单元101室	87721629
8	富力社区居委会	富力城天力街3号楼1层	58621732
9	富力西社区居委会	天力街19号院2号楼	56876088
10	九龙社区居委会	苹果社区南区5号楼A座地下1层	58264735

续表 29

序号	名称	地址	电话
11	黄木厂社区居委会	御宸上院北门1号楼底商	56358081
12	九龙南社区居委会	百子湾南二路76号院5号楼底商12号	87724701
13	东柏街社区居委会	广渠路双井东院内2号楼北侧平房	67791171
14	九龙山社区居委会	广渠路29号院九龙花园1号楼A座底商	67724839
15	大望社区居委会	西大望路19号院金港国际5号楼7单元101、202室	87755016
16	百子园社区居委会	后现代城B区4号楼B单元203室	87732860
17	茂兴社区居委会	广渠路23号院5号楼101室	67776770
18	和平村一社区居委会	广和里西路57号院5号楼底商	87753970

（陈　宁）

团结湖街道

【概况】 团结湖街道位于朝阳区中西部。东起水碓子东里、水碓子东路、朝阳体育馆西侧与六里屯街道为邻；南至呼家楼北街和二道沟北侧与呼家楼街道相接；西至东三环北路与三里屯街道相连；北至农展馆南路与麦子店街道接壤。辖区面积1.23平方千米。下辖9个社区。2023年，辖区常住人口34093人、户籍人口12591户31443人、流动人口11974人、外籍人口174人；出生人口161人、死亡人口807人。有法人单位2058家，其中中央单位有6家、市属单位6家、区属单位53家、其他单位1993家；有医疗机构11家、社区卫生服务中心1个、社区卫生服务站1个；有中等职业学校1所、中学2所、小学2所、幼儿园4所；有托老所1处、社区养老驿站2处；有988平方米为民服务大厅和4941平方米地区文化中心各1处、文化广场2处、24小时自助图书馆1处。途经辖区公交线路28条，地铁10号线贯穿其中。辖区绿化率44%。2023年，团结湖街道以党建为统领，以“精致团结湖”（党建精品、环境精美、治理精细、服务精准、生活精彩）为抓手，凝聚发展合力，强化基层党组织引领，打造亮点民生工程，优化社区治理体系，营造和谐稳定绿色生态人居环境。完成年度人口抽样调查，登记298户703人，其中国家样本点登记40户78人、市级样本点登记258户625人；启动第五次全国经济普查，清查法人和产业活动单位2262家、个体户210家，数据采集率81%；老旧小区综合整治项目完成施工合同签订；街道班子梳理推动地区发展重点任务2项、民生实事16项；举办群众文体活动820余场，受众人群8.4万余人次，9个市民活动分中心开展文化活动603场，受众人群2.6万余人次，放映影片95场。实现区级财政收入21205万元，比上年增长5%；个人出租房屋房产税征收439万元，比上年减少13.92%。中路北社区获北京市综合减灾示范社区。

【平安建设】 2023年，团结湖街道建成小型消防站，配备小型消防车1辆、消防员11人，实现“一分钟响应、三分钟灭火”的目标；张贴消防安全提示8600余处，参与消防演练3500余人；出动安全检查人员3700余人次，检查单位4586家次，发现隐患1909处，整改隐患849处，下达限期整改通知书412份，约谈企业37家次；新建电

▲ 11月1日，团结湖街道小型消防站投入使用　（孔　斐　摄）

动自行车棚9处，新增充电设施19处、电动自行车接口208个；召开“企安安”使用专题培训会7场，培训企业600余家，督促企业开展自查22391家次，发现隐患2638项，“企安安”政府端检查3302家次，发现隐患1060项，督促建筑施工企业动火作业报备313家次。整治燃气管线占压隐患，燃气非居民用户检查全覆盖；创建“无群租房”小区，违法群租房“动态清零”。

【环境整治】2023年，团结湖街道开展绿化修剪、杨柳飞絮治理、美国白蛾防治、创森宣传等绿化工作；监控空气质量指标，巡查230余次，整改大气问题100余件，$PM_{2.5}$考核全区第1名；全年巡河101人次、88.433千米，解决问题102个；“街巷长”打卡5598次，小巷管家自曝自治问题18572件；协调处理市、区各类环境监管单1158件；依托“12356”垃圾分类工作机制，建立标准化物业长效管理体系，协调业委会换届问题10余次，发布市级宣传报道30余篇，垃圾分类考核全区第7名；创建政协宿舍小区、锦湖园小区北京市垃圾分类示范小区；搭建团结湖综合管理平台，整治占道经营等重难点问题；环境执法检查1万余次，录入检查单8006条，处罚金额6.31万元；取缔无照经营和擅自摆摊设点100余起，罚没物品80余件；检查“门前三包”单位1000余家次，规范“门前三包”单位500余家次，清理店外堆物堆料450次，规范店外经营274次；没收街头擅自散发广告2000余张，清除张贴、喷涂广告350余处，停机非法小广告电话13个；“基本无违法建设区”销账128条，拆除违法建设531.98平方米；完成隐患自建房整治13处。

【社区优化】2023年，团结湖街道调整优化社区规模，将原有6个社区拆分为9个社区，实现社区管辖户数均低于3000户的目标。拆分一二条社区、三四条社区、水碓子社区，成立白家庄东里社区、三四条北社区、水碓子东路社区，完成3处社区办公用房空间改造，依法完成新设立社区居委会选举和相关社区居委会补选工作，选举产生居委会主任3名、副主任6名、委员12名，所有居委会成员均高票当选。

【民生实事】2023年，团结湖街道完成“东朗·团结新里”特色街区综合服务体系，推动商圈重点企业落地发展；建设完成“1311”（一个综合服务中心强化统筹协调、三个小型工作站筑牢安全防线、一个党政企群互联互动平台强化信息互通、一支市场巡逻队打造平安无死角）综合服务体系，为辖区市场安全保驾护航；建设公共卫生服务联合体，推进基层中医药示范工作，落实一条中医文化街、一个宣传云阵地、一片中药“百草园”、一个中医康养小区、一支中医志愿者队伍、一日中医膳食体验、一套中医服务包、一张中医文化地图“八个一”举措。完成水碓子中央厨房系统，生产加工能力每餐800份以上，老年餐桌开展助餐服务3万余次；发展智慧养老服务平台呼叫中心业务，服务2万人次；发挥医养结合康复功能，服务315人次；翻新自行车棚9处；修缮改造居民活动场地3处，防水修缮5栋楼、2419平方米；三四条老旧小区楼本体节能保温项目完成竣工验收，水碓子西里楼本体抗震节能综合改造完工，水碓子危旧楼房改建一期项目居民意向签约率100%，北二条7号楼3单元电梯加装居民同意率100%。团结湖水碓子街区（朝阳北路段）公共空间更新改造提升项目申报成功，团结湖北路（东段）道路修缮完成；依托司堃范爱心工作室、银丝港湾、新心为老服务队等社区社会组织优势，开展定期免费理发、日常入户走访、陪同外出就医、生活用品代买等活动180余次。

【接诉即办】2023年，团结湖街道与北京禄特艾迪系统集成技术有限公司签订关于诉求处置团队能力提升项目并投入使用。对接朝阳区接诉即办平台，满足日常案件协同处置，实现案件数据化分析，提供案件梳理、重点预警等信息支持。接诉即办平台受理案件5446件，其中市级直派案件3133件，区级转办案件2313件，退回案件592件，实际处置4854件。接受市、区考核案件2506件，响应率99.98%，解决率97.45%，满意率97.70%。

【就业帮扶】2023年，团结湖街道召开专场求职招聘会13场，帮扶失业人员实现就业409人，登记失业人员就业率70.3%，就业困难人员就业287人，就业率73.03%。开发就业岗位1026个、招聘登记服务用人单位25家，求职登记405人次、完成职业技能培训45人、定岗培训3人；完成创业担保贷款借款人资格认定2家；享受区政府首席技师特殊津贴人员推荐8人，调解劳动人事争议17件。

【社会保障】2023年，团结湖街道有社会化退休人员9100余名，办理社保减员及丧葬费、遗属待遇申领发放223人，回收多支各类养老待遇49.5万余元。新增低保救助家庭12户23人，核减8户13人，114户低保家庭发放低保金300万余元。两节慰问120人次，收回多支各类养老待遇49.5万余元。办理城乡居民医疗参保、补换发社保卡、异地安置等业务3000余笔。

【居家养老服务平台】2023年，团结湖街道创新“全参与、全连通、全覆盖、全周期”服务模式，开展“全方位、全过程、全人群、全年龄”为老服务项目，打造集街道养老联合体、老年餐桌、医疗康复、日间照料、上门服务、供需对接、资源链接等功能一体的区域养老服务整合中心，涵盖区域1家养老机构、2家养老驿站、1家社区卫生服务中心、1家卫生服务站、30余家为老便民服务商，服务老年人22316人次。

【扶残助困】2023年，团结湖街道临时救助残障人士19人次；办理残疾人护理补贴2518人次、残疾人生活补贴 1353 人次、精神残疾看护补贴审核 180 人；办理丧葬补贴 6 人、水库移民人员身份核定 6 人、老年人 3 项补贴审核 472 人次。完成信息采集登记 1045 人，发放宣传材料 200 份，制作展板、条幅 5 块，接待咨询 400 人次。

【依法行政】 2023 年，团结湖街道聘请法律顾问 1 名，9 个社区配备公益律师 9 名，开展涉法事务合同合法性审核 37 次，协助接诉即办工作提供法律支持 45 次、出具法律意见 13 件、法律援助 16 人次。组织行政执法案卷评查 4 次，下达整改意见书 4 份、公示信息提示性整改通知 1 份，公示一般程序执法案件信息 90 件。协调劳动纠纷、欠薪问题 21 起，涉及 304 人，金额 577.53 万元。组织 8 次三方沟通协调会、2 次法律政策宣传活动，协调用人单位支付拖欠工资与赔（补）偿金 234 万余元。开展矛盾纠纷排查 1200 余次，排查矛盾 45 件，预防矛盾纠纷 45 件，处理民事调解纠纷 120 余起，纠纷调解化解率 100%。

【普法宣传】 2023 年，团结湖街道组织法律宣传活动 17 次，发放宣传材料 3 万余册，开展“法律大讲堂”知识讲座 18 场次，张贴普法海报 200 余张，义务解答法律咨询 2010 余人次。开展法援惠民专项宣传维权活动 10 余场，解答群众法律咨询 1872 人次。

▲ 6 月 28 日，团结湖街道三四条社区绘制“红色七月　红心向党”主题板报
（杨维鑫　摄）

【文创活动】 2023 年，团结湖街道开展主题活动周、传统节日专场、“艺术朝阳”、让“精臻筑梦　精致团结湖”等文体活动 820 余场，受众 8.4 万余人次，9 个市民活动分中心年度开展文化活动 603 场，受众 2.6 万余人次。放映弘扬时代精神等影片 95 场。

（李　满）

【党建品牌建设】 6 月 21 日，团结湖街道发展申通快递员、骑士团团长张代雷为中共预备党员，建立“一体两翼”组织架构，与顺丰、美团等 4 家行业党委签约合作，建成全域三分钟服务圈，涵盖 59 处点位 18 类服务；10 月 9 日，启动“新心向融”新就业群体党建系列项目，发布 5 项措施，举办 6 期“红驿课堂”；创新“新就业群体党建 + 为老服务”，联合“饿了么”探索助老送餐，10 名骑手为 30 名老人送餐 2000 余次；2023 年，组织开展“一月一主题”党建板报绘制评比，创作板报 305 块，社区居民、社会组织、共建单位、志愿者 1900 余人次及 70 余家社会单位参与创作，主题涵盖欢度佳节、文明城区、垃圾分类、消防安全、党风廉政建设等方面。

2023 年朝阳区团结湖街道社区居委会情况一览表

表 30

序号	名称	地址	电话
1	一二条社区居委会	团结湖北头条4号楼东侧	65824358
2	白家庄东里社区居委会	团结湖北头条9号楼东北角1层	65823131
3	三四条社区居委会	团结湖北三条16号楼	85973550
4	三四条北社区居委会	团结湖路8号楼京客隆南侧	85988529
5	中路北社区居委会	团结湖中路北一条8号楼	85982265
6	中路南社区居委会	团结湖中路南一条5号楼西侧	85989270
7	水碓子社区居委会	水碓子甲15号水碓子15号楼2单元对面	85986788
8	水碓子东路社区居委会	水碓子24号楼	65911936
9	南北里社区居委会	团结湖路21号楼西侧	85989524

（李　满）

望京街道

【概况】 望京街道位于朝阳区东北部。东起机场高速路与酒仙桥街道、将台地区（乡）接壤；南起北四环路与太阳宫地区（乡）为界；西至京承高速路与来广营地区（乡）、大屯街道相望；北至湖光北街、宏泰西街、宏泰东街与东湖街道相邻。辖域面积10.36平方千米。下辖25个社区（含坝北平房区和南湖渠三巷待拆迁区）。2023年，辖区常住人口14.6万人、户籍人口37425户99674人、流动人口8.2万人、外籍人口0.48万人，常住人口中有汉族135856人、少数民族9703人（其中回族1161人、满族1592人、朝鲜族5793人、其他少数民族1159人）；出生人口534人、死亡人口975人。有规模以上企业678家，其中全球500强企业10家（梅赛德斯-奔驰、西门子、康明斯、大众汽车金融、雀巢、卡特彼勒、中国惠普、恩梯梯、诺和诺德、山特维克）、中央单位11家（法治日报社、中央美术学院、国际竹藤中心、中材地质工程勘查研究院有限公司等）、市属单位11家（北京国合宇华控股有限公司、北京青年政治学院、北京市海运兴水产食品有限公司、北京首开商业管理有限公司等）、区属直管单位9家（北京市朝阳区建筑公司、北京市朝阳区三帆学校等）；有商务楼宇41栋（含7栋商住）、单位2.6万家；有医院6所（三甲1所、二级2所、一级3家）、社区卫生服务站8个；有科研院所2家、高校4所、中小学校幼儿园26所；有养老机构3处、养老服务驿站10处；有3200平方米为民服务大厅和地区文化中心各1处、文化广场2处；有消防救援站2个、120急救站3个。途经辖区公交线路93条，地铁13号线、14号线、15号线贯穿其中。辖区绿化率36%。2023年，街道围绕“十四五”规划和“五宜”朝阳建设，完成全国两会、“一带一路”国际合作高峰论坛等重大活动服务保障工作；强化党建引领，高质量落实主题教育和巡察整改工作；发展数字经济，统筹经济社会发展；深耕城市更新，优化营商环境；增进民生福祉，提高生活品质；举办“传统产业数字新未来”国际论坛、2023年北京朝阳科学家会客厅“数智连朝阳”国际创新科技项目路演暨第三期“科技望京·人工智能”专场活动；完成第五次全国经济普查清查工作，登记清查辖区第二产业和第三产业活动的法人单位和产业活动单位16164个、个体经营户470个；由北京青年政治学院、望京街道、万科集团联合打造的北青小屋启用，展示青年政治学院文化成果及专业技能；“望京法治文化广场普法驿站”揭牌，举办送法进校园、进企业活动6次，受众5000余人次；启动儿童交通安全教育主题活动，上海哈啰普惠科技有限公司、哈啰研究院向中国儿基会捐赠价值100万元的儿童交通安全产品。实现地区财政收入48.04亿元，比上年增加21.6%；征收房产税1865.28万元，比上年下降9.1%。街道获评“2022年全国侨联系统侨胞之家典型选树单位”“首都民族团结进步先进集体”。

（项　悦）

【平安建设】 2023年，望京街道开展燃气、户外广告牌匾等安全生产类执法检查1800次，立案查处91起，整治隐患180处，拆除违规牌匾110块；开展道路安全联合执法20次，查扣黑车、黑摩的24辆；完成25个社区（含坝北）、69家重点单位、14家学校教育机构、5处大型快递站点、3处养老院消防演习全覆盖；隐患排查8038处、检查各类企业600家，为845人发放暖心工程“四件套”；走访摸排107家单位使用的1930部电梯；与重点单位签订《安全生产和消防安全责任书》1355份，“企安安”隐患检出率114.18%，开展各类安全检查4223家次，发现、整改安全隐患2042项，开展宣传培训35次，张贴安全提示200处。建设完成地铁站周边的共享单车电子围栏133处，容纳共享单车停放6500辆；完成电动三、四轮车清理整治1177辆，削减率100%。

（项　悦）

【环境提升】 10月，望京街道完成阜荣街周边改造提升建设，项目东起望京东路，西至阜通南大街，南起广顺南大街，北至望京街，包括阜荣街、望京小街南段，总面积0.54平方千米。项目总体结构为“一‘心’、两轴、四段”，建设内容包括阜园生态竹装置（一“心”），望京小街与新世界百货连通界面及阜荣街两侧景观（两轴），北侧望京街段、西侧阜通东大街段、东侧望京东路段、南侧广顺南大街段的沿线道路与广场景观（四段）。改造涵盖广场路面、围墙、绿化、亮化、艺术墙绘、竹构装置、城市家具等，调整新世界百货商场的广场空间布局，增加绿化带和步行空间，街角设置有中央美院设计的壁画；更新宝能中心和方恒中心的老旧雕塑小品，建设喷泉水池；硬化阜荣街底商周边环境路面、增设花坛、休闲座椅等设施。

（项　悦）

【接诉即办】 2023年，制定《2023年望京街道接诉即办工作手册》完善街道接诉即办体系，坚持每日调度、每周会商、每月一题，做到小问题不隔夜、大问题周启动、老问题常回应，组织召开接诉即办调度、复盘等会议81次。有效受理诉求21297件，其中市级直派诉求11767件、区级9530件，平均月诉求量1775件。市级纳入考评4395件，响应率99.65%，解决率95.90%，满意率96.96%。（项　悦）

【基层治理】 2023年，望京街道构建“三级”社会工作服务体系，发挥“五社”优势资源参与社区建设，建立社区后备干部储备库，社工持证率达32%，与《法治日报》社共建花家地南里“社区之家”，服务居民2000余人次；建设夏都雅园等6个社区8个治理点位的楼门治理示范点，指导社区建立349个“网上议事厅”，形成党政群共商共治项目73个。加强公益金使用全流程监管，购买社会组织服务类项目52个、公益宣传项目25个，打造望京西园三区社区服务空间开放式建设项目，受益人群3300余人次。

（陈虹姗）

【基层党建】 2023年，望京街道实施基层党组织服务群众经费项目35个。制定雁阵计划保障，划分4个雁阵，储备社区后备人才14名，评选表彰街道级先进基层党组织30个、优秀党务工作者50名、优秀共产党员100名；新成立“两新”党组织7个、11座纳税亿元楼宇实现党组织覆盖100%，规范化拆分非公楼宇党支部16个、27个非公党支部转隶至社会工作党委。开展系列暖心活动100余次。“望京骑迹”专项行动入选北京新时代文明实践优秀创新案例。（陈虹姗）

【主题教育】 2023年，制定《望京街道关于深入开展学习贯彻习近平新时代中国特色社会主义思想主题教育的工作方案》。开展基层党组织“三会一课”集中学习1214次、主题党日活动1243次、书记讲党课321次。集体选题调研93次、解决问题55个；正面案例调研27次、反面案例调研25次、个人领题选题调研98次，解决问题87个。12项民生事实清单，完成整治整改问题6个、专项整治问题1个。

（陈虹姗）

【领导调研】 2月7日，区委书记文献调研辖区西门子（中国）有限公司企业经济发展情况。2月18日，市委书记尹力、市长殷勇走访调研西门子（中国）有限公司、雀巢（中国）有限公司和卡特彼勒（中国）投资有限公司数字经济情况。3月4日，区长吴小杰调研望京SOHO企业经济发展情况。3月8日，市委统战部副部长周景晓带队调研街道统战工作。3月22日，副区长舒毕磊调研梅赛德斯–奔驰集团企业经济发展情况。6月5日，北京市委办公厅人事处处长于征一行5人调研街道党建引领社区治理、党建引领接诉即办、党建引领垃圾分类工作。7月19日，全国人大“基层侨务工作座谈会”在望京西园三区社区召开。9月14日，国家发展改革委社会发展司司长刘明到花家地社区首开寸草春晖养老院调研养老工作。中国社区发展协会副秘书长陈开艳、人民日报社《民生周刊》杂志社主任记者罗燕到南湖西里社区调研老旧社区改造成果。10月25日，北京市委组织部副部长迟行刚调研街道非公企业党建工作。12月14日，朝阳区常务副区长聂杰英走访辖区梅赛德斯–奔驰（中国）有限公司，了解企业经营状况和2024年发展预期。12月21日，文化和旅游部党组成员、副部长卢映川，文化和旅游部办公厅主任张永新、文化和旅游部艺术司副司长张宜等调研街道K6育梦朝阳儿童成长友好空间。（项　悦）

【经济服务】 2月8日，街道组织召开“持续优化营商环境，推动企业稳定发展”经济工作会。各企业负责人汇报企业发展、历史沿革、产业营收等情况，交流经济建设、物业经营及企业发展遇到的困境和需求。2023年，建立“1个街道服务管家+41个楼宇服务管家+76名楼长服务管家”工作架构，对80家服务包企业联系问需，解决服务包企业诉求162项，打造云上望京“经济大脑”，走访规模以上数字经济企业132家，形成《望京数字经济建设白皮书》，实现区级重点异地纳统（单位经营地址在朝阳区，但统计关系不在朝阳区的企业）回迁企业2家、重点异地纳税企业回迁2家，新增招商引资入库项目72个，落地项目48个，年纳税体量3000余万元的科技企业回迁1家。（项　悦）

【文体活动】 4月7日，街道与首都体育学院在望和公园南园联合举办“活力望京·‘京’彩有我”全民健身季暨全民科学健身服务示范基地启动仪式。6月11日，以“捡跑”为主题的“望京国际绿色徒步行”活动在望京利星行公园举行。活动由望京街道指导，北京望京凯悦酒店、Talent Beyond Borders国际人才无边界社区、肯跑团、Keep（卡路里科技）、中环洁集团股份有限公司等单位联合发起，14家国际化企业参与。活动设置3千米徒步捡垃圾、5千米绿色慢跑和7.01千米党徽图形跑3条路线，200余名中外人士参与。现场，中环洁集团股份有限公司设立服务台，提供活动工具，科普碳健康和垃圾回收等相关知识，Keep（卡路里科技）为完成跑步或徒步路线的参与者授予电子荣誉证书。8月8日，双方在望京政务服

▲ 9月11日，望京街道“亮马河国际风情水岸经济带”中医药健康服务系列之中医药文化开放日在望京小街举办（崔晓松　摄）

务中心举办全民健身日系列活动。首都体育学院武术与表演学院院长丁传伟发布全民科学健身服务示范基地相关内容，双方签订合作协议。现场发布望京全民健身地图，奥运冠军杨秀丽、共未来集团有限公司和居民代表宣读全民健身倡议书，现场泛美幼儿园、北京伯桓体育发展有限公司示范表演。9月10日，由北京市体育局、北京市体育总会、北京体育广播联合主办的“向上吧 北京”2023首届北京大众垂直登高挑战赛在望京SOHO开赛，来自各行各业300名选手参赛。9月11日，“亮马河国际风情水岸经济带”中医药健康服务系列之中医药文化开放日在望京小街举办，朝阳园管委会与北京中医药大学成果转化中心现场签约，北京中医药大学学生展示创业成果，参加朝阳共青团“杏林小医者”项目的青少年展示风采。同日，启动“亮马河国际风情水岸经济带”中医药健康产业服务项目之系列中西医结合健康服务行动暨首批语种中医药文化国际传播团队授旗仪式。现场还开设科普、服务、成果展示、宣传讲解、中西药文化体验等11个互动项目，中医药大学的中外学生为到场居民诊脉、肩颈按摩，讲解养生知识、赠送中草药香囊。400余居民到现场体验。10月20日，以“魅力朝阳 乐动望京”为主题的第25/26届北京国际音乐节·雀巢专场活动在望京SOHO广场举办。区长吴小杰，雀巢集团执行副总裁、大中华大区董事长兼首席执行官，瑞士、荷兰等驻华大使馆代表，区委办局及街道领导，地区企业代表参加活动。乐队“刘索拉与朋友们”以及流行爵士青年乐队“Sugarcube”登场表演，“Sugarcube”乐队为本次专场活动创作瑞士爵士乐曲目“Sound of Swiss”。现场设立主题市集，将艺术演出与提振经济相结合，打造视、听、触、享多元融合的文化体验。10月27日，开展“冠军进社区”活动，中国武术六段冠军郭玉峰带领首都体育学院龙狮队到中建一局幼儿园为师生表演。健美操世界冠军马翔到白家庄小学望京新城校区，

▲ 4月23日，望京街道在望京小街举办“书香望京阅享美好”世界读书日活动

（崔晓松 摄）

为学生讲述体育精神并指导学校健身操练习。（项 悦）

【“书香望京”品牌建设】 4月23日，街道在望京小街书馆举办“书香望京阅享美好”“4·23”世界读书日活动。街道、共青团区委、朝阳区文化和旅游局、朝阳区图书馆、辖区院校、美团外卖等企业和志愿者70余人参加。参会领导为“书香望京阅伴成长”图书进校园授书；为书香望京·美团“袋鼠宝贝之家”揭牌；为“书香望京”图书漂流站授牌；为“共青团北京经济管理职业学院委员会学生社会实践基地”揭牌。2023年，街道图书馆馆内藏书20700册，年借还书量33989册，进馆15525人次。7个社区分馆藏书12067册，借还书1944册，共建6家咖啡图书漂流站点，配置680册图书，漂流227册。开展全民阅读活动67期，漂流图书5000余册；图书进校园投放4653册，借还总量14328册；联合北京经济管理职业学院组织学生社会实践活动13期；美团“袋鼠宝贝之家”望京站阅读活动2期。（项 悦）

【“爱相随”互助家园启动】 5月20日，街道在花家地南里8号楼启动“爱相随”互助家园仪式。现场设置展示、体验、互动和志愿服务四大区域。展示区设置冬残奥火炬点燃仪式器具展和残疾人作品展；志愿服务由辖区医疗、养老、家政等27家社会单位为辖区1757名残疾人提供涉及助洁、助餐、助医、助行及法律援助、精神慰藉、康养服务等12项服务内容。服务分“一键爱相随助残”（辖区残疾人拨打“64741443转0”服务专线，预约所需服务）、“定期定点助残”（对有需求的残疾人定期助残，点对点服务；助残的社会单位和残疾人家庭建立“认亲戚”定点助残方式）。当天，北京环宇祥和健康科技有限公司安置1名残疾人就业，认领2户重残家庭。10月23日，街道残联携手“荔枝未来（北京）科技有限公司”引入“聚光甄选”项目，为残障人配置数字人，进行数字人直播、录播带货，实现50名残疾人开办微店。2023年，举办线下及线上培训226次，3465人次受益；举办各类职康活动171次，为12707人次提供康复服务；为1000多名残疾老年人提供日餐送到家、就近取餐、餐食定制、中医理疗、中医问诊、足疗、眼底筛查健康管理、中医健康培训等服务。

（项 悦）

【“Green市集”活动】 8月22日至26日，街道在望京小街举办“Green市集”活动。来自各地的30家主题邮

局文化体验店展示奥运文化、北京大运河、八达岭长城、清华大学青春驿站、新国潮等不同主题的邮局文创产品。市集中还设置抽奖环节，以及针对青少年的互动区，每个主题日还发布特别纪念戳。22日“七夕节”市集开市，爱情驿站主题邮局成为流量担当。23日，中国邮政全新发行昆虫主题邮票，设计师吴清来到望京小街Green市集，为集邮爱好者签名，并交流设计灵感。25日，举办中轴线文化日活动，游客参与绕口令挑战，浏览电影《封神》主题邮票。26日，举办美丽朝阳日主题活动。市集活动中，七夕节主题明信片、徽章和手办涵盖了潮文化、二次元和中国风等不同领域，将望京小街的时尚元素与中国邮政主题相结合，吸引上万名集邮爱好者、集戳爱好者、文化爱好者等群体前去打卡体验。

（项　悦）

【律师公益法律服务站启动】 8月25日，市委组织部、市司法局在街道启动党建引领律师行业参与服务基层群众和新就业群体律师公益法律服务站授牌仪式。市司法局、市委组织部、市律协、街道工委、市党群中心、商圈负责人、律师代表等50余人参加。2023年，新就业群体律师公益法律服务站为辖区新就业群体21人提供法律服务。

（项　悦）

2023年朝阳区望京街道社区情况一览表

表31

序号	名称	地址	电话
1	望京西园四区社区居委会	望京西园四区414号楼107、108室	64706915
2	南湖东园社区居委会	南湖东园210-1-101室	64706917
3	南湖中园社区居委会	南湖中园215-4-101室	64706923
4	南湖西里社区居委会	南湖西里5号楼东侧	64721671
5	望花路西里社区居委会	望花路西里20号楼东侧	84715085
6	望花路东里社区居委会	望京中环南路11号院5楼后	64735021
7	花家地社区居委会	花家地9号楼附属楼	84726244
8	花家地北里社区居委会	花家地北里停车场东北侧	64730512
9	花家地南里社区居委会	花家地南里2号楼1层	64733093
10	花家地西里社区居委会	花家地西里109号楼	64716251
11	方舟苑社区居委会	方舟苑7号楼104室	64780405
12	望京西园三区社区居委会	望京西园三区304号楼2层	64716249
13	南湖西园社区居委会	银领国际122楼101、201室	64704359
14	花家地西里三区社区居委会	花家地西里三区居委会平房院	64719483
15	大西洋新城社区居委会	大西洋新城529号楼4层	64727607
16	圣星社区居委会	圣馨大地C座101室	64729766
17	爽秋路社区居委会	蓝色家园小区西门外	64773107-808
18	望京园社区居委会	华鼎世家304号楼103室	84727640
19	望京东园五区社区居委会	望京东园503号楼2层	84781519
20	南湖西园二区社区居委会	季景沁园5号底商2层	52039158
21	阜荣街社区居委会	嘉美风尚小区1号楼2单元旁	84763512
22	望京西路社区居委会	望京西路50号院7号楼1层	84784239
23	夏都雅园社区居委会	青年报社3号院101室	64720193
24	国风社区居委会	国风601-6-1层	84763124
25	宝星社区居委会	宝星华庭5号楼2层	84422826

（项　悦）

香河园街道

【概况】 香河园街道位于朝阳区西部。东至西坝河东里社区东侧、静安西街、左家庄西街与左家庄街道相邻；南至左西街一号院与东城区东直门街道接壤；西至地铁13号线东侧与和平街街道相望；北至坝河、北三环东路与太阳宫地区（乡）交界。辖区面积2.5平方千米。下辖9个社区。2023年，辖区常住人口47026人、户籍人口13861户33443人、流动人口13251人、外籍人口332人；户籍人口中有汉族30611人、满族1109人、回族898人、其他少数民族825人；出生人口172人、死亡人口807人。辖区有法人单位1765家（市场所数据）、规模以上单位82家（纳统），其中央属单位5家（经营）、市属单位5家（经营）；有医院2家、社区卫生服务中心1个、社区卫生服务站3个；有中学2所、小学3所、幼儿园9所；有养老照料中心2处、养老服务驿站3处；有584.74平方米为民服务大厅和2257平方米地区文化中心（党群服务中心）各1处、2000平方米以上文化广场4处；途经辖区公交线路29条，地铁13号线、17号线贯穿其中。辖区绿化率32.73%。2023年，街道围绕“一个核心”（党建引领）：守牢意识形态阵地，扎实开展主题教育，为群众办实事百余件；统领发展力量，“三联三促”（主体联通、区域联建、多方联动，促资源整合、促难题共解、促融合发展）链接124家单位、89项资源；干好“三件大事”：挖潜量、提增量、保存量，持续激发经济活力；梳机制、建屏障、织网络、强队伍，始终坚守安全底线；强素质、树正气、展形象，不断优化干部队伍建设。做实“三件实事”：“一五一十”凝结共建合力，围绕一条主线（坚持党建引领，创新社会治理路径，提升城市精细化管理水平），依托五大行动（织网、筑网、联建、先锋、助力），构建一个街道特色社会动员服务体系，打造咱爸咱妈公益学校等10个共治共享品牌；“三分三合”提质城市更新，将街道划分成坝河、柳芳、光熙3个片区，修建坝河文化生态步道、绿地微景观、文化景墙，促进环境品质与文化浸润双提升，聚力打造生态坝河、宜居祥和、区域融合之美；选举产生张艳梅、范晓璐等7人出席朝阳区工会第十五次代表大会代表；补选出席朝阳区第十七届人民代表大会代表2人。实现区财政收入2.67亿元，比上年增长3.8%。香河园街道获评北京市充分就业街道，西坝河西里社区获评全国示范性老年友好型社区，西坝河东里社区获评首都最美志愿服务社区、北京市老年学习示范点。 （高婧祎）

【平安建设】 2023年，香河园街道建立清单编制企业联络机制，开展安全生产大检查等专项行动，出动检查人员3302人次，检查生产经营单位2600余家次，整改安全隐患760余项，整改销账100%；推进电动自行车全链条安全管控，充电桩（柜）保有量157处、344组，车充比2.12∶1；协调物业企业为84栋居民楼203部电梯安装电动车禁入系统。开展违规电动三、四轮车综合治理，淘汰处置车辆727辆，发放激励金43.12万元，实现“动态清零”；依法处置“废旧闲置”车辆159辆，并做好清拖集中管理。 （柏冠华）

【环境整治】 2023年，香河园街道完成西坝河中里社区老旧小区综合整治工程竣工验收，实现居民户内上下水管更换1000户、步道铺装22769平方米、绿化提升6400平方米、更新社区大门5个、架空线入地3480米、新建及更新自行车棚32个。确定柳芳北里、左家庄西街1号院老旧小区综合整治工程设计方案。拆除违法建设140.19平方米。成立光熙家园业委会，产生第一届业委会委员9名；指导光南14号楼完成物业选聘，确认北京三园物业管理有限公司作为管理单位；光熙门北里南社区金岛外交公寓小区、联建小区获北京市垃圾分类示范小区，金泰大厦获北京市垃圾分类示范楼宇。 （董　烨　程怡龙）

【社区建设】 2023年，香河园街道实施“一五一十”社会动员微治理工程。建成社会工作“1中心3站点”，社区社会组织整合规范至144家，形成优秀服务案例25个。实名注册志愿者10332人，注册率24%。开展“社区成长伙伴计划”，6个政购项目落地见效。开展入户走访9989次，社区治理网格优化调整至58个。建成社区议事协商示范点1个（西坝河东里），推广点3个（西坝河中里、柳芳北里、光熙家园）。建成楼门治理示范点2个（西坝河南里社区18号楼、柳芳南里社区24号楼）、推广点3个（西坝河南里社区16号楼、柳芳南里社区23号楼、光熙门北里北社区25号楼）。完成柳芳北里社区开放式空间建设。实施“香河园社工”片区融合计划，举办社工技能大

▲ 4月2日，香河园街道启动第二届社工技能大赛暨第八届“北京社工宣传周”活动（吕浩楠　摄）

赛，持证社工由46人增至61人。新招录社工23人，新提拔社区正副职5人，3名社工考录事业编。（高金燕）

【民生服务】2023年，香河园街道实施“五优三好”惠民暖心工程，以老幼病残孕等五类群体为重点，推进在地安老提档、在地安居。推广建立“一米关爱”助老助残服务联盟，市场、超市、中介、物业、养老驿站、医疗单位等16家生活类服务商为居民提供日常便民优享服务；建设“香小厨”安居餐桌，采用“中央厨房＋统一配送＋多点服务”的模式，助餐覆盖9个社区，全年送餐1.89万人次；构建“1233N”养老服务体系（1个全过程养老服务平台、2家养老照料中心、3家养老驿站、3家医院、N家为老服务商），打造“香小医、香小助、香小厨”系列品牌，构建空间友好、服务友好、人文友好型服务格局；依托“爱心小屋”开展志愿服务，延伸“博爱家园”项目志愿服务理念，推出“康养小屋”服务品牌，411名志愿者参与。打造“全口径人群、全方位服务、全场景覆盖”的全龄无障碍环境，西坝河西里作为社区样板代表朝阳区参评全国无障碍环境建设示范城市。受理拖欠农民工工资7起，追讨欠薪56万余元。举办社区邻里节，开展书法、国画、舞蹈、合唱等13种公益培训课程，举办全民健身赛事7场、街道文化活动12场。（冯浩鹏）

【接诉即办】2023年，修订《香河园街道2023年接诉即办考核实施办法》，坚持“小组式”办理、“专班式”剔除、“计时式”追踪，依托“一库、两有、三结合、四落实”（民意诉求库；件件有着落、事事有回声；被动应答与主动倾听相结合、常态处置与平急响应相结合、研判化解与自治引导相结合；听民意、解民惑、研民需、惠民生），实现接诉即办降量提质。接收、派发、办结案件8513件，有效回访7393件，上报不纳入考核1797件。“西坝河南里社区16号楼、18号楼地下室积水”系列诉求被北京广播电视台《接诉即办》纪实性栏目采编拍摄。（姜艾汝）

【基层党建】2023年，香河园街道规范社区党支部建设由59个调整为96个；成立光熙门北里14号楼物管会党支部；撤销北京川发投资管理有限公司党支部；为“光荣在党50年”老党员88人颁发纪念章；“党建引领 多元参与 探索实施‘在地安老’服务模式”获评朝阳区社会领域党建创新品牌。

（许　洁）

【主题教育】2023年，香河园街道制定主题教育工作方案，领导班子开展集中学习、交流研讨等20余次，基层党组织开展理论学习、主题党日、讲党课等600余次；围绕10个调研选题及2个典型案例深入调研百余次，解决问题40余个；为群众办实事百余件，2项重点任务、4项民生项目落地见效。

（许　洁）

【经济建设】2023年，香河园街道以“服务包”“双楼长”为抓手，以涵养税源、异地回迁、招商引资等为重点，开展经济工作“九项行动”，完成32家异地纳税企业回迁，招商引资落地企业5家，落税2家，集群注册新引入企业17家。（陆　璐）

【社会救助】2023年，香河园街道发放低保金234.22万元，临时救助金3.696万元，困境儿童、孤儿生活费、医疗报销费用、助学金13.23万元，申请报销特困人员护理费、医疗费6.02万元。完成抚恤金调标，发放优抚金89.96万元。发放养老服务补贴1898人次24.71万元；发放失能护理补贴10331人次60.94万元；发放高龄老人津贴32533人次509.78万元。开展“两

▲ 5月19日，在春牛广场举办“以邻为伴　与邻为善　共建美好幸福家园”香河园社区邻里节活动（吕浩楠　摄）

节”送温暖慰问活动16项，支出经费106.09万元。（冯浩鹏）

【就业流动服务站挂牌】 2023年，香河园街道设立“就业流动服务站”，职业指导工作室挂牌，举办招聘会3场、就业政策宣传12场次，城镇登记失业人员就业率77.54%，采集空岗信息778个，完成就业困难人群培训40人，走访企业门店85家，开展集中指导38次、一对一指导237次、帮助失业人员343人实现再就业。（王　晶）

【结对帮扶】 2023年，香河园街道与密云区果园街道结对帮扶，签订2023年至2027年结对协作框架协议，地区2家企业与果园街道2个经济薄弱村签订结对帮扶框架协议；与房山区十渡镇新村签订2023年至2025年结对帮扶协议；全年在“832平台”采购支出14.62万元。（许　展）

2023年朝阳区香河园街道社区居委会情况一览表

表32

序号	名称	地址	电话
1	西坝河东里社区居委会	西坝河东里107号楼东侧	64670151
2	西坝河西里社区居委会	西坝河西里4号楼	64296921
3	西坝河南里社区居委会	西坝河南里20号楼前平房	64621516
4	西坝河中里社区居委会	西坝河中里2号楼前平房	64663784
5	柳芳北里社区居委会	柳芳北里甲14号楼	64680342
6	柳芳南里社区居委会	柳芳南里6号楼前平房	64605008
7	光熙门北里北社区居委会	光熙门北里甲6号平房	64272821
8	光熙门北里南社区居委会	光熙门北里19号楼前（甲20号）	64211271
9	光熙家园社区居委会	光熙家园9号楼106室	59033942

（高金燕）

小关街道

【概况】 小关街道位于朝阳区西北部。东起育慧南路与太阳宫地区（乡）接壤；南至元大都城垣遗址公园与和平街街道交界；西邻北苑路与亚运村街道毗邻；北至北四环东路与大屯街道隔路相望。辖区面积2.58平方千米。下辖9个社区。2023年，辖区常住人口61966人、户籍人口14335户45230人、流动人口14872人、外籍人口184人；出生人口201人、死亡人口72人。辖区有法人单位2760个，其中央属单位32家、市属单位28家、区属单位23家、其他单位2677家；有医院3家、社区卫生服务中心1个、社区卫生服务站3个；有养老机构1处、养老服务驿站4处；有科研院所6家、大学1所、中学3所、小学2所、幼儿园5所；有401.08平方米为民服务大厅、2800平方米地区文化中心、文化广场各1处，24小时自助图书馆3处。途经辖区公交线路20余条，地铁5号、10号线贯穿其中。辖区绿化率38%。2023年，小关街道围绕朝阳“1234”发展战略，聚焦“双五”工程，秉持“更细、更小、更微、更实”工作理念，推进经济发展提质增量、民生服务普惠优质、城市管理精细精致、社会治理强基高效、党的建设全面过硬、以新气象新作为推动小关地区各项事业发展取得新成效。完成街道侨联换届选举工作、第五次全国

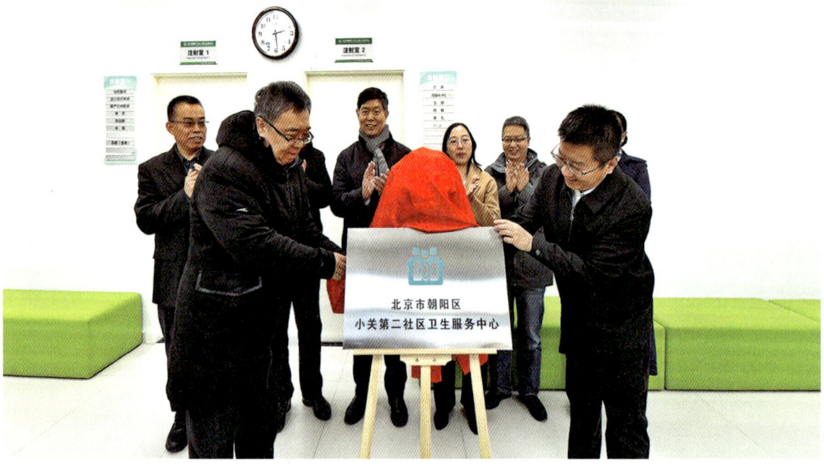

▲ 11月29日，朝阳区人大常委会党组书记、主任陈宏志（前排左一）为小关街道第二社区卫生服务中心揭牌（姜美怡　摄）

经济普查、惠新南里社区居委会选举工作；组织区人大代表10人、政协委员10人参观中国工艺美术馆·中国非物质文化遗产馆；举办“奋进新时代 扬帆新征程”合唱展演活动，9个社区的15支合唱队伍激情献唱；开展“关爱新业态 夏日送清凉”活动，为坚守工作岗位的快递外卖小哥送去夏日清凉；与房山区签署《小关街道与张坊镇蔡家口村结对共建协议》；位于惠新西街18号南侧1栋（小关奥林匹克文化广场西北角）的街道第二社区卫生服务中心正式运营；实现区级财政收入8.028亿元，比上年增加20.5%。小关街道获评北京市工人先锋号，通过北京市安全社区复评，获第一届北京市全民国防知识技能大赛团体一等奖。（佟学艳）

【平安建设】 2023年，小关街道开展安全生产隐患和消防安全大排查大整治行动。聚焦医疗、养老、学校、幼儿园等消防重点单位60处，强化施工动火、电动自行车、地下空间、涉危化品、彩钢板房、居民自建房、燃气使用等领域隐患治理，检查各类企业1410家次，消除隐患1380处。推广“企安安”隐患排查治理系统应用，实现上账企业1075家全覆盖。建成微型消防站62个，为406户重点关爱人群发放消防应急“四件套”，完成45号院“单身楼”电气线路改造。出动检查人员3610余人次，检查单位4080余家次，排查整改隐患1600余处。推进违规电动三、四轮车综合治理，组建2个专项督导检查组，开展小区内部社区互查、公共区域巡查检查，违规电动三、轮车淘汰处置550辆，处置率100%。（高　杰）

【环境整治】 2023年，小关街道处理环境案件21367件，逐条落实大气精细化治理措施，$PM_{2.5}$年均浓度控制在36微克/米^{3}以下，TSP年均浓度控制在96微克/米^{3}以下。拆除违法建设2046.51平方米，“基本无违法建设街道”创建违建平台图斑举证86处、22220.11平方米，办结率100%。完成小关北里、住总小区楼本体及公共区域综合改造工程11栋楼、6万平方米、居民1000户，妥善安置190户700名居民回迁，提升居民居住环境。推进惠新里226号楼、城建五小区等4个小区2022年老旧小区综合整治项目，落实区域治理方案。（杨常有）

【社区建设】 2023年，小关街道选优配强社区干部队伍，提拔调整正副职7人、补选进入社区居委会14人，区内交流1人，定向招聘事业编制2人，招聘新社工26名，实现社区人事调整和力量补充。加强梯队建设和规范管理，构建33名社工后备储备库，社工人事档案管理实现“一人一档”，完成社工工资标准及发放周期调整，规范工资待遇。做实社会组织培育孵化中心，调整优化地区140支社区社会组织结构，助力高原街乐龄协会、京煤家园“邻挚友”、惠新西街社区“三众援”3个精品社区社会组织建设，吸纳促进志愿者队伍壮大，辖区实名注册志愿者23111人。（陈春旗）

【接诉即办】 2023年，小关街道坚持党建引领“三实三真”工作理念，带领市民诉求处置中心人员做到“7×24×365”全力奋战。通过主要领导每周调度、部门社区协同配合、开展社工培训等方式，推动接诉即办工作持续发力。全年受理接诉即办案件6791件，北京市直派件平均解决率99.41%、满意率99.57%。市直派成绩2次进入北京市第1名，8次进入北京市前30名，全年市直派成绩为全市第7名。（宋富伟）

【为企服务】 2023年，小关街道领导班子成员走访服务辖区企业开展“服务包”企业走访服务，包片领导与辖区企业负责人沟通了解企业经营状况、发展方向、当前存在困难及需要属地协调事项等相关信息帮助企业解决困难，找准方向，厘清思路，补齐短板，探索地区发展定位，提振企业发展信心。为42家企业协助解决194条诉求，企业满意度100%。（李慧娟）

【社会救助】 2023年，小关街道为地区60岁及以上低保、低收入、残疾及计生困难家庭203人发放养老服务补贴31.19万元；60岁及以上失能老人895人发放护理补贴614.65万元；80岁及以上高龄老人2716人发放高龄津贴555.79万元；为困难家庭9户办理最低生活保障待遇、发放低保家庭125户190人低保金301.94万元；为低收入家庭6户6人发放低收入生活补贴1.72万元；为3名集中供养特困人员做好服务保障。“两节”及重阳节期间，为地区600名60周岁（含）以上空巢、低收入老年人发放价值3万元慰问品，为48名70周岁（含）以上生活困难老人发放慰问金3.88万元，为7名百岁老发放慰问金7000元。（魏　倩）

【法律服务】 2023年，小关街道组织普法宣传活动25场、法制培训专题讲座10次，接待法律咨询3000余人次。签约5家律师事务所进社区服务，调解各类矛盾纠纷案件311件，调解成功率100%。审核各类合同文书112件，制作专业法律意见书35件。开展物业管理、行政执法等相关法制培训11场。（孟　文）

【“全程网办”】 2023年，小关街道推进审管协同联动，设计逐层递进、简单易懂、个性化的办事指南。推动电子印章，开展电子证照共享。开展重点民生事项标准化梳理，通过审批系统与电子证照系统，热门事项逐步实现电子证照代替纸质材料，综合窗口在政务服务事项受理、审批等过程中使用电子印章，推进申请材料电子化，全流程办结相关业务。开展线上线下融合，推动实体办事大厅与网上政务服务大厅融合，提供“全网”无差别政务服务，实现全程网办、一网通办、掌上可办。（李威威）

【领导调研】 5月16日，区委书记文献围绕“党建引领，强化基层治理，解决群众身边问题”到小关街道调研接诉即办工作。京煤家园小区为1993

年入住的老旧小区，居民大部分为原京煤集团老职工，小区依托党建引领“门楼院社”四级体系，开创“院中事情院中解，楼内问题楼内解”的楼院事务所，通过“拉家常”议事会，把矛盾化解在小区，把问题解决在楼院，逐渐形成“不诉自办”的工作体系。7月19日，朝阳区人大常委会党组成员、副主任宝月凤率部分北京市人大代表、朝阳区人大社会委委员和朝阳区人大代表到小关街道实地调研京煤家园小区落实“岗汇朝阳 职达社区”就业服务品牌创建情况。街道主管领导介绍微信公众号、居民微信群、楼门院社群发布招聘岗位信息、招聘专属二维码等宣传情况。同时调研惠新东街社区服务大厅，了解社区就业指导等服务情况，探讨在企业发展、社区治理等方面，人大代表如何依法履职、发挥作用。（高轶楠　张　倩）

【主题活动】7月1日至5日，小关街道开展“七一”主题活动，街道处级领导到包片社区参加“光荣在党50年”纪念章颁发活动，为辖区党龄50年的老党员54人颁发纪念章。各社区党委为辖区内382名优秀共产党员、58名优秀党务工作者、41个先进基层党组织颁发证书和奖牌。共产党员献爱心活动募集资金15.58万元，用于医疗救助、慈善助学、慈善助老、帮扶生活困难党员、临时救助等项目。（张　婷）

▲ 12月7日，小关街道及左家庄街道结对帮扶房山区张坊镇签署《小关街道与张坊镇蔡家口村结对共建协议》（姜美怡　摄）

【帮扶共建】7月，小关街道驰援房山区窦店镇芦村周口店防汛。第一时间组织防汛应急分队，由街道处级领导带队，随队配备应急指挥车、货车、水泵、发电机等救援设备，雨衣、雨鞋、救生衣、救生圈等应急装备进行防汛抢险救灾工作。12月7日，小关街道工委主要领导和相关科室负责人到房山区张坊镇，调研对接暴雨灾后恢复重建和结对帮扶工作。双方就地区建设情况及结对帮扶工作开展交流讨论。街道工委主要领导表示将把结对帮扶工作当成重要政治任务，全力以赴精准对接，助力蔡家口村灾后恢复重建工作；因地制宜做好结对帮扶，深入推进党建“共同体”，动员辖区社会力量，通过互访交流、消费帮扶、产业合作、公益服务等形式共建两地长效合作机制并签署《小关街道与张坊镇蔡家口村结对共建协议》。（王　新）

【养老照料中心运营】11月28日，小关街道位于小关东街5号的养老照料中心正式运营。该中心地上建筑6层，建筑面积987平方米。服务基本养老对象189人，提供日间照料、健康指导、沐浴理发、老年餐堂食等多种服务。中心以养老照料为基础，打造精神文化娱乐类特色服务，开展网红乒乓球、桌面冰壶等多种游戏运动。街道依托养老照料中心专业化运营服务，提升养老服务综合能力。（魏　倩）

2023年朝阳区小关街道社区居委会情况一览表

表33

序号	名称	地址	电话
1	惠新苑社区居委会	小关街道惠新西街9号院1号楼	64810094
2	高原街社区居委会	小关街道惠新里甲10号	84626490
3	惠新北里社区居委会	小关街道惠新北里8号楼	64810092
4	惠新西街社区居委会	小关街道惠新西街小区10号楼108室	84872634
5	小关东街社区居委会	小关东街3号楼东侧	64304909
6	惠新东街社区居委会	小关街道惠新里2号楼北侧	64921182-806
7	惠新里社区居委会	惠新西街18号南院罗马花园南门对面	64810091
8	惠新南里社区居委会	北土城东路11号北京书院	64920558
9	小关社区居委会	小关北里204号楼旁	64921985

（佟学艳）

亚运村街道

【概况】 亚运村街道位于朝阳区西北部。东起北苑路与小关街道相接；西至京藏高速路与海淀区相邻；南至北土城公园与安贞街道为界；北抵安翔北路至炎黄艺术馆北侧路与奥运村街道、大屯街道相连。辖区面积5.13平方千米。下辖14个社区。2023年，辖区有常住人口47442人、户籍人口17433户51738人、流动人口4296人、外籍人口473人；常住人口中有汉族44357人、少数民族3085人；新出生人口356人、死亡人口945人；有法人单位3830个，其中中央单位有中国化工油气股份有限公司、中国科学院微电子研究所、中国蓝星（集团）股份有限公司等53家，市属单位有北京北辰实业股份有限公司、北京市光环电信集团、北京城市第七建设工程有限公司等94家，区属单位有北京经纬恒润科技有限公司、中科宇图科技股份有限公司、华邦物业管理有限公司等68家，其他单位3615家；有科研院所4家、大学2所、中学3所、小学5所、幼儿园8所；有医院1家、社区卫生服务中心1个、社区卫生服务站3个；有养老机构5处；有900平方米政务服务大厅和3000平方米地区文化中心各1处、文化广场9处、24小时自助图书馆2处。途经辖区公交线路70余条，地铁8号线、10号线贯穿其中。辖区绿化率29.58%。2023年，亚运村街道以"六个突出"（突出严实相济，党的建设持续增强；突出服务驱动，经济活力持续释放；突出精细联动，城市管理持续加强；突出自治共治，社区治理持续提升；突出优质均衡，民生服务持续优化；突出底线思维，安全大局持续向好）为主线，深入开展主题教育，推动地区经济社会平稳有序发展，保障人民群众生命健康安全。开展"联学共建 同心筑梦二十大"主题活动、建成位于安苑北里小区2200平方米的医养康综合体，实现就医、养老、助残、助餐"一站式"服务，把慢病管理、康复医养等刚需化解在家门口；全年新增1家千人企业、1家百人企业、8家独立建会单位；成立街道快递外卖行业联合工会，新建非公有制企业团支部10个、"两新"妇女组织3家。实现区级财政收入15.61亿元，比上年增长33.46%。征收小房产税503.59万元，比上年减少6.09%。亚运村街道亚馨"侨之家"获北京市"示范侨之家"称号，市民活动中心获北京市首届文化馆服务宣传月暨第五届全民艺术普及月活动先进集体称号，北京市朝阳区北京芝麻花餐饮有限公司户外劳动者暖心驿站获北京市最美工会户外劳动者服务站点称号。

【平安建设】 2023年，亚运村街道构建地区"大安全"格局，统筹地区企业、居民共筑安全基础。开展安全大排查大整治2400余次。5650家企业运用"企安安"开展隐患自查自纠，消除隐患1504处。联合新辰里购物中心制作抖音商业综合体安全生产宣传片，社区、楼宇、在施工地定期消防演练。为残疾人等群体配发消防安全"四件套"和烟感报警器。安慧里社区小型消防站投入使用，织密社区消防"安全网"。隐患排查销号占压燃气管线83处、自建房7处。清理违规电动三、四轮车905辆；拆除元大都遗址城垣公园青年公寓等4处违法建筑，消除居民身边的安全隐患。

【环境建设】 2023年，亚运村街道全力推进老旧小区改造工程，完成丝竹园、安慧北里2个老旧小区，6.4万平方米综合整改。改造项目包括楼道综合整治、屋顶防水、规整空调室外机、上下水改造、楼房节能综合改造和小区环境整治包括完善基础设施、无障碍设施、提升环境质量，数千户居民获益。一体推进创文、创卫工作，完成区域背街小巷环境整治提升，加强河道巡查、古树名木纪念林保护和病虫害防治，开展"环境清洁日"600余次，增强居民和社会单位环境保护意识。多管齐下精准治霾，湿化安慧里、奥体中心2个子站清扫抑尘，处理各类扬尘问题320余起，7000余平方米裸地"动态清零"，$PM_{2.5}$和TSP全市排名整体提升。

【社区建设】 2023年，亚运村街道深化"一刻钟社区服务圈"，挖掘培育各类服务商452家，安慧里等3个便民生活圈通过市级验收。实施"六星社工"培训计划，组织"共学开放日"，完成11个社区居委会选举（补选），招补录用新社工30人。调动社会多元力量参与社区治理，完善楼院、社区、街道、朝阳区四级议事协商机制，发挥社区单位、人大代表、政协委员智慧资源，落实社区月协商制度，全年开展各类议事协商会1000余次，协调解决各类议题353个。开发应用"微心愿"等20个功能模块，"亚事通"逐渐成为社区精细化服务"最强大脑"。

【接诉即办】 2023年，亚运村街道把接诉即办作为办实事、解民忧的主抓手，建立"研、派、办、督、评"闭环体系，形成"1357"（第1天通报响应情况、第3天通报回复情况、第5天通报剔除和回访情况、第7天通报补救措施）、"三碰头"（即日分析、周调度、月总结）处级领导包案等工作机制，深化"每月一题"专项治理，联动街道、社区两级党建协调委员会成员单位，相继解决社区消防通道堵塞等高频高发问题。接诉7835件，市直派件平均解决率97.05%，群众满意率97.75%。全年街道接诉即办7次排名进入北京市前100名。

【社会救助】 2023年，亚运村街道构建"一搭二访三联"服务体系，开发就业岗位1064个，实现就业人员476人。实施"社会救助+慈善"、"物质+服务"的分层分类救助模式，安慧里社区等78个点位和家庭实现无障碍设施改造，"指尖艺术助残工艺坊"为14名就业困难残疾人解决就业问题。落实"社会救助+慈善"项目，为低保家庭中小学生11人捐赠新东方线上学习资源，

▲ 11月9日，亚运村街道冬奥村商圈党员大会在北投投资大厦召开，标志着亚运村首个商圈党组织——冬奥村商圈党委正式成立 （叶　慧　摄）

为低保家庭儿童和学生60人送助学慰问金14.4万元。爱心助老，为辖区60岁以上低保老人47人发放米面油等慰问品。新纳入低保低收入家庭162户298人。核发低保家庭低保金162户298人，478.05万元，发放80岁及以上高龄津贴46366人次、709.55万元，残疾人补贴1539人、106.83万元，残疾人护理津贴2502人382.8万元。

【党建品牌】 4月12日，亚运村街道启动“曹操网约车——出行先锋”党建品牌仪式，党建协调委员会成员单位领导、新联会代表、文联代表、各社区党委书记、曹操出行公司代表及先锋车队志愿者代表等100余人参加活动。街道联合党建工作协调委员会发出《文明出行倡议》，激发新业态、新就业群体主动融入基层治理，推动后奥运时代——奥南地区建设发展，提升地区文明城区创建水平。11月9日，亚运村街道首个商圈党组织——冬奥村商圈党委成立。商圈党委重点开展党建、营商、治理工作，构建商圈治理共同体，引领亚运村街道打造“五宜”朝阳建设标杆。2023年，街道工委探索“一格两微三处理”党建网格闭环工作法，98个社区网格实现“党建+治理”一网统揽，通过网格化服务、精细化治理、信息化支撑，推动“接诉即办”向“未诉先办”转变。非公有制企业党组织覆盖率较上年提升4.36%。社会组织覆盖率100%。重点企业24家，党组织覆盖率100%。

【“五个一百”表彰】 6月26日，亚运村街道以“深学细悟二十大 红色赓续启新篇”为题，开展“五个一百”（百个最美家庭、百个优秀工会典型、百名优秀青年、百名优秀党务工作者、百名优秀党员）表彰主题活动，亚运村街道全体机关、事业单位干部、社区党员代表、社会单位代表、居民代表800余人参加活动。发布“亚新通”小程序，小程序基于新就业群体“问题反馈难、配送找路难、参与活动难、在线学习难”的需求，依托街道、社区、楼宇资源，动员便利店、药店、银行网点等百余家社会单位提供暖“新”服务。鼓励新就业群体通过小程序注册成为街道“流动网格员”，助力相关部门及时发现问题、解决问题，不断提升党组织在新兴领域的号召力和凝聚力，引领新业态就业群体融入基层治理。

【“惠企赋能”培训】 6月28日，亚运村街道联合朝阳区金融办、朝阳区文创管委会、奥运村税务所、朝阳园管委会、朝阳区商务委联合举办2023年系列惠企赋能活动，辖区中小企业100余家代表参加。街道为辖区企业开展政策讲解，助力企业发展，优化区域营商环境，让企业切实感受到属地政府的用心服务。定期问需问计，165个企业需求得到解决；支持建设奥体南区智能充换电示范站，为楼宇企业职工提供便捷、高效的充电服务。北京钰理置业、中信百信等110余家企业获得发展优惠政策指导。中外运、能量盒、方正富邦等税收千万元以上企业实现回迁。

▲ 6月26日，亚运村街道以“深学细悟二十大 红色赓续启新篇”为题，在北京剧院开展庆祝建党102周年暨“五个一百”表彰主题活动 （叶　慧　摄）

【支援房山区抗洪排涝】8月3日至8日，亚运村街道抽调9名人员、3辆抢险车、携带1台抽水泵，组成“亚运村街道应急支援分队”，前往房山区支援抗洪排涝工作。亚运村街道应急支援分队坚守132小时，抽排2.7万立方米积水，完成支援抗洪任务。

【“千点计划”启动】9月5日，亚运村街道启动“社区千点计划”（以现有1000名志愿者为基础，通过“邻居您好”等系列动员活动，由每名志愿者去挖掘撬动4名邻居共同参与志愿服务互动，实现动员工作的放大器效应），安慧里社区、安慧里南社区、安慧里北社区等14个社区共同发出邀请，动员社区居民、志愿者、社区社会组织、社会单位投身社区建设，发挥居民自治理念，推进社区治理工作。“千点计划”带动地区志愿者队伍52支，社区志愿者1046人，志愿服务实现扩容增质。（王　伟）

2023年朝阳区亚运村街道社区居委会情况一览表

表34

序号	名称	地址	电话
1	安慧里社区居委会	安慧里一区甲7号楼	64980228
2	安慧里南社区居委会	安慧里三区13号楼	64932899
3	安慧里北社区居委会	安慧里二区1号楼	64929079
4	安苑北里社区居委会	安苑北里12号楼	64938336
5	冬奥村社区居委会	安苑里1号楼	64926393
6	安翔里社区居委会	安翔里40号楼	64842020
7	北辰东路社区居委会	安慧北里1号楼	64978765
8	丝竹园社区居委会	丝竹园7号楼	64869350
9	民族园社区居委会	华严北里3号院1号楼后平房	62370141
10	祁家豁子社区居委会	华严里16号楼北侧	62063718
11	京民社区居委会	华严北里2号院1号楼北侧	82070673
12	华严北里社区居委会	华严北里45号楼	82850498
13	华严北里西社区居委会	华严北里甲22号楼	82859109
14	华亭社区居委会	华严北里45号楼	62010085

（余　晶）

左家庄街道

【概况】左家庄街道位于朝阳区西部，东起东三环北路与麦子店街道为邻；西至左家庄西街与东城区、香河园街道接壤；南濒亮马河与三里屯街道隔河相望；北抵静安西街与太阳宫地区（乡）相接。辖区面积4.17平方千米。下辖13个社区。2023年，辖区有常住人口63077人、户籍人口24376户63131人、流动人口22966人、外籍人口1020人；出生人口350人、死亡人口（注销）1479人。有法人单位3274个、纳税社会单位3427家、重点社会单位61家，其中央属单位有中航工业集团、中检集团等6家，市属单位有北京百灵无线厂、北京市自来水集团水源八厂等7家，区属单位有朝阳环卫服务中心、朝阳区经济管理办公室等38家，其他单位3223家；有社区服务卫生中心1个、社区卫生服务站4个；有大专院校2所（北京市商业干部管理学院、中共朝阳区委党校）、中学2所（清华附中，人大附中）、职高1所、小学5所、幼儿园8所；有养老照料中心1处、养老服务驿站6处；有300平方米政务服务中心和2700平方米地区文化中心各1处、文化广场7个、24小时自助图书馆2个。途经辖区公交线路119条，地铁10号线贯穿其中。辖区绿化率30%。2023年，街道坚持“守正创新、集智发展”理念，扎实推动各领域党的建设，统筹引领经济社会高质量发展取得扎实成效。完成“两节”、两会、第三届“一带一路”国际合作高峰论坛等重要时期安保维稳工作，完成路面修整、管道疏通、防水层修补等各类民生项目200余项；完成架空线治理、部分房屋更换防水层等环境提升改造等15项；推进曙光西里和静安里老旧小区改造项目实施。实现区级财政收入38.89亿元，比上年增长5.17%。街道获评2023年度营商环境建设十佳街道、北京市社会建设与民政工作先进集体、北京市“一刻钟便民生活圈”建设街道、“门前三包”精细化治理示范街、“全市优秀街区”。（刘　蕊）

【平安建设】 2023年，左家庄街道按照“三管三必须原则”，开展安全检查3000余次、整改隐患1900余处。联合检查单位301家，发现火灾隐患342处，督促整改342处，下发整改通知书184份、行政处罚决定书48份、临时查封决定书3份，责令“三停”5家，罚款90.34万元。完成消防小型站建设，为弱势群体发放消防安全“四件套”1800套。安装电动自行车充电接口3165个，回收违规电动三、四轮车866辆。

（高永峰）

【环境提升】 2023年，左家庄街道发挥“三长一管家”质效，建立街巷长考核、通报机制，小巷管家注册2036人次。完成环境提升项目15项，申报老旧小区项目5个。建设三元广场垃圾中转站，建成左家庄北里二小区垃圾分类驿站；推进50个物管会重组和2个业委会组建，完成58个物管小区划分和落点落图工作。补植草坪9100平方米、黄杨绿篱2000株，清理绿地24.7万平方米，清理绿化垃圾166车，排查整改雨污混接点位27处，督促整改施工围挡7处。完成全国文明城区迎检测评、国家卫生区复审迎检工作。

（樊永胜）

【社区建设】 2023年，左家庄街道以突出工作重点、打造社区品牌为原则，围绕社区邻里节、楼门治理、垃圾分类、社区社会组织培育等推进公益金项目60个，完成区级政府购买服务项目2个，建立社区社会组织动态管理台账。完成共商共治暨为民办实事35件，其中街道层面4件、社区层面31件；解决西坝河东里26号楼前停车难问题、污水管道掏清改造、业委会相关工作及各类文化、便民工程等一批民生实事项目。改造顺源里、新源南里、静安东里、左家庄南里社区办公用房；完成2个新拆分社区的党委、居委会换届工作；新招录社工58人，社工专业培训60余课时。（崔　雯）

【接诉即办】 2023年，左家庄街道建立处级领导包人包案、重点领域专班运行、四级审批层层把关工作制度，建立信息报送、督办通报、预警预判、突发处置、内部挂账等工作机制，以“办”为旨，根据诉求类型“分类提级”办，严格把控10类基本生活保障问题，对高频热点性诉求“提前预警”，对季节性、周期性、规律性较强的诉求提前谋划，未诉先办，围绕接诉即办“提质、减量、增效”目标，依托1471个单元楼门码，有效引导居民诉求吸附并化解在属地。街道全年接到市民诉求13799件，市民热线直派诉求纳入市级“三率”考核2733件，平均响应率99.99%，平均满意率96.79%。

（张林霞）

【基层治理创新】 2023年，左家庄街道赋能“一码共治”数智治理，运用大数据、人工智能等技术，全面构建“1+3+N”的总体架构。通过将辖区“N”个管理和服务对象的相关信息全部纳入系统管理，形成最小空间管理单元，重新梳理基层业务流程，搭建数据底座，通过“码”上问、“码”上办、“码”上督，建立实现城市治理全链条闭环管理。“一码共治”平台在商户码、社区码、楼宇码三大模块基础上，聚焦“一刻钟便民生活圈”、电动车充电、医养结合、司法调解、环境治理、养老托育等群众关切问题，拓展多种应用场景，实现城市治理全链条闭环管理。打造新源里、静安里、曙光里“一刻钟便民生活圈”，成为朝阳区第一个全域完成国家级“一刻钟便民生活圈”建设的街道，且全部达到优秀标准。细化36个分类标签，让“一刻钟便民服务圈”真正转起来、活起来。

（崔　雯）

【社会救助】 2023年，左家庄街道以力鸿花园社区养老驿站为养老服务模式创新试点提供管家式个性服务，与周边社区老人保持着良好的“管家式”关系。6家驿站签约417名基本养老服务对象。全年发放养老服务补贴55.6万元，失能护理补贴1241.3万元、高龄津贴979.6万元；慰问困难家庭602户发放慰问金31.1万元；落实残疾人机动轮椅车补贴170人4.42万元；发放助残券115人1.15万元；办理自主保险80人，补贴132.3万元；办理残

▲ 4月27日，左家庄街道基层治理创新“一码共治”在福州数字峰会亮相（张　玉　摄）

▲ 左家庄街道打造数智党建户外宣传阵地　（张玉摄于 6 月 13 日）

疾证 152 人次，办理康复报销 34 人次 37.1 万元；完成“七有五性”基本康复服务指导 512 人，康复服务覆盖率 100%；帮助残疾人就业 8 人；举办各项活动 20 余场，1900 余人次参与；服务残疾人 99.6% 以上。（赵瑞芳）

【主题党建】 2023 年，左家庄街道融合党建，领航共享“局域网”，党建引领“青年左家军”干部队伍品牌形成，“年度三件事”贴民心、暖民情、解民忧，区域化党建协调委员会成员等地区单位在凤凰环路热力管线应急抢修中，合作奋战 60 小时只为居民最快享温暖；领航时尚“幸福岸”，打造三元广场户外党建阵地、“学习强国”流动阵地、《与妻书》线上线下音乐剧大思政课阵地等。打造融合“二十四节气”主题楼门党建文化和活动，举办“春夏秋冬”四季大型党建文化活动，打造数智党建，领航数治“服务圈”，“一码共治”完善老年人等重点人群精细化管理场景，“微视界”官方公众号利用新媒体优势，5 万余人关注，单个视频点击量首破 10 万次。（杨佳烁）

【依法行政】 2023 年，左家庄街道落实行政执法公示制度、执法全过程记录制度、重大执法决定法治审核制度，健全完善执法程序，提高执法透明度。开展普法讲座 38 场，完成三源里社区市级法治示范社区复评工作。街道司法所确定为北京市司法局立法联系站点，立法工作站全年征集市政府规章立法项目建议 13 条。安置帮教人员矛盾排查 340 人次；通过人民调解化解矛盾纠纷 114 件，签署口头协议 106 件。（张　莹）

【文体活动】 2023 年，左家庄街道构筑左岸“时代领航，文化筑梦”四季文体活动品牌，以“春之声”器乐盛会、“夏之舞”红色炫彩、“秋之爱”青少年风采展、“冬之暖”体育精英荟为纽带，400 名文艺爱好者展现风采，惠及居民 2000 余人。22 场“二十四节气”非遗主题活动，14 场“家”文化与传统节日活动，促进文化传承；“左岸”文化活动进校园、进单位、进社区，适应少年、青年、老年全龄段活动超百场，惠及万余人次。举办健身操、太极拳等社区活动 15 场，居民参与市区级赛事 18 场，斩获 18 项荣誉。开展朗诵、合唱、太极等特色品活动 633 场，实现活动周周不断、课程日日更新，惠及居民 17520 人次。（徐雨佳）

【对接帮扶】 2023 年，左家庄街道与内蒙古自治区科左后旗朝鲁吐镇、巴彦毛都苏木结对共建，曙光里社区与巴彦毛都苏木巴彦毛都嘎查、曙光凤凰城社区与巴彦毛都苏木莫麦嘎查、左北里社区与朝鲁吐镇朝鲁吐嘎查、顺源里社区与朝鲁吐镇胡四台嘎查结对共建。组织街道党员、社区居民和辖区企业参与帮扶工作，募集捐款捐物价值 17.84 万元，通过“832”平台购买支援合作地区农副产品 15 万元。（唐　艳）

2023 年朝阳区左家庄街道社区居委会情况一览表

表 35

序号	名称	地址	电话
1	新源里社区居委会	新源里东11号院3号楼1层	64656794 64656794
2	新源南里社区居委会	新源南路15号楼楼前平房102室	64616135 64616278
3	三源里社区居委会	三源里街10号楼临1号服务站	64654419
4	左北里社区居委会	左北里甲38号楼1层	64656210

续表 35

序号	名称	地址	电话
5	左南里社区居委会	香河园中里9号楼旁左南里社区服务站	64656209
6	静安里社区居委会	静安里甲6号	84518140
7	左东里社区居委会	左家庄东里14号楼3层	84515169 64656754
8	静安东里社区居委会	静安东里28号楼2层	64620501
9	曙光里社区居委会	曙光里39号楼后小白楼	84515170
10	新源西里社区居委会	新源西里东街甲11号楼旁	64661871
11	顺源里社区居委会	顺源里小区4号楼前	84515171
12	曙光凤凰城社区居委会	凤凰商街F306号	58667026
13	曙光里西社区居委会	国际村4号楼5单元门栋旁	64610719

（刘　蕊）

常营地区（回族乡）

【概况】 常营地区（回族乡）位于朝阳区东部。东与通州区永顺镇接壤，南与管庄地区（乡）相邻，西与平房地区（乡）相接，北与金盏地区（乡）和东坝地区（乡）毗邻。辖区面积9.3平方千米。下辖19个社区居委会和2个北京像素治理中心。年内，辖区常住人口113891人、户籍人口18433户42352人（其中少数民族9369人）、流动人口68265人、外籍人口467人；出生人口318人、死亡人口427人。有法人单位12000余家，其中央属单位5家、市属单位15家、区属单位12家、其他单位12000家；有社区卫生服务中心1个、社区卫生服务站4个；有职业高中1所、九年一贯制学校4所、中学5所、小学5所、幼儿园13所（不含社区办园点）；有养老机构3处、养老服务驿站4处；有1804平方米为民服务大厅和1018平方米地区文化中心各1处、文化广场4处、24小时自助图书馆3处。途经辖区公交线路15条，地铁6号线贯穿其中。辖区林地及郊野公园面积198.47公顷，辖区绿化率59.5%。年内，常营地区（乡）牢牢把握乡第九届党代会二次会议提出的“强党建、抓治理、促经济、优环境、惠民生、保安全”工作主线，更好地统筹疫情防控和经济社会发展，系统谋划农村城市化“后半篇文章”，加快建设“健康、活力、和谐、宜居”新常营。新设立18个社区党支部；召开“凝心铸魂强根基 奋力谱写新篇章”表彰大会，表彰地区先进基层党组织22个、优秀党务工作者20名、优秀共产党员78名；实现区级财政收入3.7亿元，比上年增长38.6%。常营地区（回族乡）获首都民族团结进步先进集体称号，常营地区办事处获评北京市第十一届民族传统体育运动会朝阳区代表团优秀组织奖。

【平安建设】 2023年，常营地区（回族乡）领导班子及机关科室下沉21个社区，带领社区及物业工作人员检查单位、点位1670家次（处），发现整改隐患694处，整改694处。开展违

▲ 常营地区办事处被授予北京市第十一届民族传统体育运动会朝阳区代表团优秀组织奖
［摄于2023年9月，常营地区（乡） 供图］

规电动三、四轮车整治行动。截至年末，累计淘汰处置违规电动三、四轮车2500余辆。

【环境整治】 2023年，常营地区（回族乡）推动“基本无违法建设区”创建工作，完成年度拆违任务11226.2平方米，占地面积10954.08平方米。开展生活垃圾分类宣传活动70余次，分类驿站、可回收物中转站回收各类可回收物2.3万吨。开展5批裸地治理，苫盖裸地1万余平方米，实施绿化8000余平方米，完成裸地治理21.3万平方米。各级河长巡河613.8千米、496人次。完成常营东路、黄渠东路消隐工程。3月，综合治理常吉路乱停车现象，制作安装交通告示牌25个，告知违停司机。张贴“违停告知书”400余张；联合双桥交通大队执法人员对限期未规范停车的车辆张贴“告知单”300余张，并依法处罚；清理道路两侧“僵尸”车10余辆。7月，投资18.72万元建设草房、常营、黄渠3个地铁站口电子围栏，规范常吉路北段车辆不按施划停车位停放占用非机动车道等问题；12月，鑫兆佳园北社区东西主路道路北侧斜向停车位改为竖向停车位，增加主路宽度，便于车辆双向通行，解决东西主路错车难问题。

【社区建设】 2023年，常营地区（回族乡）新成立和锦园、富力阳光美园、民族家园西3个社区。和锦园社区包括锦都家园、和锦薇棠两个小区，涵盖公租房、限价房、共有产权房、叠拼别墅，有居民楼7栋。社区居民990户，常住人口1975人。富力阳光美园社区由富力（北京）地产开发有限公司开发建设，小区由板楼、塔楼的建筑类型组成，社区居民2934户，常住人口6455人，流动人口2359人。辖区有15栋楼，其中限价商品房14栋、廉租房1栋。民族家园西社区是由原常营民族家园社区拆分而成，有居民2054户，包括民族家园B区和N区，共37栋楼，是北京市回族人口聚居比较集中的地区之一，民族特色浓郁。和锦园社区、富力阳光美园是新组建社区。依法完成3个社区党委、居委会选举工作，3个社区党委班子由5人组成，社区居委会有7人组成，选举产生社区居委会主任3名、副主任6名、委员12名，所有居委会成员均高票当选。12月28日，常营地区召开社区社会组织联合会第二届换届大会，选举产生新一届理事会44人。社会工作服务中心坚持党建引领，以群众需求为导向，发挥社会工作专业优势，加强中心—站点两级平台体系建设，开展系列专题专项培训，赋能“五社联动”的“人才模块”，整体提升地区社区工作者队伍能力素质和专业水平。

【接诉即办】 2023年，常营地区（回族乡）严格落实领导干部包片制度和领导责任，提高各承办单位的原始解决率。诉求中心通过日督办分析、周调度排名、月总结通报的方式对诉求办理情况进行统筹分析，统筹调度使用乡级民生家园经费、党建经费、党组织服务群众经费和社区公益金等资金项目，成立乡级应急处置小分队，优先安排解决一批群众身边“细、小、微、急”的诉求项目，全年接诉即办收到群众诉求19297件，因点位问题退回1140件。其中，市级直派10139件、区级转派9158件；社区受理案件12265件，占比63.56%，科室、集团公司受理案件7032件，占比36.44%。“三率”成绩分别为响应率200%，解决率91.26%，满意率93.41%，综合成绩平均分92.56。北京市级综合排名最高为第131名，位列朝阳区农村系统第17名。

【民生保障】 2023年，常营地区（回族乡）发放残疾人生活补贴677人次40.245万元；发放残疾人护理补贴1792人次27.14万元；办理丧葬补助申请29人，发放丧葬补贴14.5万元；为45名独居等困难老年人统一购买意外伤害保险，发放高龄津贴、失能补贴和养老服务补贴津贴535万元；举办招聘会2场，完成求职登记318人，达成就业意向113人；统筹开展社会矛盾纠纷源头预防调处化解工作，调解各类矛盾纠纷959起。完成民族家园B区、F区和连心园西区（12号楼至28号楼）公共区域改造；完成荟康苑小区261部电梯竣工验收。

【乡九届二次党代会】 2月9日，常营回族乡召开中共第九届代表大会第二次会议，78名党代表、42名列席代表参加。审议通过《中共北京市朝阳区常营回族乡第九届委员会2022年度工作报告》《中国共产党北京市朝阳区常营回族乡第九届纪律检查委员会2022年度工作报告》《党费收缴、使用管理情况报告》。

【乡十八届三次、四次人代会】 2月16日，常营回族乡召开第十八届人民代表大会第三次会议，49名代表、20名列席代表参加会议。审议通过《常营回族乡人民政府2022年工作报告》《常营回族乡人民代表大会主席团工作报告》。8月30日，常营回族乡召开第十八届人民代表大会第四次会议。乡人大代表53人出席会议，区人大代表、乡领导班子成员、机关各部门、基层单位负责人等22人列席会议。审议并通过《常营回族乡第十八届人民代表大会第四次会议关于政府工作报告的决议》《常营回族乡第十八届人民代表大会第四次会议关于乡人大主席团工作报告的决议》。大会选举陶薇薇为常营回族乡人民政府副乡长。

【文体活动】 5月6日，常营地区（回族乡）通过线上线下宣传《爱你，常营》新歌发布。擦亮“常营——朝阳的东大门”这张名片，为常营地区高质量发展提供精神和文化支撑。8月，参加朝阳区体育局举办的“2023年朝阳区健身操舞大赛”，常营地区健身操队获团体二等奖。9月，民族家园英姿花毽队李连英、鑫兆佳园北社

▲ 10月21日，举办2023北京·朝阳·常营半程马拉松赛事　[常营地区（乡）供图]

区悦鑫舞蹈队张淑连获朝阳区“优秀教练员”称号。10月21日，“2023北京·朝阳·常营半程马拉松”比赛在常营马拉松体育公园举行，来自全国各地的900余名运动员聚会常营，奋力开跑。获得男子组前三名的是：VICTOR KIBET MUTAI、郑铁、曹孟帅；女子组前三名是ENIT YENIT YEKO MOSES、金玲玲、李红颖。

（春　晖）

2023年朝阳区常营地区（乡）社区居委会、建制村村委会情况一览表

表36

序号	名称	地址	电话
1	连心园社区居委会	常新路6号院	58240247
2	常营民族家园社区居委会	常营民族家园59号楼底商	65738991
3	常营民族家园西社区居委会	常营中路与民族家园中路交会处	65483768
4	万象新天社区居委会	万象新天115号楼二层	65436225
5	万象新天北社区居委会	万象新天社区115号楼底商	65727971-8005
6	鑫兆佳园社区居委会	常营乡三间房东路甲9-3号	65431083-8017
7	鑫兆佳园北社区居委会	三间房东路甲9-3号	65780096-808
8	苹果派社区居委会	朝阳区黄渠东路2号院苹果派社区13号楼1单元居委会	65465358
9	荟万鸿社区居委会	朝阳区常营荟康苑3号楼西侧平房	65472571
10	常营保利社区居委会	常营中路保利嘉园3号院19-19底商（保利社区居委会）	85074608
11	和锦园社区居委会	黄渠东路5号院1号楼单元地下一层和锦园社区居委会	65755759
12	住欣家园社区居委会	住欣家园西院215号楼	57914007
13	畅心阳光社区居委会	朝阳区五里桥一街3号院首开畅心园1号楼一层	59396208
14	富力阳光美园社区居委会	富力阳光美园底商（市场地区管理所旁边）	65721542
15	常营福第社区居委会	朝阳北路15号楼	57923997
16	丽景园社区居委会	丽景园小区1号楼2单元206—208号	57845068
17	东方华庭社区居委会	朝阳区常营地区常通路4号院1号楼3层E305号	65408501
18	燕保常营家园社区居委会	朝阳北路20号院燕保·常营家园7#地上一层、二层	65720573
19	燕保汇鸿家园社区居委会	燕保·汇鸿家园5#6层	65728616-805
20	北京像素南区治理委员会	常营乡五里桥一街一号院非中心19号楼	65764721
21	北京像素北区治理委员会	常营乡五里桥一街一号院非中心19号楼	65725997

（春　晖）

崔各庄地区（乡）

▲ 12 月 7 日，崔各庄地区召开新的社会阶层人士联谊会成立大会 （张 峰 摄）

【概况】 崔各庄地区（乡）位于朝阳区东北部。东至东营村、黑桥村、首农集团东郊农场与金盏地区（乡）、孙河地区（乡）相邻；南至南皋村、草场地村、黑桥村、望京村、索家坟村与将台地区（乡）、东坝地区（乡）、酒仙桥街道、东湖街道相接；西至善各庄村、奶西村、索家坟村与来广营地区（乡）相连；北至何各庄村、马泉营村、奶西村、奶东村与孙河地区（乡）接壤。辖区面积 30.7 平方千米。下辖 10 个社区、15 个建制村。年内，辖区常住人口 95368 人、户籍人口 13200 户 26922 人、流动人口 89261 人；出生人口 72 人、死亡人口 176 人。辖区有法人单位 2549 个，其中中央单位 1 家、市属单位 10 家、其他单位 2538 家；有医院 4 家（其中民营医院 2 家）、社区卫生服务中心 2 个、社区卫生服务站 6 个；有中学 5 所、小学 2 所、民办学校 1 所、幼儿园 13 所、涉外基础教育学校 4 所；有养老机构 3 处；有公共文化活动场所包括村（社区）级文化活动室 12 个、文化广场 7 个、乡级图书馆 1 个。途经辖区公交线路 19 条，机场快轨、地铁 14 号线、15 号线贯穿其中。新增百万亩造林绿化面积 245.7 亩，辖区绿化率 57.76%。年内，崔各庄地区（乡）依托朝阳区“1234 发展战略”，落实乡党委“一主五抓”（以学习宣传贯彻党的二十大精神为主线，着力抓好党的建设、经济发展、城乡融合发展、社会治理、民生保障五项工作）工作思路，不断增强政府在发展经济、改善民生、安全保障等方面的执行力，实现地区高质量发展。崔各庄地区第十一届文化艺术节暨第三十二届奶子房庙会开幕；地区新的社会阶层人士联谊会召开，审议通过《崔各庄地区新的社会阶层人士联谊会章程》。实现区级财政收入 22.57 亿元，比上年增长 234%；实现农村集体总收入 47578.4 万元，比上年减少 8.7%；人均劳动所得 55377 元，比上年增加 4.6%。崔各庄地区京旺家园农家书屋（益民书屋）获“第二届全民阅读大会 最美农家书屋”称号，和平社区、东洲家园社区列入“2023 年北京市综合减灾示范社区命名名单”。 （综合办公室）

【平安建设】 2023 年，崔各庄地区（乡）防火安全委员会挂牌、实体化运行。检查辖区内 1526 家生产经营单位，消除安全隐患 1673 项。推动综治中心实体化平台建设，整合网格员及巡防队力量，建立四级联合检查机制，深化平安创建。评选安全示范楼院，举办消防培训讲座 68 场次，建设马泉营村小型消防站，补足消防设施。费家村探索实行电动自行车监控报警系统，草场地村实行电动自行车不进居民区管理，马泉营村、何各庄村、奶东村提高集中充电设施供给。建立工地安全管理机制，全面完成 279 栋隐患自建房整治销号工作。

（平安建设办公室）

【环境整治】 2023 年，崔各庄地区（乡）组织辖区铁路沿线日常巡逻 1825 人次，行程 700 余千米，修补铁路护网 500 余米，提升铁路沿线绿化 750 米，与东坝地区（乡）交界（K41 至 K46）、来广营地区（乡）交界处的铁路沿线两侧加固硬质漂浮物 1900 平方米，清除软质漂浮物 1.5 万平方米。落实“河长制”，乡级河长巡河 22 人次，社区（村）河长巡河 865 人次，总里程 1260.22 千米，河长上报案情 75 件，均在处理时效内解决。乡级林长巡林 216 次，召开调度、专题会 12 次，社区（村）林长巡林 1056 次，护林员巡林 8030 次。拆除违法建设 20.01 万平方米，腾退土地 16.52 公顷，土地复垦任务全部完成。

（社会公共事务服务中心）

【社区建设】 2023 年，崔各庄地区（乡）京旺家园第一、第二社区拆分为京旺家园第一、二、三、四社区，新建和平社区。依法完成 3 个社区居委会选举工作，3 个社区均设五委制，选举产生主任 3 名、副主任 3 名、委员 9 名。新建、拆分社区应参选 3513 人，实发选票 3482 张，参选率 99.1%。3 个社区平均得票率：主任为 99.3%，副主任为 98.8%，委员为 95%。

（社区建设办公室）

【接诉即办】 2023 年，崔各庄地区（乡）完善接诉即办工作机制，全年受理 11434 件。其中，市级直派 5488 件、区级转派 5960 件；村社受理案件 6455 件，占比为 53.25%；科室、集团公司受理案件 4993 件，占比为 46.75%。响应率 100%，解决率 94.04%，满意率 95.86%。北京市综合排名最高第 86 名，朝阳区农村系统第 7 名。

（市民诉求处置中心）

【民生保障】2023年，崔各庄地区（乡）10个社区推进失业人员再就业工作。全年新增失业登记642人、就业登记610人、城镇失业人员就业率69.45%；求职人员登记500人次，办理灵活就业保险补贴420人，农民缴纳城镇职工社会保险增加26人。全年开发就业岗位736个，完成全年工作重点指标100.45%。办理医药费报销362人次，报销金额292.3万元；办理基础医疗救助14人次，其他医疗救助15人1.9万元；办理超转人员死亡转出69人次，办理超转人员信息修改98次，各类人员丧葬费发放52人26万元。为低保、低收入及残疾人家庭实施居家适老化改造10户；为失能、高龄、独居老人28人安装"一键呼"终端设备。

（便民服务中心）

【乡五届二次党代会】1月13日，崔各庄乡召开第五届二次党代会。党代表、列席代表129人参会。乡党委书记李泽林向大会作2022年度工作报告。深入分析崔各庄乡发展面临的新形势新任务，明确2023年重点工作和奋斗目标，提出2024年工作要求。

（党建办公室）

【乡人大十八届三次会议】2月10日，崔各庄乡召开第十八届人民代表大会第三次会议，乡人大代表、列席代表120人参加会议。乡长殷伟涛代表崔各庄乡人民政府向大会作政府工作报告。乡人大主席苑拓向大会作人大主席团工作报告。会议审议并通过关于《崔各庄乡人民政府工作报告》的决议、关于《崔各庄乡人大主席团工作报告》的决议，书面审查通过《崔各庄乡2022年财政预算执行情况和2023年财政预算草案的报告》。

（人大办公室）

【消费季系列活动】4月9日，崔各庄地区"潮极新生·绿动计划——魅力崔各庄"2023年消费季系列活动在北京赛特奥莱主会场及圣露庄园分会场开幕。赛特奥莱有精彩纷呈的表演和超值团券、消费返券等优惠促销、超值换购等活动，圣露庄园引入辖区多家网红咖啡馆，打造特色的"露营咖"活动，让市民集中品尝不同口味的品牌咖啡。8月11日，2023年消费季系列活动之夏季消费嘉年华开幕。点燃夏日"夜经济"。浩华宫夏日嘉年华、圣露庄园亲子嘉年华、醉库园区的"放飞快乐 醉享时光"文化欢乐季及万荷文创园"音乐啤酒节"同步推出，活动于10月闭幕。（张 峰）

【专题教育巡展】5月4日，由朝阳区委农工委组织开展的朝阳区农村地区"强化监督治理，保障乡村振兴"专题教育巡展在崔各庄地区（乡）展出，各单位党员干部、监察对象到现场观看学习警示案例。专题教育巡展围绕"漠视党的政治纪律和政治规矩"等10个方面干部队伍突出问题，梳理近年农村地区警示教育典型案例、巡察审计重点问题，总结农村地区监督治理成效经验。崔各庄地区（乡）选派7名基层纪检干部担任讲解员，全程解说专题教育巡展内容，1198人现场观展。（监察办公室）

【对口援疆结对共建网络签订仪式】11月3日，崔各庄地区举办对口援疆结对共建协议书网络签订仪式。北京醉库国际文化创意园与新疆生产建设兵团第十四师四十七团（简称四十七团）举行结对共建协议书网络签订仪式。崔各庄乡党委副书记许智勇，四十七团党委副书记、副团长乔驿航，北京醉库国际文化创意园总经理桂耀华、党支部书记秦风武等出席签订仪式。北京醉库国际文化创意园总经理桂耀华介绍醉库国际文化创意园基本情况，沟通商讨园区与四十七团共建工作内容，结合双方实际和所需所能，深化对接、创新协作、融合交流，在文化润疆、产业发展、扶贫济困等方面内容，实现双方资源共享、优势互补、经验互鉴。醉库国际文化创意园总经理桂耀华与四十七团党委副书记、副团长乔驿航共同签订《北京醉库国际文化创意园、新疆生产建设兵团第十四师四十七团结对共建协议书》。

（党建办公室）

【火灾事故】12月28日3时17分，北京市119指挥中心接警，位于朝阳区崔各庄乡东辛店村某村民自建房1层发生火情，调派3个消防站9部消防车到场处置。朝阳区领导及相关部门立即赶赴现场指挥调度，及时调派救援力量。3时43分现场火灭，事故造成4人死亡5人受伤。

（平安建设办公室）

▲ 11月3日，北京醉库国际文化创意园与新疆生产建设兵团第十四师四十七团举行结对共建协议书网络签订仪式（张 峰 摄）

2023年朝阳区崔各庄地区（乡）社区居委会、建制村村委会情况一览表

表 37

序号	村委会/居委会名称	地址	电话
1	京旺家园一社区居委会	崔各庄地区京旺家园1区15号楼底商第一社区服务站	84302341
2	京旺家园二社区居委会	崔各庄地区京旺家园五区2号楼第二社区服务站	84102954
3	京旺家园三社区居委会	崔各庄地区京旺家园三区10号楼底商第三社区服务站	84306532
4	京旺家园四社区居委会	崔各庄地区京旺家园六区3号楼第四社区服务站	64363132
5	马南里社区居委会	来广营东路南马南里社区服务站	84702139
6	东洲家园社区居委会	来广营北路东东洲家园社区服务站	64342607
7	燕保家园社区居委会	香江北路南燕保家园社区服务站	84790611
8	广善一社区居委会	香江北路南广善一社区服务站	84343027
9	和平社区居委会	崔各庄乡泉安中路2号中海望京府	64357368
10	新锦社区居委会	崔各庄乡泉安中路2号中海望京府	64357549
11	崔各庄村村委会	崔各庄地区京旺家园四区14号楼底商崔各庄村	64367032
12	善各庄村村委会	崔各庄地区京旺家园四区14号楼底商崔各庄村	64327634
13	何各庄村村委会	顺白路南何各庄村委会	64310510
14	马泉营村村委会	顺白路南马泉营村委会	64364801
15	奶东村村委会	顺白路北奶东村委会	84569998
16	奶西村村委会	北皋路北京旺家园二区北	84564892
17	索家村村委会	崔各庄地区京旺家园四区14号楼底商崔各庄村	64382547
18	费家村村委会	京顺路北费家村委会	84701466
19	南皋村村委会	崔各庄地区京旺家园四区14号楼底商南皋村	64368319
20	北皋村村委会	崔各庄地区京旺家园一区1号楼北底商北皋村	64365895
21	望京村村委会	朝阳区崔各庄地区京旺家园一区1号楼北底商望京村	84304015
22	草场地村村委会	机场辅路南草场地村委会	64327883
23	黑桥村村委会	崔各庄地区京旺家园四区14号楼底商黑桥村	64329989
24	东营村村委会	崔各庄地区京旺家园一区1号楼北底商望京村	84160338
25	东辛店村村委会	京顺路北东辛店村委会	84307378

（胡国光）

东坝地区（乡）

【概况】 东坝地区（乡）位于朝阳区东部。东至机场二通道与金盏地区（乡）相邻；南至高杨树南二街（朝阳新城三区）与平房地区（乡）、常营地区（乡）接壤；西至半截塔路（首创朗园）与将台地区（乡）相连；北至黑桥公园与崔各庄地区（乡）相接。辖区面积24.6平方千米。下辖29个社区、9个建制村、3个筹备组。年内，辖区常住人口140425人、户籍人口28240户70056人、流动人口71000人、港澳台同胞及外籍人口563人；出生人口587人、死亡人口368人。有法人单位3911个，其中央属单位3家、市属单位5家、区属单位5家、其他单位4664家；有三级医院1家、二级医院1家、社区卫生服务中心2个、社区卫生服务站4个；有科研所1家、大学1所、中小学13所、幼儿园19所；有养老院3处；有1700平方米和3800平方米市民活动中心各1处、文化广场20处（其中占地500平方米以上文化广场6处）、有乡级图书室2个。途经辖区公交线路7条，地铁3号线、12号线（在建）贯穿其中。辖区绿化面积525.63公顷，绿化率57%。2023年，东坝地区（乡）坚持贯彻新发展

理念，加快融入新发展格局，落实高质量发展要求，推进城市化建设稳步提升。完成党和国家领导人同人民群众义务植树保障任务；完成北西区域棚户区改造项目回迁安置房选房、签约入住；举办东坝地区全民运动会；完成全年粮食、蔬菜生产任务，播种夏玉米 103.9 亩、产量 29100 千克，冬小麦 117.9 亩，产量 30700 千克，蔬菜 80 亩，产量 61701 千克；实现区级财政收入 39993.9 万元，比上年增加 19.17%；集体经济总收入 6.1 亿元，比上年减少 15.1%。东坝地区（乡）获评“北京市安全社区”“北京市社会建设与民政工作先进集体”，常青藤社区获评“北京市综合减灾示范社区”。

【平安建设】 2023 年，东坝地区（乡）开展安全生产和火灾隐患大排查大整治专项行动，出动检查人员 7000 余人次，车辆 1200 余辆次，整改隐患 3591 处；15 条道路纳入路侧停车管理，新增车位 2993 个，在 13 条道路 23 处点位增设违停抓拍设备 28 套；完成挂账违规电动三、四轮车“动态清零”，清退违规电动三四轮车 2221 辆；拆除违法建设 5400 平方米，新增临时停车场 2 处。

【生态环境建设】 2023 年，东坝地区（乡）完成东坝（郊野）公园品质提升，拆除铁艺围栏 4700 米、绿网 400 平方米，建设宽 10 米、长 2600 米临路绿化；完成朝阳绿道 11 千米主体建设，补植补种树木 3900 株、移植树木 5700 株，修剪树木 1.1 万株。

【社区优化】 2023 年，东坝地区（乡）调整优化社区规模，将原有 26 个社区拆分为 29 个社区，新成立常青藤第二社区、福园第三社区和汇景苑第二社区 3 个社区，新组建晏河湾第一社区、第二社区、第三社区 3 个筹备组。完成 3 处社区办公用房空间改造，依法完成新成立社区居委会选举工作，所有居委会成员均高票当选。

【接诉即办】 2023 年，东坝地区（乡）制定《东坝乡接诉即办绩效奖惩机制》，编发《东坝乡接诉即办工作指引》，坚持“每日调度、每月一题”，每日督办机制，深度剖析重难点诉求，加速市民关切问题的解决进程。组织专项培训 26 次，涵盖诉求处理流程优化、考核评价体系等方面。全年受理诉求 16778 件，其中市级直派诉求 8807 件、区级 7748 件，平均月诉求量 1398 件。纳入市级考评 3532 件，响应率 100%，解决 95.39%，满意率 96.02%。

【民生保障】 2023 年，东坝地区（乡）第二社区卫生服务中心坝鑫院区投入使用。坝鑫院区建筑面积 1823 平方米，全科室设置，日接诊量 270 人；新增公办普惠幼儿园 1 所。景和园社区、富润四季社区、奥林匹克花园社区、朝阳新城社区等 4 个“一刻钟便民生活圈”完成验收，惠及周边近 8 万居民。发放残疾人员生活补贴 758 人次 49.22 万元；发放残疾人员护理补贴 1913 人次 29.53 万元；办理丧葬补助申请 48 人，发放丧葬补贴 24 万元；为辖区空巢、独居、失能老人 75 户安装“一键呼”服务终端；发放高龄津贴、失能补贴和养老服务补贴津贴 396.77 万元。

【乡十四届二次党代会】 2 月 15 日，东坝乡在党群服务中心（红映坊）召开第十四届二次党代会。地区（乡）党代表 91 人、列席代表 28 人参加会议。会议听取并审议通过《2022 年度党委工作报告》的决议和《2022 年度纪委工作报告》的决议。

【乡十八届三次人大会议】 2 月 23 日至 24 日，东坝乡召开第十八届人大三次会议，54 名人大代表和 35 人列席代表出席会议。会议听取并审议通过《东坝乡人民政府 2022 年工作报告》，书面审议通过《东坝乡人大主席团 2022 年工作报告》《东坝乡 2022 年财政预算执行情况和 2023 年财政预算草案的报告》，依法补选吴垚垚为东坝乡人民政府副乡长。

【北西区域棚户区改造项目】 7 月 3 日至 8 月 1 日，东坝地区（乡）北西区域棚户区改造项目回迁安置选房启动，涉及 2665 户腾退户（其中“北三村”村民 2491 户、国有土地 174 户），共选出 10785 套安置房，一居室 3748 套、二居室 5127 套、三居室 1910 套。涉及北西区域 B 地块棚户区改造安置房项目 5994 套，金泰丽富嘉园项目 1983 套、驹子房农民定向安置房项目 1128

▲ 10 月 9 日，北西区域棚户区改造项目回迁安置选房签约入驻。图为签约现场（马斯诺 摄）

套，七棵树定向安置房项目1680套。10月9日，北西区域棚户区改造项目启动回迁安置选房签约入驻。涉及北西区域B地块棚户区改造安置房项目、金泰丽富嘉园项目、驹子房农民定向安置房项目、七棵树定向安置房项目4处安置房源，2600余户、10000余套回迁安置房。

【东坝万达广场开业】 9月28日，东坝地区国际商业中心项目东坝万达广场开业。东坝国际商业中心项目，主体23.41万平方米，其中商业面积18.8万平方米，酒店面积3.2万平方米。东坝万达广场是东坝乡首个农村产业项目，引入258个品牌，其中33家为首店进驻，业态覆盖科技、文体、娱乐、美食、购物等，当天客流量超16万人。

【中小学篮球联赛】 12月8日，中国篮协K8平台“双奥朝阳”朝阳区中小学篮球联赛在北京中学（东泽校区）开球，中国篮协主席姚明到现场观看指导。朝阳区11支校园篮球队将在北京中学进行五个月的比赛，每支队伍参赛20场。

▲ 12月19日，第三届“东坝之星”颁奖典礼暨东坝地区星光节在首创·郎园Station准点剧场召开 （马斯诺　摄）

【东坝之星评选】 12月19日，东坝地区（乡）在首创·郎园Station准点剧场举办第三届“东坝之星”颁奖典礼。“东坝之星”是东坝地区联合首创·郎园Station重点打造的特色党建品牌项目。典礼上为10名“志愿服务之星”、5名“绿色环保之星”、5名“学习创新之星”、5名“文艺风采之星”、2名“物业服务之星”、24名优秀达人颁奖。

（肖进秋）

2023年朝阳区东坝地区（乡）社区居委会、建制村村委会情况一览表

表38

序号	名称	地址	电话
1	奥林匹克花园社区居委会	奥园小区723号楼底商	65494272
2	坝鑫家园社区居委会	坝鑫家园底商16号楼1层	84200292
3	常青藤社区居委会	常青藤社区单店西路15号院1号楼底商	85379265
4	朝阳新城第二社区居委会	朝新嘉园东里4区8-1-101号	85095183
5	朝阳新城社区居委会	朝新嘉园东里3区1号楼	65456113
6	东坝家园社区居委会	东坝家园A区社区居委会	65415158
7	东湾社区居委会	和悦园小区5号楼南侧	65494864
8	东泽园社区居委会	红松路1号院1号楼2层	56357678
9	福润四季社区居委会	福润四季2号院8号楼1层	65415791
10	福园第二社区居委会	华瀚福园A区10号楼底商	65497577
11	福园第一社区居委会	华瀚福园C区7号楼S1-1层底商	65475011
12	高杨树社区居委会	富北嘉园4号楼	65479710
13	红松园北里社区居委会	红松园北里18号院8号楼底商101号	65435259
14	红松园社区居委会	东坝乡甲16号南200米	65490321

续表 38

序号	名称	地址	电话
15	汇景苑社区居委会	汇景苑2区1号楼南侧底商	65495088
16	金驹家园第二社区居委会	金驹家园F区217号楼1单元102号	65732411
17	金驹家园第一社区居委会	金驹家园D区116号楼1单元203号	65427941
18	景和园社区居委会	朝新嘉园东里6区6号楼东侧1层	65479712
19	康静里社区居委会	康静里小区西门外南侧平房	65734994
20	丽富嘉园社区居委会	东坝中路30号院6号楼1单元101号	65479669
21	润泽社区居委会	首城东郡汇1号楼1单元南侧	65491007
22	悦和园社区居委会	悦和园小区2号楼2层	85384681
23	郑村社区居委会	畅颐园3号楼1层	65729110
24	奥林匹克花园第二社区居委会	京奥家园215号楼1层	65490600
25	景和园第二社区居委会	景和园七区4号楼1层	65872785
26	汇景苑第二社区居委会	汇景苑四区四号楼1单元	65490893
27	常青藤第二社区居委会	常青藤四期底商	85379265
28	福园第三社区居委会	华瀚福园D区426号楼1单元	65490832
29	锦安家园社区居委会	锦安家园19号楼2层	65872728
30	晏河湾第一筹备组	朝阳区东坝路13号院2号楼底商	65497887
31	晏河湾第二筹备组	朝阳区郑村坝街11号院6号楼底商	65498961
32	晏河湾第三筹备组	朝阳区御马院街16号院5号楼底商	65492897
33	东风村村委会	东风村综治工作中心院内	84318882
34	西北门村村委会	东坝环铁会馆1号院	84320662
35	后街村村委会	东坝环铁会馆2号院	84327363
36	单店村村委会	东坝家园A区综合楼4层	65497116
37	七棵树村村委会	东坝家园A区综合楼4层	65412566
38	三岔河村村委会	东坝家园A区综合楼4层	84320564
39	驹子房村村委会	金驹家园F区217地下室	65738411
40	焦庄村村委会	东坝焦庄甲88号正东方向90米	65780832
41	东晓景村村委会	东晓景村（春溢通物流对面）	85954990

（肖进秋）

东风地区（乡）

【概况】 东风地区（乡）位于朝阳区中部。东至东风公园与平房地区（乡）、东坝地区（乡）接壤；南至六里屯村南端与八里庄街道、六里屯街道相接；西至东四环路与六里屯街道、麦子店街道相连；北至亮马河与将台地区（乡）和酒仙桥街道相邻。辖区面积 7.38 平方千米。下辖 10 个社区、4 个建制村。2023 年，辖区常住人口 64610 人、户籍人口 15727 户 36864 人、流动人口 32448 人、外籍人口 1207 人；出生人口 295 人、死亡人口 534 人。有法人单位 3296 个，其中中央单位有中国冶金地质总局 1 家，市属单位北京振远护卫中心 1 家，区属单位有朝阳区教育委员会、朝阳区房屋权属登记中心等 20 余家，规模以上企业 127 家，其他单位 1400 余家；有北京和睦家康复医院（二级医院）1 家、社区卫生服务中心 3 家、社区卫生服务站 2 个；有中学 2 所、小学 4 所、幼儿园 11 所；有养老机构 4 处；有 350 平方米为民服务大厅和 3300 平方米地区文化中心各 1 处、文化广场 4 处、益民书屋 10 处、图书馆 1 处。途经辖区公交线路41条。有郊野公园1个，辖区绿化率16.41%。2023年，东风地区（乡）创新“123456”工作思想和方法论（“1”是一个认知，即“根本在人，关键在认识，核心在思想”；“2”是“两以”理念，即“以事业为己任，以勤奋者为本”；“3”是“三主”观念，即“主体责任、主动参与、主人感觉”；“4”是“四同”保障，即“同心、同向、同力、同步”；“5”是“五个东风”，即“新东风、稳东风、美东风、福东风、暖东风”；“6”是“六包”机制，即“包卫生、包整洁、包绿化、包设施、包秩序、包安全”），完成地区（乡）豆各庄村、辛庄村、将台洼村村级集体资产量化；完成朝阳站迎宾大道环境整治、朝阳站周边环境整治二期、朝阳站周边重点区域提升工程、朝阳站桥下空间绿化景观提升等4个环境整治项目；北京朝阳站交通枢纽项目实现结构封顶；北京地铁3号线星火区间盾构掘进贯通，工程实现土建“洞通”，进入全线铺轨施工阶段；东风苑社区创建全国示范性老年友好型社区；实现区级财政收入2.25亿元，比上年增长41.5%。东坝乡获第三批全国农民体育健身活动基地、国家节约型机关称号，东风苑社区获国家老年友好型社区称号。

【平安建设】 2023年，东风地区（乡）开展安全隐患大排查大整治专项行动，安全检查各类企业1.7万家次，排查整改风险隐患6500余处。开展村民自建房消防安全专项治理，消除自建房隐患120处。清理违规电动三、四轮车1501辆；整治南十里居社区亮马嘉园小区地下空间，清理房间26间，劝离租住人员42人，清理各类堆积物6万余千克；建成石佛营南里社区、东润枫景社区2家小型消防站。

【环境整治】 2023年，东风地区（乡）创建“基本无违法建设区”，拆除图斑分类和限期整治类图斑建筑。拆除违法建筑6843.83平方米，腾退土地7890.49平方米，腾退东坝南二街南北两侧土地14.13公顷，多措并举对原有郊野公园融合提升；完成石佛营西里5个老旧小区楼本体施工、公共区域架空线入地等工程，改善居民居住条件。

【社区优化】 2023年，东风地区（乡）调整优化社区规模，将原有10个社区拆分为11个社区，实现社区实际管辖户数低于3000户的目标。同时，完成2处社区办公用房空间改造，并依法完成新设立社区居委会选举和相关社区居委会补选工作，所有居委会成员均高票当选。

【接诉即办】 2023年，东风地区（乡）接诉即办受理案件8687件，解决率、满意率分别比上年提高1.08个和0.71个百分点，“直＋转”综合成绩位列北京市农村地区第74名，朝阳区农村地区第1名。制定《东风地区领导干部走访约访下访包案工作方案》，落实领导包案126件。建设多元矛盾纠纷调处平台，“模拟法庭”开展巡演12场次；发挥法律顾问作用，提供法律咨询54件次；开展“周三律师值班”39场，调解各类民事纠纷384件，调解成功率91%。处理网上信访件100件次，网上信访受理率、办结率、参评率、对信访机构满意率均达100%。

【民生实事】 2023年，东风地区（乡）实施社区社会组织孵化中心项目和社区公益金项目52个，完成亮马嘉园小区地下室装修改造等民生实事；启动“千企万店”拥军行动，签约49家拥军单位，保障春季朝阳站新老兵接送转运。以京剧、武术两大品牌建设为重点，以“星火”文化体育节为载体，组织开展文化体育活动23场，各类培训300余课时，惠及群众1.5万人。新时代文明实践站所开展各类主题活动900余次。

【社会保障】 2023年，东风地区（乡）构建养老服务联合体，以“大爱东风，颐老同行”项目为抓手，构建具有东风特色的为老服务模式，老龄服务覆盖率100%。建设养老管家模式，新建养老家庭照护床位40张。开展阳光助残活动240余场，走访慰问残疾人430余人次，完成残疾人家庭无障碍改造31户；举办就业困难人员就业专场职业指导1次，“一对一”职业指导700余次，帮助就业492人。“中华慈善日”募集捐款2.93万元，发放超转人员590人2437.69万元、政策性转居人员11人生活补助资金19.13万元和自采暖补贴报销5.01万元；发放低保救助金21.29万元，重点优抚对象及知青医疗减免4.18万元。发放困难群众补充医疗救助3人0.63万元；发放困难群众家庭临时救助4户3.43万元；发放困难群众家庭急难型临时救助1户0.84万元；申请困难群众家庭高等中学新生入学救助2户0.9万元。

▲ 4月19日，东风地区（乡）举办就困人员专场职业指导培训会 ［东风地区（乡） 供图］

【集体经济发展】 2023年，东风地区（乡）规范"三资"管理，完成14份新签合同审核，增加年租金1831.76万元；完成集体企业3年审计等4项专项审计，推进村级产权制度改革收尾，提升集体经济规范化管理水平。开展首批9家集体企业清理改制，东星苑物业公司、东枫鸿体育公司、东兴苑餐饮公司等集体企业拓展自身业务，提高管理水平。

【朝阳站商业用地摘牌】 2023年，东风地区（乡）朝阳站交通枢纽南侧建设用地一体化项目0313-5597、5598、5599地块B4综合性商业金融服务业用地成交，由华润置地以63.58亿元底价竞得。地块未来将打造成高品质购物中心万象城。北京朝阳站交通枢纽南侧建设用地一体化项目0313-5597、5598、5599地块土地面积62796.8平方米，建筑控制规模≤275500平方米，用地性质为B4综合性商业金融服务业用地。规划用途方面，该项目需自持部分不低于地上总建筑规模的70%，自持建筑规模用途均为商业，自持年限20年。剩余30%可销售部分，在出让年限内销售，销售单元需满足不小于整层。

【垃圾分类】 2023年，东风地区（乡）建立北京朝阳站环境秩序保障体系，朝阳站周边环境秩序整治案例入围朝阳区治理十佳优秀案例。在北京市首创并推进《物业小区垃圾分类考核办法（试行）》，激励物业公司提升垃圾分类工作质效；新建垃圾分类智能驿站3座，3个小区获评北京市垃圾分类示范小区。全力创建全国卫生乡，人居环境、"门前三包"、环境建设与管理成绩位列朝阳区农村地区第1名。

【东坝南二街全线贯通】 7月5日，东风地区（乡）东坝南二街全线贯通，西起东四环路，东至机场第二通道，横跨东坝地区（乡）和东风地区（乡），连接东四环路、星火路、东五环路、驹子房路、首都机场第二通道等多条南北向主干路，是首都交通道路网线的重要节点和连接线。东坝南二街（青年北路至东五环）施工采取半幅施工、半幅通行的方式。东坝南二街（青年北路至东五环）西向东方向放行后，车辆实现双向通行。东坝南二街是北京朝阳站配套周边道路，（青年北路至东五环）路段贯通后，疏散北京朝阳站去往东北部的人流，改善区域交通环境，拓展城市发展空间。

【朝阳站客流高位】 9月27日至10月8日，北京朝阳站到发旅客138.7万人次（发送69万人次，到达69.7万人次），日均到发旅客11.6万人次，朝阳站图定列车82.5对，另有图定高峰线27对。年内，北京朝阳站铁路客流持续高位出入。

【朝阳站周边专项治理】 11月，东风地区（乡）开展朝阳站周边共享单车停车专项治理。在万科金阳公寓、德必园区附近等20余个点位科学布控，规划共享单车停放区域530处；落实《北京区域互联网租赁自行车行业规范用户停放行为联合限制性公约》，3家共享单车运营企业精准调控投放数量，平台报备车辆12418辆，实际投放12216辆，落实30分钟违停现场处置机制，加大对电子围栏外停车等严重违停行为惩戒力度，利用智慧化手段双向引导用户安全骑行、有序停放。党团员志愿者、社区志愿者、文明引导员等成立共享单车文明劝导队，劝导不文明停放、义务指路等服务1200余次。 （王雅璇）

▲ 6月16日，朝阳站迎宾大道沿线公园（整治后） [东风地区（乡） 供图]

▲ 2022年7月18日，朝阳站周边环境整治二期项目整治前 [东风地区（乡） 供图]

2023年朝阳区东风地区（乡）社区居委会、建制村村委会情况一览表

表39

序号	名称	地址	电话
1	石佛营东里社区居委会	石佛营东里小区113号楼东侧小红楼	85821433
2	石佛营西里社区居委会	石佛营西里临乙1号	85814852
3	石佛营南里社区居委会	八里庄北里129号院2号楼3层	85835729
4	紫萝园社区居委会	石佛营东里136号院1号楼108号	85846204
5	东润枫景社区居委会	东润枫景28号院6号楼2单元	64366261
6	观湖国际社区居委会	东四环北路88号院7号楼1单元2层	59283908
7	公园大道社区居委会	朝阳公园南路6号院4号楼	65306784
8	泛海国际南社区居委会	星火西路17号泛海国际南社区服务站	85855887
9	南十里居社区居委会	南十里居41号院5号楼3单元103室	58294239
10	东风苑社区居委会	星火西路17号楼社区服务中心202室	85904182
11	东风家园社区居委会	南十里居13号楼东风家园社区居委会	85828308
12	豆各庄村村委会	高庙村西南方向60米豆各庄村委会	85811977
13	辛庄村村委会	东风乡辛庄甲1号	85846040
14	将台洼村村委会	东风乡将台洼村村委会	84315469
15	六里屯村村委会	甜水园东道家园小区北159米六里屯村委会	65862163

（王雅璇）

豆各庄地区（乡）

【概况】 豆各庄地区（乡）位于朝阳区东南部。东至双桥西路与黑庄户地区（乡）相连；南至京津高速公路南侧与通州区台湖镇相邻；西至东五环路与王四营地区（乡）和十八里店地区（乡）接壤；北至广渠快速路南侧与三间房地区（乡）相接。辖区总面积14.16平方千米，下辖16个社区。2023年，辖区常住人口7.9万人、户籍人口9707户20761人、流动人口31641人、外籍人口176人；出生人口196人、死亡人口145人。有法人单位1710家，其中国有单位24家；有社区卫生服务中心1所，社区卫生服务站4个；有中小学5所、普惠性幼儿园9所；有养老机构4处；有200平方米为民服务大厅和3024平方米地区综合文化中心各1处、注册在案的文化广场4个。途经辖区公交线路10条，地铁7号线贯穿其中。辖区绿化面积686公顷，绿化率48.51%。2023年，豆各庄地区（乡）坚持党建引领，班子、部门、社区、企业同研究、同部署、同落实，有序推进道路建设、老旧小区综合改造等重点民生项目；实施社区公益金小微工程23项，依法依规完成12个村撤销村民委员会建制工作；惠多港购物中心开业填补豆各庄及周边地区大型商业综合体空白；完成3个新建社区居委会选举工作。实现区级一般公共收入2.23亿元，比上年增长38.46%。豆各庄乡人民政府获2022年度“北京市应急值守先进单位”“北京市2022年度交通安全先进单位”称号。

【平安建设】 2023年，豆各庄地区（乡）召开安责险宣导会13场，参会企业896家次，投保219家；完成安全风险评估企业990家，其中小微企业927家、非小微企业63家；开展防灾减灾主题宣传活动，发放宣传资料800余份；调动群防群治、保安、应急救援3支队伍，以“静态＋动态”“步巡＋车巡”“社会面＋企业”全方位巡控模式，完成全国两会、服贸会、“一带一路”国际合作高峰论坛等重大活动服务保障任务；开展国家安全专题宣传活动4次、组织专题讲座1次，发放国家安全宣传资料1800余份；查处违法群租房11起，已全部整改；建立“一车一档”，完成电动自行车检查点位1333个，出动检查人员2382人次，发现隐患115处，整改完成115处；清理违规电动三、四轮车871辆；清理堆物堆料6805处。开展燃气专项执法检查行动，出动320余人次，检查燃气单位500余家次，罚没液化石油气瓶13个，其中黑气瓶9个。引入“朝阳停车”规范富力又一城周边停车管理，

提供车位482个；完成黄厂路（大柳树沟桥）两侧、鲁店北路便道、富力又一城B区便道、东马各庄桥辅路、天达路等路段阻车桩安装及恒大御景湾中区南侧道路中心隔离护栏安装工作，惠多港及地铁周边增设非机动车停放区域；在西马各庄北街、富力又一城C区西侧道路加装禁止停车标牌，各社区周边施划规范非机动车停放区域83处。

【环境整治】 2023年，豆各庄地区（乡）拆除违法建设58处，建设面积40582.66平方米，占地面积共39958.88平方米，完成年度拆违任务；整改卫片10处，“创无”工作中图斑举证率100%，刚性指标整改2处；完成公共公益类整改2处；推进小区历史存量违建案件10处，拆除新增违法建设3处。聚焦施工扬尘、渣土车遗撒、夜间施工扰民等问题，开展针对性专项执法，检查施工工地510家次，渣土车辆210台次。出动执法人员770余人次，车辆330余台次；加强堆物堆料、小广告牛皮癣等环境治理工作，巡查发现倾倒垃圾110件、堆物堆料120件，小广告停机处罚19起。对游商多发点位采取弹性工作法，取缔、规范各类无照游商1420余起。

【社区建设】 2023年，豆各庄地区（乡）拆分朝丰家园社区、御景湾社区，设立知礼园社区和御悦湾社区；补选绿丰家园等9个社区的居委会成员；完成晨风园一社区等3个新建社区的居委会选举及居务监督委员会选举工作；更换青青家园社区等5个社区“基层群众性自治组织特别法人统一社会信用代码证书”；调整居民代表由488人增至603人，调整和谐促进员由946人增至1094人。

【民生保障】 2023年，豆各庄地区（乡）发放城乡低保、低收入、临时救助、超转特困等人员救助金52.97万元；发放因事、因病致困家庭慰问金4万元；申请“温暖安康”善款10.7万元；发放残疾人各项补贴和慰问金90.33万元；发放严重精神障碍患者家属看护补贴95人24.72万元；发放失能老年人养老津贴补贴256人258.54万元；发放超转、地退、水库移民等各项补贴4015.84万元。开展校园走访，协调相关部室（中心）为校园解决实际问题2件；落实“双减”政策，出动人员56人次，检查教育机构128家次；依法依规做好非京籍义务教育相关工作，审核小学入学500余人次，通过280余人，解答家长咨询350余次；完成本地区6名非京籍考生2023年高考及等级考全过程保障工作，完成5名考生2024年高考报名工作。

【五环路御景湾段隔声屏障建设】 2023年，豆各庄地区（乡）东五环路御景湾段噪声扰民问题得到解决，工程列为2023年为民办实事10项工程之一，直接影响居民1244户、3100人。地区工委、办事处为居民搭建“面对面沟通平台”，会同专业单位谋划精准科学降噪，监督隔声屏障工程开工建设。1月6日，施工单位进场施工。2月28日，工程收尾。3月31日，交通运输部公路科学研究院下属单位现场检测3个毗邻五环路御景湾点位，均满足昼夜临路居民住宅区交通噪声相关标准。

【接诉即办】 2023年，豆各庄地区（乡）坚持“接诉即办”和“未诉先办”一手抓，组织各种调度会219次，调度案件3016件。主要领导调度会商56次，研究解决老旧小区日常管理、违法建设整治、交通问题、防汛问题等各类诉求1960件。全年办理“12345”热线案件43516件，退回案件3030件，实际接收40486件，比上年上升78%，其中自处置案件3984件，网络+热线3157件，已结案43274件，办结率99.44%，解决老百姓急难愁盼问题。北京市排名最好成绩第158名。

【领导调研】 1月29日，区领导带队调研萧太后河展览馆，考察展览馆的建设情况。2月14日，区领导带队到豆各庄地区开展平安建设及区域社会治理现代化试点工作专项调研。6月13日，区商务局相关领导考察调研豆各庄地区惠多港项目。8月15日，区领导带队到豆各庄乡走访调研，系统了解朝阳区非遗文化的地区分布、艺术特征、历史传承等。10月13日，区人大常委会主任陈宏志结合人大代表之家和基层立法联络站建设相关工作到豆各庄地区调研。12月19日，区领导到豆各庄地区现场调研豆各庄地区违规电动三、四轮车回收点，主持座谈听取豆各庄地区违规电动三、四轮车综合治理工作落实情况的汇报。

【乡第九届党代会第二次会议】 2月28日，豆各庄乡第九届党员代表大会第二次会议召开。会议由乡党委副书记、乡长戴昌军主持，参会人员观看《豆各庄地区2022年工作总结纪实片》。大会按照议程要求，讨论审议《豆各庄乡党委2022年工作报告》《豆各庄乡纪委2022年工作报告》，审查《豆各庄乡2022年度党费收缴、使用和管理情况报告》。大会全体代表一致通过《豆各庄乡党委工作报告的决议（草案）》和《豆各庄乡纪委工作报告的决议（草案）》。

【乡十八届三次、四次人大会议】 3月15日至16日，豆各庄乡召开十八届三次人大会议，乡人大代表55人出席会议，21人列席会议。乡长戴昌军代表豆各庄乡人民政府做2022年《豆各庄乡人民政府工作报告》。乡人大主席吕志作2022年《豆各庄乡人大工作报告》。大会书面审查和批准《豆各庄乡2022年财政预算执行情况》和《豆各庄乡2023年财政预算报告》。大会接受代表议案建议10条，归纳合并为4条，分别涉及民生保障、基础设施建设、经济发展3个方面。8月4日，豆各庄乡召开第十八届四次人大会议。54名乡人大代表出席会议，26人列席会议，乡人大主席团以书面形式向大会作《夯实思想根基，淬炼绝对忠诚的政治品格》的工作报告。各代表团分组审议《豆各庄乡人民政府工作报告(草案)》和《豆各庄乡人大主席团工作报告（草案）》，依法依规选举常君为豆各庄乡人民政府副乡长。

【结对帮扶】 5月18日至19日，内蒙古自治区察右后旗旗委常委、副旗长刘立波率队到豆各庄地区（乡）就京蒙协作重点领域工作实地考察协作洽谈，一行人参观走访马家湾湿地、萧太后河展览馆及惠多港购物中心，了解豆各庄乡建设工作成果。豆各庄乡由社区、乡联社、辖区企业东村文创园代表分别向内蒙古自治区察右后旗大六号镇及锡勒乡捐赠生活用品、汽车等物资，豆各庄乡党委、乡政府向察右后旗捐赠资金26万元。

【“七一”表彰】 6月30日，豆各庄地区召开“凝心聚力谱新篇 奋楫笃行启征程”“七一”表彰大会，地区宣传片《华丽蝶变·豆各庄》让参会者回顾地区巨变的历程。表彰先进基层党组织18个、优秀党组织书记18名、优秀党务工作者14名、优秀共产党员160名、优秀志愿者160名、优秀基层党组织服务群众项目6个、“接诉即办先进集体”10个。

【文化活动】 11月3日，第五届萧太后河民俗文化节暨第一届京苏两地古运河文化交流节在朝阳区豆各庄地区马家湾湿地公园举办。活动由中共北京市朝阳区委豆各庄地区工作委员会、北京市朝阳区人民政府豆各庄地区办事处、苏州市相城生态文旅集团、豆各庄地区新时代文明实践所主办，北京市文化中心建设发展基金管理有限公司、苏州市相城区望亭镇人民政府协办。活动涵盖文化体验、文化消费、文化讲座和互动体验等多种形式。11月3日至5日，在马家湾湿地公园水岸广场举办室外文化市集，其中有曹氏风筝非遗体验、冯梦龙名言警句雕版拓印体验、北太湖套章体

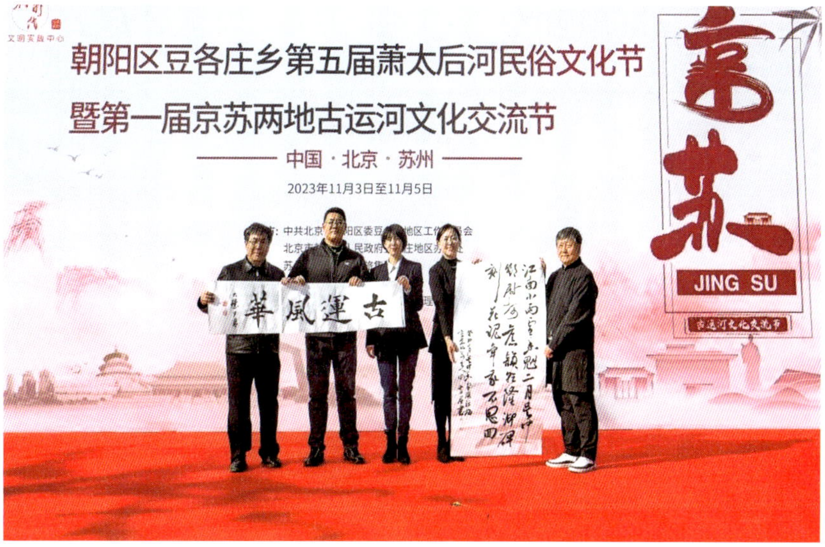

▲ 11月3日，豆各庄乡萧太后河民俗文化节活动现场领导与书法家合影　（王程玉　摄）

验、松鹤楼试吃酥饼、一得阁制墨八法印章体验等；11月4日至5日，举办小金砖手作体验、御窑金砖文化讲座、阳澄湖大闸蟹科普讲座等。参观者可以充分领略京苏两地丰富多样的文化遗产，感受“古运河文化”的独特魅力。

【撤销12个村民委员会】 12月22日，豆各庄地区开展撤销12个村民委员会建制投票工作。12个村推选户代表2472人，其中2452人参与投票。12个村总投票率99.19%，其中“撤销村民委员会建制”议题的同意率97.96%，“授权村集体经济组织解决遗留经济事务等有关问题”议题的同意率98.16%。表决结果经豆各庄乡撤销村级建制工作领导小组办公室审议通过，报朝阳区审批，待获批复后向村民公告，届时豆各庄乡撤销村级建制工作结束。

【孛罗营北路道路建设】 12月，豆各庄地区（乡）孛罗营北路东段道路建设工程竣工。孛罗营北路东段共铺设柏油路面2.6万平方米，安装井盖30余个，增设红绿灯8个，监控摄像头40个，在道路两侧安装太阳能照明路灯50余盏。协调朝阳区交通局临时通车。（常鑫羽）

▲ 12月22日，豆各庄地区（乡）撤村工作现场　（王程玉　摄）

2023 年朝阳区豆各庄地区（乡）社区居委会、建制村村委会情况一览表

表 40

序号	名称	地址	电话
1	文化传播社区居委会	双桥中路9号院491台大门东侧	85361423
2	绿丰社区居委会	西马各庄北街绿丰家园东路红绿灯东侧	65479003
3	青青家园社区居委会	豆各庄五号院131号楼1单元101室	85300961
4	宸欣园社区居委会	荣晨路一号院宸欣园小区东门南侧	65766105
5	青荷里社区居委会	青荷里南山园4号楼青荷里社区居委会	67360419
6	晨风园一社区居委会	天达路2号院9号楼108晨风园一社区服务站	67360729
7	晨风园二社区居委会	晨风园二期10号楼底商10－3号	67361205
8	阳光家园社区居委会	豆各庄1号院内4号楼南侧	87392814
9	明德园社区居委会	天达路4号院3号楼明德园社区服务站	67366559
10	朝丰家园社区居委会	天达路8号院6号楼朝丰家园社区	67206202
11	富力三社区居委会	马家湾湿地公园石碑（点将台）东100米	65479096
12	富力一社区居委会	马家湾湿地公园石碑（点将台）东100米	64579095
13	梧桐湾社区居委会	梧桐湾西区底商2-1梧桐湾社区服务站（梧桐湾东西区中路西侧）	67368545
14	富力二社区居委会	豆各庄地区富力又一城第二社区居委会	67287537
15	御景湾社区居委会	黄厂路4号院6号楼103室御景湾社区服务站	87306892
16	京城雅居社区居委会	豆各庄六号院京城雅居社区服务站	87391785
17	知礼园社区居委会	天达路8号院6号楼朝丰家园社区	67206202
18	御悦湾社区居委会	天盈路1号院8号楼107室	87301107

（常鑫羽）

高碑店地区（乡）

【概况】 高碑店地区（乡）位于朝阳区东部。东接传媒大学与三间房地区（乡）、豆各庄地区（乡）相邻；南至广渠路以南与王四营地区（乡）相接；西临大望路与建外街道和八里庄街道接壤；北至朝阳路与平房地区（乡）相连。辖区面积 15.08 平方千米（其中国有土地 8.88 平方千米，集体土地 6.2 平方千米）。下辖 29 个社区、4 个建制村。年内，辖区常住人口 176998 人、户籍人口 25544 户 55646 人（其中农业户籍人口 1732 人）、流动人口 120760 人、港澳台同胞及外籍人口 646 人；出生人口 434 人、死亡人口 828 人。有纳税企业 8720 家；有文化产业园区 34 家；有医院 3 家、社区卫生服务中心 1 个、社区卫生服务站 8 个；有中学 4 所、小学 7 所、幼儿园 15 所；有社区服务站 29 个；有养老机构 3 处、

▲ 11 月 18 日，朝阳区灯光秀高碑店地区点位——腾隆阁 [高碑店地区（乡） 供图]

养老驿站 5 处；有 400 平方米为民服务大厅和 3000 平方米地区文化中心各 1 处、文化广场 15 处。途经辖区公交线路 41 条，地铁 1 号线、八通线贯穿其中。辖区绿化率 13%。年内，高碑店地区（乡）以高质量发展为主线，以主题教育为牵引，坚定信心、直面挑战，谋发展、解难题、办实事，各级党组织书记讲党课 291 次，开展主题党日活动 364 次，主题教育覆盖全乡 287 个基层组织、6776 名党员；领导班子基层调研 135 次，现场解决改善营商环境、高井北街交通秩序、北花园小区非机动车整治等问题 54 个；完成 20 个小区物管会换届工作，建成再生资源可回收物驿站 13 座；完成区级财政收入 7.42 亿元，比上年增长 10.25%；完成农村集体经济总收入 6.15 亿元，比上年减少 13.4%；上缴税金 3006.6 万元，比上年减少 6.2%；人均所得 6.49 万元，比上年增长 14.4%。高碑店地区（乡）获评"北京市 2022 年交通安全工作成绩突出单位"、2023 年"北京市体育特色乡镇"称号，高井村获评"全国乡村治理示范村"称号。

【平安建设】2023 年，高碑店地区（乡）推广"企安安"系统安装使用，2620 家企业利用"企安安"开展隐患自查自纠，隐患整改率 99.9%。开展自建房安全隐患治理，整治重大隐患 42 处、一般隐患 1478 处。查处彩钢房违法建设 11 处，整改燃气占压隐患 36 处。开展违规电动三、四轮车整治行动，淘汰削减车辆 1898 辆。开展"平安相伴"为民办实事项目，为 421 户失能失智老人、困难残疾人家庭配备火灾自救逃生器材"四件套"、安装"报警快速受理服务系统"。大黄庄社区铺设消防管网 700 余米，开展"一车一池一码"项目试点，提升抵御火灾能力。

【生态环境治理】2023 年，高碑店地区（乡）开展"清管行动"，补齐水环境建设短板，治理雨污错接混接 2 处，推动河湖"清四乱"常态化规范化。通惠渠 1.33 千米河道治理完工，沿岸景观重塑升级；建成小郊亭公园，新增绿化面积 10.4 公顷。落实 2022 年北京市第二轮环保督察信访件和下沉督查问题整改，开展半壁店"南三村"和小郊亭公园建设项目扬尘管控问题整改"回头看"，金地名京小区四惠地铁噪声扰民问题解决。

▲ 高碑店地区．通惠渠治理　　|高碑店地区（乡）供图|

【环境建设】2023 年，制定《高碑店乡减量规划实施方案》，举全乡之力推动创无、疏解、减量"三见效"。全年办结违法建设图斑 4707 处，拆除爱家臻品宫、水岸 88、永安兴等违法建设 20.02 万平方米。落实"村地区管"政策，半壁店村 G 地块集租房项目完成"六图一书"设计工作，推进项目报批报建、不动产登记、土地移交等工作。整治提升西大望路 12 号院、兴隆家园、电建小区，为兴隆家园小区 2 栋高层住宅更换电梯，为美丽亚洲小区增补消防设施，化解消防隐患。建材制品总厂南街道路建成通车，北花园小区周边道路完成移交。改造升级石板房路、高碑店北路便道、兴隆中街便道，修复辖区坑洼不平路面 170 余处。开展清理"僵尸车"清零专项行动，清理、清拖 340 余辆。成立北花园小区停车治理工作领导小组，施划小区外路侧停车和小区内停车线，解决北花园小区停车难、停车乱问题。

【社区建设】2023 年，高碑店地区（乡）完成兴隆家园社区和康家园东社区拆分调整，成立通惠家园东社区。通惠家园东社区是 2000 年建成的纯居住型小区。有居民楼 18 栋，居民 2904 户、常住人口 5986 人、流动人口 2293 人，60 岁以上老年人 1167 人，占常住人口 19.5%。通惠家园东社区党委下设 7 个党支部，有 278 名党员。依法选举社区党委班子 5 人、社区居委会 7 人，所有人员均高票当选。

【接诉即办】2023 年，高碑店地区（乡）做实"接诉即办""未诉先办"，形成"1+5+29"组织体系。将 29 个社区纳入 5 大战区中，社区解决不了的问题战区协助解决，战区难以解决的问题乡党委统筹处理。实行"一把手"亲办机制，乡领导对群众诉求常态化签批督办，逢会必推，诉求中心"一日一排名"、主管（包片）领导"一天一调度"、主要领导"一月一复盘"。各承办单位在包片领导和专班专员的指导下了解规则、运用政策。实行"滚动排名"考核机制。根据每日回访结果，建立案件跟踪督办机制，形成"实时、滚动、实际解决率的排名"，在地区工作群每日通报。形成高碑店地区（乡）特色社区治理模式。全年处理"12345"热线诉求 9421 件，直派诉求考核中，月平均综合得分96.47分，比上年提升0.34分，市排名第216名。

【基层党建】2023年，高碑店地区（乡）成立地区党群服务中心党委及五大企业社区党委，成立印象里、环宇大厦等6个非公党支部。指导23个支部完成换届。创新“三会一课”形式，组织党员参观首钢园、党史展览馆、北京市规划馆、APEC会展中心等红色教育基地。各级党群服务中心开展党建阵地活动，党员群众参与2万余人次。成立北京趣活科技集团党支部，实现党组织在新就业群体中全覆盖。

【民生服务】2023年，高碑店地区（乡）完成29个社区、村政务服务站规范化建设；对1798名新增失业登记人员、就业困难人员提供“一对一”职业指导，就业困难人员实现就业比例92.45%；开展民营企业服务月活动，走访企业300余家，开发就业岗位2044个；办理灵活就业保险补贴633人、城乡居民医疗保险参续保927人、参保人数7070人；受理退休、失业人员自采暖补贴159人，发放补贴14.02万元；发布就业招聘信息千余次，提供就业岗位6000余个。化解房产证办理遗留问题，完成康家园1号楼房产证办理工作。

【集体经济管理】2023年，高碑店地区（乡）召开集资会10次，审议议题133个。规范农村集体资产产权交易流转，集体资产全部纳入农村产权交易平台公开交易，全年申报集体房屋出租产权交易项目17个，面积1.72万平方米。完成集体企业注销31家，集体所有制企业改制启动100%。5个村全部完成村级股权证发放办法制定及备案工作。

【文化活动】2023年，高碑店地区（乡）举办通惠河畔文化水岸景观灯光秀、“中国风”传统文化展演、西店记忆汉堡节、八里庄康家沟村幸福生活节、高碑店村时光音乐节等活动。举办第三届大运河通惠河畔文化节暨全国大运河城市IP龙舟邀请赛等精神文明实践活动2000余场次，惠及群众6万余人。（郭霖贝尔）

2023年朝阳区高碑店地区（乡）社区居委会、建制村村委会情况一览表

表41

序号	名称	地址	电话
1	力源里社区居委会	力源里北街2号院6号楼办公室	85723201
2	八里庄社区居委会	佳兆业广场南塔T4 302室/康家沟甲30号	87728002
3	通惠家园社区居委会	通惠家园惠润园4号楼3单元首层	59679522
4	甘一社区居委会	康家园23号楼1层	85751136
5	甘二社区居委会	甘露园南里二区19号楼东侧居委会	85752718
6	康家园西社区居委会	朝阳区康家园小区1号楼北头西侧	85753613
7	康家园东社区居委会	白领家园5号楼3单元201号	51316821
8	丽景馨居社区居委会	甘露园南里3区9号楼2层	85748207
9	兴隆家园社区居委会	建国路29号兴隆家园23号楼2层	85776966
10	太平庄南社区居委会	朝阳路69号院临甲9号	51386093
11	太平庄北社区居委会	高井北街7号院2号楼	65588195转820
12	太平庄社区居委会	黄杉木店路188号阿曼寓所1号楼2单元B1号	58636550
13	汇星苑社区居委会	大黄庄西路3号院6号楼3单元203号	85781235
14	高井社区居委会	大黄庄南里1号高井传媒精英总部大楼东侧	85762152
15	大黄庄社区居委会	大黄庄152号	85761780
16	花北西社区居委会	大黄庄南里25号楼西侧	65791272
17	花北东社区居委会	花园闸北里13号楼	65773806
18	花园闸社区居委会	北花园小区1号院5号楼	51077570
19	北花园社区居委会	北花园中路3号院5号楼底商D-1S号	53526575
20	高碑店东社区居委会	高碑店村5区14号楼1层	85763010
21	古街社区居委会	高碑店村古典家具街五环桥西	85761701

续表 41

序号	名称	地址	电话
22	文化园社区居委会	高碑店村民俗文化街1712号	87741123
23	小郊亭社区居委会	尚帝佳公寓南半壁店消防站4层东侧	87529472
24	半壁店社区居委会	尚帝佳公寓南半壁店消防站4层西侧	83050673
25	方家园社区居委会	广渠东路方家村美丽乡村指挥部后	87742811
26	高碑店西社区居委会	高碑店乡高碑店村1区32号楼	85755601
27	西店社区居委会	西店村弘胜大厦西店服务站	85791129
28	水南庄社区居委会	惠河南街1131号君天大厦	87703699
29	通惠家园东社区居委会	通惠家园惠润园4号楼1单元东侧	85766537
30	高碑店村民委员会	高碑店东区5区14号	87741570
31	高井村民委员会	朝外高井甲8号　高井村委会	85750096
32	北花园村民委员会	朝阳区塔营北街	65475890
33	半壁店村民委员会	高碑店乡半壁店村	87743302

（郭霖贝尔）

管庄地区（乡）

【概况】 管庄地区（乡）位于朝阳区东部。东至通州界与通州区永顺镇相接；南至广渠路与豆各庄地区（乡）、黑庄户地区（乡）毗邻；西至双桥路与三间房地区（乡）相连；北至常营中街与常营地区（乡）接壤。辖区面积10.15平方千米，下辖19个社区（含3个社区筹备组）、12个建制村。2023年，辖区常住人口136771人、户籍人口25800户65980人（其中农业户人口2489户4537人）、流动人口70426人、外籍人口244人；辖区人口以汉族和回族为主，其中回族3244人；出生人口334人、死亡人口648人（注销户口）。辖区有注册企业5815家，其中央属单位有中国航空制造技术研究院、中国建筑材料科学研究总院等3家、个体经营户1252家；有大学1所、职业高中1所、中小学7所（含私立高中1所、九年一贯制学校1所）、幼儿园12所；有社区卫生服务中心1个、社区卫生服务站4个；有养老院1处、养老服务驿站3处；有200平方米为民服务大厅1处、文化广场23处（共9031平方米）、24小时自助图书馆3处；有党群服务中心1处、文化活动场所2处。途经辖区公交线路14条，地铁八通线、京秦铁路、通惠河贯穿其中。辖区绿化率22.93%。年内，管庄地区（乡）以主题教育为牵引，围绕农村城市化建设，推进疏解整治提升，强化环境治理，服务保障民生。举办以“打造中医药产业高地·促进管庄高质量发展”为主题的中医药产业论坛；完成第五次全国经济普查建筑物及小区普查图绘制、清查登记单位3975家、个体经营户845个；组建管庄地区（乡）物业专班，保障辖区内物业、供暖等相关工作；开展13家集体企业改制，完成第五届乡联社换届选举；完成村级、乡企主要负责人经济责任审计21人、公益金审计12个村；3个回迁社区新成立党组织；调整党支部规模，拆分成立党支部33个；乡属企业成立联合党支部3个；补选聂杰英、石柏林为朝阳区第十七届人大代表；实现区级财政收入6.18亿元，比上年增加4.05%。实现乡集体企业收入8.04亿元，比上年增长26.81%。完成2023年朝阳区国家卫生城区复审、国家卫生乡创建，获“首都拥军优属拥政爱民模范单位”“北京市体育特色乡镇”称号。

【平安建设】 2023年，管庄地区（乡）制定安全生产职责分工细则，开展安全生产和火灾隐患大排查大整治。检查生产经营单位14751家次，排查整改一般隐患23992处。销账区级突出隐患2处，治理限额以下施工、动火作业、电动自行车、燃气管线等领域，整改占压管线32处，更换居民用气设施和配件800余个，安装电动自行车充电设施接口260个，整改拆除违规彩钢板房37处3000余平方米。开展消防安全培训演练147场，建成八里桥公园消防宣传阵地。

【环境建设】 2023年，管庄地区（乡）完成京通苑小区、惠桥小区、农商银行宿舍楼及周边公建单位自备井置换。在瑞祥里社区西侧、远洋一方嘉园社区东侧新建2处便民停车场，增加规范停车面积1.9万平方米、停车位560个。建成新天地、嘉园广场等4处“管爱有家”服务驿站。完成乡政府周边、杨闸清真寺、世通大厦等5处空间改造，建成一座“口袋”公园；完成小寺和杨闸二期农民回迁房项目主体楼体工程；落实新版城市总规和朝阳区规划，启动CY00-1210、1211、1212三个街区控规编制项目；拆除违建2.1万平方米，腾退土地2.01公顷；完成6处施工围挡治理；创建远洋一方嘉园溪语苑小区“无违法群租房”示范点；“开墙打洞”、违规占道经营、群租房实现“动态清零”。利用腾退空间，拆墙透绿、见缝插绿1.8万平方米。

▲ 9月22日，管庄地区舞蹈大赛暨第十六届惠河文化节闭幕式在某部队礼堂举行
（李晓茹　摄）

【接诉即办】 2023年，管庄地区（乡）完善处级领导“接诉即办”工作责任制，建立“三上门”（合理诉求上门办、不合理诉求上门劝、咨询建议上门听）服务机制，通过入户见面，从源头上降低诉求数量。强化调度复盘机制，长期坚持“日调度、周复盘、月点评”，每日定时线上对前一日涉否工单进行调度，推进问题全面解决。加大案件分派、剔除申报、法条适用等业务培训力度，通过“向上以干代训、向下现场指导”等方式，培养精锐骨干，提高案件原始解决率。全年接收案件16211件，退件1541件，纳入考核8090件。考核直派案件平均解决率94.35%，满意率95.7%，北京市排名第265名。

【民生保障】 2023年，管庄地区（乡）完成管庄东里养老服务驿站升级改造，启动京通苑养老助残综合服务平台；远洋一方润园社区养老服务驿站入选朝阳区第一批创新居家养老服务“揭榜挂帅”单位；开发就业岗位1026个，实现再就业944人；新增城乡居民医疗保险参保人员835人；新增残疾人安置就业15人，完成温馨家园等5处无障碍设施改造。发放残疾人员生活补贴、护理补贴485人次17.56万元；发放水库移民补贴46人次2.66万元；发放市管征地超转、区管征地超转、政策性转居三项生活补贴393人次1702.32万元；发放超转人员清洁能源自采暖补贴132人次37.26万元；发放地退人员、地退遗属生活补助106人次857.6万元；发放孤儿、困境儿童生活费4人次1.03万元；发放高龄津贴、失能补贴和养老服务补贴津贴4043人次1291.19万元；为失能失智老人、困难残疾人等356人发放火灾自救逃生器材“四件套”。学前教育普惠率上升3个百分点，迈德国际成长中心入选北京市首批普惠托育机构试点单位。

【主题教育】 2023年，管庄地区工委（乡党委）开展主题教育。处级领导班子组织读书班、专题研讨9次，各基层党组织依托“三会一课”集体学习216次，各级党组织书记讲主题党课120余次，组织主题党日活动400余次。开展调查研究，班子成员领题调研选题13个，开展调研130余次，解决管庄西里一社区办公用房、管庄北里社区居民集体投诉等问题100余个，转化调研成果24条。

【文化建设】 2023年，管庄地区（乡）建成融合党建宣传、文体活动、便民服务等功能为一体的党群服务中心。塔营北街甲6号改造修缮完成，新增公共文化空间6800平方米。引入书协、美协等国家级资源，举办邮票展、廉政文化作品展等56场次。开办老年大学，书法、国画等10个特色兴趣班，900余名老年人参与学习。举办第十六届惠河文化节、惠河体育节等文化品牌，组织文艺活动22场次，地区群众1.5万余人参加。聚集文化IP，举办摄影展、书画作品展等80余场活动，7600余人次参加。举办主题为“健康风尚 活力管庄”的全民运动会，32个代表队1500余名运动员参加比赛。

【乡九届二次党代会】 2月8日至9日，管庄地区（乡）召开九届二次党代会，参加会议党代表90人、列席代表22人。会议审议通过《管庄乡党委工作报告》《管庄乡纪委工作报告》《党费收缴、使用情况的报告》《基层党组织服务群众经费使用情况的报告》。

【乡十八届三次、四次人代会】 2月16日至18日，管庄地区（乡）召开十八届三次人代会暨代表履职培训会。参加会议人大代表57人，列席代表53人。会议审议通过《管庄乡人民政府工作报告》《管庄乡人大主席团工作报告》《管庄乡2022年财政预算执行情况和2023年财政预算草案的报告》《管庄乡城乡规划实施和土地资源管理工作情况报告》《管庄乡剩余农民安置房

▲ 2月16日，管庄乡第十八届人民代表大会第三次会议在宽沟会议中心召开（李晓茹　摄）

盘活利用情况报告》《关于对管庄乡土地确权方案的补充修改意见》《关于解决管庄乡农民回迁房杨闸一期项目供电问题的报告》《关于协调解决小寺村农民安置房配套市政问题的报告》《管庄乡农工商公司2023年预算草案》。9月7日至8日，管庄（乡）召开十八届四次人代会。参加会议人大代表63人、列席代表63人。乡长汪宝成作2023年半年政府工作报告，书面审查管庄乡人大主席团上半年工作报告以及管庄乡农工商公司2023年预算调整草案的报告。大会选举石柏林为管庄乡人大主席。

【公园建设】 5月28日，管庄地区（乡）建成占地面积37.8公顷的兴会公园对外开放。公园内种植有落叶乔木3123株、常绿乔木2011株、灌木3616株、地被植物26.44万平方米，建设有5人制足球场、篮球场、排球场、羽毛球场、乒乓球场地等体育健身设施，以及占地1300余平方米的亲子活动区和2.35千米的健身步道。

【社区建设】 8月31日，管庄地区（乡）经朝阳区人民政府批准，调整远洋一方润园社区居委会、八里桥社区居委会、新天地一社区居委会、惠河东里社区居委会、瑞祥里社区居委会规模，成立惠河缘社区居委会、普济社区居委会、杨闸社区居委会筹备组。完成瑞祥里等7个社区议事厅、丽景苑等6个社区楼门治理示范点创建，实施建东苑西里小区西侧道路及环境改造等11个工程项目。修订完善社区工作者系列管理制度，新招录118名社区工作者。（郝　洁）

2023年朝阳区管庄地区（乡）社区居委会、建制村村委会情况一览表

表42

序号	名称	地址	电话
1	管庄西里社区居委会	管庄西里3楼南侧平房	65740261
2	管庄东里社区居委会	管庄东里35号楼东侧平房	51167313
3	建东苑社区居委会	管庄建东苑小区1号楼东侧	65769013
4	八里桥社区居委会	东军庄8号楼5单元103号	85703935
5	京通苑社区居委会	京通苑社区10号楼东2层	65709460
6	惠河东里社区居委会	双桥东路12号院15号楼1层	65485809
7	惠河西里社区居委会	双柳北街一号院14号楼305室	65438129
8	瑞祥里社区居委会	瑞祥里13号楼东配楼	65478541
9	丽景苑社区居委会	管庄西里79号楼底商平房	65777481
10	新天地社区居委会	管庄地区朝阳路5号院12号楼北门2层	59121092
11	新天地一社区居委会	管庄地区朝阳路5号院12号楼北门2层	65758798
12	远洋一方嘉园社区居委会	管庄地区双桥东路5号院1号楼201室	56649598
13	管庄北里社区居委会	常意路3号院4号楼1层	65726719
14	远洋一方润园社区居委会	管庄地区塔营北街6号院7号楼101室	57911631
15	康悦社区居委会	管庄地区远洋新悦5号院1号楼底商	85376694
16	管庄西里一社区居委会	管庄地区管庄西里14号楼东侧金海燕物业小院内	65750080

续表 42

序号	名称	地址	电话
17	杨闸社区（筹备组）	杨闸新村南区6号楼西侧	65725845
18	普济社区（筹备组）	朝阳区管庄新村D区5号楼南侧平房	56840441
19	惠河缘社区（筹备组）	朝阳区塔营北街3号院5号楼2单元103室	59791072
20	管庄村村委会	管庄乡管庄村	65753126
21	司辛庄村村委会	管庄乡司辛庄东路东1时区北200米	65739289
22	西会村村委会	瑞祥里16号楼106室	85709631
23	杨闸村村委会	瑞祥里16号楼112室	85708652
24	郭家场村村委会	瑞祥里16号楼203室	13581962339
25	果家店村村委会	瑞祥里16号楼210室	85708429
26	八里桥村村委会	瑞祥里16号楼218室	85708932
27	塔营村村委会	瑞祥里16号楼211、212室	85709455
28	东会村村委会	塔营北街甲6号楼2层（东会村村委会）	65459096
29	咸宁侯村村委会	塔营北街甲6号楼2层（咸宁侯村村委会）	85365773
30	小寺村村委会	塔营北街甲6号楼2层（小寺村村委会）	65703627
31	重兴寺村村委会	塔营北街甲6号楼2层（重兴寺村村委会）	65739058

（郝　洁）

黑庄户地区（乡）

【概况】 黑庄户地区（乡）位于朝阳区东南部。成立于1959年3月。东与通州区台湖镇工业园区接壤；南与光机电产业基地相邻；西与豆各庄地区（乡）相接；北与管庄地区（乡）相连。辖区总面积24.1平方千米。下辖8个社区（含1个社区筹备组）、16个建制村（已拆迁3个）。年内有常住人口66248人、户籍人口9957户21768人、流动人口44469人、外籍人口127人；户籍人口中有汉族20194人、蒙古族60人、回族1072人、满族442人；出生人口112人、死亡人口314人。辖区有法人单位86家，其中有央属企业8家、市属企业有北京市长青园骨灰林基地等4家、乡直属企业11家、其他单位68家；有医院2家、社区卫生服务中心1个、社区卫生服务站12个；有中学1所，小学3所，幼儿园5所；有养老机构4处；有277.18平方米为民服务大厅和2000平方米地区文化中心各1处、文化广场10处。途经辖区公交线路7条，地铁7号线贯穿其中。辖区绿化覆盖率68.04%。2023年，黑庄户地区（乡）通过“四抓四促”（抓环境整治，促生态宜居；抓村风村貌，促乡风文明；抓整体发展，促治理有效；抓金鱼特

▲ 2月16日，黑庄户地区党群服务中心暨新时代文明实践所揭牌仪式举行　（朱金龙　摄）

色，促产业兴旺）工作机制，共建美好家园，探索出区域品质化、产业特色化、乡村文明化的美丽乡村建设“三化”模式。完成小鲁店村党群服务站暨新时代文明实践站、郎各庄村村情村史馆建设；完成双旭花园小区更换市政水、双桥西路步道砖维修等民生项目；党群服务中心暨新时代文明实践所揭牌启用；发布《黑庄户乡推进北京音乐小镇建设三年行动计划》；举办现场招聘会，为12家用工企业和求职者提供双向选择机会；依托7500亩耕地，启动农田整治工作，打造冷夏园和涌秋园2片区级示范田；建成占地面积3380平方米的黑庄户乡观赏鱼（花卉）交易中心投入使用；全年移植、种植、补种各类绿植3600余株，打造“亮绿”黑庄户；实现区级财政收入8959.37万元，比上年减少0.78%，征收小房产税130万元，比上年减少23.53%。黑庄户乡人民调解委员会获评“全国模范人民调解委员会”、刘心获评“第九届首都民族团结进步先进个人”称号。

【平安建设】 2023年，制定《黑庄户地区安全生产和火灾隐患大排查大整治工作方案》《黑庄户地区以案为鉴深化安全生产和火灾隐患整治专项行动工作方案》《黑庄户地区电动自行车全链条安全管控工作方案》。检查各类以装修工程为主的小型工程24项。开展地区电动自行车专项整治，淘汰削减违规车辆2635辆，淘汰削减数量位居全区第3，出动人数3495人次，检查点位6891处，发现隐患2095处，已整改隐患数2095处。黑庄户地区企安安正式库中有企业场所1003家，全部完成自查自纠，完成4110条自查记录。使用“企安安”政府端开展日常检查，检查覆盖率100%，检查发现隐患1210条，登记填报动火作业信息787条，隐患检出率78.46%，整改率100%。打造新时代“枫桥式”矛盾纠纷化解一体化平台，创新“三个一”工作机制，推树“温度+调解室”“向日葵暖心队”和“小鱼帮办”信访代办制服务品牌，以“一站式”服务及时将矛盾纠纷化解在基层，调解案件605件，调解成功率100%，调解协议全部履行。

【环境整治】 2月22日，黑庄户地区（乡）出动50余人及挖掘机、吊车等机械设备8台、消防应急车1台，拆除位于双树南村村北口的违规建筑，占地面积11738平方米，建筑面积23031平方米。9月15日，黑庄户地区（乡）开展“清洁家园共享健康”群众性环境卫生整治行动，基层干部、网格员、志愿者485人以分组、分区域的方式对公共设施、卫生死角、背街小巷等重点区域逐一排查，集中清理堆物堆料、蚊蝇滋生地、非法小广告等“顽疾”。环境整治行动出动车辆45车次，清理卫生死角43处，治理蚊蝇滋生地45处；清理垃圾4.8万千克。9月20日，依法拆除双桥西路部分房屋、国美物流仓库北侧办公楼、海丰宝西侧废弃房屋等8处违法建设，拆除面积6600平方米。11月8日，黑庄户地区（乡）依法拆除辖区内违法占地仓库11400余平方米，拆除现场，城乡建设办公室、综合行政执法队、农工商公司等部门密切配合、各司其职、各尽其能，确保拆违工作安全稳妥有序进行，实现无违法建筑乡建设。2023年，拆除大鲁店一村、郎辛庄村和万子营东村等点位违规建筑物，分类治理图斑17023个，建筑面积364.79万平方米，创建无违法建设区工作完成。

【社区建设】 2023年，黑庄户地区（乡）制定《深入推进“四议一审两公开”制度落实的工作要点》，完善社区两委领导班子，组织开展第十一届社区居委会补选工作，涉及5个社区，补选居委会主任2名，副主任4名，委员4名。完成辖区251个社区组织的备案登记、落实摸排监测工作。指导13个行政村建设益农社村社群11个，其中3个信息社群运行良好，发布公益类服务信息320条。

【接诉即办】 2023年，黑庄户地区（乡）收到接诉即办案件9460件，纳入考核4248件，响应率100%，解决率95.98%，满意率96.73%，综合成绩平均96.68分。制定出台《黑庄户地区接诉即办管理考核办法》，形成由乡党委主要领导挂帅，副书记牵头，主管领导日调度，各副职领导按照分工负责案件具体办理的工作机制。通过日调度、月考核、年度排名的方式，整合调动全乡所有力量共同参与接诉即办工作。建立健全《黑庄户乡接诉即办工作责任考核办法》，根据派件办理单位实行“双考核”的机制，对责任科室与属地村社区案件办理的响应率、解决率、满意率等有效因素实施严格考核，全过程跟踪工作人员的履职情况和办理实效。使用“黑庄户地区（乡）接诉即办响应系统”及“朝阳区接诉即办核心系统”为案件办理及未诉先办提供大数据依托，通过接诉即办大数据分析平台把每一个时间维度、空间维度的问题进行自动化分析。

【民生保障】 2023年，黑庄户地区（乡）完成24个社区、村政务服务站规范化建设；办理失业登记303人、就业登记273人、城镇失业人员就业率69.29%；办理灵活就业保险补贴293人，享受政策人数776人；城乡居民医疗保险参续保5042人，参保人数5337人；受理退休、失业人员自采暖补贴99人，发放补贴8.75万元；发布就业招聘信息20余次，提供就业岗位500余个。温馨家园开展线下活动265余次，参加活动4707人次。慰问残疾人170人，发放慰问金12.11万元。解决拖欠工资2938万余元、涉及1300余人。

【专题调研】 2023年，北京大学国际关系学院副院长归泳涛老师带领31名中国港澳地区的学生及来自11个国家的留学生代表走进黑庄户地区（乡），参观北京音乐产业园、小鲁店村和涌秋园农场，开展实践调研；北京市司法局人民参与和促进法治处处长王丰霖、副处长任彦超等一行到黑庄户地区调研司法所规范性建设情况，指导矛盾调处一体化平台建设工作；北京市农工委书记、北京市农业农村局局长彭利锋一行专题调研黑庄户地区（乡）产村融合发展、美丽乡村建设情况。

【特色活动】 2月5日，黑庄户地区（乡）举办“国潮黑庄户 艺起闹元宵”京剧专场演出活动；3月3日，黑庄户地区（乡）组织29名新党员在党群服务中心开展集体入党宣誓活动；3月8日，组织100余名女职工开展“三八”妇女节手工制作马赛克台灯活动；3月9日，黑庄户地区（乡）团委、新时代文明实践所开展“暖春三月学雷锋 义诊活动送健康”活动；5月9日至10日，黑庄户乡组织开展“强化监督治理,保障乡村振兴”主题教育巡展活动，展出近年来农村地区警示教育典型案例、巡察审计重点问题，总结农村地区监督治理成效经验。12月1日，黑庄户地区（乡）启动以“大力弘扬宪法精神，建设社会主义法治文化”为主题的国家宪法日暨宪法宣传周活动，300余人参加。

【乡第九届二次党代会】 2月9日，黑庄户乡召开第九届二次党代会。参加会议党代表89人。乡党委书记赵歌帆作《凝聚共识 踔厉奋发 为加快黑庄户乡全面发展而努力奋斗》的工作报告。乡纪委书记王峰作黑庄户乡纪律检查委员会工作报；乡党委副书记孙晔部署2023年党建宣传及接诉即办等工作；副乡长熊慧丽部署党风廉政主体责任工作。会议听取并审议通过《中国共产党北京市朝阳区黑庄户乡第九届党员代表大会第二次会议关于2022年度党委工作报告》《中国共产党北京市朝阳区黑庄户乡第九届党员代表大会第二次会议关于纪律检查委员会工作报告》的决议。

【乡第十八届三次人大会议】 2月10日，黑庄户乡召开第十八届三次人代会议。乡人大代表53人出席会议，乡领导班子成员、机关科室负责人、各社区（村）企业负责人等20余人列席会议。乡长韩西晨做《黑庄户乡政府工作报告》。乡人大主席张金生作《黑庄户乡第十八届人民代表大会主席团工作报告》。会议审议通过《黑庄户乡人民政府工作报告》《黑庄户乡人大主席团工作报告》《黑庄户乡2022年财政预算执行情况和2023年财政预算草案的报告》。

【北京音乐小镇建设】 4月29日，以“让音乐回归美好生活”为主题的2023北京国际音乐生活周在北京音乐产业园音乐草坪开幕。大型表演《五音传千年》中恢宏的磬乐声奏响2023北京国际音乐生活周的序曲。黑庄户地区（乡）政府与奥地利萨尔茨堡携手合作，共建“音乐小镇”，助力双方城市文化互鉴。8月18日，中国文联“文艺两新”集聚区北京市朝阳区实践基地揭牌、黑庄户地区（乡）在北京音乐产业园召开以“音乐筑梦 和美与共”为主题的推进北京音乐小镇建设暨乡村振兴产业发展大会。中国文联国内联络部与朝阳区文联签署《中国文联“文艺两新”集聚区北京市朝阳区实践基地合作备忘录》，全市首家中国文联“文艺两新”集聚区北京市朝阳区实践基地正式揭牌，北京音乐产业园获“北京音乐家协会音乐创作基地”称号。发布《黑庄户乡推进北京音乐小镇建设三年行动计划》，黑庄户乡通过音乐产业领航行动、小镇青年助航行动、音乐伙伴携航行动、音乐慢城引航行动、音乐田园暖航行动和音乐品牌远航行动，打造音乐制作生产地、演出交流集聚地和音乐消费目的地。

【文体赛事】 6月21日，黑庄户地区（乡）第二届电竞比赛开幕，来自村社、乡企的21支参赛队伍在北京音乐产业园开战。比赛通过微博平台实时直播，吸引近万人线上观战，经过4小时的激烈角逐，大鲁店二村队获冠军，综合执法队获亚军，定西村队获季军。8月8日，由黑庄户地区工委、办事处主办，地区市民活动中心、党群活动中心承办，北京音乐产业园协办，以“全面集结 携手争锋”为主题的黑庄户地区王者荣耀暑期争霸赛开幕。赛事吸引来自社区、村、辖区企业等28支队伍参加。二社区2队Ex战队获比赛冠军，郎辛庄弘扬正气战队获亚军，音乐园初生队获季军。8月22日，黑庄户地区（乡）第二届以“乡村振兴 追光前行”为主题的荧光夜跑活动开幕，33支代表队100多位选手们佩戴荧光头饰、荧光手环，身着印着“黑庄户荧光夜跑”字样的统一服装，向终点冲跑。双桥第二社区二队获一等奖，音乐园代表队、市民诉求中心代表队获二等奖，便民服务中心二队、

▲ 8月18日，“音乐筑梦　和美与共”黑庄户乡推进北京音乐小镇建设暨乡村振兴产业发展启动仪式
（朱金龙　摄）

大三村代表队、怡景城社区代表队获三等奖。10月15日，以“体育助力乡村振兴 运动展现地区活力”为主题的黑庄户地区（乡）第九届全民运动会开幕。由各村、社区、乡属企业、学校等600余人组成的29支队伍参加比赛。乡机关、郎辛庄村获团体一等奖；怡景城社区、双桥第二社区、郎各庄村、么铺村获团体二等奖；康城社区、小鲁店村、苏坟村、大鲁店三村、万子营东村、四合庄村获团体三等奖。

（周芃琛）

2023年朝阳区黑庄户地区（乡）社区居委会、建制村村委会情况一览表

表43

序号	名称	地址	电话
1	双桥第一社区居委会	双桥农场五号井小区39号楼底商	85394902
2	双桥第二社区居委会	双桥中路六号井小区	85393310
3	双桥第三社区（北）居委会	双桥中路12号院燕保双桥家园2号楼2单元社区服务站	85300725
4	康城社区居委会	双桥东路9号康城花园物业楼社区服务站	85375049
5	旭园社区居委会	黑庄户乡黑果院旭园社区居委会	85384802
6	怡景城社区居委会	黑庄户地区郎辛庄西绿房子怡景城社区服务站；黑庄户乡怡景城社区3140东侧	65739200
7	丽景社区居委会	丽景嘉苑南社区服务站	87614410
8	东旭社区居委会	黑庄户乡么铺村村委会	65723250
9	大鲁店一村村委会	黑庄户乡大鲁店一村村委会	15901244946
10	大鲁店二村村委会	黑庄户乡大鲁店二村村委会	13041077993
11	大鲁店三村村委会	黑庄户乡大鲁店三村村委会	13501206065
12	小鲁店村村委会	黑庄户乡小鲁店村村委会	85386571
13	郎各庄村村委会	黑庄户乡郎各庄村村委会	13521928098
14	郎辛庄村村委会	黑庄户乡郎辛庄村村委会	85380876
15	黑庄户村村委会	黑庄户乡黑庄户村村委会	13581761009
16	四合庄村村委会	黑庄户乡四合庄村村委会	85381261
17	万子营东村村委会	黑庄户乡万子营东村村村委会	13311025499
18	万子营西村村委会	黑庄户乡万子营西村村委会	18910033917
19	定辛庄东村村委会	黑庄户乡定辛庄东村村委会	85374586
20	定辛庄西村村委会	黑庄户乡定辛庄西村村委会	85373869
21	双树南村村委会	黑庄户乡双树南村村委会	85395581
22	双树北村村委会	黑庄户乡双树北村村委会	13693004900
23	苏坟村村委会	黑庄户乡苏坟村村委会	85372287
24	么铺村村委会	黑庄户乡么铺村村委会	85371270

（周芃琛）

将台地区（乡）

【概况】 将台地区（乡）位于朝阳区中北部，横跨东四环路和东五环路，地处朝阳区丽都、燕莎商圈，毗邻电子城科技园区。东起东八间房北岗子村与东坝地区（乡）相邻；西至京顺路与望京街道、太阳宫地区（乡）相连；南起麦子店街与东风地区（乡）、麦子店街道相接；北至将府家园北窑地居民区与崔各庄地区（乡）接壤。辖区面积11.45平方千米。下辖11个社区居委会、2个建制村（2023年12月29日2个村撤销村委会建制）。年内，辖区常住人口77266人、户籍人口13686户29528人（其中农业人口6户12人）、流动人口46358人、外籍人口1380人；

出生人口280人、死亡人口427人。有规模以上单位292家，其中央企5家；有医院、诊所及医务室30家、社区卫生服务中心2个、社区卫生服务站4个；有大学1所、职高1所、高中1所、初中3所、小学6所、幼儿园11所、社区办园点1所；有养老机构1处；有445平方米便民服务中心和3000平方米市民活动中心各1处、文化广场11处、24小时自助图书机1处。途经辖区公交线路34条，地铁14号线贯穿其中。2023年，将台地区（乡）以主题教育为牵引，以推动高质量发展为主题，持续优化“一核两带六片区”空间功能布局，举全乡之力拼经济、促改革、惠民生、保安全，完成驼房营、东八间2个村撤销建制；将府公园三期被北京市园林局纳入绿隔地区公园高质量发展项目，获批资金650万元；完成将府锦苑小区花园式社区建设。全市首个中关村互联网3.0产业园星地中心落成，网易数字产业中心、京港互联网3.0产业中心陆续入驻，科技创新功能更加凸显；F地块项目实现主体结构封顶，并获结构长城杯金奖；建设大环牛场“自然里”农业项目，完成种植粮食130亩、蔬菜70亩，收获粮食5.6万千克及蔬菜5万千克。实现区级财政收入11.92亿元，比上年增加7%，全乡经济总收入22588.74万元，比上年减少2.26%。将台乡“将小爱基层慈善治理体系项目”入选2022年度“中华慈善品牌”项目；将台地区总工会获评全国总工会2023“最美驿站”称号。（胡佳丽）

【平安建设】 2023年，将台地区（乡）开展安全生产和火灾隐患大排查大整治活动，注册使用“企安安”系统单位1019家，发现并整改隐患3025处。完成安家楼社区安一居小区安全隐患和居住环境综合整治工作，建成应急逃生通道4条，整治各类架空线缆2.2万余米，新建各类用水管线1.2万余米；粉饰村庄外墙1.9万平方米，新增绿化面积3000平方米；住宅小区安装电动自行车充电设施接口4936个，新增酒仙桥、西十里平房区电动自行车充电接口360个，实现车充比1∶1.3；处置违规电动三、四轮车931辆。组织矫正走访203人次，谈心谈话223人次。织密筑牢公共安全防线，常态化做好2023年服贸会、第三届“一带一路”国际合作高峰论坛等重大活动服务保障任务。（赵仁信）

【环境整治】 2023年，将台地区（乡）开展集中整治专项行动，做好实地拉练检查，整改各类问题650余个。打好“基本无违法建设区”创建攻坚战，拆除并完成销账10.9万平方米拆违任务，32.05万平方米图斑分类举证及年度拆除任务全部完成。创建2个市级示范类垃圾分类小区，搭建可回收物体系，实现垃圾分类源头减量。巩固“每月一题”占道经营整治成果，整治无照经营案件84起。落实大气污染防治标准化清单及要求，TSP排名退出全市后30名。（李　涛）

【社区建设】 2023年，将台地区（乡）优化调整社区规模，成立环铁社区筹备组。加强社工干部队伍建设，完成40名新社工招录。引进位于环博路小区的八十中嘉源分校铁科院校区及上东郡小区的“求实幼儿园”优质教育资源。召开“五员齐力促和谐，将心汇聚竞先锋”表彰大会，表彰“模范之星”80名、“先进之星”80名、“勤恳之星”80名，激励和谐促进员发挥“五员”作用。12月，驼房营村、东八间房村通过村民代表大会投票表决撤销村委会建制事项。（王　靖）

【接诉即办】 2023年，将台地区（乡）坚持日调度、周研判、月分析、年总结四项机制；做好未诉先办，实现降量提质；强化队伍建设，凝聚团队合力；加强科技赋能，提升办件效率。接诉即办承办13408件，响应率100%、解决率95.41%、满意率95.91%，北京市排名第245名。（张　丽）

【民生保障】 2023年，将台地区（乡）政务服务中心投入使用，率先在街乡层面增设企业服务窗口；完成11个社区政务服务站规范化建设，新增养老助餐点2处，改造无障碍设施点位40余处、元素130余个；办理失业登记910人、就业登记866人、城镇失业人员就业率75.57%；办理灵活就业保险补贴264人，享受政策872人；城乡居民医疗保险参续保538人，参保2781人；受理退休、失业人员自采暖补贴901人（其中退休876人，失业25人），发放补贴78.11万元（其中退休人员76.33万元，失业人员1.78万元）；发布就业招聘信息51次，提供就业岗位849个。地区享受困难老年人养老服务补贴89人、失能老年人护理补贴635人、高龄老年人津贴1520人；办理残疾人扶残助学申请1人、少儿康复补贴5人，申请报销康复费用7.38万元。残疾人辅助器具审批40人次，困难残疾人申请护理补贴6人、生活补贴14人。实施困难群体精准帮扶，发放各类补贴4200余万元。（宋　昕）

【乡级产权制度改革】 2023年，将台地区（乡）成立乡股份合作经济联合社；完成乡级产权制度改革，清查确认集体资产总额63.5亿元，量化集体资产11.1亿元，成员股11959股，成立乡股份合作经济联合社，成效获朝阳区委区政府肯定，为实现更高水平保障农民利益、更深层次发展集体经济奠定基础。加大助企纾困力度，减免集体租赁企业租金3930万元。

（胡佳丽）

【乡第十四届代表大会第二次会议】 2月17日，将台乡第十四届代表大会第二次会议召开，乡人大代表和列席代表参加会议。会议审议通过《守正创新谋发展 真抓实干惠民生 奋力谱写建设“五个将台”新篇章》的工作报告、乡纪委工作报告、党费收缴和使用情况报告，民主评议乡党委领导班子及成员。（胡佳丽）

【市民花园节在将府公园开幕】 6月2日，由首都绿化委员会主办的以“有

▲ 6 月 1 日，以“有园相见”为主题的首都市民花园节在将府公园开幕　（周宝琨　摄）

园相见”为主题的“2023 年首都市民花园节”在将台地区（乡）将府公园开幕。活动发布历时五年精心打造的可预约、可观赏的植物、湿地、观鸟等多种绿色生活体验场景，包括将府公园在内的 5 条生态导览路线，可供市民线上预约，探索身边生态之美。将府公园活动现场分为 5 个参观游览区，包括市民花园区、主题展示区、园艺生活体验区、绿化风采展示区及自然体验区，现场为市民优选“鸟类环志”“蝶翅画”“艾条手作”等 18 场生态文明宣传教育活动。（李　涛）

【“将小爱”慈善公益服务周】 9 月 1 日，将台地区（乡）第二届“将小爱”慈善公益服务周暨“将台慈善公益一带一路六片区规划”启动，开展爱心公益大集，趣味运动会，发展论坛等系列活动，市区社会工作委员会、慈善协会等相关领导到场指导、出席活动；“将小爱”通过爱心义卖、募捐等形式筹备物资、款项，前往河北涿州，支援刘壮（新就业群体的杰出代表“将小爱”形象大使，美团将台地区专送骑手）家乡重建。慈善周（月）参与群众 1.3 万余人次。（郑　琪）

▲ 9 月 1 日，将台地区（乡）第二届“将小爱”慈善公益服务周暨“将台慈善公益‘一带一路’六片区规划”启动　（周宝琨　摄）

【第四届将台丽都国际露天音乐电影周】 9 月 23 日，将台区（乡）启动“丽都音乐电影市集”，放映露天电影 5 场次。9 月 28 日至 10 月 6 日，在丽都花园北路举办第四届将台丽都国际露天音乐电影周。活动为 5 大主题多部公益电影展映、5 场电影音乐会，来自世界各地的美食和文创产品，种类繁多的美食、手工艺品、玩具、吸引数万人到此消费。（李　涛）

【玖恒智卡公司落地将台星地中心】 11 月，玖恒智卡公司与将台星地中心正式签约入驻，签约位置位于星地中心北区 A 座，签约面积 2182 平方米。“玖恒智卡”是由智恒控股（山东）集团有限公司和北京市版权保护中心、可信版权链全国运营中心深度战略合作并倾力打造的可信数字版权链卡牌数字版权资产交易平台，是可信版权链卡牌领域唯一超级节点、中国首家合法发行区块链卡牌的公司，该公司主要为互联网 3.0 的创作者提供确权、发行及交易等服务支持，并通过集团其他子公司的相应业务板块提供完善的业务咨询及销售渠道的打通。（李　涛）

2023 年朝阳区将台地区（乡）社区居委会、建制村村委会情况一览表

表 44

序号	村委会/居委会名称	地址	电话
1	安家楼社区居委会	安家楼村东（林场）安家楼管委会	64372167
2	水岸家园社区居委会	酒仙桥村甲1号向西300米	64332726

续表 44

序号	村委会/居委会名称	地址	电话
3	丽都社区居委会	芳园南里西区10号楼丽都社区	64375253
4	芳园里社区居委会	芳园里19号楼对面	64356243
5	将府家园社区居委会	将府家园北里103楼2单元101室	51373060
6	梵谷水郡社区居委会	驼房营南路二号院梵谷水郡小区14号楼1层	84706491
7	瞰都嘉园社区居委会	将台地区东四环北路10号院2号楼底商	84797568
8	阳光上东社区居委会	东四环北路6号阳光上东C区1号楼底商	51303352
9	驼房营北里社区居委会	将府家园北里131楼111～115号	64362352
10	将府锦苑东社区居委会	将府锦苑1号院8号楼3层	64378851
11	将府锦苑西社区居委会	驼房营路3号临驼房营村委会	64377291
12	东八间房村委会（已撤制）	将台乡朝开商务园（东八间房村委会）	64376137
13	驼房营村委会（已撤制）	驼房营路3号临驼房营村委会	84561035

（胡佳丽）

金盏地区（乡）

【概况】 金盏地区（乡）位于朝阳区东北部，温榆河畔。东部、北部以温榆河为界与顺义区、通州区接壤；南至朝阳干渠与常营地区（乡）相邻；西至北小河与崔各庄地区（乡）、东坝地区（乡）相接。辖区面积50.1平方千米。下辖4个社区、12个建制村。年内，辖区常住人口126184人（户籍人口和居住半年以上流动人口）、户籍人口12403户28483人、流动人口97701人、外国籍人口227人；常住人口中有汉族123265人、满族1624人、蒙古族447人、苗族109人、回族225人、其他少数民族人口514人；出生人口144人、死亡人口421人。有法人单位2143家，其中中央单位有全国组织干部学院、中国友发国际工程设计咨询有限公司、北京外运物流中心、中铁十六局、国能国华（北京）燃气热电有限公司、国家移民管理局常备力量第一总队等6家，市属单位有北京京能高安屯燃气热电有限责任公司、朝阳农场、朝阳陵园等3家，区属单位4家，乡级企业26家，其他单位2104家；有社区卫生服务中心1个、社区卫生服务站6个；有中学11所（公办3所、民办7所、国际学校1所）、小学9所（公办2所、民办6所、国际学校1所）、幼儿园8所（民办7所、社区办园点1所）；有养老机构3处、养老驿站2处；有5020平方米地区文化中心（党群服务中心）1处、文化广场14处、24小时自助图书馆3处。途经辖区公交线路18条。辖区绿化率32%。年内，金盏地区（乡）以接诉即办为导向，持续增进百姓民生福祉；以创建基本无违建区为契机，深化功能疏解力度；以完成全乡农民整建制转居为目标，推进城市化进程；以优化产业发展布局为依托，增强集体经济活力。推进党建品牌建设，打造各具特色的“一村（社）一品”，以品牌效应带动基层组织建设和治理能力提升，黎各庄村“黎民百事”党建项目获评朝阳区2023年社会领域十大党建品牌；完成村级工作人员招聘30人，社工招录23人，选拔

▲ 2月7日，金盏地区（乡）建成党群服务中心　（邓志远　摄）

配备后备干部59人，完善高、中、初级农村实用人才储备221人；奖励教育"突出贡献奖"21人、"优秀教师"87人；实现集体经济总收入8.05亿元，比上年增长18.6%；实现利润-2936.4万元，比上年减少2.8%；实现税金0.24万元，比上年增长1.0%；人均劳动所得4.32万元，比上年增长6.0%。金盏乡获评"首都全民义务植树先进单位"，金盏乡社会公共事务服务中心获评首都绿化美化先进单位。

【平安建设】 2023年，金盏地区（乡）投入城乡结合部重点村安全隐患整治专项资金90余万元，为6个未拆迁村内重点部位和道路安装智能预警监控101套；开展违规电动三、四轮车淘汰工作，核销处置违规车辆3500辆；发放交通宣传材料500余份，教育机动车驾驶员220余人次，劝导电动车违规行为1500余起，检查机动车30余辆；完成重大活动服务保障41个实名点位，安排专业巡防力量5500余人次；集中整治非法劳务市场，批评教育10000余人次；开展禁种铲毒宣传和踏查工作，出动检查人员60余人次，踏查点位20余处。与各村（社区）及辖区内重点企业签订《金盏乡安全生产责任书》60份。安装"安全生产责任公示牌"2041块，安全生产专项检查，出动人员1948人，检查商户企业1146家，村民自建出租房2161家，检查隐患729处，立即整改703处，限期整改26处。开展液化石油气用户整治，发现并移交不合规液化石油气瓶171个；摸排燃料油使用商户314家，与供油单位12家签订安全承诺书；办理个体食品流通许可业务100户，个体工商户登记业务675户；现场核查餐饮服务单位5家、流通单位8家、企业定向抽查10批次29家。

【环境整治】 2023年，金盏地区（乡）制定《空气重污染应急预案（2023年）》，实时关注辖区$PM_{2.5}$监测站点数据，实时跟进检查处理高数值情况。专项治理、常态化清理黑灰汽修、"小散乱污"废品回收站非法业态等重点污染源，开展执法检查311户次，摸排机动车维修商户142家，包括备案商户46家，未备案商户96家，新增入账商户95家；针对96家未备案商户，通过入户宣传政策法规，完成备案19家，通过联合执法清退25家，向相关部门移交29家，立案处罚6家，16家退出机动车维修经营。出动保洁33215人次、保洁车次1460辆，清理小广告4000余张、共享单车400辆。清退北京市朝阳工商实业有限公司、中铁十六局集团有限公司院内8家"小散乱污"商户。综合行政执法队围绕垃圾分类、燃气安全、汽修检查、渣土车管理等领域，录入执法检查单6236条，立案查处违法行为939件，罚款57.275万元，公开执法案件及相关事项8838件。

【拆违"创无"】 2023年，金盏地区（乡）完善"创无违法建设区"工作机制，健全"1＋7"工作模式（一个"创无"专班，功能疏解组、土储棚改组、耕地保护组、刚性攻坚组、乡级验收组、朝阳农场专项组、乡属企业组等7个工作组），召开日例会72余次，出动执法力量20余人次，完成指标任务180万平方米，验收184.3万平方米，完成销账图斑3855处，销账违法建筑面积170.7万平方米（建设空间57.32万平方米，非建设空间113.38万平方米），占地面积153万平方米（建设空间51.78万平方米，非建设空间101.25万平方米）。

【社区建设】 2023年，金盏地区（乡）完善《金盏地区和谐促进员队伍建设实施方案》《金盏地区社区工作者包楼入户走访制度》《金盏地区社区居民议事厅民主协商议事工作实施方案》《金盏地区社区志愿者积分兑换活动方案》，坚持"一楼门一特色""一楼门一带头人"，开展活动90余场，380余名志愿者参与，志愿服务时长160余小时。选取金盏嘉园D区2#配套用房作为马各庄村、沙窝村、雷庄村、北马房村等4个村的集中办公用房，金泽家园C区9号楼底商为楼梓庄村办公用房。争取区级财政资金1200余万元，粉刷维修金泽家园女儿墙及压顶和金盏嘉园楼道保温层；投入50.8万元，统筹水电气暖及办公用品开支、设备更换维修。开展"月月有协商、人人会协商"主题活动，组织居民议事会40余场。完成录取社区工作者、学习交流、外出拓展等7大类培训活动，社工持证率51.4%。

【优化营商环境】 2023年，金盏地区（乡）优化营商环境，走访企业72家、208人次，解决诉求139件。办理营业执照74份。筛选异地纳税企业67家，自主摸排并回迁异地纳税企业4家，在原纳税地形成税收300余万元。重点跟进回迁企业3家，在原纳税地形成税收200余万元。

【接诉即办】 2023年，金盏地区（乡）接诉即办接收案件12294件，核实后退回市中心及相关委办局720件，实际承办11574件，较上年下降44%。剔除3449件，报送市中心预警答复47篇，报送区中心宣传稿件15篇，采用信息5篇（4篇朝阳分中心公众号、1篇北京"12345"市民热线）。响应率100%，解决率95.92%、比上年上升4.48%，满意率96.42%；综合平均得分96.59分。

【民生保障】 2023年，金盏地区（乡）完成10个社区、村政务服务站规范化建设；办理失业登记691人、就业登记673人、城镇失业人员就业率70.8%；办理灵活就业保险补贴360人，享受政策人数1014人；农业户籍劳动力外出就业奖励申请1944人，发放奖励资金464万余元；城乡居民医疗保险参续保295人，参保人数7000余人；受理退休、失业人员自采暖补贴1083人，发放补贴94.8万余元；解决农民就业难题，发布就业招聘信息100余次，提供就业岗位2万余个。完成乡、村2个温馨家园购买服务项目，开展线下活动150余次，参加1620余人次；走访慰问困难残疾人192人，发放慰问金15.35万元；解决拖欠工资670余万元、涉及612人。针对北京市“7·31”极端强降雨，排查18户（处）危险住房，转移居民175人。

【为民办实事】 2023年，金盏地区（乡）规划完善金盏嘉园小区周边长店东路、长店中路、长店北街、长店中街等4条道路交通设施，施划停车位305个，安装路名牌、禁停牌、让字牌等标识牌140套，斑马线道钉300个，箭头30个，斑马线停止线920平方米，普通标线施划6000米，清除原有非标线900平方米。开通首都师范大学朝阳小学至金盏嘉园、西村、东窑村、黎各庄村等通学车6条线路，服务学生500余人。组织13个村、4个社区及相关单位公共区域消杀，出动专业防制人员2735人次，投放鼠药361.1千克，维护鼠站频次2582次（12天/次），填补鼠洞162个；治理地下管井1704个，清理固定及散在滋生地2442处，灭蚊蝇用药约1426.3升，灭蚊幼颗粒剂135.7千克；开展春季灭鼠、夏季灭蟑、秋季灭蚊专项行动26次。

【主题教育】 2023年，金盏地区（乡）依托理论中心组开展集中学习研讨31次、基层党组织专题学习700余次，班子成员、基层党组织书记讲党课90余次，开展参观“礼赞新时代，奋进新征程”发展成就展、“时代征程 砥砺前行——朝阳区建区65周年专题展”等主题党日活动80余次；组织政策宣讲、普法宣传、安全知识普及等328场，开展一线调研130余次，推动解决问题96个，一线回访接访112次；坚持“一把手”办件，处级领导班子、中层干部、基层党组织负责人解决群众诉求650件，完成民生、重点任务和整改整治清单任务等20项。

【社会救助】 2023年，金盏地区（乡）审核发放380名困难残疾人生活补贴和重度残疾人护理补贴；发挥“爱心超市”救助功能，爱心救助低保、低收入家庭和90岁以上高龄老人390人次，发放7.8万元物品；发挥慈善救助作用，救助困难群体17人15.5万元，助医1人2万元；开展温暖安康慈善医疗救助3人3.28万元，慰问5人1.5万元，成长助学项目2人0.2万元；慰问困难群体100人10万元。

【农田林河管理】 2023年，金盏地区（乡）落实田长制、林长制、河长制，推动农田林河生态可持续发展。与13个村签订金盏乡田长制工作责任书，与6家企业和4名农户签订农业生产主体责任书。投资850余万元，完成基本农田2010.29亩基础设施建设项目；完成粮食播种面积1600亩，产量5万千克；蔬菜播种面积2100亩，产量295万千克；油料作物播种200亩，大豆播种面积200亩。完成3087亩绿化建设任务，绿化面积1.55万亩。完成皮村595户、东窑村340户居民生活水源置换。组织温榆河、坝河金盏段巡查，出动600余人次、保洁240余人次，清理河湖垃圾60余立方米，限流、劝阻和清退野钓野炊等违法行为202人次，设立提示牌4块，悬挂横幅40条。

【农村集体经济管理】 2023年，金盏地区（乡）修订完善《金盏乡集体企业财务管理规范化指导意见（试行）》《金盏乡集体工程、货物和服务类项目管理办法》《金盏乡村级财务管理规范化指导意见》《金盏乡集体经济合同联预审工作实施细则》。制定《金盏乡集体企业改制工作方案》，分类梳理集体企业现状，启动20家集体企业改制工作。组织13个村主要负责人任中经济责任审计，涉及主要负责人30人，审计问题金额2.3亿元；审计37家乡村集体企业单位，审计问题金额5亿元。

【集体资产监管】 2023年，金盏地区（乡）落实《金盏乡关于加强农村集体资产监督管理的意见（试行）》制度，召开集体资产监督管理委员会23次，审议议题801个；严格落实“村地区管”制度，上报农村产权交易项目19个。梳理检查集体经济组织运行、资产资源管理、经济合同管理、财务管理、债权债务管控、工程项目管理和集体经济审计，专项整改资产问题7项、问题合同10份、财务5项和审计问题46项。完成225份问题合同整改，追缴租金3200余万元。

【垃圾分类】 2023年，金盏地区（乡）实施垃圾分类收集、分类运输、分类处理，设置标准垃圾分类桶站305处，建设垃圾分类驿站1处；清运垃圾3.6万千克、大件垃圾20万千克，转运生活垃圾3.6万千克，清运30车建筑渣

▲ 6月17日，金盏乡黎各庄村百亩农田喜获丰收 （邓志远 摄）

土垃圾。发放垃圾分类宣传海报1500余张，回收再生资源20万余千克；创建生活垃圾分类示范单位10家，非居民厨余垃圾计量收费单位99家。黎各庄村创建第一批生活垃圾分类示范村。

【信访矛盾化解】 2023年，金盏地区（乡）处理区信访系统转办案件213件次，直访103件次，乡领导接访20次。指导各村开展矛盾纠纷排查223次。组织全乡87名调解员"岗位大练兵"活动，调解案件35件。开展普法大讲堂38场，发放法治宣传品、折页2万余份，受教育人群2万余人次。

【文体活动】 2023年，金盏地区（乡）组织惠民文化体育节、金骑随风单车悦动健康绿道骑行、全民健身运动会、书香金盏、翰墨金盏等特色品牌活动60余场。参加2023年中国农民丰收节朝阳区"歌曲大联唱"百人合唱团展演活动，获得"全国乡村振兴社会体育指导员大赛"第2名；北京市星级全民健身团队交流展示大赛城区组交流类项目代表朝阳区参赛获二等奖，获2023年首届CYBA篮球联赛第2名、2023年度朝阳区第三届社区杯八人制足球赛冠军。

【乡第五届二次党代会】 2月16日，金盏乡召开第五届二次党代会，参加会议党代表119人，列席代表41人。会议审议通过《中共北京市朝阳区金盏乡第五届委员会2022年度工作报告》《中共北京市朝阳区金盏乡第五届纪律检查委员会2022年度工作报告》《金盏乡2022年度党费收缴、使用和管理情况报告》。

【乡第十八届二次、三次人代会】 2月23日至24日，金盏乡召开十八届二次人代会，参加会议乡人大代表64人，列席代表59人。会议审议通过《金盏乡人民政府工作报告》《金盏乡人民代表大会主席团工作报告》《金盏乡2022年财政预算执行情况和2023年财政预算草案的报告》；接受副乡长艾梦莹的书面辞职请求，选举李胜昔为金盏乡副乡长，收集整理代表建议4条。8月22日至23日，金盏地区（乡）召开十八届三次人代会，参加会议乡人大代表58人，特邀区代表、乡领导班子、科室负责人、各村副书记及直属企业负责人等59人列席。会议审议通过《金盏乡人民政府半年工作报告》《乡人民代表大会主席团半年工作报告》；表决通过乡人大主席蒋春茂、原副乡长陈仁东辞职请求；补选金盏乡田秀青为金盏乡副乡长；组织市区乡人大代表考察黎各庄村朝鑫物流园拆违工作、皮村强排站防汛治理工作、安置房三期项目工程。收集整理代表建议5条。

（王德铭）

2023年朝阳区金盏地区（乡）社区居委会、建制村村委会情况一览表

表45

序号	名称	地址	电话
1	金泽家园社区居委会（曹各庄村）	金泽家园A区服务站	65721071 65791071
2	金泽家园北社区居委会	金泽家园C区底商北社区服务站	65707332 65791073
3	金盏家园一社区居委会	金盏嘉园C区1号楼底商	64180100 64180200
4	金盏家园二社区居委会	金盏嘉园D区1号楼底商	64180299
5	金盏东村村委会	金盏东村内	64372575
6	金盏西村村委会	金盏西村内	64375573
7	楼梓庄村村委会	金泽家园C区9号楼底商	56620763
8	黎各庄村村委会	黎各庄村	84317601
9	马各庄村村委会	金盏嘉园D区西门外19号楼马沙雷集中办公区1层	65417812
10	北马房村村委会	金盏嘉园D区西门外19号楼马沙雷集中办公区2层	84316267
11	长店村村委会	长店村	64180100 64180200
12	小店村村委会	小店村	84349120
13	雷庄村村委会	金盏嘉园D区西门外19号楼 马沙雷集中办公区2层	64350512

续表45

序号	名称	地址	电话
14	皮村村委会	皮村	84331915
15	沙窝村村委会	金盏嘉园D区西门外19号楼马沙雷集中办公区1层	84317838
16	东窑村村委会	东窑村	84303200

（王德铭）

来广营地区（乡）

【概况】 来广营地区（乡）位于朝阳区的西北部。东至来广营北路与孙河地区（乡）、崔各庄地区（乡）相邻；西至北苑路与奥运村街道、大屯街道接壤；南至北五环路与望京街道、大屯街道相连；北至滨河路与昌平区东小口镇、北七家镇毗邻。辖区面积20.93平方千米。下辖33个社区，5个村民委员会撤销建制。年内，辖区常住人口190113人、户籍人口33774户79882人、流动人口78026人、外籍人口1108人；出生人口750人、死亡人口719人。辖区有规模以上法人单位512家，其中央属有单位中国民用飞机开发公司、中国航空研究院等21家，市属单位有北京会议中心等25家，区属单位49家，乡属企业6家，其他单位411家；有医院4家、社区卫生服务中心1个、社区卫生服务站和急救站4个；有大中专院校3所、老年大学1所、高中2所、初中2所、九年一贯制学校3所、小学6所、幼儿园及社区办园点28所；有养老机构9处；有110平方米为民服务大厅和3100平方米地区文化中心各1处、文化广场18处、24小时自助图书馆4处。途经辖区公交线路59条，地铁13号线、5号线、14号线、17号线贯穿其中。辖区绿化率49%。2023年，来广营地区（乡）围绕朝阳区“1234”发展战略，聚力“五宜”朝阳建设，奋力推进地区高质量发展，全力建设绿色健康和谐宜居来广营新城区。完成来广营村、红军营村、北湖渠村、清河营村、新生村等5个建制村村民委员会撤销建制工作；实现区级财政收入9.58亿元，扣除一次性土增税影响（2022年一次性土增税8.7亿元，2023年没有一次性土增税）比上年增长9.6%，实现集体经济总收入11.18亿元，比上年增长25%。农民人均劳动所得6.02万元，与上年持平。来广营地区获“北京市安全社区”、社区建设办公室获“北京市社会建设与民政工作先进集体”、茉藜园社区获“全国示范性老年友好型社区”、清河营中路社区、广达路社区获“首都最美志愿服务社区”、朝来农艺园被授予“北京市生态农场”称号。

【平安建设】 2023年，来广营地区（乡）完成两会、第三届“一带一路”国际合作高峰论坛、国际服务贸易交易会等重大活动服务保障任务；开展安全生产和火灾隐患大排查大整治系列活动，推广“企安安”系统管理，全年检查单位14554家次，发现并整改隐患9680处；整改完成明天第一城小区5号、6号、7号、8号院消防隐患市级挂账任务；84个智慧平安小区人脸识别、车辆识别录入率100%；处置违规电动三、四轮车2292辆，住宅小区安装电动自行车充电设施接口7110个；打击电信网络诈骗，刑事案件立案比上年下降7.5%。领导干部接访下访，接待群众54批次500余人，推进信访案件源头解决。开展矫正对象走访455人次，谈心谈话558人次。整治餐饮单位油烟排放714家，以青年城小区西侧底商为先行试点，加装隔音棚降低噪声污染。严管7处在建工地和596个限额以下小型工程，检查234次，整改率100%。

【环境整治】 2023年，来广营地区（乡）拆除盛海公寓、子瑞汽修厂、骏宝威4S店等违法建设10万平方米，6个公寓8000余人平稳清零；完成铁路沿线7000余平方米疏解点位的绿化提升；推进花卉市场空气源热泵系统改造，朝来农艺园地热井供暖置换；定期巡查乡管沟渠7条，配合京包线以南污水接入市政管线，解决红军营排水沟异味散发，完成清河下段生态治理；完成5个郊野公园绿化非常规水源置换和新甬路积水点位改造。协调朝阳区城管委对锦芳北街、来广营村二号路、佳兴园北侧路、创瑞街4条道路更换市政路灯97盏。开展联合执法11次，张贴交通违法告知单5520张，劝离违章停车16866辆，改善立水桥地铁站A口公共空间环境秩序。整治街面、背街小巷、老旧小区环境秩序，街巷长及1150名小巷管家巡防1.6万小时，协调解决事项2659件；新增22个小区通过市级垃圾分类示范小区验收。遏制新增群租房，处理群租房案件370件，创建“无违法群租房”试点小区1个。开展温榆河公园（来广营园区）周边环境整治，清河营郊野公园通过区级土壤普查；治理裸地5批次128处31.8万平方米。

【社区建设】 2023年，来广营地区（乡）拆分成立新街坊第二社区和清苑路第六社区，新增社区配套用房3处，推进开放式空间改造2处、应急维修76项。运用“高校+社区”共建模式，邀请10名高校教授、百余名学生参与社区项目，为基层治理注入专业力量；推动“一会两中心”（地区社会组织联合会，地区社区社会组织孵化中心、地区社会工作服务中心）实体化运行，社区社会组织联合会被评定为朝阳区AAA级团体，入选中国社会工作委员会委员单位，清苑路第三社区议事厅被列为“市级议事协商示范点”。

【实事工程】 2023年，来广营地区（乡）启动朝来绿色家园、来北家园安置房产权证集中办理工作，截至年底办理产权证4000余套，解决困扰朝来绿色家园小区、来北家园小区居民20余年的历史遗留问题；在北苑家园、龙湖集团等地新增、规划停车位2770个；完成朝来绿色家园4个回迁小区电梯电力增容项目，新开工83部电梯加装工程；完成明天第一城6、7、8号院2.2万平方米地下空间渗漏水治理工作。

【接诉即办】 2023年，来广营地区（乡）办理接诉即办案件17710件、网格化城市管理平台（V8）案件62204件；主要领导坚持每周2次调度重难点案件500余件，党委书记关注督办案件1100余件，分析指导诉求应对措施，压实案件办理力度，增强问题处置实效。全年开展各类培训24场，先后就违法建设、电梯诉求、物业管理等主题开展专项培训。专题研究东北郊环线建设、路侧停车管理、产权证办理等问题，搭建多方平台；针对华贸城、世华泊郡等小区电梯故障诉求，邀请特种设备管理部门全面检测电梯并排除故障隐患，消除居民隐忧。邀请房管局等职能部门督促辖区物业提升基础服务水平。

【社会保障】 2023年，来广营地区（乡）开展贫困群众走访活动，确保城市低保、低收入、特困家庭生活补助、城镇残疾人“两项补贴”（残疾人等级补贴、医疗补贴）等各项民生保障资金及时足额发放到位。有享受城市低保家庭45户78人，发放低保金126.39万元；有享受低收入家庭8户16人，发放低收入金2.2万元；发放特困供养1户1人4.8万元；发放临时救助1户3人2.5万元。地区爱心家园超市以实物发放方式慰问家庭困难群体25户46人，发放救助金6.1万元。全乡享受“两项补贴”287人，其中享受生活补贴120人99.32万元、享受护理补贴258人49.55万元。为社区配备专用轮椅41辆（每个社区1～2辆），方便困难人群看病取药、出行便利等服务。“5·8人道公益日”“中华慈善日 朝阳公益周”献爱心募集善款；为辖区精残患者1名、大病患儿1名分别申请3万元救助资金。（乡）投入50余万元支持公办学校、幼儿园发展，保障朝阳外国语、景山学校等3条通学班车线路开通。开展健康技能培训32次，养老服务驿站签约服务对象317人，新安装“一键呼”智能终端148个，开设老年养老助餐点12个，办理老人免费体检4000余人。成立启航就业服务组，开发岗位1085个，城市登记失业人员就业率71.81%。调解150件劳动人事争议案件，解决讨薪900余万元。为10896名城乡居民医疗保险参保人员完成新参、续保、缴费工作。

【经济发展】 2023年，来广营地区（乡）新设市场主体1257个，完成任务的126%，新增龙湖龙智造（北京）科技有限公司等10个北京市入库招商项目，完成任务的125%。走访“服务包”企业354家次，解决企业诉求253件，服务量子之歌公司在美国纳斯达克上市，成功引入高德软件入驻办公，实现中国寰球工程有限公司北京分公司等205家企业异地回迁，形成年税收7100余万元。龙湖北苑天街、城建城悦荟等重点项目相继开业。来广营地区商会第一届会员大会第四次会议暨地区商会企业发展服务站“同心会客厅”揭牌，吸收5家新企业入会，商会会员企业达51家。

【科技文化】 2023年，来广营地区（乡）实施“智造农场 数创未来”科普项目，联动开发4类16门科普课程，成为唯一连续两年落地朝阳区科协项目的街乡；推动清河营中路社区科普驿站升级创新，创建北京市公共安全应急科普示范社区；推进文化惠民工程，举办全民运动会、“这young的老年派”等文体活动20余场。参与居民13万余人次。

【结对帮扶】 2023年，来广营地区（乡）与对口支援合作地区内蒙古自治区通辽市科左后旗2个苏木镇的6个村，结对签订年度支援合作协议，辖区单位捐款捐物价值46万元；与密云区密云镇、房山区张坊镇史各庄村签订结对帮扶协议。

【乡十五届二次党代会】 1月10日，来广营乡召开第十五届二次党代会。党代表115人参加会议，27人列席会议。大会听取和审议中共北京市朝阳区来广营乡第十五届委员会2022年度工作报告。审议通过中共北京市朝阳区来广营乡第十五届委员会2022年度工作报告的决议（草案）、中共北京市朝阳区来广营乡纪律检查委员会2022年度工作报告的决议（草案）及党费收缴、使用和管理情况的报告。

【乡人大第十八届三次、四次会议】 1月12日至13日，来广营乡召开第十八届三次人大会议。人大代表63人参加会议，16人列席会议，30人旁听会议。代表听取和审议来广营乡人民政府工作报告、来广营乡人民代表大会主席团工作报告，书面审议2022年财政预算执行情况和2023年财政预算草案的报告。7月6日至7日，来广营乡召开第十八四次人大会议。人大代表68人参加会议、25人列席会议、32人旁听会议。会议听取和审议来广营乡人民政府半年工作报告、来广营乡人民代表大会主席团半年工作报告。大会选举李国荣为来广营乡人民政府乡长、张凌云为来广营乡人民政府副乡长。

▲ 4月14日，来广营地区与北京大学社会学系为“两基地一中心”揭牌　（陈诗雨　摄）

【共建合作】 4月14日，来广营地区（乡）与北京大学社会学系在龙湖集团会议厅为“两基地一中心”（北京大学思想政治实践课教育基地、北京大学社会学系教学科研实践基地和来广营地区基层治理发展支持中心）揭牌，这是北京大学社会学系在北京市的首个思想政治实践课教育基地、在北京市街乡首个教学科研实践基地。“两基地一中心”实施“致知”“致行”“致远”计划，联合开展学术分享、田野调查、社会调研、社区治理项目等工作，推动更多基层社会治理创新成果。

【文化品牌“朝华昔拾”】 5月至10月，来广营地区结合地区农村城市化20年等重要节点，开展“朝华昔拾——我们的这些年”系列特色主题文化活动（“朝华昔拾”含义：“朝”为党建领航的崭新“朝”来、与时俱进的蓬勃“朝”阳、聚焦未来的金色“朝”向；“华”为变迁中的美好芳“华”，回忆中的金色年“华”，绽放中的盛世繁“华”；“昔”既是追忆往“昔”奋斗的荣耀，也有惺惺相“惜”并肩的共情；“拾”既有“拾”取碎片共绘时代画卷之意，又有“时”不我待共话地区未来发展之意）。9月26日，举办“指引‘朝’向谋发展　春去秋‘来’话变迁”主题文化嘉年华暨友邻会，活动主要由“朝·百鸟朝凤”“华·春华秋实”“昔·相惜并肩”“拾·时不我待”4个部分组成。活动全程采取延时直播的方式，面向来广营地区全体党员干部群众开放。初步形成来广营地区特色文化品牌“朝华昔拾”，以文化线做深层辐射和通俗化表达，最终落脚在宜居、宜业、宜商、宜学、宜游的“五宜”朝阳主题之上，从画面、声音、记忆、事物多个角度出发，产生直接体验、触摸的幸福感。

（郝　冉）

▲ 9月26日，来广营地区举办“朝华昔拾”活动。图为“五宜”朝阳宣传展板

［来广营地区（乡）　供图］

2023年朝阳区来广营地区（乡）社区居委会、建制村村委会情况一览表

表46

序号	名称	地址	电话
1	广达路社区居委会	广达路2号院5号楼1单元101室	84364537
2	广顺社区居委会	来广营西路2号院2号楼102室	64930624
3	北卫家园社区居委会	北苑路96号北卫家园小区15号楼西侧	84945589
4	北苑一号院社区居委会	北苑一号院10号楼3单元1层	66749494

续表 46

序号	名称	地址	电话
5	北苑二号院社区居委会	北苑二号院北门附近	84936317
6	北苑三号院社区居委会	北卫新园小区6号楼西侧2层	84918952
7	北苑社区居委会	红军营东路15号院金茂悦小区6号楼2层	57628220
8	青年城社区居委会	红军营东路8号院	64933048
9	红军营社区居委会	来北家园12号楼1层	53091550
10	朝来绿色家园社区居委会	红军营东路蕴实园小区朝花幼儿园西侧	84950615
11	朝来绿色家园东社区居委会	红军营东路蕴实园小区朝花幼儿园西侧	64930036
12	时代庄园社区居委会	红军营东路18号时代庄园会所3层	84967984
13	紫绶园社区居委会	北苑家园紫绶园来广营城管大院1层	84955849
14	清友园社区居委会	北苑家园筑华年小区Q4号楼	64116601
15	筑华年社区居委会	北苑家园筑华年小区Q4号楼	64936090
16	绣菊园社区居委会	北苑家园（5号楼北侧）	84966936
17	莲葩园社区居委会	北苑家园莲葩园小区西门2层黄楼1层	84925448
18	茉藜园社区居委会	北苑家园茉藜园小区19号楼101室	84926067
19	新街坊社区居委会	双营路6号院城锦苑小区2号楼1单元	84924841
20	黄金苑社区居委会	旭辉奥都5号楼1层黄金苑居委会	84931521
21	立城苑社区居委会	立水桥甲3号立城苑小区5号楼	84813176
22	立清路第一社区居委会	立清路明天第一城5号院5号楼7单元101室	84675928
23	立清路第二社区居委会	立清路明天第一城5号院5号楼7单元101室	84934094
24	清河营中路社区居委会	水岸中街19号院18号楼	84920772
25	清苑路第一社区居委会	水岸庄园2区1010号楼4层	84999980
26	清苑路第二社区居委会	清河营东路6号院中铁国际城16号楼	84903997
27	清苑路第三社区居委会	清河营南街9号院2号楼底商清苑路第三社区居委会	84927768
28	清苑路第四社区居委会	清河营东路3号院6号楼1层清苑路第四社区居委会	84926157
29	清苑路第五社区居委会	清河营南街9号院2号楼底商清苑路第三社区居委会	84927768
30	北苑中街社区居委会	恒大名都小区2号楼西侧1层	64937760
31	立水桥社区居委会	来广营乡汤立路201号院6号楼F109室	64934677
32	新街坊第二社区居委会	来广营乡佳兴园605号楼A单元101室	84958508
33	清苑路第六社区居委会	来广营地区水岸庄园2区1010号楼4层	84999980

（郝　冉）

南磨房地区（乡）

【概况】 南磨房地区（乡）位于朝阳区东南部，东至西店记忆路与高碑店地区（乡）、王四营地区（乡）、垡头街道相邻；南至垡头路以南与十八里店地区（乡）交界；西临东三环路与双井街道、劲松街道、潘家园街道相接；北至通惠河与CBD相望。辖区面积9.434平方千米。下辖25个社区、2个建制村。年内，辖区常住人口145353人、户籍人口29253户70185人（非农业70168人、农业17人）、流动人口75168人；出生人口536人、死亡人口895人。有法人单位9692个，其中市属单位12家、区属单位24家、其他单位9656家；有医院5家、社区卫生服务中心2

个、社区卫生服务站5个、医院前医疗急救工作站3个；有大学1所、中学6所、小学7所、幼儿园16所；有养老院1处、养老驿站5处；有1000平方米政务服务大厅和3352平方米地区文化中心各1处、文化广场（200平方米以上）12处、24小时自助图书馆3处。途经辖区公交线路13条，地铁7号线、14号线贯穿其中。辖区绿化率41.5%。2023年，南磨房地区（乡）坚持稳中求进工作总基调，以首都和朝阳发展为统领，着重推进党的建设全面过硬、经济发展提质增效、社会治理科学高效、创文创卫提质升级。编制新版南磨房地区（乡）城市化评估实施方案；完成拆违腾地“双一万”年度任务；完成社区社会组织联合会换届工作、择优推荐5家园区申报2023年度北京市级文化产业园区；开展领导班子成员讲党课12次；各级党组织书记讲党课208次、集体学习429次，组织主题党日活动192次；班子成员开展调研182次、接访下访109余次、解决矛盾问题92个；实现区级财政收入6.7亿元，比上年增长17.95%，实现乡集体经济总收入18.24亿元，比上年增长49.63%，完成税收1.62亿元，比上年增长22%；征收小房产税1698万元，比上年增长7.25%；实现利润总额9308万元，比上年增长35.08%。南磨房乡获“北京市充分就业示范乡”称号。

（余骈骢）

【基层党建】2023年，南磨房地区（乡）调整乡机关党组织架构，拆分超百人党支部、超50人党支部64个。打造“一轴多中心”“两新”党建工作新格局，实现“两个覆盖”率比上年增长19.5%。鲲鹏大雅党支部打造“红色朋友圈”入选2023年北京市100个“两新”组织“党建强、发展强”党建品牌项目。

（张原瑞）

【平安建设】2023年，南磨房地区（乡）完成全国两会、第三届“一带一路”国际合作高峰论坛等重要时期服务保障任务；推广“企安安”隐患排查治理系统，注册企业3698家，开展执法检查8422家次，隐患整改率100%；开展安全生产和火灾隐患大排查大整治工作，消除天使儿童医院重大安全隐患；违规电动三、四轮车淘汰2063辆，实现全部清零。

（葛秉乐）

【环境建设】2023年，南磨房地区（乡）启动石门综合体农民回迁定向安置房项目施工，涉及11.4万平方米。完成紫南家园小区增设电梯项目和建木宿舍1号楼抗震节能综合改造项目；劲松东社区沿路工程实现疏堵及环境提升；下甸村路翻新，打通广泰东路、广泰西路、广信大街，妥善解决华侨城、双龙西等社区居民房屋漏雨问题。落实创无违建街乡指标，完成锦江之星等点位的拆违腾地任务，拆除违法建筑1.06万平方米，腾退土地1.03万平方米。完成图斑举证1220处、建筑面积35.983万平方米，占地面积21.145万平方米，实现举证率和办结率“双一百”。开展既有违法建设攻坚行动，拆除既有违建38处，面积3909平方米。拆除新增违法建筑3处。整改道路破损修缮、楼道堆物堆料清理、路侧停车整治等问题200余条，化解重点难点问题40余个。完成山水文园社区临电改造、双龙西社区公共区域窗户改造等民生实事46项，开展专项检查1.5万余次，完成执法检查452项，处罚金额5.44万元，“门前三包”责任制落实率100%。创建生活垃圾分类达标示范小区10个、达标小区28个和示范商务楼宇3个。

（肖桂山　张　野　焦　岩　张原瑞）

【社区建设】2023年，南磨房地区（乡）制定社工日常考核和绩效管理办法，交流调整机关、社区、乡属企业干部60余人，考核选拔任用社区党委书记8人。定向招聘社区党委书记6人、招录社区工作者170余人。新成立金海社区、平乐园西社区、广泰华亭社区、广泰华苑社区，并完成4个社区党委、社区居委会选举，选举产生新一届社区党委书记、副书记、党委委员，依法选举社区居委会主任、副主任和委员。

（焦　岩）

【接诉即办】2023年，南磨房地区（乡）制定完善《南磨房地区接诉即办工作机制》《南磨房地区接诉即办工作考核办法》《南磨房地区接诉即办工作流程》，明确责任分工，落实高位统筹、协调联动、未诉先办等机制，通过日调度、月点评、月复盘带动班子成员全程指导，部门负责人亲自办件，办件部门全程跟进。以治理类街乡项目为契机，投入1000万元，完成双龙南里小区防水专项治理、百子湾北里和赛洛城三角地消防管线铺设、120急救站化工站等7个项目建设；完成物业管理类、交通治理类等8个任务事项。受理市、区两级平台群众诉求17437件，综合排名朝阳区第36名，北京市排名第308名。

（赵晶晶）

【社会保障】2023年，南磨房地区（乡）发放低保金484.3万元、发放救助金21.7万元；搭建地区养老助残综合体，紫南家园养老驿站获朝阳区第三批创新居家养老服务模式“揭榜挂帅”企业；开展劳动关系实地核查126家次，调解劳动纠纷11起，涉及款项168万元，完成17名残疾人职业能力测评和职业培训，帮助22名残疾人就业；发放低保金586.49万元、低收入家庭救助金0.85万元；临时救助15人次12.99万元，完成253户低保、低收入家庭年度复查审核。发放地区老年人各项养老补贴3536人1269万元，发放残疾人“两项补贴”660万元，开展老年餐桌及送餐服务，提供老年餐桌配餐服务9622人次，为困难老人38人和百岁老人2人免费送餐服务1800人次。

（许　芊）

【集体经济建设】2023年，南磨房地区（乡）完善“三重一大”决策制度施行细则、制定乡集资委议事规则；规范乡集体企业重大事项和重大资金使用报批原则，修订工程项目及服务类项目采购管理办法，明确资金支出审批流程。召开乡集资委常务委员会和事务委员会11次，审议集体经济事项73项，完成208个资产产权项目审核上报。注销未正常经营企业4家，启动5家集体所有制企业改制，推动3个村的剩余资产清产核资和资产评估事项。组织联系企业走访200余次，统筹各部门为企业解决各类问题190余件；完成百余家新增企业注册登记工作，引入企业85家，推进数字出版基地A区招商引资力度，招商入住文化创新企业29家，整体入驻率69%，入驻企业营业收入50亿元；实现7家500万元以上企业经济大脑项目入库，4家落地、2家税收单位落地、5家异地企业回迁落税。

（赵　海　尹军锐）

▲ 10月8日，南磨房乡组织相关部门及企业赴内蒙古卓资县十八台镇哈力盖图村开展“助力乡村振兴”支援合作工作（侯　翔　摄）

【文明创建】 2023年，南磨房地区（乡）以“美丽磨房季”系列活动为主线，开展文艺演出、主题征文等各类文艺活动600余场次，2万余人次参与。完成全国文明村镇年度测评和首都文明街巷复查验收工作，开展文明餐桌、文明交通、卫生扫除等“每周主题活动”，社区党员、志愿者1万余人次参与。举办地区首届健康文化节；联合北京工业大学开展“跟着教授学科学”科普活动，200余名中小学生参与；开展假期青少年成长营等各类活动100余场。

（梁　靓）

【对口支援】 2023年，南磨房地区（乡）实地走访新疆维吾尔自治区墨玉县开展教育帮扶，捐赠物资救助困难学生41名。开展“万企兴万村”行动，向内蒙古自治区卓资县哈力盖图村捐赠集中养牛园区机械设备。组织机关、社区、辖区企事业单位购买密云区穆家峪镇、内蒙古自治区卓资县、新疆维吾尔自治区墨玉县等农特产品12批次，消费70余万元。

（杨全有）

【乡十四届二次党代会】 3月30日，南磨房乡召开十四届二次党代会，乡党代表102人、列席人员18人参加会议。乡党委书记张晓宁作党委工作报告，总结乡党委、乡政府2022年工作，研究部署2023年目标任务。大会审议并通过南磨房乡2022年度《党委工作报告》《纪委工作报告》的决议（草案）。

（张原瑞）

▲ 4月26日，南磨房地区（乡）于酷车小镇举办南磨房地区第十六届美丽磨房欢乐季开幕式暨国民体质促进项目趣味运动会（侯　翔　摄）

【乡十八届四次人代会】 8月10日，南磨房乡召开十八届四次人代会。乡人大代表50人、列席代表25人参加会议，社区（村）、企事业单位非正式代表的主要负责人31人旁听本次会议。大会听取审议《南磨房乡人民政府2023年上半年工作报告（草案）》，书面审议《南磨房乡人大主席团2023年上半年工作报告（草案）》。会议通过大会议程、大会主席团成员和秘书长名单及议案审查委员会名单，全体代表表决通过《南磨房乡第十八届人民代表大会第四次会议关于接受代表辞职请求的决定》。

（刘长庚）

2023年朝阳区南磨房地区（乡）社区居委会、建制村村委会情况一览表

表47

序号	名称	地址	电话
1	平乐园社区居委会	窑洼湖村68号（平乐园社区）	87380265
2	广华新城东社区居委会	广华新城三区1号楼1单元	87776021
3	华侨城社区居委会	南磨房金蝉欢乐园2号院10号楼底商东01号（华侨城社区）	67381521
4	紫南家园社区居委会	紫南家园208楼紫南家园社区服务站	87354988
5	南新园西社区居委会	南新园中路106号南西社区	67314065
6	美景东方社区居委会	松榆南路38号院美景东方4号楼105室美景东方社区	13261086917
7	石门社区居委会	石门新居35号院3号楼东侧石门社区	67757966
8	百子湾东社区居委会	百子湾家园109号楼（百东社区）	87956922
9	欢乐谷社区居委会	金蝉南里1号楼单元1层欢乐谷社区	13581695170
10	广华新城社区居委会	广泰东路1号院（广华新城二区）2号楼3单元社区居委会	67703955
11	百子湾西社区居委会	百子湾西里426号楼1层	87715691
12	双龙西社区居委会	京客隆（双龙店）南侧100米	67323214
13	广百西路社区居委会	广百西路18号院3号楼一单元（广百西路社区服务站）	87152881
14	平乐园西社区居委会	鸿坤花语墅1号楼底商（平乐园西社区）	67326876
15	山水文园社区居委会	弘燕东路山水文园东园底商A25号	87367539
16	南新园社区居委会	南新园小区26号楼2层	87322075
17	世纪东方城社区居委会	紫南家园108楼（华瀚商业4层世纪东方城社区）	87362800
18	东郊社区居委会	朝阳区水南庄临甲168号	87705761
19	广泰华苑社区居委会	广泰西路3号院2号楼2单元104号	18618145417
20	赛洛城社区居委会	百子湾东里113号楼-R	87215916
21	金海社区居委会	建工动力苑1号楼2单元底商金海社区	15010228190
22	广泰华亭社区居委会	广泰西路一号院1-A底商	67722359
23	百子湾北社区居委会	东四环中路80号大成国际公寓楼底商116号	59626002
24	双龙南里社区居委会	双龙南里117号楼北侧	87320042
25	远景社区居委会	紫南家园108楼（华瀚商业4层）	13521062257
26	大郊亭村委会	朝阳区窑洼湖村68号	67348539
27	楼梓庄村委会	紫南家园208楼	13520433781

（焦　岩）

平房地区（乡）

【概况】 平房地区（乡）位于朝阳区中部。东与常营地区（乡）接壤；南与三间房地区（乡）、高碑店地区（乡）、八里庄街道相接；西与八里庄街道、六里屯街道、东风地区（乡）相邻；北与东坝地区（乡）相连。辖区面积15.18平方千米，下辖16个社区、3个社区筹备组和4个建制村。2023年，辖区常住人口78445人、户籍人口19989户44662人、流动人口58145人、外籍人口295人；常住人口中有汉族76680人、满族768人、回族702人、其他少数民族295人；出生人口399人、死亡人口365人。有法人单位6227个，其中中央单位有弘泰基业房地产开发

公司、润欣置业（北京）有限公司2家，市属单位5家，区属单位11家，其他单位6209家；有中学3所、小学5所、幼儿园（含社区办园点）13所；有医院2家、社区卫生服务中心1个、社区卫生服务站4个；有养老照料中心1处、养老驿站4处；有300平方米为民服务大厅和2700平方米地区文化中心（党群服务中心）各1处、文化广场8处、24小时自助图书馆5处；有体育中心1个、郊野公园5个、在建郊野公园1个、村级公园3个。途经辖区公交线路18条，地铁6号线贯穿其中。辖区绿化率58%。2023年，平房地区（乡）以高质量党建引领保障高质量发展，聚焦农村城市化建设、经济提质增效、基层社会治理等领域下功夫、见实效，农村城市化建设步伐加快。表彰腾退工作中表现突出的“先进个人”“民心引航员”“贴心调解员”等62人，表彰先进基层党组织13个、优秀社会单位6家、优秀共产党员、优秀党务工作者、优秀志愿者244名。开展理论中心组学习24次；编制《平房乡党政领导班子2023年度落实全面从严治党主体责任任务安排》《“一把手”和班子成员履行全面从严治党重要工作职责清单》，强化作风建设，从严执纪。实现区级财政收入4.56亿元，比上年增加56%；征收个人房屋出租房产税812万元，比上年增加12.4%。曹俊英获“全国模范人民调解员”称号。

【平安建设】 2023年，平房地区（乡）发动群防群治力量7万余人次，完成2023年服贸会、第三届“一带一路”国际合作高峰论坛等保障任务；完成姚家园5号院7号楼地下室维修改造、姚家园西里3号院和5号院屋面防水及电力改造、天鹅湾小区内网配电设施改造等民生项目工程，补齐基础设施短板；开展安全生产和消防安全隐患大排查大整治；推动违规电动三、四轮车平稳退出，削减车辆2300余辆；实施黄杉木店平房区防汛应急工程、福盈家园三间房西路积水点防汛消隐工程；7月强降雨期间，紧急转移黄杉木店平房区群众1570余人，确保群众安全度汛。完成容惠路、四季星河南街等5条道路提升建设，推进姚家园、青年路等重点区域路侧停车治理，挖掘雅成里、朝阳雅筑等老旧小区停车资源，新增停车位770余个。

【疏解减量】 2023年，平房地区（乡）完成姚家园1253号院、东郊木材厂宿舍等5个国有企业宿舍254户腾退任务；疏解益民综合市场等违法建设面积4.37万平方米，腾退土地3.46万平方米；开展铁路青年公寓综合整治工作，拆除房屋117间、4434平方米；完成朝阳大悦城众享生活圈项目建设，改造朝阳雅筑北侧停车场、优化朝阳北路部分道路公共空间景观、规范共享单车停放，提升朝青商圈功能品质；完成绿化造林任务400余亩，实施“五乡十园”［平房乡、崔各庄乡、将台乡、东风乡、东坝乡，京城体育公园（一期）、京城槐园公园（一期）、京城森林公园（二期）、平房公园（二期）、京城梨园（二期）、东坝郊野公园、东风公园、东风迎宾公园、将府公园、黑桥公园］绿道连通工程，打造城绿相融的“无界公园”，占地45.69公顷的京城紫岸公园（朝平公园）进场施工，建成后将与周边公园形成千亩“绿芯”。

【社区建设】 2023年，平房地区（乡）完善党组织架构，调整国美家园社区等9个社区党委下设党支部规范设置，新成立党支部18个、支部更名15个；调整逸翠园、姚家园东、富华家园等社区边界，合理划分管辖范围，新成立熙悦尚郡社区、姚家园南社区并完成社区居委会选举工作；招聘社区工作者70名，提拔社区、村干部9名；在天鹅湾社区、逸翠园社区打造社区议事协商及楼门治理示范点，推动协商议事与社会治理深度融合。

【接诉即办】 2023年，平房地区（乡）强化党建引领“接诉即办”“未诉先办”，打造天鹅湾社区、逸翠园社区议事协商及楼门治理示范点，推动协商议事与社会治理深度融合。开展培训10场次，激发社会组织在提供公共服务、参与社会治理方面的活力。建立地区社会工作服务中心和6个社区（村）社会工作服务站点，完成“社区工作者成长小组”等40个服务案例，开设“社会工作3G实验室”系列课程，提升社区工作者为民服务能力。全年受理各类诉求案件1.8万余件，综合考核成绩92.27分。

▲ 6月26日，平房地区姚家园1253号院腾退项目签约工作启动，居民送上锦旗感谢工作人员的辛苦付出 （王丹宁 摄）

【腾退安居】 2023年，平房地区（乡）开展“一绿试点”棚改项目，平房村、石各庄村剩余住宅腾退工作，党委统筹“一办八组”，实施挂图作战、清单推进，依托“四个一线”（党委一线指挥、党员一线领跑、问题一线解决、信息一线发布）工作模式，22天完成平房村、石各庄村剩余968个院落、19.7万平方米空间腾退任务。严把工程质量关，3个安置房项目如期入住。分3次完成1821户家庭、7237套安置房源选房工作，为3处回迁小区组建社区筹备组，引进专业化物业公司提供服务，提高回迁百姓的归属感。

▲ 9月13日，平房乡举办以“喜庆丰收 筑梦平房”为主题的2023年农民丰收节文艺汇演，百余人参与 （杨 艺 摄）

【社会救助】 2023年，平房地区（乡）走访慰问地区困难残疾人209户，发放慰问金16.1万余元；为地区残疾儿童13人发放康复补助35.83万元；安置残疾人就业20人；申请“扶残助学”学生1人，补贴0.6万元；为120名残疾人办理城乡居民养老保险缴费补贴审核。为享受低保待遇家庭的1900人次发放低保金272.83万元；受理临时救助13户5.10万元；核发丧葬补贴20人10万元；申请清洁能源补贴146人24.65万元。捐赠衣物1816件、捐款1000元，收集善款5456元；区慈善协会慰问困难群体130人、发放慰问金18.7万元，发放困境儿童救助款10.12万元；发放优抚对象医疗减免费用6.22万元、伤残军人抚恤金83.66万元等。

【文体活动】 2023年，平房地区（乡）推进文明城区、文明村镇创建工作，建立问题台账660项；开展平房文化节、农民丰收节等各类文化交流活动500余场，参与群众4万余人次。北京市朝阳区香文化传习所2月开馆，组织开展各类传统文化活动100场，惠及群众5000余人次。地区乒乓球代表队获市级比赛团体第三名；地区乐队获“歌唱北京”器乐大赛北京市个人独奏金奖和团体优秀奖；地区新时代文明实践项目组获北京市2023年度“优秀环保公益组织”奖。

【宣传阵地】 2023年，平房地区（乡）聚焦“发现”“研判”“处置”等环节，发挥《百姓平房》报纸、“平房e家亲”微信公众号作用，刊印《百姓平房》报纸36万份，推送微信713条。公众号全年涨粉4000余人，推文原创比例70.3%，单篇推送最大阅读量15967次，月度阅读量最高15万次。腾退、安置房建设等宣传获《北京日报》、千龙网、“北京朝阳”客户端等市区级媒体报道75篇次。

【乡十八届四次、五次人大会】 4月12日至13日，平房乡召开第十八届四次人大会议。乡人大代表54人参加会议，乡处级领导及相关负责人、列席会议17人。会议通过平房乡人民政府工作报告、人大主席团工作报告、2022年财政预算执行情况和2023年财政预算的报告、2022年城乡规划实施和土地资源管理工作情况报告的决议。9月4日至5日，平房乡召开十八届五次人大会议。乡人大代表55人参加会议，31人列席会议。会议审议通过平房乡2023年上半年政府工作报告、平房乡第十八届人民代表大会第四次会议建议办理情况报告，通过乡长张昕的辞职报告、副乡长杨士博的辞职报告、人大代表蒋东燕的辞职报告，选举孔锬为平房乡人民政府副乡长。 （陈 兰）

2023年朝阳区平房地区（乡）社区居委会、建制村村委会情况一览表

表48

序号	名称	地址	电话
1	雅成里社区居委会	雅成一里14号楼	85512305
2	富华家园社区居委会	黄杉木店路186号院	85750295
3	华纺易城社区居委会	青年路29号院1号楼4单元201室	85799621
4	国美家园社区居委会	青年路西里2号院6号楼底商2层	85561615

续表 48

序号	名称	地址	电话
5	国美家园第二社区居委会	青年路西里2号院6号楼底商3层	85561661
6	姚家园西社区居委会	姚家园西里1号院1号楼4层	85529268
7	平房社区居委会	姚家园东里6号院南区7号楼2层（临时）	85574096
8	定福家园南社区居委会	三间房西路1号院1号楼1单元地下1层	65761506
9	星河湾社区居委会	四季星河路2号院1号楼2单元1层	85560820
10	姚家园东社区居委会	姚家园东里8号院5号楼3单元103号	85798985
11	青年路社区居委会	青年路西里5号院5号楼底商1层	85563188
12	逸翠园社区居委会	姚家园东里中路14号院1号楼2层	85798550
13	天鹅湾社区居委会	雅成二里20号楼103底商	65565910
14	泓鑫家园社区居委会	东坝中路40号院11号楼旁物业3层	65713688
15	熙悦尚郡社区居委会	高井熙悦尚郡小区11号楼1层	85758507
16	姚家园南社区居委会	银谷美泉小区1号楼02底商	85565687
17	姚家园东里6号院社区筹备组（暂定名）	姚家园东里6号院南区7号楼2层（临时）	85575673
18	晴悦社区筹备组	晴悦家园北区7号楼副楼2层（临时）	85575248
19	筑福社区筹备组	筑福家园5号院7号楼1层西南角底商（临时）	85573772
20	平房村村委会	平房村京徽里院内	85573673
21	石各庄村村委会	平房乡定福庄路西侧石各庄村委会	65487852
22	姚家园村村委会	平房乡姚家园村民委员会	85577136
23	黄渠村村委会	平房乡黄渠村委会	65765017

（陈　兰）

三间房地区（乡）

【概况】 三间房地区（乡）位于朝阳区东部。东起双桥路与管庄地区（乡）接壤；西至东五环与高碑店地区（乡）相连；南至广渠路以南与豆各庄地区（乡）相接；北至幺家店路与平房地区（乡）、常营地区（乡）相邻。辖区面积8.75平方千米。下辖18个社区、5个建制村。2023年，辖区常住人口137129人、户籍人口24147户66436人、流动人口77282人、外籍人口182人；出生人口396人、死亡人口1031人。有法人单位6121家，其中中央单位有中国传媒大学、中国水利水电建设工程咨询北京有限公司、中国能源建设集团北京电力建设公司等16家，市属单位有北京第二外国语学院、北京工艺懋隆贸易有限公司等14家，区属单位18家，其他单位6073家；有社区卫生服务中心1个、社区卫生服务站7个；有大学2所、中等专业学校1所、中学1所（原中国传媒大学附属中学纳入北京中学教育集团进行集团化统一管理）、小学3所、新建九年一贯制学校1所（北京市第八十中学管庄分校康惠校区）、幼儿园15所；有养老机构3处、养老驿站4处；有900平方米为民服务大厅和3000平方米地区市民活动中心各1处、文化广场4处、城市书屋1处。途经辖区公交线路16条，地铁八通线贯穿其中。辖区绿化率33.69%。2023年，三间房地区（乡）围绕优化转型升级构建现代化产业体系；围绕减量提质提升地区功能；围绕发展安全建设平安三间房；围绕共建共治共享增强基层治理效能；围绕自身建设开创法治政府建设新局面。优化地区绿色生态格局，打造地区无界公园建设，开放公园面积9.7万平方米。实现区级财政收入29731.31万元，比上年增加6.83%；征收大房产税4805.6万元。实现农村集体经济总收入38391万元，比上年增加55.12%；人均劳动所得41051.44元，比上年增加4.64%。三间房地区（乡）获北京市“2022年度街道乡镇劳动监察工作先进单位”称号、2023年北京市农民篮球比赛（村BA）总决赛季军、歌唱北京首都市民合唱周银奖。

【平安建设】2023年，三间房地区（乡）开展安全生产和消防安全隐患大排查大整治，地区正式在库企业2053家，检查覆盖率100%，隐患发现率186%，隐患整改率100%；开展违规电动车综合治理，清退违规车辆1400余辆；受理群众来信来访110余件240余人次，及时受理率、按时答复率100%，调解纠纷180余起；新建充电车棚6处，新增充电插口140余个，地区实现充电口4992个；第二座小型消防站建成投入运行；为70岁及以上老年人、残疾人配发家庭消防安全“四件套”457套。

【疏解整治】2023年，三间房地区（乡）组织申报2023年功能疏解专项资金点位5个，涉及功能疏解专项资金8726万元。完成施工围挡治理3处、非施工围挡治理1处。拨付2021年功能疏解点位集体收益补偿13.52万元。完成2021年功能疏解专项资金绩效评价，涉及资金4691万元。申报8个区级治理类街乡补短板项目，涉及资金786万元。完成生研小区家属院道路整治、房屋漏雨维修项目、天泰定福苑周边道路停车改造、新建小型消防站、北岗小区道路整治、水郡长安北侧道路整治、全民健身器材更换等7个项目。完成北岗小区、水郡长安小区北侧道路和定西北里电建南院环境综合整治项目；完成定福庄二路、双桥路北段道路拓宽工程；完成珠江绿洲小区自来水置换工作、双桥路新建污水管线工程。

【社区建设】2023年，三间房地区（乡）拆分调整5个社区，新建电建、华美、康新3个社区居委会。完成新建社区两委选举工作，招录社工135人。开展专业社工全程辅导，推动社会组织参与社区治理，规范社区社会组织运营。对建立居民议事厅的8个社区提升赋能、7个初建社区完善定制议事协商机制。在4个社区的4个单元推动楼门治理示范点建设，提高社区治理水平。

【接诉即办】2023年，三间房地区（乡）加大首派负责制的落实力度和各单位办件的融合力度。党委、政府班子副职领导每周至少一次下基层（包片社区、村、乡属企业）调度“接诉即办”工作，对涉否工单适时提级办理。全年办理诉求1.9万件，诉求量比上年减少42.90%。社会公共事务服务中心主任赵骏、聚福苑社区工作者孔祥峰获评朝阳区接诉即办年度“百强个人”。

【社会救助】2023年，三间房地区（乡）审核发放各类救助资金240余万元。办理补充医疗救助1户（1人）、临时救助4户、核发救助金1万元；教育救助1户，核发救助金0.45万元；慈善救助大病救助金4.22万元，低保儿童、学生17人、申请助学金5.3万元；低保大病人员助医慰问10人、慰问金3万元；个案帮扶低保家庭4户。受理审核残疾人“两项补贴”430人次，核发补贴166万余元；审核水库移民补贴申请25人、市管征地超转51人、区管征地超转835人、政策性转居9人生活补贴，月核发补贴262万余元；完成540名超转人员清洁能源自采暖补贴报销工作，审核资金89万余元；审核地退遗属1人，核发生活补贴3480元；审核孤儿、困境儿童10人，核发生活费21万元；审核严重精神障碍患者监护人看护补贴263人，核发看护补贴60.56万元。

【集体“三资”管理】2023年，三间房地区（乡）执行“三重一大”决策制度、“四议一审两公开”村级重大事项审核制度，坚持“账款双托”和预算制管理。推进债权债务清理工作，资产负债率由2017年的89%下降至69%。夯实农村涉地合同和集体资产资源核查工作，完善可视化平台管理。全乡上报朝阳区经管站集体房屋建筑物出租项目41个，土地流转项目1个，其中3000平方米以上集体房屋建筑物出租项目2个；3000平方米以下集体房屋建筑物出租项目38个，全部经区级审核通过。通过农交所平台公开交易确定承租单位并签订合同7份，审核终止合同11份；经乡级联预审审核新签（续签）合同41份，建筑面积3.31万平方米，土地面积17.95亩，增加集体年收入6760.17万元。规范管理农村集体企业，需注销企业6家，完成注销1家，拟改制企业3家。

【农村城市化建设】2023年，三间房地区（乡）D区土地储备一级开发项目撤项，昆泰嘉恒公司取得D区棚改项目主体授权，与昆泰嘉恒公司完成资金梳理。南区棚改项目剩余集体非住宅项目建立基础台账，7家国有企业中2家腾退完毕，5家开展入户腾退工作。南区棚改项目回迁安置房工程主体结构全部封顶。调整SJF-07地块用地性质，市政方案咨询通过

▲ 6月6日，南区棚改项目回迁房建设工地　　［三间房地区（乡）　供图］

规划初审会。北部土储村二次农转非14人。

【社会服务】2023年，三间房地区（乡）召开专场招聘会10场，开发空岗1600个。实现914名城镇登记失业人员提档就业。完成13个点位无障碍设施整改，优化提升无障碍环境；双桥铁路、绿洲家园社区新建2家养老助餐点，聚福苑社区养老驿站建成“医养残”服务综合体。新建康惠园九年一贯制学校，提供学位230个；传媒附中纳入北京中学教育集团。打造以“运河上的百姓书场”为代表的独特运河文化品牌，组织演出活动10场，拍摄《口述三间房》短片5集，开展乡级文艺活动25场、基层文化活动150余场、系列文体培训300余场。

【垃圾分类】2023年，三间房地区（乡）环境巡查队重点加强对堆物堆料、暴露垃圾等市容环境“十乱”问题的巡查和清理力度。社区、村开展环境卫生大清扫活动，参与3万余人次。开展病媒防治12轮。创建垃圾分类示范小区10个。62家责任主体单位完成垃圾分类公示牌更新且符合市区标准。组织社区、物业、垃圾分类第三方公司开展入户宣传、发放宣传资料3000余份，组织宣传活动64场。

【乡九届二次党代会】2月22日至23日，三间房乡召开第九届二次党代会，会议全面总结2022年工作，部署2023年工作，乡党代表106人参加会议，列席会议20余人。会议听取和审议三间房乡党委工作报告；书面审议三间房乡纪委工作报告，党费收缴、使用和管理情况报告及党委委员述职述德述廉述党建报告；乡党委及班子成员接受与会代表民主测评；报告第九届党代会第二次会议提案审查情况；通过各项工作报告及决议。

▲ 2月24日，三间房乡第十八届人民代表大会第四次会议召开（三间房地区（乡）供图）

【乡十八届四次、五次人大会】2月24日，三间房乡召开第十八届四次人代会，乡人大代表64人参加会议、50人列席会议。会议听取和审议三间房乡人民政府工作报告，书面审议三间房乡人大主席团工作报告、三间房乡2022年财政预算执行情况和2023年财政预算草案的报告、三间房乡人民政府办理乡人大第十八届三次会议代表议案建议情况报告。会议收集代表意见建议13件。9月28日，召开乡第十八届五次人大会，乡人大代表64人参加会议、58人列席会议。会议听取和审议三间房乡人民政府半年工作报告，书面审议三间房乡人大主席团半年工作报告、三间房乡人民政府办理乡人大第十八届四次会议代表议案建议情况报告，补选许静娟为三间房乡副乡长。会议收集代表意见建议9件。

【撤村建制】12月29日，经朝阳区政府批复，撤销三间房乡三间房东村、三间房西村、定福庄东村、定福庄西村、白家楼村和褡裢坡村6个村的村委会建制，遗留相关事务由各村集体经济组织解决。（王玉卿）

2023年朝阳区三间房地区（乡）社区居委会、建制村村委会情况一览表

表49

序号	名称	地址	电话
1	美然动力社区居委会	定福庄北街甲15号院9号楼西侧	65769868
2	福怡苑社区居委会	三间房地区福怡苑小区一期北门东侧	65406809
3	定北里社区居委会	定福庄北街23号院东领鉴筑4号楼1层居委会	65407714
4	定南里社区居委会	定北里1号院社区居委会	65757725
5	定西北里社区居委会	定福庄西里2号院北齿产业园商务楼宇区5号楼106号	65715419
6	定西南里社区居委会	定福庄西街定福园小区定西南里社区居委会	65769657

续表 49

序号	名称	地址	电话
7	泰福苑社区居委会	泰福苑一区2号楼1层底商泰福苑社区服务站	65407599
8	聚福苑社区居委会	朝阳路59号院聚福苑小区北门1号楼底商	65407399
9	三南里社区居委会	三间房南里4号院社区居委会	65756922
10	绿洲家园社区居委会	建国路18号院1号楼107绿洲家园	65403552
11	艺水芳园社区居委会	北花园街8号院西侧	65400351
12	双惠苑社区居委会	水郡长安1号院3号楼2层	65427426
13	双柳社区居委会	双桥路双柳巷16号楼北侧	65426384
14	双桥路社区居委会	双桥街西大院12号	85366803
15	双桥铁路社区居委会	双桥街东柳西里北一区14号楼北侧	65758180
16	电建社区居委会	定福庄西里1号	65722884
17	华美社区居委会	建国路15号院华龙美树6号楼1单元103号	65769949
18	康新社区居委会	三间房地区康惠园2号院11号楼底商	65766461
19	东柳村村委会	三间房乡金卫路东柳村村委会	65420301
20	西柳村村委会	三间房乡金卫路杜仲公园北门斜对面西柳村委会	65400756
21	北双桥村村委会	三间房乡北花园街6号院天泰北双苑小区10号楼底商1002室	85303122
22	金家村村委会	三间房乡水泥构件厂底商3、4号楼	85361288
23	新房村村委会	三间房乡新房村商业街5号	65758174

（王玉卿）

十八里店地区（乡）

【概况】 十八里店地区（乡）位于朝阳区东南部。东南至西直河村与通州区相邻；南至横街子村与亦庄经济开发区毗邻；西南至吕家营村与小红门地区（乡）相接；西北至十里河村与东城区接壤。北至小武基村分别与南磨房地区（乡）、王四营地区（乡）、垡头街道相连。辖区面积25.23平方千米。下辖11个社区、8个建制村。2023年，辖区常住人口249745人、户籍人口19613户45783人（其中农民21177人、非农24606人）、流动人口208693人；出生人口138人、死亡人口203人。辖区有法人单位8505家，其中国有企业53家、集体控股企业177家、私营企业7486家、其他686家、港澳台商投资企业37家、外商投资企业66家；有卫生服务中心2个、社区卫生服务站7个；有中学2所、小学9所、幼儿园8所；有养老院4处、养老照料中心1处；有社区、村综合文化室19处、文化广场和各类公园活动场地19处、图书室16处、社区图书馆1个、社区图书角2处。途经辖区公交线路23条，地铁10号线、14号线和17号线贯穿其中。辖区绿化率30%。2023年，十八里店地区（乡）紧紧围绕农村城市化和高质量发展两条主线，统筹抓好“一张蓝图、两项机制、六大任务”，努力开创地区各项工作新局面。十八里店地区文学艺术界联合会成立；羊坊路四环至十八里店公交车站段导行路建成通车；朝阳学校（朝阳港校区）一期建设开工；召开“携手肿瘤防治 共筑健康未来”主题宣讲会、地区第二十二届全民健身运动会；举办农村地区“强化监督治理，保障乡村振兴”专题教育巡展；实现区级财政收入4.43亿元，比上年增加40%；集体经济总收入14.21亿元，比上年增加0.33%；集体税金总额7871万元，比上年增加11.9%；农民人均所得48809元，比上年增加3.04%。

【平安建设】 2023年，十八里店地区（乡）开展楼顶违建、彩钢板建筑等专项整治，完成5554处自建房安全隐患销账整治，违规电动三、四轮车实现“动态清零”。督促辖区内8350家企业使用“企安安”系统开展自查自纠，发现8743处隐患，整改8740处。累计出动执法、检查人员3600余人次，检查社会单位2054家次。

【社区建设】 2023年，十八里店地区（乡）将原弘善家园第三社区E、F、P区与嘉多丽园小区合并成立弘善家园第五社区。5月，成立弘善家园第五社区党委，9月完成社区居委会选举。弘善家园第五社区位于十八里店地区西北部，总占地面积0.13平方千米，东至华辉苑西路西侧（含嘉多丽园南区2号楼、3号楼，北区5号楼、6号楼），西至弘善二号路东侧，南至京瑞大厦南街北侧，北至华威南路南侧；有居民2819户、社会单位27家。

【接诉即办】 2023年，十八里店地区（乡）接诉即办紧密围绕“降量、提率、尽职、联动”八字方针，层层压实责任、转变作风、努力解决诉求，各单位努力吸附案件、未诉先办，降量提率效果明显，接诉即办受理各类诉求16001件，诉求量比上年减少3.7万件。北京市综合排名第256名，朝阳区农村系统排名第4名，比上年提升83名。

【民生保障】 2023年，十八里店地区（乡）装修改造弘善养老照料中心，推进社区老年食堂提质升级；重阳节慰问老年人20人，为老年人安装“一键呼[illegible] 19户；组织辖区3家温馨家园针对残疾人开展美食制作、职业技能培训等活动250次；组织残疾人参加区残联办实事活动100人，为残疾人和“七有”“五性”困难群体申请辅具器具95人次；完成朝阳区无障碍家庭改造7户；组织辖区内残疾人集中签约家庭医生1702人次。适时发放低保救助金27户47人。

【领导调研】 3月23日，朝阳区委书记文献带队到十八里店乡实地察看小武基村村容村貌、安置房建设、听取小武基组团项目实施情况；6月8日，内蒙古自治区乌兰察布市察右后旗当郎忽洞苏木党政领导班子、红格尔图镇党政领导班子、结对村党组织负责人到十八里店乡实地调研京蒙协作工作；6月14日，区委副书记、区长吴小杰一行到十八里店乡调研指导地区创建无违法建设区工作；7月4日，北京市政协党组副书记、副主席张家明一行到十八里店乡，调研体育社会组织发展工作；7月18日，北京市委组织部副部长、市委“两新”工委书记调研十八里店乡治理类街乡整治提升工作，实地调研周家庄村闽龙总部基地、弘善家园小区F区、首创繁星社区并座谈；10月12日，朝阳区政协党组书记、主席王旭围绕“实施南部崛起战略，深入推进城乡融合发展”主题到十八里店乡实地察看小武基村安置房、首创繁星集租房和朝阳港云筑项目并座谈。

【乡十八届四次、五次人大会】 3月28日至29日，十八里店乡召开乡十八届四次人大会议。乡人大代表67人出席会议，28人列席会议。乡党委副书记、乡长张金鑫作政府工作报告，乡人大主席杨为民作人大工作报告。大会审议通过《十八里店乡政府工作报告》《十八里店乡人大工作报告》《2022年财政预算执行情况和2023年财政预算报告》，审查代表议案、建议。会议期间，乡人大代表提出议案2件、建议1件。9月25日至26日，十八里店乡第十八届人民代表大会第五次会议召开。乡人大代表71人出席会议，26人列席会议。会议听取并审议《政府上半年工作报告》《人大上半年工作报告》《落实朝阳“南部崛起”战略 推动地区高质量发展的情况报告》《十八里店乡“南部崛起”小武基村重点工作情况汇报》，选举金华民为十八里店乡人民政府副乡长。

【保障性社区上线政府配租平台】 4月19日，十八里店地区（乡）首创繁星保障性社区在北京市政府配租平台上线，提供整租房源2226套，包含开间、一居、两居、三居和LOFT户型，符合保障性租赁住房资质的市民可在平台系统线上登记、预约，线下参观体验。第一批优先组登记预约1370人，截至12月31日，入住2020户2800人。

【“南部崛起”论坛】 7月5日，以“融数字经济发展·铸品质朝阳南城”为主题的数字经济赋能朝阳“南部崛起”论坛在十八里店乡金辉时八区举办。论坛现场推介全乡5大重点产业片区，完成战略合作伙伴签约、生态合作伙伴签约2项，涉及北京朝阳海关、人大附中朝阳学校、北京市城市规划设计院、朝阳科技集团、联东集团等19家单位。

【疏解腾退】 8月10日，十八里店地区（乡）完成汽配城腾退拆除工作。十八里店汽配城始建于1999年，位于北京东南四环大洋路商业街中段，占地面积3.3万平方米，经营业态为汽配、

▲ 7月5日，十八里店地区（乡）举办数字经济赋能朝阳“南部崛起”论坛　（鲁春玲　摄）

▲ 十八里店地区（乡）汽配城拆除前　（鲁春玲　摄）

▲ 8 月 10 日，十八里店地区（乡）完成汽配城腾退拆除工作　（鲁春玲　摄）

汽修、公寓、酒店、KTV 等，经营主体为北京德馨康益生物科技有限公司。此次腾退拆除涉及汽配汽修门店 117 家、公寓 2 家、酒店 2 家、KTV 1 家、办公区 1 处。8 月 28 日，完成闽龙陶瓷总部基地拆除工作。闽龙陶瓷总部基地位于周庄产业项目地块范围内，占地面积 11 万平方米，建筑面积 78760.85 平方米，经营业态为培训机构、建材市场、写字楼、出租公寓等。疏解拆除涉及商户 271 家。按照商户性质划分为 7 个疏解区域，设立现场咨询登记处，一户一档登记造册。全年拆除非宅建筑面积 60 万平方米，财政专项资金疏解拆除 24 万平方米；新增绿化面积 747.75 亩（其中建设林地面积 352.45 亩，新建绿地面积 395.3 亩）；原有林地提升改造面积 496.89 亩。

【首届农民丰收节】 9 月 22 日，十八里店乡第一届农民丰收节暨十八里店村 2023 年丰收节活动在十八里店村复垦复耕 03 地块举行。2023 年，播种黄瓜、西红柿、白菜、萝卜等蔬菜作物 192 亩，产量 9.08 万千克；播种玉米、红薯等粮经作物 398.3 亩，产量 9.59 万千克（其中油料播种 151 亩，产量 1.5 万千克）。

【朝南森林公园开园】 11 月，十八里店地区（乡）朝南森林公园二期建成开园。该项目分为两个组团，东部组团分布在东南五环外首创繁星项目周边，西部组团位于京沪高速东北侧、大羊坊沟西南。占地面积 59.48 万平方米，总投资 1.4 亿元。公园自 2022 年 7 月开工，2023 年 9 月完成绿化工程，新植乔木 9897 株、灌木 10884 株、花卉地被植物 35.3 万平方米、水生植物 1 万平方米；完成庭院工程包括园路及场地铺装面积 57128 平方米、水体面积 24125 平方米；同步完成给排水、电气、景观小品等配套设施。（马小媚）

2023 年朝阳区十八里店地区（乡）社区居委会、建制村村委会情况一览表

表 50

序号	名称	地址	电话
1	弘善家园第一社区居委会	弘善家园409号楼底商	67049613
2	弘善家园第二社区居委会	弘善家园H区315楼东侧底商	67049145
3	弘善家园第三社区居委会	弘善家园205号楼西侧底商	87688292
4	弘善家园第五社区居委会	弘善家园118楼底商东侧（汇文小学操场对面红门）	67689971
5	弘善寺社区居委会	新坐标小区北侧小公园内	67049168

续表 50

序号	名称	地址	电话
6	周庄嘉园第一社区居委会	周家庄中路19号院11号楼南侧1层	67311910
7	十八里店第一社区居委会	周家庄中路20号院2号楼底商	67278267
8	山水中西园社区居委会	山水文园中园内	67302688
9	老君堂社区居委会	君堂好园6号楼	87308590
10	祁庄社区居委会	原后祁庄居委会829号	87625428
11	白墙子社区居委会	白墙子街2号院10号楼白墙子社区服务站	67651355
12	十里河村委会	十里河村1244号	67325661
13	周家庄村委会	周家庄村113号	67472367 67359122
14	十八里店村委会	十八里店村民委员会2000号	67472661
15	老君堂村委会	老君堂村海棠公园管理处	87308772
16	吕家营村委会	吕家营村委会	87691934
17	小武基村委会	小武基村委会	67477844
18	横街子村委会	横街子村委员会	87301229
19	西直河村委会	西直河村委会	67388093

（马小娟）

孙河地区（乡）

【概况】　孙河地区（乡）位于朝阳区东北部。东至温榆河与顺义区天竺镇相邻；南至蟹岛（来广营东路）与朝阳区金盏地区（乡）和崔各庄地区（乡）接壤；西至清河与昌平区隔河相望；北至高白路与顺义区天竺空港工业区相连。辖区面积 34.54 平方千米。下辖 10 个社区（14 个建制村，均已完成回迁安置）。2023 年，辖区有常住人口 32571 人、户籍人口 10154 户 22732 人、流动人口 20059 人、外籍人口 1047 人，户籍人口中有汉族 21284 人、少数民族 1448 人；出生人口 138 人、死亡人口 270 人。有规模以上法人单位 65 家，其中中央单位有中国民用航空通信导航设备修造厂有限公司 1 家、地方单位 15 家，其他单位 49 家；有医院 1 家、社区卫生服务中心 2 个、社区卫生服务站 1 个；有小学 4 所、幼儿园 4 所；有养老机构 2 处；有 500 平方米为民服务大厅、3000 平方米地区文化中心和 1000 平方米党群服务中心各 1 处，文化广场 4 处、图书馆 1 处。途经辖区公交线路 24 条，地铁 15 号线贯穿其中。辖区绿化率 45%。2023 年，孙河地区（乡）以学习宣传贯彻党的二十大精神和习近平新时代中国特色社会主义思想为抓手，全力创建全国文明村镇、体育特色乡镇、国家卫生乡等各类活动，全面打通回迁房不动产证补办路径，推进康营家园 BCD 区 1038 套住房补办房产证工作；举办“福满京城·春贺神州”2023 年元宵节民俗文化庙会活动；完成地区人大代表选举、康营清真寺修缮等工作；白家庄小学、八十中学教育集团落户前苇沟组团，北京市第八十中学康营分校新建 2000 余平方米校车停车场；推进基础设施建设、民生保障、教育配套、农业发展、体育文化活动开展等各项工作。实现区级财政收入 2.85 亿元，比上年增长 4.7%；征收房产税 2642.69 万元，比上年下降 7.81%；集体经济总收入 9.57 亿元，比上年增长 33.52%，实现农民人均所得 28525.7 元，比上年增长 6.4%。2023 年，孙河地区（乡）获评北京市首都全民义务植树先进单位，北京市 2022 年度交通安全工作成绩突出单位。

【平安建设】　2023 年，孙河地区（乡）推进“安全生产和火灾隐患大排查大整治”专项工作，开展安全生产大检查 12 次，检查生产经营单位 1000 余家次，发现隐患 400 余项，整改率 100%；组织辖区社会单位开展消防专项演练活动 50 余次；完善“企安安”工作台账，台账信息覆盖率 100%。推动扫黑除恶工作常态化运行，全年破获各类案件 59 起。

【环境整治】　2023 年，孙河地区（乡）创建“基本无违法建设区”，拆除违法建设 10.77 万平方米，腾退土地 11.56 万平方米；完成 350 万平方米裸地扬尘治理；创建垃圾分类示范小区 5 个，处理环境脏乱点位 1060 个；完成孙河组团 13 条道路整体移交工作；景粼原著小区、双龙原著小区排污管线全部接入市政管线。

【社区建设】 2023 年，孙河地区（乡）完成清榆园、瑞榆园、香榆园、翠榆园 4 个社区首次居委会选举工作。通过户代表投票方式，清榆园、香榆园、瑞榆园、翠榆园社区居委会成员均高票当选。调整拆分景润苑社区规模，设立景福苑社区。景福苑社区为别墅型社区，占地面积 1.12 平方千米。社区居住 2117 户、人口 5806 人。

【接诉即办】 2023 年，孙河地区（乡）创新运用“阶梯晋级谈话机制”，班子成员全程指导，部门负责人亲自办件，承办部门全程跟进。全年接收诉求 10066 件，平均响应率 100%，平均解决率 95.1%，平均满意率 95.4%，上报网格案件 46867 件，结案率 85%。通过“网格＋热线”工作模式，助力康营家园一期 BCD 区不动产权证办理工作，集中解决康营四期早市、增加充电棚、瑞悦府小区水压小、组团信号差、禧瑞春秋小区电梯频繁故障等问题。

▲ 孙河郎枣生态农场硕果累累 挂满枝头　（康文摄于 9 月 6 日）

【民生保障】 2023 年，孙河地区（乡）开设孙河社区卫生服务中心分中心，优化公交专线，“安宁疗护中心”通过市级验收，社区服务中心 CT 检查室投入使用。开展健康大讲堂培训 12 次，组织百人应急救护取证培训及各类残疾人活动 983 次；依托养老服务驿站，签约基本服务对象 323 人，提供基本服务 2.1 万余人次，为 122 户老年人安装“一键呼”服务终端。为高龄老人发放津贴 9800 余人次 148.58 万元；发放城乡低保金 102 人次 14.5 万余元；发放残疾人生活补贴 18 万余元、护理补贴 24.8 万元。

▲ 11 月 10 日，位于朝阳区孙河组团 10 号路北的孙河社区卫生服务中心分中心正式营业。图为导诊台　（温梁晶　摄）

【生态农业】 2023 年，孙河地区（乡）新建郎枣园日光温室大棚 8 栋、前苇沟村 116.44 亩高标准示范田，郎枣园获评北京市生态农场；完成年度粮食种植任务 1029 亩，实现产量 143.01 万千克，园区瑞克阿鲁小番茄在 2023 年京津冀鲜食番茄黄瓜擂台赛中获番茄擂台赛三等奖、上辛堡村春玉米“NK815”获北京市 2022 年粮食蔬菜高产擂台赛三等奖。

【乡五届二次党代会】 3 月 15 日，孙河乡召开第五届二次党代会，党代表 94 人参加。会议听取和审查孙河乡第五届党委会 2022 年度工作报告，听取和审查孙河乡第五届纪律检查委员会 2022 年度工作报告，审查孙河乡第五届党委委员 2022 年度述职述廉报告，审查孙河乡 2022 年度党费收缴、使用和管理情况专项工作报告。代表提出提案和建议，民主评议党委领导班子及其成员。

【乡第十八届三次、四次人大会议】 3 月 27 日至 28 日，孙河乡召开乡十八届三次人大会议，参会人大代表 53 人，听取并审议孙河乡人民政府工作报告、孙河乡人大主席团工作报告，书面审查和批准孙河乡 2022 年财政预算执行情况和 2023 年财政预算（草案）的报告，审议孙河乡2022年度法治政府建设情况报告、孙河乡人民政府关于城乡规划实施和土地资源管理情况汇报，听取并审议代表建议办理情况报告。会议选举周松为孙河乡人民政府副乡长。10月18日，补选朝阳区第十七届人民代表大会代表2名，孙河乡第十八届人民代表大会代表4名。11月1日至2日，孙河乡召开第十八届人民代表大会第四次会议，参会人大代表55人，会议听取并审议孙河乡人民政府工作报告、孙河乡十八届人大三次会议代表建议办理情况，选举刘芳为孙河乡人大主席。

【康营清真寺修缮竣工】 4月7日，孙河地区（乡）康营清真寺举行修缮竣工典礼暨开寺仪式。4月22日，朝阳区委常委、统战部部长李国红到孙河地区看望慰问穆斯林，与600余名地区穆斯林共庆开斋节。5月17日，云南省普洱市委常委、市委统战部部长段冬梅带队到康营清真寺考察宗教活动场所管理工作，了解清真寺历史、日常规范化管理及修缮情况。6月29日，举行古尔邦节会礼活动，600余名穆斯林到寺共庆节日。

【体育特色乡镇创建】 4月14日，孙河地区（乡）举办“全民健身·河你一起”孙河乡春季体育节暨孙河乡体育特色乡镇创建启动仪式，设置健步走、体质促进、国家体育锻炼标准检测项目，地区社会各界健身爱好者300余人参加。2023年，地区承接并参演中国农民丰收节朝阳区庆祝活动开幕式，参加朝阳区国家体育锻炼标准测试赛，举办各类文化体育赛事活动30余场，5000余人次参加。完善“15分钟健身圈”场地设施建设，购置、维修健身器材130余件。

【主题党日活动】 6月30日，地区举办庆祝中国共产党成立102周年主题党日活动，分为“科技赋能·温榆沃土孕育优质产业”“绿色为底·生态文明融入文化底蕴”“党旗飘扬·凝心聚力践行使命担当”三个篇章，包括人物访谈、情景朗诵、表彰先进、重温入党誓词等形式。表彰优秀共产党员78名，党龄50年老党员27名。

【全国文明村镇创建】 7月25日，孙河地区（乡）召开创建全国文明乡镇、文明城区工作动员部署会。8月11日，区领导一行到孙河地区（乡）开展全国文明村镇实地测评调研，走访乡政府周边、世通嘉鑫市场、新时代文明实践所等点位。9月5日，孙河乡主要领导带队开展全国文明村镇创建测评拉练检查。2023年，地区新时代文明实践所（站）组织各类志愿服务活动80余次，参与志愿者1.6万余人次。开展新时代文明实践五类活动400余次。“两常（长）、三全、四个一”工作法（建立长效机制、实现常态治理；全员参与、全域创建、全程推进；每月坚持开展创城主题活动即一次文明实践活动、一次政策宣讲解读、一次环境整治提升行动、一次安全生产检查）入选全区十大优秀创建案例，高分通过首都文明办验收测评。

【“庆丰收·促和美”农民丰收节】 9月24日，“庆丰收·促和美”2023年中国农民丰收节朝阳区庆祝活动开幕式暨第34届北京农民艺术节“乡村大舞台”系列活动在北京温榆河公园生态文化中心开幕。朝阳区19个乡的群众代表开展歌曲联唱，展示非遗技艺，售卖农副产品。现场发布“乡遇朝阳”2023年朝阳区农游推介指南，在农村地区19个乡、140个农游点位基础上，通过农旅融合形成2条“农旅融合精品游线”并重点推介。农业农村部发展规划司、中国农业科学院、农业农村部规划设计研究院、中国水产科学研究院、北京市农业农村局等领导及朝阳区领导等出席活动。

【不动产权证办理】 10月24日，孙河地区（乡）启动康营家园一期BCD区不动产权证办理工作，制定康营家园安置房项目一期BCD区不动产权证办理工作方案、实施细则（试行）、工作指南等文件，明确工作任务、组织机构及职责、时间及流程、工作机制等。按照“试点先行，压茬推进”原则，开展康营一期BCD区房产证办理工作。截至年末，康营家园一期BCD不动产证权证办理工作基本完成。

（申　展）

2023年朝阳区孙河地区（乡）社区居委会、建制村村委会情况一览表

表51

序号	名称	地址	电话
1	康营家园一社区居委会	康营家园D区	64353011
2	康营家园二社区居委会	康营家园A区	64382639
3	康营家园三社区居委会	康营家园24区	84384635
4	康营家园四社区居委会	康营家园14区	84354330
5	景润苑社区居委会	景粼原著二期2号楼6层	64318589
6	景福苑社区居委会	景粼原著二期2号楼5层	64376361

续表 51

序号	名称	地址	电话
7	清榆园社区居委会	康营四期清榆南街1号院北区10号	64373958
8	香榆园社区居委会	康营四期香榆园13号楼104号	64379382
9	瑞榆园社区居委会	康营四期瑞榆西园西侧3层	64375983
10	翠榆园社区居委会	康营四期E区7号楼1层	64373690
11	沙子营村委会	康营家园B区农商银行南侧产权证办理大厅3层	84918621
12	上辛堡村委会	康营家园B区农商银行南侧产权证办理大厅3层	84791916
13	前苇沟村委会	康营家园B区农商银行南侧产权证办理大厅3层	84318940
14	下辛堡村委会	康营家园B区农商银行南侧产权证办理大厅3层	84591913
15	黄港村委会	康营家园B区农商银行南侧产权证办理大厅3层	84595785
16	李县坟村委会	康营家园14区3号楼底商	84919037
17	沈家坟村委会	康营家园14区3号楼底商	84912989
18	西甸村委会	康营家园D区一社区居委会东侧平房	57627211
19	北甸西村委会	康营家园11区底商1号楼110号	84590227
20	北甸东村委会	康营家园11区底商2号楼104号	15810311009
21	康营村委会	康营家园兴苇北街1号院一社区居委会办公楼3层	64355588
22	孙河村委会	康营家园兴苇北街1号院一社区居委会办公楼3层	84590652
23	后苇沟村委会	康营家园兴苇北街1号院一社区居委会办公楼3层	84339050
24	雷桥村委会	康营家园24区3号楼1层	84911232

（申　展）

太阳宫地区（乡）

【概况】 太阳宫地区（乡）位于朝阳区中西部，东北至北四环路与望京街道、将台地区（乡）接壤；东南至亮马桥北小街、霄云里南街与麦子店街道、第三使馆区、燕莎商业区毗邻；南至尚家楼48号院与左家庄街道相连；西南至樱花东街、北三环东路与和平街街道、香河园街道相连；西北至育慧南路、北四环东路与小关街道、大屯街道相接。辖区面积5.9平方千米。下辖12个社区、3个社区筹备组和1个建制村。2023年，辖区常住人口10.06万人、户籍人口25612户68004人、流动人口32652人、外籍人口540人；出生人口506人、死亡人口651人。有企业法人单位3895个、事业单位41个、民营非营利组织32个；有医院1家、医疗卫生服务中心1个、社区卫生服务站3个；有中学2所、小学3所、幼儿园7所；有养老服务中心1处、养老驿站2处；有1860平方米为民服务大厅和3450平方米地区文化中心各1处、文化活动室12处、文化广场3处、24小时自助图书馆2处。途经辖区公交线路20余条，地铁10号线、13号线、17号线贯穿其中。辖区绿化率42%。2023年，太阳宫地区（乡）以“五宜”朝阳为统领，加强精细化治理，优化环境面貌，增进民生福祉，保障地区安全稳定，提升群众安全感和满意度。创建生活垃圾分类示范小区9个、达标小区24个；完成“太阳宫村”“十字口村”撤村工作，整理留存撤村档案；建立乡级产改领导机构，《太阳宫乡乡级集体产权制度改革实施方案》经朝阳区委、区政府审议通过；太阳宫地区（乡）与麦子店街道签订《跨界项目管理协议书》，重新科学划分九都汇区域双方管理界线；位于太阳宫中路6号太阳宫乡村文化园内，占地面积6000余平方米的太阳宫地区好家风美育宣传园开园；位于太阳宫乡，大众汽车集团（中国）西侧，占地1.5万平方米的大众花园开园；太阳宫科技文化创业大厦项目主体封顶，项目总建筑面积19.12万平方米，主楼20层，西楼22层，地下4层；太阳宫地区莱太花卉市场升级改造项目（莱太·AT9商业中心）封顶；启动“千企万店”拥军行动，73家企业签约完成；举办“慈善义卖大集”辖

▲ 6月29日，太阳宫地区（乡）好家风美育宣传园开园　（王广军　摄）

区30余家社会单位、100余个家庭参与，活动募集善款3.87万元。实现地区财政总收入8.797亿元，比上年增加26.81%；实现代征个人房屋出租税207.5万元，比上年增加42%；实现乡村两级集体经济总收入2.255亿元，比上年下降9.18%；实现利润736.6万元，比上年下降70.13%，实现税金3185.5万元，比上年增加0.99%；人均所得34030元，比上年增加4.17%。太阳宫地区（乡）获2023年度首都劳动奖状、2023年度北京市“北京市体育特色乡”称号。

【平安建设】 2023年，太阳宫地区（乡）依托“企安安”平台开展安全生产、消防隐患检查3593家次，消除隐患1088处；整改燃气管线占压隐患7处，检查各类燃气非居民用户127家，发现、整改问题16起；开展电动自行车隐患排查整治工作，检查点位1971处，发现并消除隐患问题115个，安装电动自行车充电接口3989个；推进芍药居10号楼、UHN国际村小区2处区级挂账隐患销账；出台《牛王庙村域超常规安全管理实施方案》，实现重点区域安全检查高密度、全覆盖，隐患“零容忍”、严管控；开展各类安全生产工作专场培训8场、400人参加。淘汰违规电动三、四轮车497辆，地区41家单位完成行业合规三、四轮车辆更新。

【道路交通治理】 2023年，太阳宫地区（乡）启动牛王庙地区停车收费管理，实现芍药居公交场站错时停车、共享共用；完成北土城东路、文学馆路停车认证465个，清理占道共享单车2.5万余辆、违章停放车辆62辆，张贴违法停车罚单5100余张，清拖“僵尸车”2辆、废弃电动三轮车11辆；开展禁止酒驾宣传11次，交通安全进学校宣传8次；太阳宫乡政府、太阳宫社区和西坝河北里社区、太阳宝贝幼儿园获评北京市2023年“零酒驾”示范社区和示范单位。

【环境整治】 2023年，太阳宫地区（乡）拆除违法建设3809平方米、群租房214套；拆除西坝河甲1号390平方米违法建筑，提升区域环境建成“坝河小座”社区花园，设置文化宣传栏和便民服务基础设施。加强扬尘管控，治理裸地5.52万平方米；开展病媒生物消杀287.25万平方米，督查整改问题3228件，清理卫生死角5000余处，完成国家卫生区、国家卫生乡复审检查验收工作；拆除太阳宫公园、体育休闲公园围墙围栏；完成芍药居北里老旧小区改造总体工程量90%；完成西坝河北里22号楼路面修复工程和西坝河北里201、202号院应急抢修工程；落实“河长制”，各级河长巡河843人次，处理涉水案件30余件；推深做实“林长制”，开展林分结构调整，各级林长巡林1200余次，解决美国白蛾病虫害、危险枯死树杈、杨柳飞絮等问题70余处。

【社区建设】 2023年，太阳宫地区（乡）拆分调整大型社区，成立芍药居六社区、芍药居七社区和夏家园二社区3个社区筹备组；打造夏家园社区等4个“北京市政务服务示范样板社区”；实施《太阳宫地区社区工作者队伍建设指导意见》，新招录社区工作者101人；培育红芍好邻里志愿服务队等3个精品社区社会组织，开展各类公益活动194场，地区社会组织培育孵化中心项目在朝阳区获评“优秀”。

【接诉即办】 2023年，太阳宫地区（乡）深化接诉即办案件三级纵向督办机制，形成主要领导负责、分管领导统筹、承办单位落实的办理模式，成立重点案件攻坚专班，坚持“小组式”办理、“专班式”剔除、“计时式”追踪，推动“难件共解、急件共办”，解决违建拆除、停车管理等诉求案件1.5万件，直派案件综合成绩北京市排名由第299名提升至第161名，直派案件和转派案件综合解决率92.7%、满意率94.35%。

【民生保障】 2023年，太阳宫地区（乡）开发就业岗位1153个，提供就业指导255次，办理求职登记448人，举办技能培训2期、招聘会2场，登记失业人员再就业率70.95%；处理各类讨薪案件49件；完成太阳宫老年公寓公建民营审核签约，升级改造丰和园小区老年餐厅，打造芍药居二社区“1+3+N”智慧为老服务新模式（1个健康守护平台、3个业务子系统和N个前端传感设备，基于“云—端”架构，为社区内高龄老人等群体打造健康管理云平台）；加强低保、失能、残疾人等困难群体兜底帮扶，发放各类救助资金3545.49万元，配备消防安全“四件套”411套，改造无障碍设施8处，惠及2万余人次。

▲ 4月28日，“丰和园小区老年餐厅”开业　（王广军　摄）

【物业管理】 2023年，太阳宫地区（乡）制定《太阳宫地区住宅项目物业服务评优办法（试行）》，组建业主委员会3个、物管会2个，完成“芍药居9号院重新划分物业管理区域草案”；完成2个商业楼宇物业系统落点落图工作，为4家物业企业完成物业服务合同变更备案事项。

【法律服务】 2023年，太阳宫地区（乡）强化法治政府建设，依法履行政府职能；12个社区分别与村居法律顾问、律师事务所签订合作协议，律师参与社区调解案件528件；开展法律类讲座咨询40余场次，组织宣传活动200余场，参与居民7000余人次。

【对口帮扶】 2023年，太阳宫地区（乡）调拨防护服8.5万件、隔离衣4万件，驰援北京市门头沟区和房山区受“极端强降雨”洪涝灾害群众和一线救灾人员；辖区单位向内蒙古自治区茂道吐苏木及阿古拉镇捐款5万元，支持当地建设；太阳宫乡合作经济联合社、太阳宫乡农工商有限公司、太阳宫村、十字口村、牛王庙村、夏家园社区分别向各自对口村镇捐助物资，折现6万余元；辖区社会单位、地区工会组织购买协作地区农副产品37万余元。

【文体活动】 2023年，太阳宫地区（乡）开展“重拾年味 迎春剪纸”“萌娃迎春写福字”“剪纸迎新春”等活动，营造节日氛围；5月28日至11月22日，太阳宫地区举办第十三届“暖阳”文化节开幕式暨“歌从草原来”乡村振兴主题演出活动，现场设置公益集市和特色农产品展销等为内蒙古自治区的特色企业和商户搭建宣传展示平台。6月8日，“我运动、我健康、我快乐”社区趣味运动会在太阳宫公园举办，辖区各社区的140余名体育健身爱好者参加“二十四节气木射”“投壶”“车轮滚滚”等项目；10月，“引领新风尚·欢跃新时代”北京广场舞大会暨第十八届“舞动北京”群众舞蹈大赛广场舞颁奖展演落幕，地区彩虹舞蹈队以朝阳区赛区一等奖晋级总决赛，获北京市广场舞蹈百团总决赛银奖。

【乡第十四届二次党代会】 2月9日，太阳宫乡召开第十四届二次党代会，全乡党员代表91人参会，5人列席会议。会议听取和审议《中共太阳宫乡委员会工作报告》；书面审议《中共太阳宫乡纪律监察委员会工作报告》；书面审查《关于党费收缴使用和管理情况报告》；全体代表表决通过大会各项决议。

【乡人大第十八届四次、五次会议】 2月22日至23日，太阳宫乡召开第十八届四次人大会议，正式代表48人、列席人员15人、旁听人员20人出席大会。会议听取和审议《太阳宫乡人民政府2022年工作报告》《太阳宫乡人大主席团2022年工作报告》；书面审议《太阳宫乡2022年财政预算执行情况和2023年财政预算草案报告》；全体代表表决通过大会各项决议。7月26日至27日，太阳宫乡召开第十八届五次人大会议，正式代表51人、列席人员11人、旁听人员23人出席大会。会议听取和审议《太阳宫乡人民政府2023年上半年工作报告》《太阳宫乡人大主席团2023年上半年工作报告》，全体代表表决通过大会各项决议。12月，补选赵建峰为太阳宫乡第十八届人民代表大会代表。　（黄欣甜）

2023年朝阳区太阳宫地区（乡）社区居委会、建制村村委会情况一览表

表52

序号	名称	地址	电话
1	芍药居一社区居委会	朝阳区芍药居北里219楼5层	84627464
2	芍药居二社区居委会	朝阳区芍药居北里203号楼	84628158
3	芍药居三社区居委会	朝阳区芍药居11号楼北侧	84615524
4	芍药居四社区居委会	芍药居2号院5号楼北侧	84612696

续表 52

序号	名称	地址	电话
5	芍药居五社区居委会	芍药居北里312楼4单元001、002号	84362580
6	芍药居六社区居委会（筹备组）	芍药居2号院5号楼北侧	84612696
7	芍药居七社区居委会（筹备组）	芍药居2号院5号楼北侧	84612696
8	太阳宫社区居委会	圣馨家园6号楼西侧1层、2层	64220891
9	夏家园一社区居委会	太阳宫夏家园8号楼东侧	84629921
10	夏家园二社区居委会（筹备组）	夏家园水星园3号楼底商	84629921
11	十字口社区居委会	太阳宫地区火星园8号楼8、9号	64211831
12	牛王庙社区居委会	太阳宫地区东坝河1号	64385869
13	尚家楼社区居委会	尚家楼48号院平房	64683068
14	惠忠庵社区居委会	太阳宫1街1号院10号楼底商	64205711
15	西坝河北里社区居委会	西坝河168号恒川公寓L座	84495934
16	牛王庙村委会	东坝河1号	64385869

（黄欣甜）

王四营地区（乡）

【概况】 王四营地区（乡）位于朝阳区东南部。东至北京海棠和润农业园与豆各庄地区（乡）相接；南至保利锦上·二期与十八里店地区（乡）毗邻；西至世东国际大厦与南磨房地区（乡）相连；北至广渠快速路与高碑店地区（乡）接壤。辖区面积15.58平方千米。下辖9个社区、6个建制村。2023年，辖区常住人口79192人、户籍人口10479户20451人、流动人口57045人、外籍人口45人；常住人口中有汉族76511人、满族838人、回族1052人、蒙古族324、其他民族467人；出生人口105人、死亡人口288人。有法人单位6096个，其中央属单位有北京华能电厂有限责任公司、人民日报社2家，市属单位2家，其他单位6092家；有社区卫生服务中心1个、社区卫生服务站4个；有小学5所、幼儿园5所；有养老机构3处；有200平方米为民服务大厅和5400平方米地区文化中心各1处、文化广场12处（各村共6处、官庄公园6处）、24小时自助图书馆2处。途经辖区公交线路17条，地铁7号线贯穿其中。辖区绿化率58%。2023年，王四营地区（乡）实施“1234工作战略”（围绕学习宣传贯彻党的二十大精神这一主线，凝心铸魂统一思想；紧抓党建和规划两大建设，以党的建设凝聚各级党组织和广大党员的创造力、凝聚力、战斗力；以规划建设引领发展，盘活资源，优化布局，完善城市功能；推动经济发展、环境建设、民生事业三个提质；实现平安、美丽、幸福、和谐4个王四营建设目标），制定二期资金平衡用地综合实施方案；完成孛罗营安置房周边市政建设，“三横一纵”道路及管线建设，小区接通市政自来水；王化路完成地下管线铺设、马房寺村东路取得立项批复、施工招标；孛罗营东一路取得道路规划许可证，启动征拆及施工招标工作；利用铁路沿线疏解地块，建成观音堂城市森林公园；实现区级财政收入4.66亿元，比上年增长11.28%；征收房产税1.47亿元，比上年增长19%；实现集体经济总收入7.475亿元，比上年增长4.4%；利润总额–1615.6万元，比上年减少70.1%；上缴税金6548.5万元，比上年增长5.3%；人均所得44077元，比上年增长5.5%。王四营乡党委获第十六届北京市思想政治工作优秀单位称号，王四营地区（乡）获首都应急管理创新案例征集评选活动三等奖、北京市劳动保障监察工作先进单位、官悦欣园社区获首都绿化美化花园式社区称号。

【平安建设】 2023年，王四营地区（乡）完成全国两会、服贸会、“一带一路”国际合作高峰论坛等重大活动期间服务保障任务；落实领导干部接访制度，处级干部接访34次；成立反诈中心，开展反诈宣传52次，处理预警劝阻1.6万条，挽回经济损失265.74万元，开展紧急止付622次，冻结涉案赃款660余万元；制定“一村一方案”，推进城乡结合部地区整治。制定违规电动三、四轮车淘汰治理激励方案，回收违规电动三、四轮车3396辆，削减率100%。

【环境整治】2023年，王四营地区（乡）建立人居环境自查台账，处理环境网格案件1.8万件；推动“基本无违建街乡”创建，拆除小海子家具市场等114处违法建设9.3万平方米，拆除安德鲁斯小区存量违建5处。常态化巡查巡检和应急保障，背街小巷巡查1100余人次；开展环保日常监督检查779次，处理环保案件371件，市级环保督察办结销账6件，苫盖裸地39万余平方米。检查“门前三包”4721家次、规范782家次；推进生活垃圾分类减量，居民知晓率99%、参与率75%、垃圾投放准确率89%、社会单位餐厨垃圾签约回收率99.5%。

▲ 2月1日，王四营地区人大代表之家、立法联络站揭牌 （杨 琦 摄）

【为民办实事】2023年，王四营地区（乡）扎实推进为民办事解难题，完成观音堂社区华能居民楼上下水改造工程。落实重点项目建设，聚焦群众在“家门口”生活的急难愁盼问题，完成白鹿社区、海棠社区联合建设“一刻钟便民生活圈”；市级试点建设地区社会工作服务中心及4个服务站，一体化搭建“一会三中心”工作平台。拨付村级公益事业经费94.87万元，社区公益事业经费114万元，组织实施社区公益活动141项。落实教育督导责任，按时足额拨付乡村集体幼儿园补助1393万元。孛罗营安置房周边市政建设“三横一纵”道路及管线建设基本完成，小区正式接通自来水。维护“煤改清洁能源”设备，免费检测设备3000余台。完成劲松东延路沿线环境整治，改善整体环境面貌。

【接诉即办】2023年，王四营地区（乡）接诉即办接收诉求11247件，实际办理诉求11062件，较上年增长954件。市级直派诉求5418件、区级诉求5644件，市级综合排名第229名，朝阳区农村系统排名第8名。

【民生保障】2023年，王四营地区（乡）成立整建制转居工作专班，开展多轮走访调研，摸清情况、梳理问题；构建四级网格体系和分层分类社会救助体系，释放惠民政策红利，服务各类民政对象5000余人，拨付民政资金5195.2万元；完成燕保百湾家园养老驿站建设，建成示范服务站3家，走访慰问共建部队、辖区高龄老年人506人，评选“孝顺之星”12名；开展慢性病和精神卫生防治工作，辖区家庭医生签约2.6万人；举办线上线下招聘会15场，开发就业岗位1100余个。

【文体活动】2023年，王四营地区（乡）开展迎新春活动，诗书画协会的老师和书法爱好者们写春联和福字，乡领导走进居民家送福上门。社区组织开展“手制小小台灯 亮新精彩人生”“巧手剪窗花 笑语迎新春”“兔年迎新春·对联来祈福”体验活动。2023年，开展“世界读书日”、“翰墨飘香进社区，文化惠民暖人心”——2023年诗书画进社区系列活动、农民诗书画展、瑜伽、零基础素描、快板、模特、舞蹈、大合唱、书法、国画等效能提升系列课程150课时，举办王四营地区第七届趣味运动会热身赛、王四营地区“庆中秋 迎国庆”——健步走活动、地区第七届运动会等辖区文体爱好者参与1700余人次。

【乡人大代表之家新址启用】2月1日，王四营地区（乡）人大代表之家、立法联络站新址启用，实现人大“家站网”三位一体化建设目标。代表之家新址，包括五大功能区域“两厅两室一长廊”。2月6日，举行2022年度“最美人大代表”、优秀代表建议表彰活动。乡人大主席邢志新宣读2022年度王四营乡“最美人大代表”及优秀代表建议表彰决定，授予靳温华等13人为王四营乡2022年度“最美人大代表”称号，对李月武代表提出的“关于加快推进农村地区产权制度改革的建议”等15件人大代表建议予以表彰。

【乡第十五届二次党代会】2月16日，王四营乡召开第十五届二次党代会。100名党员代表参加会议。大会听取、审议并通过乡党委2022年工作报告，审议通过乡纪委2022年工作报告，民主测评乡党委班子及成员，面向全体党员代表征集提案提议。

【乡第十八届三次、四次人大会议】2月22日至23日，王四营乡召开第十八届三次人大会，参加会议人大代表55人、列席会议70人。大会听取和审议王四营乡人民政府工作报告（草案）、王四营乡人大主席团工作报告（草案），审查和批准王四营乡2022年财政预算执行情况和2023年财政预算的报告（草案），依法选举孙晓东为王四营乡人民政府副乡长。大会接受代表议案建议31条，其中尽快启动孛旺花园小区公共配套用房的招商规划、建议孛旺花园小区加快自来水公司引入2条作为大会议案办理。8月8日，王四营乡召开第十八届四次人大会议。乡人大代表57人参加会议，59人列席会议。大会听取审议《王四营乡人民政府2023年上半年工作报告（草案）》，书面审议《王四营乡人大主席团2023年上半年工作报告（草案）》。

▲ 6月27日，王四营地区（乡）相关领导在"红创营"党群服务中心为先进基层党组织颁奖　（杨　琦　摄）

【社区建设】 2月至4月，王四营地区（乡）开展4个新建社区（燕保百湾一、二社区，燕保百安社区、孛旺花园社区）基本情况调查、矛盾排查工作，制定工作预案、选举实施方案等前期准备工作。4个社区推选登记选民2549人，推选居民小组41个，居民代表130人。5月27日，4个社区选举产生居委会成员22人，党员17人，女性成员9人，全部为大专及以上学历，人均年龄38岁。

【"红创营"党群服务中心揭牌】 6月27日，王四营地区（乡）举办庆祝建党102周年主题活动暨"红创营"党群服务中心揭牌仪式。朝阳区委农工委副书记王伍、乡党委书记郝宝刚、乡长苏云华、乡人大主席金亚静为老党员们颁发"光荣在党50年"纪念章；宣布表彰优秀共产党员30人、优秀党务工作者10人、先进基层党组织12个的决定。

【防汛救灾和恢复重建】 8月2日，王四营地区（乡）副乡长司波带队驰援北京市极端强降雨受灾地区房山区青龙湖镇，参与到设施抢修、物资统发、数据统计、宣传报道等灾后重建工作。8月9日，乡长苏云华带队到房山区青龙湖镇，代表乡党委、政府捐赠防汛救灾物资雨衣、雨靴、雨伞、应急手电筒等价值2.87万元。苏云华表示王四营乡与青龙湖镇守望相助、同舟共济，全力以赴支援受灾村开展恢复重建工作并建立长效交流合作机制，推进乡村振兴和农村城市化进程，在产业发展、环境治理、基础设施建设等方面互学互鉴，推动彼此建设发展。

（张羽健）

2023年朝阳区王四营地区（乡）社区居委会、建制村村委会情况一览表

表53

序号	名称	地址	电话
1	观音堂社区居委会	观音堂村（社区居委会与观音堂村委会合署办公）	87741050
2	观音堂二社区居委会	观音堂村（社区居委会与观音堂村委会合署办公）	87781775
3	白鹿社区居委会	道口村（社区居委会与道口村委会合署办公）	87390769
4	海棠社区居委会	道口村（社区居委会与道口村委会合署办公）	87390769
5	官悦欣园社区居委会	官庄村（社区居委会与官庄村委会合署办公）	67366137
6	燕保百湾一社区居委会	荣安街12号院2-6号	67727211
7	燕保百湾二社区居委会	荣安街12号院9-13号	67723135
8	燕保百安社区居委会	荣泰南街1号院9号楼	67723135
9	孛旺花园社区居委会	孛罗营村委会	87390092
10	官庄村村委会	官庄村委会	67366137

续表 53

序号	名称	地址	电话
11	观音堂村村委会	观音堂村委会	87741050
12	王四营村村委会	王四营村委会	87390168
13	南花园村村委会	南花园村委会	67366973
14	道口村村委会	道口村委会	87390769
15	孛罗营村村委会	孛罗营村委会	87514553

（张羽健）

小红门地区（乡）

【概况】 小红门地区（乡）位于朝阳区南部。东至京津塘高速公路与十八里店地区（乡）为邻；南至牌坊三台山、隔东马路与北京经济技术开发区相接；西至肖村与丰台区、大兴区接壤；北至龙爪树村与丰台区东铁匠营街道分钟寺社区相连。辖区面积12.07平方千米。下辖11个社区、4个建制村。2023年，辖区常住人口86273人、户籍人口14107户31621人、流动人口54652人、外籍人口84人；出生人口191人、死亡人口423人。有法人单位3252家，其中区属单位有北京祥龙三台山物流有限公司、北京四川五粮液龙爪树宾馆2家，其他单位3250家；有中学2所、小学2所、幼儿园5所；有社区卫生服务中心1个、社区卫生服务站2个；有养老机构3处；有150平方米为民服务大厅1处、文化广场2处（3900平方米）、3074平方米市民活动中心（党群服务中心）1处、篮球场4个、足球场3个、“地秧歌文化大院”1个、图书馆1个（藏书近2万册）。途经辖区公交线路12条，地铁10号线、亦庄线贯穿其中。辖区绿化率40%。2023年，小红门地区（乡）以习近平新时代中国特色社会主义思想为指导，以主题教育为牵引，主动融入“南部崛起”发展战略，紧紧围绕“五宜”朝阳和“七个小红门”（活力、富裕、宜居、和谐、幸福、平安、清廉小红门）建设目标，举全乡之力提经济、促改革、惠民生、保安全，以务实之策补短板、强弱项、打基础、立长远，在探索中国式现代化的小红门实践中迈出坚实步伐。深化重点税源企业服务走访，完成全国两会、服贸会、“一带一路”国际合作高峰论坛等重点时期服务保障任务；推进电子商务中心、小红门综合服务楼等项目手续办理；加快40号地集租房项目投入使用及监督运营管理，统筹做好项目配套服务；完善20号地集体租赁住房项目的合作模式；加强集体债务监管、逐步清理，力争全乡资产负债率控制在80%以下；做好三台山村提前腾退协议（草签）的前期准备工作，完成一期B、C区配套移交工作；聚焦历史难题，做好地铁10号线二期征地补偿安置工作，完善新村安置房项目前期手续，加快国有单位宿舍安置房（西区）手续办理；加速推进三营门变电站项目落地；完成街区控规编制成果上报；11#地块入市交易、9#地块顺利收储；落实“一乡一策”，集中力量推动1.1万农民整建制转工转居；实现区级财政收入9606.96万元，比上年增加13.99%。实现农村集体经济总收入6.4亿元，比上年增长10.8%；人均劳动所得4.08万元，比上年增长6%。小红门乡获“首都绿化美化花园式单位”“2023年北京市体育特色乡镇”称号。

【平安建设】 2023年，小红门地区（乡）开展安全生产大排查大整治行

▲ 10月14日，小红门地区（乡）违规电动车回收中　（郭志强　摄）

动，“企安安”上账单位 2358 家，执法检查 2666 家次，消除风险隐患 6082 处，连续 5 年实现安全生产“零事故”。排查自建房屋一般安全隐患 1342 处，100% 完成整改。组建 15 支防汛抢险队伍，开展模拟演练，前置储备应急救灾物资。设立社区消防工作站 4 个，全区首批实现“派驻社区消防专员”入驻。回收处置违规电动车 2404 辆，账内削减 100%；联合公安、消防等部门开展校园安全、校外培训机构专项执法检查，消除各类隐患 50 余处。

【环境整治】2023 年，小红门地区（乡）拆除违法建筑 8 万平方米、腾退土地面积 7.8 公顷，治理占道经营挂账 2 处；整治无证无照经营 6 处；综合整治城乡结合部重点村 1 处；完成建筑面积 8.8 万平方米，占地面积 8.13 万平方米销账工作（建筑面积销账率 110%，占地面积销账率 104%）；完成市、区创建专班在市级平台下发 125 宗图斑举证分类以及限期治理类图斑拆除销账 100%。完成 27 万平方米裸露土地治理；实现“揭网见绿”25 万平方米；签订“门前三包”公示责任单位 278 家，处理“门前三包”案件 238 件；调整平原生态林树木 1716 株、公园树木 1229 株；乡、村两级河长“四率”完成 100%，有效巡河里程 568 千米；$PM_{2.5}$ 和 TSP 数值比上年度均有下降，接受环保督办案件 227 件，办结 227 件；接受朝阳区农业农村局的农村人居环境检查 12 次，自查问题 125 件，整改完成 100%。完善垃圾分类“一周四查”工作机制，新建 5 座生活垃圾分类驿站，设置 415 组桶站，清理堆物堆料、废弃垃圾 14 万千克。

【社区建设】2023 年，小红门地区（乡）推动议事协商常态化、长效化、提升议事协商成效，完善和谐促进员 470 人队伍，开发建立“居民信息智慧管理系统”；新招录社工 105 名，开展社工增能项目，实现 223 名社工业务培训全覆盖；为鸿博家园第二社区、第三社区、第五社区安装车棚并投入使用；建设社会工作服务中心 1 家、社会工作服务站点 4 家、议事协商推广点 3 家、楼门推广点 4 家，推动议事协商常态化、长效化、提升议事协商成效。

【接诉即办】2023 年，小红门地区（乡）制定《小红门地区接诉即办考评实施办法》及《小红门地区接诉即办工作方案》。实行副处级领导“轮值”，包片处级领导挂帅，班子成员亲自办案，“轮值”领导隔日调度，多部门统筹协调，压实责任，形成“动态排名，不进则退，你追我赶，整体提升”的局面。强化科技赋能，建立乡级系统。引进乡级层级接诉即办智能化系统平台，做到系统案件办理状态在线实时更新，办理全过程可视，工作过程留痕，责任落实清晰，办理进展实时可查。实行主动治理，未诉先办。走访“服务包”企业 182 次，协调解决企业诉求 130 件；办理接诉即办案件 11980 件，“直派 + 转派”综合成绩朝阳区第 21 名。

【民生保障】2023 年，小红门地区（乡）开展日常检查辖区内用工单位 50 余家，协调解决多起欠薪突发事件，涉及农民工 600 余人，金额 600 余万元；解决区劳动监察部门下派案件和拖欠工资督办件以及“12345”热线百余起，涉及 200 余人，金额 100 余万元；完成 7 名残疾儿童康复训练补助 7.70 万元；申请残疾人机动轮椅车燃油补贴 143 人、发放助残券 85 人、城乡居民养老保险补贴 179 人、自主创业保险补贴 60 人、残疾人大学生就学补助 1 人；发放严重精残护理补贴 211 人 49.57 万元；受理残疾人“12345”案件 4 件；为伤残家庭、低保家庭等人员办理安康保险 274 人；完成妇幼核查 460 条；开展两节慰问 68 户，涉及金额 5.4 万元；开展健康大讲堂、趣味运动会、义诊等宣传服务活动 10 余次；完成“5·8”公益日线上捐款 1.588 万元。

【资产管理】2023 年，小红门地区（乡）回收债权 6520.2 万元，清理债务 6.09 亿元，资产负债率降至 80.26%；坚持“村账托管”，优化代理记账模式，保障集体资金安全；启动 4 家乡属集体企业改制工作，筹备乡级产权制度改革；完成大额资金审批 6317 万元、备案 1794 万元。

【耕地保护】2023 年，小红门地区（乡）开展农村乱占耕地建房专项整治行动新增补充图斑排查情况，摸清房屋类型、土地违法和处罚情况等，形成乱占耕地建房问题工作台账，耕地乱建房历史台账图斑 13 个，完成整改 11 个；严守 195.19 亩耕地保有量红线［根据《朝阳区 2021 年耕地保护目标管理暨永久基本农田保护责任书》确

▲ 7 月 14 日，小红门地区（乡）举办“漆彩京华”——金漆镶嵌非遗老字号民族漆艺文化大讲堂进社区活动　（郭志强　摄）

定的规划期末耕地保有量（永久基本农田）不少于195亩]，因地制宜，合理安排种植，种植油菜花50亩，产量1000千克，种植小白菜、大白菜、菠菜等75亩，产量3万千克；种植玉米70亩，产量1.5万千克。

【文化活动】 2023年，小红门地区（乡）为地区各级党组织提供参观教育活动37场；依托党群服务中心、金漆镶嵌博物馆等文化阵地，发起特色志愿服务活动70余次，开展群众性主题活动600余次、群众文化活动40余场、文艺演出30场，养生、急救等培训讲座30场、公益电影放映12场；参与市、区级两级体育赛事9次，全民健身项目体验活动4次。举办首届文荟大集，展出12项国家级非物质文化遗产。

【乡第十四届第二次党代会】 1月12日，小红门地区（乡）召开第十四届第二次党代会，乡党代表98人出席会议、21人列席会议。乡党代表听取审查乡党委工作报告、审查乡纪委工作报告和2022年度党费收缴、使用和管理情况的报告，民主评议党委领导班子及其成员，审议通过代表提案审查情况的报告。

【乡十八届第三次人大会议】 1月13日，小红门地区（乡）召开第十八届人代会第三次会议。人大代表61人出席会议，乡领导班子、各科室负责人列席会议。会议听取和审议《小红门乡人民政府工作报告（草案）》，审查《小红门乡人大主席团工作报告（草案）》与《小红门乡2022年财政预算执行情况和2023年财政预算草案的报告（草案）》，补选贾森为小红门乡人民政府乡长。（戴　唯）

2023年朝阳区小红门地区（乡）社区居委会、建制村村委会情况一览表

表54

序号	名称	地址	电话
1	鸿博家园第一社区居委会	鸿博家园一区9号楼1单元底商	87554601
2	鸿博家园第二社区居委会	鸿博家园二期B区8号楼底商	67686630
3	鸿博家园第三社区居委会	鸿博家园二期C区2号楼1单元底商	67909972
4	鸿博家园第四社区居委会	鸿博家园二期D区1号楼底商	67678366
5	鸿博家园第五社区居委会	鸿博家园二期F区15号楼2层	87613410
6	中海城社区居委会	少角中街8号院5号楼底商	87656427
7	恋日绿岛社区居委会	鸿博家园一区9号楼3单元底商	67698799
8	江南社区居委会	鸿博家园一期B区8号楼底商	67656406
9	龙爪树社区居委会	少角村142号院5号楼	67672050
10	三台山社区居委会	小红门乡三台山甲1号	87601375
11	四道口社区居委会	小红门乡四道口水站	67609221
12	牌坊村村委会	小红门乡牌坊村村委会	87602958
13	肖村村委会	小红门乡肖村村委会	67627444
14	小红门村村委会	小红门乡小红门村委会	87603903
15	龙爪树村村委会	小红门乡龙爪树村委会	87690070

（戴　唯）

荣誉 人物

先进集体

全国先进集体

全国生态文明建设示范区
北京市朝阳区

全国医养结合示范区
北京市朝阳区

全国五一巾帼标兵岗
北京市朝阳区疾病预防控制中心流行病和地方病控制科

全国工人先锋号
北京温榆河公园建设管理有限公司工程建设部

2023 中国体育文化博览会·2023 中国体育旅游博览会优秀组织奖
北京奥林匹克中心区管理委员会

中华人民共和国第一届学生（青年）运动会体育道德风尚奖
北京市朝阳区体育局

2023 年全国体育事业突出贡献奖（集体）
北京市朝阳区体育局

全国示范性老年友好型社区
北京市朝阳区八里庄街道远洋天地家园社区
北京市朝阳区东风地区东风苑社区
北京市朝阳区香河园街道西坝河西里社区
北京市朝阳区建外街道秀水社区
北京市朝阳区安贞街道外馆社区
北京市朝阳区来广营地区茉藜园社区
北京市朝阳区大屯街道中灿家园社区
北京市朝阳区乐成老年事业投资有限公司

2023 年度《中国退役军人》宣传工作先进单位
北京市朝阳区退役军人事务局

北京市先进集体

北京市工人先锋号
北京市朝阳区水务综合执法队法审组
北京市朝阳区市场监督管理局建外街道市场监督管理所
北京市朝阳区统计局调查一科
北京市朝阳区麦子店街道办事处民生保障办公室
北京华力必维科技股份有限公司非遗数字化保护团队
北京市朝阳区小关街道办事处综合办公室
首欣建设集团有限公司高碑店市政项目部
北京景蓝保洁有限公司社区卫生保障部
北京市朝阳区常营地区办事处朝阳区常营地区政务服务中心
北京市朝阳区人民法院亚运村人民法庭
北京京客隆商业集团股份有限公司商品采购中心
北京市朝阳区保障性住房发展有限公司项目开发部
北京市陈经纶中学嘉铭分校冰雪社团
北京市电气工程学校施耐德电气工程师学院专业集群教研组
中国银泰投资有限公司总裁办公室
北京我爱我家房地产经纪有限公司数字化产研团队——经纪平台中心
北京市朝阳区消防救援支队左家庄特勤站
中共北京市朝阳区委网络安全和信息化委员会办公室网络舆情科
北京市朝阳区桓兴肿瘤医院门诊部

首都劳动奖状
北京市朝阳区农业农村局
国家税务总局北京市朝阳区税务局
奥林巴斯（北京）销售服务有限公司

北京红星美凯龙世博家具广场有限公司
北京市朝阳区首都机场街道市民诉求处置中心
北京市朝阳区太阳宫乡人民政府
北京金星佳业化工产品有限公司
中共北京市朝阳区委政法委员会
北京中学
北京市朝阳区人朝分实验学校
北京时代凌宇科技股份有限公司
北京市垂杨柳医院
北京和睦家医院有限公司

第九届首都民族团结进步先进集体
北京市朝阳区文化市场综合执法大队

首都全民义务植树先进单位
北京市朝阳区园林绿化局

首都拥军优属拥政爱民模范单位
北京市朝阳区退役军人事务局

第十一届北京市"人民满意的政法单位"
北京市朝阳区检察院第六检察部

北京市青年文明号
北京市朝阳区检察院第六检察部
北京市垂杨柳医院血液净化中心

首都禁毒工作先进集体
北京市朝阳区检察院第一检察部

首都拥军优属拥政爱民模范单位
北京市朝阳区委组织部
北京市朝阳区退役军人事务局

北京市共铸诚信企业
北京市朝阳城市建设综合开发有限责任公司

2020—2023 年度北京市体育事业突出贡献奖先进集体
北京奥林匹克中心区管理委员会

北京市社会建设与民政工作先进集体
北京市朝阳区社区服务中心

2023 年北京市清理整顿人力资源市场秩序专项行动先进单位
北京市朝阳区人力资源和社会保障综合执法队

2023 年度监测预报工作先进单位
北京市朝阳区地震局

2023 年北京市应急先锋号
北京市朝阳区人力资源和社会保障综合执法队

2020—2023 年度北京市体育事业突出贡献奖先进集体
北京市朝阳区体育局
北京市朝阳区第二少儿业余体校
北京市朝阳区社会体育管理中心
北京市朝阳区体育产业管理中心

先进个人

全国先进个人

全国五一劳动奖章
高　丰　美团 707 骑手党支部书记、专送骑手
陈　焜　北京市朝阳区紧急医疗救援中心主持行政工作

全国优秀公诉人
练虹怡　北京市朝阳区检察院第一检察部副主任

第一届全国和谐劳动关系创建工作先进个人
刘士广　北京市朝阳区人力资源和社会保障综合执法队队长

北京市先进个人

首都劳动奖章
刘士广　北京市朝阳区人力资源和社会保障综合执法队队长
史　慧（女）　中共北京市朝阳区纪律检查委员会、北京市朝阳区监察委员会案件审理室副主任
周　密（女）　中共北京市朝阳区委宣传部办公室主任
解树旺　北京市朝阳区残疾人就业和社会保障服务中心七级职员
杨晓华（女）　北京市朝阳区环境卫生服务中心四队一分队三班班长
程义顺　北京市朝阳区环境卫生服务中心二队班长
杨建锋　北京链家置地房地产经纪有限公司党支部书记
姜洪伟　北京顺丰速运有限公司工会干事
王丽丽（女）　北京市朝阳区大屯街道慧忠里第二社区党委书记、居委会主任，社会工作师

席小志（女） 北京市朝阳区安贞街道安外社区党委书记、居委会主任，助理社会工作师
李小玲（女） 北京市朝阳区望京街道花家地西里社区党委书记、居委会主任，助理工程师
金容惠（女） 北京市朝阳区八里庄街道便民服务中心主任
田海龙 北京市朝阳区奥运村街道国奥村社区党委书记
刘 壮 海南兴小达智送网络科技有限公司外卖配送员
董可可 北京眉州酒店管理有限公司外卖送餐员
李 驰 中建一局集团第五建筑有限公司副总经理
刘 祎（女） 北京市朝阳区东坝乡景和园社区居委会社区党委书记、居委会主任
曹方武 北京市朝阳区豆各庄乡人民政府武装部长、三级调研员
王海松 北京市公安局朝阳分局刑侦支队警犬技术管理中队警务技术三级主任
张 力 北京市朝阳区人民检察院第一检察部副主任 一级检察官
郭 栋 北京市康达律师事务所律师
王雪飞（女） 北京京客隆商业集团股份有限公司定福庄店卖场管理部值班长 中级工
皮 猛（达斡尔族） 北京朝阳环境集团有限公司党总支书记、董事长
赵 钺 北京商务中心区国际招商服务有限公司副总经理
张晓红（女） 北京宝嘉恒基础设施投资有限公司审计效能部部长、党支部书记，高级审计师
王京红（女） 北京工业大学附属中学校长 高级教师
王利如 北京市三里屯一中校长
于冬云（女） 北京市第八十中学嘉源分校校长 高级教师
胡雯静（女） 北京市朝阳外国语学校副校长 高级教师
佟 旌（女） 首都师范大学附属朝阳实验小学校长 高级教师
钱 健 北京市朝阳区春宇幼儿园执行园长 一级教师
马 莹（女） 北京市朝阳区金色摇篮全程实验学校教师 二级教师
赵黎明（女） 北京市朝阳区实验小学副校长 高级教师
宋玉国 慈铭健康体检管理集团有限公司潘家园门诊部后勤保障部职
邓柱中 北京五八信息技术有限公司商业智能中心工程师
鄢志杰 阿里巴巴（北京）软件服务有限公司阿里巴巴达摩院机器智能语音实验室负责人。
张 帅 北京乾成律师事务所律师、党支部书记
袁化林 北京海文资产经营管理有限公司监管局项目部经理助理兼工程部主管工程维修
申宝建 北京中良仁和商贸股份有限公司工程部维修管理
姬维杰（女） 北京市朝阳区南磨房地区总工会主席
张爱军 北京市朝阳区文化和旅游局党委委员、副局长、二级调研员
马 岩 北京市朝阳区潘家园第二社区卫生服务中心全科医生
褚 岩（女） 北京市朝阳区双桥医院呼吸科主任 副主任医师
成 阳 北京市朝阳区第三少儿业余体校教练员
谭 婧（女） 北京朝阳国家文化产业创新实验区管理委员会党建工作部副部长、三级主任科员
刘向菲（女） 北京市朝阳区文学艺术界联合会工会主席、一级主任科员

首都禁毒工作先进个人

刘 宁 北京市朝阳区应急管理局危险化学品安全监管和管理科科长

首都绿化美化先进个人

胡峭寒 北京市朝阳区园林绿化局副局长
刘丽莎 北京市朝阳区园林绿化局义务植树科科长
谭 英 北京市朝阳区四得公园主任
王 惠 北京市朝阳区园林绿化局科长
王 莹 北京市朝阳区园林绿化局工会副主席
李 川 北京市朝阳区园林绿化局森林资源管理科科长

2020—2023年度北京市体育事业突出贡献奖先进个人

冯长林 北京市朝阳区体育局 副局长
韩 红 北京市朝阳区体育局 副局长
刘金娟 北京市朝阳区体育局 副局长
孙 扬 北京市朝阳区社会体育管理中心 竞赛部部长
于 冉 北京市朝阳区体育局体育市场 管理科科长
郭 鹏 北京市朝阳区体育局 群众体育科科长
佘文娟 北京市朝阳区体育局 青少科科长
李蝶琳 北京市朝阳区社会体育管理中心 主任兼党支部书记
王志亮 北京市朝阳区体育场馆中心 主任兼党支部书记
吴 雪 北京市朝阳区第一少儿体校 乒乓球教练员
付坤蕊 北京市朝阳区第三少儿业余体校 副校长

首都拥军优属拥政爱民模范个人

战京贤 北京市朝阳区退役军人事务局党组成员、副局长

北京市十佳公诉人

练虹怡 北京市朝阳区检察院第一检察部副主任

北京市优秀公诉人

陈莹璐 北京市朝阳区检察院第二检察部副主任

2018—2023年度北京市法治工作先进个人

陈 昕 北京市朝阳区司法局法治调研督察科科长

第九届首都民族团结进步先进个人

李微微　北京市朝阳区委组织部调研室四级调研员

2020—2023 年度北京市体育事业突出贡献奖先进个人

冯敬一　北京奥林匹克公园执法大队一级行政执法员

获二等功以上奖励的退役军人

二等功　李晓升　北京市朝阳区城市管理综合行政执法局四级调研员

逝世人物

孙玉林　男，汉族，1934 年 12 月出生，北京市人。1951 年 4 月参加工作，1956 年 11 月加入中国共产党，初中文化程度，1995 年 5 月退休。

历任东北军区空军政治部青年训练队学员、司令部管理处供给科军需员，沈阳空军财务处劳动工资科助理员、后勤部政治部干事，解放军第 22 仓库指导员、第 21 仓库副政委，北京市朝阳区计划组副组长、区建委副主任兼统建办总支副书记、副主任，区建筑公司副经理、副书记，区城建开发公司副经理、经理，北京市朝阳区政府副区长，中共朝阳区委常委、区政府常务副区长。2023 年 1 月因病在北京逝世，享年 88 岁。

统计资料

2023年朝阳区地区生产总值

表55　　　　　　　　　　　　　　　　　　　　　　　　　　　　　单位：万元

项目	2023年	构成（%）
地区生产总值	83872103	100.00
按产业分		
第一产业	24657	0.03
第二产业	5198359	6.20
第三产业	78649087	93.77
按国民经济行业分		
农、林、牧、渔业	24775	0.0
工业	3125843	3.7
建筑业	2081396	2.5
批发和零售业	12328093	14.7
交通运输、仓储和邮政业	1235315	1.5
住宿和餐饮业	1213522	1.4
信息传输、软件和信息技术服务业	10463930	12.5
金融业	16332139	19.5
房地产业	7648515	9.1
租赁和商务服务业	11722596	14.0
科学研究和技术服务业	6969134	8.3
水利、环境和公共设施管理业	548266	0.7
居民服务、修理和其他服务业	456837	0.5
教育	3390405	4.0
卫生和社会工作	2745092	3.3
文化、体育和娱乐业	1410550	1.7
公共管理、社会保障和社会组织	2175695	2.6

注：1.产业划分依据国家统计局2018年修订的《三次产业划分规定（2012）》，行业划分依据《国民经济行业分类》（GB/T 4754—2017）。

2.2023年地区生产总值数据为1—4季度初步核算数据。

2023年朝阳区常住人口情况

表56

项目	单位	2023年
常住人口	万人	344.6
#常住外来人口	万人	124.5
按性别分		
男性人口	万人	169.0
女性人口	万人	175.6
按年龄分		
#60岁及以上人口	万人	84.5
0—14岁人口	万人	38.9
15—64岁人口	万人	247.7
65岁及以上人口	万人	58.0
出生人数	人	18128
出生率	‰	5.26
死亡人数	人	18247
死亡率	‰	5.30

注：本表数据为北京市统计局反馈的2023年年度人口抽样调查推算数据。

2023年朝阳区第三产业主要经济指标

表57

项目	单位数（个）	资产总计（千元）	收入合计（千元）	利润总额（千元）	从业人员人数（人）
合计	12100	23909379411	4122727682	602954809	1468808
按国民经济行业门类分					
批发和零售业	2901	1715568922	2246598323	79878448	178585
交通运输、仓储和邮政业	178	1179404734	125950894	31321461	43415
住宿和餐饮业	1028	67640343	33574298	1212905	69681
信息传输、软件和信息技术服务业	1092	822705290	330735128	25040114	203613
金融业	660	13127958815	482438597	163917857	155691
房地产业	1041	1376666361	126029663	17325769	153976
租赁和商务服务业	2535	4677972742	381672603	257721903	305776
科学研究和技术服务业	952	493312911	180763734	19293818	123811
水利、环境和公共设施管理业	84	62920810	11854948	991885	21891
居民服务、修理和其他服务业	243	10645538	7550869	59892	23489
教育	227	76598407	51255603	1617466	66836
卫生和社会工作	223	89489105	77841669	1714637	68029
文化、体育和娱乐业	936	208495433	66461353	2858654	54015

续表 57

项目	单位数（个）	资产总计（千元）	收入合计（千元）	利润总额（千元）	从业人员人数（人）
按隶属关系分					
中央	644	10586832314	1350855743	226004162	184999
地方	11456	13322547097	2771871939	376950647	1283809
按登记注册类型分					
内资	10182	19367569227	2670724069	413292557	1065610
国有	401	289546861	128705864	1001885	138136
集体	88	79971243	5827972	424165	7402
股份合作	42	3822652	3329202	87622	2998
国有联营	2	244020	86339	-2773	17
集体联营					
国有与集体联营	1	***	***	***	45
其他联营					
国有独资公司	257	2476357069	219211445	68634004	34643
其他有限责任公司	3684	5000122686	1478509892	200940457	437924
股份有限公司	181	10901438050	371462191	125673325	118993
私营独资	30	980070	806139	13858	993
私营合伙	168	36704361	21301524	5770266	25617
私营有限责任公司	5082	427528143	373535885	10325792	247688
私营股份有限公司	167	95479236	48705268	-538534	34770
其他	79	55332933	19227449	962369	16384
港澳台商投资	705	1177777142	351906351	35761268	155370
与港澳台商合资经营	138	135984347	52295395	4681189	32420
与港澳台商合作经营	20	13226265	2167732	174601	2356
港澳台商独资	526	953967563	258221280	29675373	114538
港澳台商投资股份有限公司	7	72181654	37780671	1111735	4811
其他港澳台商投资	14	2417313	1441273	118370	1245
外商投资	1213	3364033042	1100097262	153900984	247828
中外合资经营	218	688255475	84690239	22694399	28193
中外合作经营	15	42115683	3715227	69549	2733
外资企业	950	2464020672	970194985	128571638	209770
外商投资股份有限公司	25	116144768	37722499	2476058	6228
其他外商投资	5	53496444	3774312	89340	904
按地域分					
街道小计	8186	22469650980	3406707366	571537430	1105491

续表 57

项目	单位数（个）	资产总计（千元）	收入合计（千元）	利润总额（千元）	从业人员人数（人）
建　外	1182	8794538749	610181675	151681891	183277
朝　外	430	4746122455	827160622	88353034	101560
呼家楼	701	1096849462	196944145	139429993	91201
三里屯	388	195543330	54455256	1955008	30372
左家庄	358	559787910	137622933	16511985	31452
香河园	66	127168077	11293713	2097197	7939
和平街	223	1214551323	101607012	23787966	43826
安　贞	152	434964922	62895591	12346569	22762
亚运村	308	611466534	66050151	11171347	36019
小　关	196	164044769	90512460	2670851	23386
酒仙桥	464	480512556	113816310	9439551	96213
麦子店	559	563102822	197527152	12303036	49483
团结湖	90	25727419	7703914	−413882	6721
六里屯	136	281028172	13466710	1256100	11104
八里庄	477	242047329	120162513	2456988	52942
双　井	283	353357861	64645762	−1011853	23477
劲　松	268	286431214	25227941	1264672	20367
潘家园	106	51355274	20348665	966054	12548
垡　头	49	37999161	7535695	399378	7469
大　屯	393	927089713	124201810	19527604	46633
望　京	615	591400758	318121033	57209357	96624
奥运村	312	137782070	46313070	1163916	35979
首都机场	19	6608802	4598752	6119	4396
东　湖	411	540170298	184314481	16964549	69741
乡小计	3914	1439728431	716020316	31417379	363317
南磨房	393	110293573	72940780	87803	47417
高碑店	667	105315551	71288738	474517	46429
将　台	278	202243214	73945765	669589	38602
太阳宫	214	345739936	205647932	20443017	24884
小红门	59	8179686	7002546	84956	4231
十八里店	255	53590052	22439869	−123632	20904
平　房	211	38366199	23951275	208212	23028
东　风	108	124523524	8231040	−961449	19237
来广营	453	159091272	72499398	2415061	44061
常　营	231	40667894	26222199	382606	11777

续表 57

项目	单位数（个）	资产总计（千元）	收入合计（千元）	利润总额（千元）	从业人员人数（人）
三 间 房	194	26977873	21436073	498330	15245
管　　庄	139	39910716	31268947	3871776	13441
金　　盏	110	33997429	16564009	−207565	6235
孙　　河	48	42245310	7245034	963330	2795
崔 各 庄	122	30093023	10809813	828344	11333
东　　坝	106	17002455	7707680	237808	5059
黑 庄 户	70	13788463	5377213	−69515	8460
豆 各 庄	87	12090464	7707726	−420235	4870
王 四 营	169	35611797	23734279	2034426	15309

注：1. 本表为限额以上第三产业主要经济指标数据。
　　2. 房地产业中的房地产开发经营业只包括重点房地产开发经营业法人单位数据。
　　3. 本表数据采用 2023 年 1—12 月定报数据。其中从业人员人数为从业人员平均人数。

2023 年朝阳区城乡个体工商业基本情况

表 58

项目	户数（户）	注册资金（万元）
合　计	369575	510387348.41
农、林、牧、渔业	306	707159.50
制造业	2307	9511781.39
建筑业	3748	9723490.67
批发和零售业	96979	43722911.28
交通运输、仓储和邮政业	3402	13997158.08
住宿和餐饮业	14369	3097837.99
信息传输、软件和信息技术服务业	6208	15238602.94
房地产业	8318	38592555.50
租赁和商务服务业	78796	212906703.16
科学研究和技术服务业	91007	114434852.00
水利、环境和公共设施管理业	718	3128095.30
居民服务、修理和其他服务业	11193	3954274.40
教育	475	84380.90
卫生和社会工作	2802	4309693.34
文化、体育和娱乐业	48879	34874609.96
其他	68	2103242.00

数据来源：北京市朝阳区市场监督管理局。

2023年朝阳区对外经济基本情况

表59　　单位：亿美元

项目	2023年	增长速度（%）
新设外商投资企业（个）	471	11.1
合同外资金额	47.0	35.1
实际利用外资额	31.0	-50.9
外贸出口额	225.8	1.6

数据来源：北京市朝阳区商务局。

2023年朝阳区外商投资企业新设立情况

表60　　单位：个

项目	企业数	
	2023年	2022年
合计	471	424
按登记注册类型分	471	424
合资经营	194	149
合作经营		14
独资经营	264	261
其他	13	0
按三次产业分	471	424
第一产业		0
第二产业	16	3
第三产业	455	421
按客商国别（地区）分	471	424
日本	13	9
美国	27	25
中国香港	162	182
澳大利亚	6	1
法国	6	6
新加坡	25	17
加拿大	6	10
德国	8	11
西班牙	1	0
中国台湾	52	29
瑞典		2
泰国	1	0
比利时		2
丹麦		1
韩国	29	17
俄罗斯	22	9
其他	113	103

数据来源：北京市朝阳区商务局。

2023年朝阳区中资银行人民币月末存款余额

表61 单位：万元

月份	各项存款	单位存款	个人存款	储蓄存款
1月	351185420	159791122	124299338	94823071
2月	355060530	162836350	124957100	94921890
3月	372686330	171766388	127211985	96720265
4月	363793932	171011530	127575842	97164531
5月	366856742	171144560	127876946	97918200
6月	374319045	176772480	129495625	99548335
7月	370620944	170483206	129317199	99487416
8月	370052279	173459365	130322755	100430048
9月	361829549	170941901	132045897	101464963
10月	364509914	168491015	131816436	101706766
11月	381571891	173296514	132704643	102638090
12月	377430108	175844245	134699003	104539643

数据来源：中国人民银行营业管理部。

2023年朝阳区中资银行人民币月末贷款余额

表62 单位：万元

月份	各项贷款	境内短期贷款	境内中长期贷款
1月	145179380	45402786	96449245
2月	147916714	46514292	97981469
3月	151657312	47241396	98470498
4月	148306459	46767370	98336183
5月	148467602	47282606	98295027
6月	156224918	48176625	104498554
7月	153361049	46891213	103917143
8月	149219553	46889521	99721397
9月	155245293	48034424	102067962
10月	153552240	47977976	102467219
11月	158089121	50028313	101268690
12月	157402170	49806336	104068515

数据来源：中国人民银行营业管理部。

主要统计指标解释

一、地区生产总值

是按市场价格计算的地区生产总值的简称。它是一个地区所有常住单位在一定时期内生产活动的最终成果。地区生产总值有三种表现形式，即价值形态、收入形态和产品形态。

二、社会消费品零售总额

指企业（单位、个体户）通过交易直接售给个人、社会集团非生产、非经营用的实物商品金额，以及提供餐饮服务所取得的收入金额。个人包括城乡居民和入境人员，社会集团包括机关、社会团体、部队、学校、企事业单位、居委会或村委会等。

三、对外经济贸易

实际利用外资额：指批准的合同外资金额的实际执行数，外国投资者根据批准外商投资企业的合同（章程）的规定实际缴付的出资额和企业投资总额内外国投资者以自己的境外自有资金实际直接向企业提供的贷款。

合同外资金额：指批准外商投资企业的合同、章程中规定的外国投资者认缴的出资额和企业投资总额内的应由外方投资者以自己的境外自有资金直接向企业提供的贷款，包括新批准企业合同外资和原有企业的增资减资。增资减资不对企业（项目）个数进行调整。

四、存款、贷款

存款：企业、机关、团体或居民根据可以收回的原则，把货币资金存入银行或其他信用机构保管并取得一定利息的一种信用活动形式。根据存款对象的不同可划分为企业存款、财政性存款、机关团体存款、住户存款、非银行金融机构存款等科目。它是银行信贷资金的主要来源。

贷款：银行或其他信用机构根据必须归还的原则，按一定利率，为企业、个人等提供资金的一种信用活动形式。我国银行贷款分为短期贷款、中长期贷款、委托及信托类贷款、其他类贷款等。

附 录

中共北京市朝阳区委部分文件目录

京朝发〔2023〕1号：《中共北京市朝阳区委北京市朝阳区人民政府关于印发〈朝阳区标准化行动方案（2023—2025年）〉的通知》

京朝发〔2023〕2号：《中共北京市朝阳区委北京市朝阳区人民政府印发〈关于深化朝阳区法律顾问制度的实施意见〉的通知》

京朝发〔2023〕5号：《中共北京市朝阳区委北京市朝阳区人民政府关于印发〈北京市朝阳区安全生产工作职责分工规定〉的通知》

京朝发〔2023〕7号：《中共北京市朝阳区委北京市朝阳区人民政府印发〈朝阳区关于加强基层治理体系和治理能力现代化建设的实施方案〉的通知》

京朝发〔2023〕8号：《中共北京市朝阳区委北京市朝阳区人民政府关于印发〈朝阳区推进京津冀协同发展2023—2025年三年行动计划〉的通知》

北京市朝阳区人民政府部分文件目录

朝政发〔2023〕9号：北京市朝阳区人民政府关于印发《朝阳区空气重污染应急预案（2023年修订）》的通知

朝政发〔2023〕8号：北京市朝阳区人民政府关于印发《朝阳区政府投资管理办法》的通知

朝政发〔2023〕7号：北京市朝阳区人民政府关于印发《北京市朝阳区生态文明建设规划（2023—2035年）》的通知

朝政发〔2023〕6号：北京市朝阳区人民政府关于印发《北京市朝阳区全面打赢城乡水环境治理歼灭战三年行动方案（2023年—2025年）》的通知

朝政发〔2023〕5号：北京市朝阳区人民政府关于印发《北京市朝阳区人民政府工作规则》的通知

朝政发〔2023〕4号：北京市朝阳区人民政府关于印发《北京市朝阳区知识产权强市建设示范城市工作方案（2022—2025年）》的通知

朝政发〔2023〕3号：北京市朝阳区人民政府关于开展第五次全国经济普查的通知

朝政发〔2023〕2号：北京市朝阳区人民政府 北京市科学技术委员会、中关村科技园区管理委员会 北京市经济和信息化局关于印发《朝阳区互联网3.0创新发展三年行动计划（2023年—2025年）》的通知

索 引

说 明

（1）本索引以地名、机构名称、活动名称、事件（事物）名称为主题词。主要选自本年鉴正文部分，区情概览、特载、专文、大事记、荣誉 人物、统计资料、附录以及图片不在索引范围内。

（2）本索引按主题词汉语拼音字母顺序排列，主题词后面的数字和字母分别表示所在页码和分栏位置（abc 表示本页码左中右三栏）。

A

阿布扎比国际金融中心 79c
阿根廷国家队 183a
阿拉伯议会考察团 57c
阿里巴巴北京总部 154c，161b
阿里巴巴集团 152c
阿联酋阿布扎比投资办公室 79c
阿联酋驻华使馆 79c
艾肯中国控股集团有限公司 110b
“爱读书·读好书·阅享新时代”公益读书讲座活动 315b
《爱国主义教育法（草案）》 68c
《爱你，常营》 461c
爱上电视传媒有限公司 155b
“爱相随”互助家园 448b
爱心公益惠民夜拍 326a
爱驻朝阳主题活动 182a
安顾方胜保险经纪有限公司 170b
安徽大厦 210b
安捷利尔医药公司 224a
《安全常识》 267a
安全风险评估 212a
安全管理 219a
《安全管理穿透及措施提升工作方案》 228c
安全和应急管理工作大会 392a
安全生产 228b，391c
安全生产大排查大整治 256b
安全生产督察 212b，393a
安全生产和火灾防控专项行动 261b
安全生产和火灾隐患大排查大整治 433a，466a
《安全生产和火灾隐患大排查大整治工作》 240a
安全生产和火灾隐患排查整治 392b
安全生产和火灾隐患整治专项行动 391a
安全生产检查 390b
安全生产培训 212b，391a
安全生产相关工作专项监督 97c
“安全生产月” 237a，392c
《安全生产月活动方案》 237b
安全隐患排查治理 212b
“安全月”宣传 263b
安信资管 206a
安责险 392b
安贞街道 397a
安贞街道安华里社区红娘小组 367c
案件审理 101a
奥林匹克森林公园 231a，243b
奥林匹克森林公园花卉观赏季 244a
奥林匹克中心区管委会 149b
奥森锻炼——2023 奥森半程马拉松 244a
奥森公园儿童冰雪嘉年华活动 243c
奥运村街道 399a
《奥韵时讯》 400b
澳门中华民族文创学会 160a

B

《八大品牌聚合力》 385c
八里庄街道 402a
八十中学孙河校区 71b
《把双拥政治优势转为新发优势朝阳区2020—2023年双拥工作汇报片》 141b
坝河北街 219c
坝河北三街 219c
《坝河连着你和我》 333b
白盒子艺术中心 107b
《百名书记话消防》 394a
百日千万招聘专项行动 360a
“百姓身边的红十字”主题活动 380b
百姓宣讲团 185a
百姓周末大舞台 317a，405c，420b，435c，442c
“百业万企”共铸诚信文明朝阳活动 385b
百子湾二街 220a
拜耳（中国）有限公司 152b
办公环境 83c
半壁店村党群服务中心 56c
半壁店村史馆 319c
帮扶共建 454b
帮扶属地办事处 241b

宝嘉恒公司　219c
宝马（中国）保险经纪有限公司　170b
保安行业管理　129b
保健食品行业食品安全专项治理　176c
保密工作培训　54b
保障房监督检查　268a
《保障农民工工资支付条例》　361c
保障性社区上线政府配租平台　503c
保障性住房补贴发放　267b
保障性住房建设　218a
保障性住房资格审核　267c
北辰集团国家会议中心二期项目　149a
“北斗七星’谈·朝阳区亮马河水岸经济带国际友人说中医药”　40c
北工大山河湾谷创新区　76b，281b，414b
北花园绿化队　242b
北化机爱工场文化科技融合产业园　208b
“北京·国际范儿”短视频大赛线下采拍活动 80a
北京 798 艺术节　159b
北京 CBD“潮车 Pop-up 市集”系列活动　222b
《北京 CBD“总部倍增计划”》　146c
北京 CBD 产业发展与招商工作研讨会　222b
北京 CBD 国际集团招商服务有限公司　223c
北京 CBD 流动驿站　146a
北京 CBD 商务美食评选活动　224a
北京 CBD 摄影俱乐部　143c
北京 CBD 数字经济发展论坛暨创新中心　144a
北京 CBD—天津港京津协同港口服务中心　37b，145b，223c
北京 CBD 招商服务中心　223c
北京爱地园林景观设计有限公司　242b
北京爱奇艺科技有限公司　155b
北京奥林匹克中心区管委会　147b
北京奥林匹克中心区管委会调研区政协委员工作站　92c
北京奥园·双奥体育文化周　356a
北京奥运城市发展促进会　149b
北京奥运城市发展促进中心　149b
北京白龙马云行科技有限公司　124b
“北京榜样·京城的哥”典型事迹　261a
北京榜样　394a
北京宝嘉恒基础设施投资有限公司　164c，236a
《北京保密》杂志　54b
北京北林生态田园景观规划设计有限公司　235a
北京玻色量子科技有限公司　187c
北京朝来农艺园有限责任公司　196b
北京朝阳“国际灯光节”　244b
北京朝阳“美丽中国”建设实践论坛　275a
“北京朝阳”客户端　328a
“北京朝阳”微信公众号　329a
北京朝阳城市发展集团有限公司　112b，164c，203c，209a
北京朝阳大数据有限公司　154a
北京朝阳公园开发经营有限责任公司　166a，244c
北京朝阳国际茶香文化节　40c，75a，125b，165b，211a，211b，329b
北京朝阳国际灯光节　165c，211a，329c
北京朝阳国际雕塑邀请展　244b
北京朝阳国际精酿啤酒节　176b
北京朝阳国际科技发展集团有限公司　112b，164c，209a，281c
北京朝阳国际啤酒节　247c
北京朝阳国家文化产业创新实验区管理委员会　133b
北京朝阳国有资本运营管理有限公司　164c
北京朝阳环境集团有限公司（简称朝阳环境集团）　278b
《北京朝阳—吉林白城”旅游合作框架协议》　212c
“北京朝阳民盟”公众号　103b
《北京朝阳年鉴（2021）》　332a
《北京朝阳年鉴（2022）》　332a
《北京朝阳年鉴（2023）》　332c
北京朝阳全民阅读大会　48a
北京朝阳人才发展有限公司　44c
北京朝阳融媒体发展大会暨“五宜”朝阳行启动仪式　150c
“北京朝阳社保中心”微信公众号　364a
北京朝阳文旅发展集团有限公司　112b，164c，184c，208c，209a
《北京朝阳文旅纪事》　314a
北京朝阳新闻发布厅　134a
北京朝园弘园林绿化有限责任公司　235a，238a，239c，239c，241c
北京朝政汽车检测场有限公司　183c
北京潮流音乐节　317c
北京城市更新论坛暨首届北京城市更新周　76a
“北京城市更新最佳实践”项目　41a，406c
《北京城市总体规划（2016—2035 年）》　221a
北京春苗慈善基金会　204a
北京大学第三医院　307c
北京德轩工程管理有限公司　235a
北京德亿信数据有限公司　143a
北京电子数智科技有限责任公司　186a
北京东岳庙　210b
北京冬冬创远装饰工程有限公司　249a
“北京反恐”微信公众号　129c
北京粉笔蓝天科技有限公司　169a
“北京风光办公垫”　324a
《北京改革情况交流》　51b
北京高安屯垃圾焚烧有限公司　183c
《北京工人》　181c
北京工人体育场　265a
北京工业大学　271b，288b，302b，395c
“北京工业大学服务首都高质量发展——内涵、特色、融合 3 项发展专项规划”　303b
北京工业大学附属中学双桥分校　290b
北京工业软件产业创新中心　70c，187a
北京光禹莱特悦和　209b
北京广播电视台　250c，270c
北京国粹艺术传承促进会　143c
北京国华置业有限公司　144b
北京国际大数据交易所　142c
北京国际大数据交易所经营资质　186c
北京国际电影节　173b
北京国际合作论坛暨 CBD 论坛　146a
北京国际人力资本集团股份有限公司　169b
北京国际商务中心区开发建设集团有限公司　164c，222a
北京国际音乐节　80a
北京国际音乐生活周　482b
北京国家广告产业园区　155c
北京国家旅游中心有限责任公司（水立方）　209a

北京荷花文化节暨首届朝阳区红领巾公园荷花观赏季活动 237a
北京黑庄户观赏鱼养殖发展中心 197b
北京恒瑞永天投资管理有限公司 183c
北京互联经纬科技开发有限公司 321a
北京华鲲振宇智能科技有限责任公司 188c
北京华乐非凡文化传播有限公司 148a，149c
北京化工大学 305c
北京化工大学—中国石油天然气股份有限公司 306b
北京化工集团华腾易心堂文化创意产业园 208b
北京欢乐谷 208c
北京会议中心 220a
北京惠通宏信文化产业中心 114a
北京极端强降雨灾害 103a
北京嘉林药业股份有限公司 124b
北京假日农夫科技有限公司 237c
北京胶片摄影派对 326a
北京金科基础设施产业基金（有限合伙）186a
北京金通港房地产开发有限公司 144c
北京京国管股权投资基金（有限合伙）186a
北京京客隆商业集团股份有限公司 164c
北京经济管理职业学院 307c
北京经纬恒润科技股份有限公司 189b
北京聚砚斋砚台文化博物馆 320c
北京卡路里科技有限公司 169b
北京控股篮球俱乐部 150b
北京鲲鹏联合创新中心 187c
北京朗昆文化产业发展有限公司 149b
北京乐华圆娱文化传播有限公司 169b
“北京礼物” 324c
北京理工大学 281b
北京联合大学 308c
北京量子之歌科技有限公司 169b
北京龙威互动科技公司 321a，321b
北京民俗博物馆 406c
北京民俗文化节暨第25届东岳庙庙会 211a
北京闽龙陶瓷艺术博物馆 320c
《北京年鉴（2023）》 332a
北京农副产品交易所有限责任公司 142c
北京农民艺术节“乡村大舞台”朝阳区专场展演 192b
北京排水集团坝河流域分公司 276b
北京潘家园国际民间文化发展有限公司 164c，208a
北京泡泡玛特文化创意有限公司 155b
北京普惠健康保 361a
“北京汽车维修行业协会”公众号 263a
《北京青年报》 181c
北京青年政治学院 309c
《北京青年政治学院服务“一带一路”建设国际化发展规划（2023—2025年）》 310a
《北京区域互联网租赁自行车行业规范用户停放行为联合限制性公约》 470c
“北京日” 180b
《北京日报》 155c，181c
北京赛瑞斯国际工程咨询有限公司 144c，154c
北京三元绿化工程有限公司 237c
北京商务中心区管委会 142a
北京商务中心区国际招商服务有限公司 222b，222c
《北京商务中心区年鉴》 332b
《北京商务中心区人才公共租赁住房第四轮集中配租工作方案》 74a
《北京商务中心区人才公共租赁住房配租管理实施细则》 74a
北京商务中心区商会 144a
《北京商务中心区商会筹备工作报告》 144b
《北京商务中心区商会第一次会员代表大会选举办法》 144b
《北京商务中心区商会会费收取管理办法》 144b
《北京商务中心区商会章程（草案）》 144b
北京盛世宝文化科技有限公司 315c
北京盛泰嘉禾农业科技发展有限公司 237c
北京师范大学 276b，288b
北京世奥森林公园开发经营有限公司 243b
北京世纪华侨城实业有限公司欢乐谷分公司 114a
北京世园公园中国馆 237b
北京市2023年国防教育暨征兵宣传进校园活动 309a
《北京市安全生产条例》 199a，199c，201b
北京市朝富国有资产管理有限公司 164c
《北京市朝阳地区海外联谊会章程（修订草案）》 49c，50a
北京市朝阳环境集团有限公司 164c
北京市朝阳农业综合服务有限公司 195a
《北京市朝阳区“十四五”时期档案事业发展规划》实施情况中期评估工作 331c
《北京市朝阳区“十四五”时期绿化发展规划中期执行情况评估报告》 230c
《北京市朝阳区“十四五”时期知识产权发展规划》 177b
《北京市朝阳区2023—2024年采暖季供热服务保障工作方案》 73b
《北京市朝阳区2023年碳达峰碳中和工作要点》 162a
《北京市朝阳区43个街乡地名由来》 333b
北京市朝阳区安华学校 298c
《北京市朝阳区安全生产工作职责分工规定》 41c，73a
《北京市朝阳区安全生产职责分工规定》 390a
北京市朝阳区保障性住房发展有限公司 164c
《北京市朝阳区朝外街道志》 332b
《北京市朝阳区打造源头化解物业领域矛盾纠纷新模式》 127a
《北京市朝阳区大事记汇编》 332c
北京市朝阳区大数据信息中心 153c
北京市朝阳区第十七届人民代表大会第三次会议 221a
《北京市朝阳区发展和改革委员会关于朝阳区化石营旧城区改建项目调整征收投资任务书的批复》 222b
《北京市朝阳区法律顾问工作规则》 127c
北京市朝阳区方舟社会工作发展中心 114b
《北京市朝阳区防汛应急预案》 271c

北京市朝阳区工读学校　298c
北京市朝阳区公园和绿化建设管理中心　235a，239a，239b
《北京市朝阳区规范开发区管理机构促进开发区创新发展的实施方案》　153b
《北京市朝阳区国防动员办公室职能配置、内设机构和人员编制规定》　50b
《北京市朝阳区国民经济和社会发展第十四个五年规划和二〇三五年远景目标纲要》　162b
《北京市朝阳区国民经济和社会发展第十四个五年规划和二〇三五年远景目标纲要》　63a
《北京市朝阳区合法性审查工作指导手册》　127b
北京市朝阳区呼家楼中心小学　251c
北京市朝阳区呼家楼中心小学景新分校　290b
《北京市朝阳区机构编制监督检查工作实施办法》　50c
《北京市朝阳区建筑绿色发展三年行动方案（2023—2025年）》　218c
北京市朝阳区金色河畔高尔夫学校　312c
北京市朝阳区科技创新服务中心　153c
北京市朝阳区科学技术和信息化局　153b
北京市朝阳区农业农村综合服务中心所属北京水科园水产养殖技术有限公司　183c
《北京市朝阳区农业现代化发展规划（2021—2025）》　193a
《北京市朝阳区青年联合会第七届委员会组成方案及委员推荐办法》　122c
《北京市朝阳区青年联合会委员管理细则（修正案）》　123a
《北京市朝阳区青年志愿者协会章程》　116b
《北京市朝阳区全面打赢城乡水环境治理歼灭战三年行动方案（2023—2025年）》　73a
《北京市朝阳区人大常委会2023年度代表优秀建议评选工作方案》　58b
《北京市朝阳区人大常委会代表建议、批评和意见办理工作满意度测评实施方案》　58b
《北京市朝阳区人口普查年鉴2020》　171c
《北京市朝阳区人民代表大会常务委员会人事任免办法（修订草案）》　63a
《北京市朝阳区人民代表大会常务委员会任免国家机关工作人员办法（修订草案）》　61c
《北京市朝阳区人民代表大会常务委员会议事规则（修订草案）》　61c，63a
《北京市朝阳区人民代表大会常务委员会组成人员守则（修订草案）》　61c，63a
《北京市朝阳区人民代表大会议事规则》　63b
《北京市朝阳区人民防空分区规划（2021—2035年）》　73c
《北京市朝阳区人民防空袭方案》　73c
《北京市朝阳区人民政府党组大兴调查研究的实施方案》　77a
《北京市朝阳区人民政府房屋征收决定》　222b，428c
《北京市朝阳区人民政府工作规则》　72c
《北京市朝阳区人民政府关于提请审议朝阳区2023年预算调整方案（草案）的议案》　72c
《北京市朝阳区人民政府关于同意北京国际商务中心区开发建设集团有限公司作为永安里旧城区改建项目实施主体的批复》　223a
《北京市朝阳区人民政府中青旅控股股份有限公司战略合作协议》　149a
《北京市朝阳区融媒体中心融媒创意工作室制度（试行）》　328c
《北京市朝阳区融媒体中心首席记者制（试行）》　328c
《北京市朝阳区深入打好污染防治攻坚战2023年行动计划》　73c
《北京市朝阳区生物多样性保护规划（2023—2035年）》　73c
北京市朝阳区实验小学博远分校　290b
《北京市朝阳区首批“全国守法普法示范市（县、区）”创建活动考评指标体系（2023年版）任务分解》　135a
北京市朝阳区数字政务一体化平台项目　82a
《北京市朝阳区太阳宫乡志》　332a
《北京市朝阳区碳达峰实施方案》　162a
《北京市朝阳区统计年鉴2023年》　171c
《北京市朝阳区推动公立医院高质量发展行动方案》　344c
北京市朝阳区文学艺术界联合会　333b
《北京市朝阳区五大工业基地考》　333b
《北京市朝阳区乡村人才振兴工作指导意见（试行）》　190a
《北京市朝阳区影视拍摄服务手册》　48b
《北京市朝阳区应对气候变化2023年行动计划》　278a
《北京市朝阳区应急管理局应急物资代储管理办法（试行）》　389b
《北京市朝阳区预付卡管理工作方案》　74a
《北京市朝阳区园林绿化局安全生产和火灾隐患大排查大整治工作方案》　231b
《北京市朝阳区政府信息公开指南（2023版）》　78c
《北京市朝阳区知识产权强市建设示范城市工作方案（2022—2025年）》　68c
北京市朝阳区职工大学　311a
北京市朝阳水务集团有限公司　164c
北京市朝阳田华建筑集团公司　242a
北京市诚信品牌企业　221a
北京市大学生音乐节　306a
《北京市代征城市绿化用地移交建设管理办法》　238c
北京市党群服务中心示范点　42b
北京市第二届冬运会　355a
北京市第十三届商业服务业技能大赛　185c
北京市第五建筑工程集团有限公司　236a
北京市第一中西医结合医院　347b
《北京市动物防疫条例》　201b
北京市动物疫病防治员职业技能大赛　197c
北京市妇女儿童服务中心　246b
北京市妇女联合会　246a
北京市工程建设项目审批管理系统　286b
北京市工人先锋号 112b，172c，185c，420b，432c，453a，

北京市公安局公安交通管理局朝阳交通支队　261c
《北京市公共法律服务体系建设发展规划（2021—2025 年）》　134a
《北京市公立医院成本核算办法》　167c
《北京市关于落实完善科技成果评价机制的实施意见》　188b
北京市广播电视局　155b
北京市国有资产经营有限责任公司　149b
北京市荷花文化节　247a
北京市互联网 3.0 创新生态发展大会　75a，284a
《北京市机动车停车条例》59a，61b，62c，68b，73b
北京市机关事务管理局车辆管理处　84b
北京市机关事务管理局节能保障中心检查组　84a
《北京市积分落户操作管理细则》　360a
《北京市积分落户管理办法》　360a
《北京市技术转移机构及技术经理人登记办法》　188b
《北京市建筑绿色发展条例（草案）》　57a，68c
北京市交通委员会朝阳运输管理分局　259a
《北京市交通委员会关于明确道路客运车辆更新期限的通告》　260a
《北京市交通委员会关于明确中旅商务旅行服务有限公司等客运企业监管主体的通知》　260a
《北京市交通委员会关于启用“北京市包车客运二维码”的通知》　264b
《北京市接诉即办工作条例》　59a，69b
《北京市节水条例》　270a，270b，270c
北京市金盏学校　290b
北京市经济和信息化局　117b
北京市经信局产促中心　152b
北京市居家养老综合服务示范中心　435c
《北京市老龄事业发展报告》　132a
北京市两会　173b
《北京市面向优秀社区、村党组织书记招录公务员工作方案》　50b
北京市普通高中特色课程建设研讨会　298a
北京市全民健身示范街道　440c
《北京市全民健身条例》　352a
北京市人工智能行业大模型创新应用大赛　284b
北京市人民对外友好协会　155b
北京市日坛中学　49a
《北京市生活垃圾管理条例》　256c
北京市生态环境局　276b
《北京市生态环境综合行政执法机构规范化建设实施方案》　274c
北京市生态农场　38b，71b
北京市十一学校朝阳实验学校　290b
《北京市实施行政处罚程序若干规定》　163b
北京市首家数字经济主题公园　442b
北京市首批演艺空间培育项目　220c
北京市数字教育大会职业教育分会　304a
北京市数字人基地　187c
《北京市水生外来入侵物种普查清单》　195b
北京市特色高水平职业院校、第一批特色高水平骨干专业（群）和第一批特色高水平实训基地（工程师学院和技术技能大师工作室）项目　305c
北京市特色直播电商基地　324b
《北京市特色直播电商基地认定办法（试行）》　324b
北京市体育旅游精品项目　352b
北京市体育示范基地　243b
北京市调查研究工作先进单位　50c
《北京市土壤污染防治条例》　276a
《北京市推广“一业一证”改革实施方案》　81b，81c
《北京市推进供水高质量发展三年行动方案（2023—2025 年）》　227b
《北京市外商投资条例》　67c
北京市外资研发中心　153a
北京市温榆河公园协调小组办公室　269b
北京市文化和旅游局　209b，209c
《北京市无界公园建设三年行动计划（2023—2025 年）》　239b
《北京市无障碍环境建设条例》　378c
《北京市物业管理条例》　59a，68c
《北京市先进制造业和现代服务业融合示范园区和试点企业认定及支持办法（试行）》　188c
《北京市乡村振兴促进条例（草案）》　57a
北京市新年徒步大会启动仪式　243c
北京市新时代文明实践基地　385c
北京市业余无线电科普基地　425b
北京市优秀青年人才　44c
《北京市院前医疗急救服务条例》　68c
北京市长青生命纪念园　138b
北京市政府采购电子交易平台　82b
北京市政务服务事项管理系统　264c
北京市知识产权保护中心　158a
北京市职业教育产教融合推进会暨 2023 年职业教育宣传月　304b
北京市职业院校思政和德育工作优秀案例　308a
北京市中小企业服务中心　117b
《北京市住房租赁条例》　267b
北京市自来水第九厂　276a
北京数道智算科技有限公司　188b
北京数康朝科科技产业发展有限公司　154c
北京数智云科信息科技有限公司　164b，187b
北京数字经济核心区建设工作　154a
北京数字经济算力中心　186a
北京双奥全旅文化发展有限公司　151a
北京水碓子邮政支局　182b
北京水科园水产养殖技术有限公司　196b
北京四方工程建设监理有限责任公司　236a
北京斯普瑞斯奥特莱斯风情小镇　209b
北京坛庙文化研究会　237c
北京特色直播电商基地　179c
北京体育市场数字赋能计划　356b
北京天马通驰旅游客运有限公司　260a
北京外企人力资源服务公司　164b
“北京外事礼物”征集活动　327a
北京外资试点暨创投集聚区政策培训会　169c
北京完美世界科技文化有限公司　321a
北京网协会员团体赛　243b
北京望京合生麒麟新天地　208c
北京温榆河公园朗昆自在营地　220c
北京文化创意大赛朝阳赛区赛事　159c
北京文化论坛　243b
北京西山国家森林公园　102b

北京祥龙博瑞汽车服务（集团）有限公司 264b
北京新一代信息技术产教联合体 305b
北京信托·北辰世纪 1 号财产权信托——北辰世纪中心 CMBS 项目 207a
北京信托 206c
北京信息职业技术学院 303c
北京信息职业技术学院第一次党员代表大会 305a
北京信息职业技术学院工会第一届会员代表大会 304c
北京星海艺术幼儿园 297b
北京星海幼儿园 297b
北京颐堤港 208c
北京音乐小镇 482b
“北京雨燕”风筝装饰画 327a
北京园磊工程管理有限公司 239c，241c，242a
北京粤海烤鸭店有限公司 183c
北京职业教育“入学即入职”项目 304b
北京智慧人社一体化平台 363c
北京中宸芯光科技有限公司 148a
北京中城建建设管理有限公司 242b
北京中电华大电子设计有限责任公司 189b
北京中华民族博物院 248c
北京中老年模特大赛 53c，327c
北京中良实业有限公司 183c
北京中农春雨高科技股份有限公司 196b
北京中学传媒分校 290b
北京中学东坝北校区一期 225a
北京中学二分校 251c
北京中医药大学 107c，111c，152b，300c
北京中医药大学－北京理工大学微专业建设 301a
北京中医药大学良乡校区图书馆项目 301c
北京自贸试验区国际商务服务片区 1142c
北京最美街巷 38c
《北平的黎明》 436b
北投奥园 1314 园区 92b
北西区域棚户区改造项目 466c
北小河公园 255b
孛罗营北路 473c
孛罗营东一路 219c
备案审查 58b
背街小巷环境精细化整治 265a
被盗窃电动自行车发还仪式 130a
哔哩哔哩北京公司 155b
便民服务 408c，410c
标准化生产 196c
标准煤 161c
《宾馆饭店调查评估街乡分报告》 210a
滨松光子学商贸（中国）有限公司 142c
殡仪服务领域专项监督 97c
殡葬服务 369c
《冰梦丝语》——MagiconIce 150c
病虫害防治 241c，249a
病媒防制 419b
“博爱家园”项目 382a
《博爱家园案例集》 382a
博物馆进商圈 320a
“博物馆之城”主题论坛 40b，319a
博物馆之城建设专项培训班 320b
不动产登记 163c
不动产权证办理工作 507c
《不计入考评或只考评响应率事项清单》 258a
不良反应监测 176c
《不信我不行》 333c

C

财源建设暨数字经济统计培训 187c
财政监督 167c
《财政奖补领域公平竞争审查规则》 173a
财政经济工作委员会 67c，68a
财政资金管理 167c
“菜篮子”便民工程 184b
残疾人工作培训班 375b
残疾人就业保障审核 379a
残疾人社会保障服务 378c
残疾人专场招聘会 375c
“曹操网约车——出行先锋”党建品牌 456a
茶香之城 38a，70a
察哈尔右翼后旗 122b，278c，350b，351c，381c
产品质量监管 175a
产权管理业务培训 165c
产业空间线上管理平台 162a
常态管理＋联动协同 243a
常态化花卉项目 242a
常务委员会会议 85c
常营地区（回族乡） 460a
《常营回族乡第十八届人民代表大会第四次会议关于乡人大主席团工作报告的决议》 461c
《常营回族乡第十八届人民代表大会第四次会议关于政府工作报告的决议》 461c
《常营回族乡人民代表大会主席团工作报告》 461c
《常营回族乡人民政府2022年工作报告》 461c
超低能耗示范建筑管理 216a
超甲级智慧商务综合体高质量发展论坛 143b
朝 YOUNG 课堂——就业创业成长营“直播营销”主题培训 115c
朝保宝赋能之家 280b
朝保宝宣讲队 364a
“朝保点”微服务平台 364b
朝富公司 183b，184a
朝花艺术教育风采展示暨年度美育成果展示活动 296c
“朝华昔拾——我们的这些年”系列特色主题文化活动 492a
朝晖 3S 131a
朝来农艺园 38b，192c
朝南森林公园 504c
朝南万亩森林公园 231a
朝外 UIC 城市活力创新中心 209b
朝外大街升级改造一期工程 406c
朝外大街升级改造一期工程及 THEBOX 朝外｜年轻力中心项目 41a
朝外街道 405a
朝外街道日坛公园 235a
“朝我说”平台 81a
“朝夕港湾” 406b
朝阳“南部崛起”论坛 283b
朝阳捌月全民艺术节 318a
《朝阳报》 51b，172a
朝阳晨钟 131a
朝阳城发集团 165a，224b，224c
朝阳城市书屋 315a

朝阳大数据公司　164a
朝阳大悦城周边区域交通综合治理　258c
《朝阳党史》　55c，56c
《朝阳党史知识百问》　55c
朝阳法院　158a
《朝阳分局2023年彩叶观赏期旅游安保工作方案》　129c
《朝阳分区规划（国土空间规划）（2017—2035年）》　68b，73b
朝阳港中路　220a
"朝阳工匠"　113a，359a
"朝阳工匠"表彰大会暨第四届"朝阳工匠"选树活动启动仪式　113a
朝阳公司公共服务改善　210b
朝阳公益影厅　315c
朝阳公园　231a，244c
朝阳公园万人广场　396b
朝阳共青团大学生理论与社会实践项目　114c
朝阳供电公司　228a
"朝阳故事"　328b
朝阳规划艺术馆　327b
朝阳国际灯光节　41b
朝阳国际交流洽谈会暨"共享朝阳发展　共话合作未来"魅力朝阳之夜主题活动　149c
朝阳国际青年文创联盟系列活动　115b
朝阳国际人才创业大会（ITEC）创新峰会　41c，74b
朝阳国际人才创业大会（ITEC）全球创业赛总决赛　44b
朝阳国际人才创业大会（ITEC）赛事　45b
朝阳黑马数字人加速器产业运营公司　187b
朝阳匠心达人　359a
"朝阳教育督导"微信平台　313a
朝阳教育发展专家库　292c
朝阳科技集团　165a
"朝阳魅力"　328b
朝阳民进之家　106b
"朝阳能手"　359a
朝阳青年健走乐跑公益赛　122c
《朝阳情况》　77b
《朝阳区2023—2024年创建全国无障碍建设示范城市工作实施方案》　378c
《朝阳区"城市智慧大脑"建设总体规划》　152c，280a
《朝阳区"创城+"探索文明城区建设新路径项目》　382a
《朝阳区"分类分型"深化社区统战工作的研究》　48c
《朝阳区"凤凰计划"高层次人才租赁住房管理实施细则》　46a
《朝阳区"扶老助残、平安相伴"为民办实事项目实施方案》　73a
朝阳区"侨之家"工作研讨活动　122a
朝阳区"三长联动"青少年生态教育暨2023级朝阳小河长毕业巡河活动　269c
《朝阳区"十四五"规划中期评估工作方案》　162b
《朝阳区"十四五"时期提升农村人居环境建设美丽乡村行动方案》　191c
《朝阳区"十四五"学前教育发展提升行动计划》　73c
《朝阳区"疏解整治促提升"专项行动2023年工作计划》　73c
《朝阳区"双奥朝阳"建设十大行动计划（2022—2024年）》　352c
《朝阳区2022年国民经济和社会发展计划执行情况与2023年国民经济和社会发展计划》　63b
《朝阳区2022年国民经济和社会发展统计公报》　171c
《朝阳区2022年预算执行情况和2023年财政预算》　63b
《朝阳区2022年重大投资项目规划谋划工作方案》　73a
《朝阳区2023—2024年度森林防火期工作方案》　389a
《朝阳区2023—2024年秋冬季大气污染综合治理攻坚行动方案措施任务表》　73b
《朝阳区2023年财源建设工作方案》　72c，162b
《朝阳区2023年道路建设计划》　258b
《朝阳区2023年度"服务包"企业走访联系服务工作方案》　73c，161a
《朝阳区2023年度文旅行业调查评估项目工作报告》　210a
《朝阳区2023年基层党建工作重点任务清单》　44a
《朝阳区2023年接诉即办"每月一题"推动解决重点民生诉求的工作计划》　257c
朝阳区2023年农情调查统计工作培训会　197a
《朝阳区2023年桥下空间整治工作方案》　259a
《朝阳区2023年政党协商计划》　49a
朝阳区751旅游休闲街区　209a
《朝阳区安全生产和火灾隐患大排查大整治工作方案》　390b
《朝阳区安全生产和火灾隐患大排查大整治宣传工作方案》　47a
《朝阳区安贞街道街区控制性详细规划（2021—2035年）》　398c
朝阳区班主任领军人才培训项目　293b
《朝阳区保障粮食安全工作方案（2023—2025）》　73a
《朝阳区标准化行动方案（2022—2025）》　41b，73c，175a
朝阳区冰雪消费季　356b
《朝阳区病媒生物预防控制服务机构备案办事服务规范（试行）》　342c
朝阳区残疾人职业康复中心　108c
《朝阳区撤村工作指导手册》　366c
《朝阳区城管执法局2023年城市管理专项执法工作方案》　256a
《朝阳区城乡建设用地减量任务分解方案（2023—2025）》　214a
《朝阳区城镇燃气安全专项整治工作方案》　73a
《朝阳区创建国家食品安全示范城市工作方案》　73a，176c
《朝阳区创建全国法治政府建设示范项目工作实施方案》　73a，127c
《朝阳区促进产业提质升级推动经济高质量发展指导意见》　146b
《朝阳区促进产业发展政策管理办法》　166c
《朝阳区促进产业高质量发展指导意见》　74a，158c
《朝阳区促进产业提质升级推动经济高质量发展指导意见》　163a
《朝阳区打击侵犯知识产权和制售假冒伪劣商品工作领导小组办公室工作细则》177b

《朝阳区打击侵犯知识产权和制售假冒伪劣商品工作领导小组成员单位职责分工》 177b
《朝阳区打击侵犯知识产权和制售假冒伪劣商品工作领导小组工作规则》 177b
《朝阳区打造源头化解特色领域矛盾纠纷新模式》 126b
朝阳区党建研究会 55a
朝阳区道德模范事迹展 385a
《朝阳区地方志事业发展规划（2021—2025年）》 332a
《朝阳区地名管理工作联席会议制度》 74a
《朝阳区地区办事处（乡政府）财政管理体制实施办法》 73a
《朝阳区第七次全国人口普查报告选编》 171c
朝阳区第十七届人民代表大会 57c
朝阳区第十七届人民代表大会第三次会议 153a
朝阳区第五次全国经济普查 171b
《朝阳区第一次全国自然灾害综合风险普查地震行业实施方案》 395c
朝阳区第一期少年军校暨第五期青少年防暴恐安全夏令营 116a
《朝阳区电力项目建设及重点事项协同推进工作机制》 229a
《朝阳区动火作业和特种作业专项执法检查行动方案》 393a
《朝阳区法治政府建设（2022—2023）》 73c，127c
《朝阳区反恐办规范标准、科技赋能持续提升反恐重点目标安全防范水平》 128b
《朝阳区反恐办以“五个三”工作措施为抓手全力夯实全国两会安保反恐防范基础》 128b
朝阳区丰和幼儿园 297b
《朝阳区妇联2022年工作总结和2023年工作思路（审议稿）》 117b
《朝阳区干部荣誉退休制度（试行）》 53a
《朝阳区港澳统战工作联席会2023年工作要点》 49c
《朝阳区高标准建设国际投资贸易示范区持续打造国际一流营商环境行动方案》 74a，162c
《朝阳区高标准农田建设规划（2021—2030年）》 72c
《朝阳区各地区办事处、有林单位2023—2024年度森林防灭火工作任务书》 389a
《朝阳区耕地及农业园区建设工作方案（2021—2025）》 193a
《朝阳区公共法律服务中心成果手册》 134a
《朝阳区公共卫生应急管理体系建设三年行动计划》 74a
朝阳区公共资源交易服务中 82a
朝阳区公民科学素质大赛总决赛 120b
《朝阳区公园景区安全保卫方案》 129c
《朝阳区关于更加有效发挥统计监督职能作用的若干措施》41b，72c，171a，171c
《朝阳区关于加强和规范治安纠纷与民间纠纷联合调解工作的实施意见》 134c
《朝阳区关于加强基层治理体系和治理能力现代化建设的实施方案》 41c，73a，366c
《朝阳区关于加强新时代关心下一代工作委员会工作的实施方案》 53c
《朝阳区关于建立中小学校党组织领导的校长负责制的实施方案（试行）》 289b
《朝阳区关于进一步开展提升群众安全感专项行动的工作方案》 126c
《朝阳区关于进一步做好冬季控烟工作的通知》 342c
《朝阳区关于开展2023年度移风易俗活动实施方案》 387b
《朝阳区关于开展农村移风易俗重点领域突出问题专项治理工作方案》 192a
《朝阳区关于开展乡村振兴领域专项治理工作方案》 73a
《朝阳区关于全面优化营商环境打造“北京服务”的工作方案》 73b，162c
《朝阳区关于支持互联网3.0创新发展的若干措施》 74a
《朝阳区关于做好2023年全面推进乡村振兴重点工作的实施方案》 73a，193a
《朝阳区贯彻落实〈质量强国建设纲要〉行动方案（2023—2025年）》 175a
《朝阳区规范农村产权流转交易工作实施细则》 191c，194a
朝阳区国际科创会客厅 188c
《朝阳区国家卫生区复审工作实施方案》 342b
《朝阳区国民经济和社会发展第十四个五年规划和二〇三五年远景目标纲要》 61c
《朝阳区国有企业违规经营投资问题线索查处工作指引》 166a
《朝阳区国有企业违规经营投资问题线索移交及责任追究报告工作规程》 166a
《朝阳区国有企业违规经营投资责任线追究实施办法（试行）》线 166a
《朝阳区海外统战工作和侨务工作联席线会2023年工作要点》 49c
《朝阳区行政许可事项清单（2023年版）》 74a
《朝阳区红十字会第八届理事会工作报告》 381a
《朝阳区红十字会监事会工作规则》 381a
《朝阳区红十字事业2023—2027年发展规划纲要》 381a
《朝阳区互联网3.0创新发展三年行动计划（2023—2025年）》 68c，72c，280a，281a，282a
《朝阳区互联网3.0创新发展三年行动计划》 40b，74b，152c
《朝阳区环食药旅领域“公安＋行政”执法协作联席会议制度》 129a
《朝阳区机关、单位保密自查自评表》 54b
朝阳区基层侨联工作会 121a
《朝阳区基层侨联经费使用管理指导意见（试行）》 122a
《朝阳区基层专职党务工作者工资待遇实施细则》 43c
朝阳区基督教“三自”爱国运动委员会 371a
《朝阳区纪检监察系统干部廉政谈话规定》 95a
《朝阳区纪委区监委干部人事工作管理办法（试行）》 95a
《朝阳区纪委区监委工作人员离京报备和请（休）假管理办法》 95a

《朝阳区纪委区监委关于基层党组织专职纪检干部问题线索处置管理办法》 95a
《朝阳区纪委区监委关于开展重复举报化解不力专项整治工作方案》 100b
《朝阳区纪委区监委机关关于进一步改进调查研究工作的意见》 95a
朝阳区建区 65 周年成就展 109c
朝阳区建区 65 周年非物质文化遗产精品展 318c
《朝阳区建区 65 周年区情教育系列活动实施方案》 48b
《朝阳区建设国际一流影视制作基地工作计划（2023 年—2025 年）》 160b
《朝阳区建设花园城市示范区规划研究暨三年行动计划》 231a
《朝阳区教育委员会关于对十四届全国人大常委会立法需求和立法工作意见建议的报告》 294c
《朝阳区教育系统骨干人才管理办法》 292a
《朝阳区教育系统骨干人才履职考核奖励办法》 292a
《朝阳区教育系统健全规范基层纪检组织工作办法（试行）》 95a
朝阳区教育系统诉求服务中心 290a
《朝阳区街道（地区）住房保障工作质量评估实施细则》 267c
《朝阳区街道办事处财政管理体制实施办法》 73a
朝阳区金融行业两新党建联盟 203a
《朝阳区经济空间布局与区域协调发展研究》 171c
《朝阳区军休干部服务管理工作咨询委员会章程》 139c
朝阳区科普活动 119c
朝阳区科学技术协会第八次代表大会 120a
《朝阳区科研院所统战工作联盟联席会议制度》49c
《朝阳区空气重污染应急预案（2023 年修订）》 73b
朝阳区老旧小区综合整治项目 215a
朝阳区离退休干部健康教育管理示范基地 53b
《朝阳区林保情况》 238b
《朝阳区领导干部包保 A 级食品安全主体工作方案》 73c
《朝阳区落实普惠托育服务试点工作的实施方案》 344b
朝阳区律师执业权利保障工作联席会第八次会议 134b
朝阳区农村合作经济经营管理站 193c
《朝阳区农村集体资产产权交易工作手册》 194a
《朝阳区农村集体资产管理制度》 194c
朝阳区农村土地承包仲裁委员会 194a
《朝阳区农业安全生产宣传手册》 199c，201b
《朝阳区农业外来入侵物种普查技术工作方案（2022—2023 年）》 196a
《朝阳区普通高中“德育质量年”行动计划（2023—2024）》 296a
朝阳区侨联八届四次全委会议 121b
《朝阳区侨联青年委员会章程》 121a
朝阳区桥体垂直绿化项目 242b
《朝阳区青联 2022—2023 年度委员履职考核结果》 122c
朝阳区青年工作联席会议 2023 年全体（扩大）会议 116b
朝阳区青年就业创业实习基地 223c
《朝阳区区级部门主要领导干部自然资源资产审计评价指标体系（试行）》 170c
《朝阳区区域内轨道交通建设项目临时占地补偿指导标准实施细则》 216a
《朝阳区区直机关系统健全规范基层纪检组织工作办法（试行）》 52b，95a
《朝阳区人大常委会 2023 年代表之家、代表工作室和代表联络站网上平台工作安排》 60a
《朝阳区人大常委会代表工作手册》 60a
《朝阳区人大常委会工作报告》 63b
《朝阳区人大常委会关于补选朝阳区第十七届人民代表大会代表工作实施方案》 62c
“朝阳区人力资源公共服务中心”微信公众号 360a
《朝阳区人民法院工作报告》 63b
《朝阳区人民检察院工作报告》 63b
《朝阳区人民政府 2022 年法治政府建设年度情况报告》 73c
《朝阳区人民政府工作报告》 63b
《朝阳区人民政府关于 2022 年度国有资产管理情况的综合报告》 63a
《朝阳区人民政府关于 2022 年度企业国有资产管理情况的专项报告》 63a
《朝阳区人民政府关于全龄友好型公园建设情况的报告》 68c
《朝阳区人民政府和北京工业大学推进北工大山河湾谷创新区建设的支持意见》 73b
《朝阳区人民政府组织实施房屋征收拆迁强制执行工作规程》 74a，217a
《朝阳区社区、村党组织书记区级备案管理实施办法》 44a，193a
《朝阳区社区成长伙伴计划案例集》 366c
《朝阳区涉意识形态文化艺术品快速研判和协调处置机制工作方案》 47b
《朝阳区深化服务业扩大开放综合示范区建设工作方案》 73c
《朝阳区深化医改工作重点任务》 344c
《朝阳区深入推进医养结合发展的实施方案》 373a
《朝阳区审计局审计整改管理办法》 170c
《朝阳区审计整改约谈办法》 170c
《朝阳区生活垃圾分类达标、示范居住小区（村）创建考核办法》 191c
《朝阳区生态文明建设规划（2023—2035 年）》 73a
《朝阳区生物多样性保护规划（2023—2035 年）》 274a
朝阳区师生信息素养提升实践赛事 295a
《朝阳区实行商品和服务明码标价工作指引》 177a
《朝阳区实施“一业一证”行业综合许可改革的工作方案》 72c，81b，81c
《朝阳区实体书店扶持资金管理办法》 47c
《朝阳区实现“双碳”目标的前景、难点和关键举措研究》 108b
《朝阳区实验小学：学校涌现“专利现象”打通拔尖创新人才培养通道》 296b
《朝阳区实验小学涌现“专利现象”助推拔尖创新人才培养》 296b
朝阳区实验小学专利发布会 296b

《朝阳区市场监管局意识形态突发事件“五控”机制处置方案（试行）》 173c
《朝阳区市场监管局制止餐饮浪费倡议书》 176b
朝阳区数字档案馆系统平台建设（一期）项目 330c
《朝阳区数字经济发展现状、困境与政策建议》 104a
《朝阳区数字农业农村工作方案》 191c
朝阳区数字政务一体化平台 81b，82b
《朝阳区水务局应对台风“杜苏芮”影响强降雨工作方案》 272b
《朝阳区提升“七有”“五性”民生保障水平2023年工作计划》 365b
《朝阳区提升文化产业核心竞争力的路径研究》 108b
《朝阳区体育行业预付费资金监管工作方案》 357a
《朝阳区体育行业预付费资金监管工作指导手册》 357a
《朝阳区体育行业预付式监管行政处罚自由裁量标准（试行）》 357a
《朝阳区调查研究工作协调联席会议工作规则》 51a
《朝阳区突发林木有害生物事件应急预案》 238b
《朝阳区推进“双五”工程2023年度工作方案》 162b
《朝阳区推进国际消费中心城市主承载区建设2023年度工作方案》 73c
《朝阳区推进京津冀协同发展2023—2025三年行动计划》 73a
《朝阳区推进阅读之城建设三年行动计划（2023—2025年）》 48a，314a
朝阳区退役军人系列培训 311b
《朝阳区托育服务体系建设工作方案（2023—2025年）》 344b
《朝阳区网络直播营销平台自律公约》 172c
《朝阳区违规电动三、四轮车治理宣传工作方案》 47a
《朝阳区维护稳定保障工作机制专项资金使用管理办法》 74a
《朝阳区委“两新”工委委员述职办法（试行）》 44a
《朝阳区委编委关于2022年度机构编制重要事项的报告》 50b
《朝阳区委全面深化改革委员会2023年工作要点》 51a
朝阳区卫生健康委卫生信息平台升级改造 337b
《朝阳区卫生健康系统健全规范基层纪检组织工作办法（试行）》 95a
朝阳区卫生信息系统运维和数据治理 337b
朝阳区卫生信息系统运维和医疗机构运营监管分析 337b
朝阳区文化养老联盟 53c
“朝阳区文明旅游志愿服务”活动 254c
朝阳区文艺家协会专题培训班 333c
《朝阳区无人配送车道路测试与商业示范实施细则（试行）》 74a
朝阳区无障碍公益诉讼中心 130c
《朝阳区限额以下工程施工安全管理实施细则》 390b
《朝阳区限额以下小型工程安全管理实施细则（试行）（2023年修订）》 219b
《朝阳区乡级集体产权制度改革实施方案》 73b，193c
《朝阳区乡镇主要领导干部自然资源资产审计评价指标体系（试行）》 170c
“朝阳区新时代好少年”选树学习宣传活动 384a
《朝阳区学习贯彻习近平新时代中国特色社会主义思想主题教育宣传工作方案》 46b
《朝阳区严格施工动火作业消防安全管理工作措施》 390b
朝阳区演艺新空间 316b
《朝阳区养老服务机构等安全生产大检查工作方案》 374b
《朝阳区养老机构信用评价评分细则》 374b
《@朝阳区养犬人士狂犬病免疫进社区了》 195b
朝阳区伊斯兰教协会 371a
《朝阳区应急管理综合执法大队工业和危化行业领域限额以下小型工程施工安全监管专项行动方案》 390b
《朝阳区优秀年轻干部队伍建设三年行动计划（2023—2025年）》 42c
朝阳区有安世亚太科技股份有限公司 189b
《朝阳区幼儿园德育指导意见（试行）》 294a
《朝阳区幼儿园家长教育指导手册》 294a
《朝阳区预付卡管理工作方案》 173b
《朝阳区园林绿化防汛应急预案》 236a
《朝阳区园林绿化行业安全风险评估三年工作方案（2022—2024年）》 231b
《朝阳区责任规划师2023年工作要点》 214b
《朝阳区整建制农转非工作实施方案》 190c
《朝阳区政府投资管理办法》 162c
朝阳区政务网络安全保障平台 79b
朝阳区政协国家文化产业创新实验区委员工作站 160b
《朝阳区支持互联网3.0创新发展的若干措施》 73b，281a，281b
《朝阳区知识产权强市建设示范城市工作方案（2022—2025年）》 73a，177b
《朝阳区知识产权资助办法（2023年修订）》 177b
朝阳区职业教育与成人教育学会第七届第一次会员大会暨换届选举大会 300b
朝阳区质量基础设施“一站式”服务工作站（朝阳园站） 280b
朝阳区中小学生积极心理品质培养项目优秀成果交流会 297a
《朝阳区种业振兴工作协调机制工作制度》 192c
朝阳区重大活动气象保障服务平台 286c
《朝阳区重点海外高层次人才和优秀海外留学人才调京工作规程（试行）》 44b
《朝阳区住宅专项维修资金审计问题整改方案》 73b
朝阳区自由职业人员服务团 49b
朝阳区总工会第十五次代表大会 113c
《朝阳区总林长令2023年第1号》 235c
《朝阳区总责任规划师工作办法（试行）》 214b
“朝阳群众”快手号 328a
“朝阳群众”品牌建设 126c
朝阳群众区级宣讲团 46b
“朝阳群众小河长”志愿项目 269b
《朝阳人大》 58a
朝阳融媒社区行 328c

"朝阳声音"　328b
《朝阳调研》　50c
《朝阳统计手册 2023 年》　171c
朝阳卫生健康云服务　337b
朝阳文旅集团　149b，151a，165a
《朝阳辖区网约车行业接诉即办机制》　260b
朝阳香文化传习所　318c，319a
《朝阳新程奋楫笃行》　56b
《朝阳信息》　56b
"朝阳艺象"美术作品展　335c
朝阳拥抱未来"礼赞新时代奋进新征程"发展成就展　74c
"朝阳有潮市——潮朝阳 FUN 生活"古风市集　211a，211b
朝阳园北区启动区　153c
朝阳园功能区　280b
朝阳园固定资产投资超额完成任务　154c
《朝阳园管委会（区科信局）有限空间作业夜查专项行动工作方案》　79a
朝阳园管委会　42c，79a，187c，280a
朝阳站　470b
朝阳站商业用地　470a
《朝阳政协》　85c
《朝阳支队提升接处警质效总体方案》　262a
"朝园工匠"冬季修剪比赛　255c
"朝园工匠"竞赛活动　238a
"朝之花"她对话"新修订的妇女权益保障法——护航女性职业发展之路"主题活动　117a
"朝知云调解平台"合作协议　133b
"潮朝阳·夜精彩"2023 北京朝阳国际灯光节　150c
"潮朝阳 FUN 生活"2023 北京朝阳国际文化旅游节　211b
"潮极新生·绿动计划——魅力崔各庄"2023 年消费季系列活动　464a
"潮起亮马河"主题艺术创作精品展　335c
《潮起亮马河》　336a
潮起亮马河精品展　183b
撤村建居　192b
撤村建制　501c
《成果要报》　310b
成品油领域税收国有财产保护　130c
城环城汽配城整治　263c
城建环保工作委员会　67c，68b
城市安全风险评估　391c
城市更新＋住房租赁　203c
"城市更新行动"民主监督调研　91a
"城市更新行动"民主监督座谈会　88a
城市更新项目　425a
城市固废处理　278b
城市管理　408a
城市国土空间监测　163b
城市建设者管理者之家　38c
城市精细化建设　408c
城市垃圾焚烧减污降碳成套技术专利　278c
城市体检　214b
城市智慧大脑 2.0 建设　71c
城乡融合发展三年行动计划　38b，190b
城乡融合发展重点提案督办调研　91a
《持续深化国际消费中心城市主承载区建设，培育新消费、激发新活力，不断增强消费对经 59a 济高质量发展的驱动作用》　59a，61c，62a，66b
"持续优化营商环境，推动企业稳定发展"经济工作会　447b
崇礼区政协　91c
《宠物饲料管理办法》　199b
出租车"油改电"　260b
出租汽车扬招站　260b
出租汽车与汽车租赁行业全覆盖监管检查　263c
传染病报告监督和防治　341c
传统文化进商圈活动　319a
创建文明城区工作宣传　328c
《创建政企双赢的企业合规"朝阳模式"提升朝阳区国际化经营综合竞争力》　87a
"创客北京 2023"创新创业大赛朝阳区启动会　283c
"创无违法建设区"　487b
《创新朝阳区物业管理纠纷调解工作体系建设的实施方案》　134c
创新管理与知识产权国际标准运营中心建设　178a
《创新管理—知识产权管理指南（ISO56005）》　178c
创业黑马科技集团股份有限公司　164b
"吹哨报到"平台　289b
垂杨柳医院　346b
"春分·朝阳"文化节在日坛公园　236b
"春风行动"线上女性专场招聘会活动　117b
"春风行动暨就业援助月"专项活动　359c
春季补植　240a
春季花卉补植　252b
春季修剪专项行动　241a
春季艺术品拍卖活动　323c
春季植树活动　254a
春节及元宵节景观　251b
《踔厉奋发守正创新在中国式现代化的朝阳实践中汇聚青春力量》工作报告　123a
慈善大集　430c
慈善助困项目　370a
慈善助老项目　370a
慈善助学项目　370a
慈善助医项目　370a
《从国际化视野对营商环境的思考及建议》　87a
"从首都实践看全过程人民民主"国际青年沙龙　434c
《促进北京商务中心区高质量发展若干措施》　146a
崔各庄地区（乡）　463a
"村地区管"制度　488c
村民委员会　473b
存贷款业务　204b，205b
存款业务　204a

D

《打击秋冬季乱捕滥猎和非法经营利用鸟类活动专项行动工作方案》　237c
《打造"宜学"朝阳》　294a
"打造高水平人才高地"调研　88b，91b
《大道薪传——中国的民主党派》　104c
"大地回声"原创歌曲专场演出　334a
大督查大接访大调研活动　83b
大黄庄绿化队道路　241c
大家资管　206a
大健康论坛暨北京 CBD 大健康产业联盟成立仪式　143a
大郊亭国际商务酒店　210b
"大排查大整治"专项行动　430a
"大棚房"App 扫码巡查　199c

《大使眼中的“最朝阳”》 38b，328a，329a
大事记电子书数据库系统平台 332c
“大思政课”综合改革试验区 294b
大屯街道 407a
大屯街道安慧北里安园社区 114b
大望京公园 254a
大洋路批发市场智慧农贸系统 176a
大悦城 209b
大运河传说故事 318c
大运河永通桥修缮工程 320a
“大主题 大学科 大空间——信息技术支持下的课堂教学实践”展示交流活动 298c
“代表集中联系选民月”活动 67b
贷款业务 204a
单用途预付卡管理标准 72b
档案安全自查工作 330b
档案方志工作会议 331b
档案工作分片联系服务机制 331b
档案管理 268a
档案开放 331a
《档案里的朝阳》区情区史系列视频 330b
档案数字资源建设 330c
党宾国宾接待 80b
党代表 42a
《党的二十大报告学习辅导百问》 156a
《党的二十大精神主题宣讲 54c
《党的二十大文件汇编》 156a
《党费收缴、使用管理情况报告》 461c
《党费收缴、使用情况的报告》 478c
党建暨人大工作会 60b
《党建引领一线贯穿——“11315 课程思政教育模式”的探索与实践》 308a
党群服务 398b
党群服务中心党委 42b
《党史理论与实践研究（2020—2021）》 55c
《党史理论与实践研究》 56c
《党委（党组）意识形态工作责任制实施办法》 51c
党委联系服务专家工作 45b
党员干部警示教育基地 43b
《党政领导干部安全生产责任制实施细则》 260a
《党支部书记实用手册》 156b
道德模范交流展示活动 384b
道路货运安全隐患大排查大整治专项工作暨“货运行业百日安全专项治理行动” 264a
道路交通治理 509b
道路客运企业年度质量信誉考核 260c
《道路旅客运输及客运站管理规定》 260a
《道路运输企业主要负责人和安全生产管理人员安全考核管理办法》 260c
《低至 1nm 层状氧化铋的铁电性研究》 302c
《砥砺奋进新征程，法治朝阳谱新篇》 135a
地方民办教育协会工作交流会 313a
地方志编纂委员会全体会议 332a，332b
“地球一小时”熄灯活动 79c
地区党群服务中心党委 476a
地区生产总值 70a
地退人员服务保障 369a
地震应急避难场所 396b
《地震应急避难场所场址和配套设施》 395c
第 33 次全国助残日 375c
第八届驻华使节中医药健康日 346a
第二轮高中学校多样化特色发展方案论证 298a
《第九届“艺术朝阳”社会主义核心价值观原创文艺作品征集和展示活动实施方案》 47b
《第六届朝阳地区海外联谊会届中工作报告》 49c，50a
第五次全国经济普查领导小组 406c
第一种形态 96b
“点亮儿童未来”世界儿童日主题活动 118b
《点亮理想之灯在中国式现代化的朝阳实践中汇聚党外青年人才力量——朝阳区党外青年人才工作研究》 48c
电力服务保障 226c
电力用户用电安全专项整治 393b
电影放映场所联合检查 322a
吊篮作业安全专项 393b
调研报告 106a
《调研参阅（智库专报）》 50c
《调研参阅》 50c
定点医药机构管理 364c
东坝地区（乡） 465a
东坝地区国际商业中心项目 467a
《东坝古今钩沉——从京东集镇到第四使馆区》（总第 11 期） 331c
东坝南二街全线贯通 470a
东坝南三街道路工程 221c
东坝生态农业示范园 197a
《东坝乡接诉即办工作指引》 466b
《东坝乡接诉即办绩效奖惩机制》 466b
东坝乡原轻工技术学校 235a
东坝之星评选 467b
东坝中心公园 236c
东北师范大学附属中学朝阳学校 44a
东风地区（乡） 468a
东风地区“家校社”共育“同心园”实践项目主题活动 287a
《东风地区领导干部走访约访下访包案工作方案》 469b
东枫德必 WE 人工智能创新基地 208b
东湖国际中心 119b
东湖街道 410a
东湖街道党群服务中心 82c
东湖街道企业服务中心 411b
东郊森林公园 231a
东苇路 219c
东苇四路 219c
冬奥会一周年系列活动 148a
《动火作业和特种作业专项检查方案》 240a
《动物衣原体病预防与控制手册》 197b
动物诊疗行业健康发展培训会 199a
《动物诊疗机构管理办法》 199a
动物诊疗许可证 196c
动植物疫病预防控制中心 196b
抖音“3·8 女王节”活动 324a
“抖音好物年货节” 323b
豆各庄地区（乡） 471a
《督查专报》 77b
读书班活动 67b
读志用志读鉴用鉴“七进”活动 332a
“杜苏芮”台风 272c
对公存款 205a
对接帮扶 459c
对口帮扶 510a
对口援疆结对共建网络签订仪式 464b
对口支援 345c，495b
对外经济贸易大学 288b

《多彩的春天—女神游园活动》 249c
《多彩的中华民族—藏族编织挑花刺绣》 249b
《多彩的中华民族—古色俄罗斯族（俄罗斯族油画艺术展）》 249b
“多彩光影 同心共筑”民族电影主题文化广场活动 371a
“多彩文化，魅力联大”首届校园主题文化周活动 309b
《多措并举确保“六好”离退休干部党支部示范创建有的放矢》 53a

E

“儿童心理指导咨询志愿者”专项培训 311c
“儿童用品安全行”宣传活动 175b
二十一世纪饭店 210b
贰零四玖投资集团有限公司 186a

F

《发挥数字经济优势推进充电基础设施发展》 104a
垡头翠城公园 235b
垡头街道 412a
“垡头笑剧场” 316a
法官工作站” 135c
法律服务 453c，510a
“法律十进”及“以案释法”主题普法宣传活动 392b
法治建设 419a
法治建设与法律服务 413c
《法治进行时》 133c
《法治日报》 446c
反家暴实务工作培训 117c
“泛舟亮马河，打卡京城璀璨夜景”主题直播 329b
芳草地国际学校世纪小学 123b
“芳草雅集·青年文荟”世界读书日新书分享会 315b
“防高坠、除隐患、促复工、保平安”安全专项行动 225b
防火安全委员会 463b
防空袭警报 138a
防汛工作 137c，272a
防汛救灾和恢复重建 513b
防汛抢险 255a
防汛应急保障 263c
防汛应急预案桌面推演 263b
防灾科技学院 395c
防治美国白蛾 254a
房地产策划师职业技能竞赛 359b
房地产经纪机构监管 267b
房地产开发企业资质管理 218b
房改审核 266a
房山区防汛抢险 273a
房山区九洲溪雅苑小区 266c
房山区乐汇家园社区 266c
房山区琉璃河中心小学 106c
房山区十渡镇九渡大街 370b
房山十渡应急保障中心 37b
房屋供暖 268c
飞絮治理 236c
非法卫星地面接收设施集中专项整治 322c
《非凡十年数看中国式现代化的朝阳实践 》172a
非公企业党建宣教员座谈会 124b
《非机动车交通事故案件审判白皮书（2021年度—2022年度）》 132b
《非机动车交通事故案件审判白皮书》 131b
非现场执法 262b
非现场执法设备 262b
“非遗”文化活动 319a
非遗茶艺师班 326b
非遗代表性传承人和代表性项目推荐评审 318c
“非遗建盏”文化节 325c
废弃电动三、四轮车清理整治 257a
废弃物回收 196a
废弃物资源化综合利用 216b
《分局安全生产积分激励办法》 260a
《分局安全生产委员会工作规则》 260a
《分局国家安全和平安建设领导小组办公室工作规则（试行）》 260a
分区规划实施 214a
丰宁满族自治县 105a
《丰收中国年》 428a
丰台区大数据中心 79b
丰台区信访办 83c
凤巢元宇宙 281c，283c
“凤凰计划” 42a，44c，45b，291b，337b
凤鸣计划”企业 42b，73b，161c
《夫妻共同财产申报告知书》 131c
扶残助困 444c
扶困助残 424c
服贸会 180b，212c，322c，367c
“服务包”企业走访服务 453b
服务贸易发展高峰论坛 75b
服务实体经济 205a
福建省星云大数据应用服务有限公司 154a
妇幼保健 344a
阜荣街 446c
富力阳光美园社区 461a

G

甘露园南里60号 403c
甘肃省临夏州积石山县地震 103a
干部教育培训 54c
《干部荣誉退休制度》 52c
港澳台侨委员会 94c
港澳统战 49a
高安屯厨余垃圾处理厂 279b
高碑店地区（乡） 474a
《高碑店乡减量规划实施方案》 475b
《高标准建设“两区”，打造对外开放新高地，推进朝阳高质量发展》 59a
高层建筑火灾隐患排查 216c
《高度关注总部企业核心功能布局加快推动总部经济高质量发展——朝阳区总部经济发展专题研究》 171c
高端压缩机及系统技术全国重点实验室 307a
高校进校园主题活动 296c
高校数字档案馆（室）建设论坛 309a
高中学生心理健康测评 296a
《告别违规电动三四轮车》 47a
格鲁吉亚外交领域官员研修班 80a
个私经济主体登记 166b
《各地改革情况摘编》 50c
各族青少年民族体育主题交流（北京）夏令营活动 371a
耕地保护 515c
“更朝阳新朝阳更新朝阳”北京朝阳城市更新论坛 76b，215b，225a
更新维修供暖设备 268b
工程监管 217b
工程质量监督检查 217c
工程质量监管 217c
工行朝阳支行 204a

工行国际商务服务片区支行 204c
工行九龙山支行 204c
工行望京支行 204b
工行亚运村支行 205a
工体110千伏输变电工程 161b
工体元宇宙GTVerse 283a，284c
工业企业涉氢使用专项治理 393b
工业总产值 186a
公安朝阳分局 128a
公办学校与国际学校协同发展启动会暨外籍人员子女学校教育教学优质创新发展研讨会 290a
公共安全风险管理 389c
公共安全馆科普日系列活动 393c
公共卫生监督 343a
“公共卫生应急管理体系建设”调研 88a，89c
公共资源交易服务中心 81b
公共租赁住房配租 266a
公务员管理 43a
公益诉讼案件 130c
公园常规养护 253b
公园城市建设座谈会 87c
公园古树 252b
公园花卉 251a
公园建设 479c
公园开放 241b
公园开放试点项目 238a
公园土城墙文物保护 253a
公园无障碍设施整改 252c
《共建精品年鉴示范区框架协议》 333a
“共建时尚之区”战略合作框架协议签约仪式 314c
共青团北京市朝阳区青少年公益行业工作委员 115a
共青团北京市朝阳区委员会 269c
共青团少先队实践育人活动成效 295a
“共享朝阳发展，共话合作未来”魅力朝阳之夜 41a，75b
共享单车管理 259a
共有产权项目递补选房 268a
供水工作交流合作 227b
构建未来理想学校国际学术研讨会 298b
购房资格材料专项检查 267a
古尔邦节 371c
古旧书博览会 326c
《古老的传说—藏族文化遗产（迪庆藏族自治州黑陶木碗）》 249b
《古老的传说—苗画》 249b
《古老的传说—神秘的苗族银饰展》 249b
古树名木保护 250a
古树养护 240b
古塔公园 210b
《关于“持续深化供给侧结构性改革，加快打造国际消费中心城市”的建议》 111b
《关于“加大政策引导和创新驱动，促进朝阳区城市有机更新更加有序”的建议》 107a
《关于〈朝阳分区规划（国土空间规划）（2017—2035年）〉实施情况的报告》 214a
《关于2023年深入开展文明村镇、文明单位创建活动的通知》 387b
《关于北京安捷利尔医药销售有限公司混合所有制改革实施方案的请示》 221c
《关于北京数字经济算力中心项目节能审查申请文件》 186b
《关于朝阳区2023年国民经济和社会发展计划执行情况与2024年国民经济和社会发展计划草案的报告》 163a
《关于朝阳区打造国际营商环境建设标杆区的建议》 87a
《关于朝阳区高质量建设国家级人力资源特色服务出口基地的意见》 74a
《关于朝阳区规范中小学生配餐标准和增加课间餐的建议》 89a
《关于朝阳区基础教育设施布局及学校建设相关情况的报告》 289b
《关于朝阳区私募股权投资基金高质量发展的思考和建议》 87a
《关于朝阳区支持发展贸易型总部企业的建议》 104a
《关于成立中国·潘家园文化产业联盟倡议书》 327a
《关于城市更新重在以“新”换“心”的建议》 89b
《关于从资源—资本角度审视和推动朝阳区城乡统筹创新发展的建议》 107b
《关于促进朝阳区数字技术发展增强产业链联动打造数字经济核心区的建议》 107a
《关于独角兽企业视角下朝阳区产业升级的建议思考》 87a
《关于对2023年审计监督重点的建议》 68a
《关于对朝阳区市场监管系统腐败和作风问题开展专项监督的实施方案》 97b
《关于对朝阳文旅集团、朝阳科技集团、朝阳城发集团档案处置工作的意见》 330a
《关于丰富区域文化活动和文化内涵提升国际影响力》 87a
《关于高质量谋划开展国有企业改革深化提升行动的通知》 163c
《关于公布2020年度和2021年度重点公共建筑电耗考核情况的通知》 216a
《关于公开征集〈朝阳区促进高新技术产业发展若干措施〉2023年度支持项目的通知》 188a
《关于构建和谐医患关系化解医患矛盾建设更高水平平安朝阳的联动协议》 132c
《关于贯彻落实〈特种设备生产单位落实质量安全主体责任监督管理规定〉〈特种设备使用单位落实使用安全主体责任监督管理规定〉的通知》 175b
《关于贯彻落实习近平总书记重要指示精神进一步强化安全生产和消防安全责任落实防范遏制重特大事故若干措施实施方案》 390b
《关于规范城市地区基层党组织设置的细则》 365c
《关于合并申报2023年度“五险一金”（养老保险、失业保险、工伤保险、医疗保险、生育保险、住房公积金）缴费工资有关问题的通知》 364c
《关于恢复和扩大消费措施》 183a
《关于加大朝阳区全科医生培养力度的建议》 107a
《关于加大朝阳区社区卫生服务投入力度的建议》 107a
《关于加大扶持力度帮助中小企业恢复发展的建议》 171c
《关于加强安全隐患大排查及做好“五一”期间安全生产工作的重要通知》267b
《关于加强朝阳区冬季有限空间作业安全监管工作的通知》 390b

《关于加强朝阳区建设工程分包单位安全管理的通知》 217c
《关于加强春季森林防灭火工作的令》 235c
《关于加强和规范治安民间纠纷联合调解实施方案》 128c
《关于加强年轻干部监督的工作办法》 95a，96a
《关于加强新时代离退休干部党的建设工作的实施方案》 53a
《关于加强院前急救网络第三方服务管理的通知》 343b
《关于建立健全区委巡察机构与区纪委区监委有关部门协作配合机制的意见》 98c
《关于建设朝阳区非诉讼纠纷化解中心开展诉调对接工作方案》 134c
《关于进一步规范朝阳区社区工作者工资待遇的实施细则（2022年修订）》 73c
《关于进一步规范调整党支部设置的工作方案》 45a
《关于进一步加强领导干部深入基层接访下访推动矛盾纠纷及时有效化解工作方案》 82c
《关于进一步建立健全各单位档案工作责任制的通知》 331a
《关于进一步落实乡村振兴战略，发展壮大乡村集体经济，实现我区城乡融合发展和共同富裕的建议》 89b，111a
《关于进一步落实园林绿化工程招标投标区级监管职能工作的通知》 82a
《关于进一步培育消费新时尚品牌、改造传统商圈，推动我区建设国际消费中心城区的建议》 111a
《关于进一步深化“村地区管”加强农村涉地合同管理的若干措施》 194a
《关于进一步提升北京大视听拍摄服务水平的实施方案》 48b
《关于进一步提升行政执法效能助力打造国际化营商环境标杆区的建议》 87a
《关于进一步推进朝阳区城市更新工作的建议》 89b
《关于进一步完善公共卫生治理体系建设筑牢朝阳区卫生防控底线的建议》 107b
《关于进一步严明纪律要求做好培训考察交流招商等外出工作的通知》 95c
《关于进一步优化朝阳区营商环境的建议》 89b
《关于酒仙桥旧城区改建项目预签征收补偿协议的通知》 428a
《关于开展“大思政课”建设实践教学基地遴选工作的通知》 294b
《关于开展2023年北京市电子政务网络安全检查工作的通知》 78c，79a
《关于开展北京市机关食堂反食品浪费工作成效评估和通报制度实施方案工作的通知》 176b
《关于开展党支部标准化规范化建设突出问题自查整改工作的通知》 44c
《关于开展高层建筑重大火灾风险专项整治的通知》 394b
《关于开展酒仙桥旧城区改建项目住宅房屋签约意向登记工作的通知》 428a
《关于开展特种设备安全隐患大排查大整治工作的通知》 175b
《关于开展微信群京办群清理工作的通知》 95c
《关于开展乡村振兴领域专项治理的工作方案》 193a
《关于开展元旦、春节期间文化市场专项整治工作的通知》 47c
《关于满足以医与患的相互需求为出发点夯实分级诊疗基础的建议》 107b
《关于强化农村地区监督治理工作的实施方案》 193a
《关于强化农村地区监督治理工作的实施方案》 193a
《关于切实加强我区森林防灭火工作的令》 235c
《关于全面加强朝阳区森林防灭火工作实施方案》 389a
《关于全面加强朝阳区新形势下森林防灭火工作的实施方案》 73b
《关于全面加强新时代首都少先队工作的若干措施》 116c
《关于深化朝阳区法律顾问制度的实施意见》 41b，73c，127c
《关于深化党建引领接诉即办工作的几点措施》 52b
《关于深化公共文化服务体系建设的建议》 89a
《关于数字经济驱动朝阳区国际营商环境持续优化和提升的建议》 87a
《关于调整中关村科技园区朝阳园管理机构、朝阳区科学技术和信息化局有关机构编制事项的批复》 153b
《关于推进“十四五”时期朝阳区城市积水内涝防治及溢流污染控制工作方案》 74a
《关于推进朝阳区社会矛盾纠纷源头预防调处化解工作有关情况的报告》 127a
《关于推进朝阳区中小学教师“区管校聘”综合管理改革的实施意见》 291a
《关于推进档案分类方案、文件材料归档范围和档案保管期限表三合一制度的通知》 331a
《关于推进京津冀三地先行区（市）医保协同发展合作框架协议》 363b
《关于完善科技金融生态助力我区国际科技创新中心建设的建议》 111a
《关于吸纳北京市朝阳区海外高层次人才协会等5个社会组织作为会员团体的建议》 122c
《关于乡级党政领导班子和领导干部推进乡村振兴战略2023年度实绩考核情况》 193a
《关于选派优秀干部到区委巡察岗位锻炼的实施意见》 99a
《关于严格查处朝阳区工业企业违法外包外租专项行动的通知》 393b
《关于印发〈2023年朝阳区有限空间作业夜查专项行动方案〉的通知》 79a
《关于印发〈朝阳区2023年有限空间作业“双防一推进”监督执法和安全检查专项行动方案〉的通知》 390c
《关于永安里地块规划综合实施方案“多规合一”协同平台研究意见的函》 223b
《关于优化朝阳区党建工作协调委员会五大专委会下属专组机构设置的说明》 45c
《关于在朝阳区大兴调查研究的实施方案》 51a
《关于在朝阳区基层侨联中建立理论学习宣传小组的实施方案》 122a
《关于在城市有机更新中如何科学合理规划和改善整体运行机制的建议》 107a

《关于在互联网公布劳动人事争议仲裁裁决书的办法（试行）》 136c
《关于在接诉即办工作中强化精准监督严肃执纪问责的工作方案》 97a
《关于在盲人集中出行地区的路口安装语音提示器的建议》 108c
《关于在全区大兴调查研究的实施方案》 41c
《关于召开朝阳区工会第十五次代表大会的决议》 112c
《关于重点督办消防安全问题突出的村（居）民自建房集中连片地区的通知》 394b
《关于组建北京朝阳文旅发展集团有限公司的通知》 184c，246a
《关于组织开展朝阳区 2023 年全国节能宣传周和低碳日活动的通知》 161c
《关于做好 2023 年全面从严治党重点工作的通知》 96b
《关于做好出租房屋安全隐患排查清理整治工作的通知》 267a
《关于做好防汛宣传工作的紧急通知》 47a
《关于做好重大战略、重大工程、重大项目、重大活动档案工作的实施意见》 330a，331a
《观朝追梦——打卡北京朝阳文化秘境》 333b
管控指标 182a
管庄地区（乡） 477a
《管庄乡党委工作报告》 478c
《管庄乡纪委工作报告》 478c
《贯彻习近平主席“全球发展倡议”，进一步扩大地理信息服务出口》 282a
光电子集成应用与产业化发展论坛 283b
“光荣在党 50 年”纪念章 42a，418b，426c，451c，454a，513b
《广告监管工作规程指引》 173a
广告园区管理办 155a
广州 334b
广州世嘉穗华旅游文化发展有限公司 164b
广州市白云区园林绿化局 253a
规范农村集体企业管理培训会 194b
规范执勤执法 262a
规划综合审批 214c
规模以上工业企业 186a
轨道交通 28 号线 147a
国防动员综合训练 138b
《国防教育》 137b
国防教育工作室揭牌仪式暨 2023 年春季参军大学生入伍欢送会 137b
《国防知识读本——人防篇》 138a
国际博物馆日 319b
国际茶香文化节 70b
“国际档案日”系列宣传活动 331b
国际档案宣传月 362a
国际灯光节 70b
国际风情水岸 437c
国际化教学课例研讨会 290b
“国际禁毒日” 130a，322b
国际科技组织总部集聚区 119b，282c
国际劳工组织亚太区域局 362c
国际人才“一站式”服务平台 43b
国际人才创业大会（ITEC） 41c
“国际消费中心城市主承载区建设”大会 57b
国际校友人才联盟组织 44b
国家工业旅游示范基地 38a，209b
国家会议中心二期项目 161b
国家级旅游休闲街区 38a，209a
国家级优秀教学成果推广应用示范区 292b
国家金融监督管理总局 170a
国家科技传播中心主题邮局 181b
国家慢性病综合防控示范区复审调研专家组 247b
国家森林城市 235a
国家生态文明建设示范区 39a，274c
国家体育馆 150b
国家体育旅游示范基地 38a，209c
国家通用语言文字推广普及先进集体奖 290a
国家网球中心南区气膜馆 243b
国家卫生区 246b
国家文创实验区“云园区”数智创新招商大会 158c
国家文创实验区 AIGC 创意产业联盟 155c
《国家文创实验区文创企业服务指南》 156b
国家文化产业创新实验区“文化精品工程”重点项目 160b
国家文化产业创新实验区发展大会 159c
国家文化产业创新实验区发展论坛 155c
《国家文化产业创新实验区高质量发展三年行动计划（2023—2025 年）》 73c，157a
国家文化产业和旅游产业融合发展示范区建设单位 38a，209c
国家文化出口基地沙龙活动 158b
国家宪法日暨宪法宣传周活动 482a
国家信访局 83a
国家医保局 361b
《国家知识产权强市建设示范工作情况调研表》 177b
国家中医药管理局高水平重点学科建设 301a
国家重点职业病监测及风险评估工作 344b
国家自然科学基金项目 287c
国网杯 244b
国信腾远（北京）工程设计有限公司 239c
国药资产 152b
《国有资产无偿划转协议》 195a
国资国企监管 164a
国樽律所 121a

H

《海外创业者眼中的最朝阳》 328a
海外发展政策培训会 282a
韩国科技考察团 146c
韩松雪创新工作室 348b
寒假关爱儿童活动 116c
“翰墨朝阳”书法活动 333c
瀚辉新能源科技（北京）有限公司 249a
行业陪审员 136c
杭州市临安区政协调研组 90c
航天科工（北京）空间信息应用公司 206a
浩志达公司 183c
禾森设计（北京）有限公司 242a
合作洽谈会 165a
和超高装（中山）科技有限公司 186b
“和合向荣”青年 V+ 项目 416b
“和合向荣”青年 V 家 415c

和锦园社区　461a
和平街街道　415a
《和平街街道社区加班管理制度（试行）》　417c
《和平街街道社区应急值守管理制度（试行）》　417c
《和平街街道专职社区工作者服务协议管理办法（试行）》　417c
《和平街街道专职社区工作者考勤与休假管理办法（试行）》　417c
《和平街街道专职社区工作者离职（任）交接管理办法（试行）　417c
《和平街街道专职社区工作者日常工作及绩效考核管理办法（试行）》　417c
《和平街街道专职社区工作者招任管理办法（试行）》　417c
和平街邻居文化节系列活动　417a
河北省文化和旅游厅　156c
河北省张家口市政协　91c
河北西柏坡革命纪念馆　103c
河长履职　269a
河长制　277a，463b，488b，509b
黑桥创艺公园　231a
黑庄户地区（乡）　480a
黑庄户地区（乡）第二届电竞比赛　482c
《黑庄户地区安全生产和火灾隐患大排查大整治工作方案》　481a
《黑庄户地区电动自行车全链条安全管控工作方案》　481a
《黑庄户地区接诉即办管理考核办法》　481c
《黑庄户地区以案为鉴深化安全生产和火灾隐患整治专项行动工作方案》　481a
黑庄户农业生态公园　231a
《黑庄户乡接诉即办工作责任考核办法》　481c
黑庄户乡小鲁店　190a
恒通国际创新园　208b
弘朝公司　183c
“弘扬爱国情　赓续民族魂”社会主义核心价值观系列活动　371a
弘翼佳业公司　183c
“红创营”党群服务中心　513a
“红领巾成长营”暑期托管活动　116a
红领巾公园　251a
《红绿灯》　261b
《红色电波》　38b
红色金融育人联盟　309b
“红色九月”活动　138b，138c，141b
“红色收藏”展览交易会　326b
红色主题教育　294c
红十字会博爱救助平台　411a
红十字会第九次会员代表大会　381a
红十字青少年工作　380a
红驿课堂　445c
宏利基金管理有限公司　169c
洪都拉斯媒体代表团　80a
鸿花园社区养老驿站　458c
“厚植科普沃土　点亮创新梦想”科普嘉年华核　431a
呼家楼宾馆　210b
呼家楼街道　417a
互联网＋政务服务　364a
互联网＋全民义务植树　236b，255a
互联网 3.0 峰会　283b
互联网 3.0 生态发布大会　281c
互联网 3.0 应用场景研究院　187a
互联网营销师职业技能竞赛　359b
互联网诊疗平台　337b
“护苗·绿书签”活动　321c
“护苗成长　一路同行”普法宣传　322c
花花世界　220c
花卉布置　250c
花卉常态化项目　235a，240a，241b
花园式单位、社区、首都森林村庄创建　236a
“华表奖”颁奖典礼　147b，151c
华贸中心社区“市级妇女之家”　118b
华为技术有限公司　186b，187c
华中师范大学第一附属中学朝阳学校　290b
化工路沿线社区自来水通水仪式暨节水宣传活动　271a
化石营旧城区改建项目　216b
“欢乐朝阳”曲艺作品比赛　335a
《欢天喜地过大年—优秀剪纸艺术展》　249a
环保教育　从娃娃抓起”系列活动　278c
环境保障　236b
环境建设　455b，477c
环境提升　405c，439c，458a
环境整治　397c，400a，410b，413b，416a，418b，420c，427b，435a，441c，444a，450b，453a，463b，472a，481b，484b，490c，505c，509b，512a，515a
环卫行业不合规三、四轮车专项治理　226c
圜坛　250b
《回到亮马遇见你》　333c
会兰孝亲敬老服务队　112b
惠灌渠（高碑店路至五环路段）河道治理工程　277b
惠农政策　196c
“惠企赋能”　456c
婚姻登记　369b
“活力庄超激情八里”庄超联赛　103a
火灾扑救　395a
火灾事故　464c
《“伙伴计划”工作协议》　256b
货物进出口总额　180c
货运行业安全生产和火灾隐患大排查大整治　263a
“获客强企春风行动”　182b

J

机房改造项目　82a
机构编制调整　50b
机关纾困帮扶　83c
积极打造高水平人才高地，有效支撑商务和科技双轮驱动朝阳发展　88b
《积极扩大内需培育首都消费新经济调研报告》　108b
基本建设计划安排实施计划项目投资　161b
基本无违法建设区　98a，461a，468a
基本养老服务清单制度　374a
基层党建　413a，476a，494a
《基层党史部门推进党史学习教育常态化长效化的实践探析》　55c
《基层党务工作实用手册》　156b
基层党组织　42a
《基层党组织服务群众经费使用情况的报告》　478c
基层科普项目资助　119c
《基层兽医宠物源人兽共患传染病防疫技能手册》　197b
基层治理创新　458b
基层中医传承工作室　348b

基础教育　297c
基础教育卓越教师创新发展学术年会　298b
“基于教学改革、融合信息技术的新型教与学模式”项目　288b
急救工作　343b
疾病预防控制体系改革　50b
集体“三资”管理　500c
集体经济发展　470a
集体经济管理　476b
集体经济建设　494c
集体经济组织　193c
《集体经济组织会议情况台账》　194a
集体资产监管　488c
集团化改革与建设　224b
纪检监察体制改革　95a
纪念北京夏季奥运会举办15周年系列活动　149b
技能大师工作室　184c
《加快推进气象事业高质量发展实施方案》　73c
《加强朝阳“四城”建设发挥引领作用助力北京建设国际消费中心城市》　107b
《加强电动自行车全链条安全监管重点工作任务及分工方案》　394b
《加强基层综合行政执法队伍建设意见》　73a
《加强年轻干部监督工作指引》　96a
加油站　391c
佳丽饭店　210b
“家庭家教家风建设”专项培训　311c
家庭专属信托账户　207c
价格专项执法行动　177a
坚持和完善人大制度重要思想交流会　60b
《坚持立德树人，打造“幸福学园”德育品牌》　308a
《坚持人民至上，构建具有北京朝阳特色的走失人员查找模型》　130a
监测预报与管理　395b
监察和司法委员会　67c
监督工作　58c
监管企业举证类图斑证明　164c
检察听证会　131a
简易坡道　253a
建材采购信息填报　216c
建行朝阳支行　203b
建区65周年成就展示　328b
建设工程消防管理　218c
“建外·红学堂”　422c
“建外·廉”品牌　422b
建外街道　420a
建万（北京）住房租赁投资基金（有限合伙）　169b
建校45周年系列庆祝活动　309c
建筑市场信用体系建设　219a
建筑业企业资质及人员管理　219a
健康北京示范基地　393a
“健康朝阳”建设民主监督协商座谈会　88a
健康教育成果征集评选　296b
健康文化节　495a
“践行绿色发展理念，建设公园城市”　88b，90c，104c
《践行全过程人民民主朝阳人大代表在行动——2023年朝阳区人大代表履职风采》　60a
见义勇为人员权益保护工作　370a
将府公园“酒仙壁画”小广场　238c
将府公园　210b
将台地区（乡）　483a
将台丽都国际露天音乐电影周　485c
将台星地中心　191a
“将小爱”慈善公益服务周　485b
奖学金　290c
交通环境整治　408a
交通特勤警卫任务　261c
交通银行北京市分行　307a
焦化厂六街　219c
教科文卫工作委员会　67c，68c
教师交流轮岗　292b
“教育家型校长培育”“教育学者行动计划”项目　293b
教育卫生与体育委员会　93b
教育系统干部培训　292a
教育系统节水　270a
教育责任督导考核评价工作　313b
阶段性缓缴社会保险费　364b
“阶梯晋级谈话机制”　506a
接诉即办　137c，219b，258a，352a，398a，400a，406a，408b，410c，414a，416a，418c，421a，424b，427c，433c，438a，440a，442a，444b，453b，455c，458b，461b，463c，469b，472b，475c，478a，484b，487c，491a，497c，500b，503a，509c，512a，515b
《接诉即办》　257c
秸秆综合利用及肥料试验　197a
“街乡吹哨，部门报到”　242a
街乡新生育条例培训　344b
街乡职业指导工作室　360c
街巷环境管理　265b
节能和建材专项检查　216c
节日花卉布置　252b，253c
节水调研　270a
结对帮扶　452b，473a，491c
诫勉评查　96b
金朝阳公司　183c
“金刺猬”大学生戏剧节　317c
金港汽车　144c，222b
“金葵花”　118c，120b
“金秋招聘月”　360c
金融类企业限制　173a
金融消费者权益保护教育宣传月　205c
金田公园　231a
金隅红树林环保科技有限公司　276b
金盏地区（乡）　486a
《金盏国际合作服务区中区规划建设思路》　146b
金盏森林公园　231a
《金盏乡集体企业改制工作方案》　488b
金盏园区金茂中心　142c
“进一步推进生态文明建设工作”调研　92c
“劲松便民生活圈”　424b
劲松东延路疏堵工程　263b
劲松东延路沿线环境整治项目　242c
劲松街道　423a
“京潮·京品”朝阳礼物征选　323c
京城梨园　210b
京东方科技集团股份有限公司　186a
《京东漫步看朝阳》　330b
京港互联网3.0产业中心暨青年人才创新基地　187a
京港互联网3.0数字产业共建合作　186c
京哈高铁路线　91b

京津冀“文化产业赋能乡村振兴”工作推进活动　156c
《京津冀城市更新战略合作协议》　123b
京津冀公民科学素质大赛　120b
京津冀协同发展　37b，71a，88a，107c，125b，308b，399c，437a
京津冀协同养老床位　374a
京客隆红松园北里店　185c
京客隆集团　185b
京闽数科（北京）有限公司　152c，154a
京师律所　121a
京绣　330b，336b
京中学东坝北校区建设工程　161b
经济发展　491b
经济高质量发展暨招商引资大会　163a
经济建设　451c
经济科技委员会　93c
经济社会发展专项监督　96c
经济适用住房　268a
经济运行监测　171a
精诚教育集团　109a
精神卫生　343c
精神文明建设工作暨文明城区建设会　383a
景区建设　248c
《警示案例》　267a
敬老助残　433c
敬老助残帮困　414a
“九大载体”　403b
九三学社北京市朝阳第二综合支社　109c
九三学社朝阳区委　109a
玖恒智卡公司　485c
酒店卫星电视接收情况检查　321b
酒仙桥粪便消纳站　225a
酒仙桥街道　426a
酒仙桥旧城区改建项目　217a
旧改区搬迁　428b
就业帮扶　444c
“就业超市”平台　360a
就业创业综合服务平台　138c
就业流动服务站　38c，452a
就业指导与帮扶　422c
就医绿色通道　139b
“就在你身边”青春双选会　115b
居家养老服务平台　444c
居民收入　358a
居民消费支出　358a
“局科长走流程”工作　363c
“聚焦北交所 赋能独角兽暨全国股转系统 北京证券交易所 朝阳服务基地揭牌仪式”　284c
军休所　138c
军政座谈会暨双拥工作领导小组会及庆“八一”文艺演出活动　140b
郡王府　165b

K

咖啡师职业技能竞赛　359a
咖啡之城　38a，70a，75a，359a
“开放朝阳、共享未来”第六届中国国际进口博览会　143b
《开放活力看朝阳画册》　213b
开斋节　371c
《开展全系统安全生产、火灾隐患和食品药械安全大排查大整治实施方案》　175b
凯宾斯基饭店　165b
《看不见的顶峰》无障碍版电影　378b
康营清真寺　507a
抗洪抢险　429b
科尔沁左翼后旗　381c
《科技产业引领朝阳南部崛起，助推城乡融合深入发展——以十八里店乡为例》　104a
科技创新成果转化促进大会　302c
科技创新课　119c
科技创新应用场景十佳案例　209b
科技工作者资助项目　120a
“科技之光青年讲堂”活动　123c
《科室24小时备勤应急预案》　433c
科学防治病虫害　247a
科学家会客厅主题活动　119c
科学健身指导　353a
科研服务　304a
科研项目　337c
壳牌（北京）新能源科技有限公司　142c
课程研发　55a
课后智慧服务项目　289c
空气污染应对　276a
空气重污染应对　230a
《空气重污染应急预案（2023年）》　487a
孔夫子旧书网　321b
《抠抠索索》　333c
口腔健康义诊活动　121b
口述历史　330c
酷车小镇汽车文化产业园区　208b
酷车小镇特色文旅消费街区　208c
酷车小镇知识产权公共服务工作站　177c
跨区域知识产权工作合作协议　178c
跨省通办　37b，173c，363c，369c
跨省异地就医直接结算　365a
跨省异地就医直接结算政策集中宣传月　362b
狂犬病集中免疫　195c
《狂犬病强制免疫告知书》　201b
《狂犬病相关知识手册》　199b，200c
昆泰集团　220b

L

垃圾分类　409b，424c，488c，501a
“垃圾分类，我们在行动”、环境卫生系列主题活动　278c
垃圾分类全流程精细化管理　226c
拉萨市信访局　83a
来广营地区（乡）　490a
“兰台杯·朝阳符号”——新时代的朝阳摄影征集大赛　330c
兰溪饭店　210b
蓝岛大厦　184c
蓝色港湾　165b，319a
澜湄水果节　176b
郎园Station橙色空间　203a
郎园Vintage·兰境艺术中心　208a
郎园Vintage文化创意产业园　155c
劳动保障监察书面审查工作　362c
劳动监察　425a
《劳动人事争议仲裁与诉讼衔接工作白皮书(2020年度—2022年度)》　133b
“劳模工作室”授牌仪式　293b
劳务管理及行业维稳　218b
《牢记嘱托砥砺奋进——党的十八大以来北京发展纪实》　56a
老北京水果示范基地建设项目　239a
“老兵永远跟党走”巡回宣讲报告会　139a
“老街坊记忆”文化系列活动　428b
老旧小区综合治理　441c

老年健康服务体系建设 373a
“类博物馆” 319b，320b
礼让斑马线广场舞比赛 386a
“礼赞新时代 奋进新征程”发展成就展 327b
李新技能大师工作室”年度分析会 185a
理论与实践研究基地智库联盟聘任仪式暨交流研讨会 88c
理农药经营许可证 196c
《理学亢宗——千年程颢程颐》个性化邮票 182b
历史遗留办证难工作 266a
《立足生态发展新起点，打造和谐宜居新标杆——朝阳区居民环保意识调查报告》 171b
《“联发展·合共融”旅游联合战略合作协议》 212c
联合收割机 196c
联勤联动园林绿化执法宣传 257b
廉洁文化“六进”活动 422b
廉政监督信息数据库 96b
“两个全覆盖”深化监督工作 58b
两会服务保障 98b
“两基地一中心” 492a
两节“送温暖”活动 116c，120c，381b
“两区”建设 37c，40c，43a，75c，87c，94c，142a，146a，167b，179a，228c，263b，328b，437a，
“两新”组织 41c，42b，45c，193a，365c，366a，402a，415a，418a，433a，494a
亮马河“2023年醒春启航新征程”首航活动 165a
亮马河冰雪狂欢节活动 248b
亮马河风情水岸国际艺术季 316c，318b
亮马河国际风情水岸 41a，208c，209b，246a，277c，278a
“亮马河国际风情水岸”二期综合整治提升项目 277b
亮马河国际风情水岸经济带 346a
亮马河国际风情水岸系列微演出 317c
亮马河国际风情水岸智慧旅游沉浸式体验新空间 209b
亮马河经济带商业联盟 165b
亮马河三环路桥下滨水绿道贯通工程 269c
《亮马河上》 51b
亮马河水上运动 269a
“亮马河说中医” 346a
亮马河综合整治提升项目 277a
烈士纪念日公祭活动 250c
林奥嘉园社区 401b
林地林木行政审批 235b
林果花草蜂种业专业论坛 237b
林荫路提升改造项目 241a，242c
林长制 231c，235c，488b，509c
领导节前安全检查 245c
领导调研 447a，503a
“留白增绿” 230c
流浪乞讨人员救助管理 369a
“六佰本”商业街升级改造 265a
六届六次全委（扩大）会议 106a
《六里屯街道2023年党建工作要点》 430a
六里屯街道 429a
《六里屯街道接诉即办工作办法(试行)》 430c
《六里屯街道接诉即办工作实施细则（试行）》 430c
六里屯街道十里堡北里东、西小区 227c
六里屯棕榈泉生活广场 359c
《六十五个字，寄语朝阳新未来》 40b，48b，327b
龙祥社区 401b
楼域间资源共享阵地 422a
路灯建设 226c
《落实朝阳“南部崛起”战略 推动地区高质量发展的情况报告》 503b
落叶高产期道路环境保障 230a
旅游联合战略合作协议 212b
旅游总收入 38a
律师公益法律服务站 449c
绿化成果保护 240b
绿化二队 240c
绿化废弃物处理中心 241c
绿化一队 239c
绿色生产管理 217a

M

马鼻疽 195c
马传贫 195c
马骏烈士纪念馆 250b
马骏烈士墓主题活动 250b
马来西亚代表团 203c
马泉营村水源置换项目外部管线建设协调会 227a
《马叙伦诗词选》 106b
《马叙伦政论文选》 106b
“码上说”网上诉求办理平台 402c
蚂蚁集团 146c
“麦家陪伴社区人才成长计划” 433b
麦克斯生物医药（北京）有限公司 143a
麦子店街道 275b，432a
麦子店街道枣营北里社区调研 434b
慢行通道工程 441c
《毛泽东伟大精神品格》 54a
美国白蛾、松材线虫病防控视频会 239a
魅力朝阳之夜活动 224a
“美丽工坊”朝阳区残疾人就业培训基地 378a
“美丽磨房季” 495a
美食之城 38a，70a
“美哉风兮”朝阳城市风情画展 336c
“魅力京津冀”活动 159a
门前三包“六共”专项行动 403b
“门前三包”责任单位“一网统管” 264c
米兰国际手工艺博览会 81a
密云区不老屯镇举办招商引资推介会暨创业空间产业孵化基地签约仪式 125a
密云区冯家峪镇黄梁根村消薄行动 399b
密云区西邵渠村 107b
密云区政协 90a
免疫规划疫苗 342b
苗木补植 253c
民办学校信用评价工作 312c
民办幼儿园 312c
民办中小学 312c
民兵训练 137a
民兵应急分队 137a
民兵整组 137a
《民兵之歌》 137b
民革朝阳区委 102a
民间收藏艺术品展示交易会 326a

民建朝阳区委　104b
民进朝阳开明画院　106b
民进朝阳区委　105a
民进朝阳中国文联支部　106a
“民进青年夏之约”——民进北京市委青委会主题教育暨调研朝阳艺术之城建设活动　105b
民盟北京联合大学委员会　103c
民盟朝阳区委　103a
民生保障　461b，464a，466b，472a，478a，481c，484b，486c，503a，506b，509c，512a，515b
民生服务　397c，476a
民生工程　418c
民生计量保障　175b
民生商品价格监管　177a
民生实事　469b
民生投入　167b
《民生周刊》　148c，403c
民事诉讼监督案件　130b
民营企业百强座谈会　124a
《民营企业产权保护社会化服务体系战略合作备忘录》　130c
民营企业家高级研修班　124c
民主法治建设　72b
民主生活会专项监督　98a
民族传统体育运动会　372b
民族家园西社区　461a
民族宗教工作联席会暨区民族宗教工作三级网络和两级责任制部署会　372a
“名师工程”　292a
穆巴达拉投资公司　170a

N

纳税服务　168b
奶西棚改项目　224c
耐用消费品拥有量　358b
“南部崛起”论坛　503c
南光（集团）有限公司　179b
南开大学计算机学院　107c
南磨房地区（乡）　493a
《南磨房地区接诉即办工作机制》　494c
《南磨房地区接诉即办工作考核办法》　494c
《南磨房地区接诉即办工作流程》　494c
南磨房数字出版基地A区　191a
南磨房乡百子湾　266c
《南磨房乡第十八届人民代表大会第四次会议关于接受代表辞职请求的决定》　495c
内部审计　170c
《你好，朝阳》　38b
“你好，太空”科学探索营活动　115a
《年轻干部接受监督备忘录》　96a
鸟巢欢乐冰雪季　151b
鸟类自然观察活动　251a
“凝心铸魂强根基、团结奋进新征程”主题教育　107a
农产品生产基地联合执法检查　200b
农产品生产基地植物检疫法规培训　201a
《农产品质量安全法》　202b
《农产品质量安全知识手册》　199b，200c
农村城市化建设　190b，500c
农村工作委员会　67c，69b
农村集体企业清理　194b
农村集体资产资源可视化平台　194c
农村实用人才培训　197a
农服公司　183c
农工党朝阳区委　106c
农光里社区　424a
农行朝阳东区支行　206a
农行朝阳支行　205c
农机安全生产专项检查　200c
农民丰收节　504c
农区灭鼠　195c
农田林河管理　488b
农药减量绿色发展　196b
《农业安全生产宣传手册》　202b
农业和农村委员会　94b
农业植物疫情监测　195c
农展宾馆　210b
农展馆后湖　227c
农作物种子经营许可证　196c
“暖城之邀文创赋胜”第四届中国设计师大会暨鄂尔多斯创意设计人才周　157a
诺瓦泰克（中国）控股有限公司　143a

P

“派驻社区消防专员”机制　394c
潘家园　179c，434a
《潘家园街道接诉即办工作典型案例汇编》　435c
潘家园民间旧货展　324a
“潘家园拍卖三周年”艺术品拍卖会　325c
潘家园文化公司　81a，323a
潘劲源公司　183c
潘劲源公司农光里菜市场　184b
泡泡玛特城市乐园　38a，165c，209b，247c
配套设施收缴　216b
棚户区改造　215c
批发零售业和租赁商务服务业　180c
品牌社区社会组织　367b
平安创建　126b
平安建设　397b，399c，405b，407c，410b，413a，416a，418b，420b，423c，427a，435a，437b，439b，441b，443c，446b，450b，453a，455b，458a，460c，468a，475a，477c，484a，487a，490b，494a，497a，500a，502c，505c，509a，511c，514c
平安校园　131a
平安邮政　182a
平房地区（乡）　496a
平房森林公园　231a
普法宣传　445a
普华永道　144a，378b
普惠金融　203c
普惠性幼儿园　297b
普通地下室管理　267a

Q

七〇一厂公司　183c
“七一”表彰　473a
“七有”“五性”诉求分析　72a，74a，171a，258a，315a，357a，365b，379a，397b，408b，434b，459a，503a，
祁安家园　271a
祁庄社区公园建设工程　242a
岐黄奖　301b
“企安安”　47c，198a，201a，261b，263a，391c，416a，418b，420c，427b，433a，439b，444a，446b，453a，455b，475a，481a，484a，490b，494a，502c，505c，509a，515a，
企安安软件专题培训　201a

企业安全生产检查　200a
企业发展服务站暨智库团队　124c
企业科创性诊断及知识产权合规指引项目　178b
企业年报统计　422a
企业上市服务政策宣讲会　170a
“企业所得税学习年”培训　168c
企业台账系统　391c
企业营业收入　164a
企业政策扶持　166b
企业知识产权体检项目　178b
气象科普　286c
汽车服务业商会劳动争议调解委员会　136b
汽车喷烤漆房安全使用综合评价抽检　260c
“千点计划”　457b
“千家万户”基层治理模式　435b
“千企万店”　438b
“千企万店”拥军行动第二批试点启动　140a
“前进中的朝阳档案方志事业”　332b
黔东南苗族侗族自治州黎平县　105a
“强化监督治理，保障乡村振兴”专题教育巡展　464b
《强健体魄多励志双奥朝阳向未来——冬奥会“北京周期”下朝阳区居民体育健康行为及需求调查报告》　171c
抢险救灾　164c
“侨青彩虹行共筑中国梦”五四青年节爱心公益长跑活动　121a
“侨说公益讲堂”话剧专场活动　121b
桥下空间治理　258c
侵权盗版违法犯罪专项打击行动　129c
亲子“家”年华活动　246a
《禽流感相关知识手册》　199b
“青创北京”2023年“挑战杯”首都大学生课外学术科技作品竞赛　310a
青春朝阳微信公众号　114c
“青春朝阳温暖相伴”新春慰问活动　115a，122c
“青春读书会——带你走进《习近平的七年知青岁月》”活动　115b，123a
“青春有约、爱在军营”朝阳区军地青年联谊会　139c
青年干部成长营　415c
“青年荟”志愿服务队　135c
“青年教学名师工作室”启动会　295c
“青年精英见习计划”活动　45c
青年就业创业实习基地　115a
“青年科学家进校园”活动　123b
《青年领袖挥代英》　334b
青年律师未成年人保护志愿服务队　115c
《青年文化消费视角下的年轻力报告》　123b
青少年走进博物馆系列活动　320a
轻微刑事案件“一站式”办理　129a
“清管行动”　271c，277a，475a
清华大学附属中学　114b，288b
清廉金融文化建设　206a
清明祭英烈活动　139c
“情满运政一路朝阳”党建服务品牌培树推广　261b
庆丰公园　210b，253c
“庆丰收·促和美”农民丰收节　507c
秋冬季呼吸道传染病防控　341b
秋季农村宅基地建房联合执法检查　202a
秋季艺术品拍卖会　326c
秋季植物检疫执法专项行动　202c
求实职业学校　299c
区残联　374c
区残联第八次代表大会　374c
区财政局　167a
区城管执法局　256a，256c
区城管指挥中心　257c
区城市管理委　226a，264c
区慈善协会　370b
区大数据信息中心　153c
区档案馆　330a
区档案馆新馆　331a
区党建研究会　42c
区地区生产总值　203a
区地震局　395a
区第三医院　350a
区动植物疫病预防控制中心　197b，201c
区动植物疫病预防控制中心实验室　195c
区对外文化交流协会　316b
区发展改革委　161a
区法院　131b
区方志馆　332c
区房管局　265b
区妇联　116c
区妇幼保健院　348a
区高层次人才服务中心　43b
区工商联　124a
区公共安全馆国际减灾日活动　390a
区公共资源交易平台　81b
区国动办　42c，137c
区国资委　163c
区国资委工作微信公众号　164c
区红十字会　379a
区环卫中心　229c
区级东西部协作工作会议　162a
区级新时代文明实践示范活动　387a
区疾控局　42c
区纪委区监委　100b
区纪委全会十三届第三次会议　95b
区检察院　130a
区教委　288a
区金融办　169a
区军休党校、诗词学会和摄影协会　140c
区科协　118c
区老龄办　373a
区民政局　366a
区农服中心　194c，197b，201c
区农业农村局　190a
区农业执法大队　197c，201c
区气象局　285c
区侨联　120c
区青联　122b
区青联七届二次常委会扩大会议　123c
区情区史教育“四进”工程　330b
区青少年活动中心　293c
区人大常委会　57a
区人大常委会会议　60c
区人大代表集中活动　66c
区人大代表履职培训班　66c
区人大代表首期政治培训班　66b
区人民政府　72c
区人武部　137a
区融媒体中心　328a
区商务局　179a
区社区服务中心　368a
区审计局　170b
区生态环境局　256c
区市场监管局　172c

区属公职律师执业证书　133c
区水务局　227a，269a，269c
区税务局　168a
区司法局　133c
区体育局　352a
区田长制办公室　269c
区天主教爱国会　371a
区统计局　171a
区投资促进服务中心　166a
区退役军人事务局　138b
区外办　79a
区委　39b
区委保密办　54a
区委编办　50a
区委编委　50a
区委财经委员会第十次会议　40a
区委常委会会议　39c
区委城市工作委员会 2023 年全体（扩大）会议　40a
区委党史办　55b
区委党校　54c
区委党校第二校区　221a
区委国安办　50b
区委老干部局　52c
区委农工委　190a
区委区政府第七督察组　248a
区委全面深化改革委员会第三次会议　40a
区委全面依法治区委员会执法协调小组　128a
区委人才工作领导小组办公室　43b
区委社会工委　366a
《区委社会工委区民政局安全生产和火灾隐患大排查大整治工作方案》　367c
区委审计委员会第三次（扩大）会议　39c
区委统战部　48c
区委宣传部　208a
区委巡察办　99a
《区委巡察整改工作指引》　100a
区委政法委　126a
区委组织部　41c
区卫生健康委　340a
区卫生健康系统安全生产委员会　340a
区卫生健康信息化项目　337b
区文化馆　314a
区文化和旅游局　208a，314b
区文化市场综合执法大队　321a
区文联　333b
区消防救援支队　198a，202b，262c，394a
区消防支队　201a
区信访办　82c
区信息网络中心　153c
区烟草专卖局　181a
区医保局　361a
区医保中心　361a
区应急管理局　202b
区应急局（区森防办）　389a
区应急局（区委区政府总值班室）　389b
区应急局　201a
区优秀班主任工作室经验交流会　292c
区邮政分公司　181a
区域经济发展　161b
区域特殊教育教师专业发展教科培赛一体化研训系统　299a
区域医疗资源配置优化　337a
区园林绿化局　237c，241c
区园林绿化管理服务中心　238b
区政府办　77a
区政府教育督导室　313a
区政府教育督导委员会成员单位联席会　313c
区政府官方网站　81b
区政务服务局　81a
区政务服务中心窗口 LED 屏改造项目　82b
区政协　85a
区知识产权局　178a
区执业兽医师动物卫生工作培训会　201c
区直机关工委　51b
区志办　332a
区中医医院　349c
区仲裁院　135b
区住房城乡建设委　217b
区住建委　202a，256c
区总工会　112a
“全场景”养老服务示范中心　404a
“全程网办”　453c
全国（第八批）学雷锋活动示范点　148a
全国残疾预防日主题宣传教育活动　376c
全国城市节水宣传周　270c
《全国城镇燃气安全专项整治工作方案》　394b
全国第二届职业技能大赛　308c
全国妇联主席　118a
“全国高校黄大年式教师团队”创建示范活动　307a
全国工人先锋号　112b，220c
全国股转系统北京证券交易所朝阳服务基地　153a
全国核雕名家名作精品展销会　324c
全国红十字生命教育应急救护知识竞赛　379b
全国交通运输行业职业技能大赛北京地区汽车维修工选拔赛　264b
“全国科普日——探访朝阳区生态环境监测中心”活动　276b
全国老旧厂房协同发展联盟大会　327c
全国连环画交易会　324b
全国两会　173b
全国两会服务保障专项监督　98b
全国名校 EMBA 网球精英赛　243c
全国气象科技周　287a
全国示范性老年友好型社区　373b
全国市域社会治理现代化试点合格城市　72a
“全国守法普法示范市（县、区）”创建活动　135a
全国数字经济产业高地　186b
全国双拥模范城创建工作　141b
全国网球示范区　71c
全国文联组联工作会议暨组联干部培训班　333b
全国文明城区　296c
全国文明城区创建实地点位治理优秀案例评选活动　385b
全国文明村镇　507b
全国文明校园　382a
全国无障碍建设示范城市工作推进会　377c
全国五一劳动奖章　112b
全国县级融媒优秀作品　38b
全国乡村治理示范村　38c
全国信息安全产教融合发展大会暨全国信息安全产教融合共同体　304c
全国学生（青年）运动会　354a
全国政协办公厅　90b

全国职工木作技艺技能大赛 327a
全国智慧旅游“上云用数赋智”十佳优秀解决方案名单 209b
全国中小学国防教育示范校 295c
全国中医药传承创新发展示范试点项目 346a
全国自然教育基地 220c
全国最佳志愿服务组织 385a
《全力打造市场化法治化国际化一流营商环境助力朝阳区高质量发展》 87a
全面从严治党 39a
全民反诈 128c
全民国防教育日 138a
全民健身工作会 352a
全民健身季 447c
全民健身团队备案登记和星级评定工作 353a
全民科学健身服务示范基地 447c
全民科学健身服务示范基地 255a
全民终身学习活动周 311b
全球创业赛总决赛 41c
全球减贫案例征集活动 37b
全球首届斯芬克斯元宇宙戏剧节落地798CUBE 282b
全球重大挑战论坛 303a
“全网有力”工程 365c
“全网有力”论坛 403c
缺陷消费品召回 175a
群众体育赛事 353b
群众文艺创作 317b
群众性精神文明创建工作 384a

R

《燃气安全检查指南（朝阳区 2023修订版）》 226b
燃气安全执法整治 256c
让女排精神在经纶落地生根——杰出校友郎平回母校主题教育 288c
“人才运动会——垂直马拉松”活动 45a
人大工作研究会 60b
《人大上半年工作报告》 503b
人防工程平战转换演练 138b
人防工程隐患治理 138a
《人防小视频》 138a
人工智能产教融合基地 282a
人工智能算力中心项目 188b
人口抽样调查 172b
人口资源和建设委员会 94a
《人民政协报》 93a
《人身安全保护令申请指南》 131c，133a
《人身安全保护令申请指南》暨典型案例新闻通报会 133a
“人生舞台第一步”卡酷七色光乐享会 113b
人事考务工作 359c
《认真学习贯彻党的二十大精神奋力谱写新时代朝阳老干部工作新篇章》 54a
《任务工单管控细则》 229b
《任重道悠，终始惟一——朝阳区城乡居民垃圾分类意识及现状调查报告》 171a
《日常考核细则》 262a
日坛公园 237c，250a
日坛公园建筑群修缮工程 250c
日坛公园马骏烈士墓 141a
日坛中学诗会活动 250b
容错纠错清单 2.0 版本 172c
融合教育支持服务保障体系建设 299a
锐创国际 280c

S

“三八”妇女节活动 117a
三间房地区（乡） 499a
三间房地区机关团支部 114b
《三里屯 42 号》 38b，53a，333c
三里屯国际美食节 438c
三里屯街道 203c，437a
三里屯街道飞宇园区 IMS 天下秀数字科技集团职工之家 113c
三里屯街道机关团支部 114b
《“三强三创”推动朝阳社院新发展》 55b
“三秋”农机农资服务 184b
“三心三包四调度”工作机制 442a
“三长联动”青少年生态教育暨 2023 级朝阳小河长毕业巡河活动 116b
“扫楼”小程序 422b
扫雪铲冰 230a
森兰信息科技（上海）有限公司 186b
森林防火宣传活动 202c
山东德州平原 5.5 级地震 396c
山河湾谷创新区 303b
杉数科技（北京）有限公司 189b
杉数科技公司 124b
扇子文化艺术展 325c
商标注册 177c
商品房销售市场日常监管与服务 267b
《商事制度改革下名录库数据应用探索》 172a
“赏邮票学报告话成就” 182c
上海合作组织医学大学联盟校长论坛 302a
上海商筹科技有限公司 186a
上海市徐汇区政协 92b
“社保业务网办区” 363c
社工队伍建设 366c
社会保险缴费基数申报 364c
社会保障 398a，406a，421b，424b，433c，444c，469c，491a，494c
社会动员 417b
社会法制与民族宗教委员会 94a
社会服务 428a，440b，501a
社会建设委员会 67c，69a
社会救助 369a，416b，419a，427c，438a，451c，453c，488a，498a，500b
“社会救助 + 慈善”项目 455c
社会治安管理 128b
《社会治理现代化专刊》 126b
社会组织扶持 367b
“社情民意信息工作沙龙”暨社情民意信息培训会 104a
社区队伍建设 439c
社区建设 397c，405c，411c，413c，418c，421a，424b，427b，430b，442a，453b，455c，458a，463c，472a，475c，479c，484b，487b，490c，494b，497c，500a，503a，506a，509c，513a，515a
社区矫正执法工作专项督查 134c
社区矫正中心检察办公室 130b
“社区邻里节” 366c
社区流动美术馆展览项目 315a，315c
社区人防建设 138a
社区卫生 345c
社区消防安全管理 129b
“社区一家亲”全民美育课堂 317b
“社区一家亲”全民艺术课堂 431b

社区优化　401b，402b，408a，444a，466a，469b
《涉电信网络诈骗案件审判白皮书（2018 年度—2022 年度）》　132c
《涉电信网络诈骗案件审判白皮书》　131c
涉农企事业安全生产和火灾隐患排查　201b
《涉外知识产权民事司法保护白皮书》　132a，133a
《涉预付式消费类服务合同案件审判白皮书（2020 年度—2022 年度）》　132c
《涉预付式消费类服务合同案件审判白皮书》　131b
《深入推进“四议一审两公开”制度落实的工作要点》　481b
“深入学习贯彻习近平新时代中国特色社会主义思想，推动首都高等教育高质量发展”调研　303a
深圳　334b
深圳市安顿科技有限公司　186b
深圳市蓝海法律查明和商事调解中心　133a
深圳市珑璟光电科技有限公司　186b
深圳文博会朝阳展区　212c
《神州时报》　50a
审计报公众号　170c
《生产经营保稳向好预期偏弱仍需提振—2023 年 2 季度朝阳区中小微企业发展情况调查报告》　171a
生态环境保护督查整改　218b
生态环境行政许可　275b
生态环境建设　466a
生态建设投入　167b
生态农业　506c
生态文明系列活动　244c
生态小课堂　251b
生物多样性调查和保护　274a
生物多样性主题日　274a
生物基可降解聚酯橡胶万吨级产业化项目　306c
“声如夏花”音乐会观演活动　384c
圣诞节　371c
《盛世岁朝图》　330b
《失街亭》　334b
失能老年人能力评估及专项　411a
《失守的“三关”》　101c
师德师风建设　292b
施工工地扬尘治理　218a
施工许可监管　218c
十八里店朝阳港一期项目　224c
十八里店地区（乡）　502a
《十八里店乡“南部崛起”小武基村重点工作情况汇报》　503b
《十八里店乡人大工作报告》　503b
《十八里店乡政府工作报告》　503b
十大品质休闲胜地　72a
“十佳科技教育创新学校”　120a
“十里记忆”景观文化墙　402b
十三届区委第二轮巡察　98c
十三届区委第六轮巡察工作　99c
十三届区委第七轮巡察工作动员部署会　100a
十三届区委第四轮巡察工作　99b
十三届区委第五轮巡察工作　99c
“十四五”规划应急避难场所建设任务　396c
“十四五”规划中期评估　71a
“十四五”学科建设推进大会　302c
石门综合体农民回迁定向安置房项目　494b
“时代征程砥砺前行——朝阳区建区 65 周年”　332b
“时尚之城”战略合作协议　314c
时尚之城　38a，70a
《识变应变促经济回升向好知重负重谋朝阳发展新篇——2022 年 1—3 季度朝阳区经济运行报告》　171c
实事工程　491a
实体经济服务　206a
《实体书店走进新时代文明实践中心战略协议》　315b
实验室危险化学品安全专项治理　391b
《食安朝阳与你同行携手共创国家食品安全示范城市》　176c
食品安全责任保险　176a
食品安全专项行动　176a
食品药品监督抽检　176c
《食品展览展销会展前报告工作指导》　176b
世奥森林公园开发经营有限公司　149b
世界环境日主题活动　274b
《世界经济展望报告》　147a
《世界无烟日主题活动　296a
《市场主体登记管理条例》　166b
市场主体培育　166b
市规划自然资源委朝阳分局　163b，214a
市规自委朝阳分局　202a
市级城市更新最佳实践项目　215b
市交通委朝阳运输管理分局　261a
市经信局材料产业处　152b
《市人大常委会关于推进京津冀协同创新共同体建设的决定（草案）》　69a
市人大朝阳团代表会前集中活动　67a
市委主题教育办公室　113a
市委主题教育第六巡回指导组　113a
市文化旅游局督察组　246c
市政交通规划建设　214b
市政协农业和农村委　90a
市职工职业技能大赛气象观测员竞赛　287c
视觉中国 500px　143c
收费路侧停车位　259a
“守住钱袋子”　205c
首创·郎园 Station　208b，208c，209b
首都“新时代好少年”　386a
首都版权协会　158a
首都环保公益组织和绿色生活好市民评选　387a
首都机场集团传媒有限公司　124b
《首都机场交通接驳联合办公值守保障工作制度》　261a
首都机场街道　439a
首都机场运输保障联合办公、会商研判机制　261a
首都精神文明建设工作十佳案例　71c
首都精神文明建设奖　383c
首都劳动奖章　112b，130b，185c，278b，333b，352c，361a，374c，
首都劳动奖状　112b，168a，228a，439b，509a，
“首都老兵”志愿服务活动　139a
首都师范大学朝阳金盏学校　290b
首都师范大学附属中学　288b
首都师范大学附属中学朝阳学校　290b
首都市民音乐厅　315a，316a，385a，
首都未成年人思想道德建设创新案例　385c
首都未成年人思想道德建设和文明校园测评　387a

首都文明办 382b
首都文明校园 382a
首都拥军优属拥政爱民模范单位 42a
首届基础教育卓越教师创新发展学术年会 289a，294a
首届中国——碳生物技术和低碳产业发展大会 306a
首批全国社会治安防控体系建设示范城市 72a
“首善有我” 442b
“首善有我”慈善捐赠工作站 370c
《兽药管理条例》 201b
兽药经营许可证 196c
兽药生产经营单位法律法规培训 201a
“书香京城悦读春天”春季书市 182c
“书香望京”品牌建设 448b
“书香政协”建设专题调研 91c
疏解减量 497b
疏解腾退 503c
疏解整治 500a
“疏解整治促提升”专项行动 433a
暑期文化行业执法检查 322b
数据要素流动专题研讨会 285b
《数据之旅》 172a
《数载万象活力朝阳》 172a
“数智赋能基础教育项目——利用信息技术支撑学生综合素质评价”专项研究项目 291a
数字 801 频道 328c
数字化中医师承培训体系 346a
数字检察赋能法律监督 131a
数字经济和数字贸易专业委员会 142c
数字经济核心区建设工作 188c
《“数字科技＋绿色金融”体系化推动北京市朝阳区公共建筑绿色低碳高质量发展》 108b
“数字孪生＋气象”工程 286c
数字孪生街区 421c
数字人资产存证平台 37c
数字医疗产业发展座谈会 188c
“双 11”包裹投递 183b
“双奥朝阳”朝阳区中小学篮球联赛 467a
《“双奥朝阳”建设十大行动计划（2022—2024 年）》 92b，93b
“双奥之城 冬奥精神”主题宣讲活动 386c
“双奥之城” 79c
“双奥之城·北京影像”纸雕灯 324c
“双打击一取缔”专项治理行动 392a
双井街道 441a
双井街道九龙社区 114b
“双联系”机制密切代表与选民联系 66b
“双名工程” 293b
双桥医院 53b，349a
“双十条” 403b
“双拥杯”军地智力竞技比赛 140a
“双拥杯”乒乓球友谊赛 140a
双拥工作 138c
《税费政策精准推送工作规范（朝阳）》 168b
税务小哥”宣传品牌 168c
司法鉴定机构 133c
司法调解 411b，434a
“丝路上的七彩之光、琉璃之美”玻璃器皿展 324a
“丝路庭州·昌盛吉祥”2023 昌吉州春季旅游系列推介会 212b
斯迈夫国际体育产业展览会 356a
四得公园 253a
“四集五议三平台”工作法 416c
四季酒店 165b
“四库” 229c
“四联四力”打造物业纠纷源头治理示范社区政单 132b
“四下基层”制度 432c
“颂廉树新风·喜庆二十大”文艺作品征集颁奖活动 101b
诉讼服务中心 132b
素质特长骨干学生培养项目 295b
塑三文化创意园和凤凰中心 208b
溯源治污 269a
孙河地区（乡） 505a
孙河郎枣园“十百千万”畅游行动项目 192c
孙河棚改项目 221a

T

台盟朝阳区工委 110a，110c
台盟海淀区工委 110c
台盟浙江省衢州市支部 110c
台湾劳工联合总工会代表团 112c
台湾青年驿站 123c
太阳宫地区（乡） 508a
《太阳宫地区住宅项目物业服务评优办法（试行）》 510a
《太阳与春风的传说》 333b
《探索商务楼宇聚集区治理体系“四个重构”》 51b
碳达峰碳中和制度建设和方案 162a
碳排放单位系统填报 278b
《唐卡艺术珍品展》 249b
特级教师教育专家 291b
特色文旅消费街区 208b
特殊教育辅具进校园系列研训活动 299b
特殊教育教师教学基本功展示和融合教育优秀教育教学案例遴选活动 299a
特种设备监管 175a
腾达公司 183c
腾讯控股有限公司 186b
提案集中办理协商 89c
提案委员会 93a
提案委员会全体会议暨提案办理报告审查协商座谈会 89c
《提升企业创新能力支持资金管理办法（试行）》 188b
《提升营商环境、提振市场信心、促进消费升级问题及对策研究——以朝阳区高端餐饮企业为例》 104a
体教融合 355b
《体育行业推动经济高质量发展促进 GDP 总量提升工作方案》 355c
体育经营单位安全生产保障工作 356c
体育特色乡镇 507a
体育消费季 356a
体育与健康教育科学大会 295b
天津市滨海新区青联 124a
天津市环境建设投资有限公司 237b
天津市武清区 306b
天苇路 219c
田华集团 225b
田间种植指导 196c
“田野行动”项目 291c
“田长制” 191b
停车管理 220a
通惠灌渠（高碑店路—五环路段）治理工程 277c
通惠灌渠治理工程 269c

通惠渠（高碑店路—五环路段）治理工程　277c
“通武廊”退役军人教育培训基地授牌仪式　308b
通州区党政代表团　163a
童谣朗诵作品征集推广活动　385c
统计数据　171b
《统计无小事之有温度的执法》　171c
《统战工作指导手册》　49b
突发事件应急救助演练　390a
《突发讨薪事件应急处理方案》　433c
土地供应　163c
土地征收　163b
土建修复及维修　254b
兔年生肖纪念酒　182a
团结湖公园　252a
团结湖街道　443a
团结湖社区卫生服务中心　201c
团区委　114b
“推进韧性城市”重点协商议题座谈会　87c
《退役军人服务中心（站）服务与运行规范》　138b
托班试点　297b
拖拉机　196c
拖拉机驾驶证申领　201c

W

《外国人眼中的朝阳》　80b
《外国人在朝阳工作生活指南》　79c
外联服务　77c
外资企业　180c
完美世界集团　321b
完善首都机场和北京朝阳站交通信息显示屏　260c
王琦书院及九体医学展馆　301b
王四营地区（乡）　511a
王四营十一学校　225a
《王四营乡志》　332a
网点优化　205b
网球示范区　296c
网易（北京）数字产业中心　188a
网约车行业“老破小”车辆和问题驾驶员清退工作　260b
《望道》　103c
望和公园　254c
“望京国际绿色徒步行”活动　447c
望京嘉瑞文化中心　220c
望京街道　446a
《望京街道关于深入开展学习贯彻习近平新时代中国特色社会主义思想主题教育的工作方案》　447a
《望京街道全民健身倡议书》　255a
“望京骑迹”专项行动　447a
望京区域交通综合治理建设项目　161b
望京区域综合交通治理　258c
《望京数字经济建设白皮书》　447c
望京私募基金公司　164a
“望京小街·北青小屋”启动仪式　310c
望京小街　209b
危险化学品行政许可审批　391b
微耕机事故应急处理及消防演练　202b
“微火聚光　朝阳力量——2022年朝阳群众好榜样”发布仪式　384c
“微火聚光　朝阳群众学榜样”2023年朝阳区道德模范宣讲活动　383b
为民办实事　421a，440a，488a，512a
为民服务　181c
违法建设整治　257a
《违法解除劳动合同引发继续履行的困境与重构》　135c
违法停车新规系统　262c
违规电动三、四轮车治理　129b
违规费用筛查　365a
违规收费治理　177a
围炉煮茶暨图书漂流市集活动　386b
维修企业烤漆房污染治理提质升级核查　260c
委员报告厅活动　85a
委员视察　92c
卫生大数据平台　337b
卫生基本建设　341a
卫生健康云平台　337b
未成年人保护宣传月　368c
未成年人寒假主题教育实践活动　382b
未来创造者大会　284a
未来教育洞察论坛　298b
慰问部队　139b
温榆河公园　38a，220b，231a
温榆河公园DoubleUCoffee　165b
温榆河公园朝阳段二期项目　161b
温榆河公园朝阳示范区　237a
文博会文化产业园区高质量发展论坛暨“文化产业园区携行计划”签约仪式　158a
文创活动　445b
文创实验区党工委　155a
文创实验区管委会　50c，155b，158a
《文化产业相关政策汇编》　156b
文化产业园区携行计划　156c
文化和自然遗产日宣传活动　320a
文化活动　442c，476c，516a
文化建设　478b
文化金融系列活动　156c
文化精品工程重点项目　160c
文化市场安全生产检查　322c
“文化四季”系列活动　435c
文化文史委员会　93b
文化宣讲　419b，434a
文化娱乐场所专项检查　321c
文明城区创建六大专项行动　398b
文明街巷、文明商户创建　387c
文明养犬　388c
文明引导员志愿服务　253a
文明游园志愿服务工作　387c
文明游园主题宣传　252b
“文润朝阳”读书交流活动　336c
文体活动　459c，489a，498a，510b，512b
文心华策国际影视交流中心　208b
“文艺两新”集聚区朝阳区实践基地　335b
文娱场所突击夜查　320c
“我的线上课堂”小程序　311b
《我们的传统节日—端午印象》　249c
“我们的节日”春节元宵系列文化活动　211a
“我们的节日”系列活动　317a
《我们的文化遗产—餐桌上的节日展》　249b
《我们的文化遗产—鄂伦春烙画艺术展》　249b
《我们的文化遗产—国之色（蜡染）展》　249b
《我们的文化遗产—童心看世界儿童书画艺术展》　249b
《我们的文化遗产—文化深呼吸·非遗零距离活动》　249c
“我认领　我服务”路口文明引导志愿服务活动　383c
“我为群众办实事”实践活动　408b
无废园区减污降碳协同技术创新实践基地　275a

无界公园 435a，497b
“无违法群租房”试点小区 424a
无障碍公益诉讼中心 377a
无证校（园）治理 312b
“五大行动” 229c
“五个一百” 456b
五环路御景湾段隔声屏障 472b
五环内非建设空间腾退拆除 242a
五一非遗传承周 425c
“五优三好”惠民暖心工程 451a
武警北京总队医院 139b
“物业+养老”试点驿站 402c
物业公司 183c
物业管理纠纷调解 266a
物业管理信用评价 267a
《物业小区垃圾分类考核办法（试行）》 470a

X

西班牙创新机构调研走访中关村朝阳园 285b
西藏文化博物馆 210b
《西城区二龙路中学与北师大附属实验中学共同办学及西城集团化办学情况》 51a
“希望之星（1+1）”奖学金 115b
《习近平经济思想学习纲要》 156a
“习近平新时代中国特色社会主义思想进机关”专题讲座 51c
《习近平著作选读》 52c，108a
《习近平总书记视察北京后的深刻变化（朝阳篇）》 56a
《习近平走进百姓家》 118a
喜马拉雅文化古代艺术品交流会 325a
先进典型表彰暨志愿服务展示交流会 386b
先进电缆缺陷复现平 229a
《现代教育报》 295a
《限额以下小型工程施工安全管理办法（试行）（2023年修订）》 219b
宪法等法律法规宣传 264b
《献给烈士》 250c
乡村振兴领域不正之风和腐败问题专项整治 97a
乡村振兴投入 167b
乡第九届党代会第二次会议 472c
乡第九届二次党代会 482a
乡第十八届二次、三次人代会 489b
乡第十八届三次、四次人大会议 506c 512c
乡第十八届三次人大会议 482a
乡第十四届代表大会第二次会议 484c
乡第十四届第二次党代会 516b
乡第十四届二次党代会 510c
乡第十五届二次党代会 512c
乡第五届二次党代会 489b
乡级产权制度改革 484c
乡九届二次党代会 461c 478c 501a
乡人大代表之家 512b
乡人大第十八届三次、四次会议 491c
乡人大第十八届四次、五次会议 510c
乡人大十八届三次会议 464a
乡十八届第三次人大会议 516c
乡十八届三次、四次人大会议 472c
乡十八届三次、四次人代会 461c，478c
乡十八届三次人大会议 466c
乡十八届四次、五次人大会 498c 501b 503b
乡十八届四次人代会 495c
乡十四届二次党代会 466c，495c
乡十五届二次党代会 491c
乡五届二次党代会 464a 506c
香港科技大学 285a
香港诺华诚信有限公司 143a
香港数码港 188b
《香港特别行政区个人资料（私隐）条例》 285b
香河园街道 450a
《香河园街道2023年接诉即办考核实施办法》 451b
香河园街道西坝河西里社区 377b，378b
“香河园社工”片区融合计划 450c
“向雷锋同志学习”题词宣传戳 182b
《向前一步》 257c
项目规划核验 214c
《项目建设方案》 218b
项目资金资助 175a
肖村水源置换 228a
消防安全管理 225c
消防安全知识讲座 247b
消防安全专项整治行动 392b
消防队站 395a
消防干部挂职 394c
消防行政许可 395a
萧太后河民俗文化节暨第一届京苏两地古运河文化交流节 473a
萧太后河展览馆 472b
小场沟综合治理 270a
“小哥加油站·社区青年汇” 114c
小哥青年汇 45a
“小怪兽”荧光跑活动 248b
小关街道 452a，453c
小红门9号地 224c
小红门地区（乡） 514a
《小红门地区接诉即办工作方案》 515b
《小红门地区接诉即办考评实施办法》 515b
小微企业质量管理体系认证提升行动 166c
小仙炖 179c
“小小科学家”合作项目 296b
小学社会实践活动课 251c
校企合作 310b
校外培训“监管护苗”2023年暑期专项行动 313a
校外培训“平安消费”专项行动 313a
校园文明引导和通学定制公交志愿服务 385a
《协商民主与基层治理朝阳实践》 366b
协同战略 181c
心理健康教育工作模式创新 294b
“心系朝阳”小程序 311b
新备案机动车维修企业核查 263b
《新春主题活动》 249c
《新发展格局下朝阳区企业成长潜力测度研究》 172a
新就业群体庆祝中国共产党成立102周年主题党日活动暨北京CBD“流动驿站”成立仪式 146a
《新就业形态“不完全劳动关系”劳动者权益保障研究》 135c
新侨创业及境内发展交流会 122a
新时代朝阳群众诵读宣讲团 46b
“新时代教育改革行动研究”专项培训 293b
新时代文明实践志愿服务展示交流活动 382c
新时代文明实践主题活动 385b
新业态安全生产专项检查 393c
“薪火相传暖桑榆银耀朝阳谱新篇”主题党日活动 53b

信访代办制试点　421b
《信访工作条例》 83a，83b
信访举报受理　100c
信访来信来访　268c
信访矛盾化解　489a
信访与信息公开　217a
信号配时巡视优化调整　262b
信链公司　223c
新时代文明实践推动月　318a
新世界幼儿园　312c
信息安全测试员职业技能竞赛　358c
信息技术应用“双师”素质课程　289b
信息宣传　60b
“星光自护”活动　115c
星火工程　316c，317a
刑事检察案件　130b
《行政案件司法审判年度报告》 132a
行政复议信息公开　78b
行政规范性文件审查建议书》 127b
行政检察监督案件　130c
行政区划　369b
行政诉讼案件　127b
行政执法　219b，269b
行政执法案卷质量专项监督　98b
“型走亮马河”国际时装秀　211a，211b
兴隆公园　210b
修剪培训　254b
《宣传贯彻二十大，法制文艺润京城——四得公园依法依规，巧解噪声风波》 253b
宣传阵地　498b
“旋舞朝阳”交谊舞提升培训成果展示　334c
“旋舞朝阳”舞蹈活动　334c
学雷锋巾帼志愿服务活动　117a
学生公寓评比颁奖仪式暨节水宣传活动　271b
《学史铸魂 奋进新程》 55b，56b
“学习强国”朝阳学习平台　329a
《“学习强国”朝阳学习平台建设工作方案》 329a
学习委员会　93a
“雪琴热线”筑起通往民心之路——朝阳区打造规范化医保热线服务品牌》 361a
血液管理　344b
“寻觅榜样身影”——2022 榜样短视频征集展示活动　384b
巡视信箱　181b
循环经济产业园能源和废水系统优化管控技术专利　278c
循环经济产业园区低碳发展峰会 74c，278c
循证教育国际研讨会　290c，294a
汛期气候特征　286a

Y

亚太财险　206a
亚运村街道　455a
亚运村街道应急支援分队　457a
“亚运走十城 · 吉利伴你行”北京站　149a
延庆区农业农村局　201c
研通惠渠治理工程　277b
燕莎码头命运共同体广场　165b
燕莎商城　165b
央视创造　155b
阳光丽城温泉度假酒店　43b
阳台菜园“六进工程”　195a
杨柳飞絮多措施治理　251c
杨柳飞絮治理　253c
养老服务“家年华”活动　373c
养老照料中心　454c
养老助餐服务体系　374b
野生动物保护　235b
野生动植物保护检查　243a
一般公共预算收入　70a
一般公共预算支出　167a
“一搭二访三联”　455c
“一带三好”物业服务新模式　184a
“一带一路”国际合作高峰论坛　54b，147b，274a，367c，391b
“一带一路”文创大赛　326a
“一键呼”智能服务终端　400b
“一警六员”消防技能考核　254a
“一绿试点”棚改项目　498a
“一米关爱”助老助残服务联盟　451a
“一社一品”精品社区党建品牌　438a
《一所小学 缘何涌现40余项发明专利》 296b
“一所一站”精品项目　424c
“一五一十”社会动员微治理工程　450c
“一业一证”行业综合许可改革　261a
“一园一花一品”工作会　237b
“一站式”就业流动服务站　71b
“一纵一横一核”　38a
医保医师管理　365a
医保移动支付　365a
医联集团　152b
《医疗安全与行风责任书》 343b
医疗保险审核　364c
医疗工作　345a
医疗卫生体制改革　337a
“医养结合”益智康护养老照料中心　430c
医政工作　345a
依法行政　445a，459b
依法治税　168b
依申请公开　78b
“宜居靓家园健康新生活”爱国卫生月暨世界卫生日主题宣传活动　74c
“宜学”朝阳建设系列宣传活动　294a
《以“两区”建设为契机，推动朝阳区数字经济与贸易规则制度开放》 109c
《以案为鉴深化安全生产和火灾隐患整治专项行动》 240a，390a
《以区政府名义向市规自委行函办理朝阳公园奥运沙滩排球场馆改造施工图审查事宜的请示》 165b
“以曲会友、共撷秋实”CBD 国潮戏曲演出活动　143c
《以习近平新时代中国特色社会主义思想为指引 奋力谱写新时代学校高质量发展新篇章》 305a
义务教育均衡教师队伍建设　292a
义务教育优质均衡发展督导评估　313b
艺旗集团北京总部　188a
“艺术朝阳”社会主义核心价值观原创文艺作品征集和展示活动　317c
《艺术区》 333c
“艺韵朝阳”民间艺术作品展　336b
议案督办　65c
异常气候现象　286a
“驿港湾”　116c
意大利米兰第一区　80b
“引贤计划”　359c
“迎新春 送祝福”文艺志愿服务活动　333c
营销促销活动　185a
应对北京暴雨灾情　206c

《应急避难场所标志》 395c
应急避难场所建设 389b
应急处置 398c
应急管理综合执法大队总支部委员会成立大会 392a
应急救援员培训 390a
应急演练 212a
应急演练与技能培训 262c
应急志愿者培训 396a
“拥军图书室”赠书揭牌仪式 139b
《优化劳动争议办理服务积极化解纠纷》 135b
优化区域交通组织 262c
优化营商环境 487c
“优化营商环境·助力企业发展”座谈会 167a
《优化营商环境提振市场信心促进消费升级的问题及对策研究》 87a
优乐购免税仓储超市 222b
“优农·青选·奥塔”品牌消费节活动 244a
《优秀支部工作法》 52a
游客满意率调查 255c
有机无机复合材料国家重点实验室 307a
有限空间作业“双防一推进”监督执法和安全检查专项行动 390c
有限空间作业安全生产事故隐患排查整治 390c
有限空间作业专项夜查 390c
“有序推进城市有机更新”专题协商会 48c
幼儿园教师专业素养 291c
幼儿园培训课程 297b
幼儿园园长培训体系 291b
渔阳饭店有限公司 114a
预报预警及气象服务 286b
“预处理+湿式厌氧”处理工艺 279c
《预防狂犬病共建美好生活》 195b
预付费监管宣传 224a
“预付管家”平台 312a
预算绩效管理 167b
“遇·荐安贞”文化惠民品牌工程 398a
《“遇见朝阳”朝阳区文旅攻略地图》 213b
《遇见朝阳》文旅攻略地图 212c
元大都城垣遗址公园 252c
元大都城垣遗址公园第23届海棠花节 236c
“元宇宙·第二三里屯商街” 222a
元宇宙就绪的5G超级网络 152c
元宇宙示范应用场景和解决方案 281c
元宇宙与人工智能产业生态大会 76c，285a
园林绿化综合执法队 242c
园区绿植及养护 252b
源头监管宣传 261c
远洋国际建设有限公司 144c
“悦动高雄”交流活动 40c 334c
《悦读阅朝阳》 328a
云窗办事平台 82b
云动数治中心实体化大厅 403a
“云上枫桥”税费争议处理机制 168b
“云上潘”小程序 435b

Z

灾害信息员 389c
“在朝阳遇见博物馆” 320a
《在全区开展纪念“毛泽东批示学习推广‘枫桥经验’60周年暨习近平总书记指示坚持发展新时代‘枫桥经验’20周年”人民调解系列主题活动的方案》 134c
责任督学聘任大会 313b
增殖放流 195a
《扎实推进中国式现代化的朝阳实践》 55b
渣打证券（中国）有限公司 170a
债务风险防控 167c
战略合作协议 119b
战时指挥体系 126a
“掌上奥运村”微信公众号 400c
掌阅科技 146c
招标投标监管 218c
“招聘服务站” 359c
招商引资 162a
《这个地方》 333c
《这盛世如意所愿》 250c
“贞心365”App 397b
征兵工作 137b
征地超转及残疾人员保障 368c
正大中心楼宇党委 42b
政策宣讲会 124c
政府采购管理 167b
政府工作部门评议 59b
《政府会计准则第11号》 167c
《政府会计准则制度解释第6号》 167c
政府上半年工作报告》 503b
政府投资审计 170c
《政府信息公开条例》 77c
政府运转 72b
政企合作 228c
政务服务 180c
政务服务监测（大数据）平台 82a
政务服务综合窗口办事员 222c
政务信息系统调研评价工作培训会 79a
《政协北京市朝阳区第十四届委员会常务委员会2023年工作要点》 86a
《政协北京市朝阳区委员会关于表彰2022年度优秀提案的决定》 87b
《政协北京市朝阳区委员会关于进一步加强和改进界别工作的实施意见》 86a
《政协北京市朝阳区委员会关于提高提案质量的实施意见（草案）》 89c
《政协北京市朝阳区委员会提案审查工作细则（草案）》 89c
《政协北京市朝阳区委员会协商工作规则》 86a
政协党组会 85b
《政协简报》 85c
《政治供电管理细则》 228b
《支持创新型教师成长的朝阳教研实践》 289a
《芝加哥时报》 50a
知识产权国际标准园区行 178c
知识产权纠纷调解 178a
知鱼智联科技股份有限公司 186a
执法队伍教育整顿 257a
执法规范化建设 257b
执法检查 286b
《执业兽医和乡村兽医管理办法》 199a
执业兽医师 196c
直管公房房屋及设备检查修缮 268b
直管公房租赁 268a
职业高中学校教学干部课程领导力提升培训班 300a
职业教育发展论坛 292c
《植物检疫法规汇编》 201a
植物检疫法规培训会 199b
《植物检疫知识问答》 201a

《指挥调度大厅工作规范》 262a
指挥通信训练演练 138a
《志愿服务组织登记操作指引》 367a
制度建设 310c
质量基础设施“一站式”公共服务模式 175b
“致朝阳·正青春”主题诵读活动 123c
致公党朝阳区委 108a
“致敬最美军嫂”活动 139c
智汇朝阳 G20YEA 国际合作推介会 284b
智慧旅游沉浸式体验新空间 209b
“智慧平安小区”建设 128c
智慧人才系统 43b
智能急救亭 379c
《智能生活 欢乐朝阳》 334b
“智造农场 数创未来”科普项目 491c
“中阿同心共筑未来”中阿招商推介交流会 222c
中阿新能源汽车世界 179a
中德商务文化交流——北京 CBD 之夜 75c
中非体育与教育高层论坛 121c
《中共北京市朝阳区常营回族乡第九届委员会 2022 年度工作报告》 461c
中共北京市朝阳区地震局党组 396c
《中共北京市朝阳区历史》 56c
《中共北京市朝阳区历史大事记（2019—2021）》 55c
《中共北京市朝阳区历史大事记》 56c
《中共北京市朝阳区委办公室北京市朝阳区人民政府办公室关于印发〈中共北京市朝阳区中关村科技园区朝阳园工作委员会、中关村科技园区朝阳园管理委员会、北京市朝阳区科学技术和信息化局职能配置、内设机构和人员编制规定〉的通知》 153b
《中共北京市朝阳区委关于加强调查研究工作的意见》 41c，51a
《中共北京市朝阳区委机构编制委员会关于调整中关村科技园区朝阳园管理机构、区科学技术和信息化局所属事业单位机构编制事项的批复》 153c
《中共北京市朝阳区委全面依法治区委员会 2023 年工作要点》 40b，127c
中共北京市朝阳区委人才工作领导小组办公室 42a
《中共北京市朝阳区委十三届第六次全体会议决议》 39b
《中共北京市朝阳区委统一战线工作领导小组民营经济统战工作联席会 2024 年工作要点》 125c
《中共北京市朝阳区委统一战线工作领导小组民营经济统战工作联席会各成员单位职责分工》 125c
《中共北京市朝阳区委统一战线工作领导小组民营经济统战工作联席会工作规则》 125c
《中共北京市朝阳区委员会党组关于中共党员委员结对联系党外委员工作实施办法（试行）（草案）》 86b
中关村 5G 创新应用大赛总决赛 282c
《中关村朝阳园发展建设三年行动方案》 153b
中关村朝阳园国家地理信息服务出口基地企业“走出去”对接会 282b
中关村朝阳园国家地理信息服务出口基地企业走进中交集团活动 284b
中关村互联网 3.0 产业园 186c，284a
《中关村科技园区朝阳园管理委员会（北京市朝阳区科学技术和信息化局）与香港数码港管理有限公司就合作京港互联网 3.0 战略合作订立的合作备忘录》 188b
中关村科技园区朝阳园管理委员会 152a
中关村社区·数字产业创新中心 70c
《中关村示范区分园创新发展综合评价指标体系（修订版）》 154b
中关村示范区分园三年提升行动工作动员部署会 154b
中国（深圳）国际文化产业博览交易会 212b
中国·潘家园 31 周年庆 327a
“中国·潘家园”文化产业联盟 436c
中国藏学研究中心北京西藏文化博物馆 372a
中国传媒大学 270c，288b
中国传媒大学附属中学 290b
《中国档案报》 331c
《中国地方志年鉴（2023）》 332a
中国地震灾害防御中心 395c
中国电信股份有限公司北京分公司 392c
中国工业互联网研究院 154a，188a
《中国共产党北京市朝阳区常营回族乡第九届纪律检查委员会 2022 年度工作报告》 461c
《中国共产党北京市朝阳区第十三届委员会第七次全体会议决议》 39c
《中国共产党北京市委执政纪事》 56a
《中国共产党北京执政纪事（2022）》 56a
中国共产党历史展览馆 109c，209b
《中国共产党章程》 156b
《中国共产党政法工作条例》 126a
《中国共产党支部工作条例（试行）》 156b
《中国国防报》 137b
中国国际服务贸易交易会 147b
中国国际服务贸易交易会教育服务专题展示活动 290c
中国国际进口博览会“北京日”活动 143c
中国国际文化产业博览交易会 329c
中国国际消费品博览会北京市朝阳区招商推介会 222c
中国国际展览中心（朝阳馆） 213a
《中国国家地理——朝阳专刊》 47a
中国航空资本控股有限公司 206a
中国航天科技集团五院天津基地管委会 120a
中国红十字总会 382a
中国花样滑冰协会 148c
中国滑冰协会 148c
中国滑雪协会 148c
中国环球广播电视有限公司 155b
中国基础教育高质量发展·北京论坛 75c，289a，294a
《中国交通报》 261b
中国考古博物馆 150a
“中国科协主席奖” 120a
中国科学院附属实验学校分校 290b
《中国老年》杂志社 52c
中国——老挝学生手拉手活动 370b
《中国民兵》 137b
中国民生银行 CBD 总行办公大楼项目 161b
中国鸣虫大赛文化活动 326b

《中国青年创投人才成长报告》 115c
中国青年好网民优秀故事百场分享活动 306a
中国人工智能开源社区"魔搭"（ModelScope） 187c
中国人民解放军战略支援部队机关幼儿园 297b
中国人民解放军总装备部直属机关幼儿园 297b
中国人寿北京市分公司 206b
中国日报社 307a
中国商品市场功勋市场 327a
《中国审计》 170c
中国生态文明论坛济南年会 274c
中国石化北京化工研究院 124b
中国石油天然气集团有限公司 306a
中国食品发酵工业研究院有限公司 152b
中国世界贸易组织研究会 142c
《中国数字新基建开拓多元化国际市场》 282a
《中国双拥》杂志社 140c
中国体育旅游博览会 151a
中国外商投资协会药品研制和开发工作委员会（RDPAC） 143b
中国网球公开赛 147b
中国卫星网络通信集团有限公司北京总部 164b
《中国文联"文艺两新"集聚区朝阳区实践基地合作备忘录》 335b
中国文物艺术品交流会 325b
《中国信息报》 172a
《中国信息技术服务企业出海的税务筹划与考虑》 282a
中国亚太经合组织合作基金第二届国际研讨会 301c
中国医学装备协会转化医学分会 152b
中国医药教育协会 52c
《中国印记—雕版印刷展》 249b
中国中医科学院望京医院 53b
中国中医药高等教育发展论坛 302a
中行北京商务区支行 205b
中护航工作站 177c
中华（澳门）金融资产交易股份有限公司 179b
"中华慈善日" 442b
中华慈善日朝阳公益周 221b
中华民族博物院 249c
《中华民族一家亲同心共筑中国梦》 249c
中华民族园 248c
《中华人民共和国安全生产法》 163b
《中华人民共和国传染病防治法（修订草案）》 69b
《中华人民共和国档案法》 330a
《中华人民共和国动物防疫法》 201b
《中华人民共和国法律援助法》 134b
《中华人民共和国反有组织犯罪法》 126c
《中华人民共和国妇女权益保障法》 131c
《中华人民共和国各级人民代表大会常务委员会监督法修正草案（征求意见稿）》 68c
《中华人民共和国行政复议法》 127b
《中华人民共和国家庭教育促进法》 118a
《中华人民共和国民法典》 163b
《中华人民共和国农产品质量安全法》 198b，199b，200c
《中华人民共和国无障碍环境建设法》 376b，378c
《中华人民共和国招标投标法》 220c
《中华人民共和国种子法》 199b
中间业务 204b
中建三局集团有限公司 145a
中金资本 152b
中骏世界城 222b
中旅商务旅行服务有限公司 260a
中融人寿 206a
中铁辰邦（北京）科技有限公司 172c
"中文＋中医"项目 301a
中小学健康示范课暨专家进校园教育活动 296a
中小学生创新性学习成果评选 295c
中小学生生长发育状况受检 342a
中小学校长教育领导力培训会 293a
中信集团 307a
中信金属股份有限公司 169b
中信金属集团全资子公司 142c
"中学物理教学融合发展"学术研讨会 298a
中央广播电视总台 155b
中央民族大学 249c
中央统战部旧址 103c
中药创新药"苏合颗粒" 301b
中医药健康产业国际智库论坛 75b
中医药薪火传承工程 346a
中职"课程思政"教学实践 294c
中咨工程管理咨询有限公司 145a
终身学习品牌项目 311c
"种子的智慧"科普课程活动 245b
"仲裁裁决书公开"专栏 136c
"仲裁法宣队" 136b
"仲夏之约"就业专项服务季 360b
重大活动环境保障 265a
重大活动气象服务保障 287c
重大集体争议案件联合调解 135c
重大节假日和节点运输保障 259b
《重大事故隐患专项排查整治2023行动》 394b
重点产业知识产权运营基金 178a
重点房屋安全管理 266b
重点企业服务包 187b
重点企业服务工作和体育产业高质量发展若干措施政策研究 356a
重点人群住房保障 267c
《重点任务清单》 175a
《重点问题整改清单》 96b
重点项目投入 167b
重要时间节点服务保障 257b
周凤英创新工作室 348b
洲明科技股份有限公司 186b
珠江发展中心停车场 424a
主动公开 78a
主题党建 459a
主题党日活动 507b
主题教育 37a，72b，96a，328a，412c，439b，451c，478b，488a
主席会议 86b
《主要任务分解表》 177b
助残帮困 408b
助残服务 421c
助农直播活动 114c
住房租赁中介行业党委 265c
驻华使节中医药健康日暨朝阳区中医药国际服务示范基地建设启动会 80c
铸牢中华民族共同体意识表彰会 372c
铸牢中华民族共同体意识文艺汇演 371a

《铸牢中华民族共同体意识—我们的历史我们的根》 249b
筑梦少年团 438c
《“筑梦少年团”荣耀新时代》 385c
“专家型教师培养”项目 292a
专利代理师 178b
专利授权 177c
专题调研 481c
专题询问 59b
专项基金 216c
庄超联赛 403c
卓资县 381c
资产管理 515c
资助学生 289c
自建房结构安全整治行动 266c
自然笔记活动 252a
自然资源行政执法 163c
自然资源资产清查 163b
自然资源综合事务中心 222a
宗教专项联合检查 321c
综合行政执法制式服装换装仪式 263a
综合减灾示范社区创建 389b
《走进朝阳》宣传折页 212c，213b
《走进中华民族园探寻多彩民族文化—民族园社区青少年研学活动》 249c
《租赁汽车行业综合监管合规手册》 264a
醉库国际文化创意园 208b
“最美劲松人”表彰大会 426a
最美科技创新团队 119a
最美科技工作者 119a
最美生态环境志愿者 384a
最美退役军人 394a
《最美中轴线》节目组 236b
左家庄街道 457a

数字索引

“1+1+10+7”知识产权公共服务体系 177c
“1+3”妇女儿童权利保障机制 133b
“1+4+8+N”卫生健康系统安全生产体系 340a
“1+7”产业政策体系 166c
“10·13”国际减灾日 395b
10kV 柱式绝缘子绝缘护罩 229a
“12345”热线 38c，72a，94c，168c，172b，226a，240c，241a，253a，255b，257c，258a，262a，262b，267b，290a，365c，378c，390b，398c，400a，402c，410c，411b，414a，416a，421a，425a，433c，435c，438b，472b，475c，487c，515b
“12368”热线 131b，132b
“1311”综合服务体系 444b
“2·13”非法放生事件 198c
《2021—2022 年度老旧厂房调研报告》 327c
2022 北京中轴线文化遗产传承与创新大赛 324a
《2022 年 1—4 季度朝阳区农业生产监测分析》 171c
2022 年北京市扩大文化和旅游新消费奖励项目 209c
《2022 年财政预算执行情况和 2023 年财政预算报告》 503b
《2022 年朝阳区居民养老现状及需求调查报告》 171c
《2022 年朝阳区老干部工作纪实片》 54a
《2022 年朝阳统计分析报告》 171c
2022 年第二届“京潮·京品”朝阳礼物征选活动 208a
2022 年度“朝阳高科技高成长 20 强” 187b
2022 年度北京市供热行业优秀文明单位 265c
2022 年度北京市级文化产业园区 157b
2022 年度北京市优秀供热管家 265c
2022 年度朝阳区农机安全监管工作表彰大会 199b
《2022 年度朝阳区企业国有资产管理情况专项报告》 163c
2022 年度街乡和系统党（工）委书记抓基层党建述职评议考核工作会 43c
《2022 年基础教育国家级教学成果奖拟授奖成果公示》 297a
2022 艺势峰会第六届艺术市场价值榜 323b
2023 亮马河国际风情水岸系列微演出活动 316c
2023 年朝阳区处级女领导干部培训班 118c
《2023 年朝阳区集中式饮用水水源地环境状况动态调查工作方案》 277a
2023 中国体育旅游精品项目 352b
2023“北京青年榜样” 122c
2023“一带一路”产学研合作论坛 307b
“2023·崇尚·清明祭英烈”主题教育实践活动 383a
《2023—2025 年本科教育教学高质量发展行动计划》 309a
《2023 北京 CBD 国际商务季策划方案》 74a
2023 北京 CBD 论坛 75c
“2023 北京榜样”年度人物 386a
2023 北京朝阳“美丽中国”建设实践论坛 41b
2023 北京朝阳国际灯光节 76b，212a，248a
2023 北京朝阳国际文化旅游节 211a
2023 北京国际文旅消费博览会 213a
2023 北京国际文旅消费博览会优秀组织奖 213c
2023 北京国际文旅消费博览会最佳展示奖 213c
2023 北京国际音乐生活周 74c
2023 北京民营企业百强发布会 125a
2023 北京秋季书市 182c
2023 北京书市 246a
2023 北京中阿经贸文化交流活动 76c
2023 贝壳北京马拉松 147b
“2023 朝港新春家年华”云端联欢会 49a
2023 朝阳区—澳门招商推介会 223a
2023 地理信息软件技术大会 283a
2023 国家文化产业创新实验区发展大会 76b
2023 海峡两岸社团交流节暨第八届朝阳区“悦动高雄”两岸交流活动 49c
2023 黄剑奥运艺术展 244a
《2023 年“朝阳群众”百姓宣讲工作实施方案》 46c
2023 年“培优”计划 165b
2023 年“中国寻根之旅”夏令营 121c
《2023 年安全生产和应急管理工作要点》 240a
《2023 年安全生产月、消防月活动方案》 240a

2023年北京CBD国际商务季“宜居”朝阳建设新闻发布会 277c
2023年北京博物馆文创市集 319b
2023年北京市朝阳区托育管理人员培训 293a
2023年北京市改革街乡镇 37c
《2023年北京市纪检监察信访举报工作质效评估方案》 101a
2023年北京市文化和旅游科技创新应用场景十佳案例 38a
2023年北京市新时代老年学习共同体认定工作 311c
2023年北京市驻华使节招待会 80c
2023年北京市组织工作选题统计分析报告 42a
《2023年朝阳区“扫黄打非”暨文化市场管理工作实施方案》 47c
《2023年朝阳区草地贪夜蛾防治技术指导意见》 196a
《2023年朝阳区防汛宣传专项应急预案》 47a
“2023年朝阳区环境保护志愿服务”普法宣传活动 276a
《2023年朝阳区集中式饮用水水源地环境状况动态调查工作方案》 277a
2023年朝阳区劳动关系协调员技能培训班 113c
《2023年朝阳区农村地区基层党建工作要点》 193a
《2023年朝阳区农机安全监管工作目标考核办法》 200a
2023年朝阳区青年志愿服务人才培育暨公益创业项目大赛 116a
《2023年朝阳区社会建设和发展报告》 365b
《2023年朝阳区数字经济核心区建设工作要点》 73c
《2023年朝阳区体育行业监管工作指导手册》 355c，357a
《2023年朝阳区知识产权行政保护实施方案》 177b
2023年朝阳区职业高中教学能力大赛 300b
2023年朝阳区职业教育宣传月活动 300a
2023年朝阳区重点实施南部地区的通惠渠（高碑店路—五环路段）治理工程 277c
《2023年朝阳区总责任规划师任务清单》 214b
《2023年春节后建设工程复工管理工作要点》 218a
《2023年春节后企业返岗用工情况调研分析》 171c
2023年档案人员初任培训 331c
2023年度“红色精英”企业家理想信念教育培训班 125c
《2023年度办理代表建议答复承诺解决事项清单》 59c
《2023年度北京市接诉即办考评实施办法》 258a
《2023年度朝阳区人大代表建议、批评和意见办理情况的报告》 73b
2023年度根治欠薪冬季攻坚行动 401c
2023年度医保服务协议续签工作 361b
2023年度依法行政工作专题培训班 128a
《2023年对街道、地区（乡）办事处依法落实教育责任督导考核评价工作方案》 313b
《2023年服贸会监督工作方案》 97b
2023年服贸会金融专区展 170a
2023年服贸会文旅服务专题展朝阳展区 158c
2023年服务贸易发展高峰论坛 40c
2023年妇联系统干部培训班 118a
2023年基层工会服务站站长业务素质提升培训班 114a
《2023年监督工作要点》 96c
《2023年绿色、有机认证明白纸》 196b
2023年全国科普日北京市朝阳区主场活动 120a
2023年全国职业院校技能大赛 308c
2023年全龄友好公园改造其他建筑工程采购项目 241b
2023年全龄友好公园改造其他建筑工程采购项目——首城国际绿地项目 240b
2023年全球数字经济大会 173b
2023年全市中小学生气象科普竞赛 287c
《2023年上半年朝阳区GDP完成情况分析》 171c
《2023年上半年朝阳区规上单位纳统情况》 171c
2023年社会建设和乡村振兴工作会 365b
《2023年市委巡视工作要点》 99a
2023年首都市民花园节 484c
《2023年望京街道接诉即办工作手册》 446c
2023年优青培训 110a
2023年中关村论坛 173b
2023年中国国际服务贸易交易会 40c，173b，212b，278c，308b
2023年中国国际服务贸易交易会·中医药健康产业国际智库论坛 346a
2023年中国国际咖啡展览会 176b
2023年中国农民丰收节朝阳区庆祝活动 76a
2023年中国网球协会小网球工程推进活动暨网球示范区 355a
2023年重点道路——亮马桥路项目（东三环路——东四环路） 240b
《2023年专项监督结项评审工作办法》 96c
2023潘家园第三届全国钱币邮票交流会 324b
2023全民健康论坛暨阿勒泰大健康产业创新发展大会 148c
2023全球数字经济大会 153a，283b
《2023全球数字经济大会朝阳区承办及服务保障方案》 74a
2023全球数字经济大会互联网3.0高峰论坛 283b
2023全球数字经济大会主论坛 147b，151c
2023首届CYBA朝阳篮球联赛 76a
2023数字人民币技术与应用论坛 309a
2023未来科学论坛 282c
2023蔚领时代MR内容产品发布暨战略生态大会 283c
“2023醒春启航新征程”活动 74b，211a，221a
2023原产地咖啡品鉴暨推介交流会——北京CBD专场 75a，145a
2023中俄青年IT技能邀请赛 305b
2023中俄职业教育圆桌会议 305a
2023中国体育文化博览会 151a
2023中国网球公开赛 151c

《2024 年“两节”期间送温暖活动工作方案》 74a
“23·7”极端强降雨灾害 48c，50a，105a，109a，110a，111c，230b，272c
3·15 国际消费者权益日暨消费者权益保护教育宣传周 205c
“4·18”火灾事故 84c，97c，255b
“5·12”防灾减灾日 389c，395b
“5·8”人道公益日线上募捐活动 380c
5G 基站 78c
“7·20”降雨 272b
“7·26”降雨 272b
“7·28”唐山大地震纪念日 395b
“7·29”降雨 272c
751 特色文旅消费街区 208c
751 园区 38a
798 艺术区 38a，209b
798 艺术区国际儿童艺术周 157c
“8710”工作机制 435c
“9·3”抗日战争胜利纪念日 138c
“9·30”烈士纪念日 138c
9·5 公益日慈善活动 370b

字母索引

AAAA 级景区复核 247a
AIGC 创意产业基地 155c
AI 视觉自助秤 185c
Biotech 企业家沙龙活动 154b
CBD 功能区 70b
《CBD× 三里屯国际消费体验区实施方案》 179c
CBD 管委会 42c，142a，222b
CBD 国际集团 221b
CBD 核心区建设项目 221c
CBD 核心区文化设施项目 224a
“CBD 精酿啤酒节” 223c
“CBD 开放日”招商推介活动 223a
CCC 免办证明 175b
CYBA 朝阳篮球联赛 329a
CYBA 朝阳篮球联赛 41a
DailyBagel 165b
E50·PARK 208c
“GBC 铁三角”营销服务新模式 204b
GDI 高职专科专业评估榜（2023） 308a
“Green 市集” 448c
HICOOL2023 全球创业者峰会 45c
iCAN 大学生创新创业大赛总决赛 244b
PDC 国际教育大会 294a
SKP-S 146c
teamLab 无相艺术智慧旅游沉浸式体验新空间 209b
THE BOX 朝外 | 年轻力中心项目 406c
THEBOX 朝外 | 年轻力中心 221b
“XR 产业加速器” 187c